地方电厂岗位检修培训教材

# 锅炉设备检修

刘北苹　主编

中国电力出版社
CHINA ELECTRIC POWER PRESS

## 内容提要

近 20 多年来，全国有一大批地方电厂、企业自备电厂和热电厂的 6～350MW 火力发电机组相继投产，检修岗位新职工和生产人员迅速增加。为了搞好检修生产人员岗位技术培训和技能鉴定工作，按照部颁《国家职业技能鉴定规范·电力行业》、《电力工人技术等级标准》和《火力发电厂检修岗位规范》以及检修规程的要求，突出岗位重点、注重操作技能、便于考核培训等，组织专家技术人员编写了《地方电厂岗位检修培训教材》，分为锅炉设备检修、汽轮机设备检修、电气设备检修、热工控制检修、电厂化学检修、燃料设备检修和循环流化床锅炉检修 7 册。

本书是《地方电厂岗位检修培训教材》（锅炉设备检修），共分 4 篇 23 章，第一篇锅炉检修概述，介绍锅炉检修工作内容、工作过程、锅炉钢材、常用材料、常用工具、生产管理和相关知识；第二篇锅炉本体检修，介绍锅炉本体设备及系统、受热面、附属设备、其他问题等检修；第三篇管道阀门检修，介绍管道、阀门检修、管道及阀门的日常维护；第四篇锅炉辅助设备检修，介绍转动机械、离心式及轴流式风机、泵、制粉设备、回转式空气预热器、灰渣设备、转动机械、电除尘设备、空气压缩机等检修。

本书适用于全国地方电厂、企业自备电厂和热电厂 6～350MW 火力发电机组，具有高中及以上文化程度的锅炉设备检修的生产人员、工人、技术人员、管理干部以及相关专业师生等的岗位技能和技能鉴定的培训教材。

## 图书在版编目（CIP）数据

锅炉设备检修/刘北苹主编. —北京：中国电力出版社，
2012.7（2019.11重印）
地方电厂岗位检修培训教材
ISBN 978-7-5123-2601-9

Ⅰ.①锅… Ⅱ.①刘… Ⅲ.①火电厂-锅炉-检修-岗位培训-教材 Ⅳ.①TM621.2

中国版本图书馆 CIP 数据核字（2012）第 010371 号

中国电力出版社出版、发行
（北京市东城区北京站西街 19 号　100005　http://www.cepp.sgcc.com.cn）
三河市航远印刷有限公司印刷
各地新华书店经售

\*

2012 年 9 月第一版　　2019 年 11 月北京第二次印刷
787 毫米×1092 毫米　16 开本　36.5 印张　992 千字
印数 3001—4000 册　定价 100.00 元

# 前 言

　　火力发电企业的锅炉系统及设备在其安全经济运行中处于十分重要的地位。如何通过有效的检修措施使得这些设备长期保持良好的生产运行状态，是企业检修生产过程中着力追求的目标。

　　锅炉系统复杂，涉及的设备很多，在发电生产过程中既要完成燃料的燃烧的过程，又要同时完成热量的传递和蒸汽的生产，这使得很多锅炉设备及关键部件长期工作在高温、高压、高腐蚀和高磨损的恶劣条件下。要保证这些设备和部件更可靠和有效地工作，既要在制造过程中以科学合理的设计和制造工艺保证其原始质量，又要在检修过程中以有效和可靠的检修作业保证其同样有很高的可靠性和有效性，这就要求检修工作人员掌握必要的检修技术和技能。

　　电力体制改革加快了火力发电企业技术改造的步伐，同时也使得火力发电企业的生产过程有了更加明确的分工，一大批专业检修机构应运而生。这些专业检修企业由于是新组建的企业，因此更具有现代企业的理念，对培训更加重视；也由于这些企业中老员工居多，老员工们更加习惯于凭老经验开展工作，因此更有必要通过培训和学习使其更进一步提高现代企业设备检修的理念。

　　编写本书，立足于适应现代专业检修企业对锅炉检修专业的培训需求，以50～350MW机组的锅炉为对象，试图全面介绍有关锅炉检修的基础知识和技能、专业知识和技能以及检修管理的有关内容，以期能为相关人员通过培训或自学，对提高相关知识和技能有所帮助。

　　东北电网有限公司大连培训中心从2001年成立以来，十分重视开展火力发电企业所需求的各类培训业务，结合电力行业特殊工种的职业技能鉴定工作，适时地开发了锅炉设备检修培训课程，并在很多企业实施了这一培训，收到了很好的培训效果和好评。

　　本书是在多年培训授课的基础上，由刘北苹和张本贤联合多家火力发电厂的现场工程技术人员，针对火力发电厂各个容量的锅炉，从技术实用性出发，力求全面介绍有关的技术内容，包括设备结构、工作原理、运行维护、故障排除和设备检修等，进行编写而成，可作为各类火力发电企业（检修企业）锅炉设备检修的专业培训教材，也可作为各类职业学校相关专业的教学参考书及自学教材。

本书由刘北苹主编并编写第四、五、七章、第九～十五章、第十八～二十三章，张本贤编写第一、二、六、十六章，张万来编写第八章，刘兆发编写第三章，陈春鹏编写第十七章。全书由张本贤统稿。

本书在编写过程中，笔者曾经多次到辽宁发电厂、辽河石油勘探局热电厂、抚顺发电厂、铁岭发电厂、大连热电集团公司香海热电厂、华能大连电厂等企业调研和考察学习，得到了这些企业领导和相关人员的大力支持和帮助，在此表示深深的谢意！

由于编者水平和经历有限，书中难免存在疏漏，希望读者批评指正。

编　者

2012 年 7 月

# 目 录

### 第四篇　锅炉辅助设备检修

# 第一篇

# 锅 炉 检 修 概 述

## 第一章　锅 炉 检 修 工 作 内 容

　　火力发电厂的生产过程是一个连续的能量转换过程，而锅炉是其中的关键环节。它担负着燃料的化学能转化为蒸汽的热能，同时产生相应数量和质量（如汽压、汽温等）的过热蒸汽的重要任务。锅炉一旦发生故障，必将影响到整个电能生产的连续性。为了保证锅炉安全、可靠、经济地运行，必须做好锅炉的检修工作。

### 第一节　锅炉检修意义和主要任务

　　火力发电厂的设备检修，是提高设备健康水平、保证安全和经济运行的重要措施，火力发电厂作为电力生产企业必须把检修工作作为企业经营管理的一项重要工作内容来抓紧抓好。根据电力工业特点，要掌握设备规律，坚持以预防为主的计划检修，不能硬撑硬挺带病运行；坚持"质量第一"，做到应修必修，修必修好，使全厂设备经常处于良好状态。

　　检修工作要贯彻挖潜、革新、改造的方针，在保证质量的前提下，全面实现多、快、好、省。努力做到：

　　（1）质量好。经过检修的设备能保持长期的安全经济运行，检修间隔长，临检次数少。

　　（2）工效高。检修工期短，耗用工时少。

　　（3）用料省。器材消耗少，修旧利废好。

　　（4）安全好。不发生重大人身、设备事故，一般事故也少。

　　检修工作要建立明确的责任制，有一支具有严格劳动纪律、过硬技术本领、优良工艺作风的检修队伍，保证检修任务的顺利完成。运行人员要用好设备，并且参加检修，熟悉设备；检修人员要熟悉运行，修好设备。两者要密切配合，加强协作。要围绕生产关键环节，开展技术革新和技术革命，不断提高检修质量，改进设备，改进工艺，改进工具，提高检修水平。

#### 一、锅炉检修主要目的

　　锅炉设备的状态是影响火电厂安全经济运行的主要因素，以 1999 年为例，全国 200MW 及以上的机组，因锅炉四管泄漏及主要辅机故障所造成的强迫停运约占全部机组强迫停运时间的 47% 以上。锅炉设备事故还可能导致设备严重损坏和人身伤亡。因此，适时进行锅炉设备大修，恢复和提高设备性能是火力发电厂一项十分重要的工作。

　　锅炉检修的主要目的是：

　　（1）对锅炉设备全面检修，整体提高设备健康水平。通过对设备的检查，可以了解和掌握设备及其部件老化、失效的规律及设备的薄弱环节，为采取相应的防范措施提供可靠的依据。

　　（2）解决影响锅炉运行的重大设备问题。由于锅炉长期在比较恶劣的条件下运行，受热面受高温、高压、腐蚀、磨损等作用，设备安全性能逐渐降低，不能长期保持连续运行，锅炉辅机也会因磨损等原因造成性能降低或部件失效，每台锅炉都有影响运行的主要矛盾，只有在大修中解决这些重点问题，才能使设备运行正常、安全。

（3）提高设备运行的经济性。锅炉运行的经济性与锅炉设备状态密切相关，通过解决影响经济运行的主要问题也同时使锅炉健康水平得以提高。提高经济性的重点主要是降低排烟温度、飞灰可燃物和提高辅机及系统运行的经济性。

## 二、锅炉检修意义

锅炉检修是指按规定的程序对设备进行解体检查，以便发现缺陷，按质量标准进行部件更换、修复和组装，从而改进或恢复原工作性能的工艺过程。

火力发电厂锅炉设备体积庞大，系统复杂，各主要部件长期处于恶劣的工作环境下，容易受到损伤，对锅炉部件造成损伤的原因主要有高温、高压、磨损、振动和腐蚀等原因。

### 1. 高温的危害

锅炉在运行中，炉膛火焰中心温度高达 1500～1700℃，这样在炉膛四周布置的水冷壁，虽然管内有流动的工质冷却，但也会因管壁温度超过允许值而损坏。过热器管内蒸汽温度较高，管外冲刷的烟气温度达 600～1000℃，也会使金属管壁超温而损坏。另外，一旦超负荷运行或工况变动频繁，也会使管壁因额外温度应力而损坏。

锅炉辅助设备的转动部件，因轴承润滑、冷却不好，也会因超温而烧坏。

### 2. 高压的危害

电厂锅炉受压部件的工质压力都很高，由于在运行过程中，磨损、腐蚀等原因造成壁厚减薄时，就会引起管子的爆破、断裂事故。目前爆管事故占运行锅炉全部事故次数的 80% 以上。

### 3. 两相气流造成的磨损

锅炉在运行过程中，因含有固体颗粒的高速气流（两相气流）的冲刷，对各部件造成磨损。如烟气流动中，对省煤器、空气预热器的磨损，煤粉对制粉系统部件的磨损，以及阀门、采样器的磨损，都会导致部件损坏。

### 4. 转动机械的振动

火力发电厂重要锅炉辅机（如送风机、吸风机、排粉机或一次风机等）在转动中由于振动引起的设备损坏。

### 5. 有害气体的腐蚀

受热面内壁接触的汽、水品质不合格，外壁由于烟气侧的腐蚀，造成受热面减薄，甚至穿孔损坏。

通过锅炉设备检修对锅炉及其附属设备进行预防性维护、修理、检验，以便及时发现和消除设备存在的缺陷，消除潜在的事故隐患，延长设备使用寿命，使锅炉设备处于良好的工作状态，确保发电机组安全、可靠、经济运行。

## 三、锅炉检修主要任务

锅炉及附属设备的检修除了修复设备外，还应包括设备更新。锅炉检修的主要任务如下：

（1）清扫各个受热面（如水冷壁、过热器、再热器、省煤器和空气预热器等）的内外表面。

（2）消除各种设备缺陷和潜在的故障根源。

（3）恢复各个主机和辅机的出力，提高运行效率，提高机组运行的安全性、经济性。

（4）消除管道和容器的介质泄漏。

# 第二节　锅炉检修分类及其工作内容

锅炉设备的检修一般分为计划检修和临时检修，其中计划检修包括大修和小修。大修、小修是为保证设备的健康水平而进行的计划性检修。计划性检修和临时检修的区别主要表现在检修项目、检修时间间隔、检修停运时间等几个方面。临时检修是指设备发生需停机处理的缺陷和故障而进行的非计划性检修；在检修过程中，为了使检修工作更为科学和更有针对性，应积极发展先进的诊断技术，开展对设备状况的在线监测，以做到预知维修。通过计划检修，尽量避免非计划性临时检修。

锅炉检修的时间间隔，是指某台锅炉前后两次检修之间的相隔时间。锅炉检修的间隔时间应根据设备的技术状况、部件的磨损、腐蚀、劣化、老化等规律，以及燃料、运行、维修等条件慎重地确定。一般情况下，一台机组的大修时间间隔为 2～3 年（12 000～18 000 运行小时），但对新安装的机组而言，在运行一年左右后应进行一次大修。小修的时间间隔一般为 4～8 个月（2500～5000 运行小时）。正常的运行操作，良好的检修质量，以及合乎规格的材料，是使锅炉检修次数减少的重要因素，也就是说，可以适当延长检修的间隔时间。

锅炉检修停运日数一般随锅炉容量增大而增长，同容量锅炉也因检修项目和难度情况而有所不同。国产单元制机、炉检修停运日数可参照表 1-1 执行。

**表 1-1　　　　　　　　　　单元制机、炉检修停运日数**

| 容量（MW） | 100～125 | | 200～300 | | >300 | |
|---|---|---|---|---|---|---|
| 检修类型 | 大修 | 小修 | 大修 | 小修 | 大修 | 小修 |
| 中间再热 | 25～32 | 7～9 | 35～42 | 12～14 | 40～50 | 15～18 |
| 非中间再热 | 21～27 | 7～9 | | | | |

**注**　大容量锅炉通常为中间再热的单元制机组，汽轮机和锅炉同时检修。

## 一、锅炉大修

锅炉大修是对设备进行全面的检查，清扫、修理及设备的改造。其间隔时间较长。炉大修项目主要分为一般项目（有时也称标准项目）和特殊项目两大类。

一般检修项目即标准检修项目，是在积累长期实际工作经验的基础上设定的，已趋于标准化的项目。实际大修中，设备的具体情况不同，一般项目中的某些项目，实际上也不是每次大修都要进行的，所以一般检修项目又分为常修项目与不常修项目两种。如机械清洗受热面内壁水垢是不常修项目，只有在必要时，才进行该项工作。

大修的特殊项目是指一般项目以外的工作量较大的检修，如更换或检修汽水分离装置、锅护超水压试验、更换大量受热面管子等。

锅炉主要部件的常修项目、不常修项目、特殊项目综合列于表 1-2 中。每次大修的项目一经确定，在工作过程中不得随意增减。

## 二、锅炉小修

锅炉小修主要是消除设备在运行中的缺陷，并重点检修易磨损的零部件。与大修相比，小修的项目少，工期短，只进行一般性的清扫、检查和有重点的修复工作。主要是消除运行中暴露的缺陷，并进行锅炉受热面的防爆防磨检查。大修前的一次小修，应为大修做好准备，进行较细致的检查和记录，并作为确定大修项目的依据。

表 1-2　　　　　　　　　　　　　　　锅炉大修参考项目表

| 部件名称 | 一 般 项 目 | | 特殊项目 |
|---|---|---|---|
| | 常修项目 | 不常修项目 | |
| 汽包 | (1) 检查和清理汽、水包内部的腐蚀和结垢。<br>(2) 检查内部铆缝、胀口和汽水分离装置等的严密性。<br>(3) 检查清理水位表连通管、压力表管接头和加药管。<br>(4) 检查清理活动支吊架 | (1) 拆下汽水分离装置等清洗、部分修理。<br>(2) 拆保温层检查焊缝、胀口的严密性。<br>(3) 校验水位计指示的准确性及测量汽、水包倾斜和弯曲度 | (1) 更换或检修大量汽水分离装置。<br>(2) 汽、水包补焊、挖补、开孔。<br>(3) 更换新汽、水包。<br>(4) 管子胀口改焊口 |
| 水冷壁管和集箱 | (1) 清理管子外壁焦渣和积灰。<br>(2) 查管子外壁的磨损、胀粗、变形和损伤。<br>(3) 检修管子支吊架、拉钩及集箱支座,查膨胀间隙。<br>(4) 打开集箱手孔,检查腐蚀、结垢,清除手孔、胀口泄漏。<br>(5) 检查和清理防焦箱内部水垢、外部变形裂纹 | (1) 割管检查。<br>(2) 更换较多的手孔垫。<br>(3) 检查、清理堵头式集箱腐蚀和积垢。<br>(4) 机械清洗受热面内壁结垢。<br>(5) 集箱支座调整间隙 | (1) 更换或挖补集箱。<br>(2) 更换新管道超过水冷壁管总的1%,或处理大量焊口。<br>(3) 水冷壁管酸洗 |
| 过热器及集箱 | (1) 清扫管子外壁积灰。<br>(2) 检查管子磨损、胀粗、弯曲情况。<br>(3) 检查修理管子支吊架、管卡、防磨装置等。<br>(4) 清扫或修理集箱支座。<br>(5) 打开手孔检查内部腐蚀结垢情况。<br>(6) 公共式冲洗过热器。<br>(7) 测量450℃以上蒸汽集箱的蠕胀 | (1) 割管检查。<br>(2) 单位式冲洗过热器。<br>(3) 更换较多的手孔垫 | (1) 更换新管超过总质量的1%或处理大量焊口。<br>(2) 更换集箱或挖补集箱 |
| 减温器 | (1) 检查修理混合式减温器集箱、进水管、喷嘴。<br>(2) 表面式减温器不抽芯检查和缺陷处理 | (1) 抽芯检修表面式减温器或自冷凝式减温器的冷凝器。<br>(2) 更换部分减温器管子 | (1) 更换减温器芯子。<br>(2) 更换减温器集箱 |
| 省煤器及联箱 | (1) 清扫管子外壁积灰。<br>(2) 检查管子磨损、变形、腐蚀。<br>(3) 检修支吊架、管卡及防磨装置。<br>(4) 机械清洗直管内壁结垢。<br>(5) 检查、清扫、修理集箱支座、和调整膨胀间隙。<br>(6) 消除手孔盖泄漏、胀口泄漏 | (1) 割管、割堵检查内部腐蚀结垢。<br>(2) 更换较多的手孔垫 | (1) 处理大量的有缺陷的蛇形臂焊口或更换管子超过总质量1%。<br>(2) 更换集箱。<br>(3) 整组拆卸修理省煤器。<br>(4) 省煤器酸洗 |
| 空气预热器 | (1) 清除预热器各处积灰和堵灰。<br>(2) 检查处理部分腐蚀和磨损的管子、钢板,更换部分防磨套管。<br>(3) 检查和调整再生式预热器的密封装置、传动机构、中心支撑轴承及传热板并测量转子幌度。<br>(4) 做漏风试验,检查修理伸缩节 | 检查和校正再生式预热器外壳铁板或转子 | (1) 修理或更换整组预热器。<br>(2) 更换整组防磨套管。<br>(3) 更换管式预热器10%以上管子。<br>(4) 更换再生式预热器20%以上传热片 |

| 部件名称 | 一般项目 | | 特殊项目 |
|---|---|---|---|
| | 常修项目 | 不常修项目 | |
| 汽水门及汽水管道 | （1）检修安全门、水位计、水位警报器及排汽、放水管路。<br>（2）检修常用阀门及易于损坏，已有缺陷的阀门，如调整门、排污门、加药门等。<br>（3）对不解体的阀门填盘根及校验阀门灵活。<br>（4）检查、调整管道膨胀指示器。<br>（5）测量高温、高压汽汽管道的蠕胀。<br>（6）高压主蒸汽管法兰及螺栓的外观检查。<br>（7）检查调整支吊架 | （1）检修不常操作的阀门。<br>（2）检修电动汽水门的传动装置。<br>（3）割换高压机组主蒸汽管监视段。<br>（4）检查、测量流量孔板及修理温度表插座。<br>（5）拆下高温、高压法兰、螺栓，并检查处理 | （1）更换直径150mm以上的高、中压阀门。<br>（2）抽查高压主蒸汽管，主给水管焊口。<br>（3）更换主蒸汽管、上给水管段、三通、弯头。<br>（4）大量更换其他管道 |
| 给煤和给粉系统 | （1）清扫及检查煤粉仓，检修粉位测量装置、吸潮管、锁气器。<br>（2）检修下煤管、煤粉管道缩口、弯头等处的磨损部位。<br>（3）检修给煤机、给粉机。<br>（4）梭修防爆门、风门及传动装置。<br>（5）检修旋风分离器、粗粉分离器及木屑分离器 | （1）清扫检查原煤仓。<br>（2）检查、修理煤粉管，更换部分弯头。<br>（3）更换整根给煤机皮带 | （1）更换整根给煤机皮带。<br>（2）大量更换煤粉管道。<br>（3）工作量较大的原煤仓、煤粉仓修理 |
| 磨煤机 | （1）消除漏风、粉、油及修理防护罩。<br>（2）钢球磨煤机：①检修大牙轮、对轮及防尘装置；②检修钢瓦、选补钢球；③检修润滑、冷却系统、进出螺栓套、椭圆管及其他磨损部件；④检查滚柱轴承。<br>（3）中速磨煤机：①更换磨损的磨环、磨盘、衬碗、钢滚套、钢滚及检修传动装置；②检修放渣门、风环及主轴密封装置；③调整弹簧，校止正心；④检查清理润滑系统及冷却系统。<br>（4）高速锤击式及风扇式磨煤机：①更换轮锤、锤杆、衬板及叶轮等磨损部件；②检修轴承及冷却装置，主轴密封及冷却装置；③检修膨胀节；④校正中心 | （1）检查修理基础。<br>（2）修理轴瓦球面、钨金或更换损坏的滚动轴承。<br>（3）检修钢球磨煤机减速箱装置 | （1）更换钢球磨煤机大牙轮、大型轴承或减速箱齿轮。<br>（2）更换钢球磨煤机钢瓦25%以上。<br>（3）更换中速磨煤机传动齿轮、伞形齿轮或主轴。<br>（4）更换高速锤击磨煤机或风扇磨煤机外壳或全部衬板。<br>（5）更换台板、重新浇灌基础 |
| 风机 | 包括吸风机、送风机、一次风机及排粉风机。<br>（1）修补磨损的外壳、衬板、叶片及轴保护套。<br>（2）检修进出口挡板及传动装置。<br>（3）检修轴承及冷却装置 | （1）更换整组风机叶片、衬板或叶轮。<br>（2）轴瓦重浇钨金。<br>（3）风机叶轮动平衡校验 | （1）更换风机叶轮或外壳。<br>（2）更换台板重浇基础 |

| 部件名称 | 一般项目 | | 特殊项目 |
|---|---|---|---|
| | 常修项目 | 不常修项目 | |
| 除尘器 | (1) 清除内部积灰、消除漏风。<br>(2) 水膜式除尘器：①检修喷嘴、供水系统并进行水膜试验；②修补瓷砖、水帘、锁气器、下灰管。<br>(3) 旋风子式（多管式）及百叶窗式：①补焊或更换磨损部件；②检修冲（出）灰装置、密封及入口挡板等装置。<br>(4) 静电除尘器：①检修传动装置，更换链子和重锤；②检修分配网各部件。<br>(5) 钢珠除尘装置：①检修钢珠输送、分配及锁气装置；②焊补或更换磨损管道、弯头及分离器 | 修补烟道及除尘器本体铁板 | (1) 更换多管式除尘器20%以上旋风子。<br>(2) 更换25%以上瓷砖 |
| 钢架、炉墙、保温 | (1) 检修看火门、人孔门、防爆门、伸缩节、进行堵漏风。<br>(2) 修补炉墙、燃烧器镟、斜坡墙、挡火端、前后镟、点火炉、冷灰斗等。<br>(3) 清理炉内结焦与积灰，修理燃烧带，挡烟墙。<br>(4) 修补保温，补刷残缺油漆 | (1) 检查钢柱、横梁下沉与弯曲程度。<br>(2) 疏通及修理横梁的冷却通风装置。<br>(3) 拆修前后镟、炉顶棚、斜坡墙、冷灰斗、挡火墙等 | (1) 校正处理钢架、横梁下沉或弯曲。<br>(2) 拆砌炉墙或翻修，炉顶棚、斜坡墙、冷灰斗、挡火墙本体砌砖量的20%以上或轻型炉墙的10%以上。<br>(3) 大量拆修保温层。<br>(4) 对锅炉本体炉壳或钢架全面油漆 |
| 燃油系统 | (1) 检修雾化喷嘴及油管连接装置。<br>(2) 检修进风调节挡板。<br>(3) 检修燃油调节门及回油门。<br>(4) 检修燃油泵。<br>(5) 燃油速断门 | 更换烧坏的部件 | |
| 热工仪表及自动装置 | (1) 校验各项重要仪表（如汽包压力表、给水压力表、油压表、主蒸汽温度表、主蒸汽流量表、给水流量表、过热蒸汽压力表、炉膛负压表、过热器管壁温度表、排烟温度表、二氧化碳表、测盐表、煤表等）。<br>(2) 校验各种自动装置（如给水自动控制、炉膛负压自动控制、汽温自动控制装置等）。<br>(3) 清扫仪表盘内部，擦拭表盘表面 | (1) 表盘整理及喷漆。<br>(2) 整理、调换少量的表管及电缆。<br>(3) 检查温度表插座。<br>(4) 检修自动控制或遥控的伺服机。 | (1) 更换重要仪表、自动装置和重要测量元件。<br>(2) 更换大量表管及电缆 |
| 附属电气设备 | (1) 检修常用的电动机和开关。<br>(2) 检查、校验有关电气仪表、控制回路、信号、保护装置、自动装置及联动装置等。<br>(3) 预防性试验 | (1) 检修操作较少、运行条件较好的电动机和开关。<br>(2) 检修其他配电装置、电缆和照明设备 | (1) 更换较多的电力或控制电缆。<br>(2) 更换容量较大的电动机绕组。<br>(3) 重包高压电动机绕组绝缘。<br>(4) 更换较多继电器和仪表 |

| 部件名称 | 一般项目 | | 特殊项目 |
|---|---|---|---|
| | 常修项目 | 不常修项目 | |
| 其他 | (1) 锅炉整体水压试验，检查承压部件的严密性。<br>(2) 进行漏风试脸及堵漏风工作。<br>(3) 检修吹灰器，并校验喷嘴角度。<br>(4) 检修碎煤机、除灰机、冲灰装置。<br>(5) 检查和修理液态排渣炉的溶渣室、抽烟管、机械或水力排渣装置。<br>(6) 检查膨胀指示器。<br>(7) 检修加药及取样装置。<br>(8) 检查修补烟道 | (1) 对单元式铁烟囱，检查油漆。<br>(2) 检修灰沟。<br>(3) 检查风道系统 | (1) 锅炉超水压试验。<br>(2) 更换烟囱钢板 10% 以上 |

　　在检修过程中，应严格执行检修计划，保质保量完成检修任务。尽量避免发生检修延期或临时检修。

　　除了正常的大、小修之外，在锅炉机组运行中。有时会因某些故障在运行中无法消除，但又威胁设备安全和人身安全，就只好紧急停炉进行抢修或临修，即进行由于锅炉承压部件泄漏或重要辅机故障等需停炉处理的检修工作，做好计划性检修可有效地减少临时临修。

# 第二章　锅炉检修工作过程

## 第一节　检修前准备

### 一、检修管理基础工作

火力发电厂和专业检修公司应做好检修管理的基础工作，从实际出发，为生产服务，讲求实效，防止烦琐。

1. 原始管理资料的准备

在检修生产开始前要重点做好如下工作：

（1）有关检修的规定和制度。

（2）设备技术状况和原始资料的管理。

（3）有关检修技术资料和图纸的管理。

（4）检修工具、机具、仪器的管理。

（5）材料和备品配件管理。

（6）人工、材料消耗额资料的积累。

（7）各项技术监督。

（8）建筑物、构筑物的管理。

（9）有关质量标准。

（10）各班组小指标评比资料。

2. 建立健全现场管理的规定和制度

火力发电厂和专业检修公司在检修过程中应贯彻检修规程和行业有关规程制度，还应在检修生产开工前根据具体情况建立健全现场管理的规定和制度，如检修质量标准、检修工艺方法、验收制度、设备技术状况管理制度、设备变更管理办法、图纸资料管理制度等，并应认真贯彻执行。

3. 掌握设备缺陷

火力发电厂和专业检修公司及时掌握设备缺陷，分析和监督设备技术状况的变化，做好设备技术状况的鉴定和评级工作，积累经验和材料，以指导检修工作。对建筑物、构筑物，应定期观测、检查，做好记录，加强管理。

4. 检修工具、机具和仪器仪表的准备

火力发电厂和专业检修公司应根据检修工作的需要充实必须的检修工具、机具和仪器仪表并加强保养和正确使用。贵重和精密的仪器仪表，以及非经常使用的特种机具，可根据情况集中掌握使用。

5. 材料和备品备件的准备

火力发电厂和专业检修公司应根据检修工作的需要，储备必需的专用材料和备品。检修过程中管好材料和备品配件，并即使将检修换下来的轮换备品及时修复。

### 二、检修人员准备

检修人员技术水平的高低、解决问题的能力、工作责任心、工艺风格等，在很大程度上影响着检修工作的完成。所以，检修人员必须提高自身素质，保证检修工作的质和量。

为了高质量地完成检修工作，检修人员必须具有以下素质：

（1）掌握热力设备的特性，摸清各种零部件损坏规律，通过检修及时排除故障，保障热力设备处于完好状态。

（2）必须具有高度的职业责任感，爱岗敬岗，严格执行工艺规程，保证检修质量。

（3）尽量采用新工艺、新技术、新方法，积极选用新材料、新工具，提高工作效率。

（4）节约原材料，合理使用原材料，避免错用、浪费，及时修好替换下来的轮换备品和其他零部件。

（5）要有过硬的技术，达到"三熟"、"三能"的目标。

"三熟"是：①熟悉系统和设备的构造、性能；②熟悉设备的装配工艺、工序和质址标准；③熟悉安全施工规程。

"三能"是：①能掌握钳工手艺；②能干与本职工作密切相关的其他一两种手艺；③能看懂图纸并绘制简单的零部件图。

根据工作需要，检修人员要逐步学会几种手艺（如起重、保温、简单的电焊和火焊、简单的电气工作等），达到一工多艺和一专多能，提高检修工效。

### 三、锅炉设备状态技术分析

设备状态的技术分析是搞好设备大修的基础，运行分析、可靠性分析和技术监督分析是掌握设备状态的主要手段。锅炉设备的技术分析包括以下内容：

#### 1. 锅炉运行分析

通过对锅炉运行工况分析，了解、掌握锅炉运行的基本状态和影响安全、经济运行的基本问题，其主要内容有锅炉运行小时数，启停次数，曾经出现过的异常工况、故障及处理情况，锅炉运行监控参数及经济运行小指标偏离制造厂规定值或设计值的原因分析等。运行工况分析要注意历史资料的积累，注意分析设备状态的变化过程。

#### 2. 可靠性分析

通过对锅炉可靠性指标的统计和分析，掌握造成设备临停的主要部件，部件失效的主要原因及发生规律等，由此得出设备合理的检修周期和设备检修的重点。可靠性分析的对象应扩展到零部件，如锅炉各种受热面、锅炉易损易磨件、转机的轴承等，从而对设备管理能够起到真正的指导作用。

#### 3. 技术监督分析

锅炉的技术监督分析内容主要有，对汽水品质指标的监督和控制的情况，通过割管检查了解炉管结垢、腐蚀的情况，金属材料及压力容器的定期检查和检验，金属经过高温长期运行后性能、组织的变化，受热面磨损的情况以及其他防磨、防爆检查的项目。通过技术监督的分析，了解锅炉设备的技术状态，掌握影响安全运行的主要潜在问题，为检修设备提供依据。

## 第二节 检 修 工 艺 纪 律

### 一、通用检修工艺纪律

检修过程中通常应该按表 2-1 的要求"必须"做到和"不准"做。

### 二、防腐、保温、脚手架工艺纪律

检修过程中在进行防腐、保温、脚手架作业时应该按表 2-2 的要求"必须"做到和"不准"做。

表 2-1　　　　　　　　　　　　　　　　　　通用检修工艺纪律

| 序号 | 必须做到的项目 | 不准做的项目 |
|---|---|---|
| 1 | 进入现场必须戴安全帽，帽带必须系牢固 | 严禁不戴安全帽进入现场，不准将帽带盘入帽内 |
| 2 | 高空作业必须扎安全带，安全带生根点应牢固可靠，不能生根在搭设的脚手架或梯子上。严禁高空抛掷，防止高空落物 | 不准冒险违章作业 |
| 3 | 检修时掀开的沟道盖板或拆除的栏杆必须装设临时围栏，室外还必须装设警示灯，修后必须恢复原状 | 不准敞口，恢复后不准缺少部件 |
| 4 | 检修现场，特别是通道上的盖板要坚固并与周围地面平齐 | 盖板不允许晃动，不允许高出或低于周围地面 |
| 5 | 检修现场，特别是夜间有工作的地方，照明必须充足 | 不准在照明不足的地方工作 |
| 6 | 拆装设备时，必须选用合适的工具 | 不准用其他工具代替 |
| 7 | 在水磨石、瓷砖地面上有检修工作时，地面上必须全部铺上胶皮 | 不准在地面上直接进行工作 |
| 8 | 检修工作必须做到工完料净场地清 | 不准在现场遗留检修杂物，不准有油迹、积水、积灰 |
| 9 | 检修后的设备必须擦拭干净 | 设备上不准留有灰尘、油迹、杂物 |
| 10 | 设备检修后，必须恢复标牌、名称、介质流向、转动方向、开关位置等各种标志 | 不准丢失和漏装 |
| 11 | 现场移动设备、橱子、工器具时，必须用行车、手推车或人力搬运 | 不准在地面上直接拖拉 |
| 12 | 设备、系统、保护定值、操作方式变更或恢复后，必须向运行人员写出书面交代 | 交代不清，设备不能投入运行 |
| 13 | 检修用的临时电源必须接在固定的电源盘上，电线摆放必须整齐，多余的电源线必须盘好 | 不准接在运行设备的电源盘上 |
| 14 | 电源箱必须关闭严密 | 接线不准影响门的开关 |
| 15 | 临时电源线穿过通道时，应架空，如果放在地面上，必须有防止被碾压或被划伤的措施 | 不准直接放在通道上 |
| 16 | 大、小修外以及大小修在未移交设备上的检修工作必须办理工作票 | 不准无票作业 |
| 17 | 外包工、临时工在现场工作时，必须有正式工监视、指导 | 无监护人不准工作，监护人不准干与监护无关的工作 |
| 18 | 设备操作、调整、检修时，必须站在地面、平台或梯子上 | 不准踩踏设备或保温、铁皮 |
| 19 | 检修拆下的零部件必须妥善保管 | 不准丢失、损坏 |
| 20 | 现场设备、系统变更、逻辑回路修改后，必须及时修改规程、图纸 | 不准现场修改与规程、图纸不符 |
| 21 | 现场消缺必须 2 人以上，工作前必须办理工作票并做好有关措施后方可工作 | 不准无票作业 |
| 22 | 进入人孔、容器、井、沟、隧道内部工作，必须有 2 人以上，且门口须有 1 人监护 | |

表 2-2　　　　　　　　　　　　　防腐、保温、脚手架工艺纪律

| 序号 | 必须做到的项目 | 不准做的项目 |
|---|---|---|
| 1 | 设备、管道、建筑物等刷漆前，必须清理干净油污、锈迹、灰尘 | 不准直接刷涂 |
| 2 | 刷漆作业区下方的设备、管道、地面必须用塑料布等遮盖防护 | 不准油漆滴洒在设备、管道、地面上 |
| 3 | 设备系统刷漆前，必须在观察孔、回油窗、温度表、压力表、液位计、指示灯、操作按钮、铭牌等各种标志以及连接部件的螺纹处进行遮盖保护或涂防护剂，刷漆后及时清理干净 | 不准把涂料刷在其上面 |
| 4 | 各种介质管道的颜色必须符合规定要求 | 不准随意用料 |
| 5 | 所有输送热介质的管道、阀门、法兰必须保温 | 不准阀体、法兰裸露不保温 |
| 6 | 保温材料在运输传递时必须轻拿轻放 | 不准损伤棱角 |
| 7 | 保温层厚度必须符合规定 | 不准任意减薄或加厚 |
| 8 | 保温材料必须要有合格证和出厂化验报告 | 不准使用无合格证的保温材料 |
| 9 | 设备检修后，保温、铁皮必须及时恢复原样 | 不准脱期不包，铁皮不准丢失损坏 |
| 10 | 保温层外的铁皮必须光滑、平整、美观 | 不准变形、缺少 |
| 11 | 现场的保温必须完整 | 不准缺少、漏包 |
| 12 | 拆下的保温必须及时清理运出现场 | 不准在现场堆放 |
| 13 | 脚手架必须搭设牢固并经验收合格方可使用 | 不准使用不合格的脚手架 |
| 14 | 搭设脚手架时必须留出足够的通道 | 不准妨碍人通行 |
| 15 | 脚手架必须离开阀门、开关箱等经常操作的设备一定距离 | 不准妨碍正常操作 |
| 16 | 工作完毕，脚手架必须及时拆除，架杆、架板及时运出现场 | 现场不准存放架杆、架板 |
| 17 | 靠近设备及瓷砖地面上搭设的脚手架，必须加隔离垫 | 不准将架杆直接支在设备、瓷砖地面上以及管道和保温层上 |
| 18 | 汽缸异形部位保温，必须紧密贴合 | 不准留有空隙或松脱现象 |
| 19 | 现场临时存放保温材料，必须防潮、防碰、防砸 | 不准堆放在通道和易损的场所 |
| 20 | 保温材料下料时必须按要求的外形尺寸准确下料，外表整齐 | 不准随便切割 |

### 三、焊接施工工艺纪律

锅炉检修过程中有大量的焊接作业，为保证焊接质量和作业安全，应按表 2-3 的要求"必须"做到和"不准"做。

表 2-3　　　　　　　　　　　　　　焊接施工工艺纪律

| 序号 | 必须做到的项目 | 不准做的项目 |
|---|---|---|
| 1 | 特殊钢材领用时应填写《特殊钢材领用卡》，使用前必须经金属光谱检查 | 不准错用钢材 |

| 序号 | 必须做到的项目 | 不准做的项目 |
|---|---|---|
| 2 | 各种钢管焊前必须预热到相应的规定温度 | 不准未经测定预热温度就焊接 |
| 3 | 特殊钢管焊后必须及时进行热处理 | 不准超过24h再进行热处理 |
| 4 | 焊前坡口及其两侧必须彻底清除铁锈和油污 | 表面如有铁锈和油污不准焊接 |
| 5 | 电阻预热温度达到后，必须通知焊工 | 不准在没有接到热处理通知前就焊接 |
| 6 | 预热过程中设备出现故障时，必须通知焊工 | 不准在预热故障排除前继续焊接 |
| 7 | 不锈钢焊接的层间温度必须在250℃以下 | 不准在层间温度大于250℃以上焊接 |
| 8 | 焊接不锈钢的焊工，必须使用250℃的测温表 | 不带测温表不准焊接 |
| 9 | 焊接不锈钢，必须使用专用砂轮片和钢丝刷 | 不准使用打磨碳钢的砂轮片和钢丝刷 |
| 10 | 焊接引弧必须在坡口内进行 | 不准在管道、支架或设备上乱引弧和试验电流 |
| 11 | 领出焊条后，必须接通焊条保温筒的电源 | 不准不接焊条保温筒的电源 |
| 12 | 零用焊条必须用一根取一根 | 不准将焊条放在保温筒外的地方 |
| 13 | 每天用剩的焊条焊丝必须退回焊条烘烤间 | 不准将焊条焊丝留在工作地点 |
| 14 | 焊条头必须放在焊条筒内 | 不准乱扔焊条头 |
| 15 | 支架焊接必须将油漆、铁锈、镀锌打磨干净 | 不准带着油漆、铁锈、镀锌焊接 |
| 16 | 管子对口，必须找正对直 | 对口歪斜不正不准焊接 |
| 17 | 套管焊接的电流必须在规程规定的范围内 | 不准将管子穿 |
| 18 | 小口径管道焊接必须焊接两层 | 不准只焊一层 |
| 19 | 焊完的焊口必须进行打磨清理 | 不准有药皮、飞溅、咬边、砂眼 |
| 20 | 承压部件焊口焊工必须打上自己的钢印标志 | 不准擅自不打标志 |
| 21 | 焊口施焊完毕必须首先对焊口进行表面检查 | 不准焊完不查 |
| 22 | 焊缝不合格必须进行返修 | 不准以任何借口拒绝返工 |
| 23 | 承压部件焊前必须按公司规定进行焊前取样，否则，必须事先经金属监督专工同意 | 不准擅自不焊代样 |
| 24 | 焊接承压部件时必须用引弧板引弧 | 不准在承压部件上引焊 |
| 25 | 在油系统及电缆层等易燃物的上方进行焊接作业时，必须加隔离层 | 不准金属熔渣飞溅掉落在油管道、电缆、电线上 |
| 26 | 在容器内焊接时，必须保持通风良好，必须有人监护 | 不准向容器内充氧气，容器内使用的行灯电压不准超过12V |
| 27 | 焊接转动机械时，必须有良好的接地线 | 不准通过轴及轴承组成焊接回路 |
| 28 | 油管道切割和焊接前必须进行吹扫、擦拭或清理，氢管道焊前必须进行充分的置换，并保证通风良好 | 未进行左述工作，禁止开工 |

## 四、锅炉检修工艺纪律

锅炉本体及辅机的检修作业中应该按表2-4的要求"必须"做到和"不准"做。

表 2-4 锅炉检修工艺纪律

| 序号 | 必须做到的项目 | 不准做的项目 |
|---|---|---|
| 1 | 锅炉管道的阀门或封盖拆下后,门盖法兰或管口必须用铁皮、硬板或专用堵板封堵,并加贴封条,同时做好封堵前、后的详细记录 | 管道不准敞口,不准用棉纱、破布塞堵 |
| 2 | 检修时拆下的油管道、管口必须用堵板或布、塑料布包扎好。并做好防止管道内存油漏至地面的措施 | 不准敞口,不准用破布、棉纱或木塞封堵,不准管道内积油漏至地面 |
| 3 | 检修拆下的螺栓、齿轮和轴等必须放置在木板、胶皮垫、专用架上或零件箱内 | 不准随便放在水泥地面上,且不准磕碰 |
| 4 | 起重用的钢丝绳、若捆绑在金属或水泥梁柱上的棱角处时,必须用木块、胶皮或麻布垫在中间 | 不准不加垫块直接捆绑在梁柱上 |
| 5 | 拆装轴承、对轮等有紧力的部件时,必须用专用拆装工具或用铜棒敲打 | 不准用手锤或其他铁件直接敲打 |
| 6 | 焊接承压部件时必须用引弧板引焊,焊工要打钢印代号 | 不准在承压部件上引焊,不准焊后不打钢印 |
| 7 | 汽包及压力容器每天收工时,人孔门必须加封条,只有工作负责人可以启封 | 不准不加封条下班,非工作负责人不准启封 |
| 8 | 解体后的变速箱盖,轴齿轮必须用木板垫好,下班时用塑料布盖好 | 不准直接放在水泥地面上,不准裸露或碰伤 |
| 9 | 进入汽包、除氧器内时必须穿专用工作服,不准随意乱放 | 不准穿普通工作服,不准携带小物件进入(如钥匙、手表等) |
| 10 | 检修拆下的零部件必须放在板、胶皮垫或专用架上 | 不准乱堆乱放 |
| 11 | 带进汽包、除氧器内的工具必须进行登记,且严禁携带可能掉入内部的物品 | 不准随便带入,取出时要注销 |
| 12 | 重要部件的接合面,必须用蓬布、胶皮或木板等遮盖保护 | 不准裸露磕碰 |
| 13 | 拆开后的管口、疏水口必须及时封堵,并进行登记,取出时要注销 | 不准敞口,不准用棉纱、破布堵塞 |
| 14 | 热套装部件必须按工艺要求进行 | 不准随意用火把烤,不准过热 |
| 15 | 拆装设备必须按工艺要求施工,较复杂的零部件拆卸时,必须做记号,重要部位的数据必须测量两遍以上 | 不准盲目乱拆,不准盲目敲打硬撬,不准以一次测量的数据为准 |
| 16 | 各种密封材料、垫子,其材质、规格尺寸必须准确 | 不准滥用误用 |
| 17 | 用电焊进行转动机械焊接时必须另外加接地线 | 不准通过轴或轴承组成焊接回路 |
| 18 | 清理油箱、轴承室、轴瓦及油管路时,必须用面团、白布或绸布,各部位必须清理干净 | 不准用棉纱破布,不准留死角 |
| 19 | 辅机转动设备对轮找正时必须按工艺要求进行 | 不准用大锤敲击电动机的任何部位 |
| 20 | 拆卸润滑油系统设备及部件,必须将油放净 | 不准使油滴到地面上 |
| 21 | 润滑油系统部件检修清理时,必须在地面铺胶皮、塑料布,或把部件放在油盘内 | 不准把部件直接放在地面上 |
| 22 | 润滑油系统部件吊运时必须先把部件内积油清理干净,或封堵好可能漏油的地方 | 不准在吊运过程中将油滴落在地面或其他设备上 |

| 序号 | 必须做到的项目 | 不准做的项目 |
|---|---|---|
| 23 | 滤油时必须有防止跑油、漏油的措施 | 不准油流至地面上 |
| 24 | 滤油机及管道必须清理干净 | 不准将脏油带入油系统 |
| 25 | 油箱中加入不是同一批的油时，加油前必须进行油样分析和混油试验 | 不准注入未经化验的油 |
| 26 | 起吊设备必须在安全负荷以内使用 | 不准超载使用 |
| 27 | 起吊重物钢丝绳必须垂直 | 不准歪拉斜吊 |
| 28 | 起吊作业时，必须专人统一指挥，并有明显标志，且动作规范标准，吊车司机必须精力集中 | 不准多人同时指挥，不准使用不规范的手势信号 |
| 29 | 使用大锤时必须双手抓紧锤把 | 不准戴手套或单手抡大锤 |
| 30 | 使用凿子及磨光机时，必须戴防护眼镜 | 不戴眼镜严禁操作 |
| 31 | 工器具的手握部分必须干净、光滑 | 不准有油污、毛刺 |
| 32 | 使用高压清洗设备时，手必须紧握喷枪，喷嘴对准要清洗的部位，必须戴防护面罩 | 不准喷嘴对人 |
| 33 | 紧固法兰时，必须用力均匀，对称紧固 | 不准漏紧或过紧 |
| 34 | 对于有力矩要求的紧固件必须按规定的力矩和方法进行紧固 | 不准随意紧固 |
| 35 | 对于转动、振动、晃动等重要部件的连接，其紧固件必须加弹簧垫圈、止退垫圈或锁紧螺帽 | 不准直接连接螺帽 |
| 36 | 同一部件的连接螺栓、螺帽规格必须统一 | 不准混用不同规格的螺栓、螺帽 |
| 37 | 同一部件的紧固螺钉规格必须统一 | 一字头螺钉与十字头螺钉不准混用 |
| 38 | 连接紧固件必须齐全完整 | 不准缺少连接件，不准使用变形、缺角的螺帽，不准使用咬扣、缺扣的螺栓 |
| 39 | 吊运设备或零部件时，必须使用专用吊具 | 不准用其他东西代替 |
| 40 | 检修用的工器具、材料、橱子等必须摆放整齐 | 不准堆放、乱摆 |
| 41 | 现场消防器材必须完整，摆放整齐 | 不准乱放，不准挪作他用 |
| 42 | 燃烧室、烟道封门前必须清点人数及工具 | 清点不清不准封门 |
| 43 | 所有设备、系统的接水盒、回水管必须清理干净，保证回水畅通 | 不准堵塞、溢水 |
| 44 | 所有管道必须固定牢固 | 不准造成管道振动、晃动 |
| 45 | 使用气割时，必须在被割物体下垫上垫板 | 不准在地面上直接气割 |
| 46 | 氧气和乙炔必须分开运送，使用间距必须大于8m | 不准把氧气和乙炔放在一起 |

## 第三节　锅炉机组检修后设备验收

为了保证检修质量，必须做好大修后的质量检验和验收工作。质量检验实行自检与专职人员检验相结合的办法。检验工作分为班组、分场、厂部三级验收管理制度。

检修后的验收，必须注意以下四个问题：①全面复查检修项目；②认真执行"自检"；③严格三级验收；④搞好运行专业验收。

锅炉的验收工作有分段验收、冷态验收、热态验收三种方法。

## 一、分段验收

在锅炉机组大修的过程中，由分场组织有关人员来验收已修好的设备和部件。

下列设备和部件要进行分段验收：

(1) 锅炉本体受热面（水冷壁、集箱）等。

(2) 汽包内部装置。

(3) 燃烧设备（燃烧器等）。

(4) 炉墙。

(5) 除尘、除灰、吹灰设备。

(6) 锅炉范围内的管道、阀门。

(7) 吸风机、送风机。

(8) 制粉系统及其设备（旋风分离器、粗粉分离器、煤粉管道、风烟管道及挡板、磨煤机、排粉机、给粉机、给煤机）。

进行分段验收时，验收人员到现场对已修好的设备进行全面详细的检查。核对设备、系统的变更情况，并查阅有关施工技术文件和记录。检查现场清理状况，并检查标志、信号、照明等指示是否正确、齐全。对能转动的机械设备应进行试转，检查部件动作是否灵活。

转动设备的试转是检验质量、保证安全的重要手段。试运转必须在检修工作完毕、验收合格、人员撤离现场及有关设备系统允许的情况下，经有关部门会签后进行。试转时必须严格检查、鉴定质量。

## 二、冷态验收

冷态验收是在冷态下对锅炉机组的初步总验收。

设备大修后，当分段验收（包括热工仪表、自动装置和锅炉的电气部分）全部完成后，进行冷态验收。由生产副厂长、总工程师和安全监察等有关部门参加。主要检查大修项目完成情况，检查设备缺陷和主要问题的分析处理情况，检查大修质量情况、未完工作的情况。最后根据锅炉机组检修质量，做出锅炉机组是否点火启动的决定。

## 三、热态验收

热态验收是指带负荷对锅炉机组进行的总验收。锅炉机组经过冷态验收之后，在投入运行带负荷试运行的72h内进行检查和验收。

运行人员验收的重点为：

(1) 检查承压部件的严密性。检查法兰盘与阀门处有无渗漏，炉膛、省煤器、过热器及其他部位有无杂声。

(2) 检查各汽水阀门是否卡住、堵塞或操作不灵。

(3) 检查转动机械轴承温度和各处振动情况。

(4) 检查安全保护装置和自动装置动作是否可靠，各个仪表、信号及标志是否正确。

(5) 检查保温层是否完整，设备和现场是否整洁。

(6) 检查"七漏"是否消除。

(7) 检查燃烧设备和炉膛运行状况。

如果检修情况良好，在72h的运行中，没有遗留未能消除的缺陷，蒸汽参数和蒸汽质量也良好，则可允许机组正式投入运行。如果发现有缺陷或存在其他问题而影响正常运行时，在未得到消除和解决并再次带负荷验收之前，不能认为大修已经结束。

锅炉机组大修结束后，在锅炉投入运行的一个月内，有关专业应做好各项试验（如热效率试验等），并与大修前及其他有关资料做好分析比较，以确定检修效果和设备改进项目的成效，最后，写出锅炉大修总结报告。

# 第三章 锅 炉 钢 材

## 第一节 钢 的 性 能

含碳2%以下的铁碳合金称为钢。为更合理地使用钢材，充分发挥其作用，必须掌握各种钢材制成的零构件在正常工作情况下应具备的性能及其在冷热加工过程中材料应具备的性能。

### 一、物理性能

钢材的物理性能主要包括容重、熔点、导电性、导热性、热膨胀性和导磁性等。

#### 1. 容重

单位体积的钢材的质量叫作该金属的容重，符号以 $\gamma$ 表示，单位为 $kN/m^3$。

#### 2. 熔点

固体钢材在加热过程中，开始转变成液体状态时的温度叫熔点，其符号以 $t_{熔}$ 表示，单位为℃。

#### 3. 导电性

能传导电流的性能叫导电性，一般以导电系数或电导率作为指标，其符号以 $\rho$ 表示，单位为 $m/(\Omega \cdot mm^2)$。

#### 4. 导热性

钢材受热后，能将热量向四周冷钢材方向传导的性能叫钢材的导热性，一般以导热系数作为指标，其符号以 $\lambda$ 表示，单位为 $J/(cm \cdot s \cdot ℃)$。

#### 5. 热膨胀性

钢材在加热过程中体积增大的性能叫热膨胀性，通常以线膨胀系数作为指标，其符号为 $\alpha$，单位为 $1/℃$。

#### 6. 导磁性

能传导磁的性质叫导磁性，通常以磁导率作为指标，其符号为 $\mu$，单位为 $H/m$。不同的金属，其导磁性的强弱也有所不同。如铁、镍（Ni）等属于铁磁性材料，其他大多数金属都属于弱磁性或逆磁性材料。

### 二、力学性能

钢在外界机械力的作用下所反应出来的各种性能叫作力学性能，以前叫机械性能。

根据钢材受力状态的不同，可分为静荷载受力和动荷载受力两类，如拉伸、压缩、剪切、扭曲、弯折等均属静荷载，而冲击则属于动荷载。

钢的力学性能主要包括强度、塑性、硬度、冲击韧性和疲劳强度等，可以表示金属抵抗外力的能力。

#### （一）强度

钢材在外力的作用下，抵抗本身变形和被破坏的能力叫强度。其代表符号为 $\sigma_b$，单位为 MPa（兆帕）。强度指标包括比例极限、弹性极限、屈服强度、抗拉强度等。

钢材的强度包括抗拉强度、抗弯强度、抗扭强度等，常用的为抗拉强度（或抗拉强度极限）。

#### 1. 抗拉强度值

抗拉强度值是通过万能试验机对特制试样进行拉伸试验取得的，其过程分以下阶段：

（1）弹性变形过程。试样开始受拉伸荷载而变形。当外力消失后，试样本身能自行恢复原来的形状和尺寸，这种性能叫弹性，这种变形现象叫弹性变形。

（2）塑性变形过程。如继续伸长，虽外力消除，但试样不能恢复原来的形状和尺寸，这种现象称为塑性变形，但其中仍保留一定的弹性。

（3）屈服过程。当试样受力，虽然不再增加载荷，但试样仍继续发生变形，这种现象称为屈服，为该金属的屈服极限。

（4）断裂过程。对试样继续增加载荷，试样的长度方向内出现局部直径变细，这种现象称为缩颈。虽然外力不再增加，但缩颈部分仍继续变细，直至试样由该处被拉断为止。该点就是该金属的最大抗拉强度（即抗拉强度极限或极限强度），为试样被拉断点。

2. 强度指标

（1）比例极限。对金属施加拉力，金属存在着力与变形成直线比例的阶段，而这个阶段的最大极限负荷 $P_p$ 除以试样的原横截面积即为比例极限，用 $\sigma_P$ 表示。

（2）弹性极限。金属受外力作用发生了变形，外力去掉后，能完全恢复原来的形状，这种变形称为弹性变形。金属能保持弹性变形的最大应力称为弹性极限，用 $\sigma_e$ 表示。

（3）抗拉强度。试样拉伸时，在拉断前所承受的最大负荷除以原横截面积所得的应力，称作抗拉强度，用 $\sigma_b$ 表示。当材料所受的外应力大于其抗拉强度时，将会发生断裂。因此 $\sigma_b$ 越高，则表示它能承受越大的外应力而不致于断裂。

国外标准的结构钢常按抗拉强度来分类，如 SS400，其中 400 表示 $\sigma_b$ 的最小值为 400MPa，超高强度钢是指 $\sigma_b \geqslant 1373$MPa 的钢。

（4）屈强比。屈强比即屈服强度与抗拉强度之比值（$\sigma_S/\sigma_b$）。屈服比值越高，则该材料的强度越高，屈强比值越低则塑性越佳，冲压成形性越好。如深冲钢板的屈强比值小于或等于 0.65。

弹簧钢一般均在弹性极限范围内服役，受载荷时不允许产生塑性变形，因此要求弹簧钢经淬火、回火后具有尽可能高的弹性极限和屈强比值（$\sigma_S/\sigma_b \geqslant 0.90$），此外，疲劳寿命与抗拉强度及表面质量往往有很大关联。

（二）塑性

金属承受外力发生永久变形（即塑性变形）而不断裂的性质叫塑性，一般以金属的延伸率和断面收缩率作为衡量金属塑性的指标。

1. 延伸率

试样被拉断后，其变形后的长度 $L_1$ 与原标定长度 $L_0$ 之差与原标定长度的比值叫延伸率，其符号以 $\delta$ 表示，计算公式为

$$\delta = \frac{L_1 - L_0}{L_0} \times 100\% \tag{3-1}$$

式中　$\delta$——延伸率，%；

　　$L_0$——试样原标定长度，mm；

　　$L_1$——试样被拉断后的长度，mm。

通常用下标 5（即 $\delta_5$）表示标距长度为 5 倍直径时的延伸率。

2. 断面收缩率

试样被拉断后，试样原来的截面积 $A_0$ 与被拉断后收缩至最小截面积 $S_1$ 之差与原截面积的比值叫做面收缩率，其符号以 $\psi$ 表示，计算公式为

$$\psi = \frac{S_0 - S_1}{S_0} \times 100\%$$ (3-2)

式中　$\psi$——断面收缩率,%;

$S_0$——试样原截面积,$mm^2$;

$S_1$——试样被拉断后的最小截面积,$mm^2$。

(三) 硬度

金属材料表面在外界硬物的作用下（静荷载）压成一个凹坑,以此压痕的深浅来表示金属本身抵抗外力的能力叫硬度。

可根据硬度试验设备及所配备的压头形状、尺寸和荷载大小的不同,将硬度分为布氏硬度（HB）、洛氏硬度（HR）等,常用的为布氏硬度。

1. 布氏硬度 (HB)

以一定的载荷（一般30 000N）把一定大小（直径一般为10mm）的淬硬钢球压入材料表面,保持一段时间,去载后,负荷与其压痕面积之比值,即为布氏硬度值（HB）,计算公式为

$$HB = \frac{P}{S}$$ (3-3)

式中　HB——布氏硬度,$N/mm^2$;

$P$——加给钢球的荷载,N;

$S$——金属表面上的压痕表面积,$mm^2$。

布氏硬度值习惯上不标注单位,如20号低碳钢的布氏硬度值 $HB = 1560N/mm^2$,即可写成 HB1560。

锤击式布氏硬度计是现场常用的一种检测金属硬度的工具,它是利用手锤击打冲头,钢球同时作用在标准试棒和金属表面上,根据这两个表面的压痕直径查表,即可得出该金属的硬度值。因为这种硬度计的测量误差较大,试验重复性较差,故目前已被数字显示便携式里氏硬度计所取代。

2. 洛氏硬度 (HR)

当HB＞450或者试样过小时,不能采用布氏硬度试验而改用洛氏硬度计量。它是用一个支持角 120° 的金刚石圆锥体或直径为 1.59、3.18mm 的钢球,在一定载荷下压入被测材料表面,由压痕的深度求出材料的硬度。根据试验材料硬度的不同,分为以下三种不同的标度来表示。

(1) HRA。是采用 60kg 载荷和钻石锥压入器求得的硬度,用于硬度极高的材料（如硬质合金等）。

(2) HRB。是采用100kg 载荷和直径 1.58mm 淬硬的钢球求得的硬度,用于硬度较低的材料（如退火钢、铸铁等）。

(3) HRC。是采用 150kg 载荷和钻石锥压入器求得的硬度,用于硬度很高的材料（如淬火钢等）。

3. 维氏硬度 (HV)

以 120kg 以内的载荷和支持角为 136° 的金刚石方形锥压入器压入材料表面,用材料压痕凹坑的表面积除以载荷值,即为维氏硬度值（HV）。

(四) 冲击韧性

金属材料承受冲击荷载（即动荷载）时的抵抗能力叫冲击韧性。摆锤冲断试样时所做的功叫做冲击功,其符号以 $A_k$ 表示,单位为 J。试样单位截面积所吸收的冲击功叫冲击值,以 $\alpha_k$ 表示,单位为 $N \cdot m/cm^2$,计算公式为

$$\alpha_k = \frac{A_k}{S}$$ (3-4)

式中　$\alpha_k$——冲击值，N·m/cm²；

　　　$A_k$——冲击功，N·m；

　　　$S$——试样断面积，cm²。

目前常用的 10mm×10mm×55mm，带 2mm 深的 V 形缺口夏氏冲击试样，标准上直接采用冲击功（J，焦耳值）$A_k$，而不是采用 $\alpha_k$ 值。因为为单位面积上的冲击功并无实际意义。

冲击功对于检查金属材料在不同温度下的脆性转化最为敏感，而实际服役条件下的灾难性破断事故，往往与材料的冲击功及服役温度有关。因此标准中不但规定某一温度时的冲击功值，还规定 FATT（断口面积转化温度）要低于某一温度的技术条件。所谓 FATT，即一组在不同温度下的冲击试样冲断后，对冲击断口进行评定，当脆性断裂占总面积的 50% 时所对应的温度。由于钢板厚度的影响，对厚度小于或等于 10mm 的钢板，可取得 3/4 小尺寸冲击试样（7.5mm×10mm×55mm）或 1/2 小尺寸冲击试样（5mm×10mm×55mm）。但是一定要注意，同规格及同一温度下的冲击功值才可相互比较。只有在标准规定的条件下，才可按标准的换算方法，折算成标准冲击试样的冲击功，再相互比较。

（五）疲劳

金属材料长时间承受交变荷载（往返幅度相同）时所表现出来的抵抗能力叫耐疲劳性。经过若干次交变荷载作用，金属发生破坏性断裂称为金属的疲劳破坏，这种现象就叫作金属的疲劳。在规定的返复次数内不发生断裂的最大应力称为疲劳极限。

### 三、工艺性能

金属的工艺性能主要包括铸造性、可锻造性、焊接性、淬透性和切削加工性等。

1. 铸造性

金属在熔化、浇铸过程中，液态金属能否充满铸模、冷凝时金属体积收缩量的大小、铸件内部化学成分分布是否均匀等性能叫铸造性。

2. 可锻造性

金属材料在承受外力锻打加工时而不断裂的抵抗能力叫可锻造性。钢铁为塑性材料，故其可锻造性良好；而铸铁为脆性材料，击打易裂，故其不可锻造。

3. 焊接性

金属工件焊接时，在工艺上的难易程度，或是焊后是否容易出现裂纹等缺陷的性能叫金属的焊接性。如低碳钢具有良好的焊接性，而高碳钢、铸铁、有色金属等的焊接性较差。

4. 淬透性

金属制品接受淬火工艺的难易程度叫淬硬性。如高碳钢易于接受淬火工艺，故有良好的淬硬性；而低碳钢则淬硬性较差，不易淬火。易于淬火的金属在接受淬火工艺后，其淬火层的深浅叫淬透性。不同金属、不同规范、不同的淬火工艺，其淬火层的深度也不同。

5. 切削加工性

金属接受机械切削加工的能力叫做金属的切削加工性。如低碳钢易于切削，故切削加工性能良好；而高碳钢硬、不锈钢黏，都属于不易切削加工的金属材料。

### 四、化学性能

金属材料对各种腐蚀物质（如大气、水蒸气、有害气体、酸、碱、盐类等）所表现出来的抵抗能力叫化学性能。如铁的化学性能不稳定，与氧气的结合力较强，耐腐蚀性较差，而不锈钢的化学性能较稳定，耐腐蚀性较高。

（1）耐腐蚀性。是指金属材料抵抗各种介质侵蚀的能力。

（2）抗氧化性。是指金属材料在高温下，抵抗产生氧化皮能力。

**五、锅炉用钢的特殊性能**

锅炉常用金属材料在室温和高温下的特殊性质有以下几种。

1. 断裂韧性

（1）平面应变断裂韧性 KIC 是抵抗裂纹发生扩展的能力，由断裂韧性试验来确定，主要用于评定较脆的材料。

（2）裂纹尖端张开位移临界值 $\delta_C$。

（3）临界 J 积分，JIC（金属材料延性断裂韧度）按规定确定。

B 和 C 专用于评定塑性较好的材料的断裂韧性。

2. 断口形态脆性转变温度 FATT

FATT 是指材料由韧性向脆性状态转化的温度，由系列冲击试验来确定。该温度可用来确定锅炉受压元件的水压试验的温度。

3. 无塑性转变温度 NDT

NDT 是指在落锤试验时，材料刚好发生断裂的最高温度，由落锤试验来确定。该温度可用来确定锅炉受压元件的水压试验的温度。

4. 应变时效敏感性

该系数指原始状态和应变时效（材料冷加工变形后，由于室温和较高温度下的材料内部脱溶沉淀过程导致性能尤其是冲击韧性发生变化的现象）后的冲击功的平均值之差与原始状态的冲击功的平均值之比。

5. 疲劳

长期承受交变载荷作用的零件，在发生断裂时的应力，远低于材料的屈服强度，这种现象叫疲劳损坏。金属材料在无数次交变载荷作用下，不致引起断裂的最大应力叫做疲劳强度。分为低周疲劳和高周疲劳，低周疲劳是指高应变或应力、低寿命的疲劳，锅炉受压元件材料承受低周疲劳居多；高周疲劳主要是弹性应变起决定作用。

（1）腐蚀疲劳。指在循环交变应力和腐蚀介质共同作用下产生的开裂与破坏。

（2）热疲劳。由于温度的循环变化，引起热应力的循环变化，并由此产生疲劳破坏。

若热应力长期工作中多次周期性地作用在材料上，将会引起塑性变形的积累，导致热疲劳裂纹的产生与扩展，使材料出现损伤破坏，一般出现在金属零件的表面，呈龟裂状。锅炉的减温器管、省煤器管、再热器管与水冷壁管等，都会由于温度的波动及启动、停炉等造成热疲劳损坏，主要的影响因素是部件本身的温度差。就钢来说，其高温组织稳定性越好，其抗热疲劳能力越高；钢的线膨胀系数越大、导热系数越小，就会造成较大的温度差和热应力而降低材料的抗热疲劳性能。珠光体钢的抗热疲劳性能高于奥氏体钢就是这个原因。此外，热疲劳裂纹一般均属晶内破坏，故细晶钢具有更高的抗热疲劳性能。

6. 蠕变及蠕变强度

在一定温度和应力作用下，随时间增加发生缓慢塑性变形的现象称为蠕变。而蠕变极限则是指材料在一定温度下、在规定的持续时间之内，产生一定蠕变变形量或引起规定的蠕变速度，此时所能承受的最大应力，有两种定义方法：一种是以 $\sigma_T \times 10^{-5}$ 表示（在 $T\,^\circ\!C$ 时引起的蠕变速度为 $1 \times 10^{-5}\%/h$ 的应力，即是在 $T$ 温度，引起规定蠕变的形变速度的应力值，如 $\sigma \times 10^{-5}$ 代表蠕变速度为 $10^{-5}\%/h$ 的蠕变强度，锅炉材料常采用此种表示定义）；另一种是以 $\sigma_T/10^5$ 表示（在 $T\,^\circ\!C$ 时工作 $10^5\,h$，其总变形量为 1% 的应力值）。

### 7. 持久强度

在高温和应力长期作用下抵抗断裂的能力，是指在一定温度和规定持续时间内引起断裂的最大应力值，以 $\sigma_T t$ 表示，其中 $T$ 示温度（℃），$t$ 示时间（h）。火电厂的高温材料一般用 $\sigma_T 10^5$ 表示，即在 $T$℃运行 $10^5$ h 发生断裂应力值。由于许多钢在长期高温运行后，其塑性降低明显，此时尽管蠕变变形量未到达规定值，但材料却提前破坏，呈现出蠕变脆性现象，这是十分危险的。因此，锅炉钢管常以持久强度作为设计依据。温度越高，寿命越短，因而超温运行会严重影响工件的寿命。

### 8. 持久塑性

通过持久强度试验，测量试样在断裂后的相对伸长率 $\delta$ 及断面收缩率 $\psi$，持久塑性是高温下材料运行的一个重要指标，它反映材料在高温及应力长时间作用下的塑性性能；一般要求持久塑性 $\delta$ 不得低于 $3\% \sim 5\%$。

### 9. 抗松弛稳定性

抗松弛稳定性是指零件在高温和应力长期作用下，若维持总变形不变，零件的应力将随时间延长而逐渐降低的现象，它是弹性变形自动转成塑性变形的结果。对紧固件用钢来说，其抗松弛性能是一个重要的高温性能指标，一般以抗松弛稳定性（即材料抵抗松弛的能力）作为强度计算指标。

### 10. 组织稳定性

这是高温材料的特殊性能。

### 11. 抗氧化性

在高温工作下的钢材很容易与直接接触的介质发生化学反应，如锅炉过热器的外表面与烟气、主蒸汽管道外表面与空气等都会发生氧化反应，从而使金属表面产生化学腐蚀。高温时，当 $O_2$、$CO_2$、$H_2O$ 等汽体与金属表面接触发生氧化时，如果金属与氧形成的氧化膜能挥发或不能完整地覆盖在金属表面，则金属会继续被氧化；若氧化膜能象一层致密的保护膜一样覆盖在金属表面，则其可以防止金属被进一步氧化。

铁的氧化物有 $FeO$、$Fe_3O_4$、$Fe_2O_3$ 三种。当温度在 570℃ 以下时，碳钢材料表面上形成的氧化膜由 $Fe_3O_4$ 和 $Fe_2O_3$ 组成，这种氧化物较致密，能强烈地防止原子扩散，故其具有一定的抗氧化性。当温度高于 570℃ 时，形成的氧化膜由 $Fe_2O_3$、$Fe_3O_4$ 和 $FeO$ 三层所组成，其厚度比例大致为 1：10：100，此时的主要氧化物为 $FeO$，这种氧化物不致密，其晶体结构简单，是铁原子缺位的固溶体，金属原子很容易通过空位进行扩散，因而破坏了整个氧化膜的强度，故其抗氧化性差。因此在温度高于 570℃ 时，铁的氧化过程大大加速。提高钢的高温抗氧化性能的基本方法是合金化，对加入钢的中的合金元素应满足下列要求：

（1）能在钢的表面形成一层稳定的合金氧化膜，以阻止铁与氧结合，为此合金元素的离子应比铁离子小，比铁更容易氧化。

（2）合金氧化膜应与铁基体结合紧密，不容易剥落。Al、Si、Cr 三种元素均可满足上述要求。

Al、Si 的过多加入会影响钢的组织稳定性，故目前主要加入 Cr 来提高钢的抗氧化性能。要使钢具有足够的抗氧化性，温度越高，则所要加入的 Cr 量越多，但大多数情况下一般不单独加 Cr，应同时加入 Cr 和 Al 或 Cr 和 Si，这样一方面可以降低 Cr 的使用量，另一方面还可提高钢的热强性能。

高温下钢除了受到氧化外，还可能受到其他气体，如 $SO_2$、$SO_3$、$H_2S$、$H_2$ 等的作用，产生诸如硫腐蚀、氢腐蚀以及应力腐蚀等高温腐蚀，如锅炉受热面管子在运行过程中，管壁直接与高温汽水、水和蒸汽接触，会产生腐蚀现象，引起管子过早破坏。空气预热器等如在露天下工作，由于烟气中有 $SO_2$，还会产生低温腐蚀损坏。提高钢材抗高温腐蚀性能的措施仍是加入 Cr、Al、Si 等合金元素最为有效，这些元素加入后一方面形成致密氧化膜起保护作用，另一方面可提高钢的电极电位，使 Fe 离子不容易被拉走，材料也不易被腐蚀。如加入 11.7%Cr，钢的电极电位就由负变成正，所以一般不锈钢的含 Cr 量为 12%～13%。

12. 热脆性

热脆性指钢在某一温度区间长期加热会导致其冲击韧性显著降低的现象。其可能的原因是在高温下沿原奥氏体晶界析出了一层碳化物或氮化物脆性网，如 FeS 或 $Cr_7C_3$ 等。主要影响因素是钢的化学成分，含 Cr、Mn、Ni 等元素的钢的热脆性大，而加入 Mo、W、V 等会降低热脆性，在低合金钢中加入微量元素如 B、Ti、Nb 也可降低热脆性。

# 第二节　高温下钢性能变化

在室温时，钢的组织一般是稳定的。但在高温及应力的长期作用下，不但会发生蠕变、断裂和应力松弛等形变过程，而且由于原子扩散过程的加剧，钢的组织将逐渐发生变化，从而引起钢的性能发生改变，特别是对钢的高温强度及塑性产生不利的影响。温度越高，变化速度越大，而这些变化在大多数情况下都会使钢的高温工作能力降低，影响其安全运行。因此，应注意这种危险的组织结构变化。

耐热钢在高温时表现出来的组织变化有珠光体组织球化和碳化物聚集、碳化物结构石墨化、合金元素在固溶体和碳化物之间重新分配、时效并产生新相 4 种。另外，钢在高温下的还会产生氧化和腐蚀等。

## 一、钢的蠕变、断裂和应力松弛

### 1. 钢的蠕变

(1) 钢的蠕变现象。钢在高温下，即使其所受的应力低于金属在该温度的屈服点，在这样的应力长期作用下，也会发生缓慢但是连续的塑性变形，这种现象被称为蠕变现象，所发生的变形称为蠕变变形（通常把管径方向的蠕变变形称为蠕变胀粗或称蠕胀）。对于碳素钢，大致在 300～350℃才出现蠕变现象；对合金钢，大约在 400℃以上会出现蠕变现象，并且随着合金成分不同，开始出现蠕变的温度也不同。

(2) 钢的蠕变极限。为了说明钢在高温下抵抗蠕变变形的能力，引入蠕变极限概念。工程所用的蠕变极限称为条件蠕变极限。条件蠕变极限的含义是：条件蠕变极限是一个应力，在这个应力的作用下，钢在一定温度于规定时间内产生的规定的总的变开量或者引起的规定蠕变速度。

### 2. 钢的持久强度与蠕变断裂

(1) 持久强度。蠕变试验仅仅是测定第二阶段的变形速度或蠕变的总变形量，还不能反映钢材在高温断裂时的强度和韧性，而持久强度不但能反映钢材在高温断裂时的抵抗能力，同时还能反映钢材在高温断裂时的塑性。试验表明：许多钢材和合金钢多在短时试验时塑性可能很高，但是经高温长期试验后，钢的塑性有显著下降的趋势，有的持久塑性仅达 1%～2%（即出现了所谓蠕变脆性现象），这种情况在做持久试验时能很好地反映出来。因此要全面评定钢材的高温性能，除了进行蠕变试验外，还必须做持久试验，测定钢材的持久强度。

所谓持久强度是指钢材在高温和应力的长期作用下抵抗断裂的能力。在锅炉设计中是以零件在高温运行 10 万 h 断裂时的应力作持久强度。

(2) 钢的蠕变断裂。当金属经过了蠕变第三阶段后，即发生蠕变断裂。断裂有晶间断裂（沿晶断裂）和晶内断裂（穿晶断裂）两种基本类型。晶间断裂是在高温蠕变时普遍存在的断裂现象，断裂时裂纹沿晶界发展，试样在断裂时的变形比晶内断裂小，属于脆性断裂的形式。晶内断裂时裂纹穿过晶粒，断裂时试样总伴随较较大的塑性变形，并产生明显的缩颈，属于韧性断裂。

3. 钢的应力松弛

金属在高温和应力状态下，如维持总变形不变，随着时间的延长，应力逐渐降低的现象称为应力松弛。

## 二、钢在高温长期运行中发生的组织性质变化

（一）珠光体球化

1. 珠光体组织球化和碳化物聚集的概念

珠光体球化是指钢材经高温长期运行后，珠光体组织中的渗碳体由片状逐渐变成球状，并聚集长大。20碳钢、15CrMo、12Cr1MoV等珠光体耐热钢，其原始组织一般为铁素体加珠光体，所以它们在高温下最普遍的组织不稳定性就是珠光体球化。

发生球化的原因是：球状渗碳体比片状的更为稳定。因前者的表面积比同体积的球状渗碳体的大，总表面能较高；在高温下，由于原子得到能量，活动能力增强，将自发从高能量状态向低能量的状态转变。

2. 球化对钢的性能的影响

珠光体球化会使钢的室温和高温强度降低，尤其使蠕变极限和持久强度下降，从而加速了高温部件在运行过程中的蠕变速度，导致破坏加速。如对12Cr1MoV钢的试验表明：完全球化后，该钢的持久强度比未球化的降低约1/3；含0.5% Mo的钢在538℃下使用20年后，蠕变极限下降77%。在火电厂中，引起爆管事故的重要原因往往就是珠光体发生严重球化，因而要对锅炉钢管等设备的材料进行珠光体球化程度监督，定期检查其发展情况。

3. 影响珠光体球化的因素

（1）温度。温度越高，球化越快。

（2）时间。当金属温度一定时，运行时间越长，球化程度越严重。

（3）应力。运行时钢材所受应力将促使球化过程加速，有应力作用下珠光体完全球化所需时间比无应力下减少1/3。

（4）钢的化学成分。由于球化过程和碳的扩散速度有关，因此钢中加入Cr、Mo、V、Nb、Ti等合金元素能阻止碳在固溶体中的扩散或形成稳定的碳化物，所以能阻碍或减缓渗碳体向球状转变和聚集。但钢中加入铝Al会加速球化过程。在同一温度下，不同钢种在防止珠光体球化方面表现不同。钢中含碳量越少，则球化对钢的强度影响越小，组织更稳定。

（5）原始组织。钢所处的原始组织状态不同，珠光体球化速度也不同。一般来说，同一钢号的退火组织较正火组织稳定且晶粒较粗，则球化速度较低。冷变形使钢处于不稳定状态，所以冷变形会加快球化过程。

4. 珠光体球化级别

不同的钢材，由于合金成分和原始组织不同，珠光体球化过程各有特点。如20号钢、12CrMo、15CrMo这组钢的原始组织都是铁素体加块状珠光体，珠光体中碳化物是片状或略有球状，12Cr1MoV钢的原始组织常见的为铁素体加沿晶界分布的条状珠光体，由于通常的热处理是正火加高温回火，因此珠光体中碳化物已不是片状而是球状，这是12Cr1MoV钢管原始组织的一个特点。所以各种钢的球化程度不能应用统一的评级标准，但都是级数越多，球化越严重。

（二）石墨化

1. 石墨化概念

钢中渗碳体（$Fe_3C$）在高温下分解成游离碳，并以石墨形式析出，在钢中形成了石墨夹杂的现象，称为石墨化。石墨化是碳钢和珠光体钼钢组织不稳定的一种最危险形式。热强钢中只有低碳钢和含0.5%Mo、不含铬的珠光体耐热钢在高温条件下长期运行才发生这种危险性组织变化。

2. 石墨化对钢性能的影响

当钢中产生石墨化现象时，由于碳从渗碳体中析出成为石墨，钢中渗碳体数量减少，而石墨在钢中有如空穴割裂基体，而石墨本身强度又极低。因此石墨化会使钢材的强度降低，使钢材的室温冲击值和弯曲角显著下降，引起脆化。石墨化不仅很大程度上消除了碳化物对钢的强化作用，而且由于石墨本身的强度和塑性极低，相当于在钢中出现了裂纹或孔隙，危害极大。尤其是粗大元件的焊缝热影响区，粗大的石墨颗粒可能排成链状，产生爆裂。石墨化1级时，对管子的强度极限$\sigma_b$影响不明显，2～3级时，管子钢材的强度极限较原始状态降低了8%～10%；3～3.5级时，$\sigma_b$降低了17%～18%。

3. 影响石墨化的因素

（1）温度。碳钢在450℃以上，0.5%Mo钢约在480℃以上开始石墨化，温度越高，石墨化过程加快。

（2）合金元素。钢中的化学成分对其石墨化倾向有决定性的影响：Al、Si、Ni是促进石墨化的元素，故热力设备用的碳钢和钼钢应尽可能不用Al、Si脱氧，而加入碳化物形成元素Cr、V、Ti、Nb等形成稳定性更高的碳化物，或使渗碳体的稳定性提高，从而能有效地阻止石墨化过程。铬是降低石墨化倾向最有效的元素，在低钼钢中加入少量的铬（0.3%～0.5%），就可以有效地防止石墨化，如12CrMo钢，运行经验证明不产生石墨化。

（3）晶粒大小和冷变形。因为石墨常沿晶界析出，所以粗晶粒钢比细晶粒钢石墨化倾向小。

高温蒸汽管道经过冷变形和焊接，也会促进石墨化进程，特别是在焊接热影响区中，最易出现链状石墨化石墨，使管子破裂，对焊缝采用退火或正火后回火等措施，可大大减少石墨化倾向。管子热处理时冷却不均匀所产生的区域应力也会促进石墨化。金属中的裂纹、重皮等缺陷，是最容易产生石墨化的地方。

4. 石墨化的级别

根据钢中石墨化的发展程度，通常将石墨化分为四级：1级，石墨化现象不明显；2级，明显的石墨化；3级，严重石墨化；4级，很严重的石墨化（危险）。

石墨化级别与钢中游离碳之间有一个大致的规律，石墨化1级其游离碳约为钢材总含碳量的20%左右；2级为40%左右；3级为60%左右，当超过60%时，石墨化已发展到了危险程度。

5. 石墨化和球化的关系

对于低碳钢和0.5%Mo钢，虽然温度、时间、晶粒大小和冷变形等均对球化和石墨化有相同的影响，但一般是先出现珠光体球化，通常发现石墨化时，球化过程已进行了一段时间了。

### 三、合金元素在固溶体和碳化物之间重新分配

钢的组织，在高温和应力长期作用下，固溶体中的合金元素逐渐减少，碳化物中的合元素逐渐增多，使固溶体中的合金元素逐渐贫化。对耐热钢来说，固溶体中的合金元素的贫化主要是指Mo、Cr贫化。这样重新分配的结果，使钢的强度、蠕变极限和持久强度下降，对高温部件的运行构成威胁。

合金再分配的过程随温度升高和时间延长而加强。钢中含碳量的升高也会加速这一过程。特别是温度接近于钢材的使用温度上限时，合金元素迁移的速度更快。

钢的化学成分对合金元素的再分配有决定性的影响。由于合金元素的再分配与扩散过程有

关，因此钢中加入能延缓扩散过程的元素将有利于固溶体的稳定。如在铬钼钢中加入 V 元素，则可减慢 Mo、Cr 的迁移过程，所以 Mo、Cr、V 钢较 Mo、Cr 钢时的使用温度更高。

## 四、时效和新相的形成

耐热钢在高温应力下工作，随时间的推移，从过饱和固溶体中分解出高度弥散的强化相粒子（新相），使钢的性能随之变化。时效前期强化相的粒子细小而弥散，钢的强度、硬度升高，而韧性、塑性降低，即表现出弥散沉淀强化；随时间延续，新相粒子聚集长大，强化效果渐渐消失，钢的室温和高温强度都显著下降。

钢在时效过程中析出的新相主要是碳化物，还有一些氮化物和金属间化合物。奥氏体和马氏体等高合金耐热钢的时效倾向较大，而低合金的珠光体耐热钢的时效倾向较小。

## 五、钢在高温下的氧化和腐蚀

### （一）钢的氧化与脱碳

#### 1. 高温下的氧化

锅炉高温部件在运行中与烟气、空气或蒸汽接触，会使金属表面发生反应，氧与金属化合生成氧化膜，即氧化过程。若生成的氧化膜疏松，不牢固，不断脱落，氧化过程不断进行，金属则很快被腐蚀。若生成的氧化膜致密牢固，则这层氧化膜会对金属起保护作用。

钢的氧化发展速度与温度、时间、介质成分、压力、流速、钢材的化学成分、形成的氧化膜的强度等因素有关。温度越高、时间越长、流速越大、气体介质中氧的分压越高，则金属的氧化发展速度越大。

对火力发电厂用钢来讲，氧化现象首先是铁元素的氧化。碳钢在 570℃ 以下，生成氧化膜是由 $Fe_2O_3$ 及 $Fe_3O_4$ 组成，$Fe_2O_3$ 和 $Fe_3O_4$ 都比较致密，空隙少，因而可以保护钢以免进一步氧化。当超过 570℃ 时，碳钢的氧化膜由 $Fe_2O_3$、$Fe_3O_4$、FeO（FeO 在最内层）三层组成，其厚度比为 1∶0∶100，即氧化膜主要由 FeO 组成，FeO 是不致密的，因此破坏了整个氧化膜的强度，这样，氧化过程得以继续不断地进行下去。

氧化过程中，氧向金属内部扩散首先是沿着晶界进行的，如珠光体钢，氧就通过铁素体晶界向里扩散。因此，在检查主蒸汽管道表面时，常常可以在多相镜下看到深度为一个晶粒大小的沿晶氧化裂纹。对管道来讲，这样的小裂纹并不影响其安全运行。但是对高参数的高温用钢如高温管道必须考虑钢材的抗氧化性，否则会因氧化而受到破坏。

钢中加入 Cr、Al、Si 等元素，生成的氧化膜致密而牢固，使钢材的抗氧化性提高。

#### 2. 钢的脱碳

锅炉受热面管子或高温蒸汽管道的金属在运行中也会发生脱碳现象。当过热器与烟气接触，而烟气中又含有大量的氧气时，就会使炉管表面产生脱碳。

当处于氧化气氛中，钢管是否会发生脱碳，就需视氧化和脱碳的反应速度而定，只有当脱碳反应速度大于氧化反应速度时，钢管才会产生脱碳现象。锅炉钢管表面脱碳一般来自两个方面：一是钢管在制造轧制及热处理时造成的脱碳层；二是在运行中钢管与炉气或空气接触产生的脱碳。脱碳会使钢的强度降低，尤其是降低钢的疲劳强度。火电厂使用的一些弹簧，若在制造时表面存在脱碳，则会大大降低其使用寿命。

### （二）钢在高温下的腐蚀

#### 1. 硫的腐蚀

（1）高压锅炉水冷管壁的硫腐蚀。这种腐蚀现象主要发生在锅炉燃烧区域水冷壁管的外表面。

（2）过热器管的高温硫腐蚀。这种高温硫腐蚀是由熔融态的灰黏结在过热器壁上所引起的。

由于沉积在过热器管壁上的灰中含有硫及碱性物，它们形成碱性复合盐，当温度在550～700℃时，复合硫酸盐处于熔化状态，和管子金属发生反应，造成过热管子腐蚀。

**2. 应力腐蚀**

应力腐蚀是在应力与腐蚀介质作用下引起的一种腐蚀性破坏。当金属表面氧化破裂时，导致部分裸露金属承受更大的应力，在腐蚀性介质（蒸汽或烟气）渗入下发生电化学作用而迅速被腐蚀。

应力腐蚀的特点必须是应力与介质同时存在，共同作用，相互促进，才会引起这种破坏。锅炉受热面管子、蒸汽管道、汽轮机叶片，叶轮、汽缸、螺栓等都会发生应力腐蚀损坏现象。应力腐蚀裂纹多数是沿晶分布的，也有穿晶的，或是沿晶、穿晶混合型的。

**3. 腐蚀疲劳**

在交变应力与腐蚀介质（蒸汽或烟气）作用产生的破坏称为腐蚀性疲劳破坏。汽轮机叶片、轴类、弹簧等部件常常会发生腐蚀疲劳损坏。锅炉设备中有些金属部件会因为经常发生温度的变化引起交变热应力，而在交变热应力和介质作用下产生的损坏，称为腐蚀性热疲劳损坏。腐蚀性疲劳裂纹通常是横向的，并且是穿晶型的，裂纹端部圆钝，裂纹内充满腐蚀产物。

**4. 氢腐蚀**

火电厂锅炉水冷壁管向火侧有时会发生氢腐蚀爆管现象。当运行中管内发生汽水分层并蒸汽停滞时，锅炉给水质量不佳、杂质在高温区管内壁沉积并结成盐垢时，或发生局部腐蚀时等，都会导致局部管壁湿度升高，从而使管壁处的蒸汽与钢管中的铁发生反应生成氢原子（当蒸汽和高于400℃的铁接触就会发生这种反应）。生成的氢原子如不能很快被水、汽带走，氢即会进一步进入钢内与钢中碳化三铁继续作用生成甲烷，其反应式为

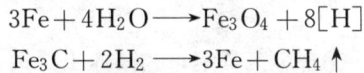

$$3Fe + 4H_2O \longrightarrow Fe_3O_4 + 8[H]$$

$$Fe_3C + 2H_2 \longrightarrow 3Fe + CH_4 \uparrow$$

甲烷气体的形成一方面使钢材产生严重脱碳，使钢材强度降低；另一方面又将在钢材内部形成很大的局部压力，以致形成严重的氢腐蚀裂纹。

## 第三节　钢分类、钢号编制方法及合金元素作用

### 一、钢分类

钢是含碳量在0.04%～2.3%之间的铁碳合金。为了保证其韧性和塑性，含碳量一般不超过1.7%。钢的主要元素除铁、碳外，还有硅、锰、硫、磷等。钢的分类方法多种多样，其主要方法有如下7种。

**1. 按品质分类**

(1) 普通钢（P≤0.045%，S≤0.050%）。

(2) 优质钢（P、S均≤0.035%）。

(3) 高级优质钢（P≤0.035%，S≤0.030%）。

**2. 按化学成分分类**

(1) 碳素钢。

1) 低碳钢：含碳量（C≤0.25%）的钢。

2) 中碳钢：含碳量为（C≤0.25%～0.60%）的钢。

3) 高碳钢：含碳量（C>0.60%）的钢。

含碳量>2.11%的为生铁。

（2）合金钢。

1）低合金钢（合金元素总含量≤5%）。

2）中合金钢（合金元素总含量>5%~10%）。

3）高合金钢（合金元素总含量>10%）。

3. 按成形方法进行分类

（1）锻钢。

（2）铸钢。

（3）热轧钢。

（4）冷拉钢。

4. 按金相组织分类

（1）退火状态。①亚共析钢（铁素体＋珠光体）；②共析钢（珠光体）；③过共析钢（珠光体＋渗碳体）；④莱氏体钢（珠光体＋渗碳体）。

（2）正火状态。①珠光体钢；②贝氏体钢；③马氏体钢；④奥氏体钢。

（3）无相变或部分发生相变的。

5. 按用途分类

（1）建筑及工程用钢。①普通碳素结构钢；②低合金结构钢；③钢筋钢。

（2）结构钢。

1）机械制造用钢。①调质结构钢；②表面硬化结构钢（包括渗碳钢、渗氮钢、表面淬火用钢）；③易切结构钢；④冷塑性成形用钢（包括冷冲压用钢、冷镦用钢）。

2）弹簧钢。

3）轴承钢。

（3）工具钢。①碳素工具钢；②合金工具钢；③高速工具钢。

（4）特殊性能钢。①不锈耐酸钢；②耐热钢（包括抗氧化钢、热强钢、气阀钢）；③电热合金钢；④耐磨钢；⑤低温用钢；⑥电工用钢。

（5）专业用钢。如桥梁用钢、船舶用钢、锅炉用钢、压力容器用钢、农机用钢等。

6. 综合分类

（1）普通钢。

1）碳素结构钢。①Q195；②Q215（A、B）；③Q235（A、B、C）；④Q255（A、B）；⑤Q275。

2）低合金结构钢。

3）特定用途的普通结构钢。

（2）优质钢（包括高级优质钢）。

1）结构钢。①优质碳素结构钢；②合金结构钢；③弹簧钢；④易切钢；⑤轴承钢；⑥特定用途优质结构钢。

2）工具钢。①碳素工具钢；②合金工具钢；③高速工具钢。

3）特殊性能钢。①不锈耐酸钢；②耐热钢；③电热合金钢；④电工用钢；⑤高锰耐磨钢。

7. 按冶炼方法分类

（1）按炉种分。

1）转炉钢。①酸性转炉钢；②碱性转炉钢；③底吹转炉钢；④侧吹转炉钢；⑤支持吹转炉钢。

2）电炉钢。①电弧炉钢；②电渣炉钢；③感应炉钢；④真空自耗炉钢；⑤电子束炉钢。

（2）按脱氧程度和浇注制度分。

1）沸腾钢。钢在冶炼时，主要以锰做脱氧剂。脱氧不完全，会使一部分氧与碳化合产生大量的一氧化碳（CO）气体，引起钢水翻滚，即沸腾现象，故这类钢称为沸腾钢。

2）半镇静钢。钢在冶炼时，加入锰、铝、硅等多种化学成分（矿石）做脱氧剂，脱氧性能较彻底，无沸腾现象，故称为镇静钢。

3）镇静钢。这类钢介于沸腾钢和镇静钢之间，冶炼时虽有些沸腾现象，但不严重。

4）特殊镇静钢。对特殊钢尚无统一的定义和概念，一般认为特殊钢是指具有特殊的化学成分（合金化）、采用特殊的工艺生产、具备特殊的组织和性能、能够满足特殊需要的钢类。与普通钢相比，特殊钢具有更高的强度和韧性、物理性能、化学性能、生物相容性和工艺性能。

我国将特殊钢分成优质碳素钢、合金钢、高合金钢（合金元素大于10％）三大类，其中合金钢和高合金钢占特殊钢产量的70％。主要钢种有特殊碳素结构钢、碳素工具钢、碳素弹簧钢、合金弹簧钢、合金结构钢、滚珠轴承钢、合金工具钢、高合金工具钢、高速工具钢、不锈钢、耐热钢，以及高温合金、精密合金、电热合金等。特殊钢除了种类繁多之外，在规格上也表现出与普通钢不同的特点。除了板、管、丝、带、棒和异型材之外，还有复合材、表面合金化材、表面处理材、精锻材、精密铸件、粉末冶金制品等。

## 二、钢号编制及表示方法

### （一）我国钢号表示方法概述

钢的牌号简称钢号，是对每一种具体钢产品所取的名称，是人们了解钢的一种共同语言。我国的钢号表示方法，由 GB/T 221—2000《钢铁产品牌号表示方法》规定，并于2000年11月1日开始实施。

产品牌号的表示，一般采用汉语拼音字母、化学元素符号和阿拉伯数字相结合的方法表示，即①钢号中化学元素采用国际化学符号表示，如 Si、Mn、Cr…等，混合稀土元素用 RE 表示；②产品名称、用途、冶炼和浇注方法等，一般采用汉语拼音的缩写字母表示；③钢中主要化学元素含量（％）采用阿拉伯数字表示。

采用汉语拼音字母表示产品名称、用途、特性和工艺方法时，一般从代表产品名称的汉语拼音中选取第一个字母。当和另一个产品所选用的字母重复时，可改用第二个字母或第三个字母，或同时选取两个汉字中的第一个拼音字母。暂时没有可采用的汉字及汉语拼音的，采用符号为英文字母。

### （二）我国钢号表示方法的分类说明

#### 1. 碳素结构钢和低合金高强度结构钢牌号表示方法

碳素用钢和低合金高强度结构钢通常分为通用钢和专用钢两大类。牌号表示方法，由钢的屈服点或屈服强度的汉语拼音字母、屈服点或屈服强度数值、钢的质量等级等部分组成，还有的钢加脱氧程度，实际是由以下4个部分组成。

（1）通用结构钢采用代表屈服点的拼音字母 Q。屈服点数值（单位为 MPa）和规定的质量等级（A、B、C、D、E）、脱氧方法（F、b、Z、TZ）等符号，按顺序组成牌号。如碳素结构钢牌号表示为 Q235AF、Q235BZ；低合金高强度结构钢牌号表示为 Q345C、Q345D。

Q235BZ 表示屈服点值≥235MPa、质量等级为 B 级的镇静碳素结构钢。

Q235 和 Q345 这两个牌号是工程用钢最典型，生产和使用量最大，用途最广泛的牌号。

碳素结构钢的牌号组成中，镇静钢符号 Z 和特殊镇静钢符号 TZ 可以省略，如质量等级分别为 C 级和 D 级的 Q235 钢，其牌号表示应为 Q235CZ 和 Q235DTZ，但可以省略为 Q235C 和 Q235D。

低合金高强度结构钢有镇静钢和特殊镇静钢，但牌号尾部不加写表示脱氧方法的符号。

（2）专用结构钢一般采用代表钢屈服点的符号 Q、屈服点数值和表 1 中规定的代表产品用途的符号等表示，如压力容器用钢牌号表示为 Q345R；耐候钢其牌号表示为 Q340NH；Q295HP 焊接气瓶用钢牌号；Q390g 锅炉用钢牌号；Q420q 桥梁用钢牌号。

（3）根据需要，通用低合金高强度结构钢的牌号也可以采用两位阿拉伯数字（表示平均含碳量，以万分之几计）和化学元素符号，按顺序表示；专用低合金高强度结构钢的牌号，也可以采用两位阿拉伯数字（表示平均含碳量，以万分之几计）和化学元素符号，以及规定代表产品用途的符号，按顺序表示。

2. 优质碳素结构钢和优质碳素弹簧钢牌号表示方法

优质碳素结构钢采用两位阿拉伯数字（以万分之几计表示平均含碳量）或阿拉伯数字和元素符号及以下符号组合成牌号。

（1）沸腾钢和半镇静钢，在牌号尾部分别加符号 F 和 b。如平均含碳量为 0.08% 的沸腾钢，其牌号表示为 08F；平均含碳量为 0.10% 的半镇静钢，其牌号表示为 10b。

（2）镇静钢（S、P 均≤0.035%）一般不标符号。如平均含碳量为 0.45% 的镇静钢，其牌号表示为 45。

（3）较高含锰量的优质碳素结构钢，在表示平均含碳量的阿拉伯数字后加锰元素符号。如平均含碳量为 0.50%，含锰量为 0.70%～1.00% 的钢，其牌号表示为 50Mn。

（4）高级优质碳素结构钢（S、P 均≤0.030%），在牌号后加符号 A。如平均含碳量为 0.45% 的高级优质碳素结构钢，其牌号表示为 45A。

（5）特级优质碳素结构钢（S≤0.020%、P≤0.025%），在牌号后加符号 E。如平均含碳量为 0.45% 的特级优质碳素结构钢，其牌号表示为 45E。

优质碳素弹簧钢牌号的表示方法与优质碳素结构钢牌号表示方法相同。

3. 合金结构钢和合金弹簧钢牌号表示方法

（1）合金结构钢牌号采用阿拉伯数字和标准的化学元素符号表示。

用两位阿拉伯数字表示平均含碳量（以万分之几计），放在牌号头部。

合金元素含量表示方法为：平均含量小于 1.50% 时，牌号中仅标明元素，一般不标明含量；平均合金含量为 1.50%～2.49%、2.50%～3.49%、3.50%～4.49%、4.50%～5.49%…时，在合金元素后相应写成 2、3、4、5…。

如碳、铬、锰、硅的平均含量分别为 0.30%、0.95%、0.85%、1.05% 的合金结构钢，当 S、P 含量分别≤0.035% 时，其牌号表示为 30CrMnSi。高级优质合金结构钢（S、P 含量分别≤0.025%），在牌号尾部加符号 A 表示，如 30CrMnSiA。特级优质合金结构钢（S≤0.015%、P≤0.025%），在牌号尾部加符号 E，如 30CrMnSiE。专用合金结构钢牌号尚应在牌号头部（或尾部）加代表产品用途的符号。如铆螺专用的 30CrMnSi 钢，钢号表示为 ML30CrMnSi。

（2）合金弹簧钢牌号的表示方法与合金结构钢相同。

如，碳、硅、锰的平均含量分别为 0.60%、1.75%、0.75% 的弹簧钢，其牌号表示为 60Si2Mn。高级优质弹簧钢，在牌号尾部加符号 A，其牌号表示为 60Si2MnA。

4. 易切削钢牌号表示方法

易切削钢采用标准化学元素符号、规定的符号和阿拉伯数字表示。阿拉伯数字表示平均含碳量（以万分之几计）。

（1）加硫易切削钢和加硫、磷易切削钢，在符号 Y 和阿拉伯数字后不加易切削元素符号，如平均含碳量为 0.15% 的易切削钢，其牌号表示为 Y15。

（2）较高含锰量的加硫或加硫、磷易切削钢在符号 Y 和阿拉伯数字后加锰元素符号，如平均含碳量为 0.40%，含锰量为 1.20%～1.55% 的易切削钢，其牌号表示为 Y40Mn。

（3）含钙、铅等易切削元素的易切削钢，在符号 Y 和阿拉伯数字后加易切削元素符号，如 Y15Pb、Y45Ca。

5. 非调质机械结构钢牌号表示方法

非调质机械结构钢，在牌号头部分别加符号 YF 和 F 表示易切削非调质机械结构钢和热锻用非调质机械结构钢，牌号表示方法的其他内容与合金结构钢相同，如 YF35V、F45V。

6. 工具钢牌号表示方法

工具钢分为碳素工具钢、合金工具钢和高速工具钢三类。

（1）碳素工具钢采用标准化学元素符号、规定的符号和阿拉伯数字表示。阿拉伯数字表示平均含碳量（以千分之几计）。

1）普通含锰量碳素工具钢，在工具钢符号 T 后为阿拉伯数字，如平均含碳量为 0.80% 的碳素工具钢，其牌号表示为 T8。

2）较高含锰量的碳素工具钢，在工具钢符号 T 和阿拉伯数字后加锰元素符号，如 T8Mn。

3）高级优质碳素工具钢，在牌号尾部加 A，如 T8MnA。

（2）合金工具钢和高速工具钢。合金工具钢、高速工具钢牌号表示方法与合金结构钢牌号表示方法相同。采用标准规定的合金元素符号和阿拉伯数字表示，但一般不标明平均含碳量数字，如平均含碳量为 1.60%，含铬、钼，钒含量分别为 11.75%、0.50%、0.22% 的合金工具钢，其牌号表示为 Cr12MoV；平均含碳量为 0.85%，含钨、钼、铬、钒含量分别为 6.00%、5.00%、4.00%、2.00% 的高速工具钢，其牌号表示为 W6Mo5Cr4V2。

若平均含碳量小于 1.00% 时，可采用一位阿拉伯数字表示含碳量（以千分之几计），如平均含碳量为 0.80%，含锰量为 0.95%，含硅量为 0.45% 的合金工具钢，其牌号表示为 8MnSi。

低铬（平均含铬量＜1.00%＝合金工具钢，在含铬量（以千分之几计）前加数字 0，如平均含铬量为 0.60% 的合金工具钢，其牌号表示为 Cr06。

7. 塑料模具钢牌号表示方法

塑料模具钢牌号除在头部加符号 SM 外，其余表示方法与优质碳素结构钢和合金工具钢牌号表示方法相同，如平均含碳量为 0.45% 的碳素塑料模具钢，其牌号表示为 SM45；平均含碳量为 0.34%，含铬量为 1.70%，含钼量为 0.42% 的合金塑料模具钢，其牌号表示为 SM3Cr2Mo。

8. 轴承钢牌号表示方法

轴承钢分为高碳铬轴承钢、渗碳轴承钢、高碳铬不锈轴承钢和高温轴承钢四大类。

（1）高碳铬轴承钢。在牌号头部加符号 G，但不标明含碳量。铬含量以千分之几计，其他合金元素按合金结构钢的合金含量表示，如平均含铬量为 1.50% 的轴承钢，其牌号表示为 GCr15。

（2）渗碳轴承钢。采用合金结构钢的牌号表示方法，另在牌号头部加符号 G，如 G20CrNiMo。

高级优质渗碳轴承钢，在牌号尾部加 A，如 G20CrNiMoA。

（3）高碳铬不锈轴承钢和高温轴承钢。采用不锈钢和耐热钢的牌号表示方法，牌号头部不加符号 G，如高碳铬不锈轴承钢 9Cr18 和高温轴承钢 10Cr14Mo。

9. 不锈钢和耐热钢的牌号表示方法

不锈钢和耐热钢牌号采用标准规定的合金元素符号和阿拉伯数字表示，为切削不锈钢、易切削耐热钢在牌号头部加 Y。

一般用一位阿拉伯数字表示平均含碳量（以千分之几计）；当平均含碳量≥1.00%时，用两位阿拉伯数字表示；当含碳量上限<0.10%时，以 0 表示含碳量；当 0.01%<含碳量上限≤0.03%时（超低碳），以 03 表示含碳量；当含碳量上限≤0.01%时（极低碳），以 01 表示含碳量。含碳量没有规定下限时，采用阿拉伯数字表示含碳量的上限数字。

合金元素含量表示方法同合金结构钢。如平均含碳量为 0.20%，含铬量为 13%的不锈钢，其牌号表示为 2Cr13；含碳量上限为 0.08%，平均含铬量为 18%，含镍量为 9%的铬镍不锈钢，其牌号表示为 0Cr18Ni9；含碳量上限为 0.12%，平均含铬量为 17%的加硫易切削铬不锈钢，其牌号表示为 Y1Cr17；平均含碳量为 1.10%，含铬量为 17%的高碳铬不锈钢，其牌号表示为 11Cr7；含碳量上限为 0.03%，平均含铬量为 19%，含镍量为 10%的超低碳不锈钢，其牌号表示为 03Cr19Ni10；含碳量上限为 0.01%，平均含铬量为 19%，含镍量为 11%的极低碳不锈钢，其牌号表示为 01Cr19Ni11。

10. 焊接用钢牌号表示方法

焊接用钢包括焊接用碳素钢、焊接用合金钢和焊接用不锈钢等，其牌号表示方法是在各类焊接用钢牌号头部加符号 H，如 H08、H08Mn2Si、H1Cr18Ni9。

高级优质焊接用钢，在牌号尾部加符号 A，如 H08A、08Mn2SiA。

11. 电工用硅钢

钢号由数字、字母和数字组成。

无取向和取向硅钢的字母符号分别为 W 和 Q。

厚度放在前头，字母符号放在中间，铁损数值放在后头，如 30Q113。取向硅钢中，高磁感的字母符号 G 与 Q 放在一起，如 30QG113 字母之后的数字表示铁损值（W/kg）的 100 倍。有字母 G 的表示在高频率下检验的，未加 G 的表示在频率为 50 周波下检验的。30Q113 表示电工用冷轧取向硅钢产品在 50Hz 频率时的最大单位质量铁损值为 1.13W/kg。

冷轧硅钢表示方法与日本一致，只是字母符号不同，如取向硅钢牌号 27Q140，与之相对应的 JIS 牌号为 27G140，30QG110 与之相应的 JIS 牌号为 30P110（G 表示普通材料，P 表示高取向性），无取向硅钢牌号 35W250，与之相应的 JIS 牌号为 35A250。

### 三、对钢材性能产生影响的元素

钢材的质量及性能是根据需要而确定的，不同的需要，要有不同的元素含量。

（1）碳。含碳量越高，刚的硬度就越高，但是它的可塑性和韧性就越差。

（2）硫。是钢中的有害杂物，含硫较高的钢在高温进行压力加工时，容易脆裂，通常叫作热脆性。

（3）磷。能使钢的可塑性及韧性明显下降，在低温下更为严重，这种现象叫作冷脆性。在优质钢中，要严格控制硫和磷，但从另一方面看，在低碳钢中含有较高的硫和磷，能使其切削易断，对改善钢的可切削性是有利的。

（4）锰。能提高钢的强度，消弱和消除硫的不良影响，并提高钢的淬透性，含锰量很高的高合金钢（高锰钢）具有良好的耐磨性和其他物理性能。

（5）硅。它可以提高钢的硬度，但是可塑性和韧性下降，电工用的钢中含有一定量的硅，能改善软磁性能。

（6）钨。能提高钢的红硬性和热强性，并能提高钢的耐磨性。

（7）铬。能提高钢的淬透性和耐磨性，能改善钢的抗腐蚀能力和抗氧化作用。

（8）钒。能细化钢的晶粒组织，提高钢的强度，韧性和耐磨性，当它在高温熔入奥氏体时，可增加钢的淬透性；反之，当它在碳化物形态存在时，就会降低它的淬透性。

（9）钼。可明显的提高钢的淬透性和热强性，防止回火脆性，提高剩磁和矫顽力。

（10）钛。能细化钢的晶粒组织，从而提高钢的强度和韧性。在不锈钢中，钛能消除或减轻钢的晶间腐蚀现象。

（11）镍。能提高钢的强度和韧性，提高淬透性。含量高时，可显著改变钢和合金的一些物理性能，提高钢的抗腐蚀能力。

（12）硼。当钢中含有微量的（0.001%～0.005%）硼时，钢的淬透性可以成倍提高。

（13）铝。能细化钢的晶粒组织，阻抑低碳钢的时效。提高钢在低温下的韧性，还能提高钢的抗氧化性，提高钢的耐磨性和疲劳强度等。

（14）铜。它的突出作用是改善普通低合金钢的抗大气腐蚀性能，特别是和磷配合使用时更为明显。

# 第四节 锅 炉 钢 管

## 一、钢管定义和分类

（一）钢管定义

钢管是一种中空的长条钢材，大量用作输送流体的管道，如石油、天燃气、水、煤气、蒸汽等，另外，在抗弯、抗扭强度相同时，质量较轻，所以也广泛用于制造机械零件和工程结构，也常用作电站锅炉钢管。

（二）钢管分类

钢管分无缝钢管和焊接钢管（有缝管）两大类。按断面形状又可分为圆管和异形管，广泛应用的是圆形钢管，但也有一些方形、矩形、半圆形、六角形、等边三角形、八角形等异形钢管。

对于承受流体压力的钢管都要进行液压试验来检验其耐压能力和质量，在规定的压力下不发生泄漏、浸湿或膨胀为合格，有些钢管还要根据标准或需方要求进行卷边试验、扩口试验、压扁试验等。

1. 无缝钢管

无缝钢管是用钢锭或实心管坯经穿孔制成毛管，然后经热轧、冷轧或冷拔制成。无缝钢管的规格用外径×壁厚的毫米数表示。无缝钢管分热轧和冷轧（拔）无缝钢管两类。热轧无缝钢管分一般钢管，低、中压锅炉钢管，高压锅炉钢管、合金钢管、不锈钢管、石油裂化管、地质钢管和其他钢管等。冷轧（拔）无缝钢管除分一般钢管、低中压锅炉钢管、高压锅炉钢管、合金钢管、不锈钢管、石油裂化管、其他钢管外，还包括碳素薄壁钢管、合金薄壁钢管、不锈薄壁钢管、异型钢管。热轧无缝管外径一般大于 32mm，壁厚 2.5～7.5mm，冷轧无缝钢管处径可以到 6mm，壁厚可到 0.25mm，薄壁管外径可到 5mm，壁厚小于 0.25mm，冷轧比热轧尺寸精度高。

一般用无缝钢管是用 10、20、30、35、45 等优质碳结钢16Mn、5MnV 等低合金结构钢或 40Cr、30CrMnSi、45Mn2、40MnB 等合金钢热轧或冷轧制成。10、20 等低碳钢制造的无缝管主要用于流体输送管道。

2. 焊接钢管

焊接钢管也叫焊管，是用钢板或钢带经过弯曲成型，然后经焊接制成。按焊缝形式分为直缝焊管和螺旋焊管；按用途又分为一般焊管、镀锌焊管、吹氧焊管、电线套管、公制焊管、托辊管、深井泵管、汽车用管、变压器管、电焊薄壁管、电焊异型管和螺旋焊管。

（1）一般焊管。一般焊管用来输送低压流体，用 Q195A、Q215A、Q235A 钢制造，也可采用易于焊接的其他软钢制造。钢管要进行水压、弯曲、压扁等实验，对表面质量有一定要求。焊管的规格用公称口径表示（毫米或英寸）公称口径与实际不同，焊管按规定壁厚有普通钢管和加厚钢管两种，钢管按管端形式又分带螺纹和不带螺纹两种。

（2）镀锌钢管。为提高钢管的耐腐蚀性能，对一般钢管（黑管）进行镀锌。镀锌钢管分热镀锌和电镀锌两种，热镀锌镀层厚，电镀锌成本低。

（3）吹氧焊管。用作炼钢吹氧用管，一般用小口径的焊接钢管，规格有 $3/8'\sim 2'$ 共 8 种。用08、10、15、20 或 Q195～Q235 钢带制成。为防蚀，有的进行渗铝处理。

（4）电线套管。也是普通碳素钢电焊钢管，用在混凝土及各种结构配电工程，常用的公称直径为 13～76mm。电线套管管壁较薄，大多进行涂层或镀锌后使用，要求进行冷弯试验。

（5）公制焊管。规格用无缝管形式，用外径×壁厚的毫米数表示的焊接钢管，用普通碳素钢、优质碳素钢或普能低合金钢的热带、冷带焊接，或用热带焊接后再经冷拔方法制成。公制焊管分普通和薄壁，普通用作结构件（如传动轴）或输送流体，薄壁用来生产家具、灯具等，要保证钢管强度和弯曲试验。

（6）托辊管。用于带式输送机托辊电焊钢管，一般用 Q215、Q235A、B 钢及 20 钢制造，直径 63.5～219.0mm。对管弯曲度、端面要与中心线垂直、椭圆度有一定要求，一般进行水压和压扁试验。

（7）变压器管。用于制造变压器散热管和其他热交换器，采用普通碳素钢制造，要求进行压扁、扩口、弯曲、液压试验。

（8）异型管。由普通碳结结构钢及 16Mn 等钢带焊制的方形管、矩形管、帽形管、空胶钢门窗用钢管等。

（9）电焊薄壁管。主要用来制作家具、玩具、灯具等。

（10）螺旋焊管。是将低碳碳素结构钢或低合金结构钢钢带按一定的螺旋线的角度（叫成型角）卷成管坯，然后将管缝焊接起来制成，它可以用较窄的带钢生产大直径的钢管。其规格用外径×壁厚表示。螺旋焊管有单面焊的和双面焊的，焊管应保证水压试验、焊缝的抗拉强度和冷弯性能要符合规定。

## 二、锅炉钢管

锅炉受热面管在近代锅炉中用量很多（如水冷壁、过热器、省煤器等），一处破裂，即须停炉，锅炉容量越大，引起的损失也越大。因此，受热面管，特别是高参数锅炉用管必由优质钢材轧制，同时，除空气预热器外，所用受热面管均采用无缝钢管。

锅炉管道和集箱一般都布置在炉墙外部，一旦破裂，危害性大于受热面管，因此，对所用钢材要求更严格些。主要表现在同一牌号钢材的许用温度比受热面管低一些，管道及集箱的直径和壁厚均比受热面管大，所用钢管的锻造比低于受热面管，在钢材牌号相同时，质量相应差些，这也是许用温度下降的一个原因。

对在室温及中温条件下（蠕变温度以下）工作的受热面管、管道及集箱主要要求具有足够的中、低温强度，以免压力高时，壁厚太大，给制造工艺带来困难或产生不允许的温度应力。

对在高温条件下（蠕变温度以上）工作的受热面管、管道及集箱，应具有足够的蠕变强度和持久强度。选用持久强度高的钢材不仅可以保证在蠕变条件下的安全运行，还可避免管壁过厚给加工工艺带来困难；应具有良好的高温抗氧化性（耐热性），一般要求在工作温度下的氧化腐蚀速度小于 0.1mm/年；应具有良好的高温组织稳定性，使材料在高温条件下工作时不发生金相组织结构的变化。

受热面管、管道及集箱均由管子经弯曲、焊接等工艺制成，故要求所用的钢材具有良好的塑性和工艺性能，特别是焊接性能。

必须指出，对于高温承压用的材料提出的要求是综合性的，而且这些要求在某种程度上又相互矛盾。如，要求材料具有良好的高温强度和组织稳定性，就需在材料中加入适量的合金元素，但这又会导致材料焊接性能的下降。此时，应优先考虑对材料热强性和组织稳定性的要求，而焊接性能的下降则通过适当的焊接工艺措施予以弥补。

目前，我国用于制造受热面管、管道及集箱用的无缝钢管大约有 11 种，它们的应用范围见表 3-1。

**表 3-1**　　　　　　　　　　　　　**锅炉无缝钢管应用范围**

| 序号 | 钢　号 | 技术条件 | 建议应用范围 | 备　注 |
|------|--------|----------|--------------|--------|
| 1 | 10 | GB 3087 | 低、中压锅炉中：<br>壁温：≤480℃的受热面管； | |
| 2 | 20 | GB 3087 | 壁温：≤430℃的管道及集箱 | |
| 3 | 20G | GB 5310 | 高压、超高压锅炉中：<br>壁温：≤480℃的受热面管；<br>壁温：≤430℃ * 的管道及集箱 | * 要求使用寿命在 20 年内，可提高到 450℃ |
| 4 | 12CrMo | GB 5310 | 壁温：≤540℃的受热面管；<br>壁温：≤510℃的管道及集箱 | |
| 5 | 15MnV | GB 5310 | | 代替 12CrMo |
| 6 | 15CrMo | GB 5310 | 壁温：≤550℃的受热面管；<br>壁温：≤510℃的管道及集箱 | |
| 7 | 15Cr2MoV | GB 5310 | | 代替 15CrMo |
| 8 | 12Cr1MoV | GB 5310 | 壁温：≤580℃的受热面管；<br>壁温：≤565℃的管道及集箱 | 钢中含 Cr，用其他钢种代替 |
| 9 | 12MoVWBSiRe（无铬 8 号） | GB 529—70 | 壁温：≤580℃的受热面管 | GB 5310 中已取消此钢号 |
| 10 | 12Cr2MoWVB（钢 102） | GB 5310 | 壁温：≤600℃的一次过热器管；<br>壁温：≤610℃的二次过热器管 | |
| 11 | 12Cr3MoVSiTiB（Ⅲ1） | GB 5310 | 壁温：≤600℃的一次过热器管；<br>壁温：≤610℃的二次过热器管 | |

# 第五节　钢　热　处　理

## 一、钢热处理概述

提高钢材性能的主要途径有两种：一是在钢中特意加入一些合金元素，即用合金化的措施来提高钢材的性能；二是对钢进行热处理。

钢的热处理是指将钢在固态下施以不同的加热、保温和冷却，以改变其组织，从而获得所需性能的一种工艺。通过热处理可以充分发挥钢材的潜力，提高工件的使用性能，减轻工件的质量，节约材料，降低成本，还能延长工件的使用寿命。根据加热和冷却方法的不同，热处理方法大致分类如下：

热处理 {
 普通热处理 { 退火，正火，淬火，回火 }
 表面热处理 { 感应加热表面淬火，火焰加热表面淬火，激光加热表面淬火，化学物理气相沉积 }
 化学热处理 { 渗碳，渗氮，多元共渗 }
}

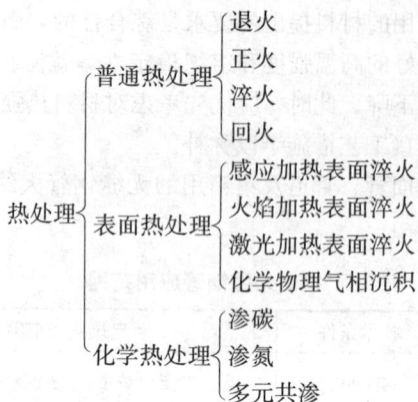

**二、普通热处理**

1. 钢的退火

将钢加热到一定温度并保温一段时间，然后使它慢慢冷却，称为退火。钢的退火是将钢加热到发生相变或部分相变的温度，经过保温后缓慢冷却的热处理方法。退火的目的：

（1）调整硬度以便进行切削加工。经适当退火后，可使工件硬度调整到 170～250HBS，该硬度值具有最佳的切削加工性能。

（2）减轻钢的化学成分及组织的不均匀性（如偏析等），以提高工艺性能和使用性能。

（3）消除残余内应力（或加工硬化），可减少工件后续加工中的变形和开裂。

（4）细化晶粒，改善高碳钢中碳化物的分布和形态，为淬火做好组织准备。

退火工艺种类很多，常用的有完全退火、等温退火、球化退火、扩散退火、去应力退火及再结晶退火等。不同退火的加热温度范围的工艺如图 3-1 所示，它们有的加热到临界点以上，有的加热到临界点以下。对于加热温度在临界点以上的退火工艺，其质量主要取决于加热温度、保温时间、冷却速度及等温温度等。对于加热温度在临界点以下的退火工艺，其质量主要取决于加热温度的均匀性。

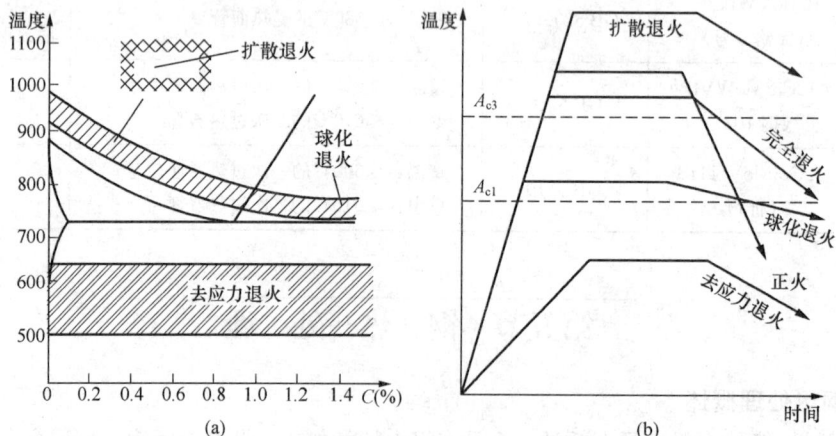

图 3-1　各种退火工艺的加热温度范围

(a) 加热温度范围；(b) 工艺曲线

2. 钢的正火

正火是将钢加热到临界温度以上，使钢全部转变为均匀的奥氏体，然后在空气中自然冷却的热处理方法。它能消除过共析钢的网状渗碳体，对于亚共析钢正火可细化晶格，提高综合力学性能，对要求不高的零件用正火代替退火工艺是比较经济的。

（1）正火与退火的区别。

1）正火的冷却速度较退火快，得到的珠光体组织的片层间距较小，珠光体更为细薄，目的是使钢的组织正常化，所以也称常化处理。如含碳小于0.4%时，可用正火代替完全退火。

2）正火和完全退火相比，能获得更高的强度和硬度。

3）正火生产周期较短，设备利用率较高，节约能源，成本较低，因此得到了广泛的应用。

（2）正火在生产中的应用。

1）作为最终热处理。①可以细化奥氏体晶粒，使组织均匀化。②减少亚共析钢中铁素体含量，使珠光体含量增多并细化，从而提高钢的强度、硬度和韧性。③对于普通结构钢零件，如含碳0.4%～0.7%时，并且机械性能要求不很高时，可以正火作为最终热处理。④为改善一些钢种的板材、管材、带材和型钢的机械性能，可将正火作为最终热处理。

2）作为预先热处理。①截面较大的合金结构钢件，在淬火或调质处理（淬火加高温回火）前常进行正火，以消除奥氏组织和带状组织，并获得细小而均匀的组织。②对于过共析钢可减少二次渗碳体量，并使其不形成连续网状，为球化退火作组织准备。③对于大型锻件和较大截面的钢材，可先正火而为淬火作好组织准备。

3）改善切削加工性能。低碳钢或低碳合金钢退火后硬度太低，不便于切削加工。正火可提高其硬度，改善其切削加工性能。

4）改善和细化铸钢件的铸态组织。

5）对某些大型、重型钢件或形状复杂、截面有急剧变化的钢件，若采用淬火的急冷将发生严重变形或开裂，在保证性能的前提下可用正火代替淬火。

3. 钢的淬火

淬火是将钢加热到临界温度以上，保温一段时间，然后很快放入淬火剂中，使其温度骤然降低，以大于临界冷却速度的速度急速冷却，而获得以马氏体为主的不平衡组织的热处理方法。淬火能增加钢的强度和硬度，但要减少其塑性。淬火中常用的淬火剂有水、油、碱水和盐类溶液等。而高速钢的淬火剂可以是风，所以高速钢又被称为风钢。

（1）淬火温度的选择。亚共析钢的淬火温度为 $A_{c3}+(30\sim50)$℃；共析钢和过共析钢的淬火温度为 $A_{c1}+(30\sim50)$℃。

（2）加热时间的确定。加热时间包括升温和保温两个阶段。通常以装炉后炉温达到淬火温度所需时间为升温阶段，并以此作为保温时间的开始；保温阶段是指钢件烧透并完成 A 化（渗碳）所需的时间。

加热时间受钢件成分、尺寸和形状、装炉量、加热炉类型、炉温和加热介质等因素的影响。可根据热处理手册中介绍的经验公式来估算，也可由实验来确定。

（3）淬火冷却介质。常用的冷却介质是水和油两种：

1）水在650～550℃范围冷却能力较大，在300～200℃范围也较大。因此易造成零件的变形和开裂，这是它的最大缺点。提高水温能降低650～550℃范围的冷却能力，但对300～200℃的冷却能力几乎没有影响。这既不利于淬硬，也不能避免变形，所以淬火用水的温度控制在30℃以下。但水既经济又可循环使用，因此水在生产上主要用于形状简单、截面较大的碳钢零件的淬火。水中加入某些物质如 NaCl、NaOH、$Na_2CO_3$ 和聚乙烯醇等，能改变其冷却能力以适应一定淬火用途的要求。

2）淬火用油为各种矿物油（如锭子油、变压器油等）。它的优点是在300～200℃范围冷却能力低，有利于减少钢件的变形和开裂；缺点是在650～550℃范围冷却能力也低，不利于钢件的淬硬，所以油一般作为合金钢的淬火介质。另外，油温不能太高，以免其黏度降低，流动性增大而提高冷却能力；油超过燃点易引起着火；油长期使用会老化，应注意维护。

（4）淬火方法。常用的淬火方法有单介质淬火、双介质淬火、分级淬火和等温淬火等。

1）单介质淬火法。钢件奥氏体化后，在一种介质中冷却。淬透性小的钢件在水中淬火；淬透性较大的合金钢件及尺寸很小的碳钢件（直径小于 3～5mm）在油中淬火。优点是单介质淬火法操作简单，易实现机械化，应用较广；缺点是水淬变形开裂倾向大；油淬冷却速度小，淬透直径小，大件淬不硬。

2）双介质淬火。钢件 A 化后，先在一种冷却能力较强的介质中冷却，冷却到 300℃ 左右后，再淬入另一种冷却能力较弱的介质中冷却。如先水淬后油冷，先水冷后空冷等。

双介质淬火的优点是马氏体转变时产生的内应力小，减少了变形和开裂的可能性。缺点是操作复杂，要求操作人员有实践经验。

3）分级淬火。钢件 A 化后，迅速淬入稍高于 $M_s$ 点的液体介质（盐浴或碱浴）中，保温适当时间，待钢件内外层都达到介质温度后出炉空冷，操作如图 3-1 曲线 3 所示。

分级淬火能有效地减少热应力和相变应力，降低工件变形和开裂的倾向，所以可用于形状复杂和截面不均匀的工件的淬火。但受熔盐冷却能力的限制，它只能处理小件（碳钢件直径小于 10～12mm；合金钢件直径小于 20～30mm），常用于刀具的淬火。

4）等温淬火。钢件 A 化后，淬火温度稍高于 $M_s$ 点的熔炉中，保温足够长的时间，直至奥氏体完全转变为下贝氏体，然后出炉空冷。

等温淬火大大降低钢件的内应力，减少变形，适用于处理形状复杂和精度要求高的小件，如弹簧、螺栓、小齿轮、轴及丝锥等；也可用于高合金钢较大截面零件的淬火。其缺点是生产周期长、生产效率低。

4. 钢的回火

将已经淬火的钢重新加热到一定温度，再用一定方法冷却称为回火。其目的是消除淬火产生的内应力，降低硬度和脆性，以取得预期的力学性能。回火分高温回火、中温回火和低温回火三类，回火多与淬火、正火配合使用。

（1）低温回火（150～250℃）所得组织为回火马氏体。淬火钢经低温回火后仍保持高硬度（58～64HRC）和高耐磨性。其主要目的是降低淬火应力和脆性。各种高碳工、模具及耐磨零件通常采用低温回火。

（2）中温回火（350～500℃）所得组织为回火屈氏体。淬火钢经中温回火后，硬度为 35～45HRC，具有较高的弹性极限和屈服极限，并有一定的塑性和韧性。中温回火主要用于各种弹簧的处理，如 65 钢弹簧一般在 380℃ 左右回火。

（3）高温回火（500～650℃）所得组织为回火索氏体，硬度为 25～35HRC。淬火钢经高温回火后，在保持较高强度的同时，又具有较好的塑性和韧性，即综合机械性能较好。

人们通常将中碳钢的淬火加高温回火的热处理称为调质处理。它广泛应用于处理各种重要的结构零件，如在交变载荷下工作的连杆、螺栓、齿轮及轴类等。调质可以使钢的性能、材质得到很大程度的调整，其强度、塑性和韧性都较好，具有良好的综合机械性能。

为了消除精密量具或模具、零件在长期使用中尺寸、形状发生变化，常在低温回火后精加工前，把工件重新加热到 100～150℃，保持 5～20h，这种为稳定精密制件质量的处理，称为时效，即时效处理。对在低温或动载荷条件下的钢材构件进行时效处理，以消除残余应力，稳定钢材组织和尺寸。

**三、钢的表面热处理**

钢的表面热处理是将钢件的表面通过快速加热到临界温度以上，但热量还未来得及传到心部之前迅速冷却，这样就可以把表面层被淬在马氏体组织，而心部没有发生相变，实现了表面淬硬而心部不变的目的，适用于中碳钢。按照加热方式，有感应加热、火焰加热、激光加热、电接触加热和电解加热等表面热处理，最常用的是前三种。

1. 感应加热表面淬火

(1) 感应加热的基本原理。感应线圈中通以交流电时，即在其内部和周围产生与电流相同频率的交变磁场。若把工件置于磁场中，则在工件内部产生感应电流，并由于电阻的作用而被加热。由于交流电的集肤效应，感应电流在工件截面上的分布是不均匀的，靠近表面的电流密度最大，而中心几乎为零。电流透入工件表层的深度，主要与电流频率有关。对于碳钢，存在以下表达式关系

$$\delta = 500 / \sqrt{f}$$

式中　$\delta$——电流透入深度，mm；

　　　$f$——电流频率，Hz。

可见，电流频率越高，电流透入深度越小，加热层也越薄。

因此，通过频率的选定，可以得到不同的淬硬层深度。如要求淬硬层 2～5mm 时，适宜的频率为 2500～8000Hz，可采用中频发电机或晶闸管变频器；对于淬硬层为 0.5～2mm 的工件，可采用电子管式高频电源，其常用频率为 200～300kHz；频率为 50Hz 的工频发电机，适用于处理要求 10～15mm 以上淬硬层的工件。

(2) 感应加热适用的钢种。表面淬火一般用于中碳钢和中碳低合金钢，如 45、40Cr、40MnB 钢等。这类钢经预先热处理（正火或调质）后表面淬火，心部保持较高的综合机械性能，而表面具有较高的硬度（>50HRC）和耐磨性。高碳钢也可表面淬火，主要用于受较小冲击和交变载荷的工具、量具等。

2. 火焰加热表面淬火

火焰加热表面淬火，是用乙炔—氧或煤气—氧等火焰加热工件表面。火焰温度很高（3000℃以上），能将工件表面迅速加热到淬火温度。然后，立即用水喷射冷却。调节烧嘴的位置和移动速度，可以获得不同厚度的淬硬层。显然，烧嘴越靠近工件表面和移动速度越慢，表面过热度越大，获得的淬硬层也越厚。调节烧嘴和喷水管之间的距离也可以改变淬硬层的厚度。火焰加热表面淬火的工艺规范由试验来确定。

火焰加热表面淬火和高频感应加热表面淬火相比，具有设备简单、成本低等优点。但生产率低，零件表面存在不同程度的过热，质量控制也比较困难。因此主要适用于单件、小批量生产及大型零件（如大型齿轮、轴、轧辊等）的表面淬火。

3. 激光加热表面淬火

激光加热表面淬火是利用高功率密度的激光束扫描工件表面，将其迅速加热到钢的相变点以上，然后依靠零件本身的传热，来实现快速冷却淬火。

激光淬火的硬化层较浅，通常为 0.3～0.5mm。采用 4～5kW 的大功率激光器，能使硬化层深度达 3mm。由于激光的加热速度特快，工件表层的相变是在很大过热度下进行的，因而形核率高。同时由于加热时间短，碳原子的扩散及晶粒的长大受到限制，因而得到不均匀的奥氏体细晶粒，冷却后转变成隐晶或细针状马氏体。激光淬火比常规淬火的表面硬度高 15%～20% 以上，可显著提高钢的耐磨性。另外，表面淬硬层造成较大的压应力，有助于其疲劳强度的提高。

因为激光聚焦深度大，在离焦点 75mm 范围内的能量密度基本相同，所以激光处理对工件的尺寸及表面平整度没有严格要求，能对形状复杂的零件（如有拐角、沟槽、盲孔的零件）进行处理。激光淬火变形非常小，甚至难以检查出来，处理后的零件可直接送装配线。另外，激光加热

速度极快，表面无需保护，靠自激冷却而不用淬火介质，工件表面清洁，有利于环境保护。同时工艺操作简单，也便于实现自动化。由于具有上述一系列优点，激光表面淬火多年来发展十分迅速，已在机械制造生产中取得了成功的应用。

### 四、化学热处理

化学热处理是指将化学元素的原子，借助高温时原子扩散的能力，把它渗入到工件的表面层去，来改变工件表面层的化学成分和结构，从而达到使钢的表面层具有特定要求的组织和性能的一种热处理工艺。按照渗入元素的种类不同，化学热处理可分为渗碳、氮化、碳氮共渗、渗硼、渗铝等。

1. 化学热处理的作用

(1) 强化表面，提高零件某些机械性能，如表面硬度、耐磨性、疲劳强度和耐蚀性等。

(2) 保护零件表面，提高某些零件的物理化学性质，如耐高温及耐腐蚀等。因此，在某些方面可以代替含有大量贵重金属和稀有合金元素的特殊钢材。

如渗碳、氮化及渗硼等，它们一般都会显著地增加钢的表面硬度和耐磨性；渗铬可以提高耐磨性和耐腐蚀性能；渗铝可以增加高温抗氧化性及渗硅可以提高耐酸性等。

2. 化学热处理与钢的表面淬火相比较

化学热处理与钢的表面淬火相比较，虽然存在生产周期长的缺点，但它具有一系列优点：

(1) 不受零件外形的限制，都可以获得分布较均匀的淬硬层。

(2) 因为表面成分和组织同时发生了变化，所以耐磨性和疲劳强度更高。

(3) 表面过热现象可以在随后的热处理过程中给以消除。

3. 化学热处理的基本过程

(1) 介质（渗剂）的分解。加热时介质分解，释放出欲渗入元素的活性原子。

(2) 表面吸收。分解出来的活性原子在钢件表面被吸收并溶解，超过溶解度时还能形成化合物。

(3) 原子扩散。溶入元素的原子在浓度梯度的作用下由表及里扩散，形成一定厚度的扩散层。

上述基本过程都和温度有关。温度越高，过程进行速度越快，扩散层越厚。但温度过高会引起奥氏体粗化，使钢变脆。所以，化学热处理在选定合适的处理介质之后，重要的是确定加热温度，而渗层厚度主要由保温时间来控制。

生产上应用最广的化学热处理工艺是渗碳、氮化和碳氮共渗（氰化），分别介绍如下。

(1) 渗碳。将低碳钢放入渗碳介质中，在 $900\sim950℃$ 加热保温，使活性碳原子渗入钢件表面以获得高碳浓度（约 $1.0\%$）渗层的化学热处理工艺称为渗碳。在经过适当淬火和回火处理后，可提高表面的硬度、耐磨性及疲劳强度，而使心部仍保持良好的韧性和塑性。因此渗碳主要用于同时受严重磨损和较大冲击载荷的零件，如各种齿轮、活塞销、套筒等。渗碳钢的含碳量一般为 $0.1\%\sim0.3\%$，常用渗碳钢有 20、20Cr、20CrMnTi 等。

(2) 渗氮。就是向钢的表面渗入氮元素的热处理工艺。氮化的目的在于更大程度地提高钢件表面的硬度和耐磨性，提高疲劳强度和耐蚀性。

与渗碳相比，钢件氮化后表层具有更高的硬度和耐磨性。氮化后的工件表层硬度高达1000～1200HV，相当于 65～72HRC。这种硬度可保持到 $500\sim600℃$ 不降低，故钢件氮化后具有很好的热稳定性。由于氮化层体积胀大，在工件表层形成较大的残余压应力，因此可以获得比渗碳更高的疲劳强度。另外钢件氮化后表面形成一层致密的氮化物薄膜，从而使工件具有良好的耐腐蚀性能。

钢件经氮化后表层即具有高硬度和高耐磨性，无需氮化后再进行热处理。为了保证工件心部的性能，在氮化前应进行调质处理。

（3）氰化。就是向钢件表层同时渗入 C 原子和 N 原子的化学热处理工艺，又称为碳氮共渗。目前氰化方法有气体氰化和液体氰化两种。液体氰化因使用的介质氰盐有剧毒，污染环境，应用受到限制，目前应用较广泛的氰化工艺是中温气体氰化和低温气体氰化。其中低温气体氰化是以渗氮为主，因渗层硬度提高不多，故又称为软氮化。

中温气体氰化和渗碳相比，具有处理温度低、速度快、生产效率高、变形小等优点，得到了越来越广泛的应用。但由于它的渗层较薄，主要只用于形状复杂、要求变形小、受力不大的小型耐磨零件。氰化不仅适用于渗碳钢，也可用于中碳钢和中碳合金钢。

（4）渗金属。是指以金属原子渗入钢的表面层的过程。它是使钢的表面层合金化，以使工件表面具有某些合金钢、特殊钢的特性，如耐热、耐磨、抗氧化、耐腐蚀等。生产中常用的有渗铝、渗铬、渗硼、渗硅等。

# 第六节　电厂锅炉常用钢材及其性能

电厂锅炉常用钢材及其性能以钢号、强度级别、成分特点、热处理方式、组织性能特点、焊接性能及用途来区分。

**一、低合金结构钢**

1. 钢号：12Mn

（1）强度级别：300MPa。

（2）成分特点：Mn＝1.1～1.5，S，P≤0.045。

（3）热处理方式：热轧状态使用或 900～920℃正火。

（4）组织性能特点：铁素体＋珠光体组织，冷热加工和焊接性良好，综合力学性能好。

（5）焊接性能：具有良好的焊接工艺性，$\delta < 16mm$，焊接不必预热，J422（E4303），J427 焊条。

（6）用途：中低压锅炉钢板以及容器等有低温要求工程代替 20g，Q235。

2. 钢号：15MnV

（1）强度级别：400MPa。

（2）成分特点：Mn1.20～1.60，V0.04～0.12。

（3）热处理方式：热轧状态使用或 940～980℃正火，600～650℃消除应力处理。

（4）组织性能特点：热轧状态具有良好的综合力学性能，有较大缺口敏感性。

（5）焊接性能：焊接性良好，$\delta > 32mm$ 焊前预热 100～150℃，$\delta > 28mm$ 构件，焊后进行消除应力处理 J522（E5516-G），J557（E5515-G）焊条。

（6）用途：中高压锅炉汽包，锅炉钢管、容器或锻件、铸件。

3. 钢号：16Mn 和 16Mng

（1）强度级别：350MPa。

（2）成分特点：Mn1.2～1.6，S，P≤0.045。

（3）热处理方式：热轧状态使用，对中厚钢板，可进行 900～920℃正火；铸件正火＋回火处理 600～650℃回火。

（4）组织性能特点：良好的力学性能抗疲劳（高温热应力）性能/焊接性能，质量稳定，性能可靠，在−40～450℃下使用，缺口敏感性比碳钢大。

（5）焊接性能：焊接性良好，$\delta < 38mm$ 时不预热，$\delta > 20mm$ 时，焊后进行消除应力处理（600～650），结 502（E5003）、结 506（E50.6）、结 507（E5015）焊条。

（6）用途：中高压锅炉汽包，低压、中压容器，低中压钢管。

4. 钢号：19Mn6 和 19Mn5（德国钢号）

（1）强度级别：300～350MPa。

（2）成分特点：Mn1.00～1.60。

（3）热处理方式：890～950℃正火，520～580℃消除应力回火。

（4）组织性能特点：具有较好的冶炼制板、焊接，成型等工艺性能。

（5）焊接性能：焊前预热200℃，焊后消除应力回火处理。结 507（E5015）焊条。

（6）用途：19Mn6 用于高压锅炉钢管 19Mn5 用于壁温≤520℃锅炉钢管。

5. 钢号：A299（美国钢号）

（1）强度级别：300MPa。

（2）成分特点：C=0.28～0.30，Mn=0.84～1.62。

（3）热处理方式：焊前预热100℃焊后620℃回火。

（4）组织性能特点：碳锰钢板、塑性、韧性、焊接性较好。

（5）焊接性能：E－7018 焊条。

（6）用途：大型锅炉汽包及下环形集箱。

## 二、低碳珠光体热强钢

1. 钢号：12CrMo

（1）成分特点：Mn=1.1～1.5，S、P≤0.045。

（2）热处理方式：920～930℃正火，680～720℃回火。

（3）组织性能特点：没有石墨化倾向，经 480～540℃长期时效后，力学性能和组织有足够的稳定性。

（4）焊接性能：焊接性能很好，热 207（E5515-B1）焊条、焊前预热 200～250℃，焊后 650～700℃回火。

（5）用途：510℃高中压蒸汽导管，管壁温度 520～540℃过热器管。

2. 钢号：15CrMo

（1）成分特点：Cr=0.8～1.1，Mo=0.4～0.55（1Cr～1/2Mo）。

（2）热处理方式：930～960℃，正火 680～720℃回火。

（3）组织性能特点：在 500～550℃具有较高热强性，但长期运行会产生碳化物球化及合金元素脱溶。450℃时松弛稳定性良好。

（4）焊接性能：焊接性能良好，热 307（E5515-B2）焊条，厚壁管 200～250℃焊前预热，焊后 650～680℃回火。

（5）用途：510℃高中压蒸汽导管，管壁温度 550℃过热器管。

3. 钢号：12Cr1MoV

（1）成分特点：Cr=0.9～1.20，Mo=0.25～0.35，V=0.15～0.30。

（2）热处理方式：980～1020℃正火，720～750℃回火，壁厚大于 40mm 调质处理。

（3）组织性能特点：珠光体钢，对热处理敏感，较成熟的广泛采用的钢种，组织稳定性好。

（4）焊接性能：焊接性能良好，热 317 焊条，焊前预热 200～300℃，焊后 700～730℃回火。

（5）用途：540℃集箱，主蒸汽导管，壁温 580℃过热器管及锻件。

4. 钢号：12Cr2Mo（10CrMo910）

（1）成分特点：Cr=2.0～2.5，Mo=0.9～1.2。

（2）热处理方式：淬透性大 900～960℃正火，700～750℃回火。

（3）组织性能特点：对热处理不敏感，工艺性能良好，热强性比 12Cr1MoV 低，持久塑性好，大截面性能均匀。

（4）焊接性能：焊接性较好，有一定焊接冷裂倾向热 407（E6015-B3）焊条、焊前预热 200～300℃，焊后 650～750℃回火。

（5）用途：590℃以下的过热器及壁温 540℃集箱和蒸汽管道、锻造阀体等，使用安全可靠。

5. 钢号：12MoVWBSiXt（无铬 8 号）

（1）成分特点：Mo=0.45～0.65，V=0.30～0.50，W=0.15～0.40，B=0.010，Si=0.60～0.90，Xt=0.15。

（2）热处理方式：970～1010℃正火，760～780℃回火。

（3）组织性能特点：无铬多元素贝氏体型热强钢，多元素的综合作用使钢具有较高热强性，抗氧化性和组织稳定性。

（4）焊接性能：焊接性能良好，用 R317（E5515-B2-V），R327（E5515-B2-VW）等焊条，焊前预热 200℃以上，焊后 760℃回火。

（5）用途：580℃以下锅炉过热器管及其他压力容器。

6. 钢号：12Cr2MoWVTiB（102 钢）和 12Cr3MoVSiTiB（与此钢性能用途相似）

（1）成分特点：Cr=1.60～2.10，Mo=0.50～0.65，W=0.30～0.55，V=0.28～0.42，Ti=0.08～0.18，B≤0.008。

（2）热处理方式：1020～1050℃正火，760～780℃回火。

（3）组织性能特点：低碳、低合金贝氏体钢，良好的综合力学性能，热处理后可得到单一的贝氏体组织，具有最佳热强性。

（4）焊接性能：焊接性能尚好，R347（E5515-B3-VWB）焊条，焊前预热 250～300℃焊后 760～780℃回火。

（5）用途：金属温度≤620℃的超高参数锅炉过热器管再热气管。

7. 钢号：13CrNiMoNb（BHW35，德国钢号）

（1）成分特点：Mn=1.00～1.60，Ni=0.7～1.10，Mo=0.20～0.40；Nb=0.005～0.022。

（2）热处理方式：910～940℃正火，610～650℃回火。

（3）组织性能特点：微量铌细化晶粒使钢具有较好的强韧性配合，工艺性能较好。

（4）焊接性能：焊接性能较好，J607 焊条（E6015-D）焊前预热至 150～200℃焊后消除应力处理。

（5）用途：超高压锅炉特厚钢板用钢，400℃以上的汽包、管道、压力容器及其他部件。

### 三、马氏体与铁素体耐热钢、不锈钢

1. 钢号：1Cr5Mo，美国 A213T5A335P5，ASTM，日本 STBA25，HCM5

（1）性能特点：耐热不起皮钢，耐硫腐蚀性能良好，并有一定耐热性，焊接性能差。

（2）热处理方式：860℃退火、900～950℃淬火、510～540℃回火。

（3）用途：650℃以下耐热材料，如锅炉吊架、炉管、燃气轮机气缸衬套、管夹等。

2. 钢号：1Cr6Si2Mo，美国 A213T5b，A335P5bASTM

（1）性能特点：耐热不起皮钢，Si 的加入可耐热 800℃左右，属珠光体类钢，焊接性差。

（2）热处理方式：退火或正火加回火处理。

（3）用途：不超过 600℃的锅炉吊架，省煤器管夹定位板。

3. 钢号：1Cr9Mo1，德国 X12CrMo091，美国 T9P9，瑞典 HT7，日本 STBA26STPA26

(1) 性能特点：马氏体耐热钢，合金元素介于珠光体、奥氏体之间，热强性较 12Cr1MoV 好，抗氧化及耐腐蚀性高可珠光体钢，焊接性差。

(2) 热处理方式：调质状态供货 960～1000℃ 油冷淬火，730～780℃ 回火，冷变形后去应力回火为 600～650℃。

(3) 用途：壁温 650℃ 的再热器，代 П11 或 102 钢使用。用于抗氧化性要求高但受力较小的部件。

4. 钢号：1Cr12WMoV，俄罗斯 ЗИ802，15Х12ВНМφ

(1) 性能特点：强化的 12%Cr 钢，580℃ 左右有较高热强性，持久塑性和组织稳定、减振性良好，工艺性尚好，屈服强度高，耐蚀性较好。

(2) 热处理方式：退火温度 900～950℃，淬火温度 1000～1050℃ 油冷，回火温度 680～700℃ 空冷。

(3) 用途：580℃ 以下的高压汽轮机动静叶片和围带，也可作长叶片和转子锻件等。

5. 钢号：1Cr17Ni2，俄罗斯 14Х17Н2，日本 SUS431，美国 431，德国 X22CrNi17

(1) 性能特点：经淬火并低温回火后，具有高的强度、韧性和耐腐蚀性，焊接性能不好。

(2) 热处理方式：950～1050℃ 淬火，275～350℃ 低温回火，还可进行渗碳处理。

(3) 用途：用于高强度和高耐蚀性的零部件，如要求耐蚀的主轴、叶轮、叶片、高中压阀杆及紧固件等。高应力下最高使用温度为 450℃。

6. 钢号：1Cr25Ti，美国 446，德国 X8Cr28，俄罗斯 15Х25Т

(1) 性能特点：铁素体型高铬不锈钢具有良好的高温抗氧化性能及抗晶间腐蚀性能，在 1000～1100℃ 不起皮。

(2) 热处理方式：760～780℃ 退火、空冷，处理后组织为铁素体。

(3) 用途：用作换热器吊架吹灰器等当不受荷或负荷小时可用于 1000～1100℃。

7. 钢号：3Cr13，4Cr13，日本 420J，俄罗斯 30Х13

(1) 性能特点：强度硬度淬透性比 2Cr13 高，抗蚀性及耐热性较差，不宜焊接，600～650℃ 以下具有热稳定性。

(2) 热处理方式：1000～1020℃ 淬火油冷、弹簧在 480～520℃ 回火要求综合性能高时在 650～720℃ 回火。

(3) 用途：400～450℃ 以下的中低压汽轮机弹簧片、弹簧、燃烧器喷嘴、阀门阀座及弱腐蚀介质下的耐磨零件。

8. 钢号：F12，德国 X20CrMoV121，瑞典 HT9

(1) 性能特点：12%型马氏体热强钢，空气和蒸汽介质中抗氧化能力可达 700℃ 热强性低于 П11、102 钢，代替 12CrMoV、П11、102，可焊接。

(2) 热处理方式：正火和回火处理，1020～1070℃ 正火，730～780℃ 回火。

(3) 用途：540～560℃ 集箱蒸汽管道，以及壁温达 650℃ 的再热器，610℃ 的过热器。

#### 四、Cr-Ni 奥氏体钢

1. 钢号：0Cr19Ni9，1Cr19Ni9，日本 SUS304，美国 TP304H

(1) 性能特点：良好的耐腐蚀性和焊接性，热强性较好，冷变形能力高。

(2) 热处理方式：≥1040℃ 固溶处理。

(3) 用途：大型锅炉过热器、再热器和蒸汽管道，锅炉管子，允许抗氧化温度 705℃。

2. 钢号：1Cr18Ni9，美国 302，日本 SUS302，苏联 12Х18Н9

(1) 性能特点：与 0Cr19Ni9 相似，在 500～800℃加热有晶间腐蚀现象。

(2) 热处理方式：1010～1150℃水或空冷固溶处理。

(3) 用途：耐腐蚀的非磁性部件，低温腐蚀介质工作的阀件容器等。

3．钢号：0Cr18Ni11Nb，美国 TP347H，日本 SUS347HTB、SUS347HTP，苏联 08X18H12Б

(1) 性能特点：良好的热强性、抗晶间腐蚀性与焊接性。

(2) 热处理方式：1050℃固溶处理，850～900℃稳定化处理。

(3) 用途：大型锅炉过热器、再热器及蒸汽管道，焊接构件，锅炉管子，允许抗氧化温度 705℃。

4．钢号：0Cr18Ni11Ti，美国 TP321H，日本 SUS321HTB、SUS321HTP，苏联 12X18H12T

(1) 性能特点：比 1Cr18Ni9Ti 奥氏体组织稳定，并有较好的热强性和持久断裂塑性。

(2) 热处理方式：1190～1230℃固溶处理，850～900℃稳定化处理。

(3) 用途：耐腐蚀构件。大型锅炉过热器、再热器、蒸汽管道，允许抗氧化温度 705℃。

5．钢号：0Cr17Ni12Mo2，美国 TP316H，日本 SUS316HTB、SUS316HTP

(1) 性能特点：高温下有良好的蠕变强度，对各种有机酸、无机酸、碱、盐类的耐腐蚀性及耐点蚀性显著提高。

(2) 热处理方式：1010～1150℃固溶处理。

(3) 用途：大型锅炉过热器、再热器、蒸汽管道，高温耐蚀用螺栓，耐点蚀零件等。

6．钢号：1Cr17Ni13W3Ti，瑞士 St17/13WTS

(1) 性能特点：具有较好的热强性热稳定性和热加工工艺性，用形变热处理提高性能。

(2) 热处理方式：1150℃水冷固溶处理后进行 850℃变形 27％的形变热处理 750℃时效 12h 空冷。

(3) 用途：620℃以下长期工作的燃气轮机叶片及隔叶块。

**五、新型铁素体、新型细晶奥氏体热强钢**

1．钢号：1Cr9Mo1VNb，美国 SA213-T91、SA335-P91

改良型 9Cr1Mo 钢 593℃，10 万 h 条件下的持久强度达到 100MPa，韧性也较好。该钢用于壁温≤650℃的过热器，壁温≤600℃的集箱和管道（新型铁素体热强钢）。

2．钢号：T92/P92（NF616）

在 T/P91 钢的基础上加 1.5～2.0 W，降低了 Mo 含量，增强了固溶强化效果，600℃许用应力比 T91 高 34％，达到 TP347 的水平。在 600℃和 10 万 h 下的持久强度达到 130MPa。

取代超临界和超超临界锅炉中的奥氏体过热器、再热器，并可用于壁温≤620℃时的主蒸汽管道。

3．钢号：T/P122（HCM12A）

在 X20CrMoV121 的基础上改进的 12％Cr 钢，添加 2％W、0.07％Nb 和 1％Cu，固溶强化和析出效果都有很大增加，600℃和 650℃的许用应力分别比 X20CrMoV121 提高 113％和 168％，具有更高的热强性和耐蚀性，作为高铬马氏体钢，其热传导性比奥氏体钢好，热膨胀系数小，氧化垢不易剥离，适用于具有严重高温腐蚀工况下的锅炉，可替代奥氏体棺材用于超临界、超超临界锅炉的过热器、再热器和主蒸汽管。

4．钢号：T23（HCM2S）、T24（7CrMoVTiB10-10）

T23（HCM2S）是在 T22（2.25Cr-1Mo）钢的基础上吸收了 102 钢的有点改进的，T24 钢是在 T22 钢的基础上改进的，与 T22 钢的化学成分比较增加了 V、Ti、B 含量，减少了 C 含量，于是降低了焊接热影响区的硬度，提高了蠕变断裂强度。T23、T24 钢是超临界和超超临界锅炉水冷壁的最佳选择材料；并可用于壁温≤620℃的过热器、再热器管，P23 可以用于壁温≤600℃的集箱。

5. 钢号：NF12、SAVE12

为了提高超超临界锅炉效率急需开发能够用于 650℃的铁素体热强钢。

6. 钢号：Super304H、TP347HFG

Super304H 是 TP304H 的改进型，添加了 3％Cu 和 0.47％Nb 获得了极高的蠕变断裂强度，是超超临界锅炉过热器、再热器的首选材料。

TP347HFG 是通过特定的热加工和热处理得到的细晶奥氏体热强钢，其应用对降低蒸汽侧氧化是一个有前途的对策，已被广泛应用于超超临界机组锅炉过热器、再热器管。

# 第四章 锅炉检修常用材料

## 第一节 研 磨 材 料

研磨材料主要用于研磨管道附件及阀门的密封面，进行阀门密封面的研磨时要在研磨工具和被研磨的工件之间垫一层研磨材料，利用研磨材料硬度很高的颗粒将工件磨光。常用的研磨材料有砂布、研磨砂和研磨膏等。

### 一、砂布

砂布是用布或纸（砂纸）作底料，在上面粘上一层砂粒而成。用砂布研磨的优点是研磨速度快、质量好，故在电厂和安装工地得到了广泛应用。

根据砂粒的粗细分为 00 号、0 号、1 号和 2 号等，其中 00 号最细，其次是 0 号，然后是 1号和 2 号。对大、中型闸板阀阀板的研磨可以采用细砂布。

1. 各种砂布（砂纸）规格

各种砂布（砂纸）规格，分别见表 4-1～表 4-3。

表 4-1　　　　　　　　　　　　砂布（金刚砂布）规格

| 代　号 | | 0000 | 000 | 00 | 0 | 1 | $1\frac{1}{2}$ | 2 | $2\frac{1}{2}$ | 3 | $3\frac{1}{2}$ | 4 | 5 | 6 |
|---|---|---|---|---|---|---|---|---|---|---|---|---|---|---|
| 磨料粒度号数 | 上海 | 220 | 180 | 150 | 120 | 100 | 80 | 60 | 46 | 36 | 30 | 24 | — | — |
| | 天津 | 200 | 180 | 160 | 140 | 100 | 80 | 60 | 46 | 36 | — | 30 | 24 | 18 |

表 4-2　　　　　　　　　　　　水 砂 纸 规 格

| 代　号 | | 180 | 220 | 240 | 280 | 320 | 400 | 500 | 600 |
|---|---|---|---|---|---|---|---|---|---|
| 磨料粒度号数 | 上海 | 100 | 120 | 150 | 180 | 220 | 240 | 280 | 320 |
| | 天津 | 120 | 150 | 160 | 180 | 220 | 260 | — | — |

表 4-3　　　　　　　　　　　　金 刚 砂 纸 规 格

| 代号 | 280 | 320 | $\frac{01}{(400)}$ | $\frac{02}{(500)}$ | $\frac{03}{(600)}$ | $\frac{04}{(800)}$ | $\frac{05}{(1000)}$ | $\frac{06}{(1200)}$ |
|---|---|---|---|---|---|---|---|---|
| 磨料粒度号数 | 280 | $\frac{320}{(w40)}$ | W28 | W20 | W14 | W10 | W7 | W5 |

2. 研磨纱布的用途

用纱布研磨阀门需要有专门的研磨工具，根据阀门阀瓣和阀座的尺寸、角度制成研磨头和研磨座。

用纱布研磨时，如阀门（这里指阀座）有严重缺陷，可分三步研磨，先用 2 号粗纱布把麻坑磨掉，再用 1 号纱布或 0 号纱布把用粗纱布研磨出的纹路磨去，最后用抛光纱布磨一遍即可。如阀门有一般缺陷，可以分两步进行研磨，先用 1 号纱布把缺陷磨去，再用 0 号或抛光纱布磨一次即可；如阀门有轻微缺陷，可以直接用 1 号纱布或 0 号纱布研磨即可。

若阀头有缺陷可以用车床车光，不用再研磨即可组装，也可以用抛光纱布放到研磨床上磨一次即可。

用纱布研磨阀门时，可以一直按前进方向研磨，但要经常检查，只要把缺陷磨去即可更换较细纱布继续研磨。此外，研磨工具和阀门间隙要小，一般每边间隙在 0.20mm 左右。如果间隙太大易磨偏，此点，在制做研磨工具时要注意。在用机械化工具研磨时用力要轻而均匀，否则很容易使纱布皱叠而把阀门研磨坏。

## 二、研磨砂

研磨砂的种类很多，使用时应根据工件的材质、硬度及加工精度等条件选用。

1. 研磨砂的种类

(1) 金刚砂。矿物质颗粒表面粗糙，有楞角，用于碳钢工件。

(2) 刚玉。矿物质，颗粒表面较细，韧性大，用于脆性淬火的材料上。

(3) 人造刚玉。为细密的结晶组织，有极高的韧性，多面体，用于最后阶段的研磨。

(4) 碳化硅。为人造材料，较电制刚玉硬，易破碎，用于高硬度的合金材料。

(5) 碳化硼。为人造材料，有尖锐的削切面，一般用于更硬的氮化表面材料。

(6) 碳化铬。为铁和铝的粉未，性较软，一般用于磨光表面上。

2. 研磨砂的规格

研磨砂的规格是根据其颗粒大小编制的。按粗细分为磨粒、磨粉和微粉。研磨砂的粒度分为：

(1) 磨粒。—10、12、14、16、20、24、30、36、46、54、60、80、90。

(2) 磨粉。—100、120、150、180、220、280、320。

(3) 微粉。—M28、M20、M14、M10、M7、M5。

阀门密封面的研磨，除个别情况用 280 号、320 号磨粉外，主要用微粉。

## 三、研磨膏

研磨膏是用油脂类（如石蜡、甘油、三硬脂酸等）和研磨微粉合成的油膏。研磨膏一般为细的研磨料，分为 M28、M20、M14、M10、M7 和 M5 等，它有黑色、淡黄色和绿色等。

1. 研磨膏的调和液

(1) 一般用油调和，不能用纯矿物油调和，应加点油脂，研磨剂越细调和越稀。

(2) 油脂调稀用煤油调和，但有时煤油也单独使用，对铸件或小钢件进行机械研密。

(3) 工业上用的油脂，多数为牛油和羊油，可用来调制某些研磨混合剂，对于提高率和精度很有效。

2. 研磨剂粒度的选择

粗的粒度磨削有力，但所得到的表面较粗；细的粒度磨削力弱，自然得到的表面较细，因此应按研磨步骤选择研磨剂的粒度：

(1) 粗加工所用研磨剂颗粒为 $100\sim200\mu m$。

(2) 中级加工所用的颗粒为 $20\sim100\mu m$。

(3) 最细的研磨颗粒大小约 $1\mu m$。

## 四、研磨砂和研磨膏研磨用途

研磨砂和研磨膏研磨用途是阀瓣或阀座上麻点或小孔，深度在 0.5mm 以内，可以采用研磨砂和研磨膏研磨的方法检修。采用研磨的方法一般就不再用车床切削来平整密封面。研磨过程分为粗磨、中磨和细磨三阶段。

（1）粗磨。利用研磨头或研磨座工具，用粗研磨砂，先把麻点或小坑磨去。粗磨时，可以用手枪式电钻或其他机械化工具研磨。只要平整地把阀头或阀座的麻点去掉，粗磨过程即告结束。有时不用粗磨直接采用中磨，这应根据缺陷轻重来决定。

（2）中磨。经过粗磨以后，一般还可见小槽或小道。中磨是用较细的研磨砂进行手工或机械研磨。中磨完了以后，阀门的接触平面基本上应达到光亮。如用铅笔在阀瓣或阀座上划上几道，将阀瓣或阀座对着轻转一圈，就能基本上把铅笔线磨去。

（3）细磨。这是阀门研磨的最后一道工序，一般用手工研磨。细磨时，不用研磨头，而是用阀门的阀瓣对着阀门的阀座进行研磨，研磨杆还是照用。先把阀瓣和阀杆和研磨杆装正，用微研磨膏稍加一点油，轻轻地来回研磨，一般顺时针方向转 60°～100°左右，再反向转 40°～90°左右。磨一会儿检查一次，待磨得发亮其光洁度达到规定值，并且在阀瓣和阀座上可以看出一圈很细的线，颜色达到黑亮黑亮时，再用机油轻轻地磨几次，用干净的纱布擦干净即可。

**五、研磨要求**

研磨时彻底清扫所要求研磨的表面及周围，研磨胎具上涂上研磨膏，放在研磨面上全面均匀加压，反复正反向慢慢旋转。长时间研磨时研磨胎具会产生局部磨损，所以经常修正胎具平面才能保证密封面平整。

密封面损伤较重：有明显的压伤等缺陷时，使用粒度 300～400 研磨膏初研，然后用粒度 600～800 研磨膏精研，最后使用粒度 1000～1200 研磨膏抛光精研，每次换研磨膏时，旧研磨膏必须用丙酮擦洗干净，抛光精研时，涂上少量的研磨膏轻轻地研磨，直到发出光亮，最后在油毛毡上涂少量研磨膏，用大于密封面外径的木块压在密封面上的油毛毡旋转几次，密封面出现光亮。研磨完毕后，把阀瓣舌头背面漏进去的研磨膏以及阀体上的研磨膏都要清理干净。

研磨结束后使用 I 级平台和红丹粉检查密封面径向吻合度，吻合度必须超过密封面宽度的80％以上。

# 第二节 盘根材料及垫料

**一、盘根材料**

盘根主要用石棉、麻、棉线、金属丝、铅粉等制成，又称填料。用于动、静部件间的密封，如阀杆、泵轴与其填料盒间均需填置盘根，有棉盘根、麻盘根、普通石棉盘根、柔性石墨成型盘根、金属盘根、塑料环或橡皮环、塑料玉等。

盘根的截面形状有方、圆、扁之分，其中方型应用最广，它的规定很多，有 6、8、10、12、15、…、30 等，有时大盘根也可用到较小尺寸的地方，使用时用手锤打扁即可，注意不要把盘根打坏。

（一）填料的种类

填料可分为软质填料及硬质填料两种。

1. 软质填料

软质填料系由植物质（即大麻、亚麻、棉、黄麻等）或矿物质（即石棉纤维）或石棉纤维内夹金属丝和外涂石墨粉等编织的线绳，也有压成的成型的填料，以及近年来新发展的柔性石墨填料材料。

植物质填料较便宜，常用于 100℃ 以下的低压阀门；矿物质填料可用于 450～500℃ 的阀门。

近年来使用橡胶 O 形圈做填料的结构在逐步推广，但介质温度一般限制在 60℃ 以下。

高温高压阀门上的填料也有采用纯石棉加片状石墨粉压紧而成的。

## 2. 硬质填料

硬质填料即由金属或金属与石棉、石墨混合而成的填料以及聚四氟乙烯压合烧结而成型的填料，金属填料使用较少。

### （二）盘根分类、性能和大致使用范围

#### 1. 棉盘根

（1）按材料构成分类：①以棉纱编结成的棉绳；②油浸棉绳；③橡胶结合编结的棉绳。

（2）型号：方型及圆型。

（3）性能和大致适用范围：用于水、空气和油等介质，温度≤100℃、压力≤20～25MPa处。

（4）制作特性：干的或油漫过的棉纱编织的或特别置入胶芯的棉纱编织填料。

#### 2. 麻盘根

（1）按材料构成分类：①干的或油浸的大麻；②麻绳；③油浸麻绳；④橡胶结合编结的麻绳。

（2）形状：方型、圆型。

（3）性能和大致适用范围：用于水、空气和油等介质，温度≤100℃、压力≤16～20MPa处。

（4）制作特性：干的或油浸过的大麻，亚麻歧黄麻编织成的线、绳（有单股及多股的）。

#### 3. 普通棉绳盘根

（1）按材料构成分类：①用润滑油和石墨浸渍过的石棉线；②石棉线夹铜丝编结，用油和石墨浸渍过；③石棉线夹铝丝编结，用油加石墨渍过。

（2）形状：方型及圆型编结或扭制。

（3）性能和大致适用范围：按棉号分为250℃、350℃、450℃三种，分别适用于250℃、4MPa，350℃、4MPa，450℃、6MPa的蒸汽、水、空气和油等介质处。

#### 4. 高压石棉盘根

（1）按材料构成分类：①用橡胶作结合剂卷制或编结的石棉布或石棉线；②用橡胶结合卷制或编结，带有钢丝的石棉布或石棉线；③用橡胶结合卷制或编结，带有铅丝的石棉布或石棉线；④石棉绒状高压盘根；⑤细石棉纤维与片状石墨粉的混合物；⑥石墨粉处理过的石棉绳环，环间并填以片状石棉粉。

（2）形状：方型及扁型。

（3）性能和大致适用范围：方型盘根分别适用于250℃、4MPa，350℃、4MPa，450℃、6MPa的蒸汽、水、空气和油；扁型盘根适用于4MPa、350℃以内锅炉人孔及手孔的密封。

（4）制作特性：以矿物质石棉纤维编制的成品，有干的、油浸过的以及夹铅芯的。对油浸制品一般含有不超过20%的棉花纤维。将纯石棉线、绳分股（干的或油漫过的），编织成定型的制品并涂以优质的铅粉（石墨粉），有夹以铜芯的。

#### 5. 石墨盘根

（1）由材料石墨构成，并用银色石墨粉填在环间。

（2）性能和大致适用范围：石墨盘根适用于温度在510℃以下的高压阀门，用于14MPa、510℃的蒸汽介质。

（3）制作特性：用不含矿物和有机物杂质，而含碳不少于90%的纯磷状石墨粉模压制成。

#### 6. 金属盘根

材料为铝箔盘根，形状为圆垫，适用于热油泵。

7. 塑料环或橡皮环

聚四氟乙烯是一种目前使用较广的填料，特别适用腐蚀性介质上，但温度不得超过 200℃。一般采用压制或棒料车制而成，形状如图 4-1 所示。

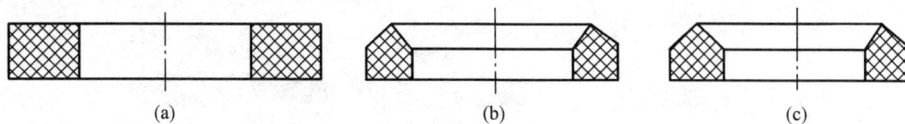

图 4-1　聚四氟乙烯盘根

橡皮环用于≤60℃的高压条件下，用于水、空气和油等介质，温度≤100℃、压力≤20～25MPa 处。

8. 棉制品盘根

（1）按材料构成分类：①棉绳；②油棉绳；③胶芯棉纱填料。

（2）性能和大致适用范围：用于自来水、工业用水油浸，可用于压力≤20MPa，温度≤100℃的空气及油管中。

（三）对填料的要求

（1）耐腐蚀性好，填料与介质接触，必须能耐介质的腐蚀。

（2）密封性好，填料在介质及工作温度的作用下不泄漏。

（3）摩擦系数小，以减小阀杆与填料间的摩擦力矩。

（4）盘根保管时，不要放到温度高的地方，大约在 15～25℃为合适，否则烤干就会失去弹性，也不能放到湿度大的地方，以免吸收水分而影响盘根质量。

二、垫料

锅炉设备、管道法兰和阀门的严密性及辅助设备结合面的严密性主要是靠采用垫子材料密封的。垫子材料一般可分为以下几种：

1. 石棉垫

石棉垫主要用于烟风道法兰、制粉系统法兰，其材料主要是石棉，厚度为 3～10mm 左右。

2. 石棉橡胶垫

石棉橡胶垫用途很广，油、水、烟、风等介质压力在 10MPa 以下、温度 450℃以下均可使用，其材料主要是用石棉纤维和橡胶。

3. 金属垫片

（1）紫铜垫。紫铜垫是用紫铜板做成的，厚度为 3～5mm，可以用在高压给水系统上。优点是严密性好，检修拆下来后可以退火再用。退火的方法是把紫铜垫片先放在火里烧红，然后放到冷水中，再用细砂布擦亮即可，一个紫铜垫可用好几次，此外，紫铜垫都是平垫不加工成齿形。

（2）钢垫。有碳钢和合金钢两种。用 10 号碳钢制成的齿形垫可以用在压力为 10MPa 以上，温度为 450℃以下的中温中压阀门。用含金钢制成的齿形垫可以用在温度为 540℃为以下的高压阀门。合金钢垫材料有 1Cr13 和 1Cr18Ni9Ti，加工后应回火，使硬度小于法兰面硬度。

4. 缠绕垫片

（1）金属石墨缠绕复合成垫片。这种垫圈具有柔软性、回弹性，并具有良好的耐腐蚀性能和自润滑性，长期使用不变质，不硬化，抗老化。因此是一种高级密封材料，用作过热蒸汽、饱和蒸汽和其他工作介质阀门的垫料。

（2）金属缠绕垫片。如图 4-2 所示，缠绕垫片具有相当高的机械强度和很好的回弹性，故适用于亚临界压力机组汽水系统的密封。

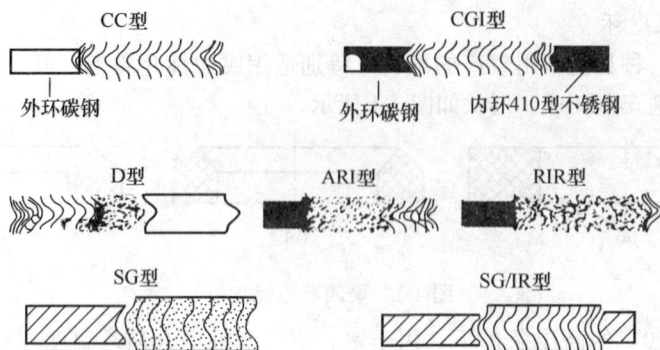

图 4-2　金属缠绕垫片

---

## 第三节　阀门主要零件材料

制造阀门零件材料很多，包括各种不同牌号的黑色金属和有色金属及其合金、各种非金属材料等。

### 一、阀体、阀盖和阀板（阀瓣）材料

阀体、阀盖和闸板（阀瓣）是阀门主要零件之一，直接承受介质压力，所用材料必须符合阀门的压力与温度等级的规定。常用材料有下面几种：

（1）灰铸铁。灰铸铁适用于公称压力 PN≤1.0MPa，温度为−10～200℃的水、蒸汽、空气、煤气及油品等介质，灰铸铁常用牌号为 HT200、HT250、HT300、HT350。

（2）可锻铸铁。适用于公称压力 PN≤2.5MPa，温度为−30～300℃的水、蒸汽、空气及油品介质，常用牌号有 KTH300-06、KTH330-08、KTH350-10。

（3）球墨铸铁。适用于公称压力 PN≤4.0MPa，温度为−30～350℃的水、蒸汽、空气及油品等介质，常用牌号有 QT400-15、QT450-10、QT500-7。

（4）耐酸高硅球墨铸铁。适用于公称压力 PN≤0.25MPa，温度低于 120℃的腐蚀性介质。

（5）碳素钢。适用于公称压力 PN≤32.0MPa，温度为−30～425℃的水、蒸汽、空气、氢、氨、氮及石油制品等介质，常用牌号有 WC1、WCB、ZG25 及优质钢 20、25、30 及低合金结构钢 16Mn。

（6）铜合金。适用于公称压力 PN≤2.5MPa 的水、海水、氧气、空气、油品等介质，以及温度−40～250℃的蒸汽介质，常用牌号有 ZGnSn10Zn2（锡青铜），H62、Hpb59-1（黄铜）、QAZ19-2、QA19-4（铝青铜）。

（7）高温铜：适用于公称压力 PN≤17.0MPa、温度小于或等于 570℃的蒸汽及石油产品。常用牌号有 ZGCr5Mo、1Cr5M0、ZG20CrMoV、ZG15Gr1Mo1V、12CrMoV、WC6、WC9 等。具体选用必须按照阀门压力与温度规范的规定。

（8）低温钢。适用于公称压力 PN≤6.4MPa、温度大于或等于−196℃的乙烯、丙烯、液态天然气、液氮等介质，常用牌号有 ZG1Cr18Ni9、0Cr18Ni9、1Cr18Ni9Ti、ZG0Cr18Ni9。

（9）不锈耐酸钢。适用于公称压力 PN≤6.4MPa、温度小于或等于 200℃硝酸、醋酸等介质，常用牌号有 ZG0Cr18Ni9Ti、ZG0Cr18Ni10（耐硝酸）、ZG0Cr18Ni12Mo2Ti、ZG1Cr18Ni12Mo2Ti（耐酸和尿素）。

### 二、阀杆材料

阀杆在阀门开启和关闭过程中，承受拉、压和扭转作用力，并与介质直接接触，同时和填料之间还有相对的摩擦运动，因此阀杆材料必须保证在规定温度下有足够的强度和冲击韧性，有一

定的耐腐蚀性和抗擦伤性，以及良好的工艺性。

常用的阀杆材料有以下几种。

(1) 碳素钢。用于低压和介质温度不超过 300℃的水、蒸汽介质时，一般选用 A5 普通碳素钢；用于中压和介质温度不超过 450℃的水、蒸汽介质时，一般选用 35 优质碳素钢。

(2) 合金钢。用于中压和高压，介质温度不超过 450℃的水、蒸汽、石油等介质时，一般选用 40Cr（铬钢）；用于高压、介质温度不超过 540℃的水、蒸汽等介质时，可选用 38CrMoALA 渗氮钢；用于高压、介质温度不超过 570℃的蒸汽介质时，一般选用 25Cr2MoVA 铬钼钒钢。

(3) 不锈耐酸钢。用于中压和高压、介质温度不超过 450℃的非腐蚀性介质与弱腐蚀性介质，可选用 1Cr13、2Cr13、3Cr13 铬不锈钢；用于腐蚀性介质时，可选用 Cr17Ni2、1Cr18Ni9Ti、Cr18Ni12Mo2Ti、Cr18Ni12Mo3Ti 等不锈耐酸钢和 PH15-7Mo 沉淀硬化钢。

(4) 耐热钢。用于介质温度不超过 600℃的高温阀门时，可选用 4Cr10Si2Mo 马氏体型耐热钢和 4Cr14Ni14W2Mo 奥氏体型耐热钢。

### 三、阀杆螺母材料

阀杆螺母在阀门开启和关闭过程中，直接承受阀杆轴向力，因此必须具备一定的强度。同时它与阀杆是螺纹传动，要求摩擦系数小，不生锈，且避免咬死现象。

(1) 铜合金。铜合金的摩擦系数较小，不生锈，是目前普遍采用的材料之一。对于 $p_g <$ 1.6MPa 的低压阀门可采用 ZHMn58-2-2 铸黄铜；对于 $p_g = 1.6 \sim 6.4$MPa 的中压阀门可采用 ZQAL9-4 无锡青铜。对于高压阀门可采用 ZHAL66-6-3-2 铸黄铜。

(2) 钢。当工作条件不允许采用铜合金时，可选用 35、40 等优质炭素钢和 2Cr13、1Cr18Ni9、Cr17Ni2 等不锈耐酸钢。

### 四、密封面材料

密封面是阀门最关键的工作面，密封面质量的好坏关系到阀门的使用寿命，通常密封面材料要考虑耐腐蚀、耐擦伤、耐冲蚀、抗氧化等因素，通常分以下两大类：

1. 软质材料

(1) 橡胶（包括丁腈橡胶、氟橡胶等）。

(2) 塑料（聚四氟乙烯、尼龙等）。

2. 硬密封材料

(1) 铜合金。用于低压阀门。

(2) 铬不锈钢。用于普通高、中压阀门。

(3) 司太立合金。用于高温高压阀门及强腐蚀阀门。

(4) 镍基合金。用于腐蚀性介质。

### 五、紧固件材料

紧固件主要包括螺栓、双头螺栓和螺母。紧固件在阀门上直接承受压力，对防止介质外流起关重要作用，因此选用的材料必须保证在使用温度下有足够的强度与冲击韧性。根据介质压力和温度选择紧固件材料时可按表 4-4 选择。

表 4-4 　　　　　　　　　　　　　紧固件介质压力和温度

| 名称 | 公称压力 (MPa) | 介质温度（℃） | | | | | |
|---|---|---|---|---|---|---|---|
| | | 300 | 350 | 400 | 425 | 450 | 530 |
| 螺栓 | 1.6～2.5 | A3 | | 35 | | 30CrMoA | |
| 双头 | 4.0～10.0 | 35 | | | | 35CrMoA | 25Cr2MoVA |
| 螺栓 | 16.0～20.0 | 30CrMoA | | | 35CrMoA | | 25Cr2MoVA |

续表

| 名称 | 公称压力（MPa） | 介质温度（℃） | | | | | |
|---|---|---|---|---|---|---|---|
| | | 300 | 350 | 400 | 425 | 450 | 530 |
| 螺母 | 1.6~2.5 | A3 | 30 | 35 | | | |
| | 4.0~10.0 | 30 | | | 35 | | 35CrMoA |
| | 16.0~20.2 | 35 | | | | | 35CrMoA |

选用合金钢材料时必须经过热处理。对紧固件有特殊耐腐蚀要求时，可选用 Cr17Ni2、2Cr13、1Cr18Ni9 等不锈耐酸钢。

# 第四节 耐热及保温材料

随着锅炉向大容量、高参数的不断发展及现代化设计技术的不断采用（如膜式水冷壁的采用），在现代化大型锅炉设备上耐火材料的使用不断减少，而新型保温材料的使用正日益增多。

## 一、保温材料

### （一）保温材料的作用

为了减少热力设备和热力管道的热损失及防止寒冷地区气体管道、上下水管道产生冻结现象，要对其设备、管道和附件进行保温。管道的保温还能防止管道直接受外力的作用浸蚀，起到保护管道和防止烫伤的作用。

### （二）对保温材料的要求

保温材料要求具备导热系数小、密度小、耐热度高等特性。

### （三）常用的保温材料的种类

火电厂常用的保温材料有硅藻土砖、石棉白云石板、矿渣棉板、水泥珍珠岩、微孔硅酸钙、硅酸铝纤维毡等。但现代大型机组大都采用膜式壁炉墙，多用耐热度较好、密度较小、导热系数小的岩棉、岩棉被、硅酸铝纤维毡。

### （四）常用的保温材料的使用范围

(1) 澎胀蛭石及其制品：≤800℃；锅炉及其热力设备的外层保温。

(2) 膨胀珍珠岩制品：−200~800℃；蒸汽、热水管道的绝热、保温。

(3) 水泥蛭石制品：≤500℃；热水、蒸汽管道的绝热、保温。

(4) 水泥珍珠岩制品：≤500℃；蒸汽、热水管道的绝热，保温。

(5) 水玻璃蛭石制品：≤600℃；热水、蒸汽管道的绝热、保温。

(6) 水玻璃珍珠岩制品：≤600℃；蒸汽、热水管道的绝热、保温。

(7) 硅凝土板（瓦）制品：800~900℃；锅炉中层保温和管道的保温。

(8) 长纤维矿渣棉制品：≤600℃；锅炉、管道、冷冻设备的防冻、保温。

(9) 普通矿矿渣棉：≤600℃；锅炉、管道、冷冻设备的防冻、保温。

(10) 酚醛矿渣棉制品：≤350℃；锅炉、冷冻设备、管道的绝冷、保温。

(11) 沥青矿渣制品：≤250℃；锅炉、管道、冷冻设备的防冻、保温。

(12) 岩石棉原棉：<800℃；热设备、热传导系统中的垫塞或热绝缘材料。

(13) 岩棉保温板、毡等：≤350℃；热设备、热传导系统中的垫塞或热绝缘材料。

(14) 玻璃棉及制品：<300~600℃；锅炉、热力设备、热力管道的保温、绝热。

(15) 微孔硅酸钙制品：≤600℃；蒸汽、热水管道的绝热、保温。

（16）高硅氧纤维：≤1000℃；锅炉中层保温和管道的保温。

（17）硅酸铝耐火纤维：1000℃；锅炉中层保温和管道的保温。

（18）泡沫石棉毡：<500℃；热设备、热传导系统中的垫塞或热绝缘材料。

（19）石棉绳：200～550℃；热设备、热传导系统中的垫塞或热绝缘材料。

（20）石棉绒粉：550℃；蒸汽管道、锅炉表面的绝热。

（21）碳酸钙、碳酸镁石棉粉：450℃；蒸汽管道、锅炉表面的绝热。

（22）硅藻土石棉粉：900℃锅炉中层保温和管道的保温。

## 二、耐火材料

现在大容量机组的锅炉采用的耐火材料包括耐火混凝土、烧结土耐火砖、红砖、耐火塑料等。

1．耐火混凝土

（1）构成：耐火混凝土主要由烧结土砖粒、铬矿砂及钒土水泥或硅酸盐水泥配合而成。

（2）应用：多用于大型锅炉的顶棚管、包墙管、尾部框架式炉墙、燃烧器扩口和门孔等处。

2．耐火砖

耐火砖主要用作温度低于1300℃的炉膛及炉墙的耐火层，是由耐火黏土烧结而成的。

3．耐火塑料

耐火塑料根据其不同的成分，使用的范围也就不同，耐火塑料的成分有骨料和黏结料。

# 第五章 锅炉检修常用工具

## 第一节 普通工具

锅炉检修中常用的普通工具有锤子、扳手、虎钳、錾子、手锯和锉刀等。

### 一、锤子

锤子是錾削、装配等钟作中不可缺少的工具，用于敲打设备、零部件、锁销等使用，可分为硬锤子和软锤子两类。

硬手锤分钳工锤和斩口锤两种。钳工锤是錾削和装卸中使用的打击工具，其规格有0.25、0.5、0.75、1、1.25、1.5六种；斩口锤用于平整凹凸不平的工件及敲制翻边工件等，规格有0.125、0.25、0.5kg三种。

软手锤有铜锤、木锤、硬橡胶锤等，是修理和装配工作中使用的打击工具。

手锤的手柄是由硬木制的，长度300～350mm。锤把的安装应细致，锤头与锤把要成角90°，手柄镶入锤孔后要钉入一铁楔，以防锤头松脱。锤面是手锤的打击部位，不能有裂纹和缺陷。手锤的使用要检查锤顶的加固销，以免锤头在使用中甩出伤人或损坏设备。手锤及其握法见图5-1。

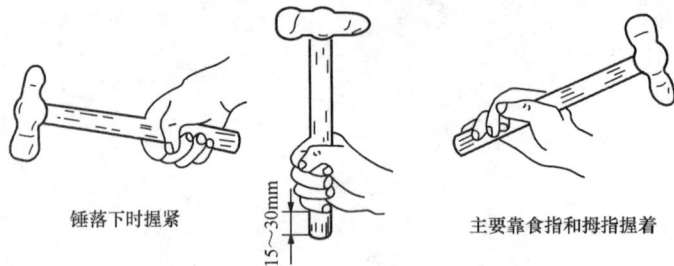

锤落下时握紧    15～30mm    主要靠食指和拇指握着

图 5-1 手锤及其握法

### 二、扳手

在电站锅炉检修中使用的扳手的种类很多，主要有活扳手、开口固定扳手、闭口固定扳手、花形扳手、管子钳和套筒扳手。

#### 1. 活扳手

活扳手是用来松紧螺钉、螺母、管件的工具。因它具有可调性，所以应用较广。这种扳手在电站锅炉检修中适用于紧各种阀门盘根、烟风道人孔门螺钉以及M16以下的螺钉，常用的规格有100、150、200、250、300、350、450、600mm八种。活扳手的使用方法如图5-2所示。

活扳手的维护保养要求有以下几点：

(1) 应按螺钉、螺母、管件的大小选用适当的扳手，不可用大尺寸的扳手旋紧小尺寸螺钉，以免扭矩过大拧断螺钉。

(2) 严禁用接长扳手的方法来增大旋紧力矩，以免损坏扳手、工件或造成工伤事故。

(3) 严禁用扳手当锤击工具使用，以免损坏扳手。

#### 2. 开口固定扳手

开口固定扳手适用于 M18 以下的螺丝，使用时不要用力过大，否则容易将开口损坏。这种扳手的缺点是一种规格只适用于一种螺钉，使用前要检查开口有无裂纹（见图 5-3）。

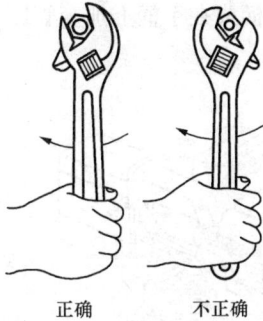

图 5-2　活扳手的使用方法　　正确　不正确

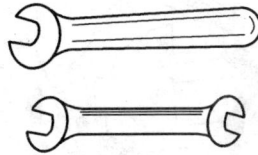

图 5-3　开口固定扳手

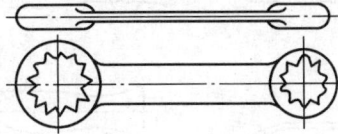

### 3. 闭口固定扳手

闭口固定扳手六面吃力，适用于高压力和紧力大的螺钉（闭口固定扳手见图 5-4）。

### 4. 花形扳手

花形扳手除了具有使螺钉六方吃力均匀的优点外，最适用于在工作位置小、操作不方便处紧阀门和法兰螺钉时使用。使用时在螺钉上要套正，否则易将螺帽咬坏（见图 5-5）。

### 5. 管子钳

管子钳是安装和修理管道时夹持和旋动各种管子和管件的工具。管子钳的工作部分由钳体上的固定钳口（又叫小钳口）和活动钳口（又叫大钳口）组成。开口尺寸可以调节。两个钳口工作面不平行。工作面上有锯形齿纹，以便夹持工件。使用时不要用力太猛，更不要用加套管的办法来帮助用力，否则易将管子咬坏。管子钳见图 5-6。

图 5-4　闭口固定扳手　　　　　图 5-5　花形扳手　　　　　　　图 5-6　管子钳

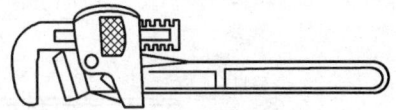

### 6. 套筒扳手

套筒扳手除具有一般扳手的功能外，特别适合旋动各种特殊位置的螺栓、螺母，且工作效率较高。它主要由套筒头子、手柄、连接杆和接头等组成一套。每套有几种不同的套筒头子，每个头子只适用一种尺寸的螺栓、螺母。手柄的式样很多，有滑行头手柄、棘轮手柄、摇手柄子和弯手柄等。接头则有长、短接头、万向接头、直接头和旋凿接头等，以便组合使用。

套筒扳手的规格（每套件数）有小 12 件、6 件、8 件、10 件、13 件、17 件、28 件 7 种，它们分别配套的套筒头子、手柄、接头等各不相同。

### 三、台虎钳

台虎钳安装在钳工工作台上，是进行錾削、锯削、攻螺纹、套螺纹和弯曲等夹持工件的夹具。台虎钳有固定式和回转式两种，如图 5-7 所示。

台虎钳的规格以钳口的宽度表示，常用的有 75、100、125、150、200mm 4 种。使用台虎钳时应注意下列事项：

（1）台虎钳的安装一定要牢固可靠，有砧座的台虎钳允许在砧座上做些较轻的锤击操作，其他部位不允许用手锤打击。

（2）当工件超出钳口面过长时，应另加支承，不可使虎钳受力过大。

（3）当夹托或松开工件时，应旋转手柄，不得用锤子打击手柄或在手柄上加套管以增大夹紧力矩。

（4）活动部位，如钳的螺母、螺杆和滑动面应定期加油润滑。

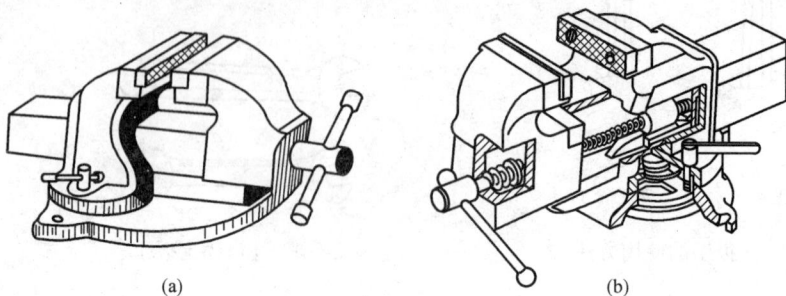

图 5-7　虎钳
(a) 固定式虎钳；(b) 回转式虎钳

（5）虎钳装在台面上，其钳口高度应与人站立时的肘部高度大致相当。

## 四、錾子

### 1. 錾子种类

锅炉检修中常用的錾子有扁錾、尖錾、油槽錾、扁冲錾和圆弧錾几种，如图 5-8 所示。

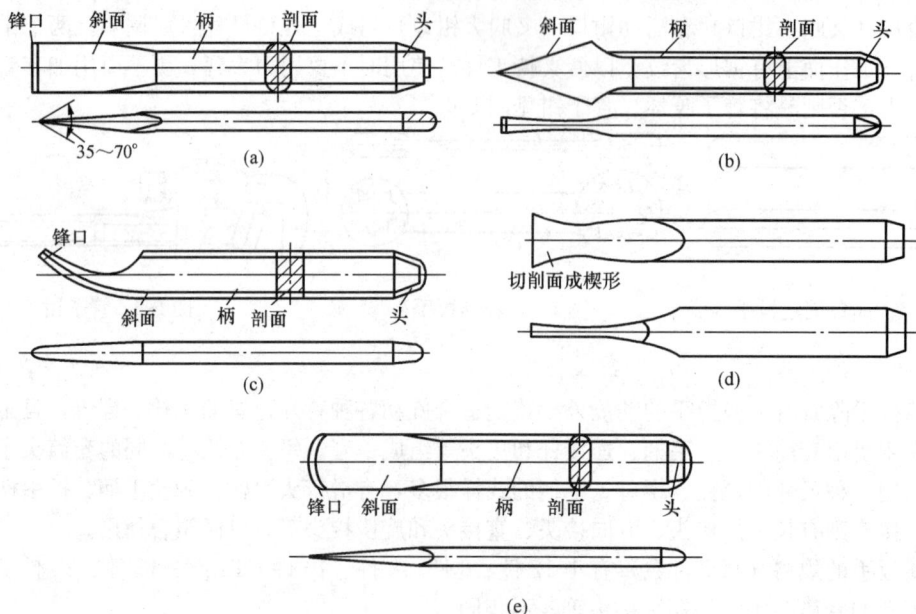

图 5-8　錾子种类
(a) 扁錾；(b) 尖錾；(c) 油槽錾；(d) 扁冲錾；(e) 圆弧錾

### 2. 錾子用途

（1）扁錾用于錾切平面，剔毛边，剔管子坡口，剔焊渣以及錾切薄铁板。

（2）尖錾用于剔槽，剔生铁和比较脆的钢材。

（3）油槽錾用于剔轴承油槽和其他凹面开槽。

（4）圆弧錾用于錾切阀门用的金属垫片及有圆弧的零件。

3. 錾子维护保养方法

（1）錾子的刃口磨钝后应及时刃磨，刃磨时将刃口朝上与砂轮圆周相切，轻轻用力左右移动。刀口要不断浸水冷却。

（2）錾顶不允许淬火，用久后出现飞边和毛刺时，可用砂轮磨掉。

（3）击錾时用力要均匀，力的作用线应和錾子中心线一致，以防刃口崩裂。

### 五、手锯

1. 手锯类型

手锯有固定式（见图 5-9）和可调式（见图 5-10）两种。固定式锯弓的弓架是整体的，只能安装一种长度的锯条。安装锯条时要注意锯条的方向，不能装反。可调式锯弓的弓架分成前后两段，前段可在后段中间伸缩，因而能安装几种长度的锯条。

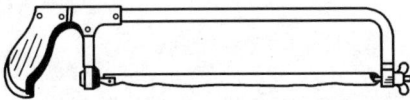

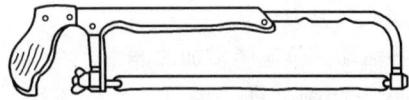

图 5-9　固定式手锯　　　　　　　　　图 5-10　可调式手锯

2. 手锯维护保养

（1）被锯割的工件要用台虎钳或其他夹具夹牢，锯口外伸量不可过大，以免锯削中因抖动而折断锯条。

（2）锯条松紧要适当，装锯条时应使齿的方向朝前，即推锯时起切削作用。

（3）锯削时，推拉行程要尽量大一些，工作长度应为锯条长度的 2/3 以上。锯削速度以每分钟 20～40 次为宜。

（4）锯条分粗齿和细齿两种。粗齿用于锯削紫铜、青铜、铝、铝合金、层压板、铸铁及较厚的中、低碳钢零件。细齿用于锯削较硬的钢件、薄板、管子等材料。

（5）锯条崩齿后，应及时用砂轮将崩齿邻近的两三个齿磨成圆弧形缺口，以便继续使用。

（6）不能强行纠正歪斜的锯缝。锯削钢件时应加上一些切削液。

### 六、锉刀

锉刀的种类很多，按截面形式分有普通截面锉刀（如板挫、方锉、因锉、半圆锉、三角锉）和特殊形截面锉刀（如菱形锉、椭圆锉）两种；按用途分有普通锉刀、特形锉刀、整形锉刀（又称组锉或什锦锉）三种。

锉刀的规格是按锉齿的粗细和长度划分的，按粗细划分为：1 号，用于粗锉，齿距 2.3～0.83mm；2 号，用于中锉，齿距 0.77～0.42mm；3 号，用于细锉，齿距 0.06～0.25mm；4 号，用于油光锉，齿距 0.25～0.20mm；5 号，用于油光锉，内距 0.20～0.16mm；锉刀的长度规格有 100、125、200、250、300、350、400、450mm。

## 第二节　受热面检修专用工具

电站锅炉受热面主要由管子组成，所以在锅炉受热面检修中使用的专用工具主要是管道检修的一些工具，主要有管子固定工具、管子切割工具、管子坡口工具和管子弯管工具等。

## 一、管子固定工具

管子固定工具主要是管子台虎钳。

**1. 管子台虎钳的用途**

如图 5-11 所示,管子台虎钳是固定在工作台上,用以夹紧管子或圆形工件,以便在工件上铰制管螺纹或割断管子。

**2. 管子台虎钳的规格**

管子台虎钳的规格,见表 5-1。

表 5-1                                                    管子台虎钳的规格

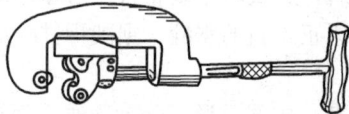

| 规格（号数） | 1 | 2 | 3 | 4 |
|---|---|---|---|---|
| 夹持管子直径（mm） | 10～73 | 10～89 | 13～114 | 17～165 |

**3. 管子台虎钳的维护保养**

(1) 管子台虎钳一定要安装牢固。当夹紧或松开工件时,应当旋转手柄,不得用锤击或加套管的方法加大夹紧力矩。

(2) 各活动部位应经常加油润滑。

## 二、管子切割工具

在锅炉受热面检修中使用的管子切割工具主要有管子割刀、电动锯管机及无齿切割机。

**(一) 管子割刀**

管子割刀是专门切割管子的一种手动工具,用它切出的管子比较整齐,切断速度较快。

**1. 管子割刀的结构**

管子割刀的结构主要由主体、滑块、螺杆三部分组成。主体上装有一个刹刀片,滑块上装有两个滚轮。用刹刀片和滚轮夹持管子,手握螺杆绕管子旋转,即可进行切割,如图 5-12 所示。

图 5-11  管子台虎钳              图 5-12  管子割刀

**2. 管子割刀的型号**

管子割刀有 2、3、4 号,相应切割管子的直径为 15～50、25～80、50～100mm。

**3. 管子割刀的使用维护**

(1) 切割管子时,管子应夹持牢固,剖刀片和滚轮与管子要垂直,以免刀片崩裂。

(2) 每次进刀时用力要均匀,不得过猛。进刀深度每次以不超过螺杆半周为宜。

(3) 使用时,管子割刀各活动部位和管子表面应加少许润滑油,以减少摩擦。

(4) 刀片和销轴损坏后应及时更换。

**(二) 电动锯管机**

电动锯管机利用锯条割断大口径钢管、铸铁管来加工焊接件的坡口。电动锯管机是由电动机、减速装置、往复式刀具和卡具等组成，在锅炉受热面检修中用于炉内就地切割受热面管子。电动锯管机的外形与结构如图 5-13 所示。

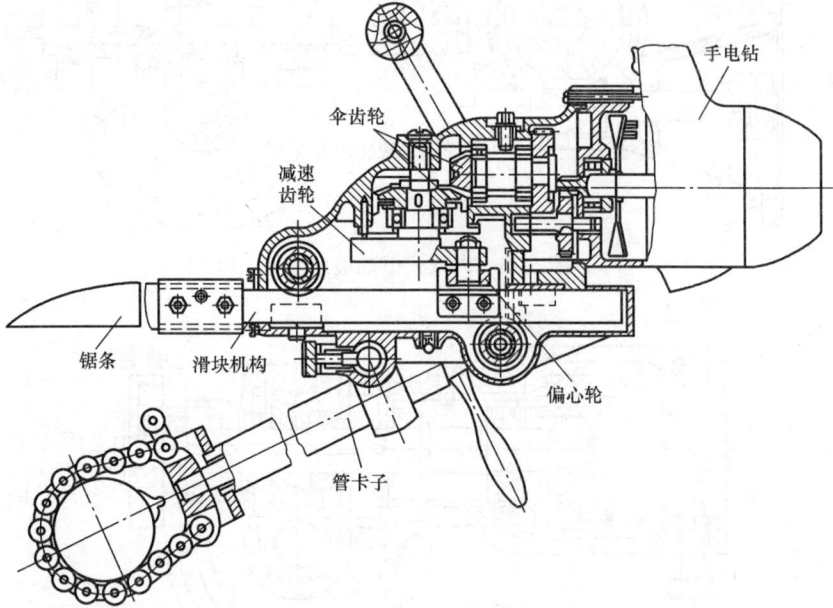

图 5-13　电动锯管机外形与结构图

（三）无齿切割机

无齿切割机（见图 5-14）俗称无齿锯，是用电动机带动砂轮片高速旋转，线速度可达 40m/s 以上，用来快速切割钢管、钢材及耐火砖等材料，比人工锯割要快数十倍。为保证安全，砂轮片上必须装有能罩 180°以上的保护罩。砂轮片中心轴孔必须与砂轮片外圆同心，砂轮片装好后还需检查其同心度。

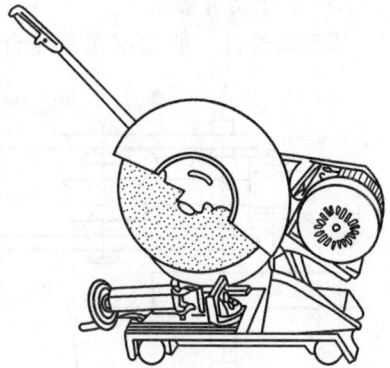

图 5-14　无齿切割机

三、管子坡口工具

坡口工具可分为手动坡口和电动坡口机（又称坡口机）两种。

（一）手动坡口工具

手动坡口主要用于手持式电动角向磨光机、模具电磨（又称电磨头）。电动角向磨光机根据不同的需要可选择不同型号的磨光机，如 SIM-100、SIM-125、SIM-150、SIM-230 等型号。模具电磨的型号有 S1J-10、S1J-25 等，其配用安全线速度不低于 35m/s 的各种形式的磨头或各种成型铣刀，对金属表面进行磨削或铣切。

（二）电动坡口工具

电动焊缝坡口机主要用于各种金属构件，在气焊或电焊之前各种形状主要有 V 形、双 V 形、K 形、Y 形等和各种角度有 20°、25°、30°、37.5°、45°、50°、55°、60°的坡口。电动坡口工具在锅炉受热面检修中常用的有内塞式电动坡口工具和外卡式电动坡口工具，分别如图 5-15 和图 5-16 所示。

四、弯管工具

锅炉受热面检修常用的弯管工具有手动弯管机、机械弯管机及中频弯管机等。

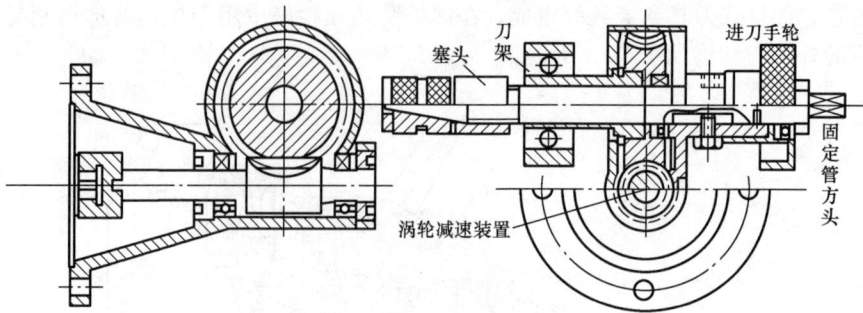

图 5-15　内塞式电动坡口工具

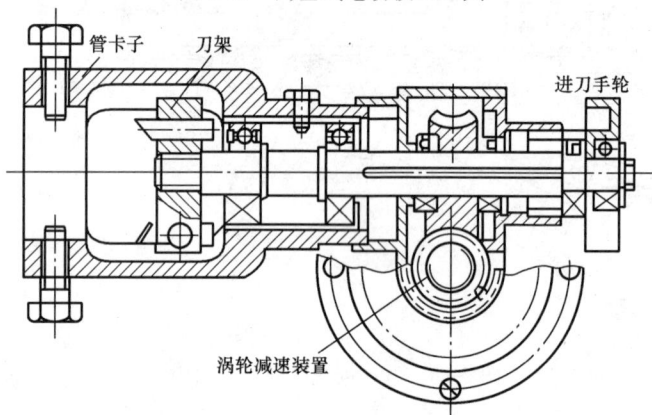

图 5-16　外卡式电动坡口工具

（一）手动弯管机

手动弯管机一般固定在工作台上，一般可弯制 $\phi$38 以下的少量管子，反之都采用机械弯管机。

1. 手动弯管机构造

如图 5-17 所示，手动弯管机由钢夹套、固定导轮、活动导轮和夹圈组成，并用螺栓固定在机架上。弯管时，把要弯曲的管子装到两导轮中间，并将管端套入固定导轮的夹圈内，转动钢夹套，并带动活动导轮，使其围绕固定导轮转动，达到所需要的弯曲角度为止。这种弯管机的最大弯曲角度可达 180°。

2. 适用范围

手动弯管机适用于冷弯钢管，其范围为：弯管直径 15mm，弯曲半径 50mm；弯管直径 20mm，弯曲半径 63mm；弯管直径 25mm，弯曲半径 85mm。其结构简单，易于操作，但工人劳动强度大，不适宜于大批量的弯管加工。

3. 使用规则和维护保养方法

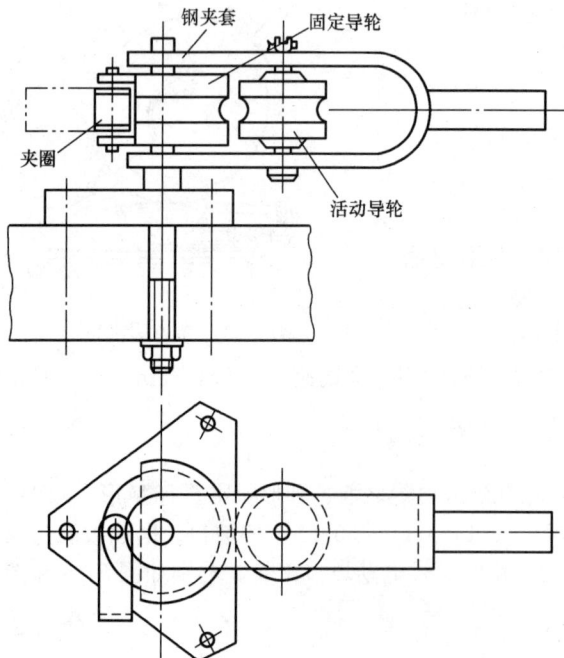

图 5-17　手动弯管机

62

在使用手动弯管机时，首先要根据弯管的管径和弯曲半径正确选择固定导轮和活动导轮的尺寸。弯曲角度则由钢夹套的转动终止位置来保证，并用弯曲角度样板检查其弯管质量。弯管时，管子在夹圈中一定要夹持牢固，还要防止管子变形。推动钢夹套时要用力均匀，一般不宜在钢夹套上装加套管，防止因扭矩过大而损坏弯管机。弯管时，还要定时向其转动部位注入润滑油，以减少磨损。当弯管机暂时不用时，应擦洗干净，妥善存放。

（二）机械弯管机

在弯制大批量的弯管时，多采用机械弯管机。

1. 构造

机械弯管机传动示意如图 5-18 所示。弯管时，将管子用管子夹头紧固在弯管模上，使压紧轮和导向轮与管子相接触，并用压紧轮压紧，这时启动电动机使弯管模转动，即可使管子弯曲，直达到所需要的弯曲角度为止。

2. 适用范围

机械弯管机适用于弯曲无缝钢管制的弯管。当直径为 38～108mm 时，宜采用无心弯管加工方法，当直径大于 108mm 时，一般采用有心弯管。机械弯管具有经济、生产效率高、质量好等优点，广泛适用于大批量弯管生产。

（三）中频弯管机

中频弯管机构造如图 5-19 所示，是利用中频电

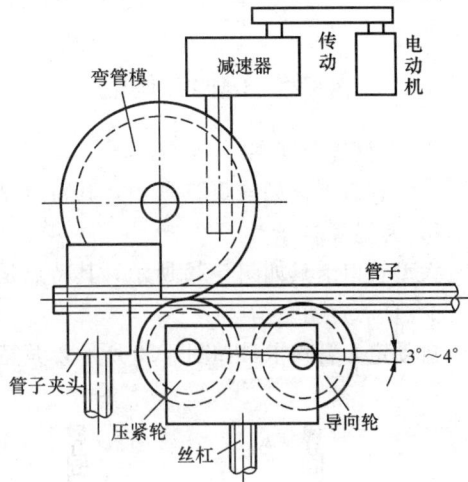

图 5-18　机械弯管机传动示意

源感应加热管子，使其温度达到弯管温度并通过弯管机而达到弯管的目的。其过程为加热、弯曲、冷却、定型，直到所需角度为止。中频弯管机主要用于弯制直径较大的碳素钢管，优点是安全，质量好，速度快，成本低，带动强度小，占地面积小。

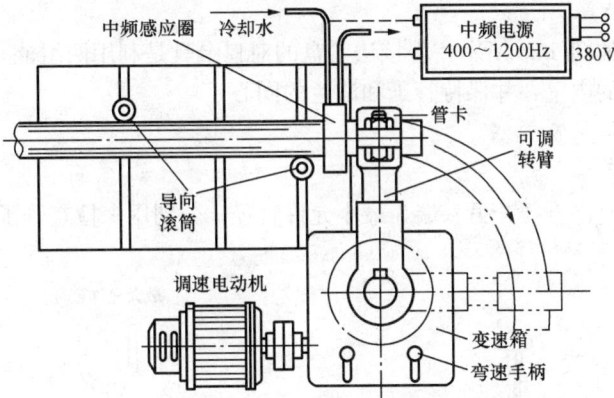

图 5-19　中频弯管机

五、其他专修工具

（一）管子焊接对管口卡具

管子焊接时，其对接的焊口必须对正。常用的对管口卡具如下。

1. 小型管口卡具

小型管口卡具如图 5-20 所示，其特点是能将两段小型同管径的管子进行定心对接。

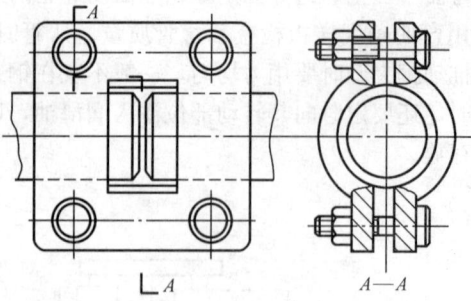

图 5-20　小型管口卡具　　　　　　　　　图 5-21　中型管口卡具

**2. 中型管口卡具**

中型管口卡具如图 5-21 所示，其特点是能将两段中型同管径的管子进行定心对接。

**3. 大型管口卡具**

大型管口卡具如图 5-22 所示，其特点是能将两段大型同管径的管子进行定心对接。

**4. 自动定心管口卡具**

自动定心管口卡具如图 5-23 所示，其特点是能将两段不同管径的管子进行自动定心对接。

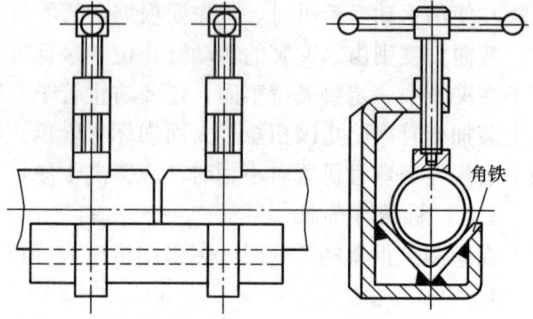

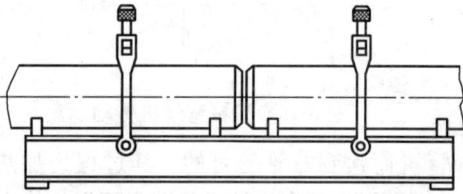

图 5-22　大型管口卡具　　　　　　图 5-23　自动定心管口卡具

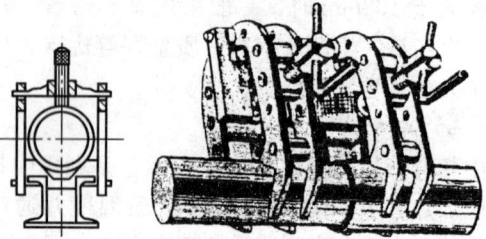

**5. 法兰盘对口卡具**

法兰盘对口卡具如图 5-24 所示，焊接法兰盘的对口卡具是利用两组能平行移动的绞链结构，分别支撑管子和法兰的内壁，并保持管子和法兰的同心。

**（二）管子外径样板及管塞**

**1. 管子外径样板**

样板一端为最大允许直径、另一端为最小允许直径，分别用来检查管子胀粗和鼓包，外壁腐蚀和磨损，如图 5-25 所示。

图 5-24　法兰盘对口卡具　　　　图 5-25　管径的样板

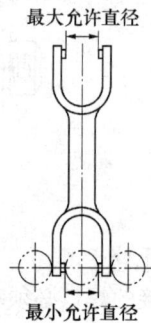

## 2. 管塞

管子焊接后,需要进行水压试验。在试压时,要把管子两端堵住。因而需要管塞。常用的管塞有内塞式和外卡式两种,分别如图5-26和图5-27所示。

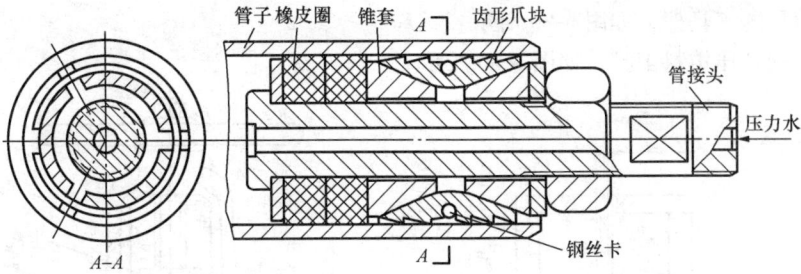

图 5-26  内塞式管塞

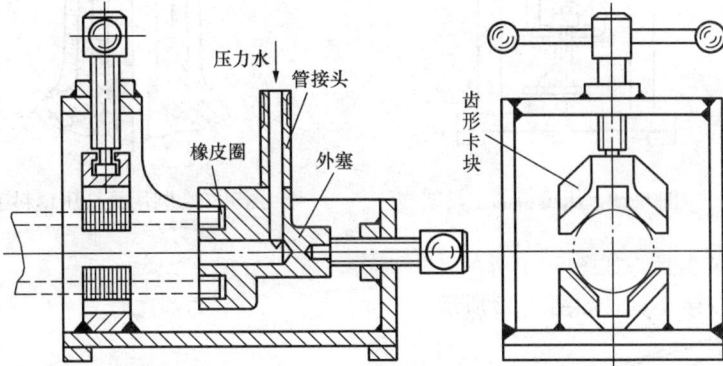

图 5-27  外卡式管塞

# 第三节  阀门检修专用工具

在阀门检修中常用的专用工具主要有阀杆的矫直工具、填料拆卸时的专用工具和阀门密封面的研磨工具等。

**一、阀杆矫直工具**

用阀杆在开关时,受较大的扭转力,所以阀杆易产生弯曲。当阀杆发生弯曲时,在弯曲度不太大的情况下,可用阀杆的矫直工具螺栓杠式压力机矫直,如图5-28所示。

将阀杆放在矫直工作台上,把找好的凸弯部分向上,压力杆头对准弯曲部拉向下施力,直到恢复变形。

**二、填料拆卸时专用工具**

阀门的填料密封是将填料装在阀杆与阀盖填

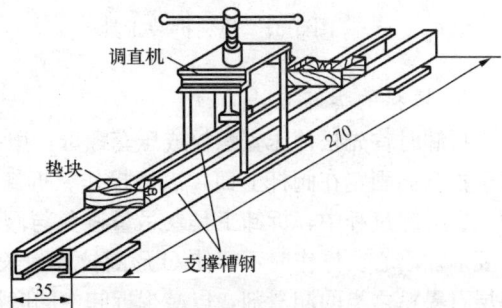

图 5-28  螺栓杠式压力机

料函之间,防止介质向外渗漏的一种动密封结构。填料的安装与拆卸是在沟槽中进行的,比较困难。为方便装卸,可根据需要制成各种工具。

1. 填料拆卸工具的材质

填料拆卸工具采用的材质是质软而强度高的材料，如铜、铝合金、低碳钢、18—8型不锈钢等，工具的端部和刃口应钝些，不能有锐口。

2. 填料拆卸的各种专用工具

（1）压填料的工具架，如图5-29所示。

（2）利用阀杆压填料工具，如图5-30所示。

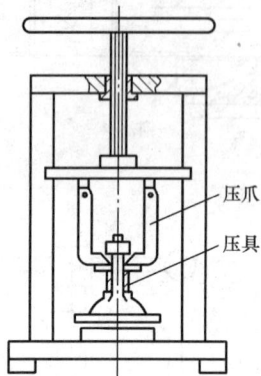

图 5-29  压填料的工具架

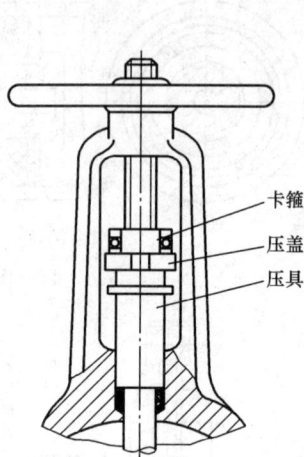

图5-30  利用阀杆压填料工具

（3）填料拆装工具，如图5-31所示。

（4）O形圈安装工具，如图5-32所示。

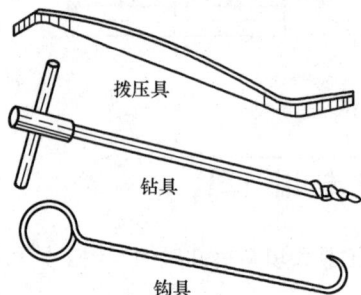

图 5-31  填料拆装工具

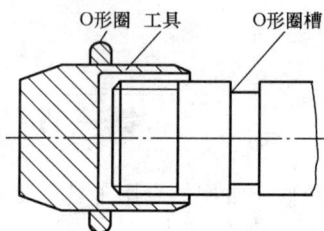

图 5-32  O形圈安装工具

3. 填料的拆卸方法

拆卸时首先松掉压盖螺栓或压套螺母，用手转动一下压盖，将压盖或压套取出，并用绳索或卡子把它们固定在阀杆上面，以便操作。拆卸填料时最好将阀杆抽出填料函，此时拆卸最为方便。在拆卸过程中，拆卸工具要尽量避免与阀杆碰撞。有的O形圈拆卸后还要继续使用，拆卸时要多加小心。操作时不能使O形圈拉伸太长，以免变形。拆卸时注意将工具、O形圈上涂上一层石墨粉之类的润滑剂，以减少拆卸中的摩擦。图5-33所示为填料拆卸方法。

**三、研磨工具**

阀门的主要作用是截断介质的输送或放开输送。在截断流体介质时，要求阀门具有较高的严密性，因此在阀门的检修工作中，很大部分工作用在阀门密封面的研磨工作上。所用的研磨工具主要有研磨头、研磨座、电钻式研磨工具、振动研磨机、行星式平板研磨机和旋塞研磨机等。

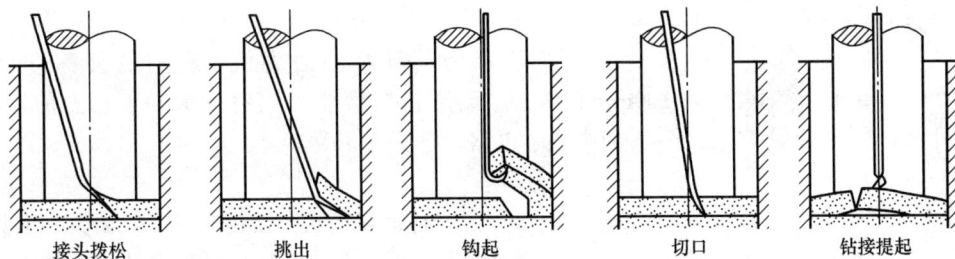

接头拨松　　　挑出　　　钩起　　　切口　　　钻接提起

图 5-33　填料拆卸方法

（一）研磨头与研磨座

阀门检修时，大量而重要的工作是进行阀瓣和阀座密封面的研磨。由于阀瓣与阀座的损坏程
度不同，为了不造成过多的材料消耗和防止把
阀瓣、阀座磨偏，通常不采用阀瓣和阀座直接
研磨；而是用事先制做的一定数量和规格的假
阀瓣、假阀座对阀座、阀瓣进行研磨。假阀瓣
和假阀座是专供研磨用的，所以又称为研磨头
和研磨座。应数量足够，尺寸和角度也都要与
阀瓣、阀座相符，所用材料的硬度应比阀座、
阀瓣略小。一般用普通碳素钢和铸铁制成。

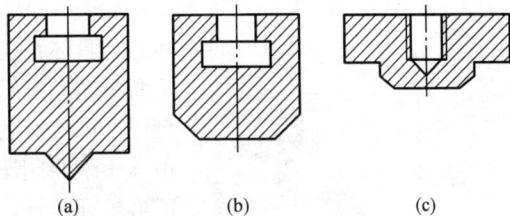

图 5-34　研磨头

（a）研磨小型节流阀用的研磨头；（b）研磨斜口阀门
用的研磨头；（c）研磨平口阀门的研磨头

1. 研磨头

常用的研磨头，如图 5-34 所示。

2. 研磨座

常用的研磨座，如图 5-35 所示。

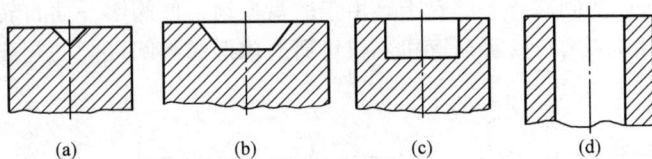

图 5-35　研磨座

（a）研磨小型节流阀用的研磨座；（b）研磨斜口阀门用的研磨座；

（c）研磨平口阀门用的研磨座；（d）研磨安全阀用的研磨座

3. 研磨杆

常用的研磨杆如图 5-36 所示，手工研磨时，研磨头或阀瓣要配置各种研磨杆。研磨头与研
磨杆装配到一起置于阀座中，可对阀座进行研磨；阀瓣与研磨杆装配到一起置于研磨座中，可对
阀瓣进行研磨。研磨杆与研磨头（或阀瓣）用固定螺栓连接，要装配得很直，不能歪斜。使用时
最好按顺时针方向转，以免螺栓松动。研磨杆的尺寸根据实际情况来定，较小阀门用的研磨杆长
度为 150mm，直径为 20mm 左右；40～50mm 阀门用的研磨杆长度为 200mm，直径为 25mm 左
右。为便于操作常把研磨杆顶端做成活动头。

（二）电钻式研磨工具

为了减轻研磨阀门的劳动强度，加快研磨速度，对小型球形阀常用手电钻带动研磨杆进行研
磨。用这种方法研磨，速度较快，如阀座上有深 0.2～0.3mm 的坑，用研磨砂只需几分钟就可磨
平，然后再用手工稍加研磨即可达到质量要求。

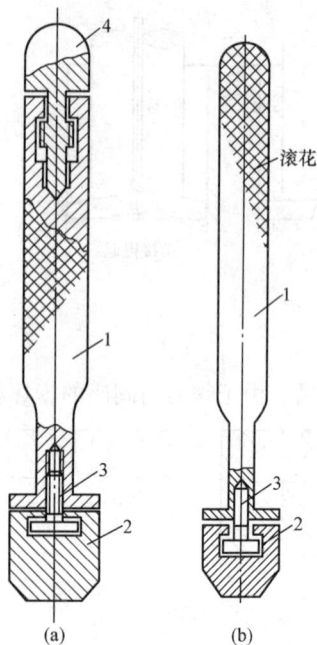

图 5-36 研磨杆

1—研磨杆；2—研磨头（或阀瓣）；
3—固定螺栓；4—活动头

**1. 小型研磨机**

图 5-37 所示为一种小型研磨机，研磨的公称直径小于 100mm 的阀门。研磨机研磨器采用铸铁磨轮，动力使用 200r/min 的中频手电钻，电压为 36V。

**2. 球面研磨机**

如图 5-38 所示，球面研磨机主要由电动头、研具、卡具等组成。电动头前面的夹具用来夹持研具，研具内径值视球体直径而定，它应小于球体直径，大于进出口两端面的距离，否则球体研磨不到或只能研磨一部分。

**3. 闸板阀阀座的电动研磨工具**

如图 5-39 所示，它是以手电钻的电动机为动力进行阀门研磨的，具体情况是：通过蜗杆、涡轮减速，再带动万向联轴节驱使磨盘转动进行研磨。研磨阀座时，可在磨盘上涂研磨砂或用压盘压上剪成圈的砂布，拉动拉杆，使弹簧受到压缩（使两磨盘间距离小于两阀座间距离），把磨盘等插入阀体，让磨盘与阀座对正再松开拉杆，使压盘进入阀座中，磨盘与阀座接触，再开动手电钻的电动机即可进行研磨。

**（三）振动研磨机**

图 5-40 是振动研磨机的结构示意图，磨盘 5 用板弹簧支撑于机架上，电动机用板弹簧 3 连接于磨盘上，电动机轴端装设一飞锤。当电动机转动时，飞锤也随着转动，因为飞锤重心不在电动机的回转轴线上，所以飞锤产生的离心力将使电动机产生振动，这种振动通过板弹簧传到磨盘上，使磨盘产生同样的振动。研磨时，在磨盘上涂以研磨砂，将球形阀或闸板阀的阀瓣置于磨盘上，由于磨盘振动，使阀瓣一面自转，一面相对于磨盘公转，因而使阀瓣得到研磨。这种研磨机不仅可研磨球形阀和闸板阀的阀瓣，而且还能研磨球形阀的阀座。

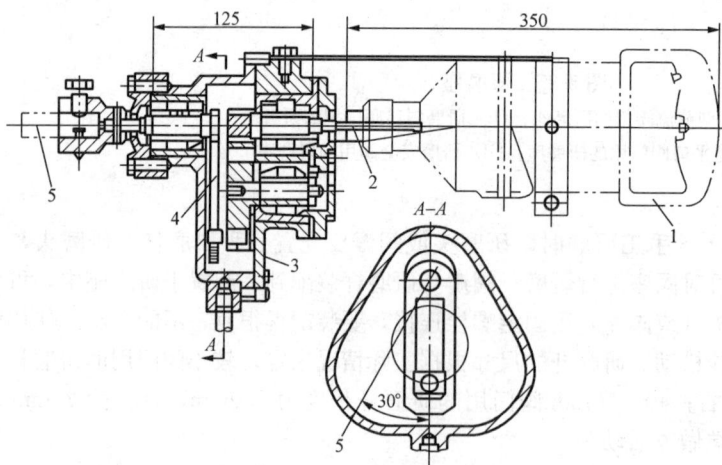

图 5-37 小型研磨机

1—电钻；2—传动轴；3—齿轮减速机；4—连杆；5—研磨器轴

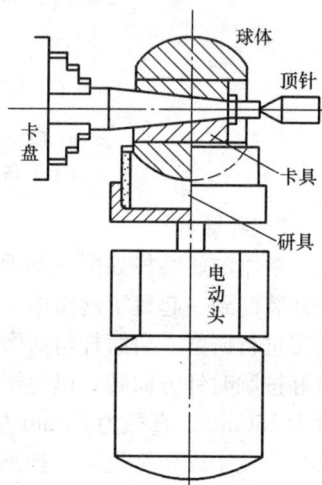

图 5-38 球面研磨机

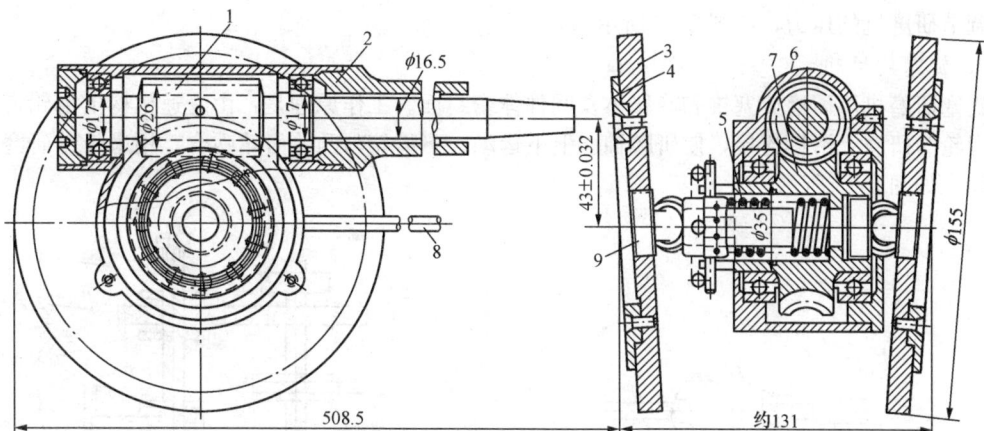

图 5-39　闸板阀阀座电动研磨工具

1—蜗杆；2—套筒；3—磨盘；4—压盘；5—弹簧；6—外壳；

7—涡轮；8—拉杆；9—万向联轴节

振动研磨机具体做法是：将球形阀的阀体用卡具固定在磨盘上，使阀座的密封面保持水平，涂以研磨砂，再把研磨头放在阀座上，由于阀体与磨盘一起振动，使研磨头相对于阀座转动，从而使阀座得到研磨。这种研磨机的研磨质量好、速度快。

（四）其他研磨工具

1. 行星式平板研磨机

行星式平板研磨机特点是磨粒运动轨迹均匀，质量较好，不需手工操作。如图 5-41 所示，涡轮蜗杆减速，带动主轴上摩擦轮旋转，然后带动行星套旋转。研磨件放在行星套内，与研磨平板接触，进行研磨。

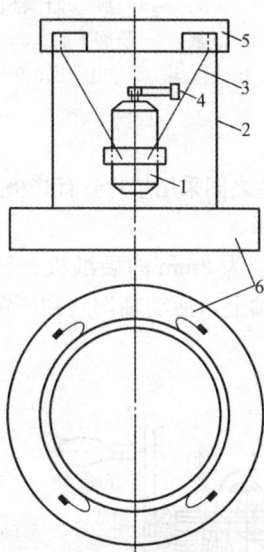

图 5-40　振动研磨机的结构示意

1—电动机；2、3—板弹簧；4—飞锤；5—磨盘；6—机架

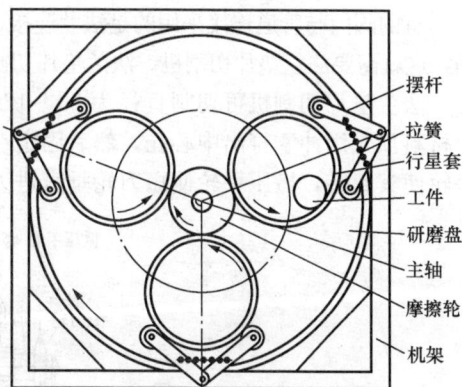

图 5-41　行星式平板研磨机

2. 阀体研磨机

电动机带动研磨用的金刚砂轮，金刚砂轮上有承压弹簧，以承受工具本身的质量，同时可以

用来调节研磨机的压力，如图 5-42 所示。

　　3. 旋塞研磨机

　　旋塞研磨机可研磨旋塞锥和旋塞体及圆柱体密封面。工作原理是：由变速机构上齿轮带动的传动齿轮与研磨上滑键连接，使研磨轴能上下运动。下齿轮与凸轮齿轮啮合，用来带动研磨轴上下运动，如图 5-43 所示。

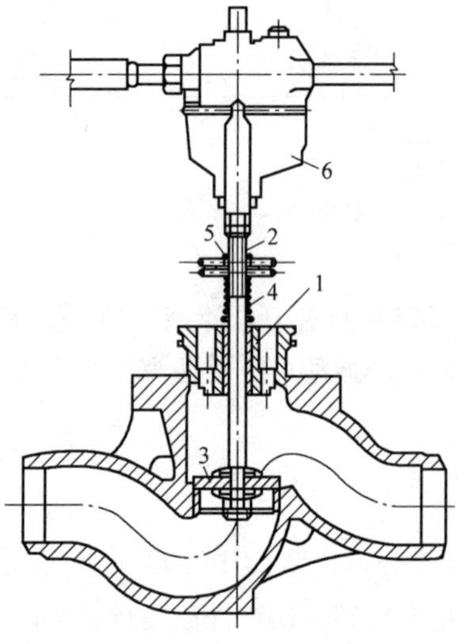

图 5-42　阀体研磨机
1—可换用的导向套筒；2—传动轴；3—金刚砂轮；
4—弹簧；5—螺母附手柄；6—电动机

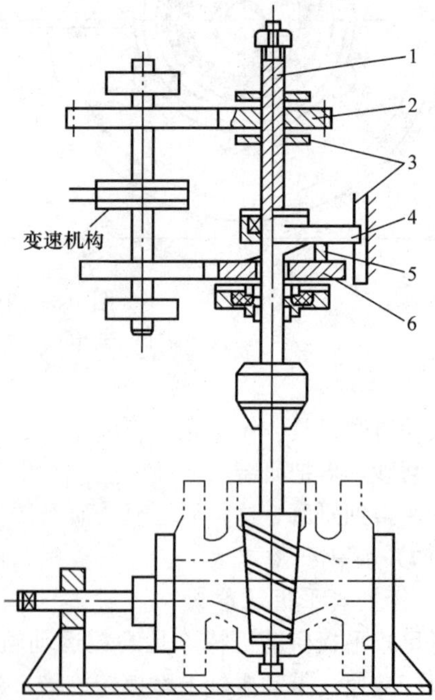

图 5-43　旋塞研磨机
1—隔板；2—研磨平面；3—弹簧；
4—偏心轮；5—电动机；6—机架

### 四、法兰垫片切割机

　　有的阀门与管道连接采用的是法兰连接，为了密封在法兰之间采用垫片。有些垫片需要在现场切割，这就需要法兰垫片切割机。法兰垫片切割机如图 5-44 所示。

　　法兰垫片切割机可切割直径为 80～1200mm，最大厚度为 2mm 的硬纸板、石棉福胶板。垫片材料预先用冲錾打出中心孔，然后固定在可调整的活动轴上，活动轴调整到所需尺寸。主轴用手轮使其回转，撤压手轮使短刀轮垂直进刀。

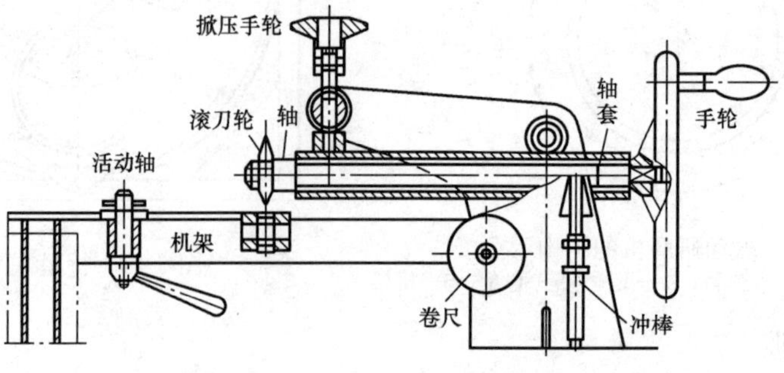

图 5-44　法兰垫片切割机

# 第四节　量　具

在锅炉设备的检修中，为了比较精确地测量各零部件和主要部件的尺寸，经常会使用各种量具。常用的量具有简单量具、游标量具、微分量具、测微仪、专用量具几类。

## 一、简单量具

简单量具主要包括钢直尺、皮卷尺、钢卷尺、90°角尺、卡钳等。

1. 钢直尺、皮卷尺和钢卷尺

这类量具用于丈量管线长度等。它们的最小刻度值为1mm，因此测量精度不高。

钢尺有150、300、500、1000mm四种规格。

小钢卷尺有1、2、3m三种规格。

大钢卷尺和皮卷尺有5、10、15、20、30、50m等规格。

2. 90°角尺

在安装设备时，用90°角尺来校验90°角或在加工工件时，划90°角线。其规格以长边尺寸表示，有100、150、200、250、300、350、400、450、500、600、700、800、900mm等规格。

3. 卡钳

卡钳不能直接量出尺寸数值，只能做比较测量。与其他精密刻线量具配合使用，准确度可达0.02mm以内。卡钳分内卡钳和外卡钳两种，内卡钳用来测量孔径和沟槽宽度，外卡钳用来测量工件的外径和厚度。

卡钳的规格有100、125、150、200、250、300、350mm 7种，其构造形式见图5-45。

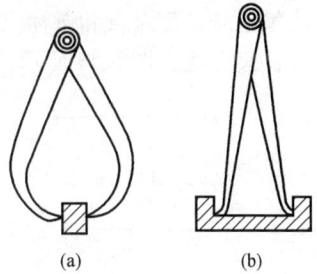

图 5-45　卡钳构造形式
（a）外卡钳；（b）内卡钳

## 二、游标量具

游标量具主要是游标卡尺。游标卡尺的种类较多，但构造相似，读数原理相同，如图5-46所示。现将其构造及使用方法介绍如下。

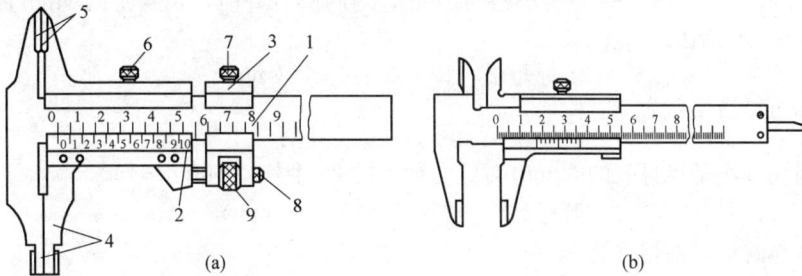

图 5-46　游标卡尺
1—尺身；2—游标；3—辅助游标；4—下端尖脚；5—上端尖脚；6、7—螺钉；8—小螺杆；9—螺母

1. 游标卡尺的构造和各部分的作用

游标卡尺是由尺身和游标组成的，见图5-46。在图5-46（a）中，尺身上刻有每格为1mm的刻度线，游标上也有刻线。当游标要移动较大距离时，松开螺钉6、7，推动游标即可。若要使游标微动调节，则将螺钉7固定，松开螺钉6，转动螺母9，通过小螺杆8移动游标即可。取得尺寸后，将螺钉6紧固即可读尺。卡尺上下两对尖脚5、4是用以测量孔距、外圆、厚度、内孔或沟槽的。图5-46（b）所示的游标卡尺轻巧灵活，还可用尺后的细长杆测量孔深和沟槽深度，

但这种卡尺的测量尺寸较小。

2. 游标卡尺的刻线原理及读法

游标卡尺的测量精度有 0.1、0.05、0.02mm 三种。这三种游标卡尺的尺身刻度相同，每小格为 1mm。其区别是游标格数与主尺相对的格数不同。现分别介绍如下：

（1）0.1mm 游标卡尺。尺身每小格为 1mm，当两脚合并时，尺身上的 9mm 刚好等于游标上的 10 个格，见图 5-47，则有

$$游标每格 = 9 \div 10 = 0.9mm$$

尺身与游标每格相差为

$$1 - 0.9 = 0.1 （mm）$$

另一种刻线方法是尺身上的 19mm 对应游标上的 10 个格，则有

$$游标每格 = 19 \div 10 = 1.9 （mm）$$

尺身两格与游标一格相差为

$$2 - 1.9 = 0.1 （mm）$$

这种刻线方法的优点是刻线清晰，容易读准。在游标卡尺上读尺时，分以下三步进行：

第一步：读出游标上零线在尺身多少毫米后面（只记整数）。

第二步：读出游标上哪条线与尺身对齐（第一条零线不算，第二条起每格算 0.1mm），读出小数。

第三步：把尺身和游标上的尺寸加起来，即为实际读数。

读尺方法如图 5-48 所示。

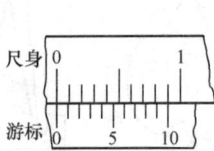

图 5-47  0.1mm 游标
卡尺的刻线原理

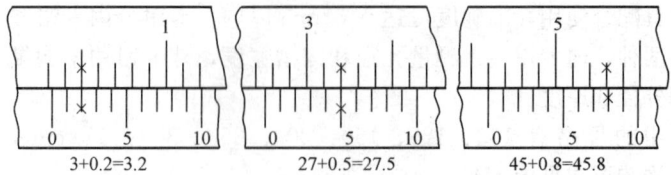

图 5-48  0.1mm 游标卡尺
的读尺方法

3+0.2=3.2   27+0.5=27.5   45+0.8=45.8

（2）0.05mm 游标卡尺。尺身每小格为 1mm，当两脚合并时，尺身上的 9mm 刚好等于游标上的 20 个格，见图 5-49，则有

$$游标每格 = 19 \div 20 = 0.95 （mm）$$

尺身游标与每恪相差为

$$1 - 0.95 = 0.05 （mm）$$

另一种刻线方法是尺身上的 39mm 对应游标上的 20 个格，则有

$$游标每格 = 39 \div 20 = 1.95 （mm）$$

尺身两格与游标一格相差为

$$2 - 1.95 = 0.05 （mm）$$

（3）0.02mm 游标卡尺。尺身每小格为 1mm，当两脚合并时，尺身上的 49mm 等于游标上的 50 个格，见图 5-50，则有

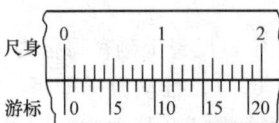

图 5-49  0.05mm 游标
卡尺的刻线原理

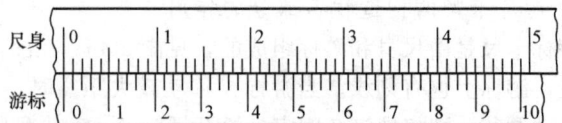

图 5-50  0.02mm 游标卡
尺的刻线原理

$$副尺（游标）每格＝49÷50＝0.98（mm）$$

主尺与副尺（游标）每格相差为

$$1－0.98＝0.02（mm）$$

### 三、微分量具

微分量具主要是千分尺，如外径千分尺、内径千分尺、杠杆千分尺以及内测千分尺、螺纹千分尺、深度千分尺、公法线千分尺、杠杆式卡规、V形测砧千分尺、三爪内径千分尺等。常用千分尺是根据螺旋副工作原理制成的，它们的工作原理和读数方法基本相同。

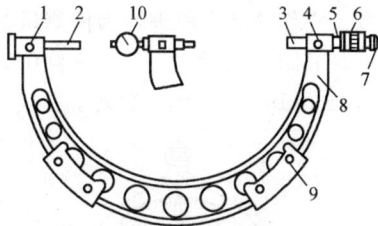

图 5-51  外径千分尺结构

1—尺架；2—测砧；3—测量杆；
4—固定螺纹套筒；5—固定套管；
6—微分筒；7—调节螺母；8—接头；
9—垫片；10—测力装置

#### （一）外径千分尺

外径千分尺（简称千分尺）主要用于测量外形尺寸，其结构如图 5-51 所示。

外径千分尺有多种形式，其测量上限小于 1000mm 的有测砧固定和测砧可调式或可换式两种，测量上限大于 1000mm 的有测砧可调式（或可换式）和测砧带表式两种。此外还有数显千分尺、翻字式千分尺、游标千分尺、尖头千分尺、板厚千分尺、壁厚千分尺和大平面千分尺等。

#### （二）内径千分尺

内径千分尺主要用于测量孔径，也可用于测量槽宽等，其结构如图 5-52 所示。

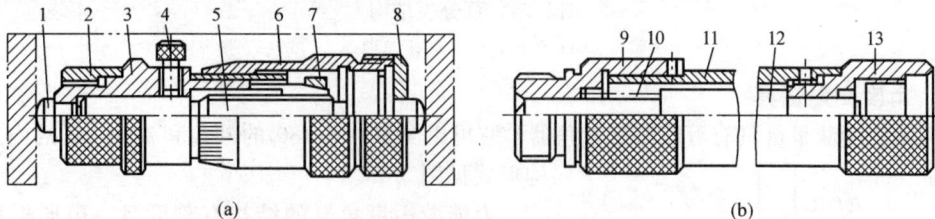

图 5-52  内径千分尺结构

（a）微分头；（b）接长杆

1—测头；2—螺帽；3—固定套筒；4—锁紧装置；5—固定螺纹套筒；6—微分筒；7—调节螺母；
8—微调装置；9—连接螺栓；10—弹簧；11—固定套筒；12—量杆；13—连接螺母

内径千分尺可测量的尺寸公差等级一般为 10 级以下，活动测头的位移量（示值范围）是 13mm，与接长杆连接后测量范围有 50～250mm、50～600mm、150～1400mm，最大可到 1000～5000mm，分度值为 0.01mm。

#### （三）杠杆千分尺

杠杆千分尺的用途一般与外径千分尺相同，但测量精度较高，可用于校对一般量具。是杠杆式千分尺的结盘指示机构如图 5-53 所示。

杠杆千分尺的分度值有 0.001mm 和 0.002mm 两种，测量范围有 0～25、25～50、50～75、75～100mm 四种，可测量公差等级为 6 级和 7 级的工件。

应该注意的是：杠杆千分尺是精密量具，在使用时要格外小心，不要过多按压按钮，也不要轻易打开护盖，

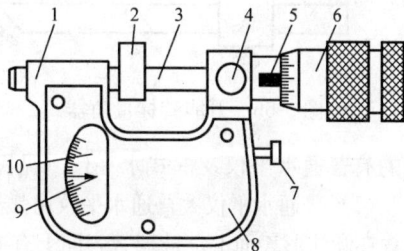

图 5-53  杠杆千分尺结盘指示机构

1—测砧；2—测砧；3—测量杆；4—锁紧装置；
5—固定套管；6—微分筒；7—按钮；
8—盖板；9—指针；10—指示表

并且严禁往传动机构中加油或其他液体。

**四、测微仪**

测微仪主要是百分表与千分表。百分表与千分表是测量工件表面形状误差和相互位置的一种量具。它们的动作原理均为使测量杆的直线位移通过齿条和齿轮传动，带动表盘上的指针作旋转运动，其结构见图5-54。在检修中，常用的表有每格为 1/100mm 的百分表和每格为 1/1000、2/1000 或 5/1000mm 的千分表。

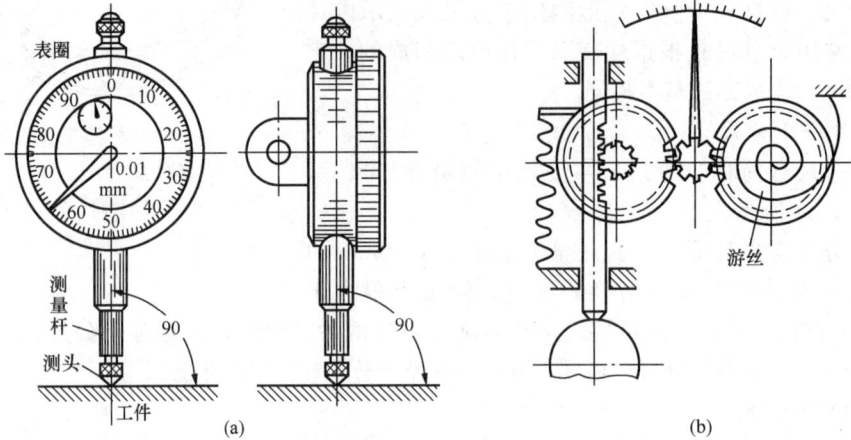

图 5-54　百分表结构
(a) 外形；(b) 动作原理

**五、角度测量量具**

常用的角度测量量具有万能游标量角器，它可以测量 0°~180°的外角和 40°~80°的内角，结构形式见图5-55。

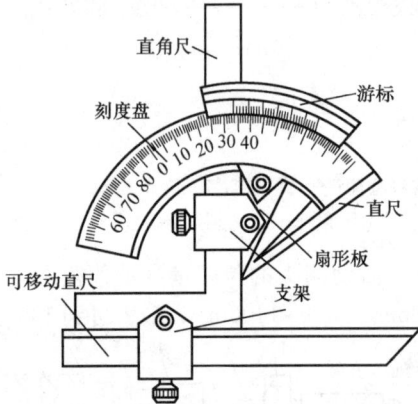

图 5-55　万能游标量角器

万能游标量角器的结构有刻度盘、扇形板和固定在扇形板上的游标。扇形板带着游标可沿刻度盘移动。直角尺可用支架固定在扇形板上，而可移动的直尺又可用支架把它紧固在直角尺上。直尺应与刻度盘连成一体。量角器的主刻线刻在130°的圆弧上。游标的刻线原理与游标卡尺的刻线原理相似。这种量角器的测量精度可达 2′。

**六、专用量具**

1. 水平仪

水平仪用于检验机械设备平面的平直度，机件的相对位置的平行度及设备的水平位置与垂直位置。常用的有普通水平仪及框式水平仪（见图5-56）。

（1）普通水平仪。普通水平仪由弧形玻璃管和框架组成。框架的测量面上制成 V 形槽状，以便放置在圆柱形表面上。玻璃管表面上有刻线，内装酒精，但不装满，而留有一个气泡，这个气泡永远停在管内最高点。如果水平仪在水平或垂直位置时，气泡处在玻璃管中央位置。若水平仪倾斜时，气泡就向左或向右移动到最高点，根据移动距离即可知平面的倾斜度或垂直度。框内的横水准玻璃管是测定垂直面用的。普通水平仪只能用来检验平面对水平的偏差，其水准器留有一个气泡，当被测面稍有倾斜时，气泡就向高处移动，从刻在水准器上的刻度可读出两端高低相差值。如刻度为 0.05mm/m，即表示气泡移动一格时，被测长度为 1m 的两端上，高低相差为 0.05mm。

（2）框式水平仪。有纵向、横向两个水准器，故不仅能检验平面对水平位置的偏差，还可检验平面对垂直位置的偏差。

2. 塞尺

塞尺又称厚薄规，如图 5-57 所示，它由一组不同厚度的钢片重叠，且把一端穿在一起而成，每片上都刻有自身的厚度值。

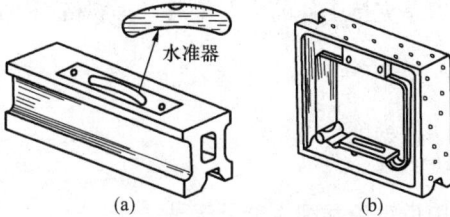

图 5-56　水平仪
（a）普通水平仪；（b）框式水平仪

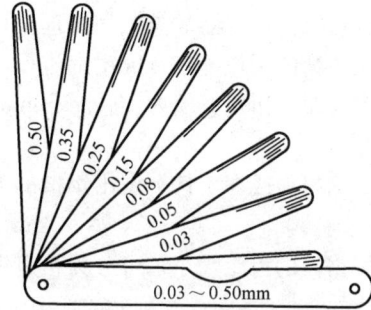

图 5-57　塞尺

在热力设备检修中，塞尺常用来检测固定件与转动件之间的间隙，检查配合面之间的接触程度。在测量间隙时，先将塞尺和测点表面擦干净，然后选用适当厚度的塞尺片插入测点，如果单片厚度不合适，可同时组合几片来测量，但不要超过四片。在组合使用时将薄的塞尺片夹在厚的中间，以保护薄片。

**七、量具的维护保养方法**

量具是测量零件尺寸、判断零件质量的重要用具，量具的维护保养对提高产品质量有重大意义。

（1）在机床上测量零件时，要在零件静止时进行测量。这样既安全，又可减少量具的磨损。

（2）测量前，应将量具的测量面和被测零件表面擦净，以保证测量的准确。不要用卡尺等精度较高的量具测量铸、锻件的粗糙表面，以免损坏量具。

（3）量具不要与手锤、锉刀、錾子、划规等工具堆放在一起。游标卡尺等应放在专用的盒子里。

（4）量具是测量用具，绝对不允许充当其他工具用。

（5）温度对量具的精度影响很大，不要把量具放在阳光下照射或放在其他热源附近，以免影响量具的精度。

（6）不要把量具放在磁性物体附近，以防磁化。

（7）发现量具有变形、锈痕或活动不灵等，不准自行拆修，应由计量站修理。

（8）量具用完后，应擦干净，除不锈钢或有电镀的量具外，都应涂油，并改在干燥的地方，防止生锈。

（9）量具应定期进行计量鉴定，检查精度和保养情况，以免由于失去精度而造成质量事故。

# 第五节　钳　工　作　业

**一、钳工的工艺特点及应用**

钳工是指利用台虎钳及各种手动工具对金属进行的切削加工。它的特点是刀具走刀方向不受限制，操作起来机动、灵活。因此它可以完成机械加工不便完成的工作。

钳工主要操作方法有划线、錾削、锯削、锉削、刮削、钻孔、扩孔、铰孔、攻螺纹、套螺纹、维修、装配等。

钳工的应用范围很广，一般可以完成如下工作：

(1) 完成制作零件过程中的某些加工工序，如孔加工、攻螺纹、套螺纹、刮削等。

(2) 进行精密零件的加工，如锉样板、刮削等。

(3) 进行机器和仪器的装配和调试。

(4) 进行机器和仪器的维护和修理。

钳工大多数的工作都在台虎钳上进行。台虎钳是夹持工件的主要工具，其规格用钳口宽度表示，常用台虎钳的钳口宽度为 100～150mm。

**二、锯削**

用锯切割材料或在工件上锯出沟槽的方法，叫做锯削。

1. 锯条种类

锯条按锯齿的齿距大小，可分为粗齿锯条、中齿锯条和细齿锯条三种。

2. 锯削方法

(1) 安装锯条。锯削时向前推锯可以锯切，所以安装锯条时，锯齿尖应向前。另外，锯条拉得不宜过紧或过松，过紧容易使锯条崩断，过松锯出的锯缝容易歪斜。一般用两个手指的力能把调整螺母旋紧为止。

(2) 工件安装。工件伸出钳口不能过长，以免锯削时产生振动。锯线应和钳口边缘平行，并夹在台虎钳左边以便于操作。工件应夹紧，但要防止变形和夹坏已加工表面。

(3) 手锯的握法。一般右手握住锯柄，左手轻扶锯弓架的前端。

(4) 起锯。起锯时锯条应与零件表面稍倾斜一个角度 $\alpha$（约 10°～15°），不宜太大，以防崩齿，另外，起锯时为防止锯条横向滑动，可以用拇指抵住锯条一侧，起锯时可以快速往复推锯，当锯出一个小的锯缝时，左手离开锯条，轻轻按住锯弓前端进行锯削。起锯方法如图 5-58 所示。

(5) 锯削时施力情况。锯削时，锯弓作往复直线运动，不应出现摇摆现象，防止锯条断裂。向前推锯时，两手要均匀施加压力，实现切削作用；返回时，锯条要轻轻滑过加工表面，

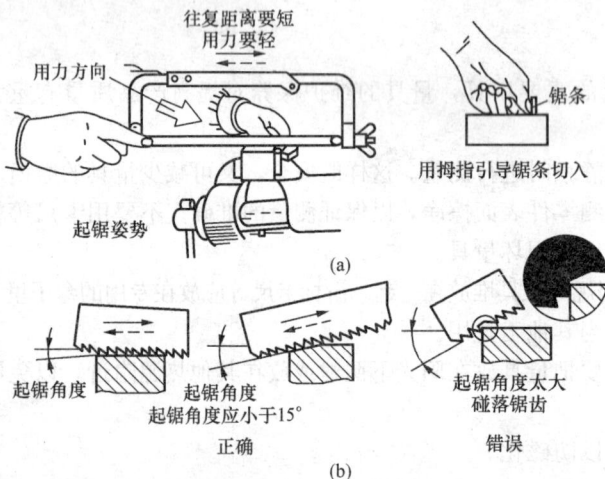

图 5-58 起锯方法
(a) 起锯操作；(b) 起锯角度

则两手不施加压力。锯削时，往复运动不宜过快，大约 40～50 次/min，并应使锯条全长的 2/3 部分参与锯切工作，以防锯条局部磨损，损坏锯条。另外，在锯削时，为了润滑和散热，适当加些润滑剂，如钢件用机油、铝件用水等。

**三、锉削**

利用锉刀将零件锉去一层很薄的金属，使零件的几何形状、尺寸表面粗糙度均符合图纸的要求，这种操作方法叫锉削。它可以加工零件的内外表面，沟槽、曲面，以及各种复杂的表面。

1. 锉刀

(1) 锉刀的构造。锉刀由锉面、锉边、锉柄（装手柄）组成。钳工锉的规格以工作部分的长度表示，分为100、150、200、250、300、350、400mm等7种。

(2) 锉刀的种类。锉刀按每10mm锉面上齿数的多少划分为粗齿锉、中齿锉、细齿锉和油光锉。

1) 粗齿锉：10mm长度内齿数为4~12，锉齿间距大，不易被堵塞，适宜粗加工或锉铜、铝等有色金属。

2) 中齿锉：10mm长度内齿数为13~23，锉齿间距适中，适于粗锉后加工。

3) 细齿锉：10mm长度内齿数为30~40，锉光表面或锉硬金属。

4) 油光锉：10mm长度内齿数为50~62，精加工时修光表面。

根据锉刀尺寸不同，又分为钳工锉和整形锉两种。钳工锉有平锉、半圆锉、方锉、三角锉、圆锉，其中以平锉用得最多。整形锉尺寸较小，通常以10把形状各异的锉刀为一组，用于修锉小型工件以及某些难以进行机械加工的部位。

2. 锉削步骤

(1) 安装手柄。

(2) 锉刀握法。使用大的平锉时，应右手握锉刀手柄，左手压在锉刀的另一端，应保持锉刀水平；使用中型平锉时，因用力较小，用左手的大拇指和食指捏着锉刀的前端，引导锉刀水平移动；小锉刀用右手握住即可，如图5-59所示。

(3) 施力情况。刚开始往前推锉刀时，即开始位置，左手压力大，右手压力小。推进中两力应逐渐变化，至中间位置时两力相等，再往前锉时右手压力

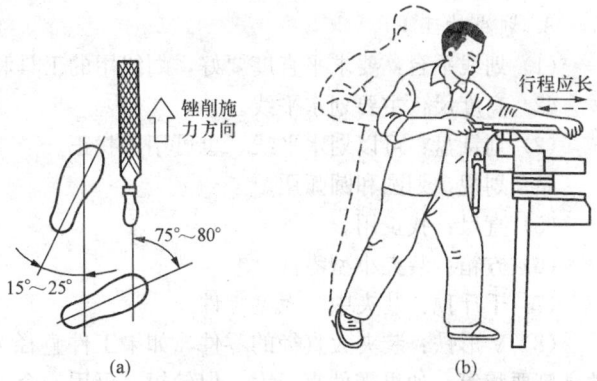

图5-59 锉削时的步位与姿势

（a）步位；（b）姿势

逐渐增大，左手压力逐渐减小。这样使左右手的力矩平衡，使锉刀保持水平运动。否则，开始阶段锉柄下偏，后半段时前段下偏，会形成前后低而中间凸起的表面。

(4) 锉削平面的方法。

1) 第一种：顺向锉法，锉刀与工件垂直锉削，用于锉平或锉光。

2) 第二种：交叉锉法，锉刀与工件成30°~45°角，交替变换，多用于粗加工，如图5-60所示。

3) 第三种：推锉法，余量小时用，或用于修光。尤其适用于加工较窄的表面，以及顺向锉法锉刀前进受到阻碍的情况，如图5-61所示。

(5) 锉曲面。用滚钝法，锉刀运动的轨迹成曲线，按着圆弧进行滚动锉削。

(6) 锉削质量的检查。

1) 用透光法检查锉出的平直度和垂直度。即用板尺和直角尺，向着光亮，透过一丝灰色、均匀的光线为平、直。

2) 用钢板尺或卡尺检查零件的尺寸。

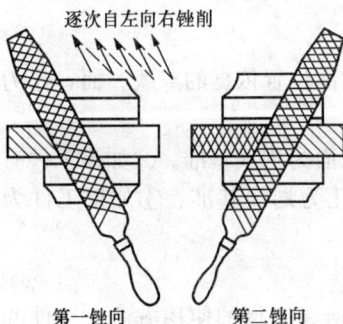

图5-60 交叉锉法

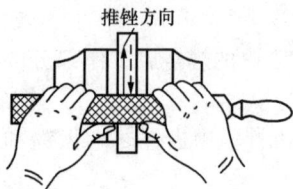

图 5-61 推锉法

**四、划线**

根据图纸要求，利用划线工具在毛坯或半成品上，划出零件的图形和加工界线（包括加工余量、尺寸、几何形状、找正线等），这种方法叫划线。

1. 划线的种类

（1）平面划线。所划的线，都在一个平面上，叫平面划线。

（2）立体划线。所划的线，在不同的表面上和不同的角度上（包括长、宽、高三个坐标面上），两个坐标面以上进行划线，叫立体划线。

2. 划线的目的

（1）通过划线，可以剔除和检查不合格的毛坯。

（2）通过划线，可以合理分配各表面的加工余量。

（3）通过划线，可以确定零件孔的加工位置。

（4）还可以划出找正线。

3. 划线的工具

（1）划线平台：要求平直度要好，划线用的工具和零件均放置上面。

（2）高度尺：主要划水平线。

（3）划针盘：可以划水平线，也可用于找正。

（4）划规：划圆和圆弧用。

（5）直尺：找正用。

（6）方箱：装夹小型零件。

（7）千斤顶：装夹中、大型零件。

（8）V 形铁：装夹大直径的零件，如果工件直径大又很长，则同时用 3 个 V 形铁，但 V 形铁高度要相等。如果零件直径大，但较短，可用一个 V 形铁。

（9）样冲：在钻孔的中心位置和零件的形状线上，打上小的孔洞（打标记用）。

（10）钢板尺：测量工具。

4. 立体划线的方法

（1）看懂图纸。

（2）清理零件。去掉毛刺和影响划线的型砂。

（3）如果零件有孔，要用木块或铅将孔塞上。

（4）涂涂料。为了使划出的线条清晰可见，在要划线部位涂上涂料。如果零件是毛坯，要选用大白浆为涂料；如果零件已加工过，要选用紫色或硫酸铜溶液为涂料；如果零件较小数量又少，可以用粉笔做涂料。

（5）将要划线的零件装夹或支承牢稳。

（6）确定划线基准。基准即是零件上用来确定其他点、线、面位置依据的点线、面，作为划线依据的基准，称为划线基准。

选择划线基准的方法有：①如果工件已加工，则选择已加工面为划线基准。②如果工件有对称的中心线，要选择对称中心线。③若工件有孔，则要用主要孔为划线基准。④如果工件为毛坯，要选择较大的面和有凸台的部位为基准。

（7）对划线工件找正（用划针盘或直尺）。

（8）划线。以轴承座为例，讲解清楚立体划线的方法（包括高度尺的使用方法、工件的装夹、找正以及翻转后支承找正的方法等）。

（9）检查。划完线后，一定要进行检查，是否有漏划的线或划线正确与否，如果有误，纠正过来。

（10）打样冲。在钻孔的中心位置打的稍大一些，在毛坯上可以打轮廓线。在样板上、模具上和表面很光洁的零件上，不打样冲。

划线也有一定的误差，一般不能按划线来确定加工尺寸，而是在加工过程中依靠量具测量来控制尺寸的精度。

### 五、孔加工

孔加工是指在钻床上进行钻孔、扩孔、铰孔。

1. 钻床种类

（1）台式钻床。主要用于加工小型工件上的小孔，一般在 $\phi13$ 以下。

（2）立式钻床。主要用于钻中型工件上的孔，一般在 $\phi50$ 的以下。

（3）摇臂钻床。主要用于钻削大型工件上的各种孔。因为它的主轴可以在摇臂上作水平移动，摇臂又可以绕立柱作旋转摆动，所以钻不同位置的孔，对中心时工件不需移动，钻床主轴可以很方便地调整到需要钻孔的中心位置。

2. 麻花钻头

麻花钻头是用高速钢（W18Cr4V）制造的，钻头直径小于 12mm 的做成直柄，大于 12mm 时做成锥柄。麻花钻头有两条对称的螺旋槽，用来形成切削刃，也是排出切屑和流入切削液的通道。切削部分有两条对称的主切削刃，两刃之间 $2\varphi=116°\sim118°$，两个主切削刃后面的交线叫做横刃，导向部分的两条刃带起导向作用，并对孔壁进行修光。

麻花钻头的装夹方法，依其柄部不同而异。直柄钻头用钻夹头装夹，大的锥柄钻头则用过渡套筒装夹。

3. 钻孔

（1）在划出的中心线上打样冲孔。

（2）变换主轴转速。

（3）刃磨钻头：依据材质刃磨钻头（必要时进行）。

（4）装夹钻头：根据钻头装夹部分而选装夹工具。

（5）装夹工件与找正。钻孔时，钻头扭矩很大，所以工件不能直接用手拿着钻孔，要用夹具将工具夹紧并找正，常用夹具有压板螺栓、平口虎钳、专用夹具（钻模）三种，用于大批生产。

（6）按下进刀手柄（先开车）。将钻头横刃对准样冲冲出的孔洞。先钻出一个小窝，如果很准确，即可继续钻孔；如果没对准中心，应进行修正。修正的方法是再将样冲孔打得大一些，移动零件与钻头横刃对准，用力要小按下进刀手柄，直到与中心对准，再继续往下钻。钻孔时为了防止钻头退火，要加冷却液。钢件要用机油或乳化液，铝用水，铸铁用煤油。孔将要钻透时，用力应小。

4. 扩孔

用扩孔钻对已钻出的孔扩大加工称为扩孔。扩孔和钻孔的区别是：钻孔是用麻花钻头，它有 2 个切削刃、一个横刃，螺旋槽较深，所以它的刚度不好，容易弯曲、变形，钻孔精度也差；而扩孔用扩孔钻，它有 3～4 个主切削刃、无横刃，螺旋槽较浅，因此钻心粗大，刚度好不易变形；扩孔精度高于钻孔。

5. 铰孔

铰孔是扩孔后用铰刀再进一步精加工，可分为粗铰和精铰。铰孔时要留加工余量，一般粗铰留 0.1～0.2mm 的余量，精铰留 0.05～0.15mm 的余量。

因为铰刀有 6~12 个切削刃，所以铰孔的精度和表面质量都高于扩孔，铰孔时要浇注切削液，铰钢件时用乳化油，铰铸铁件时用煤油。

6. 锪孔

锪孔是孔口表面用锪钻加工出一定形状的孔或表面，它分为圆柱形埋头孔锪钻和锥形锪钻以及端面锪钻。

## 六、攻螺纹和套螺纹

1. 攻螺纹

用丝锥在已经钻出孔的零件上，加工内螺纹的方法。

(1) 螺纹的种类。

1) 标准螺纹（公制螺纹—用 M 表示）：它分为粗牙螺纹和细牙螺纹。

2) 英制螺纹（英寸制螺纹）：用英寸或″表示。

3) 梯形螺纹：用 T 表示。

4) 圆柱管螺纹：用 G 表示，而锥管螺纹用 ZG 表示。

经常用的大多为标准螺纹，不论哪一种类型的螺纹均有右旋和左旋螺纹之分，用得较多的为右旋螺纹。

(2) 丝锥的构造。

1) 工作部分。包括切削部分和校准部分，它所以能切割螺纹是因为丝锥磨出了锥角（前角和后角）及容屑槽。

2) 装夹部分：方头（它主要传递扭矩）。

丝锥一般为 2 个一套，螺距 2.5mm 以上为 3 个一套。

如果丝锥为 2 个一套的，分为头锥和二锥。头锥切削部分较长，锥角较小，约有 6 个不完整的齿；二锥切削部分较短，锥角较大，约有 2~3 个不完整的齿。

把丝锥制成 2 个一套，第一次切削 60% 左右，第二次切削 40% 左右，这样丝锥不容易断裂在工件内，不容易使零件报废。

如果 3 个为一套的丝锥，头锥大约切削 50%，二锥切削 30%，三锥切削 20%，这样既省力又不容易折断丝锥。

(3) 攻螺纹前底孔的确定。因为丝锥本身不能钻孔，只能切割螺纹，所以在攻螺纹前应该用钻头钻出孔，此孔通常称为底孔，在钢材上钻螺纹底孔的钻头直径见表5-2。

表 5-2　　　　　　　　　　　钢材上钻螺纹底孔的钻头直径　　　　　　　　　　mm

| 螺纹直径 $d$ | 2 | 3 | 4 | 5 | 6 | 8 | 10 | 12 | 14 | 16 | 20 | 24 |
|---|---|---|---|---|---|---|---|---|---|---|---|---|
| 螺距 $P$ | 0.4 | 0.5 | 0.7 | 0.8 | 1 | 1.25 | 1.5 | 1.75 | 2 | 2 | 2.5 | 3 |
| 钻头直径 $d_2$ | 1.6 | 2.5 | 3.3 | 4.2 | 5 | 6.7 | 8.5 | 1.02 | 11.9 | 13.9 | 17.4 | 20.9 |

注　如果没有此表可应用经验公式计算：加工韧性材料时（钢、铜等），$d_2 = d - P$；加工脆性材料（铸铁、青铜等）时，$d_2 = d - 1.1P$。

(4) 攻螺纹的方法。

1) 确定底孔直径，并钻出底孔。

2) 将丝锥装入铰杠内，再将丝锥放在底孔内，要求丝锥与底孔垂直，然后按顺时针转动铰杠，并要加压力。当丝锥切入零件 1~2 扣时，不需要加压力，只是按顺时针转动。两手用力要均匀，另外还要向反方向转动，以便断屑。

为了增加零件的表面光洁度值，减少阻力，攻螺纹时要加润滑剂，钢件用机油，铝件用水，灰铸铁用煤油等。

如果零件是通孔，一直攻通，如果零件是盲孔，要注意攻螺纹深度。

3）头锥攻完后，换上二锥用上述方法切割出要求的内螺纹。

$$盲孔钻底孔深度＝要求的螺纹长度＋0.7d$$

2. 套螺纹

用板牙在圆杆上加工外螺纹的方法叫套螺纹。

(1) 套螺纹圆杆直径的确定：圆杆直径≈螺纹外径－0.2P。

(2) 套螺纹方法：

1）将圆杆套螺纹处倒出 60°角，便于定位。

2）将板牙装入板牙架中，拧紧固定螺钉。

3）套螺纹方法与攻螺纹方法相同。

(3) 攻螺纹和套螺纹产生废品的原因：

1）底孔直径和圆杆直径选择不合适。

2）刀具与工件不垂直，加工出的螺纹歪斜。

## 七、装配

将若干个合格零件，按照设计要求和装配工艺组装在一起，调试成合格的产品。

1. 典型零件的装配方法

(1) 多个螺钉的拧紧。如果零件用螺钉连接时，若有 6 个螺钉，那么，应以对角线依次拧紧，这样可以保证零件贴合面受力均匀，对于每个螺钉应分 2～3 次拧紧，这样使每个螺钉承受均匀的负荷。

(2) 滚动轴承的装配。当轴承欲装到轴上时，应用套管用榔头或压力机，力作用在内环上；若轴承装在孔内，则力应作用在外环（套）上，如果作用力用反，会把轴承打坏。

2. 注意事项

(1) 熟悉设备的结构及作用。

(2) 记住零部件数量，拆开后按顺序放置整齐，不可随意乱扔。

(3) 选用工具应恰当，并应正确使用。如扳手不可当锤用，螺钉旋具不能当撬板用。

# 第六章 锅炉检修生产管理

## 第一节 锅炉检修组织管理

锅炉机组的检修通常包括大修、中修和小修，目前最新的分类方法是分为 A、B、C、D 四级检修，即为大修、中修、小修及临修。这四级检修都必须编制检修施工组织计划。编制检修施工组织计划时依据如下项目进行统筹安排：

(1) 本厂机组检修规程。

(2) 机组在上次检修后设备运行状况，对设备进行动态管理的统计结果。

### 一、检修施工组织计划

锅炉检修的组织计划包括如下内容：

(1) 概况。

(2) 检修计划工期。

(3) 检修项目（标准项目和特殊项目）。

(4) 检修组织措施。

(5) 检修安全措施。

(6) 检修技术措施。

(7) 检修质量计划。

(8) 检修进度计划。

检修施工组织计划简称为检修计划，是火力发电厂在检修管理中一个比较重要的环节，是体现发电厂现代化管理水平的一个方面，它包括了检修成本管理、市场经营管理等重要内容。

### 二、检修施工组织计划的各项具体内容

1. 概况

主要阐明如下内容：

(1) 机组的型号、主要参数、投产日期，已经多少次大、小修，本次检修属何种性质检修等。

(2) 综合概述本次检修的标准项目和特殊项目的总数量。

(3) 概述本次检修总费用、标准项目费用、特殊项目费用等分项计划，以及总量控制目标。

(4) 概述本次检修的预期达到目标，包括检修质量目标、安全目标、技术经济及效益目标等。

2. 检修计划工期

指计划开工日期至竣工日期。

3. 检修项目

指具体的标准项目和特殊项目。

(1) 标准项目。根据本厂的检修规程中所规范的标准项目，进行减法调整。调整的依据是根据设备动态检修管理原则，即"该修即修，不该修的则不修"的原则。动态检修管理原则与传统检修管理有所不同，要改变过去的那些原则——对设备一到定期检修时间不管何种状态全部拆下

解体检修的做法，现在试行动态检修管理的原则，就是说通过设备运行过程的在线监测手段得到的技术数据进行设备的寿命计算，来决定该设备该不该修、什么时间修、修什么，得到一个科学的结论。

（2）特殊项目。根据监测结果，对某项设备（或设备中某项部件）的检修项目内容超出标准项目的内容，设备检修项目一旦超过标准项目的内容，同时在项目检修工时和更换设备部件的费用等都超过标准项目的检修费用都应列入特殊项目。被列入特殊项目经批准后，原标准项目的内容、人工费用、材料费用都应取消，两者不能同时成立。传统管理中因技术改造需要所立的技改项目或改造项目，因安全上需要所立的安措项目，因设备升级换代、提升设备科技含量的更新项目等称谓，应一律均列特殊项目。

对于整体设备改造，投入费用相当规模，可以称某设备的改造工程或称某设备的技改工程，就不应称改造项目或称技改项目。

根据《火力发电厂检修规程》规定，锅炉大修中一些项目应列入特殊项目，具体内容见表6-1。

表 6-1　　　　　　　　　　　　　锅炉的特殊检修项目

| 序号 | 设 备 名 称 | 特 殊 项 目 |
|---|---|---|
| 1 | 汽包 | （1）更换40%以上的汽水分离器。<br>（2）汽包的补焊、挖补、开孔。<br>（3）更换新汽包。<br>（4）更换汽包人孔封头 |
| 2 | 水冷管与集箱 | （1）更换集箱。<br>（2）更换膜式水冷壁并排面积超过总面积的1%。<br>（3）水冷壁管酸洗(包括系统设备) |
| 3 | 过热器与集箱 | （1）更换新管子量超过总量的1%。<br>（2）更换新集箱 |
| 4 | 再热器与集箱 | （1）更换新管子量超过总量的1%。<br>（2）更换新集箱 |
| 5 | 包覆管与集箱 | （1）更换新管子量超过总量的1%。<br>（2）更换新联箱 |
| 6 | 省煤器与集箱 | （1）更换新管排量超过总量的1%。<br>（2）更换新集箱。<br>（3）省煤器酸洗 |
| 7 | 减温器 | （1）更换减温器芯子(喷嘴)。<br>（2）更换减温器集箱 |
| 8 | 炉水循环泵 | （1）更换泵体。<br>（2）更换电动机转子。<br>（3）更换冷却器 |
| 9 | 空气预热器 | （1）更换新传热元件量超过总量的20%。<br>（2）更换扇形密封板。<br>（3）更换50%以上传动销。<br>（4）更换导向轴承或支承轴承。<br>（5）更换传动变速箱 |
| 10 | 汽水管道及阀门 | （1）更换150mm的高压阀门。<br>（2）更换50mm的高压调节汽阀。<br>（3）更换主蒸汽管道、给水管道、减温水管道。<br>（4）大量更换疏放水管道 |

| 序号 | 设 备 名 称 | 特 殊 项 目 |
|------|------------|-------------|
| 11 | 制粉和给粉系统 | (1) 更换整台给煤机。<br>(2) 更换整台粗粉、细粉分离器。<br>(3) 煤粉仓的清仓和修理。<br>(4) 一次风送粉管道大量调换 |
| 12 | 磨煤机 | (1) 更换钢球磨煤机的大牙轮、变速箱、主轴承或整组简体衬板。<br>(2) 更换中速磨煤机的磨盘、伞形齿轮、传动变速箱。<br>(3) 更换台板及重新浇注基础 |
| 13 | 送风机、引风机、<br>二次风机、排粉机 | (1) 更换动叶可调式轴流风机的主轴承箱(包括主轴)、轮毂。<br>(2) 更换轴流式送风机、一次风机的叶片、主轴承箱、轮毂。<br>(3) 更换离心式一次风机的叶轮、主轴、轴承箱。<br>(4) 更换排粉机的主轴 |
| 14 | 电除尘器 | (1) 阴、阳极板更换。<br>(2) 大梁更换。<br>(3) 外壳调换 |
| 15 | 锅炉钢架与炉墙保温 | (1) 更换炉墙保温量占总量的30%以上。<br>(2) 锅炉钢架全部油漆。<br>(3) 冷灰斗耐火混凝土及结构件更换 |

4. 检修组织措施

指在检修计划中确定本次检修(大修、中修或小修)的领导机构,从第一责任人开始到下属技术、安全、质监、材料、资金等各层领导者和专职负责人所组成的组织机构,各层相应机构的责职(权力、义务和责任)。领导机构的设置,要求领导精干、有力,要有扎实的指挥能力和专业技术本领,工作作风严谨。

5. 检修安全措施

指检修中的安全防范措施,主要制定在实际施工过程中在安全规程里未阐明的措施,还要制定特殊项目的专项安全措施、安全监督措施、对参与本次检修的所有外包检修队伍的安全监督措施。内容包括安全负责人、职责范围、措施内容、检查考核方法,包括奖惩办法等。

6. 检修技术措施

指项目施工方案,做好施工设计,其内容有施工图纸、备品备件、加工件图纸、施工所用的工具、施工工艺或工序、质量标准、验收方案(W、H验收点)、技术记录表格、试验项目及方法等。

7. 检修质量计划

明确项目在施工过程中所执行的质量标准、明确验收的操作实施办法、质量监督验收的组织机构、验收人员的职责、负责设备范围和数量等。

8. 检修进度计划

指在已明确施工工期情况下,制订检修实施进度计划表,明确全部项目各自的控制进度。分项检修进度控制与总进度控制的协调,分项检修过程的相互间的进度协调。进度计划采用表式来显示工作量工期与相邻项目的工期的节点,来显示项目前后工序相互关联的节点,来显示总进度与分项进度的节点,达到统一调度,统一目标,相互配合协助的目的。

# 第二节 锅炉检修安全监察

锅炉是一个压力和温度都比较高的密闭容器，其运行参数较高，炉内各受热面工作条件恶劣，炉外管道纵横，各种阀门、表计数量很多，锅炉还装有一部分压力容器，因此对锅炉各承压部件提出较高的要求，除了正常的要求进行检修外，还必须对锅炉关键承压设备进行安全监察检验，以考查其安全性，建立其安全监察档案，并定期进行检验，确保锅炉承压设备的安全运行。

## 一、锅炉检验

锅炉检验是对锅炉内外设备进行综合检验与评价，用以对锅炉整体健康水平进行诊断，以利于有针对性地对锅炉机组进行检修。

## 二、锅炉外部检验

锅炉外部检验主要是检查锅炉本体以外的设备，主要包括以下内容。

1. 锅炉厂房

重点检查锅炉厂房架构有无明显变形，锅炉厂房的屋顶是否漏雨，通风窗口是否完整，锅炉厂房墙壁与窗户、大门等是否齐全。在北方地区寒冷季节尤应注意锅炉厂房的防寒、防冻工作。

2. 汽水管道、阀门、集箱及管道附件

检查炉外的汽水管道，包括炉外所有汽水管道的焊口、弯头及管子都应进行检验；检查各阀门、三通、大小头等无明显变形；检查各处保温，应完整无脱落，油漆完整，工质流向明显，阀门标示齐全；检查各处集箱、支吊装置齐全，膨胀指示装置完整，指示准确；检查管道其他部件完转，无明显缺陷。

3. 锅炉承重部件、炉墙、平台楼梯

检查锅炉的主要承重钢梁，包括汽包平台等承重钢架应无明显变形，钢件表面油漆完整；检查锅炉炉墙完整，无明显漏风现象；检查锅炉楼梯平台无明显变形、孔洞，各处栏杆、护板完整，各处油漆完整。

4. 炉外各支吊装置

检查锅炉外部各支吊装置，尤其重点检查汽包、水包、主蒸汽管道、再热蒸汽管道的支吊装置有无缺损、变形，各附件是否齐全。

5. 安全阀

检查所有安全阀是否有泄漏现象，排汽管、消声器应完整、无明显缺陷，冬季北方地区电厂应注意排汽管结冰情况。

6. 水位表、压力表及其他表计

检查锅炉所有水位表、压力表及其他表计应完整，指示准确，无泄漏现象。

7. 其他

检查炉外各处人孔门是否完整，有无漏风现象；检查炉底捞渣机密封情况等。

## 三、锅炉内部检验

锅炉内部检验主要是检查锅炉汽包、水包等压力容器以及锅炉的四管等锅炉承压部件。

1. 汽包、水包内部检验

汽包内部检验主要包括：①检查汽包内部各焊口有无缺陷；②检查汽包内部各连通管是否畅通；③检查汽包内部汽水分离器各部件是否完好；④检查汽包封头人孔门密封情况；⑤检查汽包

内部结垢及腐蚀情况。

水包内部检验主要包括：①检查水包内结垢与腐蚀情况；②检查水包滤网及节流孔板情况；③检查内部连通管情况；④检查水包封头人孔门密封情况。

2. 水冷壁管及集箱检验

检查水冷壁管有无变形、腐蚀、胀粗、鼓包等缺陷，尤其是冷灰斗、燃烧器、人孔门附近的管子，更应做重点检查；检查水冷壁集箱上的角焊口；检查水冷壁上升管的焊口及弯头部位有无缺陷。

3. 过热器、再热器检验

检查过热器、再热器管子及管排变形情况；检查过热器、再热器管子有无磨损、腐蚀、胀粗、鼓包等缺陷；检查过热器、再热器集箱及其连通管各焊口、弯头有无缺陷。

4. 省煤器检验

检查省煤器管子与管排的变形情况；检查省煤器管子的磨损情况；检查省煤器集箱其连通管各焊口、弯头情况；检查省煤器悬吊管以及悬吊装置有无明显变形情况。

5. 减温器检验

检查减温器的减温水管、喷头以及集箱各处焊口有无缺陷；检查减温器内套有无裂纹、移位、变形等缺陷；检查减温器集箱内壁有无裂纹等缺陷。

6. 集箱支吊架检验

检查汽包、水包、过热器、再热器、省煤器及减温器的支吊架有无移位、变形、裂纹等缺陷，各吊杆受力均匀。

7. 排污扩容器检验

检查排污扩容器筒身及内部各焊口有无缺陷；检查排污扩容器内部各管口是否畅通；检查排污扩容器内部结垢与腐蚀情况；检查排污扩容器排汽管及消声器有无缺陷；检查排污扩容器安全门情况；检查人孔门密封情况。

## 第三节　检修作业指导书编制和使用

检修作业指导书是指为指导检修工作负责人完成指定的工作任务，由技术人员或准备人员按本导则整理提供交检修工作负责人携带、保管、使用记录和补充的有关检修作业的书面文件汇总，最终形成管理工作的经验反馈及永久性的记录报告。

检修作业指导书指导检修作业组、服务于检修作业组、来源于检修作业组。

### 一、检修作业指导书的作用

（1）检修作业指导书提供工作指令、明确工作项目、工作负责人、施工工期和进度，通过计划的跟踪和检查，及时掌握和最终落实其完成状态。

（2）检修作业指导书提供最新的供操作使用的程序，控制检修（包括调试、试验）工作按正确的工艺并在受质量控制的监督验证下完成，确保检修质量的可靠性。

（3）检修作业指导书提供必要的记录表格，以便操作者可以以统一和简便的记录表格记录检修过程中要求记录的设备状况和施工状态（如工日、备品、材料、设备使用）为检修的工程总结提供数据统计资料。

（4）检修作业指导书提供在检修过程中发现的各种与正常工艺不相符或超越项目内容或新的缺陷的处理原则和操作步骤，使过程中超越计划和程序的部分得以再控制，并为工作总结提供经验反馈资料，同时可以作为工程完工的总结报告和关闭文件。

## 二、检修作业指导书内容分类

### 1. 计划类

计划类检修作业指导书一般包括工作申请票、工作指令、工作许可证申请和设备试转申请（再鉴定证书），在实施过程中根据实际情况，检修负责人可以增补动火作业票、射线票、临时措施票，以及在必要时根据新的工作指令对同一设备补充工作票。

这类检修作业指导书的编制原则要求应为保证对施工项目的检修、调试的过程及完成状态应能从某一部门（如计划部门、运行值长组）的独立跟踪上得到确认。

### 2. 程序类

程序类检修作业指导书一般包括维修程序（工艺卡）、质量计划、安全风险分析单。必要时可以补充增加设备改进及系统改进图纸、系统图纸、安全技术措施、调试程序或措施等。要求针对本次检修任务提供针对性强、可供作业指导用的程序，不能用检修工作的通用规定代替。

### 3. 记录类

记录类检修作业指导书一般包括技术记录表、检修报告页。在其他目的要求下，可以提供备品领料单、工日统计表、主材消耗记录等。

记录表格可以是单独的，也可以随工作过程附在工作程序上或合并在工作程序上，但均应考虑到在整理完工报告时，该页可独立使用。程序或记录表应明确验收技术要求和标准，并有 W、H 见证点的质量监督人员的签字栏。

记录类表格的提供应充分考虑到现场的工作条件，不宜重复烦琐，应简明清晰，必要时与图和标准印证合用。

### 4. 异常类

异常类检修作业指导书有新发现项目报告、事件报告单、程序修改记录及经验反馈记录等，其中应对不合格项报告的使用作出明确的规定，并将其作为独立的控制点列入质量安全计划。

## 三、常用项目的制定要求和执行的注意事项

### 1. 维修程序（工艺卡）

维修程序在现场基本有两种，一种是供直接操作的条文式结构，简捷明了，操作者按顺序执行即可，该类程序适合于技术难度和工作量不大及组合工作简单的设备检修；另一种是综合性、参考性的程序，该类程序通常给操作的总体思路及某一独立部分的检修顺序和局部问题的处理方法，在配合工艺卡和验收记录表格时适用于结构复杂、多模块的协作作业。

由于各单位或业主有不同的维修程序，因此，一般对业主方的程序不作修改，对通用的设备或固定的对象可编制如前一类的操作性程序。对综合性程序的使用则必须在阅读理解的基础上，辅以编制质量计划予以控制，此时应附有简化的程序（工艺卡）和技术记录。

（1）一般维修程序编制的要求。工艺卡按检修任务由准备人员编写，封面上内容必须反映机组及设备的名称编号，注明版本，需有编写人、审查人、批准人签字方能生效。

内容页应针对本次检修的工作内容，写出检修项目、工序、操作工艺、质量标准并附有技术记录和检修报告页，设置必要的质量见证点（W、H 点）及施工单位质检人员和公司质监人员的签字栏。

特殊项目按特殊项目的要求写，必要时应附设备的改进设计图纸、必要的技术措施和安全措施。

结构复杂的设备最好能附设备结构图；需要专用工具的应写明专用工具的名称、数量；需事先准备备品的要写明备品名称和图纸编号。

技术记录可在工艺卡内也可单页抽出。一般通用的设备如阀门、电动机、开关、变压器、水

泵、加热器、冷却器等可用通用设备的工艺卡，但应写明本次检修机组设备编号并附相应的技术标准和检修记录、检修报告页。

简单的项目只要在工作令上写明工作任务，在工作令后附检修报告。工作负责人按工作令要求工作后填写检修报告后即作为检修客观证据保存，工艺卡可省略。

（2）综合性维修程序的应用。为使综合性维修的程序（如检修工艺规程、产品维修说明）能进一步适用于现场的操作，首先应将其改编为一般的维修程序（工艺卡）。将原规程的适用对象缩小，以一个相对独立、工作时间较长的部件作为对象，考虑其适当的检修目的（如以检修为基本目的），编制出该维修程序或工艺卡，以保证在该阶段具有可操作性且便于验证。

其次是将综合性维修的程序设计为技术记录表，根据其整体性设计一套完整的技术记录表格，再随工艺卡分发到各负责人工作包中，以便保持其完工报告的合理性。

2. 质量计划

质量计划一般属于必备的文件之一，应根据检修工序和其他要求确定的控制点制定；对复杂操作的质量安全计划若整体编制，则应先确定总的关键步骤，围绕这些关键点编制和整体的质量控制。

（1）质量计划编制和使用要求。按附件格式由质监人员会同检修单位专业技术人员在修前制订，经编写人、审查人、批准人签字后生效，并作为检修作业指导书文件交工作负责人执行。

要恰如其分地设 W 点、H 点，明确 H 点必须停工待检，由质监员现场验收合格方可签证放行；允许工作负责人在质监人员的同意下绕过 W 点，事后由质监人员查看检修自检记录补行签字手续。这样可以明确和灵活控制工序的进展。

检修项目变更和补充要及时变更和补充质量监督计划，以确保有效控制检修质量。

（2）设置 H 点的原则。出现质量问题事后不能进行质量检验或检验非常困难的环节；出现的质量问题不能通过返工加以纠正或将花费巨大代价才能纠正的环节；验证是否符合工艺技术标准的关键环节；检查开工前先决条件是否具备的环节；确认工作结束的环节。

（3）酌情设置 H 点、W 点的环节。根据以往经验，容易出现质量问题的环节；使用不常用工艺技术的环节或直接影响上述设置的 H 点能否顺利通过的环节。

（4）新发现项目。新发现项目空白页表格作为检修作业指导书文件修前发给工作负责人，检修过程中发生新发现项目，工作负责人要按新发现项目管理程序及时填写新发现项目报告，履行报告、审批、隔离、纠正、验收、关闭手续。

（5）设备试转申请单。修后要试转的设备，由准备人员在修前事先明确试转的有关要求，并在检修作业指导书内附设备试转申请单，交工作负责人执行。

（6）检修安全作业工作票（包括动火作业工作票、射线作业票等）由工作票签发人在修前按《电业安全作业规程》中有关工作票的规定，在修前填好放在检修作业指导书内交工作负责人执行。只有工作许可手续办妥，工作许可人批准工作后，才允许开工。

工作完工后要及时办理工作票终结，工作负责人收回工作票随检修作业指导书交回检修单位。

**四、检修作业指导书内容清单**

为使准备人员准备文件时不遗漏，并使工作负责人方便查阅检修作业指导书文件，检修作业指导书前应附检修作业指导书内容清单。

工作负责人接收检修作业指导书时应核查清单内文件齐全无误并签字，质监人员修前根据质量计划要求先检查检修作业指导书，确认检修作业指导书文件齐备才能允许开工。

**五、检修作业指导书使用指南**

现场检修必须使用经过审批、签字、盖章（以红章为准，复印无效）的检修作业指导书，以确保质量监理工作按程序进行，没有检修作业指导书或质量计划作现场指导，不得进行检修工作。

1. 检修作业指导书的使用

现场工作开工前，检修作业指导书的修前准备必须完成并逐项打勾，检修作业指导书必须随身携带。

按检修作业指导书顺序开展检修工作，每完成一项要进行打勾。

每项检修工作必须符合标准，不符合标准必须进行处理，否则必须填报新发现项目申请，由甲方确认并批复。

对 W 见证点，必须按检修作业指导书规定的验收级别通过自检、班组技术员检查、公司专工检查合格并签字后方可电话通知验收人员检查。若验收人员因故不能到场，经许可检修工作可继续进行，验收人员事后补签。对 H 停工待检点则必须通过自检、班组技术员检查、公司专工检查合格并签字后由公司专工事先向验收人员递交停工待检申请单，验收人员必须到场验收并在检修作业指导书上签字，否则检修工作不得进行。

每一个项目对应一个检修作业指导书，对同类型数台设备的检修，必须准备相等数量的作业指导书，以便对各台设备的 W、H 点见证及分别作好检修记录及检修报告。

检修作业指导书内容的填写及签字必须使用蓝色或碳素钢笔或签字笔，严禁使用圆珠笔及铅笔，以便存档。

检修作业指导书执行过程中，针对现场实际与检修作业指导书不符合或缺项，应随时加上脚注及补充，以便修后完善检修作业指导书。

2. 检修作业指导书的关闭

检查检修作业指导书的内容是否全部执行完毕；检查新发现项目是否已按程序执行；检查检修记录是否准确，检修报告已经完成；检查试运结果是否正确；确认上述文件合格后关闭作业指导书。

## 第四节　锅炉检修工期定额和费用

火力发电厂通常把燃煤机组的各级检修间隔周期规定如下：

A 级检修（大修）：

全进口机组——每六年进行一次。

国产和俄产机组——每四年进行一次。

B 级检修（中修）：

全进口机组——A 级检修后的第三年进行。

国产和俄产机组——A 级检修后的第二年进行。

C 级检修（小修）：

凡是机组当年计划检修中未安排 A、B 两级检修的即安排 C 级检修。

D 级检修（临修）：

根据机组设备实际状况每年均安排一次 D 级检修。

对于全进口机组的四级检修计划，每年组合为：AD—CD—CD—BD—CD—CD—AD 依次重复类推。

对于国产或俄产机组的四级检修计划，每年组合为：AD—CD—BD—CD—AD 依次重复类推。

燃气联合循环机组的计划检修间隔周期按照其运行显示和启动次数进行拆算后，根据制造厂的规定执行。一般 A 级检修是指联合循环系统设备（包括余热锅炉、燃机、汽轮机、发电机变压器组及辅助系统）的大修；B 级检修是单循环系统设备（包括燃机、余热锅炉、发电机变压器组及辅助系统或汽轮机、发电机变压器组及辅助系统）的大修。

## 一、检修工期定额

计划检修的工期定额一般指从机组系统解列，到检修动作完毕后点火启动至并网发电，投入商业运行为止的总时间。

火力发电企业为了确定机组的检修工期，做了大量的考察工作，吸取国外同类机组的管理经验，结合我国电力企业管理特点，规定了不同容量的机组各级别检修的工期定额，见表 6-2。

表 6-2 　　　　　　　　　　　　　　机组计划检修工期定额 　　　　　　　　　　　　天

| 项 目 | | A 级 | B 级 | C 级 | D 级 |
|---|---|---|---|---|---|
| 燃煤机组 | 125～140MW | 35 | 22 | 12 | 6 |
| | 165～220MW | 50 | 35 | 18 | 7 |
| | 300～362.5MW | 55 | 40 | 24 | 7 |
| | 600MW | 65 | 45 | 25 | 14 |
| 100MW 燃气联合循环机组 | | 35 | 22 | 10 | 4 |

## 二、检修的费用

计划检修费用由大修费用、小修费用和维修费用三大类组成。

大修费用包括主机设备的 A/B 级检修、公用系统和生产建筑物及非生产设施的 A/B 级检修发生的费用，包括设备的备品备件、材料及人工等费用。

小修费用包括了 C/D 级检修费用，是指发、输电主、辅设备 C/D 级检修及辅助设备、公用系统实施小修所发生的费用，包括材料、备品备件及人工等费用。

维修费用指发、输电主辅设备的日常维护和公用系统、生产建筑物和非生产建筑物的维修，以及事故抢修所发生的费用，包括材料、备品备件和人工费用。

燃煤机组各级别检修的标准项目的费用定额（控制额）如下：

1. 机组 A 级检修标准项目费用

110～140MW 机组，350 万～400 万元；165～300MW 机组，550 万～800 万元；300～400MW 机组，900 万～1000 万元；600MW 机组，1200 万～1300 万元。

2. 机组 B 级检修标准项目的费用

110～140MW 机组，250 万～300 万元；165～300MW 机组，400 万～550 万元；300～400MW 机组，600 万～700 万元；600MW 机组，850 万～950 万元。

3. 机组 C 级检修标准项目的费用

110～140MW 机组，120 万～150 万元；165～300MW 机组，200 万～300 万元；300～400MW 机组，350 万～400 万元；600MW 机组，450 万～500 万元。

4. 机组 D 级检修标准项目的费用

110～140MW 机组，60 万～80 万元；165～300MW 机组，120 万～150 万元；300～400MW 机组，200 万元；600MW 机组，250 万元。

在定额之外，对不同类设备如湿发脱硫机组、循环流化床锅炉、闭式循环水系统的机组可适当乘以一个系数。

对特殊项目的费用，根据不同的项目内容、不同的技术含量以及施工费用，专做项目的概、预算，专项向生产计划部门审批。

检修费用额度可能会随着材料的市场价格波动及劳动力市场价格的波动而有一定幅度的波动。

# 第五节 计 算 机 应 用

## 一、计算机组成

一台完整的计算机由运算控制单元、存储器、输入设备、输出设备等部件构成。最简单的计算机是由主机、键盘和显示器组成。

### （一）计算机系统组成

计算机系统的组成结构如图 6-1 所示。

1. 计算机硬件系统组成

计算机硬件系统的组成如图 6-2 所示。

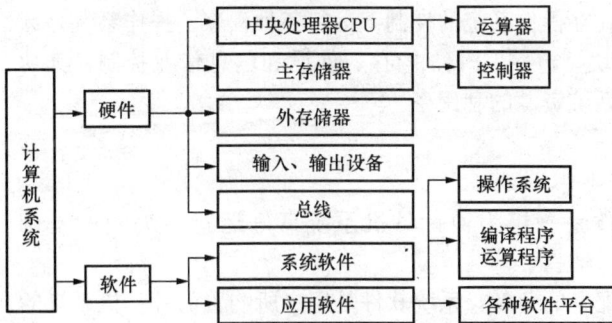

图 6-1　计算机系统的组成

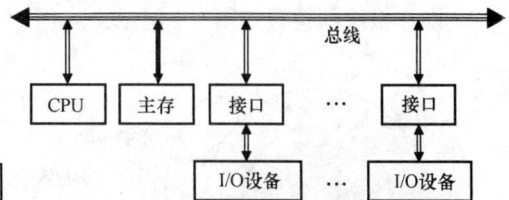

图 6-2　计算机硬件系统的组成

2. CPU

如图 6-3 所示，CPU（Central Processing Unit）即中央处理器，是硬件系统的核心部件，负责读取并执行指令，也就是执行程序。

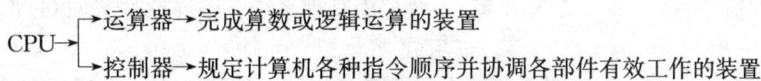

CPU→运算器→完成算数或逻辑运算的装置
CPU→控制器→规定计算机各种指令顺序并协调各部件有效工作的装置

图 6-3　CPU 的构成及功能示意

3. 主存储器与外存储器

主存储器用来存入需要执行的程序及需要处理的数据，能由 CPU 读出和写入（由半导体存储器构成），速度较高，有一定的存储容量（按字节存放或读取内容），即允许 CPU 直接编址访问。

外存储器用来存放需要联机存放，但暂不执行的程序和数据，当需要时再由外存调入主存——由磁盘、光盘等构成，存储容量大、速度较低，按文件进行组织。

4. 输入/输出设备

输入设备是用来将计算机外部的信息输入计算机，并进行信息形式的转换，常见的输入设备有键盘、鼠标以及图形和声音的输入设备。

输出设备将计算机的处理结果以人们能看得懂的形式输出，常见的输出设备有显示器、打印机、绘图仪等。

5. 总线

总线是指一组能为多个部件分时共享的信息传输线，系统总线分为地址总线、数据总线和控制总线。

6. 接口

接口是在系统总线与 I/O 设备之间设置的一些逻辑部件，约定它们之间的界面，这种逻辑部件叫做 I/O 接口，在微型计算机中又称为适配卡。

（二）计算机软件系统

计算机软件是为了运行、管理和维护微型机而编制的各种程序的总和，其组成如下：

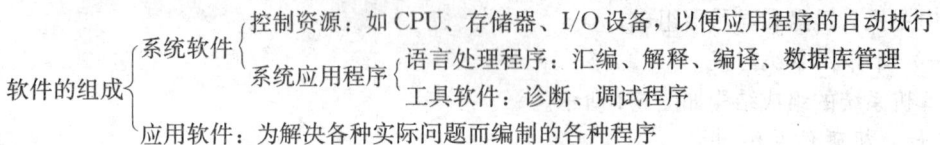

$$
\text{软件的组成}
\begin{cases}
\text{系统软件}
\begin{cases}
\text{控制资源：如 CPU、存储器、I/O 设备，以便应用程序的自动执行} \\
\text{系统应用程序}
\begin{cases}
\text{语言处理程序：汇编、解释、编译、数据库管理} \\
\text{工具软件：诊断、调试程序}
\end{cases}
\end{cases} \\
\text{应用软件：为解决各种实际问题而编制的各种程序}
\end{cases}
$$

操作系统（OS）是软件中最重要的一种，它是整部计算机的灵魂。对于一台计算机，一开始就必须把操作系统装入内存。然后计算机就在操作系统的控制下运行各种程序。操作系统是计算机系统配置的一个管理程序，含有许多模块，包括 CPU、内存、外设和信息作业控制，其功能为合理地组织计算机系统工作流程，提高系统资源的利用率。

操作系统的位置如图 6-4 所示。

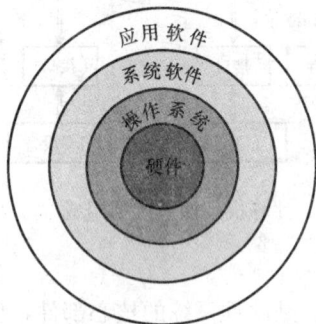

图 6-4 操作系统
的位置示意

1. 系统软件

系统软件是一组为使计算机系统良好运行而编制的基础软件。

从软件配置的角度，系统软件是用户所购置的计算机系统的一部分，是提供给用户的系统资源的一种软设备。

从功能的角度，系统软件是负责计算机系统的调度管理，提供程序的运行环境和开发环境，向用户提供各种服务的一类软件。

有代表性的系统软件有操作系统（如 WINDOWS、DOS、UNIX 等）、数据库管理系统、编译软件（如 C、COBOL 等）。

2. 应用软件

应用软件是指用户在各自应用领域中为解决各类问题而编写程序，也就是直接面向用户需要的一类软件。应用软件种类包括科学计算类、工程设计类、数据处理类、信息管理类和自动控制类等。

常见的应用软件有文字处理软件（如 Word 等）、信息管理软件（Mis 系统等）、辅助设计软件（AUTOCAD 等）、实时控制软件等。

各种应用软件虽然完成的工作各不相同，但都需要一些共同的基础操作，如都要从输入设备取得数据，向输出设备送出数据等，这些工作也要由一系列指令来完成。人们把这些指令组织在一起，形成专门的软件，用来支持应用软件的运行，这种软件称为系统软件。

**二、计算机监测控制系统**

计算机监测控制系统是以监测控制计算机为主体，加上检测装置、执行机构，与被监测控制的对象（生产过程）共同构成的整体，由计算机完成输入处理、信息加工、分析决策以及输出控制调节，它具有下述三方面功能。

（1）采集与处理功能。主要是对生产过程的参数进行检测、采样和必要的预处理，并以一定形式输出（如打印制表和显示器显示），为生产人员提供详实的数据，以便分析、了解生产情况，监视生产过程的进程。

（2）监督功能。将检测到的实时数据、人工输入的数据等信息进行分析、归纳、整理、计算等二次加工，并制成实时和历史数据库加以储存。根据实际生产过程的需要及生产进程的情况，进行工况分析、故障诊断、险情预测，并以图、文、声等多种形式及时做出报道，以进行操作指导、事故报警。监督系统的输出一般都不直接作用于生产过程，而是经过生产人员的判断后再由操作人员对生产过程进行干预操作调整。

（3）控制功能。在检测的基础上进行信息加工，根据事先决定的控制策略形成控制输出，直接作用于生产过程。

完整的计算机监测控制系统是上述三种功能的综合集成，它利用计算机高速度、大容量和智能化的特点，可以把一个复杂的生产过程组织管理成为一个综合、完整、高效的自动化整体。

计算机控制系统的特点是具有自动控制功能，由计算机直接对生产过程进行控制，其系统方框图如图 6-5 所示。它是一个闭环系统，不仅有从生产过程送至计算机系统的检测信息通道（由 A/D、SI、脉冲量检测、视频处理等组成的通道），而且有从计算机系统送至生产过程的控制信息通道（由 D/A、SO、脉冲量执行等组成的通道）。

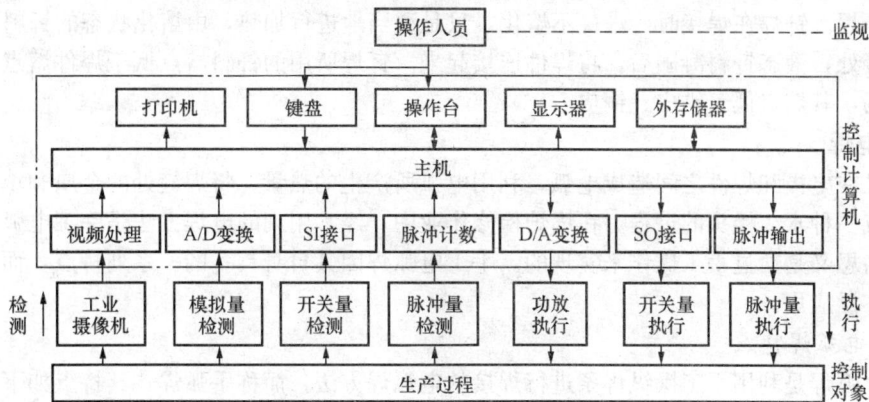

操作人员 ———————————————— 监视

| 打印机 | 键盘 | 操作台 | 显示器 | 外存储器 |

主机

| 视频处理 | A/D变换 | SI接口 | 脉冲计数 | D/A变换 | SO接口 | 脉冲输出 |

控制计算机

检测

| 工业摄像机 | 模拟量检测 | 开关量检测 | 脉冲量检测 | 功放执行 | 开关量执行 | 脉冲量执行 |

执行

生产过程

控制对象

图 6-5 计算机控制系统方框图

# 第七章　锅炉检修相关知识

第一节　焊　　接

焊接是采取局部加热或加压等手段使两个金属工件形成一个整体的过程。

## 一、焊接方法分类

按照焊接不同特点，可以把常用的焊接方法大体上分为以下三类：

（1）熔化焊。其特点是采用局部加热法，将被连接金属件的接合处加热到熔化状态，待冷凝后彼此就连接在一起。这是一种最有利于金属原子间接合的方法。属于这一类的焊接方法有电弧焊、气焊、氩弧焊、电渣焊等。

（2）加压焊。其特点是在焊接时对焊接处施加一定的压力，使两个接合面紧密地连接在一起。如接触点焊，就是将工件接触表面局部加热到熔化状态，同时施加一定压力的焊接方法。

（3）钎焊。钎焊在焊接时，焊件不熔化，只是适当地进行加热，由熔化状态的钎料填充焊件之间的连接处，液态钎料凝固后，将焊件连接起来。钎焊所用的钎料熔点低于焊件熔点，加锡焊所用的焊锡，其熔点低于铁皮、铜皮。

## 二、电焊

电焊是在电极和焊件之间造成电弧，利用电弧所产生的热量，将焊缝处的金属和填充金属熔化，并形成一种永久接头的过程。在锅炉检修作业中，经常用到的电焊方法是手工电弧焊。手工电弧焊顾名思义是通过手工操作来实现的。手工电弧焊因其自身具备的一系列特点，而在各行各业中获得广泛应用。

### （一）电弧焊特点

手工电弧焊是利用手工操纵焊条进行焊接的电弧焊方法，简称手弧焊，其特点如下：

（1）设备简单。

（2）操作灵活方便。

（3）能进行全位置焊接适合焊接多种材料。

（4）不足之处是生产效率低劳动强度大。

在两电极之间的气体介质中，强烈而持久的放电现象称为焊接电弧。将焊条与焊件接触造成短路，会产生大量的电阻热把焊条末端和焊件熔化，然后将焊条稍微捉起，使熔化的金属产生细颈，电阻热骤然增加，温度猛烈升高，会使两极间的空气强烈受热而发生热电离，同时，从阴极高速发射的电子将使空气发生碰撞电离，产生了阳离子，阴离子和自由电子。在电场力的作用下，阳离子移向阴极并与阴极碰撞；阴离子和自由电子移向阳极并与阳极碰撞，碰撞结果更加速了电子的发射，最终使两电极间的空气剧烈电离而产生电弧。电弧放电时，产生高温，同时产生强光，手弧焊就是利用电弧产生的高温熔化焊条和焊件，使两块分离的金属熔合在一起，从而获得牢固的接头。

焊接电弧由阴极区、弧柱区和阳极区三部分组成，其中阴极区是电子发射出来的地方。

手弧焊是以焊条和焊件作为两个电极，被焊金属称为焊件或母材。焊接时因电弧的高温和吹力作用使焊件局部熔化。在被焊金属上形成一个椭圆形充满液体金属的凹坑，这个凹坑称为熔池。随着焊条的移动熔池冷却凝固后形成焊缝。焊缝表面覆盖的一层渣壳称为熔渣。焊条熔化末端到熔池表面的距离称为电弧长度。从焊件表面至熔池底部距离称为熔透深度，如图7-1所示。

（二）手弧焊所用设备和工具

1. 设备

手弧焊的主要设备是电焊机，电弧焊时所用的电焊机实际上就是一种弧焊电源，按产生电流种类不同，这种电源可分为弧焊变压器（交流）和直流弧焊发电机及弧焊整流器（直流）。

（1）弧焊变压器。实际上是一种特殊的降压变压

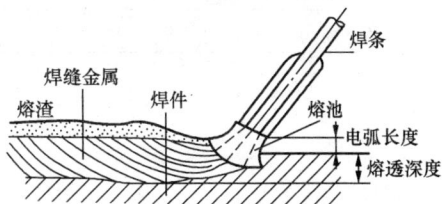

图7-1 手工电弧焊示意

器。它将220V或380V的电源电压降到60～80V（即焊机的空载电压）以满足引弧的需要。焊接时电压会自动下降到电弧正常工作所需的电压（30～40V）。输出电流从几十安到几百安，可根据需要调节电流的大小。弧焊变压器结构简单，价格便宜，工作噪声小，使用可靠，维修方便，应用很广。缺点是焊接时电弧不稳定。

（2）直流弧焊发电机。由交流电动机和直流发电机组成，电动机带动发电机旋转，发出满足焊接要求的直流电。直流弧焊发电机焊接时电弧稳定焊接质量较好，但结构复杂，噪声大，价格高，不易维修。因此，只应用在对电流有要求的场合。另外，因耗材多，耗电大，故这种以电动机驱动的弧焊发电机我国已不再生产。

（3）弧焊整流器。近年来，弧焊整流器也得到了普遍应用。它是通过整流器把交流电转变直流电。它即弥补了交流电焊机电弧稳定性不好的缺点，又比一般直流弧焊发电机结构简单，维修容易，噪声小。

用直流弧焊电源焊接时，因为正极和负极上的热量不同，所以分为正接和反接两种方法，如图7-2所示。把焊条接负极，称为正接法；反之，称为反接法。焊接厚板时，一般采用直流正接法，这时电弧中的热量大部分集中在焊件上，有利于加快焊件熔化，保证足够的熔深。焊接薄板时，为了防止烧穿，常采用反接法。

手工电弧焊机的型号是按统一规定编制的，它采用汉语拼音字母和阿拉伯数字表示。型号的编制次序及含义如图7-3及表7-1所示。

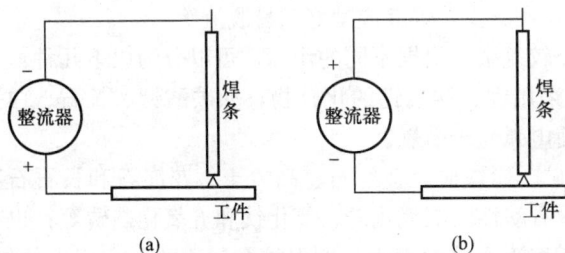

图7-2 直流弧焊电源的接线法
（a）正接；（b）反接

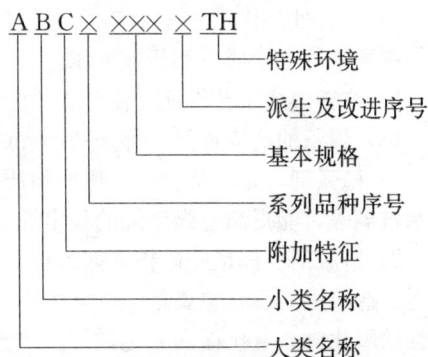

图7-3 焊机型号的编排次序

2. 工具

（1）焊接电缆。是焊接专用电缆线，用紫铜制成，要求有一定的截面积，良好的导电性、绝缘性和柔软性。作用是传导电流。

**表 7-1** 电焊机型号代表字母及数字

| 大 类 | | 小 类 | | 基 本 规 格 |
| 名 称 | 代 号 | 名 称 | | 代 号 |
| --- | --- | --- | --- | --- |
| 焊接发电机 | A | 下降特性<br>平特性<br>多特性 | X<br>P<br>D | 额定电流(A) |
| 焊接变压器 | B | 下降特性<br>平特性 | X<br>P | |
| 焊接整流器 | Z | 下降特性<br>平特性<br>多特性 | X<br>P<br>D | |

（2）焊钳。作用是夹持焊条和传导电流。

（3）面罩。作用是保护眼睛和面部，以免弧光的灼伤。

（4）刨锤。用以清掉覆盖在焊缝上的焊渣。

（三）电焊条

1. 焊条的组成和作用

焊条由焊芯（金属芯）和药皮组成。

（1）焊芯是焊接用专用的金属丝，是组成焊缝金属的主要材料。焊接时焊芯的主要作用：一是作为一个电极起传导电流和引燃电弧的作用；二是熔化后作为填充金属与熔化后的母材一起形成焊缝。为了保证焊缝质量，对焊缝金属的化学成分有较严格的要求。因此，焊芯都是专门冶炼的，碳、硅含量较低，硫、磷含量极少。

焊条的直径用焊芯的直径表示，焊条直径的规格有 $\phi1.6$、$\phi2.5$、$\phi3.2$、$\phi4$、$\phi5$、$\phi6$ 等，长度 $200\sim550mm$ 不等。

（2）在手工电弧焊时焊条中的药皮的主要作用。

1）机械保护作用。利用药皮熔化后释放出的气体和形成的熔渣隔离空气，防止有害气体侵入融化金属。

2）冶金处理作用。去除有害杂质（如氧、氢、硫、磷等），添加有益的合金元素，使焊缝获得合乎要求的化学成分和机械要求。

3）改善焊接工艺性能。使电弧燃烧稳定，飞溅少，焊缝成型好，易脱渣等。

（3）焊条的药皮种类。焊条的药皮成分比较复杂，根据不同的用途，可以分为以下几种：

1）稳弧剂。是一些容易电离的物质，多采用钾、钠或钙的化合物，如碳酸钾、长石、白垩和水玻璃等，能提高电弧燃烧的稳定性，并使电弧易于引燃。

2）造渣剂。都是些矿物，如大理石、锰矿、赤铁矿、金红石、高岭土、花岗石和长石石英砂等。造成熔渣后，主要是一些氧化物，其中有酸性的二氧化硅、氧化钛和五氧化二磷等；也有碱性的氧化钙、氧化锰和氧化铁等。熔渣覆于熔滴及熔池表面，能保护金属不致与空气中的氧、氮发生作用，并使焊缝缓慢冷却。焊接时在熔渣与金属之间进行着复杂而激烈的化学反应，这些反应可使焊缝金属脱氧、脱硫和脱磷。

3）造气剂。有机物，如淀粉、糊精和木屑等，无机物，如碳酸钙等，这些物质在焊条熔化时能产生大量的一氧化碳、二氧化碳、氢气等，包围电弧，保护金属不被氧化和氮化。

4）脱氧剂。常用的有锰铁、硅铁和钛铁等。

5）合金剂。常用的有锰铁、铬铁和钼铁等铁合金。

6）稀渣剂。常用萤石或二氧化钛来稀释熔渣，以增加其活性。

7）黏结剂。用水玻璃，使药皮各组成物黏结起来，并黏结到焊芯周围。

2．电焊条的分类

（1）根据焊条药皮的性质不同，焊条可以分为酸性焊条和碱性焊条两大类。药皮中含有多量酸性氧化物（$TiO_2$、$SiO_2$ 等）的焊条称为酸性焊条。药皮中含有多量碱性氧化物（$CaO$、$Na_2O$ 等）的称为碱性焊条。酸性焊条能交直流两用，焊接工艺性能较好，但焊缝的力学性能，特别是冲击韧度较差，适用于一般低碳钢和强度较低的低合金结构钢的焊接，是应用最广的焊条。碱性焊条脱硫、脱磷能力强，药皮有去氢作用。焊接接头含氢量很低，故又称为低氢型焊条。碱性焊条的焊缝具有良好的抗裂性和力学性能，但工艺性能较差，一般用直流电源施焊，主要用于重要结构（如锅炉、压力容器和合金结构钢等）的焊接。

（2）按焊条的用途不同，焊条可分为结构钢焊条（碳钢焊条及低合金焊条）、不锈钢焊条、铸铁电焊条、耐热钢电焊条、低温电焊条、堆焊焊条、铜和铜合金、镍和镍合金、铝及铝合金焊条等，其中结构钢焊条应用最广。

3．焊条的牌号

结构钢电焊条和珠光体耐热钢电焊条在电厂中最为常用，如图 7-4 所示。

结构钢电焊条的牌号前冠以结字。结字后的第一、第二位数字表示焊缝金属抗拉强度的等级。

第三位数字表示焊条药皮的类型和适用的焊接电源种类。

如果药皮中铁粉含量等于或超过 20％时，在牌号末尾加注铁字。

若系特殊用途的焊条，则在牌号后端予以注明。

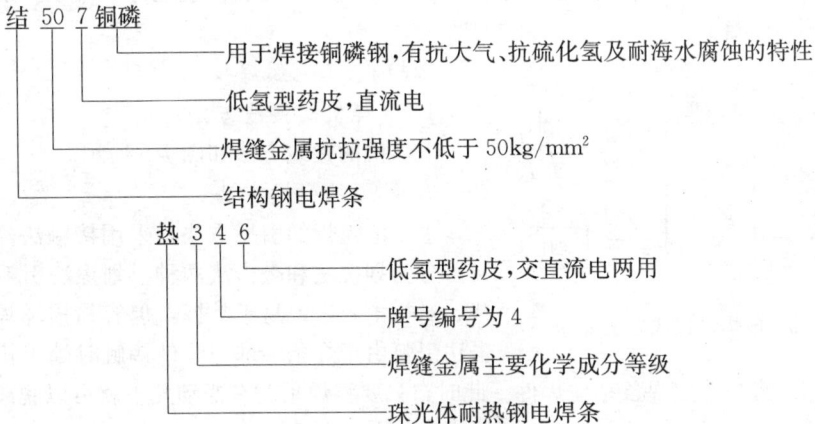

图 7-4　焊条的牌号

碳钢焊条的型号由字母 E 和四位数字组成。字母 E 表示焊条；前两位数字表示熔敷金属抗拉强度的最小值，碳钢焊条分 E43（熔敷金属抗拉强度≥420MPa）和 E50（熔敷金属抗拉强度≥490MPa）两个系列；第三位数字表示焊条的焊接位置，0 及 1 表示焊条适用于全位置焊接（平、立、仰、横焊），2 表示焊条适用于平焊及平角焊，4 表示焊条适用于向下立焊；第三位和第四位数字组合时表示焊接电流种类及药皮类型，见表 7-2。

4．焊条的保管与使用

（1）焊条的保管。①各类焊条必须分类、分牌号存放，避免混乱。②焊条必须存放于通风良好、干燥的仓库内。需垫高和离墙 0.3m 以上，使上下左右空气流通。③重要焊接工程使用的焊条，特别是低氢型焊条，最好储存于专用的仓库内，仓库内保持一定的温度和湿度，建议温度 10～25℃，相对湿度小于 65％。

表 7-2                                                   焊接电源种类及药皮类型

| 数字 | 药皮类型 | 焊接电源种类与极性 | 数字 | 药皮类型 | 焊接电源种类与极性 |
|------|----------|----------------------|------|----------|----------------------|
| 00 | 特殊型 | 交流或直流正反接 | 15 | 低氢钠型 | 直流反接 |
| 01 | 钛铁矿型 | 交流或直流正反接 | 16 | 低氢钾型 | 交流或直流反接 |
| 03 | 钛钙型 | 交流或直流正反接 | 18 | 铁粉低氢型 | 交流或直流反接 |
| 08 | 石墨型 | 交流或直流正反接 | 20 | 氧化铁型 | 交流或直流正接 |
| 10 | 高纤维素钠型 | 直流反接 | 22 | 氧化铁型 | 交流或直流正反接 |
| 11 | 高纤维素钠型 | 交流或直流反接 | 23 | 铁粉钛钙型 | 交流或直流正反接 |
| 12 | 高钛钠型 | 交流或直流正接 | 24 | 铁粉钛型 | 交流或直流正反接 |
| 13 | 高钛钾型 | 交流或直流正反接 | 27 | 铁粉氧化铁型 | 交流或直流正接 |
| 14 | 铁粉钛型 | 交流或直流正反接 | 28 | 铁粉低氢型 | 交流或直流反接 |

(2) 焊条的使用。①焊条应有制造厂的质量合格证,凡无合格证或对质量有怀疑时,应按批抽查试验,合格者方可使用。存放多年的焊条应进行工艺性能试验后才能使用。②焊条如发现内部有锈迹,须经试验合格后才能使用。焊条受潮严重,已发现药皮脱落者,一般应予报废。③焊条使用前一般应按说明书规定的烘焙温度进行烘干。碱性低氢型焊条烘焙温度一般采用 350℃ 左右,对含氢量有特殊要求的低氢型焊条的烘焙温度应提高到 400~450℃,烘箱温度应缓慢提高,烘焙 1h,随烘随用,切不可突然将冷焊条放入高温烘箱内或突然冷却,以免药皮开裂。酸性焊条要根据受潮情况,在 70~150℃ 上烘焙 1~2h,储存时间短且包装完好,用于一般钢结构,在使用前也可不再烘焙。

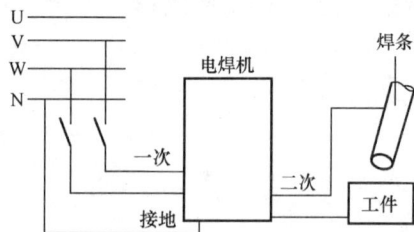

图 7-5  电焊机接线方法

**(四) 手工电弧焊技术**

**1. 电焊机的接线方法**

电焊机的接线方法如图 7-5 所示。

**2. 电弧的引燃方法**

手工电弧焊的引燃方法是采用接触法。具体应用时又可分为划擦法和敲击法两种。划擦法引弧动作似划火柴,对初学者来说易于掌握,但容易损坏焊件表面。敲击法引弧由于焊条端部与焊件接触时处于相对静止的状态,操作不当,容易造成焊条粘住焊件。此时,只要将焊条左右摆动几下就可以脱离焊件。

**3. 运条**

电弧引燃后,迅速将焊条提起 2~4mm 进行焊接,焊接时应有以下三个基本动作:

(1) 焊条中心向熔池逐渐送进,以维持一定的弧长,焊条的送进速度应与焊条熔化的速度相同。否则会产生断弧或焊条与焊件粘连现象。

(2) 焊条的横向摆动,以获得一定的焊缝宽度。

(3) 焊条沿焊接方向逐渐移动,移动速度的快慢影响焊缝的成型。

**4. 手工电弧常用的运条方法**

(1) 直线形运条法 "——▶"。由于焊条不作横向摆动,电弧较稳定能获得较大的熔深,但焊缝的宽度较窄。

(2) 锯齿形运条法 "∨∨∨∨∨∨"。锯齿形运条法是焊条端部要作锯齿形摆动。并在两边稍作停留(但要注意防止要边)以获得合适的熔宽。

（3）环形运条法"⟨⟨⟨⟨⟨⟨⟨⟨⟨⟨⟨⟨⟩"。环形运条法是焊条端部要作环形摆动。

5. 焊缝的起头和收尾

（1）焊缝的起头。焊缝的起头就是指开始焊接的部分，因为引弧后不可能迅速使这部分金属温度升高，所以起点部分的熔深较浅，焊缝余高较高。为了减少这种现象，可以采用较长的电弧对焊缝的起头处进行必要的预热，然后适当地缩短电弧的长度再转入正常焊接。

（2）焊缝的收尾时由于操作不当往往会形成弧坑，降低焊缝的强度，产生应力集中或裂纹。为了防止和减少弧坑的出现，焊接时通常采用三种方法：①划圈收弧法，适合于厚板焊接的收尾；②反复断弧收尾法，适合于薄板和大电流焊接的收尾；③回焊收弧法，适合于碱性焊条的收尾。

（五）焊接工艺参数（也称焊接规范）

手工电弧焊的工艺参数通常包括焊条类型及直径、焊接电流、电弧电压、焊接速度和焊接角度。

1. 焊条直径的选择

为了提高生产效率，应尽可能地选用大直径的焊条，但是焊条直径大往往会造成未焊透和焊缝成型不良。焊条直径的选择通常可以从以下几个方面考虑：

（1）焊件的厚度。厚度较大的焊件应选用较大直径的焊条，不同的焊件厚度所对应的焊条直径见表 7-3。

表 7-3　　　　　　　　　　　　　焊条直径与焊件厚度的对应关系　　　　　　　　　　　　　mm

| 焊件厚度 | 2 | 3 | 4～5 | 6～12 | >13 |
|---|---|---|---|---|---|
| 焊条直径 | 2 | 3.2 | 3.2～4 | 4～5 | 4～6 |

（2）焊缝的位置。平焊时应选用较大直径的焊条（最大为 6mm）。立焊（最大不超过 5mm）、横焊（不超过 4mm）、仰焊（不超过 4mm）时为减小热输入，防止熔化金属下淌，应采用小直径焊条并配合小电流焊接。

（3）焊接层数。多层焊时为保证根部焊透，第一层焊道应采用小直径焊条焊接，以后各层可以采用较大直径焊条焊接，以提高生产率。

（4）接头形式。搭接接头、T 形接头多用作非承载焊缝，为提高生产效率应采用较大直径的焊条。

2. 焊接电流的选择

增大焊接电流能提高生产效率。使熔深增大，但电流过大易造成焊缝咬边和烧穿等缺陷，降低接头的机械性能。焊接时，焊接电流的选择可以从以下几个方面考虑：

（1）根据焊条直径和焊件厚度选择。焊条直径越大，焊件越厚，要求焊接电流越大。平焊低碳钢时，焊接电流 $I$（单位：A）与焊条直径 $d$（单位：mm）的关系为 $I=(35\sim55)d$。

（2）根据焊接位置的选择。在焊条直径一定的情况下，当平焊时，运条和控制熔池中的熔化金属较容易，可用较大电流，其他位置焊接为防止熔化的金属从熔池中流出，应保持熔池面积小些，通常立焊比平焊电流应减少 10%～15%，仰焊比平焊应减少 15%～20%。

3. 电弧电压的选择（电弧长度的选择）

电弧电压的大小是由弧长来决定。电弧长则电压高，电弧短则电压低。在焊接过程中应采用不超过焊条直径的短电弧。否则会出现电弧燃烧不稳、保护不好，飞溅大，熔深小，还会使焊缝产生未焊透、咬边和气孔等缺陷。所以应力求短弧焊接，一般要求弧长不超过焊条直径。

4. 焊接速度

单位时间内完成的焊缝长度称为焊接速度。焊接速度过快或过慢都将影响焊缝的质量。焊接速度过快，熔池温度不够，易造成未焊透、未融合和焊缝过窄等现象。若焊接速度过慢，易造成焊缝过厚、过宽或出现焊穿等现象。掌握合适的焊接速度有两个原则：一是保证焊透；二是保证要求的焊缝尺寸。

（六）焊接接头形式和坡口形状

1. 焊缝的接头形式

手工电弧焊的接头形式有对接、搭接、角接和 T 形接 4 种，如图 7-6 所示。

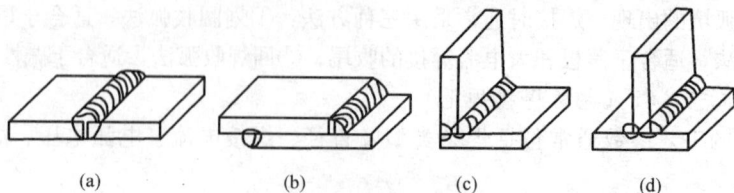

图 7-6　焊接接头形式

(a) 对接；(b) 搭接；(c) 角接；(d) T 形接

2. 焊缝的空间位置

按焊缝的空间位置可把焊缝分为平焊、横焊、立焊和仰焊 4 种。

平焊可在水平面上任何方向进行，容易操作，可使用较大直径的焊条和较大的焊接电流，因此较其他形式的焊缝焊接速度快.

横焊、立焊和仰焊都比平焊困难，因此均采用短弧焊接焊条直径和焊接电流应小些。

（1）平焊。水平面的焊接，如图 7-7（a）所示。

（2）立焊。垂直平面、垂直方向上的焊接，如图 7-7（b）所示。

（3）横焊。垂直平面、水平方向上的焊接，如图 7-7（c）所示。

（4）仰焊。倒悬平面、水平方向上的焊接，如图 7-7（d）所示。

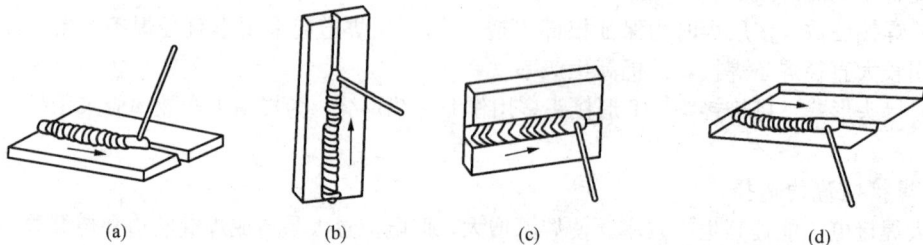

图 7-7　焊缝的空间位置

(a) 平焊；(b) 立焊；(c) 横焊；(d) 仰焊

3. 坡口

焊接接头坡口加工的目的是使基本金属焊透，保证接头强度。主要根据基本金属的厚度与使用场合来确定。坡口的加工可用剪切、车削、刨削、氧气切割、电弧气割、风铲铲削、砂轮机打磨和锉刀锉削、碳弧气刨等方法。

对接接头是应用最多的接头形式。当被焊工件较薄（板厚小于 6mm 时），在焊接接头处只要留有一定间隙就能保证焊透。当焊件厚度大于 6mm 时，为了保证能焊透按板厚的不同，需要在接头处开处一定形状的坡口。对接接头常见的坡口形状如图 7-8 所示。

（七）常见的焊接缺陷

在焊接过程中，由于焊接规范选择、焊前准备和操作不当，会产生各种焊接缺陷，常见

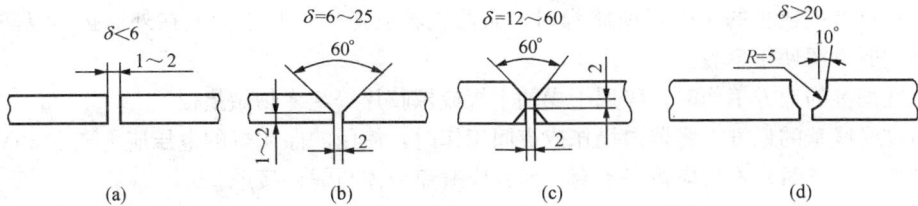

图 7-8 对接接头的坡口

(a) I 形坡口；(b) V 形坡口；(c) X 形坡口；(d) U 形坡口

的有：

**1. 焊缝尺寸不符合要求**

主要是指焊缝过高或过低、过宽或过窄及不平滑过渡的现象，其产生的原因有：①焊接坡口不合适；②操作时运条不当；③焊接电流不稳定；④焊接速度不均匀；⑤焊接电弧高低变化太大。

**2. 咬边**

主要是指沿焊缝的母材部位产生的沟槽或凹陷，其产生的原因有：①工艺参数选择不当，如电流过大、电弧过长；②操作技术不正确，如焊条角度不对，运条不适当。

**3. 夹渣**

主要是指焊后残留在焊缝中的熔渣，其产生的原因有：①焊接材料质量不好；②接电流太小，焊接速度太快。

**4. 弧坑**

主要是指焊缝熄弧处地低洼部分。产生的原因是：操作时熄弧太快，未反复向熄弧处补充填充金属。

**5. 焊穿**

主要是指熔化金属自坡口背面流出，形成穿孔的缺陷，其产生的原因有：①焊件装配不当，如坡口尺寸不合要求，间隙过大；②焊接电流太大；③焊接速度太慢；④操作技术不佳。

**6. 气孔**

主要是指熔池中的气泡凝固时未能逸出而残留下来所形成的空穴，其产生的原因有：①焊件和焊接材料有油污、铁锈及其他氧化物；②焊接区域保护不好；③焊接电流过小，弧长过长，焊接速度过快。

**（八）手工电弧焊安全技术**

在焊接时要与电、可燃及易爆的气体、易燃的液体、有毒有害的烟尘、电弧光的辐射、焊接热源的高温等接触。若不遵守安全操作规程，就可能引起触电、灼伤、火灾、爆炸和中毒等事故。

**1. 预防处电的安全知识**

（1）弧焊设备的外壳必须接地，而且接地线应牢靠，以免由于漏电而造成触电事故。

（2）弧焊设备的初级接线、修理和检查应有电工进行焊工不可私自随便拆修。次级接线由焊工进行连接。

（3）推拉电源闸刀时应戴好干燥的皮手套。

（4）焊钳应有可靠的绝缘。中断工作时，焊钳应放在安全的地方，防止焊钳与焊件之间产生短路而烧坏焊机。

（5）焊接时工作服，手套、绝缘鞋应保持干燥。

(6) 在容器或狭小的工作场所施焊时，需两人轮流操作，其中一人在外监护，以防发生意外，立即切断电源便于急救。

(7) 在潮湿的地方工作时，应用干燥的木板或橡胶片等绝缘物做垫板。

(8) 在光线暗的地方，容器内操作或夜间工作时，使用的照明灯的电压应不大于36V。

(9) 更换焊条时，不仅应戴好手套，而且应避免身体与焊件接触。

(10) 焊接电缆必须有完整的绝缘，不可将电缆放在焊接电弧附近或热的焊缝金属上，避免高温而烧坏绝缘层；同时要避免碰磨。焊接电缆如有破损应立即进行修理或调换。

2. 预防火灾和爆炸地安全知识

(1) 焊接前要认真检查工作场地周围有无易燃、易爆物品（如棉纱、油漆、汽油、煤油、木屑、乙炔发生器等），如有易燃、易爆物，应将这些物品搬离工作点5m以外。

(2) 在高空作业时更应注意防止金属火花飞溅而引起的火灾。

(3) 严禁在有压力的容器和管道上进行焊接。

(4) 焊补储存过易燃物的容器（如汽油箱等）时。焊前必须将容器内介质放尽，并用碱水清洗内壁，再用压缩空气吹干，应将所有孔盖打开，确认安全可靠方可焊接。

(5) 焊条头及焊后的焊件不能随便乱扔，要妥善管理，不能扔在易燃、易爆物品的附近，以免发生火灾。

3. 预防有害气体和烟尘的安全知识

(1) 焊接场地应有良好的通风，以排除烟尘和有害气体。

(2) 在容器内或狭小的地方焊接时应采用压缩空气通风。

(3) 避免多名焊工拥挤在一起操作。

4. 预防弧光辐射的安全知识

(1) 焊工必须使用专用的有电焊防护玻璃的面罩，而且防护玻璃的号数要适宜。

(2) 焊接时要穿工作服，防止弧光灼伤皮肤。

(3) 引弧时要注意防止伤害他人眼睛。

(4) 在工作场地和人多的地方，尽可能地使用遮光板，避免周围人受弧光伤害。

## 三、气焊

气焊又称风焊、氧焊，是利用气体火焰加热并熔化母材的一种焊接方法。与焊接电弧比，气体火焰的温度低，热量分散。因此，气焊的生产率低，变形严重，接头显微组织粗大，性能较差。但气焊熔池温度容易控制，容易实现单面焊双面成形。此外，气焊还便于预热和后热，不需要电源。因此，气焊常用于薄板焊接，管子焊接，铸铁补焊，没有电焊的野外施工等。气焊用的可燃性气体有乙炔、甲烷、液化石油气等，常用的是乙炔。气焊的焊接材料主要是焊丝与气焊药。气焊的主要设备及连接如图7-9所示。

气焊与电焊的主要区别在于热源不同。气焊是以火焰提供升温热源，电焊是以电极击穿气体介质的电弧放电效应作为热源。同样是以火焰作为热源的气焊与气割又有原则性区别，气割是过氧燃烧和强力喷射切割，而气焊是非过氧的中性火焰燃烧，所以

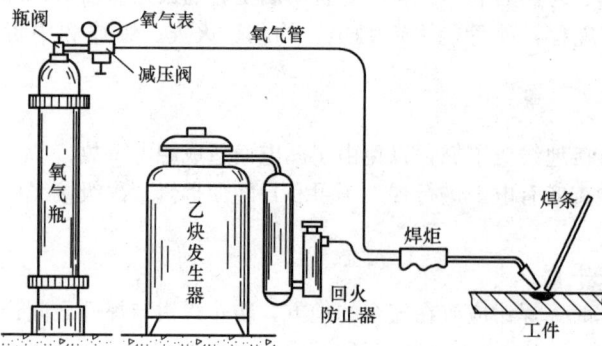

图7-9 气焊设备示意

气焊时氧已在燃烧中耗尽不致直接与金属产生氧化反应，并以其燃烧后护缺氧气流隔离空气中的氧气。电焊与气焊各自有比较适用的工作范围（对各种工件的适用性），又有可以任意采用的工作范围。一般是小而薄的工件适用气焊（除了太薄的工件），而电焊有更宽广的适用性。

（一）气焊用具

气焊设备由氧气瓶、氧气减压器、乙炔发生器（或乙炔瓶和乙炔减压器）、回火保险器、焊炬和橡皮管等组成。

1. 氧气瓶

氧气瓶是储存和运输高压氧气的容器。瓶体漆成天蓝色，并漆有黑色的氧气字样。氧气瓶容量一般为 40L，额定工作压力为 15MPa。

2. 减压器

减压器是将气瓶中高压气体的压力减到气焊、气割所需压力的一种调节装置。减压器不但能减低压力、调节压力，而且能使输出的低压气体的压力保持稳定，不会因气源压力降低而降低。气焊、气割用减压器有氧气减压器、乙炔减压器和丙烷减压器等。

3. 乙炔发生器

乙炔发生器是使水与电石进行化学反应，产生一定压力的乙炔气体的装置，乙炔发生器有低压和中压两种，前者乙炔压力低于 0.007MPa，后者乙炔压力为 0.007～0.13MPa。目前，我国使用较多的是中压乙炔发生器。

4. 乙炔瓶

乙炔瓶是储存和运输乙炔的容器。瓶体漆成白色，并漆有红色的乙炔字样。瓶内装有浸满丙酮的多孔性填料，可使乙炔以 1.5MPa 的压力安全地储存在瓶内。使用时，必须用乙炔减压器将乙炔压力降到低于 0.103MPa 方可使用。多孔性填料通常用质轻而多孔的活性炭、木屑、浮石和硅藻土等合制而成。乙炔瓶比乙炔发生器安全，而且卫生。

5. 回火保险器

回火保险器是装在燃料气体系统上，防止火焰向燃气管路或气源回烧的保险装置。回火保险器有水封式和干式两种。使用水封式回火保险器时，一定要先检查水位。

6. 焊炬

焊炬是气焊时用于控制气体混合比、流量及火焰，并进行焊接的工具。焊炬有射吸式和等压式两种。射吸式焊炬的工作原理是，氧气从喷嘴以很高速度射入射吸管，将低压乙炔吸入射吸管，因此，它适用于 0.001～0.10MPa 的低压和中压乙炔。等压式焊炬只适用于中压乙炔。我国广泛使用的是射吸式焊炬。

7. 橡皮管

氧气橡皮管应为黑色，内径为 8mm，工作压力为 1.5MPa，试验压力为 3MPa。乙炔橡皮管应为红色，内径为 10mm，工作压力为 0.3MPa 或 1MPa。连接焊炬或割炬的橡皮管不能短于 5m，一般在 10～15m 为宜，太长了会增加气体流动的阻力。

（二）焊接材料

1. 焊丝

气焊用的焊丝起填充金属作用，与熔化的母材一起组成焊缝金属。因此，根据工件的化学成分选用成分类型相同的焊丝。但是这种焊丝经过燃烧熔化后，有部分化学元素被烧损，从而使结晶组织变得粗大，焊缝的强度降低。因此，在不影响焊件使用的条件下，可选用比焊件强度高一些的焊条作填充金属。

焊丝的熔点不要高于焊件金属的熔点，否则在焊接时就很难掌握焊缝的熔池，使焊缝成型恶化。在钎焊时，还要选用与母材结合力强的金属作焊丝，如钎焊碳钢、铸铁、紫铜等就要选用黄铜焊丝。

2. 焊药

气焊用的焊药称为熔剂。熔剂的作用是：①使金属中的氧、硫化合，金属被还原；②补充有利元素，起到合金作用；③形成熔渣覆盖在金属熔池表面上，防止金属继续氧化；④起保温作用，使焊缝缓慢冷却，改善焊缝金属的结晶组织。

根据焊药的作用，可将熔剂分为两类：一类是起化学分解或中和作用的熔剂；一类是起物理溶解作用的熔剂。起化学中和作用的焊药又分为酸性和碱性的两种。如被焊金属产生的氧化物是酸性，就采用碱性的焊药中和。相反，如被焊金属产生的氧化物是碱性，就采用酸性的焊药中和。如焊接铜或铜合金时产生的氧化铜是碱性的氧化物，就采用酸性的硼砂、硼酸等焊药来中和，氧化铜成为低熔点盐类的熔渣。焊接铸铁时产生的氧化物是酸性，就采用碳酸钠、碳酸钾等碱性焊药来中和。

气焊的焊药不是预先包在焊条的外面，而是在焊接时用焊条蘸着焊药使用。采用这种边焊边蘸焊药的方法是气焊工艺特点所要求的。

（三）气焊基本要求

1. 接头形式与坡口形式

气焊常用的接头形式有对接、角接和卷边接头，而搭接和 T 形接用得少，适宜用气焊的工件厚度不大，因此气焊的坡口形式一般为 I 形坡口和 V 形坡口。

2. 气焊火焰

氧乙炔焰由于混合比不同有中性焰、碳化焰和氧化焰三种火焰。

（1）中性焰是氧乙炔混合比为 1.1～1.2 时燃烧所形成的火焰，特征为亮白色的焰芯端部有淡白色火焰闪动，时隐时现。中性焰的内焰区气体为一氧化碳和氢气，无过量氧，也没有游离碳，因此，呈暗紫色。中性焰的内焰实际上并非中性，而是具有一定的还原性，故称中性焰为正常焰，它的应用最广。气焊低碳钢、中碳钢、低合金钢、不锈钢、紫铜、锡青铜、铝及铝合金、铅、锡、镁合金和灰铸铁等一般都用中性焰。中性焰心外 2～4mm 处温度最高，达 3150℃左右。因此，气焊时，焰心离开工件表面 2～4mm，此时热效率最高；保护效果最好。

（2）碳化焰是氧乙炔混合比小于 1.1 时的火焰，特征是内焰呈淡白色。这是因为碳化焰的内焰有多余的游离碳，碳化焰具有较强的还原作用，也有一定的渗碳作用。轻微碳化的碳化焰适用于气焊高碳钢、铸铁、高速钢、硬质合金、蒙乃尔合金、碳化钨和铝青铜等。

（3）氧化焰是氧乙炔混合比大于 1.2 时的火焰，特征是焰芯端部无淡白色火焰闪动，内焰、外焰分不清。氧化焰有过量的氧，因此，氧化焰有氧化性。轻微氧化的氧化焰适用于气焊黄铜、锰黄铜和镀锌铁皮等，可减少锌的蒸发。

3. 气焊特点及使用范围

（1）气焊火焰温度低，发热量小，火焰热量不集中。

（2）焊接质量较差。气焊的保护性差，氧、氮容易侵入焊缝，焊后易产生较大的内应力与焊接变形。

（3）气焊火焰可按需要情况靠近或离开工件，填充焊丝可按需要情况加入或不加入，故用来焊接需要预热和缓冷的工件比较方便。

（4）气焊设备轻便，不需要电源，故气焊主要应用于焊接 0.5～3mm 的薄钢板、管道和低熔点的有色金属。在没有电源的地方和修补工作中也经常应用。

#### 四、气割

##### 1. 气割原理

气割即火焰切割，是利用氧—乙炔火焰将被割钢材预热到燃点（纯铁1050℃），然后通以高压氧气流，使达到熔点的金属在氧气流中被剧烈地氧化燃烧，并借助高压氧气流的吹力，把燃烧生成的金属氧化物吹掉，形成割缝。在此过程中，乙炔是经燃烧释放化学热能的可燃气体，而氧气有三种作用：①作为助燃剂参与燃烧放热化学反应；②以助燃化学反应需氧的富余量（过氧）和钢材产生金属氧化反应；③以其喷气动力吹扫熔点温度较低（低于金属熔点）的金属氧化熔渣把钢材吹割成切口。

在切割过程中，切割口以外的钢材既没有被氧化变质又没有达到熔点升温程度，因为钢材的熔点温度比它的氧化物熔点温度高，切口贯通后，割刀前移，钢材在未达到熔点温度之前已由升温变为冷却过程。

升温超高的切割使气割变为熔割，而熔割是得不到整齐的割缝的，不但效率低，还会使钢材变形和材质恶化，是错误操作。

##### 2. 金属的可切割性

被切割的金属应具备下列条件：

（1）金属的燃点应低于其熔点。否则，切割前金属先熔化雨不能产生燃烧，使切口凸凹不平。

（2）燃烧生成的金属氧化物，熔点应低于金属本身的熔点，以便熔化后吹掉。

（3）金属燃烧时应放出足够的热量，以利于切割不断地进行。

（4）金属的导热性要低，否则热量散失大，不利于预热。

在金属材料中，只有低碳钢、中碳钢、普通低合金钢具备上述条件，可以采用气割。对于碳钢，随着含碳量的增加，熔点降低，燃点升高。当含碳量为0.7%时，燃点与熔点相同；当含碳量大于0.7%时，必须把碳钢预热到400～700℃才能采用切割。含碳量大于1%～2%的钢、铸铁、不锈钢、铜、铝及其合金等，均不具备上述条件，故一般不能采用气割方法。而采用等离子切割方法。

##### 3. 气割操作的要领

初加温阶段和切割阶段对割枪两种气流的调节，割嘴与工件之间适当的稳定的距离，吹扫气体与割枪移动速度配合，移动轨迹和割口划线以及入射角的准确性，初割口应稍偏离工件的线外侧以免穿孔伤线，只有穿透后才移动割枪。在上述几方面的均衡协调操作中使气割口的加热、金属氧化、氧化物熔化、吹扫连续进行。

##### 4. 气割的特点

气割以其工具简单、加工成本低，效率高和便于现场移位操作，而且对工件的厚度、切割加工线的任意曲线要求与割口质量均能达到满意效果，对工件的变形与材质影响很小等特点，在安装现场得到广泛的采用。气割主要是手工式操作，对厚壁管加工多为半机械化的磁吸定位导轨式切割器，全自动气割多用于制造厂。

#### 五、氩弧焊

氩弧焊是以氩气作为保护气体的一种直接电弧熔焊方法。如图7-10所示，它是利用从喷嘴流出的氩气在电弧及焊接熔池周围形成连续封闭的气流，保护钨极和焊接熔池不被氧化。

高压管道和油管道以及有必要采用打底焊接的管道都有氩弧焊焊接工序。氩弧焊打底的焊接工序有两大优越性：①它能保证管道内部的洁净，不会在管内因焊接产生焊瘤和焊渣而形成粗糙环形面；②它能提高焊缝根部的焊接质量。氩弧焊看上去是电焊与气焊的结合，而实质上是一种电弧焊，它使用气瓶并非为了燃烧反应，氩气是一种为电弧焊提供惰性气体保护以避免在焊接中

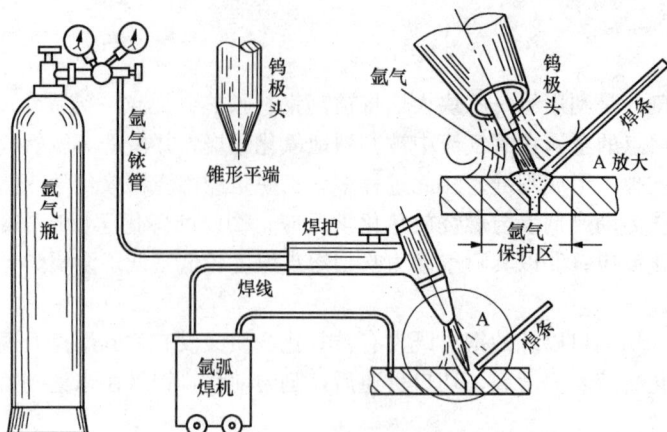

图 7-10 氩弧焊示意

使金属氧化的气体，因此氩弧焊条像气焊条一样没有药皮。在施工中要警惕合金钢氩弧焊丝和碳钢焊丝的错用，因为从外表上难以判别这两种焊丝。

与电焊相比，氩弧焊有如下优越性：①保护气流有力而稳定；②无激烈的化学反应；③电弧热量集中；④焊缝表面无焊渣；⑤热影响区窄，焊件变形小；⑥操作技术易于掌握；⑦对各种焊接条件的适应性较强。

# 第二节 起 重

物件的起吊和搬运称为起重。起重作业是利用各种力学知识，借助各种起重吊运工具、设备和地形场地，根据起重物的不同结构、形状、质量、质心和起重的要求，采取不同的方式方法，将物体从地面起吊（或推举）到空中，再放到预定需要的位置和方向上的过程。起重工作检修中应用得非常广泛，对优质、快速、安全地进行设备的检修具有十分重要的意义。安装检修中的起重工作主要包括：①设备、构件和材料的装、卸车工作；②设备、构件和材料的水平运输工作；③设备、构件和材料的起吊就位工作。

## 一、起重基本方法

起重的基本方法主要有撬、顶和落、转、拨、捆、抬、滑和滚、吊和卷等。

1. 撬

撬是用撬棍把重物撬离原地的操作。撬棍通常用螺纹钢、六棱钢制作，一端打尖，另一端打扁，并有一适当弯角。

操作时，可将一根撬棍单独使用或几根撬棍同时使用。向下压撬棍时应侧身操作。一般在起重量较轻（约 2～3t）、起升高度不大的作业中可用此方法，撬是利用杠杆的作用，支点越靠近设备越省力，一般选用硬木做支点较合适，若支点下的土地较软时，可在硬木下垫一块铁板。遇起重量和起重高度较大的物体时，也可用枕木撬起设备，在没有千斤顶时，撬的方法常用来升高和降低设备。

2. 顶和落

用千斤顶把重物从较低位置顶至较高位置的操作称为顶，是一种安全简便的、省力可靠的起重方法。千斤顶的起重能力很大，最大可达 500t。千斤顶的一次行程，一般油压千斤顶为 20cm 左右，螺旋千斤顶为 50cm 左右。若设备需要顶高的高度超过千斤顶的一次行程时，可用倒镐的方法逐步将设备抬高。倒镐的方法是：先用千斤顶使设备落在方木上，把千斤顶垫高，继续顶起设备，在设备底下再垫一层木垫，照这样起一次垫一次，就能把设备逐步顶升到需要的高度。落顶是用千斤顶把重物从较高的位置放到较低位置的操作。

### 3. 转

转是将重物在平面上旋转一定角度的操作。如重物质量较小，用起重机械能够吊起，则采用吊起重物旋转的办法较方便。如重物质量较大，起重机械吊不起来，就需采取滚转或利用转盘来旋转重物。利用转盘来旋转重物，其步骤为：

(1) 用千斤顶顶起工件，在工件的质心处搭设一道木垛，底面积的大小应估算出，使它能承受工件的全重而又不至于偏斜。

(2) 在木垛上叠放 3 块厚度在 10mm 以上的钢板，中间一块是圆形的，比上、下两块小一些，在 3 块钢板之间的接触面上涂上黄油。

(3) 上述工序完成以后，将需转动的工件落在转盘上。

(4) 推动工件的两端，即可将工件转至需要的角度，在转动时应注意使道木与转盘保持水平。

### 4. 拨

拨是用撬棍将构件前后略微移动一些的操作。左右方向的略微移动称迈。拨就是用撬棒拨动设备，拨是第二类杠杆，重点在中间，支点在设备底下，在拨设备时，先将撬棒斜插在设备底下，手握撬棒尾，向上前方用力拨动设备，设备就向前移动。当一根撬棒拨不动时，可以用几根撬棒同时拨，还可用肩扛撬棒尾的方法增加拨动的力量。管道对口时常用到此法。在安装工作中，为了使设备正确就位，常采用迈的方法。

迈的操作方法与撬差不多。将撬棒斜插在设备下面，撬棒头放在移动物的质心处，并偏向运动方向一侧。下压撬棍尾，当设备离地后，再在水平方向横推撬棍尾，撬棍就绕着支点移动。撬棍尾向左撬，棍头就向右移动到一定的角度。不能再转时，就将设备放下继续迈第二步，直到设备移到需要的位置时为止。

### 5. 滑和滚

滑是移动重物常用的方法，滑就是将设备放在滑道上，用卷扬机或人力在较长距离的路线上做移动牵引。为了减少滑动摩擦力，通常是使用两条平行的轨道作滑道，在设备下面安上钢排子，使设备和钢排在钢轨上滑行。因为滑的工艺较复杂，非重要的大型物体或设备的移位，一般不采用滑的方法，而采用滚的方法。

滚就是在设备放置好钢排子或木排，制成走板和滚杠，使设备随走板和滚杠的移动而移动。因为滚动比滑动阻力小，所以很省力。滚动设备时，设备的走向完全靠滚杠的方向来控制。滚杠向右时，设备向右移动，滚杠向左时，设备向左移动。滚杠间的净距离至少应保持 10cm，一般情况则为 25~100cm。

### 6. 捆

捆是利用各种绳索捆绑需要搬移、吊升物件的操作。捆绑的操作与吊物的形状、绳扣的结法、吊装工具的使用有关。

### 7. 吊和卷

吊是用起重机械、起重桅杆或其他吊装设备将重物吊起或一面吊起、一面移动到某个确定位置上的操作。有人力、半机械和机械吊三种。它的特点是起重量和起重高度都比较大，既省力又方便，有时也可以用扒杆和牵引的方法将设备移动一段距离。吊是整个吊装作业中关键性的操作。这种方法在现代生产和吊装设备中，被广泛应用。

卷是长条形设备与管道等在陡坡下往上搬运时，一般采用卷的方法，长管道的搬运先将绳子套好后，一端固定在地锚上，拉动另一端，管道就顺着边坡往上翻，这比硬拉省力得多。设备与管道很长时，应用两根或三根以上的绳子在两端或中间同时往上卷。当把管道从陡坡上往下放时，可以利用管道的自重把绳往下放即可。

8. 抬

当运输质量在 500~1000kg 以下的轻便设备或构件、小机具，由于受通行线路障碍所限或设备存放地点狭窄等原因，不便使用机械运输时，一般使用肩抬设备，它是由 2 人、4 人、6 人、8 人、10 人等共同进行。

**二、索具及拴连工具**

索具用来绑扎起重物件（系重用）及传递起重机构的拉力给起重物件（吊重用）。索具包括麻绳、钢丝绳（见图 7-11）及拴连工具等。

（一）麻绳种类和性能

（1）麻绳是由抗拉、耐磨而不易腐蚀的龙舌兰麻（或称剑麻）等植物的茎纤维制成。制造时，先将麻线捻成股，再将麻股捻成麻绳。为了避免麻绳在载荷下松开，由麻线捻成麻股的方向和由麻股捻成麻绳的方向是相

图 7-11 起重索具

(a) 麻绳；(b) 钢丝绳

反的。根据抗潮措施的不同，麻绳又有浸油麻绳和不浸油麻绳（白麻绳）之分。前者系用松脂浸透，抗潮能力和防腐能力均较好，而机械强度比不浸松脂的约减低 10%，后者在干燥状态下，强度和弹性均较好，但受潮后强度约减低 50%。麻绳主要用于以下几方面：①绑扎各种构件；②吊起较轻的构件；③当吊起构件或重物时，用以拉紧，以保持被吊物件在起吊时以及在空中的稳定和物件放在规定的位置上（防止被吊物与其他物件碰撞，有利于就位）；④作为起重量比较小的扒杆的缆风绳索等。

（2）麻绳的计算。麻绳在载荷下绕过卷筒或滑轮时，要同时受到拉伸、弯曲、挤压和扭转的作用，要精确计算其综合应力是有困难的。通常选用时常使卷筒或滑轮槽底直径为麻绳直径的 10 倍以上，用于滑车组时允许降为 7 倍，但需使麻绳的使用拉力减少 25%。

选用麻绳时须进行强度核算，强度核算按纯拉伸考虑，但必须根据不同用处选择适当的安全系数，以补偿计算上的误差和确保施工安全。

麻绳的许用拉力 $P$ 按式（7-1）计算

$$P \leqslant S_b / K \tag{7-1}$$

式中 $S_b$——麻绳的破断拉力，kN；

$K$——麻绳的安全系数。

在施工现场，往往知道起重量 $P$ 而需选用麻绳直径 $d$，则按式（7-2）计算

$$d = \sqrt{\frac{4P}{\pi[\sigma]}} \tag{7-2}$$

式中 $[\sigma]$——麻绳的许用应力，$kN/mm^2$。

（3）麻绳使用的注意要点。

1）麻绳一般用于质量较轻物件的捆绑，比如起重量较小的滑车及扒杆缆风绳索等，机动的起重机械或受力较大的地方不得使用麻绳。

2）用于滑车或滑车组的麻绳，在穿过滑轮转弯时，麻绳与滑轮接触的一面受压，另一面则

受拉，麻绳的抗拉能力降低，为了减少麻绳所承受的附加弯曲力，滑轮的直径应比麻绳直径大10倍以上。

3）使用中，如果发现麻绳有连续向一个方向扭转的情况时，应设法抖直，以免损伤麻绳的内部纤维。有绳结的麻绳不要穿过滑车，或狭小的地方，因为这样会使麻绳受到额外的应力，容易把麻绳纤维拉断降低麻绳的强度。

4）在捆扎各类物件时，应避免使麻绳直接和物件的尖锐边缘接触，接触处一定要垫好麻袋、帆布、薄铁皮或木片，但必须要注意摆好，一旦摆得不好，木板断成两片，等于没垫，仍要割断绳索。为防止割断麻绳，各类衬垫物应注意垫好。

5）使用过程中，不要将麻绳在尖锐或粗糙的物件上拖拉，也不要在地上拖拉，以免磨断白棕绳表面的麻纤维，降低麻绳的强度，缩短使用寿命。

6）麻绳在使用中，凡穿过滑轮的，应注意勿使麻绳脱离轮槽而导致卡住与拉坏，从而发生事故。

7）不要将麻绳和有腐蚀作用的化学物品（如碱、酸和油漆等）接触，并应放在干燥的木板上和通风好的地方储存保管，不能受潮或高温烘烤，防止降低麻绳的强度。

8）麻绳严禁超负载使用。

（二）钢丝绳

1. 钢丝绳的种类和性能

钢丝绳又称为钢索，由高强度的碳素钢钢丝制成，整根钢丝绳的粗细一致，能承受很大的拉力，所以广泛地应用于起重吊装作业和运输设备中，不仅是起重机的重要组成部分，而且在起重作业中可以单独地作为索具使用，起重工作中所用的钢丝绳多为双重绕捻的钢丝绳。这种钢丝绳是由一层或几层钢丝绕成股，再由几股围绕麻芯绕捻成绳。由于麻芯的存在使钢丝股呈空心状态布置，能够保证钢丝绳具有足够的柔性和弹性，麻芯可吸取润滑油防止钢丝生锈，又能保证钢丝与钢丝间、股与股间润滑。

钢丝直径的大小和钢丝数量的多少对钢丝绳性能有直接影响，钢丝直径越小、数量越多，钢丝绳越柔软，越不耐磨，反之，钢丝直径越大、数量越少，钢丝绳刚性越大，越耐磨。

双重绕捻钢丝绳按照钢丝和股的绕捻方向分为顺绕、逆绕和混合绕三种。顺绕钢丝绳的特点是钢丝绕成股和股绕成绳的方向相同，这种钢丝绳挠性大，表面平滑，钢丝磨损少．但有自行扭转和松散的缺点。逆绕钢丝绳的特点是钢丝绕成股和股捻成绳的方向相反，这种钢丝绳的钢丝和股，因为弹性应力所产生的扭转变形方向相反，具有互相抵消作用，不易自行松散，故在起重机械和起重工作中应用得最广。它的缺点是挠性小，表面不平滑，与滑轮和卷筒的接触面积小因而磨损较快。混绕钢丝绳的特点是相邻层股的绕捻方向相反，它兼有前两种钢丝绳的优点。

2. 钢丝绳的代号

钢丝绳的代号用三组数字表示，如 $6 \times 19 + 1$、$6 \times 37 + 1$、$6 \times 61 + 1$ 等。

第一组数字 6 表示钢丝绳由六股组成。

第二组数字 19 表示每股中有 19 丝。

第三组数字 1 表示有一根油浸麻芯。

钢丝绳的钢丝强度分为五级，即为 140、155、170、185kg/mm$^2$ 和 200kg/mm$^2$。因为钢丝绳捻绕方向的不同，特点和采用的范围也有区别，为了起重作业使用上的方便，避免在操作过程中钢丝绳扭转纠缠，故在起重机械，穿绕各式滑车组等起重吊装作业中，大多以选用交互捻的钢丝绳为合适。

一般情况下，对钢丝绳选用可考虑为：

(1) 6×19钢丝绳。用做缆风绳及拉索，绳子用于不受弯曲或可能遭到磨损的地方。

(2) 6×24钢丝绳。用做吊索或插缆，绳子不受弯曲和受力较大的地方。

(3) 6×37钢丝绳。用于起重作业中捆扎各种机件、设备及穿绕滑车组，绳子承受弯曲时采用，作为穿绕滑车组起重绳和制作吊索（千斤索）用。

(4) 6×61钢丝绳。用于捆绑各类构件等，绳子刚性较小，易于弯曲，用做受力不大的地方。

3. 钢丝绳的使用和保养

(1) 钢丝绳在使用过程中必须经常检查强度，一般至少6个月就必须进行一次全面检查或做强度试验。

(2) 钢丝绳在使用过程中严禁超负荷，不应受冲击力，在捆扎或吊运物件时，要注意，不要使钢丝绳直接和物件的快口或尖锐棱角相接触，在它们的接触处要垫以木板、帆布、麻袋或其他衬垫物，以防止物件的快口或尖锐棱角损坏钢丝绳，而产生设备和人身事故。

(3) 钢丝绳在使用过程中，如出现长度不够时，必须采用卸扣连接，严禁用钢丝绳头穿细钢丝绳的方法接长吊运物件，以免由此而产生剪切力。

(4) 钢丝绳穿用的滑车，边缘不应有破裂和缺口。

(5) 钢丝绳在使用中，特别是钢丝绳在运动中，不要和其他物件相摩擦，更不应与钢板的边缘斜拖，以免钢板的棱角割断钢丝绳，直接影响钢丝绳的使用寿命。

(6) 在高温的物体上使用钢丝绳时，必须采用隔热措施，因为钢丝绳在受到高温后，强度会大大降低。

(7) 钢丝绳在使用一段时间后，必须加润滑油。一方面可以防止钢丝绳的生锈，另一方面，钢丝绳在使用过程中，它的每股绳子间同一股中的钢丝与钢丝间都会相互产生滑动摩擦，特别是在钢丝绳受弯曲力时，这种摩擦更加激烈，加了润滑油后就可以减少这种摩擦。

(8) 钢丝绳存放时，要先按上述方法将钢丝绳上的脏物清洗干净后上好润滑油，再盘绕好，存放在干燥的地方，在钢丝绳的下面垫以木板或枕木，并应定期进行检查。

(9) 钢丝绳在使用中，尤其要防止钢丝绳与电焊线相接触。因碰电后，钢丝绳会损坏，影响作业的顺利进行。

(10) 钢丝绳在使用中，必须注意经常检查有无断裂破损情况及其是否能用，或是否需更换新绳，以确保安全。

（三）链条

链条在起重机械和起重吊装或搬运作业中使用得很普遍，尤其是在起重机械中用得较多。链条又称为链索，由A3或A2低碳钢制成，采用焊接或冲压两种方法，焊接后必须做退火处理，根据链条的用途不同可分为焊接环链、片状链和撑环链（即日字链）三种。

焊接环链常用于起重机械或捆扎各种设备和构件，制作链式吊具、链滑车等。片状链常用于起重叉车，起提升或下降的作用。在位置狭小、距离不大的环境，用做小型手动葫芦。也经常用于起重机的传动链条。撑环链主要用于各种船舶的锚链。

链条的优点是挠性比较好，破断力大，磨损小，与链轮的啮合可靠。缺点首先是自重大，在受力的情况下断裂的可能性大，安全性差；链环与链环接触处的磨损大；不能承受冲击载荷。

（四）拴连工具

在起重工作中，与钢丝绳配合使用的拴连工具有索卡、卸卡、吊环、横吊梁及地锚等。

1. 索卡

索卡也叫钢丝绳夹头用来将钢丝绳末端与其自身锁紧，主要用于起重桅杆缆风绳头的固定、钢丝绳的临时连接及捆绑绳的固定等，如图 7-12 所示。

2. 卸卡

卸卡又称为卡环、卸扣，是起重作业中最为广泛使用的连接工具，常常用来连接起重滑车、滑车组、吊环和用于钢丝绳的固定，各种设备和构件捆扎时作为连接点，有时也用做钢丝绳与钢丝绳之间的连接等。

卸扣的构造如图 7-13 所示。根据横销固定方法的不同，卸扣又可分为销子式和螺旋式两种，在这两种卸扣的基础上，它的形状也可分为两种，一种叫直肚马蹄形，另一种叫胖肚马蹄形（也称为元宝卸扣）。因为它的形状不同，所以用处也有所不同。一般来说，直肚马蹄形卸扣，用于常规单独吊装作业的较多，而胖肚马蹄形卸扣则常用于葫芦与葫芦的接替，两副或两副以上滑车组与滑车组的相互接替等，这是由于它的卡环较大，便于卸扣与卸扣之间的活动的缘故。这些卸扣都是螺旋式的，由于螺旋式卸扣的横销在使用中拆装很方便迅速，因而在起重作业中最为常用。卸扣在使用中，必须注意作用在卸扣结构上的受力方向。

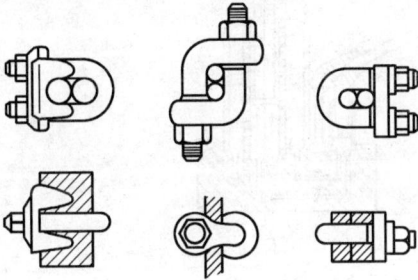

图 7-12　起重索卡　　　　　　　　　　　图 7-13　卸扣构造

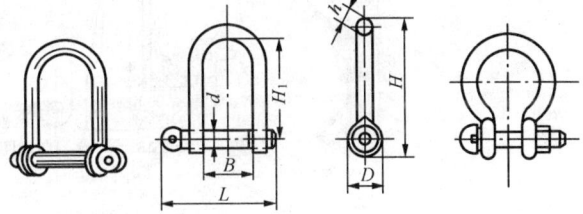

3. 吊环

如图 7-14 所示，吊环是为了便于起吊而装配在设备上的一种固定的拴连工具。不仅是起重机上的一个部件，而且可与钢丝绳、链条等组成各种吊具，在起重作业中取物方便、迅速、安全可靠。

4. 横吊梁

如图 7-15 所示，横吊梁俗称铁扁担，可分为支撑横吊梁和扁担横吊梁两种。其主要作用是增加起重机提升的有效高度，扩大吊装范围，改变吊索的受力方向，以避免物体磨压和所受水平力过大等。支承横吊梁可以防止被吊件变形和防止吊索与吊件发生磨压。扁担横吊梁可以降低索具高度，从而提高起重机的有效提升高度。

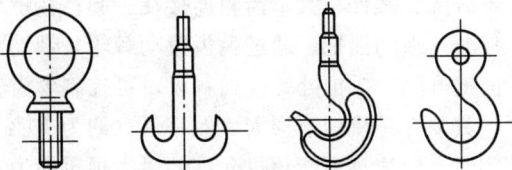

图 7-14　吊环及吊钩　　　　　　　　　　图 7-15　横吊梁

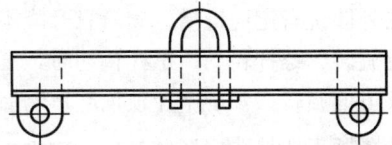

5. 地锚

地锚是与大地固连的一种拴连工具，通常分为桩锚、炮眼桩锚和坑锚。

**三、常用起重机具**

常用的起重机具主要有千斤顶、链条葫芦（倒链）、滑轮和滑轮组，以及绞车（卷扬机）等。

它们具有质量轻、体积小、便于搬运和使用等优点。

**1. 千斤顶**

千斤顶又叫举重器，它可用很小的力顶起很重的机械设备，又可校正设备安装的偏差和构件的变形等。千斤顶的顶升高度一般为 100～400mm，起重能力最大可达 500t，自重约为 10～500kg。千斤顶按其结构及工作原理不同，可分为齿条式、螺旋式和油压式三种。

一般千斤顶由于工作行程不大，顶升高度一般是 200mm 左右，只有齿条式千斤顶行程较长，可达 400mm，有一定的局限性。因此，当要求顶升重物至相当大的高度时，就必须分几次进行。在这种情况下，一般都采用枕木或其他预先准备好的衬垫物垫高顶起的重物。逐步顶升，直至达到所需要高度时为止，当同时使用几个千斤顶作业时，无论是顶升或下降，都必须有专人指挥，顶升或下降的尺度要保持相等，切不可出现有高有低。如有此种现象，需及时调整，加强联系，统一行动，保持重物的稳定，确保起重作业成功。千斤顶种类如图 7-16 所示。

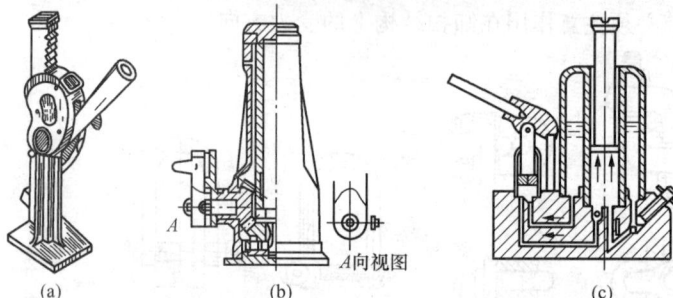

图 7-16　千斤顶种类
（a）齿条式；（b）齿条式；（c）油压式

（1）齿条千斤顶。齿条千斤顶由壳体、齿条、齿轮和手柄组成，可由 1～2 人用手转动千斤顶上的手柄，以顶起重物。利用齿条的顶端，齿条千斤顶即可顶起重物。也可以利用齿条的下脚，顶起部位较低的重物，尤其是铁道线路的起轨等，所以齿条千斤顶也称为起道机。

齿条千斤顶使用要注意：①使用前，应先检查制动齿轮及制动装置的可靠程度，保证在顶重时能起制动作用；②在起重作业中，设备或重物下降时，双手应用力压住手柄，缓缓向上松动，防止突然放松，手柄弹起伤人及发生事故；③顶升重物时，应将千斤顶垂直放置，并不容许超负荷，以确保安全；④齿条和齿轮等部件应经常保持清洁，防止杂物沾住齿条和齿轮部分，从而增加阻力，缩短使用寿命，为此，一定要定期清洗加油。

（2）螺旋千斤顶。螺旋千斤顶的螺杆只转动不升降、螺杆与大伞齿轮连接在一起；在螺母套筒的外圆铣有定向键槽，套筒只升降不转动。工作时，扳动摇把。通过棘齿拨动棘轮，带动伞齿轮旋旋转，螺杆转动；螺杆转动时，套筒就沿导向键升降。摇把处的换向棘齿，可控制伞齿轮的正反方向旋转。螺旋千斤顶顶起重物后可以自锁，其缺点是机械磨损大、效率低（约为 10％）。

螺旋千斤顶使用要注意：①螺旋千斤顶在使用时，应注意不能超过允许的最大顶重能力，防止超负荷所引起的事故；②使用保管中，必须注意用牛油润滑，以减少磨损，防止降低使用寿命；③顶升重物之前，应放正千斤顶位置，保持垂直，底部基础应坚实，以防止螺杆偏斜引起事故；④千斤顶在用于顶升钢构件时，顶部接触处应衬垫木片，防止使用不当而滑脱，弹击伤人；⑤放松千斤顶使重物降落之前，必须事先检查重物是否已经支垫可靠，然后慢慢放落，在放人时，手指必须让出，以防压伤，确保安全；⑥顶重时，应均匀使用力量扳动手柄，避免上下冲击而引起事故和损坏千斤顶齿轮。

（3）油压式千斤顶。油压式千斤顶是一部小型的油压机，油压式千斤顶主要由工作油缸、起重活塞、柱塞泵和手柄等几个部分组成。工作时利用千斤顶的手柄驱动液压泵，液压泵在几百个大气压下，用液压缸内的油推动活塞上升，顶起重物。当活塞上升到额定高度时，由于限位装置的作用，活塞杆不再上升。在需要下降时，仍用手柄开槽的一端套入开关，做逆时针方向转动，单向阀即被松开，此时活塞缸内的工作液通过单向阀流回外壳内，活塞杆即渐渐下降。

液压千斤顶是起重作业中用得较多的一种小型起重设备，常用来顶升较重的重物。它工作平稳，安全、可靠，省力，操作简便，最突出的特点是承载能力大。

液压千斤顶使用要注意：①使用中需注意千斤顶活塞容许的顶升高度，防止顶升重物时超过容许的顶升高度，产生事故；②液压千斤顶必须安放在稳固、平整、坚实的基础上，松软地面和脆性的水泥地面，都不能直接放置千斤顶，而必须垫以木枕，以承受重压，并保证在顶升时不发生千斤顶下陷倾斜，甚至卡住活塞；③液压千斤顶的储液器，必须保持清洁，任何混浊的渣滓，都将使活塞顶升时遇到阻力，导致活塞停升，甚至发生故障；④为防止长时间顶重或者突然下降，必要时应在顶升设备或重物下做衬垫，这样既能避免和减少密封圈损伤，又有利于安全操作；⑤当起重质量较大的设备，采用几个千斤顶时，顶升和下降都必须有专人指挥，随时检查各千斤顶的作业情况，加强联系，统一行动，以保证设备和重物的平稳；⑥放置千斤顶的部位必须保证手柄起落的回转，保证操作。

2. 滑车

滑车又称葫芦，是一种具有自由旋转滑轮的起重用具，可以用来改变牵引绳索的方向，提升或拖运重物。滑车是由吊钩（链环、吊环）、滑轮、轴、轴套和夹板等组成（见图7-17）。滑车组是由一定数量的定滑车和动滑车及绳索组成，分为省力滑车组和增速滑车组两种。

滑车按照用途不同，可分为定滑车、动滑车和导向滑车等。

（1）定滑车。定滑车能够改变绳索拉力的方向，但是不能省力。

（2）动滑车。动滑车能够省力，但不能改变绳索拉力的方向。

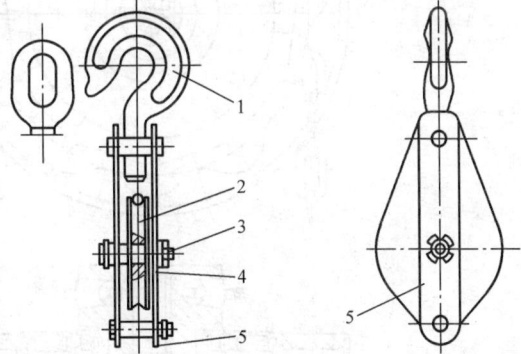

图 7-17　滑车构造
1—吊钩（链环、吊环）；2—滑轮；
3—轴；4—轴套；5—夹板

（3）导向滑车。导向滑车的作用类似于定滑车，既不能够省力，也不能改变绳索的速度，仅用于改变钢丝绳运动的方向。

滑车按照组成部分的滑轮数目分为单轮滑车、双轮滑车、三轮滑车和多轮滑车几种。单轮滑车主要是用以起重和改变绳索运动的方向。多轮滑车用于穿绕滑车组。

滑车分木制和钢制两种，木滑车一般适用于麻绳滑车组，通常是工作量不大，使用机动起重设备又不值得，从上升到下降距离比较长，采用这种滑车较为适宜。较小的一种钢滑车也多用于麻绳滑车组，钢滑车从1t开始向上，直至几十吨，再大些的到及百吨等，多用于钢丝绳滑车组，它的滑轮数目按起重量的大小，从少到多不等，起重量也从小到大。

使用滑车组要注意：①滑轮的轮轴要经常保持清洁，涂上润滑油。②在使用前，要注意对滑轮进行全面检查，特别要注意滑轮的允许承重力是否超过所承担的起重量，滑轮直径必须根据机构工作级别的规定为16～28倍，即最小不得小于钢丝绳直径的16倍。③在起吊或牵引设备时，等滑轮受力后，再检查各部分情况，如情况良好，才能继续工作。④轮轴磨损量达到轮轴直径的 3％～5％时，应更换，滑轮槽壁磨损量达到原厚的 10％，在径向磨损量达到绳直径的 25％时，均应检修或更换。⑤要注意钢丝绳的牵引方法和导向滑轮的位置是否正确，防止由于绳索脱出轮槽之外而被卡住，以致发生事故。

### 3. 手拉葫芦

手拉葫芦是在起重吊装作业中被广泛采用的一种起重工具之一，也称倒链，俗称神仙葫芦。使用简便、携带方便的手动起重机械，适用于小型设备和重物的短距离吊装，起重量一般不超过 10t，最大可达 20t。具有结构紧凑、手拉力小，使用稳当，较其他起重机械易掌握等特点。除吊装使用外，还可用于收紧大型金属桅杆的缆风绳、短距离搬运设备及机械设各就位找正等工作。手拉葫芦由链轮、传动机构、起重链及上下吊钩组成，其构造如图 7-18 所示。

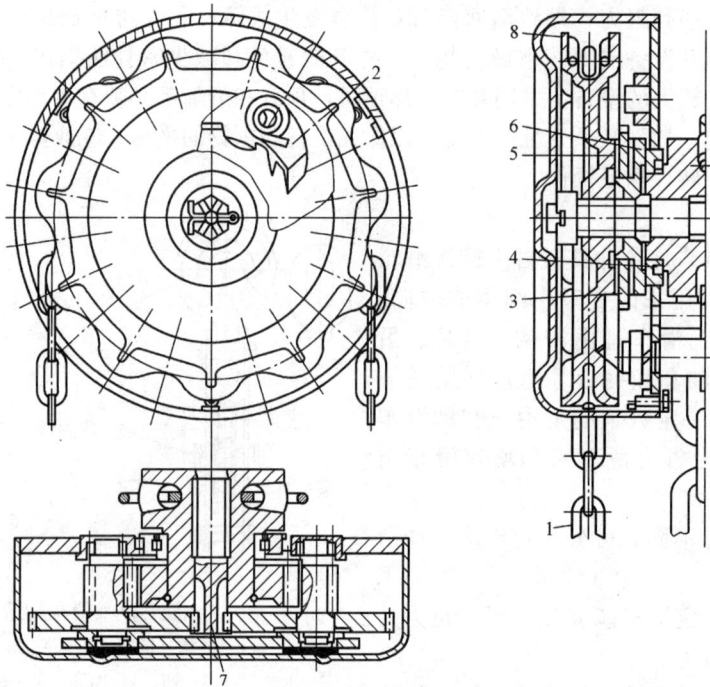

图 7-18　手拉葫芦构造

1—手拉链条；2—棘爪；3—棘轮；4—轴承外圈；5—摩擦片；
6—制动器座；7—五齿长轴；8—手链轮

使用环链手拉葫芦的注意要点：①使用前应检查各种部件有无损伤，吊挂钢丝绳及支架横梁应绝对牢固，起吊提升设备的质量不得超过容许荷重能力；②使用时应先将手拉细链反拉，让粗链松弛以便葫芦有最大的提升余地；③在一般情况下起吊重物，如用于水平方向时，应在细链的入口处垫物，以此将手拉链托起，防止卡住；④严禁用人力以外的其他动力操作，重物起吊后，如细链一人可拉动时，则可进行工作，一人不能拉动时，则需根据各种环链手拉葫芦所需拉力增加人数，不能随意加人猛力硬拉，以免粗链受力过大而断裂，手拉人数一般可按起重能力的大小决定；⑤起重吊装前，应检查上下吊钩是否挂牢，严禁将重物吊在吊钩尖端等错误操作，起重链条应垂直悬挂，不得有扭链现象，以确保安全；⑥葫芦的摩擦片应保持干燥，严格禁止与油类接触，以防止葫芦跑链。

4. 电动卷扬机

电动卷扬机用于牵引滑车（或滑车组）绳索及各种起重机械。电动卷扬机和手摇绞车相比较，具有起重量大、速度快、使用轻便和灵活等优点，在起重吊装工作中被广泛使用，并且越来越多地代替了蒸汽驱动和风力驱动的绞车。

电动卷扬机按滚筒数目可分为单滚筒和双滚筒两种；按传动形式可分为可逆齿轮箱式和摩擦式两种；按牵引能力可分为0.5、1、1.5、2、3、5、10、15t等几种。

电动卷扬机使用时要注意：①卷扬机应当安装在平坦坚实的地方，与柱脚或地锚固定要牢固，并要有防雨措施；②卷扬机与第一个导向滑轮要对准，并垂直于卷筒的中心线，导向滑轮里挡不准站人；③钢丝绳在卷筒上要排列整齐，不可重叠于任何一点或者高出挡板，余留在卷筒上的钢丝绳不得少于6圈；④工作开始时，需先检查卷扬机的装置是否牢固，转动部分是否可靠，有无异常现象产生，必须注意检查电磁制动器的准确性和灵敏程度；⑤卷扬机定位钢丝绳应分别固定，一根钢丝绳不得分做两用，以防卷筒受力时中心走动；需控制起吊重物的质量，不得超负荷作业；⑥操作人员必须熟悉卷扬机的性能和指挥信号，工作时机身及牵引钢丝运动的周围严禁站人。卷扬机停车后，要切断电源，控制器放到零位，用保险闸制动刹紧。采用多台卷扬机起吊设备时，要统一指挥统一行动。注意卷扬机的同步操作。

5. 其他起重机械

锅炉检修中常用的起重机械有绞车、三脚架、手动行车、电动葫芦及汽车起重机等。

（1）绞车分为人力推动的绞磨与电动卷扬机两类。绞车与滑轮组配合使用可完成各种起重作业。绞车在使用前，应仔细检查制动装置（刹车），以保证在起重时不出事故。在检修场地上装置绞车时应注意以下几点：①绞车的固定。必须保证绞车固定锚点有足够的强度，图7-19所示为常见的几种固定绞车的方法。②绞车应装设在滑轮组作用区域之外，并能清楚地看到物件起吊的地点。③绞车及绳索不得妨碍设备的起吊与拖运，绞车的牵引绳索应和地面平行，并垂直于绞车滚筒的中心。

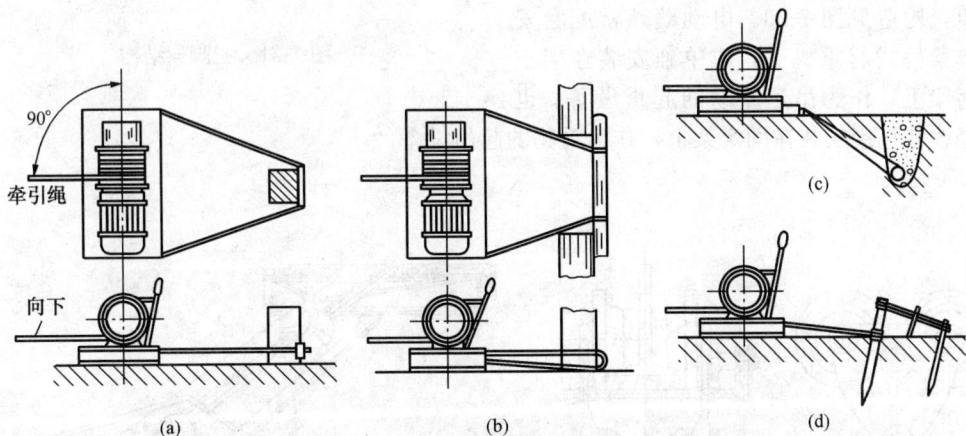

图 7-19　固定绞车的方法
(a) 利用挂梁固定；(b) 利用建筑物固定；(c) 地锚；(d) 打桩

（2）起吊支架种类很多，其中最简单的是桅杆（吊杆）。在吊装设备时，常遇到施工现场狭窄，吊车无法进行工作，或者现场无吊车、无悬挂供起吊用的横梁，在这种情况下就可采用桅杆。桅杆可用木料、钢管或型钢制作。

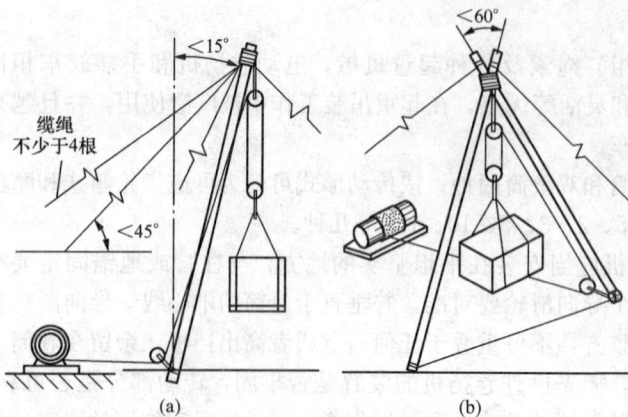

图 7-20　桅杆的架设示意

(a) 独脚形桅杆；(b) 人字形桅杆

各种桅杆都需用缆绳固定，依靠缆绳的牵引力使桅杆处于稳定状态。桅杆的可靠性，在很大程度上决定于缆绳的强度。常用的桅杆有独脚形与人字形两种，如图 7-20 所示。

当起重量不很大时，宜采用三角支架，三角支架不用繁杂的绳索捆绑、缆绳固定，用时把它撑开，不用时收拢即可。三脚架是用三根杆在顶部绑扎而成，杆可用圆杉木或钢管制成，其结构如图 7-21 所示，常与钢丝绳、手拉葫芦，卷扬机组成一套简单的起重机械，用于吊装小型设备。

(3) 手动行车适用于固定跨距间装卸、吊运重物及检修设备，按形式可分为单梁、单梁悬挂、双梁三种。

常用的是手动单梁行车，由大车、手动单轨小车及手拉葫芦组成，大车及手动单轨小车的构造如图 7-22 所示。

(4) 电动葫芦是一种把电动机、钢丝绳（或环链）、减速器、制动器及运行小车合为一体的轻巧起重设备，其形式有钢丝绳式、环链式和板链式三种，常用的是钢丝绳式电动葫芦，构造见图 7-23。电动葫芦常配套安装在单梁桥式起重机上，或单独安装在架空的工字梁上，作为吊运重物的起重设备，也可稍经改装直接安装在固定架上，作为重物的起吊设备。

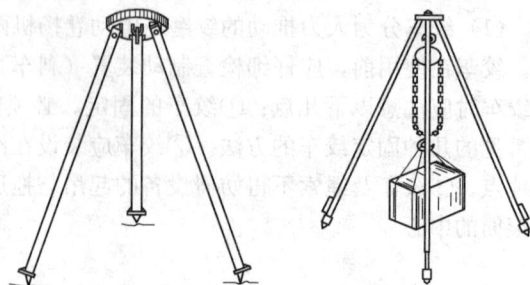

图 7-21　三脚架结构

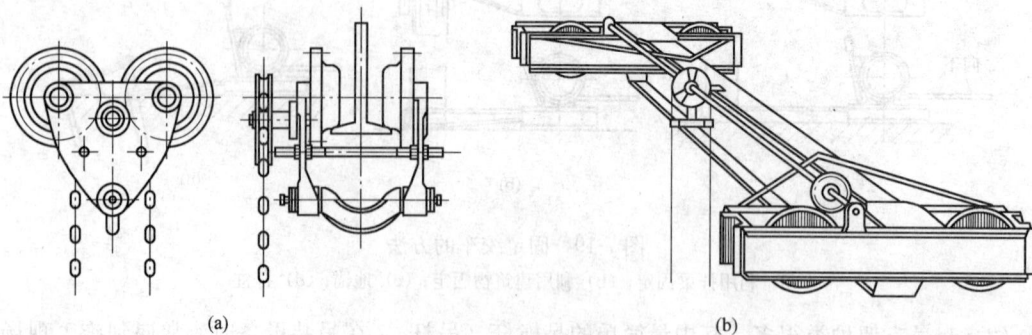

图 7-22　手动单梁行车

(a) 手动单轨小车；(b) 大车

#### 四、起重作业注意事项

起重作业贯穿在整个工程的始末，其工作的成败影响着全局，因此要求起重人员应具有胆大、心细、吃苦、耐劳、团结、服从等优良素质。由于在起重工作中的粗心大意及考虑不周而造成的人身、设备事故屡见不鲜。因此，为了预防事故，在起重作业中应做到以下几点：

（1）起重作业前应先检查起重机具、索具是否完好，有问题的绝对不许使用。各种起重机具、索具严禁超载使用。

（2）起重机具与索具应配套完全。

（3）重物的起吊与捆绑应符合常规；吊钩要挂在重物的重心上，即起吊中心与重物重心在同一中心线上；吊钩、钢丝绳应保持垂直；禁止用吊钩斜吊或拖动重物。

（4）重大物件的起吊、搬运作业，应在具有经验的起重负责人统一指挥下进行。参加人员必须熟悉起重方案和自己的职责。

（5）各种起重机具的技术检查工作，每年应进行一次，并进行静载和动数试验。试验应有记录并有专人保管。

（6）起重作业结束后，应将机具、索具一一清点，并认真按技术规程规定进行保养、维护。存放处应做到规范化。

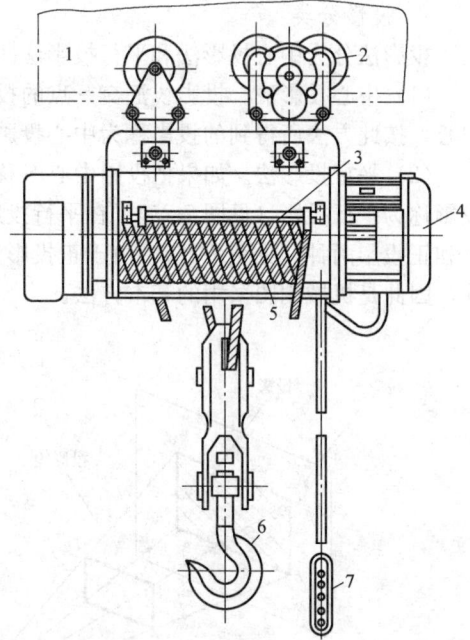

图 7-23　钢丝绳式电动葫芦

1—工字钢梁；2—自行式小车；3—卷筒装置；
4—带制动器的电动机；5—钢丝绳；
6—吊钩装置；7—操纵按钮

# 第三节　板　　金

在锅炉设备的风、烟、煤、水等各系统管道上，经常可见到有不规则形状的管道相连接，包括管道转弯等处的异形连接件。这些连接件实物（矩形管子和圆管子连接，粗圆管和细圆管连接等）、弯头实物（虾米腰）在检修期间都是自行下料制作的。因此管道附件的放样和制作是一道重要工序。

#### 一、附件放样基本方法

附件放样的基本方法是平行线法，该方法应用最为广泛，其步骤如下：

（1）画出制品的立面图和平面图。立面图表示制品的高度，平面图表示制品周围长度。

（2）将平面图的圆周分成若干等份，等份越多、展开图越精确。

（3）在平面上画一条水平辅助线，在辅助线上截取平面圆周的伸直长度，并照平面图等分成若干段。

（4）自辅助线各分点作垂直线，使其分别等于立面图上各垂直线的高度。

（5）连接辅助线上各垂直线的顶点，就得出所求的展开图。

#### 二、绘图基础知识

（一）投影

1. 投影概念

用投影线通过物体，向选定的面投射，并在该面上得到图形的方法称为投影。

## 2. 投影分类

投影法分为中心投影法和平行投影法两种。平行投影法又可分为斜投影法和正投影法。

(1) 中心投影法。投影线汇交一点的投影方法(见图7-24)。投影线汇交的一点 S 称为投影中心,按此方法所得到的投影称为中心投影。

(2) 平行投影法。如果把投影中心 S 移到无穷远处,则投影线互相平行,按此方法所得到的投影称为平行投影(见图7-25)。在平行投影法中,根据投影线与投影面角度的不同,分为斜投影和正投影两种(见图7-26)。由于正投影法能真实地反映物体的形状和大小,且作图方便、准确,因此是机械制图采用的基本方法。

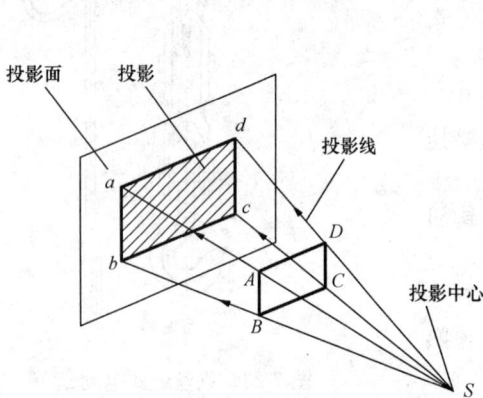

图 7-24 中心投影法

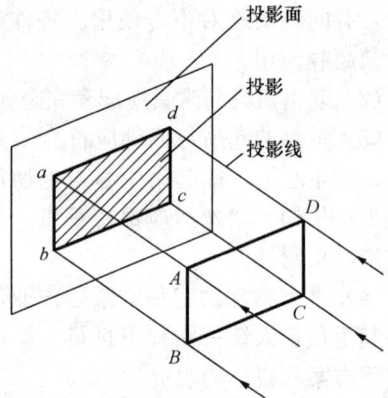

图 7-25 平行投影法

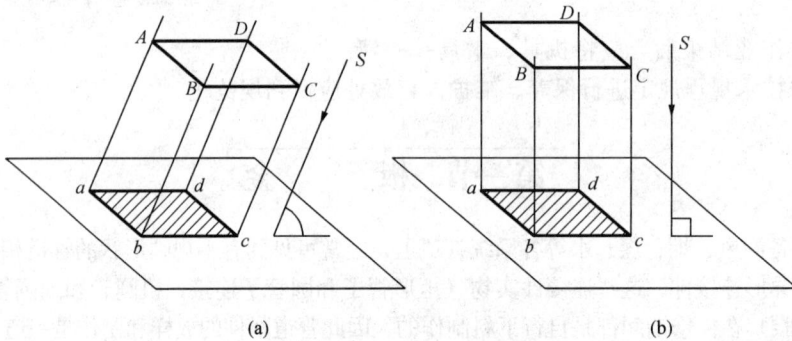

图 7-26 平行投影法
(a) 斜投影;(b) 正投影

## 3. 正投影的特性

物体上平面或直线,对投影面所处的位置有平行、垂直与倾斜三种情况,其正投影分别具有如下特性:

(1) 真实性。当物体上的平面(或直线)与投影面平行时,其投影反映实形(或实长)[见图7-27 (a)]。

(2) 类似性。当物体上的平面(或直线)与投影面倾斜时,其投影缩小(或缩短)并产生变形,但仍与原平面的形状类似[见图7-27 (b)]。

(3) 积聚性。当物体上的平面(或直线)与投影面垂直时,其投影积聚为一直线(或一点)[见图7-27 (c)]。

（二）投影与视图

1. 三投影面体系

三投影面体系由三个互相垂直的投影面构成，如图 7-28 所示。

2. 三视图的形成

将物体置于三投影面体系中，分别向三个投影面投射所得到的图形称为三面视图或三视图，如图 7-29 所示。

从前向后投射，在 $V$ 面上得到的图形称为主视图（正面投影）；从上向下投射，在 $H$ 面上得到的图形称为俯视图（水平投影）；从左向右投射，在 $W$ 面上得到的图形称为左视图（侧面投影）。

为了将三个视图能画在一张图纸上，根据规定，按图 7-30 所示的方式展开。

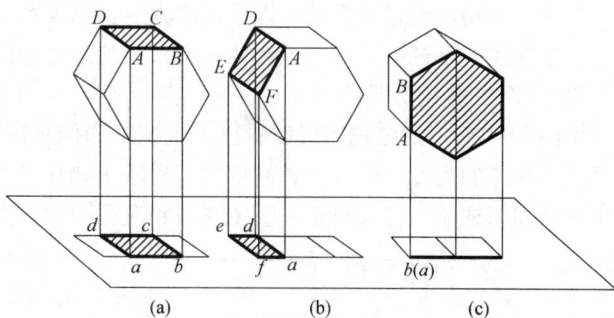

图 7-27 直线、平面投影特性

(a) 真实性；(b) 类似性；(c) 积聚性

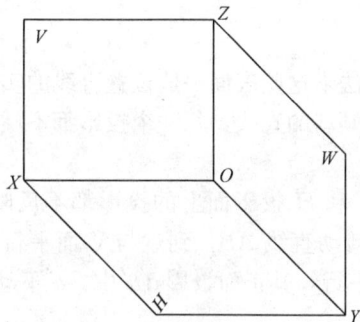

图 7-28 三投影面体系

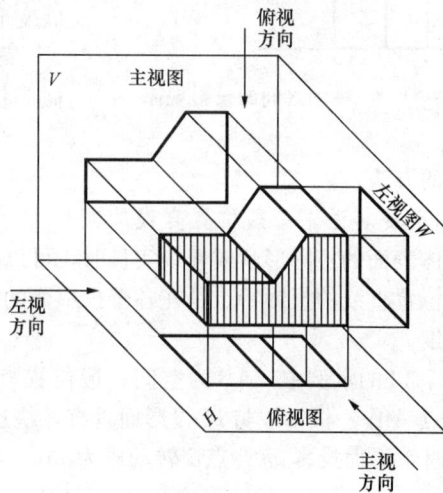

图 7-29 物体在三投影面体系中的投影

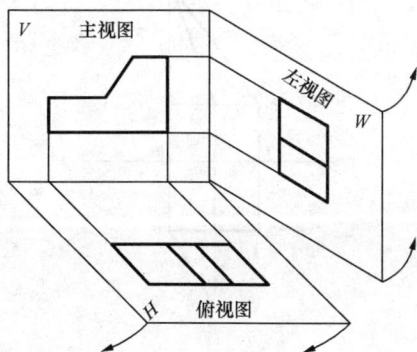

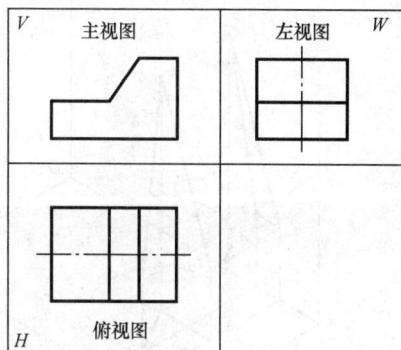

图 7-30 三投影面的展开方法

三视图的相对位置关系是：以主视图为准，俯视图在主视图的正下方；左视图在主视图的正右方。画物体的三视图时，必须按此规定来排列三个视图的位置，称作按投影关系配置视图。

3. 三视图的投影规律

由图 7-31 所示的三视图可以看出：主视图和俯视图都反映了物体的长度；主视图和左视图都反映了物体的高度；俯视图和左视图都反映了物体的宽度。因而三个视图之间存在下列关系：①主视图和俯视图——长对正；②主视图和左视图——高平齐；③俯视图和左视图——宽相等。

长对正、高平齐、宽相等是三视图的投影特性，它不仅适用于整个物体的投影，也适用于物体上每个局部，乃至点、线、面的投影。

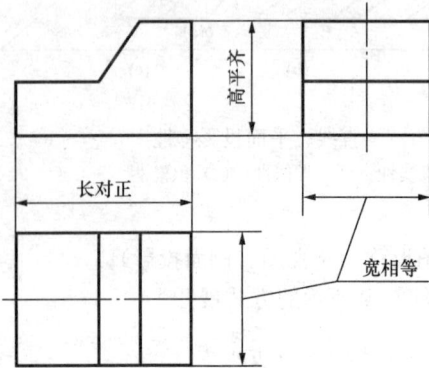

图 7-31　三视图之间的投影规律

（三）绘制展开图的方法

在绘制展开图之前，必须分清该形体的表面是由可展表面组成还是由不可展表面组成。

可展表面是指那些用薄板材料只需要经过弯折即可形成的表面。制作过程中，材料只有弯折，没有延展变形。这些表面有平面、圆柱面、圆锥面等。

不可展表面是指用薄板材料制作时只能制作出近似形状的那些表面。这些表面有圆球面、圆环面等。

绘制展开图时，可根据可展开表或不可展开表面采用不同的方法。

1. 利用旋转法求一般位置直线的实长

求形体表面的实际形状或素线实长时，可以采用旋转法求这些表面一般位置直线的实长。

一般位置直线的投影特点是在各个投影面的投影都是倾斜的直线，每一个投影都不反映直线的真实长度。

在图 7-32 的示例中，$AB$ 为空间一般位置直线，在 $V$ 和 $H$ 投影面上的投影都不反映实长。假想通过点 $A$ 作一根轴线与 $H$ 投影面垂直，绕这根轴线转动直线 $AB$，到达与 $V$ 面平行的位置 $AB_1$。这时水平面投影 $ab$ 绕点 $a$ 转动成为 $ab_1$，与 $OX$ 轴平行，其正面投影 $a'b'$ 中，$a'$ 不动，$b'$ 沿

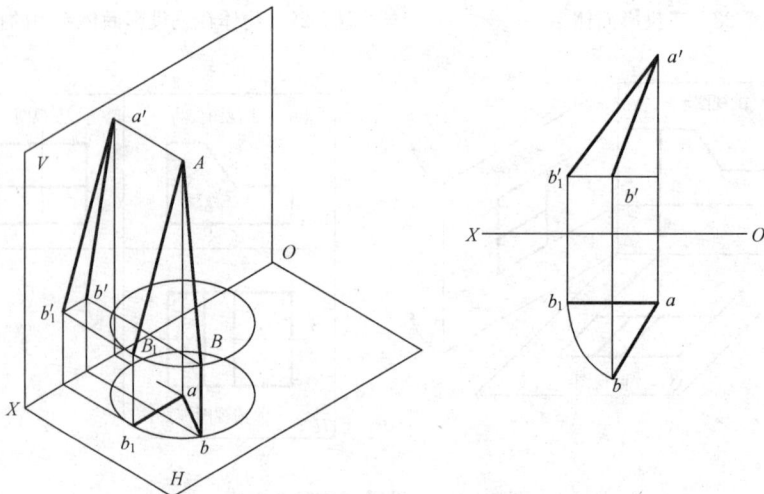

图 7-32　利用旋转法求直线的实长

$OX$ 轴移动，到达与 $b_1$ 对正的位置为，由于 $AB_1$ 为正平线，正面投影 $a$ 即 $AB_1$ 直线，也就是直线 $AB$ 的实际长度。

2. 平面形体的展开

平面形体是指完全由平面组成的形体。如矩形管、矩形渐缩管等。

在绘制矩形管的图形时，大多情况下都是将其各个表面绘制成与之平行的位置的平面，因此在展开时，只要将各块表面的实际形状依次排列在材料上，即可完成矩形管的展开图。

矩形渐缩管的形状大致上像一个斗，进、出口端面可能有倾斜情况。

如图 7-33 所示，形体 $ABCDEFGH$ 为一矩形渐缩管。底部出口为水平位置，上部出口处于倾斜位置。该矩形渐缩管由 $ABFE$、$BCGF$、$CDHG$ 和 $DAEH$ 4 块平面组成。在现有的图形中，没有反映出任何一块平面的实际形状，图中仅反映出 $AB$、$BC$、$CD$、$DA$、$FG$、$EH$ 等各个边的实长。

3. 可展曲面的展开

（1）圆柱面的展开。端面垂直于轴线的圆柱面展开时，圆柱面的展开只需计算出圆周长和轴线长，展开成矩形绘制在材料上即可。端面倾斜于轴线的圆柱面展开时，需要计算出圆柱面上每一根素线的长度，在周长的展开线上求出素线的位置，截取每一根素线的实际长度，将素线的端点连线。

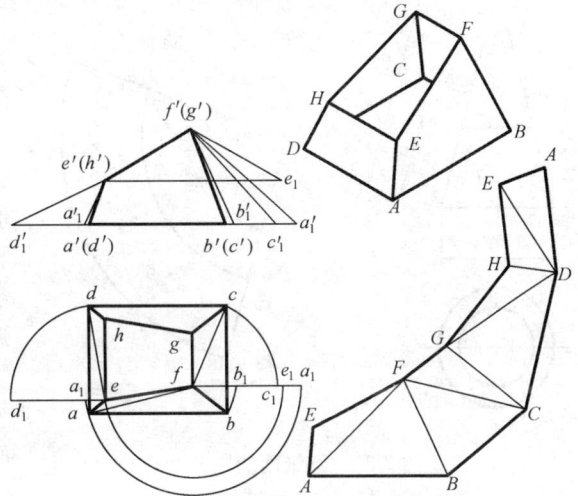

图 7-33　矩形渐缩管的展开

图 7-34（a）所示为烟囱转接头的一半，其特点为将圆柱的上端面切削成 45°的斜面。这种倾斜端面的圆柱表面，可按下述步骤展开：

1）将圆柱等分为若干等份［见图 7-34（a）］。注意要在圆周上（俯视图）等分，然后投影到非圆视图（主视图）上，绝不能直接等分非圆视图。

2）画水平线，取长度为圆柱的周长［见图 7-34（b）］。利用平行线等分线段的方法将这条直

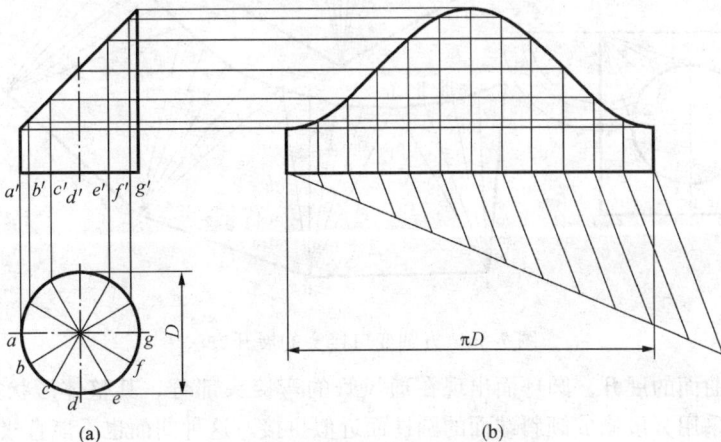

(a)　　　　　(b)

图 7-34　倾斜端面圆柱面的展开

线等分成与圆柱同样的等分数。

3）在每一个等分点作水面的垂直线，取长度为该点在圆柱非圆视图上投影的高度。

4）将这些垂直线的端点连线，即完成倾斜端面圆柱展开后的图形。

（2）圆锥面的展开。圆锥面的展开需要计算出素线长度，根据底圆周长计算出展开后所对应的角度，将圆锥面展开后的扇面绘制在材料上。对于圆台形体，可将其素线延长，使其成为圆锥，展开后将素线延长时形成的扇面部分去掉即可。

图 7-35 所示为一圆台，素线长为 $l_1$，为了将圆台面准确展开，可采用展开圆锥面的方法先将圆台面作为圆锥面展开，然后从中裁剪出圆台面部分。

将圆台的素线延长成为圆锥，得到素线长 $l$，计算圆台的底圆周长 $\pi D$，由此得出扇形图形的半径 $l$ 和角度 $\phi$，根据半径和角度绘制出扇形图形，从扇形图的半径量取圆台的素线长 $l_1$，利用 $l$ 和 $l_1$ 的差作为半径绘制圆弧，即可完成圆台面的展开图形。

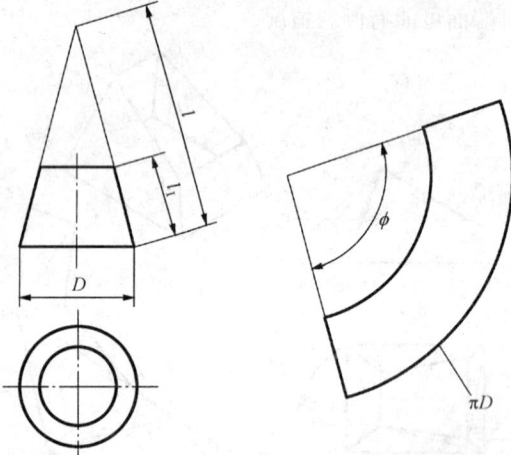

图 7-35　圆锥面的展开

（3）方圆变口接头的展开。图 7-36 所示为通风管道中常用的方圆变口接头，是由平面和椭圆锥面组成的形体。展开时需要将其分解成 4 个相同的平面和 4 个相同的椭圆锥面。先求出平面部分的真实形状。对于椭圆锥面可分解成若干个小三角形，近似地看成平面求出实形，按顺序排列在材料上。这样便可绘制完成方圆变口接头的展开图。

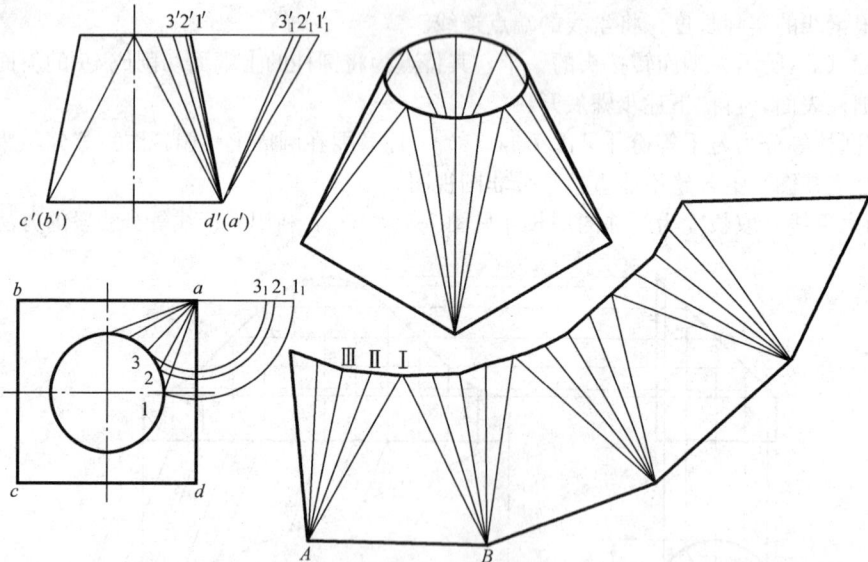

图 7-36　方圆变口接头的展开方法

（4）不可展曲面的展开。圆环面出现在通风管的弯接头部分，其整体形状如同水管的弯接头。制作时通常采用分段制成倾斜端面的圆柱面近似拼接。这种曲面也不能直接展开，作图方法如下（见图 7-37）：

1）将弯管表面分成若干段。分的段数越多，逼近情况越好。为了作图清晰，本例中按 15° 进行分段。中间部分有的分段具有垂直端面，下料时可以将此段作成一个整体。

2）将其端部的一段，如同展开倾斜端面的圆柱面一样展开。

3）按素线的长短接替向上延伸，绘制出第二段始端的展开曲线，再按此曲线向上作镜像，完成第二段末端的展开曲线。

4）重复此做法，即可完成整个展开图各段的制作。

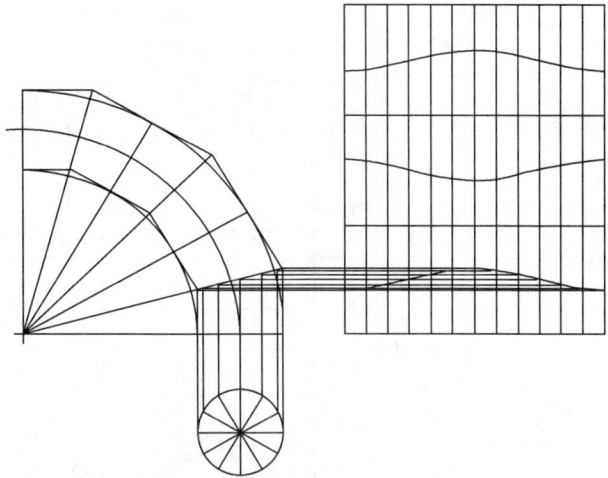

图 7-37　弯管的近似展开

### 三、锅炉检修中常用的板金方法

**（一）从实物到图纸再到实物**

锅炉设备在检修中遇到不规则形状的管道相连接，包括管道转弯等处的异形连接件等实物发生损坏而需要更换时，就必须先由现场实物测绘出三面投影图，再由投影图上找出有关尺寸的实际长度，按此长度做出样板，再按样板下料加工实物。

**（二）求线段的实长**

求线段实长的方法一般用投影旋转法来求出。

**（三）锅炉检修中几种实际下料法**

1. 焊接弯头制作下料法

在安装现场最常用到的是 90° 弯头，常见的有三节弯头和四节弯头。它的制作方法是：首先做出每节的展开样板，然后将样板铺在管子表面上画出界线，再用火焊按界线割断。

（1）首先测出管径，在样板纸上画好十字线。

（2）画出下料三通的立面图 $ABCGHFEDA$，如图 7-38 所示。

（3）画出主管的 1/2 断面 $E'$-4-$F'$-$E'$ 和支管的 1/2 断面 $A'$-4-$B'$-$A'$。

（4）求支管和主管的相贯线。将支管断面的半径圆周分为 6 等份，等分点为 1、2、3、4、3、2、1；同时将主管断面的 1/4 圆周分为 3 等份，等分点为 1、2、3、4。由等分点向右引水平线，与由支管断面圆周等分点引下垂线对应交点、连成 $DJ$、$CJ$，即为两管的相贯线。

（5）画支管展开图。在 $AB$ 延长线上，取 $A_1A_2$ 等于支管断面圆周长度，将其分为 12 等份，自各等分点作 $A_1A_2$ 的垂线，与来自相贯线 $CJ$ 各对应点的水平线相交，将这些交点连成曲线，便得出支管的展开图。作图时支管断面圆周长度应取管子的内径，即 $d-2t$，其中 $t$ 为壁厚。

（6）画主管展开图。在 $GH$ 延长线上取 $H_1H_2$ 等于主管断面圆周长度 $\pi D'$，并由 $H_1H_1$ 的中点 1 以 $a/3$（$a=\pi D'/4$）长截等分点 1、2、3、4。然后自这些等分点作水平线与来自相贯线 $CJ$ 各对应点的垂线相交，将各交点连成曲线，便得出主管展开图上开孔的实形。

2. 正棱锥体下料法

图 7-39 所示为一正棱锥体，它的实物模型立体图如图 7-39（a）所示。要制作这样的实物，只要下出半个实物样板就能下料制作了，两半个的焊接接缝处选在图中对称的地方，如图 7-39 上的 $i$-$j$ 和 $l$-$m$ 即为焊缝位置。所要制作的实物（半个），是由 6 个三角形拼接而成，从立体图上

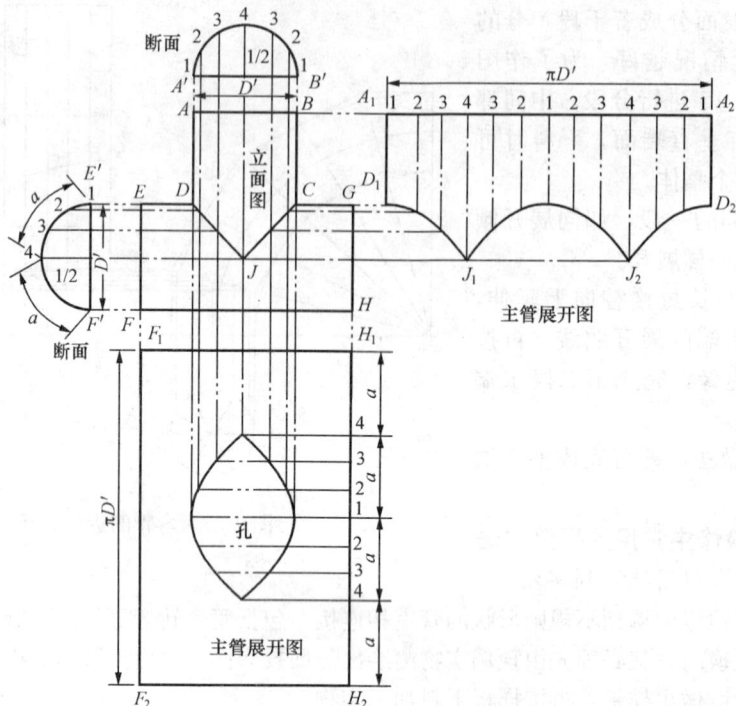

图 7-38　等直径三通的展开图

看，这 6 个三角形是：$\triangle dlm$、$\triangle adh$、$\triangle aeh$、$\triangle dhm$、$\triangle aij$ 和 $\triangle aej$。如果能知道每个三角形的 3 个边的实长，便可以做样板图了。

在 $\triangle dlm$ 中，$dl$ 的实长是 $d'l'$；$lm$ 的实长是 $d''h''$。

$dm$ 的实长用投影旋转法求：以 $d'$ 为圆心，以 $d'm'$ 为半径画圆弧，由 $d'$ 作水平线（平行 $ox$ 轴的线）交弧于 1 点，由 1 处作垂直线，和 $e''h''$ 的延长线交于 2 点，连 $d''$、2 成 $d''$-2，即所求实长。

在 $\triangle dhm$ 中，$dm$ 的实长已求出；$hm$ 的实长是 $h'm'$。

$dh$ 的实长用投影旋转法求：以 $d'$ 为圆心，$d'h'$ 为半径做圆弧，交 $d'$-1 线于 3 点，由 3 点作垂直线交 $h''$-2 线于 4 点，连 $d''$、4 成 $d''$-4，即为所求实长。

在 $\triangle adh$ 中，$dh$ 的实长已求出；$ad$ 的实长是 $a'$-$d'$。

$ah$ 的实长用投影旋转法求：以 $h'$ 为圆心，以 $h'$-$a'$ 为半径作圆弧交 $h'$-$e'$ 于 5 点，过 5 作垂线交 $a''$-$d''$ 的延长线于 6 点，连 6、$h''$ 成 6-$h''$ 线，即为所求实长。

在 $\triangle aeh$ 中，$ah$ 的实长已求出；$eh$ 的实长是 $e''h''$。

$ae$ 的实长用投影旋转法求：以 $a'$ 为圆心，$a'$-$e'$ 为半径作圆弧交 $d'$-$a'$ 的延长线于 7 点。过 7 点作垂线交 $h''$-$e''$ 延线于 8 点，连 $a''$-8，即为所求实长。

在 $\triangle aej$ 中，$ae$ 的实长已知；$ej$ 的实长是 $e'$-$j'$。

$aj$ 的实长用投影旋转法求：以 $a$ 为圆心，$a'$-$j'$ 为半径作圆弧，交 $d'$-$a$ 延于 $9i$ 点，过 9 点作垂线交 $h''$-$e''$ 延线于 10 点，连 $a''$、10 成 $a''$-10，即为所求实长。

在 $\triangle aij$ 中，$aj$ 的实长已求出；$ai$ 的实长是 $a'$-$e''$；$ij$ 的实长是 $a''$-$e''$。

这样各线段实长确定之后，即可按顺序画出样板实样，如图 7-40 所示。

有了样板后，在铁板上按正反各下出一块铁料，卷曲加工后即可焊接成欲得之正棱锥体。

## 3. 天圆地方下料法

图 7-41 所示为一上口为圆形下口为正方形的变形过渡短节。因上、下口互相平行且都垂直二心的连接线，故认为此短节是规则对称的。图 7-42 是二面投影图。

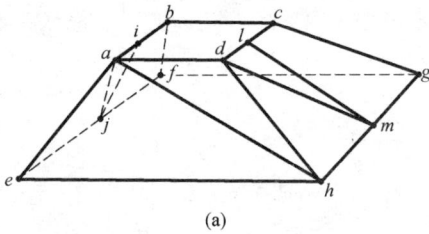

(a)

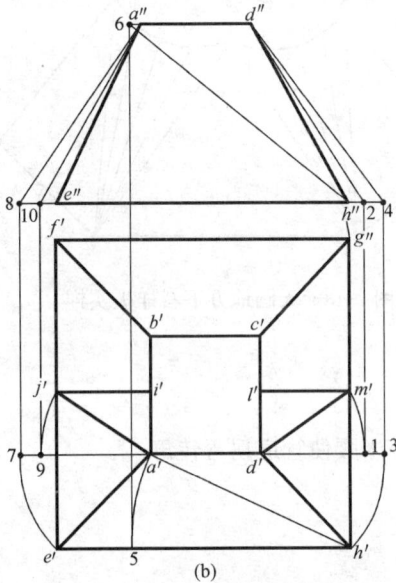

图 7-40　正棱锥体下料样板实样

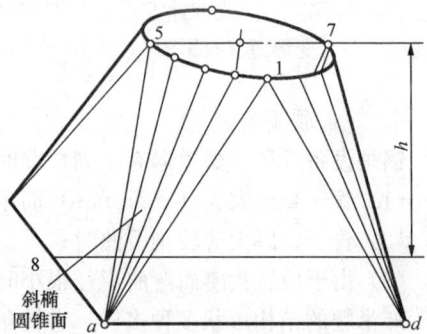

(b)

图 7-39　棱锥体投影
（a）立体图；（b）投影图

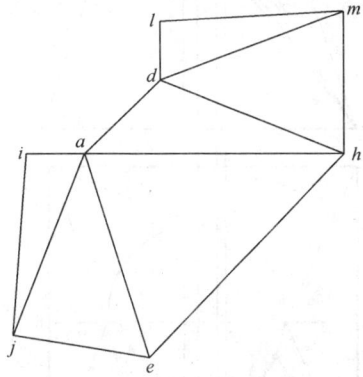

图 7-41　天圆地方变形短节立体图

制作这样的实物样板，因其是规则对称的，故只需制作 1/2 的样板，以此样板做两件，然后焊接即成。从图中可看出，焊接缝在 5-8 和 7-9 处是合理的。

在图 7-42 中可看出，此实物实际是由 4 个正三角形和四个斜椭圆锥面组合成的。下样板实样时，要下出三角形 $a'58$、三角形 $a'd'l$、三角形 $d'79$、圆锥面 $a'51$ 和圆锥面 $d'17$ 的拼接实样即可。

从图 7-42 中还可看出：线段 $a'$-8、$a'$-$d'$、$d'$-9 即为实长，线段 8-5 的实长是 $a''$-$5''$，线段 7-9 实长是 $d'$-$7''$。由于图形的对称，线段 $a'$-1 的实长也是线段 $a'$-5、$d'$-1、$d'$-7 的实长，线段 $a'$-2 的实长也是线段 $a'$-4、$d'$-2、$d'$-4 的实长，线段 $a'$-3 的实长也是线段 $a'$-$3'$ 的实长。因此，只需用投影旋转法求出线段 $a'$-1、$a'$-2 和 $a'$-3 的实长就可以了。

具体做法是：以 $a$ 为圆心，分别以 $a'$-1、$a'$-2、$a'$-3 为半径画圆，交 $a'$-$d'$ 于 $1_0$、$2_0$、$3_0$ 三个点。对这三个点作垂直线交 $5''$-$7''$ 线 $1_0''$、$2_0''$、$3_0''$ 三个点，分别连成线段 $a''$-$1_0''$、$a''$-$2_0''$、$a''$-$3_0''$ 即为所求实长。

按各实长顺次作出的样板实样如图 7-43 所示。必须指出：线段 1-2、2-3…都是用直线长度代替了弧线长度，所以有误差，是近似作图下料方法。

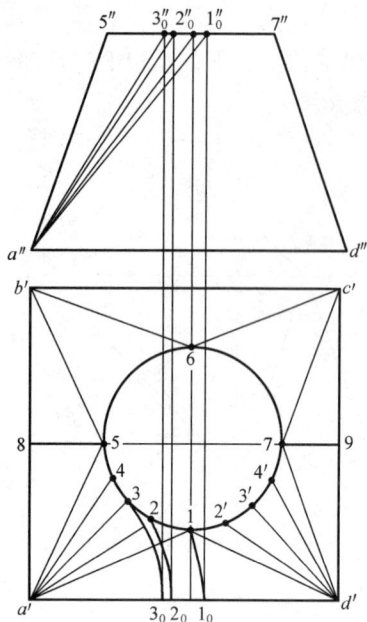

图 7-42　天圆地方
变形短节投影图

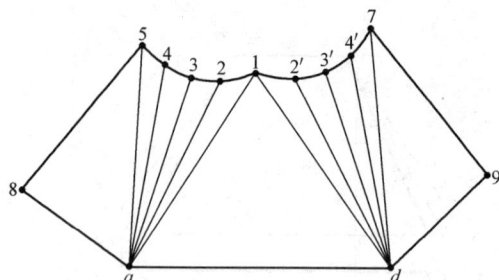

图 7-43　天圆地方下料样板实样

## 4. 虾米腰下料法

锅炉设备的风、烟道遇有下列情况时，常常采用虾米腰使管道拐弯转角：

(1) 管子直径太大（＞219mm）而不易煨曲时；

(2) 管子壁厚太薄较难煨曲时；

(3) 由于位置紧凑而弯曲半径很小时。

虾米腰的结构形状多种多样，有转角 180°的，有转角 90°且用一块瓦的，有转角 90°用两块瓦的（见图 7-44）。制作虾米腰的关键，也是要先有一个正确的下料样板，然后用样板紧贴在管子外壁面，依样板划线，再按线切割组焊即成。下料用的样板纸，要厚实一些，经多次摆弄要不变形破损。现以转角 90°用两块瓦的虾米腰为例介绍下料法如下：

(1) 找好合适的比例尺（最好用和实物大小一样的大样尺寸来画），将转角前、后的管道位置定好〔见图 7-45（a）〕。

(2) 在图 7-45（a）的基础上，画出管子内、外轮廓线的公切圆，把 90°所包的公切圆弧分成

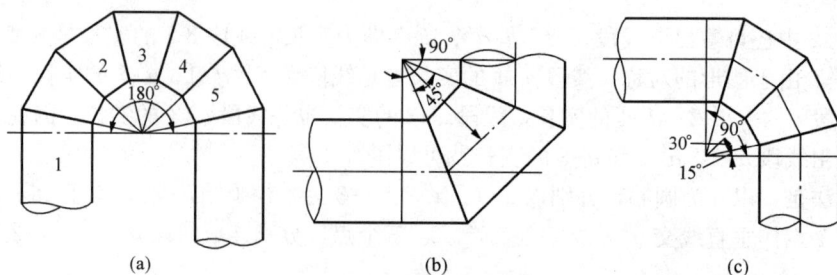

图 7-44　各种虾米腰结构

(a) 180°虾米腰；(b) 一块瓦 90°虾米腰；(c) 两块瓦 90°虾米腰

4 段，每段所对应的圆心角分别为 15°、30°、30°、15°，再画出每段弧线的切线，即构成虾米腰的轮廓线［见图 7-45（b）］。

（3）将图 7-45（b）中的一个瓦（30°角对应的一节）再画到另一处，并画出其投影圆［见图 7-45（c）］。将圆周等分为 12 等份，并标出等分点 0、1、2、3、4、5、6、1′、2′、3′、4′、45′。

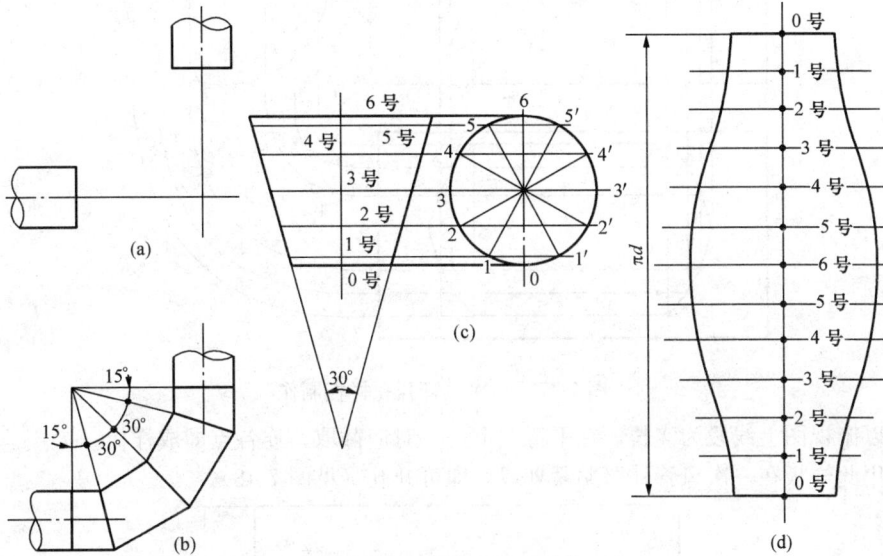

图 7-45　虾米腰下料样板的制作

（4）连接 5′和 5、4′和 4、3′和 3、2′和 2、1′和 1。并都延长和左图相交出五条线段，过 0 和 6 也作水平线并交出两条线段，分别给这些线段编号为 0、1、2、3、4、5、6 号，这些线段就是下样板时的实长。

（5）在长度为 πd（d 为管子直径）的样板纸上，将直线 πd 分为 12 等份，并画出等分平行线，在每条线上截取相应长度，依边缘线剪下即成样板［见图 7-45（d）］。

（6）按样板纸下 3 个瓦，并将其中一个瓦中分为两半，依次可组焊成 90°的虾米腰。或者将两半瓦在原来的管子上切割，则只需配 2 个瓦，且可省两道焊口。

5. 煤粉分配器下料法

有中间煤粉仓的燃煤锅炉，煤粉进入一次风管的交叉短节叫煤粉分配器，是一个比较特殊的形状。煤粉分配器的立体图如图 7-46 所示。

一次风管的下料（开孔）方法如下：

（1）将一次风管的三面投影图画出（见图 7-47）。主视图和侧视图较易画出，此处不画了。画俯视图的方法如下：

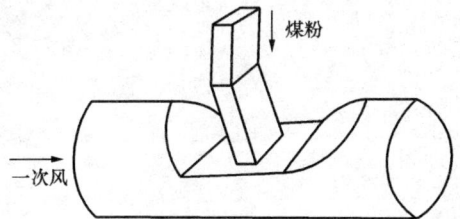

图 7-46　煤粉分配器立体图

1）将侧视图上半部的弧线等分为 6 等份，等分点为 0、1、2、3、1′、2′、3′各点。

2）找出侧视图和主视图对应线段在俯视图上的对应交点，如过 2 按箭头所示找出对应点 $2_0$ 和 $2'_0$。

3）如此将各点用圆滑曲线连接即成俯视图。

（2）取样板纸，将一次风管按外径展开，画出宽度为 πd 的边缘线。

（3）按侧视图上六段弧线的实长在样板上画出，并画平行线。

127

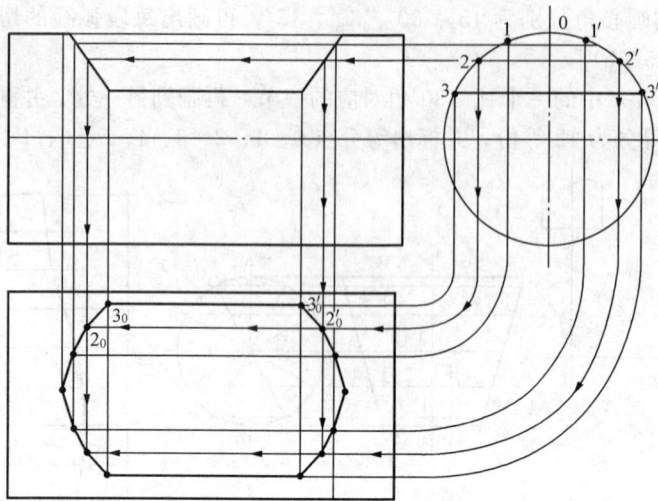

图 7-47 一次风管开孔样板制作

（4）以俯视图上线段为实长，在平行线上一一对应截取，连各点即成样板。

（5）用此样板在一次风管外壁贴紧划线，即可开孔（见图 7-48）。

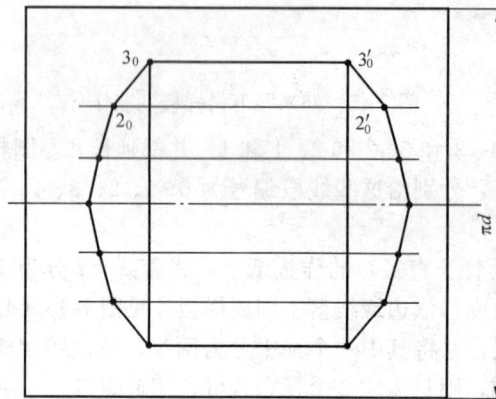

图 7-48 一次风管开孔样板图

## 第二篇

# 锅 炉 本 体 检 修

## 第八章　锅炉本体设备及系统

锅炉是利用燃料燃烧所放出的热量加热工质生产具有一定压力和温度的蒸汽的设备。锅炉设备包括锅炉本体设备和锅炉辅助设备。锅炉本体设备主要由燃烧设备、蒸发设备、对流受热面、锅炉墙体构成的烟道和钢架构件等组成。锅炉的燃烧设备包括燃烧室、燃烧器和点火装置。蒸发设备主要由汽包、下降管和水冷壁等组成。对流受热面是指布置在锅炉对流烟道内的过热器、省煤器和空气预热器。锅炉的辅助设备主要包括通风设备、给水设备、燃料运输设备、制粉设备、除尘设备、除灰设备、锅炉辅件等。如给水泵、送风机、吸风机、磨煤机、除尘器、烟囱、灰渣泵、安全门、水位计等，都属于锅炉的辅助设备。

### 第一节　蒸 发 系 统

#### 一、蒸发系统概述

蒸发设备的任务是吸收火焰或烟气的热量，使水产生蒸汽。大型自然循环锅炉的蒸发设备由汽包、下降管、水冷壁、集箱及其连接管道组成，主要吸收炉膛的辐射热，使水汽化。因工质在蒸发系统中流动的主推动力来源的不同，一般分为自然循环、控制循环和直流三种基本形式。自然循环靠下降管与上升管间工质密度差来推动水循环。控制循环是在下降管和上升管之间串接循环泵用以辅助水循环并使工质作强制流动。直流靠给水泵扬程使工质在蒸发系统内作一次强制性流动。

1. 自然循环锅炉蒸发系统概述

如图 8-1 所示的自然循环锅炉，由汽包、下降管、集箱、上升管等组成的循环回路中，上升管在炉内受热，管内的水被加热到饱和温度并产生部分蒸汽；而下降管在炉外不受热，管内为饱和水或未饱和水。因此，上升管中汽水混合物的密度小于下降管中水的密度，在下集箱中心两侧将产生液柱的重位差，此压差推动汽水混合物沿上升管向上流动，水沿下降管向下流动。工质在沿汽包、下降管、下集箱、上升管、上集箱、连接管道再到汽包这样的回路中的运动是由其密度差造成的，而没有任何外来推动力。因此，将这种工质的循环流动称为自然循环。

如图 8-2 所示的循环回路示意中，出于受热上升管内工质不断吸热，产生部分蒸汽，使上升管与下降管内工质密度产生差异。因此，下集箱中心截面 A-A 两侧将受到不同的压力。截面左侧管内工质作用在截面 A-A 的静压力为

$$p_1 = p_0 + \bar{\rho}_{xj} g h \tag{8-1}$$

截面右侧管内汽水混合物作用在截面 A-A 的静压为

$$p_2 = p_0 + \bar{\rho}_{ss} g h \tag{8-2}$$

式中　$p_0$——汽包内压力，Pa；

　　　$\overline{\rho}_{xj}$——下降管内上质的平均密度，$kg/m^3$；

　　　$\overline{\rho}_{ss}$——上升管内汽水混合物的平均密度，$kg/m^3$；

　　　$h$——下集箱中心至汽包水面距离，m。

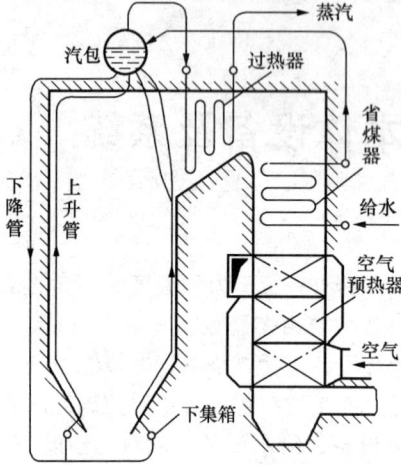

图 8-1　自然循环锅炉简图

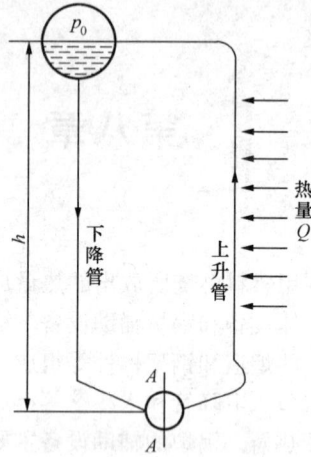

图 8-2　自然循环系统

从式（8-1）和式（8-2）可以看出，因为 $\overline{\rho}_{xj} > \overline{\rho}_{ss}$，所以静压 $p_1 > p_2$，表示截面 $A$-$A$ 两侧所受压力是不同的，此压力差将推动集箱内工质由右向左移动。

2. 控制循环锅炉蒸发系统概述

控制循环锅炉指在循环回路的下降管与上升管之间设置循环泵以辅助水循环并作强制流动的锅炉，又称辅助循环锅炉。它包括以下三种类型：

（1）多次强制循环锅炉。从自然循环锅炉基础上发展起来的控制循环锅炉，结构与自然循环锅炉基本相同，只是在下降管中增加了循环泵，以增强循环流动的推动力，如图 8-3 所示。大容量的锅炉一般装 3～4 台循环泵，其中一台备用，循环泵垂自布置在下降管的汇总管道上。

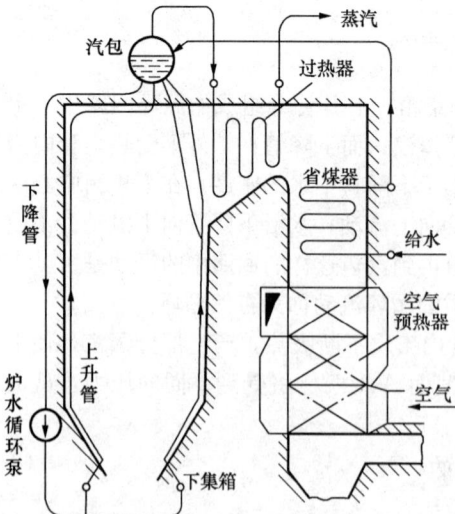

图 8-3　多次强制循环锅炉简图

（2）全负荷再循环锅炉。这种复合循环锅炉系统是从带汽水分离器的直流锅炉基础上发展起来的低倍率循环锅炉（循环倍率为 1.2～2）。这两种类型的水循环原理相同，即依靠下降管与上升管间工质密度差以及串接在回路中的循环泵压头所提供的总推动力而建立工质循环，如图 8-4 所示。

（3）部分负荷再循环锅炉。这种复合循环锅炉系统是高负荷下按纯直流工况运行，低负荷下投入循环泵按低倍率循环运行的复合循环锅炉，如图 8-5 所示。

循环泵是设在锅护蒸发系统中承受高温高压使工质作强制流动的一种大流量、低扬程单级离心泵。泵的驱动电动机与叶轮处于同一壳体内，处于高温高压水中的电动机关键绝缘材料的保护及电动机转子轴承的密封。

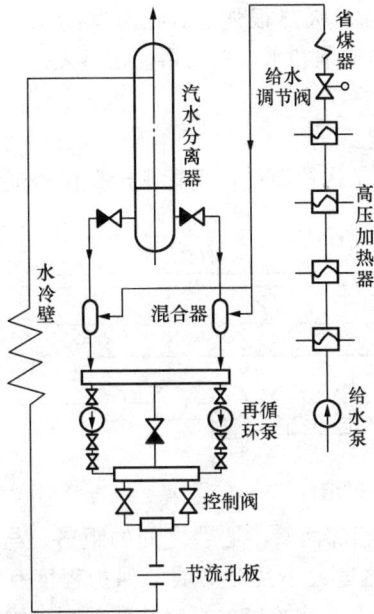

图 8-4  全负荷再循环复合锅炉

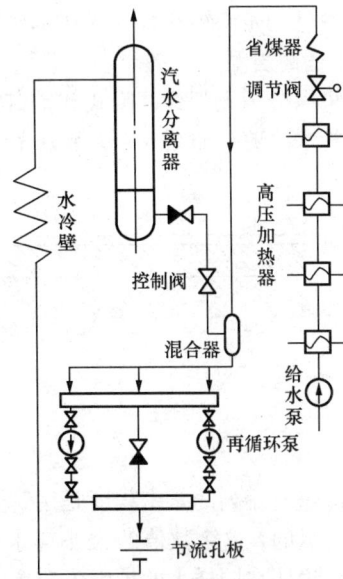

图 8-5  部分负荷再循环复合锅炉

**3. 直流锅炉蒸发系统**

直流锅炉蒸发受热面中工质的流动全部依靠给水泵的压头来实现。给水在给水泵压头的作用下，依次通过加热、蒸发、过热各个受热面，将水全部变成过热蒸汽。直流锅炉没有汽包，其水冷壁可以是垂直上升、螺旋上升，甚至是多次垂直上升的。直流锅炉简图见图 8-6。

**二、蒸发受热面**

在锅炉炉膛的结构中，炉墙上均敷设了水冷壁。高压和超高压锅炉的蒸发受热面主要是水冷壁。在直流锅炉中水冷壁仍然主要是蒸发受热面；在超临界压力直流锅炉中，因为没有蒸发受热面，水冷壁则用于加热水和过热蒸汽。所以在低于临界压力的各种动力锅炉中，蒸发受热面一般就指炉膛水冷壁，这是一种辐射蒸发受热面。

**（一）自然循环锅炉水冷壁**

从锅炉的发展史看，水冷壁的出现是为了保护炉墙，降低炉墙的温度，提高运行可靠性，而今天水冷壁已成为锅炉的主要受热面。

**1. 水冷壁的作用**

水冷壁主要有以下两方面作用：

（1）保护炉墙，减少溶渣和高温对炉墙的侵蚀破坏作用。装设水冷壁后，炉墙的内壁温度大大降低，

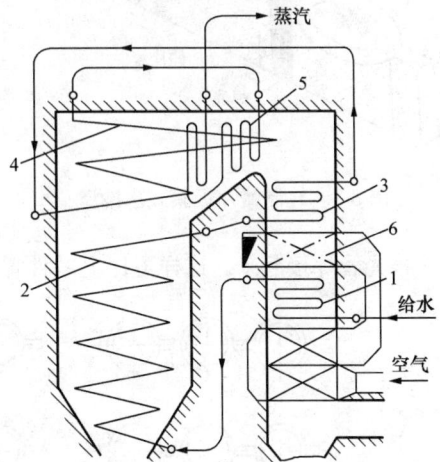

图 8-6  直流锅炉简图

1—省煤器；2—水冷壁（下辐射）；3—过渡区；4—水冷壁（上辐射）；5—对流过热器；6—空气预热器

因此炉墙的厚度可以减小，质量减轻，简化炉墙。当采用敷管式炉墙时，水冷壁本身更起着悬吊炉墙的作用。

（2）火焰对水冷壁的辐射传热已成为锅炉传热的重要方式。辐射传热强度与烟温的绝对温度

四次方成正比，炉内火焰温度很高，因而水冷壁的辐射吸热很强烈。在有些高压、超高压锅炉中，送入水冷壁的是未饱和水，要在水冷壁中先加热成饱和水，然后再使之蒸发。

2. 水冷壁的类型

水冷壁可以分为光管式、膜式和销钉式三种类型。

(1) 光管水冷壁。如图8-7所示，光管水冷壁的结构很简单，光管水冷壁由普通无缝钢管弯制而成。

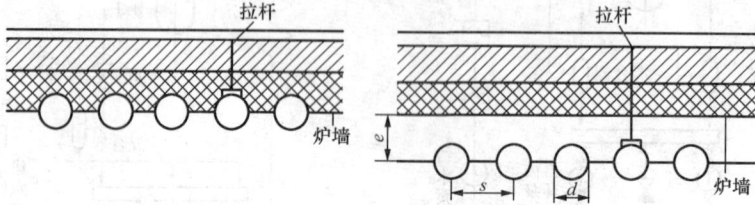

图 8-7　光管水冷壁结构

光管水冷壁管排列的紧密程度是用管子节距 $s$（相邻两管中心线之间的距离）与管子外径 $d$ 之比 $s/d$ 来表示的，这个数值的大小与水冷壁的吸热量大小及对炉墙的保护程度有关。$s/d$ 小，即排列紧密，说明在同样大的炉膛内布置的水冷壁管多。水冷壁的总吸热量就大，炉墙也比较安全，但炉墙对管子背面的辐射热少，管子利用率差。反之，$s/d$ 大，即布置较疏时，金属的利用率较高，但对护墙的保护较差。

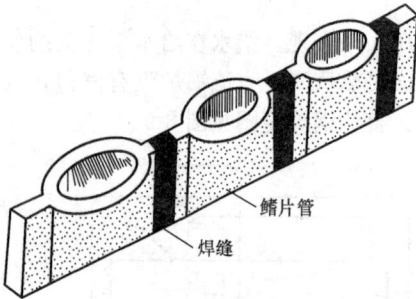

图 8-8　轧制鳍片板膜式水冷壁

(2) 膜式水冷壁。有焊制鳍片板膜式水冷壁和轧制鳍片板膜式水冷壁两种。膜式壁炉膛气密性好，可减少漏风，降低热损失，提高锅炉效率；有较大的辐射受热面积，可降低受热面金属耗量；炉墙质量轻，便于采用悬吊结构；可防止管壁超温。

1) 轧制鳍片板膜式水冷壁如图 8-8 所示。

2) 焊制鳍片板膜式水冷壁如图 8-9 所示。其中，图（a）为每根光管上先焊好鳍片，然后把各鳍片焊接起来。中间焊缝为单面焊，安装时此焊缝放在炉膛向火侧；图（b）为两根已焊好鳍片的管子与放在它们中间的一根光管焊接起来。这样可比上一种省去一条焊缝；图（c）为两根光管间焊上一条鳍片而成。

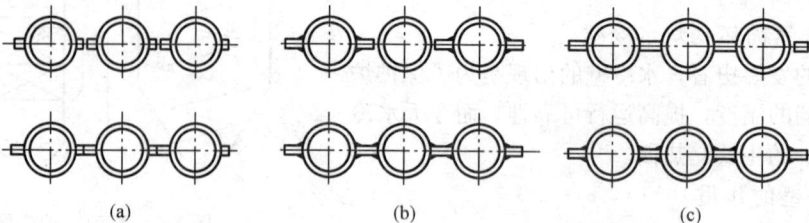

(a)　　　　　　　　(b)　　　　　　　　(c)

图 8-9　鳍片板膜式水冷壁的几种结构

(3) 销钉水冷壁。在液态排渣炉的炉膛下部，即熔渣段；烧无烟煤的炉膛的燃烧器区；其他需要提高温度的部位，如旋风炉的旋风筒内。常常需要把一部分水冷壁常表面遮盖起来，以减少该部位的吸热量，这部分水冷壁表面被称为燃烧带或卫燃带。所用水冷壁为销钉水冷壁，其结构见图 8-10。

常用的敷设卫燃带的方法是在卫燃带区域的水冷壁管上焊上许多长 20～25mm 直径 6～12mm 的销钉（或称抓钉），然后敷上铬矿砂耐火塑料或碳化硅耐热材料，图 8-11 所示的是耐火塑料卫燃带结构图。在这种卫燃带结构中，销钉起着冷却和固定的作用，焊接质量要好。

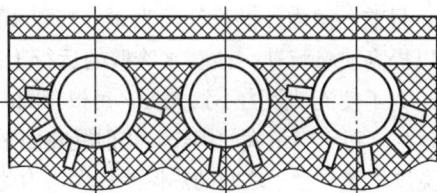

图 8-10　销钉水冷壁结构

### 3. 后水冷壁上部结构

近年来，广泛采用平炉顶结构，炉顶由过热器顶棚管组成。在平炉顶结构中，后水冷壁上部常做成一个折焰角（或简称鼻子）与上集箱相连。折焰角的作用是：

（1）增加了水平连接烟道的长度，可以在不增加锅炉深度的情况下布置更多的过热器受热面，通常这个部位用以布置屏式过热器或再热器。

（2）改善烟气流冲刷屏式过热器的空气，速度场的均匀性，并增加横向冲刷的作用，也增长烟气流程，加强烟气混合，使烟气流沿着烟道高度分布趋于均匀。折焰角结构如图 8-12 所示。

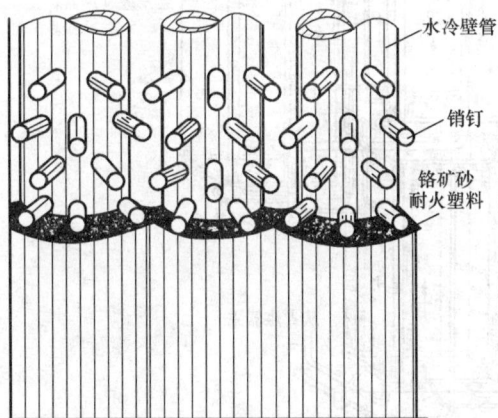

图 8-11　卫燃带构造

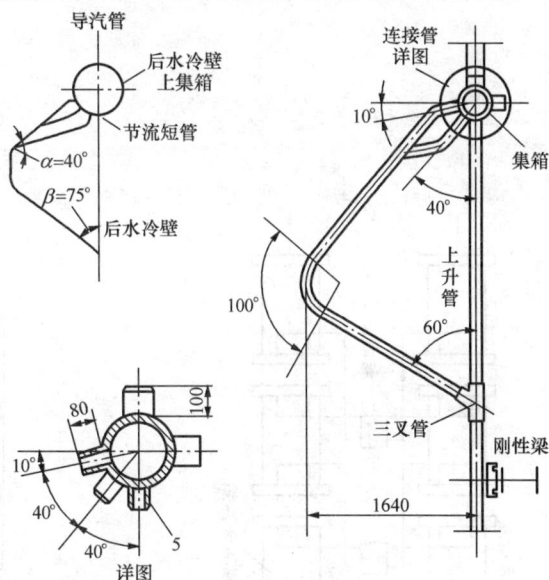

图 8-12　折焰角结构

### （二）直流锅炉水冷壁

直流锅炉与自然循环锅炉在结构上的差异除了无汽包之外，主要在于炉膛部分的水冷壁。

### 1. 水平围绕上升管带型水冷壁

对于水平围绕式的辐射受热面，为了使管子在炉膛内盘绕上升，在炉膛的四面墙上至少有一面是倾斜的，即一面倾斜三面水平。也可以是二面倾斜，二面水平的双管带盘绕上升。四面倾斜的管圈称作螺旋式水冷壁管圈如图 8-13 所示。倾斜角度的选择要考虑多方面的需要，首先是管内工质的汽水分层问题。一般保持倾斜角为 5°以上时，由汽水分层而造成的管子上下壁温差较小，若倾斜角达 9°～11°时，汽水分层就不再发生。

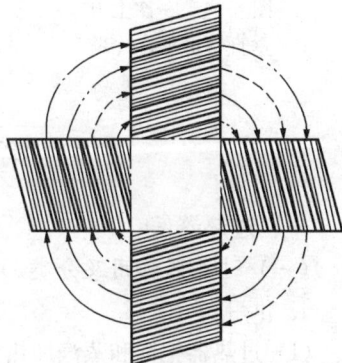

图 8-13　螺旋式水冷壁

目前，国内外的设计约为 $9°\sim15°$。螺旋管圈水冷壁由于在同样宽度内可布置较少的水冷壁管，可以提高质量流速，改善水冷壁的运行工况，并可实现变压运行。管带数则与锅炉的容量有关。

为了使流动阻力不致太大，每根管圈内的流速在保证水动力稳定及不发生汽水分层等的前提下不宜过高。对于容量大的锅炉，辐射受热面平行连接的管子数目就要来得多。如果用单回路管带，则管带宽度太宽，管子之间的热偏差较大，为此，容量较大的锅炉采用双回路管带或四回路管带。

2. 一次上升垂直管屏型水冷壁

一次垂直上升管屏型具有结构简单、宜于制成整焊膜式壁、水动力特性稳定等特点如图 8-14 所示。

但是一次垂直上升管屏中也必须保证在各种工况下具有足够高的质量流速值，以免产生像自然循环锅炉中所可能出现的停滞和倒流的现象，尤其是防止产生膜态沸腾等传热恶化的现象。

这样，一方面要保证有较大的质量流速，另一方面又应有足够多的管子数目，以遮满由燃烧需要决定的炉膛周界，因而就应采取较小的管子直径。

现在还有采用下部多次上升，上部一次上升垂直管屏，如图 8-15 所示。

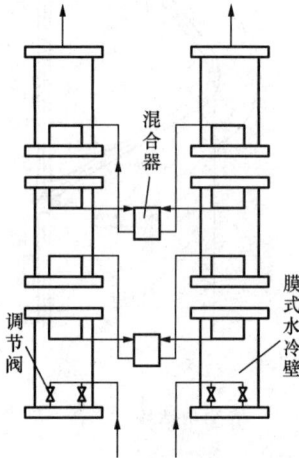

图 8-14 一次上升
垂直管屏型水冷壁

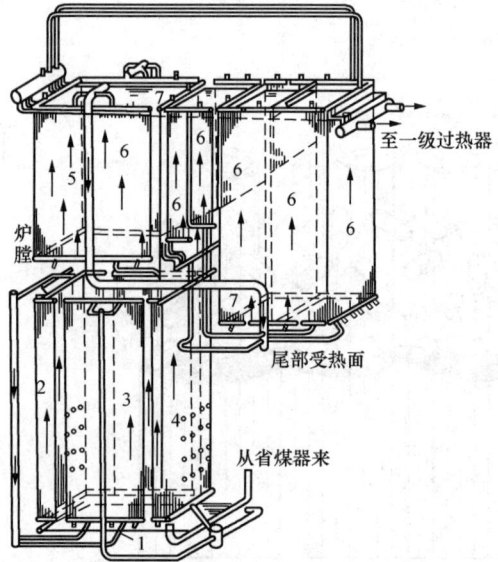

图 8-15 下部多次上升，上部一次上升垂直管屏
1—回路 1，炉膛底部；2—回路 2，炉膛下部前墙和两侧墙
（前部）；3—回路 3，炉膛下部前墙（中间）；4—回路 4，炉膛
下部后墙和两侧墙（后部）；5—回路 5，炉膛上部四侧；
6—回路 6，对流烟道各侧；7—顶

## 第二节 过热与再热系统

**一、过热器**

（一）过热器作用及分类

1. 作用

（1）过热器把饱和蒸汽加热到额定过热温度的锅炉受热面部件。

（2）当锅炉负荷或者其他工况改变时，应保证过热汽温的波动在允许范围内。

在现代电站锅炉中，随着蒸汽参数（温度和压力）的提高，过热蒸汽的吸热量大大增加，因此，过热器受热面在锅炉总受热面占了很大的比例，而且必须布置在烟温很高的区域内，使其工作条件极为严峻。过热器直接关系到锅炉运行的经济件和安全性。

2．分类

根据传热方式，过热器可以分为对流式、辐射式、半辐射式三类。其中，过热器按照其在锅炉中所处的位置和结构，又可分为：布置在炉膛壁面上的墙式过热器；布置在炉膛上部不同位置的分隔屏和后屏过热器；布置在对流烟道中的垂直式过热器和水平式过热器；构成水平烟道和尾部烟道的包覆过热器。

（二）按传热方式分类的特点

1．对流过热器

对流过热器布置在对流烟道中，以对流传热为主，一般采用蛇形管式。其传热效果主要取决于烟气温度和流速，呈现对流传热特性。根据烟气与管内蒸汽的相对流向，大型锅炉的对流过热器又可分为顺流、逆流、双逆流和混流 4 种，如图 8-16 所示。

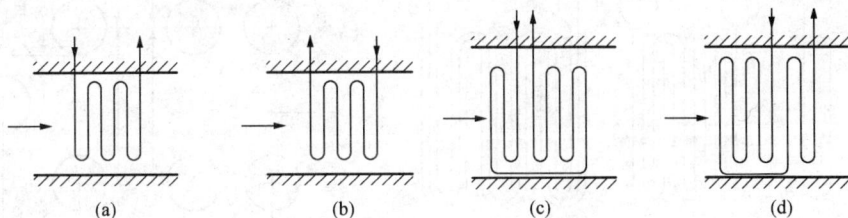

图 8-16　对流过热器的基本形式
（a）顺流式；（b）逆流式；（c）双逆流式；（d）混合流式

（1）对流过热器的基本形式。

1）如图 8-16（a）所示逆流布置，传热温压大，传热效果好，设计时可以减少受热面面积，节约金属。但蒸汽温度高的管段恰好处在烟气的高温区域，管子出口端金属壁温高。

2）如图 8-16（b）所示顺流布置，传热温压小，传热效果较差，需要的受热面积大，消耗金属多。但蒸汽温度低的管段处于烟气的低温区域，管子出口端金属壁温较低。

3）如图 8-16（c）、（d）所示双逆流和混流布置，管壁温度和受热面大小居前两者之间，应用较广。逆流布置较多应用于低温区，顺流布置较多应用于高烟温区或过热器的最后一级。

（2）对流过热器的布置方式。对流式过热器基本由蛇形管排组成，根据布置方式，可分为垂直式和水平式两种。如图 8-17 所示。

1）垂直式一般布置在水平烟道中，这种布置结构简单，吊挂方便，积灰较少，应用广泛，但停炉后管内积水难以排除。

2）水平式布置在尾部烟道中，这种布置

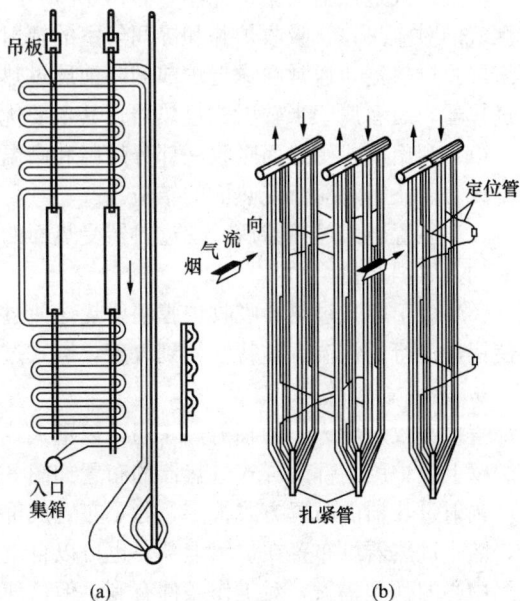

图 8-17　过热器的布置方式
（a）水平布置；（b）立式布置

易于疏水，但支吊较复杂，常采用管子吊挂的方式，以节约合金钢的耗量。

（3）对流过热器的蛇形管结构。如图 8-18 所示，过热器的蛇形管可做成单管圈、双管圈和多管圈。这与锅炉容量和管内必须维持的蒸汽速度有关。大容量锅炉一般采用多管圈结构。

（4）蛇形管的排列方式。如图 8-19 所示，对流过热器蛇形管的排列方式有顺列和错列两种，其中 $S_1$ 为横向节距，$S_2$ 为纵向节距。在其他条件（如烟气速度和管子排列特性）相同时，烟气横向冲刷顺列布置受热面管子时的传热系数比冲刷错列布置时小，但顺列管束管外积灰易被吹灰器清除。布置在高烟温区的过热器一般易产生黏结性积灰，为便于蒸汽吹灰器清除积灰及支吊方便，都以顺列方式布置。在尾部竖井中，烟温较低，为增强传热，布置在其中的低温过热器一般采用错列布置。

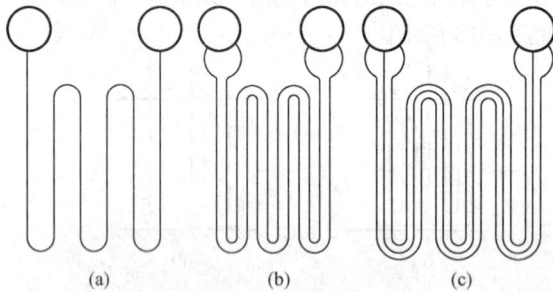

图 8-18 蛇形管结构
（a）单管圈；（b）双管圈；（c）三管圈

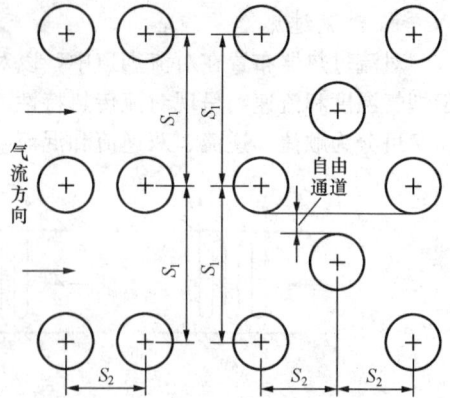

图 8-19 管子的顺列和错列布置方式

### 2. 半辐射式过热器

半辐射式过热器的结构如图 8-17（b）所示，布置在炉膛出口处，又称后屏过热器。它既吸收烟气的对流热，又吸收炉膛和屏间气室的辐射热，具有较平稳的汽温调节特性。有的锅炉装有两组屏式过热器，通常在靠近炉前的叫前屏过热器，靠炉膛出口的叫后屏过热器。前者属于辐射式过热器，后者属于半辐射式过热器。其主要优点如下：

（1）利用屏式受热面吸收一部分炉膛和高温烟气的热量，能有效地降低进入对流受热面的烟气温度，防止密集对流受热面的结渣。

（2）装置屏式过热器后，使过热器受热面的布置深入更高的烟温区域，因而减少了过热器受热面的金属消耗量。

（3）由于屏式过热器吸收炉膛辐射热，使过热器辐射吸热的比例增大，从理论上得知，这样将使锅炉运行的汽温调整特性得到改善，屏式过热器能在 1000~1300℃ 烟温区域可靠地工作。

### 3. 辐射式过热器

直接吸收炉膛火焰的辐射热，通常以壁式或大间距的前屏（又称大屏、分隔屏）的形式布置在炉壁上或炉膛上部。屏式过热器的布置如图 8-20 所示。

辐射过热器的布置方式很多，除了布置成屏式过热器外，还可以布置在炉膛四周的墙式过热器，墙式过热器可布置在炉墙上部，也可以自上而下布置在一面墙上，布置在炉墙上部可以不受火焰中心的强烈辐射，对工作条件有利，但这使炉下半部水冷壁管的高度缩短，不利于水循环；自上而下布置在一面墙上的过热器对水循环无影响，但靠近火焰中心的管子受热很强。炉膛热负荷高，管内蒸汽冷却差，壁温较高，工作条件差，因此对金属材质有更高的要求，同时还需解决锅炉启动和低负荷时的安全性和过热器管与水冷壁管膨胀不一致的问题。

（三）按布置位置分类的特点

过热器系统按其布置位置可分为顶棚过热器、包墙过热器、低温对流过热器、分隔屏过热器、后屏过热器、高温（末级）对流过热。

1. 顶棚过热器

布置在炉膛顶部、水平烟道及转向室的顶部，分成前后两部分。前部炉顶管构成炉膛和水平烟道的顶部，后部构成后烟井顶部。它吸收炉膛火焰辐射热及烟气流中的一部分辐射热，也吸收烟气的对流热。

2. 包墙管过热器

包覆过热器布置在水平烟道的延伸侧墙及底部，后烟井的前墙、后墙及两侧墙上。其优点是可以将水平烟道和竖井眼道的炉墙直接敷设在包墙管上形成敷管炉墙，从而可以减轻炉墙质量，简化路边墙结构，采用悬吊锅炉构架。

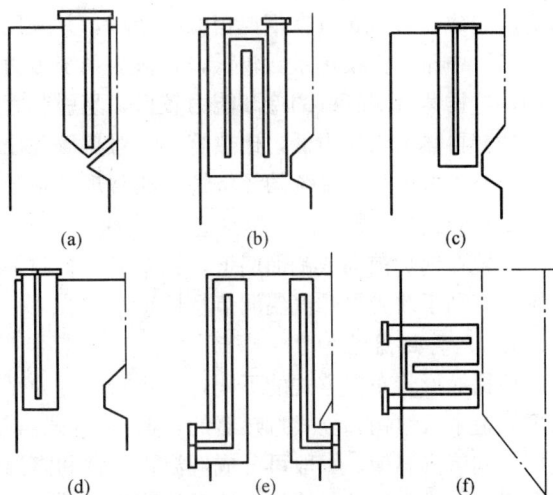

图 8-20 屏式过热器的布置
(a) 后屏；(b) 大屏；(c) 半大屏；(d) 前屏；
(e) 能疏水的屏；(f) 水平布置的屏

3. 低温对流过热器

低温对流过热器布置在后烟井烟道的上部，有垂直布置和水平布置两种布置形式。

4. 分隔屏过热器

分隔屏过热器又名大屏过热器，属炉内辐射受热面，主要吸收辐射热。

5. 后屏过热器

布置在靠近炉膛出口折焰角处，同时吸收辐射热和对流热，属于半辐射式过热器。后屏过热器采用顺流布置。分割屏与后屏过热器之间可左右交叉连接，以降低屏间的热偏差。

6. 高温对流过热器

高温对流过热器布置在折焰角上方的水平烟道中，属于对流式过热器吸收对流热。因高温对流过热器处于烟温和工质温度都相当高的工况下，故采用顺流布置。高温对流过热器为立式布置，悬吊方便，结构简单，管子外壁不易磨损，不易积灰，但管内存水不易排除，在启动初期，如处理不当，可能形成汽塞而导致局部受热面过热。

**二、再热器**

（一）再热器作用

随着蒸汽压力的提高，为了减少汽轮机尾部的蒸汽湿度及进一步提高机组的热经济性，把汽轮机高压缸的排汽重新加热到一定温度的锅炉受热部件就称为再热器。其流程为高压缸排汽经过再热器冷段管道到再热器进口集箱，再依次经过各级再热器，被加热到预定温度并汇集到高温再热器出口集箱，通过再热蒸汽热段管道引入到汽轮机中压缸。

（二）再热器分类

按传热特性再热器可分为对流再热器和辐射再热器两种。

1. 对流再热器

布置在对流烟道中，以对流传热为主。其结构与对流过热器相似，也是由许多并联连接的蛇形管所组成，一般布置在烟温稍低的区域，并采用较粗管径。其原因有以下三个方面：

（1）中压蒸汽换热系数较低，且再热系统阻力对汽轮机热耗影响较大，蒸汽速度的提高受到限制，这样蒸汽对管壁的冷却能力较低，易引起管壁超温。

（2）再热蒸汽压力低，比热容小，对热偏差比较敏感。

（3）为保证热力系统的经济性，通常规定系统总阻力不超过 $0.2 \sim 0.3$ MPa。

2. 辐射再热器

布置在锅炉前面或侧面墙上，主要吸收炉膛辐射热。它与对流再热器组成辐射—对流再热器系统，有利于改善再热汽温调节特性。

（三）再热器结构

根据蛇形管布置方式的不同，再热器可分为垂直布置和水平布置。立式再热器布置在锅炉的水平烟道中（结构和立式过热器的相似），卧式再热器布置在尾部竖井中（和卧式过热器相似）。根据不同蒸汽温度，一般可分成低温再热器和高温再热器。在低温烟气区的再热器一般都采用逆流布置，以增大温差，使较少的受热面能吸收较多的热量。布置在高温烟气区的再热器为了降低壁温，一般采用顺流布置，以提高再热器运行安全性。再热器系统如图8-21和图8-22所示。

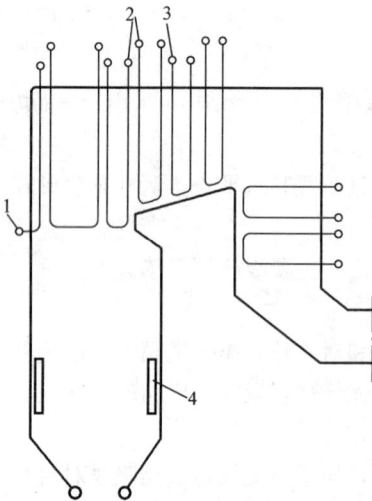

图 8-21　摆动式燃烧器
调节再热汽温系统

1——次再热器；2—二次再热器；3—三
次再热器；4—摆动式燃烧器

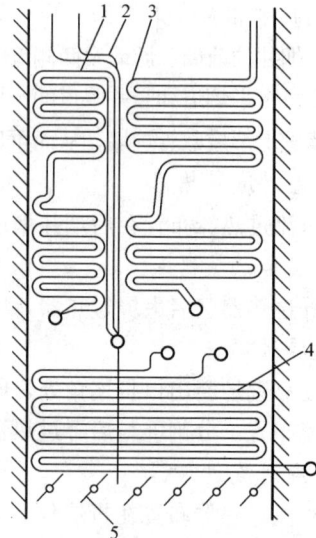

图 8-22　烟气挡板调
节再热汽温的系统

1—过热器；2—烟道隔板；3—再热器；
4—省煤器；5—烟气挡板

### 三、汽温调节设备

（一）汽温调节方法

汽温调节的方法有两大类。

1. 蒸汽侧调温

蒸汽侧调温是指通过改变蒸汽热焓来调节汽温的方法，主要有喷水减温法和汽—汽热交换法。

2. 烟气侧调温

烟气侧调温是通过改变锅炉内辐射受热面和对流受热面的吸热量分配比例来调节汽温的方

法，主要有改变火焰中位置（如采用摆动式燃烧器）、烟气再循环法和烟气挡板法。

目前，调节过热汽温一般采用喷水减温法，而调节再热汽温多采用摆动式燃烧器和烟气挡板法。

（二）汽温调节设备

1. 喷水减温

喷水减温法直接将水喷入蒸汽中，喷入的水在加热、蒸发和过热的过程中将消耗蒸汽的部分热量，使汽温降低。在大型锅炉的过热器系统上，一般布置二级喷水减温器，第一级布置在屏式过热器前，喷水量大些，以保护屏式过热器不超温，并作为过热汽温的粗调节。第二级布置在末级高温对流过热器前，对过热汽温进行微调。喷水减温有多孔喷管式减温器（又称笛形管式喷水减温器，见图8-23)和由漩涡式喷嘴、文丘里喷管和混合管组成的旋涡式喷嘴减温器（见图 8-24)。

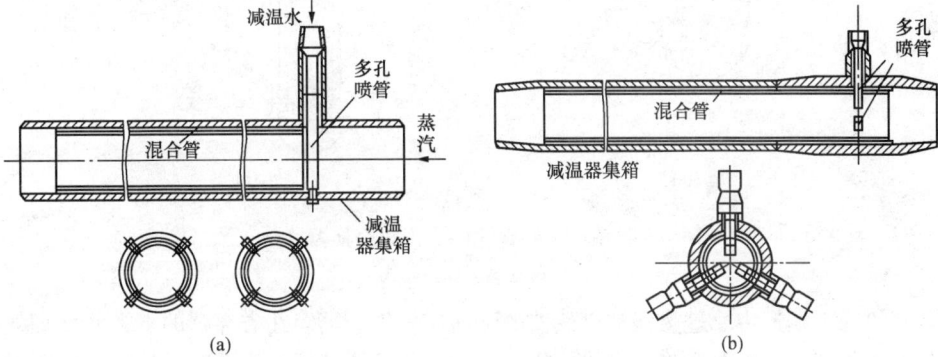

图 8-23　多孔喷管减温器
(a) 一根多孔喷管；(b) 三根多孔喷管

2. 汽—汽热交换器

利用受热面一侧的过热蒸汽加热受热面另一侧的再热蒸汽，达到调节再热蒸汽温度的目的。运行中通过控制再热蒸汽的流量就可以根据需要来调节再热蒸汽温度。汽—汽热交换法所用的设备称为汽—汽热交换器，有管式和筒式两种，如图 8-25 所示。汽—汽热交换器结构复杂、制造困难，目前已较少采用。

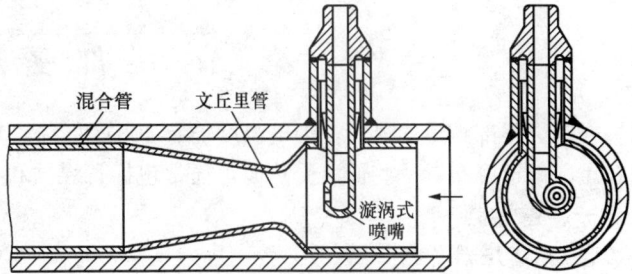

图 8-24　漩涡式喷嘴减温器

3. 摆动式燃烧器

摆动式燃烧器多用于四角布置的锅炉中。调节摆动式燃烧器喷嘴的上下倾角，可以改变火焰中心位置的高低，从而改变炉膛出口烟温，以调节锅炉辐射吸热量和对流吸热量的比例，达到调节汽温的目的。实际运行中，在高负荷时，燃烧器向下倾斜；而在低负荷时，燃烧器向上倾斜。一般摆动式燃烧器上下摆动的角度为20°～30°，此时炉膛出口烟温变化约为110～140℃，调温幅度可达 40～60℃。因为烟气温度的变化同时作用在整个过热器系统和再热器系统的所有受热面上，所以这种调温方法非常灵敏，时滞很小。

4. 分隔烟道挡板

分隔烟道挡板调温法，是将尾部竖井烟道分隔成并联的两部分，将再热器和过热器分别布置

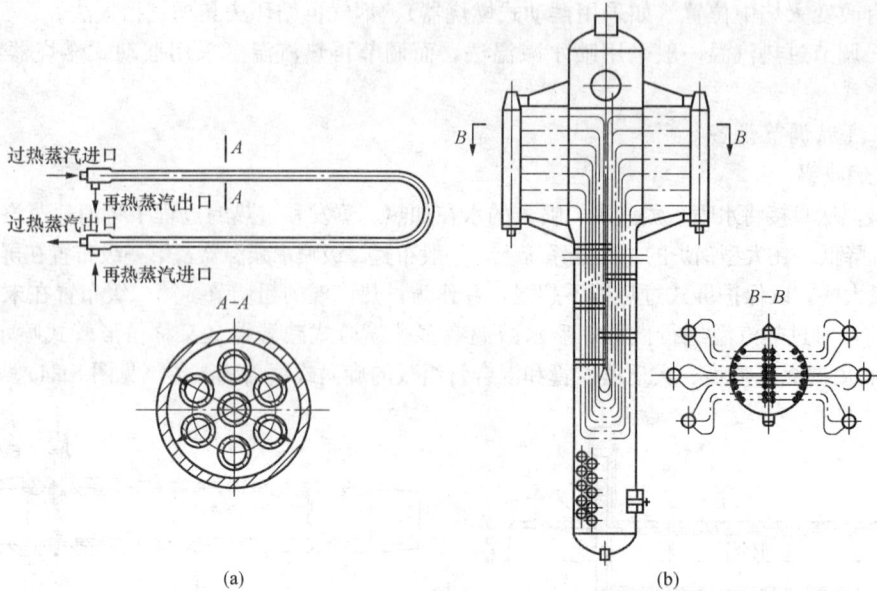

图 8-25　外置式汽—汽热交换器

（a）管式；（b）筒式

在相互隔开的两个烟道中。过热器和再热器的下面布置省煤器，在省煤器的下方装设烟气调节挡板，调节挡板开度，可以改变流经再热器的烟气量，达到调节再热汽温的目的。与此同时，流经过热器的烟气量也将改变，从而使过热汽温改变，但这可通过调节减温器的喷水量来维持过热汽温的稳定。

# 第三节　尾部受热面

在锅炉尾部烟道的最后，烟气温度仍有 400℃左右，为了最大限度地利用烟气热量，大型锅炉在尾部烟道都布置一些低温受热面，通常包括省煤器和空气预热器。

## 一、省煤器

### （一）省煤器作用

省煤器布置在烟气温度较低的锅炉尾部，省煤器的作用就是让给水在进入锅炉前，利用烟气的热量对之进行加热，同时降低排烟温度，提高锅炉效率，节约燃料耗量。省煤器的另一作用在于给水流入蒸发受热面前，先被省煤器加热，这样就降低了炉膛内传热的不可逆热损失，提高了经济性，同时减少了水在蒸发受热面的吸热量。因此采用省煤器可以取代部分蒸发受热面，也就是以管径较小、管壁较薄、传热温差较大、价格较低的省煤器来代替部分造价较高的蒸发受热面。因此，省煤器的作用不仅是省煤，实际上已成为现代锅炉中不可缺少的一个组成部件。

### （二）分类及布置特点

**1. 按省煤器出口工质的状态分类**

按省煤器出口工质的状态可将其分为沸腾式和非沸腾式两种。如出口水温低于饱和温度，叫做非沸腾式省煤器；如果水被加热到饱和温度并产生部分蒸汽，就叫做沸腾式省煤器。

对于中压锅炉，由于水的汽化潜热大，因而蒸发吸热量大，为不使炉膛出口烟温过低。有时就要采用沸腾式省煤器，以减少炉膛内的蒸发吸热量。沸腾式省煤器中生成的蒸汽量一般不应超过 20%，以免省煤器中流动阻力过大并产生汽水分层。

随着工作压力的升高，水的汽化潜热减小，预热热增大，省煤器内的水几乎总是处于非沸腾状态。对于亚临界压力锅炉，省煤器出口的水可能有较大的欠焓，这样炉膛中水冷壁的吸热量有一部分将用于欠焓（欠热）水的加热。

**2. 按其所用材料分类**

省煤器按其所用材料不同可分为铸铁式和钢管式两种。

铸铁式的耐磨损并耐腐蚀，但不能承受高压，目前只用在小容量锅炉上。

大容量、高参数锅炉均采用钢管式省煤器，它是由许多并列的蛇形无缝钢管和进出口集箱组成的。省煤器管用外径为 28～51mm 的无缝钢管弯制而成，材料一般为 20G 碳钢，管子水平放置，以便在停炉后能放尽存水，减少停炉期间的腐蚀。省煤器中的水由下而上流动，便于排除水中的气体，防止管内金属的局部氧腐蚀。烟气一般自上而下流动，使烟气与水逆向流动，增加传热温差，提高传热效果。

**3. 按布置方式分类**

省煤器按布置方式可分为错列布置和顺列布置两种。

（1）错列布置结构紧凑，传热系数较大，但加大了管子的磨损。

（2）顺列布置则可以减轻省煤器磨损，且易于清灰。大型锅炉一般采用纵向鳍片管、螺旋型鳍片管和整焊膜式受热面制造省煤器，以增大烟气侧的换热面积，节约金属耗量，降低管组高度和减小烟气侧阻力，并可减轻省煤器磨损。

**4. 按蛇形管结构分类**

按蛇形管的结构分有光管式、鳍片式、膜式、肋片式省煤器。

许多省煤器都采用光管受热面，但为强化烟气侧热交换并使省煤器结构更加紧凑，采用鳍片管、肋片管和膜式受热面的省煤器也不少。在同样的金属耗量和通风电耗的情况下，焊接鳍片管省煤器所占据的空间比光管式大约减小 20%～25%；而采用轧制鳍片管可使省煤器的外形尺寸减小 40%～50%；膜式省煤器也具有同样的优点。鳍片管和膜式省煤器还能减轻磨损。这主要是因为它们比光管省煤器占有的空间小，因此在烟道截面积不变的情况下，可以采用较大的横向节距，从而使烟气流通截面积增大，烟气流速下降，磨损就大为减轻。肋片式省煤器的主要特点是热交换面积明显增大（4～5 倍以上），这对缩小省煤器的体积、减小材料耗量很有意义。肋片式省煤器的主要缺点是在含灰、含尘气流中积灰比较严重。采用这种省煤器时应装设有效的吹灰设备。

**5. 省煤器布置**

现代大型锅炉常采用悬吊式省煤器，如图 8-26 所示。省煤器出口集箱上的引出管既可悬吊省煤器，又可悬吊过热器和再热器。

如图 8-27 所示，省煤器可以采用水流方向与锅炉前墙垂直或平行两种布置方式。布置方式的不同将影响省煤器的水流速度和外部磨损等情况。

**（三）省煤器积灰与磨损**

**1. 省煤器积灰**

进入省煤器区域的烟气已没有熔化的飞灰，碱金属（钠、钾）氧化物蒸汽的凝结也已结束，所以省煤器的积灰容易用吹灰方法消除。

进入省煤器区域的飞灰，具有不同的颗粒尺寸，属于宽筛分组成，一般都小于 200μm，大多数为 10～20μm。当携带飞灰的烟气横向冲刷蛇形管时，在管子的背风面形成涡流区，较大颗粒飞灰由于惯性大不易被卷进去，而小于 30μm 的小颗粒跟随气流卷入涡流区，在管壁上沉积下来，形成楔形积灰。

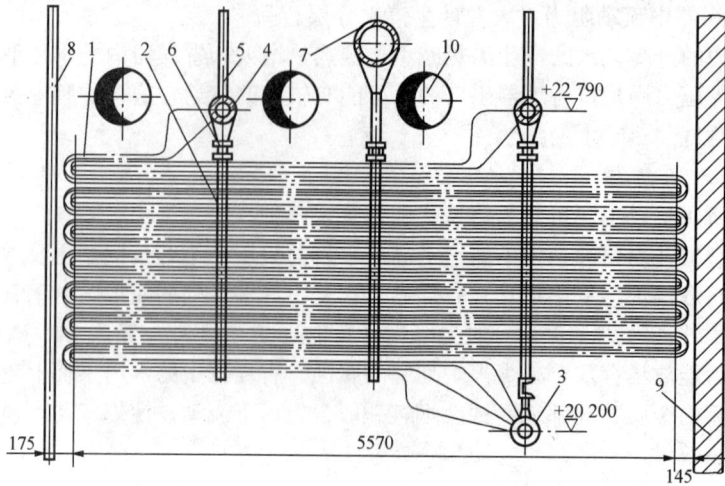

图 8-26　悬吊式省煤器

1—蛇形管；2—支杆；3—进口集箱；4—出口集箱；5—悬吊管；
6—吊夹；7—再热器进口集箱；8—隔墙管；9—炉墙；10—人孔

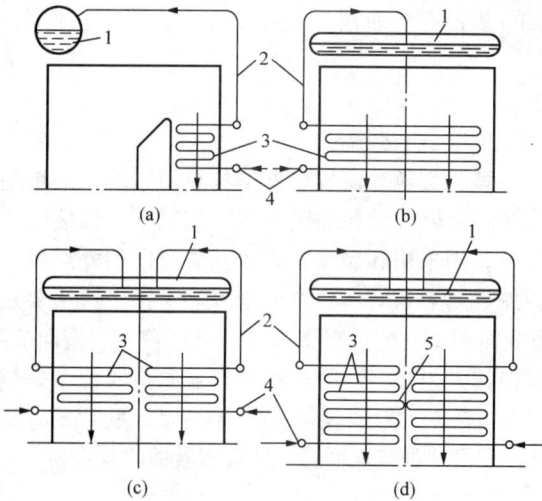

图 8-27　省煤器蛇形管布置

（a）垂直前墙布置；（b）平行前墙布置；
（c）、（d）双面进水平行前墙布置
1—汽包；2—水连通管；3—省煤器蛇形管；
4—进口集箱；5—交混连通管

省煤器受热面积灰后，使传热恶化，排烟温度升高，降低锅炉效率，积灰可能使烟道堵塞，轻则使流动阻力增加、降低出力，严重时可能被迫停炉清灰。锅炉运行时，为防止或减轻积灰的影响，除保证烟气速度不能过低外，最重要的是及时合理地进行吹灰，这是防止积灰行之有效的方法。确定合理的吹灰间隔时间和一次吹灰的持续时间尤为重要。

## 2. 省煤器磨损

进入尾部烟道已硬化的大量飞灰，随烟气冲击受热面时，会对管壁表面产生磨损作用，管子变薄，强度下降，造成管子损坏。特别是省煤器，灰粒较硬，更易发生磨损。这种由于飞灰磨损而造成的省煤器管排损坏，最主要的表现特征就是省煤器的爆管。

含有硬粒飞灰的烟气相对于管壁流动，对管壁产生磨损称为冲击磨损，也称为冲蚀。冲蚀有撞击磨损和冲击磨损两种。

撞击磨损是指灰粒相对于管壁表面的冲击角较大，或接近于垂直，以一定的流动速度撞击管壁表面，使管壁表面产生微小的塑性变形或显微裂纹。在大量灰粒长期反复的撞击下，逐渐使塑性变形层整片脱落而形成磨损。

冲刷磨损是灰粒相对管壁表面的冲击角较小，甚至接近平行。如果管壁经受不起灰粒锲入冲击和表面摩擦的综合切削作用，就会使金属颗粒脱离母体而流失。在大量飞灰长期反复作下，管壁表面将产生磨损。

省煤器磨损，一般都是撞击磨损和冲刷磨损综合作用的结果。显然，烟气的流速越高，灰粒的质量越大，灰粒的硬度越大，灰粒的锐角越多，飞灰浓度越大，对受热面管子的磨损作用越强烈。在省煤器中局部烟气流速和飞灰浓度偏高的情况下，这种磨损是难以避免的。通过加装烟气阻流板和防磨套管，以避免或减轻磨损的影响。

**二、空气预热器**

空气预热器是利用烟气余热加热燃烧所需要的空气的热交换设备。

（一）空气预热器的作用

空气预热器的作用有以下三个方面：

（1）吸收低温烟气的热量，降低排烟温度，提高锅炉效率。

（2）提高空气温度，强化燃烧，减少锅炉热损失，提高锅炉效率。

（3）提高炉膛内烟气温度，增强炉膛的辐射换热。

（二）空气预热器的分类

空气预热器按其换热方式可分为传热式和蓄热式（再生式）两大类。其中传热式是指空气和烟气各有自己的通路，热量连续地通过传热面由烟气传给空气；而蓄热式是烟气和空气交替通过受热面，当烟气通过此受热面时，受热面金属被加热而将热量蓄积起来，当空气通过时金属将热量释放并加热空气。这样反复交替传热又称为再生式空气预热器。现代锅炉多采用的传热式空气预热器是管式空气预热器，采用多的蓄热式的是回转式空气预热器。

（三）管式空气预热器

1. 管式空气预热器的结构特点

管式空气预热器常用于中、小型锅炉和循环流化床锅炉，它是由直径 $40\sim51$mm、壁厚为 $1.25\sim1.5$mm 的有缝薄钢直管与错列开孔的上下管板焊接而成，形成立体管箱如图 8-28 所示。

对燃煤锅炉，为了减轻积灰，采用立式布置，烟气在管内纵向流动，空气在管外横向流动。管式空气预热器结构如图 8-29 所示。沿空气流动方向管子成错列布置。为了使空气能作多次交叉流动，水平方向装有中间管板。中间管板用夹环固定在个别管子上。有时为防止预热器在运行中可能发生的振动和噪声，在每个管箱的中心线顺空气流动方向，还装有垂直布置的防振隔板。

空气预热器运行中，管子的温度比外壳要高，比钢架更高。因此三者的膨胀量是不同的。这样，预热器的上管板和外壳都不能完全固定在锅炉的钢架上，而应允许其间有相对位移，以补偿各部件间的不同伸缩。管式空气预热器的膨胀补偿装置中的补偿器由薄钢板制成，膨胀补偿装置既允许各部件能相对移动，又能保证连接处的密封，以防止漏风。漏风的危害是很大的，空气漏入烟气，不仅会增大引风机电耗，还要增加排烟热损失，使锅炉效率降低。

2. 管式空气预热器的布置方式

管式空气预热器的布置要适合于锅炉的整体布置。图 8-30 所示为管式空气预热器的几种典型布置方式。

按照空气流程的不同，管式空气预热器有单道和多道之分。当受热面积不变时，通道数目的增加会使每一个通道的高度减小，因而空气流速增大。另外，通道数目增多，也使交叉流动的次数增多，这时空气预热器的传热效果就会更加接近逆流工况，从而可以得到较大的平均温差。

按照进风方式不同，空气预热器又可分为单面进风、双面进风和多面进风。很明显，进风面增多，空气的流通面积就增大，空气流速就可降低；当维持空气流速不变时，可以降低每个通道的高度。

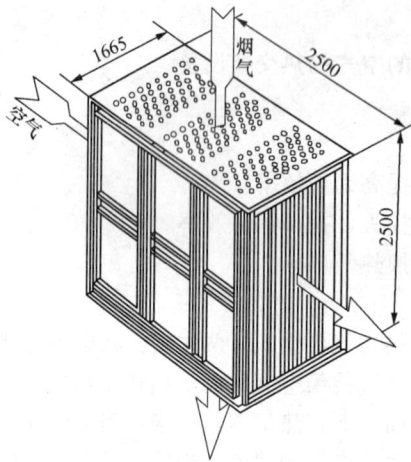

图 8-28 管式空气预热器立体管箱

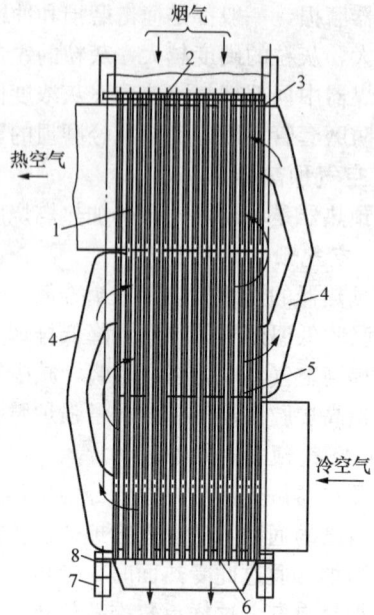

图 8-29 管式空气预热器

1—管子；2—上管板；3—膨胀节；
4—空气罩；5—中间管板；6—下管
板；7—钢架；8—支架

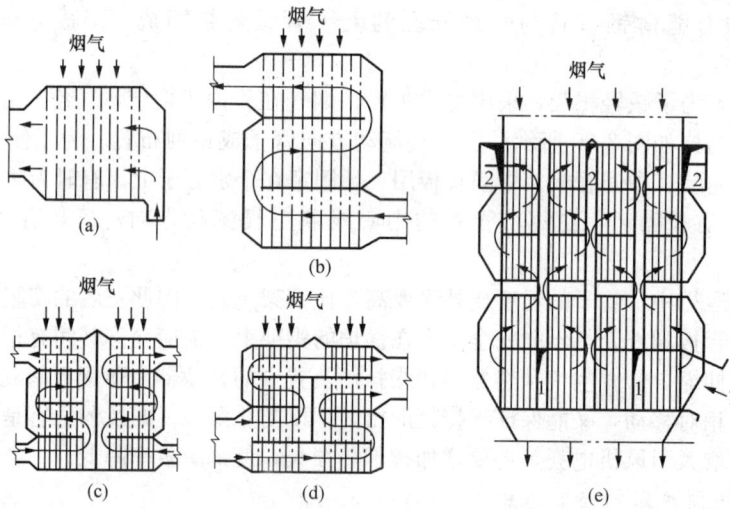

图 8-30 管式空气预热器的布置方式

（a）单道单面进风；（b）多道单面进风；（c）多道双面进风；（d）多道单面双
股平行进风；（e）多道多面进风

**（四）回转空气预热器**

回转式空气预热器是一种蓄热式预热器。它利用烟气和空气交替地通过金属受热面来加热空气。按运动方式来分，现代电站锅炉采用的回转式空气预热器可分为受热面转动和风罩转动两种形式。

回转式空气预热器有垂直轴和水平轴布置两种布置形式。垂直轴布置的空气预热器又可分为受热面转动和风罩转动。通常使用的受热面转动的是容克式回转空气预热器，而风罩转动的是罗特缪勒（Rothemuhle）式回转预热器。这两种预热器均被采用，但较多的是受热面转动的回转式空气预热器。受热面旋转的回转式空气预热器整体结构如图 8-31 所示。

## 1. 受热面回转式空气预热器

按进风仓的数量分类，容克式空气预热器可以分为二分仓和三分仓两种（三分仓空气预热器外观见图 8-32），由圆筒形的转子和固定的圆筒形外壳、烟风道以及传动装置组成。受热面装在可转动的转子上，转子被分成若干扇形仓格，每个仓格装满了由波浪形金属薄板制成的蓄热板。圆筒形外壳的顶部和底部上下对应分隔成烟气流通区、空气流通区和密封区（过渡区）三部分。烟气流通区与烟道相连，空气流通区与风道相连，密封区中既不流通烟气，又不流通空气，所以烟气和空气不相混合。装有受热面的转子由电动机通过传动装置带动旋转，因此受热面不断地交替通过烟气和空气流通区，从而完成热交换。每转动一周就完成一次热交换过程。另外，由于烟气的流通量比较大，因此烟气的流通面积大约占转子总截面的 50%，空气流通面积占 30%～40%，其余部分为密封区（图 8-33 所示为空气预热器的三分仓圆周角度的分配）。

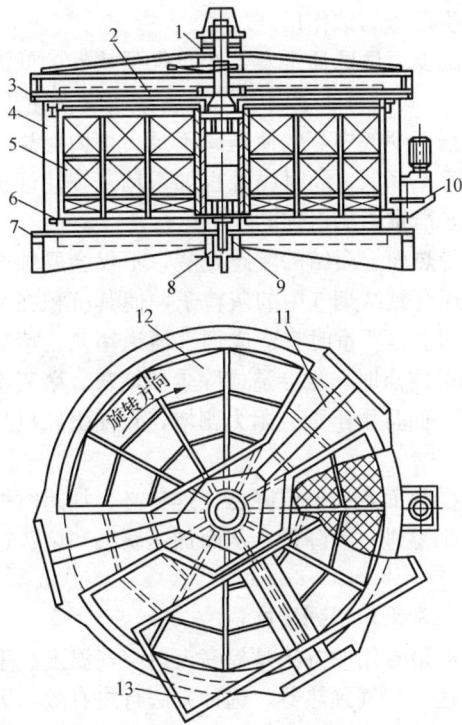

图 8-32　三分仓空气预热器外观图

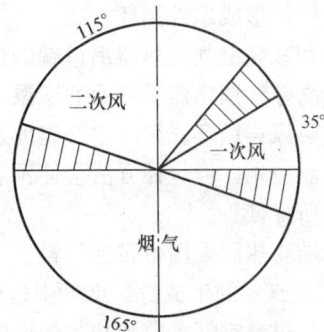

图 8-31　受热面旋转的回转式空气预热器
1—上轴承；2—径向密封；3—上端板；4—外壳；5—转子；6—环向密封；7—下端板；8—下轴承；9—主轴；10—传动装置；11—三叉梁；12—空气出口；13—烟气进口

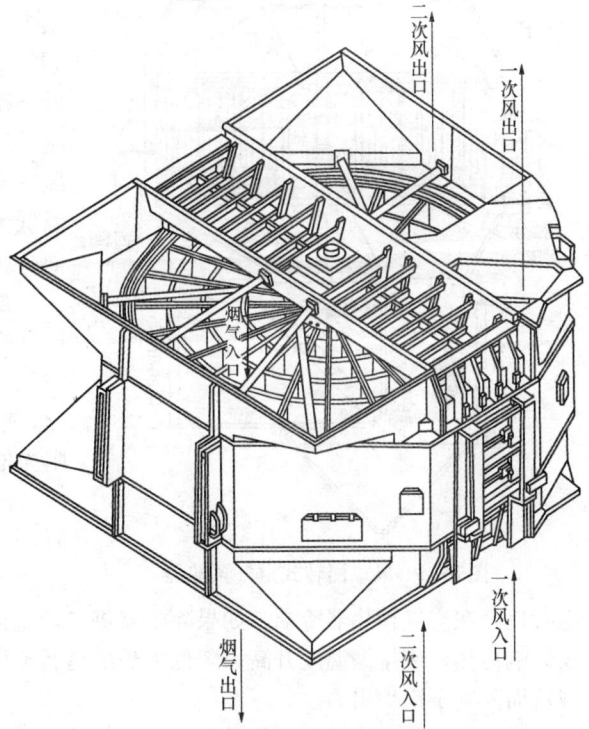

图 8-33　空气预热器的三分仓圆周角度的分配

## 2. 风罩回转式空气预热器

近年来，我国在大容量锅炉上也采用了另一种结构的回转式空气预热器。在这种空气预热器中，装传热元件的转子不旋转而成为定子，旋转的是空气的风罩，或称上下风罩。风罩旋转的速度为 1~2r/min，因此也称为风罩回转式空气预热器，这种空气预热器的构造如图 8-34 所示。

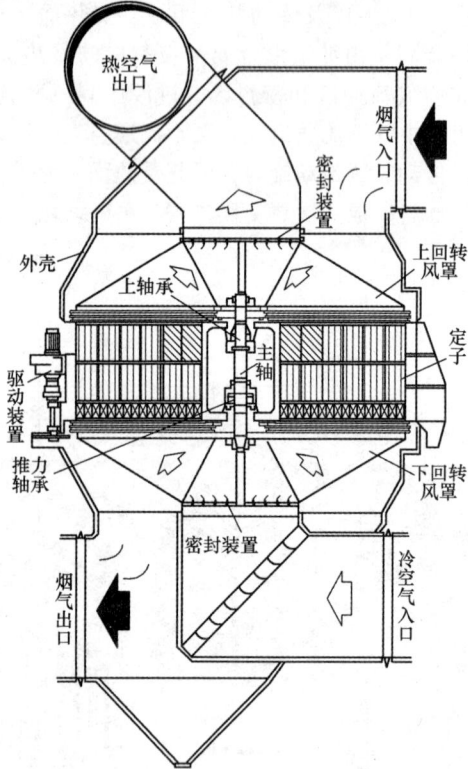

图 8-34　风罩回转式空气预热器

## 3. 空气预热器的低温腐蚀和预防

烟气进入低温受热面后，其中的水蒸气可能由于烟温降低或在接触温度较低的受热面时发生凝结。常压下燃用固体燃料的烟气中，水蒸气的露点在 50℃ 左右，因此，一般不易在低温受热面上结露。当燃用含硫燃料时，硫燃烧后形成二氧化硫，其中一部分会进一步氧化成三氧化硫，三氧化硫与烟气中水蒸气结合成为硫酸蒸汽，酸露点比水露点要高得多。烟气中三氧化硫含量越多，酸露点就越高，酸露点可达 140~160℃ 或更高。烟气中三氧化硫本身对受热面金属的工作影响不大，但当它在壁温低于酸露点的受热面上凝结下来时，就会对受热面金属产生严重腐蚀作用。

强烈的低温腐蚀通常发生在空气预热器的低温段（冷端），低温腐蚀造成空气预热器波纹板穿孔，空气大量漏至烟气中，致使送风不足。炉内燃烧恶化，锅炉效率降低，同时腐蚀也加重堵灰，使烟道阻力增大，严重影响锅炉的经济运行。

低温受热面上凝结的液态硫酸，不仅会腐蚀金属，而且还会黏结烟气中的灰粒子，使其沉积在潮湿的受热面上，严重时将造成烟气通道堵灰。堵灰主要发生在空气预热器冷端，如果除尘器进口烟温低到酸露点时，也会造成除尘器堵灰。堵灰不仅影响传热，使排烟温度升高，降低锅炉的运行经济性，而且由于烟气阻力剧增，致使引风机过载从而限制了锅炉出力。

腐蚀和堵灰往往是相互促进的，堵灰使传热减弱，受热面金属壁温降低，这势必会加速腐蚀过程，预热器受热面腐蚀泄漏后，将导致漏风。漏风使烟温进一步降低，从而加速腐蚀和堵灰过程的进展，以致形成恶性循环。

为预防和减轻空气预热器出口端的低温腐蚀和堵灰，常采用下列措施：

(1) 提高空气预热器受热面的壁温。实践中提高壁温最常用的方法是提高入口空气温度、采用暖风器或热风再循环。把冷空气温度适当提高后，再送入空气预热器。选种方法行之有效，因而得到了广泛应用，但这种方法会使预热器传热温差变小，造成排烟温度上升。因此，最后使锅炉效率会有所降低。

(2) 冷端受热面采用耐腐蚀材料。

(3) 减少 $SO_3$ 的生成量。烟气中过剩氧会增大 $SO_3$ 生成量，因此，为防止低温腐蚀应尽可能采用较低的过量空气系数和减少烟道的漏风，以减少火焰中氧原子的浓度，抑制 $SO_3$ 的生成。

锅炉空气预热器的冷端受热面波纹板可采用耐腐蚀的低合金高强度钢，并予以加厚 (1mm)，以提高波纹板的使用寿命。

为保护预热器不受腐蚀，在每台送风机入口管道内有一台暖风器，加热蒸汽由辅助蒸汽母管供给。暖风机在下列工况下投入运行：

1）送风机启动和非满载运行时；

2）锅炉烧油时由于出口烟气温度不足而影响锅炉性能时（热空气温度低）；

3）产生低温腐蚀时；

4）环境温度较低时。

# 第四节　锅炉本体附件

锅炉本体附件是保证锅炉本体部分设备安全、经济运行的重要组成部分。锅炉本体附件主要有安全阀、水位计、压力表、膨胀指示器及清灰装置等。通常把装在锅炉汽水系统上的安全阀、水位计、压力表称为锅炉三大安全附件。

## 一、安全阀

### 1. 安全阀作用

安全阀的作用是保障锅炉压力超过规定值时，能自动开启，排放过剩介质，当压力重新恢复到规定值时，又能自动关闭，借以保障锅炉或容器内的压力以免发生爆炸。它是保障锅炉安全运行的重要部件，必须定值准确，动作灵活可靠。

### 2. 安全阀布置及类型

安全阀一般装在汽包、过热器、省煤器及再热器等位置上，主要有重锤式、弹簧式、脉冲式及液压系统控制的活塞式等几种类型（见图 8-35）。

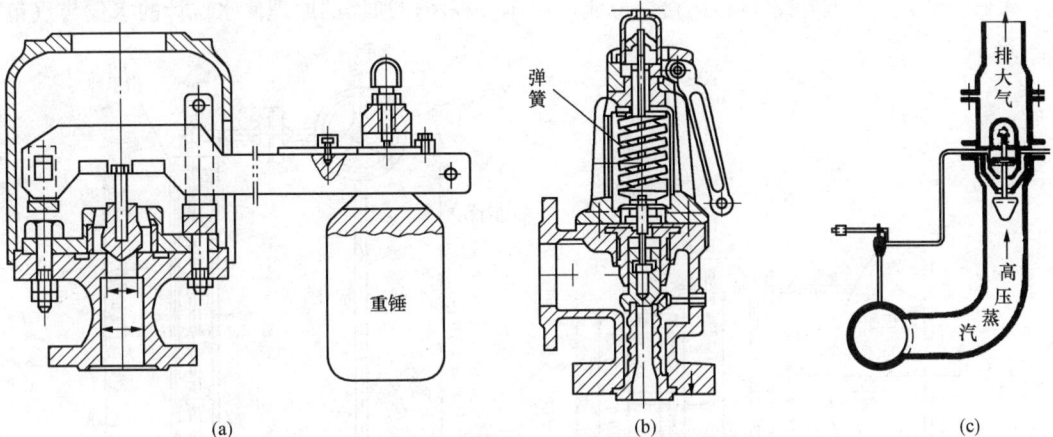

图 8-35　安全阀的类型
(a) 重锤式；(b) 弹簧式；(c) 脉冲式

（1）重锤（杠杆）式安全阀。重锤（杠杆）式安全阀如图 8-35（a）所示，它用杠杆和重锤来平衡阀瓣的压力。重锤式安全阀靠移动重锤的位置或改变重锤的重量来调整压力。它的优点在于结构简单；缺点是比较笨重回座力低。这种结构的安全阀只用于固定的设备上。

（2）弹簧式安全阀。弹簧式安全阀如图 8-35（b）所示，它利用压缩弹簧的力来平衡阀瓣的压力并使之密封。弹簧式安全阀靠调节弹簧的压缩量来调整压力。它的优点在于比重锤式安全阀体积小、轻便，灵敏度高，安装位置不受严格限制；缺点是作用在阀杆上的力随弹簧变形而发生变化。同时必须注意弹簧的隔热和散热问题。弹簧式安全阀的弹簧作用力一般不要超过 2000kg。

因为过大过硬的弹簧不适于精确的工作。

（3）脉冲式安全阀。如图 8-35（c）所示，脉冲式安全阀由主阀和辅阀组成。主阀和辅阀连在一起，通过辅阀的脉冲作用带动主阀动作。脉冲式安全阀通常用于大口径管路上。因为大口径安全阀如采用重锤或弹簧式时都不适应。当管路中介质超过额定值时，辅阀首先动作带动主阀动作，排放出多余介质。

## 二、水位计

水位计是用来监视锅炉汽包水位的一种重要安全装置，可准确地测量和控制锅炉水位，是确保锅炉安全运行的主要措施之一。水位过高会造成蒸汽带水，损坏过热器及汽轮机；水位过低会造成锅炉缺水，使受热面烧坏，甚至引起锅炉的爆炸。

水位计的种类很多，目前电厂中采用的有云母水位计、差压式水位计、电接点水位计等。

1. 云母水位计

云母水位计是就地仪表，配套电视监视系统可实现远程监测。云母水位计测量汽包水位的示意如图 8-36 所示，水位计的上部和汽包的容汽空间相通，下部和汽包的容水空间相连，构成连通器。根据连通器原理，水位计中的液面高度和汽包水位是相应的，所以从云母水位计上可以看出汽包的水位。这种水位计，结构简单，测量准确，工作可靠；缺点是只能就地安装。

云母水位计外形结构见图 8-37（为五段云母水位计）。水位计主要由表体、阀门、光源总成（光源箱、观察罩）、定时电源变压器组成。水位计观察孔在表体中心的直线上，由光源发出的光通过红、绿玻璃片分别滤成红、绿光，射向表体的观测窗，在表体的汽相部分，红光射向正前方，而绿光斜射到壁上被吸收；在液相部分，由于水的折射使得绿光射向正前方，红光斜射到壁上被吸收。因此在正前方观察将获得汽红、水绿，汽满全红，水满全绿的显示效果。水位计通过汽、水阀门与汽包汽侧、水侧相连接，形成连通体，利用连通器的原理使水位计的水位与汽包水位一致。

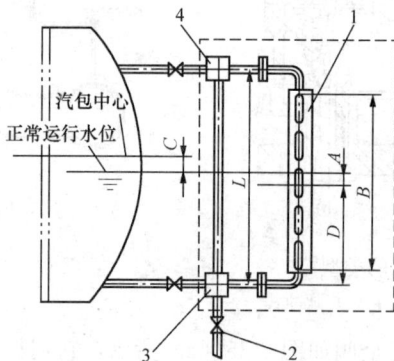

图 8-36 云母水位计安装图

1—水位计；2—排污阀；3—水阀；4—汽阀

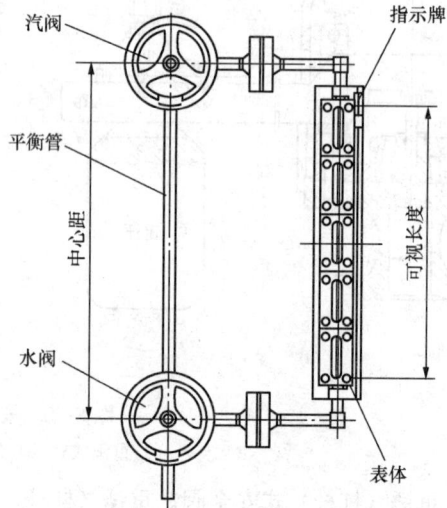

图 8-37 云母双色水位计外形结构示意

2. 差压式水位计与水位的自动控制

现代化锅炉运行过程中水位应实行自动控制。在采用差压式水位计测量汽包水位时，可以通过温度变送器、汽包压力变送器和代表水位信号的差压变送器将对应的信号送到锅炉汽包水位自动控制系统中，来实现水位的自动控制，如图 8-38 所示。

由图 8-38 可见，差压、压力、环境温度都通过变送器送入以微处理机为核心的智能锅炉汽包水位计中，对表征水位的差压信号进行修正。当然，为了在汽包压力变化的全程范围内对密度进行补偿，应根据水蒸气的相关数据、水密度的变化图表进行曲线拟合，即将汽包内的蒸汽密度、将汽包内的汽水密度差、导压管内水的密度、平衡容器内水的平均密度计算成温度、压力的函数存储到二次仪表中，这样经温度、压力补偿的差压信号计算出的水位值比传统平衡容器的显示值要准确得多。这样就可以完全实现锅炉汽包水位的自动化控制方式，减轻运行人员的劳动强度，更好地控制汽包水位，保证锅炉的安全和经济运行。这时的水位计可以叫做智能锅炉汽包水位计。

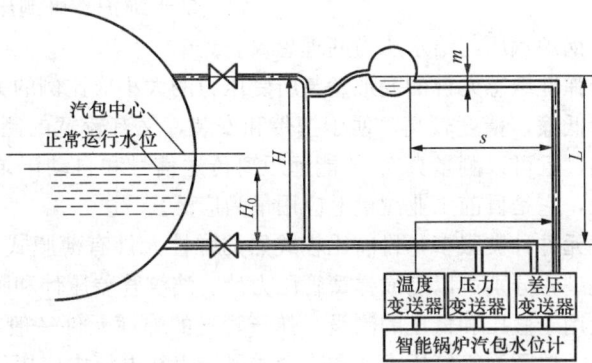

图 8-38  采用差压式水位计的水位自动控制系统

### 3. 电触点水位计

电触点水位计是一种简单可靠的水位测量仪表，它的优点是能适应锅炉变工况运行，不受汽包压力变化的影响。在锅炉启停过程中，仪表能在控制室里准确地显示水位。水位容器截面积较大，水柱的温度降低得慢，水柱温降引起的误差较小。从电极至二次仪表是通过电信号的传送，所以不但迟延小，而且没有机械传动所引起的变差和指示误差。这种水位计构造简单，体积小，并省去了笨重的差压计、传压管路和阀门，减小了金属消耗量，维护检修都比较方便。

锅炉汽包中的饱和水和饱和蒸汽的密度和所含导电介质数量不同，其导电性能差别很大，电触点水位计的工作原理就是根据汽和水的电阻率不同来测定水位的。

如图 8-39 所示，电触点水位计由水位容器、电极和测量显示线路（二次仪表）等构成。电极的绝缘子使电触点与水位容器外壳间绝缘。浸在水中的电极，由于水的电阻较小，使电极触点与容器外壳接通，交流电流通过水使显示灯点燃。处在蒸汽中的电极，由于蒸汽的电阻很大，可以相对地看作开路，显示灯不亮。因此，水位的高低就决定了浸在水中的电极的数量的多少，水位高，浸入水中的电极多，显示灯点燃的就多。从显示灯点燃的多少可以知道水位的高低（其原理见图 8-40）。目前，电触点水位计的电极有以超纯氧化铝瓷管作绝缘子的和以聚四氟乙烯（塑料王）作绝缘子的两大类，后者用于水质较差的中低压锅炉。二次仪表有模拟式和数字式两

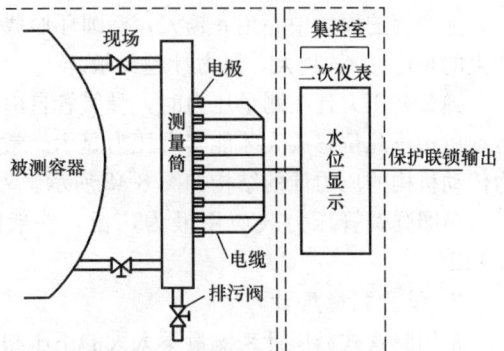

图 8-39  电触点水位计基本结构

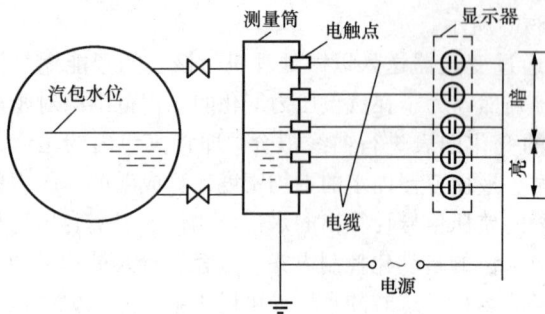

图 8-40　电触点水位计的测量原理

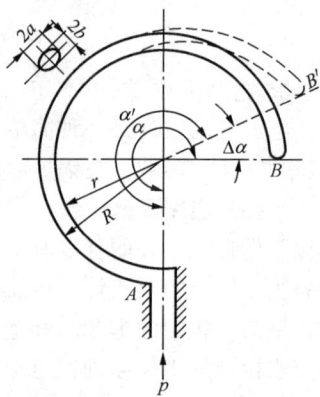

图 8-41　单圈弹簧管工作原理

一定的准确度,是测量锅炉汽压与给水压力的理想仪表。

## 三、压力表

压力表是测量锅炉汽压大小的仪表,是锅炉不可缺少的安全附件之一。锅炉必须装有与汽包蒸汽空间直接相连接的压力表,在给水调节阀前、省煤器出口、过热器出口和主汽阀之间及再热器出、入口等处均应装设压力表。锅炉上普遍使用的是弹性压力计。这种压力表结构简单、价格便宜、安全可靠、易于维护、可测压力范围较大,并具有

弹性压力计是根据弹性敏感元件的变形量与所受压力的大小成比例的关系而制成的仪表。这种仪表结构简单,造价低廉,精度较高,便于携带和安装,又有较宽的测量范围(低到 0.1mm 水柱,高到上百个兆帕,且可以测量真空),能远距离传送信号和自动记录,还可以制成准确度较高的标准仪表。因此,它是目前工业测量上应用最为广泛。

弹性压力计的敏感元件种类很多,目前比较成熟的弹性元件有薄膜式(包括膜盒式)、波纹管式和弹簧管式三种类型,分别可以制成弹簧管压力计、波纹管差压计和膜盒差压计。薄膜式和波纹管式弹性元件一般用于微压和低压的测量,弹簧管式的弹性元件一般用来测量高压或中压,有的也用它来测量真空。单圈弹簧管压力计和膜盒式风压表在电厂中应用最广。

### 1. 单圈弹簧管压力计

单圈弹簧管压力计的结构主要由弹簧管和放大机构两部分组成。

单圈弹簧管如图 8-41 所示,它是一根弯成 270°圆弧的具有扁圆环形或椭圆环形截面的空心金属管。管子的自由端 $B$ 封闭,另一端 $A$ 固定不动并与传压管相连。当弹簧管内通入压力以后,弹簧管内部受压,其截面有变圆的趋势,即长轴 $a$ 变小,短轴 $b$ 变大。反之,当内部通入负压肘,管子外部受压,管子截面有变扁的趋势,即长轴 $a$ 变大,短轴 $b$ 变小。

当弹簧管通入压力时,在压力的作用下,椭圆环形截面的短轴增大,弹簧管的中心角变小,自由端产生位移,位移的大小与被测压力成正比,因此测出位移量的大小,可得知压力的大小。

弹簧管的原始中心角 $\alpha$ 越大,椭圆环形截面积的短轴越短,即管子越扁,在同样压力作用下产生的角位移 $\Delta\alpha$ 越大,压力计越灵敏。

弹簧管压力计在测量压力时,弹簧管自由端位移很小,一般只有 2～3mm,必须用一套机械传动机构将此位移放大才能实现压力显示。常用的传动机构有齿轮机构和拉杆机构两种。以齿轮为传动机构的压力计的结构如图 8-42 所示。

单圈弹簧管压力表应用最为广泛,一般的准确度等级为 1.0～2.5 级,精密的为 0.35～0.5 级。

### 2. 膜盒式微压计

常用膜盒式微压计来测量不太大的正压和负压。在火力发电厂中,经常被用来测量送风和制粉系统的空气压力、炉膛负压、空气预热器进出口风压等。

膜盒式微压计的构造如图 8-43 所示，它主要由膜盒和传动机构两部分组成。当被测压力（或负压）通过接头和导管进入膜盒时，在被测压力（或负压）的作用下，膜盒产生弹性变形，推动连杆并通过铰链块带动微调支板绕轴逆时针方向转动，同时通过拉杆带动固定在指针轴上的调节板使指针偏转一个角度，指针便在刻度盘上指示出被测压力（或负压）的数值。

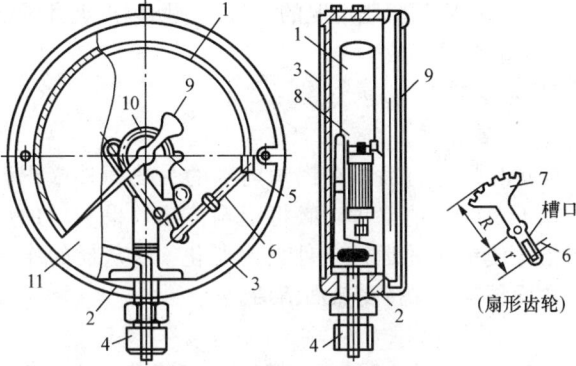

图 8-42　弹簧管压力计结构

1—弹簧管；2—支座；3—外壳；4—表接头；5—带有铰轴
的销子；6—拉杆；7—扇形齿轮；8—小齿轮；9—指针；
10—游丝；11—刻度盘

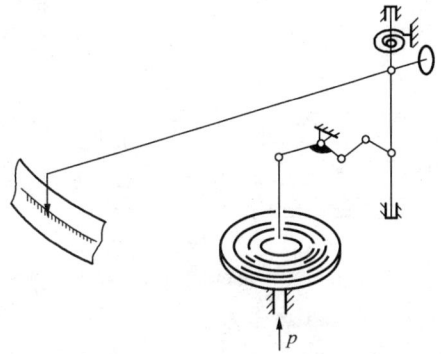

图 8-43　膜盒式微压计构造图

膜盒式微压计的传动机构主要由拉杆、双金属片和调节板组成。双金属片可绕轴转动。当膜盒内引入被测压力时，膜盒产生的弹性变形使拉杆向上移动，使双金属片绕轴转动了一个角度，然后通过拉杆拉动调节板转动一个角度。

### 3. 电触点压力计

在火力发电厂的生产过程中，不仅仅有很多个点的压力需要显示，还有很多个点的压力必须被控制在一个安全的范围内，如汽包压力和过热蒸汽压力等，若高于或低于某个限制值时就会影响到机组的安全经济运行。这时就必须发出报警或跳闸信号。电触点压力计就可以用做这样的发信设备，发出报警信号，一行运行人员注意及时的调整操作，使压力尽快地恢复到给定值上；也可以作为连锁机构和自动操作机构。

电触点压力计的工作原理同弹簧管压力计完全相同，外加一套发信机构。在指针的先面还有两个指针，一个为高压给定指针，另一个为低压给定指针。两个给定指针上都带有电触点，如图 8-44 所示。

当指针位与高、低压给定指针之间时，3 个电触点彼此断开，不发信号。当指针位于低压给定指针的下方时，低压触点接通，低压指示灯亮，表示压力过低。当压力达到上限（即指针位于高压给电指针下方）时，高压触点接通、灯亮，表示压力过高。电触点压力计除了发信报警提醒运行人员注意外，还可以直接将信号送至自动控制系统中，由自控系统完成相应的控制动作。

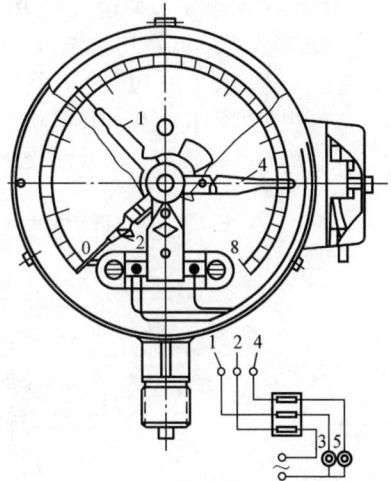

图 8-44　电触点压力计

1—低压给定指针及触点；2—指针及触点；
3—绿灯；4—高压给定指针及触点；5—红灯

电触点压力计的准确度等级一般为 1.5～2.5 级。

### 四、膨胀指示器

膨胀指示器结构如图 8-45 所示，它由标有刻度的方铁板和圆铁制成的指示针组成。方铁板固定在受热膨胀影响较小的地方，根据指针移动情况，即可知道集箱等设备的膨胀情况。膨胀指示器是用来监视汽包、集箱及受热设备在点火升压过程中的膨胀情况的，可以预防因点火升压不当或安装、检修不良引起的受热设备变形、裂纹和泄漏等事故。

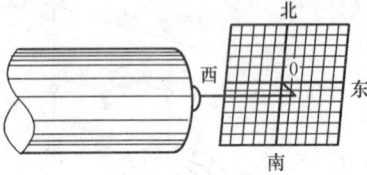

图 8-45　膨胀指示器

### 五、清灰装置

#### 1. 清灰装置作用

燃煤锅炉长期运行后，在锅炉内部的受热面外壁积满了灰垢，如不及时地清除掉，必将影响传热效果和增加烟气流动阻力，使锅炉的运行条件大为恶化。吹灰器的作用是吹去受热面积灰，保持受热面清洁。

#### 2. 清灰装置类型

常用的清灰装置主要是以蒸汽、水或空气为介质的各种吹灰器。应用广泛的是枪式蒸汽吹灰器，主要有以下几种：

(1) 链式吹灰器。在工业锅炉上使用很广泛，它是以饱和蒸汽为吹灰工质的。

(2) 水吹灰器。以高压连续排污水作为吹灰工质，用于水冷壁及防渣管的吹灰。

(3) 振动式除灰器。主要用于锅炉水平烟道受热面的除灰。

(4) 钢珠除灰器。用来清除锅炉尾部垂直烟道各受热面的积灰。

(5) 枪式吹灰器。现代大型锅炉水冷壁常用的吹灰器。

#### 3. 枪式蒸汽吹灰器

枪式吹灰器的结构如图 8-46 所示，这种吹灰器一般采用压力小于或等于 3.0MPa、400～425℃的过热蒸汽，其作用半径为 2m 左右。用于水冷壁蒸汽吹灰时由电动机驱动，将枪头推入燃烧室，一边转动，一边吹灰，然后将枪头退出来，每次吹灰过程约 0.5～1min。用于对流受热面的蒸汽吹灰器，其吹灰管长度相当于烟道的宽度或一半，吹灰管上开有一排小孔，以便对所有蛇形管受热面进行吹灰。吹灰时吹灰管的旋转运动由电动机经减速后带动。

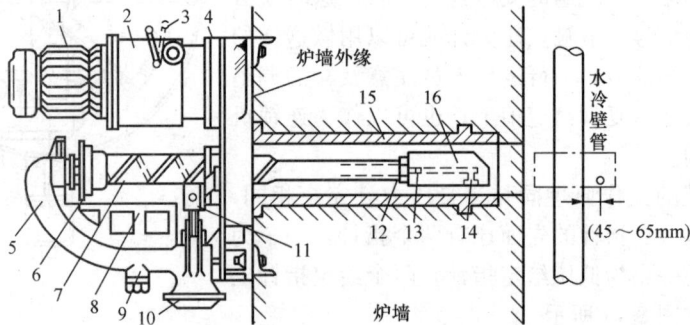

图 8-46　枪式吹灰器结构

1—电动机；2—齿轮箱减速器；3—电动切换手柄；4—传动装置；5—鹅颈导汽管；6—导向盘；7—空心轴；8—导向轨；9—疏水器；10—蒸汽入口法兰；11—极限装置；12—调整螺栓；13—固定螺栓；14—喷嘴孔；15—生铁保护套筒；16—喷嘴头

蒸汽吹灰的汽压一般在 1.2～4.5MPa，在炉膛处可用饱和蒸汽，过热器处最好用过热蒸汽，对于省煤器和空气预热器的吹灰则不能用饱和蒸汽。

# 第五节 锅炉本体常见故障及处理

## 一、事故处理原则

（1）发生事故后应立即采取一切可行的方法，消除事故根源，迅速恢复机组正常运行，满足系统负荷的需要。在设备确已不具备运行条件时或继续运行对人身、设备有直接危害时，应停炉处理。

（2）发生事故时，班长应在厂调度的直接领导下，领导全班人员迅速果断地按照现场规程的规定处理事故。调度的命令，除对人身、设备有直接危害外，均应坚决执行。

（3）当发生了其他事故情况时，运行人员应根据自己的经验与判断，头脑清醒，沉着冷静，主动采取对策，迅速处理。事故处理后运行人员应如实地把事故发生的时间、现象以及采取的措施，记录在交接班记录本上，并在班后会议上进行分析讨论，以总结经验吸取教训，做到"四不放过"处理原则。

## 二、锅炉本体常见故障及处理

### 1. 锅炉水位事故

（1）锅炉满水现象。①水位报警发出水位高信号，汽包就地水位计及低地水位表高于正常水位。②蒸汽含盐量增大。③给水流量不正常地大于蒸汽流量。④过热蒸汽温度急剧下降，主蒸汽管道法兰处有汽水冒出，蒸汽管道内发生水冲击。

（2）满水原因。①运行人员疏忽大意，对水位监视不严，误判断致使操作错误。②水位计、蒸汽流量表或给水流量表指示不正确或失灵，使运行人员误判断。③给水自动调节装置失灵或给水调节门有故障，发现后处理不及时。④外界或锅炉燃烧发生故障而未及时调整水位。⑤锅炉负荷增加太快。⑥给水压力突然升高。

（3）锅炉满水处理。①当汽包水位计超过+50mm时，应将给水自动调节改为手动操作，关小给水门，减少给水流量。②若水位超过+100mm时，应开启事故放水门，进行放水。③注意保持汽温，根据汽温下降情况，应及时关小减温水门；汽温若急剧下降到480℃时，开启过热器及主汽门前疏水，并通知厂调度。④若水位无明显下降，应检查给水系统阀门是否有故障，事故放水门是否打开，必要时应包就地水位计和各低地水位计指示的正确性，加强对汽包水位的监视。⑤如汽包就地水位计全部损坏，而具备下列条件时，允许锅炉继续运行2h：给水自动调节器动作可靠；水位警报器好用、可靠；两台低地水位计的指示正确，并且在4h内曾与汽包就地水位指示对照过，此时，应保持锅炉负荷稳定，并采取紧急措施，尽快修复一台汽包就地水位计；如果自动调整器或水位警报器动作不可靠，在汽包水位计全部损坏时，只允许根据可靠的低地水位计维持锅炉15～20min运行；如汽包水位计全部损坏，且低地水位计运行不可靠时，应立即停炉。

### 2. 锅炉水冷壁管损坏

（1）水冷壁损坏现象。①水位下降，蒸汽压力和给水压力下降，给水流量不正常地大于蒸汽流量。②轻微泄漏时，有蒸汽喷出的响声；爆破时，有显著的响声。③各段烟温下降，灰渣斗内有湿灰，严重时，向外漏水。④炉内负压减小，严重时变正，炉门、人孔不严密处向外喷汽和冒烟。⑤燃烧不稳或造成灭火。

（2）水冷壁损坏原因。①炉水品质不合格，长期运行未按规定进行排污，使管内腐蚀或结垢。②升火方式不正确，排污门泄漏或炉内结焦，管壁受热不均，使局部水循环不良。③严重缺水时，错误地大量进水，导致爆管。④燃烧器附近水冷壁管保护不好，磨损严重。⑤吹灰器、喷口或吹灰管安装不当，操作有错误，管子被汽、水吹坏。⑥长期超负荷或低负荷运行，大焦块掉落砸坏管子、管壁被打焦棍磨损或设备本身存在缺陷。⑦检修或安装时，管子被杂物堵塞，致使水循环不良造成管子过热损坏。⑧定期排污量过大，造成水循环被破坏。

（3）水冷壁损坏处理。

1）锅炉水冷壁管发生爆破，不能保持汽包水位时，应按下列规定处理：

a）立即停炉，保留一台引风机继续运行，排除炉内的烟气和蒸汽，待烟气、蒸汽消失后停止引风机。

b）停炉后，立即关闭主汽门，可继续进水。

c）如损坏严重，致使锅炉汽压迅速降低，给水消耗过多，经增加给水仍看不到汽包就地水位计中水位时，应停止给水。

d）处理故障时，需密切注意锅炉的给水压力等情况，当故障炉和运行炉由同一根给水母管供水，如不能保证运行炉的正常水位时，应减少或停止故障炉的给水。

2）如泄漏不太严重时，应改自动给水为手动给水，经加强上水尚能维持锅炉正常水位时，向班长和厂调度汇报，要求适当降低负荷运行（投入油枪稳定燃烧），请示停炉时间，并保持低粉位运行；要求投入备用炉，如备用炉迟迟不能投入运行，而故障锅炉的损坏情况继续加剧时（响声增大，漏水增多和危及邻近管子等），则需立即停炉。

3）若水冷壁爆破而造成锅炉灭火，应按紧急停炉处理。

3. 省煤器管损坏

（1）省煤器管损坏现象。①给水流量不正常地大于蒸汽流量，严重时，汽包水位下降。②省煤器烟道内有异音，从省煤器烟道不严密处向外冒汽；严重时，下部烟道漏水。③省煤器和空气预热器烟气温度降低或两侧温差增大，泄漏侧烟气温度低于未漏侧，排烟温度下降。④烟气阻力增加，引风机电流增大。⑤飞灰潮湿。

（2）省煤器管损坏原因。①给水品质不合格，使管子腐蚀。②给水流量或温度变化太大。③停止进水时，未及时开启省煤器再循环门，产生局部过热。④长期飞灰磨损或在省煤器处发生二次燃烧。⑤防磨板脱落，管子局部磨损加剧。⑥管子被杂物堵塞、管材不合格或焊接质量不良。

（3）省煤器管损坏处理。①省煤器损坏不严重时，立即将自动给水切换为手动，加强进水，保持正常水位，适当降低负荷运行。②立即向班长及厂调度报告，加强对泄漏处的检查。③维持短时间运行，请求停炉时间，保持低粉位。④如泄漏严重，无法维持正常水位，应紧急停炉，停炉后保留一台引风机运行，以排除蒸汽及烟气。待蒸汽及烟气基本排除后，停引风机。⑤为维持汽包水位，可继续向锅炉上水，禁止开启省煤器再循环门。

4. 过热器管损坏

（1）过热器管损坏现象。①过热器附近有泄漏响声。②蒸汽流量不正常地小于给水流量。③损坏严重时，锅炉汽压下降。④过热器两侧烟气温差增大，泄漏侧烟温下降，过热蒸汽温度发生变化。⑤燃烧室负压不正常地减小或变正压，严重时炉门等处向外喷汽和冒烟。⑥引风机投入自动时，电流增大。

（2）过热器管损坏原因。①化学监督不严，汽水分离器结构不良，不严密，使蒸汽品质不好，过热器管内结垢或腐蚀。②燃烧方式不正确，火焰偏斜或煤粉太粗使管材磨损严重及火焰过长，使过热器处烟温升高。③由于运行工况或煤种改变，引起蒸汽温度升高而未及时调整或长期超温运行，使管壁过热。④过热器材料不合格或错用材料，制造安装质量有缺陷。⑤减温器调节不当，忽大忽小造成过热器管内水塞，减温器套管移位，致使蒸汽分布不均而引起局部过热。

⑥吹灰器安装位置不正确，管壁被飞灰和蒸汽磨损。⑦在点火升压过程中，过热器通汽量不足而引起过热。⑧过热器管被杂物堵塞。

（3）过热器管损坏处理。①立即向班长及厂调度汇报，加强对泄漏处的检查监视。②若泄漏不太严重，能维持汽压和水位时，可短时间降低负荷和参数运行，请示停炉时间，保持低粉位。③若泄漏严重，难以维持运行或对邻近管子有威胁且情况恶化时，应立即停炉，避免扩大事故。④停炉后保持一台引风机运行，待炉内蒸汽基本消失后停止引风机、以免锅炉急剧冷却。⑤停炉后在汽压未降到零以前，仍需给水以维持汽包水位。

5. 减温器故障

（1）减温器损坏现象。汽温不正常地升高；两侧汽温差值增大；减温水流量偏小。

（2）减温器损坏原因。① 减温器喷嘴堵塞或脱落。②减温水调节幅度太大。③ 减温器套管移位。

（3）减温器损坏处理。①如减温器喷嘴堵塞，可开大减温水门，调整燃烧，降低火焰中心位置。②采取一切减温措施后，汽温或过热器管壁温度仍上升超过正常时，应降低负荷运行并向班长和厂调度汇报。③如汽温超过 555℃ 或过热器管壁超过规定值，经采取措施无效时，应请示停炉。

6. 汽包水位计损坏

（1）汽包水位计损坏现象。①结合面或测点漏汽，玻璃板损坏或爆破，有强大的排汽声。②电源中断或测点断线（低位水位表无指示）。

（2）汽包水位计损坏原因。①炉水品质差、结垢而运行中未能定期冲洗，汽、水长时间冲刷测点。②汽、水一次门阀芯脱落，冲洗水位计操作不正确。③水位计本体或盖板有变形，使其受力不均。

（3）汽包水位计损坏处理。如一个汽包就地水位计地损坏时，将损坏的水位计解列，关闭汽、水门，开启放水门，向班长及厂调度汇报，联系检修迅速恢复损坏的水位计，并核对另一个汽包就地水位计。

# 第六节　锅炉燃烧理论基础

## 一、燃烧速度及影响因素

燃烧一般是指燃料与氧化剂进行的发热与发光的高速化学反应。狭义地讲，燃烧是指燃料与氧的剧烈化学反应。燃料与氧化剂可以是同一形态的，如气体燃料在空气中的燃烧，称为单相（或均相）反应；燃料与氧化剂也可以是不同形态的，如固体燃料在空气中的燃烧，称为多相（或异相）燃烧。

（一）化学反应速度及影响因素

1. 化学反应速度

任何化学反应，均可以用以下的化学计量方程式表示

$$a_A + b_B = g_G + h_H \tag{8-3}$$

式中　$a$、$b$——反应物 A、B 的化学反应计量系数；

　　　$g$、$h$——生成物 G、H 的化学反应计量系数。

化学反应速度可以用某一反应物浓度减少的速度（反应物消耗的速度）表示，也可以用生成物浓度增加的速度表示，其常用的单位是 $mol/(m^3 \cdot s)$。按不同反应物或生成物计算在时间 $t$ 的瞬时反应速度为

$$\omega_A = -\frac{dC_A}{dt} \tag{8-4}$$

$$\omega_B = -\frac{dC_B}{dt} \tag{8-5}$$

$$\omega_G = -\frac{dC_G}{dt} \tag{8-6}$$

$$\omega_H = -\frac{dC_H}{dt} \tag{8-7}$$

式中  $C_A$、$C_B$、$C_G$、$C_H$——反应物的 A、B 和生成物 G、H 的浓度。

2. 影响化学反应速度的因素

(1) 浓度对化学反应速度的影响。化学反应是在一定条件下，不同反应物分子彼此碰撞而产生的，单位时间内碰撞次数越多，则化学反应速度越快。分子碰撞次数取决于单位容积中反应物的分子数，即物质浓度。化学反应速度与浓度的关系可以用质量作用定律来说明。

根据质量作用定律，对于均相反应，在一定温度下化学反应速度与参加化学反应的各反应物的浓度成正比，而各反应物浓度项的方次等于化学反应式中相应的反应系数。对式（8-3）表示的化学反应，其反应速度可表示为

$$\omega_A = -\frac{dC_A}{dt} k_A C_A^a C_B^b \tag{8-8}$$

$$\omega_B = -\frac{dC_B}{dt} k_B C_A^a C_B^b \tag{8-9}$$

式中  $k_A$、$k_B$——反应物 A、B 的化学反应速度常数。

对于炭粒的多相燃烧来说，化学反应是在炭粒的表曲进行的，可以认为炭粒的浓度 $C_A$ 不变化。因此，化学反应速度是指单位时间内炭粒表面上的耗氧浓度 $\omega_B$，即

$$\omega_B = -\frac{dC_B}{dt} = kC_B^b \tag{8-10}$$

式中  $k$——炭粒燃烧的化学反应速度常数；

$C_B$——炭粒表面处的氧浓度。

质量作用定律说明，在一定温度下而反应容积不变时，增加反应物的浓度即增大反应物的分子数，分子间碰撞的机会增多，所以反应速度加快。

(2) 温度对化学反应速度的影响。温度对化学反应速度有很大的影响，当反应物的浓度不随时间变化时，化学反应速度就可用反应速度常数 $k$ 来表示，而 $k$ 主要取决于反应温度和参加反应物的性质，它们之间的关系可以用阿累尼乌斯定律表示

$$k = k_0 e^{-\frac{E}{RT}} \tag{8-11}$$

式中  $k_0$——频率因子；

$E$——活化能；

$T$——反应温度；

$R$——通用气体常数。

这样，化学反应速度式可写为

$$\omega_B = k_0 C_B^b e^{-\frac{E}{RT}} \tag{8-12}$$

式（8-12）说明，当反应物浓度不变时，化学反应速度与温度成指数关系，随着温度升高，化学反应速度迅速加快。这种现象可这样来解释：化学反应是通过反应物分子间的碰撞而进行的，但并不是所有的碰撞都能引起化学反应，只有其中具有较高能量活化分子的碰撞才能发生化

学反应。为使化学反应得以进行，分子活化所需的最低能量称为活化能，以 $E$ 表示。能量达到或超过活化能 $E$ 的分子成为活化分子。活化分子的碰撞才是发生化学反应的有效碰撞。当温度升高时，分于从外界吸收了能量，活化分子急剧增多，化学反应速度加快。

在一定温度下，活化能越大，活化分子数越少，则化学速度越慢；反之，若活化能越小，化学反应速反就越快。在相同条件下，不同燃料的焦炭的燃烧反应，其活化能是不同的，高挥发分煤的活化能较小，低挥发分煤的活化能较大。各类煤的焦炭的活化能值（MJ/kmol）分别为褐煤 92～105；烟煤 117～134；无烟煤 140～147。

实际的炉内燃烧过程，反应物的浓度、炉膛压力可以认为基本不变，因此化学反应速度主要与温度有关。温度升高时，活化分子数目急剧增多，反应速度也随之加快。而且活化能数值越大，温度对反应速度的影响就越显著。实际运行中，提高炉膛温度是加速燃烧反应、缩短燃烧时间的重要方法。

（3）压力对化学反应速度的影响。在反应容积小变的情况下，反应系统压力的增高，就意味着反应物浓度增加了，从而使反应速度加快。

化学反应速度与反应系统压力 $p$ 的 $n$ 次方成正比

$$\omega = k_n \chi_A^n \left(\frac{p}{RT}\right)^n \tag{8-13}$$

式中　$k_n$——速度反应常数；

　　$\chi_A$——反应物质 A 的浓度比；

　　$n$——反应级数。

（4）催化反应。如果把少量的催化剂加到反应系统中，使化学反应速度发生变化，则这种作用称为催化作用。催化剂可影响化学反应速度，但化学反应却不能影响催化剂本身。催化剂虽然也可以参加化学反应，但在另一个反应中又被还原，到反应终了时它本身的化学性质并未发生变化，催化作用都有一个共同的特点，即催化剂在一定条件下，仅能改变化学反应的速度，而不能改变反应在该条件下可能进行的限度，即不能改变平衡状态，只能改变达到平衡的时间。从活化能的观点看，催化剂可以改变反应物的活化能。

（5）连锁反应。连锁反应可以使化学反应自动连续加速进行。连锁反应的机理是：在化学反应中，由于某种作用（热力活化、光子作用或者某种激发作用），使反应物形成了初始的活化分子，在某些有利的情况下，活化分子能够使化学反应过程开始出现一系列的中间反应，这些中间反应大都是一些极简单的化学反应。在中间反应过程中，同时会产生一些新的活化分子，形成活化链，这些活化分子需要的活化能又较少，所以一旦形成了活化链，反应就可以自动连续加速进行，直到反应耗尽或连锁中断为止。

从连锁反应的机理可知、其反应过程可分为三个阶段：

1）链的激发形成过程。反而物的分子由于热力活化作用、光子作用或者其他激发作用，开始形成火化分子。

2）链的传递过程。在活化分子与反应物相互化合产生反应产物的同时。又再生新的活化分子，而产生新的活化分子所需的活化能又很小，致使反应加速。

3）链的断裂过程。活化分子与器壁或惰性分子相碰后失去能量，从而使活化分子消失。活化分子消失了，连锁反应就会中断。连锁反应按再生的活化分子数目等于或大于消耗的活化分子数目，可分为不分支连锁反应和分支连锁反应两种。

炭粒燃烧过程中，气流与炭粒的相对速度越大，扰动越剧烈，不仅氧向炭粒表面的供应速度增大，同时燃烧产物离开炭粒表面扩散出去的速度也增大，使氧的扩散速度加快。由于碳的燃烧是在炭粒表面进行的，炭粒直径越小，单位质量炭粒的表面积越大，与氧的反应面积也越大，化学反应消耗的氧就越多，炭粒表面的氧浓度就会降低。炭粒表面与周围环境的氧浓度差越大时氧的扩散速度越大。因此，供应燃烧足够的空气量、增大炭粒与气流的相对速度和减小炭粒直径都可增大氧的扩散速度。

（二）燃烧速度与燃烧区域

固体燃料颗粒的燃烧过程是一个相当复杂的物理化学过程。与燃烧化学反应进行的同时还伴随着某些物理过程、如传质和传热、功量和能量的交换等。

炭粒的多相燃烧反应由下列几个连续的阶段组成，即①参加燃烧的氧气从周围环境扩散到炭粒的反应表面；②氧气被炭粒表面吸附；③在炭粒表面进行燃烧化学反应；④燃烧产物由炭粒解吸附；⑤燃烧产物离开炭粒表面，扩散到周围环境中。

炭粒燃烧速度取决于上述阶段中进行得最慢的过程。上述 5 个阶段中，吸附阶段和解吸附阶段进行得最快，燃烧产物离开炭表面、扩散出去的阶段较快。因此炭的多相燃烧速度取决于氧向炭粒表面的扩散速度和在反应表面上进行的燃烧化学反应，最终取决于其中速度最慢的一个。

在不同温度下，由于化学反应条件与气体扩散条件的影响不同，燃烧过程可能处于以下三种不同的区域。

1. 动力燃烧区

当温度较低时（<1000℃），炭粒表面化学反应速度较慢，供应炭粒表面的氧量远大于化学反应所需的耗氧量，燃烧速度主要取决于化学反应动力因素（温度和燃料的反应特性），而与氧的扩散速度关系不大、这种燃烧反应温度区称为动力燃烧区。在该燃烧区内，温度对燃烧速度起着决定性的作用。因此，提高温度是强化动力燃烧工况的有效措施。

2. 扩散燃烧区

当温度很高时（>1400℃），化学反应速度常数 $k$ 随温度的升高而急剧增大，炭粒表面的化学反应速度很快，以致耗氧速度远远超过氧的供应速度。炭粒表面的氧浓度实际为零。由于扩散到炭粒表面的氧远不能满足化学反应的需要，氧的扩散速度已成为制约燃烧速度的主要因素，而与温度关系不大，这种燃烧反应温度区称为扩散燃烧区。在扩散燃烧区内，改善扩散混合条件，加大气流与炭粒的相对速度，或减小炭粒直径都可提高燃烧速度。

3. 过渡燃烧区

介于上述两种燃烧区的中间温度区，化学反应速度常数与氧的扩散速度系数处于同一数量级，因而氧的扩散速度与炭粒表面的化学反应速度相差不多，这时化学反应速度和氧的扩散速度都对燃烧速度有影响。这个燃烧反映温度区称为过渡燃烧区。在过渡燃烧区内，提高反应系统温度，改善氧的扩散混合条件，强化扩散，才能使燃烧速度加快。

随着燃烧炭粒直径减小，或气流与离子的相对速度增大，氧向炭粒表面的扩散过程加强，燃烧过程的动力燃烧区可以扩散到更高的温度范围，也就是说从动力燃烧区过渡到扩散燃烧区的温度将相应提高。在扩散混合条件不变的情况下，降低反应温度，可以将燃烧过程内扩散燃烧区移向过渡燃烧区甚至动力燃烧区。在煤粉锅炉中，只有那些粗煤粉在炉膛的高温区才有可能接近扩散燃烧。在炉膛燃烧中心以外，大部分煤粉是处于过渡区甚至动力区的。因此，提高炉膛温度和氧的扩散速度都可以强化煤粉的燃烧过程。

对层燃炉来说，燃烧块煤时，一般燃烧是在扩散区进行的。因此只要能保证及时着火即可，而过分提高燃烧区的温度对强化燃烧的作用不大，主要应提高气流速度以强化扩散。因此，对于层燃炉，采用强制通风是强化燃烧的主要措施。

### 二、煤粉燃烧及强化

（一）煤粉燃烧过程

1. 煤粉燃烧三个阶段

煤粉随同空气以射流的形式经燃烧器喷入炉膛，在悬浮状态下燃烧形成煤粉火炬，从燃烧器出口至炉膛出口，煤粉的燃烧过程大致可分为以下三个阶段：

（1）着火前的准备阶段。煤粉气流喷入炉内至着火这一阶段为着火前的准备阶段。着火前的准备阶段是吸热阶段。在此阶段内，煤粉气流被烟气不断加热，温度逐渐升高。煤粉受热后，首先是水分蒸发，接着干燥的煤粉进行热分解并析出挥发分。挥发分析出的数量和成分取决于煤的特性、加热温度和速度。着火前煤粉只发生缓慢氧化，氧浓度和飞灰含碳量的变化不大。一般认为，从煤粉中析出的挥发分先着火燃烧。挥发分燃烧放出的热量又加热炭粒，炭粒温度迅速升高，当炭粒加热至一定温度并有氧补充到炭粒表面时，炭粒着火燃烧。

（2）燃烧阶段。煤粉着火以后进入燃烧阶段。燃烧阶段是一个强烈的放热阶段。煤粉颗粒的着火燃烧，首先从局部开始，然后迅速扩展到整个表面。煤粉气流一旦着火燃烧，可燃质与氧发生高速的燃烧化学反应，放出大量的热量，放热量大于周围水冷壁的吸热量，烟气温度迅速升高达到最大值，氧浓度及飞灰含碳量则急剧下降。

（3）燃尽阶段。燃尽阶段是燃烧过程的继续。煤粉经过燃烧后，炭粒变小，表面形成灰壳，大部分可燃物已经燃尽，只剩少量未燃尽炭继续燃烧。在燃尽阶段中，氧浓度相应减少，气流的扰动减弱，燃烧速度明显下降，燃烧放热量小于水冷壁吸热量，烟温逐渐降低，因此燃尽阶段占整个燃烧阶段的时间最长。

对应于煤粉燃烧的三个阶段，煤粉气流喷入炉膛后，从燃烧器出口至炉膛出口，沿火炬行程可分为着火区、燃烧区与燃尽区三个区域，其中着火区很短，燃烧区也不长，而燃尽区却比较长。

2. 炭粒燃烧

煤粉燃烧的关键是其中炭粒的燃烧。这是因为：焦炭中的碳是大多数固体燃料可燃质的主要成分；焦炭的燃烧过程是整个燃烧过程中最长的阶段，在很大程度上能决定整个粒子的燃烧时间；焦炭中碳燃烧的放热量占煤发热量的 40%（泥煤）～95%（无烟煤），它的发展对其他阶段的进行有着决定性的影响。因此，煤粉的整个燃烧过程中，关键在于组织好焦炭中碳的燃烧。

炭粒的燃烧机理是比较复杂的，炭粒与氧之间的燃烧属于多相燃烧，其反应是在炭粒表面进行的。周围环境中的氧不断向炽热炭粒表面扩散，在其表面进行燃烧。其反应生成的二氧化碳和一氧化碳即可通过炭粒周围的气体介质向外扩散出去，又可向炭粒表向扩散 CO，向外扩散时遇氧燃烧生成 $CO_2$；$CO_2$ 向炭粒扩散时，在高温下与碳进行气化反应生成 CO。

锅炉燃烧设备中，煤粉炉内的煤粉处于悬浮状态，空气流与煤粉粒子间的相对速度很小，可认为焦炭粒子是处在静止气流中进行燃烧的。而在旋风炉和流化床锅炉中，煤粉在燃烧过程中还受到气流的强烈冲刷。当炭粒在静止的空气中燃烧时，在不同的温度下，上述这些反应以不同的方式组合成炭粒的燃烧过程。

应该指出，炭粒的实际燃烧过程是在更为复杂的情况下进行的。除上述温度会影响反映进程外，其他因素，如整个过程是否等温、炭粒的几何形状和结构以及炭粒周围气流性质等，也会对反应进程有一定影响。因此为强化燃烧过程，必须根据如前所述的三个燃烧阶段的特点和要求，采取不同的方式和措施。

（二）煤粉燃烧强化

煤粉一旦着火就进入燃烧中心区。在这里，除少量粗煤粉接近扩散燃烧工况外，大部分煤粉处于过渡燃烧工况。因此，强化燃烧过程既要加强氧的扩散混合，又不得降低炉温，具体措施有：

### 1. 合理送入二次风

煤粉气流着火后放出大量的热量，炉温迅速升高，火焰中心的温度可达 1500～1600℃，因燃烧速度加快，一次风中的氧很快耗尽。由于煤粒表面氧量不足将会限制燃烧过程的发展，因此应及时供应二次风。二次风加入的时间要适合，二次风混入过早，相当于增加了一次风量，使着火热增加，着火推迟；二次风混入过晚，氧量供应不足，又会使燃烧速度减慢，化学不完全燃烧热损失增加。二次风加入的时间与煤种和燃烧器形式有关。由于二次风温比炉温低得多，为了不降低燃烧中心区的温度，在燃烧挥发分较低的煤时，其二次风应该在煤粉气流着火后随着燃烧过程的发展分期分批送入。

### 2. 较高的二次风速和风温

二次风除了应适时适量供应之外，二次风还应具有较高的温度，以免炉温降低影响燃烧，同时还应具有较高的风速，以加强氧的扩散和一、二次风的混合。二次风速一般应大于一次风速，但是二次风速也不能比一次风速大得太多，否则会迅速吸引一次风，使一、二次风混合提前，以导致影响着火。二次风速应与一次风速保持一定的速度比，其最佳值决定与煤种和燃烧器形式。

### 3. 合理组织炉内空气动力工况

炉膛中煤粉是在悬浮状态下燃烧的，空气与煤粉的相对速度很小，混合条件很不理想。为了能使煤粉与补充的二次风速充分混合，除了二次风应具有较高的速度外，还应合理组织好炉内的空气动力工况，促进煤粉和空气的混合。炉内空气动力工况与炉膛、燃烧器的结构形式以及燃烧器在炉膛中的布置等问题有关。

### 4. 保持较高的炉温

保持较高的炉温不仅是强化着火的措施，而且是强化煤粉燃烧和燃尽的有效措施。炉温与许多因素有关。对于挥发分较低的煤，采用热风送粉和较高的二次风温，对维持较高的炉膛温度是很重要的。当然，炉膛温度也不能太高，要注意防止炉膛结渣和过多 $NO_x$ 的形成等问题。

### 三、燃烧过程着火和熄火的热力条件

当各种燃料在自然条件下（温度很低时），尽管和氧接触，但只能缓慢氧化而不能着火燃烧。但是将温度提高到一定值后，燃料和氧的反应就会自动加速到相当大的程度，而产生着火和燃烧。由缓慢氧化状态转变到高速燃烧状态的瞬间过程称为着火，转变的瞬间温度称为着火温度。

煤粉与空气组成的可燃混合物的着火、熄火以及燃烧过程是否稳定地进行，都与燃烧过程的热力条件有关。因为在燃烧过程中，必然同时存在放热和吸热两个过程，这两个互相矛盾过程的发展，对燃烧过程可能是有利的，它也可能是不利的，它会使燃烧过程发生（着火）或者停止（熄火）。

在相同的测试条件下，不同燃料的着火、熄火温度不同；而对同一种燃料而言，不同的测试条件也会得出不同的着火温度。对煤而言，反应能力越强的煤，其着火温度越低，越容易着火，也越容易燃尽；反之，反应能力越低的煤，如无烟煤，其着火温度越高，越难以着火和燃尽。

从上面的分析可知，要加快着火，可以从加强放热和减少散热两方面着手。在散热条件不变的情况下，可以增加可燃混合物的浓度和压力，增加可燃混合物的初温，使放热加强；在放热条件不变时，则可采用增加可燃混合物初温和减少气流速度、燃烧室保温等减少放热措施来实现。

# 第九章 受热面检修

## 第一节 受热面检修总则

### 一、本体检修安全措施

做好安全措施是受热面检修的第一步，也是最重要的一步，为保证检修工作安全进行，先必须做好下列工作：

(1) 隔绝锅炉汽、水来源，锅炉放水降压至零。

(2) 加强通风，把炉温降到60℃以下才能进入炉内。

(3) 脚手架搭设牢固，并尽量采用竹架，少用或不用钢管，避免拆除时碰坏下部受热面。

(4) 炉内采用安全行灯照明。

(5) 完工后，要确保炉内无杂物，工作人员才能关闭人孔门。

(6) 安全带要系在安全、牢固的地方。

### 二、受热面清扫

**1. 受热面清扫意义**

锅炉在运行中，本体的受热面设备会发生不同程度的脏污、磨损、腐蚀和蠕胀变形等缺陷，因此在锅炉的小修、大修中，对本体受热面的检查和修理，常常是检修工作中的主要工作。检修前彻底清除受热面管外壁的结焦和积灰，不仅对管外壁缺陷的检查提供了方便，而且也为在炉内进行检修工作创造了条件。这样做还可改善受热面的传热，提高锅炉的热效率。从这个意义上讲，受热面的清扫，不能单纯认为是为下一道工序做准备的，它实质上就是检修工作的一部分。

**2. 受热面清扫方法**

运行中的锅炉在停止燃烧、主汽门关闭之后，就算检修工作的开始，但由于炉内的温度还很高，实际上检修工作并不能进行。等到炉内温度降至60℃以下时，才能进入炉膛搭设脚手架，当炉内温度降至40℃以下时，才能进行炉内的全面清扫工作。

受热面清扫一般是用压缩空气吹掉浮灰和脆性的硬灰壳，对于黏结于受热面管子上吹不掉的灰垢，可用刮刀、钢丝刷及机械化清扫工具予以清除。清扫应顺烟气流向进行，并启动引风机予以配合，把烟尘吸出。

清扫中发现管排间有砖头、铁块等杂物时要及时拾出，以免这些东西影响烟气流动，使烟气产生涡流而磨损管子。发现发亮或磨损的管子应做出记号，以便测量和检修。

炉膛内的清焦是从上向下进行的，在炉膛温度降至70℃时，虽然炉膛中还不能进入，但可从炉外打开人孔门，看火孔等用铁棍进行清焦，待到能进入炉膛中时再进一步清焦。清焦要有可靠的安全措施，避免焦块坠落伤人或损坏下部水冷壁管。

**3. 受热面清扫要求**

受热面清扫要达到浮灰积垢厚度即使在个别地点也不超过0.3mm，敲击管子使其振动时也不向下落灰。这时在炉内各部位进行锯管、锉管、焊接等工作，就不会因灰尘飞扬而影响工作了。

### 三、受热面检查

受热面检查主要是检查它的变形、磨损、胀粗、蠕胀、腐蚀、机械损伤等是否超标。

(1) 检查要有重点，特别是对于高热负荷压、烟气拆转压、烟气走廊、烟气高流速区等。

(2) 合金钢管胀粗不能大于原来直径的 2.5%。

(3) 碳钢管胀粗不能大于原管直径的 3.5%。

(4) 合金钢管磨损局部面积小于或等于 $10cm^2$，磨损量不能小于原壁厚的 1/4。

(5) 碳钢管磨损量不能超过原壁厚的 1/3，局部面积小于或等于 $10cm^2$。

### 四、换管

在锅炉受热面检修的时候，经常要对存在缺陷的管材进行更换，在换管的过程中，应遵循以下检修规则：

**(一) 旧管割除**

(1) 受热面检修人员应仔细核对要割除管的具体位置，以防止出现割错管排现象的发生。

(2) 管道和受热面管子对接接头的布置位置应符合下列规定：

1) 管子的对接接头应位于管子的直段部分。

2) 受热面管子的对接接头中心，距管子弯曲起点或汽包、集箱外壁及支吊架边缘的距离应不小于 70mm。

3) 管道对接接头中心距弯管的弯曲起点不得小于管道外径，且不小于 100mm，距管道支吊架边缘不得小于 50mm。对于焊后需做热处理的接头，该距离不得小于焊缝宽度的 5 倍，且不应小于管子外径。

4) 管道、受热面管子两对接接头之间的距离不小于 150mm，且不应小于管子外径。

5) 疏放水及仪表管等的开孔位置应避开管道接头，开孔边缘距对接接头不应小于 50mm，且不应小于管子外径。

6) 接头焊缝位置应便于施焊、探伤、热处理和修理。

(3) 割除时尽量采用机械方法，如用气割下料，切口部位应预留 5~10mm 的加工余量，在加工坡口时全部除掉，从而除去淬硬层及过热金属。

(4) 水冷壁割管时，严禁用气割切割，必须用专用切割工具机械切割；下部割开后，必须用专用管堵堵上，以防工具、杂物等落入管内。

(5) 相邻两根或两根以上水冷壁更换时，切割部位应上下交错。

(6) 悬吊管局部更换时必须先将切割点承重一侧的管子加以固定稳妥以后方可割管，焊接结束后方可撤去固定装置。

(7) 管子割除时不得损伤相邻有用的管子。

**(二) 材料准备**

(1) 焊接前必须对管材进行 100% 光谱分析和涡流探伤检查，并 100% 进行通球，通球直径为管内径的 80%，另外需对管材进行宏观检验，管材表面应无裂纹、重皮、撞伤、龟裂压扁、沙眼、凹坑等缺陷。

(2) 弯管椭圆度应符合表 9-1 的要求。

(3) 管子弯头处减薄应符合表 9-2 的要求。

**(三) 坡口加工及对接**

(1) 受热面各垂直管的下部焊口坡口打磨前，要用易溶纸将管口堵严，以防打磨坡口时杂物及破损工具落入管内。

**表 9-1** 　　　　　　　　　　　　　　　　弯管椭圆度的要求

| 弯管半径 $R$ | $R \leqslant 1.4D_w$ | $1.4 < R \leqslant 2.5$ | $R \geqslant 2.5$ |
|---|---|---|---|
| 椭圆度 $\alpha$ | $\leqslant 14\%$ | $\leqslant 12\%$ | $\leqslant 10\%$ |

椭圆度计算公式

$$\alpha = \frac{D_{max} - D_{min}}{D_w} \times 100\%$$

式中　$D_{max}$——弯头截面上最大直径，mm；

　　　　$D_{min}$——弯头截面上最小直径，mm；

　　　　$D_w$——弯头公称外径，mm

**表 9-2** 　　　　　　　　　　　　　　　　管子弯头处减薄的要求

| 弯曲半径 $R$（mm） | $R \leqslant 1.8D_w$ | $1.8D_w < R < 3.5D_w$ | $R \leqslant 3.5D_w$ |
|---|---|---|---|
| 减薄量 $b$ | $\leqslant 25\%$ | $\leqslant 15\%$ | $\leqslant 10\%$ |

减薄量计算公式

$$b = \frac{S_0 - S_{min}}{S_0} \times 100\%$$

式中　$S_{min}$——管子弯头处最薄

（2）管子的坡口形式应按设计图纸规定加工，如无规定时，坡口的形式和尺寸应按能保证焊接质量、填充金属量少，改善劳动条件、便于操作、减少焊接应力和变形，适应探伤要求等原则选用（坡口尺寸要求见各受热面）。

（3）坡口端面要平整并与管子中心线垂直，其偏斜度 $\Delta f$ 不得超过表 9-3 的规定。

**表 9-3** 　　　　　　　　　　　　　　　　坡口端面偏斜度的规定

| 图　　例 | | $\Phi$（mm） | $\Delta f$（mm） |
|---|---|---|---|
| | | $\leqslant 60$ | 0.5 |
| | | $60 \sim 159$ | 1.0 |
| | | $159 \sim 219$ | 1.5 |
| | | $> 219$ | 2.0 |

（4）壁厚不同的管子对接时，根据其厚度差可按下列方法处理：

1）内壁尺寸不相同而外壁齐平时，可加工成图 9-1（a）的形式。

2）外壁尺寸不相同而内壁齐平时，可加工成图 9-1（b）的形式。

3）内外壁尺寸均不相同时，可加工成图 9-1（c）的形式。

4）内壁尺寸不相同，壁厚差小于或等于 5mm 时，在不影响焊件强度的条件下可加工成图 9-1（d）的形式。

（5）坡口加工后应检查坡口母材处无裂纹、重皮、坡口损伤及毛刺等缺陷；并且坡口加工尺寸符合图样要求。

（6）对口前应将坡口表面及其附近 10～15mm 区域内的内外壁的油、漆、垢、锈等清理干净直至发出金属光泽，清理后如过 24h 再焊，需要重新清理。

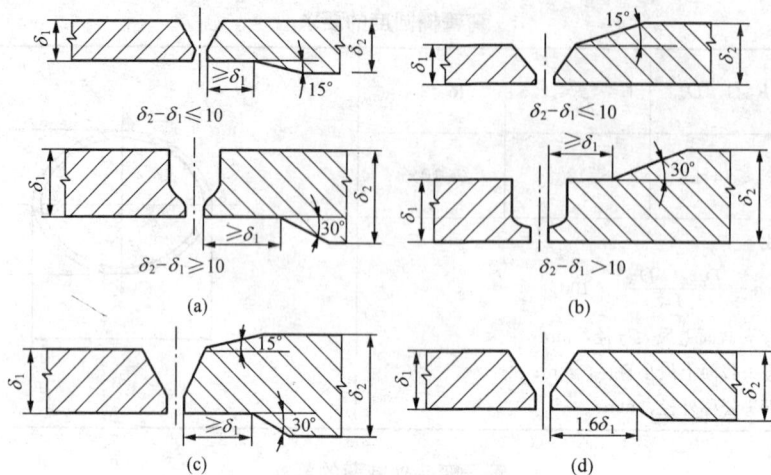

图 9-1 不同厚度对口时的处理方法

(a) 内壁尺寸不相等；(b) 外壁尺寸不相等；(c) 内外壁尺寸均不相等；(d) $\delta_2 - \delta_1 \leqslant 5mm$

(7) 对口时，应做到内壁齐平，严格控制对口间隙最大差值（$\Delta P$）和错口量（$\Delta \delta$），$\Delta \delta$ 应不超过管子壁厚的 10%，且不大于 1mm，$\Delta P$ 也应不超过 1mm（见图 9-1）。

(8) 管子对口符合要求后，应垫置牢固，避免焊接或热处理过程中管子的移动。

（四）焊接

(1) 热处理。碳钢管焊时一般不做热处理，除非是管壁较厚或环境温度太低，薄壁合金钢管焊时不做热处理，一般要求做热处理。

(2) 焊接牢固。拍片做质量检查，若有缺陷，可做补焊处理（焊接时要尽可能避风）。

**五、防磨瓦的安装**

在锅炉绝大部分的对流受热面都安装了蒸汽吹灰器，在蒸汽吹灰器运行时由于射流速度高，且含灰粒，这样在吹灰器射流区域的管子磨损非常严重。对于防止吹灰器射流区域受热面管子的磨损，可以采取最直接和有效的方法就是在易磨损部位加装防磨瓦。总体来讲，防磨瓦的固定有以下三种方法：

(1) 防磨瓦两端用夹子固定。

(2) 防磨瓦一侧焊接、一侧用夹子固定。

(3) 两块防磨瓦扣在一起将管子包住，防磨瓦接头处全部满焊。

# 第二节 水冷壁检修

**一、水冷壁检修项目**

根据 DL/T 838—2003《发电企业设备检修导则》，水冷壁 A 级检修项目如下：

1. 标准项目

(1) 清理管子外壁焦渣和积灰，检查管子焊缝及鳍片。

(2) 检查管子外壁的磨损、胀粗、变形、损伤、烟气冲刷和高温腐蚀，水冷壁测厚，更换少量管子。

(3) 检查支吊架、拉钩膨胀间隙。

(4) 调整集箱支吊架紧力。

(5) 检查、修理和校正管子、管排及管卡等。

(6) 打开集箱手孔或割下封头，检查清理腐蚀、结垢，清理内部沉积物。

(7) 割管取样。

2. 特殊项目

(1) 更换集箱。

(2) 更换水冷壁管超过 5%。

(3) 水冷壁管酸洗。

## 二、水冷壁检修

水冷壁管常常发生的缺陷是管子变形、管子附件烧坏或脱落、管子烧粗和磨损等。

### （一）管子弯曲变形

1. 水冷壁管子弯曲变形的主要原因

水冷壁管子弯曲变形的主要原因是正常的膨胀受到阻碍，于是促使管子弯曲变形；管子拉钩、挂钩烧坏而使管子向炉膛内突出去而成为变形；运行中严重缺水使管子过热或管内结垢传热恶化使管子超温引起永久性变形等。

2. 修理方法

管子弯曲变形的修理方法大致分为炉内校直和炉外校直两种。如果管子弯曲值不大，为数又不多，可采用局部加热校直的方法，在炉内就地进行。对弯曲值较大，且处于冷灰斗斜坡处的管子，也可在炉内校直，其方法是一边将弯曲部分加热，一边用链条葫芦在垂直于管子轴线的方向上加拉力，使之校直。

如果有弯曲缺陷的管子很多，其弯曲值又较大，就应把它们先割下来，拿到炉外校直，加工好坡口，再装回原位进行焊接。对所割的管段要进行编号，装回原位时要对号入座。如果有的弯曲变形的管子，属于超温变形，则一定同时伴有管子的胀粗，那就必须更换新管子。

割管时要注意：割管的位置应在距离弯曲起点 70mm 以上，而距水冷壁挂钩的边缘要在 150mm 以上。

### （二）水冷壁拉、挂钩检修

1. 常见的水冷壁拉、挂钩缺陷

非悬吊结构的锅炉水冷壁管一般都装有上部挂钩和下部拉钩（见图 9-2 和图 9-3）。检修中常见的缺陷是拉、挂钩的耳环（或铁板）烧坏和焊口拉开，使其失去作用，造成管子位移。

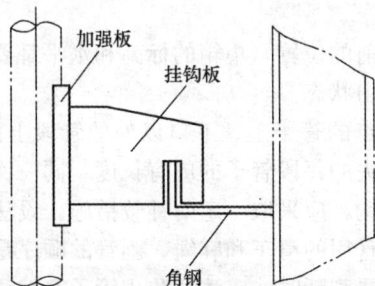

图 9-2 上部挂钩              图 9-3 下部挂钩

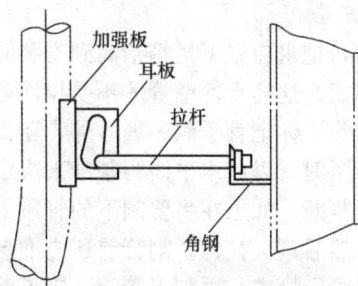

2. 水冷壁拉、挂钩缺陷的检查方法

检查拉、挂钩是否正常的方法是，在炉内用撬棍对拉、拉钩所在位置的上下或上方逐根地将管子撬动，根据管子活动情况来判断拉、挂钩是否完整。如果管子活动范围较大，就应核实管子的拉、挂钩有无问题。此外，根据管排的不平整程度，也可作出判断。当管排比较平整，管子间距又小，伸不进撬棍，则可在炉外割开护板，拆除部分炉墙，对拉、挂钩情况进行检查。发现挂钩有缺陷时要进行处理，拉、挂钩损坏的要更换；开焊的焊缝要进行补焊。

（三）管子烧粗和鼓包

1. 管子烧粗和鼓包的原因

水冷壁管烧粗和鼓包，是由于局部管壁金属温度过高所致。鼓包一般多出现在热强度较高（如火焰中心上方和结焦处上方）且内壁有污垢的管子的向火面上。在背火面一般不鼓包，但烧粗是可能的。一些内壁很清洁的管子当其水循环有故障时，因局部过热而形成烧粗甚至爆管，也是常见的。

2. 检查方法

检查时可先用眼睛宏观检查，看有无胀大、隆起之处，对有异常的管子可用测量工具，如卡尺、样板来测量，胀粗超标的管子及鼓包的管子应更换，同时还要查胀粗的原因，并从根本上消除。

（四）管子磨损

1. 管子磨损原因

由于灰粒、煤粉气流漏风或吹灰器工作不正常时发生的冲刷及直流燃烧器切圆偏斜均会导致水冷壁的磨损。水冷壁管子的磨损常发生在燃烧器口、三次风口、观察孔、炉膛出口处的对流管，有时焦块的坠落也会击伤冷灰斗斜坡上的管子。因此对于这些地方周围的管子，要采取适当的防磨措施。

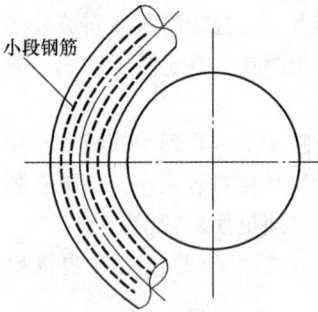

图 9-4 在燃烧器周围管子上贴焊小段钢筋

2. 防磨措施

常用的方法是在容易磨损的管子上贴焊短钢筋（见图 9-4），因为短钢筋和水冷壁管接触良好能得到良好冷却，所以也不易烧坏。有些电厂还采用电弧喷涂防磨涂料等措施。在检修中应仔细检查上述各处的磨损情况，检查防磨钢筋是否被烧坏，如有损坏要修复。若检查水冷壁管子磨损严重，要查出原因，予以消除，当磨损超过管子的 1/3 时，应更换新管。

（五）水冷壁换管工作

1. 换管原因

当水冷壁蠕胀、磨损、腐蚀、外部损伤产生超标缺陷或运行中发生泄漏时，均需更换水冷壁管。水冷壁检修中如果需要更换较多数量的管子，必须合理安排施工工艺过程，以保证施工质量。

2. 换管方法

在割管前，把水冷壁下集箱抬高到安装时冷拉前的位置，集箱的标高和水平都要测量好，然后临时焊牢固定。这样水冷壁管才不受拉而处于自由状态。

割管前，除了标记管子顺序编号外，还得在预定的管子上、下口以外的管段上画出水平线，以便在装回管子时，以此水平线为基准来决定装回去的每段管子的应有长度。同一回路的管子要在同一标高上割断。如果在将要割下的管段上有挂钩，应采取一定的补救措施，设法把没有挂钩的管段固定，然后割去挂钩。割管前还应准备好吊管用的滑车和麻绳，割管的顺序是先割断上管口，用麻绳把管子拴牢，再割下管刀。当下管口快要割断时，应注意防止管子突然移位碰伤人。

被割下的管子要及时从人孔门等处运到炉外，对下部管口要盖好，避免落入杂物。对膜式水冷壁，虽然不存在拉钩问题，但割管前必须把管上的炉墙部分割除，并把相邻管子间的鳍片焊接部分割开，才能割下管子。

上、下部管口的熔渣要清除掉，用坡口机加工好坡口。准备换上去的管子也要加工好坡口，经过通球试验，然后用对口卡子进行对口，先对下口，后对上口，找正后先点焊，后焊接。

当同一回路的水冷壁管焊接完毕，可进行水冷壁拉、挂钩的恢复安装，接着调整管排的平整度，并撤掉集箱的支垫物和临时焊固点，并把下集箱的导向膨胀滑块恢复正常，同时要调整好集箱的膨胀指示器。

## 第三节　省煤器检修

### 一、省煤器检修项目

根据 DL/T 838，省煤器 A 级检修项目如下：

1. 标准项目

(1) 清扫管子外壁积灰。

(2) 检查管子磨损、变形、腐蚀等情况，更换不合格的管子及弯头。

(3) 检修支吊架、管卡及防磨装置。

(4) 检查、调整集箱支吊架。

(5) 打开手孔，检查腐蚀结垢，清理内部。

(6) 校正管排。

(7) 测量管子蠕胀。

2. 特殊项目

(1) 处理大量有缺陷的蛇形管焊口或更换管子超过 5% 以上。

(2) 省煤器酸洗。

(3) 整组更换省煤器。

(4) 更换集箱。

(5) 增、减省煤器受热面超过 10%。

### 二、省煤器检修

省煤器检修中经常遇到的问题是外壁磨损、内壁腐蚀、管子漏水等，其中主要的是外壁磨损。

(一) 省煤器磨损检修

1. 磨损类型

省煤器的磨损有两种，一是均匀磨损对设备的危害较轻；二是局部磨损，危害较重，严重时只需几个月，甚至几周就会导致省煤器泄漏。

2. 影响因素

影响省煤器磨损的因素很多，省煤器是很密集的管排，烟气在其中有较高的流速。如果炉烟内含有较多的灰粒，或在启动锅炉的过程中由于燃烧不完全而使大量煤粉随炉烟跑向尾部，都会加剧对省煤器的磨损速度。但是造成省煤器的局部磨损完全是由于烟气流速和灰粒浓度分布不均匀，而这又与锅炉的结构和运行工况有直接关系。

3. 磨损检查

在锅炉大、小修时，对省煤器的磨损情况应高度重视，仔细检查。被磨损的管子部分，从外观看光精发亮，严重时迎烟气的正中间留一道脊棱，两侧被磨成平面或凹沟。对省煤器管子的磨损检查，重点应放在下列位置：

(1) 烟气最先接触的各组省煤器管子的第 1~3 排。

(2) 烟气流向转弯处的外侧，烟气中灰粒因离心力作用在此处集中。

(3) 蛇形管弯头部位，弯头外侧成烟气走廊，流速加快。

(4) 管子支吊卡周围，支吊卡可能挡住一部分烟道，使烟速局部地方加大，加剧了磨损。

（5）人孔门不严密处附近的管子，向内漏风，加快流速，加剧磨损。

（6）防磨装置鼓起、歪斜、脱落之处。

4. 检修措施

对严重磨损的省煤器管子，可进行就地处理，也可将部分管子抽出炉外处理。管子磨损面积小，局部出现凹沟、脊棱时，可以就地补焊。磨损面积较大、磨损厚度超过规程规定时，则必须更换新管。省煤器换管时，要考虑到新管所处的位置及支吊架情况，一般先拆除部分烟道侧墙，将已经磨损的省煤器管子整排地抽出，然后换上预先准备好的蛇形管管排。

因省煤器管子的更换工作难度较大，一旦决定更换管子时，最好更换新的高质量的管子，一般都不用旧管搞迁就式的修补工作。预先组装好的省煤器蛇形管管排，应分别做通球试验和水压试验，而后用压缩空气把管内的积水吹净。

对易磨损的省煤器管子，在没有磨损之前就装上防磨装置，能起到明显的效果。对新换上去的省煤器蛇形管管排，必须完整地装上防磨装置，对刚刚发现有磨损现象的省煤器管子，也可以用装防磨装置的办法防止管子的继续磨损。

5. 防磨装置

（1）防磨罩。如图9-5所示，用圆弧形铁板扣在省煤器管子和管子弯头处，一端点焊在管子上，另一端使用抱卡。有时为了使其牢固地贴在管子上，还用耐热钢丝将其缚扎住。

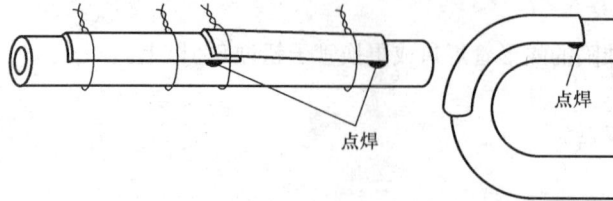

图9-5　省煤器防磨罩

（2）保护板或均流板。如图9-6所示，在烟气走廊的入口和中部，装一层或多层长条护板，以增加对烟气的阻力，防止局部烟气流速过高。

（3）护帘。如图9-7所示，在烟气走廊处将整排直管或整片弯头保护起来，可防止烟气转折时由于离心力的作用，浓缩的粗灰粒对弯头的磨损。但是采用护帘保护弯头时蛇形管管排的弯头必须平齐，否则会在护帘后面形成新的烟气走廊。

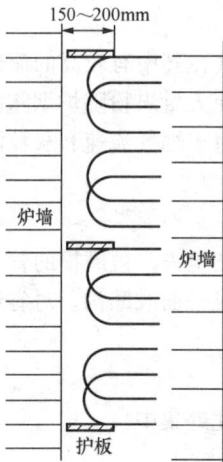

图9-6　省煤器保护板

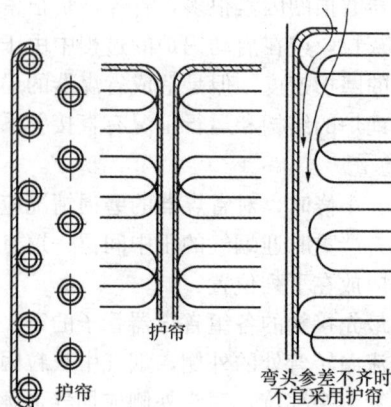

图9-7　省煤器护帘

（二）省煤器腐蚀检修

1. 腐蚀原因

当锅炉给水除氧设备运行不好时，给水中含有溶解氧，从而使给水管道和省煤器发生氧腐蚀。当腐蚀严重时，会使管子穿孔泄漏。

2. 检查方法

大修时，应根据化学监督的要求，在省煤器的高温段或低温段割管检查，掌握管子内部的腐蚀结垢情况，判断管子的健康状况。如果管子腐蚀严重，腐蚀速度不正常，则应查明原因，采取对策。

3. 检修措施

当管子的腐蚀坑数量多，深度较深，且管子壁厚减薄 1/3～2/3 时，为避免管子在运行中频繁泄漏，造成临修，应更换这些管子。

为了节省检修费用，充分利用管排钢材的使用价值，还可以采用一种管排翻身的做法，即将省煤器蛇形管整排拆出，经过详细检查，再翻身装回去，使已磨损的半个圆周处于烟气流的背面，而未经磨损基本完整的半圆周处于烟气流的正面，承受磨损。这样翻身后的管子可使用相当于未翻身前使用周期 60%～80% 的时间，既保证了设备的健康水平，又节约了钢材。在更换新管或翻身后，要及时加上防磨装置。

（三）省煤器管子的换管要求

（1）对于有严重缺陷的管如有磨损、变形、腐蚀、砂眼、裂纹、鼓包、重皮等管应重新更换新管，新更换管段不能小于 200mm，焊口距弯头起弧处不得小于 150mm。

（2）更换管子的坡口角度为 30°±2°，钝角 1mm，对口间隙为 1～1.5mm。冷弯和热弯管子弯头椭圆度不得大于 7%，无重皮或硬伤。直管段弯曲±5mm。

（3）更换用的新管必须经 100% 无损检验，不允许使用有缺陷的、不合格的钢材。

# 第四节　过热器检修

## 一、过热器检修项目

根据 DL/T 838，过热器 A 级检修项目如下：

1. 标准项目

（1）清扫管子外壁积灰。

（2）检查管子磨损、胀粗、弯曲、腐蚀、变形情况，测量壁厚及蠕胀。

（3）检查、修理管子支吊架、管卡、防磨装置等。

（4）检查、调整集箱支吊架。

（5）打开手孔或割下封头，检查腐蚀，清理结垢。

（6）测量在 450℃ 以上蒸汽集箱管段的蠕胀，检查集箱管座焊口。

（7）割管取样。

（8）更换少量管子。

（9）校正管排。

（10）检查出口导汽管弯头、集汽集箱焊缝。

2. 特殊项目

（1）更换管子超过 5%，或处理大量焊口。

（2）挖补或更换集箱。

(3) 更换管子支架及管卡超过 25%。

(4) 增加受热面 10% 以上。

(5) 过热器、再热器酸洗。

**二、过热器检修**

大容量机组的过热器和再热器受热面在锅炉总受热面中占了很大的比例，必须布置在高温区域，其工作条件也是锅炉受热面中最恶劣的，受热面管壁温度接近于钢材的允许极限温度。过热器长期在高温烟气中工作，管内蒸汽温度也较高，因此常常出现管子被烧粗的缺陷。此外，吊卡烧坏脱落、管子磨损、焊口泄漏等缺陷也常发生，它们都会影响锅炉的安全经济运行。因此过热器常见的损坏形式多为超温过热、蠕胀爆管及磨损。

**（一）蠕胀检查**

1. 蠕胀原因

管子蠕胀（烧粗）现象一般容易出现在高温烟气区的排管上（特别是进烟气的头几排上），并以管内蒸汽冷却不足者为最甚。并列工作的过热器管子，因管内蒸汽流动阻力不同（由于焊口内有金属熔瘤、管中存在杂物、弯头处的截面缩小、启动过程中有水塞现象等因素造成），或因管子外部结渣和内部结垢的程度不同，都可能引起管壁温度的显著差别。

当个别管壁温度超过该管金属材料所允许的限值，就要产生过热器烧粗，烧粗到严重程度时就会发生突然爆破，迫使锅炉停止运行，甚至造成对外停止送电、送热的事故。

2. 蠕胀检查

在检修中要用一种为某种管子特制的外径卡规检查胀粗的情况，测量过热器的外圈管管径和过热器的引出管及其他可能发生蠕胀的蛇形管管径。合金钢管和碳钢管胀粗分别不能超过原直径的 2.5% 和 3.5%（或按检修规程要求），超过时要做好记录并更换新管，同时应研究和分析产生胀粗的原因和找出解决办法。

对于每一台锅炉过热器的高温部位，都应根据具体特点规定固定的监视管段，每次大修时都要重点检查这些部位，并按预定的表格形式做好记录。

**（二）磨损检查与检修**

1. 磨损原因

锅炉燃料燃烧时产生的烟气中带有大量灰粒，灰粒随烟气流过受热面管子时会对过热器造成磨损，尤其是屏式过热器下端和折焰角紧贴的部分，水平烟道的过热器两侧及底部，烟道转弯处的下部，水平烟道流通面积缩小后的第一排垂直管段，管子处于梳形卡接触的部分磨损特别严重。

2. 磨损检查

(1) 检查吹灰器吹扫区域内的管子或壁厚测量。

(2) 检查墙式过热器吹扫孔四周管子或测量壁厚。

(3) 检查蛇形管弯头或测量壁厚。

(4) 检查从管排或管屏出列的管子或测量壁厚。

过热器的磨损同样是造成爆管事故的主要原因之一，在检修中要认真对待。过热器管子磨损一般发生在局部位置上。当局部磨损面积大于 $10cm^2$，磨损厚度超过管壁原厚的 1/3 时，就应更换新管。

3. 防磨措施

为了减少磨损，在易磨损的部位，常采用防磨措施，如加防磨罩或防磨板，如图 9-8 所示。

**（三）检查内部腐蚀和结垢**

为了加强对过热器管段的监督，摸清过热器管子变化和损坏的规律，检修时最好固定专人做

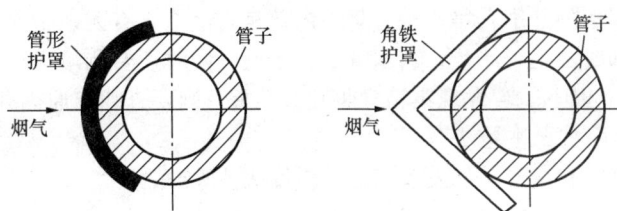

图 9-8　防磨护罩

监视管段的测量工作；并割取一截管样检查内部腐蚀和结垢情况。对于无问题者，把管样焊回原位。对于腐蚀、结垢严重者，要进行金相组织检查，并分析原因采取相应对策。割管换管要求是：

（1）与化学、金属监督人员一同对各过热器取样位置进行确认，并记录好所在的位置、蒸汽和烟气的流向及长度。

（2）用往复式电锯或气割将管子进行割除。

（3）割除后在管子开口处加工坡口，并在开口处的内外壁用电磨头磨出金属本色，若不能立即焊接，则应在焊口端面将朝天口用专用堵头或塑料盖封堵，并贴上封条。

（4）在上下口的坡口端面量取更换管尺寸，然后按该尺寸减掉 4～5mm 数据，则为新管尺寸。

（5）新管按焊接要求加工坡口并在两端的内外壁用电磨头磨亮直至露出金属本色，去除锈垢。

（6）新管焊接前，应对其内外壁进行检查，在管子的全长选择 3～4mm 处，用游标卡尺测量其椭圆度，在两端测量其内外径的偏差，对新弯制的弯头，应在弯头处用测厚仪测量其壁厚的减薄量以及椭圆度，并做通球实验。

（7）新管焊接前应由金属督查人员作光谱检查，确认与原管的材质相同。

（8）新管焊接，所对应的材料采用不同焊接工艺，如焊接前预热，焊接后进行回火热处理。

（9）焊接必须全氩弧焊。

过热器的吊夹、梳形卡和夹板等零件烧损、脱落的缺陷也是常见的。这些缺陷的存在，可能造成管排位移、管子弯曲和变形、管子磨损和管排间堵灰变得严重等后果，在检修中要仔细检查，认真处理。变形不大的可以用火焊烤红予以校正。焊缝开焊的应予补焊，烧损和脱落的要更换新的。换上新零件之后，应调整好位置和间距，并保证管子能自由膨胀。

**三、过热器集箱检修**

1. 集箱焊缝检查

（1）集箱管座角焊缝应进行全面普查或无损探伤。

（2）焊缝裂纹补焊前应对裂纹进行打磨，在确认无裂纹痕迹后方可进行焊接，并采取必要的焊前和焊后热处理的措施。

2. 集箱外观检查

检查集箱外壁的腐蚀点，应特别注意检查集箱表面和管座孔周围的裂纹。然后，对集箱进行金相检查，对金相检查超标的集箱应进行寿命评估，并采取相应的措施。大修中特别注意检查表面裂纹和管孔周围处的裂纹，必要时进行无损探伤。若发现裂纹、则要进行返修处理。

3. 集箱内部检查和清理

大型锅炉集箱检查孔一般采用焊接结构，通常并不一定每次大修进行集箱内部的检查。但在运行多年后，应有计划地割开手孔堵头检查集箱内部是否清洁，有无杂物或氧化堆积物，清理集箱内部积垢，集箱内部腐蚀是否严重，疏水管是否畅通。同时还要测量集箱的弯曲度，集箱的允许弯曲度一般在3/1000以下。若发现集箱弯曲变形严重，则要查找出原因并消除。

4. 集箱吊杆、吊耳及支座检查

(1) 检查吊杆的腐蚀和变形。如发现问题，应设法消除。

(2) 检查吊杆与吊耳集接的销轴变形。

(3) 对吊耳与集箱焊接的角焊缝打磨后着色检查。

(4) 检查集箱支座膨胀间隙。

5. 过热器集箱上的焊缝检查

过热器集箱上的焊缝有砂眼、裂纹而发生泄漏可采用如下步骤进行挖补。

(1) 用磨光机或挖补钻将缺陷部分彻底挖除，对于裂纹应在每侧多打磨3～5mm。

(2) 焊前应根据集箱的材质进行热处理方案的制定，切由总工程师批准，才可进行焊接。

(3) 当裂纹长度大于30％圆周时，应将焊缝全部挖补，重新焊接。

## 四、减温器检修

根据DL/T 838，减温器A级大修中的检修项目如下：

(一) 标准项目

(1) 检查、修理混合式减温器集箱、进水管，必要时更换喷嘴。

(2) 表面式减温器抽芯检查或更换减温器管子。

(3) 检查、修理支吊架。

(二) 特殊项目

(1) 更换减温器芯子。

(2) 更换减温器集箱或内套筒。

(三) 减温器检修

喷水减温器是大型锅炉中调节气温的主要设备，其基本原理是将减温水直接喷入过热蒸汽，经喷嘴雾化的减温水滴从蒸汽吸收热量、升华、汽化、与蒸汽混合，从而降低蒸汽温度。

1. 减温器检查

(1) 外观检查。检查减温器集箱外壁的腐蚀及裂纹。减温器集箱管座角焊缝去污、去锈后检查或无损探伤检查。减温器内套管定位螺栓焊缝去锈、去污后检查或无损探伤检查。集箱封头焊缝运行10万h后应进行探伤检查。

(2) 内部检查。检查减温水喷嘴及雾化片。如喷嘴堵塞及脱落，应疏通和恢复。检查喷嘴与进水管的对接焊缝。运行10万h后用内窥镜检查器内套管位置及减温器内壁的腐蚀和裂纹情况，检查减温器内壁与内套管表面的污垢。

2. 减温器检修工艺

减温器一般在大修中是不解体的，只有在运行中发生过几次重复性的事故，经过分析，认为设备存在问题时，才解体检查。

(1) 将喷水管密封焊缝割除，抽出喷嘴。

(2) 将拆除后管道上开口和减温器上的开口加上堵板，并贴上封条。

(3) 检查喷嘴是否有堵塞、裂缝变形、磨损侵蚀等现象。

(4) 测量喷嘴的孔径，并记录。

(5) 对喷管的固定螺栓焊缝进行磁粉探伤。若有裂缝应进行打磨和补焊。

(6) 用内窥镜对喷管进行检查，若发现裂缝和磨损，则予以更换。

（7）喷嘴装复时，喷孔方向与蒸汽流向一致。

（8）喷水管应先按标准加工坡口后再与减温器焊接。

（9）焊接前应进行250℃的预热，然后进行全氩弧焊。焊后加热至400℃，然后在加热处包扎保温降至80℃后，使其缓慢冷却，消除应力。

（10）对减温器的环向焊缝用超声波或磁粉进行探伤，若发现裂缝，则应进行打磨和补焊。补焊前应先制定焊接措施，经总工程师批准方可补焊。

# 第五节 再热器检修

## 一、再热器检修项目

根据 DL/T 838，再热器 A 级检修项目如下：

1. 标准项目

（1）清扫管子外壁积灰。

（2）检查管子磨损、胀粗、弯曲、腐蚀、变形情况，测量壁厚及蠕胀。

（3）检查、修理管子支吊架、管卡、防磨装置等。

（4）检查、调整集箱支吊架。

（5）打开手孔或割下封头，检查腐蚀，清理结垢。

（6）测量在450℃以上蒸汽集箱管段的蠕胀，检查集箱管座焊口。

（7）割管取样。

（8）更换少量管子。

（9）校正管排。

（10）检查出口导汽管弯头、集汽集箱焊缝。

2. 特殊项目

（1）更换管子超过5%，或处理大量焊口。

（2）挖补或更换集箱。

（3）更换管子支架及管卡超过25%。

（4）增加受热面10%以上。

（5）再热器酸洗。

## 二、再热器检修

（一）再热器管检查

1. 再热器管子外观检查

（1）检查管子磨损。逐根检查管子外部的飞灰磨损情况，特别注意管子弯头部分，如为顺列布置管束，要注意烟气入口第3~5排管子，错列布置时为烟气入口第1~2排管子，磨损量不允许超过规定厚度的25%，面积不大于10cm²，可用特制的样板卡规进行检查，不便用卡规检查的地方，可用手摸检查。检查防磨装置是否完整，有无变形磨破情况。吹灰器附近的管段也要检查防磨护板是否完好，有无吹薄现象。具体检查项目为：

1）检查吹灰器吹扫区域内的管子或壁厚测量。

2）检查蛇形管弯头或测量壁厚。

3）检查从管排出列的管子或测量壁厚。

4）检查穿墙管部位的严密性。

（2）检查管子蠕胀。再热器的个别蛇形管有时可能在超过计算温度下工作，可能会加速引起金属蠕胀，为了预防爆破，必须在检修期间对再热器管的金属进行全面细致的检查，看有无胀粗和鼓包的情况。

一般而言，碳素钢管变形达 6%～9%，铬铝钢变形达 2%～5% 时就会损坏，因此目前仍规定碳素钢管变形超过 3.5%，合金钢管变形超过 2.5% 就应更换新管。但合金钢管品种甚多，性能差异也较大，如有些合金钢管在运行中变形达 2.5% 时就会损坏，此时最高允许变形值应降低到 2%。

再热器管，特别是高温段再热器上的管子，在温度最高处要建立监督管段，定期割管检查金相结构和机械性能变化的情况。监视段可做成 1.5m 长，每年割一次，一次割 300mm 长，分 5 年割完。对比 5 次的变化情况，以掌握金相结构和机械性能的变化趋势。

再热器管上也要确定蠕胀监督点，每次大小修要测量蠕胀变化的速度，及时了解金属的运行情况。具体检查项目为：

1）检查蠕胀需使用专用的各类管径胀粗极限卡规或游标卡尺。

2）测量末级再热器的外圈管管径。

3）高温再热器的管子外表，特别是向火侧管段表面氧化情况。

（3）检查管排变形和整形。

1）检查管排横向间距。消除横向间距偏差和变形的原因，并整形。

2）检查管排平整度，割除出列管段，消除变形点后再焊复。

2. 管子内部检查

每次大修，对高温段、低温段的再热器蛇形管弯头各选 1～2 个，割管检查内壁腐蚀情况，具体位置由化学监督人员、金属监督人员和检修人员共同确定。割管长度可从弯管算起 400～500mm。最好用锯的方法切割，割下的管段先目视检查内壁，如果没有腐蚀和结垢等情况时，可将这段管子将检查管子的部位，检查情况登记在检修台账上。割下管子后如不能立即焊上，应将管口加上堵头，贴上封条，防止杂物掉入。不锈钢再热器管，在经过长期运行后，内部氧化层会脱落堆积在弯头处，使该处管壁因传热恶化而超温，甚至破损，严重时还会堵塞管子而发生爆管事故。故要加强注意，必要时可用 X 光机进行透视检查，发现有可疑现象，要割开弯头进行检查。

3. 管子焊缝检查

（1）对集箱管座与管排对接焊缝进行探伤抽查。

（2）全面检查运行 10 万 h 的异种钢焊缝，并由金属监督部门对焊缝进行探伤抽查。

（3）打磨管座焊缝裂纹，彻底消除后进行补焊。焊接时应采取必要的焊前预热和焊后热处理的措施。

检查管子吊卡、管夹有无损坏、松弛或脱焊等现象，焊口有无裂纹和焊接缝有无分层、脱落等缺陷。

4. 集箱的检查

在每次停炉前要核对膨胀指示器，做好标记，等到停炉冷却后再核对一次，以判明集箱管子有无妨碍自由伸缩的地方，检修完后定出基准点，到点炉投入运行后，再核对一次，如发现不能自由膨胀，必须找出原因加以处理。

集箱各支持托架、吊架应完整牢固，为此必须详细检查各焊口有无裂纹。支持托架、吊架应无妨碍集箱膨胀的地方，如发现问题，应设法消除。

集箱表面不得有裂纹，应特别注意检查焊缝和管孔间的角焊缝，若发现有裂缝要给予处理。

大型锅炉集箱检查孔都采用焊接连接，一般情况下不进行集箱的内部检查，但运行若干年后，应割开检查孔堵头进行检查，集箱内部应清洁无杂物或氧化堆积物，腐蚀深度不超过原来厚度的 25%，在管孔减弱部分不得超过 15%，集箱疏水管应畅通。注意集箱有无弯曲现象，允许弯曲度一般为 3/1000 以下。

（二）再热器的检修工艺

（1）修复经过检查发现有问题的支吊架、梳形卡和管卡等。换上新的零件以后，位置和间隔要调整好，并注意不要妨碍管子间的自由膨胀。

（2）再热器的防磨装置，如防磨护板、阻流板、阻流栅等有损坏时要更换新品，变形处要调整好。为了使防磨护板得到较好的冷却，延长使用寿命，应将防磨护板调整到尽量与再热器管外壁贴紧，间隙越小越好。有被飞灰磨损、吹灰器吹坏或脱落的防磨护板应设法更新。个别局部磨损严重的管段，要加装防磨护板，磨损过度的管段要换新。管束间的杂物、积灰要清理干净，以免阻塞烟气通道，形成涡流，加剧管子的磨损。

（3）管子外壁局部损坏或不大的针孔，可用火焊补焊。如漏孔和裂纹较大时，应将损坏部分管子割去。换上一段新管，新管段长度最好比 200mm 长，焊口距管子弯头开始弯曲部分不小于 100mm。

（4）更换管段时，可用手锯或电锯将管子锯断，不要采用火焰割的办法。锯后用直角尺校验端面是否与中心垂直，距垂直位置的公差不得超过管子外径的 2%，管子里的毛刺需用锉刀锉去。

焊接管子时应用专用管夹对准两个需要焊接的管头，如图 9-9 所示，两根管头的外壁相对错位不得超过 0.5mm（小于管壁厚度 15%），管子中心在焊接处的偏差，在距焊口 200mm 处不可超过 1mm；管头应用锉刀或专用砂轮机加工出 30°±2° 的坡口，内壁留有 1mm±0.5mm 的平面，管头间留出的间隙一般为 1mm±0.5mm。在管头距焊缝两侧 10mm 的管子外皮应磨光，但不可磨薄，仅将管子外表面氧化皮除去露出金属光泽即可，每根管子平均每 2m 不允许超过一个焊缝。焊上去的新管段不允许比割下来的管段长，而允许短 4～5mm，以免焊好后管子本身产生热应力。焊接管子时，一般用电焊施焊，焊接时的热处理工艺应根据管材而定。焊接工作应在避风处进行，防止焊口冷却过快，发生空气淬火脆性或裂缝，特别对高含铬量的合金钢管更需注意。

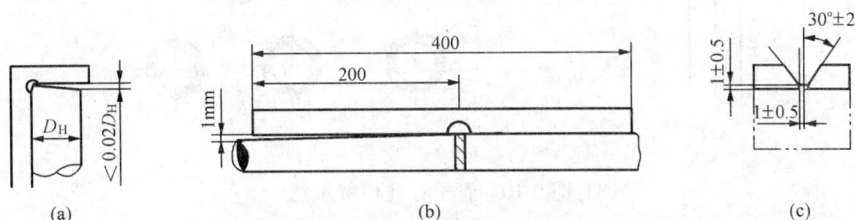

图 9-9　焊接管子找正公差和焊口加工图
（a）焊接管头偏差；（b）焊接管子焊口加工；（c）焊接管子坡口形式

## 第六节　管式空气预热器检修

### 一、空气预热器检修项目

空气预热器是利用锅炉局部烟道中的低温烟气来加热由送风机来的冷空气的一种热交换设备，其作用回收排烟余热、降低排烟热损失，提高送风温度，改善燃烧条件。根据 DL/T 838，管式空气预热器 A 级检修项目如下：

（一）标准项目

（1）清除预热器各处积灰和堵灰。

（2）检查处理部分腐蚀和磨损的管子，更换部分防磨套管。

（3）做漏风试验，检查修理伸缩节。

（4）检查、修理暖风器。

（5）漏风试验。

（二）特殊项目

（1）更换预热器10％以上的管子。

（2）更换整组防磨套管。

## 二、管式空气预热器检修

管式空气预热器布置在锅炉尾部对流烟道中，属于尾部受热面或低温受热面。在运行中常见的缺陷有磨损、烟气侧腐蚀、管子堵塞等。

（一）管式空气预热器磨损检修

1. 磨损原因

对于管式空气预热器，烟气在管内纵向流动，空气在管外空间作横向流动，其磨损情况要轻得多。但是实践证明，在距离烟气入口20～50mm处，经常产生严重磨损，甚至导致1.5m的管子穿孔，使得大量热风漏向烟气侧，造成锅炉热风短路，引起锅炉运行中风量不足。

2. 穿孔规律

从管子圆周方向看，磨损并不均匀，却很有规律，所有的管子都集中在几个方向有穿孔，如图9-10所示。管式空气预热器的这种磨损是因为在管子进口段气流尚未稳定，由于气流的收缩和膨胀，灰粒较多地撞击管壁的缘故。在以后的管段中，气流稳定，灰粒沿管子中心流动，对管壁磨损减少。

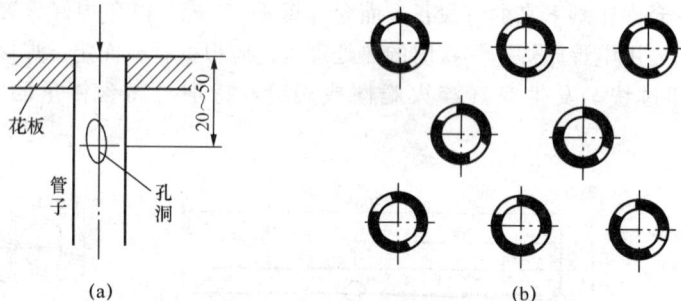

图 9-10　管子穿孔位置示意

(a) 孔的深度位置；(b) 孔的圆周位置

穿孔位置的分布有规律，是因为当携带有灰粒的烟气在远离花板的地区时（见图9-11中a区），是均匀直线流动。进入b区时，因为花板部位的上方出现流动速度为零的静止区（b区的积灰部位），烟气的运动方向发生偏转，灰粒也发生偏转，形成漏斗状进入管孔。这样，发生偏转的这部分烟气和灰粒是斜着进入管孔的。由于惯性力的作用，这些灰粒要和管子内壁发生一次碰撞，才能改变运动方向顺着管子向前运动。这种碰撞就招致了磨损的加剧。如果形成漏斗状流动，按圆周方向是绝对对称均匀的。那么，斜着进入的灰粒本身会互相碰撞，消耗能量而改变运动方向，实际情况是因为花板开孔是纵向、横向成行排列，故不能形成均匀漏斗。所以，就出现只有几个方向上有碰撞，致使管子出现了有规律的穿孔。

## 3．防磨措施

防止磨损的措施是在烟气如口端加装防磨套管。防磨套管可用预热器管头制作，也可用钢板卷制而成，如图 9-12 所示。运行经验表明，这种防磨套管的使用寿命为 25 000～30 000h。当套管被磨损时，应将其取出，更换新的防磨套管。如果新投产的预热器未装防磨套管，则经 2～3 年运行后，大量管子磨损穿孔，就必须在大修中更换整组的空气预热器管箱。

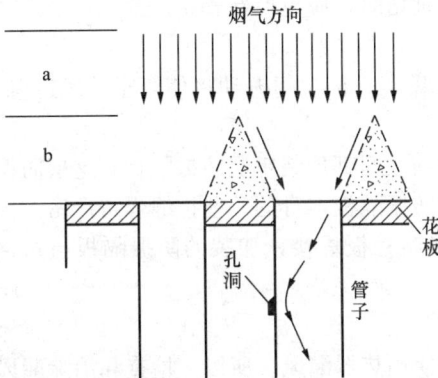

图 9-11　磨损过程示意

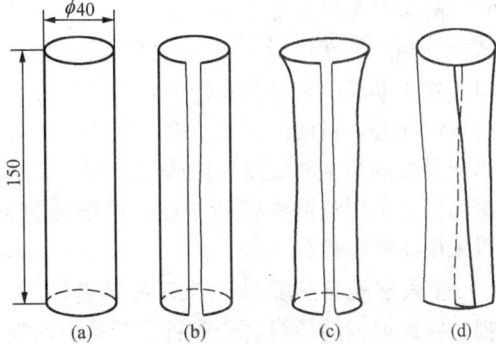

图 9-12　防磨套管制作示意
(a) 管段；(b) 开缝；(c) 卷边；(d) 卷管

也有的电厂采用在管口焊接附加短管使得强烈磨损的位置转移到附加的防磨短管上来，在附加短管之间，用耐火混凝土浇注、抹平。这样即使短管磨穿，还有混凝土起作用。近几年来，部分电厂还采用喷涂耐磨涂料来防止预热器管子磨损的办法，其效果要比防磨套管明显。

### （二）管式空气预热器腐蚀

#### 1．腐蚀原因

原煤中的硫在燃烧时生成二氧化硫和二氧化硫，它们和烟气中的水滴（这种水滴是烟气中含有的蒸汽在烟温相对来说已经低于露点温度时凝结而成的）结合，生成亚硫酸和硫酸。这些酸类使预热器金属管子遭到严重腐蚀，而且这种腐蚀在管子四周是均匀分布的。不但造成穿孔，而且还会造成管子的断裂。

#### 2．防腐措施

（1）为了防止或减少腐蚀，可以对炉前煤进行脱硫。

（2）改用耐腐蚀的玻璃管空气预热器等。因投资大，目前都没有得到普遍推广。

### （三）管式空气预热器堵塞检修

#### 1．堵塞原因

运行中的预热器，常常发生大片管子堵死，从而减少热交换面积，增大烟气流动阻力的情况。硫酸液与受热面上的积灰发生化学反应后引起积灰硬化、堵塞烟气通路造成管子堵塞。另外，下列原因也可能引起预热器堵塞：

（1）省煤器漏水。运行中省煤器发生泄漏时，则由于预热器受热面的烟气侧附着一层水膜，灰粒和水膜混为泥糊状，极易把管孔堵死。

（2）检修时，用水冲洗省煤器的积灰或冲洗预热器的积灰，使预热器受热面烟气侧附着水膜或潮湿，在尚未干燥的情况下，即启动锅炉。在这种情况下，管子里堵塞的大多是未燃烧的煤粉。

（3）管子内进去保温材料等杂物。

2. 处理方法

(1) 管式空气预热器的管子被堵，目前还没有更好的方法处理，只有用很长的钢筋棍从预热器下部朝上捅管子，使灰粒掉落。

(2) 是用 $\phi20$ 的金属管专制的捅枪从上部朝下捅。使用时，将它的头部做成锯齿状，尾部和软胶皮管相连，然后通过 $0.1 \sim 0.2MPa$ 压力的工业水。这样边捅边用水冲洗松软的灰粒，水即带着灰粒从上管口流出。当一组管箱的管孔有 1/3 以上被堵时，应更换新管箱。

(四) 管式空气预热器防振

管式空气预热器在运行中有时会产生振动和很大的噪声。长时间振动将使管子、风道壁板、各部焊口等发生断裂。刺耳的噪声不利于人的身心健康。

解决振动问题，目前的做法是在空气侧介于各个管箱之间都加装一层防振隔板，这层防振隔板把管组交界处的高度和宽度完全隔开，但不要求这层防振隔板本身的一些接缝焊得严密。为了加固防振隔板常采用角钢作辅助立柱，角钢两端与预热器管板焊接，加装的防振隔板与角钢焊接，可以采用间断焊接。

(五) 管式空气预热器漏风及开关不灵活

磨损、腐蚀或振动最终会造成管子穿孔或断裂，致使预热器漏风。所以，检查和消除漏风是空气预热器检修的基本项目之一。

检查时可启动送风机，使预热器空气侧保持一定风压，在烟气侧的管口用小纸条逐根试验，如果纸条被吹动，即说明有泄漏处，对于用加装防磨套管便可以消除的泄漏，可加装防磨套管。对于无法处理又为数不多的泄漏，可将管板两头的管孔用铁板堵死，对于较多管子的泄漏，应当逐根换管。更换管子时用手提砂轮机或风铲将管端焊缝修平，当能看到管子和管板之间的缝隙时，用相当于管子外径的冲子把管子冲出，再配制新管装上，将两端满焊。

管式空气预热器的吹灰挡板常出现的缺陷是开关不灵活，挡板变形关不严等。所以，检修中应着重检查开关方向正确与否，挡板间的间隙和平行度怎样，固定挡板的螺栓有无松动和脱落等。开关不灵活的挡板，一般是由于轴弯曲所致，所以要进行校直，然后装上；对于挡板变形的也要校正，对于个别螺栓松动的，应先将挡板关严，再紧固螺栓。

检查空气预热器的伸缩节如有损坏，则应修补或换新。

# 第十章 附属设备检修

## 第一节 汽 包 检 修

### 一、汽包概述

**1. 汽包作用**

汽包是自然循环锅炉的一个重要部件，它的作用有以下几个方面：

（1）汽包与下降管、水冷壁管的连接，组成自然水循环系统。同时还要接受省煤器来的给水，并向过热器输送饱和蒸汽，所以，汽包是加热、蒸发、过热这三个过程的连接枢纽。

（2）汽包内装有汽水分离设备、加药装置及连续排污装置，用以保证蒸汽品质和减少炉水中溶解固性物质含量在规定值以下。

（3）汽包中存在一定水量，因而有一定的蓄热能力，在负荷变化时，可以减缓汽压变化的速度。如外界负荷增加而燃料未跟上时，由于汽压降低，所对应的饱和温度降低，使处于原来未降低汽压下饱和温度的水迅速降温并蒸发出一部分蒸汽，使汽压下降的速度减缓。

（4）汽包上装有压力表、水位表、事故放水门及安全阀等附件设备，用来监视控制汽包的压力和水位，以保证锅炉的安全。

**2. 汽包结构**

不同参数和容量的锅炉对蒸汽品质的要求是不同的，因而其汽包内部装置的结构也不完全相同。几种典型的汽包内部装置如图 10-1～图 10-4 所示。

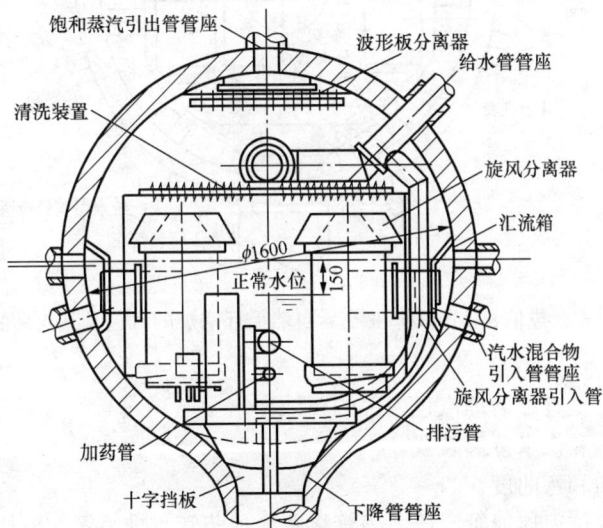

图 10-1 高压及超高压锅炉汽包及其内部装置

### 二、汽包检修项目

根据 DL/T 838，汽包 A 级检修项目如下：

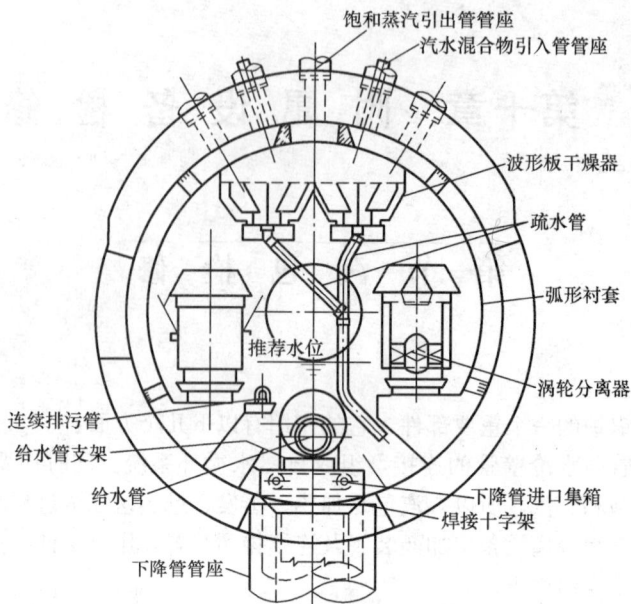

图 10-2 SG 1025.7t/h 亚临界控制循环锅炉的汽包及其内部装置

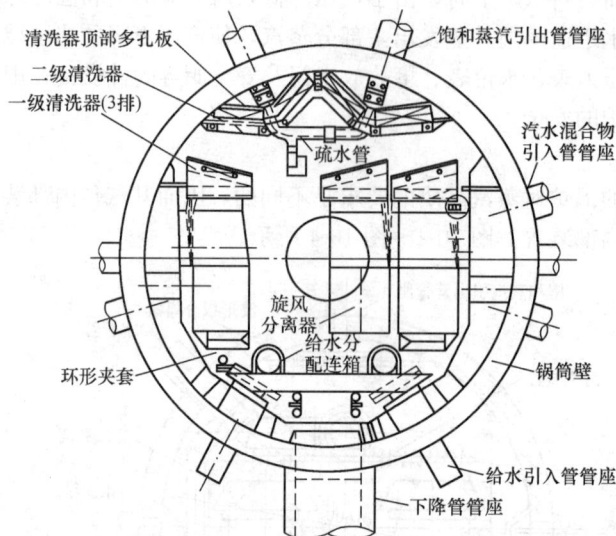

图 10-3 拔伯葛 1160t/h 亚临界自然循环锅炉的汽包及其内部装置

1. 标准项目

(1) 检修人孔门，检查和清理汽包内部的腐蚀和结垢。

(2) 检查内部焊缝和汽水分离装置。

(3) 测量汽包倾斜和弯曲度。

(4) 检查、清理水位表连通管、压力表管接头、加药管、排污管、事故放水管等内部装置。

(5) 检查、清理支吊架、顶部波形板箱及多孔板等，校准水位指示计。

(6) 拆下汽水分离装置，清洗和部分修理。

2. 特殊项目

(1) 更换、改进或检修大量汽水分离装置。

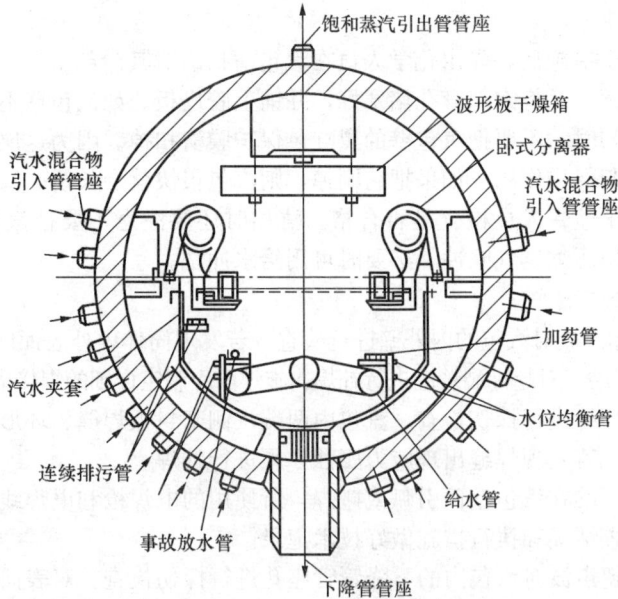

图 10-4　FW1025t/h 亚临界自然循环锅炉的汽包及其内部装置

（2）拆卸 50％以上保温层。

（3）汽包补焊、挖补及开孔。

**三、汽包检修工艺**

汽包是锅炉重要的承压部件，是汽水管汇集的地方。运行中负荷的变化和工况的调整，都会使流经汽包的汽水发生热力及化学波动，并作用于汽包的内壁上；加上汽包承受的荷重及工质压力，均能导致汽包、集箱发生弯曲、裂纹和管孔焊缝泄漏。汽包在运行中常见的缺陷有汽水分离装置松脱移位，水渣聚集，加药管堵塞，保温脱落等。

（一）汽包检修安全注意事项

汽包内地方狭小，设备拥挤，是检修工作条件最困难的地方，在进入汽包内进行检修工作之前，必须做好严格的安全措施：

（1）确认汽包内无汽水后，温度降至 40℃以下，方可缓慢打开人孔门，打开汽包人孔时应有人监护。检修人员应带着手套，小心地把人孔打开，不可把脸靠近，以免被蒸汽烫伤。同时其他工作人员应站于侧面，以防被热气冲伤。

（2）进入汽包前，应把所有连接汽水门关闭并加锁，如主汽门、加药门、事故放水门、给水门等。检查确认无误后，且汽包通风良好，方可进入汽包；进入汽包的工作人员穿专用工作服，进入汽包的工具、材料需登记，材料需要多少拿多少。且工作结束后要清点核查；汽包内用 12V 行灯照明，且变压器放置于汽包外。

（3）进入汽包后，先用特制的管盖遮住下降管口并铺上橡胶，以防止杂物吊入管内，方允许工作；汽包内有人工作时，外面监护人员要经常与内部人员联系，且不得离开。

（4）汽包内进行焊接工作时，电焊线不得有裸露，绝不允许在汽包壁上引弧，门口应设有一专用刀闸，可由监护人员随时拉掉。并注意不能同时进行电、火焊。

（5）离开汽包内时，人孔门合上并在其螺栓上贴封条；关闭人孔门时，清点人数，核查工具，确保汽包内无人员、工具遗留，仔细检查确认汽包内确无人员、工具遗留，方可关闭人孔门。

（二）汽包的宏观检查与检修

1. 汽包内部清扫

在汽包内做好安全措施后，先由化学人员在汽包清扫前对其内部水垢、泥渣及附着物进行取样分析后，做好技术记录。将内部管孔堵塞好，并铺上胶皮板。如汽包壁不清洁，则要用钢丝刷或机械清扫水渣，清扫时，不要把汽包壁的黑红色保护膜清扫掉。因为这层水膜是汽包正常运行后形成的，对汽包壁起保护作用。如果把它刷掉，则汽包很快就会长锈。清扫完毕后，要用压缩空气吹干净，再请化学监督人员检查是否合格。清扫时还要注意不要把汽包壁画出小沟槽等伤痕。各表计连接管应用压缩空气吹冲，必要时可用给水冲洗。

2. 汽包内外检查与检修

（1）用着色法、超声波对汽包的内外壁进行检查。若发现筒体内外表面凹陷、疤痕和裂缝的深度为 3～4mm 应进行修磨。对超标裂缝应进行补焊，施焊前应制定详细的焊接措施，否则不得进行。

对汽包内外壁的环缝进行探伤检查，汽包内两端汽侧密封板焊缝、环形隔板焊缝、旋风分离器托板焊缝进行检查，若发现焊缝出现应力腐蚀，须进行补焊。

在汽包内施焊时不准在汽包壁面引弧或碰焊，所使用的电焊枪和电焊线应完整无损，并将电焊线悬挂起来，对检查情况和执行措施做好技术记录。

（2）用着色法和超声波对汽包内的下降管管座孔进行探伤检查。对表面裂缝为 3～4mm 深度时应进行修磨，若发现有严重超标的裂缝应进行修磨和补焊，施焊前应制订详细焊接措施，否则不得进行。对检查情况执行措施做详细的技术记录。

（3）检修质量要求。

1）汽包内外壁应无裂缝、疤痕和凹陷，裂缝、疤痕处打磨应保持圆滑过渡，不得留有棱角。堆焊和补焊处应与汽包平面相持平，不得留有凸面，两端汽侧密封板和旋风分离器拖架的焊缝不得出现脱焊和应力腐蚀。

2）汽包下降管管座孔不应有裂缝或腐蚀点，管壁光洁。打磨处应圆滑过渡，不得留有棱角，十字挡板的焊接点应牢固。

3. 汽包水平度和弯曲度检查

（1）汽包水平度的检查。测量汽包的水平，常用玻璃管水平仪测量汽包两端中心点的高度差，就可确定汽包的水平度。

（2）汽包弯曲度检查。测量汽包的弯曲，是在汽包内采用拉钢丝方法。

钢丝通过两端人孔中心紧固在外面。测量时，沿汽包筒长每隔 1m 为一测点，测出该点至汽包内壁的垂直距离，而且每点都按上下左右 4 个方位测取。

测完后，对各点数值进行比较和计算，就可知道汽包的弯曲方向和弯曲值，汽包弯曲最大允许值为长度的 2/1000，且全长偏差不大于 15mm。

汽包的弯曲与汽包绝热保温层的好坏有直接关系。检查弯曲度时可以根据汽包中间的膨胀指示器指示情况判断，如发现异常，则应汇报有关领导，必要时剥去外部绝热保温层或打开人孔，从内部用钢丝绳拉线法来检查汽包的弯曲度。因此，大修时要检查汽包外部绝热保温材料是否完好，特别是靠燃烧室的部分，绝热层必须完整，避免汽包与烟气的直接接触。如绝热层有损坏的，必须予以修补。

4. 汽包膨胀检查

汽包膨胀的正常与否，必须根据停炉前后的检查和记录来判断，可通过膨胀指示器刻度指示来检查汽包膨胀情况。

（1）汽包膨胀指示器。检查汽包支撑和悬吊位置，校正膨胀指示器，如刻度模糊应予以更换。检修质量为：①指示牌和指针位置正确牢固。②指示牌表面平整清洁，刻度清晰。③指针校到零位。

（2）汽包活动支座。在自然循环的汽包炉中，当汽包采用支撑式构架时，汽包用支座支撑在顶部构架上，支撑支座一个为固定的，另一个为活动的。图 10-5 所示为汽包活动支座结构。支座下部装有两排滚柱，上排滚柱可以保证汽包的纵向膨胀，下排滚柱可以保证汽包的横向位移。大修时要检查汽包的活动支座的滑动滚柱需光滑，不得锈住或被其他杂物卡住，汽包座与滚柱接触要均匀，座的两端需有足够的膨胀间隙。托滚的接触长度应大于托滚长的 70%。

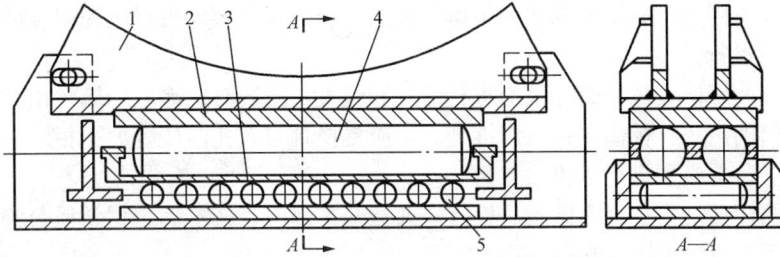

图 10-5 汽包活动支座
1—支座；2—板；3—夹板；4—纵向位移滚柱；5—横向位移滚柱

（3）汽包悬吊装置。在自然循环的汽包炉中当汽包采用悬吊式构架时，汽包则用两根 U 形吊杆吊在构架梁上，如图 10-6 所示。大修时要检查汽包的悬吊装置，则要检查吊杆有无变形，销轴有无松脱，链板有无变形，球面垫圈与球座间是否清洁、润滑，与汽包外壁接触的连板吻合要良好，局部离缝不能大于 2mm。

（三）汽包内部装置拆装与检修

1. 检修工艺

（1）拆卸前应先对汽水分离器滴水管，按左右前后顺序进行编号。

（2）按照编号顺序先编滴水管，然后编一、二次分离器，最后是三次顶部百叶窗分离器，依次进行拆卸。并送出汽包按类集中堆放。拆卸下来的固定钩子、螺帽等物件集中放置，并清点，做好记录，不得随便乱放，以免丢失。

（3）用钢丝刷先对汽包内壁环形隔板的内壁，一、二次汽水分离器的托板，给水分配管、连续排污管的表面进行清刷，将其表面的结垢、锈蚀物或其他附着物全部清理，然后用压缩空气进行吹扫，并通过通风机将上述杂物排出汽包外。各汽水分离器装置和滴水管需用钢丝刷———进行清刷，并用压缩空气吹扫。

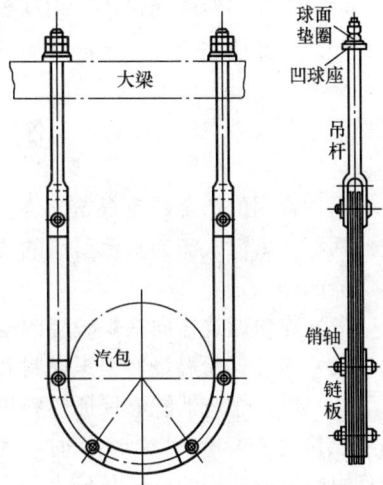

图 10-6 汽包的悬吊装置

（4）汽包内壁、汽水分离器、滴水管清扫后，按照编号先回装三次分离器，然后是一、二次分离器，最后依次装复滴水管。

2. 检修质量要求

（1）汽包内壁、环形隔板的内壁、各管座孔的焊缝表面，一、二、三次汽水分离器的内外表面清洁，无结垢、锈蚀物和其他附着物。

（2）滴水管、给水管、排污管畅通无堵塞，汽水分离器、板箱清理干净无锈垢、变形，各连接螺栓齐全牢固，分离器法兰结合严密，托斗无变形脱落现象，支撑板牢固无漏焊，汇流箱本身焊缝及汇流箱与汽包内壁焊缝严密不漏。

（3）顶部波形板箱装复时，波形板箱与水平成鸟翼状倾斜，倾斜角为5°。

（四）汽包人孔门检修

1. 检修工艺

（1）人孔门的结合面应先用平刮刀进行铲刮，铲刮应沿结合面圆周环向进行，并不得铲刮出沟槽，然后用砂纸和破布进行打光和清擦，最后对结合面进行检查有无沟槽、凹坑和裂纹等缺陷，特别是平面肩胛处。如发现缺陷可根据情况进行堆焊和研磨。堆焊应先制订堆焊方案并经总工程师批准方可进行。

（2）人孔门的螺栓、螺母的螺纹应进行清洗和检查，安装时应涂上二硫化钼。

（3）人孔门的高压石棉垫在人孔门拆开后，应更换且与人孔门位置大小相同。同时，新做的高压石棉垫在安装前必须进行黑铅粉渗透。

（4）封人孔门前工作负责人做最后检查，并通知本部门、技术部、化学监督验收确认，确认内部无遗漏物后，方可关闭人孔门。

（5）人孔门关闭后需用塞尺对四周结合面的间隙进行检查，人孔门螺栓不要过紧，并在汽包压力升至1MPa时，进行热紧。

2. 检修质量要求

（1）人孔门结合面应清洁平整，不得有径向压痕或划痕。

（2）人孔门的紧固螺栓和螺帽的螺纹应完好，无拉毛现象，螺帽应能用手拧到底。

（3）汽包人孔门的高压石棉垫不应有折纹，其厚度以1.6mm为宜，最厚不超过3mm。

（4）人孔门铰链无过松下垂现象。

（5）人孔门关闭时结合面圆周的间隙应保持均匀，汽包进水升压后结合面间隙均匀无泄漏。

# 第二节　燃烧器检修

锅炉常用的燃烧器有煤粉燃烧器和油燃烧器，其中常用的煤粉燃烧器有直流燃烧器和旋流燃烧器两种。出口气流为直流射流的称直流燃烧器，出口气流含有旋转射流的称旋流燃烧器。煤粉燃烧器的作用是：

（1）煤粉燃烧器向锅炉炉膛内输送燃料和空气。

（2）通过煤粉燃烧器组织燃料和空气及时、充分地混合。

（3）煤粉燃烧器能够保证燃料进入炉膛后尽快、稳定地着火，迅速、完全地燃尽。

煤粉通过煤粉燃烧器燃烧时，为了减少着火所需的热量，使煤粉被迅速加热到着火温度，一般将煤粉燃烧所需的空气量分为一次风和二次风。

一次风的作用是将煤粉送进炉膛，并供给煤粉着火阶段中挥发分燃烧所需的氧量。

二次风在煤粉气流着火后混入，供给煤中焦炭和残留挥发分燃尽所需的氧量，以保证煤粉完全燃烧。

燃烧器常见的缺陷有设备损坏、风管磨损、喷嘴堵塞和挡板卡涩等。

**一、燃烧器检修项目**

根据DL/T 838，燃烧器A级检修项目如下：

1. 标准项目

（1）清理燃烧器周围结焦，修补卫燃带。

（2）检修燃烧器，更换喷嘴，检查、焊补风箱。

（3）检查、更换燃烧器调整机构。

（4）检查、调整风量调节挡板。

（5）燃烧器同步摆动试验。

（6）燃烧器切圆测量，动力场试验。

（7）检查点火设备和三次风嘴。

（8）检查或更换浓淡分离器。

（9）检修或少量更换一次风管道、弯头，风门检修。

（10）检修油枪及燃油雾化喷嘴、油管连接装置。

2. 特殊项目

（1）更换燃烧器超过 30%。

（2）更换风量调节挡板超过 60%。

（3）更换一次风管道、弯头超过 20%。

## 二、直流燃烧器的检修

（一）直流燃烧器概述

1. 直流射流主要特点

直流燃烧器通常由一列矩形或圆形喷口组成。煤粉气流和热空气从喷口射出后，形成直流射流。直流射流的主要特点是沿流动方向的速度衰减比较慢，具有比较稳定的射流核心区，且一次风和二次风的后期混合比较强。

2. 直流煤粉燃烧器类型

直流煤粉燃烧器的一、二次风喷口的布置方式大致上有均等配风直流式燃烧器和一次风集中布置的分级配风直流式燃烧器两种类型。均等配风直流式燃烧器（见图 10-7）适用于燃烧容易着火的煤，如烟煤、挥发分较高的贫煤以及褐煤；一次风集中布置的分级配风直流式燃烧器（见图 10-8）适用于燃烧着火比较困难的煤，如挥发分较低的贫煤、无烟煤或劣质烟煤。

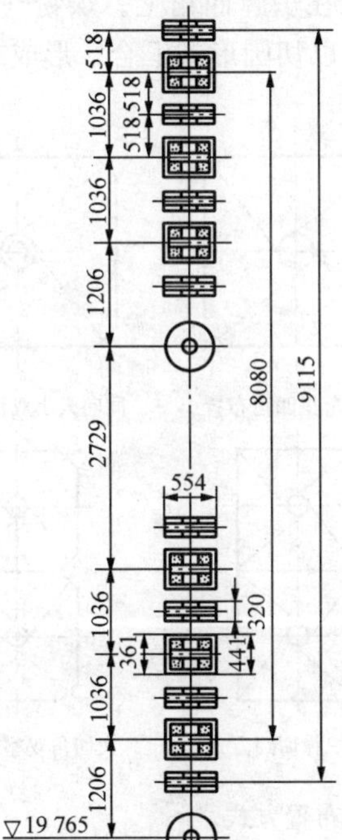

图 10-7 均等配风直流式燃烧器 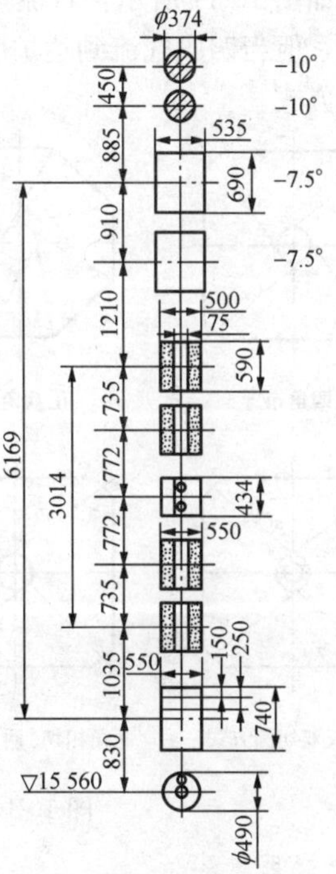　　　图 10-8 分级配风直流式燃烧器

3. 直流燃烧器的结构及布置方式

直流燃烧器的典型结构如图 10-9 所示，主要有无烟煤型、贫煤、劣质煤型、烟煤型和褐煤型等。

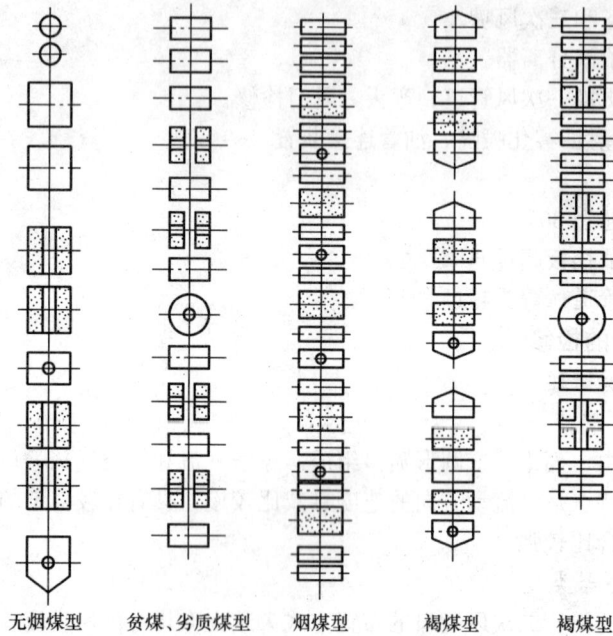

| 无烟煤型 | 贫煤、劣质煤型 | 烟煤型 | 褐煤型 | 褐煤型 |

图 10-9　直流燃烧器的典型结构

直流燃烧器的布置方式如图 10-10 所示，使用最多的是四角布置直流燃烧器的布置方式。四角切圆燃烧方式如图 10-11 所示，直流燃烧器一般布置在炉膛四角上。煤粉气流在射出喷口时，虽然是直流射流，但当四股气流到达炉膛中心部位时，以切圆形式汇合，形成旋转燃烧火焰，称为四角切圆燃烧方式。

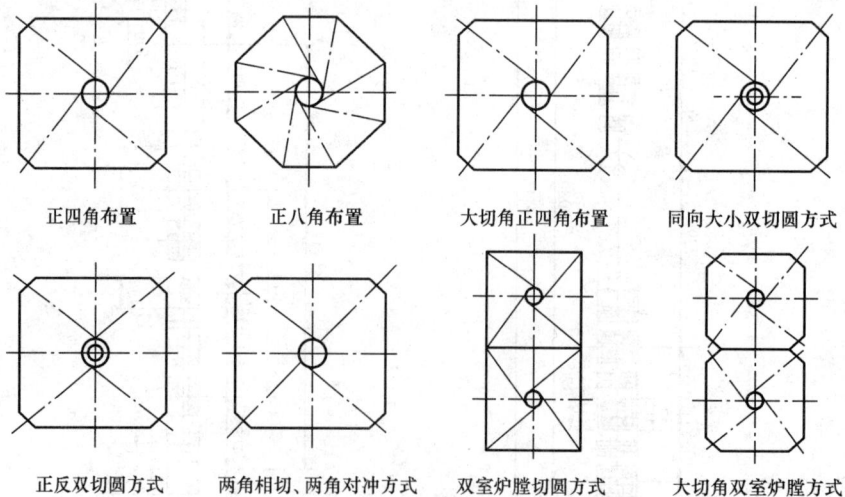

| 正四角布置 | 正八角布置 | 大切角正四角布置 | 同向大小双切圆方式 |
| 正反双切圆方式 | 两角相切、两角对冲方式 | 双室炉膛切圆方式 | 大切角双室炉膛方式 |

图 10-10　直流燃烧器的布置方式

4. 摆动式燃烧器

直流燃烧器的煤粉喷口有固定式和摆动式。摆动式燃烧器的各喷口一般可同步上、下摆动

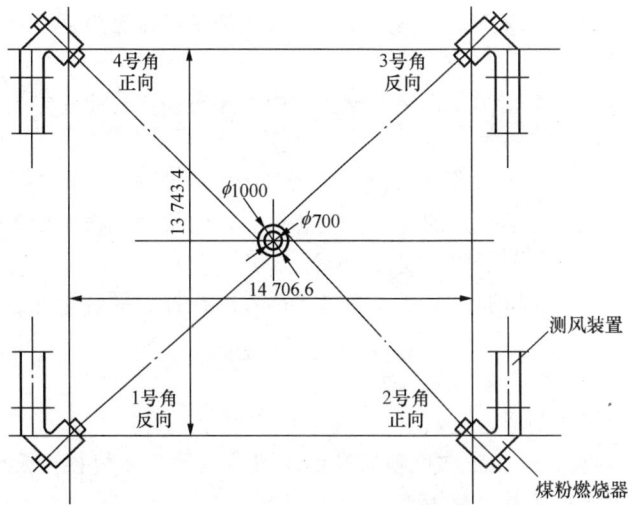

图 10-11　直流燃烧器四角切圆布置方式燃

20°～30°，用来改变炉膛火焰中心位置的高度，调节再热蒸汽温度。摆动式燃烧器的摆动机构如图 10-12 所示。

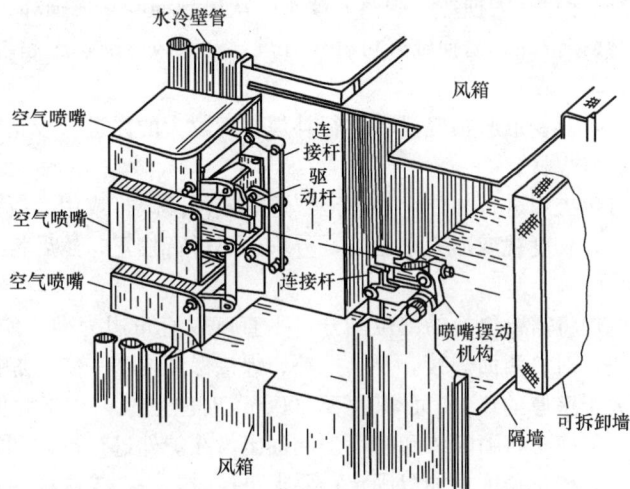

图 10-12　摆动式燃烧器的摆动机构

**（二）直流燃烧器检修工艺要点**

1. 检修前的准备工作和安全措施

（1）燃烧室内温度在 60℃ 以上时，不准入内进行检修及清扫工作。进入炉膛前，必须待炉内温度降至 40℃ 以下，方可进入工作。在工作人员进入燃烧室以前，应充分通风，在工作中施工负责人应随时注意通风情况，若发现异常应立即组织工作人员迅速退出。

（2）在工作人员进入燃烧室进行检修工作前，需把该炉的燃油系统与运行中锅炉可靠地隔断，炉前油系统应进行蒸汽吹扫，检修中应做好防火措施。并与运行人员联系，将一次风机、送风机、排粉机、引风机的电源切断，并挂上禁止操作的警告牌。

（3）进入燃烧室进行工作前，应先通过人孔、手孔、看火孔等清理焦块，并清扫折焰角上部积灰，并经专业主管领导认可后，方允许起重人员入内搭设脚手架或金属平台，脚手架或金属平台必须牢固，即使有大块焦渣落下，也不致损坏，脚手架搭设位置应便于工作人员出入，且应经检修工作负责人的验收。

（4）燃烧室内严禁上下交叉作业，进入燃烧室内工作燃烧室外应有专人监护。检修时炉膛内燃烧器的下面不得有人站立或行走、工作。

（5）燃烧室内需要加强照明时，可由电工安设 110、220V 临时固定电灯，电灯及电线需绝缘良好，并安装牢固，放在碰不着人的高处。安装后必须由检修工作负责人检查。禁止带电移动 110、220V 临时电灯，若需移动照明可安设 36V、100W 行灯。

（6）检修时炉膛内外须保持通信畅通。为施工拆除的栏杆、平台等处必须设临时遮栏及警告标志。

2. 磨损及变形检查

（1）直流燃烧器磨损及变形检查。

1）进入炉膛内部检查，一、二次风喷口及油配风器的磨损及烧损变形情况，并做记录。根据检查结果确定喷口更换数量及修复措施。

2）二次风喷口以修复为主，更换为辅，一次风喷口以更换为主，修复为辅。修复时以修复后可正常工作至下次大修为原则，否则更换。

（2）直流燃烧器二次风导向叶片及一次风管检查。

1）检查二次风导向叶片有无损坏、脱落。要求二次风导向叶片无损坏、脱落、变形。

2）检查一次风管磨损情况，磨损较轻可补焊处理，一次风管磨损不超过壁厚 2/3 应更换。

3. 直流燃烧器喷口检修

（1）根据检查结果，对变形磨损轻微者进行补焊，裂纹大的先进行校正，再进行焊接。要求补焊牢固，无漏焊，选好焊材。

（2）变形部分，可用火焊进行加热，加热至红透，或用锤敲打或用大扳手扳正。面积较大的部位，可先用电焊割口，长度视变形大小为准，分块加热进行校正，然后将开口焊接。要求平直角度校正在 ±5mm 以内。

（3）挖补时，用电焊将需要更换的部位割开，平直度以直角边为准，如是隔板可整块割除，然后按尺寸加工钢板块，对口两面焊接。要求挖补、焊接保证内壁平齐，焊接牢固。

（4）喷嘴体磨损大于壁厚的 1/2，面积大于 200cm² 时应更换，小于此值可挖补处理。喷嘴以更换为主修复为辅，更换时将喷嘴体和喷嘴一起抽出，在炉外进行拆卸和安装，然后再将喷嘴体和煤粉喷嘴拉入原位，校正角度后加以固定。要求更换时，一、二次风喷口水平度允许偏差不大于 ±2mm，喷口进行校正时，应用切圆角度做样板，用垂直线和专用角度尺测量。喷口与假想切圆的切线偏差不大于 0.5°；新喷口外形尺寸必须合格，表面应光滑无毛刺，无气孔、砂眼、疏松等缺陷；对口处必须保证平整、光滑，无错口、折口；焊接时选好适当焊材，所有焊缝均应外观平整，无咬边、砂眼、气孔、漏焊、裂纹等缺陷。

（5）检修后，燃烧器进行空气动力场实验时，一、二次风不能有吹射水冷壁管的现象。

4. 直流燃烧器摆动机构检修

（1）将每一角的摆动主连杆与气缸驱动活塞杆解列，解列前应先将主连杆固定。

（2）打开每一组的连杆、双壁曲柄的检修门。

（3）进入炉膛检查，每一角、每一排的一、二次风的风口平面是否处于同一位置。

（4）拆除每一排的保险销，并用手动葫芦分别进行人工摆动和机械校正。各连杆曲柄的传动销、传动轴、定位螺杆需用小榔头轻轻敲击，并加油润滑、除锈校正。

（5）对校正后的一、二次风的风口平面进行调整。先用手动葫芦对每一角、每一组的二次风口平面调整到与水冷壁管平行的位置。然后每一角分别进行整组摆动，在确认各组一、二次风口统一摆动后，将四角一、二次风的风口平面统一摆到与水冷壁管平行的位置，装上传动保险销和该位置的临时固定销。并与气缸活塞杆相连。调整摆动链上的摆动角度标记。要求：①各摆动机构摆动灵活；②要求最大摆角30°；③要求摆动时各一、二次风的摆动风口能以同一时间、同一方向、同一角度进行摆动；④要求各摆动连杆平直无弯曲；⑤要求各一、二次风口平面与水冷壁管平行时摆动指针应指向0°。

（三）直流燃烧器检修质量标准

（1）燃烧器本体需完整，无严重的烧损和变形。燃烧器本体结构件焊缝无裂纹。

（2）燃烧器一次风喷口扩流锥体和煤粉管隔板无严重磨损，无松动和倾斜，固定良好。

（3）燃烧器喷口更换后其摆动角度需保持一致且能达到设计值。在运行时不影响水冷壁的膨胀且水冷壁不受煤粉的冲刷。

（4）更换时喷口偏转角度符合设计要求。一次风和二次风间的隔板无磨损和变形。

（5）燃烧器更新后喷口的高度和宽度的允许偏差为±6mm。

（6）摆动机构的曲臂和连杆运动时无卡涩，连杆传动幅度与燃烧器本体摆角一致。

（7）曲臂的固定支点和燃烧器本体的转动支点无裂纹。

（8）减速器装配后需转动灵活，无冲动、断续或卡涩现象。

（9）所有喷口摆动保持同步。

（10）喷口实际摆角与就地指示误差应在±0.5°以内，摆角就地指示与集控室表计指示一致。

（11）挡板外形完整，挡板轴无变形，挡板与轴固定良好，无松动；挡板开关灵活，无卡涩。

（12）挡板最大开度和最小开度达到设计要求，挡板就地开度指示与集控室表计指示一致。

## 三、旋流式燃烧器检修

（一）旋流式燃烧器概述

旋流式燃烧器由圆形喷口组成，燃烧器中装有各种形式的旋流发生器（简称旋流器）。煤粉气流或热空气通过旋流器时，发生旋转，从喷口射出后即形成旋转射流。利用旋转射流，能形成有利于着火的高温烟气回流区，并使气流强烈混合。按照旋流器的结构，旋流式燃烧器可分为蜗壳式旋流燃烧器、可动轴向叶轮式旋流燃烧器。

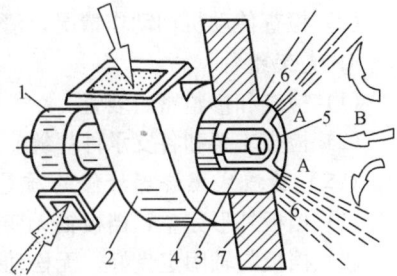

图10-13 双蜗壳式燃烧器结构

1—煤粉空气混合物的蜗壳；2—二次风蜗壳；3—煤粉空气混合物排入炉膛的圆环形通道；4—二次风排入炉膛的圆环形通道；5—主重油喷口；6—煤粉空气混合物出口处的扩流锥；7—炉墙；A—煤粉空气混合物的着火界限；B—卷吸炉烟到火炬根部

1. 蜗壳式燃烧器

蜗壳式燃烧器是以蜗壳作为旋流器的旋流式燃烧器，根据燃用的燃料，蜗壳式燃烧器分为单蜗壳式、双蜗壳式、三蜗壳式，最常用的是双蜗壳式燃烧器，其结构如图10-13所示。

2. 轴向叶轮式旋流燃烧器

目前我国大型锅炉广泛采用轴向叶轮式旋流燃烧器，其结构如图10-14所示。

旋流式燃烧器多布置在炉膛前后墙，在燃烧室内空气动力场分布较均匀，火焰充满情况较好，后期混合作用也较好。

（二）旋流式燃烧器检修工艺

1. 检修前的准备工作和安全措施

同直流式燃烧器要求。

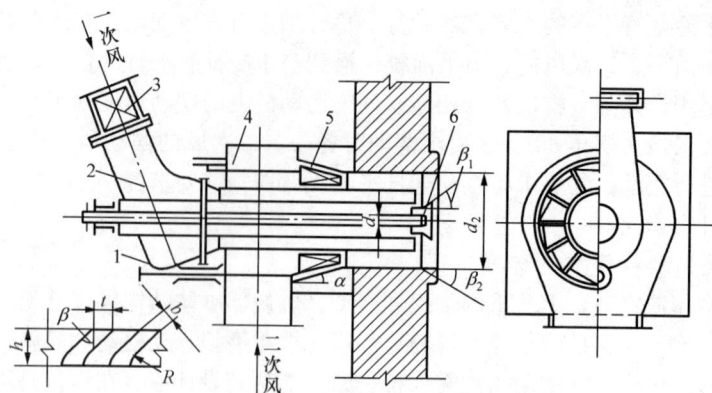

图 10-14　轴向叶轮式旋流燃烧器结构

1—拉轩；2——次风管；3——次风舌形钩板；4—二次风筒；5—二次风叶轮；6—喷油嘴

2. 本体检修

(1) 外观检查及冲洗。

1) 检查喷口的外观、磨损和烧损情况，必要时更换。

2) 更换喷口时应测量、调整喷嘴位置。

(2) 检查扩流锥和偏流板，必要时更换。

(3) 检查一次风管和防磨衬里磨损情况，必要时更换。

(4) 更换时与水冷壁保持膨胀间隙。

3. 调风门检修

(1) 检查与校正叶片外形与动作情况，必要时更换。

(2) 检查传动机构动作情况，清除各处积灰。

4. 支架组件

(1) 检查和修整密封装置。

(2) 检查支架和各支承件焊缝。

（三）旋流式燃烧器检修的质量标准

(1) 挡板外形完整，挡板轴无变形。

(2) 挡板与轴固定良好，无松动。

(3) 挡板开关灵活，无卡涩。

(4) 挡板最大开度和最小开度能达到设计要求。

(5) 挡板就地开度指示与集控室表计指示一致。

(6) 叶片无缺损，无严重变形，无松脱等。

(7) 各部件位置正确，无严重变形和磨损，动作灵活，无卡涩，能全开全关。

(8) 外形无严重变形，无裂纹；填料密封无老化。

(9) 焊缝完好，无裂纹；支架无变形、缺损、裂纹。

**四、油燃烧器检修**

（一）油燃烧器概述

现代大型燃煤锅炉通常都装有油燃烧器，其作用是：

(1) 燃煤锅炉冷态启动时，炉温很低，直接投入煤粉不易着火，故首先投入油燃烧器，用于炉膛升温并保持稳定燃烧。经过几小时的加热，炉膛温度升高后，再投入煤粉。

(2) 在锅炉低负荷运行时，由于炉膛温度降低，煤粉着火不稳定，火焰发生脉动，这时也需要投入油燃烧器来稳定燃烧。

1. 油喷嘴

按照油的雾化方式，油喷嘴分为压力雾化式、蒸汽雾化式、空气雾化式等。常用的雾化器有机械雾化器（见图 10-15）和蒸汽雾化器（见图 10-16）。

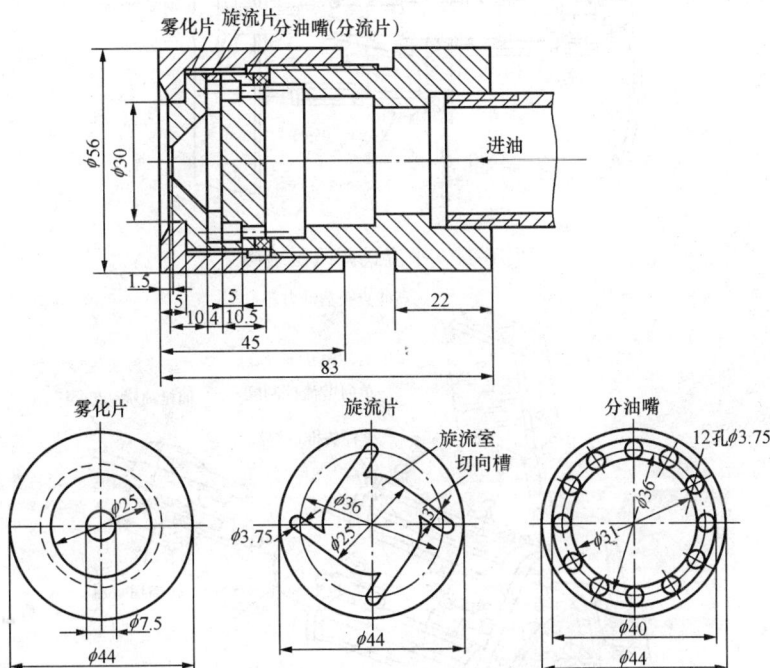

图 10-15　简单机械雾化油喷嘴

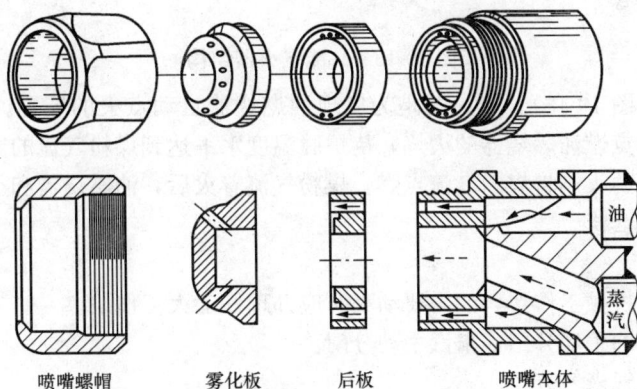

图 10-16　蒸汽雾化油喷嘴

2. 油燃烧器的调风器

锅炉燃油时同样也需要合理组织配风，这一任务由调风器来完成。油燃烧器的调风器形式很多，普遍使用的有平流式调风器和文丘里调风器以及旋流式调风器。平流式调风器的结构简单，操作方便；能自动控制风量，较适合于大型电站锅炉。平流式调风器的结构如图 10-17 所示。

3. 点火器

点火器的类型很多，除了高能点火器，还有电火花点火器和电弧点火器。目前电站锅炉多数

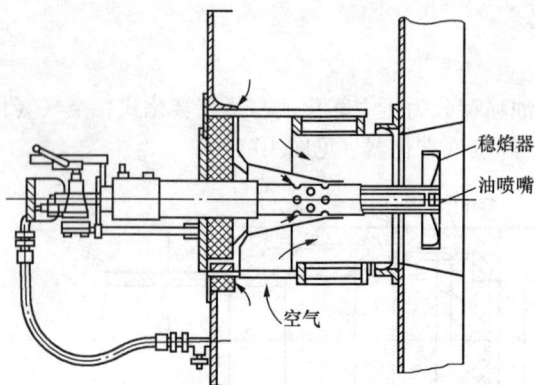

图 10-17　平流式调风器结构

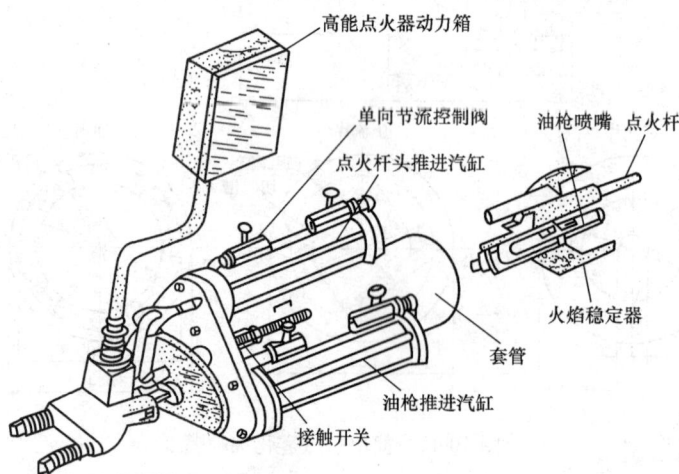

图 10-18　高能点火器结构

采用高能点火器（见图 10-18）。点火器是为实现油燃烧器自动点火的装置。煤粉锅炉启动点火时，一般先由点火器点燃油燃烧器的火焰，待炉膛温度水平达到煤粉气流的着火温度时，再投入煤粉，并用油燃烧器的火焰将煤粉气流点燃。煤粉气流着火后，油燃烧器和点火器自动退出。

（二）油燃烧器检修

1. 准备工作

（1）办理好热力机械工作票，如需要动火时应办理好动火工作票。

（2）关闭油枪来油手动分门，来汽手动分门。

（3）关闭压缩空气来气分门。

2. 油枪清洗和检查

（1）蒸汽冲洗油枪管道和喷嘴。

（2）检查油枪喷嘴孔径。喷油孔磨损量达原孔径的 1/10 或形成椭圆时应更换。

（3）检查油枪雾化片与油枪雾化片座间的密封。

（4）检查金属软管，必要时应对软管进行设计压力的水压试验。新软管应进行 1.25 倍设计压力的水压试验。

3. 油枪检修

（1）检查油枪驱动套管内外壁及密封圈，清除套管外壁油垢。

（2）检查套管的软管部分，软管破裂或有破裂趋势的应更换，软管更换前需对新软管进行检查。

（3）油枪进退检验。

4．调风器检修

（1）调风器外观检查。

（2）检查调风器叶片焊缝。

（3）调风器叶片烧损或变形严重应更换，叶片焊缝裂纹应补焊。

（三）油燃烧器检修质量标准

（1）油枪雾化片、旋流片应规格正确，平整光洁。

（2）喷油孔和旋流槽无堵塞或严重磨损。

（3）油枪各结合面密封良好，无渗漏。

（4）金属软管无泄漏，焊接点无脱焊、不锈钢编织皮或编织丝无破损或断裂。

（5）导向套管内外壁光滑，无积油，油枪进退灵活，无卡涩现象。

（6）套管的软管部分无断裂。

（7）油枪进退均能达到设计要求的工作位置和退出位置。

（8）调风器外观及叶片应保持完整，无烧损及变形，叶片焊缝无裂纹。

（9）调风器出口无积灰和结焦，截面保持畅通。

（10）更换后的调风器中心与油枪中心的误差应小于 2mm。

## 第三节　吹 灰 器 检 修

锅炉是燃煤炉运行一段时间后，受热面上积灰或结渣，影响锅炉的安全和经济运行，必须及时清除。吹灰器的作用就是清除受热面上积灰或结渣，维持受热面上的清洁，吹灰器是提高锅炉热效率，降低燃料消耗、保证锅炉正常运行的有效措施。炉膛各级受热面和回转式空气预热器处均装有不同形式的吹灰器。

### 一、吹灰器类型

（1）短伸缩式吹灰器（炉膛吹灰器），用于吹扫锅炉水冷壁上的结灰结渣，由阀门、内管、吹灰枪和喷头、减速传动机构、支撑板和导向杆系统，电气控制机构、防护罩等组成。

（2）长伸缩式吹灰器，用于吹扫受热面上的积灰和结渣，用在清除渣管、过热器、再热器及省煤器上的积灰和积渣，由跑车、电动机、吹灰器阀门、梁、墙箱、动力电缆、内外管辅助托架、前拖架、内管、吹灰枪与喷头、电气箱与行程控制构成。

（3）空气预热器吹灰用于吹扫回转式空气预热器的积灰，由吹灰器阀门、内管、吹灰枪与喷嘴、跑车、梁、电气箱与控制、墙箱组成。

### 二、吹灰器大小修标准检修项目

1．吹灰器小修标准检修项目

（1）吹灰枪及周围变管清灰、清焦。

（2）检查吹灰枪枪头是否堵塞、烧损，枪管是否变形。

（3）更换严重烧损的吹灰枪枪头。

（4）检查调整吹灰枪行程。

（5）检修吹灰枪各法兰严密性。

（6）试运。

2. 吹灰器大修标准项目

(1) 吹灰枪及周围清灰、清焦。

(2) 检查吹灰枪枪头是否堵塞、烧损，更换严重烧损的吹灰枪枪头。

(3) 检查调整吹灰枪行程，卡涩吹灰器解体检修。

(4) 检修吹灰枪各法兰严密性，内漏阀门解体研磨。

(5) 吹灰器内外套管检修更换，填料更换。

(6) 吹灰器减速箱解体检修。

(7) 凸轮拉杆机构检修。

(8) 提升阀解体研磨。

(9) 跑车解体检查。

(10) 齿条检查。

(11) 枪管、托架、托轮检修。

(12) 吹灰器冷、热态调试。

(13) 整体试运。

### 三、吹灰器检修工艺及质量标准

(一) 检修前的准备工作

(1) 停炉前了解掌握吹灰器故障状况和渗油漏汽现象，以便决定设备检修范围。

(2) 办理检修工作票，切除吹灰器电源，通知电气拆除电动机接线。

(3) 准备好检修工器具和备品备件。

(4) 清扫吹灰器上的灰和垢。

(二) 吹灰器检修

1. 入口阀解体

(1) 解开阀门与吹灰管路及吹灰器连接的法兰螺栓，将阀门拆下放置平台并解体。检查阀门各个部件，检查其弹簧力是否足够，是否断裂及疲劳损伤，阀杆是否腐蚀和弯曲变形，阀瓣有无腐蚀，密封面状况是否损伤。

(2) 研磨阀瓣及阀座，注意不能用阀瓣与阀座对研，应使用胎具分别进行研磨。

(3) 清理旧填料，组装阀门时要加装新填料。

填料方法：将旧填料清除干净，同时清除内管上的锈斑、划痕、金属突起等。清除后要用600号的砂纸修磨光滑，装填料环时要使接头错开90°，使接头按照顺时针方向排列，便于在拆卸时易于找到接头。填料环要一次只装一个，顺次装完，每个环都要借助与压盖或压紧工具（对于平填料、斜填料要按照填料的角度做一压紧工具）使其牢固的填料到位，每个填料环放入后，都要用与最后填料盖大致相同的力来压紧，填料组装后，要使每一个环都受到相同的压缩，否则灰造成只有最后一个填料起到密封作用，这样很快磨坏。

填料装好后，为保证填料最后到位，拧紧填料压盖使填料达到足够的紧密度，然后将螺母松回2~3圈以释放压力过剩。不要害怕填料处有少量的泄漏。相反，出现此情况表明填料并没有压缩太紧，而且泄漏液体通常具有润滑作用。

填料要经常更换，旧的填料干硬易于划坏内管，造成更大的损失。任何时候，压盖都要保持轻度压力，压力过大会造成黏死，吹灰管划伤、压力过小会造成大的泄漏。

2. 涡轮减速箱的检修

(1) 从吹灰器的本体上拆卸下涡轮减速箱，将其放在平台上。

(2) 揭开减速器盖，并检查其紧固螺栓是否完整无缺。

（3）测量轴承及各个部件间隙，并做好记录。

（4）利用清洗剂将减速机各部件进行清洗。

（5）检查齿轮接触情况和有无裂纹、损坏的部件。

（6）测量齿轮啮合间隙，检查磨损情况。

（7）将各级齿轮拆出，用锉刀清除齿轮的毛刺。

（8）检查轴承滚珠、珠架和内外套有无麻点裂纹和起皮现象。

（9）检查轴承外套表面有无相对滑动的痕迹，检查轴承内套与轴的装配是否松动。

（10）在组装减速器前，先清理减速器内外部。修理轴承端盖、清理减速机盖结合面并更新垫片。

（11）将各级齿轮装入，就座时不要碰伤齿轮和滚珠、滚轴。在箱内各个部件上注如足够的半流体锂基润滑脂，并留有 1/3 的空隙。

（12）装好端盖和端盖螺栓。

3. 吹灰管的检查与修理

（1）抽出吹灰管，检查吹灰管的弯曲变形量。检查喷嘴头，如损伤应更新。

（2）检查吹灰管表面有无滑痕和锈斑及磨损。

（3）检查齿条轴、导向套、导向杆等件。

（4）清理吹灰管的填料室内的旧填料。

（5）测量水冷壁管表面到填料室法兰端面的尺寸 $B$。

（6）在吹灰管上套上定位板和填料压盖，定位板的固定位置要合适，要保证喷嘴的中心线与水冷壁表面的相对距离 $A$ 有 40mm。

（7）根据 $A$、$B$ 的数值来确定吹灰管上定位板的位置，确定好定位板。

4. 吹灰内外管检修

（1）手动盘车，使吹灰器外管伸入炉膛，以便检查内管。

（2）检查内管有无弯曲变形，用 600 号以上的砂纸打磨内管表面。

（3）检查外管弯曲变形及腐蚀情况，检查喷嘴是否磨损及损坏。

5. 齿条检查及修理

（1）检查齿条并用清洗剂进行清洗齿条，如有损坏则进行更换。

（2）检查后在齿条表面涂抹钙基润滑脂。

6. 跑车的检修

（1）跑车应处于最靠近长伸缩吹灰器的尾部位置，以便拆卸放于平台之上。解开电动机端部大法兰与跑车、内管与梁、吹灰器连接螺栓。并将外管向前移动 200mm，漏出外管，以便串动内管。

（2）拆卸内管法兰、键、轴用挡圈，除旧填料。

（3）用手拉葫芦吊稳跑车，拆卸放在检修平台上。

（4）重点检查轴承、轴和涡轮、涡杆、伞型齿轮。

（5）清洗后组装、注入半流体锂基脂。组装完毕后，手动盘车转动各个部位是否灵活好用。

（6）内外管托架各件检查修理。

7. 组装

以解体顺序相反的顺序进行组装。注意填料的更换方法同短伸缩吹灰器相同。用手动盘车进行转动试验，应无卡涩和其他异常现象。

8. 质量检修标准

（1）吹灰器向前移动灵活，回转自如，无卡涩，无异声。

（2）直行程符合要求。行程开关准确无误。

（3）吹扫时喷嘴中心线与水冷壁表面的相对距离大于 40mm，吹灰管在运行时要与水冷壁管中心线垂直。吹灰器在冷态时有一定的仰角和斜角保证吹灰器（在热态时）垂直于炉膛。

（4）喷嘴头应完好，不变形、损坏，喷射气流角度正确。

（5）入口阀动作灵活，不卡涩，复位准确，既无外部泄漏又无内部泄漏。阀门起闭机构动作灵活，位置正确。

（6）吹灰管盘根允许有少量渗漏，但不能漏汽。

（7）减速器不漏油。

（8）减速箱与传动组件应传动准确可靠；手动检查手感轻松灵活、电动运行平稳，无卡涩、异声。

（9）减速箱齿轮无毛刺，齿轮磨损不得超过原厚度的 1/3。

（10）轴承内外圈表面及滚球表面不得有麻点，转动时无异声。

（11）供汽管道的腐蚀深度不得超过原管壁厚度的 1/3。

（12）吹灰角度不小于 360°。

# 第四节　钢架、炉顶密封和本体保温

## 一、钢架、炉顶密封、本体保温检修项目

根据 DL/T 838，钢架、炉顶密封、本体保温 A 级检修项目如下：

1. 标准项目

（1）检修看火门、人孔门、防爆门、膨胀节，消除漏风。

（2）检查、修补冷灰斗、水冷壁保温及炉顶密封。

（3）局部钢架防腐。

（4）疏通及修理横梁的冷却通风装置。

（5）检查钢梁、横梁的下沉、弯曲情况。

2. 特殊项目

（1）校正钢架。

（2）拆修保温层超过 20%。

（3）炉顶罩壳和钢架全面防腐。

（4）重做炉顶密封。

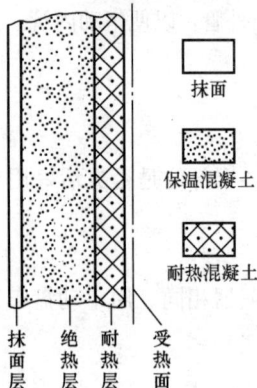

抹面

保温混凝土

耐热混凝土

抹面层　绝热层　耐热层　受热面

图 10-19　敷管式炉墙结构图

## 二、锅炉炉墙简介

（一）炉墙的作用及类型

炉墙是锅炉的外衣，炉墙具有密封、耐热和绝热的作用。从炉墙的结构看，由内向外可分为耐热层、绝热层和抹面层三层结构，见图 10-19。

炉墙的名称有的是随炉墙所处的部位名称而定的，如炉顶墙、燃烧室炉墙、烟道竖井炉墙、预热器炉墙等；有的是随受热面的名称而定的，如水冷壁炉墙、过热器炉墙、省煤器炉墙。

（二）炉墙的结构形式

炉墙的结构形式主要有重型炉墙、轻型炉墙和敷管式炉墙（或叫管上炉墙）三种。

（1）重型炉墙。也称基础承受式炉墙，即炉墙的全部重量直接由锅炉基础承受。重型炉墙在现代化的大型锅炉上已不再采用了。

（2）轻型炉墙。也称为框架式炉墙，炉墙的重量由安装在框架上的金属托架承受，并均匀地传递到锅炉钢架上。目前，轻型炉墙在现代化锅炉上也不再应用了，只在省煤器或者管式空气预热器的烟道局部使用轻型炉墙结构。

（3）敷管式炉墙。是将耐火材料和绝热材料直接敷设在锅炉受热面管子上和受热面一起构成组合件，并和受热面一起进行组合安装。它具有超轻型的特点，这就大大简化了受热面管子的悬吊结构。敷管式炉墙的耐火层有两种，当锅炉受热面（炉膛中的水冷壁管、烟道中的墙式过热器）为有间隙的密布光管或结片管时，耐热层为普通耐火混凝土薄层；当受热面为膜式壁（即受热面的管子都焊连成整体）或受热面管子后有整片钢板遮挡缝隙（即所谓的金属一次密封）时，炉墙耐热层可由金属墙取代。大型锅炉的炉墙多采用敷管式炉墙。

（三）各种结构形式炉墙的应用

1. 轻型炉墙

在现在大型锅炉上轻型炉墙主要应用在省煤器、预热器炉墙，因为省煤器部位或者管式空气预热器的烟道由于四周没有包墙管屏，故采用轻型框架式炉墙，如图 10-20 所示。

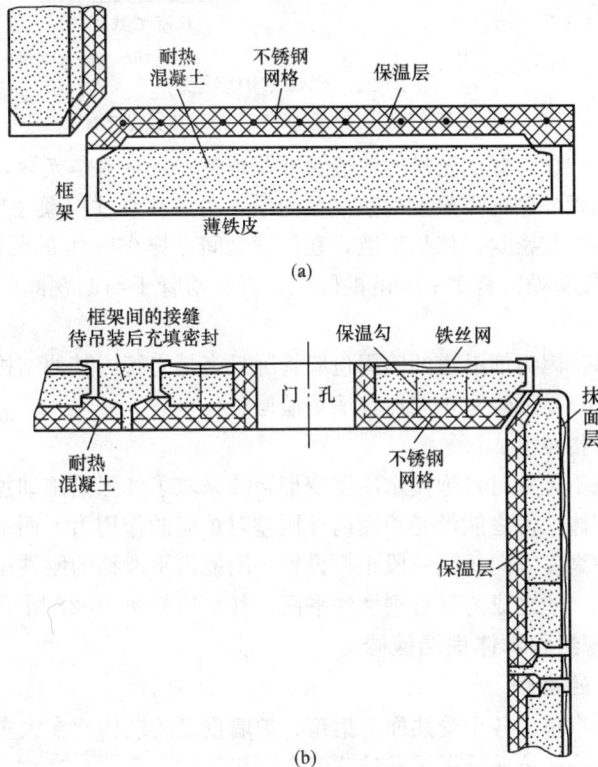

图 10-20 省煤器框架炉墙
（a）采用护板；（b）采用抹面

2. 敷管式炉墙

大型锅炉的炉墙多采用敷管式炉墙，主要应用在燃烧室炉墙、炉顶及烟道竖井炉墙。

（1）燃烧室炉墙。

1）受热面为光管式水冷壁时，管间有火焰、烟气流过，敷管式炉墙由耐热混凝土层、绝热材料层、绝热灰浆抹面层或金属罩壳三层组成。

2）受热面为膜式水冷壁或是光管，但背面用钢板全密封时，因管间无烟气流过，炉墙结构取消了耐热混凝土层，而直接敷上保温制品和金属护板。图 10-21 所示为燃烧室炉墙的两种结构。

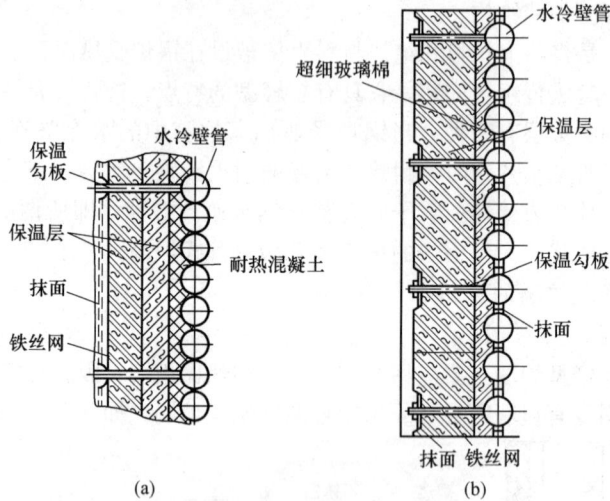

图 10-21　燃烧室炉墙结构
（a）带有耐热层的炉墙；（b）不带耐热层的炉墙

（2）炉顶墙。因为炉顶布置了密排的包墙管屏及顶棚管，且多是光管，管间尚有几毫米的间隙，所以包墙管及顶棚管外侧都需敷设耐热混凝土层。为了在浇注混凝土时不致从管隙中漏掉，同时为了加强管子的传热与密封，保护炉墙，在两管之间点焊 $\phi6\sim\phi8$ 的圆钢。圆钢每段长 500～1000mm，两根圆钢的接头处留有 1～3mm 的间隙，以补偿管子与圆钢间的胀差，其他结构同燃烧室炉墙。

（3）烟道竖井炉墙。因为烟沿道的四周包墙管屏且多是光管，其他结构同炉顶相同，所以其他结构同燃烧室炉墙，只是燃烧室炉墙比包墙炉墙厚些。

（四）炉墙的加强措施

为防止炉膛在燃烧不正常时打炮使水冷壁变形，故采取了加强措施即加强刚性梁，使炉膛水冷壁应组成一个刚性整体，使之能承受炉膛内外压差对炉墙的作用力，而不发生凸起和出现裂缝等损坏现象。即沿锅炉高度方向每隔一段距离设置一圈能水平滑移的刚性梁，把炉墙和管子箍起来，形成一道道加强箍，使之成为具有刚性的平面，其结构如图 10-22 所示。

**三、钢架、炉顶密封和本体保温检修**

（一）钢架及附件的检修

在锅炉构架中支撑汽包、各个受热面、集箱、炉墙重量的结构现在大多数的电厂都采用钢架结构，锅炉的重量通过构架传递给锅炉基础或整个厂房基础。

大型锅炉基本上都采用悬吊结构，立柱可采用钢筋混凝土，也可用型钢制作，现在大多数的锅炉都采用钢架，炉顶部分的大梁、次梁及过度梁则基本上都是用各种型钢及钢板组合而成的。

钢架在锅炉正常检修时检修工作量很小，但在检修时应注意对现场的立柱、横梁梯子、平台不得随便切割、挖洞、延长或缩短。

1. 地基下沉检查

（1）检修工艺。

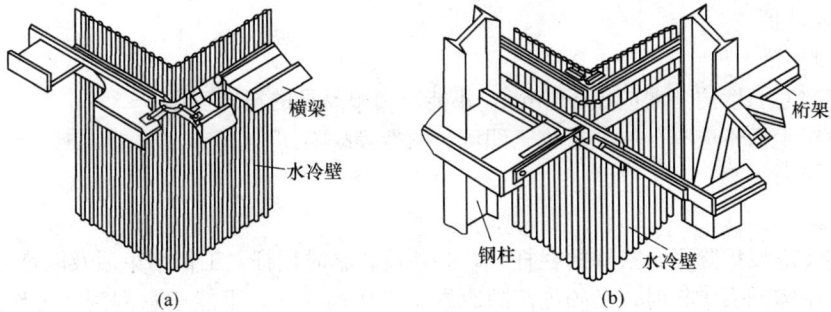

图 10-22 刚性梁结构

(a) 搭接式；(b) 框架式

1）结合大修对地基下沉情况进行一次测量检查。

2）取一个零米标高作为基准点，用水平仪或橡皮管水平尺测量每根立柱的标高点，从各立柱标高点之间的差额来分析地基下沉情况并做好记录。

3）检查水泥地有无裂缝、破碎等现象。

4）发现不均匀、应向车间、生产部汇报。

（2）质量标准。记录清楚、正确、齐全。

2. 主柱倾斜度检查

（1）检修工艺。

1）大修时，检查主柱倾斜度。

2）主柱倾斜度测量可顺前后左右两个方向用悬挂线锤的方法来进行。测量时一般应取方柱各端面的中心线做基准。

3）做好记录。

（2）质量标准。

1）测量方法正确。

2）钢柱不垂直度不超过 1mm/m，全柱的弯曲度不超过 10mm/m，全柱的总不垂直度不超过 15mm/m。

3. 炉顶钢架外表检查

（1）检修工艺。

1）检查外表面锈蚀及裂纹情况。

2）检查大横梁的焊缝。

3）检查钢梁的弯曲、凹陷和扭转等变形。

（2）质量标准。

1）钢板不应有分层、重皮、凹坑、网裂等缺陷。

2）焊缝应符合制造厂标准。

3）不应有肉眼易见的弯曲、扭转等变形。

4. 过渡梁的检查

（1）检修工艺。

1）检查过渡梁上面的防腐，如有锈蚀、斑驳脱落现象，应将锈蚀打磨掉，重新刷漆。

2）过渡梁的水平度可用水平尺进行检查。

3）钢横梁空心管内不得有积灰或杂物，其冷却通风管内清洁畅通。横梁弯曲变形的最大下挠度不超过设计值。

（2）质量标准。

1）过渡梁总长度内弯曲应小于5mm，不能有肉眼易见的扭转变形。

2）过渡梁上面不应有分层、重皮、凹坑、网裂等缺陷。

5. 平台扶梯检修

（1）检修工艺。

1）因施工需要拆除平台扶梯的栏杆时，必须设置临时栏杆。工作结束后及时恢复。

2）检修中需割去护板时，必须先割除原焊点且切割整齐，不能任意刮割。工作结束后及时恢复原样。

3）经检修后的平台扶梯，应重新油漆。

（2）质量标准。

1）平台边框护板高度不低于100mm，20m以下平台栏杆高度不低于1050mm，20m以上平台栏杆高度不低于1200mm。

2）高度超过1.5m的扶梯的斜度不应大于50°；当扶梯倾斜度为45°～50°时，脚踏板之间垂直距离不应超过200mm，扶梯宽度不应小于800mm。

3）栏杆立柱应为$\phi32$，栏杆横挡应为$\phi25$。

4）平台应有限额载荷标志，以防超载发生意外。

5）平台花钢板与框架焊好后，凹凸不平度不应超过6mm。

6）扶梯焊好后，允许的平面挠度为每米长度内不超过2mm，并且全长不超过5mm。

6. 门类检修

（1）检修工艺。

1）检查防爆门、人孔门、看火门接合平面的严密程度。

2）防爆门盖用铁丝可靠吊起后，换上新石棉绳。

3）修复后的防爆门、人孔门、看火门应用手来回拉动几次，以检查门类的灵活性。

4）检查后，若发现防爆门、人孔门、看火门的内部耐火涂料有损坏时，应重新浇涂。如果门盖内壁的钢架损坏，应将直径6mm的耐热钢筋重新装置后浇涂；如果就地浇涂有困难，可拆卸门类铰销，平放在就近平台的安全可靠处作浇涂。

（2）质量标准。

1）人孔门，看火门、检查孔的固定螺栓不漏风（石棉绳应用水玻璃嵌牢于槽内）。

2）烧坏或损坏的人孔门、看火孔、检查孔应整修或换新。

3）人孔门、看火门、检查门的门框与接合面错边应不大于1.5mm。

4）铰销转动处应涂以二硫化钼。

5）可调式防爆门安装后应按制造厂要求调整到规定的开启压力，如无规定时，可按工作压力加50mm水柱作为动作压力进行调整。

7. 受热面集箱吊杆、吊杆螺母的检查

（1）检修工艺。

1）检查吊杆外观。

2）检查吊杆的受力，对于过松或过紧的吊杆应及时调整。

3）吊杆螺母和螺母垫铁进行100%外观检查，对于变形严重的垫铁应及时更换，更换前应将被吊物临时支撑。

（2）质量标准。

1）吊杆无严重变形和腐蚀。吊杆变形或腐蚀严重时应更换，更换后的吊杆其膨胀系数一致或接近。

2）吊杆受力均匀。

3）吊杆螺母无松动，止退销齐全，吊杆螺母垫铁无变形，更换后的垫铁定位符合要求。

4）新吊杆所受的力应与两侧未变形的吊杆所受的力一致。

（二）炉顶密封

造成炉顶漏风原因很多，主要是炉顶部件在热状态下的膨胀值很大，在结构上又有复杂的管束交叉穿插、各面炉墙与炉顶的并靠，在结构上形成许多接头和孔缝，往往造成炉顶漏风。因此炉顶在结构上主要采取炉顶转角处密封和管子穿墙处密封措施等。

1. 管子穿炉顶墙处密封结构

（1）垂直管束穿墙处炉顶密封结构。悬吊的过热器进出口集箱位于炉顶炉墙外，因此过热器管束都要穿过炉顶，还有些受热面的吊管也要穿过炉顶。对于有数排管束穿过的炉顶，炉顶密封的结构如图 10-23 所示。

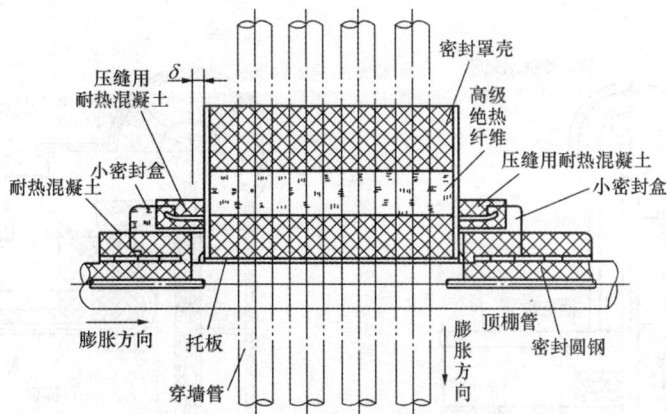

图 10-23　垂直管束穿墙处炉顶密封结构

（2）管子穿炉顶处密封结构。管子穿炉顶处密封结构如图 10-24 所示，为管子穿炉顶处的密封，管子穿墙部位的盆状砖附在管子上，可与炉墙做相对滑动，滑缝间隙填以石棉板。在盆状砖中充填轻质石棉泥，石棉板和石棉泥都起密封作用。管子穿墙处的密封结构有多种形式，这只是其中一种密封结构。

（3）穿墙处船形密封板结构。穿墙处船形密封板结构，如图 10-25 所示。

2. 侧水冷壁上部与顶棚管间的密封结构

顶棚管与侧水冷壁管之间也因膨胀值不同而存在热位移，故不能采用固定拼接，也要留有间隙，并采用一定的密封措施，如图 10-26 所示。

3. 炉顶与前炉墙转角处的密封结构

炉顶与前炉墙转角处的密封结构，如图 10-27 所示。为了保证顶棚管的自由膨胀，在顶棚管与水冷壁管屏间要预留一定的膨胀间隙 $A$，同时又要使间隙 $A$ 处不致成为炉膛内外的泄漏通道。

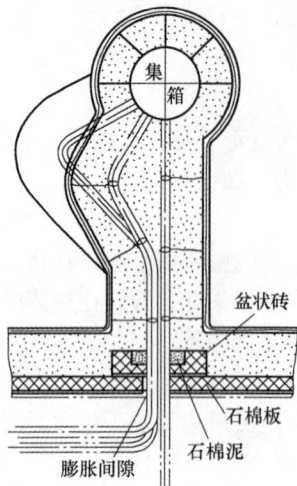

图 10-24 管子穿炉顶处
密封结构

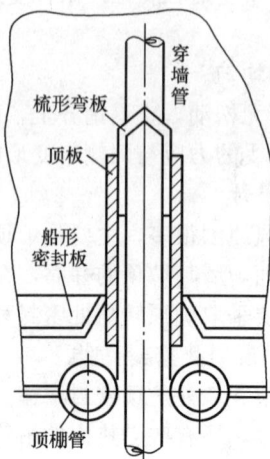

图 10-25 穿墙处船形
密封板结构

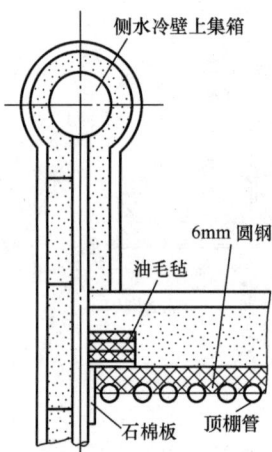

图 10-26 侧水冷壁上部与
顶棚管间的密封结构

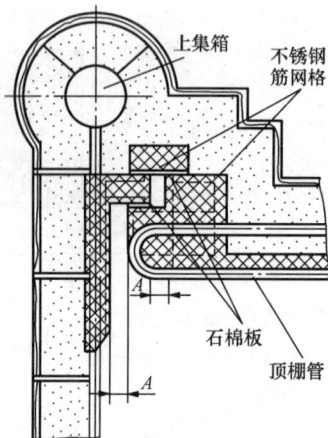

图 10-27 炉顶与前炉墙
转角处的密封结构

（三）炉墙检修

1. 检修一般规定

（1）检修前应对检修部位、尺寸、及其结构，各种附属设施（人孔门、看火孔、防爆门、热工测试点管理预埋孔等）了解清楚，必要时把各种附属设施及缺陷都记录清楚。

（2）在拆除旧砌体时，应拆成台阶形，跨度过分大时，中间应加立柱支撑牢，不允许留垂直接口，一般不要齿形接口。拆下的炉墙外护板和设备与管道的金属保护层等结构，应妥善保管，以备重复使用。

（3）被检修的炉墙工作表面必须彻底清理，不得有污垢、残留物和锈蚀等。

（4）需在膜式壁上焊接的固定件及密封件，一般应在锅炉水压试验前完成。

（5）保温前，需要保温的设备与管道及其支吊架、仪表接管部件等必须修复或安装完毕，设备和管道上的灰尘、油污及铁锈等杂物应清除干净，保温层的支承件和固定件必须修复并就位齐全，电伴热管或蒸汽管必须经过通电或试压合格。

2. 炉墙检修工艺

敷管式炉墙常常是由于检修受热面拆除了部分炉墙，在受热面检修完毕后，应按原结构恢复炉墙。

（1）保温前，清理水冷壁上的污物、杂物及灰尘。

（2）在水冷壁稽片上焊保温钉；在每个防爆梁中间上、中、下三处焊瓦棱铁托架。

（3）首先用高温胶泥粘贴三层硅酸铝，在挂两层泡棉。用手轻轻按压硅酸铝、泡棉使上下两层靠紧。用手按压时，应防止保温钉扎手。

（4）挂活络网，将压板压紧。

（5）在托架上敷瓦棱铁，用 $\phi 5$ 拉铆钉固定。在瓦棱铁外上、下边缘处焊 100mm 高的外挡板。

3. 炉墙的质量标准

（1）水冷壁表面清洁干净，无灰尘、杂物。

（2）保温钉应焊在水冷壁稽片上且焊接牢固，不允许焊在水冷壁管道上。每平方米不少于 6 个保温钉。瓦棱铁托架焊接应牢固，所有托架应在同一平面上。

（3）粘贴时，高温胶泥应涂抹在硅酸铝的凹凸面上且涂抹均匀，按压到位。同层保温材料粘贴应平整、牢固；分层时，上下两层应错缝在 150mm 左右，中间不允许有间隙。

（4）挂活络网时，应将活络网连为一体，并且要拉平不应有起鼓的地方。压板应压紧，活络网与保温钉连接要牢固。

（5）瓦棱铁与瓦棱铁连接应平整、牢固无倾斜现象，连接处每隔 30～40cm 应有一个铆钉固定。瓦棱铁与上中下托架连接应牢固，上下挡板焊接时，应与瓦棱铁靠紧，且焊接牢固。

# 第五节 双色水位计检修

水位计是锅炉的重要安全附件，用于汽包水位监视作用，安装工业电视可以使运行人员准确、清晰地监视水位，以保证锅炉安全运行。水位计直接与锅炉汽包相连接，是锅炉上唯一反映汽包真实水位的设备。

双色水位计是目前应用较多的水位计之一，主要由汽阀、连通管、水阀、排汽阀、观察窗等组成。双色水位计具有独特的自冲洗功能，当饱和蒸汽由自冲洗结构进入水位计腔体时，便会在观察窗口处形成大量的冷凝水，并顺流而下将观察窗口云母上粘附的污垢逐渐带走，从而达到自冲洗的目的。

水位计得结构和原理在第八章中已有描述，在此只介绍水位计得日常维护和检修内容。

**一、双色水位计维护**

（1）显示水位是否正常。检查方法为：

1）慢开 1/4 周排污阀，放出少量热水。此时水位下降，然后关闭排污阀。若水位回到原位置为正常。

2）水位有微小波动为正常。

3）同其他水位计比较，显示基本相同为正常。

4）若有异常，则按 1）、3）来操作两次。若还不能消除故障，则需关闭一次阀，对水位计拆开检修，清除管路中堵塞异物。

（2）检查玻璃及云母。

1）若发现云母挂垢、色调变差，水位不清，则需冲洗水位计，关闭水汽阀，开水阀，放满水，关水阀。开排污阀放水，冲洗云母。关排污阀，如此反复2～3次即可。

2）若发现云母严重剥离、云母击穿、玻璃受腐、玻璃破裂、污垢冲洗不掉、影响观察水位等其中一项，则必须重新更换，更换之前，必须关闭汽水阀，开排污阀放完热水再操作。

（3）检查观察窗，压板部位。

1）检查工艺。听漏气声、看漏气或看光洁金属板上有无汽痕。

2）质量标准。若漏汽尚轻，把螺栓重新紧固。如果仍不能阻止泄漏，应将各阀门关闭更换垫子。

（4）检查阀门。若泄漏，可以紧固螺帽，以压紧密封石墨填料。阀门密封面不能因泄漏而受到浸腐，否则拆下水位计进行大修。

（5）观察窗视场变暗的检查方法、原理及处理办法。

1）检查方法。目视检查。

2）质量标准。判断变暗的基准是以能否分辨水位，当以彩色工业电视为监视器时，则以适当调整后仍不能在电视屏上分辨水位为准。

3）视场变暗的原因。

a）水质浑浊，污物随水浮动，云母挂垢污物附着在云母接水一面，固定不动。

b）光源系统中玻璃件、灯管、观察窗外面玻璃附着灰尘过多，打开光源侧板即可看见灰尘。

c）灯管老化，看上去不够明亮，打开光源系统侧板即可看到。

d）变压器至水位计的电缆线过细过长，降压太大，或各电触点接触不良。

4）处理办法。

a）进行排污处理。关闭汽水阀，开排污阀，把污水排出。关排污阀，重新放入热水。如此反复，水位计内水清后，视场自然变得清亮。

b）除去灰尘，切忌用湿物去擦，否则热态的管路会炸裂。光源系统可以取下来，冷后拧下连接螺钉，抽出镜架擦拭。灯管上的灰可以分别取出擦拭。

c）打开光源壳，从灯夹取出灯管，更换新灯管。

d）尽量缩短电缆线，加大导线截面，检查各接点情况。

**二、双色水位计检修项目**

（1）水位计全部解体、检查、修刮研磨汽阀、放水阀、水表接合面。

（2）更换新玻璃板，疏通汽水连通管。

（3）对水位计零位校正。

**三、双色水位计检修**

**（一）水位计检修前的准备工作**

（1）关闭汽水阀门，打开放水门，证实内部无残留汽水，防止烫伤。

（2）准备好检修用的工具和备件和材料。

（3）隔绝照明电源。

**（二）检修工艺**

**1. 拆卸**

切断电源，用结实绳把位计吊住，以免水位计跌落，在同锅炉引管相接处用气割割开，把水位计运至干净宽敞处检修。

**2. 分解工艺**

（1）拆下光源系统与水位计本体连接的螺钉，取下光源系统。灯管老化的要更新。试验灯管要明亮。

（2）用扳手拧下水位计观察窗压盖螺栓。操作一定要小心谨慎，且在拧前应喷松动剂浸透，不要弄坏六角头及螺纹。

（3）取下压盖。如难取，先用木锤敲击，松动后取下；各压盖拆下后应做好记号，复装时对号入座。

（4）取出压盖中玻璃、保护带、缓冲垫，取出本体窗口处的云母、密封垫等。

3. 清理检查

（1）用钢板或竹片清理密封面处的石墨残屑，清理之后用布擦净。注意在整个操作过程中，千万不可损伤密封表面。本体密封面经过厂家特殊涂镀处理，一般不许修磨。若密封面有汽蚀痕、划伤等损伤时，也允许研磨。修磨量不允许超过0.5mm，修磨后与厂家联系进行表面涂镀，否则密封面容易生锈，缩短使用寿命。

（2）检查水位计本体和压盖密封面有无汽浊痕、划伤等缺陷。轻者损伤可以研磨修复，但研磨量不应0.02mm，且只允许一次。重者只有本体密封面允许机械加工，但切削量不得超过0.5mm，且只许一次。

（3）检查水位计本体螺纹及压盖螺栓螺纹，压盖螺栓应光洁，无毛刺、乱扣等缺陷，若有拉长、塑性变形的，必须予以更换；若一块压盖上有2个以上的螺栓损坏，则必须更换该压盖上的所有螺栓；若螺栓拧断的，需上钻麻花钻将断头钻出，注意不得破坏螺孔螺纹；若螺母有乱扣、六方不规整、端面不平，则必须更换螺母。

（4）清除水位计本体内外锈蚀。

（5）拆卸阀门。拆下手轮，将阀杆取出，卸下密封圈，更换密封圈。

（6）阀门检查。①仔细检查阀芯密封面，阀芯如有伤痕，则应修磨完好。特别严重的允许在磨床上磨削，最多不能超过0.1mm，且只允许磨削一次。②仔细检查阀座，看是否有水汽浸蚀痕迹及其他损伤，压痕是否对称。如有轻微损伤，可以研磨完好，严重时可车削0.5mm，每件只允许一次。③阀杆与密封套接触处不许有刮伤，阀杆直线度应在0.1mm内，否则应予以更换。

4. 组装工艺

在装配前，要清点好所有零部件。

（1）组装观察窗。

1）将螺栓载入本体（螺纹短的一端）。

2）平面镜装入压盖前应仔细检查相接触的密封面。不许有任何污物、硬质点，然后将用软布擦净的缓冲垫、平面镜装入压盖（不可触及透光面），使平面镜凸凹尽可能相等，否则应进行选配。

3）将本体密封面清理干净，不许有任何污物、硬质点存在。将清洁的防腐垫、密封垫（不可触及透光表面）装入本体。

4）将压盖装入本体，装上垫圈螺母。

5）压盖螺栓应以20、40、60、80、100N·m力矩层次，按顺序逐步紧固。

（2）阀门组装。按阀门拆卸相反顺序组装。

1）相邻填料切口要错开至少90°。

2）紧固圈时用力要均匀一致。

3）紧螺栓时左右侧应同时拧紧。

4）装完后旋转手轮，要求平稳。

（3）组装光源系统。将检修后的光源系统，用连接板同水位计连接起来，连接应可靠。

（4）整体喷高温油漆。

5. 调试

（1）加热水位计。

1）把各阀门向右（顺时针方向）旋转，全关闭。

2）把排污阀向左（反时针方向）转一周，微开。

3）把汽阀向左转 1/4 周，微开，使蒸汽进入水位计腔体，从排污阀排出。水位计温度逐渐升高，在周围空气温度为 20℃时，约 40min 后，将达到所需温度。

（2）追加紧固压盖螺栓。因为水位计温度升高，各部件受热膨胀，会引起密封状态变化，故需要追加紧固压盖螺栓以防泄漏。

1）关闭汽阀。

2）有扭矩扳手以 20、40、60、80、100N·m 的力矩层次，按顺序紧固。

（3）向水位计导入热水，蒸汽并确定水位。在导入水汽之前，操作者一定站在水位计的侧面，不可站在前面工作。

1）关闭排污阀。

2）把水阀慢开 1/4 周，向水位计徐徐导入热水。水阀切不可开得太大，否则安全球将动作，堵死水路无法进行工作，如果安全球已堵住通路，可重新关闭此阀，并重新缓慢开启。

3）慢慢打开汽阀 1/5 周，向水位计内徐徐导入蒸汽，若在此之前安全球已启动，则由于水位计内蒸汽压力升高，安全球会自动脱落，再开水阀即可放入热水。

4）把汽阀及水阀全部打开。

5）认真观察水位，锅水开始进入水位计，使水位逐渐升高，直到水位基本不变为止，但水位应有微小波动，表示水汽管路畅通。

6）如果通过以上操作，而水位计中没有导入水或汽，可关闭水汽阀，开排污阀，并重复以上操作一次，再有问题应检查水汽管路阀门或焊接管焊口处是否堵塞。

7）水汽界面最好处在观察窗内，如果处于盲区，虽不影响判断水汽大概位置，但看不到水面波动，应微调水位高度，尽量让水位露出来。

8）一切正常后，把水阀、汽阀各自回旋（逆时针）1/4 周，可以防止在长期连续使用后，阀杆与后座烧结在一起。

9）检查玻璃、云母，应无裂纹，压盖及阀应无泄漏。

（4）调试光学系统。

1）左右调整镜架，使在水位计正前方观看，汽红水绿，界面清晰，红绿不渗杂为止。

2）调整灯管几反光碗，使在前方观看亮度最亮为止。

3）重复 1）、2）调整达到最佳效果。

（三）质量标准

1. 水位计汽水连通管道及放水管

（1）连通管内应畅通、管道内应无污垢和杂物。

（2）管道应无明显冲刷腐蚀，管道磨损不得超过原壁厚的 1/3。

2. 水位计密封件处结合面

结合面应平整、光洁，无麻点、沟槽等缺陷，其表面光洁度达到要求。所有密封面均严格密封，强度试验为公称压力的 1.5 倍，密封试验为工作压力的 1.5 倍，两次试验保压时间不得少于 7min，不得有滴水、冒汗等泄漏现象。

3. 水位计压盖

(1) 表面清洁、平整，无锈蚀。

(2) 无变形，无汽水冲刷磨损。

(3) 与牛眼玻璃和石棉垫片结合面光滑。

4. 水位计组合垫片和玻璃

(1) 缠绕垫片厚度均匀，绕丝焊点位置适当，焊瘤不突起于密封面。

(2) 石墨垫片厚度均匀，无折痕完整无损，只能一次性使用。

(3) 云母片厚度均匀，透明，完好，夹层无气泡，清洁，不沾油质及粉尘杂物。

(4) 玻璃无裂纹，无损伤，透明度高，表面光洁，无油污。

(5) 石棉垫片、石墨衬条、蒙乃尔垫片厚度均匀，无折痕，完整无损。

5. 水位计压盖螺栓

(1) 螺栓完整，无伤痕，发现缺扣、断扣、咬扣等缺陷不得使用。

(2) 在装配前应涂抹防卡剂。

6. 其他

(1) 照明充足，汽水红绿分明清晰可见。

(2) 汽水阀门开关灵活，红绿玻璃、柱面镜玻璃无炸裂，并透明、完好、水位清楚、正确。

(3) 水位计零位刻度在汽包中心线以下 100mm，误差在 ±0.5mm 即为合格。

(4) 水位计光源罩，表面清洁美观，所有透光元器件应清洁，及时除尘，接线整齐，无虚接现象；所有调整部件应具有锁紧性。

(5) 成套整机，水位置清晰，无红绿混光现象，所有泄漏点都能完好密封，调试后经过 48h 运行，显示效果不应有明显变化。

(四) 检修安全注意事项

(1) 运行中更换平板玻璃需办理工作票手续，由运行人员负责，确认水位计内部无残余压力方可进行更换。

(2) 同一炉内 2 台水位针，若其中一台检修，另一台不得进行冲洗。

(3) 拆卸搬运和安装水位计应注意人身安全。

(4) 检修后的水位计不参加超压试验。

# 第十一章 锅炉本体检修其他问题

## 第一节 锅炉金属监督

### 一、锅炉部分金属监督的任务

锅炉部分金属监督的任务是对监督范围之内的各种金属部件在检修中的材料质量和焊接质量进行监督，避免错用钢材，保证焊接质量。对受监的金属部件，要通过大小修中的检查、检验、发现问题，及时采取措施，并掌握其金属组织变化、性能变化和缺陷发展情况，对设备的健康状况，做到心中有数，从而可以做到有计划地检修，预防性检修，提高设备的可用率。在受监金属部件故障出现后，还应参加事故的调查与分析，及时采取处理对策，总结经验教训。同时还应建立、健全金属技术监督档案。

### 二、锅炉部分金属监督的范围

根据 DL/T 438—2009《火力发电厂金属技术监督规程》中的规定，锅炉部分金属监督的范围是根据金属的工作温度和压力来界定的。

1. 按温度界定

（1）工作温度大于和等于 450℃的高温金属部件，如主蒸汽管道、高温再热蒸汽管道、过热器管、再热器管、集箱、阀门、三通、螺栓等。

（2）工作温度大于或等于 435℃的汽缸、汽室、主汽门和导汽管等。

（3）工作温度大于或等于 400℃的螺栓紧固件。

2. 按压力界定

（1）工作压力大于和等于 5.88MPa 的承压管道和部件，如水冷壁管、省煤器管、集箱和主给水管道等。

（2）工作压力大于 3.82MPa 的汽包和（一次门前）疏水及联络管。

（3）300MW 以上机组低温再热蒸汽管道，都属于本体部分金属监督的范围。

### 三、受热面管子的监督

（1）受热面管子安装，施工单位应根据装箱单和图纸进行全面清点，注意检查表面有无裂纹、撞伤、压扁、砂眼和分层等缺陷。外表面缺陷深度超过管子规定厚度 10% 以上时，应由施工单位会同有关部门商定处理措施。

（2）检修时，锅炉检修部门应有专人检查受热面管子有无变形、磨损、刮伤、鼓包、蠕变变形及表面裂纹等情况，发现如上情况时要及时进行处理，并做好记录。对垢下腐蚀严重的水冷壁管，应定期进行腐蚀深度的测量。

（3）为了解壁温大于 450℃的过热器管和再热器管材质性能变化规律，可选择具有代表性的锅炉，在壁温最高处设监察管。取样周期为 5 万 h，监督壁厚、管径、组织、碳化物、脱碳层和机械性能变化。

（4）当发现下列情况之一时，应及时更换：

1）合金钢过热器管和再热器管外径蠕变变形人于 2.5%，碳素钢过热器管和再热器管外径蠕变变形大于 3.5%。

2）表面有氧化微裂纹。

3）管壁减薄到小于强度计算壁厚。

4）石墨化达 4 级（对碳钢和钼钢）。

5）高温过热器或高温再热器的高温段如采用 18-8 不锈钢管时其异种钢焊接接头应在运行 80 000～100 000h 时，进行宏观检查和无损探伤抽查 20%。

#### 四、汽包的监督

（1）施工单位在安装汽包时应进行下列检查：

1）查阅制造厂所提供的质量证明书及质量检验记录等技术资料，如资料不全或对质量有怀疑时，应由施工单位会同有关单位进行复核检查，必要时应要求制造厂参加复检。

2）下降管管座焊缝应进行 100% 的超声波探伤。

3）其他焊缝应尽可能去锈进行 100% 的目视宏观检查，必要时可按 20% 比例进行无损探伤抽查。

（2）锅炉投入运行 50 000h 时，锅炉检修部门应对汽包进行第一次检查，以后检查周期结合大修进行。检查内容有如下 4 项：

1）集中下降管管座焊缝应进行 100% 的超声波探伤。

2）筒体和封头内表面去锈后尽可能进行 100% 目视宏观检查。

3）筒体和封头内表面主焊缝、人孔加强焊缝和预埋件焊缝表面去锈后，进行 100% 的目视宏观检查；对主焊缝应进行无损探伤抽查（即纵缝至少抽查 25%，环缝至少抽查 10%）。

4）检查发现裂纹时，应采取相应的处理措施。发现其他超标缺陷时，应进行安全性评定。

（3）碳钢或低合金高强度钢制造的汽包，安装和检修中严禁焊接拉钩及其他附件。发现缺陷时不得任意进行补焊，经安全性评定必须进行补焊时，应制订方案，经主管局审批后进行。若需进行重大处理时，处理前还需报部及地方劳动局备案。

（4）锅炉水压试验时，为了防止锅炉脆性破坏，水温不应低于锅炉制造厂所规定的试水压温度。

（5）在启动、运行、停炉过程中要严格控制汽包壁温上升和下降的速度，高压炉应不超过 60℃/h，中压炉不超过 90℃/h，同时尽可能使温度均匀变化。对已投入运行的有较大超标缺陷的汽包，其温升、温降速度还应适当减低，尽量减少启停次数，必要时可视具体情况，缩短检查的间隔时间或降参数运行。

#### 五、集箱的监督

运行时间达 10 万 h 的高温段过热器出口集箱、减温器集箱、集汽集箱，由锅炉检修部门负责进行宏观检查。应特别注意检查表面裂纹和管孔周围处有无裂纹，必要时进行无损探伤。以后检查周期为 5 万 h。

#### 六、受压元件的监察

锅炉受压元件因其内部流动着高温高压的水或蒸汽，一旦泄漏或爆破，会严重危及人身及设备的安全，尤其是汽包、集箱及炉外管道。因此，应加强对受压元件的安全监察。各个电厂每台锅炉都要建立技术档案簿，记录受压元件有关运行、检修、改造、事故等重大事项。受压元件的重大改造应有设计图纸、计算资料和施工技术方案。涉及锅炉结构的重大改变或锅炉参数变化的检修、改造方案，还应报上级主管部门审批。

为了保证锅炉的安全运行，检修人员应根据锅炉设备的技术状况，受压元件老化、腐蚀、磨损规律以及运行维护条件制订锅炉大、小修计划，确定重点检修项目，建立、健全检修技术记录，提高检修质量，确保受压元件经常处于完好状态。

### 七、焊接质量监督

（1）凡属金属监督范围内的锅炉承压管道和部件的焊接工作，必须由考试合格的焊工担任。特殊要求的部件焊接，焊工应做焊前练习及允许性考试。

（2）凡焊接金属监督范围内的各种管道和部件，必须执行 DL/T 869—2004《火力发电厂焊接技术规程》的规定。

（3）对制造厂焊接的焊缝，施工单位应先核对合格证，并做外观检查。受热面管子在安装前还应切取焊缝试样进行检验。水冷壁、省煤器、过热器和再热器管子如是机械焊接，应按每种材质、每种规格、每种焊接方法，分别切取焊缝试样 2 个；如是手工焊接，也应按每种材质、每种规格、每个焊工，分别切取 2 个焊缝试样进行检验。检验不合格时，应加倍切取焊缝试样再做检验，如仍不合格，则应通知制造厂并呈报上级研究处理。

# 第二节　锅炉水压试验

## 一、水压试验的目的和范围

### 1. 水压试验的目的

水压试验是对锅炉承压部件的严密性和强度的一种检查性试验。锅炉承压部件在检修后必须进行水压试验，以便在冷态下作全面细致的检查，它是保证锅炉承压部件安全运行的重要措施之一。水压试验是在承压部件中注满水以后，再用高压水泵施加压力：当压力达到一定的数值时，如果承压部件的材质和焊口有微细裂纹和气孔，水就会渗漏出来。这样，便能直观地检查出承压部件中存在的缺陷。

### 2. 水压试验的范围

一次汽系统水压试验范围包括锅炉承压部分，也就是从给水进口直到蒸汽出口，即给水平台、省煤器、汽包、水冷壁、过热器、减温器和汽水管道、阀门等以及相关的疏、放水管、炉水取样门、仪表取样门的二次门以内（一次门全开）。但水位计、安全门不作整体水压试验。二次汽水压试验主要包括墙式再热器、后屏再热器、末级再热器及相关管路。

## 二、水压试验分类和试验用水

### 1. 水压试验分类

水压试验有两种：一种是试验压力采取工作压力的水压试验（工作压力按照制造厂规定）；另一种是试验压力为工作压力的 1.25 倍的超压力水压试验。锅炉检修后一般都是做工作压力试验，而超压力试验只有在特定条件下才能进行。因超压水压试验会使锅炉受到额外的应力，会影响锅炉的使用寿命，锅炉除定期检验外，有下列情况之一时，也应进行超压水压试验：

（1）新安装的锅炉及迁装的锅炉。

（2）运行中的锅炉每 6 年定期进行一次。

（3）锅炉改造、承压部件经过重大修理或更换后应进行一次，如水冷壁更换管数在 50% 以上，过热器、再热器、省煤器等部件成组更换，汽轮机进行了重大修理时。

（4）锅炉间断运行，已经停用一年以上需再次启用时。

（5）根据运行情况，对设备安全可靠性有怀疑时。

上述情况是对锅炉进行整体的超压力水压试验而言。单独的承压部件在修补后应尽量设法在该部件装到锅炉上之前作单独的超压力试验，以减少锅炉整体进行超压力水压试验的次数。

承压试验范围内的全部检修工作结束后应通知有关运行人员检查有关系统、设备，确认无问题后方可向锅炉上水，进行水压试验。

2. 水压试验用水

水压试验使用除盐水，为防止设备腐蚀，进水过程中还要加入适量的氨或联氨。因用水量很大，故事先应计算出试压范围的水容量，准备临时储水容器和足够的水。在水压试验时如有泄漏，需要放水后才能处理，这样工作量太大，所以水压试验前先作一次气压预试。由于空气的泄漏能力比水大很多倍，所以气压达到 0.3～0.5MPa 即可，待气压预试无泄漏后再作水压试验。

### 三、水压试验合格标准

1. 工作压力的水压试验合格标准

(1) 停止上水后在工作压力下压力保持 5min 的压力下降值：中压锅炉不超过 98～196kPa，高压锅炉不超过 196～294kPa。

(2) 超高压锅炉每分钟不大于 98kPa，再热器每分钟不大于 49kPa。

2. 超压试验的合格标准

(1) 受压元件金属壁和焊缝无水珠和水雾的泄漏痕迹。

(2) 胀口处在水压降到工作压力时，不漏水。

(3) 试验后经宏观检查，受压元件无明显残余变形。

### 四、水压试验

1. 水压试验的准备工作

(1) 停止一切炉内及外部受热面及承压部件工作。

(2) 仔细清除受热面外表面的积灰和水垢并将准备检查部分的保温和绝缘层拆除。

(3) 水压试验时至少应有两个经校验合格的压力表，其中一个必须为标准压力表并安装于汽包上，以便对照。在压力表试验压力刻度处划上临时红线（醒目），以防超压。

(4) 准备好水压试验所需的除盐水，并按要求加防腐药液。

(5) 水压试验用水应有适当的水温，制造厂规定汽包外壁不得低于 35℃，但不易超过 70℃。水温低于规定，则有可能在水压试验时发生元件的脆性破裂；而且水温太低时，在一定的空气湿度下容易使管壁外部产生凝结现象，影响检查。水温太高，则在上水过程中容易使锅炉各部受热不均而受到额外约应力。同时，水温过高，当达到试验压力后，由于温度的逐渐下降将促使水体积缩小不能保持压力稳定，从而对压力的下降产生错觉。

(6) 所有开关阀门均应装上，现场运行人员检查各阀门，以确保位置正确。

(7) 锅炉放水管路应畅通无阻，以利试验完毕后放水。

(8) 水压试验前，应将安全阀暂时用卡板卡住。如进行二次汽系统水压试验，应在再热器出入口管路上加装堵板，可靠隔绝锅炉与汽轮机系统。要求堵板加装正确，无内、外漏现象。

(9) 准备必要的检查工具，如手电筒。

(10) 进水前应检查有关的膨胀系统，校正零位，并有专人负责记录膨胀指示器读数。

(11) 所有和水压试验有关的系统上和设备的检查工作必须结束，并将工作票交运行班长。

2. 水压试验的组织

(1) 水压试验由总工程师或由检修副总工程师指导，由锅炉检修车间负责进行，并由一人负责统一指挥。水压试验操作由运行负责，检修配合，由检修负责检查。

(2) 升压前应组织好检查人员，并明确分工负责范围和指定专人监视压力表指示。

(3) 水压试验时应有生技部、安监部人员在场及进行验收。

(4) 水压试验开始前应通知炉膛及烟道内工作的人员退出检修现场。

(5) 升压时应相互联系，发现异常情况应及时汇报总指挥。

3. 水压试验

（1）进水至空气门溢水一段时间后停止进水。因为上满水时锅炉的空气必须排净，否则在水压试验过程中由于空气有很大的可压缩性，将使压力的上升或下降带有迟钝行，而影响试验的准确性。再关闭各空气门开始升压，升压时升压速度应控制升压速度应控制在每分钟不超过0.3MPa。当压力达到工作压力60%以上时，每分钟不超过0.2MPa。

（2）压力升至汽包压力的10%时，要求运行人员暂停升压并检修人员作全面检查（包括膨胀指示器），无渗漏则继续升压。检查内容如下：

1）检查汽包人孔、压力表、一、二次门及接头有无渗漏水现象。

2）检查炉顶棚大罩内各集箱、导管等处有无水汽或保温湿润情况。

3）依次在锅炉受热面各人孔检查受热面内部有无渗漏现象。

4）检查各承压元件外部（包括炉膛、竖井、水冷壁下集箱等处）保温有无湿润、水汽或滴水现象。

（3）当升至工作压力80%时停止升压，以检查进水门的严密性。

（4）在升压过程中承压部件泄漏则应将压力释放待放水并作处理后重做水压试验当压力升至工作压力时关闭水门，记录5min内压力下降值，然后再微开进水门，保持工作压力，进行全面检查。

（5）如需做超压水压试验，则应在工作压力试验正常后继续升压至试验压力，从工作压力上升到超压试验压力值的过程，压力的上升速度以每分钟不超过0.1MPa为限，保持5min，记录下降值，再降至工作压力维持不变，进行全面检查（在升压前应关闭水位计与汽包进连通管阀门）。降压时降压速度应均匀缓慢，一般每分钟可下降0.3～0.5MPa。

（6）水压试验完毕后，抽出安全阀压板，打开水位计与汽包连通管阀门。若列入备用，应进行充压保护，若立即启动，则放水至汽包最低点可见水位。

（7）再热器的水压试验新安装及大修后锅炉再热器也应与锅炉承压部件一样进行水压试验，其方法如下：

1）再试验前汽轮机高压缸出口应加装堵板，用冷段事故喷水进行上水。上水前开启热段出口集箱空气门。关闭中压缸入口电动门，对空排汽门，当空气门冒水后，关闭空气门。

2）当压力升至1MPa暂停升压进行检查，无问题后继续升压。此时应设专人负责操作冷段集箱进水门，以防超压。当压力升至工作压力时，关闭进水门，保持5min压降不应超过0.5MPa检查完毕后，用疏水门降压，当压力降至零时，打开空气门，疏水门将水放尽。

**五、水压试验的检修项目、工艺方法及质量标准**

（1）试验目的。锅炉承压部件大修后必须进行水压试验，目的在于冷态下全面检查锅炉承压部件，如水冷壁、过热器、省煤器、汽包及有关汽水管道阀门的严密性。

（2）试验组织。包括主持人和参加人。

（3）水压试验的准备和要求。

1）严格执行锅炉运行规程对水压试验的有关规定。

2）联系化学、汽轮机专业准备一定数量的除氧水，并将水加热至70～90℃。进入汽包的给水温度与汽包的金属壁温的差值不应超过40℃。升压时汽包外壁温度必须大于35℃，但也不宜超过70℃。

3）锅炉内受热面参加水压试验的汽水管道阀门的检修工作应全部结束，热力工作票已注销，并进行一次全面检查。由运行专人负责上水操作。水位计、空气门应设专人监视。各部空气门、压力表连通门、水位计连通门均应开启，其他阀门应关闭严密。

4）以汽包就地压力表和汽包低置压力表为水压试验的压力依据，并校对无误。

5）联系汽轮机专业关闭电动主汽门，开启该门后疏水门，关闭高加疏水门，并检查一级旁路门使其关闭严密。给水泵和启动水泵出口阀门关闭严密。

6）紧急放水门电源接通，开关灵活，放水管畅通。

7）准备好对讲机、直通电话等通信工具。

8）为了防止水压试验时安全阀动作，应将安全阀卡住。

（4）锅炉的上水及升压。

1）锅炉上水操作由运行负责。

2）锅炉上水可以用疏水泵从炉底加热进行，也可以用给水泵经省煤器上水，上水时间冬季不少于4h，其他时间不少于2～3h。

3）当汽包水位升至－300mm时，停止原上水方式，改从过热器反冲洗或减温水上水。

4）当各空气门有水冒出时逐个关闭。

5）升压速度严格控制，每分钟不超过0.3MPa。

6）当压力升至汽包压力的10%时，停止升压，检修人员进行全面检查，无异常后可继续升压。

7）当压力升至工作压力，关闭进水门5min，并记录压力降，然后再微开进水门，保持工作压力进行全面检查。

8）如需做超压试验，则应在工作压力试验正常后继续升压至试验压力，保持5min，记录压力下降值，再降至工作压力，维持不变，进行全面检查。

（5）水压试验合格的标准。

1）停止上水后，汽包压力下降值不大于每分钟0.1MPa。

2）承压部件无明显的残余变形。

（6）泄压。

1）水压试验结束后，应缓慢进行泄压，泄压时可用炉水取样门，泄压速度不大于每分钟0.5MPa。

2）压力降至0.2MPa时，开启空气门或向空排汽门。

3）压力降至零时，开启所有疏水门，根据水质情况将水放至点火水位，放水时应用水冷壁下集箱排污门进行，通知汽轮机专业开启主蒸汽母管疏水门。

# 第三节　锅炉化学清洗

## 一、化学清洗目的

当受热面清洁时，腐蚀是均匀的。而当受热面上某些部位有沉积物时，在这些部分将发生局部腐蚀，它比均匀腐蚀的危害性大。所以在锅炉停用后，采用锅炉化学清洗将受热面上沉积物清除干净，可大大减少局部腐蚀的机会。

锅炉化学清洗就是采用化学方法清除锅炉水汽系统中的各种沉积物、金属氧化物和其他污物，并使金属表面形成保护膜的技术。它是减少锅炉因受热面结垢和沉积附着物所造成的腐蚀、导热不良和对水汽的污染，保证锅炉安全经济运行的一项重要技术措施。对锅炉的清洗一般采用酸性介质，又称酸洗。

## 二、化学清洗范围

（1）新安装的锅炉无论是直流炉还是汽包炉，因设备沾污较普遍，对炉本体汽水系统外、凝结水泵至锅炉省煤器前的全部炉前水系统管道均应进行清洗。

（2）运行以后的锅炉。

1）汽包锅炉，一般只清洗锅炉本体的汽水系统。

2）直流炉只清洗锅炉本体和高压加热器汽水系统。

运行以后的锅炉清洗主要是以结垢量和运行年限综合考虑的，具体结垢量和年限的规定见表11-1。

表 11-1                                确定需要化学清洗的条件

| 炉 型 | 汽包锅炉 | | | 直流锅炉 |
| --- | --- | --- | --- | --- |
| 主蒸汽压力（MPa） | <5.88 | 5.88～12.64 | ≥12.74 | |
| 沉积物量（g/m²） | 600～900 | 400～600 | 300～400 | 200～300 |
| 清洗间隔年限（年） | 一般 12～15 | 10 | 6 | 4 |

### 三、锅炉清洗方式

锅炉化学清洗有浸泡和流动两种方式，经常采用的是流动清洗，而流动清洗又可分为适用各类炉型的循环清洗方式、适用于直流锅炉的开路清洗方式和利用加药或排污管直接将清洗液打入锅炉 EDTA 络合剂低压自然循环清洗。

### 四、化学清洗工艺及验收要求

根据国家《锅炉水处理监督管理规则》的规定，电站锅炉化学清洗工艺及验收有其严格的要求。

（一）对电站锅炉的规定

电站锅炉是以发电和热、电联产为主要目的的锅炉，一般指额定工作压力大于或等于3.8MPa 的锅炉。

（二）电站锅炉化学清洗条件的确定

1. 新建锅炉的化学清洗

应能除去新建锅炉在轧制、加工过程中形成的高温氧化物以及在存放、运输、安装过程中所产生的腐蚀产物、焊渣和泥沙污染等。其清洗范围为：

（1）直流炉和额定工作压力为 9.8MPa 以上的汽包式锅炉，在投产前必须进行酸洗；额定工作压力为 9.8MPa 以下汽包式锅炉，除锈蚀严重者外，一般可不进行酸洗，但必须进行碱煮。

（2）再热器一般不进行化学清洗，但额定工作压力大于 13.0MPa 锅炉的再热器可根据情况进行化学清洗。清洗时必须保证管内流速大于 0.15m/s，过热器进行化学清洗时，必须有防止立式管产生气塞和腐蚀产物在管内沉积的措施。

（3）容量为 200MW 及以上的机组，凝结水及高压给水系统必须进行化学清洗（不包括高压加热器）；容量在 200MW 以下的机组，凝结水及高压给水系统的化学清洗，应根据管道内壁的腐蚀产物情况决定。

2. 运行锅炉化学清洗的确定

（1）当水冷壁管内的沉积物量或锅炉化学清洗的间隔时间超过表 11-1 的极限值时，就应安排化学清洗。锅炉化学清洗的间隔时间，也可根据运行水质的异常情况和大修时锅炉的检查情况，作适当变更。

（2）燃油燃汽锅炉和液态排渣炉，应按表 11-1 中规定的提高一级参数锅炉的沉积物极限量确定化学清洗。一般只需清洗锅炉本体，燃气通流部分是否进行化学清洗，应根据实际情况确定。

（三）清洗前应完成的准备工作

（1）机组热力系统已安装或检修完毕，并经水压实验合格。

（2）临时系统安装完毕后，应通过1.5倍清洗工作压力的热水水压实验。清洗泵和各种计量泵及其他转动机械经试运转无异常。

（3）供水的质量和数量已能满足化学清洗和冲洗的用水需要。

（4）废液处理的临时或正规设计应安装完毕，并能有效地处理排放废液。

（5）安装在临时系统中温度、压力、流量表计及分析仪器应经计量较合格，并备齐全，腐蚀指示片、监视管等制作完毕。

（四）清洗系统及安装

1. 清洗方式

应根据清洗介质和炉型来选择，一般盐酸、柠檬酸、EDTA等采用循环清洗，氢氟酸采用开式清洗。

2. 清洗系统安装

（1）安装临时系统时，水平敷设的临时管道，朝排水方向的倾斜度不得小于1/200。应保证临时管道的焊接质量。焊接部位应位于易观察之处，焊口不宜靠近重要设备。

（2）所有阀门在安装前，必须研磨，更换法兰填料，并进行水压试验。阀门压力等级必须高于清洗时相应的压力等级，阀门本身不得带有铜部件。阀门及法兰填料应采用耐酸、碱的防腐材料。EDTA清洗时，升温后应检查并紧固循环系统内所有的法兰螺栓。

（3）清洗箱的标高及液位应能满足清洗泵的吸入高度，以防泵抽空；安装泵进、出口管道时，应考虑热膨胀补偿措施，不使水泵受到过大的推力。

（4）可在汽包上设临时液位计及液位报警信号。根据循环速度的要求，在汽包下降管口设节流装置，并将汽包放水管加高。

（5）清洗系统中的监视管段应选择脏污程度比较严重，并带有焊口的水冷壁管，其长度为350～400mm，两端焊有法兰盘。监视管段一般安装于循环泵出口，必要时高压锅炉还应在水冷壁处设置监视管装置。

（6）为维持锅炉清洗液的温度，应严密封闭炉膛及尾部烟道出口。

（7）在汽包水位监视点、加药点及清洗泵等处，应设通信联络处。

（8）应将清洗系统图挂于清洗现场，系统中的阀门应按图纸编号，并挂编号牌。管道设备应标明清洗液流动方向，并经专人核对无误。

（9）系统安装完毕后应清理系统内的沙石、焊渣和其他杂物。

3. 对不参加化学清洗设备的要求

不参加化学清洗的设备，系统应与化学清洗系统可靠的隔离，具体要求如下：

（1）拆除汽包内不宜清洗的装置。

（2）水位计及所有不耐腐蚀的仪表、取样、加药等管道均应与清洗液隔离。

（3）过热器若不参加清洗，应采取充满除盐水等保护措施。

（五）电站锅炉化学清洗工艺

一般工艺步骤为系统水冲洗、碱煮转型、碱洗后的水冲洗、酸洗、酸洗后的水冲洗、漂洗和钝化。

1. 系统水冲洗

新建锅炉，在化学清洗时必须进行水冲洗。可用过滤后的澄清水或工业水进行分段冲洗，冲洗流速一般为 0.5~1.5m/s。冲洗终点以出水达到透明无杂物为准。其目的是除去管子内部的锈蚀物和其他杂质以及运行中生成的部分沉积物。同时，可借此检查系统的严密性和回路的畅通情况，特别是并联立式布置的管排，若有气塞现象会影响清洗质量。再者不参加酸液清洗部分不能充满保护液时会出现较严重的腐蚀。

2. 碱洗或碱煮

新安装的锅炉因其设备涂有防锈剂或油脂，应在酸洗前用碱洗进行预处理。运行以后锅炉如锅内无油，一般不进行碱洗。碱洗的作用主要是除去设备内部油垢和湿润金属表面，同时对三氧化硅、水垢等物有一定的松动和去除作用。

(1) 新建锅炉仅实施碱煮的，在煮炉过程中，需由底部排污 2~3 次，煮炉结束后进行大量换水。待排出水和正常锅水的浓度接近，且 pH 值降至 9 左右，水温降至 70~80℃，即可将水全部排出。煮炉后应对锅炉进行内部检查，要求金属表面无腐蚀产物和浮锈，且形成完整的钝化保护膜。同时应清除堆积于汽包、集箱等处的污物。

(2) 酸洗后的去油碱洗，一般应采用循环清洗或循环和浸泡相结合。碱洗后用过滤澄清水、软化水或除盐水冲洗，洗至出水 pH≤8.4，水质透明为止。

(3) 若水垢中硫酸盐、硅酸盐含量较高，为提高除垢效果，可在酸洗前先进行碱煮转型。

3. 酸洗及酸洗后的水冲洗

酸洗的作用是将金属壁面的沉积物从不溶性转为可溶性的盐类或络合物，溶解在清洗液中，而后在废液排放时排掉。

(1) 监视管段应在清洗系统进酸至预定浓度后，投入循环系统，并控制监视管内流速和被清洗锅炉水冷却壁管内的流速相近。

(2) 酸洗时必须按清洗方案严厉格控制酸洗液的温度、循环流速，汽包和酸槽的液位等，并每小时记录一次，按时循环检查，如实记录出现的问题。

(3) 当每一回路循环清洗到预定时间时，应加强酸液浓度和铁离子浓度的测定。当各回路酸洗液中酸液浓度和铁离子浓度趋于稳定和平衡，预计酸洗将结束时，可取下监测管检查清洗效果，若管段内仍有污垢，应再把监视管装回系统继续清洗，至监视管段内清洗干净，应再循环 1h，方可停止酸洗。

(4) 为防止活化的金属表面产生二次浮锈，酸洗结束时，不得采用将酸直接通排空再上水的方法进行冲洗，可用纯度大于 97% 的氮气连续顶出废酸液，也可用除盐水顶出废酸液，酸液顶出后采用变流量水冲洗，冲洗时水流速应达到清洗时流速的一倍以上。尽可能缩短冲洗时间，水冲洗至排除出液的 pH 值为 4~4.5，含铁量小于 50mg/L 为止。

(5) 对沉积物量或垢量较多的锅炉，酸洗后如有较多未溶解的沉渣堆积在清洗系统及设备的死角时，可在水冲洗至出水 pH 值为 4~4.5 后，再排水用人工方法清除锅炉和集箱内的沉渣。用此方法冲洗后，需漂洗才能钝化。

4. 漂洗和钝化

漂洗即钝化前的防锈预处理，利用柠檬酸络合铁离子的能力，除去酸液和残留在系统内的铁离子以及冲洗在金属表面可能产生的二次铁锈。

钝化处理的目的是使洗净的金属表面生成防腐蚀的保护膜，防止清洗后的腐蚀，也为运行后生成更坚实的磁性氧化铁保护膜做好基础。

(1) 采用氮气或水顶酸，即在锅内金属未接触空气的情况下可免做漂洗，若退酸水冲洗后有二次浮锈产生，则应进行漂洗。

(2) 锅炉酸洗后必须进行钝化（除 EDTA 清洗钝化一次完成外），如漂洗后钝化的，漂洗液中的铁离子浓度总量应小于300mg/L。若超过值，应用热的除氧水更换部分漂洗液至铁离子浓度小于该值。钝化过程中，应定时取样化验，如钝化液浓度降至起始浓度的1/2时，应及时补加钝化液。

（六）清洗后的内部检查和系统的恢复

（1）清洗后，应打开汽包、集箱和直流炉的启动分离器等能打开的检查孔，彻底清除洗下的沉渣。

（2）一般应对水冷壁进行割管检查，判断清洗效果，对于运行锅炉应在热负荷较高部位割管，对于新建锅炉应在流速最低处，割取带焊口的管样，对新建锅炉，如能确定清洗效果良好的，也可视具体情况免作割管检查。

（3）清洗检查完毕后，应将锅炉内和系统中拆下的装置和部件全部置位，并撤掉所有的堵头、隔板、节流装置等。

（七）循环清洗中的注意事项

（1）酸洗时，应维持酸洗液液位在正常水位线上，水冲洗时，应维持液位比酸洗时的液位略高一些，钝化时的液位应比水冲洗时的液位更高一些。

（2）清洗液的循环方式与锅炉的结构和受热面结垢的程度等因素有关，对结垢严重的回路先进行循环清洗，其余回路静止浸泡，待该回路清洗一段时间后，再依次倒换，必要时可对结垢严重的回路重复进行循环清洗。

（3）为了提高清洗效果，每一回路最好能正反各循环清洗一次（取决于炉管和汽包的连接的情况）。如通向汽包的某些导气管位置较高，只能进行单向循环时，酸液应由高位管进入，低位管排出。

（八）化学清洗质量标准

被清洗的金属表面应清洁，无残留的氧化铁皮和焊渣，无二次浮锈、点蚀和镀铜现象。同时被清洗的金属表面形成完整的保护膜，经亚硝酸钠钝化生成的保护膜呈钢灰色或银灰色，经联氨钝化生成的保护膜呈棕红色或棕褐色。腐蚀指示片平均腐蚀速度应小于10g/（m² · h）。固定设备上的阀门不应受到腐蚀和损伤。

**五、化学清洗注意事项**

（1）清洗过后的锅炉距点火启动的时间不得超过2～3周，否则，应采取保护措施。

（2）酸洗过程会生成氢气，为避免氢气爆炸或气塞影响清洗效果，清洗系统应装设接往室外的排氢管道。

（3）凡是不宜化学清洗或不能接触清洗液的系统或设备（奥氏体钢、渗氮钢和钢合金材料制成的零部件）应采取保护措施，如充防腐液、用橡胶或其他耐腐材料堵塞管口、拆除部分部件或隔断系统。

（4）化学清洗废液的排放必须经过处理，符合国家工业"三废"排放标准要求。

## 第四节　锅炉备用防腐

**一、机组停运后保养的目的**

当锅炉停止运行后，进入冷备用或检修状态，如保护不好会发生腐蚀，这种腐蚀称为停用腐蚀。因此必须采取适当的保养措施，否则受热面的金属会较快地腐蚀，使锅炉设备的安全和寿命受到影响。

运行中的锅炉也存在腐蚀的问题。但是实践证明，运行中的锅炉比冷备用的锅炉（即采取了保养措施）因腐蚀而造成的损失要小得多。

锅炉在冷却备用期间所受到的腐蚀主要是氧化腐蚀（此外还有 $CO_2$ 腐蚀等）。氧的来源，一是溶解于水中的氧；二是从外界漏入锅炉的空气中所含的氧。减少溶解氧和外界漏入的氧，或者减少氧和受热面金属接触的机会，就能减轻腐蚀。而各种防腐方法也就是为了达到这一目的。

## 二、防腐方法分类

对于冷备用锅炉进行保养时所采用的防腐方法，应当简便、有效和经济，并能适应运行的需要，使锅炉在较短时间内就可投入运行。国内常采用的保养方法有湿式防腐、干式防腐和气体防腐。

干式防腐法对大容量锅炉来说，因为实施困难多，所以很少采用。一般对大容量锅炉推荐采用湿式保养法和氮气置换法。湿式保护法比较简单，监视方便，但在冬季必须要有防冻措施。而氮气置换法使用较为方便，但需要有操作经验和技术。

## 三、湿式保养法

1. 保养原理

联氨（$N_2H_4$）是较强的还原剂，它与水中的氧或氧化物作用后，生成不腐蚀的化合物，从而达到防腐的目的。氨的作用是调节水的 pH 值，保持水有一定的碱性。在未充水的部位充进氮气，并维持一定的压力，防止氧气进入。

2. 保养期与加药

（1）短期保养。3 日以内，或 3 日以上至 1 周以内。

（2）长期保养。1 周以上至 1 个月以内，或 1 个月以上至 6 个月以内，或 6 个月以上。

（3）由于保养时间的长短不同，锅炉在保养方法及药品使用上有所差别，见表 11-2 各受压部件的湿式保养及其药品使用。

表 11-2 各受压部件的湿式保养及其药品使用

| 保养期 | 压件 | 省煤器＋水冷壁 | | 过热器 | 再热器 | 主蒸汽管 |
|---|---|---|---|---|---|---|
| 短期 | 3 日以内 | 满水＋氮气加压 | $N_2H_4=200mg/L$ | 不处理或充氮 | 不处理 | 不处理或充氮 |
| | | | $NH_3=50mg/L$ | | | |
| | 3 日以上 1 周以内 | 满水＋氮气加压 | $N_2H_4=200mg/L$ | 充氮气 | | |
| | | | $NH_3=10mg/L$ | | | |
| 长期 | 1 周以上 1 月以内 | 满水＋氮气加压 | $N_2H_4=300mg/L$ | 充氮气 | 充氮气 | 不处理或充氮气 |
| | | | $NH_3=10mg/L$ | | | |
| | 1 月以上 6 月以内 | 满水＋氮气加压 | $NH_3=10mg/L$ | 充氮气 | 充氮气 | 充氮气 |
| | | | $N_2H_4=700mg/L$ | | | |
| | 6 月以上 | 满水＋氮气加压 | $N_2H_4=1000mg/L$ | 充氮气 | 充氮气 | 充氮气 |
| | | | $NH_3=10mg/L$ | | | |

（4）最初运行水压试验后，省煤器、水冷壁、过热器、再热器注水溢流，锅炉充氮至 0.03MPa。

（5）以上湿法保养注水的 pH 值大约是 10。

3. 短期保养操作方法

（1）锅炉熄火后，将汽包水位提高至＋200mm，关闭连续排污门、加药和取样门。

（2）当炉水温度降到 180℃ 以下时，加入氨和联氨溶液，同时启动炉水循环泵，运转约 30min，使锅炉各部位的联氨浓度均匀，炉水中的联氨应小于 $200\times10^{-6}$，pH 值均为 10。

（3）当汽包压力低于 0.2MPa 时，开启氮气减压旁路门；当氮气压力在 0.3MPa 以上时，开启汽包充氮门及过热器充氮门开始充氮。

（4）维持汽包及过热器内氮气压力为 0.034MPa。

（5）过热器和再热器不另采取保养措施。

4. 长期保养的操作方法

（1）随着锅炉冷却，上水至汽包水位 +200mm，关闭连排、加药和取样门。

（2）当炉水温度降到 180℃ 以下时，根据保养时间的长短，加入不同的联氨和氨溶液，并启动炉水循环泵搅匀，约 30min。

（3）当汽包压力降至 0.2MPa 时，开启氮气减压旁路门，确认氮气压力在 0.3MPa 以上时，开启汽包充氮门，并保持汽包内 $N_2$ 压力在 0.034MPa。

（4）过热器保养。

1）当锅炉冷却，汽压降至 0.2MPa，确认氮气压力正常，开启过热器及主蒸汽管充氮门充氮。

2）当主蒸汽温度降到 100℃ 以下时，维持过热器及主蒸汽管内氮气压力 0.034MPa 以上。

3）向过热器充除氧水，其除氧水中联氨和氨浓度以保养时间长短而定，开始充水之前关闭汽包、过热器的充氮门，随后手动开启充水门，同时开启空气门，当空气门溢水后关闭，停止进水。

4）确认全部满水后，开启充氮门，维持汽包、过热器、省煤器氮气压力为 0.034MPa。

5）在向过热器和主蒸汽管充水时，其充水温度与主蒸汽管温差小于或等于 50℃，同时在充水时要注意压力，防止超压。

（5）再热器的保养。

1）当再热器压力降到 0.2MPa 时，关闭再热器空气门。

2）再热器管壁温度降到 100℃ 时，关闭充氮门，根据时间长短确定除氧水中的联氨和氨的浓度，并通过减温器向再热器及再热汽管充水，在注水的同时，缓慢开启空气门，并维持再热器内压力不低于 0.02MPa。

3）当空气门溢水后关闭空气门，停止注水。

4）开启再热器充氮门，确定充氮压力之后进行充氮；并维持再热器系统内氮气压力在 0.034MPa 以上。

5）若再热器保养时，管内已无压力，则在充氮前利用汽轮机真空系统进行抽真空然后充入氮气，该操作应反复多次，直到管内空气干净。

5. 湿法保养注意事项

（1）保养期内应经常检查，确保各系统内的氮气压力在 0.034MPa 以上。

（2）停炉后若没有设备要检修，只需排放检修的部分，检修完成后，排放部分注入含氨和联氨的除盐水，并重新充氮。

（3）短期保养，开始时应化验水质有无异常，长期保养则需经常检查水质。

（4）为防止冬季过热器和再热器结冻，应有加热措施，并隔绝铜质元件的仪表。

**四、干法保养**

1. 保养原理

氮气为惰性气体，当锅炉内部充满氮气并保持适当压力时，空气便不能进入。因而能防止氧气与金属的接触，从而避免腐蚀。在冬季，此法也比较适用。

2. 保养方法

(1) 为了干燥再热器，汽轮机停止后，锅炉继续运行 1h，同时注意防止其他系统的疏水进入再热器，用烟气热量烘干再热器。

(2) 当锅炉压力降到 0.196MPa 时，开启氮气减压旁路门检查氮气压力在 0.3MPa 以上时，开启汽包和过热器充氮门。同时开启定排门、连排门、省煤器放水门进行放水，放水时放水门应加以控制，注意汽包压力大于或等于 0.1MPa，放水一段时间后，当汽包内无水时，开启省煤器充氮门。当连排扩容器内放净后，关闭连排门；水冷壁、省煤器内放尽水后，关闭定排门和省煤器放水门；保持氮气压力。

(3) 当主蒸汽管温度降到 100℃时，开主蒸汽管充氮门，向主蒸汽管充氮。维持省煤器、水冷壁、过热器主蒸汽管系统内 $N_2$ 压力在 0.034MPa 以上。

(4) 当再热蒸汽管温度降至 100℃时，应开再热蒸汽管充氮门，向再热器充氮。为了防止保养前空气进入再热器，在再热器干燥后，立即关闭再热器的疏水门及空气门。为防止再热器内残留空气，可以进行抽空，而后再充氮。

(5) 各系统均维持氮气压力为 0.196MPa，并定期检测氮气纯度。当氮气纯度下降时，应进行排气，并开大充氮门，直至氮气化验合格为止。

(6) 如果有冻结的危险，则要充进适当浓度的防锈液（安息香酸的水溶液）。

**五、锅炉检修期间的保养**

锅炉机组停运后要检查时，无法对锅炉进行湿法或干法保养，可采用停炉前钝化的方式在管壁表面形成一层钝化保护膜，防止锅炉检修时的腐蚀，钝化操作过程如下：

(1) 关闭汽轮机主汽门，对空排汽后，停止连续排污及磷酸盐加药泵，关闭加药管入口门。

(2) 启动联氨和氨溶液加药泵，在除氧器出口加入联氨和氨溶液。

(3) 排尽磷酸盐溶液箱，装入联氨和氨溶液，启动磷酸盐泵，直接向汽包内加药。

(4) 使炉水中联氨浓度达 300～400mg/L，炉水 pH＝10.5，启动炉水循环泵，使炉水联氨均匀，并保持 2h。

(5) 当汽包压力降至 7.8MPa 和 3.9MPa 时，分别进行定期排污 0.5min。

(6) 按停炉至冷备用方式停炉，在 3.9MPa 汽包压力下至少应保持 2h。

(7) 当压力降至 0.17MPa 时，将所有空气门、排污门、疏水门全打开，进行底部放水，放水要迅速，防止蒸汽在过热器管壁中凝结。

(8) 若检修时间超过 1 个月以上，应在余热烘干的基础上，在汽包水冷壁、过热器和省煤器集箱内加装吸水硅胶，硅胶应装在布袋内，并用专用容器，严防洒在设备中，每月检查一次干燥剂和内部的腐蚀情况。

**六、锅炉防冻**

(1) 锅炉本体及管道的防冻。

1) 进入冬季前全面进行防冻检查，不能有裸露的管道。

2) 运行中的管道不流动的部分，应排空，不能排空的，应定期进行排放或采取微流的办法，防止管道冻结。

3) 停用的锅炉尽可能采用干式保养，必须进行湿式保养时，可轮流启动一台炉水循环泵运行，过热器和再热器部分应采取加热措施。

4) 投入所有的防冻伴热系统。

(2) 回转设备的冷却水应保持流动，否则应将冷却水系统解列放去存水。

（3）油系统伴热应保持投入运行。

（4）若有冻结可能，应将炉水循环泵电动机内的水放掉，与锅炉同时充氮保养或灌入防冻液，炉水循环泵冷却器及其管道内的存水应放净。

（5）冷灰斗水封用密封水适当开大，保持溢流，防止冻结。

（6）冬季停炉后的防冻措施。

1）停炉后，当汽包压力降至 0.5MPa 时，停止引、送风机，关闭送风机动叶和引风机入口调节挡板，通知仪控进行所有仪表管路排污放水，化学取样管路放水，停止炉水循环泵运行并停电。

2）开启顶棚过热器进口集箱疏水门和低温过热器集箱疏水门向定排扩放水。

3）开启定排放水门和下水包放水门，锅炉进行快放水。

4）就地水位计和水位平衡容器放水，汽包就地压力表管放水。

5）开启过热器喷水调节阀前、后疏水门放水。

6）开启再热器减温水调节阀前、后放水门放水。

7）开启省煤器进口集箱放水门放水。

8）炉水循环泵电动机腔室不放水，二次冷却水放净水，并采取保温措施，使炉水循环泵的环境温度大于5℃，注意监视电动机腔室温度不得小于5℃。

9）关闭开式水至锅炉侧供、回水门，将系统放净水后，由检修解开各冷油器冷却水活节进行放水。

10）开式冷却水停运后，若锅炉房温度有可能降至0℃以下，由检修解开磨煤机冷却水活节进行放水。

11）引风机、送风机、磨煤机各油站、磨煤机大齿轮加热装置定期投加热，维持油温在正常范围内。

12）暖风器放净水。

13）凝输泵定期启动打循环。

14）停炉后保持暖通系统正常运行。

# 管道阀门检修

## 第十二章 管道检修

### 第一节 管材选用

#### 一、锅炉管道分类特点

因为锅炉是压力容器，所以锅炉的管道也属于承压部件。锅炉承压部件大致分为省煤器、水冷壁及其管道，过热器、再热器及其管道两部分。根据 DL 5031—1994《电力建设施工及验收技术规范（管道篇）》，锅炉管道的分级见表 12-1。

表 12-1 管 道 分 级

| 管道级别 | 主要参数 | 管道级别 | 主要参数 |
|---|---|---|---|
| 高压管道 | $p>8$MPa | 低压管道 | $p\leqslant1.6$MPa |
| 中压管道 | 8MPa$\geqslant p>$1.6MPa | | |

注 再热冷段和热段管道视为高压管道。

锅炉承压管道从使用温度来分，可分为高温管道和中温管道；从锅炉管道使用的口径来分，可分为以下两类：

（1）小口径管道。主要是受热面，如过热器、水冷壁等；受热面用的管材直径较小，一般在 $\phi60$ 以下，最大约为 $\phi108$。由于热流的存在，壁温总高于工质温度。

（2）大口径管道。主要用于蒸汽导管、集箱等。

#### 二、锅炉管材性能要求

1. 足够的高温强度和持久塑性

锅炉钢管的持久强度是过热器管、集箱、导管等受热面管子和管道的高温强度计算指标，而蠕变极限则为其强度校核依据，它们是保证管子在高温和长期应力作用下安全运行的重要性能数据。

2. 高的抗氧化性能和足够的耐腐蚀性

锅炉受热面管子是在高温烟气和水蒸汽作用下工作的，特别是高温段过热器和再热器管子均处于高温下，常常发生氧化和腐蚀现象。因此，锅炉管子钢应具有高的抗氧化性能和足够的耐腐蚀性能。

3. 足够的组织稳定性及良好的加工工艺性能

锅炉管子在生产过程中需要经过冶炼、轧制、穿管、冷拔、弯管、焊接等工艺；为此，要求管子钢具有良好的组织稳定性及冷、热加工工艺性能。

4. 良好的焊接性能

在锅炉制造、安装和检修工作中，焊接工艺是十分重要的。在运行中，管子的焊接接头与基体金属（母材）处于完全相同的高温和应力长期作用下，因此在保证管子钢具有高的热强性和抗氧化性能的同时，还应保证具有良好的焊接性能。

**三、锅炉管材的选用**

蒸汽温度在450℃以下的低压锅炉钢管和工作压力可以很高，但工作温度在450℃以下的各种汽水管道，如高压给水管道、锅炉本体的疏排水管道、一些常温低压的冷却水、冲灰渣水、压缩空气等管道主要选用10、20优质碳钢；即常温中低压管道可选择一般用途的碳钢无缝钢管、中低压锅炉专用无缝碳钢管；高压管道可选用锅炉用高压无缝碳钢管。蒸汽温度在450℃以上的中、高压锅炉，除水冷壁和省煤器管用20钢外，其他受热面管子多采用低合金珠光体耐热钢；当蒸汽温度超过570℃时，锅炉高温段过热器管壁温度可达620℃以上，锅炉管子基本上均采用低合金珠光体耐热钢。

1. 受热面管材的选用

（1）省煤器。省煤器属于锅炉的承压部件，工质温度最高为水的临界温度374℃，壁温一般不很高，属中温范围。最常用的是优质碳素钢，可应用20号钢。这类钢在此温度范围强度不太低，组织稳定，有一定的耐腐蚀能力，冷、热加工性能和焊接性能均好，得到广泛地应用。

当锅炉压力较低，如低于6MPa。当锅炉压力大于15MPa，尤其是高热负荷的蒸发受热面，壁温有可能接近低碳钢的最高使用温度，甚至超过碳素钢的最高使用温限，为降低壁厚和壁温，保证蒸发受热面的可靠工作，这些锅炉的水冷壁可采用使用温度和强度都较高的12CrMo、15CrMo、15MnV等低合金钢。如波兰制造的BP1025亚临界压力的锅炉，水冷壁采用15Mo3、13CrMo44钢；上海锅炉厂制造的SG 1000/170直流锅炉，水冷壁采用15CrMo钢。

（2）水冷壁。水冷壁同省煤器一样，属中温范围。最常用的是优质碳素钢，这类钢在此温度范围强度不太低，组织稳定，有一定的耐腐蚀能力，冷、热加工性能和焊接性能均好，得到广泛地应用。当锅炉压力较低，如低于6MPa。当锅炉压力大于15MPa，尤其是高热负荷的蒸发受热面，壁温有可能接近低碳钢的最高使用温度，甚至超过碳素钢的最高使用温限，为降低壁厚和壁温，保证蒸发受热面的可靠工作，这些锅炉的水冷壁可采用使用温度和强度都较高的12CrMo、15CrMo、15MnV等低合金钢。

（3）过热器。过热器是锅炉的重要高温部件，由于运行时过热器管子外部受高温烟气的作用，内部流动着高压蒸汽，壁温一般在高温范围，其钢管金属处在高温应力的条件下，即在产生蠕变的条件下运行，因此其工作条件较为恶劣。选用高温钢材的主要依据是管壁温度（见表12-2），我国应用于不同壁温的过热器常用钢号有10号、20号、15MnV、15CrMo、12MnMoV、12Crl MoV、12MoWVBSiRe、12Cr2MoWVB、12Cr3MoVSiTiB、$F_{12}$等。

（4）再热器。再热器虽然其内部流通的蒸汽压力低，但蒸汽比体积大，密度小，放热系数比过热蒸汽小得多，对管壁的冷却能力差。同时，受热力系统经济性的限制。为控制再热器的阻力，再热器中的蒸汽流速不能太高。由于这些因素，使得再热器的工作条件比过热器更差。再热器常用的钢号与过热器相同。

2. 集箱及蒸汽管道的管材选用

由于集箱及蒸汽管道在炉外不受热，不受热的集箱和管道的壁温则等于工质温度，但其直径却较大，壁厚也较厚，因而其内储能量较大，损坏的后果也严重得多，因此，对集箱或管道用钢管的要求要严格，通常这类钢管的最高使用温度比相同钢号的受热面管子要低30～50℃，管材选用见表12-2。

表 12-2                                                     锅炉管道钢材允许温度

| 钢        号 | 受热面管子允许的壁温（℃） | 集箱及蒸汽管道允许温度（℃） |
|---|---|---|
| 20 | 450 | 425 |
| 12CrMo；15MnV | 540 | 510 |
| 15CrMo；12MnMoV | 550 | 520 |
| 12Cr1MoV；12MoWVBSiRe | 580 | 570 |
| 12Cr2MoWVB；12Cr3MoVSiTiB | 600～620 | — |
| F$_{12}$ | 600～650 | — |

# 第二节  管材使用前检查

## 一、管材使用前检查的必要性

热力设备的汽、水、油等管道系统都是由管子和管道附件组成的。出厂的管子都已经过详细地检验，并有合格的证件，但在运输和保管过程中可能发生损坏或变形，也可能发生材质腐蚀或不同材质的管材相混淆等情况。各种缺陷的存在将会缩短管道的使用寿命，误将一般的碳素钢管当作合金钢管使用则会造成严重的爆管事故，因此，在使用管子之前除对其表面缺陷、几何尺寸、材质等应进行严格地检验外，还需作些必要的性能试验。

## 二、检查项目

根据 DL 5031 的规定，管材使用前的检查项目如下。

（一）一般规定

（1）管子必须具有制造厂的合格证明书，有关指标应符合现行国家或行业技术标准。

（2）管子在使用前应按设计要求核对其规格、材质及技术参数。

（3）管子在使用前应进行外观检查，其表面要求有以下三个方面：

1）无裂纹、缩孔、夹渣、粘砂、折叠、漏焊、重皮等缺陷。

2）表面应光滑，不允许有尖锐划痕。

3）凹陷深度不得超过 1.5mm，凹陷最大尺寸不应大于管子周长的 5％，且不大于 40mm。

（4）中、低合金钢管子在使用前应逐件进行光谱复查并作出材质标记。

（二）管子检验

（1）设计压力大于或等于 1.6MPa 的管道，施工前对所使用的管子还应确认下列项目符合现行国家或行业技术标准：

1）化学成分分析结果。

2）力学性能试验结果（抗拉强度、屈服强度、延伸率）。

3）管壁厚度大于或等于 12mm 的高压合金钢管子冲击韧性试验结果。

4）合金钢管的热处理状态说明或金相分析结果。

（2）设计压力大于 0.1MPa 的有缝管子，使用前应检查其焊缝检验报告。

（3）管子表面的划痕、凹坑、腐蚀等局部缺陷应作检查鉴定，凡经处理后的管壁厚度不应小于直管计算壁厚，并作记录及提交检验报告。

（4）用于高压管道的中、低合金钢管子应进行不少于 3 个断面的测厚检验并作记录。

(5) 检验合格的钢管应按材质、规格分别放置，妥善保管，防止锈蚀。

### 三、管材使用前检查的内容

**1. 检查前准备管子**

在检查前，应先用砂纸将管子外壁的泥土、油垢及铁锈清除干净，以防止测量误差，然后再进行各项检查。

**2. 外观检查**

用肉眼（或借助灯光）检查管子外壁和内壁，其表面应光滑无裂纹、划痕、锈坑、凹陷及重度等缺陷。如有这些缺陷应作检查鉴定并加以清除，被清除处壁厚不得小于允许壁厚的最小值。其允许的深度为：

(1) 对冷拉管，不大于壁厚的 4%，最大深度不大于 0.3mm。

(2) 对热轧管，不大于壁厚的 5%，最大深度不大于 0.5mm。

**3. 管壁厚度检查**

用卡尺或千分尺检查管径和管壁厚度，具体可沿管子全长取 3~4 点测量管子外径，将测得的 3~4 个外径的平均值和公称外径相比较。

(1) 对于工作压力大于 8MPa 的合金钢管，其差值为：

1) 外径（mm）51~108 允许公差为正公差 1%，负公差 1%。

2) 外径（mm）114~219 允许公差为正公差 1.25%，负公差 1%。

3) 外径（mm）245~426 允许公差为正公差 1.5%，负公差 1%。

(2) 对于无缝钢管，其差值为：

1) 外径（mm）159 以上允许公差为正公差 1.5%，负公差 1.5%。

2) 外径（mm）114~159 允许公差为正公差 1.0%，负公差 1.0%。

3) 外径（mm）51~108 允许公差为正公差 1.0%，负公差 1.0%。

4) 外径（mm）51 以下允许公差为正公差 0.5%，负公差 0.5%。

在管子端头上取 3~4 点测量管壁厚度，这样测量得到的 3~4 个壁厚的平均值和管子公称厚度的差值即为厚度公差，这个差值不能大于公称厚度的 1/12~1/10。

**4. 弯曲度检查**

管子的弯曲度检查可用沿管子外皮拉线的方法或将管子放在平板上检查的方法来进行。检查结果应符合下列要求：

(1) 冷轧钢管的弯曲度每米不超过 1.5mm。

(2) 热轧钢管。①当壁厚小于或等于 20mm 时，弯曲度不超过 1.5mm/m；②当壁厚为 20~30mm 时，弯曲度不超过 2mm/m；③当壁厚大于 30mm 时，弯曲度不超过 4mm/m。

**5. 椭圆度检查**

椭圆度有两种表示方式，被测截面上最大直径与最小直径之差称绝对椭圆度，对直径 160mm 以下的管子不应大于 3mm；直径 160mm 以上的管子不应大于 5mm。绝对椭圆度同管子公称直径之比称相对椭圆度，通常要求相对椭圆度不超过 0.05。

**6. 管子冷加工变形性能的检查**

为了检查管子的冷加工变形性能，也就是鉴别钢管在弯制、胀管或卷边时是否有产生裂纹的可能，外径大于 22mm 的钢管应进行压扁试验。未经车削的试样，压扁试验后，壁厚小于或等于 10mm 的钢管，裂缝宽度不得大于壁厚的 10%，裂缝深度不得大于 0.50mm；壁厚大于 10mm 的钢管，裂缝深度不得大于 1mm。经车削的试样，压扁后的试样不得有裂缝或裂口。

**7. 水压试验**

如出厂前没作过水压试验或找不到其出厂证件，欲考验管子的严密性和强度可作单根管水压试验，应保证在试验中没有漏水或出汗现象。

8. 通球检查

有焊口的管子需进行通球检查，球的直径为管子公称内径的80%～85%。

9. 使用前核查

根据《锅炉监察规程》的规定，对各类管子在使用前应按设计要求核查其规格、钢号等。对于合金钢管还要进行光谱分析以查明其钢种。

## 第三节　弯管及管子校正

### 一、弯管及管子校正的目的

锅炉在检修过程中或在检修的准备工作中，都会遇到将直管弯制成某一角度弯曲管子的工作。管子弯制的工艺比较复杂，较难掌握。所以，检修工地常设有弯管场，配备一定的弯管设备，以保证弯管质量。如在检修中需要更换换省煤器、过热器、再热器或水冷壁的弯头；或者是在大修开工前，需要配制整排的过热器、省煤器和再热器的蛇形管管排。这些都需要在弯管场进行管子弯制工作。

对于投产后的设备，检修时也常常发现由于膨胀受阻一些管段产生变形，需要对它们进行校正。锅炉在检修过程中需更换的管子，在运抵现场的直管，由于制造、运输和保管不当等原因，常存在着不应有的弯曲，弯制好的弯管也会发生弯曲角度变化等情况。这样，也就需按设计要求对它们进行校正。

### 二、弯管要求

根据 DL/T 515—2004《电站弯管》规定，弯管要求如下：

(1) 钢管材质和规格均应符合设计要求。

(2) 弯管制作若不采用加厚管，应选取管壁厚度带有正公差的管子。

(3) 弯管弯曲半径应符合设计要求。

(4) 采用中频加热弯管时，应符合下列规定：

1) 弯制低碳钢管的加热温度为 850～1000℃，当管壁厚度不大于 25mm 时，采用喷水冷却。否则，宜采用强迫风冷的冷却方式，弯后可不进行热处理。

2) 弯制合金钢管时，管子背弧处加热温度不得超过 900℃，采用强迫风冷方式冷却，弯后应进行正火加回火处理。

3) 弯制新钢种钢管时，必须对该钢种弯管的背弧最大变形处进行试验，确认无晶间裂缝等缺陷后方可确定工艺，弯制该钢种钢管。

(5) 对初次采用的新钢种，或常用钢种改变了热处理规范时，热处理后应作抽查试验。

(6) 弯管制作后应将内外表面清理干净。

(7) 弯管制作后，其不圆度、波浪度、角度偏差及壁厚减薄量等数据应符合下列规定：

1) 弯曲部分不圆度不得大于：①高压管道5%；②中低压管道7%。

2) 弯曲部分的波浪度 $\delta$ 的允许值见表 12-3。

3) 弯制后允许角度偏差为±0.5°。

4) 弯管外弧部分实测壁厚不得小于直管最小壁厚。

5) 弯管的直管段的不圆度应符合钢管的技术要求。

(8) 管子弯制后，管壁表面不应有裂纹、分层、过烧等缺陷。如有疑问时，应作无损探伤检查。

（9）高压钢管弯制后，应进行无损探伤，需热处理的应在热处理后进行。如有缺陷允许修磨，修磨后的壁厚不应小于直管最小壁厚。

（10）合金钢管弯制、热处理后应进行金相组织和硬度检验，并符合 DL/T 438 的规定。

（11）高压弯管加工合格后，应提供产品质量检验证明书。

表 12-3                    波浪度 $\delta$ 的允许值            mm

| 方　式 | 冷弯 | 中　频　弯 | | 波浪度 $\delta$ 示意 |
| --- | --- | --- | --- | --- |
| 外　径 | | $D_0/t > 30$ | $D_0/t \leqslant 30$ | |
| $\leqslant 108$ | 4 | 4 | 2.5 | |
| 133 | 5 | 4 | 2.5 | |
| 159 | 6 | 5 | 3 | |
| 219 | — | 5 | 3 | |
| 273 | — | 6 | 3.5 | |
| 325 | — | 6 | 3.5 | |
| 377 | — | 7 | 4 | |
| $\geqslant 426$ | — | 8 | 4.5 | |

$D_0$ 为外径，$t$ 为壁厚

### 三、弯管工艺

#### （一）弯管方法

常用的弯管方法有冷弯、热弯和晶闸管中频弯管 3 种。

（1）冷弯就是在常温下进行管子的弯制工作，管内不必装砂，通常用手动弯管器或电动弯管机弯制。

（2）热弯是预先在管内装好砂子，然后用加热炉或火焊烤把加热，待加热到管材的热加工温度（一般碳钢为 950～1000℃；合金钢为 1000～1050℃）时，再送到弯管平台上进行弯制。

（3）晶闸管中频弯管是利用中频电源和感应线圈将钢管加热，管内无需装砂的机械化弯管方法。

#### （二）弯管工艺

1. 冷弯

随着机组容量的增加，机组的额定参数也在提高，并且随着锅炉压力的升高，受热面管子的直径逐渐向小的方向发展。如果弯管的工作量大，管子直径又小（＜108mm）时，可用专用的机械弯管机弯管。弯管时不充砂，不加热，工效高，质量好。

（1）冷弯管工艺。冷弯管工艺常见的弯管机有手动和电动两种。

图 12-1 所示为手动弯管机。弯管机一般固定在工作台上，把管子置于定胎轮和动胎轮之间，以管子夹持器固定，转动手柄座即可把管子弯制

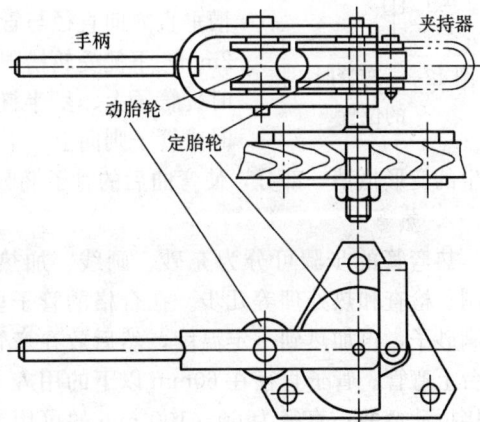

图 12-1 手动弯管机

成所需要的弯曲角度，它一般可弯动 38mm 以下的管子。

图 12-2 为电动弯管机工作示意，如果要弯制管子直径大于 38mm 的管子，且数量较多，则可使用电动弯管机。它是由电动机通过一套减速机构，使定胎轮转动，从而带动管子也移动并被弯成弯头，动胎轮只在原地旋转而不移动。图 12-2（a）为弯管开始时的位置，图 12-2（b）为弯管结束时的位置。要弯制不同弯曲半径或不同直径的管子时，只要更换适于不同弯曲半径或不同直径的定胎轮就可以了。

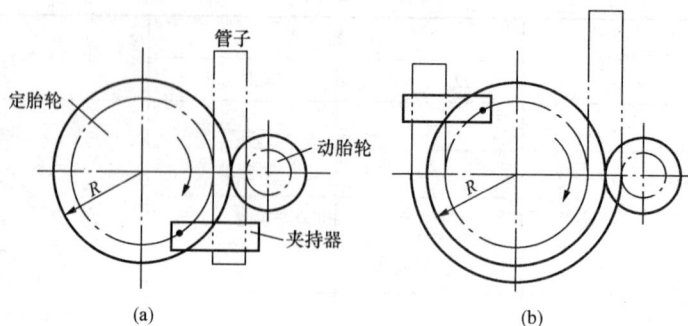

图 12-2　电动弯管机示意
(a) 开始时；(b) 结束时

（2）防止椭圆变形的办法。用冷弯方法弯出的弯头，常常产生过大的椭圆变形，即在弯制时由于管子截面的水平直径方向受到很大压力而直径变小了，垂直直径变大了，从而使截面变成椭圆形。为了防止弯管时产生过大的椭圆变形，常采用的办法有：

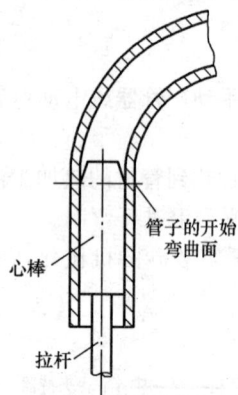

图 12-3　弯管时心棒的位置

1）管内加心棒的办法（多用于直径大于 60mm 的管子），如图 12-3 所示。心棒直径比管子内径小 1~1.5mm，放在管子开始弯曲面的稍前方，心棒的圆锥部分转为圆柱部分的交界线要放到管子的开始弯曲面上。如果心棒位置过于向前，管子将产生不应有的变形甚至破裂；如果心棒位置过于向后，又会使管子产生过大的椭圆度。心棒的正确位置可用试验的方法获得。为了减少管壁与心棒的摩擦，弯管前除对管内进行清扫外，还应涂以少许机油。

2）防止椭圆度过大的办法如图 12-4 所示。在设计定胎轮时，使轮槽与管子外径尺寸一致，让其紧密接合。设计动胎轮时，应使其弯管轮槽垂直方向直径与管子直径相等，而水平方向半径较管子半径略大 1~2mm，下侧受轮槽限制只能向 A 向变形，使轮槽成半椭圆形，这样弯管时，管子上、呈半椭圆预变形；动胎轮继续转动，当管子离开动胎轮时，管子则向上、下方向变形，但已有的半椭圆预变形可同管子此时要发生的变形抵消一部分，使弯曲后的管子椭圆度较小。

2. 热弯

热弯管的步骤可分为充砂、画线、加热、弯制、检查和热处理等几步。在合格的管子里充满砂子，再加热到一定温度，然后放在弯管平台上弯管。管子直径在 60mm 以下的用人力直接扳动弯曲；直径为 60~100 mm 的可用绳子滑轮来拉；直径为 100~150mm 的可用链条

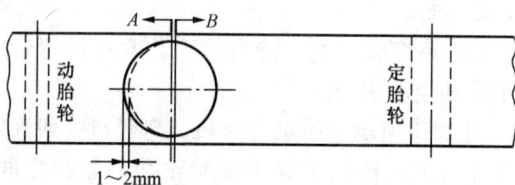

图 12-4　动、定胎轮的轮槽

葫芦来拉；直150mm以上的可用卷扬机来拉。

（1）充砂。

1）钢管充填砂子的粒度的要求见表12-4。

表 12-4　　　　　　　　　　　　钢管充填砂子的粒度　　　　　　　　　　　　　　　mm

| 钢管公称直径 | <80 | 80~150 | >150 |
|---|---|---|---|
| 砂子的粒度 | 1~2 | 3~4 | 5~6 |

2）管内充填用的砂子应能耐1000℃以上的高温，应经过筛分、洗净和烘干，以免加热时产生蒸汽发生事故和弯曲时冷却太快，影响管材质量。不得含有泥土、铁渣、木屑等杂物，如果泥土和木头之类的杂物混入，管子容易弯扁。

3）充砂工作可利用现场已有的适合高度的平台，也可在特制的充砂架上进行。为使砂子充得密实，管子应立着装砂，边装边振动，装满以后要敲实。可用手锤敲击管子来振实，也可用电动或风动振荡器来振实。无论采用哪种方法都不要损伤管子表面。经过振动，管中砂子不继续下沉时则可停止振动，封闭管口。当听到敲打声音变哑时就可停止敲打。装砂打实后即装上堵头，以免砂子倒出来。管子堵头有木堵和铁堵两种。管径100mm以下的一般用木堵，木塞长度为管子直径的1.5~2倍，锥度为1∶25；100mm以上的一般用铁堵，堵板直径比管子内径小2~3mm，即用一块铁板点焊在管头上。

（2）画线。在拟弯制的管子上用白铅油画出加热长度 L。$L = \dfrac{\pi D \alpha}{360}$（mm），式中 R 为弯曲半径，mm；$\alpha$ 为弯曲角度，（°）。

（3）加热。一般小管径的管子用火焊烤把加热，较大管径的管子用火炉加热。火炉加热时，用木碳和焦炭生火，将管子待弯段置于火中，上面盖好铁板，慢慢地转动管子使其受热均匀，以免加热过度把管子一面烧坏，而另一面的温度还不够。加热管子所需时间参考表12-5。加热温度为碳钢950~1000℃、合金钢1000~1050℃。可用热电偶温度计或光学高温计来测量温度。

表 12-5　　　　　　　　　　　加热管子所需时间参考表

| 管子直径（mm） | 51 | 60 | 76 | 89 | 108 | 133 | 159 | 219 | 273 |
|---|---|---|---|---|---|---|---|---|---|
| 加热时间（min） | 15 | 20 | 30 | 35 | 40 | 55 | 75 | 100 | 130 |

（4）弯制。加热好的管子可在图12-5所示的平台上弯制。对碳素钢管在冷却段上少浇点水（对合金钢不能浇水，以免产生裂纹）以提高此部位的刚性，然后弯制。弯制过程中要随时用样板检查其弯曲度。

弯制过程中管子温度逐渐降低，当降为800℃以下时便不可继续弯制，应重新加热后再继续弯制。弯管实际弯成的角度应比样棒弯过头3°~5°，这样才能保证管子在冷却变形后，其形状和样棒一样。弯制工作结束，等管子冷却后，应仔细清除内部的砂子，必要时做过球试验。

（5）检查。弯制后的管子要经过检查，检查弯曲半径和弯曲角度有无过大、过小现

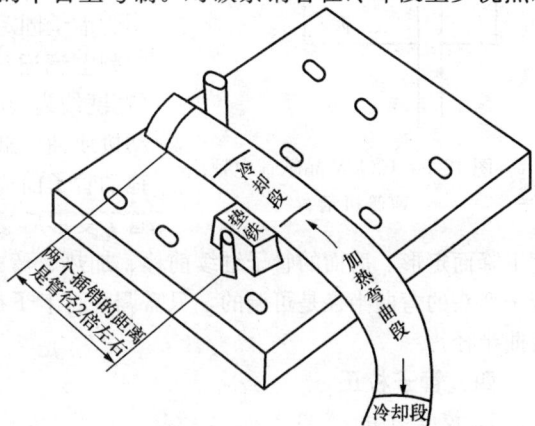

图 12-5　热弯管示意

象，可用样板见图 12-6，也可在画有管样（比例为 1：1）并焊有限位铁的平台上校对。除此之外，还应检查其外表缺陷，有无裂纹、折皱、凸起、凹坑等。

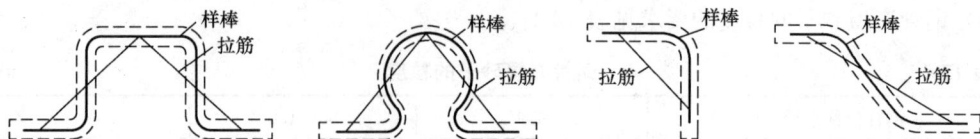

图 12-6 弯管的样棒

（6）热处理。碳素钢管弯制后不进行热处理，只有合金钢管弯制后才对其弯曲部位进行热处理。热处理有正火和回火两个过程，现分述如下：

1）正火热处理：将管子加热到 930℃，保温一段时间（按管壁厚度每 1mm 保温 0.75min 计算），然后在静止空气中冷却到 650℃。

2）回火热处理：将管子在 650℃ 温度下保温一段时间（按管壁厚度每 1mm 保温 2.5min 计算），然后缓慢冷却到 300℃ 以下，冷却速度每分钟不得超过 5℃。

在实际工作中常对 $\phi42$ 以下的管子采用简单的热处理方法，即弯好管子以后一般是 750℃ 左右，这时可用事先准备好的石棉布把管子包起来，让其缓慢冷却，以达到热处理的目的。

3. 晶闸管中频弯管

（1）晶闸管中频弯管机结构特性。图 12-7 为 100kW 晶闸管中频弯管机示意。图中的中频感应圈 4 是紫铜制成的空心圈，内圈壁上有多个直径为 1mm 的小孔。空心中通以冷却水，冷却水一方面冷却工作中的中频感应圈，另一方面通过小孔喷到热弯后的管子上起冷却定形作用。另外，中频感应圈与中频电源连接，当感应圈中通过中频电流时可以感应加热管子。

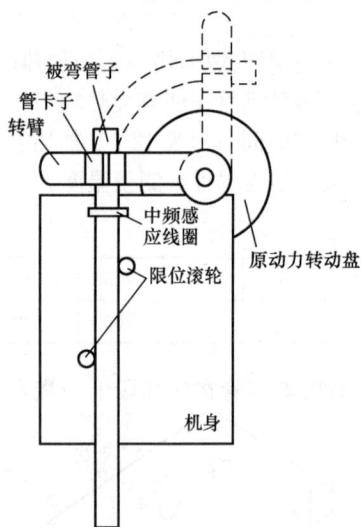

图 12-7 100kW 晶闸管中频弯管机示意

（2）晶闸管中频弯管机应用范围。晶闸管中频弯管主要用于弯制直径较大的碳素钢管。由于此种弯管机弯管时要浇水，不能用于弯制合金钢管。晶闸管中频弯管机较用火炉加热弯管具有安全、质量好、速度快、成本低、劳动强度小、占地面积小等优点，可以大大改善劳动条件，提高劳动生产率。

（3）弯管工艺。如图 12-7 所示，弯管的过程如下：先把管子放在限位滚轮之间，再穿过中频感应圈，把管子的前端用管卡子固定在转臂上，然后启动中频电源，感应圈中便有中频电流通过，利用感应加热，使感应圈所围部分的管子（宽度约为 20～30mm）在短时间内达到热弯温度，再通过电动机或油压缸使原动力转盘旋转，带动转臂同样旋转，同时拖动管子前移并旋转，使管子被加热部分弯曲变形，这部分管子变形后受到由中频感应圈小孔中喷出的水的冷却，使温度下降而定形。后面的管子继续前移、加热、弯曲、冷却、定形，直到弯到所需要的角度为止。管子弯头的弯曲半径是可调的，只需调整管卡子在转臂上的位置和滚轮的位置，便可得到不同的弯曲半径。

**四、管子校正**

1. 校管方法

根据具体情况，校管工作可在平台上进行，也可在原布置位置上进行。校管的方法包括冷校和热校两种。

2. 冷校

冷校可用图 12-8 所示的工具进行，通常用于直径小于 42mm 的管子。

3. 热校

对于较大直径的管子多采用热校。热校又分为整体加热加力校和局部加热校，究竟使用什么方法应根据具体情况而定。

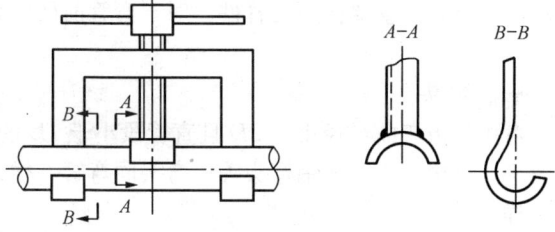

图 12-8　冷校管工具

对于变形较大、壁厚较大、刚性较强的管子采用整体加热加力较为合适；对于变形小、管壁薄、塑性好的管子采用局部加热校较好。

(1) 整体加热加力校。整体加热加力校是用火焊烤把或火炉把管子弯曲部位整周加热到 800℃ 左右（加热部位在加热前用粉笔划好），再加外力进行校正（见图 12-9）。可用热电偶温度计或试温笔监视温度，也可按颜色判定温度。

(2) 局部加热校。局部加热校是用火焊烤把对弯曲部位的背部（即凸的一侧）进行三角形式的局部加热图 12-10）。待加热到 800℃ 左右即可停止，任其自然冷却。这样就可把管子校直（或校正到合适的角度）。

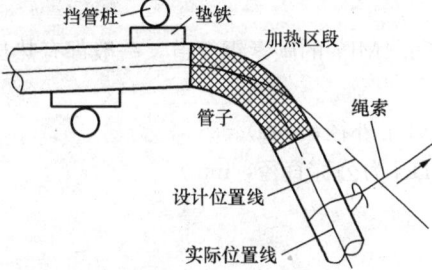

图 12-9　整体加热加力校管

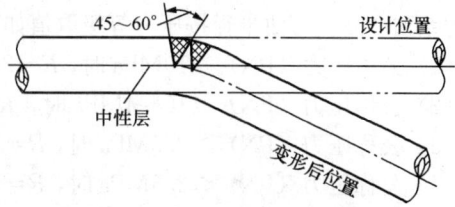

图 12-10　三角形局部加热校管

加热中也要和前一种方法一样监视好温度，还要注意加热三角形的顶点勿超过中性层。至于加热长度和加热次数，应根据变形大小来确定，一般来说，变形大的，加热长些，次数多些；变形小的，加热短些，次数少些，但最多不超过 3 次。各种管子各种变形的加热长度应根据校正同类构件的经验而定。

三角形局部加热法校管的原理是：当背部加热后，温度升高，金属要沿其轴向伸长（当然径向也要变粗）。从而迫使中性层下方（凹侧）的冷态金属产生弯曲，这个弯曲变形是弹性变形，其内部应力是抵抗这种变形的，因而给中性层上方（凸侧）的热态金属一反作用力，逼迫其隐性压缩。由于热态金属且度高，屈服极限降低，所以其内部将产生隐性的塑性变形。待其冷却后金属收缩变短，这时，中性层上方（凸侧）金属的长度不是原来的长度，而小于原来的长度，这就达到了校直的目的。

# 第四节　管 件 配 制

火力发电厂的管道系统是由管子、管件、阀门、管道附件按图组装连接而成的。管件是指和管子一起构成管道系统本身的零部件的统称，包括弯管、弯头、三通、异径管、接管座、法兰、堵头、封头等。弯管是最重要和为数最多的管件，它既是管道走向布置所需用的，又是对管道的热胀冷缩补偿有重要作用的管件。对于弯管前面已叙述，在这里不再赘述。下面简单介绍其他几种管件配制。

## 一、弯头

弯头是指弯曲半径小于 $2D$ 且直管段小于 $1D$ 的弯管（热压弯头一般不带直管段）。主要有热压弯头、斜接弯头和铸钢弯头等。弯头同弯管一样，是最重要和为数最多的管件，其作用也同弯管一样。

1. 热压弯头

热压弯头的制造方法是采用热挤压成型的，因此弯曲段的壁厚与圆度变化不同于弯管，可以在很小的弯曲半径条件下，不影响弯头的使用性能。热压弯头的钢性大于弯管，其变形热胀补偿决于弯管，对介质的局部流通阻力稍大于弯管，但它具有使用方便、经济适用的优点，热压弯头的工厂化生产和在安装中的使用呈发展趋势，在中小直径的弯头方面已取代斜接弯头，在高压管道中也有采用并在逐渐取代铸钢弯头。对于因空间尺寸紧张而不便于布置弯管的部位，热压弯头更具有优越性。热压弯头分有缝和无缝两种。

（1）无缝热压弯头。由无缝管段加温后在模具上热挤压成型的，一般不带直管段，两端面带有坡口。

（2）有缝热压弯头。由板材下料，加热后在上下模具上冲压成两半圆弯，再焊接而成的，适用于常温低压管道。

（3）热压弯头弯曲半径的选择。公称压力（PN）$\leqslant 6.4$MPa 的碳素钢管道，一般都有热压弯头的系列产品。弯曲半径按压力等级取值如下：

1）公称压力（PN）$>10$MPa 时，$R=2D_w$（$D_w$ 为管子外径，mm）。

2）公称压力（PN）$=10\sim 4$MPa 时，$R=1.5$DN（DN 为公称直径，mm）。

3）公称压力（PN）$>2.5$MPa 时，$R=1.5D_w$。

4）公称压力（PN）$\leqslant 2.5$MPa 时，$R=$DN$+50$。

2. 斜接弯头

斜接弯头又叫焊接弯、虾米弯、坡口弯等。使用两个或两个以上的直管段，在等分其弯角的平面内焊接在一起的弯头。

（1）斜接弯头的组成形式应符合设计要求。否则，可按照如图 12-11 所示的形式配制。

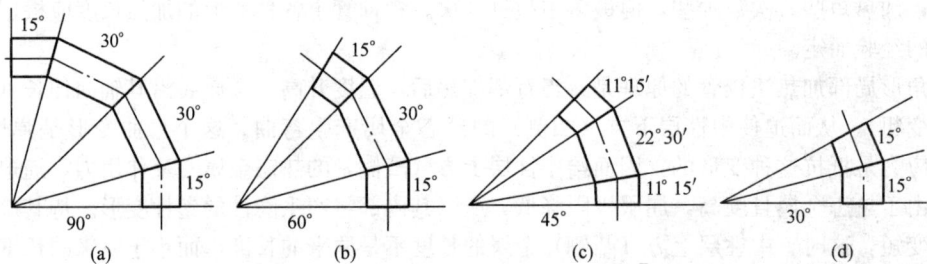

图 12-11　斜接弯头

(a) 90°斜接弯头；(b) 60°斜接弯头；(c) 45°斜接弯头；(d) 30°斜接弯头

公称通径大于 400mm 的弯头可增加中节数量，但其内侧的最小宽度不得小于 50mm。高压管道禁止使用斜接弯头。

（2）斜接弯头周长偏差应符合设计规定。当设计无要求时，应符合下列规定：

1）DN$>1000$mm 时，在$\pm 6$mm 以内。

2）DN≤1000mm 时，在±4mm 以内。

（3）斜接弯头对于超大口径的低压管道是唯一简便的转弯管件，它不但便于现场制造，而且形体紧凑便于管道的安装尺寸布置。因为斜接弯头以折线转弯，刚性大，对流体的局部阻力较大，总的焊缝长度大，存在峰值应力等，故限用于常温低压管道。

（4）配制弯头和选择弯头的要求。各类弯头几何偏差 $P$ 和端面角度偏差 $Q$（见图 12-12）不应大于表 12-6 的规定。

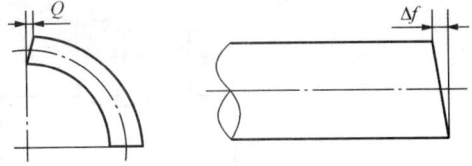

图 12-12 弯头端面偏差和端面角度偏差 $Q$ 示意

表 12-6                     平面偏差和角度偏差                     mm

| 管子外径 $D_w$ | $\Delta f$ 或 $Q$ | $P$ | 管子外径 $D_w$ | $\Delta f$ 或 $Q$ | $P$ |
|---|---|---|---|---|---|
| $D_w \leq 133$ | ±1 | ±2 | $219 < D_w \leq 426$ | ±3 | ±5 |
| $133 < D_w \leq 219$ | ±2 | ±4 | $426 < D_w \leq 610$ | ±4 | ±8 |

推制与压制弯头的不圆度在无设计规定时，应符合下列要求：

（1）端部。小于管子外径的 1%，且不大于 3mm。

（2）其他部位。对于高压管道，小于外径的 3%；对于中低压管道，小于外径的 5%。

3．铸钢弯头

（1）铸钢弯头仅用于和设备接口时管线布置尺寸受限的部位。

（2）锻造管件的表面过渡区应圆滑过渡。经机械加工后，表面不得有裂纹等影响强度和严密性的缺陷。对铸钢弯头应进行铸造缺陷的检测，包括外观检查和无损探伤检验。

（4）铸钢弯头有很小的弯曲半径和特大的壁厚，因此它具有很大的刚性，无热胀补偿性能，在与管子对口时应有端口厚度平滑过渡到对口等厚的特殊焊接措施,还要考虑到材质不同的施焊问题。

**二、三通**

1．三通的作用

三通是改变介质流向的分岔管异形管件，是管道流通方向总体性结构的不连续部位，它处于受力与应力复杂的状态下工作，是管系中易损管件和薄弱环节，现代大型机组的高压管道力求减少这种异形管件的使用量，如以集箱和兼三通作用的多功能阀件取代三通等措施。

2．三通的分类

按主、支管径，分为等径三通和异径三通；按分岔交角，分为正三通、斜三通、Y 形三通；按压力等级，分高压、中压和低压三通；按制造特征，分普通焊接式、壁厚加强各种焊接式三通、单筋加强式、披肩加强式和蝶式加强三通以及由制造厂家提供的锻制三通、热压三通、热拔三通、铸造三通等；按几何形体，分管状三通、小方形三通、球形三通；按连接形式，分法兰三通、焊接三通和丝扣三通；按材质有碳钢三通、合金钢三通等。

其分类之繁多也说明三通的工作条件特殊，如斜三通、Y 形三通有减小流通阻力的作用，而各种形式的加强是为了提高强度与刚性，改善应力集中的局部应力水平，球形三通是形体的优化结构。

3．焊接三通和热压三通

焊接三通和热压三通的几何尺寸应符合下列要求：

（1）支管垂直度偏差 $\Delta f$ 不应大于支管高度 $H$ 的 1‰，且不得大于 3mm，见图 12-13（a）。

（2）各端面垂直度偏差 $\Delta f$，见图 12-13（b），应按表 12-6 的规定检查合格。

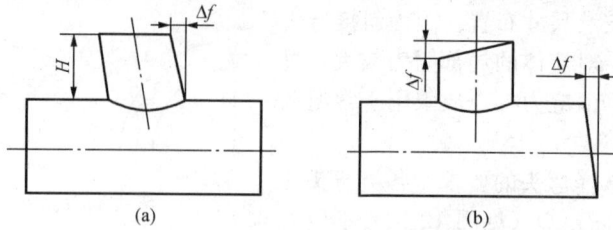

图 12-13　三通支管、端面垂直度偏差示意

（a）支管垂直度偏差；（b）端面垂直度偏差

4. 高压焊制三通

高压焊制三通应符合下列要求：

（1）三通制作及加固形式应符合设计图纸规定，加固用料宜采用与三通本体相同牌号的钢材。

（2）焊缝质量应按 DL/T 869—2004《火力发电厂焊接技术规程》的规定检查合格。

（3）按钢材牌号要求作的热处理经过检查应合格。

### 三、异径管

如图 12-14 所示，异径管几何尺寸应符合下列要求：

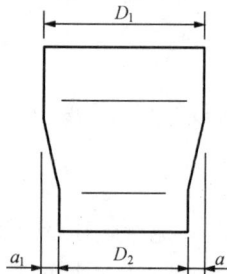

图 12-14　同心异径管偏心度示意

（1）其两端管口的直径、不圆度、端面垂直度应按表 12-6 的规定检查合格。

（2）同心异径管两端轴线应重合，其偏心度 $[(a_1-a)/2]$ 不得大于大头外径 $D_1$ 的 1‰，且不得大于 5mm。

### 四、法兰组件

1. 法兰的用途

法兰主要用于管道与设备、管道中的法兰式阀门与管道的连接。在现代高温、高压管道中，出于经济与安全（防泄漏）考虑，则力求减少法兰的使用量。

法兰是管道中可进行无损拆卸与复装的连接件，它给管道及连接设备的检修提供了便利条件，在不能直接施焊的衬塑衬胶等管道中，法兰组件（在衬里前施焊）成为主要的连接方式，在管道需进行定期检查与清理内部的拆卸部位、母管扩建端接管口、集箱的备用接管口都有法兰和法兰式堵板的采用情况，特殊环境（如易燃易爆气体车间不允许有明火）的管道也采用法兰连接。法兰一般是以焊接方式固定在管道上的，特殊的活套法兰用于不锈钢管道可以减小不锈钢的耗用量。

2. 法兰组件配制要求

（1）法兰密封面应光洁，不得有径向沟槽，且不得有气孔、裂纹、毛刺或其他降低强度和连接可靠性方面的缺陷。

（2）带有凹凸面或凹凸环的法兰应自然嵌合，凸面的高度不得小于凹槽的深度。法兰使用前，应按设计图纸校核各部尺寸，并与待连接的设备上的法兰进行核对，以保证正确地连接。

（3）法兰端面上连接螺栓的支承部位应与法兰接合面平行，以保证法兰连接时端面受力均匀。螺栓及螺母的螺纹应完整，无伤痕、毛刺等缺陷，螺栓与螺母应配合良好，无松动或卡涩现象。用于设计温度大于 430℃ 且直径大于或等于 M30 的合金钢螺栓应逐根编号，逐根进行硬度检查，不合格者不得使用。

（4）法兰的垫片材料应符合设计要求。石棉橡胶垫片应质地柔韧，无老化变质或分层现象，表面不应有折损、皱纹等缺陷。金属垫片的表面用平尺目测检查，应接触良好，无裂纹、毛刺、锈蚀及粗糙加工等缺陷，其硬度宜低于法兰硬度。包金属及缠绕式垫片不应有径向划痕、松散等缺陷。

3. 法兰标准

法兰是对装的，法兰组件包括法兰和相应的螺栓、螺母、平垫圈和法兰垫片，应成套安装。法兰有严格的介质参数级别和同参数级别的各种口径规格。

（1）PN20MPa及以下的法兰、法兰堵头的主要连接尺寸，包括外径、内径、螺栓孔孔径与孔数，螺栓孔中心距等与部颁标准是统一的，但不包括再热冷段、热段法兰在内。

（2）PN20MPa以上的法兰尚无国际的及部颁的统一标准，通常按设备生产厂家的法兰标准套用。

4. 法兰的基本形式

法兰的两种基本形式有平焊法兰和对焊法兰。

（1）平焊法兰只用于PN2.5MPa及以下管道。平焊法兰形式简单，便于板材切割下料或以条形拼焊车制，这种法兰在里外的角焊时有一定的焊接应力变形，使接合平面变为凸曲面，必要时可采取先焊内面角焊将一对法兰无垫片预紧螺栓再焊外部角焊可减小变形量。平焊法兰外侧角焊宜加宽焊缝焊成圆弧过渡以减小因直角棱式转形引起的峰值应力。

（2）因为对焊法兰有更大的螺栓紧力以保证密封压强，并具有相应的刚性与弹性要求和合理的对焊减薄过渡，焊口离接合面距离大，接合面免受焊接温度变形，它采取比较复杂的喇叭形体结构。凹凸面的嵌合可以防止垫片的受压力吹出和保证连接同心度。

## 第五节　管道支吊架及其维护

管道支吊架属于管道的附件，是管道系统非常重要的外部支持部件。因为电厂汽水管道系统，大都与相关设备首尾连接，众多的设备接管口分布在全厂各个空间部位，彼此之间有一定距离和高差，其间敷设有许多具有立体走向和不同工况的管道，尽管每条管道的长度较短，这些管道也显然不可能借其自身来保证其结构强度与刚性，会在自身重力作用下产生变形破坏；另外，也绝不允许管道传递的各种力和力矩作用在设备接口上。因此，在管线的各水平间距和垂直间距点，要布置各种类型的支吊架。

### 一、管道支吊架的作用

（1）承受管道的自重荷载包括管子、管件、阀件的重量和管道内部介质重量及管道外层保温材料重量等全部重量。

（2）增强管道的抗变形刚度，使水平挠度（水平管垂弧）和因此引起的振动得到控制。而且能承受管道冷拉施加的力和力矩。

（3）以其限位作用控制与引导管线热位移的大小和方向（弹性支吊架无此作用），并且控制由管道施加给设备接口的荷重和热位移推力和力矩，以保护设备的安全运行。

（4）对管道流动介质的冲击力、激振力、排气反作用力以及由设备传递的振动、风力，地震等起缓冲减振作用。

### 二、管道支吊架的类别

常见的管道支吊架有固定式支吊架、活动支架、弹簧支吊架。固定支吊架分为固定支架与固定吊架两种，活动支架有滑动支架和导向支架等。在这里只介绍几种常见的管道支吊架。

1. 固定式支吊架

（1）固定支架。固定支架基本结构如图 12-15 所示，固定支架是管系中的死点，管道以此点为基准向其他方向膨胀。该架除承重以外，固定支架还要承受管道各向热位移推力和力矩，这就要求固定支架本身是具有充足的强度和刚性的结构。固定支架的生根部位应牢固可靠。图 12-15（a）所示臂夹固定支架，适用温度低于 555℃汽水管道；图 12-15（b）所示焊接固定支架，适用温度低于 450℃汽水管道。

（2）固定吊架。固定吊架如图 12-16 所示，固定吊架用在温差变化很小的管道上，除承受管道分配给该吊点的重量之外，它允许该吊点管道有少量的水平方向位移，而对管道的向下位移有限位作用。吊架的实际荷载是不易准确测定的，因为螺母施加给拉杆的紧力大小是粗略的，过小的紧力使荷载不足，过大的紧力使管道产生附加内应力，故很少使用。

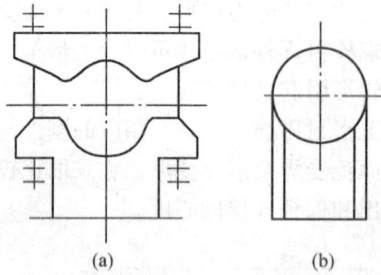

图 12-15　固定支架基本结构示意
（a）臂夹固定支架；（b）焊接固定支架

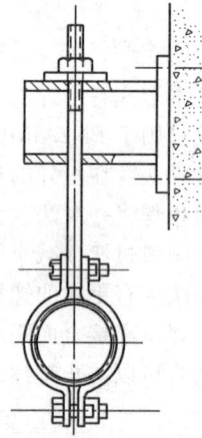

图 12-16　固定吊架

2. 活动支架

（1）滑动支架。滑动支架是承受管道自重的一个支撑点，滑动支架多用于水平管线靠近弯头的部位，允许管子沿轴向位移。即只对管线的一个方向有限位作用，而对管线其他两个方向的热位移不限位。如图 12-17 所示，其中图（a）为管夹滑动支架，适用于 550℃的管道；图（b）为焊接滑动支架，适用于 300℃的管道。

（2）导向滑动支架。导向滑动支架也称导向支架，是管道应用最为广泛的一种支架，它同样是管道自重的一个支承点。它对管道有两个方向的限位作用，能引导管道在导轨方向（即轴线方向）自由热位移，起到稳定管线的重要作用。如图 12-18 所示，其中图（a）为管夹导向支架，适用于 550℃的管道；图（b）为焊接导向支架，适用于 300℃的管道。

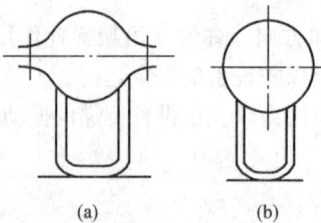

图 12-17　滑动支架基本结构示意
（a）管夹滑动支架；（b）焊接滑动支架

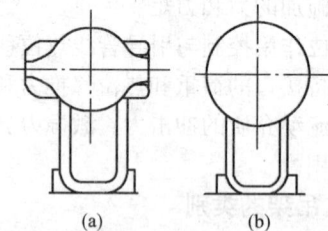

图 12-18　导向滑动支架基本结构示意
（a）管夹导向支架；（b）焊接导向支架

### 3. 弹簧支吊架

常见的弹簧支吊架如图 12-19 所示，有普通弹簧吊架、盒式弹簧吊架、双排弹簧吊架和滑动弹簧支架。

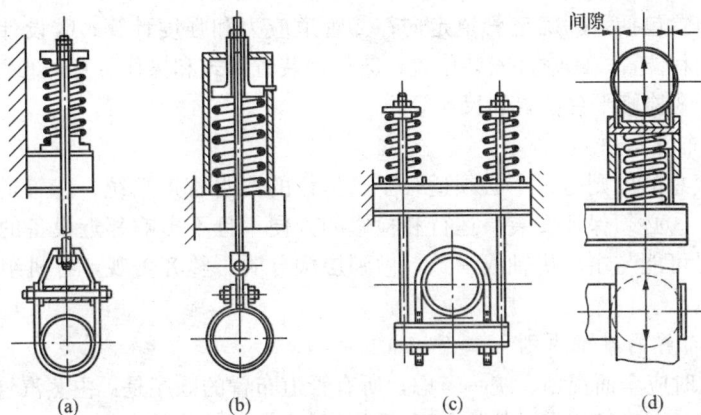

图 12-19 弹簧支吊架
(a) 普通弹簧吊架；(b) 盒式弹簧吊架；(c) 双排弹簧吊架；(d) 滑动弹簧支架

弹簧支吊架的特性：

(1) 由弹簧直接承载的吊架，承载值由弹簧压缩值大小而定，可以准确计量。

(2) 由弹簧直接承载的吊架，弹簧的工作压缩值以热态为依据，因此对吊点的上下热位移有冷态时压缩值增量或减量，造成冷态管道或受另增的附加外力作用或有荷重转移。

### 三、支吊架的维护

(1) 各连接件如吊杆、吊环、卡箍无锈蚀、弯曲等缺陷，所有的螺纹连接件无锈蚀、滑丝等现象，紧固件不松动。

(2) 导向的滑块、管枕与台板接触良好，无锈蚀、磨损缺陷，沿位移方向移动自如，无卡涩现象。

(3) 支吊架受力情况正常，无严重偏斜和脱空现象。支吊的冷热状态位置大致与支吊架中心线对称。弹簧支吊架的弹簧压缩量正常，无裂纹及压缩变形。

(4) 在检修工作中，不允许利用文吊架作为起重作业的锚点，或作为起吊重物的承重支架。水压试验时，所有的弹簧支吊架应卡锁固定。试验结束后立即将卡锁装置拆除。

(5) 在拆装管道前，必须充分考虑到拆下此管后对支吊架会产生什么样的影响。无论何种情况均不允许支吊架因拆装管道雨超载及受力方向发生大的变化。

# 第六节 管 道 铺 设

管道铺设主要是管道系统布置及管道安装，由于管道系统是发电厂热力系统的重要组成部分，管道系统的布置结构是否合理安装是否完整与可靠是保证发电厂安全运行的重要因素之一。

### 一、管道的一般要求

(1) 管道安装时管道的水平段应具有一定的疏水坡度，运行状态下一般不小于 0.2%，并应向顺汽流方向倾斜；管道放水后，要求管内无积水的死角。

(2) 在设计管道系统的时，在关断的各段蒸汽管道上，其末端必须装疏水门及疏水管；若有从两个方向来汽暖管的可能性，则在两侧管端均应装疏水门及疏水管。不同压力的排污、疏水和放水管不应接入同一母管中。

## 二、管道系统的布置

### 1. 管道系统的布置内容

管道系统的布置包括：①确定管道走向；②管道应力和强度计算；③设计热伸长的补偿方法、支吊架的形式和位置；④附件安装位置；⑤传动装置形式和操作位置；⑥管道坡度；⑦疏放水和排气总位置；⑧检修平台位置和尺寸等。

### 2. 管道系统布置总原则

管道系统布置总的原则是：①必须适合于已拟订的汽水管道系统；②管道短，附件少，投资省，运行经济；③必须保证安装、运行和检修的方便，且不影响邻近设备的安装、运行和检修；④管道走向尽可能与主厂房轴线一致，做到层次分明、整齐美观，各机组之间管道相互协调。

### 3. 管道系统布置的基本原则

(1) 管道布置时应全面规划、统一考虑，所有管道布置的顺序是：主蒸汽管道、再热蒸汽管道、高压给水管道、大口径管道、其他高压管道及低压管道。

(2) 为了满足焊接、保温和热胀的要求，管道与管道之间，管道与墙、梁、柱或设备之间都要有一定间距。在管道比较集中的地区，应合理安排，以做到管道布置紧凑、整齐、美观。此外，还应预留出适当的备用位置以便补充管道。

(3) 为了保证电厂安全经济运行、快速启停、事故处理和自动控制实现，管道的布置应考虑管道的疏水、放水、排气、排污等合理的安装位置。

(4) 管道设计尽可能减少采用补偿器，通过自然弯曲管道作为补偿器，或者采用改变管道走向增加补偿作用。

(5) 管道阀门的连接应尽量少采用法兰连接，除了需要经常拆换的阀门外，其他尽量采用焊接连接。在阀门和异形管件焊接处要留有足够的空间位置，以便焊接管道作业、焊缝热处理作业和管件更换检修作业方便。

(6) 在确定管道最小疏放水坡度时，应考虑到个别管道上蠕变或通流能力对坡度的要求。

### 4. 支吊架的选择与布置

支吊架的选择主要应考虑管道的强度、刚度，输送介质的温度、工作压力，管材的线膨胀系数，管道运行后的受力状态及管道安装的实际位置状况等。同时，应考虑制作和安装的成本。选用布置管道支吊架时，应遵守下列原则：

(1) 在管道上不允许有任何位移的地方，应设置固定支架。固定支架要安装在牢固的厂房结构或专设的结构物上。

(2) 在管道上无垂直位移或垂直位移很小的地方，可装活动支架或刚性支架。在管道具有垂直位移的地方，应装设弹性吊架，在不便装设弹性吊架时，也可采用弹簧支架，在同时具有水平位移时，应采用滚珠弹簧支架。

(3) 垂直管道通过楼板或屋顶时，应设套管，套管不应限制管道位移和承受管道垂直负荷。在水平管道上只允许管道单向水平位移的地方，在铸铁阀件的两侧、Ⅱ形补偿器两侧适当距离的地方，应装设导向支架。

### 5. 阀门的布置

(1) 布置阀门时应留出足够空间，以满足安装、维修和操作的需要。

(2) 垂直管道上应尽量避免装设阀门，以免安装和维修不便。

(3) 阀门应布置尽可能集中，便于操作；如果布置上有困难，应装传动装置，以便在方便的地方操作。

(4) 重型阀门还应布置在行车能够起吊的地方，否则，应考虑其他的专用起吊措施。

(5) 阀门的位置较高，则应考虑设计安装相应的检修平台。

### 三、管道安装

(一) 一般规定

(1) 管道安装应具备的条件。

1) 与管道有关的土建工程经检查合格，满足安装要求。

2) 与管道连接的设备找正合格、固定完毕。

3) 必须在管道安装前完成的有关工序如清洗、脱脂、内部酸洗等已进行完毕。

4) 管子、管件、管道附件及阀门等已经检验合格，并具备有关的技术证件。

5) 管子、管件、阀门等已按设计要求核对无误，内部已清理干净，无杂物。

(2) 管道安装若采用组合件方式时，组合件应具备足够刚性，吊装后不应产生永久变形，临时固定应牢固可靠。

(3) 管子组合前或组合件安装前，均应将管道内部清理干净，管内不得遗留任何杂物，并装设临时封堵。

(4) 管道水平段的坡度方向与坡度应符合设计要求。若设计无具体要求时，对管道坡度方向的确定，应以便于疏、放水和排放空气为原则。其坡度应符合要求，在有坡度方向的管道上安装水平位置的 Ⅱ 形补偿器时，补偿器两边管段应保持水平，中间管段应与管道坡度方向一致。

(5) 管子对接焊缝位置应符合设计规定，或符合下列要求：

1) 焊缝位置距离弯管的弯曲起点不得小于管子外径或不小于 100mm。

2) 管子两个对接焊缝间的距离不宜小于管子外径，且不小于 150mm。

3) 支吊架管部位置不得与管子对接焊缝重合，焊缝距离支吊架边缘不得小于 50mm，对于焊后需作热处理的接口，该距离不得小于焊缝宽度的 5 倍，且不小于 100mm。

4) 管子接口应避开疏、放水及仪表管等的开孔位置，距开孔边缘不应小于 50mm，且不应小于孔径。

5) 管道在穿过隔墙、楼板时，位于隔墙、楼板内的管段不得有接口。

(6) 管道上的两个成型件相互焊接时，应按设计加接短管。

(7) 除设计中有冷拉或热紧的要求外，管道连接时，不得用强力对口、加热管子、加偏垫或多层垫等方法来消除接口端面的空隙、偏斜、错口或不同心等缺陷。管子与设备的连接，应在设备安装定位紧好地脚螺栓后自然地进行。

(8) 管子的坡口形式和尺寸应按设计图纸确定。

(9) 管子或管件的对口质量要求，应符合 DL/T 869 的规定。

(10) 管子和管件的坡口及内、外壁 10～15mm 范围内的油漆、垢、锈等，在对口前应清除干净，直至显示金属光泽。对壁厚大于或等于 20mm 的坡口，应检查是否有裂纹、夹层等缺陷。

(11) 管子对口时一般应平直，焊接角变形在距离接口中心 200mm 处测量，应符合 DL/T 869 的规定。

(12) 管子对口符合要求后，应垫置牢固，避免焊接或热处理过程中管子移动。

(13) 管道冷拉必须符合设计规定。进行冷拉前应满足下列要求：

1) 冷拉区域各固定支架安装牢固，各固定支架间所有焊口（冷拉口除外）焊接完毕并经检验合格，要作热处理的焊口应作过热处理。

2）所有支吊架已装设完毕，冷拉口附近吊架的吊杆应预留足够的调整裕量。弹簧支吊架弹簧应按设计值预压缩并临时固定，不使弹簧承担整定值外的荷载。

3）管道坡度方向及坡度应符合设计要求。

4）法兰与阀门的连接螺栓已拧紧。管道冷拉后，焊口应经检验合格。需作热处理的焊口应作过热处理，方可拆除拉具。

（14）波形补偿器应按设计规定进行拉伸或压缩。松开拉紧装置应在管道安装结束后进行。当内部带有套管时，应根据介质流动方向正确安装（套管的固定端为介质的入口侧）。与设备相连的补偿器，应在设备最终固定后方可连接。

（15）装设流量孔板（或喷嘴）时，对于配管的技术要求，应符合 DL/T 5190.5—2004《电力建设施工及验收技术规范　第5部分：热工仪表及控制装置》的规定。

（16）管道安装工作如有间断，应及时封闭管口。

（17）管道安装的允许偏差值应符合 DL/T 869 的规定。

（18）支吊架安装工作宜与管道的安装工作同步进行。

（19）在管线上因安装仪表插座、疏水管座等需开孔、且孔径小于 30mm 时，不得用气割开孔。

（二）高压管道的安装

（1）合金钢管子局部进行弯度校正时，加热温度应控制在管子的下临界温度以下。

（2）管道膨胀指示器应按照设计规定正确装设，在管道冲洗前调整指示在零位。

（3）蒸汽管道上若设计要求装设蠕胀测点时，应按设计规定装设蠕胀测点和监察管段。监察管段应在同批管子中选用管壁厚度为最大负公差的管子。监察管段上不得开孔、安装仪表插座及装设支吊架。

（4）安装监察管段前应从该管子的两端各割取长度约为 300～500mm 的一段，连同监察管段的备用管作好标记。

（5）蠕胀测点应在管道冲洗前做好。每组测点应装设在管道的同一横断面上，并沿圆周等距离分配。

（6）同一公称通径管子的各对称蠕胀测点的径向距离应一致。其误差值不应大于 0.1mm。

（7）下列测量工作应配合生产单位进行：

1）监察管段管子两端的壁厚；

2）各对称蠕胀测点的径向距离；

3）蠕胀测点两旁管子的外径或周长。

（8）合金钢管道在整个系统安装完毕后，应作光谱复查。材质不得差错。剩余管段也应及时作出材质标记。

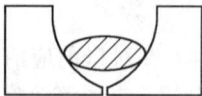

图 12-20　添加物点固位置示意

（9）根据设计图纸在管道上应开的孔洞，宜在管子安装前开好。开孔后必须将内部清理干净，不得遗留钻屑或其他杂物。

（10）合金钢管道表面上不得引弧试电流或焊接临时支撑物。

（11）高压管道焊缝的位置，安装完毕后应及时标明在图纸上。

（12）厚壁大径管对口时，可采用添加物点固在坡口内（见图 12-20），当去除临时点固物时，不应损伤母材，并将其残留焊疤清除干净打磨修整。

（13）在有条件的地方，导汽管焊接完毕后，宜采用窥镜检查管内有无异物。

（14）导汽管道安装前必须进行化学清洗或喷丸等方法处理，直到管内壁露出金属光泽为止。

（15）斜接弯头（虾米弯）不得安装在高压管道上。

（三）中、低压管道的安装

（1）对管内清洁要求较高并且焊接后不易清理的管道，其焊缝底层必须用氩弧焊施焊。

（2）穿墙及过楼板的管道，所加套管应符合设计规定。当设计无要求时，穿墙套管长度不应小于墙厚，穿楼板套管宜高出楼面或地面25～30mm。

（3）管道与套管的空隙应按设计要求填塞。当设计没有明确给出要求时，应用不燃烧软质材料填塞。

（4）不锈钢管道与支吊架之间应垫入不锈钢或氯离子含量不超过$500 \times 10^{-6}$的非金属垫片隔离。

（5）大直径焊接钢管的安装工作应满足下列规定：

1）焊缝坡口的形式应符合设计要求，当设计无规定时，应按 DL/T 869 的规定执行。

2）各管段对口时，其纵向焊缝应相互错开不少于100mm，并宜处于易检的部位。

3）公称通径大于或等于1000mm的管子，宜在对接焊缝根部进行封底焊。

4）钢管设计有加固环时，加固环的位置和焊接方式应符合设计规定，加固环对接焊缝应与管子纵向焊缝错开不少于100mm。

（6）地下埋设的管道，其支承地基或基础经检验合格后方可施工。

（7）在遇有地下水的情况下铺设管道时，施工支承地基或基础、安装管道、进行管道严密性试验、回填土等均应在排除地下水后进行。

（8）管道的防腐和水下管道的施工应符合设计要求。

（9）埋地钢管的防腐层应在安装前做好，焊缝部位未经检验合格不得防腐，在运输和安装时应防止损坏防腐层。被损坏的防腐层应予以修补。

（10）地下埋设的管道必须经严密性试验合格、按设计要求进行过防腐蚀处理并作为隐蔽工程验收合格后，方可回填土。

（四）疏、放水管的安装

（1）安装疏、放水管时，接管座安装应符合设计规定。管道开孔应采用钻孔。

（2）疏、放水管接入疏、放水母管处应按介质流动方向稍有倾斜，不得随意变更设计，不得将不同介质或不同压力的疏、放水管接入同一母管或容器内。

（3）运行中构成闭路的疏、放水管，其工艺质量和检验标准应与主管同等对待。

（4）疏、放水管及母管的布线应短捷，且不影响运行通道和其他设备的操作。有热膨胀的管道应采取必要的补偿措施。

（5）放水管的中心应与漏斗中心稍有偏心，经漏斗后的放水管的管径应比来水管大。

（6）不回收的疏、放水，应接入疏、放水总管或排水沟中，不得随意将疏、放水接入工业水管沟或电缆沟。

（五）支吊架的安装

（1）在混凝土柱或梁上装设支吊架时，应先将混凝土抹面层凿去，然后固定。固定在平台或楼板上的吊架根部，当其妨碍通行时，其顶端应低于抹面的高度。

（2）管道的固定支架应严格按照设计图纸安装。不得在没有补偿装置的热管道直管段上同时安置两个及两个以上的固定支架。

（3）在数条平行的管道敷设中，其托架可以共用，但吊架的吊杆不得吊装位移方向相反或位移值不等的任何两条管道。

（4）管道安装使用临时支吊架时，应有明显标记，并不得与正式支吊架位置冲突。在管道安装及水压试验完毕后应予拆除。

（5）在混凝土基础上，用膨胀螺栓固定支吊架的生根时，膨胀螺栓的打入必须达到规定深度值。

（6）导向支架和滑动支架的滑动面应洁净、平整、滚珠、滚柱、托滚、聚四氟乙烯板等活动零件与其支承件应接触良好，以保证管道能自由膨胀。

（7）所有活动支架的活动部分均应裸露，不应被水泥及保温层敷盖。

（8）管道安装时，应及时进行支吊架的固定和调整工作。支吊架位置应正确，安装应平整、牢固，并与管子接触良好。

（9）在有热位移的管道上安装支吊架时，其支吊点的偏移方向及尺寸应按设计要求正确装设。

（10）有热位移的管道，在受热膨胀时，应及时对支吊架进行下列检查与调整：

1）活动支架的位移方向、位移量及导向性能是否符合设计要求。

2）管托有无脱落现象。

3）固定支架是否牢固可靠。

4）弹簧支架的安装高度与弹簧工作高度是否符合设计要求。

（11）整定弹簧应按设计要求进行安装，固定销应在管道系统安装结束，且严密性试验及保温后方可拆除。固定销应完整抽出，妥善保管。

（12）恒作用力支吊架应按设计要求进行安装调整。

（13）支吊架调整后，各连接件的螺杆丝扣必须带满，锁紧螺母应锁紧，防止松动。

（14）吊架螺栓孔眼和弹簧座孔眼应符合设计要求。

（15）支吊架间距应按设计要求正确装设。

（16）管道安装完毕后，应按设计要求逐个核对支吊架的形式、材质和位置。

# 第七节　管　道　检　修

## 一、管道检修项目

根据 DL/T 838，管道的 A 级检修项目包括标准项目和特殊项目。

1. 标准项目

（1）检查、调整管道膨胀指示器。

（2）检查高温高压主汽管、再热汽管、主给水管焊口，测量弯头壁厚。

（3）测量高温高压蒸汽管道的蠕胀。

（4）检查高压主蒸汽管法兰、螺栓、温度计插座的外观。

（5）检查、调整支吊架。

（6）检查流量测量装置。

（7）检查、处理高温高压法兰、螺栓。

（8）检查排污管、疏水管、减温水管等的三通、弯头壁厚及焊缝。

2. 特殊项目

（1）更换主蒸汽管、再热蒸汽臂、主给水管段及其三通、弯头，大量更换其他管道。

（2）割换高温高压管道监视段。

## 二、管道的检修

（一）管道使用前的检查

1. 检修工艺

（1）管子使用前应按设计要求核对其规格、材料及规范/参数。

（2）使用合金管子时，在使用前必须对其进行光谱分析，确证材质准确无误。

（3）管子表面应光洁，不得有裂纹、划痕、锈蚀、凹坑、重皮等缺陷。

（4）管子的最小壁厚不得小于设计壁厚。

2. 质量标准

（1）管子表面光洁，无裂纹，无尖锐的划痕，凹陷深度不超过 1.5mm，凹陷最大尺寸不大于周长的 5%，且不大于 40mm。

（2）合金管材质准确无误。

（3）管子最小实测壁厚大于设计壁厚。

（二）管段的更换

1. 检修工艺

（1）更换管道时，应停止该管道的运行，并做好系统的安全隔绝措施，排净管道内的残余汽水。

（2）割管前应把两头的管子或阀门固定牢固，防止管子割开后移动，割开的管子如不能及时焊接，应加堵头，并贴上封条，以防止杂物掉入。

（3）制作的焊接破口符合质量标准。

（4）所换的管子应和原管子规格、长度、材质一致。

（5）更换的新管子应用空气吹扫、喷沙或化学清洗等方法，将内壁的铁锈、油垢等清理干净。

2. 质量标准

（1）管子内外应光滑，无砂眼、划痕、裂纹、锈蚀、凹坑、重皮等缺陷。

（2）主要检查管壁厚度公差、直径公差、椭圆度和弯曲度，检查前应先用砂纸将管子外壁打磨干净以防止测量有误差，然后再检查，应符合其规定的标准。

（三）管子切割工艺

（1）搭设脚手架，拆去保温。

（2）固定管道，采取临时支吊措施，拆去妨碍切割的吊毂。

（3）画线后用专用工具切割管子。

（4）切割厚度 12mm 以上的 CrMo 或 CrMoV 钢时，切割时需预热到 200℃，切割后要防止骤然冷却。

（四）焊口位置的确定

（1）焊缝位置距离弯管的弯曲起点不得小于管子外径，且不小于 100mm。

（2）管子两对接焊缝间的距离不宜小于管子外径，且不小于 150mm。

（3）支吊架管部位置不得与管子对接焊缝重合，焊缝距离支吊架边缘不得小于 50mm，对焊后需热处理的接口，该距离不得小于焊缝宽度的 5 倍，且不小于 100mm。

（4）管子接口应避开疏、放水及仪表管等的开孔位置，距开孔边缘不应小于 50mm，且不应小于孔径。

（5）管子在穿过隔墙、楼板时，位于隔墙、楼板内的管段不得有接口。

（五）坡口加工

1. 检修工艺

（1）管子壁厚小于 16mm 时，制作单 V 形坡口。

（2）管子壁厚大于等于 16mm 时，制作双 V 形坡口或 U 形坡口。

（3）管子的坡口及内外壁 10～15mm 范围内的油漆、垢、锈等，在对口前应清除干净，直至发出金属光洁。对壁厚大于 20mm 的坡口，应检查是否有裂纹、夹层等缺陷。

2. 质量标准

(1) 管子对口保持为壁平齐，局部错口不大于管径的 10%，最大不超过 1mm。

(2) 对接管道端面应与管子中心线垂直，其偏斜度不大于管径的 2%，最大不超过 2mm。

(3) 利用工具，把两根管对准，使中心线成一直线，当用金属尺作下图检查时，另一边管子在离焊口 200mm 处所出现有间隙不应大于 1mm（直径大于 100mm 的管子间隙不大于 2mm）。

(4) 除设计是冷拉门外，焊口应避免强力对口，以免引起附加应力。

(5) 焊口局部间隙过大时应设法修正达到规定值，严禁在间隙内堵塞它物。

（六）管子对口检修工艺

(1) 管子对口一般做到内壁平齐，局部错口不应超过壁厚的 10%，且不大于 1mm。

(2) 外壁的差值不应超过薄件厚度的 10%+1mm，且不大于 4mm。

(3) 管子对口时一般应平直，焊接角变形在距接口中心 200mm 测量，除特殊要求外，其折口偏差 $a$ 应为：当管子公称通径 DN<100mm 时，$a \leqslant 2mm$，当管子公称通径 DN≥100mm 时，$a \leqslant 3mm$。

（七）管道焊接

1. 检修工艺

(1) 对壁厚大于 26mm 的碳素钢管服役期合金钢管焊到应进行预热。

(2) 管子焊接应由高压焊担任，焊前需焊接试样并经金属监督检验合格后方可开工。

(3) 联系金属监督人员对焊缝进行探伤检查。

2. 质量标准

(1) 碳素钢管预热 100~200℃，合金钢管预热 200~300℃。

(2) 严禁在焊件表面随意引弧和试验电流或焊接时支撑。

(3) 管子焊接时不应有穿堂风。

(4) 为减少焊接应力与变形，直径大于 194mm，管子焊口需用双人对焊。

(5) 焊缝表面不准有气孔裂纹、夹渣、未溶化等缺陷。

(6) 焊缝咬边不超过全长的 10%，且不大于 40mm，咬边深度不大于 0.5mm。

(7) 管子焊接角变形在原焊缝中心 200mm 上测量。直径小于 100mm 管子大于 1mm；直径大于 100mm 管子大于 2mm。

(8) 焊缝热处理后的硬度值一般不超过布氏硬度 HB 值+100，且不大于 300HB。

(9) 对于焊后需热处理的管子焊口，该距离不得小于焊缝宽度的 5 倍且不得小于 10mm。

（八）管道系统

1. 检修工艺

(1) 管系膨胀检查。

(2) 检查两相邻管道保温表面的冷距离。

(3) 检查各支点实际位移与设计位移是否相符。

2. 质量标准

(1) 管系应自由膨胀。

(2) 保证管道膨胀不相互受阻。

(3) 实际位移与设计位移相差太大，应查明原因。

（九）管系的推力与力矩

1. 检修工艺

(1) 检查与管系连接的其他设备变形或非正常位移。

（2）检查与管道连接的焊缝及支吊架。

（3）检查固定支吊架的混凝土支墩是否损坏。

（4）检查锅炉与汽轮机接口附近的现位装置。

2. 质量标准

（1）应分析关系的推力与力矩对设备的影响。

（2）分析原因。

（十）管系过应力

1. 检修工艺

检查弹簧支吊架的弹簧受力状况。

2. 质量标准

弹簧在正常工作状况。

（十一）主蒸汽管道、高低温再热汽管道的支吊架检查

1. 检修工艺

（1）变力弹簧支吊架是否过渡压缩、偏斜或失载。

（2）恒力弹簧支吊架转体位移指示是否越限。

（3）刚性支吊架状态是否异常。

（4）限位装置状态是否异常。

（5）减振器及阻尼器位移是否异常等。

（6）弹簧支吊架总程是否异常。

2. 质量标准

每年应在热态时逐个目视观察一次，并记录档案。

（十二）汽水管道支吊架检查

1. 检修工艺

（1）承受安全阀、泄压阀排汽反力的液压阻尼器的油系统与行程。

（2）承受安全阀、泄压阀排汽反力的刚性支吊架间隙。

（3）限位装置、固定支架结构状态是否正常。

（4）大载荷刚性支吊架结构状态是否正常。

2. 质量标准

（1）每次大修应对重点支吊架进行检查。

（2）发现问题及时处理。

（3）检查、观察与处理情况应记录存档。

（十三）支吊架全面检查

1. 检修工艺

（1）承载结构与根部辅助钢结构是否有明显变形、主要受力焊缝是否有宏观裂纹。

（2）支吊架活动部件是否卡死、损坏或异常。

（3）导向支架和滑动支架的滑动面应洁净、平整，能保证管道沿一定的方向自由膨胀。

（4）所有活动支架的活动部分均应裸露，不应被水泥或保温层敷盖。

（5）吊杆及连接配件是否损坏或异常。

（6）管部零部件是否明显变形，主要受力焊缝是否有宏观裂纹。

（7）变力弹簧支吊架是否过渡压缩、偏斜或失载。

（8）恒力弹簧支吊架转体位移指示是否越限。

（9）限位装置、固定支架结构是否损坏或异常。

（10）减振器结构状态是否正常，阻尼器的油系统与行程是否正常。

（11）刚性支吊架的吊杆与垂线间的夹角应小于 $3°$，弹性支吊架吊杆与垂线间的夹角应小于 $4°$。

2．质量标准

（1）主管道、高低温再热器管道运行 3 万～4 万 h 后进行检查。

（2）汽水管道运行 8 万～12 万 h 对支吊架进行检查。

（十四）支吊架的调整主要内容

管道标高，荷载分配、规定间隙数值、减振器防振力与阻尼器行程分配等。

（十五）支吊架的修理、调整

1．检修工艺

（1）修理支吊架螺栓连接件、管夹、管卡、套筒、吊杆、法兰螺栓、连接螺母。

（2）按设计调整有热位移管道支吊架的方向和尺寸。

（3）顶起导向支座、活动支座的滑动面、滑动件的支撑面，更换失效活动件。

（4）调整弹簧支撑面与弹簧中心线垂直，调整弹簧压缩值。

（5）更换弹簧时，做弹簧全压缩试验、工作载荷压缩试验。

（6）焊缝压缩，预埋件处理。

2．质量标准

（1）使所有吊杆不受力过大或过小。

（2）调整到支吊架各自的安装载荷。

（3）发现异常应分析原因，并进行调整处理。

# 第十三章 阀 门 检 修

## 第一节 阀门的基础知识

阀门是用来控制各种管道及设备内气体（空气、煤气、蒸汽），液体（水、油）及含有固体粉末的混合气体等介质的一种机械产品，也是锅炉的主要附件。其工作状况直接关系到锅炉设备的效率和性能，有时还影响到锅炉的安全，对锅炉的运行和调节起很大的作用。做好阀门的检修和维护工作，对保证锅炉设备的安全经济运行具有重要的意义。

### 一、阀门的分类及型号

#### （一）阀门的分类方法

1. 按作用性质分类

（1）关断阀门。主要用于截断或接通介质流，包括闸阀、截止阀、隔膜阀、球阀、旋塞阀、碟阀、球阀等。

（2）调节阀门。主要用于调节介质的流量、压力等，包括调节阀、节流阀、减压阀等。

（3）保护阀门。安全阀、止回阀和具有快速关断功能的阀门以及疏水器、水锤消除器等都属保护类阀门。

2. 按主要参数分类

（1）按压力分类。

真空阀：工作压力低于标准大气压的阀门；

低压阀：公称压力 PN≤1.6MPa 的阀门；

中压阀：公称压力 PN＝2.5～6.4MPa 的阀门；

高压阀：公称压力 PN＝10.0～80.0MPa 的阀门；

超高压阀：公称压力 PN≥100MPa 的阀门。

（2）按介质工作温度（$t$）分类。

高温阀：$t>450℃$的阀门；

中温阀：$120℃≤t≤450℃$的阀门；

常温阀：$-40℃≤t≤120℃$的阀门；

低温阀：$-100℃≤t≤-40℃$的阀门；

超低温阀：$t<-100℃$的阀门。

3. 通用分类方法

这种分类方法既按原理、作用又按结构划分，是目前国内、国际最常用的分类方法。一般分为闸阀、截止阀、旋塞阀、球阀、蝶阀、隔膜阀、止回阀、节流阀、安全阀、减压阀、疏水阀、调节阀、电磁释放阀。

#### （二）阀门型号的编制方法

阀门的型号是用来表示阀类、驱动及连接形式、密封圈材料和公称压力等要素的。

由于阀门种类繁杂，为了制造和使用方便，国家对阀门产品型号的编制方法做了统一规定。阀门产品的型号由 7 个单元组成，用来表明阀门类别、驱动种类、连接和结构形式、密封面或衬里材料、公称压力及阀体材料。

1. 阀门型号的组成

阀门的型号由 7 个单元组成，如图 13-1 所示。

第 1 单元—第 2 单元—第 3 单元—第 4 单元—第 5 单元—第 6 单元—第 7 单元

| 类型代号 | 传动方式代号 | 连接形式代号 | 结构形式代号 | 密封面或衬里材料 | 公称压力代号 | 阀体材料代号 |
|---|---|---|---|---|---|---|

图 13-1　阀门型号的组成

第 1 单元为类型代号，类型代号用汉语拼音表示，见表 13-1。

**表 13-1**　　　　　　　　　　　阀门的类型代号

| 类型 | 代　号 | 类型 | 代　号 | 类型 | 代　号 |
|---|---|---|---|---|---|
| 闸阀 | Z | 蝶阀 | D | 安全阀 | A |
| 截止阀 | J | 隔膜阀 | G | 减压阀 | Y |
| 节流阀 | L | 旋塞阀 | X | 减压阀 | Y |
| 球阀 | Q | 止回阀 | H | 疏水阀 | S |

第 2 单元为传动方式代号，传动方式代号用阿拉伯数字表示，见表 13-2。

**表 13-2**　　　　　　　　　　　阀门的传动方式

| 传动方式 | 代　号 | 传动方式 | 代　号 |
|---|---|---|---|
| 电磁动 | 0 | 伞齿轮 | 5 |
| 电磁—液动 | 1 | 气动 | 6 |
| 电—液动 | 2 | 液动 | 7 |
| 涡轮 | 3 | 气—液动 | 8 |
| 正齿轮 | 4 | 电动 | 9 |

注　1　手轮、手柄、扳手传动以及安全阀、减压阀、疏水阀省略本代号。

　　2　对于气动和液动：常开式用 6K、7K 表示；常闭式用 6B、7B 表示；气动带手动用 6S 表示；防爆电动用 9B 表示。

第 3 单元为连接形式代号，连接形式代号用阿拉伯数字表示，见表 13-3。

**表 13-3**　　　　　　　　　　　阀门的连接形式

| 连接形式 | 内螺纹 | 外螺纹 | 法兰 | 焊接 | 对夹 | 卡箍 | 卡套 |
|---|---|---|---|---|---|---|---|
| 代号 | 1 | 2 | 4 | 6 | 7 | 8 | 9 |

第 4 单元为结构形式代号，结构形式代号用阿拉伯数字表示，见表 13-4～表 13-12。

**表 13-4**　　　　　　　　　　　闸阀的结构形式

| 闸阀的结构形式 | | | 代　号 |
|---|---|---|---|
| 明杆 | 楔式 | 弹性闸板 | 0 |
| | | 刚性 单闸板 | 1 |
| | | 刚性 双闸板 | 2 |
| | 平行式 | 刚性 单闸板 | 3 |
| | | 刚性 双闸板 | 4 |
| 暗杆楔式 | | 单闸板 | 5 |
| | | 双闸板 | 6 |

**表 13-5** 截止阀、节流阀的结构形式

| 结构形式 | 直通式 | 直角式 | 直流式 | 波纹管式 | 压力计 |
|---|---|---|---|---|---|
| 代号 | 1 | 4 | 5 | 8 | 9 |

**表 13-6** 止回阀的结构形式

| 结构形式 | 直通升降式 | 升降管式 | 单瓣旋启式 | 多瓣旋启式 | 双瓣旋启式 |
|---|---|---|---|---|---|
| 代号 | 1 | 2 | 4 | 5 | 6 |

**表 13-7** 隔膜阀的结构形式

| 结构形式 | 屋脊式 | 截止式 | 直流式 | 阀板式 |
|---|---|---|---|---|
| 代号 | 1 | 3 | 5 | 7 |

**表 13-8** 球阀的结构形式

| 结构形式 | 浮动球直通式 | 浮动球三通式 | | 固定球直通式 | 固定球三通式 |
|---|---|---|---|---|---|
| | | L 型 | T 型 | | |
| 代号 | 1 | 4 | 5 | 7 | 8 |

**表 13-9** 蝶阀的结构形式

| 结构形式 | 垂直扳手 | 斜板式 | 杠杆式 |
|---|---|---|---|
| 代号 | 1 | 3 | 0 |

**表 13-10** 减压阀的结构形式

| 结构形式 | 薄膜式 | 弹簧薄膜式 | 活塞式 | 波纹管式 |
|---|---|---|---|---|
| 代号 | 1 | 2 | 3 | 4 |

**表 13-11** 蒸汽疏水阀的结构形式

| 结构形式 | 浮球式 | 钟形浮子式 | 双金属片式 | 脉冲式 | 热动力式 |
|---|---|---|---|---|---|
| 代号 | 1 | 5 | 7 | 8 | 9 |

**表 13-12** 安全阀的结构形式

| 安全阀的结构形式 | | | | 代　号 |
|---|---|---|---|---|
| 弹簧式 | 封闭 | 带散热片 | 全启式 | 0 |
| | | 微启式 | | 1 |
| | | 全启式 | | 2 |
| | 不封闭 | 带扳手 | 全启式 | 4 |
| | | | 双弹簧微启式 | 3 |
| | | | 微启式 | 7 |
| | | | 全启式 | 8 |
| | | 带控制机构 | 微启式 | 5 |
| | | | 全启式 | 6 |
| | 脉冲式 | | | 9 |

**注** 杠杆式安全阀在类型代号前加 G 汉语拼音字母。

第 5 单元为阀座密封面或衬里材料代号，阀座密封面或衬里材料代号用汉语拼音字母表示，见表 13-13。

表 13-13　　　　　　　　　　　　阀座密封面或衬里材料代号

| 阀座密封面或衬里材料 | 代号 | 阀座密封面或衬里材料 | 代号 | 阀座密封面或衬里材料 | 代号 |
|---|---|---|---|---|---|
| 铜合金 | T | 巴氏合金 | B | 衬胶 | J |
| 橡胶 | X | 合金钢 | H | 衬铅 | Q |
| 尼龙塑料 | N | 渗氮钢 | D | 搪瓷 | C |
| 氟塑料 | F | 硬质合金 | Y | 渗硼钢 | P |

第 6 单元为公称压力代号，公称压力代号用阿拉伯数字表示，其数值是以兆帕（MPa）为单位的公称压力的 10 倍。

（1）当工作最高温度小于或等于 45℃时，只注公称压力数值。

（2）当工作最高温度大于 45℃时，工作压力用 $p$ 字右下角的数字，该数字除 10 为温度值。

如：工作温度为 540℃，工作压力为 10MPa 时，其代号为 $p_{54}10MPa$。

第 7 单元为阀体材料代号

阀体材料代号用汉语拼音字母表示，如表 13-14 所示。PN≤1.6MPa 的铸铁和 PN≥2.5MPa 的碳素钢阀体省略本代号。

表 13-14　　　　　　　　　　　　阀体材料的代号

| 阀体材料 | 代号 | 阀体材料 | 代号 | 阀体材料 | 代号 |
|---|---|---|---|---|---|
| HT25-47 | Z | H62 | T | 1Cr18Ni9Ti | P |
| KT30-6 | K | ZG25Ⅱ | C | 1Cr18Ni12MoTi | R |
| QT40-15 | Q | Cr5Mo | I | 12Cr1MoV | V |

2. 阀件标志的识别

在阀件的壳体上有带箭头的横线，在横线的上部表示是公称压力等级数字，有的则表示温度参数和工作压力，如 $P_{51}10MPa$，表示可在 510℃和 10MPa 工作参数使用。在横线的下部数字表示与连接管道的公称直径 DN。

"→"表示阀件是直通式，介质进口与出口的流到方向在同一或相平行的中心线上。

"⌐→"表示阀件是直角式，介质进出口的流向成 90°角，而且介质作用在关闭件下。

"⌐↓"表示阀件是直通式，介质介质作用在关闭件上。

"←→"表示阀件是三通式，介质有几个流动方向。

## 二、火力发电厂常用的阀门

### （一）闸阀

1. 闸阀的构造

闸阀的构造如图 13-2 所示，主要由阀体、阀盖、支架、阀杆、阀座、闸板及其他零件构成。

闸阀有多种不同的结构形式，如单闸板式与双闸板式，闸板的两个密封面平行的叫平行双闸板式，两个密封面成一定角度（锥度）的叫楔形式。单闸板是刚性的，两块闸板阀是有弹性的，刚性的闸板为一整体，而弹性闸板是在两块各有一个密封面的闸板之间有一个撑力弹簧，平行闸板如是弹性闸板，其密封原理单靠弹簧撑力是远远不够的，而是依靠介质作用在阀门两侧的压差将一侧闸板压紧在阀座实现密封的，另一侧闸板无密封性能，刚性楔形闸板借其楔紧力实现两个密封面的密封。

按闸阀的开闭传动方式有明杆、暗杆之分。由以上三种基本结构的不同形式的组合，形成多种结构型号的闸阀。闸阀的阀体材料 PN1.0MPa 多为灰铸铁，PN1.6～2.5MPa 为铸钢或球墨铸铁，高温高压闸阀的阀体是合金钢的，连接形式多为焊接。

2. 闸阀的特点和用途

闸阀的优点是流动阻力小，开闭较省力，不受介质流向的限制，介质可以两个方向流动，结构尺寸较小，全开时密封面受介质冲蚀小。缺点是结构复杂，高度尺寸较大，开启需一定的空间，开闭时间长，开闭时密封面容易受冲蚀和擦伤。闸阀只适用于全开或全关，而不适用于调节。

闸阀一般用于公称直径 DN＝15～1800mm 的管道上，作切断用。在蒸汽管道和大直径供给水管道中，由于流动阻力一般要求较小，故多采用闸阀。但在实际使用中，往往是管道直径小于100mm 时一般不采用闸阀，而采用截止阀，因为小直径闸板阀结构相对较复杂、制造和维护修理难度较大。大型闸阀一般采用电动操作。

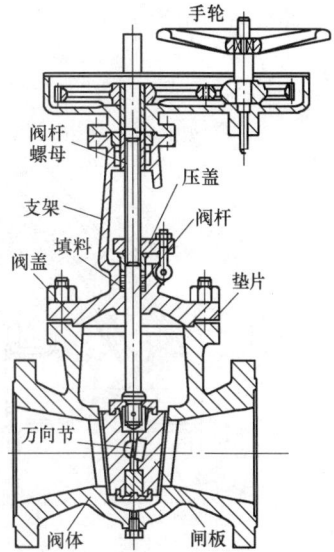

图 13-2　闸阀

（二）截止阀

截止阀是关闭件（阀瓣）沿阀座中心线移动的阀门。截止阀在管路中主要作切断用。截止阀有以下优点：

（1）在开闭过程中密封面的摩擦力比闸阀小，耐磨。

（2）开启高度小。

（3）通常只有一个密封面，制造工艺好，便于维修。

1. 截止阀的用途

截止阀使用较为普遍，但由于开闭力矩较大，结构长度较长，一般公称直径都限制在 DN≤200mm 以下。截止阀的流体阻力损失较大。因而限制了截止阀更广泛的使用。

2. 截止阀的种类

截止阀的种类很多，根据阀杆上螺纹的位置可分为上螺纹阀杆截止阀和下螺纹阀杆截止阀。根据截止阀的通道方向，又可分为直通式截止阀（见图 13-3）、直流式截止阀（见图 13-4）和角式截止阀（见图 13-5），后两种截止阀通常做改变介质流向和分配介质用。

（1）上螺纹阀杆截止阀。截止阀阀杆的螺纹在阀体的外面。其优点是阀杆不受介质侵蚀，便于润滑，此种结构采用比较普遍。如图 13-6 所示。

（2）下螺纹阀杆截止阀。截止阀阀杆的螺纹在阀体内，这种结构阀杆螺纹与介质直接接触，易受侵蚀，并无法润

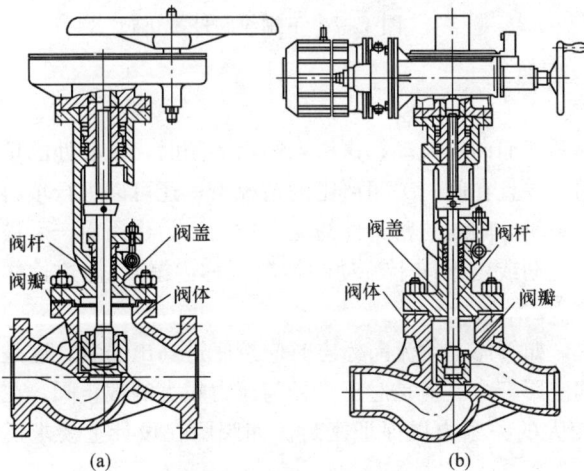

图 13-3　直通式截止阀

（a）中压管道用截止阀；（b）高压管道用截止阀

滑。此种结构用于小口径和温度不高的地方，如图 13-7 所示。

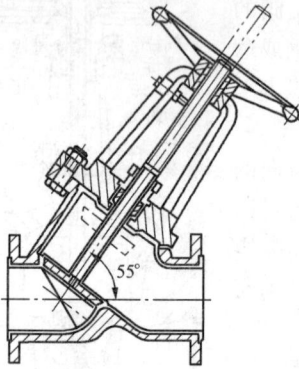

图 13-4  直流式截止阀

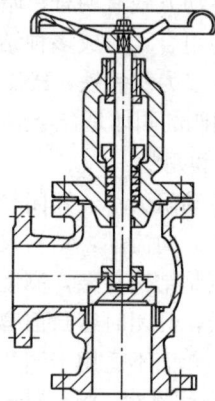

图 13-5  角式截止阀

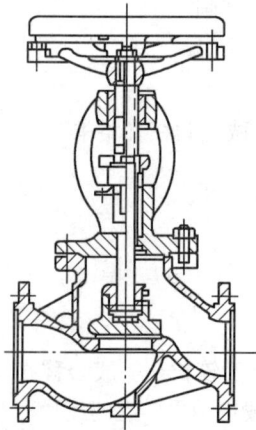

图 13-6  上螺纹阀杆截止阀

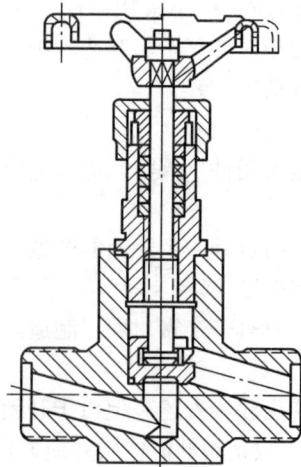

图 13-7  下螺纹阀杆截止阀

3. 截止阀的特点和用途

（1）一般截止阀安装时使流动工质由阀芯下面向上流动，这样当阀门关闭时，阀杆处的填料压盖密封填料不遭受工质压力和温度的作用，并且在阀门关闭严密的情况下，还可以进行填料的更换工作。但缺点是阀门的关闭力量较大，关闭后阀线的密封性易受介质的压力作用而产生松劲现象。因此，有时也使介质由阀芯上面向下流动或由下向上流动的情况（称内漏），但这这样安装时阀门的开启力较大。

（2）截止阀的安装方式与介质流向有关，如阀体上无流向标志时应按底进高出安装。这是为了在阀门关闭后可降低盘根的承压以延长其使用寿命。但是对于直径与压力较大的截止阀，在关闭时由于介质压力差对阀瓣的作用，需用较大的关紧力以保证密封。如阀门在设计上要求反装的，可以反装以降低关闭力矩。

（3）截止阀多用于中小直径（DN≤200mm）的管道主要用来切断管道介质用。国产截止阀有 PN0.6～32MPa 的 11 个公称压力等级和 DN6～150mm 的 13 个直径规格的系列产品。

### （三）节流阀

**1. 节流阀的作用**

节流阀在管路中主要作节流使用。通过改变通道面积达到控制或调节介质流量与压力的阀门。最常见的节流阀是采用截止阀改变阀瓣形状后作节流用。节流阀因结构限制，调节精度不高，不能作为调节阀使用，也不能用来切断介质。

**2. 节流阀的构造**

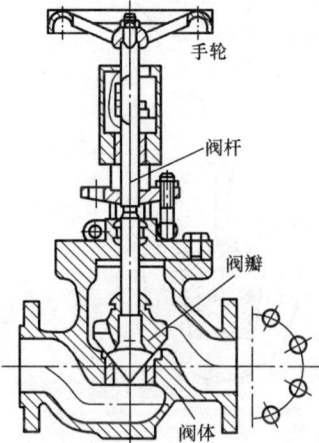

常见的节流阀如图 13-8 所示。节流阀的构造类似截止阀，只是阀瓣形状不同。

节流阀的阀瓣下部有起节流作用的凸起物，大多采用圆锥流线形。节流阀的阀瓣有多种形状，常见的有：圆锥形阀瓣，适用于中小口径节流阀，使用较普遍；窗形阀瓣，适用于口径较大的节流阀；钩形阀瓣，常用于深冷装置中的膨胀阀。如图 13-9 所示。

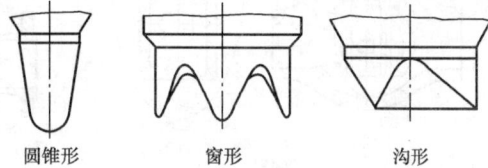

图 13-8　节流阀的构造

图 13-9　节流阀的阀瓣

### （四）调节阀

**1. 调节阀的作用**

调节阀在锅炉机组的运行调整中起重要作用。可以用来调节蒸汽、给水或减速温水及连续污水的流量，也可以调节压力。调节阀的调节作用一般都是靠节流原理来实现的，通过阀瓣的旋转或升降改变通道截面积，从而改变流量和压力的阀门，所以其确切的名称应叫节流调节阀，但通常简称为调节阀。

**2. 调节阀的类型**

调节阀可分为回转式调节阀和升降式调节阀。调节阀芯结构多为双座升降式，也有单座式、旋转滑阀式、闸板节流式等多种阀芯结构，如图 13-10 所示。

（1）回转式调节阀。回转式调节阀的结构如图 13-11 所示。圆筒形阀座上开有两个对称的长方形窗口，阀门的流量调节借圆筒形的阀瓣和阀座的相对回转以改变阀瓣上窗口面积。（即流通截面）来实现。阀门的开关范围由阀门上方的开度指示板指示，指示计所指示的开关范围与阀门的开关范围一致。回转式调节阀应安装在水平管道上，且必须垂直安装，阀杆向上，并注意指示介质流向的箭头。

（2）升降式调节阀。升降式调节阀如图 13-12 所示，可分为套筒式、针形式、柱塞式、闸板式等。阀门为套筒柱塞式结构，阀瓣和阀杆用销连为一体，由上下两个导向套导向，靠阀瓣在阀座中做垂直式升降运动，改变阀座流通面积，进行调节。

**3. 调节阀的特点和用途**

（1）双座式调节阀可使作用于上下阀芯上的介质压力得到平衡而减小驱动力，但在关闭位置时，难以使两个阀座同时具有相同的关闭严密性，一般允许有 5%～10% 的流量泄漏，因为它的功能主要体现在节流或减压方面，而不是作为闭路阀件使用。

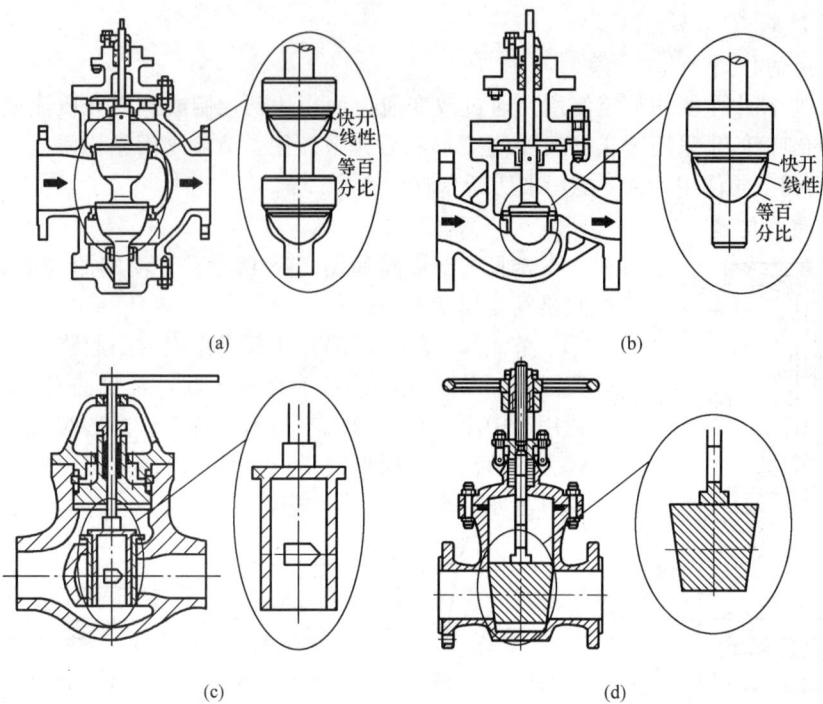

图 13-10　调节阀芯结构

（a）双座阀；（b）单座阀；（c）旋转滑阀；（d）闸板节流阀

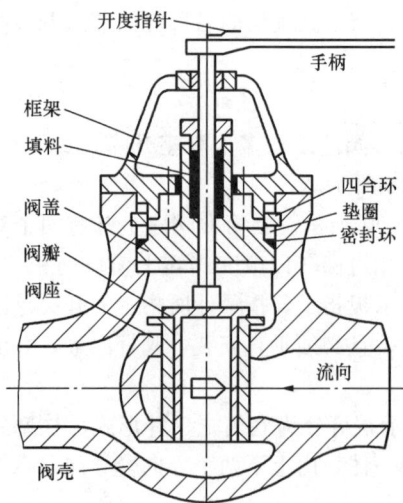

图 13-11　回转式调节阀

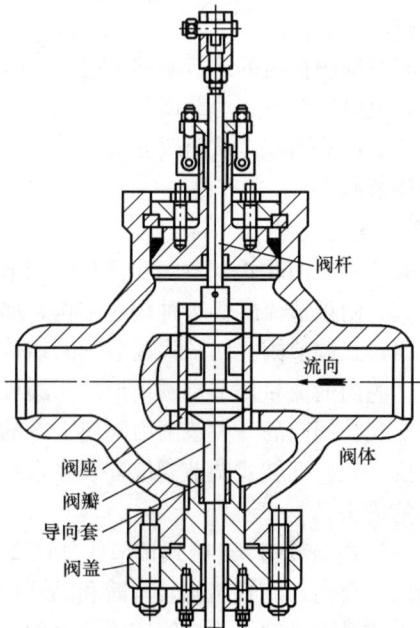

图 13-12　升降式调节阀

（2）单座升降式的阀芯是很长的锥体形，适用于小管道使用（如高压减温水小管）。

（3）旋转滑阀式节流阀具有复杂而精密的结构，多用于高压给水的流量调节，并在其前加装压力调整阀，以控制给水流量调节阀前后的压差。在组装时应校准滑阀的运动件位置和阀门的实际行程与行程指示器的对应关系。

（4）调节阀都是非手动操作的，都配有电动或其他外界动力的传动机构和信号执行机构，只有机械式浮子水位调整阀是借水容器内介质自身的浮力使浮子升降带动阀门的关小与开大的。带执行机构的调节阀安装应满足热工控制方面的要求，其杆件应配合调整到阀门的有效行程范围。

（5）安装调节阀应注意阀体上的箭头指示与介质流向一致，在无箭头指示时以视线能看到阀芯的一侧为介质入口。

（五）止回阀

1. 止回阀的作用

止回阀是指依靠介质本身流动而自动开、闭阀瓣，用来防止介质倒流的阀门。它是一种重要的安全保护性阀门，具有自动阻止介质反向流动的功用，在管系的许多部位，都需安装止回阀。

止回阀的快速自动操作动力源有两种，一种动力源来自运动介质本身而无需外界动力，这种止回阀没有伸出阀体之外的运动件，因而避免了由此引起的盘根密封问题，当输出介质有足够的压力时，都采用这种形式的普通止回阀。第二种方式的止回阀，由于输送介质的压力很低，其止回阀藉介质倒流的动力作用达不到所需的及时关闭密封力时就得使用没有信号输送和外界动力源的操作执行机构止回阀，这种止回阀较复杂。

2. 止回阀的类型和用途

普通逆止阀的结构形式有升降式和旋启式两种。

（1）升降式止回阀。阀瓣沿着阀体垂直中心线滑动的止回阀，如图 13-13 所示。升降式止回阀在阀体内有一阀杆，它在一导管轨道内可上下运动，在启闭过程中能保证阀芯与管线和接合面的相对位置，为了防止阀杆顶部的活塞效应，不致形成闭死区阻碍阀杆运动，设有导流泄压孔洞。

升降式止回阀只能安装在水平管道上，在高压小口径止回阀上阀瓣可采用圆球。升降式止回阀的阀体形状与截止阀一样（可与截止阀通用），因此它的流体阻力系数较大。它分立式与卧式两种。用于高压水泵出口立式升降止回阀有比较复杂的结构。

（2）旋启式止回阀。阀瓣围绕阀座外的销轴旋转的止回阀，如图 13-14 所示。旋启式止回阀应用较为普遍。

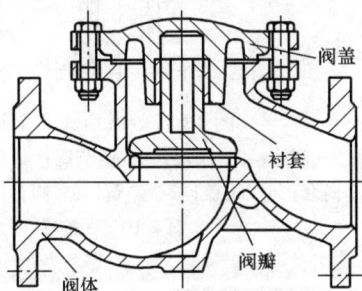

图 13-13　升降式止回阀　　　　　　图 13-14　旋启式止回阀

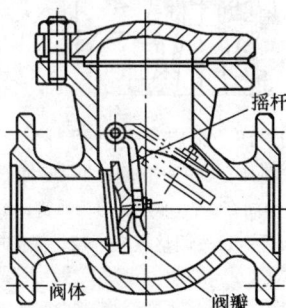

旋启式止回阀无阀杆，有一使挡板阀芯作旋转运动的轴（见图 13-14），结构简单可靠，对介质的流通阻力不大，可装在水平管或垂直管上。

安装中应注意进出口介质流向，尤其是某些可切换管系的管道中部装止回阀时，其方向不是一目了然的。还要注意卧式止回阀和立式止回阀的安装区别。

（六）安全阀

当介质压力超过规定值时阀瓣自动开启，降到低于规定值时自动关闭，对管道或设备起保护作用的阀门叫做安全阀。安全阀按结构形式可分为杠杆式、弹簧式、脉冲式等。安全阀对管系和有关设备提供了超压时的安全保护作用。大型机组中有许多形式的安全阀。

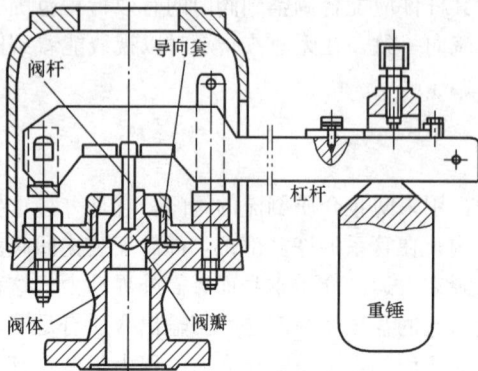

图 13-15　杠杆式安全阀

1. 重锤式安全阀

普通的安全阀的关闭严密性是直接加载的，由弹簧或重锤加载。重锤式安全阀由重锤加载，重锤式加载安全阀分带杠杆和无杠杆两种，适用于小型锅炉及其管系中。重锤杠杆式安全阀如图13-15所示。

2. 弹簧式安全阀

弹簧式安全阀的关闭严密性是由弹簧加载的，有全行程式安全阀和微启式安全阀使用都很广泛。在开启后能立即达到阀芯全行程的安全阀即全启式安全阀如图13-16所示，它能快速达到阀座断面的额定流量向阀外排放。开启行程很小，其阀芯开启高度和压力成比例增高的叫微启式安全阀，如图13-17所示。

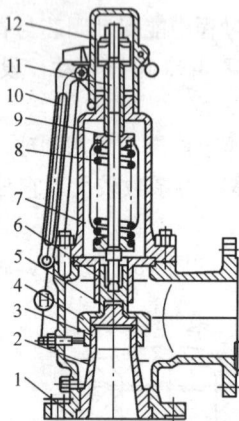

图 13-16　全启式安全阀

1—阀体；2—阀座；3—调节圈；4—反冲盘；5—阀瓣；6—导向套；7—阀盖；8—弹簧；9—阀杆；10—扳手；11—调整螺杆；12—保护罩

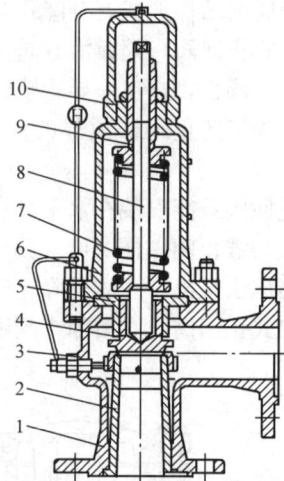

图 13-17　微启式安全阀

1—阀体；2—阀座；3—调节圈；4—阀瓣；5—导向套；6—阀盖；7—弹簧；8—阀杆；9—调整螺杆；10—保护罩

3. 脉冲式安全阀

如图13-18所示，由主安全阀、副阀、连接管道组合而成的脉冲式安全阀，它具有排出蒸汽的能力大、时滞现象小、关闭严密的优点。它的动作原理是：主安全阀由小脉冲阀控制，在正常情况下，主安全阀被高压蒸汽压紧，关闭严密；当汽压超过整定值时，小脉冲阀先打开，蒸汽经导汽管引入主安全阀活塞上面，由于活塞受压面积大于阀瓣受压面积，作用在活塞上的压力可以克服蒸汽和弹簧的作用力，使活塞向下移动，将主安全阀打开，排出蒸汽降低压力；压力降到一定数值后，小脉冲阀关闭，活塞上的汽源切断，这样主安全阀在蒸汽压和弹簧作用下又自动关闭，而活塞上的余汽可起缓冲作用，使主安全阀缓慢关闭（不产生频跳）以免阀瓣与阀座因撞击而损伤。其动作可以以介质为动力，也可以用电气自动或远方电气操作。

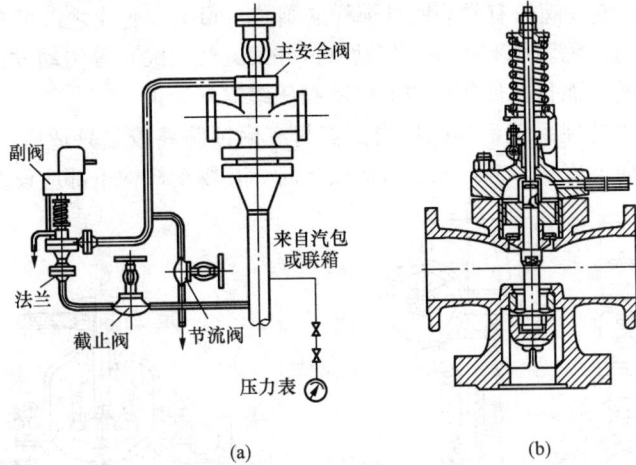

图 13-18　脉冲式安全阀
(a) 系统图；(b) 结构图

**（七）球阀**

如图 13-19 所示，球阀的关闭件是个球体，球体上开有介质流通孔，球阀的造型简单而加工较精制，材质多为不锈钢，也有塑料的，是球体绕阀体中心线作旋转来达到开启、关闭的一种阀门。球阀在管路中主要用来切断、分配和改变介质的流动方向。球阀是近年来被广泛采用的一种新型阀门，它具有以下优点：

(1) 流体阻力小，其阻力系数与同长度的管段相等。

(2) 结构简单、体积小、质量小。

(3) 紧密可靠，目前球阀的密封面材料广泛使用塑料、密封性好，在真空系统中也已广泛使用。

(4) 操作方便，开闭迅速，从全开到全关只要旋转 90°，便于远距离的控制。

(5) 维修方便，球阀结构简单，密封圈一般都是活动的，拆卸更换都比较方便。

(6) 在全开或全闭时，球体和阀座的密封面与介质隔离，介质通过时，不会引起阀门密封面的侵蚀。

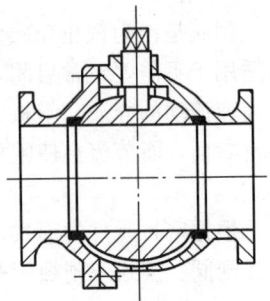

图 13-19　球阀

(7) 适用范围广，直径从小到几毫米，大到几米，从高真空至高压力都可应用。

球阀的摩擦系数小，耐磨性好，可在 200℃ 以下的水处理管道中采用，但不能作排气阀使用。

**（八）蝶阀**

如图 13-20 所示，蝶阀以旋转阻隔圆板（阀芯）90°为开关，它在配套电动传动装置操作时，其开与关所需的时间较短。蝶阀是一种结构简单、形体尺寸紧凑和质量小的低压闭路阀件，特别适用于大口径的水管道。

蝶阀应按流向箭头指示安装，若无指示时，介质流动方向从阀门的旋转轴往密封面方向流通。手动蝶阀可在设备或管道的任何位置安装，带电传动机构的蝶阀应直立安装，即传动机构处于垂直断面的顶部。蝶阀的开关行程是阀芯 90°旋转，所以它的电传动装置是独特的。

（九）隔膜阀

如图 13-21 所示，隔膜阀没有常规阀件那样的阀芯与阀座，而代之以可变形的弹性隔膜，达到阻断或开放流体通道。隔膜阀有手动、气动（汽开式、气关式）等传动方式。气动隔膜阀的压缩空气应为无油干燥的，而且在使用前应通气吹扫压缩空气管道。

隔膜阀广泛用于水处理系统，其阀体内面都衬有耐蚀防腐胶，只适应于常温低压条件下工作。这种阀门宜垂直向上安装，当需水平方向安装时，其驱动机构下部应设支架。

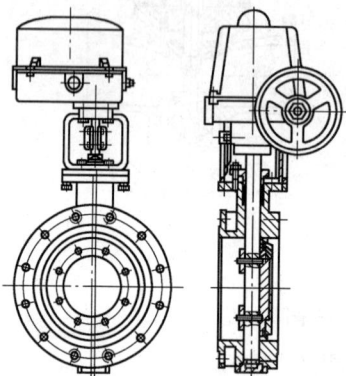

图 13-20　电动蝶阀　　　　　　图 13-21　隔膜式衬胶阀

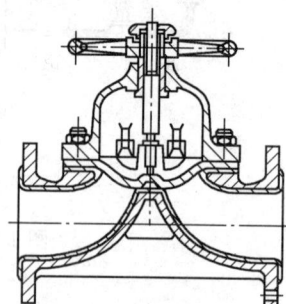

### 三、阀门的选用

（一）按介质通断性质选用

1. 闸阀

闸阀是作为截止介质使用，在全开时整个流通直通，此时介质运行的压力损失最小。闸阀通常适用于不需要经常启闭，而且保持闸板全开或全闭的工况。不适用于作为调节或节流使用。对于高速流动的介质，闸板在局部开启状况下可以引起闸门的振动，而振动又可能损伤闸板和阀座的密封面，而节流会使闸板遭受介质的冲蚀。从结构形式上，主要的区别是所采用的密封元件的形式。

根据密封元件的形式，常常把闸阀分成几种不同的类型，如楔式闸阀、平行式闸阀、平行双闸板闸阀、楔式双闸板闸等，最常用是楔式闸阀和平行式闸阀。

2. 截止阀

截止阀的阀杆轴线与阀座密封面垂直。阀杆开启或关闭行程相对较短，并具有非常可靠的切断动作，使得这种阀门非常适合作为介质的切断或调节及节流使用。截止阀的阀瓣一旦处于开启状况，它的阀座和阀瓣密封面之间就不再接触，并具有非常可靠的切断动作，使得这种阀门非常适合作为介质的切断或调节及节流使用。截止阀一旦处于开启状态，它的阀座和阀瓣密封面之间就不再有接触，因而它的密封面机械磨损较小，由于大部分截止阀的阀座和阀瓣比较容易修理或更换密封元件时无需把整个阀门从管线上拆下来，这对于阀门和管线焊接成一体的场合是很适用的。介质通过此类阀门时的流动方向发生了变化，因此截止阀的流动阻力较高于其他阀门。

3. 蝶阀

蝶阀的蝶板安装于管道的直径方向。在蝶阀阀体圆柱形通道内，圆盘形蝶板绕着轴线旋转，旋转角度为 0°～90°之间，旋转到 90°时，阀门则全开状态。

蝶阀结构简单、体积小、质量小，只由少数几个零件组成。而且只需旋转90°即可快速启闭，操作简单，同时该阀门具有良好的流体控制特性。蝶阀处于完全开启位置时，蝶板厚度是介质流经阀体时唯一的阻力，因此通过该阀门所产生的压力降很小，具有较好的流量控制特性。

蝶阀有弹性密封和金属密封两种密封形式。弹性密封阀门，密封圈可以镶嵌在阀体上或附在蝶板周边。采用金属密封的阀门一般比弹性密封的阀门寿命长，但很难做到完全密封。金属密封能适应较高的工作温度，弹性密封则具有受温度限制的缺陷。

如果要求蝶阀作为流量控制使用，主要的是正确选择阀门的尺寸和类型。蝶阀的结构原理尤其适合制作大口径阀门，应用于热电站的冷却水系统。

常用的蝶阀有对夹式蝶阀和法兰式蝶阀两种。对夹式蝶阀是用双头螺栓将阀门连接在两管道法兰之间；法兰式蝶阀是阀门上带有法兰，用螺栓将阀门上两端法兰连接在管道法兰上。

4. 球阀

球阀是由旋塞阀演变而来，它具有相同的旋转90°动作，不同的是旋塞体是球体，有圆形通孔或通道通过其轴线。球面和通道口的比例应该是当球旋转90°时，在进、出口处应全部呈现球面，从而截断流动。球阀只需要用旋转90°的操作和很小的转动力矩就能关闭严密。完全平等的阀体内腔为介质提供了阻力很小、直通的流道。通常认为球阀最适宜直接做开闭使用，但近来的发展已将球阀设计成使它具有节流和控制流量之用。

球阀的主要特点是本身结构紧凑，易于操作和维修，适用于水、溶剂、酸和天然气等一般工作介质，球阀阀体可以是整体的，也可以是组合式的。

（二）按防止介质倒流选用

这种类型的阀门的作用是只允许介质向一个方向流动，而且阻止方向流动。通常这种阀门是自动工作的，在一个方向流动的流体压力作用下，阀瓣打开；流体反方向流动时，由流体压力和阀瓣的自重合阀瓣作用于阀座，从而切断流动。其中止回阀就属于这种类型的阀门。

（三）按调节介质参数选用

在生产过程中，为了使介质的压力、流量等参数符合工艺流程的要求，需要安装调节机构对上述参数进行调节。

调节机构的主要工作原理，是靠改变阀门阀瓣与阀瓣与阀座间的流通面积，达到调节上述参数的目的。

属于这类阀门的统称为控制阀，其中依靠介质本身动力驱动的称为自驱式控制阀如减压阀、稳压阀等，凡领先上来动力驱动的（如电力、压缩空气和液动力）称为他驱式控制阀，如电动调节阀、气动调节阀和液动调节阀等。

---

## 第二节 阀门安装

### 一、阀门安装前的检验

正确地选择了阀门之后，还要正确安装，这样才能充分发挥其效能。但阀门安装前应进行各项检查和检验。

（1）各类阀门安装前进行下列检查：

1）填料用料是否符合设计要求，填装方法是否正确。

2）填料密封处的阀杆有无腐蚀。

3）开关是否灵活，指示是否正确。

4）铸造阀门外观无明显制造缺陷。

（2）安装前必须进行严密性检验。

1）作为闭路元件的阀门（起隔离作用的），安装前必须进行严密性检验，以检查阀座与阀芯、阀盖及填料室各接合面的严密性。阀门的严密性试验应按 1.25 倍铭牌压力的水压进行。

2）对安全门或公称压力小于或等于 0.6MPa 且公称直径大于或等于 800mm 的阀门，可用色印对其阀芯密封面进行严密性检查。

3）对公称直径大于或等于 600mm 的大口径焊接阀门，可采用渗油或渗水方法代替水压严密性试验。

4）阀门进行严密性试验前，严禁接合面上存在油脂等涂料。

5）阀门进行严密性水压试验的方式应符合制造厂的规定，对截止阀的试验，水应自阀瓣的上方引入；对闸阀的试验，应将阀关闭，对各密封面进行检查。

6）阀门经严密性试验合格后，应将体腔内积水排除干净，分类妥善存放。

（3）安装前必须进行抽查。

1）低压阀门应从每批（同制造厂、同规格、同型号）中按不少于 10%（至少一个）的比例抽查进行严密性试验，若有不合格，再抽查 20%，如仍有不合格，则应逐个检查。

2）用于高压管道的阀门应逐个进行严密性检验。

（4）阀门安装前的解体检查。

1）下列阀门安装前必须解体检查：

a）用于设计温度大于或等于 450℃ 的阀门；

b）安全阀和节流阀；

c）严密性试验不合格的阀门。

2）阀门解体前，应将脏污物清扫干净，否则不得进行开闭操作和拆卸，解体检查特殊结构的阀门时，应按照制造厂规定的拆装顺序进行，防止损伤部件或影响人身安全。

3）对解体的阀门应作下列检查：

a）合金钢阀门的内部零件应进行光谱复查（部件上可不作标志，但应将检查结果做出记录）；

b）阀座与阀壳接合是否牢固，有无松动现象；

c）阀芯与阀座的接合面是否吻合，接合面有无缺陷；

d）阀杆与阀芯的连接是否灵活可靠；

e）阀杆有无弯曲、腐蚀、阀杆与填料压盖相互配合松紧是否合适，以及阀杆上螺纹有无断丝等缺陷；

f）阀盖法兰面的接合情况；

g）对节流阀还应检查其开闭行程及终端位置，并尽可能作出标志。

（5）阀门经解体检查并消除缺陷后，应达到下列质量要求：

1）合金钢部件的材质符合设计要求。

2）组装正确，动作灵活，开度指示器指示正确。

3）所用垫片、填料的规格质量符合技术要求。

4）填料填装正确，接口处需切成斜口，每层的接口应相互错开。填料压紧后应保证密封性，且不妨碍阀杆的开闭。

（6）油系统的阀门。用于油系统的阀门应对其通流部分进行清理，除尽型砂和油漆等，并换用耐油盘根、垫片。

（7）阀门复装检查和检验。

1）闸阀和截止阀经解体检查合格后复装时，阀瓣必须处于开启位置，方可拧紧阀盖螺栓。

2）阀门解体复装后应作严密性试验。

3）阀门的操作机构和传动装置，应按设计要求进行检查与必要的调整，达到动作灵活、指示正确。

（8）各类阀门，当制造厂家确保产品质量且提供产品质量及使用保证书时，可不作解体和严密性检查；否则应进行检查和检验。

## 二、阀门安装工艺

阀门安装的质量、直接影响着使用，所以必须认真注意。

### （一）方向和位置

1. 阀门的方向

许多阀门具有方向性，如截止阀、节流阀、减压阀、止回阀等，如果装倒装反，就会影响使用效果与寿命（如节流阀），或者根本不起作用（如减压阀），甚至造成危险（如止回阀）。一般阀门，在阀体上有方向标志；万一没有，应根据阀门的工作原理，正确识别。

截止阀的阀腔左右不对称，流体要让其由下而上通过阀口，这样流体阻力小（由形状所决定），开启省力（因介质压力向上），关闭后介质不压填料，便于检修，这就是截止阀不可安反的道理。其他阀门也有各自的特性。

2. 阀门的安装位置

阀门安装的位置，必须方便于操作；即使安装暂时困难些，也要为操作人员的长期工作着想。阀门手轮最好与胸口取齐（一般离操作地坪1.2m），这样，开闭阀门比较省劲。落地阀门手轮要朝上，不要倾斜，以免操作别扭。靠墙机靠设备的阀门，也要留出操作人员站立余地。要避免仰天操作，尤其是酸碱、有毒介质等，否则很不安全。

（1）闸阀不要倒装（即手轮向下），否则会使介质长期留存在阀盖空间，容易腐蚀阀杆，而且为某些工艺要求所禁忌。同时更换填料极不方便。

（2）明杆闸阀，不要安装在地下，否则由于潮湿而腐蚀外露的阀杆。

（3）升降式止回阀，安装时要保证其阀瓣垂直，以便升降灵活。

（4）旋启式止回阀，安装时要保证其销轴水平，以便旋启灵活。

（5）减压阀要直立安装在水平管道上，各个方向都不要倾斜。

### （二）安装工艺

（1）安装施工时必须小心，切忌撞击脆性材料制作的阀门。

（2）安装前，应将阀门作一检查，核对规格型号，鉴定有无损坏，尤其对于阀杆，还要转动几下，看是否歪斜，因为运输过程中，最易撞歪阀杆。还要清除阀内的杂物。

（3）阀门起吊时，绳子不要系在手轮或阀杆上，以免损坏这些部件，应该系在法兰上。

（4）对于阀门所连接的管路，一定要清扫干净。可用压缩空气吹去氧化铁屑、泥砂、焊渣和其他杂物。这些杂物不但容易擦伤阀门的密封面，其中大颗粒杂物（如焊渣），还能堵死小阀门，使其失效。

（5）安装螺口阀门时，应将密封填料（线麻加铅油或聚四氟乙烯生料带），包在管子螺纹上，不要弄到阀门里，以免阀内存积，影响介质流通。

（6）安装法兰阀门时，要注意对称均匀地把紧螺栓。阀门法兰与管子法兰必须平行，间隙合理，以免阀门产生过大压力，甚至开裂。对于脆性材料和强度不高的阀门，尤其要注意。

（7）需与管子焊接的阀门，应先点焊，再将关闭件全开，然后焊死。

### （三）阀门的保温设施

（1）有些阀门还需有外部保护，即保温和保冷。保温层内有时还要加伴热蒸汽管线。

（2）阀门是否需要保温或保冷，要根据生产要求而定。

（3）保护原则：凡阀内介质降低温度过多，会影响生产效率或冻坏阀门，就需要保温，甚至伴热；凡阀门裸露，对生产不利或引起结霜等不良现象时，就需要保冷。为了人身安全和生产效率，电厂的阀体温度超过 50℃ 以上时，一定要加装绝热保温设施。

（4）长期不用的水、蒸汽阀门必须放掉积水。

（四）旁路和仪表

有的阀门除了必要的保护设施外，还要有旁路和仪表，安装旁路，以便于疏水阀检修。其他阀门，也有安装旁路的。是否安装旁路，要看阀门状况，重要性和生产上的要求而定。

（五）填料更换

1. 填料更换原因

（1）库存阀门，有的填料已不好使，有的与使用介质不符，需要更换填料。

（2）阀门制造厂无法考虑使用单位所使用的介质，填料函内总是装填普通盘根，但使用时，必须让填料与介质相适应。

2. 填料更换工艺

（1）在更换填料时，要一圈一圈地压入。

（2）每圈接缝以 45° 为宜，圈与圈接缝错开 180°。

（3）填料高度要考虑压盖继续压紧的余地，现时又要让压盖下部压填料室适当深度，此深度一般可为填料室总深度的 10%～20%。

（4）对于要求高的阀门，接缝角度为 30°。圈与圈之间接缝错开 120°。

（5）除上述填料之处，还可根据具体情况，采用橡胶 O 形环（天然橡胶耐 60℃ 以下弱碱，丁腈橡胶耐 80℃ 以下油品，氟橡胶耐 150℃ 以下多种腐蚀介质）三件叠式聚四氟乙烯圈（耐 200℃ 以下强腐蚀介质）尼龙碗状圈（耐 120℃ 以下氨、碱）等成形填料。在普通石棉盘根外面，包一层聚四氟乙烯生料带，能提高密封效果，减轻阀杆的电化学腐蚀。

（6）在压紧填料时，要同时转动阀杆，以保持四周均匀，并防止太死，拧紧压盖要用力均匀，不可倾斜。

# 第三节 阀 门 检 修

## 一、阀门的大修项目

根据 DL/T 838，阀门 A 级检修项目包括标准项目和特殊项目，具体内容如下：

（一）标准项目

（1）检修安全阀。

（2）检修各常用汽水阀门。

（3）检修电动汽水门的传动装置。

（4）更换阀门填料并校验灵活。

（5）安全阀校验、整定试验。

（二）特殊项目

更换高压电动主汽门或高压电动给水门、安全阀。

## 二、通用阀门的检修工艺及质量标准

（一）阀门解体

（1）阀门外部清理，主要清除阀门外部的灰垢。

（2）阀门解体前进行标记编号（在阀体及阀盖上打记号，防止装配时错位）。

（3）把阀门门杆置于开启状态。

（4）拆下传动装置并解体传动装置。

（5）卸下填料（盘根）压盖螺母，退出填料压盖，清除填料室中旧填料。

（6）卸下阀盖螺母，取下阀盖，铲除垫料。

（7）旋出阀杆，取下阀瓣，妥善保管。

（8）取下螺纹套筒和平面轴承。

（9）卸下螺栓等零件，用煤油洗净用棉纱擦干。

（10）较小的阀门，通常夹在台虎钳上进行拆卸，要注意不要夹持在法兰结合面上，以免损坏法兰面。

（二）阀门检查

1. 阀体与阀盖检查

检查阀体与阀盖表面有无裂纹、砂眼等缺陷，阀体与阀盖接合面是否平整，凹口和凸口有无损伤，其径向间隙是否符合要求（一般为 0.2～0.5mm）。

2. 阀瓣与阀座检查

检查阀瓣与阀座的密封面有无锈蚀、刻痕、裂纹等缺陷。

3. 阀杆检查

检查阀杆弯曲度不应超过 0.1～0.25mm，椭圆度不应超过 0.02～0.05mm，表面锈蚀和磨损深度不应超过 0.1～0.2mm，阀杆螺纹应完好，与螺纹套筒配合要灵活。不符合上述要求时要更换，所有材料要与原材料相同。

4. 填料压盖、填料盒与阀杆的间隙检查

检查填料压盖、填料盒与阀杆的间隙要适当，一般为 0.1～0.2mm。

5. 螺栓、螺母检查

检查各螺栓、螺母的螺纹应完好，配合恰当，不缓扣。

6. 轴承检查

检查平面轴承的滚珠、滚道应无麻点、腐蚀、剥皮等缺陷。

7. 传动装置检查

检查传动装置动作要灵活，各配合间隙要正确。

8. 手轮检查

检查手轮等要完整无损坏。

（三）阀门检修工艺

1. 阀门、阀瓣和阀座的检修

（1）高压阀门在运行中由于温度的变化或在制造时的缺陷，阀体可能产生砂眼或裂伤，如不及时修补，危险很大。

（2）阀体有裂纹或砂眼，可以先用砂轮磨去或用錾子剔去，然后进行补焊。补焊以前要根据阀体的材质、尺寸及现场的环境制定出相应的补焊焊接工艺。

（3）阀瓣和阀座的密封面，经长时期使用和研磨会逐渐磨损，使严密性降低，采用堆焊的办法将其修复。

堆焊和补焊的具体步骤如下：

1）在堆焊前根据阀瓣、阀座密封面的材质、阀体的尺寸及现场的环境制定出相应的补焊焊接工艺（焊缝尺寸应满足密封面原设计并机械加工要求，表面应保证要求无气孔、夹渣）。

2）补焊完成后要用无损检验的方法检验补焊焊缝金属表面，确认无裂纹后用车床加工使其达到要求的尺寸，表面光洁度达到要求。

3）最后研磨使其达到要求后，即可进行阀门组装。

（4）经常补焊的是锅炉定期排污和取样等大多在节流状态下运行的阀门，这些阀门内侧容易冲刷深坑。补焊时从里边进行，焊后再车削加工。用补焊方法可以修复数量很多的高压阀门。

2. 阀门的研磨

（1）阀门研磨的磨料。阀门密封面的研磨并不是研磨头或研磨座和被研磨的工件直接接触对磨，而是要垫一层研磨材料，以利用研磨材料硬度很高的微粒将被磨件磨光。常用的研磨材料有砂布、研磨砂和研磨膏等。

1）砂布。对大、中型闸板阀阀板的研磨可以采用细砂布。

2）研磨砂。阀门密封面的研磨，除个别情况用280、320号磨粉外，主要是用微粉。

为了提高研磨效率，特别是所研磨密封面有较深的坑点时，可以先粗磨，采用320号磨粉（颗粒尺寸为$42\sim28\mu m$）；再细磨，采用M28～M14微粉（颗粒尺寸为$28\sim10\mu m$），最后采用M7微粉（颗粒尺寸为$7\sim5\mu m$）。

3）研磨膏。研磨膏一般为细的研磨料，有黑色、淡黄色和绿色等。

（2）用研磨砂和研磨膏研磨工艺。阀瓣或阀座上麻点或小孔，深度在0.5mm以内，可以采用研磨砂和研磨膏研磨的方法检修。采用研磨的方法一般就不再用车床切削来平整密封面。研磨过程分为粗磨、中磨和细磨三阶段。

1）粗磨。利用研磨头或研磨座工具，用粗研磨砂，先把麻点或小坑磨去。粗磨时，可以用手枪式电钻或其他机械化工具研磨。只要平整地把阀头或阀座的麻点去掉，粗磨过程即告结束。有时不用粗磨直接采用中磨，这应根据缺陷轻重来决定。

2）中磨。经过粗磨以后，一般还可见小槽或小道。中磨是用较细的研磨砂进行手工或机械研磨，但应另换一个新的研磨头或研磨座。因为粗磨用过的研磨头或研磨座已有小槽，不再适宜在中磨或细磨中使用。中磨完了以后，阀门的接触平面基本上应达到光亮。如用铅笔在阀瓣或阀座上划上几道，将阀瓣或阀座对着轻转一圈，就能基本上把铅笔线磨去。

3）细磨。这是阀门研磨的最后一道工序，一般用手工研磨。细磨时，不用研磨头，而是用阀门的阀瓣对着阀门的阀座进行研磨，研磨杆还是照用。先把阀瓣和阀杆和研磨杆装正，用微研磨膏稍加一点油，轻轻地来回研磨，一般顺时针方向转$60°\sim100°$左右，再反向转$40°\sim90°$左右。磨一会儿检查一次，待磨得发亮其光洁度达到要求，并且在阀瓣和阀座上可以看出一圈很细的线，颜色达到黑亮黑亮时，再用机油轻轻地磨几次，用干净的纱布擦干净即可。研磨完以后再把其他缺陷消除，就可以尽快地安装，以避免碰坏已磨好的阀瓣。

各种类型闸阀的阀板研磨都可以在平板上进行。磨前应详细检查平板是否平整，检查方法是先稍微抹一点红丹粉，对着一块标准平板磨几次，有不平的地方可以刮一次，最少要到每平方厘米接触两点。磨阀瓣时应根据阀瓣损坏程度分别采用初磨、中磨、细磨的方法。用手动推动阀瓣，移动的路线可以直线往返，也可以按顺时针方向在一个圆上运动。

阀门的研磨在检修中是比较细致的工作，有时研磨得很好，可是装上以后还是漏气和漏水，这是因为研磨过程中有磨偏现象，主要是手拿研磨杆不垂直、东歪西扭所造成的，或者在制作研磨头或研磨座时尺寸、角度和阀门的阀瓣、阀座不一致。

（3）纱布研磨。用纱布研磨阀门的优点是研磨速度较快，研磨质量也很好，目前多采用这个方法。

用纱布研磨阀门需要有专门的研磨工具，根据阀门阀瓣和阀座的尺寸、角度制成研磨头和研磨座。

用纱布研磨时，如阀门有严重缺陷，可分三步研磨，先用2号粗纱布把麻坑磨掉，再用1号纱布或0号纱布把用粗纱布研磨出的纹路磨去，最后用抛光纱布磨一遍即可。如阀门有一般缺陷，可以分两步进行研磨，先用1号纱布把缺陷磨去，再用0号或抛光纱布磨一次即可；如阀门有轻微缺陷，可以直接用1号纱布或0号纱布研磨即可。

以上所述是指阀座而言。若阀头有缺陷可以用车床车光，不用再研磨即可组装，也可以用抛光纱布放到研磨床上磨一次即可。

用纱布研磨阀门时，可以一直按前进方向研磨，不必向前转多少度又向后倒退几十度，但要经常检查，只要把缺陷磨去即可更换较细纱布继续研磨。此外，研磨工具和阀门间隙要小，一般每边间隙在0.20mm左右。如果间隙太大易磨偏，这在制作研磨工具时要注意。在用机械化工具研磨时用力要轻而均匀，否则很容易使纱布皱叠而把阀门研磨坏。

3. 盘根的检修与更换

阀门的盘根是否漏泄与检修、维护的质量有直接关系。阀门盘根严密不漏，不但现场清洁，而且还可以节约大量的汽水工质。

阀门的盘根应具有一定弹性，能起密封作用，另外与阀杆的摩擦要小，要能承受一定的温度和压力，在温度变化和压力的作用下要不易变形、变质，工作可靠。

检修维护阀门盘根要注意以下两点：

(1) 压盖和阀杆的间隙不要太大，一般为0.1~0.2mm。阀杆与盘根接触部分要光滑，若有腐蚀或麻点深度不得超过0.1mm，否则很容易泄漏，也可能把盘根侵蚀坏。盘根破裂或干了都不能再用，需更换新的。压盖要平整，紧好压盖螺栓以后也要正。

(2) 更换新的填料时，挖旧填料用的小铁钩硬度不能超过阀杆材料的硬度，以免阀杆被铁钩钩出小槽。填料的厚度和填料环的直径取决于阀杆与填料盒之间的间隙。填料装好后就正式上紧压盖上的螺栓，把填料压盖压紧，试转阀杆有一定的摩擦力，即认为压盖压的合适了。

4. 衬垫的更换和配置

阀门阀体和阀盖相接触处的严密性主要是靠垫子。垫子的材料是根据压力和温度来选择使用的，衬垫材料使用正确，检修工艺又好，就可保证阀门长期安全运行。高压阀门都采用齿性垫，为了保证其可靠性采用石墨齿形垫。

总的来说，衬垫的材料应具有一定的强度、弹性和韧性，能抵抗介质侵蚀，受温度变化的影响要小。装配阀门衬垫时，应先将阀体和阀盖上的结合面清理干净，在衬垫上均匀抹上掺油的黑铅粉，再抹上干铅粉，然后将衬垫放在阀体结合面上，扣上阀盖（阀瓣、阀杆等已经装配好），对称地紧连接螺栓。在紧固螺栓时，应随时注意检查阀兰平面之间的间隙在四周是否均匀。

5. 阀门组装

按拆卸编号逆装即可。

6. 阀门的水压试验

阀门检修完毕后，都应进行水压试验，以检查其严密性。阀体经过焊补后，阀门应做1.25倍工作压力的水压试验。高压锅炉的阀门大部分都是在线检修，因此这些阀门的水压试验是和锅炉水压试验同时进行的。

**三、截止阀检修工艺及质量标准**

截止阀的型号很多，现以J961Y-32 DN40型为例，说明截止阀检修工艺及质量标准。截止阀的标准检修项目：①检查阀杆及阀杆螺母；②检查清理轭架及格兰；③检查并研磨阀芯与阀座密封面；④更换盘根；⑤联系热工调试。

（一）准备工作

1. 检修工艺

（1）准备好工具、备品、备件及有关图纸和记录表格，搭好架板。

（2）通知热工停电、拆线。

2. 质量标准

（1）工具应符合规定要求，记录齐全、准确，布置好检修现场。

（2）修前应做好阀门行程的标记。

（二）阀门解体

1. 检修工艺

（1）拆去电动头与阀门连接螺栓。

（2）顺时针转动手轮，将电动头取下。

（3）松开格兰螺栓，用活头扳手或撬棍拧开阀门。

（4）拧下止动螺栓，拨出止动销。

（5）将阀体轭架转动 90°。

（6）用撬棍将阀门关闭到头。

（7）将阀体轭架再旋转 90°。

（8）将阀杆、阀体及阀瓣垫环取出。

2. 质量标准

（1）将电动头维持好平稳，以免倾倒。

（2）做好记录，装配时恢复。

（三）阀门的检查修理

1. 检修工艺

（1）阀体检查。

（2）阀杆检查。

（3）阀杆螺母检查。

（4）填料箱检查。

（5）阀座、阀瓣检查。若有锈蚀、麻点、沟痕等缺陷时，应根据不同情况进行研磨：

1）阀座麻点、凹坑深度小于 0.5mm 可用研磨砂研磨深度在 0.5mm 以上可用砂布研磨；

2）阀瓣如有腐蚀、沟痕等缺陷严重者，可送修配加工车光。轻者可按研磨阀座方法研磨。

（6）检查其他零部件，并清理除锈。

2. 质量标准

（1）阀体无裂纹、砂眼等缺陷，否则应进行焊补。

（2）阀杆应无弯曲、锈蚀痕迹，顶端圆弧无磨损，丝扣无起刺。阀杆的弯曲度小于 0.2/1000，椭圆度小于 0.02mm，表面锈蚀和磨损深度不得超过 0.1mm。

（3）阀杆螺母磨损轻微，若磨损超过 1/3 应更换，与阀杆配合灵活，无咬丝。

（4）格兰无裂纹、变形。格兰与阀杆、格兰与填料箱间隙 0.1~0.2mm。

（5）阀座、阀瓣应无裂纹、锈蚀、麻点、沟痕等缺陷，研磨好的阀座与阀瓣应周围接触，用红丹粉检查，吃线周围宽度大于 1mm。

（6）无裂纹、锈蚀零件齐全。

（四）阀门的组装

1. 检修工艺

（1）按与拆卸时相反的顺序进行组装。

（2）填料垫圈组装正确，不歪斜。

（3）填料应无损坏，材料选用正确。

（4）紧格兰螺栓，应对面轮换或两面同时紧。

（5）阀门组装后做手动开关试验，电动门配合热工调行程。

2. 质量标准

（1）垫圈与阀杆的间隙 0.15～0.2mm，盘根切口处应成 45°角，两端的切线应成平行线，其长度应能平整地压入填料箱内，接口处无空隙，无重叠，两圈切口应错开 90°～180°，盘根中间均匀撒 1.5～2mm 的铅粉。

（2）紧好的格兰螺栓应漏出 2～3 扣丝扣，格兰压入填料箱至少 1/3，若填充成型，应上下各压两道石棉盘根。

（3）阀门开关灵活，无卡涩现象，能达到全开全关要求。

（五）水压试验

水压试验的内容与通用阀门检修时的内容相同。

### 四、闸阀的检修工艺及质量标准

闸阀的型号很多，现以型号为 2962Y-321 型的给水闸阀为例，说明闸阀检修工艺及质量标准（PN＝32MPa；DN＝300mm；介质为水；行程 300mm）。

这种闸阀的标准检修项目有以下 6 项：

（1）检查修理电动装置。

（2）检查修理阀杆及阀杆螺栓。

（3）更换自密封圈。

（4）检查研磨与密封圈相配合的阀座、阀盖密封圈。

（5）检查清理填料箱、填料底环及更换填料。

（6）检查阀芯与阀座密封面。

（一）准备工作

1. 检修工艺

（1）准备好有关工器具。

（2）准备好有关图纸及记录表格。

（3）备好备品配件。

2. 质量标准

工具应符合规定要求，记录齐全、准确。

（二）阀门解体检查

1. 检修工艺

（1）通知电气停电，拆去电源线。

（2）拆下电动头与过渡头连接螺栓，将电动头两端用钢丝栓紧，做好起吊准备。

（3）顺时针转动电动装置手轮，将电动装置脱离阀门后吊下。

（4）拆下阀盖与阀座连接螺栓。

（5）拆下格兰螺栓，松开格兰。

（6）用钢丝绳栓牢阀盖，用倒链吊起，转移到平坦明亮、洁净的检修场所。

（7）固定好十字架所专用工具和液压千斤顶，使液压千斤顶稍稍用力。

（8）向盘根仓内注满冷水。

（9）用 4 个烤把子同时加热阀体 10min 后，用液压千斤顶加力，使盘根仓向下移动，捅出四合环，然后取出盘根仓。

（10）在阀杆上部拧上吊环，用吊链将阀杆组合体吊出。

（11）卸下阀杆并进行检查。

（12）拆下左右阀瓣及调整顶心。

（13）左右阀瓣检查及修理研磨。

（14）挖旧盘根，检查阀盖垫圈。

（15）阀体检查与清理。

（16）拆下轴承压盖螺钉，旋下轴承压盖，取出轴承螺母钢套杆螺母，进行检查。

（17）检查清理所有螺栓螺母，涂上二硫化钼。

2. 质量标准

（1）在停电前，应使阀门处于微开状态。

（2）起吊均匀、垂直。

（3）液压千斤顶顶出力为 5t。

（4）迅速均匀加热，取出物品作好标记，按顺序排放。

（5）阀杆表面应光滑，度铬层完整无损，无爆皮、脱落。阀杆表面粗糙度小于 $0.8\mu m$，弯曲度小于 0.1mm/m，椭圆度不超过 0.015mm，腐蚀麻坑深度不超过 0.1mm，阀杆丝扣完好无毛刺、损伤、断扣现象。

（6）调整垫的球面无严重磨损与闸板的球面均匀接触 60% 以上，圆柱部分装入闸板内，其直径间隙为 0.3～0.5mm。

（7）阀座、阀瓣不应有裂纹、毛刺。结合面磨损厚度不超过 0.2mm，腐蚀的麻点径向贯穿封面不得超过 1/2，阀瓣、阀座结合面粗糙度不超过 $0.1\mu m$，阀瓣、阀座接触线均匀无断线。垫环四周均匀，椭圆度不超过 0.05mm，阀盖无变形，椭圆度不超过 0.05mm，与密封面接触光滑，无划痕、麻点、凹坑等缺陷。格兰与填料间隙为 0.2～0.3mm，格兰与阀杆间隙为 0.15～0.20mm。填料垫与阀杆间隙为 0.1～0.2mm，阀体应无裂纹、气孔等缺陷，与密封圈接触部分光滑，无划痕、麻点、椭圆度不超过 0.05mm。

（8）轴承的轨道、滚珠光滑，无麻点、起皮，保持架完好，螺母钢套与阀杆螺母装备完好，无松动，螺钉无损伤，阀杆丝扣完整，无毛刺、咬丝现象，旋转灵活，阀杆螺母损伤小于 1/3。

（三）阀门组装

1. 检修工艺

将检修合格的零部件，按其在装配图上位置，按照和拆卸相反的顺序装配起来。应注意：

（1）清理、保护好密封圈及其相配合的密封面。

（2）对称拧紧阀盖螺栓上的螺栓螺母。

（3）阀门装复后，应重新对称拧紧阀盖上的螺栓螺母。

（4）联系热工进行调试。

2. 质量标准

（1）螺栓涂抹铅粉油。

（2）调试行程全开全关，无卡涩、噪声。

（四）水压试验

水压试验的内容与通用阀门检修时的内容相同。

**五、止回阀检修工艺及质量标准**

止回阀的型号很多，现以型号为 H67Y-32，直径为 300mm 止回阀为例，说明止回阀检修工艺及质量标准。

止回阀的标准检修项目有以下 5 项：

(1) 检查研磨阀芯盘及阀座密封面。

(2) 更换密封圈。

(3) 检查、清理、研磨阀盖、阀座与密封圈体配合的密封圈。

(4) 检查心轴、心轴衬套及阀盖缓冲板磨损情况。

(5) 清理、检查螺栓、螺母。

（一）准备工作

1. 检修工艺

(1) 备好检修工具、备品、配件，专用扳手、起吊工具。

(2) 备好有关图纸及记录表格。

2. 质量标准

工具应符合规定要求，记录齐全、准确，布置好检修现场。

（二）阀门解体

1. 检修工艺

(1) 松动阀盖上的螺母，同时逆时针转动固定环，然后再拧紧阀盖上的螺母，这样逐步交替进行，阀盖和密封环提出阀座。

(2) 从阀盖上拆下阀盖螺母，取下固定环和密封圈。

(3) 从阀座内取出缓冲板。

(4) 取下心轴、螺母和衬套，取出螺栓和密封环，然后拉出心轴，从阀座中取出阀芯组合件。

2. 质量标准

拆前首先用手转动阀芯盘几次，试验一下阀芯盘转动阻力大小以便装配时参考。

（三）检查与清理

1. 检修工艺

(1) 阀芯盘与阀座密封面研磨。

(2) 更换密封环，并检查研磨与其相配的阀盖与阀座密封面，检查缓冲板的磨损情况。

(3) 将心轴及衬套清洗干净。

(4) 将所有螺栓及螺母、零部件的裂纹部分清洗干净，涂上二硫化钼。

2. 质量标准

(1) 阀芯盘与阀座密封面应光洁平整无裂纹、沟槽麻点、粗糙度小于 0.1mm。

(2) 密封环与其相配合的阀座、阀盖应配合良好，密封面光洁、平整，无裂纹、沟槽等不良情况，弧冲板若汽蚀严重，应更换。

（四）装配

1. 检修工艺

(1) 心轴和阀芯盘装配好后，用手试验一下，使阀芯盘转动阻力与拆前一致。

（2）将固定环拧紧直到压住密封圈为止。

（3）将阀盖螺母充分上紧。

2. 质量标准

（1）应更换心轴密封圈。

（2）应更换阀门自密封圈。

### 六、弹簧式安全阀检修工艺及质量标准

根据 DL/T 748.3—2001《火力发电厂锅炉机组检修导则》，弹簧式安全阀检修工艺及质量标准如下：

（一）检查弹簧

1. 检修工艺

（1）测量弹簧工作长度，做好标记和记录。

（2）标记和记录各定位尺寸和位置。

（3）检查弹簧有无裂纹、严重锈蚀和变形，弹簧性能是否良好。

2. 质量标准

（1）弹簧无裂纹，无锈蚀和变形，弹性良好。

（2）弹簧与弹簧座吻合良好。

（二）检查阀瓣、阀座

1. 检修工艺

（1）密封面如有表面损坏，深度不超过 0.4mm 或微小裂纹，且深度不超过 0.4mm，可先用车削办法修复后再研磨。

（2）微小缺陷或有必要时，可用着色等无损探伤方法进行确认。

（3）密封面深度小于 0.4mm 的微小缺陷可用研磨方法消除。

（4）阀门的研磨工艺参见通用阀门检修。

2. 质量标准

（1）密封面损坏深度超过 1.4mm 时应更换。

（2）密封面的粗糙度 $R_y$ 应小于 $0.01\mu m$，密封面应平直，径向吻合度不低于 80％，且密封面周围接触均匀，无断线现象。

（三）阀杆检查修理

1. 检修工艺

（1）清理干净阀杆表面污垢，检查阀杆缺陷。

（2）必要时进行校直或更换。

（3）视情况进行表面氮化处理。

2. 质量标准

（1）阀杆弯曲度不大于阀杆全长的 1％，不圆度小于 0.05mm。

（2）阀杆应光滑，无麻点、划痕、裂纹。阀杆与填料接触部位的均匀点蚀深度不大于 0.3mm，其他部位无缺陷。

（3）阀杆螺纹完好，当磨损超过原厚度 1/3 时应更换。

（四）检查螺栓、螺母

1. 检修工艺

检查螺栓、螺母的螺纹。装配灵活，无松动现象。

2. 质量标准

螺栓、螺母完好。无裂纹，无变形。

（五）检查阀体、阀门连接管座焊缝及其弹簧提杆

1. 检修工艺

检查阀体及其连接焊缝有无砂眼、裂纹，弹簧提杆应完好。

2. 质量标准

阀体及其连接焊缝无砂眼，无裂纹等缺陷。

（六）阀门组装

1. 检修工艺

（1）按配合顺序、解体的标记和定位尺寸进行装复。

（2）内轴承、螺栓顶端等活动部位应涂上润滑油。

（3）注意不要损伤密封面，不要将连接轴倒装。

（4）调整弹簧长度。

2. 质量标准

（1）组装顺序正确。

（2）密封面完好连接轴安装方向正确。

（3）弹簧长度与检修前长度一致。

（七）弹簧安全门动作试验

（1）单独做安全门水压试验时，密封面应严密不漏。

（2）安全门校验时，起跳压力允许误差为 $\pm 1.0\%$；回座压力为起跳压力的 $93\% \sim 96\%$，最低不低于起跳压力的 $90\%$。

## 七、杠杆式安全阀检修工艺及质量标准

根据 DL/T 748.3，杠杆式安全阀检修工艺及质量标准如下：

（一）阀体外部检查

1. 检修工艺

（1）清除脏物，拆除保温。

（2）检查阀体外部缺陷。

2. 质量标准

阀体无砂眼、裂纹。

（二）阀门解体

1. 检修工艺

（1）应在阀杆上标记重锤拆下前的位置。

（2）注意别碰伤刃口销及顶针的刀刃部分。

（3）注意拆卸顺序，不要损伤部件。

（4）清洗卸下的零件。

2. 质量标准

各零部件完好。

（三）检查阀杆

1. 检修工艺

打磨阀杆表面，检查阀杆有无磨损、变形和锈蚀。

2. 质量标准

(1) 阀杆无严重变形、磨损和锈蚀。

(2) 阀杆端部锥度不超过60°，尖端圆弧半径不超过0.50mm，锥度处硬度不小于HRC50。

（四）检查阀芯、阀座密封面

1. 检修工艺

(1) 密封面表面缺陷深度不超过0.40mm时，可用研磨方法消除；超过0.40mm时，若有加工余量，可先车削后再研磨。

(2) 阀门的研磨工艺参见通用阀门检修。

2. 质量标准

(1) 密封面损坏深度超过1.4mm时应更换。

(2) 密封面的粗糙度$R_y$应小于0.01$\mu$m，密封面应平直，径向吻合度不低于80%，且密封面周围接触均匀，无断线现象。

（五）检查阀体、阀门连接管座焊缝

1. 检修工艺

检查阀体及其连接焊缝有无砂眼、裂纹，弹簧提杆应完好。

2. 质量标准

阀体及其连接焊缝无砂眼，无裂纹等缺陷。

（六）阀门组装

1. 检修工艺

(1) 按配合顺序、解体的标记和定位尺寸进行装复。

(2) 注意不要损伤刀口销、顶针的刀刃及密封面。

(3) 重锤应调核到原标记位置。

2. 质量标准

(1) 组装顺序正确。

(2) 密封面、刀口销及顶针的刀刃完好。

（七）安全门动作试验

(1) 单独做安全门水压试验时，密封面应严密不漏。

(2) 安全门校验时，起跳压力允许误差为±1.0%；回座压力为起跳压力的93%～96%，最低不低于起跳压力的90%。

## 八、脉冲式安全阀检修

脉冲式安全阀主要由活塞式主安全阀和脉冲阀（弹簧式或重锤式）组成，如图13-18所示。

（一）安全阀的解体检查

安全阀在解体前应测量并记录各部尺寸，如弹簧长度、弹簧调整螺帽的位置、各处间隙，这样有利于解体后的组装和调整。安全阀解体后应对以下部件进行检查：

(1) 检查弹簧，可用小锤敲打，听其声音，以判断有无裂纹等。若声音清亮，则说明弹簧没有损坏；若声音嘶哑，则说明弹簧有损坏。

(2) 检查活塞环（胀圈）有无缺陷，并测量其接口间隙。在活塞室内间隙应为0.2～0.3mm，在活塞室外（自由状态），间隙应为1mm。活塞环弹性良好，在活塞室内要灵活，活塞环的棱角应修理圆滑。此外，还要检查活塞有无裂纹，活塞室有无裂纹、沟槽或麻点。

(3) 检查阀芯和阀座的密封面有无麻点或沟槽。

（4）检查阀杆有无弯曲。检查时可将阀杆夹在车床上用百分表检查。阀杆的弯曲每 0.5m 长允许弯曲不超过 0.05 mm。

（5）检查法兰螺栓有无损坏。

（二）安全阀的检修

1. 密封面研磨

密封面研磨的内容与通用阀门检修部分的内容相同。

2. 活塞环与活塞室检修

（1）活塞环拆卸。因为活塞环很脆容易断裂，所以在拆装时应特别注意。从活塞上拆卸时，应先将准备好的锯条片从环的接口处插入，再沿圆周方向移动条片，移动 90°后再从环的接口处插入第二个锯，用同样的方法将锯条片从环接口的另一端插入。这样 4 根锯条片可将活塞环从活塞环槽中撬起来，并顺轴向拉出来，如图 13-22 所示。

（2）活塞环研磨。活塞环应光滑，一般用 0 号砂布铺在平板上对其上下面进行研磨，研磨时用两手的拇指和中指将其压住，按圆周方向转动，切不可直线移动，以免活塞环断裂。活塞环的圆周面应用 0 号砂布沾上黑铅粉摩擦，然后将活塞环放入活塞室试验，检查其与活塞室接触情况。

（3）活塞环复装。装活塞环则和拆卸相反，先将锯条片贴在活塞上，把活塞环套上，再逐根沿一个方向把锯条片抽出，活塞环即可进入活塞环槽中，装好后应使活塞环口互相错开。此外，使用的锯条片应将锯齿磨去，端部和四边也应磨成圆弧状，以免划伤活塞环。

（4）活塞室检修。活塞室内壁若有沟槽或麻坑时，应用 0 号砂布沿圆周方向研磨，研磨好后应抹上黑铅粉，切忌用油。

（三）安全阀的组装

安全阀组装时，应根据解体前测量的记录进行组装，各处间隙等如有变动也应做好记录。

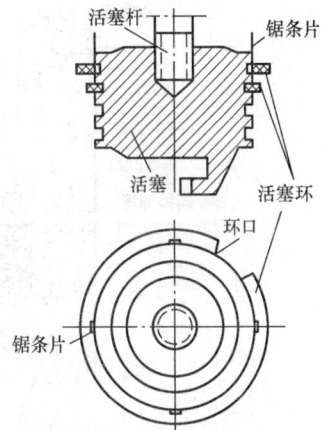

图 13-22　拆卸活塞环方法

## 九、电磁释放阀检修

电磁释放阀是锅炉的安全保护装置之一，是锅炉安全阀动作前的一道防止锅炉蒸汽超压的保护装置。

（一）电磁释放阀的结构与工作原理

1. 电磁释放阀的结构

电磁释放阀主要由先导阀阀芯、阀杆、阀座、弹簧、导座和主阀阀芯、喷嘴、弹簧、导座等组成，如图 13-23 所示。

2. 电磁释放阀的工作原理

如图 13-24 所示，电磁释放阀是一个装有电磁装置的泄压阀，锅炉蒸汽压力通过压力传感器传给控制器。当其压力值等于或大于控制器的高压整定值时，控制器的高压开关动作并形成电器回路，而此时回路电流使电磁线圈形成激磁，将导阀、闸阀打开。蒸汽通过汽阀 F 从汽室正中排出，流量比穿过主阀阀瓣和主阀阀瓣导承之间缝隙的流量大。这样汽室 B 和汽室 C 中的压力就不平衡，因而产生一个外力将主阀阀瓣从阀座上移下来，从而使蒸汽从汽室 B 进入汽室 G 中（即主阀出口）。当压力降低到低于整定值时，控制器的低压开关自继电控制装置提供一个低于高压开关的动作信号，使继电器回路关闭，而后使电磁线圈失电，导阀阀芯在导阀上部的回复弹簧向上的力和蒸汽向上的托力一同将导阀芯托起，快速回复。导阀阀芯关闭后，汽室 C 和汽室 E

提升用有眼螺栓和锁紧螺母

螺套

管道接孔

套环
底座双头
螺栓螺母
疏水弯管

C形主
密封环
阀座套筒
阀瓣
阀瓣弹簧

导承
止动垫圈
阀座

入口
支撑板
定位管

插棒组件
弹簧托架
开关及外罩
电磁线圈盒盖
端子板
锁紧螺母
操纵杆
操纵杆
销钉
导阀弹簧
弹簧盖
托架双头
螺栓螺母
电磁线圈
托架
托架垫圈

导阀管
导阀阀瓣

导阀座
阀杆定位器

汽室E

插棒弹簧

电磁线圈

电磁线圈板
电磁线圈插棒插头
托架盖
调节螺钉
导向阀杆
弹簧盖销

导向通气孔
螺纹接口
导向通气孔
阀座套垫圈
导阀阀座套筒

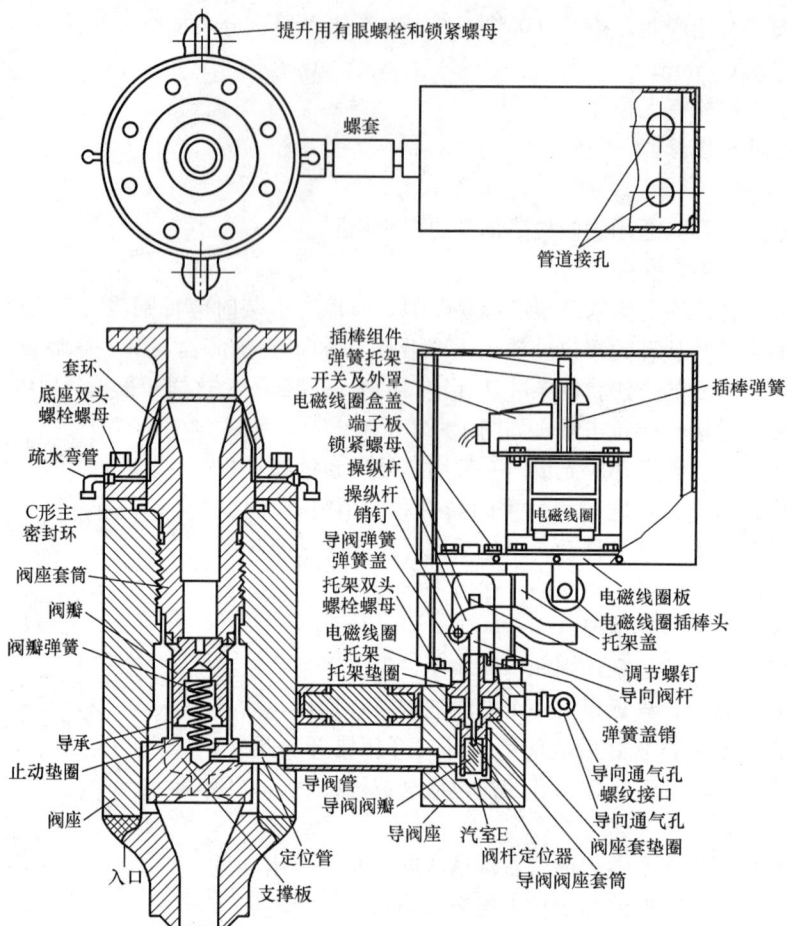

图 13-23　电磁释放阀结构图

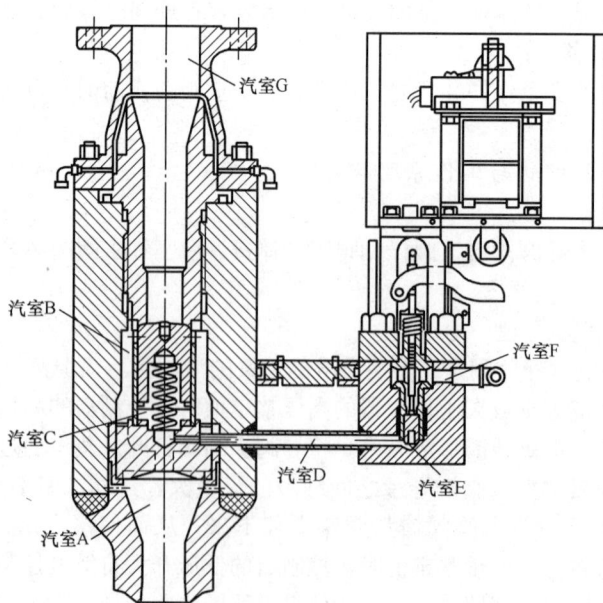

汽室G

汽室B

汽室C

汽室A

汽室D

汽室E

汽室F

图 13-24　电磁释放阀的工作原理

274

压力迅速驱于一致。这样，汽室 B 与汽室 C 中的压力就达到了平衡。最后主阀阀芯在主阀与蒸汽向上的托力的共同作用下，将打开的阀芯迅速向上托起，使主阀回座，停止排泄蒸汽。因此电磁释放阀起到了锅炉超压保护作用。

（二）电磁释放阀检修项目

（1）检查、研磨主阀芯与喷嘴密封面。

（2）检查主阀弹簧。

（3）清理、检查主阀导座及其与阀芯的配合间隙。

（4）检查、研磨先导阀阀芯与阀座密封面。

（5）检查先导阀阀杆与弹簧。

（6）检查主阀喷嘴与阀体间的密封面，更换密封垫。

（7）检查先导阀导座与阀体间的密封面，更换密封垫。

（8）检查、检修操作杠杆、连接片及其销子。

（9）检查、检修排汽管及支吊架。

（10）校验电磁释放阀动作、关闭压力。

（11）做好检修记录。

（三）电磁释放阀检修工艺及质量标准

1. 准备工作

（1）检修工艺。

1）做好系统的隔绝措施。

2）放尽阀门连接管道内汽水。

3）准备好检修工具和检修材料、备品。

4）办理好工作票。

（2）质量标准。

1）管道内无汽水。

2）材料、备品符合质量标准。

3）检修工具符合安规规定。

2. 主阀的拆卸检查

（1）检修工艺。

1）卸下螺栓（集液盘组装件）并从阀门上拆下积液盘组件。

2）用扳手逆时针方向旋转喷嘴，从阀体中拆下喷嘴（注：在拆卸中，阀瓣必须与喷嘴分离，因此阀瓣座与喷嘴座才不会相碰。可用一根木棒，加压到阀瓣的顶面，压缩主阀瓣弹簧来完成拆卸工作）。

3）取出喷嘴、主阀瓣、主阀板弹簧。

4）卸下密封圈（喷嘴），检查 V 形圈的表面是否有损坏。

（2）质量标准。

1）拆卸时阀瓣密封面必须与喷嘴密封面分离。

2）拆卸时应做好各部件位置记号。

3）弹簧无损坏，符合质量标准。

4）螺栓丝扣完好。

3. 先导阀的拆卸检查

（1）检修工艺。

1) 拆下连接片和操作杠杆的销子，拆下连接片和操作杠杆。

2) 拆下螺栓（先导阀导座）及锁紧垫圈。

3) 将导座和阀瓣作为一个单元从阀体拆下（注：拆除后，这些部件可按以下步骤分开：拆下挡圈，拆下防尘罩，拆下弹簧，从导座上拆下阀瓣）。

4) 拆下密封圈（先导阀导座）检查金属的 V 形密封座表面有无损伤。

（2）质量标准。

1) 销子完好。

2) 螺栓丝扣完好。

3) 弹簧无损坏，符合质量标准。

4. 密封座和密封圈密封座表面的修复

（1）检修工艺。

1) 主阀板密封面修复。如有微小或次要的缺陷，可用研磨的方法修复，如果缺陷严重时，可在车床上修车后再研磨修复。

2) 喷嘴密封面的修复。如有微小或次要的缺陷，可用研磨的方法修复，如果缺陷严重时，可在车床上修车后再研磨修复。

3) 先导阀及先导阀导向座修复。如有微小或次要的缺陷，可用研磨的方法修复，如果缺陷严重时，可在车床上修车后再研磨修复。

4) 先导阀和主阀的密封圈结合面修复。每次拆卸后必须认真检查其表面的损伤情况，如果损伤明显，应研磨修复。

（2）质量标准。

1) 密封面应光洁、平整，无锈蚀、裂纹、划痕。粗糙度应小于 $0.10\mu m$。

2) 结合面光洁，无明显损伤。

5. 研磨方法

电磁释放阀的研磨与通用阀门检修时的研磨方法相同。

6. 组装

（1）检修工艺。

1) 以下表面在组装前或组装中应用合适的密封剂或润滑油来润滑。

a) 主阀门喷嘴丝扣：Silver Goop 或同等产品。

b) 调节螺栓丝扣：Never Seez 或同等产品。

c) 所有的双头螺栓和螺母：Never Seez 或同等产品。

d) 杠杆和连接销：Never Seez 或同等产品。

e) 阀体上的密封接触面、导座（先导阀）及喷嘴：石油脂（凡士林）。

2) 主阀安装。

a) 用扳手将喷嘴旋入阀体内，直至喷嘴法兰与阀体接触。并做好记号。注意不要将阀瓣、阀瓣弹簧、密封圈装入。

b) 将阀瓣、阀瓣弹簧、密封圈装入阀体，将喷嘴放入阀体顺时针旋转，操作时应小心，以防损坏密封圈，直至旋入和所划的记号相对。注意在旋转喷嘴时，喷嘴密封面不应和阀瓣密封面相接触，可以用一木棒加压导阀瓣的顶面，压缩阀瓣弹簧以达到。

c) 喷嘴旋紧后，取掉木棒，弹簧将阀瓣顶起，阀瓣和喷嘴密封面紧密结合。

d) 将集液盘组件放在阀体上部，并用法兰螺栓固定在阀体上。

3) 先导阀安装。

a）将阀瓣组装到导座上装入阀体内。紧固螺栓（注：不要将阀瓣密封面在导座密封面上旋转）。

b）装上弹簧、防尘罩和挡圈。

c）装上连接片和操作杠杆及其销子。

（2）质量标准。

1）各部件擦干净，无杂物。

2）旋转喷嘴时，喷嘴密封面不应和阀瓣密封面相接触。不得损坏密封圈。

3）不要将阀瓣密封面在导座密封面上旋转。

# 第四节　阀　门　试　验

## 一、通用阀门压力试验

（一）适用范围

适用于闸阀、截止阀、止回阀、旋塞阀、球阀、蝶阀、隔膜阀等的压力试验。

（二）试验内容

（1）试验压力。试验时阀门内腔应承受的计示压力。

（2）壳体试验。对阀体和阀盖等连接而成的整个阀门外壳进行的压力试验。目的是检验阀体和阀盖的致密性及包括阀体与阀盖连接处在内的整个壳体的耐压能力。

（3）密封试验。检验启闭件和阀体密封副密封性能的试验。

（4）上密封试验。检验阀杆与阀盖密封副密封性能的试验。

（5）试验持续时间。在试验压力下试验所持续的时间。

（三）实验要求

（1）每台阀门出厂前均应进行压力试验。

（2）在壳体试验完成之前，不允许对阀门涂漆或使用其他防止渗漏的涂层，但允许进行无密封作用的化学防锈处理及给衬里阀衬里。

（3）密封试验之前，应除去密封面上的油渍，但允许涂一薄层黏度不大于煤油的防护剂，靠油脂密封的阀门，允许涂敷按设计规定选用的油脂。

（4）试验过程中不应使阀门受到可能影响试验结果的外力。

（5）如无特殊规定，试验介质的温度应在5～40℃之间。

（6）下列试验介质应符合表13-15和表13-16的规定。

1）液体：水（可以加入防锈剂）、煤油或黏度不大于其他适宜液体。

2）气体：空气或其他适宜的气体。

（7）用液体作试验时，应排除阀门腔体内的气体。用气体作试验时，应采用安全防护措施。

（8）进行密封和上密封试验时，应以设计给定的方式关闭。

（9）试验压力应符合规定。

1）壳体试验的试验压力按表13-15的规定。

2）密封和上密封试验的试验压力按表13-16的规定。

3）试验压力在试验持续时间内应维持不变。

（10）试验的持续时间应符合规定。

1）壳体试验的试验持续时间应不少于表13-17的规定。

**表 13-15**                 壳体试验的试验压力

| 公称压力 PN（MPa） | 试验介质 | 试 验 压 力 |
|---|---|---|
| <0.25 | 液体 | 0.1 MPa、+20℃下最大允许工作压力 |
| ≥0.25 | 液体 | 20℃下最大允许工作压力的 1.5 倍 |

注　20℃下最大允许工作压力值，按有关产品标准的规定。

**表 13-16**              密封和上密封试验的试验压力

| 公称直径 DN（mm） | 公称压力 PN（MPa） | 试验介质 | 试 验 压 力 |
|---|---|---|---|
| ≤80 | 所有压力 | 液体 气体 | 20℃下最大允许工作压力的 1.1 倍（液体）0.6MPa（气体） |
| 100～200 | ≤5 | | |
| | >5 | 液体 | 20℃下最大允许工作压力的 1.1 倍 |
| ≥250 | 所有压力 | | |

**表 13-17**                壳体试验的试验持续时间

| 公称直径 DN（mm） | ≤50 | 65～200 | ≥250 |
|---|---|---|---|
| 最短试验持续时间（s） | 15 | 60 | 180 |

2）密封和上密封试验的试验持续时间应不少与表 13-18 的规定。

**表 13-18**             密封和上密封试验的试验持续时间

| 公称直径 DN（mm） | 最短试验持续时间（s） | | |
|---|---|---|---|
| | 密封试验 | | 上密封试验 |
| | 金属密封 | 非金属弹性密封 | |
| ≤50 | 15 | 15 | 10 |
| 65～200 | 30 | 15 | 15 |
| 250～450 | 60 | 30 | 20 |
| ≥500 | 120 | 60 | 30 |

3）试验持续时间除应符合表 13-17 和表 13-18 的规定外，还应满足具体的检漏方法对试验持续时间的要求。

**（四）试验方法和步骤**

应先进行上密封试验和壳体试验，然后进行密封试验。

1．上密封试验

封闭阀门进口和出口，放松填料压盖（如果阀门设有上密封检查装置，且在不放松填料压盖的情况下能够可靠地检查上密封的性能，则不必放松填料压盖），阀门处于全开状态，使上密封关闭，给体腔充满试验介质，并逐渐加压到试验压力，然后检查上密封性能。

2．壳体试验

封闭阀门进口和出口，压紧填料压盖以便保持试验压力，启闭件处于部分开启状态。给体腔充满试验介质，并逐渐加压到试验压力（止回阀应从进口端加压），然后对壳体（包括填料函及阀体与阀盖连接处）进行检查。

3．密封试验

主要阀类的加压方法按表 13-19 的规定。但对于规定了介质流通方向的阀门，应按规定的流通方向加压（止回阀除外）。试验时应逐渐加压到规定的试验压力，然后检查密封副的密封性能。

表 13-19 主要阀类的加压方法

| 阀 类 | 加 压 方 法 |
|---|---|
| 闸阀<br>球阀<br>旋塞阀 | 封闭阀门两端，启闭件处于微开启状态，给体腔充满试验介质，并逐渐加压到试验压力，关闭启闭件，释放阀门一端的压力。阀门另一端也按同样方法加压。有两个独立密封副的阀门也可以向两个密封副之间的体腔引入介质并施加压力 |
| 截止阀<br>隔膜阀 | 在对阀座密封最不利的方向上向启闭件加压。如对于截止阀和角式隔膜阀，沿着使阀瓣打开的方向引入介质并施加压力 |
| 蝶阀 | 沿对密封最不利的方向引入介质并施加压力。对称阀座的蝶阀可沿任一方向加压 |
| 止回阀 | 应沿着使阀瓣关闭的方向引入介质并施加压力 |

（五）评定指标

1. 壳体试验

壳体试验时，承压壁及阀体与阀盖连接处不得有可见渗漏，壳体（包括填料函及阀体与阀盖连接处）不应有结构损伤。

如无特殊规定，在壳体试验压力下允许填料处泄漏，但当成试验压力降到密封试验压力时，应无可见泄漏。

2. 上密封试验

在试验持续时间内无可见泄漏。

3. 密封试验

密封试验的最大允许泄漏量见表 13-20 的规定，表中的泄漏量只适用于向大气排放的情况。A 级适用于非金属弹性密封阀门，B、C、D 级适用于金属密封阀门。其中 B 级适用于比较关键的阀门，D 级适用于一般的阀门。各类阀门的最大允许泄漏量（等级）应按有关产品标准的规定。如果有关标准未作具体规定，则非金属弹性密封阀门按 A 级要求，金属密封阀门按 D 级要求。如用户要求按 B 级或 C 级时，应在订货合同中规定。

表 13-20 密封试验的最大允许泄漏量

| 试验介质 | 最大允许泄漏（$mm^3/s$） | | | |
|---|---|---|---|---|
| | A 级 | B 级 | C 级 | D 级 |
| 液体 | 在试验持续时间内<br>无可见泄漏 | $0.01 \times DN$ | $0.03 \times DN$ | $0.1 \times DN$ |
| 气体 | | $0.3 \times DN$ | $3 \times DN$ | $30 \times DN$ |

**二、阀门的水压试验**

电站阀门检修完毕后，都应进行水压试验，以检查其严密性。阀壳经过补焊后，阀门则应做 1.25 倍工作压力的超压试验。

高压锅炉的阀门大部分都是不拆下来检修的，因此这些阀门的水压试验是和锅炉水压试验同时进行的。如果阀门是拆下来检修的，则应在水压试验台（见图 13-25）上进行水压试验。试验时，对于有法兰的阀门可用石棉橡胶垫子，对于无法兰的阀门则用退过火的软钢垫子。图中的小孔为放气用，直径为 2～3mm。

水压试验充水时，应将阀门中的空气全部放出，进水应当缓慢，不可有突进和冲击现象。试验压力为工作压力的 1.15 倍。在试验压力下保持 5min，再把压力降到工作压力进行检查。若发现不严密处应进行再次检修，然后再重新做水压试验。水压试验后，应将阀门中的水全部放掉，并且擦干净。

对于无法兰的阀门还可以采用一种专门的外夹式验工具进行水压试验。即用专用管卡子卡牢阀门的短管。对 $\phi50$ 以下的阀门都可以用此法，只要多做几种规格的管卡子就行了。

### 三、锅炉汽水系统安全门校验

锅炉汽水系统安全门校验主要有冷态校验和热态校验两种。安全门检修好后，要进行冷态校验，这样可保证热态校验一次成功，缩短热态校验时间。安全门的冷态校验在专用的校验台上进行。检修后，锅炉点火升压，校验安全阀是锅炉检修的最后一项工作，校验合格后，锅炉即可投入运行或备用。

1. 冷态校验

(1) 脉冲式安全门冷态校验。脉冲式安全门冷态校验系统如图 13-26 所示。

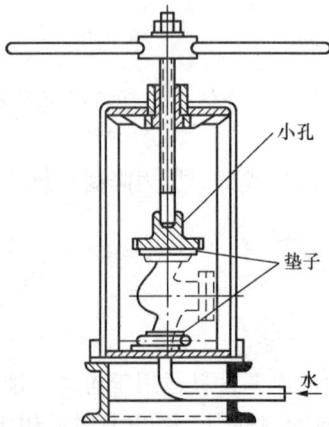

图 13-25　阀门水压试验台

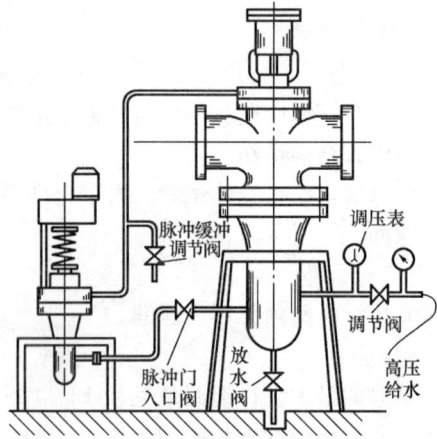

图 13-26　脉冲式安全门的冷态校验系统

关闭调节阀和放水阀，开启脉冲门入口阀，并将调节缓冲节流阀开 1/4～1/2 圈。接通校验用高压给水，其压力要高于安全门的动作压力。校验时缓慢开启调节阀，监视压力表的读数与脉冲门的动作情况。调整脉冲门重锤位置。如主安全门不动作，则应查出原因。根据经验，冷态校验安全门的动作压力，应比它在锅炉上的动作压力高 0.05～0.1MPa。校验结束后，应将内部积水擦干，再组装好，并安装到原位或作备用。

(2) 主安全门单独校验。这种校验只能检查主安全门是否灵活可靠、密封面是否严密，所以试验压力不需过高，一般为 1～1.5MPa 即可。其校验系统如图 13-27 所示，校验时，先打开入口阀，关闭放水阀，再缓慢开启调节阀到主安全门动作为止。

(3) 外加负载弹簧式安全门校验。外加负载弹簧式安全门的校验仍可采用图 13-27 所示的校验台及系统，将安全阀装到校验台上，此时安全阀上部的活塞部分不装。校验时使高压给水充满校验台，根据动作压力调整弹簧调整螺母（拧紧或旋松），直到在规定动作压力下能动作即可。冷态校验压力同样比动作压力高 0.05～0.1MPa。校验后将阀内的水擦干净。

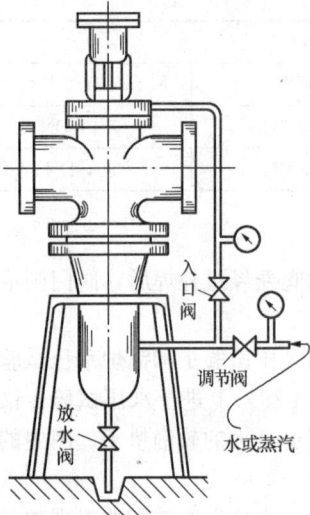

图 13-27　主安全门的校验系统

2. 安全门热校验

(1) 热校验准备工作。

1) 安全门进行热校验时，锅炉已点火，因此现场应清洁，各处应符合运行要求。

2) 参加校验人员，均应知道校验程序、自己的职责、联络信号及注意事项。

3) 安全门调试员应携带必要的工具。

4) 当锅炉压力升到额定压力时，应对锅炉进行一次全面的严密性检查。

5) 在确定锅炉无泄漏的情况下，方可进行安全门校验。

6) 安全门动作压力的校验标准如下：

a) 汽包锅炉工作压力 $p<5.98$MPa 时，安全门动作压力：控制安全阀 1.04 倍工作压力，工作安全阀 1.06 倍工作压力。

b) 汽包锅炉工作压力 $p>5.88$MPa 时，安全门动作压力：控制安全阀 1.05 倍工作压力，工作安全阀 1.08 倍工作压力。

c) 直流锅炉的过热器出口安全门动作压力：控制安全阀 1.08 倍工作压力，工作安全阀 1.10 倍工作压力。

d) 再热器安全门动作压力：1.10 倍工作压力。

e) 启动分离器安全门动作压力：1.10 倍工作压力。

7) 校验时，一般从动作压力较小的过热器安全门开始，最后至汽包工作安全门。

(2) 脉冲武安全门热校验。当锅炉压力升到离安全门动作压力只差 0.1MPa 时，若脉冲门还不动作，就应调整脉冲门的重锤位置或弹簧的调整螺帽，直到脉冲门动作。接着主安全门也动作，并且其动作压力在规定动作压力±0.05MPa 之间才算合格。技验后，应将该门重锤固定好或将弹簧调整螺帽并紧，并关闭脉冲门的入口阀。接者就校验汽包控制安全门和汽包工作安全门。待全部校验工作结束后，切记开启脉冲门的入口阀。

(3) 外加负载弹簧式安全门热校验。在校验时，安全门上的外加负载装置可以不组装，待校验合格后再组装上。当锅炉汽压升到安全门动作压力时，若安全门还不动作，应将汽压降至锅炉的工作压力，再稍松弹簧调整螺帽，最后再升压到安全门在规定压力下为止。该门校验后，用 U 形铁板卡在定位螺帽上，并将定位螺帽向上拧紧，使门杆固定不能向上活，这样安全门就不能动作。接着再校验其他安全门，待所有安全门校验完后，切记要取下 U 形铁板，并将定位螺帽退回到规定位置。

3. 安全门校验注意事项

冷态校验前，应将校验台及其管道清理干净，防止铁渣等杂质损伤安全阀密封面。在安全阀做冷态校验时由专人操作调节阀。开阀门时动作应缓慢，压力平衡上升，不要超压过多。在冷态校验中，应防止高压给水泄漏。在热校验时，工作人员应注意自己的工作位置，预防被喷出的蒸汽烫伤。脉冲式安全门在热校验后，如要单独试验脉冲门的电磁装置时，就应将脉冲门的入口阀关闭、以防安全门动作。安全门也可不经冷态校验直接进行热校。无论是冷校或热校，均应将安全门的动作压力和返回压力记入检修报告中。其他压力容器的安全门校验，可参照锅炉安全门的校验方法进行。

# 第十四章 管道及阀门的日常维护

## 第一节 管道的蠕变监督及常见缺陷

### 一、金属的蠕变曲线

1. 蠕变曲线

随着机组参数的不断提高，处于高温高压工况下运行的装置，随着运行时间的增长，一些在短期内未出现着的潜伏着的问题逐渐发生，其中以材质的变化最为严重。现代的检修技术不能仅满足于对已发生的问题的处理，而要求在未出问题之前就能发现，并能及时处理，做到防患于未然。要做到这一步，必须对处于高温高压下的金属进行监督。监督就是用现代的测试手段对金属材料进行定期检查和监视，及时发现材质的细微变化和潜在的问题，为检修提供可靠的依据。在管路上安装蠕变测点，就是为了测量和监督其蠕变速度。

蠕变是指金属在高温和应力作用下逐渐产生塑性变形的现象。钢铁和许多金属只有温度达到一定程度时才会出现蠕变。如碳素钢在温度超过 $300 \sim 350℃$ 时、合金钢在温度超过 $350 \sim 400℃$ 时，才会发生蠕变。金属的蠕变曲线如图 14-1 所示。

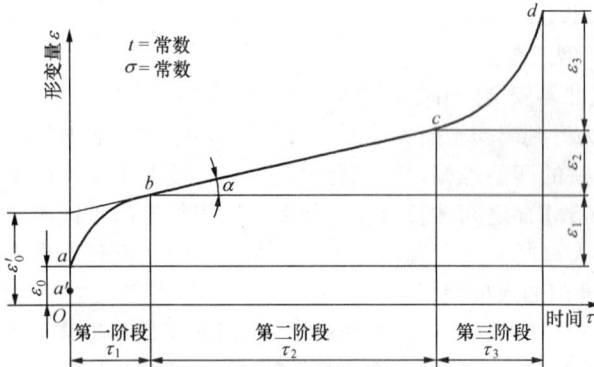

图 14-1 金属的蠕变曲线

2. 蠕变阶段

(1) 金属的变形过程。如图 14-1 所示，金属的蠕变曲线图中 $Oa'$ 部分是加上负荷后所引起的瞬时弹性变形，如果应力超过金属在该温度下的弹性极限，则瞬时变形由弹性变形 $Oa'$ 和塑性变形 $aa'$ 组成，此一变形还不标志蠕变现象的发生，而是由外加负荷所引起的一般变形过程。

(2) 蠕变的第一阶段。如图 14-1 所示，$ab$ 段为蠕变的第一阶段。第一阶段是变形的不稳定阶段，此阶段中，金属以逐渐减慢的变形速度积累塑性变形。

(3) 蠕变的第二阶段。如图 14-1 所示，$bc$ 段为蠕变的第二阶段。第二阶段是蠕变的稳定阶段，这时金属以恒定的变形速度进行变形，此一线段倾角的正切表示蠕变的速度。

(4) 蠕变的第三阶段。如图 14-1 所示，$cd$ 段为蠕变的第三阶段。第三阶段是蠕变的最后阶段，在此阶段中，蠕变是加速进行的，直至 $d$ 点金属发生断裂为止。

3. 应力和温度对蠕变曲线影响

根据管内介质和介质参数不同，电厂的金属管道采用的金属材料也就不同，因为不同金属有不同的蠕变曲线，虽然一般都保持这三个阶段，但各阶段持续的时间不同。

(1) 当应力较小、温度较低时，第二阶段即等速蠕变阶段持续很久。材料将在很长时间内不会发生破坏。

（2）当应力较大、温度较高时，第二阶段便很短甚至完全消失，这时蠕变只有第一和第三阶段，材料将在很短时间内发生断裂。

## 二、蠕变监督装置及测量方法

蠕变监督装置现在都用蠕变测点，通过测量蠕变测点来监督金属的蠕变现象，而测量用的是千分尺。

### 1. 蠕变测点

蠕变测点应安装在蒸汽温度较高（包括波动温度），具有一定代表性钢管水平段上。蠕变测点的位置应选在两焊缝或法兰之间较直管段的中部，距焊缝或支吊架的距离不少于 1m，距弯头弧线的起点不少于 0.75m，并应考虑到测量时方便。

如图 14-2 所示，蠕变测点测头是用不锈钢制成的，测头是由测钉和测钉座组成的，安装时先测定好测头座的位置，用电焊把测头座焊在管道上，再把测钉旋入测头座中。每一组测头的 4 个测钉应在垂直于管子轴线的同一平面内，相邻两测点间夹角为 90°，其误差为 ±2°；每对测点间的径向尺寸应一致，其误差应不超过 0.1mm。

### 2. 蠕变测量

测量前清除测钉上的污物，可用棉纱和酒精清洁，不能用锉刀或砂纸。测量用的千分尺应是随设备带来的专用千分尺，应专人保管不准他用，使用也宜专人，不宜轻易更换。

测点安装完毕，管路冲洗以前，会同金属监察人员进行第一次测量，载入记录存档。以后的各次测量（检修中的测量）应在停止运行后温度降至 50℃ 以下时测量，同时测量管壁温度、千分尺温度和周围空气温度。

测量管道的蠕变变形时要十分仔细，由于每次测量时管道积累的蠕变变形值很小，而用千分卡尺测量其精度又不很高，稍有疏忽，就会引入较大的偏差。因此测量前，在室温下用标准棒校对千分卡尺的零点。

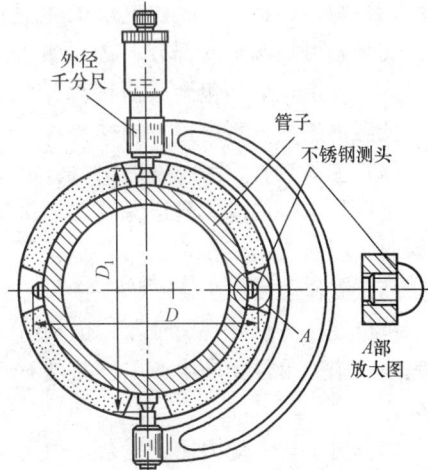

图 14-2　蠕变测点装置及其测量

到测量现场后，由于温度较高，需将千分卡尺在现场至少放置 0.5h，使千分卡尺温度与现场温度一致起来。测量时，千分卡尺顶杆与蠕变测点中心一定要对准，否则测量会出现很大的偏差，甚至会超过一个大修间隔时间内管道的蠕变变形值。

## 三、管道系统的金属监督

### （一）蠕变监督标准

根据规定，设备运行 100 000h 相应的变形量 ε 不准超过 1%。或者说每 mm 厚的钢材每小时变形不准超过 $1 \times 10^{-7}$ mm。即蠕变速度为 $1 \times 10^{-7}$ mm/(mm·h)。如果超过此数值则说明其蠕变速度超过 $1 \times 10^{-7}$ mm/(mm·h)，就得缩短测量时间间隔，以加强对管道的监督。当 ε 达 0.75%～1% 或蠕变速度接近 $1 \times 10^{-7}$ mm/(mm·h) 时，测量时间间隔应为 10 000h 左右。

### （二）管道系统金属监督的范围

DL/T 438—2009《火力发电厂金属监督规程》中规定：凡工作温度大于或等于 450℃ 的高温管道和部件，如蒸汽管道、阀门、三通等；工作温度大于或等于 400℃ 的螺栓；其工作压力大于或等于 6MPa 的承压管道和部件，如水冷壁管、给水管；100MW 以上机组低温再热蒸汽管道都属于管道系统金属监督的范围。

（三）管道检修监督的内容

DL/T 438 中规定管道监督的内容甚多，现将与管道检修有关的内容分述如下：

1. 主蒸汽管道、高温再热蒸汽管道的监督

（1）工作温度大于 450℃主蒸汽管道、高温再热蒸汽管道热段需在蒸汽温度较高的水平段上设置监察段（含进口机组）进行组织性质变化及蠕变监督。监察段上要设计三组蠕变测点。监察段应选择该管系中实际壁厚最薄的同批钢管，其长度不小于 5.1m（对外径 $d_1 > 500mm$ 的钢管，其长度不小于 $6d_1 + 3m$）。安装前施工单位应在监察段两端各切取长 300～500mm 的一段（对 $d_1 > 500mm$ 的钢管，其切割长度不小于 $d_1$）作为原始段，移交给生产单位，并及时进行试验。监察段上不允许开孔和安装仪表插座，也不得安装支吊架。

（2）工作温度大于 450℃的主蒸汽管道、高温再热蒸汽管道应进行蠕变监督（含直管、弯管、导汽管和集箱）。蠕变测点的设计、蠕变测量周期、测量方法和计算方法等有关要求，按 DL/T 441—2004《火力发电厂高温高压蒸汽管道蠕变监督规程》规定进行。管道安装完毕移交生产前，由施工单位与生产单位共同对各组测点进行第一次测量，做好技术记录。

（3）新建、扩建、改建电厂的主蒸汽管道、高温再热蒸汽管道露天布置的部分及与油管平行、交叉和可能滴水的部分，必须加包金属薄板保护层。已投产的露天布置的主蒸汽管道和高温再热蒸汽管道，应加包金属薄板保护层。露天吊架处应有防雨水渗入保温层的措施。主给水管道、低温再热蒸汽管道也有同样要求。

（4）主蒸汽管、高温再热蒸汽管道要保温良好，严禁裸露运行，保温材料应符合技术要求。运行中严防水、油渗入管道保温层。保温层破裂或脱落时应及时修补。更换容重相差很大的保温材料时，应对支吊架作相应的调整。严禁在管道上焊接保温拉钩，不得借助管道起吊重物。

（5）工作温度大于 450℃的主蒸汽管道、高温再热蒸汽管道所用的直管和弯管，安装时应由施工单位逐段进行外观、壁厚、金相组织、硬度等检查。弯管背弧外表面还需进行探伤。管道安装完毕，施工单位会同生产单位共同对弯管进行不圆度测量，做好技术记录，测量位置应有永久性标记。

（6）由于弯管受力比较复杂，为了避免运行中早期出现裂纹，用于制作弯管的管子，应采用加厚管或用壁厚有足够裕度的管子弯制。弯管段上实测最小壁厚不得小于直管的理论计算壁厚。

（7）弯管弯制厂家应按 DL 5031—1994《电力建设施工及验收技术规范（管道篇）》的规定，逐个检查弯管的壁厚、不圆度、波浪度、几何尺寸等，并须做好技术记录，合格产品方可供货，并向使用单位提供检验技术证件。

（8）弯管弯制后有下列情况之一时为不合格：①内外表面存在裂纹、分层、重皮和过烧等缺陷；②弯曲部分不圆度大于 6%（对于公称压力大于或等于 10MPa）；③弯曲部分不圆度大于 7%（对于公称压力小于 10MPa）；④弯管外弧部分壁厚小于直管的理论计算壁厚。

（9）对超过设计使用期限的弯管，若发现有蠕变裂纹或有严重蠕变损伤时应及时更换。

（10）三通、弯头、阀门安装前必须由施工单位做内外壁外观检查，有怀疑时应做无损探伤。投入运行 5 万 h 进行第一次检查，以后检查周期一般为 3 万 h。

（11）三通有下列情况时应及时处理：①发现严重缺陷时应及时采取处理措施，如需更换，应选用锻造、热挤压、带有加强的焊制的三通；②已运行 20 万 h 的铸造三通，检查周期应缩短到 2 万 h，根据检查结果决定是否采取更换措施；③碳钢和钼钢焊接三通，当发现石墨达 4 级应予以更换。

（12）弯头有理列情况时应进行处理：①已运行 20 万 h 的铸造弯头，检查周期应缩短到 2 万 h，根据检查结果决定是否采取更换措施；②碳钢和钼钢弯头，发现石墨化达 4 级时应更换；

③发现外壁有蠕变裂纹时，应及时更换。

（13）工作温度大于450℃的主蒸汽管道、高温再热蒸汽管道的焊口应采取氩弧焊打底工艺焊接。热处理后应进行100%无损探伤检查。质量评定按 DL/T 869 执行。对未超标缺陷，需确定位置、尺寸和性质，并做好技术记录。管道保温层表面应有焊缝位置的标志。

（14）工作温度大于450℃主蒸汽管道，高温再热蒸汽管道移交生产时设计、施工单位应提供必要的资料。

（15）运行和检修人员应定期检查管道支吊架和位移指示器的工作状况，特别要注意机组启停前后的检查，发现松脱、偏斜、卡死或损坏等现象时，应由检修人员及时修复并做好记录。

（16）主蒸汽管道、高温再热蒸汽管道，特别是弯管、弯头、三通、阀门和焊缝等薄弱环节，应定期进行运行中的巡视检查。对超设计使用期限的主蒸汽管道、高温再热蒸汽管道更要注意检查，每值至少巡视一次。发现泄漏或其他异常情况时必须及时处理，并做好记录。

（17）主蒸汽管道、高温再热蒸汽管道不得超过设计规定的温度、压力的上限运行，如超温时，则应做好记录。启动和运行中应严格执行暖管和疏水措施，认真控制温升、温降速度，并监视管道膨胀情况。

（18）应注意掌握已运行的工作温度大于450℃的主蒸汽管道、高温再热蒸汽管道及其部件的质量情况。对情况不明的钢管、三通、弯管、弯头、阀门和焊缝等，要结合检修分批检查，摸清情况，消除隐患。

（19）主蒸汽管道可能有积水的部位，如压力表管、疏水管附近、喷水减温器下部、较长的死管及不经常使用的联络管，应加强内壁裂纹的检查。

（20）工作温度大于或等于450℃的碳钢、钼钢蒸汽管道，当运行时间达到或超过10万h时，应进行石墨化普查，以后的检查周期约5万h。运行时间超过20万h的管道，在石墨化普查基础上，如需要可割管进行鉴定，割管部位应包括焊接接头。

对运行时间较长和受力复杂的母管，是石墨化检查的重点。对石墨化倾向日趋严重的管道，除做好检查、分析、处理外，必须按规定要求做好管道运行、维修工作，防止超温、水冲击等。

（21）高合金钢管（F11 或 F12）主蒸汽管道异种钢焊接接头（包括接管座焊接接头），运行5万h时进行无损探伤，以后检查周期为 20 000～40 000h。

（22）200MW 以上机组主蒸汽管道，再热蒸汽管道（包括热段、冷段），运行10万h时，应对管系及支吊架情况进行全面检查和调整。

（23）超过设计使用期限工作温度大于450℃的主蒸汽管道、高温再热蒸汽管道的弯头、弯管、三通、阀门和焊缝等，应全面进行外观和无损探伤检查；直管、弯管进行壁厚测量和金相检验，弯管不圆度测量；监察段进行硬度、金相、碳化物检查。凡更换部件应确保质量，并做好技术记录，存档备查。

（24）运行时间达20万h、工作温度大于450℃的主蒸汽管道、高温再热蒸汽管道，应增加硬度检验项目；对管壁较薄、应力较高的部位还应增加金相和碳化物检查，必要时割管进行材质鉴定。

（25）运行时间达30万h、工作温度大于450℃的主蒸汽管道、高温再热蒸汽管道，应对高应力部位进行蠕变损伤检查，必要时进行管系寿命鉴定。

（26）已投入运行、工作温度为540℃、工作压力为10MPa、外径为273mm的10CrMo910钢主蒸汽管道，按如下要求进行检查：①实测壁厚 20～23.5mm 的直管、弯管，运行到 10 万 h，应进行壁厚、硬度、金相、碳化物检查，在检查基础上决定是否需要割管做材质鉴定，继后的检查周期约 30 000～50 000h；②实测壁厚小于20mm的直管、弯管，或发现蠕变相对变形量达到

0.5%时，应提前进行检查，根据检查结果采取相应的处理措施。

（27）已运行 20 万 h 的 12CrMo、15CrMo、12Cr1MoV 钢主蒸汽管道经检查符合下列条件时，一般可继续运行至 30 万 h：①实测最大蠕变相对变量小于 0.75%或最大蠕变速度小于 0.35×10$^{-5}$%/h；②监察段钢中碳化物内含钼量占钢中总含量的比值，12CrMo、15CrMo 钢不超过 85%，12Cr1MoV 钢不超过 75%；③监察段金相组织未严重球化（即铬钼钢未达到 6 级，铬钼钒钢未达到 5 级）。

（28）12CrMo、15CrMo 和 12Cr1MoV 钢主蒸汽管道，当出现下列情况之一时，应进行材质鉴定：①运行至 20 万 h 超出 DL/T 438 所规定的条件之一时；②运行至 30 万 h 前，实测蠕变相对变形量达到 1%或蠕变速度大于 0.35×10$^{-5}$%/h。

（29）除 12CrMo、15CrMo 和 12Cr1MoV 三种钢种外，其余合金钢主蒸汽管道、高温再热蒸汽管道，当蠕变相对变形量达 1%或蠕变速度大于 1×10$^{-5}$%/h 时，应进行材质鉴定。

（30）工作温度大于 450℃的锅炉出口导汽管，可根据不同的炉型应在运行 50 000～100 000h 时间范围内，进行外观和无损检查，以后检查周期约 5 万 h。对启停次数较多（累计 250 次以上）、原始不圆度较大和运行后有明显复圆的弯管应特别注意，发现裂纹时应及时更换。

2. 受热面管子的监督

（1）受热面管子安装，施工单位应根据装箱单和图纸进行全面清点，注意检查表面有无裂纹、撞伤、压扁、砂眼和分层等缺陷。外表面缺陷深度超过管子规定厚度 10%以上时，应由施工单位会同有关部门商定处理措施。

（2）检修时，锅炉检修部门应有专人检查受热面管子有无变形、磨损、刮伤、鼓包、蠕变变形及表面裂纹等情况，如发现要及时进行处理，并做好记录。对垢下腐蚀严重的水冷壁管，应定期进行腐蚀深度的测量。

（3）为了解壁温大于 450℃的过热器管和再热器管材质性能变化规律，可选择具有代表性的锅炉，在壁温最高处设监察管。取样周期为 5 万 h。监督壁厚、管径、组织、碳化物、脱碳层和机械性能变化。

（4）当发现下列情况之一时，应及时更换：①合金钢过热器管和再热器管外径蠕变变形大于 2.5%，碳素钢过热器管和再热器管外径蠕变变形大于 3.5%；②表面有氧化微裂纹；③管壁减薄到小于强度计算壁厚；④石墨化达 4 级（对碳钢和钼钢）。

（5）高温过热器或高温再热器的高温段如采用不锈钢管时其异种钢焊接接头应在运行 80 000～100 000h 时，进行宏观检查和无损探伤抽查 20%。

3. 给水管道的监督

（1）工作压力大于或等于 10MPa 的主给水管道，投产运行 5 万 h 时，应做如下检查：①三通、阀门进行宏观检查；②弯头进行宏观和厚度检查；③焊缝和应力集中部位进行宏观和无损探伤检查；④阀门后管段进行壁厚测量。以后检查周期为 30 000～50 000h。

（2）200MW 以上机组的给水管道，运行 10 万 h 时，应对管系及支吊架情况进行检查和调整。

**四、管道的常见缺陷**

管道系统的常见缺陷有变形、材料的耗损和各种各样的裂纹。

1. 管道变形

常见的管道变形主要有：一方面由于管道受热时发生膨胀，其膨胀伸长时受阻，长时间就会引起管道的塑性变形；检修时可通过管子校直的方法和调整补偿装置的方法处理；另一方面是通过蠕变测量得到蠕变变形，相应的变形量 ε 达 1%时进行试验鉴定，ε 达 2%时更换管子。

2. 材料的耗损

材料的耗损原因主要是金属腐蚀、冲蚀和冲蚀与腐蚀相结合的现象造成的。

（1）在蒸汽管道上的异形管件、集箱的检查孔管座、堵头等部位处，往往由于蒸汽进入异形管件的过程中产生涡流而发生冲蚀，如果水的流速很高或紊流很大，妨碍磁性氧化铁保护层形成时，即会产生冲蚀和腐蚀相结合的现象。严重时会造成管道的泄漏。

（2）当汽水管道内混入渣粒和铁锈等固体物时，由于渣粒和铁锈等固体物在蒸汽或水的涡流作用下造成的管道冲蚀。使管壁减薄，甚至造成爆管等事故。

（3）当管道内部焊缝根部有突出较高的焊瘤时，也会造成的管道冲蚀。因为焊缝根部突出的焊瘤，管道横截面变小，造成紊流，发生冲蚀损坏管道。

因此，对易发生冲蚀的管道必须引起重视，应在大修时进行超声波壁厚测量，对于管壁明显减薄的管段应及早更换。

3. 裂纹

管道的裂纹形式有很多，如热冲击裂纹、热应力裂纹、横向裂纹、环向裂纹和母材的纵向裂纹等。检修时应先查找原因，进行试验和分析，然后采取适宜的修复措施。

热冲击裂纹一般均发生在管壁较厚而介质温度有突变或伴随着蒸汽和水的相变的管件上，其裂纹的分布方向是无规则的。如蒸汽管道上的排汽管，由于运行中有凝结水，会对温度较高的蒸汽管道产生热冲击，从而出现热冲击裂纹。控制式安全阀的脉冲连接管的孔壁上，也常常会发生热冲击裂纹。

热应力裂纹是指介质温度变化使管壁产生热应力而造成的裂纹，这类裂纹一般都是沿管件圆周的温度分布不均匀所造成的。蒸汽管道上安装的一些阀门，会发现壳体上裂纹，多是由于阀门的形状复杂，在启停机时，在凹槽中容易积存凝结水，产生热应力，再加上孔的尖锐边缘都是应力集中的部位，因而在运行中产生裂纹。

绝大部分横向裂纹到达焊缝后即停止向前发展，但也有一些横向裂纹穿过了热影响区而深入母材较远的部位。

环向裂纹多发生在焊缝附近，有的在母材的热影响区，有的在焊缝金属内。

母材的纵向裂纹是沿管道轴向发展的，在光滑的弯管外侧出现的纵向裂纹，可能是由于弯制方向及随后的热处理引起的附加应力造成持久强度下降。

# 第二节　阀门的使用及维护

## 一、阀门的使用

对于阀门，不但要会安装，而且还要会使用，即如何正确操作阀门。

1. 手动阀门的开闭

手动阀门是使用最广的阀门，它的手轮或手柄是按照普通的人力来设计的，考虑了密封面的强度和必要的关闭力。

（1）手动阀门不能用长杠杆或长扳手来扳动。否则容易损坏密封面，或扳断手轮、手柄。

（2）启闭阀门，用力应该平稳，不可冲击。某些冲击启闭的高压阀门各部件已经考虑了这种冲击力与一般阀门不能等同。

（3）对于蒸气阀门，开启前，应预先加热，并排除凝结水，开启时，应尽量徐缓，以免发生水击现象。当阀门全开后，应将手轮倒转少许，使螺纹之间严紧，以免松动损伤。

（4）对于明杆阀门，要记住全开和全闭时的阀杆位置，避免全开时撞击上死点。并便于检查全闭时是否正常。如阀办脱落，或阀芯密封之间嵌入较大杂物，全闭时的阀杆位置就要变化。

（5）管路初用时，内部脏物较多，可将阀门微启，利用介质的高速流动，将其冲走，然后轻轻关闭（不能快闭、猛闭，以防残留杂质夹伤密封面），再次开启，如此重复多次，冲净脏物，再投入正常工作。

（6）常开阀门，密封面上可能粘有脏物，关闭时也要用上述方法将其冲刷干净，然后正式关严。

（7）如手轮、手柄损坏或丢失，应立即配齐，不可用活络扳手代替，以免损坏阀杆四方，启闭不灵，以致在生产中发生事故。

（8）某些介质，在阀门关闭后冷却，使阀件收缩，操作人员就应于适当时间再关闭一次，让密封面不留细缝，否则，介质从细缝高速流过，很容易冲蚀密封面。

（9）操作时，如发现操作过于费劲，应分析原因。若填料太紧，可适当放松，如阀杆歪斜，应通知人员修理。有的阀门，在关闭状态时，关闭件受热膨胀，造成开启困难；如必须在此时开启，可将阀盖螺纹拧松半圈至一圈，消除阀杆应力，然后扳动手轮。

2. 注意事项

（1）200℃以上的高温阀门，因为安装时处于常温，而正常使用后，温度升高，螺栓受热膨胀，间隙加大，所以必须再次拧紧，叫做热紧，操作人员要注意这一工作，否则容易发生泄漏。

（2）天气寒冷时，水阀长期闭停，应将阀后积水排除。汽阀停汽后，也要排除凝结水。阀底有如丝堵，可将它打开排水。

（3）非金属阀门，有的硬脆，有的强度较低，操作时，开闭力不能太大，尤其不能使猛劲。还要注意避免物件磕碰。

（4）新阀门使用时，填料不要压得太紧，以不漏为度，以免阀杆受压太大，加快磨损，而又启闭费劲。

**二、阀门的日常维护**

对于阀门，不但要会安装，会正确操作阀门，而且还要对阀门进行的日常维护，阀门的日常维护可分保管维护和使用维护两种情况。

1. 使用维护

使用维护的目的，在于延长阀门寿命和保证启闭可靠。阀门能否启闭良好，不仅要阀门选型恰当、产品质量好、精心施工安装，而且还要有周到的日常维护。

（1）阀杆螺纹经常与阀杆螺母摩擦，要涂一点黄干油、二硫化钼或石墨粉，起润滑作用。

（2）不经常启闭的阀门，也要定期转动手轮，对阀杆螺纹添加润滑剂，以防咬住。

（3）室外阀门，要对阀杆加保护套，以防雨、雪、尘土锈污。

（4）如阀门系机械待动，要按时对变速箱添加润滑油。

（5）要经常保持阀门的清洁。

（6）要经常检查并保持阀门零部件完整性。如手轮的固定螺母脱落，要配齐，不能凑合使用，否则会磨圆阀杆上部的四方，逐渐失去配合可靠性，乃至不能开动。

（7）不要依靠阀门支持其他重物，不要在阀门上站立。

（8）阀杆，特别是螺纹部分，要经常擦拭，对已经被尘土弄脏的润滑剂要换成新的，因为尘土中含有硬杂物，容易磨损螺纹和阀杆表面，影响使用寿命。

2. 保管维护

保管维护的目的，是不让阀门在保管中损坏，或降低质量。而实际上，保管不当是阀门损坏的重要原因之一。

(1) 阀门保管，应该井井有条，小阀门放在货架上，大阀门可在库房地面上整齐排列，不能乱堆乱垛，不要让法兰连接面接触地面。这不仅为了美观，主要是保护阀门不致碰坏。

(2) 由于保管和搬运不当，手轮打碎，阀杆碰歪，手轮与阀杆的固定螺母松脱丢失等，这些不必要的损失，应该避免。

(3) 对短期内暂不使用的阀门，应取出石棉填料，以免产生电化学腐蚀，损坏阀杆。

对刚进库的阀门，要进行检查，如在运输过程中进了雨水或污物，要擦拭干净，再存放。

(4) 阀门进出口要用蜡纸或塑料片封住，以防进去脏东西。

(5) 对能在大气中生锈的阀门加工面要涂防锈油，加以保护。

(6) 放置室外的阀门，必须盖上油毡或苫布之类防雨、防尘物品。存放阀门的仓库要保持清洁干燥。

## 第三节　阀门常见故障及处理

运行中的阀门常常发生各种故障等待检修时处理，所以在检修之前，应先了解阀门在使用时的情况，发生了什么故障，并在检修中合理地予以消除。

1. 阀门本体漏

(1) 产生原因。①制造时浇铸不好，有砂眼或裂纹，造成机械强度降低；②补焊工艺差，阀体补焊时拉裂。

(2) 消除方法。①对怀疑有裂纹处磨光，用4％硝酸溶液浸蚀，如有裂纹就可显示出来；②对有裂纹处用砂轮磨光或铲去有裂纹的金属层，进行补焊。

2. 阀杆及与其装配的螺纹套筒的螺纹损坏或阀杆头折断、阀杆弯曲

(1) 产生原因。①操作不当，用力过猛，或大钩子关闭小阀门；②螺纹配合过松或过紧；③操作次数过多，使用年限过久；④材质不合规定。

(2) 消除方法。①改进操作，一般不允许大钩子关闭小阀门；②制造备品时要合乎公差要求，选择材料要适当；③重新更换配件。

3. 阀盖结合面漏

(1) 产生原因。①螺栓紧力不够或紧偏；②门盖垫片损坏；③接合面不平。

(2) 消除方法。①螺栓应对角紧，紧力一致，接合面间隙应一致；②更换垫片；③解体重研接合面。

4. 阀瓣（闸板）与阀座密封面漏

(1) 产生原因：①关闭不严；②研磨质量差；③阀瓣与阀杆间隙过大，造成阀瓣下垂或接触不好；④密封圈材料不良或被杂质卡住。

(2) 改消除方法。①改进操作，重新开启或关闭，用力不得过大；②改进研磨方法，解体重新研磨；③调整阀瓣与阀杆间隙或更换阀瓣；④重新更换或堆焊密封圈，消除杂质。

5. 阀瓣腐蚀损坏

阀瓣腐蚀损坏产生原因一般为阀瓣材料选择不当造成的，消除的方法是按介质性质和温度选用合格的阀瓣材料；若要更换合乎要求的阀门，安装时应符合介质的流动方向。

6. 阀瓣和阀杆脱离造成开关失灵

(1) 产生原因。①修理不当或未加并帽垫圈，运行中由于气、水流动，使螺栓松动而落出；②运行时间过长，使销子磨损或疲劳破坏。

（2）消除方法。①根据运行经验及检修记录，适当缩短检修间隔；②阀瓣与阀杆的销子要合乎规格，材料质量要合乎要求。

7. 阀瓣、阀座有裂纹

（1）产生原因。①合金钢接合面堆焊时有裂纹；②阀门两侧温差太大。

（2）消除方法。①对有裂纹处补焊，按规定进行；②热处理车光并研磨。

8. 阀座与阀体间泄漏

（1）产生原因。①装配太松；②有砂眼。

（2）消除方法。①将阀座取下，对泄漏处补焊，而后车削加工，再嵌入阀座车光，或直接更换阀座；②对有砂眼处补焊，然后车光并研磨。

9. 填料盒泄漏

（1）产生原因。①填料的材质选择不当；②填料压盖未压紧或压偏；③加装填料的方法不当；④阀杆表面粗糙或变成椭圆；⑤阀杆已发生点蚀，或因露天缺乏保护而生锈；⑥阀杆弯曲；⑦填料使用太久已经老化；⑧操作太猛。

（2）消除方法。①选择合乎要求的填料；②检查并调整填料压盖，均匀用力拧紧压盖螺栓；③按正确的方法加装填料；④修理或更换阀杆；⑤采取保护措施，防止锈蚀，已经锈蚀的要更换；⑥阀杆弯曲要校直或更新；⑦填料使用一定时间后，要更换；⑧操作要注意平稳，缓开缓关，防止温度剧变或介质冲击。

10. 阀杆升降不灵或开关不动

（1）产生原因。①冷态下关得太紧，受热后胀住，或开后并紧；②填料压得过紧；③阀杆与填料压盖的间隙过小而胀住；④阀杆与阀杆螺母丝扣损坏；⑤填料压盖紧偏卡住；⑥通过高温介质时润滑不良，阀杆严重锈蚀；⑦操作过猛使螺纹损伤；⑧材料选择不当，如阀杆和阀杆螺母为同一材质，容易咬住；⑨露天阀门缺乏保护，阀杆螺纹沾满尘砂，或者被雨露霜雪锈蚀。

（2）消除方法。①用力缓慢试开或开足并紧时再关 0.5～1 圈；②稍松填料压盖螺栓试开；③适当扩大阀杆与填料压盖之间的间隙；④更换阀杆与螺母；⑤重新调整压盖螺栓，均匀拧紧；⑥高温介质通过的阀门，采用纯净石墨粉作润滑剂；⑦精心操作，关闭时不要使猛劲，开启时不要到上死点，开够后将手轮倒转 1～2 圈，使螺纹上侧密合，以免介质推动阀杆向上冲击；⑧阀杆螺母不要采用与阀杆相同的材质；⑨露天阀门要加阀杆保护套。

11. 弹簧式安全阀密封面渗漏

弹簧式安全阀密封面渗漏的产生原因是密封面之间夹有杂物或密封面损坏，这种故障要靠定期检修来预防。

12. 弹簧式安全阀灵敏度不高

（1）产生原因。①弹簧疲劳；②弹簧使用不当。

（2）消除方法。①弹簧疲劳，应该更换；②弹簧使用不当，应注意一种公称压力的弹簧式安全阀有几个压力段，每一个压力段有一种对应的弹簧。

13. 止回阀故障

（1）阀瓣打碎。阀瓣打碎的产生原因是止回阀前后介质压力处于接近平衡而又互相“拉锯”的状态，阀瓣经常与阀座拍打，某些脆性材料（如铸铁、黄铜等）做成的阀瓣就被打碎。

消除的方法是采用阀瓣为韧性材料的止回阀。

（2）介质倒流。介质倒流产生的原因是密封面破坏或夹入杂质。消除的方法是修复密封面及清除杂质。

# 第四节　阀门的带压堵漏

火力发电厂的阀门主要用于控制各种设备及其管路上工质的流动。阀门的泄漏常发生在填料、法兰密封及阀体上，阀门长时间泄漏可造成阀杆和法兰密封面的冲蚀，最终可使阀门报废，加上介质流体的损失，使厂用电及生产成本上升，经济效益下降。若是有毒介质、易燃、易爆、腐蚀性等发生外泄漏，还容易发生中毒、火灾、爆炸等伤亡事故和加快厂房设备的腐蚀速度，缩短其使用寿命，严重时污染周边环境，破坏电力生产，损害人们的身体健康。泄漏的存在严重威胁着安全生产，可使电厂的非计划停机的事故次数增多。为此必须找到阀泄漏原因，并根据泄漏的原因采用合适的堵漏方法，及时对泄漏的阀门进行维修和维护。

## 一、运行中阀门的外漏

### 1. 阀门填料的泄漏和原因

阀门在操作使用过程中，阀杆同填料之间存在着相对运动，它包括转动和轴向移动。随着开关次数的增加，相对运动的次数也随之增多，加上工质温度、压力和流动特性等影响，又由于填料接触压力的逐渐减弱，填料自身的老化、失去弹性等原因，容易使阀门填料发生工质沿着填料与阀杆的接触间隙向外泄漏的现象，长时间的泄漏会把部分填料吹走并将阀杆冲刷出沟槽，从而使泄漏扩大化。

### 2. 法兰的泄漏

法兰连接的阀门的密封主要是依靠连接螺栓的预紧力，通过垫片达到足够的密封比压，来阻止被密封压力流体介质的外泄。由于密封垫片的压紧力不足，结合面的表面粗糙度不符合要求，垫片变形和机械振动等都会引起密封垫片与法兰结合面密合不严而发生泄漏。另外，螺栓变形或伸长、垫片老化、回弹力下降、龟裂等也会造成法兰面密封不严而发生泄漏。阀门安装时若密封垫片装偏，使局部密封比压不足紧力过度，超过了密封垫片的设计极限，以及法兰紧固过程中用力不均或两法兰中心线偏移，造成假紧现象等都容易发生泄漏，这些是人为因素。

### 3. 阀体的外漏和原因

阀体的外漏主要原因是由于阀门生产过程中铸造或锻造缺陷所引起的，如砂眼、气孔、裂纹等，而流体介质的冲刷和气蚀也是造成阀体泄漏的常见因素。

## 二、带压堵漏的原理

带压堵漏是以工质在动态条件下，固态密封材料的密封机理为基本依据。方法是在泄漏部位装设专用设备，利用密封部位和专用设备之间形成的腔室，采用专用的高压注胶工具将密封胶注入腔室，并充满整个腔室空间，使密封胶的挤压力与泄漏介质的压力相平衡，建立一个新的密封结构来堵塞泄漏孔隙各通道，阻塞介质的外泄。

带压堵漏有以下优点：①不需要停机或对系统进行隔离；②不需要对系统进行泄压；③节省大量的能源和人力；④大大减少了因设备隔离或停机而带来的电量损失；⑤减少了社会经济损失。

## 三、带压堵漏的常用方法

生产运行中的阀门若发生泄漏，在无法隔离的情况下，需采取相应的技术手段消除泄漏，以保证机组安全生产的正常运行。

### 1. 阀门填料室泄漏的带压堵漏

采用注剂式带压漏技术是目前比较安全可靠的一种技术手段，它采用特别夹具和液压注射工具，将密封剂注射到夹具与泄漏部位部分外表面所形成的密封空腔内，迅速地弥补各种复杂的泄漏缺陷。在注剂的压力大于泄漏介质压力的条件下，泄漏被强行止住，注剂自身在短时间内由塑性体转变为弹性体，形成一个有弹性的密封结构并能维持一定的工作密封比压，达到重新密封的目的。目前，国内外生产和使用的密封注剂大致分为两类：一类是热固化密封注剂，这类注剂只有达到一定温度才能由塑料体转变为弹性体，常温下则为固体；另一类是非热固化密封注剂，它适用于常温、低温及高温场合的动态密封作业要求，这类密封注剂多制成棒状固体或双组分的腻状材料，将其装在高压注枪后，在一定的压力下具有良好的注射工艺性及填充性，且不失去阀门开关功能。

常用的方法有两种。

（1）对于阀门填料函的壁厚大于8mm左右时，在动态条件下采用注式带压堵漏消除缺陷时，可以直接在阀门的填料函壁面上开设注剂孔的方式作业，密封腔就是阀门的填料函自身，注入阀门填料函内的密封注剂的作用与填料所起的作用相同。首先在阀门填料函外壁的适当位置用直径10.5mm或8.7mm的钻头开孔，孔不能钻透，大约留1～3mm左右，撤出钻头，用M12或M10的丝锥攻丝，攻丝结束后，把注剂专用旋塞阀拧上，并使之处于开的位置，用直径3mm的长杆钻头把余下的阀门填料函壁钻透，这时泄漏介质会沿着钻头排削去方向喷出，为了防止钻孔时高温、高压的工质喷出伤人，钻小孔前可采用一挡板，先在挡板上用钻头钻一个直径5mm的孔，使之能套过长钻头上，加上挡板钻余下的壁厚则不会有危险。钻透小孔后取出钻头，把注剂专用旋塞阀拧到关的位置，切断介质连接高压注剂枪进行注射密封注剂的操作。如果阀门填料函内介质压力低，也可以用直径3mm的长钻头直接钻透小孔，再进行密封注剂操作作业。

（2）对于填料函壁较薄的阀门，可以采用辅助夹具进行动态密封作业。辅助夹具只是为了弥补阀门填料函壁厚的不足，相当于一个固定在阀门填料函外壁的特殊接头，用以连接高压注剂枪。夹具的机械加工方法难以得到理想的局部贴合面，在条件允许的情况下，可以适当修理阀门填料函外壁，使之与辅助夹具更好地贴合。如果泄漏阀门的填料外壁形状复杂或修整条件不允许时，可在辅助夹具底部垫一块石棉橡胶板或橡胶板，拧紧夹具螺栓，使垫在下面的橡胶板能很好地堵塞贴合面缝隙。辅助夹具上应有一个与注剂旋塞阀相配的螺纹贴块，接下来同壁厚的填料函操作一致，整个密封作业完成后，不要立刻开关阀门，等密封注剂固化后，才可投入正常使用。

2. 阀门法兰泄漏的带压堵漏

（1）铜丝围堵法。它适用于两法兰间隙较小，间隙量均匀，泄漏工质压力低的带压堵漏，可以在拆下的螺栓上直接安放螺栓专用注剂接头，一般不少于2个。

安装注剂接头时应松开一个螺母，安装好注剂接头，迅速重新拧紧螺母，然后再安装另外的注剂接头，不能同时将所需接头螺母松开，以免造成垫片上的密封比压明显下降，泄漏量增加，甚至会导致泄漏介质将垫片吹走，导致无法弥补的后果。如果原来泄漏量较大，可用G形夹子来维持密封比压的均衡，安装完注剂螺栓后，用工具将直径略小于泄漏法兰间隙的铜丝嵌入到法兰间隙中，同时将法兰的外缘冲出唇口，使铜丝固定后在法兰间隙内，这样就组成新的密封腔。然后可连接高压注剂枪进行动态密封作业，注剂方向应从泄漏点相反处依次进行，终点应在漏点附近。

（2）钢带围堵法。当两法兰间隙稍大且不超过8mm，工质压力小于2.5MPa时，可采用钢带围堵法进行密封作业。它对两法兰同轴度有较高要求，对法兰间隙均匀程度要求不高。钢带一般选用1.5～3.0mm的厚度，宽度20～30mm即可，制作时可采用焊接或铆接，两接头下方需加设过渡垫片，根据法兰尺寸确定安装注剂接头的数量。安装钢带时，应将钢带位于两法兰的间隙上，把连接螺栓稍拧几扣，再把两个过渡垫片加入，全部包住法兰间隙，继续拧紧螺栓，最终形成完整的密封空腔，这时就可以进行动态密封作业。

（3）法兰的凸形夹具堵法。当泄漏法兰间隙大于 8mm，介质压力大于 2.5MPa 时，从安全和可靠性考虑，应设计制作成加工尺寸精确、整体密封性能好、耐高压的法兰夹具，它动态密封作业的成功率较高，是一种广泛使用的密封技术。作业前应在做好的夹具上安装旋塞阀，并使旋塞阀处于开启状态，操作人员应站在上风口，若泄漏压力或流量很大，可用压缩空气把泄漏介质向一边吹扫，或在夹具上接上长杆，使操作人员避免和少接触泄漏工质。安装时，夹具的注剂孔应处于两法兰连接螺栓的中间，并保证泄漏处附近有注剂孔，不要使注剂孔对准螺栓，以免增加注剂进入的阻力。夹具螺栓拧紧后，夹具与法兰接触最大间隙不应超过 0.5mm，注剂应先从离泄漏点最远处开始注入，逐渐靠近泄漏，直至泄漏停止。此方法也可用于管道的带压堵漏。

这种堵漏方法在机组日常维护中应用普遍，是管阀检修专业必须掌握的一种堵漏方法。

3. 阀门阀体泄漏的带压堵漏

阀体的泄漏处理可适用于管道的泄漏处理，有以下两种方法。

（1）黏结法。它是利用胶黏剂的特殊性能进行带压堵漏的一种方法。对于压力介质及泄漏量小的砂眼部位，可先把泄漏点周围打磨出金属光泽，然后用锥度销钉对准泄漏点，适当力度打入，使泄漏明显减少或暂时性封堵。利用胶黏剂固化速度快的特点，及时地将销钉周围涂满胶黏剂，成立一个新的固体密封结构，达到止漏的目的。对于介质压力高、泄漏量大的缺陷，可用顶压工具进行密封作业，操作时把顶压机构固定在阀门的一侧，高速顶压螺杆，使顶压螺杆的轴向正对泄漏点，旋转顶压螺杆，利用顶压螺杆端部的铆钉紧紧地压在泄漏部位上，迫使泄漏停止。

如果铆钉顶端比泄漏点面积小，可在铆钉下再垫上一块软金属片，泄漏停止后，及时清理泄漏点周围的金属表面，除去铁锈和油污，将配制好的胶黏剂涂抹在周围。待胶黏剂充分固化后，拆除顶压螺杆与铆钉的固定螺钉，取下顶压机构，为了保证其耐压效果，可在处理好的泄漏部位用玻璃布等加固。

（2）焊接法。在阀体的泄漏介质压力低、漏量小的情况下，可用一个内径比泄漏点大一倍以上的螺帽，让泄漏介质从螺帽内流出，把螺帽焊在阀体上，再配一个与螺帽相同规格的螺栓，在螺帽底部放置一块橡胶垫或石棉垫，将螺栓顶部绕上生胶带拧入螺帽内，达到阻止泄漏的目的。对于泄漏工质压力高、泄漏量大的阀体，可用引流焊接法，首先用一块铁板，中间开设一圆孔，把一个与圆孔相当口径的隔离阀焊接在铁板的圆孔上，打开隔离阀，把铁板中心孔对准泄漏点贴合在阀体，让泄漏工质经铁板中心孔与隔离阀流出。如果贴合面不好，可在贴合面放置橡胶或石棉垫，然后把铁板周围与阀体焊好，再关闭隔离阀就能达到重新密封的目的。

在阀体的泄漏工质高温高压，但是阀门有较大的外形尺寸、泄漏量不大的情况也可以用焊接的方法，首先直接把阀体上与漏点相关的缝隙都焊死（不焊漏点），然后用一段符合工况（工作温度、压力）的管子（长度视现场环境而定，一般取 200mm 左右即可），其直径应该大于漏点，把一台与管子相适应的阀门焊接在管子一端，并全开阀门，然后把管子另一端对准漏点焊接好后，关闭阀门即可止住泄漏。

4. 万能堵漏法

不管是阀门哪一部分泄漏如果以上方法操作都有困难时也可以采用"包裹法"。使用符合工况的板材（管材）制作一个能包裹阀门整体或者是有漏点的阀体的箱体，把它焊在阀门上使之能包裹住漏点，如果在焊接箱体时有困难，可以在箱体上开孔留到最后再运用加排汽阀的方法就可以很容易地封口焊接了。这种堵漏方法是在机组日常维护中用的最多、效果最好的一种方法，也是管阀检修专业必须掌握的一种堵漏方法。

**四、带压堵漏的注意事项**

一台 100MW 的火力发电机组启停一次，耗资达 30 万元人民币以上。在火力发电厂生产现场还有其他一些部件的带压堵漏，若都能够采用堵漏技术并成功地在现场泄漏点进行带压堵漏，减少非计划停机次数，其效益是显著的，对于电厂的经济性提高有很大的帮助。

进行现场的带压堵漏作业，要注意以下几点：

（1）带压堵漏是一种应急抢修性质的工作。带压堵漏处理的漏点是一种临时处理措施，有一定的局限性和时效性。在之后的检修中，还是要对泄漏部位进行彻底检修。消除现场的"跑、冒、滴、漏"现象，提高设备运行健康水平的根本方法是要靠计划检修的合理性和提高设备检修维护的工艺。

（2）带压堵漏的工作环境恶劣、作业时间长、劳动强度大，作业中不确定因素多、作业风险大。工作前的安全准备工作非常重要，作业前的风险分析一定要充分，安全措施的落实一定要到位。

（3）带压堵漏是一门专业性很强的技术，要求作业人员的现场应变能力、对机械专业知识掌握以及带压堵漏专用工具使用等都有很高的要求。由于对作业人员和专用设备有很高的要求，应尽量由专业公司来完成的。

（4）带压堵漏是一种新技术，有自身的局限性和适用范围，还在不断地改进和完善之中，带压堵漏并不能解决一切泄漏问题。

## 第四篇

# 锅炉辅助设备检修

## 第十五章 转动机械检修

### 第一节 轴承检修

轴承是支承轴颈或轴上的回转件。锅炉设备的转动机械的很多，如吸风机、送风机、磨煤机、各种水泵等，所以轴承是锅炉设备的转动机械上的重要组成部分。对轴承的要求是：摩擦阻力小，使用寿命长，体积小，能适应较高转速，在一旦发生故障时，能快速更换新轴承。根据轴承的工作原理可分为滚动摩擦轴承（滚动轴承）和滑动摩擦轴承（滑动轴承）。

**一、滚动轴承的检修**

滚动轴承是广泛运用的机械支承。其功能是在保证轴承有足够寿命的条件下，用以支承轴及轴上的零件，并与机座作相对旋转、摆动等运动，使转动副之间的摩擦尽量降低，以获得较高传动效率。

（一）滚动轴承概述

1. 滚动轴承的特点

滚动轴承的优点：

（1）应用设计简单，产品已标准化，并由专业生产厂家进行大批量生产，具有优良的互换性和通用性。

（2）启动摩擦力矩低，功率损耗小，滚动轴承效率（0.98～0.99）比滑动摩擦轴承高。

（3）负荷、转速和工作温度的适应范围宽，工况条件的少量变化对轴承性能影响不大。

（4）大多数类型的轴承能同时承受径向和轴向载荷，轴向尺寸较小。

（5）易于润滑、维护及保养。

滚动轴承的缺点：

（1）大多数滚动轴承径向尺寸较大。

（2）在高速、重载荷条件下工作时，寿命短。

（3）振动及噪声较大。

2. 滚动轴承构造

滚动轴承一般是由内圈、外圈、滚动体、导环和保持架组成，如图15-1所示。内圈装在轴颈上（在推力轴承中称为轴圈），配合较紧；外圈装在机座或零件的轴承孔内，通常配合较松。内外圈上有滚道，当内外圈相对旋转时，滚动体将沿滚道滚动。滚动体是实现滚动摩擦的滚动元件，除自转外，还绕轴线公转，形状有球形、圆柱形、锥柱形、滚针、鼓形

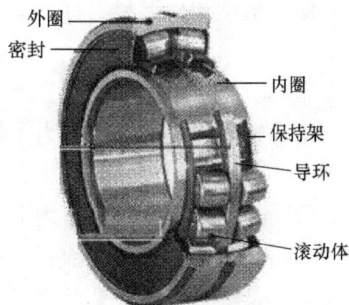

图 15-1 滚动轴承构造

等。保持架的作用是把滚动体均匀地隔开。

为适应某些使用要求，有的轴承可以无内圈或无外圈，或带防尘、密封圈等结构。

3. 滚动轴承材料

滚动体与内外圈的材料要求有高的硬度和接触疲劳强度、良好的耐磨性和冲击韧性。一般用含铬合金钢制造，常用材料有 GCr15、GCr15SiMn、GCr6、GCr9 等，经热处理后硬度可达 HRC61～65。保持架一般用低碳钢板冲压而成，高速轴承多采用有色金属（如黄铜）或塑料保持架。

4. 滚动轴承的主要类型

为满足具体的使用要求，需要有不同类型的轴承来保证实际需要。根据滚动体形状，滚动轴承大致可分为球轴承和滚子轴承；按其承受负荷的主要方向，则可分为向心轴承和推力轴承。

(1) 载荷的大小、方向和性质。球轴承适于承受轻载荷，滚子轴承适于承受重载荷及冲击载荷。当滚动轴承受纯轴向载荷时，一般选用推力轴承；当滚动轴承受纯径向载荷时，一般选用深沟球轴承或短圆柱滚子轴承；当滚动轴承受纯径向载荷的同时，还有不大的轴向载荷时，可选用深沟球轴承、角接触球轴承、圆锥滚子轴承及调心球或调心滚子轴承；当轴向载荷较大时，可选用接触角较大的角接触球轴承及圆锥滚子轴承，或者选用向心轴承和推力轴承组合在一起，这在极高轴向载荷或特别要求有较大轴向刚性时尤为适应宜。

(2) 允许转速。因轴承的类型不同有很大的差异。一般情况下，摩擦小、发热量少的轴承，适于高转速。设计时应力求滚动轴承在低于其极限转速的条件下工作。

(3) 刚性。轴承承受负荷时，轴承套圈和滚动体接触处就会产生弹性变形，变形量与载荷成比例，其比值决定轴承刚性的大小。一般可通过轴承的预紧来提高轴承的刚性；此外，在轴承支承设计中，考虑轴承的组合和排列方式也可改善轴承的支承刚度。

(4) 调心性能和安装误差。轴承装入工作位置后，往往由于制造误差造成安装和定位不良。此时常因轴产生挠度和热膨胀等原因，使轴承承受过大的载荷，引起早期的损坏。自动调心轴承可自行克服由安装误差引起的缺陷，因而是适合此类用途的轴承。

(5) 安装和拆卸。圆锥滚子轴承、滚针轴承和圆锥滚子轴承等，属于内外圈可分离的轴承类型（即所谓分离型轴承），安装拆卸方便。

5. 滚动轴承的代号

滚动轴承代号是用字母加数字来表示轴承结构、尺寸、公差等级、技术性能等特征的产品符号。GB/T 272—1993《滚动轴承 代号方法》规定轴承的代号由前置代号、基本代号和后置代号三部分组成。基本代号是轴承代号的基础。前置代号和后置代号都是轴承代号的补充，只有在遇到对轴承结构、形状、材料、公差等级、技术要求等有特殊要求时才使用，一般情况可部分或全部省略。

6. 滚动轴承的润滑与密封

滚动轴承的润滑主要是为了降低摩擦阻力和减轻磨损，同时也有吸振、冷却、防锈和密封等作用。合理的润滑对提高轴承性能，延长轴承的使用寿命有重要意义。

滚动轴承的润滑材料有润滑油、润滑脂及固体润滑剂，具体润滑方式可根据速度因素 $d_n$ 值按表 15-1 选择（$d$ 为轴颈直径，mm；$n$ 为工作转速，r/min）。

(二) 滚动轴承常见故障及原因

滚动轴承常见故障及原因见表 15-2。

表 15-1
滚动轴承润滑方式的选择

| 轴承类型 | $dn(\text{mm} \cdot \text{r/min})$ | | | | |
| --- | --- | --- | --- | --- | --- |
| | 浸油/飞溅润滑 | 滴油润滑 | 喷油润滑 | 油雾润滑 | 脂润滑 |
| 深沟球轴承 | $\leqslant 2.5 \times 10^5$ | $\leqslant 4 \times 10^5$ | $\leqslant 6 \times 10^5$ | $\leqslant 6 \times 10^5$ | $\leqslant (2 \sim 3) \times 10^5$ |
| 角接触球轴承 | | | | | |
| 圆柱滚子轴承 | | | | | |
| 圆锥滚子轴承 | $\leqslant 1.6 \times 10^5$ | $\leqslant 2.3 \times 10^5$ | $\leqslant 3 \times 10^5$ | | |
| 推力轴承 | $\leqslant 0.6 \times 10^5$ | $\leqslant 1.2 \times 10^5$ | $\leqslant 1.5 \times 10^5$ | | |

表 15-2　　　　　　　　　　　　　　　滚动轴承常见故障及原因

| 故障类型 | 故 障 原 因 |
| --- | --- |
| 轴承磨损 | 磨损的主要原因是轴承滚道中落入杂物、润滑不良、装修和运行不当所致。磨损间隙过大，要产生振动和噪声 |
| 脱皮剥落 | 脱皮剥、落是轴承内、外圈的滚道和滚动体表面金属成片状或粒状碎屑脱落的现象。这是由于轴承受反复变化的接触应力而引起的轴承疲劳损坏，其原因多是安装或装配不良、轴承箱和滚道变形、润滑不良及振动过剧所致 |
| 裂纹或破碎 | 轴承的内、外圈、滚动体、隔离圈破裂是一种恶性破坏事故，其原因是轴承与轴或轴室配合不当、装配不良所致 |
| 过热变色 | 轴承工作温度超过 170℃时，硬度显著下降，承载能力降故轴承工作温度通常应限制在 80℃以下。过热的原因是供油不足或中断、油质不良、冷却水系统故障和安装间隙不当等。轴承过热将使其机械性能降低，甚至变形或损坏 |

**注**　滚动轴承常见的故障中有约 60%的轴承损坏是因为检修拆装和润滑保养不当造成过热而损坏的。

（三）滚动轴承的检修工艺

1. 检修项目

（1）内外圈和滚动体的表面质量，如发现裂纹、疲劳剥落的小坑或碎落现象时，应及时更换为新轴承。

（2）因磨损轴向间隙超过允许值时，可以重新调整，调整后达不到要求的应更换轴承。

（3）对于向心推力轴承，径向间隙和轴向间隙有一定的几何关系，所以只检查径向间隙或轴向间隙。

（4）对于单列向心球轴承间隙测量，只可测量径向间隙。

（5）检查密封元件是否老化、损坏，如果已失效，应及时更新。新的毡圈式密封装置在暗装前要在融化的润滑脂内浸润 30～40min，然后再安装。

（6）轴承应始终保持良好的润滑状态。从新涂油之前应当用汽油洗净，涂油量控制在轴承空隙的 2/3。

2. 轴承的拆卸工艺

（1）拆卸要求：①一般应以不损坏轴承及其配合体的精度为原则。因此，拆卸力不应直接或间接地作用于滚动体上。②轴承与轴一般配合较紧，与外壳孔配合较松，故可先将轴承与轴一起从外壳孔中取出，然后再从轴上卸下轴承。在整个拆卸过程中，拆卸力应分别作用在轴承的外圈和内圈上，如图 15-2 所示。

（2）拆装方法有拉马拆卸法、冷拆法、热拆法和压力机拆（装）法。

有的轴承可以用拉马（见图 15-3）卸下来，如果直接用拉马有困难，可以做一个两半的卡环，然后把拉马装在卡环上，轴承就可以卸下。使用拉马需注意：①拉出轴承时，要保持拉轴承器的丝杆与轴的中心一致。②拉出轴承时，不要碰伤轴的螺纹、轴颈、轴肩等。③装置拉轴承器时，顶头上要放钢球。初拉时要动作缓慢均匀，不要过急过猛，在拉扳中不应产生顿跳现象。④拉轴承器的拉爪位置要正确，拉爪应平直地拉住内圈，为防止拉爪脱落可用金属丝将拉杆绑在一起。⑤各拉杆间距离及拉杆长度应相等，否则易产生偏斜和受力不均。

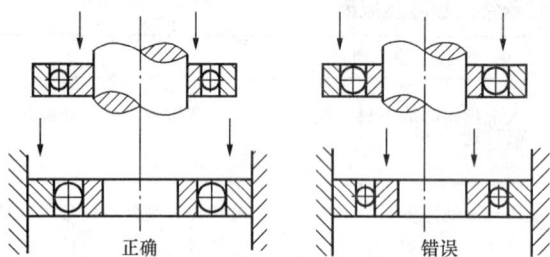

图 15-2　拆卸轴承的施力部位　　　　图 15-3　拉轴承器（拉马）

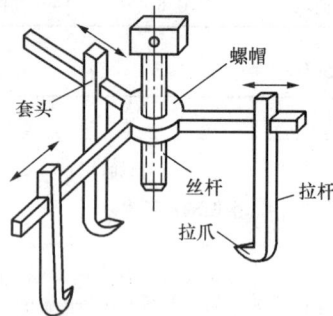

冷拆法的过程是先用汽油棉纱将轴承清洗干净，然后用紫铜棒作冲子，通过手锤敲打，施力于轴承内圈四周，使内圈均匀地退出（见图 15-4）。如果用软金属制成的专用套筒，可取得更好的效果（见图 15-5）。

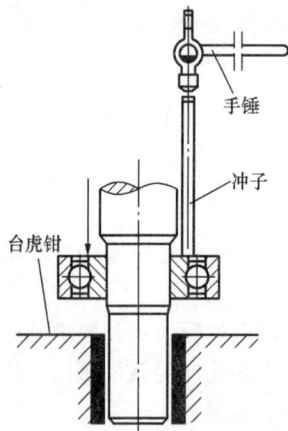

图 15-4　用铜冲和手锤拆卸轴承　　　　图 15-5　用套管和手锤拆卸轴承

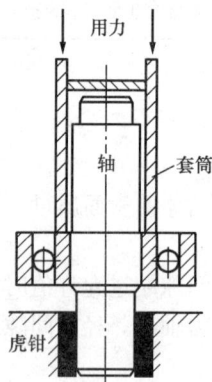

拆卸过盈较大的轴承时，冷却有困难，为此采用加热法，一般用机油加热。将矿物油加热到 90～100℃（不超 120℃），在未浇油之前，将轴上可能接触热油的地方用石棉布盖上，以免轴被加热，然后装上拆卸工具用油壶，将热油浇在轴承的内圈上，使轴承内圈胀到一定程度，用拉马将轴承从轴上卸下来，也可用烤把进行加热（见图 15-6）。

压力机拆装法所用的压力机可以是液压式的，也可以是螺旋式的。轴承下的垫块可以是整圆、半圆或 U 形，硬度要比轴承的硬度低。一使用此法时要注意施力方向应与轴承中心一致，否则，不但拆卸困难，且易将轴压弯（见图 15-7）。

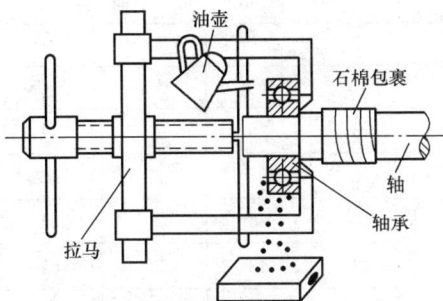

图 15-6　加热拆卸法

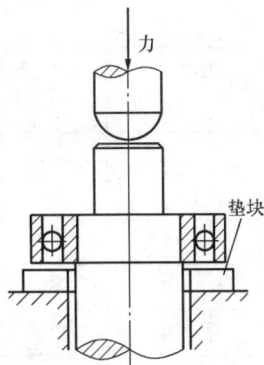

图 15-7　用压力机拆装轴承

（3）轴承的维修。

1）清洗。拆下来的轴承的清洗，分粗清洗和细精洗，分别在清洗前和清洗过程中，不得转动轴承。清洗中不要使用棉纱，可用不掉毛的刷子或布进行清洗。在容器中，先放上金属的网垫底，使轴承不直接接触容器的脏物。粗清洗时，如果使轴承带着脏物旋转，会损伤轴承滚动面，应该加以注意。在粗清洗油中，使用刷子清除去润滑脂、粘着物，大致干净后，转入精洗。精洗是将轴承在清洗油中一边旋转，一边仔细地清洗。另外，清洗油也要经常保持清洁。

2）轴承的报废。轴承的报废标准，见表15-3。

3）轴承的游隙包括径向游隙和轴向游隙，见图15-8。径向游隙为当一个套圈固定时，另一个套圈在径向上的最大活动量，用 $U_r$ 表示。轴向游隙为当一个套圈固定时，另一个套圈在轴向上的最大活动量，用 $U_a$ 表示。常用轴承的径向游隙见表15-4～表15-7。

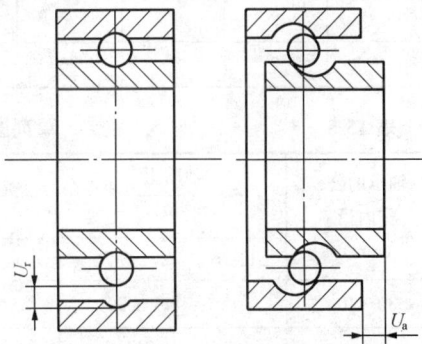

图 15-8　轴承游隙

表 15-3　　　　　　　　　　　　　滚动轴承报废标准

| 名称 | 滚动体报废标准 | | | | 滚道圆度报废标准 | 轴承内圈报废标准 | 直径报废标准 | 轴承游隙超过原始游隙5倍即报废 |
| --- | --- | --- | --- | --- | --- | --- | --- | --- |
| | 圆度 | 每组滚动体误差 | | | | | | |
| | | 滚珠 | 圆柱 | 圆锥 | | | | |
| 报废标准 | ≥0.01 | ≥0.01 | ≥0.02 | ≥0.02 | ≥0.05 | ≥0.02 | ≥0.02 | |

注　有严重灼伤变色时也应予以报废。

表 15-4　　　　　　　　　　　单列向心球轴承径向间隙　　　　　　　　　　　　　μm

| 轴承公称内径（mm） | 辅助组 2 | | 基本组 0 | | 辅助组 3 | | 辅助组 4 | | 测定时所加径向负荷（N） |
| --- | --- | --- | --- | --- | --- | --- | --- | --- | --- |
| | 最小 | 最大 | 最小 | 最大 | 最小 | 最大 | 最小 | 最大 | |
| 10～18 | 0 | 9 | 3 | 18 | 11 | 25 | 18 | 33 | 49 |
| 18～24 | 0 | 10 | 5 | 20 | 13 | 28 | 20 | 36 | 49 |

| 轴承公称内径（mm） | 辅助组 2 | | 基本组 0 | | 辅助组 3 | | 辅助组 4 | | 测定时所加径向负荷（N） |
|---|---|---|---|---|---|---|---|---|---|
| | 最小 | 最大 | 最小 | 最大 | 最小 | 最大 | 最小 | 最大 | |
| 24～30 | 1 | 11 | 5 | 20 | 13 | 28 | 23 | 41 | 49 |
| 30～40 | 1 | 11 | 6 | 20 | 15 | 33 | 28 | 46 | 98 |
| 40～50 | 1 | 11 | 6 | 23 | 18 | 36 | 30 | 51 | 98 |
| 50～65 | 1 | 15 | 8 | 28 | 23 | 43 | 38 | 61 | 98 |
| 65～80 | 1 | 15 | 10 | 30 | 25 | 51 | 46 | 71 | 98 |
| 80～100 | 1 | 18 | 12 | 36 | 30 | 58 | 53 | 84 | 98 |
| 100～120 | 2 | 20 | 15 | 41 | 36 | 66 | 61 | 97 | 147 |
| 120～140 | 2 | 23 | 18 | 48 | 41 | 81 | 71 | 114 | 147 |
| 140～160 | 2 | 23 | 18 | 53 | 46 | 91 | 81 | 130 | 147 |
| 160～180 | 2 | 25 | 20 | 61 | 53 | 102 | 91 | 147 | 147 |
| 180～200 | 2 | 30 | 25 | 71 | 63 | 117 | 107 | 163 | 147 |

**表 15-5**　　　　　　　　　　单列圆柱滚子轴承的径向间隙　　　　　　　　　　μm

| 轴承的公称内径（mm） | 辅助组 2 | | 基本组 0 | | 辅助组 3 | | 辅助组 4 | |
|---|---|---|---|---|---|---|---|---|
| | 最小 | 最大 | 最小 | 最大 | 最小 | 最大 | 最小 | 最大 |
| 30～40 | 15 | 30 | 30 | 45 | 45 | 60 | 60 | 80 |
| 40～50 | 20 | 35 | 35 | 55 | 55 | 75 | 75 | 100 |
| 50～65 | 20 | 40 | 40 | 65 | 65 | 90 | 90 | 125 |
| 65～80 | 30 | 50 | 50 | 80 | 80 | 110 | 110 | 145 |
| 80～100 | 35 | 60 | 60 | 100 | 100 | 135 | 135 | 180 |
| 100～120 | 40 | 75 | 75 | 120 | 120 | 160 | 160 | 210 |
| 120～140 | 50 | 95 | 95 | 145 | 145 | 190 | 190 | 240 |
| 140～160 | 60 | 110 | 110 | 170 | 170 | 220 | 220 | 280 |
| 160～180 | 65 | 120 | 120 | 180 | 180 | 240 | 240 | 310 |

**表 15-6**　　　　　　　　　　圆柱滚子轴承的径向间隙　　　　　　　　　　μm

| 轴承的公称内径（mm） | 辅助组 2 | | 基本组 0 | | 辅助组 3 | | 辅助组 4 | |
|---|---|---|---|---|---|---|---|---|
| | 最小 | 最大 | 最小 | 最大 | 最小 | 最大 | 最小 | 最大 |
| 24～30 | 10 | 25 | 25 | 35 | 40 | 50 | 50 | 60 |
| 30～40 | 12 | 25 | 25 | 40 | 45 | 55 | 55 | 70 |
| 40～50 | 15 | 30 | 30 | 45 | 50 | 65 | 65 | 80 |

| 轴承的公称内径 (mm) | 辅助组 2 | | 基本组 0 | | 辅助组 3 | | 辅助组 4 | |
|---|---|---|---|---|---|---|---|---|
| | 最小 | 最大 | 最小 | 最大 | 最小 | 最大 | 最小 | 最大 |
| 50~65 | 15 | 35 | 35 | 50 | 55 | 75 | 75 | 90 |
| 65~80 | 20 | 40 | 40 | 60 | 70 | 90 | 90 | 110 |
| 80~100 | 25 | 45 | 45 | 70 | 80 | 105 | 105 | 125 |
| 100~120 | 25 | 50 | 50 | 80 | 95 | 120 | 120 | 145 |
| 120~140 | 30 | 60 | 60 | 90 | 105 | 135 | 135 | 160 |
| 140~160 | 35 | 65 | 65 | 100 | 115 | 150 | 150 | 180 |
| 160~180 | 35 | 75 | 75 | 110 | 125 | 165 | 165 | 200 |
| 180~200 | 40 | 80 | 80 | 120 | 140 | 180 | 180 | 220 |
| 200~225 | 45 | 90 | 90 | 135 | 155 | 200 | 200 | 240 |

**表 15-7　　　　　　　　调心球轴承的径向间隙　　　　　　　　μm**

| 轴承的公称内径 (mm) | 辅助组 2 | | 基本组 0 | | 辅助组 3 | | 辅助组 4 | |
|---|---|---|---|---|---|---|---|---|
| | 最小 | 最大 | 最小 | 最大 | 最小 | 最大 | 最小 | 最大 |
| 10~14 | 2 | 10 | 6 | 19 | 13 | 26 | 21 | 35 |
| 14~18 | 3 | 12 | 8 | 21 | 15 | 28 | 23 | 37 |
| 18~24 | 4 | 14 | 10 | 23 | 17 | 30 | 25 | 39 |
| 24~30 | 5 | 16 | 11 | 24 | 19 | 35 | 29 | 46 |
| 30~40 | 6 | 18 | 13 | 29 | 23 | 40 | 34 | 53 |
| 40~50 | 6 | 19 | 14 | 31 | 25 | 44 | 37 | 57 |
| 50~65 | 7 | 21 | 16 | 36 | 30 | 50 | 45 | 69 |
| 65~80 | 8 | 24 | 18 | 40 | 35 | 60 | 54 | 83 |
| 80~100 | 9 | 27 | 22 | 48 | 42 | 70 | 64 | 96 |
| 100~120 | 10 | 31 | 25 | 56 | 50 | 83 | 75 | 114 |
| 120~140 | 10 | 38 | 30 | 68 | 60 | 100 | 90 | 135 |
| 140~160 | 15 | 44 | 35 | 80 | 70 | 120 | 110 | 161 |

（4）轴承的安装工艺。经过检查，轴承合格或更换新轴承时，可以进行安装，轴承内圈与轴的配合采用基孔制，外圈与座孔的配合采用基轴制。

轴承的安装方法：①压力机安装法（见图 15-9）安装前应在配合表面涂润滑油，垫块应垫在内测。压入速度不应超过 10mm/s。②冷安装法（见图 15-10）。③热安装法。当轴承内圈与轴的配合有较大的过盈值时，都应采用加热安装。利用轴承加热器或机油加热至 80~100℃进行安装。热油加热设备如图 15-11 所示。加热后，用专用夹具将轴承夹稳，对准套装部位迅速推入，再用铜棒敲打轴承内圈，使其安装到正确位置。

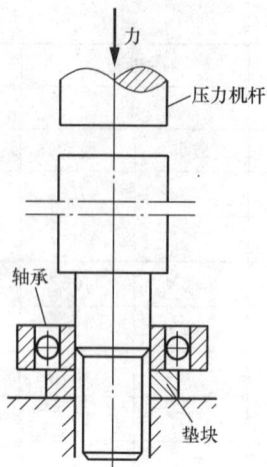

图 15-9　用压力机安装轴承　　图 15-10　用铜冲和手锤安装轴承

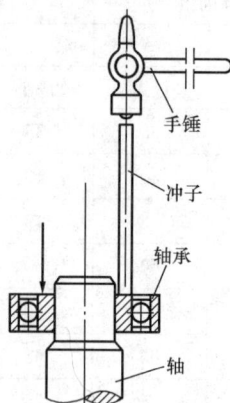

（5）装配要求。

1）轴承与轴的配合。轴承内圈与轴为紧配合，过盈值太小会造成内圈转动，与轴摩擦产生振动，升温使轴承损坏，甚至使轴报废，过盈值太大则使轴承径向间隙过小，造成轴承卡住或损坏，故过盈量的大小应以技术图纸要求或国家有关标准规定为准，一般情况下，轴承与轴的配合紧力为 0.02～0.05mm。

2）轴承与轴承室的配合。轴承外圈与轴承盖之间为间隙配合，过紧会由于轴承转动时发生热膨胀造成轴承径向间隙过小，太松则使转动精度降低，转子易跳动，故一般轴承外圈与轴承盖之间有 0.05～0.10mm 的径向间隙。同时为保证转轴受热后的自由膨胀伸长，在轴承的承力侧轴承与轴承室端盖之间应留有足够的膨胀间隙，间隙值与轴长有关。轴向间隙可用深度卡尺测量或压铅丝法测量（见图 15-12）。轴向配合间隙 $a$ 按式（15-1）计算

$$a = \frac{c_1 + c_2 + c_3 + c_4}{4} - \frac{b_1 + b_2 + b_3 + b_4}{4} \tag{15-1}$$

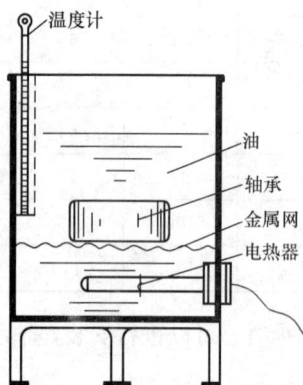

图 15-11　热油加热设备　　　　图 15-12　轴承轴向间隙的测量

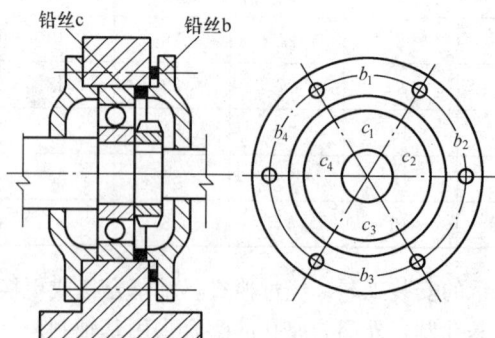

3）轴承与轴肩的配合。轴承端面与轴肩应贴紧，轴肩的高度一般为轴承内圈厚度的 $1/2$～$2/3$ 左右，余下的 $1/3$～$1/2$ 是拆卸轴承时工具着力的地方。若轴肩过高，则拆卸时卡不住内圈；过低，则运转时易压坏轴肩。

4）其他要求。轴承装配时将无型号标志的一面靠着轴肩便于检查型号。装配时施力要均匀适当，力的大小、方向和位置应符合装配方法的要求，以免轴承滚动体、滚道、隔离圈等变形损坏。禁止用手锤直接敲打内圈。

（6）滚动轴承检修质量标准。①检查无脱皮、磨损、锈蚀、凹坑、裂纹和过热变色缺陷。②滑道与滚动体应光滑，保持架应完好无损。③轴承内圈与轴的配合为基孔制配合，配合间隙应符合设计要求。④轴承外圈与孔的配合为基轴配合，配合间隙应符合设计要求。⑤轴承径向游隙应小于轴承内径的 3/1000。

**二、滑动轴承的检修**

（一）滑动轴承概况介绍

滑动轴承俗称轴瓦，广泛用于锅炉辅机中的钢球磨煤机，离心式引、送风机，排粉机，液力耦合器及变速齿轮箱等。

1. 滑动轴承的类型

（1）根据承受载荷的方向不同分为推力滑动轴承（见图 15-13）和径向滑动轴承（见图 15-14）。推力滑动轴承的受力与轴中心线平行，径向滑动轴承的受力垂直与轴的中心线。

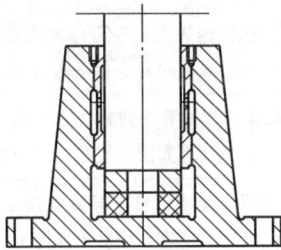

图 15-13 推力滑动轴承　　　图 15-14 径向滑动轴承

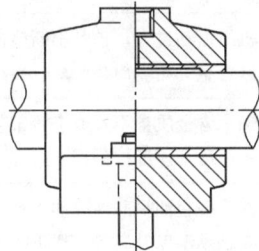

（2）径向滑动轴承又分为整体（套筒）式和对开式两种。

最简单的整体式滑动轴承（见图 15-15）是圆柱孔径向滑动轴承，它可直接在机器壳体上钻出或镗出孔，孔中可安装套筒型轴瓦。典型的整体式滑动轴承由轴承体、轴瓦组成，轴承体与机架用螺栓固定，轴瓦上开有油孔，并在内表面开油沟以输送润滑油。但整体式滑动轴承无法调节轴颈和轴承空间的间隙，当轴瓦磨损后必须更换，此外，在安装轴时，必须作轴向运动，很不方便。它只适用于低速（200r/min 以下）、轻载荷、或间歇工作的小型机械，如圆盘

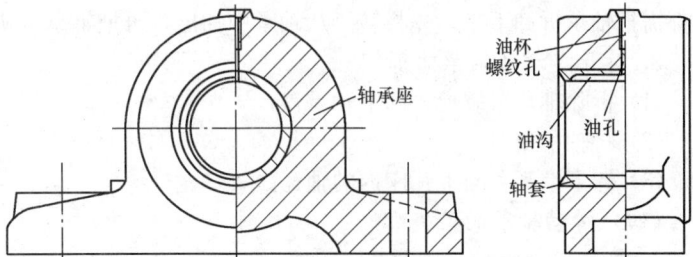

图 15-15 整体式滑动轴承

给煤机、圆盘给粉机和磨煤机的齿轮油泵等。

对开式滑动轴承（见图 15-16）由轴承座、轴承盖和上下瓦组成。轴承盖和轴承座靠连接螺栓连接。轴承盖、轴承座的材料通常为铸铁（或铸钢），上、下瓦的材料为青铜、黄铜或表面浇铸巴氏合金（钨金）的铸铁等。因为钨金基体韧而有塑性，抗应变能力强，摩擦系数小，所以多用于高载设备，如大型吸、送风机、磨煤机等。

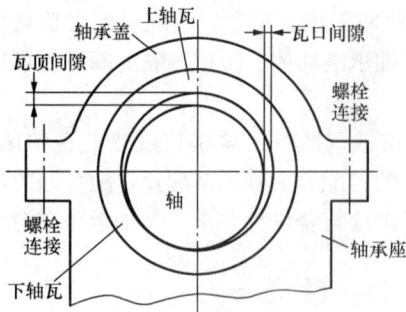

图 15-16　对开式滑动轴承

**2. 滑动轴承的优缺点**

优点：轴颈与轴瓦接触面积大，故承载能力强，径向尺寸小，精度高，抗冲击载荷能力强，在保证液体摩擦的条件下可长期在高速下工作。

缺点：启动力矩大，耗油量大，不易密封，易漏油。

**3. 滑动轴承采用的材料**

滑动轴承一般采用灰铸铁、耐磨铸铁、青铜类、各类轴承合金、非金属材料。

**（二）滑动轴承常见缺陷及原因**

滑动轴承常见缺陷及原因见表15-8。

表 15-8　　　　　　　　　　　　　滑动轴承常见缺陷及原因

| 常见缺陷 | 产生缺陷的原因 |
|---|---|
| 轴承合金磨损 | 由于轴承合金的油隙及接触角修刮不合格，或轴瓦位置安置不正确，导致轴瓦与轴颈的间隙不符合要求或接触不良，造成鞭瓦润滑及负载分布不均，引起局部摩擦而导致轴承合金严重磨损 |
| 局部脱落 | 机组振动过大，轴颈不断撞击轴承合金，在合金表面出现自印及肉眼可见的裂纹。进而在裂纹区合金开始剥离、脱落。裂纹会把油膜破坏，脱落的合金会堵塞轴瓦间隙，破坏正常的润滑 |
| 裂纹、脱胎 | 轴承含金质量不好或浇铸工艺不良，如轴承合金熔化时过热、有杂质，瓦胎清洗工作做得差，浇铸后冷却速度控制得不好等，都会造成轴承合金有夹渣和气孔，出现裂纹、脱胎等缺陷 |
| 润滑油质量不良 | 常表现在油呈酸性或油中水分增加及有杂质。油质不良会导致轴颈和轴瓦发生腐蚀、产生磨损及轴承温度升高等。严重时油膜被破坏，出现干摩擦，最后造成轴承合金熔化 |
| 供油系统故障 | 轴瓦的润滑油中断或部分中断，造成轴承合金熔化。这是滑动轴承最忌讳的恶性事故 |

**注**　以上所有这些缺陷，若得不到及时的检修，最后则将导致轴承合金熔化的恶性事故。

**（三）滑动轴承的拆卸**

**1. 整体式滑动轴承的拆卸**

整体式滑动轴承磨损时，应进行修补，如果磨损超过标准，应进行更换；不论进行修补和更换都需把轴承拆卸下来。先将转子从轴承中抽出，再把轴承从机体上拆下。

**2. 对开式滑动轴承的拆卸**

（1）拆除轴承盖螺栓，卸下轴承盖。

（2）将轴吊出。

（3）卸下上瓦盖与下瓦座内的轴瓦。

**（四）滑动轴承的检查**

**1. 整体式滑动轴承的检查**

轴承从机体上拆下后，首先清理机体内孔，疏通油道，检查轴套尺寸。

**2. 对开式滑动轴承的轴瓦的检查**

（1）滑动轴承解体后，首先清理轴瓦。

（2）检查轴瓦的轴承合金磨损程度，有无裂纹和局部脱落、脱胎及电腐蚀等。

（3）检查轴承合金的磨损程度，除观察其表面磨损的痕迹外，还应根据轴瓦图纸尺寸核算轴承合金现存厚度。也可用直径 5～6mm 的钻头在轴瓦磨损最严重处或端部钻一小孔，实测其厚度。

（4）轴承合金脱胎的检查方法，除脱胎可很明显地直接检查看出外，一般都需将轴承合金与瓦胎的接合处浸在煤油中，停留片刻后取出擦干，将干净纸放在接合处或用白粉涂在接合处，然后用手挤压轴承合金面，若纸或白粉有油迹，则证明轴承合金脱胎。

（5）轴瓦经过检查后，若发现有下列缺陷之一时，就必须重新浇铸轴承合金：①轴瓦间隙过大；②轴承合金现存厚度已不能再继续修刮；③轴承合金表面有大面积的砂眼、气孔、杂质、脱胎、裂纹等。在检修中，一般遇到的轴承合金缺陷，大多数是尚未发展到必须重新浇铸的程度，对于这类缺陷均可采用补焊处理。

（6）在检查轴瓦时，也应仔细检查瓦胎。若发现瓦胎有裂纹或变形就应更换新的瓦胎。

（五）滑动轴承的检修方法

滑动轴承的检修主要有整体式滑动轴承轴套的检修和对开式滑动轴承轴瓦的检修两种。整体式滑动轴承的检修主要是修整轴套，轴套修整可采用铰削、刮研、研磨等方法。对开式滑动轴承的检修主要是修整轴瓦，轴瓦修整可采用刮削、重新浇铸和补焊处理等方法。下面分别介绍滑动轴承的检修方法。

1. 轴瓦钨金的重新浇铸

当轴瓦钨金磨损严重或存在脱壳、裂纹等严重缺陷时，就有必要重新浇铸钨金。轴瓦的浇铸工序较多，只有严格地按每步工序的要求进行操作，方可保证轴承合金浇铸的质量。其浇铸工序包括瓦胎清洗和瓦胎镀锡（挂锡）及轴承合金的熔化、浇铸及冷却。

（1）轴承合金（巴氏合金）的选用。常用的轴承合金有铅基和锡基两种。铅基轴承合金可塑性差，但价格较低廉，多用于小直径的轴瓦上；大直径的轴瓦上均采用可塑性较强的锡基合金。表 15-9 列出了这两种常用巴氏合金的主要成分。

表 15-9　　　　　　　　　　　　常用巴氏合金的主要成分

| 牌　　号 | 化学成分 | | | | 适用范围 |
|---|---|---|---|---|---|
| | 锡 | 铅 | 锑 | 铜 | |
| ChSnSb11-6（锡基轴承合金） | 81.5～84.5 | — | 10～12 | 5.5～6.5 | 重要轴承 |
| ChPbSn16-16-1.8（铅锡轴承合金） | 15～17 | 64～68.5 | 15～17 | 1.5～2 | 普通轴承 |

（2）瓦胎的清洗。

1）熔掉原有的轴承旧钨金。轴瓦先要在热碱水中洗净，随后用净水清洗，以除去污物和润滑油渣。将轴瓦按轴向立放，用氧—乙炔焰均匀地加热轴瓦外侧。直到原有的轴承钨金熔化脱离瓦胎为止。加热瓦壳时，不要使钨金温度超过 240～250℃。再用细钢丝刷将凹面及燕尾槽清理干净，并露出金属光泽。

2）熔掉原有钨金瓦胎的清洗。首先进行的就是用钢刷清除轴瓦表面，并用抹布擦拭的机械清除。接着将轴瓦放入温度为 40～50℃ 的 10%～15% 的硫酸或盐酸溶液内，洗数分钟化学清洗，将轴瓦上的脏物和铁锈除掉。但酸洗后需再用热水冲洗轴瓦，接着还要将轴瓦浸入加热到 80～90℃ 的 10% 的苛性钠、苛性钾或碳酸钠溶液中，保持 15～20min，将残余的酸中和，并将轴瓦上残留的油溶解，或在挂锡面涂上层盐酸进行酸蚀。然后用温度为 90℃ 的水再冲洗干净并烘干。

（3）挂锡。挂锡的目的是为增加轴承合金对瓦胎的附着力，锡料可采用纯锡也可采用焊锡，通常多采用焊锡。

1）轴瓦镀锡前必须预热。可用喷灯或瓦斯火焰来预热，也可以用炉火盖上铁板将瓦壳放到铁板上来预热。加热温度至少比所采用的锡料熔点高 10～20℃（挂锡温度），但也不可过高，过高反而挂不上锡，在加热过程中，可用很薄的锡片经常地在瓦胎上擦拭。当锡片熔化时，即表示达到挂锡温度。

2）挂锡。镀锡前对瓦壳内表面还应再涂上氯化锌溶液，接着才将锡条沿表面挂上薄薄的一层，直至整个欲浇铸钨金的表面都均匀镀上一层锡为止。挂好锡的瓦胎其凹面呈现发亮的暗银色。如果出现淡黄色或黑色斑点，则说明挂锡质量不合格，必须将挂上的锡熔化掉，重新再挂。

3）中型及较大型轴承挂锡。在给中型及较大型轴承镀锡时，是逐段进行的，每一段在镀锡以前，都应用氯化锌溶液擦拭。氯化锌的配制，可将干净的锌粒放入一份盐酸三份清水配成的稀盐酸溶液中，直到酸液不再产生气泡时止，即为氯化锌溶液。

（4）轴承钨金的浇铸。

1）钨金的熔化。将钨金破碎成小块放入铁锅内加热，当钨金熔化时就撒上一层 $20\sim30$mm 厚的木炭，将钨金与空气隔开，以防氧化。在熔化钨金时，必须严格控制温度。温度过高会加速其氧化，结晶体粗大；浇铸后钨金凝结时间长，钨金中不同密度的各种金属容易分离，造成组织不匀。钨金加热到较熔点高 50℃，即大约到 $390\sim420$℃时，即要停止加热，而且不得长时间保持在熔化状态中。判断钨金温度的方法，是以断面为 2.5mm×1.5mm 的干松木条浸入熔化的钨金中 $8\sim10$s，在 400℃的温度下将稍微发焦，在 460℃的温度下将全部烧焦，在 500℃左右的温度下则会爆燃起来。

2）瓦胎与浇铸模具的组装。在瓦胎清洗完毕后就着手进行瓦胎与浇铸模具的组装。浇铸模具的大小应与瓦将配套。如图 15-17 所示，大型轴瓦浇铸模具用多采用铁皮卷制而成的立式铁芯；小型轴瓦浇铸模具可采用圆钢车制而成的铁芯；半边瓦胎浇铸模具可做成如图所示的结构。铁芯均需有一定的锥度，便于脱模。铁芯外表面最好能镀一层铬或涂上一层石墨粉，以防轴承合金与铁芯黏结，影响脱模。瓦胎上所有的油孔，应用石棉绳和石棉泥封堵。瓦胎与模具四周有缝隙的地方，要用细砂70%、黏土15%、水15%的泥料加以填抹，以防轴承合金跑漏。混料填好后，应在模具预热前晾干。

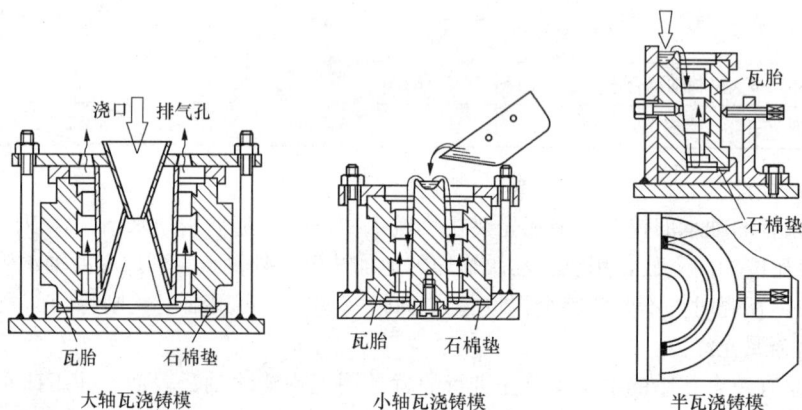

图 15-17　浇铸模具

3）瓦胎与浇铸模具的预热。瓦胎与浇铸模具，包括平台在内，均应在浇铸钨金前预热到一定温度，一般为 $260\sim270$℃；可用喷灯、烤板和电炉之类加热。检查温度的方法，是利用与镀锡相同的一锡条，锡条触上去被溶化即证明温度已够。预热的目的主要是使轴承合金浇入后，瓦胎与轴承合金同时冷却收缩，以防止发生脱胎。预热温度以刚刚使瓦胎上挂的锡熔化为宜，温度过高，同样会使氧化加剧，合金凝固时间延长，凝结的结晶粗大，有时甚至会把挂好的锡熔化流掉（遇到这种情况必须补挂）；温度过低，容易发生脱胎或产生气孔和砂眼。

4）钨金浇铸。钨金加热时将坩埚抬起来，浇铸时，用红热的铁棍往钨金内搅动，并把木炭和氧化膜小心地拨到一边，然后将钨金倾注入模型内。要连续不断地一次浇满，并且没有飞溅现象。浇铸过程一般要持续1~3min，随着钨金的收缩慢慢地浇满到浇口为止。考虑钨金冷却后的收缩，浇口内要多存些合金，瓦胎上的合金应比瓦胎适当高一些。

5）浇铸后的冷却。浇铸轴瓦后经2~3min就用空气吹或水浇来冷却整个模型，在冷却过程中，要求瓦胎的背部和下部先冷，从而使杂质、砂眼、气孔、缩孔均可集中在后凝结的瓦胎上部冒口处和铁芯周围。

6）浇铸后的技术检查。浇好钨金的轴瓦面应呈银色，无光泽；如果表面出现黄色，则说明在浇注时钨金过热，应重新浇铸。在用小锤轻敲轴瓦的钨金面时，应发出清脆的声音，不应发出嘎达声；如发嘎达声，则证明钨金和轴瓦没有紧密贴合，应重新浇铸。用放大镜检查加工后的合金表面有无气孔、夹渣、裂纹等缺陷，并用小手锤轻轻敲打合金表面，静听发出的声音。声音清脆，说明合金与瓦胎结合良好；若声音嘶哑，则说明结合不良。也可用浸煤油方法，检查是否有脱胎现象。钨金表面不应有较深的砂眼，因这种砂眼在下一步用车床车削时也不能除掉。

（5）轴承钨金的局部补焊。补焊原来多用于瓦面合金局部缺陷，近年来已发展到大面积的补焊；由于补焊不需要将瓦胎原有合金去掉，因此工艺简单，修复迅速。

1）补焊前先将需补焊处彻底清洗干净，对气孔、夹渣应用尖錾将气孔剔开，剔出杂物，并露出新的轴承含金。再用10%~15%苛性钠（或苛性钾）溶液（80~90℃）清洗油迹和酸液，然后用80~90℃清水仔细冲洗干净并擦干。

2）补焊需用小号气焊火嘴，氧气压力以0.1~0.2MPa为宜。补焊时先用火嘴将补悍处的合金烤化，再将熔铸成的细长合金条化下一部分使其熔合。也可以用轴承合金碎末堆在补焊处，再用火嘴将其熔化为宜，补好后还要用火嘴加以修整。

3）若修补的面积较大，就应充分地考虑到补悍的焊补路线，避免受热过分集中，多采用交换位置补焊法。补焊时除补焊处外，瓦胎其他部位的温度不许超过100℃。若施焊的时间过长，就可将瓦胎浸泡在水中，焊处露出水面，如图15-18所示。

4）待钨金冷却后，用刮刀将高起部分刮去并刮平。

5）用40~50℃热水清洗锡层的表面，检查其有无斑痕等缺陷，是否具有银色光泽，如不符合要求，应将其铲除，重新补锡。

2. 轴瓦的刮削

（1）刮削。刮削是用刮刀在加工过的工件

图15-18 补焊方法

表面上刮去微量金属，以提高表面形状精度、改善配合表面间接触状况的钳工作业。轴瓦的刮削，就是按轴瓦与轴颈的配合来对轴瓦表面进行刮削加工，做到在接触角范围内贴合严密，并刮出与轴颈的配合间隙，重新浇铸钨金的轴瓦在车削过之后，要做这种刮削工作。此外，在轴瓦检修中，因钨金磨损，也要刮削轴瓦。

（2）刮削工具及显示剂。轴承合金的刮削，一般都采用三角刮刀。刮刀在使用前需要细致地进行刃磨，磨得好坏对刮削质量有着直接的影响。磨好的刮刀不但要求锋利无缺口，而且要求刃口弧面连续。

刮削所用的显示剂，普遍采用红丹粉（使用时用清机油调和成糊状）。显示剂必须保持清洁，不得有污物、砂粒、铁屑等混入。显示剂可以涂在轴颈上，也可以涂在轴瓦的合金面上。涂抹时要求薄而均匀，可用手指粘上少许红丹点在工件上，再用手掌将红丹抹匀。

（3）轴瓦刮削方法。刮削分为粗刮和精刮，粗刮主要用于大的刮削量，如刮下瓦侧隙及车加工后车削刀痕等；精刮多用在下瓦接触角的刮削，其目的主要是增加瓦与轴的接触点。粗刮允许将瓦放在轴颈上或与轴颈等径的假轴上进行磨合着色。精刮则要将轴瓦放入轴承座内，置于使用状态，用转子进行磨合着色，只有这样刮出来的下瓦接触面才是真实的。

刮削一般由钳工手持刮刀操作，有平面刮削和曲面刮削两种方法。平面刮削的操作分推刮和拉刮两种。推刮主要依靠臂力和胯部的推压作用，切削力较大，适于大面积的粗刮和半精刮。拉刮仅依靠臂力加压和后拉，切削力较小，但刮削长度容易控制，适于精刮和刮花。曲面刮削时用腕力控制曲面刮刀，使侧刀刃顺着工件曲面刮削。

（4）轴瓦的刮研。刮研前，应仔细检查轴颈是否光滑，是否有锈蚀、碰伤等缺陷，如有应先设法消除；然后，检查轴颈和轴的接触情况，检查方法，在轴径上涂上薄薄一层显示剂（如红丹粉、红情油等），接着将轴颈装于轴承内，用手向正反方向转动 2～3r，将轴取出，检查轴承上着色点的分布情况，如果着色点分布不正常或根本转不动，才能着手刮研。

每对轴瓦刮削一次，就用上述着色和相对研磨的方法检查轴瓦与轴颈贴合情况一次。轴瓦的刮削和研磨检查是交替进行的，反复多次才能成功。这种操作就称为轴瓦的刮研。

刮研方法除了用于接触角范围的瓦面外，还同样用于轴瓦端面，尤其以推力盘配合的端面，用刮研来使之达到配合要求。接触角以外的瓦面，也采用刮研方法，只是质量要求较低一些。至于轴瓦上的下油槽、油沟等处的加工，则另用铲、凿、刨来进行，并加以刮削，但不需研磨。

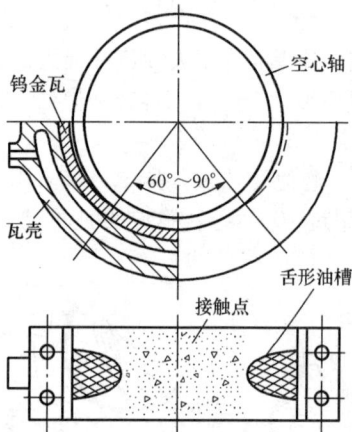

图 15-19　轴瓦的接触角和舌形油槽

（六）检修后的检查

1. 检查轴颈与轴瓦的接触角及接触面

轴与下轴瓦接触弧长所对应圆心角称为接触角，接触角两侧要加工出舌形油槽，或者对于一些小型轴承来说，要凿出油沟，如图 15-19 所示。

接触角一般应在 $60°～90°$ 范围间，位于轴瓦中部。可以在上瓦，也可以在下瓦，看由哪一块瓦受力而定。在该范围内的接触面上，轴瓦或轴承套必须与轴颈贴合良好，接触面上的接触点分布要均匀，且应保证每平方厘米上不少于两点。检查的方法是将轴颈上涂微薄一层红铅油，将下轴瓦扣在轴颈上，让轴瓦绕轴颈往复转动，取下后检查接触角和接触点，达不到要求者，可再用刮研方法来达到这一要求。

2. 检查轴瓦间隙

滑动轴承的间隙是指轴颈与轴瓦之间的空隙，常分为径向间隙和轴向间隙。径向间隙又分为瓦顶间隙 $b$ 和瓦口（也称瓦侧）间隙 $a$（轴向间隙为 $a_1+a_2$），如图 15-20 所示；轴向间隙又分为推力侧间隙（$c_1+c_2$）和承力侧（膨胀侧）间隙（$f_1+f_2$），如图 15-21 所示。

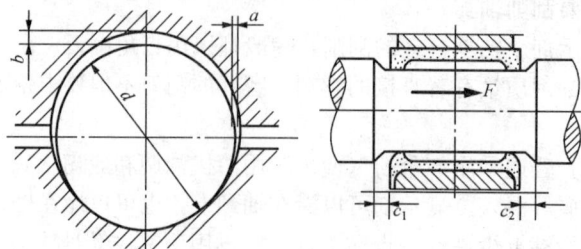

图 15-20　轴瓦间隙

（1）径向间隙检查。径向间隙是保证轴颈和轴瓦之间形成润滑油膜，借以达到液体摩擦必不可少的条件。径向间隙越小，精确度就越高，但间隙缩小至一定程度就不能保证液体润滑。间隙过大，在运转中会产生跳动，也不能形成稳定的油膜润滑。故径向间隙数值不能随意规定，应按制造厂资料的规定来做，也可通过简单的计算来确定：瓦侧间隙为 $a = \dfrac{1}{1000}d$；瓦顶间隙 $b = 2a$；径向间隙也可根据经验数据确定，详见表 15-10。

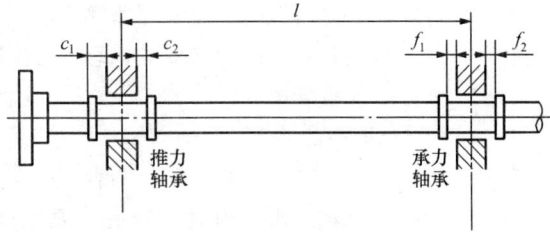

图 15-21　轴承的轴向间隙

| 表 15-10 | | 常用机械上的轴承径向间隙 | | | mm |
|---|---|---|---|---|---|
| 轴的直径 $d$ | 50～80 | 80～120 | 120～180 | 180～250 | 250～360 |
| 顶间隙 $a$ | 0.10～0.16 | 0.12～0.20 | 0.16～0.28 | 0.20～0.40 | 0.30～0.60 |
| 侧间隙 $b$ | 0.05～0.08 | 0.06～0.10 | 0.08～0.14 | 0.1～0.2 | 0.15～0.30 |

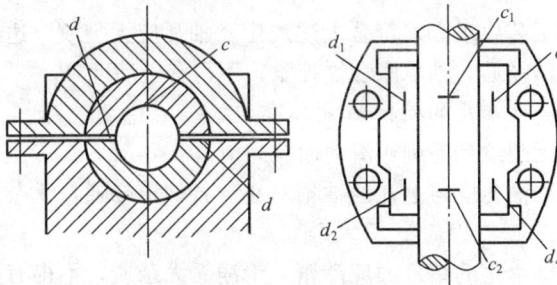

图 15-22　压铅丝检查间隙

径向间隙的检查可用塞尺直接测量或用压铅丝的方法测量（见图 15-22）。压铅丝法一般用来测顶间隙，截取长为 10～20mm，直径约为轴颈直径的 1.5/1000～4/1000 的铅丝数段，涂以黄干油贴附于轴颈最高点和上、下瓦接合处。盖上轴承盖，均匀地拧紧螺栓（不一定拧到工作状态）把铅丝压扁，然后取下瓦盖，取下铅丝，用千分尺测量被压扁的铅丝厚度，则顶间隙可用式（15-2）算出

$$b = \dfrac{c_1 + c_2}{2} - \dfrac{d_1 + d_2 + d_3 + d_4}{4} = c - d \qquad (15\text{-}2)$$

式中　$b$——顶间隙，mm；

　　　$c$——轴颈上铅丝的平均厚度，mm；

　　　$d$——上下瓦接合处两侧铅丝的平均厚度，mm。

若是整体式轴承，可用内、外径千分尺分别测量轴瓦内径和轴颈直径，两者之差即是顶间隙。

（2）轴向间隙检查。推力轴承受径向和轴向载荷，一般装在靠近电动机的一侧。推力间隙是保证轴适当窜动所必须的，可按制造厂家的要求而定。

推力轴承的膨胀间隙可按式（15-3）计算

$$f_1 + f_2 = 1.2\,(t + 50)\dfrac{L}{100} \quad \text{mm} \qquad (15\text{-}3)$$

式中　$t$——轴周围的介质温度，℃；

　　　$L$——两轴颈之间的中心距离，m；

　　　50——温度发生不正常增高时所考虑的附加值，℃。

通常，对轴承上述间隙的测量，当所测量的间隙值与工艺规程的规定不相符合时，就要加以调整修理，对有缺陷者尚须进行必要的修理，必要时还要更换轴承零件或重新浇铸钨金。

（七）滑动轴承的装配

1. 轴瓦和轴承座的装配

首先应进行轴瓦和轴承座的装配，两者的配合弧面要吻合，接触应良好而均匀，接触面积大于50%，不符合要求时，厚壁轴瓦以座孔为基准修刮瓦背。薄壁轴瓦不修刮，只进行选配。轴瓦压入轴承座内孔时，轴瓦的结合面应高出轴承座的结合面0.0075～0.0125mm。

整体式轴瓦与座孔的配合，由加工保证精度。内孔由加工或装配时刮修，以保证间隙。

2. 紧力的测量

轴承盖与轴承座的连接螺栓拧紧后，轴瓦与轴承盖间应是紧配合。即轴承盖给予轴瓦以压紧的力（即通常所说的紧力），这是为了防止轴瓦在轴承盖中振动。紧力的大小要按制造厂家的要求，对于离心风机和泵，一般紧度为0.02～0.04mm，但球形轴瓦应为±0.03mm。紧力过大，会使轴瓦产生变形，对于球形轴瓦来说也就会失去自动调心的作用，配合过松，轴瓦就会在轴承座内发生颤动，下瓦两侧也会翘起，对轴瓦和机组的运行都有很大的危害。

测量紧力的方法也是用压铅丝法（见图15-23）。如轴瓦紧力不符合技术要求，可调整轴承盖与轴承座间的垫片厚度。

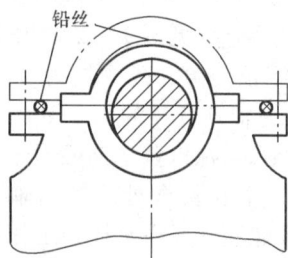

图15-23 测量轴瓦的紧力

轴瓦装配的工艺要求必须符合上述规定，轴瓦应无裂纹，边沿损伤等，油道清洁畅通。轴承座螺纹拧紧，不得有松动现象。

（八）滑动轴承轴瓦的检修质量标准

（1）轴瓦应无裂纹和毛刺，滑动面应光滑。

（2）轴承盖加油孔应与上瓦的油槽对正。各油道畅通，无杂质堵塞。

（3）轴瓦与轴承座的结合面应严密、干净、无杂质，不得有间隙和轴向位移。

（4）两瓦座的水平差不大于两瓦座距离的1/1000。

（5）每个轴承座的垫片不得多于3片。

（6）轴承座螺母应紧固，不得有松动。

（7）加油润滑的油杯应完整，检修完后要加满合格的润滑油脂。在平常的维护中要按规定定期检查和加油润滑。

## 第二节 轴弯曲的检测及校直

### 一、轴弯曲的检测

（一）轴的种类和轴弯曲变形的形式

1. 轴的种类

根据轴的用途和受力可分为三类：

（1）心轴：只承受弯矩，不承受扭矩的轴。

（2）传动轴：只承受扭矩，传递动力和运行。

（3）转轴：兼起心轴和传动轴的作用。

2. 轴弯曲变形的形式

轴受外力（机械力或温差应力）发生弯曲时，其变形有两种形式：

（1）弹性弯曲变形。弹性变曲变形是轴内应力在该材料的弹性极限内，当外力除去后，弯曲变形也随之消失，这种变形是临时性的。临时性弯曲变形对任何轴都会存在，在设计时曾给予限制，不会影响轴的使用。

（2）塑性弯曲变形。塑性弯曲变形是轴内应力超过了该材料的屈服极限，当外力除去后，轴不能恢复到原来形状，尚存一定的残余弯曲变形，这种变形是永久性的，而永久性弯曲变形是不允许存在的。因此，对发生永久变形的轴必须进行准确测量，然后进行校直，恢复其正常工作性能，以确保锅炉机械设备安全可靠地运行。

（二）轴永久性弯曲变形的原因

对于锅炉转动机械设备而言，轴发生永久变形的原因如下：

（1）设备运输或停放不当产生永久性弯曲变形。在锅炉转动机械设备运输过程中或停放过程中的方法不当，使轴受到碰撞、冲击等机械外力作用或环境温度造成的温差应力影响下，产生永久性弯曲变形。

（2）轴的材质不佳、加工不良或热处理工艺不当产生永久性弯曲变形。由于轴的材质不佳、加工不良或热处理工艺不当使轴内存有残余应力，经过一段时间的运行后，此种应力逐渐消失，最后导致轴的永久弯曲变形。

（3）轴的设计缺陷在意外超载运行时产生的永久性弯曲变形。在轴的设计时，由于轴的刚度设计不足，在意外超载运行时，因受力过大造成永久性弯曲变形。

（4）由于安装、检修或运行方式不当产生的永久性弯曲变形。由于安装、检修质量或运行方式不当，造成动静部分在运转中的强烈摩擦或转子振动，均可能使轴产生永久性弯曲。分几种情况：①运行中的强烈振动导致轴弯曲多是由于安装检修中转子找中心不良、转子不平衡、轴承间隙过大、轴承座或地脚螺栓松动等原因造成的。②运行中局部摩擦过热使轴弯曲，通常是因为安装检修中动静部分间隙留得过小造成的。③由于检修时对轴进行补焊修理，但补焊后，未经过很好的热处理，在运行中也会使轴发生永久性弯曲变形。

（三）轴弯曲的检测

对于已发生弯曲变形的轴，要在室温下进行测量，绘制出弯曲曲线，以确定弯曲部位及弯曲度的大小。具体测量方法如下：

1. 准备工作

（1）沿整个轴长装设若干百分表，表距最好相等，各表的测量杆应位于通过轴中心线的同一纵剖面内，测量杆应垂直轴的表面，接触点选在轴的正圆和无损伤处。将轴先按工作转向旋转一周，若各表指针都回到原处，即可进行测量工作。

（2）测量时一般要按联轴器螺栓孔把轴的端面等分（见图 15-24），对各等分点编号以作为测量方位，如 1-5、2-6、3-7、4-8 等，等分点越多测量就越精确。

2. 轴弯曲测量

测量出每个方位各表所在拉面的晃度（即相对位置的最大值与最小值之差），晃度的 1/2 是各表对应断面处的弯曲度。在测量时要注意监视端面基准，使其不发生轴向窜动。

3. 绘制弯曲曲线

（1）测量完毕后，根据同一方位（如 1～5 方位）各表对应截面处的弯曲值绘制弯曲曲线。利用方格纸上画出直角坐标系，纵坐标用某一放大比例表示弯曲值，横坐标用某一缩小比例表示轴全长和各测量技面间距离。在各断面对应的纵坐标上标出相应的弯曲值，便得到 $n_1$、$A'$、$n_3$、$n_4$、$n_5$、$n_6$、$B'$、$n_8$ 等点。将诸点（以多数点为准）与弯曲值为零的 $A'$、$B'$ 点相连，得两条直线交于 $C'$ 点，则此点即是近似的最大弯曲点。再在 $C'$ 点的两侧多装几个百分表，仔细测量轴的

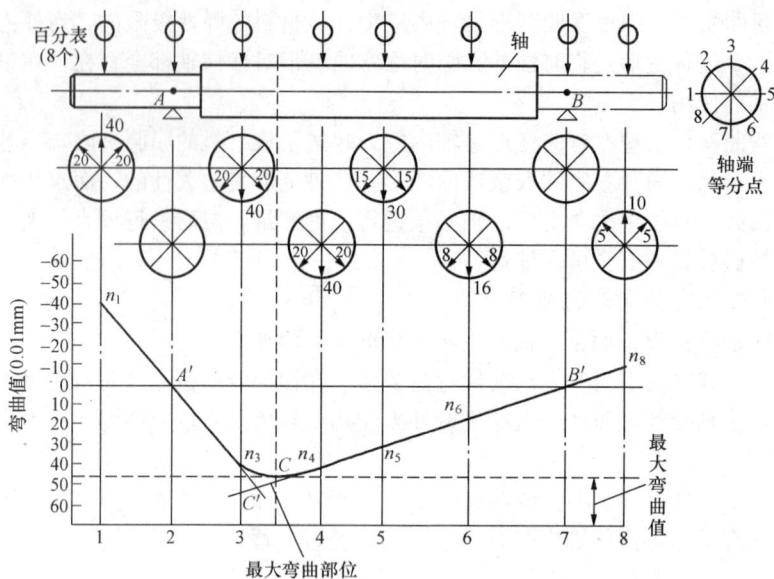

图 15-24　轴弯曲的测量

弯曲情况。将测得的弯曲值标在相应截面的纵坐标上，便得到较密集的若干点。将诸点连成光滑曲线且与两直线相切，则构成一条真实的轴弯曲曲线。利用该曲线可以找出该方位的最大弯曲点 C 在轴上的位置及弯曲值的大小。

（2）采用同样方法，还可找出 2-6、3-7、4-8 等各方位的最大弯曲点及弯曲度大小。所有弯曲度中最大者才是轴的真正的最大弯曲度。

（3）如果最大弯曲度不是正好处于所画的某一方位上，假设位于 1-5 和 2-6 方位之间，那么只要把轴端面的圆周等分得多一些，就可以精确地求出最大弯曲度了。

4. 确定最大弯曲点

若轴的整段是单向弯曲（即一个弯），则最大弯曲点一定在诸方位曲线的同一断面上。如果轴是多段异向弯曲（即多个弯），仍用同样方法测量并绘制弯曲曲线，这时各段的最大弯曲点将在不同方位的不同截面上。

**二、轴弯曲的校直**

（一）直轴前的检查工作

1. 检查裂纹

对轴最大弯曲点所在的区域，用浸煤油后涂白色粉末或其他方法来检查裂纹，并在校直轴前将其消除。消除裂纹前，需用打磨法、车削法或超声波法等测定出裂纹的深度。对较轻微的裂纹可进行修复，以防直轴过程中裂纹扩展；若裂纹的深度影响到轴的强度，则应当予以更换。裂纹消除后，需做转子的平衡试验，以弥补轴的不平衡。

2. 检查硬度

对检查裂纹处及其四周正常部位的轴表面分别测量硬度，掌握弯曲部位金属结构的变化程度，以确定正确的直轴方法。淬火的轴在校直前应进行退火处理。

3. 检查材质

如果对轴的材料不能肯定，应取样分析。在知道钢的化学成分后，才能更好地确定直轴方法及热处理工艺。在上述检查工作全部完成以后，即可选择适当的直轴方法和工具进行直轴工作。

（二）直轴的方法

直轴的方法有机械加压法、捻打法、局部加热法、局部加热加压法和应力松弛法等。

1. 捻打法（冷直轴法）

捻打法就是在轴弯曲的凹下部用捻棒进行捻打振动，使凹处（纤维被压缩而缩短的部分）的金属分子间的内聚力减小而使金属纤维延长，同时捻打处的轴表面金属产生塑性变形，其中的纤维具有残余伸长，因而达到了直轴的目的。

捻打时的基本步骤为：

（1）根据对轴弯曲的测量结果，确定直轴的位置并做好记号。

（2）选择适当的捻打用的捻棒，如图15-25所示。捻棒的材料一般选用45号钢，其宽度随轴的直径而定（一般为15～40mm），捻棒的工作端必须与轴面圆弧相符，边缘应削圆无尖角（$R=2\sim3$mm），以防损伤轴面。在捻棒顶部卷起后，应及时修复或更换，以免打坏泵轴。

（3）直轴时，将轴凹面向上放置，在最大弯曲断面下部用硬木支撑并垫以铅板，如图15-26所示。

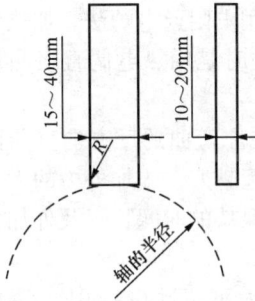

图15-25　捻棒

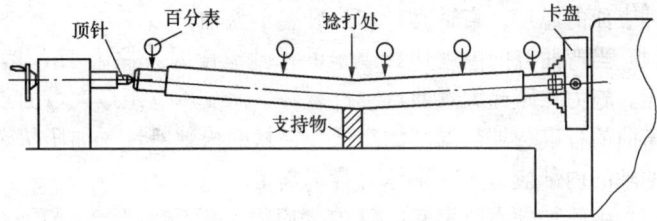

图15-26　捻打法直轴

另外，直轴时最好把轴放在专用的台架上并将轴两端向下压，以加速金属分子的振动而使纤维伸长。

（4）捻打的范围为圆周的1/3（即120°），此范围应预先在轴上标出。捻打时的轴向长度可根据轴弯曲的大小、轴的材质及轴的表面硬化程度来决定，一般控制在50～100mm的范围之内。捻打顺序按对称位置交替进行，捻打的次数为中间多、两侧少，如图15-27所示。

（5）捻打时可用1～2kg的手锤敲打捻棒，捻棒的中心线应对准轴上的所标范围，锤击时的力量中等即可而不能过大。

（6）每打完一次，应用百分表检查弯曲的变化情况。一般初期的伸直较快，而后因轴表面硬化而伸直速度减慢。如果某弯曲处的捻打已无显著效果，则应停止捻打并找出原因，确定新的适当位置再行捻打，直至校正为止。

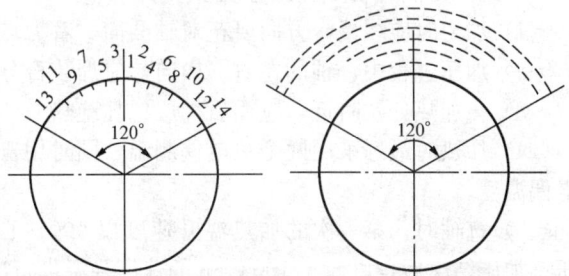

图15-27　捻打校轴锤打次序及范围

（7）捻打直轴后，轴的校直应向原弯曲的反方向稍过弯0.02～0.03mm，即稍校过一些。

（8）检查轴弯曲达到需要数值时，捻打工作即可停止。此时应对轴各个断面进行全面、仔细的测量，并做好记录。

（9）最后，对捻打轴在300～400℃进行低温回火，以消除轴的表面硬化及防止轴校直后复又弯曲。

上述的冷直法是在工作中应用最多的直轴方法，但它一般只适于轴颈较小且轴弯曲在0.2mm左右的轴。此法的优点是直轴精度高，易于控制，应力集中较小，轴校直过程中不会发生裂纹。其缺点是直轴后在一小段轴的材料内部残留有压缩应力，且直轴的速度较慢。

2. 内应力松弛法

此法是把泵轴的弯曲部分整个圆周都加热到使其内部应力松弛的温度（低于该轴回火温度30～50℃，一般为600～650℃），并应热透。在此温度下施加外力，使轴产生与原弯曲方向相反的、一定程度的弹性变形，保持一定时间。这样，金属材料在高温和应力作用下产生自发的应力下降的松弛现象，使部分弹性变形转变成塑性变形，从而达到直轴的目的。

校直的步骤为：

(1) 测量轴弯曲，绘制轴弯曲曲线。

(2) 在最大弯曲断面的整修圆周上进行清理，检查有无裂纹。

(3) 将轴放在特制的、设有转动装置和加压装置的专用台架上，把轴的弯曲处凸面向上放好，在加热处侧面装一块百分表。加热的方法可用电感应法，也可用电阻丝电炉法。加热温度必须低于原钢材回火温度20～30℃，以免引起钢材性能的变化。测温时是用热电偶直接测量被加热处轴表面的温度。直轴时，加热升温不盘轴。

(4) 当弯曲点的温度达到规定的松弛温度时，保温1h，然后在原弯曲的反方向（凸面）开始加压。施力点距最大弯曲点越近越好，而支承点距最大弯曲点越远越好。施加外力的大小应根据轴弯曲的程度、加热温度的高低、钢材的松弛特性、加压状态下保持的时间长短及外加力量所造成的轴的内部应力大小来综合考虑确定。

(5) 由施加外力所引起的轴内部应力一般应小于0.5MPa，最大不超过0.7MPa。否则，应以0.5～0.7MPa的应力确定出轴的最大挠度，并分多次施加外力，最终使轴弯曲处校直。

(6) 加压后应保持2～5h的稳定时间，并在此时间内不变动温度和压力。施加外力应与轴面垂直。

(7) 压力维持2～5h后取消外力，保温1h，每隔5min将轴盘动180°，使轴上下温度均匀。

(8) 测量轴弯曲的变化情况，如果已经达到要求，则可以进行直轴后的稳定退火处理；若轴校直得过了头，需往回直轴，则所需的应力和挠度应比第一次直轴时所要求的数值减小一半。

采用此方法直轴时应注意以下事项：

1) 加力时应缓慢，方向要正对轴凸面，着力点应垫以铝皮或紫铜皮，以免擦伤轴表面。

2) 加压过程中，轴的左右（横向）应加装百分表监视横向变化。

3) 在加热处及附近，应用石棉层包扎绝热。

4) 加热时最好采用两个热电偶测温，同时用普通温度计测量加热点附近处的温度来校对热电偶温度。

5) 直轴时，第一次的加热温升速度以100～120℃/h为宜，当温度升至最高温度后进行加压；加压结束后，以50～100℃/h的速度降温进行冷却，当温度降至100℃时，可在室温下自然冷却。

6) 轴应在转动状态下进行降温冷却，这样才能保证冷却均匀、收缩一致，轴的弯曲顶点不会改变位置。

7) 若直轴次数超过两次以后，在有把握的情况下可将最后一次直轴与退火处理结合在一起进行。内应力松弛法适用于任何类型的轴，而且效果好、安全可靠，在实际工作中应用的也很多。关于内应力松弛法的施加外力的计算，这里就不再介绍，应用时可参阅有关的技术书籍中的计算公式。

3. 局部加热法

局部加热法是在泵轴的凸面很快地进行局部加热，人为地使轴产生超过材料弹性极限的反压缩应力。当轴冷却后，凸面侧的金属纤维被压缩而缩短，产生一定的弯曲，以达到直轴的目的，如图 15-28 所示。具体的操作步骤为：

(1) 测量轴弯曲，绘制轴弯曲曲线。

(2) 检查并记录好在最大弯曲断面的整个圆周上清理、裂纹的情况。

(3) 将轴凸面向上放置在专用台架上，在靠近加热处的两侧装上百分表以观察加热后的变化。

(4) 用石棉布把最大弯曲处包起来，以最大弯曲点为中心把石棉布开出长方形的加热孔。加热孔长度（沿圆周方向）约为该处轴径的 25%～30%，孔的宽度（沿轴线方向）与弯曲度有关，约为该处直径的 10%～15%。

(5) 选用较小的 5、6 号或 7 号焊嘴对加热孔处的轴面加热。加热时焊嘴距轴面约 15～

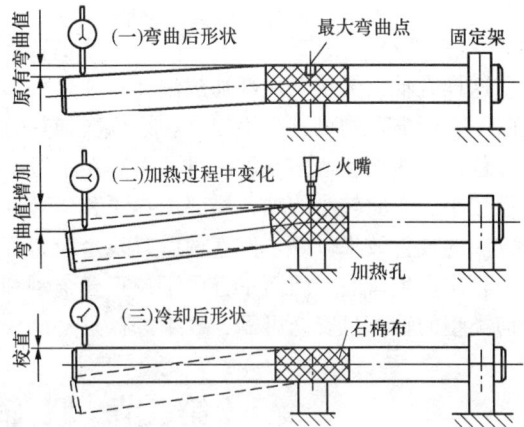

图 15-28　局部加热直轴法

20mm，先从孔中心开始，然后向两侧移动，均匀地、周期地移动火嘴。当加热至 500～550℃ 时（轴表面呈暗红色），立即用石棉布把加热孔盖起来，以免冷却过快而使轴表面硬化或产生裂纹。

(6) 在校正较小直径的泵轴时，一般可采用观察热弯曲值的方法来控制加热时间。热弯曲值是当用火嘴加热轴的凸起部分时，轴就会产生更加向上的凸起，在加热前状态与加热后状态的轴线的百分表读数差（在最大弯曲断面附近）。一般热弯曲值为轴伸直量的 8～17 倍，即轴加热凸起 0.08～0.17mm 时，轴冷却后可校直 0.01mm，具体情况与轴的长径比及材料有关。对一根轴第一次加热后的热弯曲值与轴的伸长量之间的关系，应作为下一次加热直轴的依据。

(7) 当轴冷却到常温后，用百分表测量轴弯曲并画出弯曲曲线。若未达到允许范围，则应再次校直。如果轴的最大弯曲处再次加热无效果，应在原加热处轴向移动一位置，同时用两个焊嘴顺序局部加热校正。

(8) 轴的校正应稍有过弯，即应有与原弯曲方向相反的 0.01～0.03mm 的弯曲值，待轴退火处理后，这一过弯值即可消失。

在使用局部加热法时应注意以下问题：

1) 直轴工作应在光线较暗且没有空气流动的室内进行。

2) 加热温度不得超过 500～550℃，在观察轴表面颜色时不能戴有色眼镜。

3) 直轴所需的应力大小可用两种方法调节，一是增加加热的表面；二是增加被加热轴的金属层的深度。

4) 当轴有局部损伤、直轴部位局部有表面高硬度或泵轴材料为合金钢时，一般不应采用局部加热法直轴。最后，应对校直的轴进行热处理，以免其在高温环境中复又弯曲，而在常温下工作的轴则可不必进行热处理。

4. 机械加压法

机械加压法是利用螺旋加压器将轴弯曲部位的凸面向下压，从而使该部位金属纤维压缩，把轴校直过来，如图 15-29 所示。

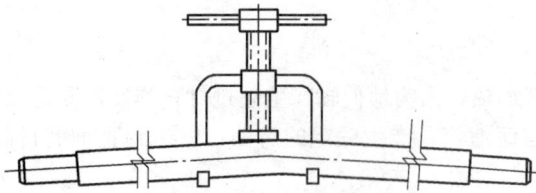

图 15-29　机械加压法直轴

机械加压法又称为热力机械校轴法，其对轴的加热部位、加热温度、加热时间及冷却方式均与局部加热法相同，所不同点就是在加热之前先用加压工具在弯曲处附近施力，使轴产生与原弯曲方向相反的弹性变形。在加热轴以后，加热处金属膨胀受阻而提前达到屈服极限并产生塑性变形。

这样直轴大大快于局部加热法，每加热一次都收到较好的结果。若第一次加热加压处理后的弯曲不合标准，则可进行第二次。第二次加热时间应根据初次加热的效果来确定，但要注意在某一部位的加热次数最多不能超过 3 次。在本节所讲的直轴方法中，机械加压法和捻打法只适用于直径较小、弯曲较小的轴；局部加热法和局部加热加压法适用于直径较大、弯曲较大的轴，这两种方法的校直效果较好，但直轴后有残余应力存在，而且在轴校直处易发生表面淬火，在运行中易于再次产生弯曲，因而不宜用于校正合金钢和硬度大于 HB180～190 的轴；应力松弛法则适于任何类型的轴，且安全可靠、效果好，只是操作时间要稍长一些。

## 第三节　联 轴 器 找 中 心

### 一、概述

1. 联轴器找中心的必要性

联轴器是电动机与锅炉机械设备相连接的一种装置，它有弹性圈柱销联轴器、尼龙销联轴器、齿轮联轴器、十字滑块联轴器、爪形联轴器、蛇型弹簧联轴器、万向联轴节等各种形式。为使主动轴与从动轴工作同心，保证设备安全运行，就必须对靠背轮进行找正。

联轴器找中心是转动设备检修工作的一项重要内容，若找正的方法不对或找正找的结果不精确，会引起转动设备的振动值超标，严重威胁着转动设备的正常运行，尤其是高转速设备，对联轴器找正的数据要求极为严格。

联轴器找中心的方法，按转动设备的安装位置分为卧式和立式两种，其中卧式较常见；按找正简易程度又分为简易找正与系统找正两种，前者找出的结果较粗略，后者得出的结果比较理想。无论按什么方式分类，它们的原理及分析方法是一致的。

2. 联轴器找中心的目的

锅炉转动设备的转子联轴器找中心的目的是使一转子轴的中心线为另一转子轴的中心线的延续曲线。因为两个转子的轴是用联轴器连接，所以只要联轴器的两对轮中心线是延续的，那么两转子的中心线也就一定是一条延续的曲线。要使联轴器的两对轮中心是延续的，要作到这一点则必须满足：①使两个对轮中心重合，也就是使两对轮的外圆重合；②使两对轮的结合面（端面）平行（两中心线平行）。

3. 联轴器找中心的原理

采用如下方法测量两对轮的中心重合和端面的平行情况：

如图 15-30 所示，先在某一转子的对轮外围面上装一桥规工具，供测外圆雨偏差之用。然后转动转子，每隔 90° 测记一次，共测出上、下、左、右四处的外圆间隙 $b$ 和端面间隙 $a$，得出 $b_1$、$b_2$、$b_3$、$b_4$ 和 $a_1$、$a_2$、$a_3$、$a_4$，再将其结果记在图 15-31 右侧方格内。

如果测得的数值中若 $a_1$、$a_2$、$a_3$ 和 $a_4$ 都相等则表明两对轮的结合面（端面）是平行的；$b_1$、$b_2$、$b_3$ 和 $b_4$ 都相等则表明两对轮是同心的。

如果上述两个条件同时满足，则两轴的中心线就是一条延续曲线。如果所测得的数值不等，就说明两轴中心线不是一条延续曲线，需要对轴承进行调整。

4. 测量工具（桥规）

为测量和调整方便，可根据靠背轮的不同形式，配以专用的工具架（也称桥规），利用塞尺或百分表直接测量圆周间隙 $a$ 和端面间隙 $b$。

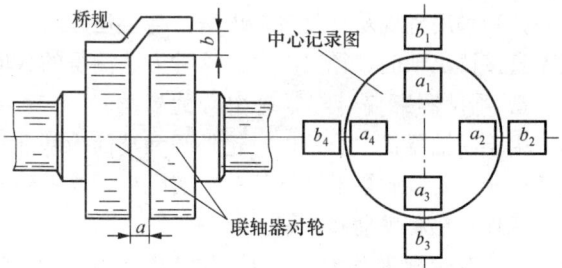

图 15-30　对轮找中心的原理

桥规一般都是自制的，在设计和制作时。要注意既有利于测量，又要有足够的刚性。图 15-31 所示的是两种通用性较好的桥规结构图。

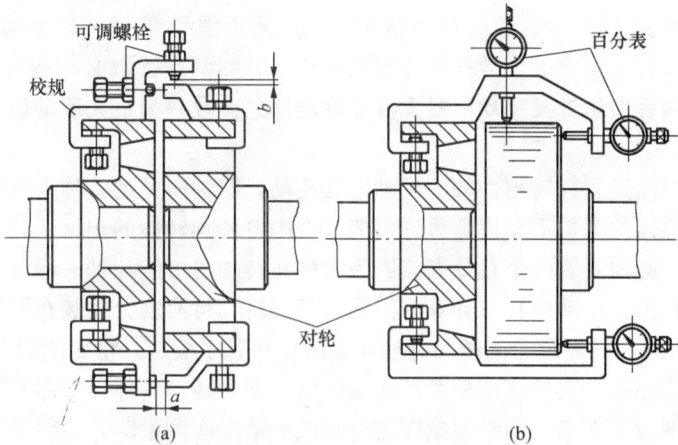

图 15-31　桥规结构图
(a) 塞尺测量桥规；(b) 百分表测量桥规

5. 联轴器的三种找正方法

联轴器的找正是在联轴器与轴装配垂直的条件下进行的。按用工具的不同，找正方法可分 3 种：

(1) 利用直角尺、塞尺、锲形间隙规及平面规来找正。采用此方法找正测量联轴器的不同心值和不平行值时，先用直角尺靠在一半联轴器的外圆圆柱面边缘上，检测另一半联轴器与直角尺之间的间隙，用塞尺测得径向间隙。再用平面规、锲形间隙规测量轴向间隙。在联轴器圆周上要相隔 180° 各检测一次，即得轴向间隙。轴向径向间隙测得后，根据间隙得数值在主动机机座下加垫片进行调整，直到符合标准为止。

(2) 采用桥规及塞尺找正法。桥规固定在两对轮上，外卡测点的径向和轴向螺钉与内卡相应测点之间的间隙即为径向和轴向间隙。根据要求的不同，操作方法可分两种：

1) 一点法。当把一组桥规安装好后，同时转动两对轮，使桥规首先位于上方垂直位置，用塞尺测出径向、轴向间隙，然后将两对轮顺次转 90°、180°、270° 三个位置，分别测出径向、轴向间隙，根据得到的数值进行调整。一点法用于轴的窜动或其他原因发生误差，对要求较高的联轴器用两点法或四点法进行测量、调整。

2) 两点法。测量轴向间隙时同时测量两点的轴向间隙，即 0° 和 180°，90° 和 270°，180° 和 0°，270° 和 90°，同时记录轴向间隙。但径向间隙仍只测量一点数值，与一点法相同。

（3）采用桥规及百分表找正法。与上述方法相同，只是将测量螺钉换上两个百分表，从百分表上直接读出轴向、径向间隙。这种方法测得的数值较为准确，读数直观准确迅速。

6. 晃动和瓢偏对靠背轮中心的影响

由于联轴器找中心是以对轮外圆和端面为基准进行调整的，因而就要求对轮和轴颈的加工精度及对轮的安装质量不许有偏差。实际上，要做到没有偏差是不可能的，因为对轮外圆与端面不可避免地存在着晃动和瓢偏。

（1）对轮幌动度测量。旋转零件外圆面对轴心线的径向跳动，称为径向晃动，简称晃动。晃动程度的大小称为晃动度。旋转体的晃动不允许超过许可值，否则将影响转体的正常运行。

转子上各部件的幌动度检查方法都是一样的。将所测转体的圆周分成8等份，并编上序号。固定好百分表架，将表的测杆按标准安放在圆面上，如图 15-32 所示。将百分表跳杆对准编号1，并把百分表读数调整到50，然后顺次盘动转子，逐点测量编号2、3…直至回到标号1处为止。记录百分表在上述各标点位置的读数。百分表在标点1处的两次读数必须相等（等于50），这证明了百分表在测量过程中位置没错动。最大幌动度处即是读数差为最大值的位于同一直径上的两标点处。

（2）对轮瓢偏度测量。旋转零件端面沿轴向的跳动，即轴向晃动，称为瓢偏。瓢偏程度的大小称为瓢偏度。旋转体的瓢偏不允许超过许可值，否则将影响转体的正常运行。

在测量瓢偏时，必须安装两个百分表。因为测件在转动时可能与轴一起沿轴移动，用两个百分表可以把移动的数值（窜动值）在计算时消除。装表时，将两表分别装在同一直径相对的两方向上，如图 15-33 所示。把靠背轮的端面分成8等份，并顺序编号。将表的测量杆对准1和5点，两表与边缘的距离应相等。表计经调整并证实无误后，即可转动转体，按序号依次测量，并把两个百分表的读数分别记录下来。测量瓢偏应进行两次，第二次测量时，应将测量杆向转体中心移动 5～10mm。两次测量结果应很接近，如相差较大，则必须查明原因（可能是测量上的差错，也可能是转体端面不规则），再重新测量。

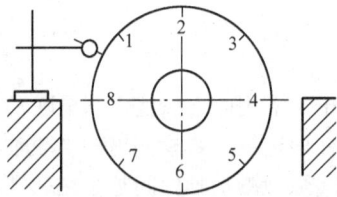

图 15-32　用百分表测量靠背轮幌动度方法　　图 15-33　用百分表测量靠背轮瓢偏度方法

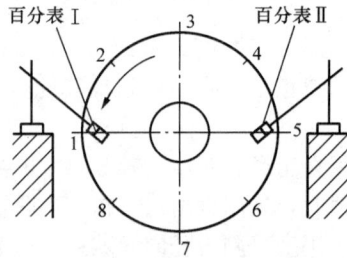

（3）晃动和瓢偏对靠背轮中心的影响。如图 15-34 所示，当转动一侧对轮时，即可从中清楚地看出对轮的瓢偏相晃动对端面 $a$ 值及外圆 $b$ 值的影响。

若用销子将两对轮穿连，并同时转动两对轮，就可以发现端面 $a$ 值及外圆 $b$ 值不随着两对轮转动的位置改变而发生变化，如图 15-35 所示。也就是说两对轮瓢偏及晃动对所测出的端面 $a$ 值和外圆 $b$ 值没有影响。因此，在找中心时，必须将两对轮依照原来连接位置连在一起同时转动。

根据上述道理，在两轴的中心线是延续的条件下，即使是对轮自身存在着一定的偏差，转动设备同样也可以正常运行。

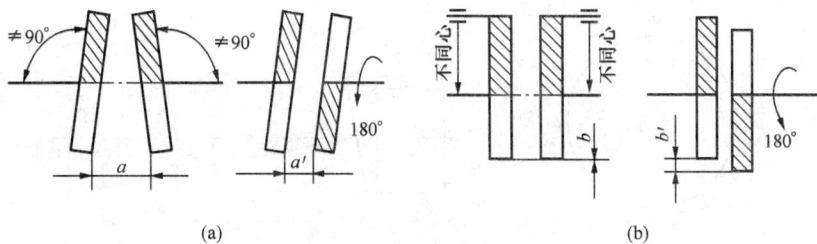

图 15-34　对轮的瓢偏与晃动对找中心的影响

(a) 瓢偏的影响；(b) 晃动的影响

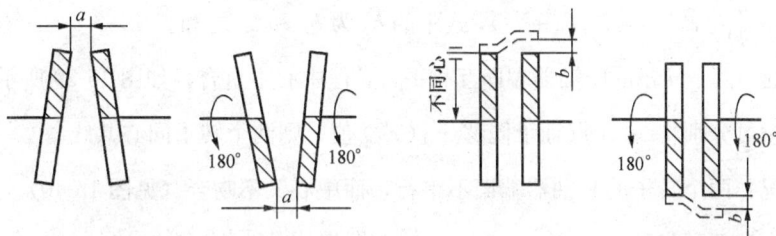

图 15-35　两对轮同时转动后的情况

## 二、对轮找中心的方法

### 1. 找中心前的准备工作

找正前应将两靠背轮用找中心专用螺栓连接好。如果是固定式靠背轮应把甲对轮凸出部分插入乙对轮的止口内。将两个转子的对轮做一记号并对准，将有记号处置于零位（垂直或水平位置），装上专用工具架或百分表。

### 2. 间隙测量和数值记录

准备工作完成后就沿转子回转方向，自零位起依次回转 90°、180°、270°，同时测量每一个位置上的圆周间隙 $a$ 和端面间隙 $b$，并把测得的数值记在如图 15-36 所示的图内。

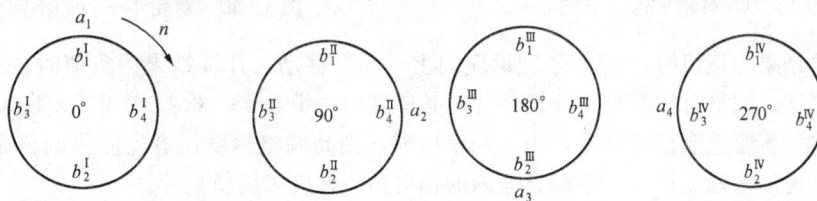

图 15-36　$a$、$b$ 间隙记录图

根据测量结果，将两端面内的各点（共 Ⅰ、Ⅱ、Ⅲ、Ⅳ 四点）数值取平均数，并按图 15-37 所示的示例记好。

如 $b_2$ 无法直接测量可用式 $b_2 = (b_3 + b_4) - b_1$ 求得；圆周上难以直接测量的 $a_3$ 可用式 $a_3 = (a_2 + a_4) - a_1$ 求得。

两对轮端面不平行值 $a$ 及外圆偏差 $b$ 测出后，根据上述记录进行分析，就能大致地辨别出联轴器的倾斜情况，确定需要调整方向。轴的中心状态大致可归纳几种情况：

第一种情况：两转子的中心线不在一条平滑的曲线上，但两个靠背轮中心恰好相合，这样的联轴器端面彼此不平行（见图 15-38）。

319

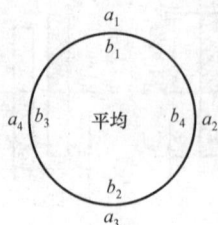

图 15-37　平均间隙记录图

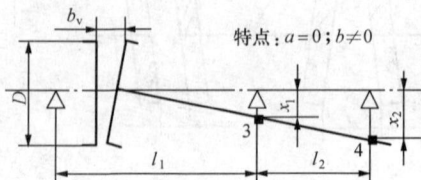

图 15-38　对轮同心、不平行

调整时可在 3、4 处分别移动 $x_1$ 和 $x_2$ 值，使两个转子中心线连成一条平滑的曲线，且对轮端面平行。$x_1 = \dfrac{b_v}{D}l_1$，$x_2 = \dfrac{b_v}{D}(l_1 + l_2)$，式中的 $b_v$ 为 $b_1$ 和 $b_2$ 之和。

第二种情况：两个转子的联轴器端面互相平行，但中心不重合，如图 15-39 所示。$x'_1 = x'_2 = \dfrac{a_1 + a_2}{2}$，调整时可分别将 3、4 点轴承同移 $x'_1(x'_2)$ 值，则两个转子同心共线。

第三种情况：两个转子的联轴器端面不平行，而中心又不吻合（见图 15-40）。这种情况是常见的。它包括上述两种类型，即 $x_{3v} = x_1 + x'_1 = \dfrac{b_v}{D}l_1 + \dfrac{a_1 + a_2}{2}$ 和 $x_{4v} = x_2 + x'_2 = \dfrac{b_v}{D}(l_1 + l_2) + \dfrac{a_1 + a_2}{2}$。

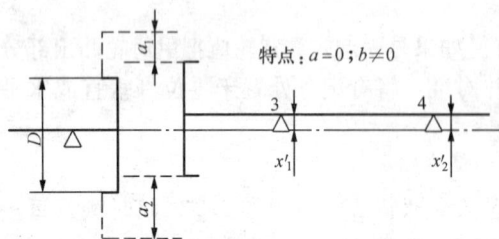

图 15-39　对轮平行、不同心

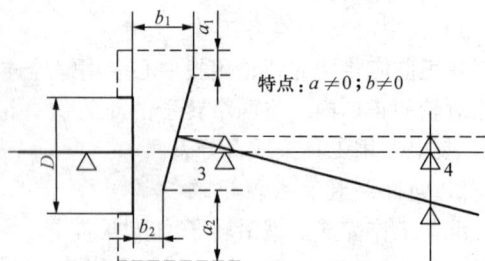

图 15-40　对轮不平行、不同心

计算出的结果为正值时，3、4 号轴承应向上、向左移动；计算结果为负值时，3、4 号轴承向下、向右移动。调整时一般采用补偿垫片，其厚度由一组 0.05、0.1、0.2、0.4、0.8mm 等组成，根据调整量需要选取相应厚度，为了调整可靠，提高调整精度，事先应将调整面清理干净，除去毛刺，以增加接触面积。调整垂直面内的相对角位移应采用斜垫片。

**三、简易找中心的方法**

对于小功率的锅炉转动机械，如小容量的风机、水泵等，可以用联轴器简易找中心法进行联轴器找中心。

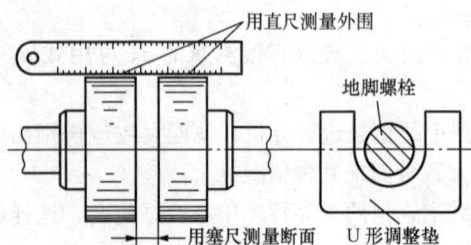

图 15-41　简易找中心法

（1）找中心前的准备工作。在进行找中心前先检查联轴器两对轮的瓢偏与晃动，及安装在轴上是否松动。如不符合要求，就应进行修理。然后将修理好的设备安装在机座上，并拧紧设备上的地脚螺栓。

（2）找中心。在进行找中心时，用直尺平靠两对轮外圆面，用塞尺测量对轮端面四方间隙，如图 15-41 所示。每转动 90°测量一次（两对轮同时转动），测记方法及中心的调整，均按前述方法进行。

（3）调整。在进行调整时，原则上是调整电动机的机脚，因电动机无管道等附件。调整用的垫子（铁皮）应加在紧靠设备机脚的地脚螺栓两侧，最好是将垫子做成 U 字形，让地脚螺栓卡在垫子中间，如图 15-41 所示。垫子垫好后设备的四脚与机座之间应均无间隙，切不可只垫三方，留下一方不垫，用调整地脚螺栓松紧的方法来调整联轴器的中心。

### 四、立式转动设备找中心的方法

电厂锅炉有些设备常采用立式结构。立式转动设备的电动机与立式机座采用止口对接，整机的同心度比较高，对于这类结构只要是原装的设备，在修理和装配时的工艺又是正确的，一般情况下中心不会有多大的问题。若更换了原配设备或机座发生变形需要找中心时，则其找中心的方法与卧式的相同。调整的方法因机而异。

（1）多数是在电动机端盖与机座之间加减垫子，解决对轮端面的平行度。

（2）用移动电动机端盖在机座止口内的位置，解决对轮外圆的同心度。但这种方法有不妥之处，需进一步改进。

### 五、对轮找中心的质量标准

靠背轮形式不同其找正的偏差标准也不相同。一般找正后要符合表 15-11 的规定。

表 15-11 转动设备联轴器中心的允许偏差

| 轴的转速（r/min） | 径向和轴向间隙允许偏差 | | 轴的转速（r/min） | 径向和轴向间隙允许偏差 | |
|---|---|---|---|---|---|
| | 刚性联轴器 | 弹性联轴器 | | 刚性联轴器 | 弹性联轴器 |
| ≤3000 | 0.04 | 0.06 | ≤750 | 0.08 | 0.10 |
| ≤1500 | 0.06 | 0.08 | ≤500 | 0.10 | 0.15 |

## 第四节 转子找平衡

### 一、概述

引起锅炉转动设备振动的原因很多，但转子不平衡，常常是转机振动的原因之一。振动是转动机械在运行中有一项重要的技术指标就，要求越小越好。振动一般理解为由于扰动力及回复力的作用转子位置和其静平衡或动平衡位置作周期性地偏移。扰动力是指在转子旋转时由于重心与旋转轴线有偏移而引起的质量不平衡或出现了不等于零的离心力矩；回复力通常是指弹性力。

长时期的超常振动，会导致转动设备金属材料疲劳从而损坏，转子上的紧固件发生松动，间隙小的动静两部件因振动会造成相互摩擦，产生热变形，甚至引起轴的弯曲。振动过大，即使时间很短也不允许，尤其是高转速的转动设备，其后果更为严重。

根据转子质量分布的不同，转子不平衡情况可分为静不平衡、动不平衡以及动静混合不平衡三种。

（一）静不平衡

1. 静不平衡概念

如图 15-42 所示为一很窄的转子（宽径比 $B/D$ 小于 0.2，它们的质量可以视为分布在同一平面内），它的不平衡质量 $m$，由于偏心质量的存在的当转子静止时 $m$ 所在位置必然转到最低位置的趋势，即为静不平衡。

所以静不平衡是由于转子上存在单侧偏重引起的，即偏重使转子的重心不在轴线上。

静平衡就是利用在转子上加减平衡质量的方法，使其质心回到回转轴线上，从而使转子的惯性力得以平衡的一种平衡措施。如图 15-43 所示，加平衡重块 $m_3$ 之后即静平衡了。

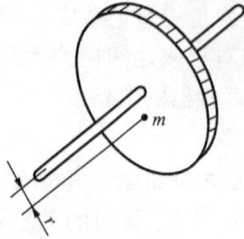

图 15-42　宽径比 $B/D$ 小于 0.2 的单轮盘转子　　　图 15-43　转子找静平衡加重

　　2. 静平衡的计算

　　如图 15-44 所示，已知盘形不平衡转子其偏心质量分别为 $m_1$、$m_2$、$m_3$，向径分别为 $r_1$、$r_2$、$r_3$，所产生的惯性力分别为 $F_1$、$F_2$、$F_3$，据平面力系平衡的原理，所加的平衡质量 $m_b$ 及其向径 $r_b$ 可由式 $m_b\vec{r}_b + m_1\vec{r}_2 + m_2\vec{r}_2 = 0$ 求得，式中 $m_i\vec{r}_i$ 称为质径积，为矢量。

　　$m_b\vec{r}_b$ 的大小和方向可采用图解法求得，求出 $m_b\vec{r}_b$ 后，再根据转子的结构选定 $r_b$，即可求出平衡质量 $m_b$，也可在 $\vec{r}_b$ 的反方向 $\vec{r}_b'$ 处除去一部分质量 $m_b'$。只要保证 $m_b\vec{r}_b = m_b'\vec{r}_b'$。

　　结论：对于静不平衡的转子，不论它有多少个偏心质量，都只需在一个平面内增加或去除一个平衡质量，即可获得平衡，故又称为单面平衡。

　　（二）动不平衡

　　1. 动不平衡概念

　　当转子的宽径比（$B/D$）大于 0.2 时，其质量就不能视为分布在同一平面内了。这时，其偏心质量分布在几个不同的回转平面内，如图 15-45 所示。此时，即使转子的质心位于回转轴上，也将产生不可忽略的惯性力矩，这种状态只有在转子转动时才能显示出来的不平衡状态称为动不平衡。

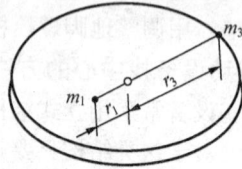

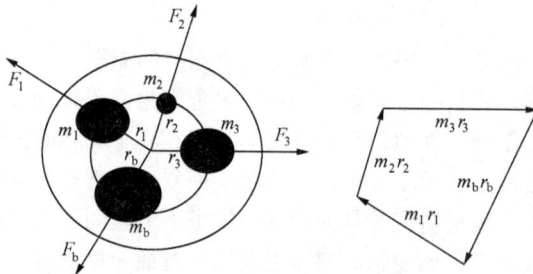

图 15-44　转子找静平衡加重及质径积矢量图　　　图 15-45　动不平衡示意

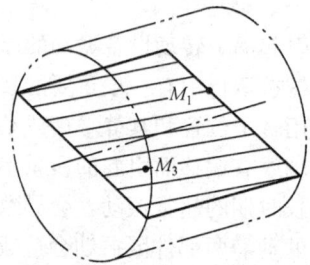

　　动不平衡是转子的重心在转动轴线上，但转子两端的重心在轴线的两侧。当转子运转时，两端产生的离心力相反，形成力偶，使转子失去平衡。

　　动平衡不仅平衡各偏心质量产生的惯性力，而且还要平衡这些惯性力所形成的惯性力矩，即不仅要使各偏心质量产生的惯性力的合力为零，而且要使合成的惯性力矩为零。转子进行动平衡校验是在转动状态下进行的，一般就在原设备上，并以工作转速进行。

　　2. 动平衡的计算

　　如图 15-46 所示的长转子，具有偏心质量分别为 $m_1$、$m_2$、$m_3$，并分别位于平面 1、2、3 上，

其回转半径分别为 $r_1$、$r_2$、$r_3$，方位如图 15-46 所示。当转子以等角速度回转时，它们产生的惯性力 $F_1$、$F_2$、$F_3$ 形成一空间力系 $l$。由理论力学可知，一个力可以分解为与它相平行的两个分力。根据该转子的结构，选定两个相互平行的平面作平衡基面，则分布在三个平面内的不平衡质量完全可以用集中在两平衡基面内的各个不平衡质量的分量来代替，代替后所引起的平衡效果是相同的。同样，仿照静平衡计算，在两个相互平行的平衡基面上做力封闭多边形，可用式 $m'_b \vec{r}'_b + m'_b \vec{r}'_2 + m'_2 \vec{r}'_2 = 0$ 和 $m''_b \vec{r}''_b + m''_1 \vec{r}''_2 + m''_2 \vec{r}''_2 = 0$ 计算求出在两个平衡基面上所加的平衡质量 $m'_b$、$m''_b$ 及向径 $r'_b$、$r''_b$。式中：$m'_1 = \dfrac{l'_1}{l} m_1$、$m'_2 = \dfrac{l'_2}{l} m_2$、$m'_3 = \dfrac{l'_3}{l} m_3$、$m''_1 = \dfrac{l'_1}{l} m_1$、$m''_2 = \dfrac{l'_2}{l} m_2$、$m''_3 = \dfrac{l'_3}{l} m_3$。

结论：

(1) 动平衡条件：转子转动时，所有离心惯性力的合力及合力矩均为零。

(2) 对于动不平衡的转子，无论有多少个偏心质量，都只需在任选的两个平衡平面内各增加或减少一个平衡质量即可使转子获得动平衡，因此动平衡又称为双面平衡。

(3) 满足动平衡的转子一定满足静平衡，反之不然。

**（三）动静混合不平衡**

如果转子的不平衡重 $m_1$ 和 $m_2$ 既不在通过轴心线的同一平面上，也不在轴心线的同一侧，将不平衡重量分解后既有静不平衡又有动不平衡，如图 15-47 所示，这种情况称为动静混合不平衡。

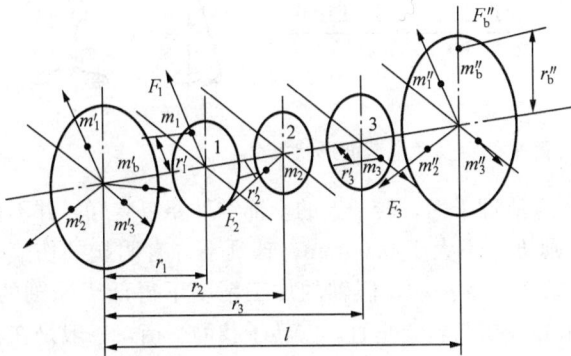

图 15-46　转子找动平衡加重　　　　　　图 15-47　动静混合不平衡

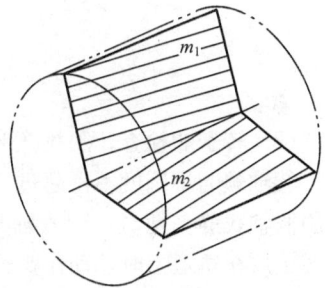

在转子上同时存在有静不平衡又有动不平衡，这种动静混合不平衡情况最多，这样的转子不平衡处理应该先将静平衡校验完毕，再找动平衡。

**（四）转子找平衡的方法**

转子找平衡方法可分为静态找平衡（静平衡）和动态找平衡（动平衡）两类。对于质量分布较集中的低速转子（如单级叶轮、风机等），仅做静平衡。对于由多单体组合的转子（如多级水泵转子等），应分别先对每个单体做静平衡，组装成整体后，再做动平衡。

**二、转子找静平衡的方法**

**（一）两种静不平衡的现象**

当把转子放置在静平衡台上后，然后用手轻轻地转动转子，让它自由停下来，当转子的重心不在旋转轴心线上时，可能出现下列情况：

(1) 若转子的不平衡力矩大于轴和导轨之间的滚动摩擦阻力矩，则转子就要转动，使转子重心位于下方，这种静不平衡称为显著不平衡。

（2）若转子的不平衡力矩小于轴和导轨之间的滚动摩擦阻力矩，则转子虽有转动趋势，但却不能使其重心方位转向下方，这种静不平衡称为不显著不平衡。

（二）找静平衡的方法

1. 准备工作

（1）静平衡台的检查。转子找静平衡是在静平衡台上进行的，其结构及轨道截面形状，如图15-48所示。平台的检查：①静平衡台应有足够的刚性。轨道工作面宽度应保证轴颈和轨道工作面不被压伤。其材料通常为碳素工具钢或钢轨。②棱形轨的轨面应光滑，发现有凹陷及凹痕时，应该用打磨或刮研的方法消除这些缺陷。③轨道的长度约为轴颈直径的6～8倍，两轨道的距离应适当，并两轨平行，工作表面在一个水平面上。④用水平尺及其他尺检查。允许的倾斜度为1m倾斜0.11mm。允许的不平行度为1m长允差2mm。用外径千分尺检查假轴的椭圆度在0.03mm之内，圆锥度在0.05mm之内。⑤转子放到棱形轨上后，需沿全轨长滚几次，使表面能互相服贴，并复查轨道的水平及平行有无变化。

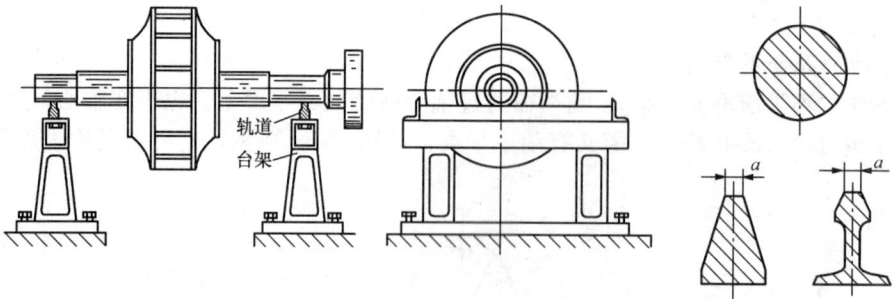

图15-48　静平衡台及轨道截面形状

（2）转子的检查。①找静平衡的转子应清理干净，转子上的全部零件要组装好，并不得有松动。②轴颈的不圆度不得超过2mm/m。圆锥度不大于0.05mm，轴颈不许有明显的伤痕。③如采用假轴找静平衡时，则假轴与转子的配合不得松动，假轴的加工精度不得低于原轴的精度。④转子放在轨道上时，动作要轻，轴的中心线要与轨道垂直。⑤转子找静平衡，一般是在转子和轴检修完毕后进行。在找完平衡后，转子与轴不应再进行修理。

（3）进行试加重的配制。在找平衡时，需要在转子上配加临时平衡重，称为试加平衡重，简称试加重。试加重常采用胶泥，较重时可在胶泥上加铅块。若转子上有平衡槽或平衡孔、平衡柱的，则应在这些装置上直接固定试加平衡块。

2. 试加质量周移法找转子显著不平衡

（1）找转子重心方位。将转子在平衡架的导轨上往复滚动数次，转子在滚动时，不平衡重量所在的位置自然是垂直向下的。如果转子的停止位置始终不变，也就是转子垂直向下的这一半径位置几次试验都一样，它就是转子偏重的一侧，可在转子上作出记号 $M$（见图15-49）。

（2）求第一次试加平衡重。把不平衡质量 $M$ 置于水平位置，如图15-50（a）所示，在 $M$ 的对面转子边缘上加一试加重量 $S$，使转子能按箭头方向转动一小角度（一般以 30°～45° 为宜）。

（3）求第二次试加平衡重。把转子转 180°，使不平衡质量 $M$ 和试加质量 $S$ 在同一水平面上，如图15-50（b）所示。并在试加质量 $S$ 处再加一适当质量 $p$，使转子能按箭头方向转动和第一次相等的角度。

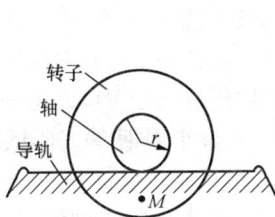

图 15-49 静不平衡转子

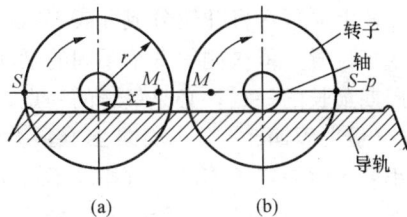

图 15-50 找转子的显著不平衡

（4）计算应加平衡重。根据图 15-50（a）可知，$Mx - Sr$ 的力矩使转子转了一个小角度；根据图 15-50（b）可知，$(S+p)r - Mx$ 的力矩使转子转了一个相同的小角度。得式 $Mx - Sr = (S+p)r - Mx$ 为一平衡式，即 $Mx = (2S+p)r/2$。若想使转子达到完全平衡，所加平衡质量 $G$ 应符合 $G = (2S+p)/2 = S + p/2$。求得的应加平衡质量 $G$ 的加装位置与试加质量 $S$ 的位置相同。

（5）校验。将平衡质量 $G$ 加在试加重位置，若转子能在轨道上任一位置停住，则说明该转子已不存在显著不平衡。但还需要对转子的不显著不平衡进行消除。

3. 试加质量周移法找转子不显著不平衡

（1）先把转子分成若干等份（8、12 等份均可），将各等分点标上序号（见图 15-51）。

（2）将 1 点置于水平位置，加上试加质量 $S_1$，使转子按箭头方向转一小角度，然后将 $S_1$ 取下。用同样方法依次于其他各点试加质量，均使转子按箭头方向转相同角度。则试加质量最小的点就是转子不显著不平衡质量 $M'$ 的所在方向（或近似方向）。现假定 4 点所加质量 $S_4$ 为最小，则与其对应的 8 点试加质量 $S_4$ 必然最大（见图 15-51）。

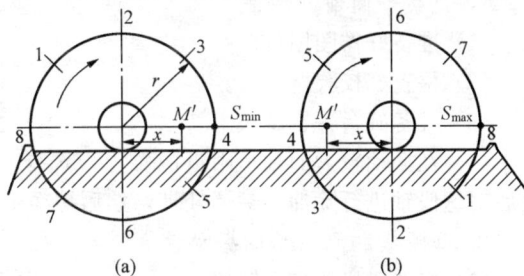

图 15-51 找转子的不显著不平衡

（3）根据图 15-51（a）可知 $M'x - S_{min}r$ 的力矩使转子转了一个小角度，根据图 15-51（b）可知 $S_{max}r - M'x$ 的力矩使转子转了一个相同的小角度，可得下列平衡式 $M'x - S_{min}r = S_{max}r - M'x$，$M'x = \dfrac{S_{max} - S_{min}}{2}r$。若想使转子达到完全平衡，所加平衡质量 $G'$ 应符合 $M'_x = G'_r$ 的要求，即 $G' = \dfrac{S_{max} - S_{min}}{2}$。求得的应加平衡质量 $G'$ 的加装位置与最大试加质量 $S_{max}$ 的位置相同。

4. 剩余不平衡质量

经过找显著不平衡和不显著不平衡并加以平衡质量 $G$ 和 $G'$ 的转子，并非已处于绝对平衡状态。也就是说还有残存的剩余不平衡质量存在，转子转动时还会引起振动。这样就必须按找不显著不平衡的方法再进行一次找平衡，以求得用来平衡剩余不平衡质量的试加质量 $h$（各点试加质量中最大值与最小值之差的一半）。一般规定试加质量 $h$ 在工作转速下产生的离心力不大于转子质量的 4%～5% 为合格。

5. 秒表法找平衡（等重测时法）

准备一个准确度 0.5 级的秒表，一台准确度足够小的磅秤。

（1）原理。在静止状态，转子的最重点位置，必然在最低点，若将最重一点放在水平位置，然后放松自由摆动，其摆动周期最短。同理最轻的一点放到水平位置放松自内松动，其摆动用期最长。

（2）方法。①按上原理，将叶轮分成 8 或 12 等份（须是偶数）。②将同一试加质量顺次加到各分点上，放到水平位置，依次测得 8 个不同的摆动周期，把各等分点相对应的摆动周期，给出摆动曲线，摆动周期最长的一点，必是最轻的一点，则应加质量的位置就在这一点上下。③应加质量＝试加质量×（最大周期 2－最小周期 2）/（最大周期 2＋最小周期 2）。④试加质量无精确计算的必要，但大小要足够使转子摆动，且摆动不得超过 270°。

（3）注意事项。①应加质量应扣除焊条质量。②为了消除人为的主观误差，设专人读表数。③为了消除风的影响，要在屋内或避风地点找静平衡。④找好之后，转子在任何位置都能静止，若仍有摆动，要重复再找一次。

### 三、转子找动平衡的方法

转子虽然经过静平衡，但在高速下旋转时往往还会发生振动。因为所加上或减去的平衡质量，一定能和转子原来的不平衡质量恰好在垂直于转轴的同一个平面上。因此，转子经静平衡校验之后，必须再做动平衡校验。转子找动平衡是在转动状态下进行的。对锅炉大型转动设备的转子找动平衡，一般就在原设备上，并以工作转速进行。下面以锅炉风机的转子为例分别介绍几种找动平衡的方法：

（一）画线法

1. 找动平衡前的准备

（1）准备好作图用具。

（2）检查、校验振动表。

（3）准备好台秤、试块。

（4）在振动较大的轴承附近的轴上，选择一段，长约 50～60mm，先检查这段轴的椭圆度，然后对这段轴进行除油、除锈处理，然后擦净轴的表面，并涂一薄层白粉水。

2. 画弧线和测轴承的振动值

（1）启动风机至工作转速。

（2）在这段以工作转速旋转轴上的用削尖的红蓝铅笔画出几条弧线，各弧线间距离为 5～6mm，动作要轻微迅速，以尽量使画出的弧线短一些，如图 15-52 所示。

（3）同时，用测振表测出风机的振幅 $S_{oa}$，并做好记录。

3. 找出轴心偏移最大值

停止风机转动，在轴上找出各段弧线的中心连成一条直线 $AA$，这条线就表示了在这个方向上轴心偏移值为最大。如图 15-52 所示。

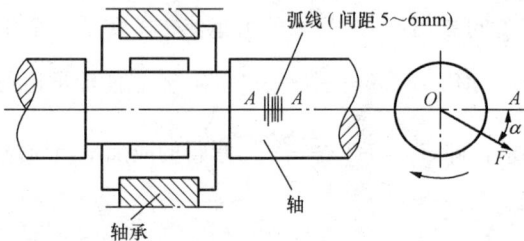

图 15-52　弧线的画定

4. 做转子动平衡的记录图

（1）在画弧线一侧的叶轮外缘处画一配重圆，在圆周上标出 $A$ 点的位置。$A$ 点位置的确定：延长 $AA$ 线与叶轮端面相交，通过该交点作出配重圆的半径与配重圆交点即为 $A$ 点。

（2）将测得的振动值 $S_{Oa}$ 按一定比例放大，延 $OA$ 线作出振动向量 $\overrightarrow{Oa}$，如图 15-53 所示。

（3）根据转子不平衡质量产生的离心力与轴心偏离中心的最大值之间有一相位角的关系，可以从配重圆上 $A$ 点沿转子旋转的反方向转 90°至 $C$ 点，在 $C$ 点固定一试加重块，其质量为 $M'_c$，可由式 $M'_c = \dfrac{KGg}{\omega^2 R}$ 求得。式中的 $G$ 为 1/2 转子的质量；$K$ 是系数，一般取 0.1～0.2；$R$ 为试加质量处的半径，m；$\omega$ 为风机转子旋转的角速度，$\omega=$ $\pi n/30$。

5. 测轴承的振动值 $S_{Ob}$

再次启动风机至工作转速，用上述相同方法在轴上画出新的弧线，并测出轴承的振动值 $S_{Ob}$。

6. 定出 $B$ 点的相应位置

(1) 停止风机转动，用上述同样的方法画出 $BB$ 线，并在配重圆周上定出相应 $B$ 点的位置。

(2) 在 $BB$ 线上按以上同样的比例作出振动向量 $\overrightarrow{Ob}$。由 $\triangle Oab$ 可知，$\overrightarrow{Oa}$ 向量代表叶轮 $C$ 点加了试加重块后所产生，而向量 $\overrightarrow{Ob}$ 是向量 $\overrightarrow{Oa}$ 与向量 $\overrightarrow{ab}$ 相加的结果。过圆心 $O$ 作平行于 $\overrightarrow{ab}$ 的线交配重圆周 $B'$ 点。$OC$ 与 $OB'$ 的夹角 $\alpha$，称为叶轮的相位角。

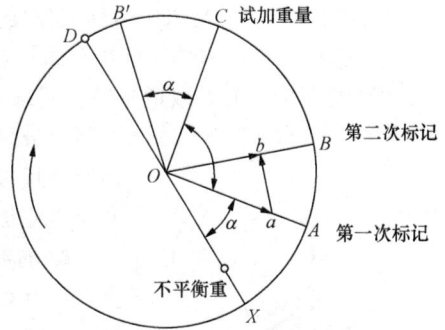

图 15-53 转子找动平衡记录图

(3) 从 $OA$ 线按叶轮旋转方向作角 $AOX$ 等于相位角 $COB'$ 所得 $OX$ 线即为叶轮不平衡质量所产生的作用在轴承上的离心力方向，它表示了所选择的叶轮端面上不平衡质量位于半径 $OX$ 上。$OX$ 的反方向延长线与圆周交于 $D$ 点，$OD$ 即为叶轮真正应添加平衡质量的半径。如果添加平衡质量点的半径与试加重点 $C$ 的实际半径相等，则平衡重 $M'$ 由式 $M'=MC'\dfrac{Oa}{Ob}N$ 求得。式中的 $Oa$ 为第一次风机转动时测量的振动值，mm；$Ob$ 为由 $\triangle Oab$ 所决定的振动值，mm。

7. 加平衡质量 $M'$

(1) 将平衡质量 $M'$ 加在所确定的位置 $D$ 上。

(2) 然后再一次启动风机如果叶轮的振动符合要求，则说明平衡已经合格。如果不符合要求，则需要在 $D$ 点附近的圆周上，改变平衡重 $M'$ 的位置，找出最佳点。必要时还可在最佳点处改变平衡质量，以求得更好的效果。

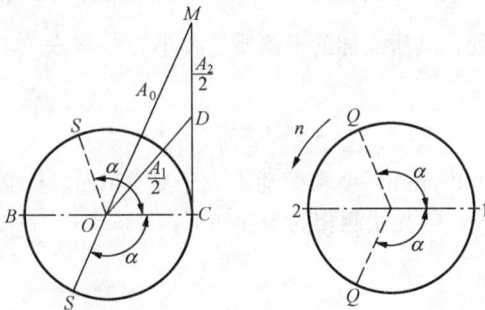

图 15-54 二次试加重平衡法作图

(二) 两点法

(1) 测得风机在工作转速下两轴承的原始振动振幅，若 $A$ 侧振动大，在叶轮上某一点（作记号）加上试加质量 $M$，测得振动值为 $A$。

(2) 根据二次侧得的振动值，并选用适当的比例作图，求出应加平衡质量的位置和大小，如图 15-54 所示。

1) 作 $\triangle ODM$，使 $OM:OD:DM=A_0:A_1/2:A_2/2$；延长 $MD$ 至 $C$，使 $CD=DM$，并连接 $OC$，以 $O$ 为圆心，$OC$ 为半径作圆。延长 $CO$ 与 $O$ 圆交于 $B$；延长 $MO$ 交 $O$ 圆于 $S$，则 $OC$ 为试加质量 $M$ 引起的振动值（按比例放大后振动值）。

2) 平衡质量 $M_a$ 为 $M_a=\dfrac{OM}{OC}\times M(g)$，由图 15-54 中量得 $\angle\cos$ 为 $\alpha$，则平衡质量应加在第一次试加质量位置 1 的逆转向 $\alpha$ 角处。

(三) 三点法

(1) 启动风机运行，当风机达到工作转速时测得风机两个端面的原始振幅，数值为 $A_0$，记录下来。

(2) 停止风机运行，将风机可加配重块的圆周均匀分为 1、2、3 共计三点，在 1 点添加配重

$M_0$，然后启动风机，待风机达到工作转速测得风机振幅后将该点配重取下，安放在 2 点，然后是 3 点，这样就可以测得风机在上述三点添加相同配重 $M_0$ 时的振幅 $A_1$、$A_2$、$A_3$。

（3）以 $O$ 为圆心，取适当的比例以 $A_1$、$A_2$、$A_3$ 为半径画三段弧 $A$、$B$、$C$，在 $A$、$B$、$C$ 三段弧上分别取三点 $a$、$b$、$c$，使得三角形 $abc$ 为等边三角形，作三角形外接圆，圆心为 $s$，连接 $Os$，与圆周相交于 $s'$ 点，$s'$ 点即为平衡质量应加的位置。

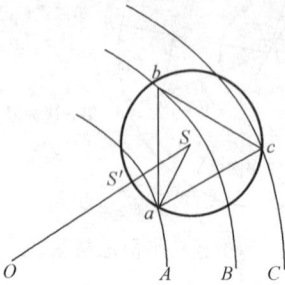
图 15-55　三次试加质量
平衡法作图

$M$ 的数值由式 $M = M_0 \times OS \div Sa$ 求得。其中的 $M_0$ 为添加配重，g；$OS$ 为两个圆心之间的距离，mm；$Sa$ 为三角形外接圆的半径，mm。

作图方法如图 15-55 所示。

（四）闪光测相找平衡法

1. 原理

（1）平衡原理。引起转轮振动的干扰力就是不平衡质量产生的离心力，通过仪器测出干扰力的最大振幅及相位变化，运用向量计算可知不平衡质量的大小和位置，在其相反位置上加上相等的质量，就可抵消由于不平衡质量而产生的振动。

（2）闪光法测相的原理。用闪光法找平衡是设法把闪光灯的电源与振动联系在一起，使闪光灯的闪光时间直接受振动相位的控制。当转速和闪光灯的闪光同步时，闪光灯每次闪光的时间正好是转轮到同一位置的时候，所以在闪光灯下看转轮就感到转轮好像静止不动一样。

（3）闪光测相的方法原理。以锅炉的送风机为例，设风机在工作转速下不平衡的振幅量为 $A$，（振幅 $A_1$，相位角 $\alpha_1$），当加上试加量 $P$ g 后由拾振器所测得的不平衡矢量 $A$，振幅 $A_2$，相位角 $\alpha_2$ 为原风机不平衡量与试加质量的合成矢量。

由此可求得试加质量的振幅矢量 $A$（即 $A = A_2 - A_1$，用向量平衡四边形作图法求得）和试加质量（振幅矢量为 $A$），与平衡质量（振幅矢量为 $A_1$）之间相对相位角 $\alpha$。从风机叶轮上的试加质量点的位置逆转向旋转 $\alpha$ 角即为应加平衡块之处，其所需加的平衡质量大小为 $G = \dfrac{P_A}{A_1} \times$ 试加质量。

2. 闪光测相的方法具体步骤

以锅炉的一台送风机为例，送风机的转速为 1490r/min，要求振动不大于 0.03mm。检修后启动测得叶轮端轴承的水平方向振动最大达 0.10mm。闪光法测相的步骤如下：

（1）准备和检查工作。

1）准备好测量振动（晶体管测振仪）及相位的仪器。

2）检查仪器好用，按图接好晶体管测振仪（见图 15-56）。

3）为了用闪光灯观察振动的相位角，在电动机或送风机主轴落出部分外圆上用白漆划一道白线记号，同时在轴颈处贴上 360° 的刻度盘。

4）查明被平衡转轮的质量及加放平衡质量的部位。

5）事先按加平衡块部位的几何尺寸做好不同质量的平衡质量块；即根据叶轮的质量选择 156g 平衡铁一块，作为试加质量。

（2）第一次启停送风机进行测量配重。

1）第一次启动转机，用拾振子放在轴承外壳上，待达到规定的工作转速时，在轴承外壳上分别从垂直、水平、轴向三个方向测量振动值，取振动值最大的一个方向作为平衡工作的计算数据，测得振动值最大的为水平方向振动值是 0.1mm，用闪光灯测得白线所指刻度盘的位置是

$50°$，待转机稳定 $30min$ 后，再次进行测量，数据无重大变化就将振动值和相位角记录下来，然后准备停用送风机。

2）停止送风机，为了破坏原来的不平衡值，采用在转轮任意位置上试加平衡重块。平衡重块不必太精确，平衡重块质量可以事先准备。即将事先准备好的试加质量用螺钉固定在叶轮平衡槽上任一位置，如图 15-57 所示。

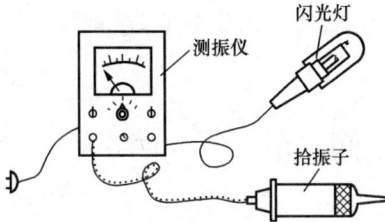

图 15-56　闪光法测振系统设备

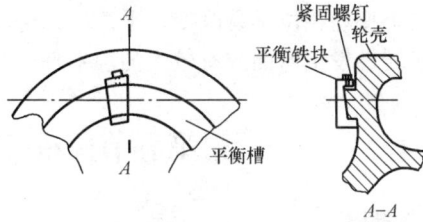

图 15-57　试加质量示意

（3）第二次启停送风机进行测量配重。

1）第二次启动送风机，由于加了试加平衡重块转轮的振幅及相位角将发生变化。待转速正常后，在轴承外壳同一位置上，测得水平方向的振动值为 $0.14mm$，闪光灯测得相位角为 $110°$。如果振幅值的变化小于 $10\%$；相位角变化小于 $\pm20°$，说明试加质量太小，需要适当增加再启动测定。

2）停止送风机，将两次测得的记录数据进行向量作图运算，求得所加平衡质量大小和位置，向量运算图如图 15-58 所示。$Oa$ 为第一次启动的振动值 $0.10mm$；$Oa_2$ 为第二次启动的振动值 $0.14mm$（加试质量后和原不平衡质量的合力所产生的振动值）；$Oa_1$ 为由作图求出的试加质量所产生的振动值 $0.13mm$。

3）平衡质量为 平衡质量 $= \dfrac{Oa_1}{Oa'} \times$ 试加质量 $= \dfrac{0.10}{0.13} \times 156 = 120g$。

4）确定平衡块位置。由图 15-58 看出，将平衡块加到 $Oa_1$ 的反向延长线上就可以抵消原来的不平衡质量，即在试加平衡的位置上移过 $78°$ 到 $230°$ 的位置上。

5）拆除原试加质量，将求出的 $120g$ 的平衡块固定到确定出的 $230°$ 的位置上。

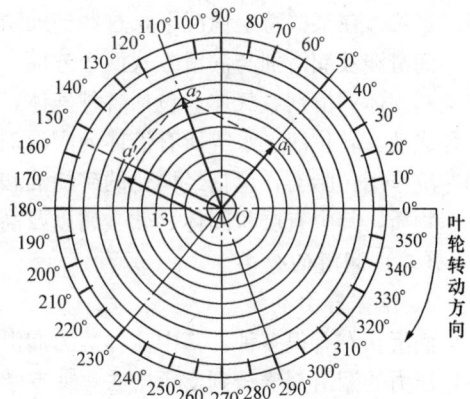

图 15-58　测振向量运算图

（4）第三次启动送风机进行配重后校验。第三次启动送风机，此时测定的振幅，最大振动值已降到 $0.01mm$ 以下为合格。如果振幅还未降到规定的范围内，就将第三次启动测得的振幅和相位角当作第二次启动的数据；把加上的平衡重块看作是试加质量，再进行作图运算，以求出最佳平衡重块。

校平衡工作结束后，平衡块一定要牢固地装在平衡槽内。无平衡槽的转轮应烧焊固定在转轮的适当部位，以防运行中脱落，损坏设备。

3．找动平衡的注意事项

（1）找平衡过程中，刻度盘贴在静止部分，转动部分划白线，刻度读数是顺转向的，而计算时角度是逆转向的。

（2）平衡过程中各轴承振动测量的正确性直接影响平衡工作的进行和质量，因此，振动值和相位角的测量应认真细致。每次在轴承壳上测量的位置应固定不变，放置的方向固定。

（3）在转机高速下找平衡，由于外界因素的影响较大，往往对平衡工作带来一定的困难。而且相位角变化也大，这主要由于轴瓦或轴承座松动，或者转动部件上零部件未固定好；旋转时开始晃动。第二个振动相位不易改变，平衡块无论放在任何位置，相位不起变化或变化非常小。这种现象是由于转轴发生弯曲或有较大的静不平衡。

# 第五节　机　械　润　滑

## 一、润滑概述

### （一）润滑的定义

润滑就是用润滑剂减少（或控制）两摩擦表面之间的摩擦力或其他形式的表面破坏的作用。这里所指的润滑剂是指加入到两个相对运动表面之间，能控制其摩擦或磨损的任何物质，包括润滑油、润滑脂、润滑性粉末、薄膜材料（黏结干膜、电镀、电泳、溅射、离子镀固体润滑膜、陶瓷膜等）和整体材料（金属基、无机非金属基或塑料基自润滑材料等）。

所谓控制摩擦，即润滑剂的功能在大多数情况下虽是减小摩擦，然而在少数情况下则是调节摩擦。如，在湿式离合器上使用润滑剂的主要目的是调节静摩擦与动摩擦之间有个平滑的过渡，即控制静、动摩擦系数值使其尽量接近，以消除黏滑（爬行）现象以及颤振和噪声。在牵引传动中，采用牵引油增大摩擦以提高传递功率，则为特殊用例。

由于摩擦副表面间润滑剂的存在，可减少或消除其直接接触，从而减少摩擦表面的磨损。此外，润滑剂还具有防止表面腐蚀、降低摩擦表面温度、冲洗磨屑或污染、密封和减振等辅助功能。当然，在某些特定情况下，这些辅助功能也可能转变为主要功能。

润滑涉及润滑剂与润滑方式两个方面。润滑剂根据其物质状态可分为四类，即气体、油类、脂类和固体润滑剂。气体，包括各种气体，气体动力润滑阻力较小；如为液体则又可包括合成油或合成液、乳化液、水等所有液体的润滑剂；油类润滑剂易于形成流体动力膜，并有较好的散热和冲洗作用；脂类，包括经稠化的矿物油和合成油、皂类、脂肪类、石蜡等。它们是半流态、半固态物质，其中有层状固体、软金属以及高分子聚合物等。

### （二）润滑的分类

#### 1. 流体静力润滑

润滑状态有很多种。其中流体静力润滑又称为外供压润滑，是利用外部的供油装置，将具有一定压力的润滑剂输送到支承中去，使支承的轴等运动件浮起，因此运动件从静止状态直至在很高的速度范围内都能承受外力作用，这是流体静力润滑的主要特点。所以，流体静力润滑的优点有：①启动摩擦阻力小；②使用受寿命长；③可适应较广的速度范围；④抗振性能好；⑤运动精度高；⑥能适应各种不同的要求。缺点是需要一套可靠的供油装置，增大了机床和机械设备的空间和重量。

流体静力润滑的基本类型有两种，即定压供油系统和定量供油系统。定压供油系统，供油压力恒定，压力大小由溢流阀调节，集中由一个泵向各节流器供油，再分别送入各油腔。依靠油液流过节器时流量改变而产生的压力降调节各油腔的压力以适应载荷的变化。而定量供油系统，各油腔的油量是恒定，随油膜厚度变化自动调节油腔压力来适应载荷的变化。定量供油方式有两种：一是由一个多联泵分别向油腔供油，每一个油腔由一个泵单独供油；二是集中由一个油泵向若干定量阀或分流器供油后再送入各油腔。

流体静力润滑在重型机械、冶金机械、某些通用机械和液压元件中也已得到应用，液体静力轴承及其供油装置已作为标准元件生产供应。

流体动力润滑是借滑动表面的形状和相对运动形成流体膜，使相对运动两固体表面隔开的润滑。其润滑性能，如承载能力、油膜厚度、摩擦功耗、温升等可以用连续介质力学的原理计算。

2. 润滑的分类

按润滑介质的状态可分为：

（1）气体润滑。用气体（如空气、氢气、氮气或蒸汽等）作润滑剂。

（2）液体润滑。用矿物油、植物油、乳化油（液）及水等作润滑剂。

（3）油脂润滑（或称膏状体润滑）。包括矿物润滑脂和动物润滑脂润滑。

（4）固体润滑。有石墨、二硫化钼粉剂等。

（5）油雾润滑。用压缩空气或蒸汽将油液雾化后送至润滑点润滑。

按摩擦副表面之间的润滑状态可分为：

（1）液体润滑。在两摩擦面之间，有液体润滑剂把两个摩擦面完全隔开，变金属接触干摩擦为液体摩擦。

（2）半液体润滑。由于摩擦面粗糙不平，或因负荷和运动速度的变化等因素影响，使部分流体润滑膜遭到破坏，油膜变得不连续，呈现部分液体润滑状态、部分边界润滑状态或干摩擦状态。

（3）边界润滑。两摩擦面之间，只有一层极薄的润滑膜，这层润滑膜被牢固地吸附在摩擦表面上而不能自由移动，使两摩擦面处于液体摩擦和干摩擦之间的润滑状态。

（4）半干润滑。半液体润滑和边界润滑中大部分油膜遭到破坏时的润滑状态。

（三）润滑的作用

润滑在机械设备的正常运转、维护及保养中有着重要作用。润滑的作用大致可归纳为：①减小摩擦系数，节省功耗；②减少磨损；③冷却降温；④缓和冲击减轻振动；⑤清洗摩擦面；⑥防止摩擦面锈蚀；⑦控制摩擦。

此外，对某些润滑剂而言，还有密封、减振和传递动力的作用。

（四）常用润滑油润滑方法和装置

1. 手工给油装置

由操作工使用油壶或油枪向润滑点的油孔，油嘴及油杯加油称为手工给油润滑，主要用于低速、轻载和间歇工作的滑动面、开式齿轮、链条以及其他单个摩擦副。

2. 滴油润滑

滴油润滑主要使用油杯向润滑点供油。常用的油杯有针阀式注油杯、压力作用滴油油杯等。油杯多用铝或铝合金等轻金属制成骨架，杯壁的检查孔多用透明的塑料或玻璃制造，以便观察其内部油位。

3. 油绳和油垫润滑

油绳和油垫润滑方法是将油绳、毡垫等浸在润滑油中，应用虹吸管和毛细管吸油。所使用油的黏度应低些。油绳和油垫等具有一定的过滤作用，可保持油的清洁。

油垫润滑一般应用于加油有困难或不易接近的轴承，但所润滑的表面的速度不宜过高。油垫从专用的储油槽中吸进润滑油经供给与它相接触的轴颈。油垫主要应用粗毛毡制造，使用时应定期清洗并加以烘干，然后重新装配使用。

4. 油环或油链润滑

油环或油链润滑只能用于水平安装的轴，在轴上挂一油环，环的下部浸在油池内，利用轴转动时的摩擦力，把油环带着旋转，将润滑油带到轴颈上，再在轴颈的表面流散到各润滑点。需要注意转轴应无冲击振动，转速不易过高。

5. 油浴和飞溅润滑

油浴和飞溅润滑主要用于闭式齿轮箱、链条和内燃机等。一般利用高速（不高于 12.5m/s）旋转的机件从专门设计的油池中将油带到附近的润滑点。有时在轴上设置带油的轮子把油带到轴颈上。飞溅润滑所用油池应装设油标，油池的油位深度应保持最低具轮被淹没 2～3 个齿高。为了便于散热，最好在密闭的齿轮箱上设置通风孔以加强箱内外空气的对流。

6. 压力强制润滑

压力强制润滑是在设备内部设置小型润滑泵通过传动机件或电动机带动，从油池中将润滑油供送到润滑点。供油是间歇的，它既可用作单独润滑，也可将几个泵组合在一起润滑。

强制润滑时，润滑油随设备的开、停而自动送、停。油的流量由柱塞行程来调整，由每秒几滴至几分钟 1 滴，油压范围为 0.1～4MPa。为保持润滑油的清洁，油池应有一定深度，以防止吸入油池中的沉淀物。

7. 喷油润滑

喷油润滑是指将润滑油与一定压力的压缩空气在喷射阀混合后喷射向润滑点的润滑方式。对齿轮的润滑要求在直接压力下把润滑油从轮齿的啮入方向送到啮合的齿隙中以进行润滑。对双向转动的齿轮，则需在齿轮的两面均安装喷油孔管。在涡轮传动中，喷油应从蜗杆的螺旋开始与涡轮啮合的一面喷射。

**二、锅炉转动设备的润滑**

（一）润滑剂性能

根据锅炉转动设备种类繁多和工作特点复杂等具体情况，对其润滑剂性能的综合性普遍要求要有较高的质量。

1. 黏度要大小适当

严格按机械说明书的要求，选用适当黏度的质量恰好的润滑油。如用油黏度较大，则不但增加运转阻力，浪费动力，而且还会影响机械磨损和运转的准确、灵活和可靠性。

2. 要有较高的黏度指数

以免因温度变化而黏度变化太大，以致影响机械的正常工作。由于燃料设备大部分在室外工作，冬夏、日夜、南北方的温差都较大，一般要适应在 $-30～+40℃$ 的气温变化的范围内使用。

3. 要有良好的抗氧化安定性

由于某些燃料设备的备品较少，而又要求长期不停的工作，尤其是室外的检修和换油都不方便，也有些机械的运转时间不多，但要求长期不检修不换油，因而要求润滑油长期不变质。

4. 要有良好的防锈、防腐蚀性

由于燃料设备大都在露天风吹、日晒、雨淋的条件下工作，因而要求润滑油有良好的防锈性能；有些机械在有腐蚀性气体或烟尘的环境里工作，因而要求润滑油有防腐蚀的性能。

5. 要有良好的抗磨性能

由于燃料设备工作负荷变化大，停车和启动频繁，运动方向变化多，甚至有振动负荷或冲击等特点，对润滑油膜的形成和保持都十分不利，因而要求润滑油（脂）根据负荷情况具有必要的抗磨油性或抗磨极压性。

6. 要求良好的耐水性能

由于燃料设备大都在露天工作，易受雨水或湿气的侵袭，因而要求润滑油要有良好的抗乳化性和水分离性能，更不应有遇水发生如加水分解等反应的情况（润滑油中某些添加剂易发生）。因而要求润滑脂必须有良好的抗水刷洗性能。

7. 要有良好的密封性能

由于燃料设备可能在尘埃或有害杂质飞扬的情况下工作，因而要求润滑剂有良好的密封性能和耐密封材料溶胀性，以防止杂质侵入和漏油。

（二）滑动轴承的润滑

润滑油黏度的高低是影响滑动轴承工作性能的一个重要因素。由于润滑油的黏度随温度的升高而降低，因此，所选用的润滑油在轴承工作温度下，能形成油膜的最低黏度。对于最常见的边界摩擦的滑动轴承，当速度低、负荷大时，可选用黏度较高的润滑油；当速度高、负荷小时，可选用黏度较低的润滑油。

滑动轴承对润滑脂的要求是：

（1）当轴承载荷大、轴颈转速低时，应选用针入度小的油脂；轴承载荷小、轴颈转速高时，应选用针入度大的油脂。

（2）润滑脂的滴点一般应高于工作温度 20～30℃。

（3）滑动轴承如在水淋或潮湿环境下工作时，应选用钙基、铝基或锂基润滑脂；如在环境温度较高的条件下工作时，可选用钙—钠基脂或合成脂。

（4）应具较好的黏附性能。

（三）减速箱内滚动轴承和齿轮的润滑

1. 滚动轴承的润滑

滚动轴承润滑的主要作用是降低摩擦阻力，减轻磨损、散热、吸振与缓蚀。

滚动轴承大多采用脂润滑或油润滑，其润滑方式可根据轴承内径与转速的乘积（$d_n$ 值）选取。

（1）脂润滑。润滑脂是在润滑油中加入稠化剂（如钙、钠、锂等金属皂基）后形成的膏状润滑剂。其油膜强度高，黏附性好，承载能力大，润滑脂不易流失，便于密封和维护，并能防止灰尘、潮气及其他杂物侵入。但散热差，转速较高时，功率损失大。故常用于 $dn$ 值较小，温度较低的场合。

润滑脂通常在装配时填入轴承室，以后每年添加 1～2 次。添脂时可拆去轴承盖，也可用旋盖式油杯或用压力脂枪从压注油杯中注入润滑脂。

填入轴承室的润滑脂应当适量，过多容易发热；过少则达不到预期的润滑效果。通常以填满轴承室空间的 1/3～1/2 为宜。转速较高（$n=1500\sim3000\text{r/min}$）时，不应超过 1/3；转速较低（$n<300\text{r/min}$）或润滑脂易于流失时，填充量可适当多一些，但不应超过轴承室空间的 2/3。

但如果工作环境恶劣，需增加润滑脂的填充量。比如球和滚子轴承在易污染的环境中，为防止灰尘、杂质侵入，对低速或中速轴承添加润滑脂时，要把轴承和轴承盖空间全部填满。球和滚子轴承装在垂直方向上时，加润滑脂只装满轴承，上盖则只填空间的一半，下盖只填空间的 1/2～3/4。

（2）油润滑。一般来说，减速器中的轴承多采用油润滑，因其具有润滑和冷却效果好，摩擦发热少，可利用箱体内的油进行润滑，供油方便且无需定时加脂等优点。当减速器受工作条件及结构形式限制不便采用油润滑时，可采用润滑脂润滑。

## 2. 齿轮的润滑

除了少数低速（$v < 0.5\text{m/s}$）小型减速器采用脂润滑外，绝大多数减速器的齿轮都采用油润滑，其主要润滑方式为浸油润滑。对于高速传动，则为压力喷油润滑。

所谓浸油润滑，就是将齿轮浸入油中，当轮子回转时，黏在上面的油液被带到啮合面进行润滑，同时油池中的油也被甩上箱壁，供以散热。这种润滑方式适用于齿轮圆周速度 $v \leqslant 12\text{m/s}$ 的场合。

为避免浸油润滑的搅油功耗太大及保证轮齿啮合的充分润滑，传动件浸入油中的深度不宜太深或太浅。

在单级减速器中，大齿轮浸油深度为 1～2 倍齿高。

对两级或多级齿轮减速器，设计时应选择合适的传动比，使各级大齿轮的直径大致相等，以便浸油深度相近。

浸油润滑时油池应保持一定的深度和储油量。减速机内部油位要符合要求，因为油位太高起不到降温作用，油位太低起不到润滑作用。油池太浅易激起箱底沉渣和油泥，一般齿顶圆至油池底面的距离不应小于 30～50mm。

### 三、润滑剂概述

锅炉转动设备的润滑剂主要涉及润滑油和润滑脂。

#### （一）润滑油

1. 润滑油的作用

润滑油是用在各种类型机械上以减少摩擦，保护机械及加工件的液体润滑剂，主要起润滑、冷却、防锈、清洁、密封和缓冲等作用。

对润滑油总的要求是：①减摩抗磨，降低摩擦阻力以节约能源，减少磨损以延长机械寿命，提高经济效益；②冷却，要求随时将摩擦热排出机外；③密封，要求防泄漏、防尘、防窜气；④抗腐蚀防锈，要求保护摩擦表面不受油变质或外来侵蚀；⑤清净冲洗，要求把摩擦面积垢清洗排除；⑥应力分散缓冲，分散负荷和缓和冲击及减振；⑦动能传递，液压系统和遥控马达及摩擦无级变速等。

2. 润滑油的组成

润滑油一般由基础油和添加剂两部分组成。基础油是润滑油的主要成分，决定着润滑油的基本性质，添加剂则可弥补和改善基础油性能方面的不足，赋予某些新的性能，是润滑油的重要组成部分。

（1）润滑油基础油。润滑油基础油主要分矿物基础油及合成基础油两大类。矿油基础油由原油提炼而成，润滑油基础油主要生产过程有常减压蒸馏、溶剂脱沥青、溶剂精制、溶剂脱蜡、白土或加氢补充精制。矿物基础油的化学成分包括高沸点、高分子量烃类和非烃类混合物，其组成一般为烷烃（直链、支链、多支链）、环烷烃（单环、双环、多环）、芳烃（单环芳烃、多环芳烃）、环烷基芳烃以及含氧、含氮、含硫有机化合物和胶质、沥青质等非烃类化合物。

（2）添加剂。添加剂可改善润滑油物理化学性质。一般常用的添加剂有黏度指数改进剂、倾点下降剂、抗氧化剂、清净分散剂、摩擦缓和剂、油性剂、极压剂、抗泡沫剂、金属钝化剂、乳化剂、防腐蚀剂、防锈剂、破乳化剂。

3. 润滑油的基本性能

润滑油的基本性能包括一般理化性能、特殊理化性能。

（1）一般理化性能。一般理化性能表征润滑油的内在质量。对润滑油来说，这些一般理化性能如下：

1）外观（色度）油品的颜色，可以反映其精制程度和稳定性。

2）密度。润滑油的密度随其组成中含碳、氧、硫的数量的增加而增大。

3）黏度。黏度反映油品的内摩擦力，是表示油品油性和流动性的一项指标。在未加任何功能添加剂的前提下，黏度越大，油膜强度越高，流动性越差。

4）黏度指数。黏度指数表示油品黏度随温度变化的程度。黏度指数越高，表示油品黏度受温度的影响越小，其黏温性能越好，反之越差。

5）闪点。闪点是表示油品蒸发性的一项指标。油品的馏分越轻，蒸发性越大，其闪点也越低。反之，油品的馏分越重，蒸发性越小，其闪点也越高。

6）凝点和倾点。凝点是指在规定的冷却条件下油品停止流动的最高温度，是表示润滑油低温流动性的一个重要质量指标。倾点是油品低温流动性的指标。同一油品的凝点和倾点不相等，一般倾点都高于凝点 2～3℃。

7）酸值、碱值和中和值。酸值是表示润滑油中含有酸性物质的指标，分强酸值和弱酸值两种，两者合并即为总酸值（简称 TAN）。我们通常所说的酸值，实际上是指总酸值。碱值是表示润滑油中碱性物质含量的指标，也分强碱值和弱碱值两种，两者合并即为总碱值（简称 TBN）。中和值包括总酸值和总碱值。

8）水分。水分是指润滑油中含水量的百分数，通常是质量百分数。润滑油中水分的存在，会破坏润滑油形成的油膜，使润滑效果变差。

9）机械杂质。机械杂质是指存在于润滑油中不溶于汽油、乙醇和苯等溶剂的沉淀物或胶状悬浮物。

10）灰分和硫酸灰分。灰分是指在规定条件下，灼烧后剩下的不燃烧物质。灰分的组成一般认为是一些金属元素及其盐类。国外采用硫酸灰分代替灰分。

（2）特殊理化性能。润滑油品还具有表征其使用特性的特殊理化性质。越是质量要求高，或是专用性强的油品，其特殊理化性能就越突出，包括抗老化性能、耐高温能力等。

（二）润滑脂

1．基本概念

润滑脂是将一种或几种稠化剂分散到一种（或几种）液体润滑油中形成的一种固体或半固体的产物。为了改善某些性能，加入一些其他组分（添加剂或填料）。

当施加一个外力时，润滑脂在流动中逐渐变软，表观黏度降低，但是一旦处于静止，经过一段时间（很短）后，稠度再次增加（恢复），这就是润滑脂的触变性。

润滑脂的这种特殊性能，决定了它可以在不适于用润滑油润滑的部位润滑，从而显示出它的优越性。

2．润滑脂的组成

润滑脂是由基础油、稠化剂和添加剂（包括填料）组成。基础油是液体润滑剂，有矿物油和合成润滑油之分。稠化剂是一些具有稠化作用的固体物质。添加剂是为了改善润滑脂某些性能而加入的物质。

矿物油润滑性能好，黏度范围宽，不同黏度的油分别适用于制造不同用途的润滑脂；来源广泛，价格低廉。矿物油的缺点是对高温、低温不能同时兼顾，或不能适应宽温度范围。

合成油是指用各种化学反应合成的一大类功能性液体，不同的合成油在某些方面显示出比矿物油更好的优越性。目前润滑脂中常用的合成油有合成烃类油、酯类油、硅油、含氟油和聚醚型油等。

稠化剂分为以下几类：

（1）烃基。有地蜡、石蜡、石油脂等。

（2）皂基。有钠基、钙基、复合钙、锂基、复合锂、钡基、铝基、复合铝等。

（3）有机。有脲类化合物、酰胺类化合物、有机染料、氟碳化合物等。

（4）无机。有膨润土、硅胶、硼化氮、石墨等。

3．润滑脂的优缺点

润滑脂的优点：

（1）润滑脂润滑无需复杂的密封装置和供油系统，可以降低设备的维护费用。

（2）润滑脂的黏附性使其在摩擦表面上的保持力强，因而润滑脂抗水、密封性和抗漏失性能突出，可以在密封不良甚至敞开的摩擦部件上使用。

（3）润滑脂使用寿命长，供油次数少，无需经常添加。

（4）润滑脂的油膜厚度比润滑油的油膜厚度厚。

（5）润滑脂的摩擦系数比润滑油低，节约动力消耗。

（6）润滑脂承载能力、减振能力和降噪能力更好。

（7）润滑脂的使用温度范围比润滑油更宽。

润滑脂的缺点：

（1）润滑脂是半固体，常温下不流动，所以摩擦部件上加脂、换脂和清洗比较困难。

（2）混入的水分、灰尘、磨屑难以分离出来。

（3）润滑脂的润滑方式决定其冷却效果较润滑油差。

（4）对高转速不太适用。

4．润滑脂的主要性能指标

通过不同的试验，可以测定润滑脂的不同性能指标，这些指标可以在一定程度上反映润滑脂的实际工作性能，可作为选用润滑脂的重要参考。

（1）锥入度。

（2）滴点。

（3）低温相似黏度和低温转矩。

（4）压力分油和高温钢网分油。

（5）润滑脂延长工作锥入度。

（6）承载能力。

（7）润滑脂氧化安定性试验。

（8）润滑脂腐蚀试验。

（9）润滑脂的防锈试验。

（三）润滑油管理

只有搞好润滑油管理，正确使用润滑油，才能发挥润滑油的技术性能，对保证设备正常运转，延长设备寿命，节约润滑油料，节约能源，提高经济效益和社会效益。润滑的运输和储存管理润滑油的运输与储存要求主要有：

1．散装油品

（1）盛装及储存润滑油的容器必须干净清洁。

（2）运输和储存变压器油和汽轮机油要求专罐专线；其他油品应按内燃机油、液压油、齿轮油三大类产品设置储运设施。

（3）运输和储存过程中要特别注意防止混入水分和杂质。

（4）散装润滑油的储存期一般不要超过半年。

（5）润滑油品的密度约在 $0.75 \sim 0.95 \text{g/cm}$，比水轻又不溶于水，润滑油的闪点（开口）一般高于 $150℃$，属可燃物品，储运过程应注意防止外流污染环境和着火燃烧。

（6）标明品名、牌号、级别、数量及入库日期等。

（7）不同厂家生产的同一油品原则上不能混储，如非混储不可时应先做混对试验确认无不良反应后才可以操作。

2. 桶装油品

（1）油品装卸车严禁野蛮作业，油品堆放的高度要适当，以免产生危险或压坏产品。

（2）运输和储存过程中要特别注意防止混入水分和杂质。

（3）桶装润滑油品的储存期可以比散装的长一些，但一般不要超过一年。

（4）不同油品应分开堆放并标志清楚品名、牌号、级别、数量及入库等，以免发货时搞错。

3. 润滑油使用过程的管理

润滑油的选用润滑油选用是润滑油使用的首要环节，是保证设备合理润滑和充分发挥润滑油性能的关键。

（1）选用润滑油应综合考虑以下三方面的要素：

1）机械设备实际使用时的工作条件（即工况）。

2）机械设备制造厂商说明书的指定或推荐。

3）润滑油制造厂商的规定或推荐。

（2）润滑油性能指标的选定。

1）黏度是各种润滑油分类分级的指标，对质量鉴别和确定有决定性意义。设备用润滑油黏度选定依设计或计算数据查有关图表来确定。

2）倾点倾点是间接表示润滑油储运和使用时低温流动性的指标。经验证明一般润滑油的使用温度必须比倾点高 $5 \sim 10℃$。

3）闪点主要是润滑油储运及使用是安全的指标，同时也作为生产时控制润滑油馏分和挥发性的指标。润滑油闪点指标规定的原则是按安全规定留 $1/2$ 安全系数，即比实际使用温度高昂 $1/2$。如内燃机油底壳油温最高不超过 $120℃$，因而规定内燃机油闪点最低 $180℃$。

4）性能指标的选定性能指标比较多，不同品种差距悬殊，应综合设备的工况、制造厂要求和油品说明及介绍合理决定。努力做到既满足润滑技术要求又经济合理。

（3）润滑油的代用。

1）不同种类的润滑油各有其使用性能的特殊性或差别。因此，要求正确合理选用润滑油，避免代用，更不允许乱代用。

2）润滑油代用的原则：尽量用同一类油品或性能相近的油品代用。黏度要相当，代用油品的黏度不能超过原用油品的 $\pm 15\%$。应优先考虑黏度稍大的油品进行代用。质量以高代低。选用代用油时还应注意考虑设备的环境与工作温度。

（4）润滑油的混用。

1）不同种类牌号、不同生产厂家、新旧油应尽量避免混用。下列油品绝对禁止混用。

a. 军用特种油、专用油料不能与别的油品混用。

b. 有抗乳化性能要求的油品不得与无抗乳化要求的油品相混。

c. 抗氨汽轮机油不得与其他汽轮机油相混。

d. 含 Zn 抗磨液压油不能与抗银液压油相混。

e. 齿轮油不能与涡轮蜗杆油相混。

2）下列情况可以混用：

a. 同一厂家同类质量基本相近产品。

b. 同一厂家同种不同牌号产品。

c. 不同类的油品，如果知道对混的两组分均不含添加剂。

d. 不同类的油品经混用试验无异常现象及明显性能改变的。

4. 润滑油污染的控制

润滑事故除因润滑油选用或使用不当外，主要由于污染所致。

（1）污染润滑油的物质有尘埃、杂质和水分。

（2）污染度的控制对液压油、汽轮机油、静压油膜轴承油和高速轴承油的抗磨损性能十分重要。

（3）控制污染的措施。

1）储运润滑油品的容器必须清洁、密闭，且不与铜、锡等易于促进润滑油氧化变质的金属接触。

2）油品加入设备前要进行沉降过滤处理，保证清静度达到五级以上。

3）加油容器不可露置在大气中，尤其装油容器不可无盖。

4）储存润滑油的油罐要定期清洗，及时排污。

5）油罐或油箱上设空气过滤呼吸器，在加油口设 100 目以上的滤器和防尘帽，搞好各部密封，在润滑系统适当部位设滤器及排污阀。

（4）润滑油的使用状态监控。润滑油在使用过程中会逐步老化变质这是必然的规律。老化变质有两种情况：一种是正常的老化变质；另一种为因受水污染等异常因素的异常变质。进行润滑油使用状态监控，可及时掌握油品的技术状态，预防设备润滑事故发生，延长油品使用寿命。

监控方法为：

1）抽查操作人员执行设备润滑"五定"规范标志。

2）采样观察油品的外观情况，检查油品的颜色、透明度、气味等情况。

3）定期进行黏度、闪点、水分、酸值（或碱值）等能反映油品质量变化的关键理化指标。

4）没有试验室的可以进行水分爆声试验和斑迹试验等。

5）用现代化仪器分析。仪器分析快捷准确，对发电机组等大型关键设备的润滑管理有很重要的意义。

5. 润滑油的更换

润滑油使用一段时间（几个月、几年以至几十年）后，由于本身的氧化以及使用过程中外来因素影响会逐渐变质，性能下降或改变，必须适时更换。

（1）换油时间的确定。

1）根据检验评定的结果确定换油时间；但目前困难的是还比较缺乏各种油品的报废标准。

2）根据润滑油制造商和设备制造厂家的推荐结合实际使用经验定期更换。

（2）换油注意事项。

1）要轻易作出换油决定，要设法延长油品的使用期。

2）尽量结合检修期进行换油。

3）换油时不要轻易报废，如油质尚好，可以稍加处理（如沉降过滤、去除水分杂质）后再用或用于次要设备。废油要收集好，以利于今后再处理和防止污染环境。

（3）废油的处理。换出来的润滑油已经变质，只能作为废油处理，这些废油应妥善处理，以免造成环境污染。

　　1）这些废油应收集起来统一处理，盛装润滑油的桶或瓶子不要随地乱丢也应统一妥善处理，防止给环境造成不良影响。

　　2）使用后的润滑油废油尤其含添加剂较多的润滑油品难以再生利用。但一般可以作为燃料油烧掉。

# 第十六章 离心式及轴流式风机检修

根据 DL/T 838，各种风机（引风机、送风机、一次风机等）A 级检修项目如下：

1. 标准项目

(1) 检查、修补磨损的外壳、衬板、叶片、叶轮及轴承保护套。

(2) 检修进出口挡板、叶片及传动装置。

(3) 检修转子、轴承、轴承箱及冷却装置。

(4) 检查、修理润滑油系统及检查风机、电动机油站等。

(5) 检查、修理液力耦合器或变频装置。

(6) 检查、调整调节驱动装置。

(7) 风机叶轮校平衡。

2. 特殊项目

(1) 更换整组风机叶片、衬板或叶轮、外壳。

(2) 滑动轴承重浇钨金。

## 第一节 离心式风机检修

### 一、离心式风机工作原理与结构简介

离心式风机的叶轮在电动机的带动下高速旋转时，充满于叶轮的气体被叶片带动一起旋转，旋转的气体因自身质量产生离心力。在离心力的作用下，使气体沿着叶轮叶片向外测甩出去。在蜗壳内将动能转换成压力能后从出风口排出。这时，叶轮中心形成负压。进口测气体在大气压力作用下不断吸入，风机不停地旋转，气体就不断地吸入、排出。离心式风机主要由机壳部、进风口部、转子部及轴承箱等组成，由电动机驱动。主要部件有叶轮、机壳、导流器、进气箱、入口导流器、扩压器等，如图 16-1 所示。

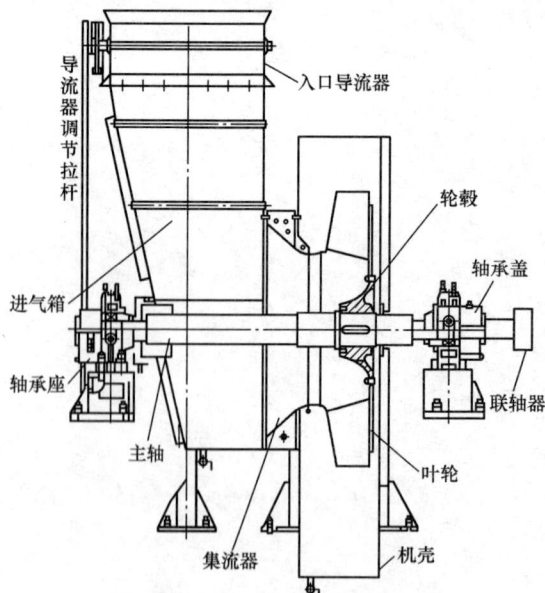

图 16-1 一次风机结构示意

### 二、检修周期及检修项目

1. 检修周期

检修周期由设备状态决定，一般随主机进行大小修。

2. 检修标准项目

离心式风机标准检修项目见表 16-1 和表 16-2。

表 16-1　　　　　　　　　　　　　　　　离心式风机大修标准项目

| 序号 | 项　目 | 序号 | 项　目 |
|---|---|---|---|
| 1 | 修前的测量工作 | 6 | 轴的检查及轴承座检查 |
| 2 | 拆卸检查对轮及螺栓 | 7 | 检查清理冷却水管及阀门 |
| 3 | 检查叶轮铆钉 | 8 | 电动机校中心 |
| 4 | 检查补焊风壳及调解挡板 | 9 | 试运 |
| 5 | 清理检查轴承及调整间隙 | | |

表 16-2　　　　　　　　　　　　　　　　离心式风机小修标准项目

| 序号 | 项　目 | 序号 | 项　目 |
|---|---|---|---|
| 1 | 修前的测量 | 4 | 检查出入口挡板 |
| 2 | 检查联轴器的螺栓 | 5 | 检查冷却水管及阀门 |
| 3 | 检查叶轮 | 6 | 试运 |

### 三、检修工艺及质量标准

1. 工作许可

(1) 检修工艺。

1) 查阅图纸。

2) 清洗、检查、测量所需备品。

3) 做好风机振动情况、轴承的温度、轴承冷却水是否畅通，各部漏风情况的原始记录。

4) 工作票确认，该设备或该设备所属系统已办理工作票，确认电源已切断，风机出口挡板已关闭。

5) 通知有关专业拆去热工、电气接线，注意固定、绑扎好线及线头，以免拆装过程中碰破、拉断。

(2) 质量标准。

1) 工作负责人检查安全措施符合工作票要求。

2) 所有工器具、备品备件和材料应符合图纸要求。

3) 工作人员熟悉掌握设备检修规程和作业标准、各项注意事项。

4) 切断进入风道的风流以免导致风机的转动。

5) 确认风机出入口挡板的传动机构电源均已断开。

2. 现场准备

(1) 根据运行状况和前次检修的技术记录，明确各部件磨损、损坏程度确定重点检修项目和技术措施安排。

(2) 为保证检修时部件及时更换，必须事先准备好备件。

(3) 准备各种检修专用工具、普通工具和量具。

(4) 所有起吊设备、工具按规程进行检查试验

(5) 施工现场布置施工电源、灯光、照明电源。

(6) 设置检修时设备部件平面布置图。

(7) 准备整套检修记录表、卡等。

(8) 清理现场，按照平面布置图安排所需部件、拆卸及主要部件的专修场所。

(9) 准备储油桶、枕木、板木及其他物件。

3. 风机的检查

(1) 打开人孔门，转子采取制动措施。

(2) 检查蜗壳有无漏风及疲劳裂纹。

(3) 测量集流器与叶轮口环的轴向与径向间隙。

(4) 检查叶轮有无裂纹，螺栓螺母有无松动。

(5) 检查调节挡板装置的开关连接情况。

(6) 检查框架、基础、出口挡板和轴承等主要部位是否有异常情况。

4. 联轴器的解列

(1) 检修工艺。

1) 联系电动机检修拆除电动机动力电缆。

2) 拆除联轴器保护护罩。

3) 拆除联轴器连接螺栓。

4) 测量联轴器对轮间隙和轴径向偏差，并做好记录。

(2) 质量标准。

1) 螺钉应完整，不磨损，不弯曲，螺纹完好。

2) 弹簧片不变形，无裂缝、锈蚀。

5. 轴承和轴承箱解体检修

(1) 检修工艺。

1) 将轴承箱外部清扫干净，放掉轴承箱内润滑油。

2) 松开轴承箱上盖螺栓，吊开轴承箱上盖，放在指定位置，检查并记录各部垫子厚度及位置。

3) 测量轴承游隙并作记录。

4) 测量轴承箱与轴承外套的间隙，检查有无夹帮和跑套现象。

5) 检查转子推力和膨胀间隙。

6) 用煤油将轴承箱及所有零部件清洗查，油室内要用抹布或白面擦拭清理干净。

(2) 质量标准。

1) 轴承两侧无夹帮现象，与轴承外圈接触角为 120°左右，接触点要形成逐步消失的边渡痕迹，分布均匀大小一致，达 1～2 点/cm²。

2) 轴承的内外套、珠架、珠子无裂纹、麻坑、重皮、锈痕、变色等缺陷。非滚道上的麻坑、锈痕面积不大于 1mm² 时可以使用。

3) 轴承箱与轴承顶部间隙为 0.05～0.10mm。

4) 轴承珠架磨损不超过厚度的 1/3，径向间隙不超过 0.25mm。

5) 轴承内套与主轴不许产生滑动，外套与轴承箱之间不许有转套现象。

6. 转子吊出

(1) 检修工艺。

1) 拆下进气箱、机壳的上部分。

2) 准备好支撑转子的专用支架。

3) 在转子上挂好钢丝绳，拉紧后检查受力及平衡情况，然后起吊 50～100mm 高度，停止 5min 后，检查是否有异常情况。确认无任何差错后方可继续起吊。

4) 起吊转子要有专人负责，转子起吊过程中要保持平稳。

5) 转子放置在专用支架上后，做好防转动措施，叶轮不得与支架和地面接触。

（2）质量标准。

1）做好各部位的位置记号，以便回装。

2）为防止转子起吊时叶轮受损，起吊时转子一定要保持水平平稳，并从机壳下半部内垂直向上吊出。

7．叶轮检修

（1）检修工艺。

1）用专用工具拆下对轮，检查对轮有无裂纹及变形，检查叶片磨损情况。

2）检查叶轮有无疲劳裂纹，有裂纹的地方应打磨坡口进行焊接，坡口的深度应保证被焊透为准。

3）检查叶轮紧固螺栓有无松动现象，松动的螺栓要根据紧固力矩重新紧固。更换螺栓的长度要适宜。

4）叶轮需拆卸时，其拆卸方法如下：

a. 拆下叶轮紧固螺母，组装好专用拆卸工具。

b. 将叶轮穿上钢丝绳吊起至主轴不受叶轮重力为止。

c. 将叶轮放置指定位置。

（2）质量标准。

1）轮毂发生裂纹时应进行更换。叶片磨损严重应焊补

2）叶轮与轮毂装配不许有松动现象。

3）所有焊缝平整光滑，无砂眼、裂纹等缺陷。

4）叶轮应找静平衡。

8．机壳、集流器、挡板检修

（1）检修工艺。

1）机壳上出现疲劳裂纹可用气焊冲开坡口进行透焊，必要时可在壳体外焊接加固。

2）集流器发现椭圆变形时，应用烤把加热校正，必要时进行更换。

3）检查挡板的开关情况，弯曲变形的挡板应进行修理或更换。

4）检查挡板轴的磨损情况，还要检查活动挡板及轨道牢固性，防止螺栓松动。

5）在检修工作结束后，封人孔门前应配合热工调试挡板的开关位置，并检查开关行程是否满足需要。

（2）质量标准。

1）调整挡板应开关灵活，能从 $0°\sim90°$ 全开全关，无卡涩现象，内外方向一致。

2）挡板及其部件完好，安装牢固，风箱内螺栓要点焊止动，挡板四周间隙均匀，轨道不得有卡住脱落现象。

3）连杆及球柄部分润滑油充足，转动灵活。

9．轴承更换

（1）检修工艺。

1）检查轴承间隙超过标准应更换。

2）滚珠及轴承内外套存在裂纹、重皮、斑痕、腐蚀锈痕等缺陷并超过标准时应更换。

3）轴承内外套与轴颈配合松动时应处理或更换。

4）新轴承要经过全面检查、符合标准方可使用。

5）精确测量检查轴颈与轴承内外套的配合公差是否符合标准。

6）轴承和轴颈采用热装配时不允许用火焰直接加热轴承。轴承应悬挂并浸没于油中加热，

加热温度一般控制在 100～120℃并保持 100min，然后将轴承取出，套装在轴颈上，使其在空气中冷却。

　　7）更换轴承后应将密封口垫装好，密封口垫与轴承垫与轴承外套不应有摩擦。

　　（2）质量标准。

　　1）检查滚动轴承的内外套、隔离圈及滚珠不应有裂纹、重皮、斑痕、腐蚀锈痕等缺陷。

　　2）轴颈应光滑无毛刺。

　　3）轴承内套宇宙静的配合为过盈配合，过盈量应符合设计要求。

　　4）新轴承应符合国家标准要求。

　　10．转子就位

　　（1）检修工艺。

　　1）安装油封装置。

　　2）检查主轴装配部件，然后将钢丝绳捆在主轴上，试吊检查，确认无误后进行吊装。

　　3）将转子轻轻放入机壳和轴承箱内，使推力轴承外套与轴承箱紧密接触，测量推力间隙、膨胀间隙。

　　4）用压铅丝的方法测量轴承的顶部间隙，通过加垫厚度调整顶部间隙在规定的范围内。

　　5）检查主轴水平度。

　　6）清理轴承箱，加入润滑油，紧固轴承盖。

　　（2）质量标准。

　　1）转子的推力间隙 0.10～0.20mm，膨胀间隙 10～20mm。

　　2）推理轴承、承力轴承间隙的顶部间隙为 0.05～0.10mm。

　　3）轴承箱内外清洁，无杂质、油污、毛刺、平整、光滑，润滑油路畅通。

　　11．回装机壳

　　（1）检修工艺。

　　1）安装集流器，检查调整与叶轮间隙。

　　2）清理机壳法兰接触面，用石棉绳或板做好垫片。

　　3）准备好回装用具及螺栓，穿上全部螺栓并拧紧。

　　（2）质量标准。

　　1）集流器与叶轮轴向间隙为 5mm；径向间隙为 10mm。

　　2）法兰密封面处应严密不漏。

　　12．校正对轮中心

　　（1）检修工艺。

　　1）检查对轮间隙是否符合要求。

　　2）用百分表进行找正。

　　3）将对轮螺栓上好，装好对轮护罩。

　　4）由工作负责人对设备进行全面检查，确认已具备启动条件后，与运行人员联系进行启动试运。

　　（2）质量标准。

　　1）联轴器轴径向误差不应大于 0.08mm。

　　2）对轮罩完善、牢固，地脚螺栓紧固受力均匀。

　　13．设备试运

　　（1）检修工艺。

1）清理现场后，与运行人员联系恢复各项措施，进行逐项试运。

2）测量轴承振动和温度，振动超过标准时应进行动平衡检查。

3）风机启动正常后，整体振动应小于0.05mm，风机本身无较大振动，内部无异声，壳体、检修人孔、法兰、风道、等处无漏风现象，各连接部位无松动、晃动等异常现象。轴承运转正常，无异声，不漏油。

4）试运8h，风机各项规范/参数、运行状态均正常后，三方签字，终结工作票。

（2）质量标准。

1）风机轴承振动值应小于5.0mm/s。

2）风机轴承运行温度不应超过70℃。

3）轴承箱油位应位于视窗的1/2～2/3处。

# 第二节 密封风机的检修

## 一、密封风机结构特点

密封风机通常为离心式，由叶轮、机壳、进风口、入口电动门、切换挡板和传动组组成。

叶轮通常采用前弯式叶片叶轮，叶轮的前盘、后盘及叶片采用较高机械性能的低合金钢焊接在一起。

离心式密封风机的机壳采用蜗壳型，用来汇集自叶轮排出的气流并流向风机的出口。同时将气流中的部分动能转变成压力能。机壳为整体式，机壳侧面与通风道盖板可拆装，转子可由轴向抽出。

传动组由主轴和轴承箱组成，轴承箱分为上下两半，轴承选用双列滚子轴承。轴承采用稀油润滑，靠电动机侧轴承为固定端，承受风机的轴向推力，另一侧为滑动端，便于风机轴自由膨胀。

入口电动门安装在风机风道入口，切换挡板安装在风机出口，依靠风机出口压力使挡板自动切换。

## 二、工作原理

密封风机为离心式风机，工作时按离心式风机的原理工作。密封风机入口与一次风机出口连通，入口气流本身具有动能和压力能。经密封风机增压后，压力升高，动能增加，通过风道制粉系统。

## 三、密封风机检修项目

1. 密封风机小修标准项目

（1）检查轴承换油。

（2）轴承轴封检查更换。

（3）对轮中心复查，对轮销子更换。

（4）风箱外壳漏风消除。

（5）出口挡板、入口调整挡板检查检修。

（6）检查紧固地脚螺栓。

（7）清洗入口滤网。

（8）试运。

2. 密封风机大修标准项目

（1）叶轮解体检查。

（2）轴承、轴封检查更换。

（3）对轮中心复查，对轮销子更换。

（4）风箱外壳漏风消除。

（5）出口挡板、入口调整挡板检查检修。

（6）检查紧固地脚螺栓。

（7）清洗入口滤网。

（8）试运。在满足密封风系统管道不漏风、风机壳体无漏风、出口挡板切换灵活、轴承箱轴封严密不漏、前后轴承振动不大于 0.06mm 且无轴窜及风压风量正常的条件下，可以进行风机的试运转。

### 四、检修工序工艺及质量标准

离心式密封风机的检修工艺和对应的质量标准见表 16-3 和表 16-4。

表 16-3 离心式密封风机的主要检修工艺

| 项目 | 检修工序工艺 |
|---|---|
| 叶轮检修 | 1. 叶轮的拆卸<br>（1）将风机进风口与蜗壳连接螺栓拆除，逐渐吊下放平整。<br>（2）拆去叶轮压板及螺栓，安装好拉马使之预紧，用手动葫芦吊好叶轮，用火焊枪均匀加热叶轮轮盘，至 90℃左右，旋紧拉马将叶轮拉下。<br>2. 叶轮的检查<br>（1）清理叶轮表面积灰。<br>（2）仔细检查叶轮前盘，后盘叶片及铆焊，焊缝是否有裂缝等缺陷。<br>（3）叶轮平衡校验合格，如果平衡不好，要进行静平衡或动平衡校验。<br>（4）叶轮轴孔表面光滑无毛刺等缺陷，与轴配合松紧合适。<br>3. 叶轮的装复<br>（1）叶轮装复前应对叶轮的焊缝等做全面的检查，新叶轮或通过修补的叶轮应校验平衡，测量轴孔配合尺寸，通过验收，并做好记录方可装复。<br>（2）叶轮轴孔和轴上涂上二硫化钼，将叶轮吊起，键槽位置对正，安装好压叶轮的工具并使之预紧。<br>（3）均匀加热叶轮轴盘至 90℃左右，然后快速将叶轮压入。<br>（4）用压板及螺栓将叶轮压紧，等叶轮完全冷却后，再紧一次螺栓，然后装上保险垫圈。<br>（5）吊装进风口，测量进风口与叶轮前盘的间隙，紧固连接螺栓，保证进风口与叶轮前盘的径向间隙为 1～3.3mm，进风口伸进叶轮内间隙为 10～15mm |
| 传动组的检查 | 1. 传动组的解体<br>（1）拆卸联轴器的螺栓（首先做好连接记号），用手动葫芦将电动机吊走，用拉马拉下传动轴上联轴器，如果拆卸时紧，可以均匀加热联轴器将其拉下。<br>（2）将叶轮拆下。<br>（3）旋开轴承和下面的放油孔，将轴承箱油放尽。<br>（4）拆卸轴承前后端盖与箱体的连接螺栓，并做好记号。<br>（5）拆卸轴承箱上下箱体连接螺栓，并做好原始装配记录。<br>（6）将主轴吊放在专用架上，将前后轴承箱端盖取下放好。<br>（7）取下主轴前后端盖的挡油圈，拆卸前后轴承帽及保险垫圈。<br>（8）安装好拆卸轴承用的专用拉马并使之预紧，用热油连续加热轴承，将轴承快速拉下。<br>2. 传动组的检查<br>（1）将拆下的主轴架在车床上，测量圆心度，各配合段不大于 0.02mm，轴面完整，无裂纹等缺陷。<br>（2）轴与轴承、叶轮、联轴器各配合段光滑完整，与轴承叶轮配合紧力 0.02mm，与联轴器配合滑配不松。 |

| 项目 | 检修工序工艺 |
|---|---|
| 传动组的检查 | (3) 各螺纹段螺纹不得有烂牙、爆牙及损伤情况，螺纹与螺帽配合正确。<br>(4) 轴承的检查：<br>1) 将拆下的轴承用煤油清洗干净，检查轴承的内外钢圈滚动体不得有锈斑、剥皮、裂纹、凹坑等缺陷，保持架完整，不符合予以换新。<br>2) 用塞尺或用压铅丝测量轴承径向游隙，新轴承为 0.08～0.12mm，旧轴承最大不超过 0.30mm，同时每个滚动体的径向游隙误差不大于 0.02mm。<br>3. 轴承箱体的检查<br>(1) 将轴承箱内部用煤油清洗干净，壳体完整无裂缝等缺陷，油位计完整，油位正确清晰。<br>(2) 轴承箱上下箱体平面应光滑完整，结合面平整不漏油。<br>(3) 用涂红丹粉检查外圈与轴承箱上下和轴承座的结合情况，箱体轴承座与轴承外圈接触角 60°左右，两侧间隙用塞尺测量为 0.03～0.05mm。<br>(4) 轴承箱前后端盖平面光滑完整，结合面平整。<br>(5) 轴承箱前后端盖挡油圈完整无裂纹，与轴承配合无松动。<br>(6) 用水平仪放在轴承座平面上，测量横向和轴向的水平度，保证误差小于 0.04mm/m，用地脚加减垫片进行调整，最后将地脚螺栓紧固。<br>4. 传动组的装复<br>(1) 将组装的各零件清洗干净。<br>(2) 将轴承放在机油中加热，加热温度为 90℃左右，不可超过 100℃，然后将轴承快速套入轴肩处，装上止退垫圈和螺帽，并将螺帽打紧，等轴承冷却后，再紧一次螺帽，在缺口处装好保险。<br>(3) 将叶轮侧端盖挡油圈套入轴中，再套端盖平面密封垫片和端盖，端盖平面密封垫片为青稞纸，端盖内加好用油浸泡过的毛毡。<br>(4) 起吊主轴放置于轴承座座内，使前轴承和轴承箱座肩靠足。<br>(5) 新轴承滚珠两侧填塞 3 号钙基润滑脂（黄油）。<br>(6) 测量轴承外圈和轴承箱窝洼间隙为 0.05～0.10mm，承力端应较推力端大，可取 0.05～0.15mm，承力端轴承外段圈与端盖之间应留有膨胀间隙最小可取 1.2mm。<br>(7) 在轴承箱上下箱体平面上涂密封胶。<br>(8) 盖上轴承箱盖，放入定位销，使其定位，均匀地紧固轴承箱盖的螺帽。<br>(9) 前轴承为双侧受力固定，用压铅丝法或游标卡尺测量计算，通过调整端盖平面、密封垫压紧，保证轴承留间隙为 0.2～0.3mm。<br>(10) 在轴承箱体和端盖平面上涂密封胶，按原记号安装前后端盖，端盖与轴四周间隙均匀，然后再均匀紧固螺钉，端盖内毛毡与轴边配合间隙为 0.05mm。<br>(11) 旋紧轴承和放油孔旋塞，从箱盖孔中加入 N46 机械油至规定油位。用手转动主轴，要求无轻重感，无异声 |
| 联轴器的解体检修 | 1. 联轴器的拆装及检查<br>(1) 在拆联轴器前，要做好记号。<br>(2) 联轴器螺栓应完整，不磨损，不弯曲，螺纹应完整，不烂牙，不爆牙，弹性圈完整，不老化，不断裂，不严重磨损，否则要更换。<br>(3) 拆联轴器时，要用拉马拉，可用加热法装复，用压板压进，可以预先在机械油中加热，联轴器端面和轴的端面相平，不能露出或缩进。<br>2. 联轴器找正<br>将装有联轴器的电动机吊至基础上，使联轴器的平面间隙保证 4～6mm，按照联轴器的原记号，安装对轮螺栓，把百分表架子装在联轴器上，通过转动联轴器，在百分表中可读出风机轴与电动机轴平面，外圈的中心偏差，通过调整电动机的左右位置和高低，使电动机轴与风机轴中心偏差，平面与外圈均小于 0.05mm，最后紧固电动机地脚螺栓 |

表 16-4　　　　　　　　　　离心式密封风机的检修工艺和质量标准

| 项　目 | 检修工序工艺 | 质量标准 |
|---|---|---|
| 入口电动门检修 | (1) 在吊开叶轮进风口时,对门体进行检查;<br>(2) 联系电气时对电动执行器进行检查、检修 | (1) 门体无变形,动静部分无磨损,开关灵活无卡涩现象,开度正确;<br>(2) 执行器齿轮啮合良好,轴承完好,指示开度与实际开度相符合,开关自如 |
| 出口切换挡板检修 | (1) 对挡板进行检查;<br>(2) 对挡板支承进行检查;<br>(3) 挡板密封垫进行检修,有无磨损或密封不严须换新 | (1) 挡板无变形,无裂缝;<br>(2) 挡风板支承无卡涩,切换灵活;<br>(3) 密封垫完好,切换中严密不漏 |
| 空气过滤器检修 |  | 滤芯清理,管道无杂物和积灰 |

# 第三节　静叶可调轴流式风机的检修

## 一、工作原理与结构简介

图 16-2 是静叶可调轴流风机,风机包括进气弯头、进口集流器、进口导叶调节装置、进风口、带导叶的通风机主体风筒、转子、扩压器等部件。

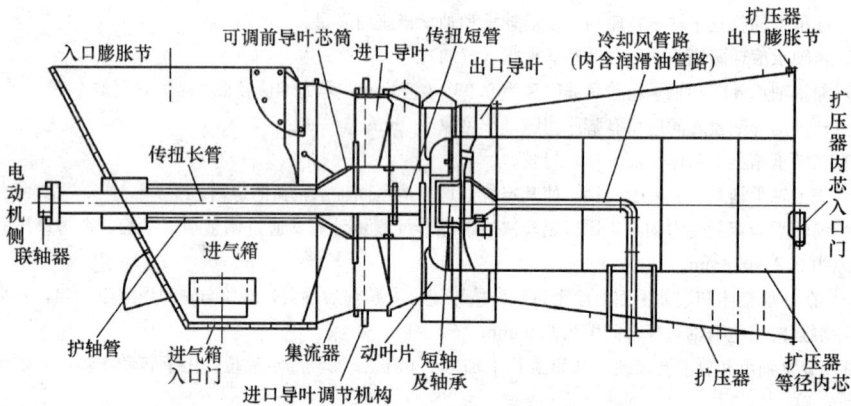

图 16-2　静叶可调轴流式风机结构示意

## 二、静叶可调轴流风机常见的故障及消除

静叶可调轴流风机常见的故障及消除方法见表 16-5。

表 16-5　　　　　　　　　静叶可调轴流风机常见的故障及消除方法

| 故　障 | 原　因 | 处　理　方　法 |
|---|---|---|
| 轴承温度高 | 轴承损坏(疲劳所致);<br>轴承间隙太小 | 更换轴承;<br>按正常间隙装配轴承 |
| 运行时声音过大 | 轴承间隙太大 | 检查轴承,必要时更换轴承(如有必要,还应检查电动机轴承),可用实心棒测听声音 |

| 故　障 | 原　因 | 处　理　方　法 |
|---|---|---|
| 两台通风机并联运行时所消耗的功率大小不同 | 进口导叶调节不同步 | 重新调整进口导叶的调节，检查执行器的组装，拧紧固定螺钉 |
| 通风机的消耗功率不起变化 | 伺服电动机有毛病，杠杆与轴的外端加紧的夹头已松动 | 更换伺服电动机，加紧杠杆，调整进口导叶的调节；检查执行器驱动；拧紧固定螺栓 |
| 运行时声音大、不平稳，引起异常振动 | 转子上的沉积物引起的不平稳，由于叶片一侧磨损而造成不平衡轴承磨损增加；基础变形或找正不正确 | 除去沉积物；更换叶片；检查轴承，必要时装上备用轴承；检查对中，重新找正 |

### 三、检修周期及检修项目

检修周期：设备检修由设备状态决定，一般随主机进行大、小修。

检修标准项目分为大修标准项目和小修标准项目。

1. 大修标准项目

(1) 清理积灰。

(2) 叶轮检查、更换。

(3) 出口导叶及支撑检查、更换。

(4) 主轴组检查，轴承检查、更换。

(5) 主轴、中间连接轴、半联轴器检查。

(6) 风箱的检查及补焊。

(7) 冷却风机检修。

(8) 静叶磨损检查、更换。

(9) 静叶调节机构检修。

(10) 电动机找中心。

(11) 检查、更换出入口包带。

(12) 出入口挡板门检修。

(13) 试转。

2. 小修标准项目

(1) 清理积灰。

(2) 叶轮检查。

(3) 检查静叶调节机构，调节静叶。

(4) 检查导叶及支撑。

(5) 冷却风机检查。

(6) 测量动叶和机壳的间隙。

(7) 检查出入口挡板、出入口包带。

(8) 试转。

### 四、检修工艺及质量标准

1. 检修前的准备

(1) 工艺方法及主要事项。

1）查阅设备缺陷记录，做好修前记录，备好备品、配件和材料。准备好检修照明工具、起重工具，办理检修工作票。

2）检修人员和运行人员共同检查安全措施执行情况。

（2）质量标准。工具、备品、材料齐全；照明良好；工作票合格。

2. 联轴器检修

（1）工艺方法及主要事项。

1）拆卸联轴器罩及连接螺栓，将拆下的零件清理干净，存放整齐，并做好回装找正标志。

2）测量联轴器各部间隙并做好记录。

3）检查联轴器的缺陷。

4）检查连接螺栓，更换不合格连接螺栓。

（2）质量标准。

1）联轴器应完整，无裂纹，无变形，表面光洁，联轴器与轴配合牢固、无松动。

2）连接螺栓无弯曲变形，螺纹完好。

3. 叶轮检修

（1）工艺方法及主要事项。

1）打开人孔门，从风筒上半部拆去膨胀节，拆掉风筒水平面连接螺栓，将风筒上半部吊起。

2）拆去集流器进口导叶靠近叶轮端部部分，复查两联轴器的对轮中心。

3）撑住与半联轴器相连的中间连接轴，并将空心轴用专用支架撑住。拆掉半联轴器与中间连接螺栓，吊走中间连接轴。

4）拆下压盘即可轴向移动直至可以自由起吊为止。

5）检查叶片、轮毂。

6）检查轮毂与主轴的配合，发现轮毂与主轴松动应重新进行装配。

7）叶轮更换后转子应作静平衡。

8）测量叶片顶部与机壳间隙。

（2）质量标准。

1）叶片叶轮压盘应完好，无损伤，否则必须更换。

2）主轴、叶轮压盘应牢固装复，紧固螺钉应用力矩扳手上紧。力矩为250N·m。

3）轮毂表面无损伤，无变形，无裂纹。轮毂与主轴牢固无松动。

4）测量叶片顶部与机壳间隙为3～6mm。

4. 主轴、中间连接轴检修

（1）工艺方法及主要事项。

1）检查主轴外表面及尺寸，超标应予以修补或更换。

2）主轴表面无损伤、裂纹等缺陷，轴承箱应完好、无损伤、裂纹等。

（2）质量标准。

1）主轴无裂纹、腐蚀及磨损。

2）主轴弯曲不大于0.05mm/m，且全长弯曲不大于0.10mm。

3）主轴轴颈椭圆度不大于0.02mm。

5. 轴承组拆卸

（1）工艺方法及主要事项。

1）叶轮吊走后，拆去冷却空气罩，松开全部管路和测量管线。撑住轴承组，卸去与风筒相连的螺钉。将轴承组吊离机壳。

2）拆下前后轴承盖，用铜棒在装向心滚子轴承侧的主轴上敲打，向心滚子球轴承内套与外套脱离，将装有向心推力球轴承及向心滚子轴承内套的主轴抽出。

3）利用专用工具将向心滚子轴承内套及向心推力球轴承从主轴拆下。

（2）质量标准。各高强螺栓完好，并注意保存。

6．轴承检修

（1）工艺方法及主要事项。

1）拆下前后轴承盖，用铜棒在装向心滚子轴承侧的主轴上敲打，向心滚子球轴承内套与外套脱离，将装有向心推力球轴承及向心滚子轴承内套的主轴抽出。

2）用塞尺和压铅丝的方法测量轴承间隙、轴承滚子端面膨胀间隙及滚子端面与隔离圈间隙，并做好记录。

3）检查滚柱、滚珠内外摩擦面。

4）检查保持架磨损。

5）检查轴承间隙超过标准应更换。

6）滚珠及轴承内外套存在裂纹、重皮、斑痕、腐蚀锈痕等缺陷并超过标准时应更换。

7）轴承内外套与轴颈配合松动时应处理或更换。

8）轴承箱前后端盖密封垫完好，无损坏，必须用密封胶密封。

（2）质量标准。

1）向心滚子轴承的径向间隙为 0.081～0.116mm；轴向膨胀间隙为 0.1～0.55mm。向心推力球轴承与隔离圈的间隙为 0.06～0.10mm；向心推力球轴承组轴向膨胀间隙为 0.2～1.2mm。

2）保持架磨损超过 1/2 应更换。

3）滚珠、滚珠内外摩擦面无裂纹、麻点、分层拉痕及锈痕、变色等现象。

4）检查滚动轴承的内外套、隔离圈及滚珠不应有裂纹、重皮、斑痕、腐蚀锈痕等缺陷。

7．轴承装配

（1）工艺方法及主要事项。

1）新轴承要经过全面检查、符合标准方可使用。

2）精确测量轴颈与轴承内套的配合公差是否符合标准。

3）将轴承箱用煤油清洗干净后，晾干。

4）轴承应防潮，轴承原有油脂应用干净的煤油洗去，待煤油挥发完后再装。

5）轴承和轴颈采用热装配时不允许用火焰直接加热轴承。轴承应悬挂并浸没于油中加热，加热温度一般控制在 100～120℃并保持 100min 然后将轴承取出，套装在轴颈上，使其在空气中冷却。

6）先将第一个向心推力球轴承与主轴装配，再装隔离圈，最后装配第二个向心推力轴承。

7）将向心滚子轴承的内套与主轴装配，外套及滚珠装入轴承箱，端盖与轴承箱用螺钉紧固。装配时要注意调整向心滚子轴承膨胀间隙。

8）滚动轴承安装时，通常应将内圈、外圈记有文字的一侧装在同一侧并朝着热装轴承的轴的轴端。

9）将装配主轴组件装入轴承箱内，将后部端盖与轴承箱用螺钉紧固

10）在装配轴承盖以前，用手盘轴并检查滚动轴承外圈和轴承架是否随轴转动。

11）最后注入润滑脂，直至润滑脂开始从出油管泄出为止。

（2）质量标准。

1）轴颈应光滑无毛刺。轴颈的椭圆度和圆锥度不超过 0.05mm。

2) 新向心滚子轴承必须压铅丝，径向间隙应为 0.081～0.116mm。

3) 装配轴承组时，膨胀间隙和推力间隙应符合要求。

4) 轴承内套与轴颈的配合为过盈配合，过盈量应符合设计要求。轴承与轴颈配合紧力 0.02～0.04mm；向心滚子轴承轴向间隙为 0.1～0.55mm；向心推力球轴承与隔离圈的间隙为 0.06～0.10mm；向心推力球轴承组轴向膨胀间隙为 0.2～1.2mm。

8. 出口导叶检修

(1) 工艺方法及主要事项。

1) 将外部压盖螺栓拆掉后即可将导叶沿径向方向一次抽走。

2) 导叶有将转子轴承在中心线定位的支承作用，因此必须同时装拆径向对应的两导叶。

3) 检查出口导叶，检查变形或磨损的导叶。

4) 对导叶有裂纹应进行更换。

(2) 质量标准。

1) 导叶磨损超过原厚度的 1/2 需更换。导叶需喷涂，导叶承压盖需加石棉绳。

2) 不许有裂纹，必要时必须更换。

3) 导叶磨损超过原厚度的 1/2 时必须更换

4) 更换时当需要更换后新导叶时，应按 180°对称更换以免芯筒位移而影响对中。

9. 芯筒、扩压器检修

芯筒根据磨损程度补焊。扩压器支撑磨损严重，应焊补或更换。

扩压器支撑磨损超过原直径 1/2，需更换；根部焊缝磨损严重时，焊补或更换。

10. 壳体检修

(1) 工艺方法及主要事项。

1) 检查机壳。

2) 检查机壳与支撑件的焊缝，处理裂纹部位。

3) 检查机壳人孔门及轴封，人孔门应能关闭严密，不泄漏，轴封与主轴无摩擦。

(2) 质量标准。

1) 机壳不得有裂纹，固定要牢靠。

2) 机壳与支撑件之间不得有开焊现象。

3) 所有焊口焊接牢固，无开裂现象。

11. 进口导叶调节机构检修

(1) 工艺方法及主要事项。

1) 检查电动执行器（或液压执行器）与杠杆的连接。

2) 检查杠杆。

3) 检查杠杆与传动轴的连接。

4) 检查传动轴与连杆连接处的磨损。

5) 检查检查关节轴承有无损坏、磨损程度，关节轴承连接螺栓是否损坏或变形。

6) 检查连杆与转换器的连接螺栓，发现松动应更换。

7) 检查整个调节机构，当动作不灵活有卡涩现象时，可以在连杆、杠杆、传动轴等处根据需要调整垫块或杠杆厚度，直至合格为止。

8) 检查转换器套筒。

9) 检查静叶传动是否灵活。

10) 单个叶片也可通过外壳关节轴承的螺杆长度调节。

（2）质量标准。

1）执行器与杠杆连接出无严重磨损，转动应灵活。

2）杠杆无裂纹及变形。

3）杠杆与传动轴连接处应无严重磨损，动作灵活。

4）传动轴与连杆连接处无严重磨损，动作灵活。

5）连杆应无裂纹、弯曲变形。

6）连杆与转换器连接螺栓应完好无松动。

7）各部轴承完好，各部间隙符合技术资料中的规定，润滑良好。

8）整个调节机构动作灵活无卡涩。

9）各连接件完好。

10）大修中关节轴承必须全部更换，静叶转动灵活、内外指示一致。

12．进口导叶检修

（1）工艺方法及主要事项。

1）检查导叶与内外环的磨损情况。

2）检查导叶与内外套的配合情况。

3）检查导叶进出口角度应符合设计要求。

4）调节静叶轴承完好，高低温润滑质良好。

5）叶片磨损情况大修中静叶需喷涂。

（2）质量标准。

1）导叶内外环应完好，无严重变形。

2）导叶与内外套无松动，紧固件完整。

3）静叶磨损超过原厚度1/2时需更换。

13．机壳检修

（1）工艺方法及主要事项。

1）检查机壳磨损情况。

2）检查出入口导叶、撑筋、进口烟道管支撑的磨损情况，并修补。

3）检查进出口伸缩节。

（2）质量标准。

1）机壳法兰严密不漏。

2）人孔门严密不漏。

3）调整机壳与轴的密封间隙。

14．冷却风机检修

（1）工艺方法及主要事项。

1）拆卸入口消声器及滤网进风斗并清理。

2）拆卸叶轮，检查清理叶轮。

3）叶轮装复。

4）入口消声器及滤网进风斗装复。

（2）质量标准。叶轮无变形；叶轮与外壳无摩擦；叶轮进风口与进风斗径向间隙均匀无卡涩；切换灵活、无卡涩。

15．电动机找中心

（1）工艺方法及主要事项。

1) 准备千分尺、塞尺、表架及百分表、厚度不等的铜皮等专用工具。

2) 把电动机底部清理干净。

3) 校正中心。

4) 校正中心后，按回装标记回装好联轴器，并盘车检查有无摩擦或撞击等异常情况。

5) 检查机壳内无杂物，封人孔门。

（2）质量标准。

1) 联轴器间隙为 4～10mm。

2) 联轴器的轴向及径向误差均不大于 0.20mm，如图 16-3 所示。

3) 紧固联轴器螺栓必须用力矩扳手上好对轮防护罩。

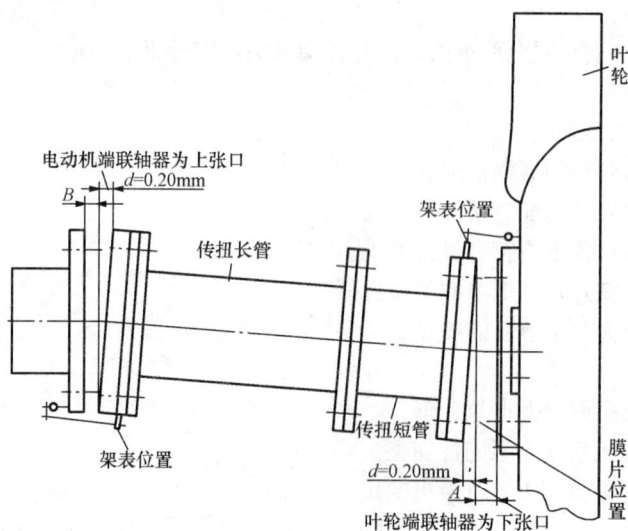

图 16-3　轴流式风机转轴系找中心示意

16. 引风机试运行

（1）工艺方法及主要事项。

1) 进出口烟道、机壳内清理干净后，关闭人孔门并保持密封。

2) 准备好试转的测量、联络工具、仪器。试运转时检测轴承的振动量。

3) 检查轴承温度。

4) 检查泄漏情况，并处理泄漏部位。

5) 前置导叶在各种开度下的电流值。

6) 在试运行中发现异常情况时，应停止风机运转查明原因。

（2）质量标准。

1) 风机内、风道内无杂物，经班组、部门验收后可关门。

2) 风机试运行时间为 4～8h。

3) 试运行中轴承垂直振动不大于 0.05mm；轴承水平振动一般应为 0.05mm，最大不超过 0.10mm。

4) 轴承温度不大于 70℃。

5) 风机异常无异声。挡板开关灵活，指示正确。

6) 各处密封不漏油、水、风。

# 第四节　动叶可调轴流式风机检修

轴流式风机的工作原理是利用流体流过叶轮时对流体产生的升力对流体做功，使其压能和动能得到提高。流体中的动能可在叶轮后的导叶上变成压力能，因为流体以轴向流入叶轮并沿轴向流出，所以叫轴流式风机。

## 一、轴流式风机的结构简介

轴流风机主要由进气室、叶轮、主轴、动叶调节结构、外壳、导叶、扩压器及轴承等组成，参见图16-4。

### 1. 叶轮

单级风机系由一叶轮和叶片组成，带有一个整体的滚动轴承箱和一个液压叶片调节装置。主轴和滚动轴承同置于一滚动轴承箱体内，此箱体同心地安装在风机下半机壳中并用螺栓固定，在主轴两端各装一支承轴承，为克服轴向力在近联轴器端布置一个止推轴承。轴承的润滑和冷却借助于外置的供油装置。

叶轮的叶片装在叶柄的外端，叶片通过装在叶柄内端的调节杆和滑块进行调节，并保持在一定位置上，此调节杆和滑块由调节盘推动。调节盘和叶片液压调节装置的液压缸用螺钉连接。叶片和叶柄的离心力通过推力球轴承传递到一较小的承载环上，因此叶轮质量比较轻，惯性矩也小。

### 2. 中间轴与联轴器

风机转子通过风机侧的半联轴器、电动机侧半联轴器和中心轴同电动机相连接，其采用的联轴器是一种平衡联轴器，它能够平衡运行所引起的轴挠度和轴

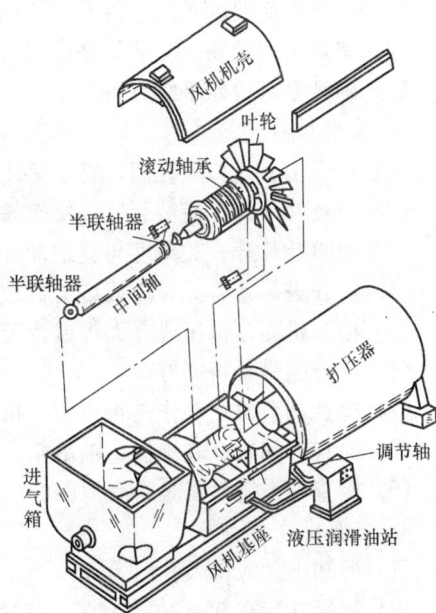

图16-4　轴流风机主要部件图

向变形等所带来的误差，且装配方便。该联轴器没有零件受到摩擦和磨损，它的联轴器是紧固的，正确公差的弹簧片由特种高级弹簧钢制成，弹簧片成对地配合可使连接机械在三个方向上自由移动。

### 3. 风机液压润滑供油装置

供油装置由组合式的润滑和液压装置组成，该系统设有两台泵并联安装在油箱上，这两台泵一台运行，一台备用，两台泵的电动机是通过压力开关连锁。在不进行叶片调节的时间里，油流经恒压调节阀而到压力安全阀，借助该阀建立润滑油压力，多余的润滑油经压力安全阀流回至油箱。

### 4. 控制仪表

主轴承箱的所有滚动轴承均装有轴承温度计（铂热电阻温度计、液体温度计），温度计的接线集中在风机机壳体外面的接线盒内。为控制风机喘振，风机装有喘振报警装置。

### 5. 钢结构件

风机机壳是焊接结构，它具有水平中分面，上半可以拆下，以便于叶轮的装拆和维修。支承叶轮的主轴承箱用螺钉同风机机壳下半相连，并通过法兰对中，加厚尺寸的刚性环，将力从叶轮通过风机底脚可靠地传递至机壳基础出口部分。整流导叶环内焊有固定式整流导叶，整流导叶环

与机壳以垂直法兰用螺钉连接。

风机进气侧装有进气箱，出口侧装有扩压器，进气箱中的中心轴置于保护罩内。以防止风机机壳的振动和气流声传递至进气箱和扩压器以至管道。因此，进气箱和扩压器通过围带同风机机壳挠性连接。

### 二、轴流式风机的检修工艺

1. 准备工作

（1）检修前负责人应全面检查设备的运行工况、记录，并做好修前原始记录，如风机的振动、轴承温度、油位、电流等。

（2）准备好检修用的一般工具、专用工具、起吊用具、安全用具等。

（3）准备好必要的备品配件及常用的一般材料。

（4）整理清扫现场，安装检修照明设施。

（5）确已办好检修手续方可开工。

2. 风机检查

（1）打开出、入口人孔门，转子采用止动措施。

（2）检查叶片有无疲劳裂纹，决定修补及更换，叶柄紧固螺栓是否有松动。

（3）校验叶片开、关角度与就地动叶角度指示器吻合。

（4）检查进风室有无开焊或疲劳裂纹。

（5）检查机壳、扩压段有无焊或疲劳裂纹。

（6）检查围带是否完好。

（7）检查调节机构动作是否正常，指示是否正确。

（8）检查中间轴、联轴器、轴承箱，基础是否有不正常现象。

（9）检查油系统管路是否有泄漏。

3. 上部机壳拆卸

（1）拆卸出、入口人孔门。

（2）测量叶片在0°、90°、180°、270°方位的叶顶间隙，并做好记录。

（3）拆卸机壳围带、机壳体水平法兰和吊环范围内的隔声层。

（4）机壳中分面螺栓喷涂松锈剂后，与定位销一起拆下。

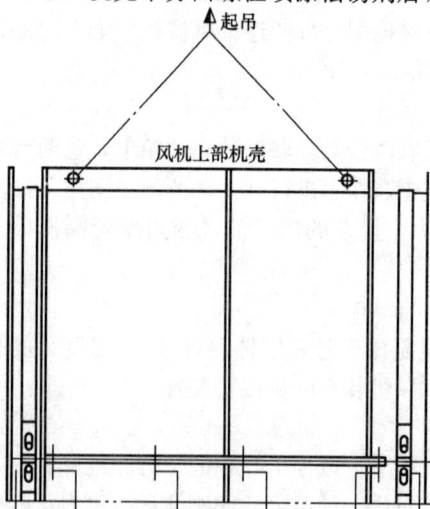

图 16-5　风机机壳上半部拆卸

（5）用顶开螺钉将风机机壳上半部顶起。

（6）上部机壳挂上钢丝绳、倒链，缓慢吊出（见图16-5）并放置在可靠位置，下面垫以枕木。

4. 拆卸叶片

（1）将叶片调至全开位置，测量叶根与轮毂间隙，并做好记录。

（2）清理轮毂及叶片根部积垢。

（3）检查叶片及叶片柄有无编号，无编号或不清晰时应重新标记。

（4）叶片螺栓上喷涂松锈剂。

（5）拆除叶片紧固螺栓，谨慎取出叶片，并要妥善保管。

（6）取出叶盘密封片及衬套连同紧固螺栓妥善保管。

5. 转子的起吊

(1) 将转子支架水平放置。

(2) 取下热工测温元件。

(3) 拆卸各油路管道，并随时将各管口封堵。

(4) 拆卸控制头输出、输入轴。

(5) 拆卸两联轴器防护罩。

(6) 测量联轴器面距及圆距并做好记录。

(7) 用槽钢支承中间轴。

(8) 拆除联轴器与中间轴连接的螺栓，反拉半联轴器，使联轴器与中间轴脱开。

(9) 吊挂钢丝绳、倒链，如图 16-6 所示。

(10) 拆除轴承箱与下部机壳的连接螺栓。

(11) 缓慢吊出转子并固定在专用支架上。

6. 拆卸转子

(1) 吊挂转子。

(2) 准备液压千斤顶，超高压油泵，专用工具。

(3) 测量叶轮后盘与轴承箱端盖间隙。

(4) 拆卸主轴背帽。

(5) 将专用法兰固定在主轴端。

(6) 将专用丝杆旋入法兰。

(7) 拆卸转子轴孔扩压丝嘴，装手压油泵。

(8) 将液压千斤顶穿过丝杆顶住主轴和专用法兰。

(9) 将拉杆螺栓旋入叶轮。

(10) 装上法兰背帽。

(11) 连接液压千斤顶与超高压油泵。

(12) 操作手压油泵升压。

(13) 操作超高压油泵升压，将轮毂从主轴中取出，并放置可靠的位置，做好拆卸过程中各油泵油压记录。

(14) 拆卸专用工具安装，如图 16-7 所示。

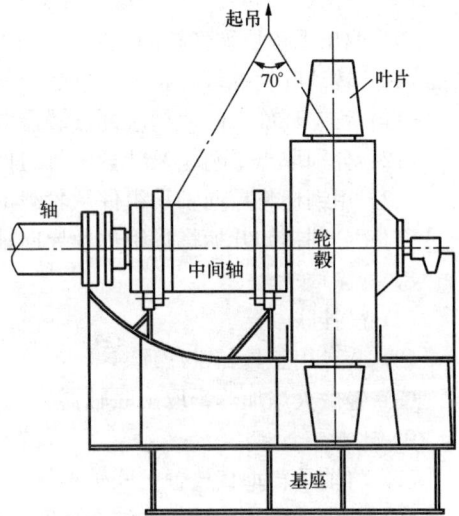

图 16-6　转子拆卸

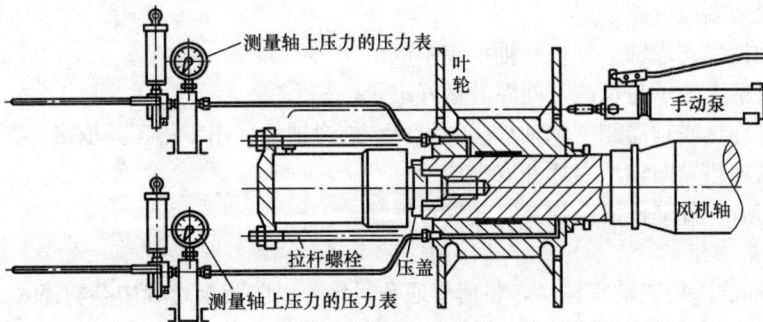

图 16-7　叶轮的拆卸

7. 轮毂内部组件的拆卸

(1) 将轮毂置于滚动支架上。

(2) 拆卸调节盘内外环连接螺栓，取出调节盘外环。

(3) 拆卸调节柄滑块，保险弹性挡环，取下滑块，并妥善保管。

(4) 旋松调节柄紧固螺母，逐个取出调节柄。

(5) 取出调节盘内环。

(6) 逐个拆卸叶柄螺母、止退片。

(7) 将拆装叶柄专用工具装于轮毂上，操作手压油泵升压至40MPa时，旋松叶柄螺母。

(8) 取出碟形弹簧挡圈及碟形弹簧。

(9) 取出平衡块弹性挡圈。

(10) 转动叶柄螺母，直至叶柄螺母从叶柄上旋出为止。

(11) 将叶环旋入叶片柄端部，缓慢取出叶柄。

(12) 分别取出平衡块及叶柄螺母组件。

(13) 用铜棒将导向轴承组件从轮毂上逐个取出。

(14) 分别拆卸叶柄螺母组件及导向轴承组件，并清洗检查。

8. 拆除联轴器

(1) 吊挂联轴器。

(2) 装专用工具和千斤顶。

(3) 轻微火焰加热，取出联轴器。

9. 轴承箱拆卸

(1) 将轴承箱垂直放置，联轴器侧向下。

(2) 测量轴承箱两端盖处结合面间隙，做好记录。

(3) 拆下叶轮侧支承轴承端盖隔离环。

(4) 拆除叶轮侧支承轴承端盖紧固螺栓。

(5) 拆除端盖及导向环、甩油环。

(6) 翻转轴承箱体，联轴器侧向上。

(7) 拆除轴承箱背帽。

(8) 拆除联轴器侧隔离环。

(9) 拆除联轴器侧端盖紧固螺栓。

(10) 拆除联轴器侧导油环及甩油环。

(11) 垂直吊出主轴及轴承组件并水平放置在专用支架上。

(12) 拆除两端盖骨架油封。

(13) 用铜棒将支承轴承外环从轴承箱中取出。

(14) 测量推力轴承与承载环间隙并做好记录。

(15) 热油加热联轴器侧支承轴承、间隔环、推力轴承，用专用工具取出。

(16) 热油加热导向轴承内坏并取出。

(17) 拆卸后，各部件清洗检查，并妥善保管。

10. 轴承箱的组装

(1) 用汽油清洗检查轴承箱后，将所有通孔封堵，以防装配过程中杂物掉入。

(2) 清洗检查主轴承，并测量间隙。

(3) 将轴承箱体叶轮侧向上，垂直放置，下部垫以方木。

(4) 将叶轮侧支承轴外环用铜棒敲下（或用压板压入）并固定。

(5) 翻转轴承箱体，使联轴器侧向上。

(6) 清洗检查主轴并水平放置在专用支架上。

(7) 用机油加热推力轴承，并装配在主轴上。

(8) 加热叶轮侧支承轴承内环（方法同上），并装配在主轴上。

(9) 加热隔离环，待推力轴承冷却后，装在推力轴承的外侧。

(10) 弹簧装入动载环内，放置在推力轴承的外侧。

(11) 加热联轴器侧轴承，置于主轴颈上。

(12) 用专用工具将推力轴承、动载环及支承轴承外环支固。

(13) 待内环冷却后，拆除专用工具，测量动载环与推力轴承轴向间隙。

(14) 将吊环旋入主轴顶部（联轴器侧）吊起主轴，垂直放入轴承箱内。

(15) 装联轴器侧甩油环、导油环。

(16) 将 O 形圈套装在主轴颈上。

(17) 将骨架油封装在轴承箱端盖内（轻轻敲打压入）。

(18) 将轴承箱端盖及箱体结合面涂 609 密封胶后，紧固端盖螺栓（注意端盖方向）。

(19) 将隔衬敲打加入端盖内。

(20) 旋紧主轴背帽，铜棒敲紧即可。

(21) 翻转轴承箱体，组装另一侧端盖。

(22) 用塞尺测量轴承箱体与端盖结合面外侧间隙。

(23) 测量主轴的轴向窜动量。

11. 联轴器的装配

(1) 将轴键置于键槽内。

(2) 油加热联轴器垂直装于主轴顶上。

12. 叶轮的组装

(1) 将叶轮壳体吊放在专用滚动支架上，分别把叶柄轴套装入叶柄孔内。

(2) 清洗检查导向轴承、推力轴承，测量其自身游隙。

(3) 导向轴承的预装配。①将支头螺栓涂抹密封胶后旋入轴承托盘。②将轴承涂抹油脂后，用铜棒敲打装入轴承托盘不得装反。③将动载密封片和 O 形圈放入轴承托盘并涂油脂。④将静载密封件放入轴承座并涂油脂。⑤将轴承座放在轴承和动密封片上。

(4) 推力轴承的预装配。①将支头螺栓缠生料带后分别旋入叶柄螺母。②将支承轴承放入轴承箱内（将内径较大的轴承环放入叶柄螺母轴承槽内、在叶柄螺母轴承槽处内外侧分别放入 O 形密封环及动载密封垫片、轴承滑道涂油脂后，将滚环放入轴承滑道内、将内径较小的轴承环放在滚珠上）。③将轴承箱放在叶柄螺母之上，待扣紧后，晃动应有轻微的响声。④用密封胶静载密封 O 形环，黏结在轴承箱内的环槽中。

(5) 叶轮与其他配件的装配。①检查平衡重，调节柄等有无编号，无编号或不清晰者应标志。②将键放入叶柄键槽内。③将静载密封环放入叶柄螺栓槽内，并加油脂。④将预装配导向轴承组件及碟形弹簧放入支载环上。⑤将平衡重按编号放在轮毂承载环的上部，下部垫以 20mm 厚的垫块。⑥在叶柄螺栓及叶柄配合处涂油脂。⑦在叶柄端部旋入吊环，小心缓慢地将叶柄穿入轮毂平衡孔内。⑧装入推力轴承组件。⑨逐渐旋入叶柄螺母直到去掉平衡重下的垫块后，再拧紧数圈。⑩旋紧叶柄螺母直到去掉平衡重下的垫块后，再拧紧数圈。⑪用弹簧垫圈将平衡块锁住。⑫按上述方法分别组装完所有的叶柄组件。⑬加压叶柄，使碟形弹簧受力起到密封作用（装专用工具顶住叶柄端部；用手压泵升压后旋紧叶柄螺母，此时注意止退片的方向位置；拆除专用工具）。⑭对推力轴承进行油压试验，拆除轴承箱支头螺栓，连接加压装置，手压泵升压符合要求后，拆除加压装置，旋紧螺栓，装上叶柄螺母的止退片及安全环。

(6) 曲柄及调节盘的组装。①将叶轮水平放置平台上。②将调节盘内环放入叶轮壳体内并适当垫高。③将螺栓装入曲柄，并按曲柄编号分别装入叶柄。④将滑块装在曲柄上，并装上保险环。⑤将调节盘外环放入轮毂内曲柄上部，紧固连接螺栓。

(7) 清理检查叶轮内部，装配密封圈及叶轮端盘。

13. 叶片的组装

(1) 对叶片逐个称重并将叶片合理分配做出叶片重量力合成图，将每个叶片按排列顺序打上编号。

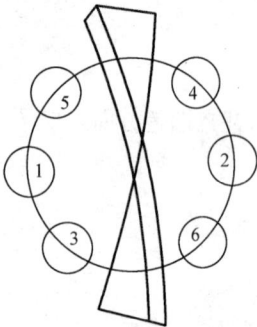

图 16-8　叶片螺栓
紧固顺序

(2) 清理叶盘及叶柄端部。

(3) 叶片根部密封槽涂抹油脂，置密封片于密封槽内。

(4) 按叶片编号，分别装上叶片并用螺栓紧固，紧固螺栓顺序如图 16-8 所示。

(5) 调整各叶片角度，紧固调节柄螺栓。

### 三、轴流式风机检修质量标准

1. 轮毂内部组件拆卸

(1) 采用 1t 倒链拆卸。

(2) 拆卸油压缸时，不得施力于控制头部，且竖直放置。

(3) 拆卸调节柄时，应注意编号，若无编号，应按拆卸顺序编号。

(4) 拆卸叶柄螺母组件及导向轴承组件时，应注意：各组件拆卸清洗检查无误后，需及时组装以防丢失。

2. 拆除联轴器

(1) 采用 1.5t 倒链，30t 千斤顶。

(2) 轻微火焰加热时，其温度不得超过 150℃，不得加热弹簧片。

3. 轴承箱拆卸

(1) 采用 2t 倒链。

(2) 热油加热联轴器侧支承轴承，间隔环，推力轴承导向轴承时，油温不高于 120℃。

4. 轴承箱的组装

(1) 油室内外干净清洁、无砂眼裂纹。

(2) 通气孔应畅通。

(3) 冷却器畅通，且无水垢泥锈，调节门完好且开关灵活严密。

(4) 冷却器检修后的水压试验压力应为工作压力的 1.25 倍。

(5) 轴承箱与轴承外套接触角度为 100°～120°，两侧间隙应用 0.1mm 的塞尺片塞入 20mm 深，其接触点要形成逐渐消失的过渡痕迹。

(6) 轴承外套与轴承箱其径向装配间隙和轴向装配间隙一般为 0～0.10mm。

(7) 叶轮侧轴承其外套的轴向总装配间隙允许大于 0.10mm，但不超过 0.5mm。

5. 轴承质量标准

(1) 轴承内、外套、珠架、珠子无裂纹、麻坑、重皮、锈痕、变色等缺陷，非滚路上的麻坑面积不得大于 1mm²。

(2) 轴承自身间隙不大于 0.25mm。

(3) 保持架局部磨损不超过原厚度的 1/3。

(4) 轴承珠子直径误差不大于 0.01mm。

6. 联轴器的装配

(1) 键与键槽的配合顶部 0.08～0.20mm。

(2) 带弹簧加热联轴器时油温不高于 150℃。

7. 叶轮的组装

(1) 叶轮组装采用 3t 倒链。

(2) 需敲击装入时，应垫以塑料或木块。

(3) 当推力轴承预装配时，轴承箱支头螺栓旋紧后，头部不得旋出。

(4) 叶柄螺母端盖与叶柄轴肩应平齐。

(5) 手压泵压力 35～40MPa，当手压泵加压叶柄时，应注意止退片的放置位置。

(6) 对推力轴承进行油压试验，压力为 0.2MPa，时间持续 12h，压降 0.02MPa。

(7) 叶柄与曲柄配合处不得有油污。

(8) 滑块与调节盘装配前涂抹抗咬丝扣脂。

8. 叶片的组装

(1) 叶片必须全面检查，不得有裂纹、起皮等缺陷，并进行内部探伤。

(2) 密封片张口相互错开。

(3) 自锁螺母使用不得超过两次。

9. 转子与轴承箱的装配

(1) 主轴轴颈与叶轮孔径的配合公差应符合要求。

(2) 装配时采用超高压油泵，其油压不得大于 25MPa。

(3) 叶轮后盘与轴承端盖间隙应与修前测量间隙相同。

10. 转子组件的吊装

(1) 轴承箱座无杂物、毛刺。

(2) 支座与轴承座接合面无间隙。

11. 液压调节装置的装配

(1) 液压缸轴颈光亮、无弯曲、毛刺。

(2) 液压缸无漏油现象。

(3) 液压缸法兰与调节盘连接螺栓紧力符合要求。

(4) 液压缸与轴套配合间隙符合要求。

(5) 液压缸与叶轮同心度符合要求。

(6) 液压缸体与转子端盖连接螺栓紧力符合要求。

**四、风机润滑油站的检修工艺及质量标准**

1. 检修工艺

(1) 过滤器的检修。①拆除过滤器压盖，旋松过滤筒顶丝。②拆除过滤器下部丝堵，放净内部存油。③取出滤芯。④清洗滤芯及过滤器壳后复装。

(2) 冷油器检查。①拆除冷油器进出口管路。②拆除冷油器端盖。③清理冷油器管壁结垢。④组装冷油器并进行水压试验。

(3) 油箱清洗换油。①拆下油箱下部丝嘴，排出内部机油，卸掉检查孔。②用汽油清洗油箱，清洗后再用棉丝擦拭，最后用面团粘净。③装复检查孔、丝堵。

(4) 油压流量的整定：调试各压力调节阀满足各部件润滑油的需要。

2. 润滑油站质量标准

过滤器无漏油。滤网清洁无破碎和堵塞。进出口压差不大于0.15MPa。

冷油器水压试验为0.98MPa。油箱更换的油质必须化验，必要时过滤。液压缸供油压力不低于2.5MPa。主轴承供油压力不低于0.6MPa。润滑油流量不低于3～4L/min。润滑油站各表计齐全。

### 五、轴流式风机常见故障分析及处理

轴流式风机常见故障分析及处理见表16-6。

表 16-6 轴流风机常见故障原因分析及处理

| 故　障 | | 产 生 的 原 因 | 检 查 项 目 |
|---|---|---|---|
| 主轴承温度过高 | | 润滑油量不足；<br>冷却器的冷却水量不足；<br>冷却器黏附污物；<br>轴承内有异物 | 适当调整限压阀增大油压；<br>检查冷却水量，检查水冷管是否阻塞；<br>清洗水冷管内部和外部；<br>检查轴承，若有异常则更换；<br>清洗空气过滤器 |
| 系统油压过低 | | 油泵故障；<br>油泵吸入口不充满；<br>吸入口滤油器阻塞；<br>油箱油位过低；<br>溢流阀失灵；<br>液压缸阀芯外间隙过大或液压缸工作状况不良（排油量过大） | 检查维修；<br>检查吸入管是否带入空气；<br>清洗滤油器；<br>加油并检查管路是否漏油；<br>调整或拆开检查；<br>检查阀芯处间隙并调整液压缸 |
| 系统油压过高 | | 溢流阀工作异常；<br>溢流阀卸荷管路阻塞 | 调整或拆开检查；<br>检查并修理 |
| 备用油泵不运行 | | 电气故障；<br>异物进入泵内卡住叶片 | 检查电路；<br>检查修理 |
| 异常噪声 | 主机 | 风机内有异物；<br>旋转件与静止件相干涉；<br>喘振 | 检查电路；<br>检查修理；<br>减小动叶开度使风机退出喘振区 |
| | 油泵 | 油泵内有空气；<br>产生空蚀现象 | 排出空气；<br>清洗吸入口滤油器 |
| 振动 | | 风机未对中；<br>主轴承故障；<br>转子不平衡；<br>喘振；<br>风筒支板或底座板开焊 | 调整风机中心；<br>检查轴承、若有异常则更换轴承；<br>检查异常磨损、裂纹或粉尘、黏附情况；<br>检查有无螺栓、螺母脱落；<br>进行现场动平衡；<br>减小动叶开度使风机退出喘振区 |
| 主轴承处漏泄 | | 润滑油油量过大；<br>密封圈或密封片损坏；<br>润滑油回路管阻塞或空气闭塞 | 检查润滑油进行油管；<br>重新更换；<br>检查修量 |

| 故　　障 | 产　生　的　原　因 | 检　查　项　目 |
|---|---|---|
| 动叶滞卡 | 轮毂内部调切机构损坏；<br>操作机构滞卡；<br>动叶支承轴承缺油 | 修理或更换；<br>修理或更换；<br>更换润滑或动叶支承轴承 |
| 动叶角度<br>调节异常 | 铰接管接头和阀芯、阀套磨损；<br>活塞环和缸盖的 V 形密封损坏；<br>挠性软管损坏（漏油）；<br>动叶滞卡 | 更换磨损件；<br>更换；<br>更换；<br>按动叶滞卡故障处理 |

# 第五节　风机找平衡方法

风机转子不平衡是风机振动的主要原因之一，而风机转子不平衡可分为静不平衡、动不平衡以及动静混合不平衡 3 种，下面逐一介绍这 3 种不平衡的处理方法。

**一、静平衡**

1. 静平衡原理

静不平衡是由于转子上存在单侧偏重引起的，由于偏重使转子的重心不在轴线上。因此转子存在一个不平衡的力矩，如将静不平衡的转子放在一个阻力很小的平衡架上，此时因为不平衡力矩的作用，偏重点将有自动转向下方的趋势。当转子停止转动时偏重点应接近正下方。找出偏重点后，即可在其对称部位上加一适当的配重，转子即可达到平衡。

2. 静平衡方法

风机在原设备上进行静平衡校验可以分为两个步骤进行。

（1）显著静不平衡的消除方法。将转子反复转动数次，不平衡的重量所在位置自然是垂直向下的。即转子垂直向下这一半径位置几次试验都一样，它就是偏重的一侧，可在转子上做好标记。在偏重的对侧（即转子停止时正好朝上方的半径上）试加重量，此配重块可用铁板或黄泥临时固定，试加的重量根据反复试验确定。当试加的重量使转子在任何位置都能停止时用台秤称出试加配重块的重量，选取等重量的铁板焊牢在所确定的位置上，这样就基本上消除了显著静不平衡。但还需要对转子的剩余静不平衡进行消除。

（2）剩余静不平衡的消除方法。

1）在叶轮上画一配重圆，在这个圆周上减少或增加配重块应是比较方便的。

2）将配重圆的圆周平均分为 8 等份，按照顺序依次在等分点上标出编号 1、2、3、…、8。

3）先使 1 点和轴心共处于一条水平线上，并在 1 点是加配重，逐渐增加，直到使转子失去平衡并开始滚动为止。并把使转子失去平衡的重量记录下来。其他各点都照此方法进行，记下各点重量。

4）把 8 个点所加重量的记录用坐标表示出来，如图 16-9 所示。

5）从曲线上找出最大配重 $W_{max}$ 和最小配重 $W_{min}$，按照下

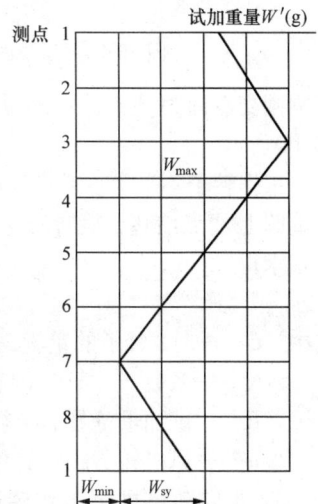

图 16-9　剩余不平衡曲线

面的公式计算出转子剩余不平衡的重量 $W_{sy}$

$$W_{sy} = (W_{max} - W_{min})/2$$

6）从曲线上找出配重圆上最大配重点的位置，在此位置上加平衡重量 $W_{sy}$，就可以消除剩余不平衡。

消除剩余静不平衡时，可以用电焊把平衡块固定在转子上，也可以用减重法消除，即在配重圆最小配重点处，用磨或钻的方法去掉转子上的金属重量，使其等于 $W_{sy}$。

## 二、动平衡

### 1. 动平衡原理

经过静平衡校验的转子，在高速下运转时，仍会发生振动，这是因为转子仍然存在着动不平衡。

动不平衡是转子的重心在转动轴线上，但转子两端的重心在轴线的两侧。当转子运转时，两端产生的离心力相反，形成力偶，使转子失去平衡。

转子进行动平衡校验是在转动状态下进行的，一般就在原设备上，并以工作转速进行。现将工作中经常使用的动平衡校验方法分别加以介绍。

### 2. 动平衡方法

（1）画线法。

1）在振动较大的轴承附近的轴上，选择一段，长约 $50\sim60$mm。先检查这段轴的椭圆度，然后对这段轴进行除油、除锈处理，然后擦净轴的表面。

2）启动风机至工作转速，在这段轴上用削尖的红蓝铅笔画出几条弧线，各弧线间距离为 $5\sim6$mm，动作要轻微迅速，以尽量使画出的弧线短一些。同时，用测振表测出风机的振幅 $S_{Oa}$，并做好记录。

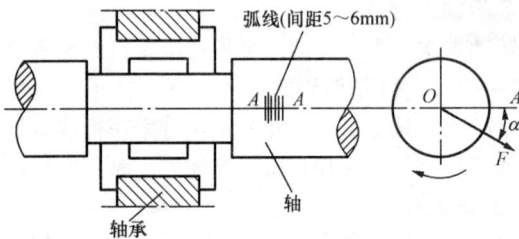

图 16-10　弧线的画定

3）停止风机转动，在轴上找出各段弧线的中心连成一条直线 AA，这条线就表示了在这个方向上轴心偏移值为最大，如图 16-10 所示。

4）做转子动平衡的记录图。在画弧线一侧的叶轮外缘处画一配重圆，在圆周上标出 A 点的位置。A 点位置的确定：延长 AA 线与叶轮端面相交，通过该交点作出配重圆的半径与配重圆交点即为 A 点。将测得的振动值 $S_{Oa}$ 按一定比例放大，延 OA 线作出振动向量 Oa，如图 16-11 所示。

根据转子不平衡重量产生的离心力与轴心偏离中心的最大值之间有一相位角的关系，可以从配重圆上 A 点沿转子旋转的反方向转 90° 至 C 点，在 C 点固定一试加重块，其重量为 $M_c'$，可由下式求得

$$M_c' = K \times G/(\omega^2 \times R)$$

式中　$G$——1/2 转子的重量；

　　　$K$——系数，一般取 $0.1\sim0.2$；

　　　$R$——试加重量处的半径，m；

　　　$\omega$——风机转子旋转的角速度。

5）再启动风机至工作转速，用上述相同方法在轴上画出新的弧线，并测出轴承的振动值 Ob。

6）停止风机转动，用上述方法画出 $BB$ 线，并在配重圆上定出相应 $B$ 点的位置。在 $OB$ 线上按照以上同样的比例作出振动向量 $\overrightarrow{Ob}$。

由 $\triangle Oab$ 可知，向量 $\overrightarrow{ab}$ 是代表在转子 $C$ 点加了试加重块后所产生的，而向量 $\overrightarrow{Ob}$ 是向量 $\overrightarrow{Oa}$ 与向量 $\overrightarrow{ab}$ 相加的结果。

过圆心 $O$ 做平行与 $ab$ 的线交配重圆周于 $B'$ 点。$OC$ 与 $OB'$ 的夹角 $\alpha$，称为转子的相位角。

从 $OA$ 线按转子的旋转方向作角 $AOX$ 等于相位角 $COB'$。所得 $OX$ 线即为转子不平衡重量所产生的作用在轴承上的离心力方向，它表示了在所选择的这个转子端面上不平衡重量位于半径 $OX$ 上。$OX$ 的反向延长线与圆周交于 $D$ 点，$OD$ 即为转子真正要添加平衡重量的半径。如果添加平衡重量点的半径与试加重块点 $C$ 的实际半径相等，则平衡重量 $M'$ 由下式求得：

$$M' = M_c' \times Oa/Ob$$

式中　$Oa$——第一次风机转动时测量的振动值，mm；

　　　$Ob$——由 $\triangle Oab$ 所决定的振动值，mm。

7）将平衡重量 $M'$ 加在所确定的位置 $D$ 上，然后再次启动风机，如果转子的振动符合要求，则说明动平衡已经找好。如果不符合要求，则需要在 $D$ 点附近的圆周上，改变平衡重量 $M'$ 的位置，找出最佳点。必要时还可以在最佳点处改变平衡重量，以求得更好的效果。记录图如图 16-11 所示。

（2）三点法。三点法的特点是精度较高，适合于轴流风机。

1）启动风机运行，当风机达到工作转速时测得风机两个端面的原始振幅，数值为 $A_0$，记录下来。

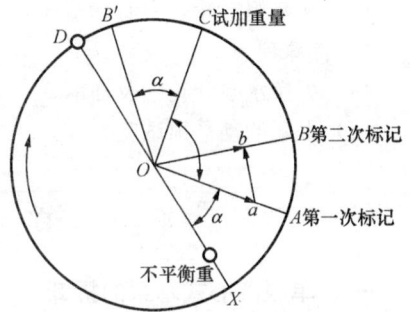

图 16-11　转子找动平衡记录图

2）停止风机运行，将风机可加配重块的圆周均匀分为 1、2、3 共计三点，在 1 点添加配重 $M_0$，然后启动风机，待风机达到工作转速测得风机振幅后将该点配重取下，安放在 2 点，然后是 3 点，这样就可以测得风机在上述三点添加相同配重 $M_0$ 时的振幅 $A_1$、$A_2$、$A_3$。

3）以 $O$ 为圆心，取适当的比例以 $A_1$、$A_2$、$A_3$ 为半径画三段弧 $A$、$B$、$C$，在 $A$、$B$、$C$ 三段弧上分别取三点 $a$、$b$、$c$，使得三角形 $abc$ 为等边三角形，作三角形外接圆，圆心为 $s$，连接 $Os$，与圆周相交于 $s'$ 点，$s'$ 点即为平衡重量应加的位置。

$M$ 的数值由下式求得

$$M = M_0 \times Os/sa$$

式中　$M_0$——添加配重，g；

　　　$Os$——两个圆心之间的距离，mm；

　　　$sa$——三角形外接圆的半径，mm。

作图方法如图 16-12 所示。

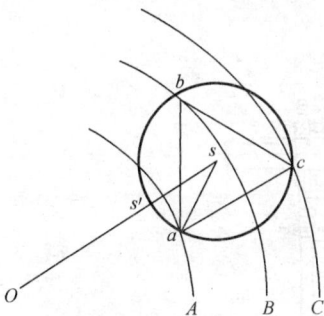

图 16-12　三次试加重量平衡法作图

3. 动静混合不平衡

动静混合不平衡是一个转子上既有静不平衡又有动不平衡，这样的不平衡处理应该先将静平衡校验完毕，再找动平衡。

# 第十七章 水泵检修

根据 DL/T 838，水泵 A 级检修项目包括标准项目和特殊项目，具体内容如下：

1. 标准项目

（1）检查、修理各类水泵，必要时更换叶轮、导叶。

（2）检查、修理或更换水泵出入口门、止回门、入口滤网、润滑油泵。

（3）检查电动给水泵升速箱及液力耦合器。

（4）检查、修理润滑油系统。

（5）水泵组对轮找中心。

2. 特殊项目

（1）更换水泵叶轮轴及轴承。

（2）水泵的动平衡试验。

## 第一节 水 泵 拆 卸

### 一、单吸离心式水泵的拆卸

单吸式离心泵分为单级泵和多级泵。

单级单吸式离心泵的结构如图 17-1 所示。这种泵结构简单，性能可靠，体积小、质量轻，抗腐蚀性能好，电耗低，使用维修方便。

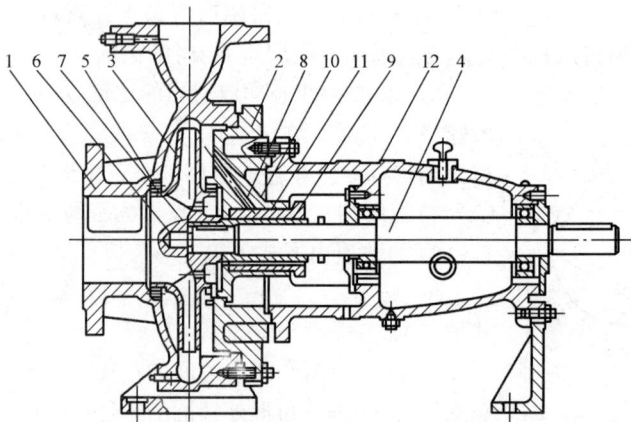

图 17-1  单级单吸式离心泵结构

1—泵体；2—泵盖；3—叶轮；4—轴；5—密封环；6—叶轮螺母；7—止动垫圈；
8—轴套；9—填料压盖；10—填料环；11—填料；12—悬架轴承部件

单级单吸式离心泵解体步骤如下：

（1）先将泵盖和泵体上的紧固螺栓松开，将转子组件从泵体中取出。

（2）将叶轮前的叶轮螺母松开，即可取下叶轮（叶轮键应妥善保管好）。

（3）取下泵盖和轴套，并松开轴承压盖，即可将轴从悬架中抽出（注意在用铜棒敲打轴头时，应戴上叶轮螺母以防损伤螺纹）。

**二、多级离心泵的拆卸**

多级离心泵的结构如图 17-2 所示，主要由固定部分、转子部分、轴承和轴封四大部分组成。

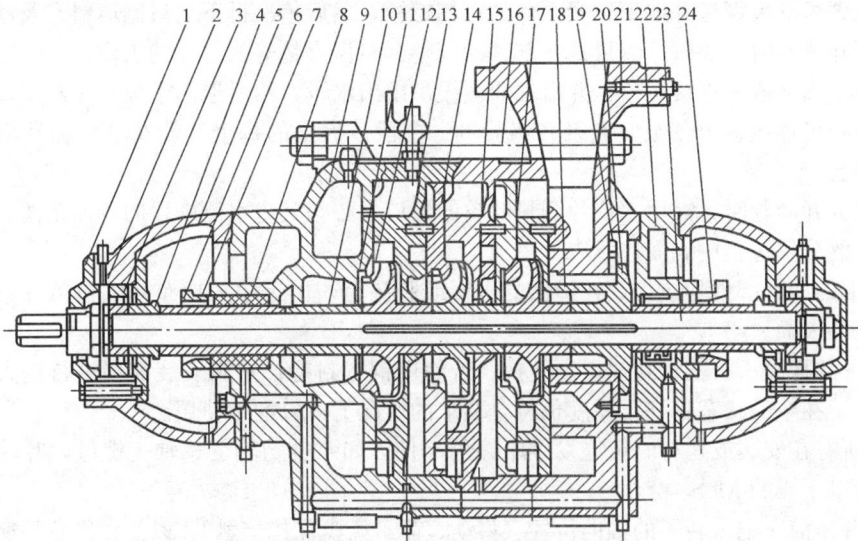

图 17-2　多级离心泵的结构

1—轴承盖；2—螺母；3—轴承；4—挡水套；5—轴套架；6—轴套甲；7—填料压盖；8—填料环；
9—进水段；10—中间环；11—密封环；12—叶轮；13—中段；14—导叶挡板；15—导翼轮；
16—拉紧螺栓；17—出水段导翼；18—平衡轮；19、20—平衡环；
21—出水段；22—尾盖；23—轴；24—轴套

定子部分主要由进水段、中段、出水段和导叶等组成，用穿杠将各段拉紧，构成工作室。

转子部分主要由轴、叶轮、平衡盘和轴套等组成。轴将动力传递给叶轮使其工作；平衡盘用来平衡轴向力；轴上装有可更换的轴套以保护轴。

轴承部分主要由轴承体、轴承和轴承压盖等组成。部分型号的泵采用滑动轴承、稀油润滑，另一部分型号的泵均采用滚动轴承、润滑脂润滑。

轴封一般采用软填料密封，主要由进水段和尾盖上的密封函体、填料、挡水圈等组成。密封腔内通有一定压力的水，起水封、水冷和润滑的作用。水封水一般来源于泵内的高压水或外部供水。部分型号的泵采用机械密封。

DG 型高压水泵是多级分段式结构的离心泵，在对其解体前应先熟悉图纸，了解泵的结构及拆装顺序，避免因失误而造成部件的损伤。同时，随着解体的进行，及时测取各有关数据，以便组装时参考。

1. 轴瓦拆卸及轴瓦间隙的测量

在拆卸多级泵时，首先应对其两端的轴承（一般为滑动轴承）进行检查，并测量水泵在长期运行（一个大修间隔）后轴瓦的磨损情况，测量通常用压铅丝法。

轴瓦的径向间隙一般为 $0.1\% \sim 0.15\%D$（$D$ 为泵轴直径），若测出的间隙超过标准，则应重新浇注轴瓦合金并研刮合格。此外，还应检查轴瓦合金层是否有剥离、龟裂等现象，若严重影响使用，则应重新浇注合金。在轴瓦检测完毕后，即可按顺序拆卸，并注意做好顺序、位置标记。

## 2. 泵体的拆卸

在分解两侧的上轴瓦并测量其间隙和紧力后,即可取出油挡。再退出填料压盖,取出盘根及水封环,然后即可将轴承座取下。对 DG 型水泵,应先由出水侧开始解体,基本顺序为:

(1)首先松开大螺母并取下拉紧泵体的穿杠螺栓,然后依次拆下出口侧填料室及动、静平衡盘部件。拆除的同时,要做好测量这些部件的调整套、齿形垫等的尺寸的工作。

(2)拆下出水段的连接螺栓,并沿轴向缓缓吊出出水段,然后退出末级叶轮及其传动键、定距轴套,接着可逐级拆出各级叶轮及各级导叶、中段。拆出的每个叶轮及定距轴套都应做好标记,以防错装。

(3)在拆卸叶轮时,需用定位片测量叶轮的出口中心与其进水侧中段的端面距离。

在泵体的分解过程中,需注意以下事项:

1)拆下的所有部件均应存放在清洁的木板或胶垫上,用干净的白布或纸板盖好,以防碰伤经过精加工的表面。

2)拆下的橡胶、石棉密封垫必须更换。若使用铜密封垫,重新安装前要进行退火处理;若采用齿形垫,在垫的状态良好及厚度仍符合要求的情况下可以继续使用。

3)对所有在安装或运行时可能发生摩擦的部件,如泵轴与轴套、轴套螺母,叶轮和密封环等,均应涂以干燥的 $MoS_2$ 粉。

4)在解体前应记录转子的轴向位置(将动、静平衡盘保持接触),以便在修整平衡盘的摩擦面后,可在同一位置精确地复装转子。

### 三、双吸水泵的拆卸

如图 17-3 所示,火力发电厂输送流量较大的泵很有必要采用双吸式叶轮。这种双吸式叶轮水泵的转子结构庞大,局部存在形位误差,叶轮拆卸困难,需要采用专用胎具,根据其结构特点进行拆卸。

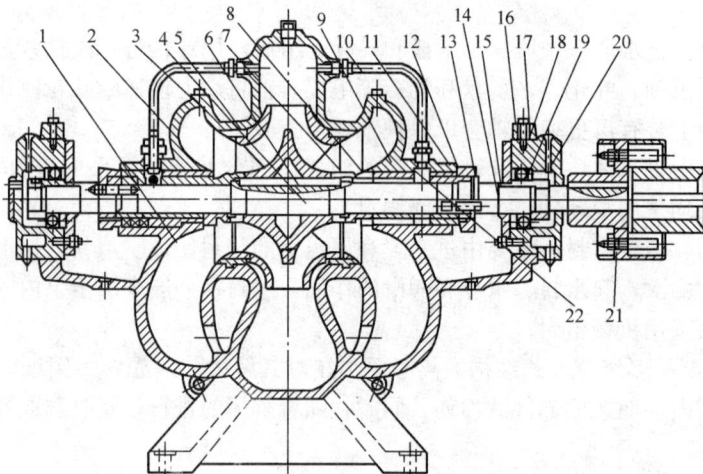

图 17-3  SH 型单级单吸式离心泵结构(甲式)

1—泵体;2—泵壳;3—叶轮;4—轴;5—双吸密封环;6—键;7—轴套;8—填料套;9—填料;10—水封管;11—填料压盖;12—轴套螺母;13—双头螺栓;14—轴承体压盖;15—轴承挡套;16—轴承体;17—螺钉;18—轴承端盖;19—轴承;20—轴承螺母;21—联轴器;22—水封

### 1. 双吸水泵转子的结构

通常的单级双吸式离心泵,其转子由叶轮、轴、平键、左右定位套及螺纹套组成,结构如图

17-4 所示。虽然叶轮与轴的配合为间隙配合，由于叶轮与轴的配合包容面较大，叶轮孔、轴和键的形位有误差，造成叶轮的拆卸较困难。同时，由于转子运行时间较长，定位套与轴之间的间隙已被介质的锈蚀及污物沉积填充塞死，定位套无法单独取下，只能随叶轮一起卸下，这样就更增加了叶轮拆卸的难度。鉴于转子结构特点和实际使用情况，可采用顶压法与温差法并用的拆卸方案。

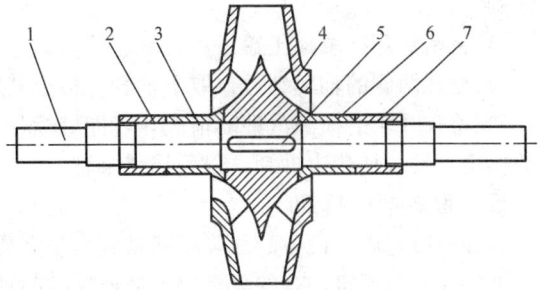

图 17-4　双吸叶轮结构图
1—轴；2—左螺纹套；3—左定位套；4—叶轮；
5—键；6—右定位套；7—右螺纹套

其拆卸的基本过程是：首先将转子放置在一个拆卸胎具上，使叶轮固定，然后再对轴施加一定的顶压力，同时要对叶轮毂进行加热使之膨胀，轴在力的作用下与叶轮孔脱离。

根据转子结构及受力情况分析，考虑到胎具的稳定性、承载能力及制作的难易程度，胎具框架采用 16 号槽钢焊接而成，底框上面用厚 $\delta=20$mm 的钢板加固，胎具上部的两根受力横梁采用活动的推拉式结构，材料用 14 号重轨。

在进行拆卸时，先把转子放在胎具上，然后再将横梁放于叶轮入口端面上，在千斤顶对轴的顶压下，整个转子垂直向上移动，当横梁与胎具上部框架两侧的固定梁相接触时，便起到限制叶轮向上移动的作用。随着转子下方千斤顶的继续施压，当顶压力超过叶轮与轴之间的结合阻力时，就会使叶轮与轴产生滑移，直至脱落。

转子在拆卸时其顶压力的大小、加热温度的高低及时间长短都是影响转子能否顺利拆下的关键。

针对叶轮的结构形式，结合生产实际，用两把气焊同时对叶轮毂加热，气焊火焰形式为氧化焰。加热时间要严格控制，若加热时间短，孔的膨胀量不够，叶轮不能和轴产生滑移；如加热时间过长，叶轮上的热量迅速传递给轴，轴得到过多热量以后，局部升温，轴径增大，在理论上表现为轴的升温速度加快，轮毂的升温速度变缓，由温差引起的轮孔与轴之间的间隙不是增大而是减小，就很可能产生过盈配合，使拆卸无法进行。

2. 解体步骤

(1) 分离泵壳。

1) 拆除联轴器销子，将水泵与电动机脱离。

2) 拆下泵结合面螺栓及销子，使泵盖与下部的泵体分离，然后把填料压盖卸下。

3) 拆开与系统有连接的管路（如空气管、密封水管等），并用布包好管接头，以防止落入杂物。

(2) 吊出泵盖。上述工作已完成后，即可吊下泵盖。起吊时应平稳，并注意不要与其他部件碰磨。

(3) 吊转子。

1) 将两侧轴承体压盖松下并脱开。

2) 用钢丝绳拴在转子两端的填料压盖处起吊，要保持平稳、安全。转子吊出后应放在专用的支架上，并放置牢靠。

(4) 转子的拆卸。

1) 将泵侧联轴器拆下，妥善保管好连接键。

2) 松开两侧轴承体端盖并把轴承体取下，然后依次拆下轴承紧固螺母、轴承、轴承端盖及挡水圈。

3）将密封环、填料压盖、水封环、填料套等取下，并检查其磨损或腐蚀的情况。

4）松开两侧的轴套螺母，取下轴套并检查其磨损情况，必要时予以更换。

5）检查叶轮磨损和汽蚀的情况，若能继续使用，则不必将其拆下。如确需卸下时，要用专门的拉出工具边加热边拆卸，以免损伤泵轴。

#### 四、联轴器的拆卸

拆卸一般是由于设备的故障或联轴其自身需要维修，把联轴器拆卸成零部件。拆卸的程度一般根据检修要求而定，有的只是要求把连接的两轴脱开，有的不仅要把联轴其全部分解，还要把轮毂从轴上取下来。联轴器的种类很多，结构各不相同，拆卸过程也不一样。

由于联轴器本身的故障而需要拆卸，先要对联轴器整体做认真细致的检查（尤其对于已经有损伤的联轴器），应查明故障的原因。

在联轴器拆卸前，要对联轴器各零部件之间互相配合的位置作一些记号，以作复装时的参考。用于高转速机器的联轴器，其连接螺栓经过称重，标记必须清楚，不能搞错。

拆卸联轴器时一般先拆连接螺栓。由于螺纹表面沉积一层油垢、腐蚀的产物及其他沉积物，使螺栓不易拆卸，尤其对于锈蚀严重的螺栓，拆卸是很困难的。连接螺栓的拆卸必须选择合适的工具，因为螺栓的外六角或内六角的受力面已经打滑损坏，拆卸会更困难。对于已经锈蚀的或油垢比较多的螺栓，常用溶剂（如松锈剂）喷涂螺栓与螺母的连接处，让溶剂渗入螺纹中去，这样就会容易拆卸。如果还不能把螺栓拆卸下来，可采用加热法，加热温度一般控制在 200℃ 以下。通过加热使螺母与螺栓之间的间隙加大，锈蚀物也容易掉下来，使拆卸变得容易些。若用上述办法都不行时，只有破坏螺栓，把螺栓切掉或钻掉，装配时更换新的螺栓。新的螺栓必须与原使用的螺栓规格一致，用于高转速设备联轴器新更换的螺栓，还必须称重，使新螺栓与同一组法兰上的连接螺栓重量一样。

拆下联轴器时，不可直接用锤子敲击而应垫以铜棒，且应打联轴器轮毂处而不能打联轴器外缘，因为此处极易被打坏。

在联轴器拆卸过程中，最困难的工作是从轴上拆下轮毂。对于键连接的轮毂，一般用三脚拉马或四脚拉马进行拆卸。选用的拉马应该与轮毂的外形尺寸相配，拉马各脚的直角挂钩与轮毂后侧面的结合要合适，在用力时不会产生滑脱想象。这种方法仅用过盈比较小的轮毂的拆卸，对于过盈比较大的轮毂，经常采用加热法，或者同时配合液压千斤顶进行拆卸。

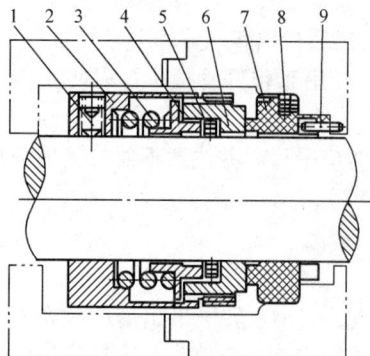

图 17-5　机械密封结构
1—螺钉；2—传动座；3—弹簧；4—推环；
5—动环密封圈；6—动环；7—静环；
8—静环密封圈；9—防转销

#### 五、机械密封的拆卸

如图 17-5 所示，机械密封是转动机械本体密封最有效的方式之一，其本身加工的精度比较高，尤其是动、静环，如果拆装方法不合适或使用不当，装配后的机械密封不但达不到密封的目的，而且会损坏集结的密封元件。

拆卸时的注意事项如下：

（1）在拆卸机械密封时，严禁动用手锤和扁铲，以免损害密封元件。

（2）如果在泵两端都有机械密封时，则在拆卸过程中必须小心谨慎，防止顾此失彼。

（3）对工作过的机械密封，如果压盖松动时密封面发生移动的情况，则应更换动静环零件，不应重新上紧继续使用。因为在松动后，摩擦副原来运转轨迹会发生改变，接触面的密封性就很容易遭到破坏。

（4）如密封元件被污垢或凝聚物黏结，应清除凝结物后再进行机械密封的拆卸。

# 第二节 水 泵 检 修

## 一、离心泵零部件检修要求

1. 泵轴

（1）清洗并检查泵轴，泵轴应无裂纹，严重磨损等缺陷。如已有磨损、裂纹、冲蚀等，应详细记录，并分析其原因。

（2）检测泵轴直线度，其值在全长上应不大于 0.05mm。轴颈表面不得有麻点、沟槽等缺陷，表面粗糙度的最大允许值为 $0.8\mu m$，轴颈圆度和圆柱度误差应小于 0.02mm。

（3）键槽中心线对轴中心线平行度误差应小于 0.03mm/100。

2. 叶轮

（1）清洗并检查各级叶轮表面，叶轮表面应无裂纹、磨损等缺陷，叶轮流道表面应光滑，且无结垢、毛刺，叶片应无裂纹、冲刷减薄等缺陷。

（2）检查各级叶轮吸入口和排出口密封环，应无松动，密封环表面光滑，无毛刺，表面粗糙度 $Ra$ 的最大允许值为 $0.8\mu m$，与叶轮装配间隙量应为 0.05～0.10mm。以叶轮内孔为基准，检查叶轮径向跳动应不大于 0.05mm。端面跳动不大于 0.04mm。

（3）叶轮与轴采用过盈配合，一般为 H7/h6。键与键槽配合过盈量为 0.09～0.12mm，装配后，键顶部间隙量就为 0.04～0.07mm。

（4）叶轮需作静平衡。

3. 泵头、泵壳及导叶轮

（1）清洗并检查各级叶轮，应无磨损、裂纹、冲蚀等缺陷。

（2）导叶轮的防转销应无弯曲、折断和松动。泵头、泵壳密封环表面应无麻点、伤痕、沟槽，表面粗糙度 $Ra$ 的最大允许值为 $0.8\mu m$，密封环与泵头、泵壳装配间隙量为 0.05～0.10mm，密封环应不松动。

（3）以泵头、泵壳止口为基准，测量密封环内孔径向圆跳动，其值不大于 0.50mm，端面圆跳动应不大于 0.04mm。

（4）测量泵头、泵壳密封环与其装配密封环之间的间隙量，其值应在 0.50～0.60mm 之间。

4. 节流轴封

（1）清洗并检查节流轴封表面，其上应无裂纹、偏磨等缺陷，表面粗糙度 $Ra$ 的最大允许值为 $0.8\mu m$。

（2）节流轴封与泵体采用 H7/p6 配合。以外圆为基准，测量内孔径向圆跳动，其值应不大于 0.02mm。

（3）测量节流轴封与泵轴间隙量，其值应为 0.25～0.30mm。

## 二、离心泵各零部件测量及计算

1. 轴弯曲度的测量

泵轴弯曲之后，会引起转子的不平衡和动静部分的磨损，所以在大修时都应对泵轴的弯曲度进行测量。

（1）把轴的两端架在 V 形铁上，V 形铁应放置平稳、牢固。

（2）再把千分表支好，使测量杆指向轴心。然后，缓慢地盘动泵轴，在轴有弯曲的情况下，每转一周则千分表有一个最大读数和最小读数，两读数的差值即表明了轴的弯曲程度。这个测量过程实际上是测量轴的径向跳动，即晃度。

（3）晃度的一半即为轴的弯曲值。通常，对泵轴径向跳动的要求是中间不超过 0.05mm、两端不超过 0.02mm。

2. 转子晃度的测量

测量转子晃度的方法与测量轴弯曲的方法类同。通常，要求叶轮密封环的径向跳动不得超过 0.08mm，轴套处晃度不得超过 0.04mm，两端轴颈处晃度不得超过 0.02mm。

### 三、水泵机械密封的检修

泵用机械密封种类繁多，型号各异，但泄漏点主要有五处：

（1）轴套与轴间的密封。

（2）动环与轴套间的密封。

（3）动、静环间的密封。

（4）对静环与静环座间的密封。

（5）密封端盖与泵体间的密封。

一般来说，轴套外伸的轴间、密封端盖与泵体间的泄漏比较容易发现和解决，但需细致观察，特别是当工作介质为液化气体或高压、有毒有害气体时，相对困难些。其余的泄漏直观上很难辨别和判断，需在长期管理、维修实践的基础上，对泄漏症状进行观察、分析、研判，才能得出正确结论。

1. 泄漏原因分析及判断

（1）安装静试时泄漏。机械密封安装调试好后，一般要进行静试，观察泄漏量。如泄漏量较小，多为动环或静环密封圈存在问题；泄漏量较大时，则表明动、静环摩擦副间存在问题。在初步观察泄漏量、判断泄漏部位的基础上，再手动盘车观察，若泄漏量无明显变化则静、动环密封圈有问题；如盘车时泄漏量有明显变化则可断定是动、静环摩擦副存在问题；如泄漏介质沿轴向喷射，则动环密封圈存在问题居多，泄漏介质向四周喷射或从水冷却孔中漏出，则多为静环密封圈失效。此外，泄漏通道也可同时存在，但一般有主次区别，只要观察细致，熟悉结构，一定能正确判断。

（2）试运转时出现的泄漏。泵用机械密封经过静试后，运转时高速旋转产生的离心力，会抑制介质的泄漏。因此，试运转时机械密封泄漏在排除轴间及端盖密封失效后，基本上都是由于动、静环摩擦副受破坏所致。引起摩擦副密封失效的因素主要有：

1）操作中，因抽空、气蚀、憋压等异常现象，引起较大的轴向力，使动、静环接触面分离。

2）对安装机械密封时压缩量过大，导致摩擦副端面严重磨损、擦伤。

3）动环密封圈过紧，弹簧无法调整动环的轴向浮动量。

4）静环密封圈过松，当动环轴向浮动时，静环脱离静环座。

5）工作介质中有颗粒状物质，运转中进入摩擦副，探伤动、静环密封端面。

6）设计选型有误，密封端面比压偏低或密封材质冷缩性较大等。上述现象在试运转中经常出现，有时可以通过适当调整静环座等予以消除，但多数需要重新拆装，更换密封。

（3）正常运转中突然泄漏。离心泵在运转中突然泄漏少数是因正常磨损或已达到使用寿命，而大多数是由于工况变化较大或操作、维护不当引起的。

1）抽空、气蚀或较长时间憋压，导致密封破坏。

2）对泵实际输出量偏小，大量介质泵内循环，热量积聚，引起介质气化，导致密封失效。

3）回流量偏大，导致吸入管侧容器（塔、釜、罐、池）底部沉渣泛起，损坏密封。

4）对较长时间停运，重新启动时没有手动盘车，摩擦副因粘连而扯坏密封面。

5）介质中腐蚀性、聚合性、结胶性物质增多。

6）环境温度急剧变化。

7）工况频繁变化或调整。

8）突然停电或故障停机等。离心泵在正常运转中突然泄漏，如不能及时发现，往往会酿成较大事故或损失，需予以重视并采取有效措施。

2．机械密封的清扫与检查

机械密封的工作原理要求机械密封内部无任何杂质。在组装机械密封前要彻底清扫动环、静环、轴套等部件。重点检查：

（1）动静环表面是否存在划痕、裂纹等缺陷，这些缺陷存在会造成机械密封严重泄漏。有条件的可以用专用工具检查密封面是否平整，密封面不平整，压力水会进入组装后机械密封的动静环密封面，将动静环分开，机械密封失效。必要时可以制作工装在组装前水压试验。

（2）检查动静环座是否存在影响密封的缺陷。如动静环座与动静环密封胶圈配合表面是否存在伤痕等缺陷。

（3）检查机械密封补偿弹簧是否损坏及变形，倔强系数是否变化。

（4）检查密封轴套是否存在毛刺、沟痕等缺陷。

（5）清扫检查所有密封胶圈是否存在裂纹、气孔等缺陷，测量胶圈直径是否在公差范围内。

（6）具有泵送机构的机械密封还要检查螺旋泵的螺旋线是否存在裂纹、断线等缺陷。

3．机械密封组装技术尺寸校核

机械密封检修工艺较为复杂，要保证组装后的机械密封无泄漏，机械密封技术尺寸的校核必不可少。

（1）测量动环、静环密封面的尺寸。这项数据是用来验证动静环的径向宽度，当选用不同的摩擦材料时，硬材料摩擦面径向宽度应比软的大 1～3mm，否则易造成硬材料端面的棱角嵌入软材料的端面上去。

（2）检查动环、静环与轴或轴套的间隙，静环的内径一般比轴径大 1～2mm，对于动环，为保证浮动性，内径比轴径大 0.5～1mm，用以补偿轴的振动与偏斜，但间隙不能太大，否则会使动环密封圈卡入而造成机械密封机能的破坏。

（3）机械密封紧力的校核。我们通常讲的机械密封紧力也就是端面比压，端面比压要合适，过大，将使机械密封摩擦面发热，加速端面磨损，增加摩擦功率；过小，容易泄漏。端面比压是在机械密封设计时确定的，在组装时可以靠测量机械密封紧力来确定。通常情况的测量方法使测量安装好的静环端面至压盖端面的垂直距离，在测量动环端面至压盖端面的垂直距离，两者的差即为机械密封的紧力。

（4）测量补偿弹簧的长度是否发生变化。弹簧性能的发生变化将会直接影响机械密封端面比压。一般情况下弹簧在长时间运行后长度会缩短，补偿弹簧在动环上的机械密封还会因为离心力的原因而变形。

（5）测量静环防转销子的长度及销孔深度，防止销子过长静环不能组装到位。这种情况出现会损坏机械密封。

4．泵用机械密封检修中的几个误区

（1）弹簧压缩量越大密封效果越好。其实不然，弹簧压缩量过大，可导致摩擦副急剧磨损，瞬间烧损；过度的压缩使弹簧失去调节动环端面的能力，导致密封失效。

（2）动环密封图越紧越好。其实动环密封圈过紧有害无益。一是加剧密封圈与轴套间的磨损，过早泄漏；二是增大了动环轴向调整、移动的阻力，在工况变化频繁时无法适时进行调整；三是弹簧过度疲劳易损坏；四是使动环密封圈变形，影响密封效果。

（3）静环密封圈越紧越好。静环密封圈基本处于静止状态，相对较紧密封效果会好些，但过紧也是有害的。一是引起静环密封因过度变形，影响密封效果；二是静环材质以石墨居多，一般较脆，过度受力极易引起碎裂；三是安装、拆卸困难，极易损坏静环。

（4）叶轮锁母越紧越好。机械密封泄漏中，轴套与轴之间的泄漏（轴间泄漏）是比较常见的。一般认为，轴间泄漏就是叶轮锁母没锁紧，其实导致轴间泄漏的因素较多，如轴间垫失效、偏移、轴间内有杂质、轴与轴套配合处有较大的形位误差、接触面破坏、轴上各部件间有间隙、轴头螺纹过长等都会导致轴间泄漏。锁母锁紧过度只会导致轴间垫过早失效，相反适度锁紧锁母，使轴间垫始终保持一定的压缩弹性，在运转中锁母会自动适时锁紧，使轴间始终处于良好的密封状态。

（5）新的比旧的好。相对而言，使用新机械密封的效果好于旧的，但新机械密封的质量或材质选择不当时，配合尺寸误差较大会影响密封效果；在聚合性和渗透性介质中，静环如无过度磨损，还是不更换为好。因为静环在静环座中长时间处于静止状态，使聚合物和杂质沉积为一体，起到了较好的密封作用。

（6）拆修总比不拆好。一旦出现机械密封泄漏便急于拆修，其实，有时密封并没有损坏，只需调整工况或适当调整密封就可消除泄漏。这样既避免浪费又可以验证自己的故障判断能力，积累维修经验提高检修质量。

### 四、多级离心泵的检修

1. 叶轮及其密封环的检修

在水泵解体后，检查叶轮密封环的磨损程度，若在允许范围内，可在车床上用专门胎具胀住叶轮内孔来车修磨损部位，修正后要保持原有的同心度和表面粗糙度。最后，配制相应的密封环和导叶衬套，以保持原有的密封间隙。叶轮密封环经车修后，为防止加工过程中胎具位移而造成同心度偏差，应用专门胎具进行检查。

具体的步骤为：

用一带轴肩的光轴插入叶轮内孔，光轴固定在钳台上并仰起角度 $\alpha$，确保叶轮吸入侧轮毂始终与胎具轴肩相接触并缓缓转动叶轮，在叶轮密封环处的百分表指示的跳动值应小于 0.04mm，否则应重新修整。

对首级叶轮的叶片，因其易于受汽蚀损坏，若有轻微的汽蚀小孔洞，可进行补焊修复或采用环氧树脂黏结剂修补。测量叶轮内孔与轴颈配合处的间隙，若因长期使用或多次拆装的磨损而造成此间隙值过大，为避免影响转子的同心度甚至由此而引起转子振动，可采取在叶轮内孔局部点焊后再车修或镀铬后再磨削的方法予以修复。

叶轮在采取上述方法检修后仍然达不到质量要求时，则需更换新叶轮。

2. 叶轮的更换

对新换的叶轮应进行下列工作，检查合格后方可使用：

（1）叶轮的主要几何尺寸，如叶轮密封环直径对轴孔的跳动值、端面对轴孔的跳动、两端面的平行度、键槽中心线对轴线的偏移量、外径 $D_2$、出口宽度 $b_2$、总厚度等的数值与图纸尺寸相符合。

（2）叶轮流道清理干净。

（3）叶轮在精加工后，每个新叶轮都经过静平衡试验合格。对新叶轮的加工主要是为保证叶轮密封环外圆与内孔的同心度、轮毂两端面的垂直度及平行度。

## 五、直轴

水泵在运行过程中，常常由于各种原因会引起一系列缺陷，如填料室封闭不严，造成漏水量过大；泵内转动部件磨损、转动不平衡，使泵产生振动；泵内转子与泵体或其他部件摩擦产生热应力引起泵体变形过大或泵轴弯曲，使得水泵振动，不能正常运行等。由于各种不可预测的原因，在水泵检修中，应先对其产生的原因进行细致的分析后，采取相应的措施。凝结水泵在电厂电力生产过程中是极为重要的辅助设备之一，使用率较其他水泵要高，所以对检修工艺的要求也高。例如，在一次对凝结水泵检修时，所测到的凝结水泵泵轴的弯曲度严重超出规定范围值，达到 0.15mm，这种大轴对凝结水泵的安全运行是一大隐患，如果让其继续保持原样长期运行，定会使泵体振动加大，产生动、静间的磨损，甚至会造成更大的损害。对于这种缺陷，其解决方法有两种：一是更换新轴；二是对泵轴进行直轴校正。

当轴发生弯曲时，首先应在室温状态下用百分表对整个轴长进行测量，方法如前面所述，并绘制出弯曲曲线，确定出弯曲部位和弯曲度（轴的任意断面中，相对位置的最大跳动值与最小值之差的 1/2）的大小。

### 1. 直轴前的检查工作

（1）检查裂纹。对轴最大弯曲点所在的区域，用浸煤油后涂白粉或其他方法来检查裂纹，并在校直轴前将其消除。消除裂纹前，需用打磨法、车削法或超声波法等测定出裂纹的深度。对较轻微的裂纹可进行修复，以防直轴过程中裂纹扩展；若裂纹的深度影响到轴的强度，则应当予以更换。裂纹消除后，需做转子的平衡试验，以弥补轴的不平衡。

（2）检查硬度。对检查裂纹处及其四周正常部位的轴表面分别测量硬度，掌握弯曲部位金属结构的变化程度，以确定正确的直轴方法。淬火的轴在校直前应进行退火处理。

（3）检查材质。如果对轴的材料不能肯定，应取样分析。在知道钢的化学成分后，才能更好地确定直轴方法及热处理工艺。在上述检查工作全部完成以后，即可选择适当的直轴方法和工具进行直轴工作。

### 2. 直轴的方法

直轴的方法有机械加压法、捻打法、局部加热法、局部加热加压法和应力松弛法等。

（1）捻打法（冷直轴法）。捻打法就是在轴弯曲的凹下部用捻棒进行捻打振动，使凹处（纤维被压缩而缩短的部分）的金属分子间的内聚力减小而使金属纤维延长，同时捻打处的轴表面金属产生塑性变形，其中的纤维具有残余伸长，因而达到了直轴的目的。

捻打时的基本步骤为：

1）根据对轴弯曲的测量结果，确定直轴的位置并做好记号。

2）选择适当的捻打用的捻棒。捻棒的材料一般选用 45 号钢，其宽度随轴的直径而定（一般为 15～40mm），捻棒的工作端必须与轴面圆弧相符，边缘应削圆无尖角（$R_1 = 2～3$mm），以防损伤轴面。在捻棒顶部卷起后，应及时修复或更换，以免打坏泵轴。

3）直轴时，将轴凹面向上放置，在最大弯曲断面下部用硬木支撑并垫以铅板。

另外，直轴时最好把轴放在专用的台架上并将轴两端向下压，以加速金属分子的振动而使纤维伸长。

4）捻打的范围为圆周的 1/3（即 120°），此范围应预先在轴上标出。捻打时的轴向长度可根据轴弯曲的大小、轴的材质及轴的表面硬化程度来决定，一般控制在 50～100mm 的范围之内。捻打顺序按对称位置交替进行，捻打的次数为中间多、两侧少。

5）捻打时可用 1～2kg 的手锤敲打捻棒，捻棒的中心线应对准轴上的所标范围，锤击时的力量中等即可而不能过大。

6）每打完一次，应用百分表检查弯曲的变化情况。一般初期的伸直较快，而后因轴表面硬化而伸直速度减慢。如果某弯曲处的捻打已无显著效果，则应停止捻打并找出原因，确定新的适当位置再行捻打，直至校正为止。

7）捻打直轴后，轴的校直应向原弯曲的反方向稍过弯 0.02～0.03mm，即稍校过一些。

8）检查轴弯曲达到需要数值时，捻打工作即可停止。此时应对轴各个断面进行全面、仔细的测量，并做好记录。

9）最后，对捻打轴在 300～400℃进行低温回火，以消除轴的表面硬化及防止轴校直后复又弯曲。

上述的冷直法是在工作中应用最多的直轴方法，但它一般只适于轴颈较小且轴弯曲在 0.2mm 左右的轴。此法的优点是直轴精度高，易于控制，应力集中较小，轴校直过程中不会发生裂纹；缺点是直轴后在一小段轴的材料内部残留有压缩应力，且直轴的速度较慢。

（2）内应力松弛法。此法是把泵轴的弯曲部分整个圆周都加热到使其内部应力松弛的温度（低于该轴回火温度 30～50℃，一般为 600～650℃），并应热透。在此温度下施加外力，使轴产生与原弯曲方向相反的、一定程度的弹性变形，保持一定时间。这样，金属材料在高温和应力作用下产生自发的应力下降的松弛现象，使部分弹性变形转变成塑性变形，从而达到直轴的目的。

校直的步骤为：

1）测量轴弯曲，绘制轴弯曲曲线。

2）在最大弯曲断面的整修圆周上进行清理，检查有无裂纹。

3）将轴放在特制的、设有转动装置和加压装置的专用台架上，把轴的弯曲处凸面向上放好，在加热处侧面装一块百分表。加热的方法可用电感应法，也可用电阻丝电炉法。加热温度必须低于原钢材回火温度 20～30℃，以免引起钢材性能的变化。测温时是用热电偶直接测量被加热处轴表面的温度。直轴时，加热升温不盘轴。

4）当弯曲点的温度达到规定的松弛温度时，保温 1h，然后在原弯曲的反方向（凸面）开始加压。施力点距最大弯曲点越近越好，而支承点距最大弯曲点越远越好。施加外力的大小应根据轴弯曲的程度、加热温度的高低、钢材的松弛特性、加压状态下保持的时间长短及外加力量所造成的轴的内部应力大小来综合考虑确定。

5）由施加外力所引起的轴内部应力一般应小于 0.5MPa，最大不超过 0.7MPa。否则，应以 0.5～0.7MPa 的应力确定出轴的最大挠度，并分多次施加外力，最终使轴弯曲处校直。

6）加压后应保持 2～5h 的稳定时间，并在此时间内不变动温度和压力。施加外力应与轴面垂直。

7）压力维持 2～5h 后取消外力，保温 1h，每隔 5min 将轴盘动 180°，使轴上下温度均匀。

8）测量轴弯曲的变化情况，如果已经达到要求，则可以进行直轴后的稳定退火处理；若轴校直得过了头，需往回直轴，则所需的应力和挠度应比第一次直轴时所要求的数值减小一半。

采用此方法直轴时应注意以下事项：

1）加力时应缓慢，方向要正对轴凸面，着力点应垫以铝皮或紫铜皮，以免擦伤轴表面。

2）加压过程中，轴的左右（横向）应加装百分表监视横向变化。

3）在加热处及附近，应用石棉层包扎绝热。

4）加热时最好采用两个热电偶测温，同时用普通温度计测量加热点附近处的温度来校对热电偶温度。

5）直轴时，第一次的加热温升速度以 100～120℃/h 为宜，当温度升至最高温度后进行加压；加压结束后，以 50～100℃/h 的速度降温进行冷却，当温度降至 100℃时，可在室温下自然冷却。

6）轴应在转动状态下进行降温冷却，这样才能保证冷却均匀、收缩一致，轴的弯曲顶点不会改变位置。

7）若直轴次数超过两次以后，在有把握的情况下可将最后一次直轴与退火处理结合在一起进行。内应力松弛法适用于任何类型的轴，而且效果好、安全可靠，在实际工作中应用的也很多。关于内应力松弛法的施加外力的计算，这里就不再介绍，应用时可参阅有关的技术书籍中的计算公式。

（3）局部加热法。局部加热法是在泵轴的凸面很快地进行局部加热，人为地使轴产生超过材料弹性极限的反压缩应力。当轴冷却后，凸面侧的金属纤维被压缩而缩短，产生一定的弯曲，以达到直轴的目的。具体的操作步骤为：

1）测量轴弯曲，绘制轴弯曲曲线。

2）在最大弯曲断面的整个圆周上清理、裂纹的情况，检查并记录好。

3）将轴凸面向上放置在专用台架上，在靠近加热处的两侧装上百分表以观察加热后的变化。

4）用石棉布把最大弯曲处包起来，以最大弯曲点为中心把石棉布开出长方形的加热孔。加热孔长度（沿圆周方向）约为该处轴径的 25%～30%，孔的宽度（沿轴线方向）与弯曲度有关，约为该处直径的 10%～15%。

5）选用较小的 5、6 号或 7 号焊嘴对加热孔处的轴面加热。加热时焊嘴距轴面约 15～20mm，先从孔中心开始，然后向两侧移动，均匀地、周期地移动火嘴。当加热至 500～550℃时（轴表面呈暗红色），立即用石棉布把加热孔盖起来，以免冷却过快而使轴表面硬化或产生裂纹。

6）在校正较小直径的泵轴时，一般可采用观察热弯曲值的方法来控制加热时间。热弯曲值是当用火嘴加热轴的凸起部分时，轴就会产生更加向上的凸起，在加热前状态与加热后状态的轴线的百分表读数差（在最大弯曲断面附近）。一般热弯曲值为轴伸直量的 8～17 倍，即轴加热凸起 0.08～0.17mm 时，轴冷却后可校直 0.01mm，具体情况与轴的长径比及材料有关。对一根轴第一次加热后的热弯曲值与轴的伸长量之间的关系，应作为下一次加热直轴的依据。

7）当轴冷却到常温后，用百分表测量轴弯曲并画出弯曲曲线。若未达到允许范围，则应再次校直。如果轴的最大弯曲处再次加热无效果，应在原加热处轴向移动一位置，同时用两个焊嘴顺序局部加热校正。

8）轴的校正应稍有过弯，即应有与原弯曲方向相反的 0.01～0.03mm 的弯曲值，待轴退火处理后，这一过弯值即可消失。

在使用局部加热法时应注意以下问题：

1）直轴工作应在光线较暗且没有空气流动的室内进行。

2）加热温度不得超过 500～550℃，在观察轴表面颜色时不能戴有色眼镜。

3）直轴所需的应力大小可用两种方法调节，一是增加加热的表面；二是增加被加热轴的金属层的深度。

4）当轴有局部损伤、直轴部位局部有表面高硬度或泵轴材料为合金钢时，一般不应采用局部加热法直轴。最后，应对校直的轴进行热处理，以免其在高温环境中复又弯曲，而在常温下工作的轴则可不必进行热处理。

**3. 机械加压法**

机械加压法是利用螺旋加压器将轴弯曲部位的凸面向下压，从而使该部位金属纤维压缩，把轴校直过来。

这种方法又称为热力机械校轴法，其对轴的加热部位、加热温度、加热时间及冷却方式均与局部加热法相同，所不同点就是在加热之前先用加压工具在弯曲处附近施力，使轴产生与原弯曲方向相反的弹性变形。在加热轴以后，加热处金属膨胀受阻而提前达到屈服极限并产生塑性变形。

这样直轴大大快于局部加热法，每加热一次都收到较好的结果。若第一次加热加压处理后的弯曲不合标准，则可进行第二次。第二次加热时间应根据初次加热的效果来确定，但要注意在某一部位的加热次数最多不能超过三次。在本节所讲的直轴方法中，机械加压法和捻打法只适用于直径较小、弯曲较小的轴；局部加热法和局部加热加压法适用于直径较大、弯曲较大的轴，这两种方法的校直效果较好，但直轴后有残余应力存在，而且在轴校直处易发生表面淬火，在运行中易于再次产生弯曲，因而不宜用于校正合金钢和硬度大于 HB180～190 的轴；应力松弛法则适于任何类型的轴，且安全可靠、效果好，只是操作时间要稍长一些。

**六、立式水泵检修盘车**

立式水泵检修盘车是针对发电厂立式水泵在检修过程中主轴轴系必须进行盘转的要求而设计制造的一种动力盘转装置。

立式水泵在检修过程中，主轴轴系必须要进行分解、组合。在重新组合后主轴系各部分的同心度必须进行测量和校正，使同心度达到规定的精度要求，同心度的检测是通过对主轴轴系的盘转进行的。立式水泵检修盘车是利用特制的联轴器使电动机减速机与水泵主轴系相连接，同时将盘车车架固定于电动机端架上，启动电动机后，即可使水泵主轴系进行缓慢的均匀旋转，且不妨碍主轴系的倾向、轴向位移调整，并能实现主轴的连续转动和手动盘转。

立式水泵检修盘车可设置大速比摆线针轮减速机，直接用联轴器与电动主轴相连接。因此，具有安装使用方便，结构简单，调整灵活，大大减轻了劳动强度，提高了安全可靠性等特点，是立式水泵检修中一种最为理想的设备。

1. LBP-2 型立式水泵检修盘车技术参数

(1) 盘车安装形式：顶部安装。

(2) 盘转方式：点动，正、反连续，手动。

(3) 盘车输出速度：1～3r/min。

(4) 调整范围：径向不大于 4mm，轴向不大于 30mm。

(5) 盘车输出扭矩：2700～8000N·m。

(6) 电源：380V，50Hz。

2. 立式水泵检修盘车安装与使用

如图 17-6 所示，水泵检修盘车由减速机、车架及联轴器等零部件组成。车架为钢板焊接后加工而成，质量轻且强度高，联轴器由上、下半联轴器、圆盘等组成。对中性好，调整准确快捷，可承受较大扭矩。

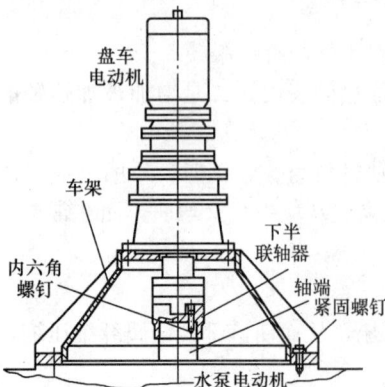

图 17-6 立式水泵检修盘车

安装时，首先将下半联轴器套装于（水泵）电动机轴上，同时用 4 个内六角螺钉将其紧固；然后用行车将盘车吊装于电动机端部平面上，先将圆盘上的键对准下半联轴器的槽缓慢放下盘车，确认键和槽配合良好后，转动盘车电动机尾部的方轴，使盘车转动，直至车架底板上的孔与电动机端部平面上的孔全部对准为止；松去行车，将 12 个地脚螺钉拧紧。在螺钉拧紧过程中，应注意联轴器与轴配合的轴向间隙，间隙量应保证在 0.5～2mm 范围内，不得出现负间隙。

为了防止眼睛的错觉以及测绘和制造的误差，安装后，应用手动扳手转动电动机尾部的方轴，观察是否有卡住或压死的现象。经过手动盘转确认安装正确后接通电源，根据实际情况启动正、反向点转动连续按钮进行操作。转动电动机尾部的方轴头，还可进行手动盘转。

操作任务完成后将地脚螺钉卸下，用行车吊开盘车到固定地点存放，同时卸掉下半联轴器和盘车放在一起。如考虑停止使用周期较长，可在下半联轴器的配合部分涂油。

3. 立式水泵检修盘车注意事项

(1) 盘动水泵前，应注意水泵主轴系轴承的加油，可以减少动力更可以避免擦伤轴面。

(2) 注意联轴器本身的加油，每使用一次应进行一次的润滑。

(3) 启动盘车前，应检查减速机是否加油及加油量是否符合规定。

(4) 电动机未停稳时不得开反转。

## 七、液力耦合器的检修

1. 液力耦合器检修

液力耦合器在运行 20 000h 或 5 年以后应进行大修，对其解体和重新组装的基本步骤如下：

(1) 排空工作油后的步骤：

1) 打开润滑油滤网并检查和清洗。

2) 拆下联轴器并检查。

3) 检查输入轴、输出轴的径向跳动。

4) 从箱体上拆下滑动调节器及传动杠杆。

5) 拆下辅助润滑油泵及电动机。

6) 拆下辅助工作油泵及电动机。

(2) 拆下并吊开箱盖后，检查齿轮的啮合情况。

(3) 拆下并解体输入轴及转子部件以后的步骤：

1) 检查泵轮和涡轮（叶片共振试验）。

2) 拆下轴承情况，测量轴承间隙。

3) 检查勺管机构的磨损情况。

4) 检查易熔塞，必要时更换新备件。

5) 重新研刮轴瓦后回装（必要时研磨轴径）。

6) 清理转动外壳内的积油及污垢。

(4) 将个密封面涂上密封胶（耐温大于 130℃）。

(5) 重新组装转子部件。

(6) 清理油箱、箱座及箱盖。

(7) 将输入轴及转子部件装回箱座上。

(8) 装上并紧固好箱盖后的步骤：

1) 回装好辅助润滑油泵及电动机。

2) 回装辅助工作油泵及电动机。

(9) 装上滑动调节器并加油润滑。

(10) 检查耦合器与驱动电动机、泵的对中，并做好记录。

(11) 清洗并检查冷油器后进行耐压试验。

(12) 将油箱及冷油器灌油至要求的位置。

(13) 完成上述工作并检查仪表正常后，即可进行试转，在试转前应进行如下检查：

1）启动备用工作油泵，看能否正常工作。

2）当工作油压高于 0.25MPa 时，工作油排到冷油器、备用工作油泵应断开。

3）启动备用润滑油泵，看润滑油压能否达到规定的 0.25MPa。

（14）在试运转过程中应进行如下检查：

1）听诊齿轮传动装置是否有不正常的撞击、杂声或振动。

2）检查各轴承温度不得超过 70℃。

3）检查各轴承、齿轮的润滑油的入口温度不得超过 45～50℃。

4）检查耦合器工作油温度不得超过 75℃。

在冷油器的冷却水温度很高且滑差较大时，允许在运行中短时间内的工作油温度达到 110℃。

5）检查油箱的有温度不得超过 55℃。

6）每隔 4h 将耦合器的负载提高额定的 25%，直至液力耦合器满负荷工作后，将驱动电动机电源切断，检查液力耦合器的齿轮啮合情况并记下齿在长、宽上的啮合印记所占的百分比。

7）清理油过滤器，检查沉积在过滤器中的沉淀物的性质。

8）在试运行完成后，将油箱中的油全面更换为清洁的。

9）但发现齿轮传动装置运行异常时，必须找出原因并予以排除。

2．液力耦合器的常见故障及消除方法

具体内容详见表 17-1。

表 17-1　　　　　　　　　　　液力耦合器的常见故障及消除方法

| 故障类别 | 原因分析 | 消除方法 |
|---|---|---|
| 润滑油压力太低 | 润滑油冷冷油器内缺水或流动慢 | 增加冷却水量 |
| | 润滑油冷冷油器中进了空气 | 排出空气 |
| | 润滑油过滤器堵塞 | 清洗过滤器滤网 |
| | 润滑油安全阀损坏或安装不当 | 清除故障，正确安装安全阀 |
| | 润滑油泵吸入管堵塞 | 检查并清理入口管 |
| | 润滑油泵内进空气 | 检查泵吸入管，消除泄漏点 |
| | 润滑油系统管路有泄漏 | 检修或更换损坏部分 |
| 耦合器进口油温太高 | 工作油冷器内水量不足或流动慢 | 增加供水量 |
| | 工作油中进空气 | 排出空气 |
| 耦合器内油压太高 | 工作油溢流阀安装不正确 | 重新安装 |
| | 工作油溢流阀有故障 | 检修或更换弹簧 |
| 润滑油压力太高 | 润滑油溢流阀安装不正确 | 重新安装 |
| 耦合器内油压太低 | 工作油过滤器堵塞 | 清洗过滤器滤网 |
| | 工作油溢流阀安装不正确或损坏 | 清除故障，正确安装 |
| | 工作油泵吸入管堵塞 | 检查并清理入口管 |
| | 工作油泵内吸入空气 | 检查吸入管密封，清除泄漏 |
| 润滑油压不够规定要求 | 润滑油系统管路有断裂 | 检查并接通 |
| | 润滑油过滤器太脏 | 清理滤芯 |

| 故障类别 | 原因分析 | 消除方法 |
|---|---|---|
| 耦合器内油压不够规定要求 | 工作油系统管路有断裂 | 检查并接通 |
| | 液力耦合器安全塞熔化 | 更换新的安全塞 |
| 主油泵不工作 | 传动轴断裂 | 检查更换新轴 |
| 启动备用泵后无压力 | 电动机无电压 | 检查电源 |
| | 电极损坏 | 更换 |
| | 电动机接线错误 | 正确接好 |
| | 油泵内堵塞 | 排除杂物 |
| | 吸入管有断裂 | 检查并接通 |
| 有过滤器中的污物过多 | 油管道脏污（如管道中有为出境的焊渣等） | 清理滤网 |
| | 油泵磨损（油中有金属屑） | 清除泵内杂质并检查 |
| | 油箱中的油脏 | 清理油系统，更换新油 |
| 油耗量过多 | 排油嘴泄漏 | 将查并拧紧 |
| | 油管道泄漏 | 予以消除 |
| | 壳体焊接处泄漏 | 检查并修复 |
| | 轴承压盖连接面泄漏 | 重新密封 |
| 勺管卡涩或不灵活 | 勺管与其套筒摩擦 | 适当增大套筒间隙 |
| | 油动机传动杠杆打滑 | 重新拧紧止动螺钉 |
| | 勺管调节轴的传动小齿轮松脱 | 重新调整凸轮的压紧弹簧 |
| | 勺管调节轴断裂 | 修复或予以更换 |
| 齿轮传动装置出现周期性撞击 | 齿轮损坏 | 更换损坏部件 |
| | 轴瓦磨损 | 检查并修复、研刮轴瓦 |
| 齿轮传动装置振动 | 齿轮传动装置中心不正 | 检查并按要求校正 |
| | 液力耦合器不平衡 | 消除不平衡 |
| | 基础支撑不牢固，或有缝隙 | 校正基础 |
| | 叠片式联轴器不平衡 | 消除不平衡 |
| | 齿轮传动装置地脚螺栓松动 | 重新紧固 |
| | 液力耦合器转子损坏 | 修复或更换 |

### 八、水泵转子的静平衡和动平衡

1. 定义

（1）静平衡。在转子一个校正面上进行校正平衡，校正后的剩余不平衡量，以保证转子在静态时是在许用不平衡量的规定范围内，为静平衡又称单面平衡。

（2）动平衡。在转子两个校正面上同时进行校正平衡，校正后的剩余不平衡量，以保证转子在动态时是在许用不平衡量的规定范围内，为动平衡又称双面平衡。

2. 转子平衡的选择与确定

如何选择转子的平衡方式，是一个关键问题。其选择有这样一个原则：只要满足于转子平衡后用途需要的前提下，能做静平衡的，则不要做动平衡，能做动平衡的，则不要做静动平衡。原因很简单，静平衡要比动平衡容易做，动平衡要比静动平衡容易做，省功、省力、省费用。那么如何进行转子平衡形式的确定呢，需要从以下几个因素和依据来确定：

（1）转子的几何形状、结构尺寸，特别是转子的直径与转子的两校正面间的距离尺寸之比值，以及转子的支撑间距等。

（2）转子的工作转速。

（3）有关转子平衡技术要求的技术标准。

3. 转子做静平衡的条件

刚性转子做静平衡的条件为：如果盘状转子的支撑间距足够大并且旋转时盘状部位的轴向跳动很小，从而可忽略偶不平衡（动平衡），这时可用一个校正面校正不平衡即单面（静）平衡，对具体转子必须验证这些条件是否满足。在对大量的某种类型的转子在一个平面上平衡后，就可求得最大的剩余偶不平衡量，并除以支撑距离。如果在最不利的情况下这个值不大于许用剩余不平衡量的一半，则采用单面（静）平衡就足够了？从这个定义中不难看出转子只做单面（静）平衡的条件主要有三个方面：一是转子几何形状为盘状；二是转子在平衡机上做平衡时的支撑间距要大；三是转子旋转时其校正面的端面跳动要很小。

4. 转子做动平衡的条件

凡刚性转子如果不能满足做静平衡的盘状转子的条件，则需要进行两个平面来平衡，即动平衡。只做静平衡的转子条件如下（平衡静度 G0.4 级为最高精度，一般情况下泵叶轮的动平衡静度选择 G6.3 级或 G2.5）：

（1）对单级泵、两级泵的转子，凡工作转速≥1800r/min 时，只要 $D/b<6$ 时，应做动平衡。

（2）对多级泵和组合转子（3 级或 3 级以上），不论工作转速多少，应做组合转子的动平衡。

## 第三节　水　泵　组　装

### 一、单吸离心泵的组装

1. 装配顺序

（1）检查各零部件有无损伤，并清洗干净。

（2）将各连接螺栓、丝堵等分别拧紧在相应的部件上。

（3）将 O 形密封圈及纸垫分别放置在相应的位置。

（4）将密封环、水封环及填料压盖等依次装到泵盖内。

（5）将轴承装到轴上后，装入悬架内并合上压盖，将轴承压紧，然后在轴上套好挡水圈。

（6）将轴套在轴上装好，再将泵盖装在悬架上，然后将叶轮、止动垫圈、叶轮螺母等依次装入并拧紧，最后将上述组件装到泵体内并拧紧泵体、泵盖的连接螺栓。

在上述过程中，对平键、挡油环、挡水圈及轴套内的 O 形密封圈等小件易遗漏或错装，应特别引起注意。

2. 安装精度

这里给出的主要是联轴器对中的精度要求。泵与电动机联轴器装好后，其间应保持 2～3mm 间隙，两联轴器的外圆上下、左右的偏差不得超过 0.1mm，两联轴器端面间隙的最大、最小值差值不得超过 0.08mm。

### 二、双吸水泵的组装

（一）装配顺序

1. 转子组装

（1）叶轮应装在轴的正确位置上，不能偏向一侧，否则会造成与泵壳的轴向间隙不均而产生摩擦。

（2）装上轴套并拧紧轴套螺母。为防止水顺轴漏出，在轴套与螺母间要用密封胶圈填塞。组装后应保证胶圈被轴套螺母压紧且螺母与轴套已靠紧。

（3）将密封环、填料套、水封环、填料压盖及挡水圈装在轴上。

（4）装上轴承端盖和轴承，拧紧轴承螺母，然后装上轴承体并将轴承体和轴承端盖紧固。

（5）装上联轴器。

2. 吊入转子

（1）将前述装好的转子组件平稳地吊入泵体内。

（2）将密封环就位后，盘动转子，观察密封环有无摩擦，应调整密封环直到盘动转子轻快为止。

3. 扣泵盖

将泵盖扣上后，紧固泵结合面螺栓及两侧的轴承体压盖。然后，盘动转子看是否与以前有所不同，若没有明显异常，即可将空气管、密封水管等连接上，把填料加好，接着，就可以进行对联轴器找正了。

（二）安装精度要求

这里仅提出联轴器对中的精度要求。联轴器两端面最大和最小的间隙差值不得超过 0.06mm，两外圆中心线上下或左右的差值不得超过 0.1mm。

（三）确定泵壳结合面垫的厚度

叶轮密封环在大修后没有变动，那么泵壳结合面的垫就取原来的厚度即可；如果密封环向上有抬高，泵结合面垫的厚度就要用压铅丝的方法来量了。通常，泵盖对叶轮密封环的紧力为 0～0.03mm。新垫做好后，两面均应涂上黑铅粉后再铺在泵结合面上。注意所涂铅粉必须纯净，不能有渣块。在填料函处，垫要做得格外细心，一定要使垫与填料函处的边缘平齐。垫如果不合适，就会使填料密封不住而大量漏水，需返工处理。

**三、联轴器的组装**

装配联轴器时，要注意键的序号（对具有两个以上键的联轴器来说）。若用铜棒敲击时，必须注意击打的部位。如，敲打轴孔处端面时，容易引起轴孔缩小，以致轴穿不过去；敲打对轮外缘处，则易破坏端面的平直度，在以后用塞尺找正时将影响测量的准确度。对过盈量较大的联轴器，则应加热后再装。

联轴器销子、螺帽、垫圈及胶垫等必须保证其各自的规格、大小一致，以免影响联轴器的动平衡。联轴器螺栓及对应的联轴器销孔上应做好相应的标记，以防错装。

联轴器与轴的配合一般均采用过渡配合，既可能出现少量过盈，也可能出现少量间隙，对轮毂较长的联轴器，可采用较松的过渡配合，因其轴孔较长，由于表面加工粗糙不平，在组装后自然会产生部分过盈。如果发现联轴器与轴的配合过松，影响孔、轴的同心度时，则应进行补焊。在轴上打麻点或垫铜皮乃是权宜之计，不能作为理想的方法。

**四、转子的试装**

1. 转子试装的目的及应具备的条件

转子试装主要是为了提高水泵最后的组装质量。通过这个过程，可以消除转子的紧态晃度，调整好叶轮间的轴向距离，从而保证各级叶轮和导叶的流道中心同时对正，确定调整套的尺寸。在试装前，应对各部件进行全部尺寸的测量，消除明显的超差。各部件径向跳动的测量方法可参考前面的内容，对各部件端面晃度的检查方法为：叶轮仍是采用专门的心轴插入叶轮内孔，心轴固定在平台上，轻轻转动叶轮，百分表的指示数值即为端面的跳动。此跳动值不得超过

0.015mm，否则应进行车修。

检查套装零件的垂直度和平行度。轴套等部件端面跳动的检查可在一块平板上用百分表出，此跳动值不得大于 0.015mm。

总之，在检查转子各部件的端面已清理，叶轮内孔与轴颈的间隙适当，轴弯曲不大于 0.03～0.04mm，各套装部件的同心度偏差小于 0.02mm 且端面跳动小于 0.015mm 时，即可在专用的、能使转子转动的支架上开始试装工作。

2. 转子试装的步骤

转子试装可以按以下步骤进行：

（1）将所有的键都按号装好，以防因键的位置不对而发生轴套与键顶住的现象。

（2）将所有的密封圈等按位置装好，把锁紧螺母紧好并记下出口侧锁紧螺母至轴端的距离，以便水泵正式组装时作为确定套装部件紧度的依据。

（3）在紧固轴套的锁紧螺母时，应始终保持泵轴在同一方位（如保持轴的键槽一直向上），而且在每次测量转子晃度完成后应松开锁紧螺母，待下次再测时重新拧紧。每次紧固锁紧螺母时的力量以套装部件之间无间隙、不松动为准，不可过大。

（4）各套装部件装在轴上时，应根据各自的晃度值大小和方位合理排序，防止晃度在某一个方位的积累。测量转子晃度时，应使转子不能来回窜动且在轴向上不受太大的力。最后，检查组装好的转子各部位的晃度不应超出下列数值：叶轮处 0.12mm，挡套处 0.10mm；调整套处 0.08mm，轴套处 0.05mm；平衡盘工作面轴向晃度 0.06mm。

（5）装好转子各套装部件并紧好锁紧螺母后，再用百分表测量各部件的径向跳动是否合格。若超出标准，则应再次检查所有套装部件的端面跳动值，直至符合要求。

（6）检查各级叶轮出水口中心距离是否相符，并测量末级叶轮至平衡盘端面之间的距离以确定好调整套的尺寸。在试装结果符合质量要求并做好记录后，即可将各套装部件解体，以待正式组装。

**五、水泵的总装与调整**

将水泵的所有部件都经清理、检查和修整以后，就可以进行总装工作了。组装水泵按与解体时相反的顺序进行，回装完成后即可开始如下的调整工作：

1. 首级叶轮出水口中心定位

准备好一块定位片（其宽度经测量后得出的），把定位片插入首级叶轮的出水口。将转子推至定位片与进水段侧面接触（此时首级叶轮与挡套、轴肩不能脱离接触而产生间隙），这时叶轮出水口中心线应正好与导叶入水口中心线对齐。在与入口侧填料室端面齐平的地方用划针在轴套外圆上划线，以备回装好平衡装置后检查出水口的对中情况和叶轮在定子中的轴向位置。

2. 测量总窜动

测量总窜动的方法是：装入齿形垫，不装平衡盘而用一个旧挡套代替，装上轴套并紧固好锁紧螺母后，前后拨动转子，在轴端放置好的百分表的两次指示数值之差即为轴的总窜动量。另外，也可采用只装上动平衡盘和轴套的方式，将轴套锁紧螺母紧固到正确位置后，前后拨动转子，两次测量的对轮端面距离之差即为转子的总窜动量。

3. 平衡盘组装与转子轴向位置的调整

首先，将平衡盘、调整套、齿形垫、轴套等装好，再将锁紧螺母紧固好。前后拨动转子，用百分表测量出推力间隙。如果推力间隙大于 4mm，应缩短调整套长度，使转子位置向出口侧后移；若推力间隙小于 3mm，则应更换一新的齿形垫，增加其厚度，使转子位置向入口侧前移。注意：切不可采用加垫片的方法来进行调整。

转子的轴向位置是由动、静平衡盘的承力面来决定的。这两个部件的最大允许磨损值为1mm，故转子在定子里的轴向位移允许偏移值为：入口侧 $4+1=5$mm；出口侧 $4-1=3$mm。

这样，当平衡盘磨损或转子热膨胀伸长量超过定子的伸长量时，仍可保证叶轮与导叶的相对位置。

4. 转子与静止部分的同心度的调整

水泵的本体部分组装完成后，即可回装两端的轴承，其步骤为：

(1) 在未装下轴瓦前，使转子部件支承在静止部件如密封环、导叶衬套等的上面。在两端轴承架上各放置好一个百分表。

(2) 用撬棒将转子两端同时平稳地抬起（使转子尽量保持水平），做上、下运动，记录百分表上下运动时的读数差，此差值即转子同静止部件的径向间隙。

(3) 将转子撬起，放好下轴瓦，然后用撬棒使转子作上、下运动，记录百分表的读数差 $\delta$，直至调整到 $\delta=\Delta d/2$。调整时可以上下移动轴承架下的调整螺栓，或是采用在轴承架止口内、轴瓦与轴承架的结合面间加垫片的方法来进行。

(4) 在调整过程中，要保持转子同定子之间的同心度，方法同上（需把下轴瓦取出）。测量时，可用内卡测出轴颈是否处于轴承座的中心位置。

(5) 至此即可紧固好轴承架螺栓，打上定位销。

(6) 完成上述工作后，可研刮轴瓦和检验其吻合程度，回装好轴承。要求轴瓦紧力一般为 $\pm0.02$mm，轴瓦顶部间隙为 $0.12\sim0.20$mm，轴瓦两侧间隙为 $0.08\sim0.10$mm。

水泵的检修完成后，检查水泵盘转正常，各部件无缺陷且运转时振动也很小，再次复测转子和定子的各项间隙、转子的轴向总窜动量等合乎要求，组装后的动静平衡盘的平行度偏差小于0.02mm，泵壳的紧固穿杠螺栓的紧固程度上下左右误差不大于0.05mm，则可以认为水泵检修、安装的质量合格。

**六、水泵按联轴器找正**

在水泵检修完毕以后，为使其正常运行，就必须保证运转时水泵和原动机的轴处于同一直线上，以免水泵和原动机因轴中心的互相偏差造成轴承在运行中的额外受力，进而引起轴瓦发热磨损和原动机的过负荷，甚至产生剧烈振动而使泵组停止运行。水泵检修后的找正是在联轴器上进行的。开始时先在联轴器的四周用平尺比较一下原动机和水泵的两个联轴器的相对位置，找出偏差的方向以后，先粗略地调整使联轴器的中心接近对准，两个端面接近平行。通常，原动机为电动机时，应以调整电动机地脚的垫片为主来调整联轴器中心；若原动机为汽轮机，则以调整水泵为主来找中心。在找正过程中，先调整联轴器端面、后调整中心比较容易实现对中目的。下面就分步来进行介绍。

1. 测量前的准备

根据联轴器的不同形式，利用塞尺或百分表直接测量圆周间隙和端面间隙。在测量过程中还应注意：

(1) 找正前应将两联轴器用找中心专用螺栓连接好。若是固定式联轴器，应将两者插好。

(2) 测量过程中，转子的轴向位置应始终不变，以免因盘动转子时前后窜动引起误差。

(3) 测量前应将地脚螺栓都正常拧紧。

(4) 找正时一定要在冷态下进行，热态时不能找中心。

2. 测量过程

将两联轴器做上记号并对准，有记号处于零位（垂直或水平位置）。装上专用工具架或百分表，沿转子回转方向自零位起依次旋转90°、180°、270°，同时测量每个位置时的圆周间隙和端面间隙，并把所测出的数据记录在对应的图上。根据测量结果，将两端面内的各点数值取平均数记好。

3. 分析

一般来讲，转子所处的状态不外乎以下几种：

（1）联轴器端面彼此不平行，两转子的中心线虽不在一条直线上，但两个联轴器的中心却恰好相合。调整时可将 3、4 号轴承分别移动 $\delta_1$ 和 $\delta_2$ 值，使两个转子中心线连成一条直线且联轴器端面平行。

（2）两个联轴器的端面互相平行，但中心不重合。调整时可分别将 3、4 号轴承同移动，使两个转子同心共线。

（3）两个联轴器的端面不平行，中心又不吻合，这是最常见的情况。

4. 调整时的允许误差

调整垫片时，应将测量表架取下或松开，增减垫片的地脚及垫片上的污物应清理干净，最后拧紧地脚螺栓时应把外加的楔形铁或千斤等支撑物拿掉，并监视百分表数值的变化。至于联轴器找中心的允许误差随联轴器形式的变化而不同，具体可参考表 17-2 所示。

表 17-2　　　　　　　　　　　联轴器找中心的允许误差　　　　　　　　　　mm

| 联轴器类别 | 周　距 | 面　距 |
| --- | --- | --- |
| 刚性与刚性 | 0.04 | 0.03 |
| 刚性与半挠性 | 0.05 | 0.04 |
| 挠性与挠性 | 0.06 | 0.05 |
| 齿轮式 | 0.10 | 0.05 |
| 弹簧式 | 0.08 | 0.06 |

此外，随着运行条件的改变，如水泵输送 60℃ 以上高温水或水泵采用汽轮机驱动时，应分别将水泵和汽轮机转子因受热膨胀而使中心升高的情况与联轴器中心的公式计算数值综合起来加以考虑。如，安装在同一个底座上的电动机和水泵，若输送水温在 60℃ 时，电动机约需抬高 0.40～0.60mm，才能保证运行中水泵和电动机的轴中心恰好对准。

**七、泵用盘根的安装调节方法**

泵有效密封取决于各个部件的整体状况，特别注意，在进行盘根安装前，确定需要更换盘根的设备已经按照现场和系统进行有效的隔离。

1. 需要的工具

在取下旧盘根换上新盘根时需要用专用工具，以及用紧固器预紧压盖螺母。此外，需经常使用标准的安全设施和遵守有关的安全规定。

安装前要熟悉校验盘根环的切割机、校验扭矩扳手或扳手、安全帽、内外卡钳、紧固器的润滑剂、反光镜、盘根取出器、切盘根的刀具、游标卡尺等设备。

2. 清洁和检查

（1）缓慢松开填料函的压盖螺母，释放盘根组件内所有的残余压力。

（2）移去所有旧的盘根，彻底清洁轴/杆的填料函。

（3）检查轴/杆是否有腐蚀、凹痕、划伤或过度磨损。

（4）检查其他零件是否有毛刺、裂纹、磨损，它们会减少盘根的寿命。

（5）检查填料函是否有过大的间隙，以及轴/杆的偏心程度。

（6）更换有较大缺陷的零部件。

（7）检查旧盘根，作为失效分析的依据，以找到盘根早期失效的原因。

3. 测量与记录

记录轴/杆的直径、填料函孔径和深度，且当时用水封环时，记录填料函底部至顶部的距离。

4. 选择盘根

（1）确保选用的盘根应满足系统和设备要求的操作工况。

（2）根据测量记录，计算盘根的横截面积和所需盘根环的数量。

（3）检验盘根，确保其无缺陷。

（4）在安装前，确保设备和盘根清洁。

5. 盘根环的准备

（1）编织盘根。在适当尺寸的轴上缠绕盘根，或使用校准过的盘根环切割机；根据要求干净利落地切割盘根成对接（方形）或斜接（30°～45°），一次切一个环，并用轴或阀杆检验尺寸是否合适。

（2）模压成型盘根。确保环的尺寸与轴或阀杆精确配合，必要时，根据盘根制造商的操作指南或要求切割填料环。

6. 安装盘根

每次安装一个盘根环，将每一个环围绕在轴或阀杆上，在安装下一个环之前，应确保本环已完全在填料函中就位，下一个环应错开排列，至少相隔90°，一般要求120°。最上一个环装好后，用手拧紧螺母，压盖均匀下压。如有水封环，应检查其与填料函顶部的距离是否正确。同时确保轴或阀杆能自由转动。

7. 调整盘根

（1）用手拧紧压盖螺母。

（2）开泵后，调整压盖螺母，此时允许有稍多的泄漏。

（3）缓慢地拧紧压盖螺母，逐渐减少泄漏，直到泄漏达到可接受的程度。

（4）如果泄漏突然停止，应回拧压盖螺母，重新调节以防止盘根过热。

（5）调节泄漏率达到一个稳定状态即可。

8. 再次紧固和替换

在操作几个小时后，检查压盖的调节状况，必要时加以拧紧，当压盖不能再进一步调节时，必须更换盘根。

### 八、机械密封的安装和技术要求

1. 对机械密封的配合部分技术要求

（1）轴弯曲度最大不得超过 0.05mm。

（2）部件内各零件均符合图纸要求。

（3）上紧压盖时应在联轴器找正后进行，压紧螺栓应均上紧，防止法兰面偏斜。

（4）弹簧的压缩量按图纸规定进行，允许误差±2mm。

（5）轴在安装机械密封处的振摆量不得大于 0.1mm。

（6）轴的轴向窜动量不允许大于 0.5mm。

（7）安装机械密封部位轴制造公差为 h8，光洁度 1.6。

（8）安装动环密封圈的轴（轴套）端部以及安静环密封圈的密封压盖（或壳体）的端部应做成倒角并修光。

2. 机械密封安装、使用技术要领

（1）安装时在与密封相接触的表面应涂一层清洁的机械油，以便能顺利安装。

（2）设备的密封腔部位在安装时应保持清洁，密封零件应进行清洗，保持密封端面完好无损，防止杂质和灰尘带入密封部位。

（3）在安装过程中严禁敲打和碰击，以免使机械密封副破损而造成密封失效。

（4）设备转轴的劲向跳动应小于或等于 0.04mm，轴向窜动量不允许大于 0.1mm。

（5）安装静环压盖时，拧紧螺栓必须受力均匀，保证静环端面与轴垂直求。

（6）安装后用手推动动环，能使动环在轴上灵活移动，并有一定弹性。

（7）安装后用手盘动转轴、转轴应无轻重感觉。

（8）设备在运转前必须充满介质，以防止干摩擦而使密封失效。

（9）对易结晶、颗粒介质，在介质温度大于 80℃时，应采取相应的冲洗、过滤、冷却措施，各种辅助装置请参照机械密封有关标准。

3. 机械密封的组装

经过清扫检查、技术尺寸校核后的机械密封即可回装，在这个过程中要注意以下几点：

（1）组装时所有密封圈因该涂以肥皂水等润滑剂，这样可以避免组装过程中损坏胶圈。动静环的密封面之间涂以润滑脂，防止动静环密封面在水泵开车前磨损。

（2）浮动环组装时，一定要小心不要碰倒浮动环弹簧，以免弹簧碰倒后影响浮动环的浮动性能。浮动环组装后，可以轻轻按浮动环，以确定是否就有良好的浮动性能。

（3）安装密封时应轻拿轻放，防止损坏密封件，安装时应将密封及腔体擦洗干净。

（4）紧固机械密封压盖时紧固螺栓应均匀受力，防止受力不均损坏机械密封。对于快装式机械密封在整体组装完毕后一定不要忘记将定位片径向移动道远离轴的位置固定。

水泵的机械密封按照以上三个步骤进行组装，可以实现组装后的机械密封无泄漏及其他问题的出现。但机械密封检修过程中也要做到具体问题具体分析，应为机械密封所密封的介质是不同的，凉水和热水的温度不同，密封的介质是否具有腐蚀性，腔室内压力的不同，机械密封的设计就会不同，检修工艺也会有所差别，这就需要我们在检修工作中灵活应变，只有这样才能保证检修质量。

## 九、密封垫片的安装

垫片的类别有非金属垫片（柔性石墨类、聚四氟乙烯类、橡胶类、无石棉纤维类、金包垫、冲刺垫等）、缠绕垫片、波形活压垫片、椭圆垫、八角垫等，应根据公称压力及介质的最高温度来确定采用哪种类别。

1. 安装前的检查工作

（1）垫片的检查。

1）垫片的材质、形式、尺寸是否符合要求。

2）垫片表面不允许有机械损伤、径向刻痕、严重锈蚀、内外边缘破损等缺陷。

3）选用的垫片应与法兰的密封面形式相适应。

（2）螺栓、螺母的检查。

1）螺栓及螺母的材质、形式、尺寸是否符合要求。

2）螺母在螺栓上转动应灵活，但不应晃动。

3）螺栓及螺母不允许有斑疤、毛刺。

4）螺纹不允许有断缺现象。

5）螺栓不应有弯曲现象。

（3）法兰的检查。检查法兰的形式是否符合要求，密封面是否光滑，有无机械损伤、刨车车痕、径向刻痕、严重锈蚀、焊疤、油焦残迹等缺陷等缺陷，如不能修整时应研究具体的处理方法。

（4）管线及法兰安装质量的检查。重点检查是否出现以下 4 个问题：

1）偏口：管线不垂直、不同心、法兰不平行。

2）错口：管线和法兰垂直，但不同心。

3）张口：法兰间隙过大。

4）错孔：管线法兰同心，但两个法兰相对应螺栓孔之间的弦距（或螺栓孔中心圆直径等）偏差较大。

2. 安装

（1）垫片应保管好，不允许随地放置。

（2）两法兰必须在同一中心线上并且平行。不允许用螺栓或尖头撬杠插在螺栓孔内校正法兰，以免螺栓承受较大的应力。

（3）安装前应仔细清理法兰密封面及水线（密封线）。缠绕式垫片最好用于没用密纹状密封线的法兰，但也可用于有水线（密封线）的法兰。

（4）两个法兰间只能加一个垫片，不允许用多加垫片的办法来消除两个法兰间隙过大的缺陷。

（5）垫片必须安装正，不准偏斜，以保证受压均匀，也避免垫片伸入管内受介质冲蚀及引起涡流。

（6）根据目前现有的工具旋紧螺母时，当螺母在 M22 以下时，采用力矩扳手拧紧，螺母在 M27 以上时可采用电动力矩扳手紧固。

（7）为保证垫片受压均匀，螺栓要对称的均匀分 2～3 次拧紧。

（8）为了避免在拧紧螺母时，螺栓产生弯曲、咬住，凡法兰背面较粗糙的，应在螺母下加上一垫圈。

（9）安装螺栓及螺母时，应在螺栓两端涂抹防药剂、鳞状石墨粉或润滑剂。

（10）不允许混用螺栓及漏装垫片。

（11）因上紧螺栓是在冷态时进行的，当温度升高后会产生松弛。凡介质温度在 300℃ 以上、$p_g \leqslant 40 kg/cm^2$ 的法兰，当介质温度上升至 250～280℃ 时应将螺栓进行适当热紧。

（12）检修时为了防止拆不下螺栓，凡介质温度在 300℃ 以上、$p_g \leqslant 40 kg/cm^2$ 的要拆卸检修的法兰，当介质温度上升至 200～250℃ 时，在螺栓螺母连接处先用螺栓松动剂松动螺栓，然后将螺母预回 30°～60°。

## 十、联轴器的装配

联轴器的装配，是泵检修中比较简单的检修工艺。在联轴器装配中关键要掌握轮毂在轴上的装配、联轴器所连接两轴的对中、零部件的检查及按图纸要求装配联轴器等环节。

轮毂在轴上的装配时联轴器安装的关键之一。轮毂与轴的配合大多为过盈配合，连接分为有键连接和无键连接，轮毂的轴孔又分为圆柱形轴孔与锥形轴孔两种形式。装配方法有静力压入法、动力压入法、温差装配法及液压装配法等。

（1）静力压入法。这种方法是根据轮毂顶轴上装配时所需压入力的大小不同、采用夹钳、千斤顶、手动或机动的压力机进行，静力压入法一般用于锥形轴孔。由于静力压入法收到压力机械的限制，在过盈较大时，施加很大的力比较困难。同时，在压入过程中会切去轮毂与轴之间配合面上不平的微小的凸峰，使配合面受到损坏。因此，这种方法一般应用不多。

（2）动力压入法。动力压入法是指采用冲击工具或机械来完成轮毂向轴上的装配过程，一般用于轮毂与轴之间的配合使过渡配合或过盈不大的场合。装配现场通常用手锤敲打的方法，方法是在轮毂的端面上垫放木块、铅块或其他软材料作缓冲件，依靠手锤的冲击力，把轮毂敲入。这种方法对用铸铁、淬过火的钢、铸造合金等脆性材料制造的轮毂，有局部损伤的危险，不宜采用，且会损伤配合表面，故经常用于低速和小型联轴器的装配。

（3）温差装配法。用加热的方法是轮毂受热膨胀或用冷却的方法使轴端受冷收缩，从而使轮毂轴孔的内径略大于轴端直径，即达到所谓的"容易装配值"，不需要施加很大的力，就能方便地把轮毂套装到轴上。温差装配法比静力压入法、动力压入法有较多的优点，对于用脆性材料制造的轮毂是十分合适的。

温差装配法大多采用加热的方法，冷却的方法用得比较少。加热的方法有多种，有的将轮毂放入高闪点的油中进行油浴加热或焊枪烘烤，也有的用烤炉来加热，装配现场多采用油浴加热和焊枪烘烤。油浴加热能达到的最高温度取决于油的性质，一般在200℃以下。采用其他方法加热轮毂时，可以使轮毂的温度高于200℃，但从金相及热处理的角度考虑，轮毂的加热温度不能任意提高，钢的再结晶温度为430℃。如果加热温度超过430℃，会引起钢材内部组织上的变化，因此加热温度的上限必须小于430℃。为了保险，所定的加热温度上限应在400℃以下。至于轮毂实际所需的加热温度，可根据轮毂与轴配合的过盈值和轮毂加热后向轴上套装时的要求进行计算。

（4）装配后的检查。联轴器的轮毂在轴上装配完后，应仔细检查轮毂与轴的垂直度和同轴度。一般是在轮毂的端面和外圆设置两块百分表，盘车使轴转动时，观察轮毂的全跳动（包括端面跳动和径向跳动）的数值，判定轮毂与轴的垂直度和同轴度的情况。不同转速的联轴器对全跳动的要求值不同，不同形式的联轴器对全跳动的要求值也各不相同，但是，轮毂在轴上装配完后，必须使轮毂全跳动的偏差值在设计要求的公差范围内，这是联轴器装配的主要质量要求之一。

造成轮毂全跳动值不符合要求的原因很多，首先可能发生在制造时由于加工造成的误差，而对于现场装配来说，主要由于修正轮毂内孔表面时处理不妥，使轮毂与轴的同心度发生偏差。另外一个原因是有键联轴器在装配时，由于键的装配不当引起轮毂与轴不同轴。键的正确安装应该使键的两侧面与键槽的壁严密贴合，一般在装配时用涂色法检查，配合不好时可以用锉刀或铲刀修复使其达到要求。键上部一般有间隙，约在0.1～0.2mm左右。高速旋转机械对于轮毂与轴的同轴度要求高，用单键连接不能得到高的同轴度，用双键连接或花键连接能使两者的同轴度得到改善。

## 第四节　水泵启动及调试

水泵的试运转，是对水泵制造、安装和检修质量的具体考验，同时，也是运行人员对设备操作性能的熟悉和掌握过程。

**一、一般单级离心泵的试运转**

1. 试运转前应具备的条件

（1）系统安装完毕，管道已试压或灌水试验合格，管道的支、吊架都调整好。

（2）泵入口已加装适当通流面积的滤网。

（3）电气及控制系统都已安装完毕，电动机经过空转试验，方向正确。事故按钮试验合格。

（4）泵的测量表计经过校验、安装完毕。

（5）基础二次灌浆达到设计强度。

（6）设备周围有足够的空间，道路畅通，照明良好。

（7）通信联络正常。

2. 泵的启动和停止

（1）准备充足的水源，并向水泵充水。

（2）切换系统。按照试运转系统要求，凡需要打开的阀门应打开，需要关闭的阀门应关闭。

（3）打开轴封及轴承冷却水，调整到合适的流量。

（4）启动水泵，待定速后，用就地事故按钮停泵。

（5）再次启动水泵，待定速后，逐步打开出口阀门，并根据出口压力表逐步调整流量。

（6）检查水泵及电动机振动情况。

（7）检查水泵及电动机轴承润滑情况及轴承温升。

（8）检查电动机电流及温升。

（9）调整轴封冷却水，一般应每隔数分钟有水滴出为宜，并用手触摸盘根温升。

如果上述振动、润滑、电流及温升正常，则可继续运行。如上述任何一项不正常，应停泵查找原因，消除缺陷后，才能继续启动运行。

3. 运行中的维护检查

（1）水泵运行时，应定期检查振动、轴承温度、冷却水及轴端密封情况。发现异常、应设法消除。如在运行中无法消除，应在停泵后消除。

（2）定期检查水泵出、入口压力表，若发现水泵入口压力剧烈波动，可能是入口滤网堵塞或其他原因造成的，应停泵检查清理后再启动。

4. 停泵

（1）逐步关闭出口阀，直至完全关闭。

（2）按"停止"按钮，停泵。

（3）停止冷却水。

（4）关闭入口阀。

（5）切断电源。

**二、双吸水泵的试运转**

双吸水泵具有大流量、低扬程的特点，因此，它具有高的比转数。双吸水泵的试运转，除应满足一般单级离心泵的要求外，还应注意：

（1）双吸水泵由于体积庞大等原因，试运转前泵内充水相当困难，一般多采用抽气法，将泵内空气抽出，使水泵充水。

（2）高比转速水泵，应在水泵启动以后，立即开启出口阀或在启动时先微开出口阀，然后再启动泵，使泵在保持部分流量下达到定速。特别是轴流泵，关死点功率最大，以后轴功率随流量增大而下降。因此，这类泵都配备了快速启闭的蝶阀。

（3）停泵时应先停止电动机，随后迅速关闭出口阀，防止压力水倒灌。

**三、给水泵的试运转**

给水泵的试运转，一般应在调试人员的指导下进行运转前应制定试运转措施。

1. 给水泵试运转的特点

给水泵所输送的介质是接近该压力下饱和温度的水，其试运转条件要求非常严格。给水泵运行的主要特点有：

（1）水泵转速高。过去锅炉给水泵的转速，由于受到电网频率的限制，电动机的最高转速不可能超过 3000r/min。而现代高压锅炉给水泵有两种驱动方式：一种是由专用的汽轮机驱动的给水泵，其转速达 5000～6000r/min；另一种是由电动机经增速齿轮升速后用液力耦合器驱动的给水泵，其可变转速也高达 5000～6500r/min。为了经济地获得很高的流量和扬程，提高水泵转速是最有效的途径之一。增高泵轴的转速，不仅可以缩小叶轮直径、减少级数（一般在 8 级以下），提高单级扬程（高达 600～1000m 以上），而且也可以缩短泵轴，增大泵轴刚度，减小泵轴挠度。由于泵轴静挠度的减少，从而提高了临界转速。所以，提高给水泵转速有利于提高水泵运行的可靠性。

（2）配有前置泵。现代给水泵由处在接近汽化温度下的除氧器吸入给水。为提高给水泵的吸入压力，防止发生汽蚀，一般都配备一台低速的增压泵（前置泵）。

（3）材料要求高。现代高压给水泵由于有很高的内压力和水流速度，具有极大的冲刷性，叶轮、导叶等大都采用高铬不锈钢材料制作。此材料具有耐冲刷、耐腐蚀、热膨胀系数小、机械性能好等特点。

（4）配有平衡盘和止推轴承。现代高压锅炉给水泵采用平衡鼓式平衡盘，外加止推轴承来平衡轴向力，而不采用单一的平衡盘。这是因为汽动给水泵汽轮机在启动前需要低速盘车，一方面由于可能有异物存在，使泵卡塞；另一方面在启动初期，平衡盘尚未建立压差，易和平衡座发生摩擦。解决的办法是将泵入口管道冲洗干净，不拆除入口滤网下定期清理。给水泵小汽轮机在低速暖机阶段，应特别注意监视止推轴承瓦块的温升和油流情况，以防烧坏止推轴承。一旦给水泵汽轮机达到额定转速，此时止推轴承瓦块温度应逐步下降。电动给水泵启动时，应缓慢地操作供油调整装置，使工作油量逐步由小到大，使液力耦合器的输出转速缓慢上升。如果电动给水泵也有止推轴承，除监视止推轴承外，还应注意液力耦合器腔体的温升和油流情况，同时也要注意增速齿轮箱的振动情况。

（5）采用迷宫式轴端密封结构和机械式轴端密封结构。现代高压锅炉给水泵的轴端密封，大多采用迷宫式轴端密封结构，还有少数用机械式轴端密封结构。采用迷宫式轴端密封结构的特点是：可以径向展开布置，轴向长度短，另外，能适应在短时间内汽化或汽蚀运行的要求，同时外来密封水供应中断也可以短时间在无水条件下运行。这就保证了水泵运行的可靠性，但这种密封对水质要求很高。一般用前置泵引出一支管经冷却器降温后进入储水箱，还有的使用凝结水泵出口水源、除盐水做为备用。

（6）双壳体或单壳体筒式结构。旧式高压给水泵的壳体常采用圆环分段式，而现代高压锅炉给水泵用双壳体或单壳体圆筒式结构。因为它各段壳体的温度、压力相差较小，水泵轴线周围的热流和应力均匀对称。当受到较剧烈的热变化时，水泵零件的同心性较好，密封性良好，从而减少了各级间的泄漏，提高了运行的可靠性和经济性。

（7）启动前应进行暖泵。

1）暖泵的目的。给水泵的转动部分和静止部分的间隙相对都较小。当输送介质的温度与泵壳体温度相差超过 30℃时，启动前如不进行暖泵，往往会出现动、静部分的温差，导致泵壳体变形，进而出现动、静部分摩擦，引起磨损或振动。暖泵就是要消除温差，使泵体各部温度趋向一致。这是保证给水泵正常启动的重要程序之一。

2）暖泵的方式。高压锅炉给水泵暖泵方式一般分为正暖、倒暖两种。

a）正暖泵方式：锅炉给水泵的暖泵水从除氧器水箱经水泵入口管进入泵内，依次经过各级通流部件，然后再经出口暖泵管排掉。

b）倒暖泵方式：锅炉给水泵的暖泵水，是高压给水系统的热水，经备用泵出口处的暖泵管节流减压后，自备用泵出口止回阀前进入泵内。暖泵水从后往前依次经过各级通流部件，再从水泵入口管返回除氧器内。这种暖泵系统只增加一条从高压给水系统至水泵出口止回阀前的暖泵水管及节流孔板，其他和正暖泵系统基本相同。

（8）必须保证最小流量。当水泵流量小于额定流量的 25%～30%时，必须开启再循环阀，使部分给水通过再循环阀重新回到除氧器。这是因为，当给水流量过小时，水在水泵内由于摩擦而造成温度升高。特别是平衡盘处，由于处于水泵最后一级，水温最高。当平衡水的温度达一定程度时，平衡水开始汽化，压力突然降低，失去平衡作用。如发现这种情况，必须立即停泵，否则，将使平衡盘动、静部分发生摩擦而咬死。为了避免这一情况的发生，应该使泵内保持一定的流量，使水泵通流部件得到必要的冷却。使一部分给水经过再循环管返回除氧器。因此在给水泵的启动和升速过程中，给水再循环阀均应开启。只有当锅炉负荷增加，超过给水泵的额定流量的 30%以上时，才可逐步关小再循环阀。现代锅炉给水泵，都装有最小流量控制装置，自动控制给水泵的流量，使给水泵的流量始终不小于最小流量。

（9）必须严格监视和调控除氧器的水温、压力和水位在机组试运行期间，各系统调控功能尚未完全建立。因此，在给水泵试运时，必须严格监视除氧器水温、压力。勿使水温超过该压力下的饱和温度。同时，也必须使除氧器保持一定的水位。否则，在给水泵首级叶轮入口处会形成汽蚀，严重时还会使水泵汽化，造成严重后果。

此外，在运行初期，给水泵入口滤网经常被堵塞。虽然除氧器压力、温度、水位都正常，但由于入口滤网堵塞，通流面积减少，使水泵入口压力低于除氧器压力，也易造成水泵汽化。因此，在试运转时，若发现水泵入口压力低于除氧器压力时，应停泵清理入口滤网。

（10）调试好给水泵的润滑系统。大型给水泵都配有独立的润滑系统，在水泵正式启动前，必须将油泵试运转，油系统应经过冲洗、油质合格。待油温和油压达到要求值后，才能正式启动给水泵。

2. 电动机直接驱动的给水泵的试运转

电动机直接驱动的给水泵启动时，水泵转速在短时间内由零升至额定转速，对转速缺乏调控手段。特别在锅炉点火初期，给水流量小，水泵在高扬程、小流量的不利条件下运行。因此，在水泵达到额定转速后，必须立即打开再循环阀，使水泵流量保持不小于额定流量的 30%，同时，密切注意平衡室水压。正常情况下，平衡室水压应与入口水压相等或略高一些，若平衡盘水压超过入口水压较多，说明平衡盘漏水严重，应停泵检查。电动机直接驱动的给水泵，一般都带有主油泵，与水泵转子同轴运转。水泵启动前应先起动辅助油泵，当主油泵运转正常后，才能停止辅助油泵。停止水泵时，应先启动辅助油泵，待辅助油泵运转正常后，才能停止水泵。当水泵作为备用泵时，辅助油泵应一直陪转。

# 第十八章 制粉设备检修

## 第一节 磨煤机和制粉系统概述

### 一、磨煤机概述

**(一) 磨煤机作用及类型**

磨煤机的作用是把给煤机送入的煤块通过撞击、挤压和研磨，磨制成煤粉，并由热风携带走。磨煤机按其工作原理可分为低速、中速和高速磨煤机。

(1) 低速磨煤机常用于仓储式制粉系统，其转速为 16~25r/min。

(2) 中速磨煤机常用于直吹式制粉系统，其转速为 50~300r/min。

(3) 高速磨煤机常用于直吹式制粉系统，其转速为 500~1500r/min。

**(二) 火力发电厂锅炉常用的磨煤机类型**

1. 低速磨煤机

(1) 单进单出钢球磨煤机，简称钢球磨煤机，主要形式有 DTM 系列等。

(2) 双进双出钢球磨煤机，简称双式钢球磨煤机，主要形式有 BBD、D 等。

2. 中速磨煤机

(1) 碗式磨煤机，主要形式有 RP、HP 等。

(2) 轮式磨煤机，主要形式有 MPS（或 ZGM、MP）、MBF 等。

(3) 球环磨煤机，主要形式有 E（或 ZQM）等。

(4) 平盘磨煤机，主要形式有 LM 等。

3. 高速磨煤机

风扇磨煤机，主要形式有 S（或 FM）、N 等。

### 二、制粉系统概述

**(一) 制粉系统组成及类型**

锅炉的制粉系统主要由磨煤机、给煤机、煤粉分离器、煤仓及煤粉管道组成的。其任务是将煤仓中的煤块通过给煤机均匀地送入磨煤机，煤块在磨煤机中磨成粉状，经煤粉分离器分离出合格的颗粒后，由热风通过煤粉管道送入炉膛，参加燃烧。

制粉系统的形式主要分为两大类，即直吹式和中间储仓式。直吹式制粉系统就是经磨煤机磨好的煤粉不经其他设备直接吹入炉膛的系统；而中间储仓式制粉系统是将磨好的煤粉先储存在煤粉仓中，然后再根据锅炉的需要经给粉机送入炉膛的系统。

**(二) 我国常见的制粉系统类型**

(1) 钢球磨煤机中间储仓式乏气送粉及热风送粉两种制粉系统如图 18-1 和图 18-2 所示。

(2) 双进双出钢球磨煤机直吹式制粉系统如图 18-3 所示。

(3) 中速磨煤机正压直吹式热一次风机及冷一次风机两种制粉系统如图 18-4 和图 18-5 所示。

(4) 风扇磨煤机直吹式三介质干燥及二介质干燥两种制粉系统如图 18-6 和图 18-7 所示。

### 三、制粉系统的其他部件

制粉系统的其他部件主要有：

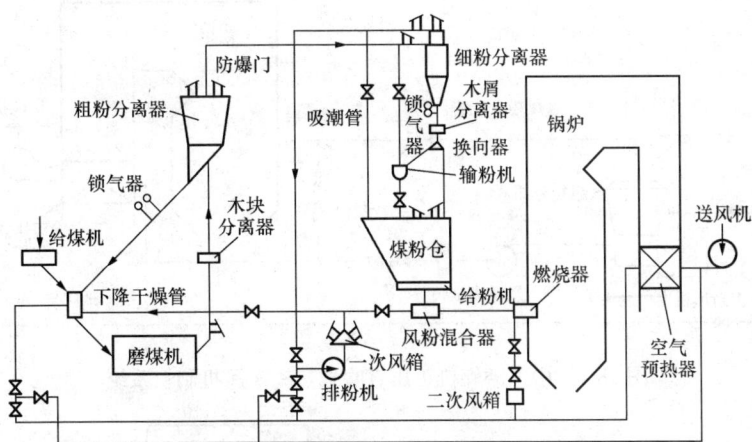

图 18-1　钢球磨煤机中间仓储式乏气送粉系统

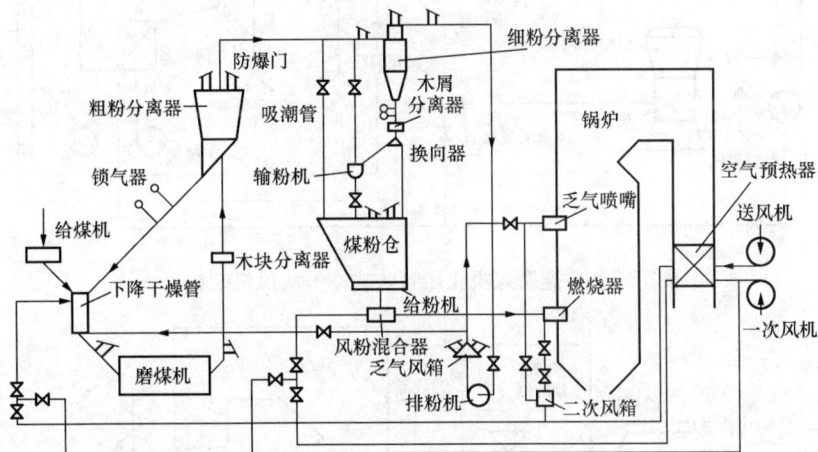

图 18-2　钢球磨煤机中间仓储式热风送粉制粉系统

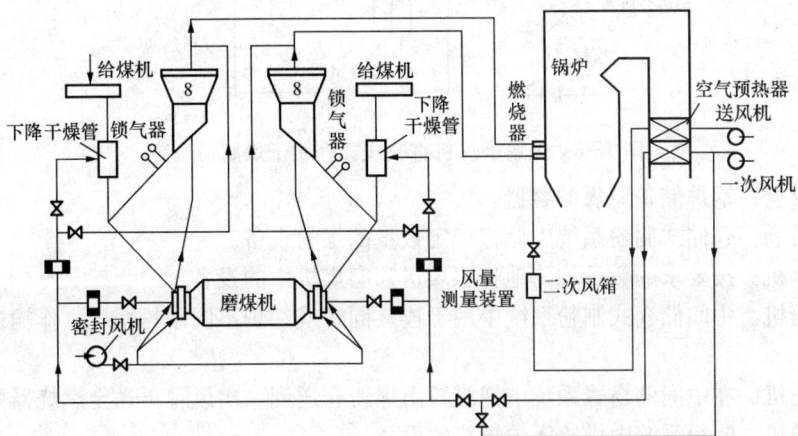

图 18-3　双进双出钢球磨煤机直吹式制粉系统

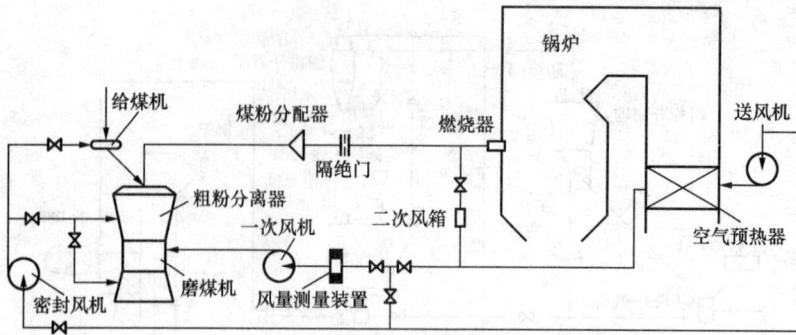

图 18-4　中速磨煤机正压直吹式热一次风机制粉系统

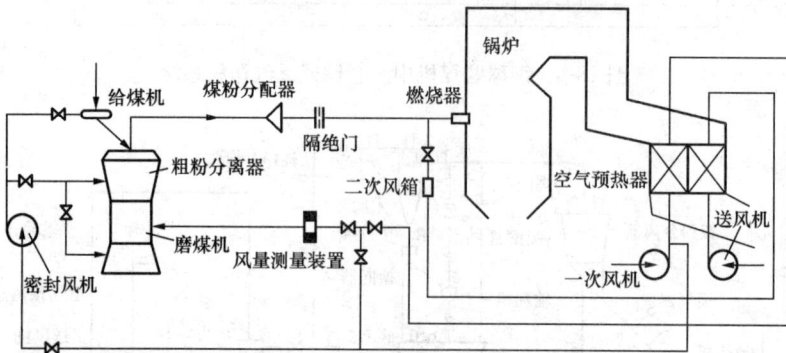

图 18-5　中速磨煤机正压直吹式冷一次风机制粉系统

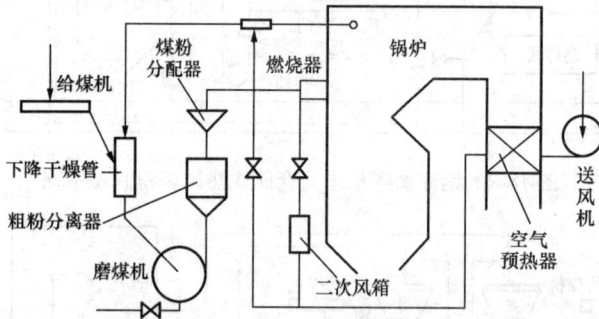

图 18-6　风扇磨煤机直吹式二介质干燥制粉系统

（1）原煤仓。锅炉储备原煤的容器。

（2）煤粉仓。仓储式制粉系统中储存一定数量的煤粉设备。

（3）给煤机。按要求的数量均匀地将原煤送入磨煤机中的设备。

（4）输粉机。中间储仓式制粉系统中用于连接同炉或邻炉不同制粉系统，作输送或分配煤粉之用的设备。

（5）给粉机。在中间储仓式系统中把煤粉由煤粉仓送到一次风管再送至燃烧器的必要设备。

（6）排粉机。制粉系统中供给锅炉煤粉的设备。

（7）煤粉分离器。粗粉分离器的作用就是把不合格的粗煤粉分离出来，送回磨煤机重新磨制的设备。细粉分离器的作用是将风粉混合气流中的煤粉分离出来的设备。

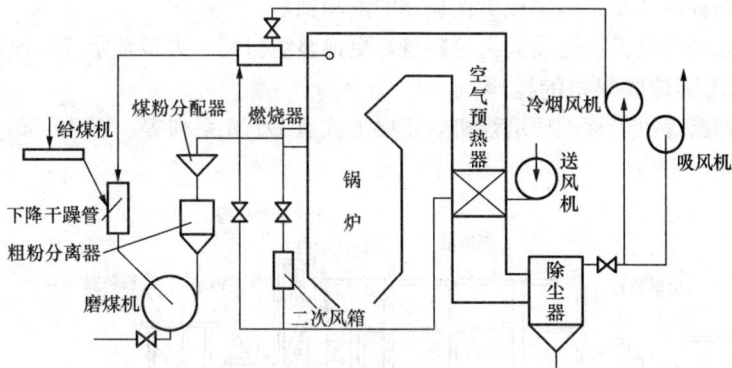

图 18-7　风扇磨煤机直吹式三介质干燥制粉系统

(8) 锁气器。只允许煤粉通过而不允许空气流过的设备。

(9) 密封风机。防止在正压状态下运行的磨煤机向外冒粉，污染周围环境的设备。

(10) 煤粉管道及其附件。

1) 煤粉管道。煤粉管道是制粉系统输送煤粉—空气（风—粉）混合物的通道，因为煤粉的冲刷能力较强，且泄漏后易对环境造成污染，故管道的严密性和管件耐磨性是衡量其质量的重要指标。

2) 煤粉管道弯头。煤粉管道弯头是使风粉混合物转折变向的部件，弯头外侧是承受冲刷的主要部位，目前常采用弯头外侧厚壁铸造及涂抹贴补耐磨材料来延长弯头的更换周期。

3) 煤粉分配器。煤粉分配器布置在磨煤机的出口，可将磨煤机来的风—粉混合物由一条管道均匀地分配到四角喷布置的 4 条管路中去，保证四管中的煤粉浓度大致相等。

4) 节流孔板。节流孔板布置在煤粉管道通往燃烧器的入口处，其作用是均衡 4 根煤粉管道中风—粉混合物的流量，4 根管的孔板直径大小不同，孔径的大小与管道的长短有关。

5) 插板。插板位于节流孔板附近，其作用是在锅炉运行时，保证与该插板对应的磨煤机等设备检修安全，以防锅炉正压时火焰喷入磨煤机。

# 第二节　钢球磨煤机检修

## 一、钢球磨煤机检修项目

根据 DL/T 838，钢球磨煤机 A 级检修项目如下：

1. 标准项目

(1) 消除磨煤机和制粉系统的漏风、漏粉、漏油及修理防护罩，检查、修理风门、挡板、润滑系统、油系统等。

(2) 检修大小齿轮、对轮及其传动、防尘装置。

(3) 检查筒体及焊缝，检修钢瓦、衬板、螺栓等，进补钢球。

(4) 检修润滑系统、冷却系统、进出口料斗螺旋管及其他磨损部件。

(5) 检查轴承、油泵站、各部螺栓等。

(6) 检修变速箱装置。

(7) 检查空心轴及端盖等。

2. 特殊项目

(1) 检查、修理基础。

（2）修理滑动轴承球面、钨金或更换损坏的滚动轴承。

（3）更换钢球磨煤机大齿轮或大齿轮翻身，更换整组衬瓦、大型轴承或减速箱齿轮。

## 二、单进单出钢球磨煤机的检修

单进单出钢球磨煤机简称钢球磨煤机，主要形式有 DTM 系列等。DTM350/600 型钢球磨煤机结构示意如图 18-8 所示。

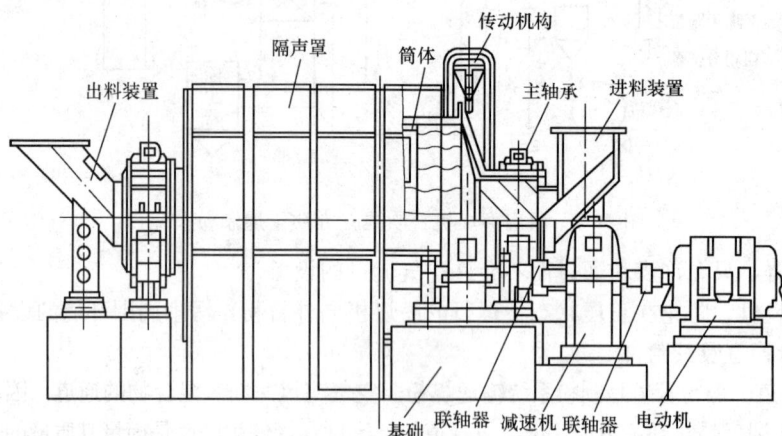

图 18-8　DTM350/600 型钢球磨煤机结构示意

钢球磨煤机由传动装置、进料装置、主轴承、转动部件及出料装置等部分组成。在筒体转动时，钢球在离心力和摩擦力的作用下被转动的筒体提升到一定高度，在本身重力作用下跌落。筒体内的煤在下落钢球的冲击和研磨作用下形成煤粉。筒身两端是架在大轴承上的空心轴颈，一端是原煤和干燥剂入口，另一端将气粉混合物排向粗粉分离器，故称为单进单出。单进单出钢球磨煤机检修工艺和标准如下。

（一）进出口处短节（弯头）的检修

1. 检查及解体

工艺要点：

（1）检查漏风、漏粉情况，并做好记录。

（2）检查进出口密封装置。

（3）检查进出口短节及护板的磨损情况，确定更换或挖补部位。

（4）做好拆卸标记。

（5）解体。

2. 检修与补焊

（1）工艺要点：

1）测量短节与空心轴套之间的轴向间隙和径向间隙（或中心偏差），确定地脚垫片厚度、地脚位置。

2）处理磨损部位，更换短节内磨损护板，挖补短节磨损超标部位。

3）制作法兰垫片及密封装置填料。

（2）质量要求：

1）短节与空心轴套之间的间隙。

a）推力侧：轴向间隙小于 3mm，径向间隙为 1～4mm，中心偏差小于 2mm。

b）膨胀侧：轴向间隙为 10～20mm，径向间隙为 1～4mm，中心偏差小于 2mm。

2）短节护板磨损厚度超过原厚度70％时需更换。

3）短节内部磨损严重或漏粉，进行挖补后内表面要平整。

3．回装

（1）工艺要点：

1）配制和安装短节台板垫铁，复查垫铁位置，将垫铁就位，找平较正。

2）将短节吊装就位，校正，保证安装间隙。

3）校正进出口短节与热风、煤粉管道连接法兰，使之处于平行状态，紧固地脚螺栓。

4）回装密封装置，密封填料安装时使接口之间互相搭接，沿四周均匀紧螺栓。

5）对弹簧压紧装置，检修弹簧、螺栓，合格后安装。

6）安装人孔门。

（2）质量要求：

1）短节与空心轴套膨胀侧轴向间隙按钢球磨煤机的出厂技术条件确定。

2）法兰连接螺栓应均匀紧固，密封垫完好，法兰连接处及人孔门盖处严密，不漏粉，不漏风。

3）密封填料沿圆周方向与密封盘接触严密，四周均匀，紧力合适。

4）具有弹簧压紧密封装置安装填料不得被压圈箍得过紧，也不允许有间隙，调整圆螺母，使圆螺母和密封压圈距离为25～30mm。

（二）筒体检修

1．衬板与钢球检查

（1）工艺要点：

1）进筒体内检查衬板破损、裂纹、磨损等情况，测量衬板最小厚度。

2）检查衬板紧固螺栓与固定楔块的紧固情况，应无松动、裂纹、脱落等缺陷。

3）检查钢球破损、磨损等情况。

4）选配钢球。

（2）质量要求：

1）衬板磨损超过原厚度60％～70％时需更换。发现裂纹时应及时更换。

2）钢球磨损后直径为15～20mm的不超过20％，直径在15mm以下必须更换合格的钢球。

3）根据煤质情况选择钢球直径配比。

4）钢球最大直径不超过60mm。

5）钢球与衬板的硬度要匹配。

2．更换端部衬板

（1）工艺要点：

1）经检查确认端部衬板不合格时应进行更换。

2）拆卸防护罩及隔声罩。

3）安装转动筒体用盘车工具或卷扬机。

4）拆衬板前先清除间隙中的小钢球、煤块、杂物，然后松开紧固螺母，旋下紧固螺栓，拆下衬板。

5）端盖母体检查。

6）安装衬板时先垫好填料。

7）安装衬板时可以内外圈同时进行，安装校正间隙后，穿入螺栓并紧固，筒体转180°再安装另半部衬板。

8）冷紧固螺栓。

9）热紧固螺栓。

（2）质量要求：

1）端盖无裂纹等缺陷。

2）紧固螺栓无裂纹、损扣等缺陷。

3）衬板下衬填料厚度不超过 10mm。

4）衬板与衬板之间隙为 2～10mm。

5）紧固螺栓要有防止螺母松动措施。

6）冷紧衬板紧固螺栓时方头应在槽内彻底落实；运行 4～8h 后热紧螺栓，紧力适当。

7）运行无漏粉、漏风等现象，紧固螺栓无断裂现象。

3. 更换筒体衬板

（1）工艺要点：

1）检查筒体衬板，不合格时需更换。

2）拆卸保护罩、隔声罩。

3）安装盘车装置，甩出钢球，清除筒体内杂物。

4）拆卸局部衬板。首先查明拉紧锲块所在位置，将这排拉紧锲块转到旁下侧，卸下紧固螺栓。然后将拆卸紧固螺栓的锲块转到最下方，拆下锲块并逐排拆除旧衬板。在拆卸过程中要采取防止筒体靠重力自转措施。

5）拆卸全部筒体衬板。首先在筒体内用电焊将紧固螺栓与锲块焊接牢固，对于每一圈有一个或两个锲块的，均只将一个楔块与紧固螺栓焊牢；对于每一圈 4 个楔块，应将两对应楔块及紧固螺栓焊牢。用盘车装置（或卷扬机）转动筒体，使上述楔块转至筒顶，筒体内无人后松开紧固螺母，拆除紧固螺栓，使楔块与上半部衬板一起脱落，将脱落的衬板与楔块运出筒体外。

6）拆卸全部衬板后拆卸剩余固定楔块。

7）检查筒体变形、裂纹及凹陷等缺陷，检查螺栓孔处的裂纹；对有缺陷的筒体进行挖补焊接。

8）检查测量拆卸的衬板厚度等几何尺寸，新旧衬板不得混放。

9）按照厂家图纸对衬板进行清点、编号及分类堆放，并逐件检查几何尺寸；紧固螺栓、螺母及垫圈均应清理干净。

10）准备好顶装衬板的专用工具及搬运工具。

11）衬板安装顺序。宜先安装端衬板，然后铺设筒体衬板；对于锥形筒体，则由大径向锥体方向铺设。

12）筒体圆周方向具有 4 块楔块的安装，可采用下述工艺。

a）将筒体压紧楔块位置转到下方，然后固定筒体，固定必须牢固可靠，保证施工安全。

b）从筒体最低点向两侧铺设填料。

c）安装筒体两侧固定楔块，调整好固定楔块的安装中心和水平位置，然后紧固好。

d）从筒体两侧铺设衬板，最后安装压紧楔块，并将螺栓固定好。

e）严格检查固定楔块、压紧楔块的固定情况，然后转动筒体 180°，再用同样方法铺设剩余半面衬板。

f）最后逐一拧紧每排紧固螺栓，并检查衬板固定牢固性。

13）筒体圆周方向具有一块楔块的安装，可采用下述工艺：

a）将筒体具有楔块位置转到水平线以下 30°左右，将楔块与紧固螺栓拧紧。

b) 从楔块开始沿筒体圆周方向铺设厚度为 8~10mm 的垫料。

c) 从楔块开始沿筒体圆周方向铺设衬板，且超过筒体中心线以上 1/2 位置。

d) 衬板铺设同时要在筒体的内壁穿过衬板缝隙焊出 4~5 块钢板，以备用于拉撑生根件。

e) 在筒体长度方向衬板的波浪窝内用 $\phi133 \times 4.5mm$ 钢管做支撑架保证衬板压紧固定。

f) 用盘车装置将筒体已装的衬板部分旋转到顶部，并固定筒体防止自转。

g) 按着顺序铺设剩余衬板，当铺设到圆周方向楔块最后一块衬板时，解开紧固螺栓，将最后一块衬板装入再拧紧螺栓。

h) 检查衬板安装固定情况，拆卸固定架，拆除支撑生根件。

i) 热紧螺栓。

(2) 质量要求：

1) 衬板磨损厚度超过原厚度 60%~70% 时，必须更换。

2) 出现裂纹、重皮、破损等缺陷的衬板需更换。

3) 楔块的槽深一般为 20~30mm，应保存备用。紧固螺栓方头一般要求为 0~30mm 螺栓完整时可保存备用。

4) 新衬板要有制造技术资料，检查几何尺寸，符合图纸要求后方可使用。

5) 同一筒体可以安装不同厂家的衬板，筒体内同一圈衬板必须是同一厂家的产品。

6) 筒体内部局部凹陷超过 10mm 时要挖补。筒体挖补面积超过 $0.5m^2$ 时必须磨制坡口，坡口为 30°，对口间隙为 1mm，筒体内表面平齐误差不超过 0.5mm，焊缝无裂纹、漏焊等缺陷。

7) 如果因固定楔块方孔太大，可在方孔内加垫调整方头衬入深度，但垫必须与楔块焊牢。

8) 穿过筒体和楔块的紧固螺栓、密封垫圈下面必须垫有密封填料。

9) 衬板与筒体间的垫料为 8~10mm；要求垫料整齐、厚薄一致、接缝严密。

10) 安装后衬板不允许有任何窜动现象，沿圆周方向衬板的最大间隙不大于 15mm。

11) 衬板与筒体接触应良好，连续悬空面积不得超过 30%。

12) 在衬板安装过程中必须有可靠安全措施，防止筒体自转或衬板跌落。

4. 衬板修补

(1) 工艺要点：

1) 衬板出现局部缺陷或局部损坏时可进行修补。

2) 检查紧固螺栓断裂、脱落情况。检查紧固螺栓部位有无漏粉情况。

3) 检查脱落及不合格的衬板和锲块。

4) 检查端衬板的损坏情况。

(2) 质量要求：

1) 用电火焊修补衬板时，应对衬板进行预热处理，预热温度应根据具体材质而定。

2) 补齐紧固螺栓，不得用钢球堵焊。

3) 补齐脱落及不合格的衬板。

4) 端衬板可进行挖补，补焊钢板厚度宜大于 20mm。

5. 热紧螺栓

(1) 工艺要点。当钢球磨煤机投风粉运行 4~8h 后，要停止钢球磨煤机运行，使用力矩扳手进行热紧衬板紧固螺栓。

(2) 质量要求。热紧螺栓时紧力要适当，紧力应符合图纸或资料中的规定。

6. 空心轴套检查

(1) 工艺要点：

1）检查连接螺栓有无断裂、脱落。

2）当发现连接螺栓断裂时，应检查空心轴与空心轴套配合情况、空心轴套与端瓦的膨胀间隙。

3）检查密封盘根磨损程度。

4）检查密封盘、空心轴套与进出口短节处密封装置的磨损情况。

（2）质量要求：

1）连接螺栓应完整、牢固。

2）空心轴与空心轴套应配合良好，四周接触均匀紧密，空心轴套与端面衬板的膨胀间隙不小于 5mm，并在此间隙内填塞涂有铅油的填料。

7．空心轴套检修

（1）工艺要点：

1）活密封盘（与空心轴套为两体）磨损超标时可翻身使用，翻身后再磨损超标时需更换。

2）固定密封盘（与空心袖套为一体）磨损超标时可改为活密封盘翻身使用。

3）空心轴套的螺旋纹肋磨损严重时可堆焊纹肋或更换。

4）检查空心轴套应完好，其与空心轴配合尺寸及螺孔位置应符合要求。

5）拆卸固定螺栓，顶出空心轴套。

6）将空心轴套各结合面涂以黑铅粉，装入空心轴内就位，装上固定螺栓，加上制动垫圈，固定。

7）安装时要注意根据筒体的旋转方向确定螺旋管的旋转方向，即入口端与筒体转向相同，出口端与筒体转向相反。

8）有稳定销钉的，要按稳定销钉孔定位校正同心度；无稳定销钉的，可按螺旋管与空心轴孔的上下左右四点径向间隙来找正同心度。

9）螺旋管外壁包上填料，并用铅丝捆绑固定。

10）装入空心轴孔后，紧固端部法兰螺栓，另一端与空心轴孔径向间隙用钢筋填补，并点焊固定。

（2）质量要求：

1）活密封盘磨损厚度不得超过原厚 30％。

2）固定密封盘磨损厚度不得超过 5mm。

3）螺旋管的旋转方向要正确。

4）螺旋管与空心轴孔同心度误差不大于 1mm。

5）螺旋管与空心轴之间垫料厚度为 5～10mm。

6）螺旋管与端盖衬板间隙大于 5mm。

7）轴套配合间隙要符合图纸要求。

8．主轴承检修（钨金瓦滑动轴承）

（1）工艺要点：

1）检查与测量，并做好记录。

2）拆卸注油管、冷却水管。

3）拆卸瓦盖。

4）用塞尺测量主轴承接触角，测量瓦口间隙，测量推力间隙及膨胀间隙。

5）检查球面接触情况，检查基础及螺栓。

6）用水平仪测量筒体水平。

7）检查空心轴应无裂纹及损坏。

8）检查球面结合处应有装配印记，如无，则应打上印记。将上述检查做好记录，如果有缺陷及时处理。

9）主轴承研修。

a）拆卸齿圈保护罩及筒体下部隔声罩。

b）顶筒体：①按规定检查起重工具；②4个千斤顶落地要实稳，托带与筒体接触要好，使4个千斤顶均匀受力；③在顶起上升时一定要防止水平游动，4个千斤顶要起升一致，每上升10～20mm要检查大瓦和空心轴的间隙，要求四角间距一致，并在筒体下部加枕木，以防止千斤顶下落损坏钨金瓦；④筒体顶起后应立即支垫牢固，以免千斤顶长时间受力而下降，可用枕木和楔子垫好，然后拆卸千斤顶；⑤筒体的顶起高度以能将主轴承吊出为准。

c）抽出钨金瓦，并将其吊放到可靠位置，使钨金面向上，严禁悬挂检查。

d）再次详细检查空心轴，检查伤痕，测量圆度及圆柱度时将轴周向分成4等份，全长找出三点进行测量，并作记录。

e）将大瓦清洗干净，检查钨金无裂纹、砂眼及烧损现象，检查应无脱胎现象。

f）若发现钨金瓦有裂纹、夹渣、气孔、凹坑、碰伤及脱胎等缺陷，进行处理。

g）主轴承钨金瓦刮研，分为三种情况：

a. 轻研。清洗轴颈和钨金面，擦净吹干，做好标记；在空心轴上研磨区域涂以少量红丹粉，将钨金瓦扣于轴上，筒体不动，反复转动钨金瓦，使滑动距离约100mm左右，数次后将钨金瓦吊起翻倒，检查瓦与轴配合情况，进行刮研；承力瓦刮研时应考虑膨胀后的实际位置，在冷热工作位置范围反复研磨。

b. 重研。钨金瓦经过轻研后，将筒体放在已校正的轴承上，不加润滑油，用盘车装置或卷扬机转筒体3～5圈，然后顶筒体、抽瓦、刮研。

c. 刮瓦。首先要开油腔（瓦口），油腔间隙宜采取急剧过渡陡形油腔，过渡段约30mm。刮瓦时要注意接触点达到标准，接触点要硬，要清楚，不得模糊一片，不是点的地方要多刮2～3次，具体油腔要求按设备有关技术资料执行。

h）清理大瓦冷却水室。

i）检查大瓦油封及油毛毡与空心轴颈接触情况，油封应完好，油毛毡老化或损坏时应更换。新油毛毡应先用机油浸泡，安装后应与轴颈四周接触良好，但不宜过紧，以免轴颈温度过高。

j）放筒体。将大瓦放进瓦座，4个千斤顶要同时下放，每降落10～20mm应检查大瓦与空心轴颈四周间隙，并使之一致，筒应平稳地降落在大瓦上，不允许冲击。

a. 用塞尺测量空心轴颈与大瓦两侧间隙，不同厚度塞尺的塞入长度应符合该类型钢球磨煤机的技术规定。

b. 测量接触角、瓦口间隙、推力间隙、膨胀间隙、球面接触情况，并做好记录。

k）用U形玻璃管水平仪测量筒体水平，超过标准时应调整座垫至合格。

l）紧固台板螺栓时要参考原安装标记。

m）清理喷油管孔，使其流畅，下油均匀；验收合格后安装上瓦盖。

n）检修更换各填料、垫料、线麻胶垫等；检查主轴承密封毛毡，用0.2mm的塞尺测松紧适宜，否则要进行处理。检查主轴承地脚螺栓，清除油垢，用手锤检查螺母，若发现松动现象，需拆下清洗后重新紧固。

o）恢复油系统、水系统、保护罩、隔声罩、围栏。

（2）质量要求：

1）油水管道无漏泄现象。各部螺纹完好。

2）钨金瓦应完好，无裂纹、损伤、脱胎等现象。

3）钨金脱胎面积在接触角度内大于25％时，应更换新瓦或重新浇铸钨金。

4）空心轴颈表面应光洁、无伤痕、锈迹、凹坑，轴颈表面轴向平整度误差小于0.05mm。

5）主轴承研修。

a）接触角应符合设备技术条件规定，一般定为70°～90°。

b）钨金瓦两侧（瓦口）间隙总和应符合设备技术条件规定，一般为轴颈直径的0.15％～0.2％，并开有舌形下油间隙。

c）钨金瓦与轴颈接触均匀，用色印检查，每平方厘米达到2～3点；接触面积要大于85％，研瓦不能用待用轴颈，接触点要清楚，不得模糊一片，不是点的地方要多刮2～3次，以利润滑。

d）推力间隙要符合设备技术资料规定，无规定时一般为0.5～1.2mm，两侧间隙差不大于0.15mm，推力盘两边的间隙相差应小于0.05mm；推力面应刮研，接触点每平方厘米不少于1点；接触面积应大于65％，分布均匀，钨金瓦的推力面与水平面之间的过渡圆弧不得有接触。

e）膨胀间隙要符合设备技术资料规定，无规定时一般取16～20mm。

f）台板与球面座接触应良好，每30mm×30mm内不少于1点；接触面积大于75％；周界局部间隙小于0.1mm，每段间隙长度不超过100mm，累计长度小于周界总长的25％。

g）主轴承的内壁包括上盖、油槽、注油孔和回油孔等必须彻底清理干净，不得有尘土、型砂、毛刺等，保证油路畅通。

h）主轴承水室要清理干净，保证畅通。

i）筒体水平误差不得超过0.2mm/m。

j）主轴承密封填料应为质量良好、紧密的细毛毡，厚度适宜；毛毡裁制要平直，接口处应为阶梯形；毛毡与轴接触均匀，紧度适宜，压填料的压圈与轴的径向间隙均匀，一般为3～4mm。

（三）传动装置

1. 传动装置检修准备工作

（1）工艺要点：

1）准备好起重工具，清理零部件堆放位置。

2）拆卸传动装置联轴器保护罩，解开联轴器，拆卸传动齿轮罩，拆卸油管路。

（2）质量要求：起重工具应符合有关规定。

2. 检查大小齿轮

（1）工艺要点：

1）检查大小齿轮，发现掉齿及裂纹时必须更换。

2）用色印法检查大小齿轮的啮合程度，啮合面达不到要求的应用齿轮卡尺测量并修整齿形，直到达到要求为止。

3）用齿轮卡尺或样规检查大小齿轮的磨损程度，齿轮允许翻身使用。

4）用塞尺测量大小齿轮啮合的各部间隙，并做好记录。各部间隙超过标准时应进行齿形修整或调节，直至合格。

5）检查大齿轮结合面及大齿轮与筒体法兰结合面紧固螺栓，有缺陷的要更换，松动的需重新紧固。

6）检查小齿轮轴，发现裂纹时应更换。检查轴颈的磨损、过热。

7）检查大小齿轮硬度，低于标准时应采取表面淬火处理。

8）必要时应检查小齿轮轴颈处圆度、圆柱度、轴弯曲度，超过标准时应更换。

（2）质量要求：

1）大小齿轮无掉齿和裂纹现象。

2）大小齿轮啮合面沿齿长度及高度方向接触均不应小于75%。

3）大齿轮节圆上的齿弦厚度磨损达5mm时，应翻身使用，已经翻身使用的大齿轮再磨损5mm时，应补焊或更换；小齿轮节圆上的齿弦厚度磨损达3mm时，应翻身使用，已翻身使用，再磨损3mm时，则更换。

4）大小齿轮啮合的齿顶间隙为5～8mm，两端测出的齿顶间隙差值不应大于0.15mm。

5）检查大齿轮结合面及大齿轮，结合面紧固螺栓应完整，无松动现象；结合面局部用0.05mm塞尺，塞入深度小于20mm，长度小于30mm。

6）小齿轮轴无裂纹及轴颈磨损。

7）大齿轮的齿面硬度为HB280～HB300，小齿轮的齿面硬度为HB350～HB400。

8）小齿轮轴的弯曲度不大于0.1mm，圆柱度不大于0.01mm，轴颈圆度不大于0.05mm。

3. 更换大齿轮或大齿轮翻身使用

（1）工艺要点：

1）拆大齿轮密封罩，放到指定地点。

2）拆筒体连接螺栓及大齿轮结合面螺栓，检查修理。

3）拆下大齿轮半圈（或1/4圈），绑扎好，安全放置于指定地点，再拆余下部分。

4）将清理干净的大齿轮及组件，在平整的地面或平台上预装，检查结合面接触情况、定位销的接触情况。

5）新齿轮应用齿轮卡尺或样规测量齿形和齿距，其误差不大于图纸要求。

6）大齿轮安装。将大齿轮一半（或1/4）就位带上螺栓，转180°（或90°），再将其余部分就位带上螺栓，装入销钉后紧螺栓。

7）利用4个百分表测量轴向及径向晃动，超标时可加垫调整。

8）更换新大齿轮或大齿轮翻身使用时，均应进行大小齿轮啮合度、齿顶间隙、齿侧间隙的检查与测量，并要达到标准。

9）反转使用时对螺旋线进行处理。

10）恢复大齿轮罩。

（2）质量要求：

1）大齿轮预装时，对口结合面接触不小整个面的75%，对口结合面的定位销与圆柱孔接触应不小于80%。

2）新大齿轮与筒体组装时，应将结合面处油泥、锈皮及毛刺清理干净，组装时用塞尺检查对口接触面的接触情况。

3）大齿轮轴向晃动应不大于0.8～1.2mm，径向晃动应不大于0.7～1mm。

4）新大齿轮安装与小齿轮啮合的背向间隙不得超过0.25mm。

4. 更换小齿轮或小齿轮翻身使用

（1）工艺要点：

1）拆下联轴器，采取无损探伤检查轴颈，检查键槽。

2）利用压力机顶下小齿轮，并更换新齿轮。当需要对新齿进行加温时，应均匀加热，且温度不得超过250℃。

3）将新的小齿轮或翻身使用的小齿轮与轴装配好，吊装到轴承座上，并就位。

4）测量齿顶与齿背间隙，根据齿顶两端测出的齿顶与齿背间隙校正小齿轮。

5）安装轴承与联轴器，恢复密封罩。

（2）质量要求：

1）轴颈无缺陷，键槽无损伤。

2）小齿轮晃动量不得超过 0.25mm。

5. 检修传动机轴承

（1）工艺要点：

1）解体传动机轴承，测量瓦口垫。

2）检修滑动轴承。

a）检查钨金面，方法包括涂煤油检查、超声测量、涂红丹粉检查等。

b）测量下瓦接触角、瓦口间隙及推力间隙、膨胀间隙。

c）检查轴与轴颈完好情况。

d）检查密封毛毡完整情况。

e）用压铅丝法测量装配间隙，确定加垫厚度。

f）调整好轴承并清洗干净，加入合格的润滑油脂。

g）结合面的垫料要涂上漆片油，然后进行组装密封。

h）轴瓦刮研。按轴的转动方向，在瓦口处应开有纵向导油槽。

3）滚动轴承的检修。

a）解体后清洗，除去油污并擦净，检查轴承。

b）检查内圈无松动，运转灵活；用塞尺或压铅丝方法测量轴承的径向间隙。

c）测量轴承外圈顶部与外壳之间的间隙，确定结合面加垫厚度。

d）轴承外圈与外壳水平结合面处应开成楔形间隙。

e）通过测量轴承外圈与端盖的向推力间隙和膨胀间隙，来确轴承压盖（或透盖）止口垫片度。

f）检查并刮研轴承座瓦窝。

（2）质量要求：

1）滑动轴承检修。

a）钨金瓦钨金厚度应大于 3mm，钨金面无裂纹、伤痕、脱胎、离合等缺陷。

b）瓦面用色印法检查每平方厘米接触点不少于 2 点，接触面积大于 85%，接触角为 60°～90°。

c）两侧瓦口间隙应为轴颈直径的 0.1%，一般取为 0.2～0.3mm。

d）推力瓦的轴向间隙为 0.3～0.4mm；推力环与推力轴承的平面应接触良好，用色印法检查每平方厘米不少于 1 点；两侧间隙误差小于 0.05mm。

e）承力瓦的轴向应留膨胀间隙为 $c = 1.2(t+50)L/100$，式中的 $t$ 为轴周围介质最高温度，℃；$L$ 为轴承之间的轴间距，m；$c$ 为间隙，mm。

f）上瓦与外壳应留有 0.03～0.05mm 的间隙。

2）滚动轴承的检修。

a）滚动轴承无裂纹、重皮、沟坑、黑斑、伤痕及锈蚀等缺陷。

b）轴承的径向间隙一般为轴径的 0.1%。

c）轴承外圈与外壳之间的间隙在无规定时，取 0.05～0.1mm。

d）轴承外圈与外壳水平结合面处楔形间隙每侧应为 0.05～0.1mm，深度由水平结合面向下为 40～60mm。

e）推力间隙一般为 0.2~0.3mm，膨胀间隙用。

f）轴承外圈下部与轴承座接触良好。

6. 弹性联轴器与齿形联轴器的检修

（1）工艺要点：

1）拆卸联轴器保护罩，将联轴器清理干净，检查内外套，发现穿透性裂纹时应更换；检查内外齿有无掉齿现象。

2）检查螺栓及孔、弹性联轴器、橡胶圈（或尼龙棒销），老化、破裂、磨损较重时应更换；齿形联轴器的螺栓与孔应保持合理配合，不得有过大间隙。

3）检查齿形联轴器内外套。

4）更换联轴器前应检查各部尺寸。

5）用专用工具拆联轴器。测量和校对轴径与联轴器孔配合尺寸；检测圆度及圆柱度。

6）联轴器与轴装配时应用细砂布或油石将联轴器孔及轴颈打磨光洁；弹性联轴器通常加热至 200~250℃ 套装，齿形联轴器通常加热至 90~100℃ 套装；联轴器与轴装配好后待其自然冷却。

7）装配之前应测量键的配合公差，键与键槽两侧不许有间隙；装入键。

8）安装联轴器保护罩。

（2）质量要求：

1）齿形联轴器连续断齿不得超过 3 个，断齿总数不得超过 10 个齿。

2）橡胶圈与孔配合不许松动，拧紧时胶皮不能鼓起。齿形联轴器内外套必须成套更换。

3）联轴器各部尺寸符合图纸要求，螺栓孔同心度偏差不大于 0.1~0.2mm。

4）一般器孔与轴为紧过盈配合，过盈量为 0.01~0.05mm（铸铁联轴器孔与轴过盈量为 0.01~0.02mm）；联轴器孔及轴颈圆度应不大于 0.03mm，圆柱度应不大于 0.015mm。

5）键与键槽两侧不许有间隙，上部间隙应为 0.2~0.6mm。

6）齿形联轴器的内外齿磨损不应超过原厚度的 30%。

7. 基础检查

（1）工艺要点。清除基础上的全部油垢，检查一次框架螺栓；检查框架及台板，应无裂纹；检查楔铁及其定位铁；检查二次螺栓，应无松动。

（2）质量要求。地脚螺栓不得有松动；楔铁应完整，不检查允许有松动；二次灌浆不得有裂纹。

（四）减速器检修

1. 解体

（1）拆卸供油、供水管路，封闭来油总管。

（2）拆卸轴承盖、减速器上盖螺栓，将减速器上盖吊出，置于指定地点。

2. 检查轴承及齿轮

（1）工艺要点：

1）测量齿顶与齿侧间隙。

2）将轴承盖紧固在箱体上（原垫不动），测量滚珠粒与外套之间隙；检查轴承，应无缺陷。

3）检查轴承内外套配合情况，有无丢转现象。

4）检查齿轮，裂纹、断齿的应更换齿轮。

5）用齿轮卡尺或样规测量轮齿的磨损程度。

6）用色印法检查齿轮之间的啮合情况，啮合面不符合标准时应检修或更换。

（2）质量要求：

1）节圆处轮齿磨损超过原厚度的20%时，需更换齿轮。

2）轮齿啮合在长度及高度方向均不得小于75%。

3. 清扫箱体，检查更换轴承与齿轮

（1）工艺要点：

1）将齿轮吊出并置于指定地点。

2）清理箱体内的油垢，清扫齿轮与轴，检查箱体内冷却水管道。内置水冷器应进行水压试验。

3）检查联轴器，应无松动及损坏。

4）检查轴承内外套及滚珠，应无裂纹及麻点；检查砂架，应无磨损及变形。

5）轴承损坏时应更换。

6）发现内套相对运动时应对轴进行处理，外套相对运动可在组装中加垫解决。

7）测量轴承的径向间隙。

8）更换齿轮时，应测量齿轮啮合齿顶间隙和齿侧间隙，检查两齿轮中心线平行情况。

9）减速器上盖、轴承盖回装时应注意法兰结合面密封，四周应均匀接触；再装好稳钉，旋紧螺栓后各轴承瓦窝不得有错口。

10）吊入齿轮组件后测量轴承推力间隙、膨胀间隙、齿顶间隙、齿侧间隙等符合有关技术规定。

11）扣盖，加油，连接油水管道，检修油位计。

（2）质量要求：

1）轴承径向间隙一般为轴径的1/1000。

2）在没有厂家规定时按下述执行：齿轮啮合的齿顶间隙一般应为2~5mm，由两端测量之差不大于0.15mm；新齿轮的齿侧间隙一般为0.3~1mm，由两端测量之差不大于0.15mm。

3）减速器箱体结合面用塞尺检查，应塞进不超过总宽度的1/3。

4）各处不得漏油、漏水，油质合格，油位计显示准确。

5）检查箱体，不得有裂纹。

4. 联轴器校中

（1）工艺要点：

1）检查联轴器，安装要符合要求，并做好标记。

2）固定校正工具（磁力百分表），每次测量时应在两个联轴器各自按相同方向旋转90°或180°后进行；测量平面偏差时，每次应在对应180°的两个测点上进行，以消除转子窜动所引起的误差。

3）使用塞尺测量应在同一圆周上由同一人进行，每次塞入塞尺片数不得超过4片，间隙太大时要采用精加工垫片或直接用钢板尺测量。

4）利用减速器或电动机地脚加垫、移位等方法，调整联轴器使其同心度达到要求

（2）质量要求：

1）联轴器校正要以传动装置侧为准，向电动机侧逐个联轴器校正。

2）偏差标准按各种联轴器的技术资料确定，一般规定联轴器的径向摆动不应大于0.1mm，轴向摆动在距中心200mm处应不大于0.1mm，两联轴器之间隙一般取2~8mm。

（五）润滑油系统

1. 清理油箱、滤油器及冷油器

（1）工艺要点：

1）取样化验油质，不合格的油质应更换合格油，并将油箱清理干净。

2）拆卸滤油器进出口法兰螺栓，取出滤油片进行清洗检查。

3) 拆卸冷油器的油、水管路和进出口法兰螺栓，取出冷油器芯子，进行清洗处理。

4) 检查冷油器芯子的腐蚀情况，腐蚀超标时更换。

5) 对冷油器进行水压试验，经检查发现泄漏时必须处理。

6) 检查油位计。

（2）质量要求：

1) 油箱干净，无污垢。

2) 滤油器的滤油网不得压扁及破裂。

3) 冷油器的芯子腐蚀不得超过其厚度的 50%。

4) 管式冷油器堵管不得超过 10%。

5) 油位计和油标应完好，指示正确。

2. 齿轮油泵检修

（1）工艺要点：

1) 将油泵解体，检查油泵外壳及螺栓。

2) 用塞尺测量各部配合间隙和齿轮啮合间隙。

3) 检查齿轮的磨损情况。

4) 检查齿轮啮合的齿顶间隙和齿侧间隙。

5) 检查齿轮啮合面积，超标时应进行检修或更换。

6) 检查齿轮与轴、联轴器与轴的配合情况，无松动。

7) 油泵外壳与端盖应严密，加装密封垫片保证不漏油。

8) 油泵与电动机连接的联轴器螺栓应修理完好，联轴器校正合格后紧固各部螺栓。

9) 油泵检修完后用手盘动油泵应转动灵活无杂声。

（2）质量要求：

1) 油泵外壳无裂纹、砂眼等缺陷。

2) 齿轮与轴套间隙不得大于 0.1～0.5mm，齿轮与壳体径向间隙不得大于 0.25mm，轴套与轴的间隙不大于 0.05～0.2mm，轴套与壳体紧力应为 0.01～0.02mm。

3) 节圆处齿弦厚度磨损超过 0.7～0.75mm 时需更换齿轮。

4) 齿轮啮合的齿顶间隙与齿侧间隙均不大于 0.5mm。

5) 齿轮啮合面积沿齿长和齿高均不得少于 80%。

6) 油泵外壳与端盖每平方厘米应有 4 个接触点，不得漏油。

7) 联轴器的轴向与径向偏差不超过 0.08mm。

（六）隔声罩检修

（1）工艺要点：

1) 检查隔声罩各部件、消声材料。

2) 检修螺栓。

3) 更换隔声部件、消声材料。

（2）质量要求：

1) 各部件符合设计要求。

2) 消声材料完好。

（七）试运

1. 油循环

（1）工艺要点：

1) 检查润滑油系统。

2) 检查油位。

3) 启动油泵，检查油压。

4) 检查减速器、钢球磨煤机油窗下油情况。

(2) 质量要求：

1) 油泵工作正常，振动小于 0.05mm。无冲击杂声、无漏油。

2) 油系统无泄漏现象。

3) 工作油压正常，符合设计要求。

4) 连锁、报警及指示信号等试验合格，稳定可靠。

2. 分部试运与整体试运

(1) 工艺要点：

1) 试运电动机。

2) 试运减速器。

3) 整体试运。

(2) 质量要求：

1) 电流不得超过额定值。

2) 回油温度不超过 40℃。

3) 减速器运行平稳，振动不超过 0.10mm，轴承温度不超过 80℃。

4) 钢球磨煤机主轴承球面调心灵活，无跳动现象。振动小于 0.10mm，声音正常。

### 三、双进双出钢球磨煤机检修

双进双出钢球磨煤机简称双式钢球磨煤机，主要形式有 BBD、D 型等。双进双出筒型钢球磨煤机示意如图 18-9 所示。

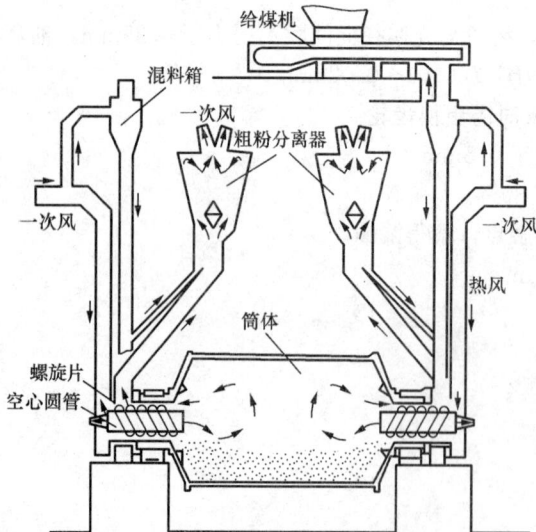

图 18-9　双进双出筒型钢球磨煤机示意

20 世纪 80 年代以来，国内相继有几座电厂引进双进双出钢球磨煤设备。双式钢球磨煤机包括两个相互对称的研磨回路。磨煤机的两端为中空轴，分别支撑在两个主轴承上。中间为磨煤机筒体。

筒体由一个钢板卷制的壳体和连接两端中空轴的铸钢端盖构成。壳体和端盖内部装有锰钢衬板护甲。中空轴（又称耳轴）是一个空心体，随筒体一起转动，用于送风、进煤以及气粉混合物的排出。作为进煤的螺旋输送装置用保护链条弹性固定在中空轴中心管的外侧。主轴承用压力油润滑和冷却，为此装有压力油系统。

磨煤机由电动机通过减速箱和筒体上的大齿轮圈驱动。磨煤机有添球系统，以便在磨煤机运行过程中添加钢球。还设有微动

（慢速转动）装置，可使磨煤机在停机和维修时以 1% 额定转速进行旋转。短时间停运磨煤机，可不必把筒体内的煤排空。因为微动装置带动载有钢球的筒体缓慢旋转，可保证筒体内各处温度一致，防止发生存煤局部高温的形成。同时慢速转动能使煤和钢球混合，缩短再次启动带负荷

时间。

在分离器直接与中空轴相接的紧凑布置中，原煤经分离器中心管落入中空轴下部，从磨煤机两端由螺旋输送装置送入磨煤机内。

在分离布置中，原煤通过自动控制的链式给煤机出口落入混料箱内，经旁路热风进行一定的预干燥后，下落中空轴下部，经螺旋输送装置将煤从磨煤机两端中空轴送入磨煤机内。

高温一次风从中心管的热风箱，通过中心管进入磨煤机。完成对原煤的干燥后，按与进煤相反的方向，通过两端中心管与中空轴之间的环形通道把煤粉带出磨煤机，故称之为双进双出。

风粉混合物经中空轴上部与已经冷却了的旁路风汇合进入分离器。经分离后，粗颗粒煤粉回落至中空轴入口汇入原煤中重新又进入磨煤机内研磨。合格的煤粉与总一次风（包括干燥热风、旁路风和密封风）一起由分离器出口经一次风管送至燃烧器。

双式钢球磨煤机都是正压运行的，因而装有密封风机，向中空轴的固定件与旋转件之间提供密封风，以防止煤粉向外泄漏。

与其他磨煤机不同，双式钢球磨煤机的出力是靠调整通过磨煤机的风量来改变的。因而要改变磨煤机的出力，只需改变通过磨煤机的风量，携带出的煤粉量就会同时变化。由于风、粉量同步变化，因而磨煤机出口的风煤比稳定。这一情况在低负荷时会导致煤粉管内流速降低，出现煤粉沉积。为使管路中输粉通畅，在磨煤机负荷变化时，通过调节旁路风量来改变总风量，以保持煤粉管内流速不低于一定数值。有关双进双出钢球磨煤机检修工艺和标准将按照不同的设备构件介绍。

（一）绞龙检修

1. 绞龙检查

（1）工艺要点：

1）检查绞龙冷却系统。

2）检查绞链、绞翅磨损情况。

3）检查固定螺栓及弧形板。

4）检查绞龙轴及轴承。

（2）质量要求：

1）绞龙冷却系统应无堵塞和泄漏。

2）绞翅磨损超过原厚度的60%时应更换。

3）绞链磨损不许超过原厚度的40%。

4）绞龙固定螺栓不得松动，弧形板不应有裂纹及变形。

2. 绞龙检修

（1）工艺要点：

1）拆卸绞龙冷却系统、轴承上盖及端盖，拆下轴承支柱及轴承座，放在指定地点。

2）拆掉热风弯头，放在指定地点。

3）固定热风管道后拆下三通座堵板。

4）拆卸绞龙支柱后，再抽出绞龙，并运到检修场地。

5）检修绞龙：①检查轴弯曲度，超过标准时应更换。②更换绞龙绞翅及绞链。③焊接支持弧板。④检修轴承。⑤挖补热风筒。

6）在安装绞龙前应检查绞龙各部尺寸，符合质量标准时方可进行安装。

7）将新绞龙或修复后的绞龙吊入三通座内，安装绞龙支柱的同时，将绞龙热风堵板四周用垫料垫均匀，为绞龙找中心做好基础。

8) 结合面清理干净后回装三通堵板，紧固螺栓。

9) 紧固螺栓。

10) 回装轴承、轴承座及轴承支座。

11) 复装轴头冷却水系统。

（2）质量要求：

1) 绞龙轴弯曲不得大于 0.15mm/m。

2) 三通堵板结合面在螺栓紧固后检查，应无间隙。

3) 轴承符合有关规定。

4) 各结合面无漏风现象。

3. 绞龙找中心

（1）工艺要点：

1) 调整绞龙支柱，使每根绞翅外径距三通座衬板的间隙符合标准规定。

2) 热风堵板止口径向间隙均匀且不得超过标准规定。

3) 轴承座支柱调整合格后将绞笼支柱固定焊牢。

4) 调整绞龙使轴向串动量及径向晃动量符合标准。

5) 盘车应无卡涩现象。

（2）质量要求：

1) 绞翅外径距三通座衬板间隙为 2～5mm，可依厂家要求。

2) 热风堵板止口径向间隙不超过 3mm，且均匀。

3) 绞龙轴向串动量应为 0.10mm/m，径向晃动量为 0.05mm。

4) 盘车应无刮卡现象。

（二）盘车装置检修

1. 工艺要点

（1）拆卸联轴器罩，拉开离合器，拆下链条盒，解开链条。

（2）将减速器内存油放出。

（3）解开地脚螺栓，将盘车装置吊到适当地点进行解体检修。

（4）拆下链条轮，解开爪形离合器。

（5）解开减速器前后透盖，拆下一、二级行程轮后拆下三、四级行程轮，检查合格后放好。

（6）解体检修轴承。

（7）组装三、四级行程轮和一、二级行程轮、内齿轮，组装前后透盖。

（8）各结合面应涂密封胶后紧固密封面螺栓。

（9）回装链轮、爪形离合器、链条及链条盒。

（10）回装电动机，找中心后紧固地脚螺栓。

（11）减速器加油。

（12）复装联轴器罩。

2. 质量要求

（1）减速器组装后盘车应灵活。

（2）离合器灵活。

（三）顶轴油泵检修

1. 工艺要点

（1）拆卸大链轮的链条，拆卸油泵出入口管及螺栓，取出油泵。

(2) 拆下链条轮，拆卸泵体连接螺栓，打开泵壳进行检修。

(3) 检查阀磨损情况。

(4) 彻底清理各部件并做记录。

(5) 检查轴承箱内轴承。

(6) 检查链轮、链子磨损情况。

(7) 油泵校正中心。

(8) 试转排出系统内空气。

(9) 调整油压。

(10) 检查密封。

2. 质量要求

(1) 轮齿磨损 2/3 时更换。

(2) 柱塞阀无泄漏。

(3) 调整油压，油泵油压必须保持为在 9~11MPa。

(4) 油泵油压低于 7MPa 时应更换相应部件。

(5) 油泵壳体、轴封不允许有漏油现象。

(6) 油泵振动幅值不得超过 0.05mm。

(7) 地脚螺栓完整。

(四) 料位管线检修

1. 工艺要点

拆开密封风盒，将密封风盒清理干净，检查料位管线无损坏，将损坏的更换。然后开启料位管线的清扫风，用肥皂水逐一检查料位管线各接头处的严密性。

2. 质量要求

料位管线应严密，不漏风。

## 第三节 中速磨煤机检修

### 一、中速磨煤机检修项目

根据 DL/T 838，中速磨煤机 A 级检修项目如下：

1. 标准项目

(1) 消除磨煤机和制粉系统的漏风、漏粉、漏油及修理防护罩。

(2) 检查本体，更换磨损的磨环、磨盘、磨碗、衬板、磨辊、磨辊套等，检修传动装置。

(3) 检查石子煤排放阀、风环及主轴密封装置。

(4) 调整加载装置，校正中心。

(5) 检查、清理润滑系统及冷却系统，检修液压系统。

(6) 检查、修理密封电动机，检查进出口挡板、一次风室，校正风室衬板，更换刮板。

2. 特殊项目

(1) 检查、修理基础。

(2) 修理滑动轴承球面、钨金或更换损坏的滚动轴承。

(3) 更换中速磨煤机传动涡轮、伞形齿轮或主轴。

### 二、中速磨煤机概述

中速磨煤机磨煤部件的转速为 25~120r/min，其线速度为 3~10m/s（钢球磨煤机为 2.5~

3m/s，高速磨煤机为 60~85m/s）。

各种中速磨煤机在结构上有一定差异，按其碾磨部件的形状可分为辊盘式和球环式两种。辊盘式磨煤机由于各制造厂家的不同设计，磨辊和磨盘的结构形式各不相同，又有平盘磨煤机（Loesche 磨煤机）、斜盘磨煤机（RP 磨煤机和 HP 磨煤机）及辊环磨煤机（MPS 磨煤机和 Berz 磨煤机）等多种类型。球环式中速磨煤机又称 E 型磨煤机。由于驱动磨盘、磨碗或磨环的主轴都是垂直装设的，故中速磨煤机又有立轴磨煤机之称。

20 世纪 20 年代，电厂锅炉就开始采用中速磨煤机。我国在近 10 年才开始采用中速磨煤机，近 10 年我国 300、600MW 大型机组锅炉才广泛应用中速磨煤机。中速磨煤机的形式有多种，目前国内生产的主要有 RP 型、HP 型和 MPS 型（或 MBF 型）、E 型 4 种，其中 MPS（或 MBF 型结构与 MPS 型结构基本相同，不同制造厂稍有差异）型磨煤机的用户占 2/3 以上，其次是 HP（RP）型磨煤机，E 型磨煤机国内只有少量仿制。这些磨煤机各有特点，其运行也不尽相同。

中速磨煤机的共同优点是：磨煤电耗较低，为 6~9kWh/t，比钢球磨煤机小 1.5~2.0 倍；整套磨煤装置紧凑，其占地面积比钢球磨煤机小 4 倍；碾磨部件磨损轻。

中速磨煤机目前存在的主要问题是：磨煤机对原煤带进的三块（铁块、木块和石块）的敏感性比其他类型磨煤机大，运行中易引起磨煤机振动、石子煤排放量增大等故障，磨煤机结构较复杂，运行和检修的技术水平要求较高；对煤中的适应性有限。

（一）轮式磨煤机

轮式磨煤机主要形式有 MPS（或 ZGM、MP）、MBF 等。MPS 型中速磨煤机结构示意如图 18-10 所示。

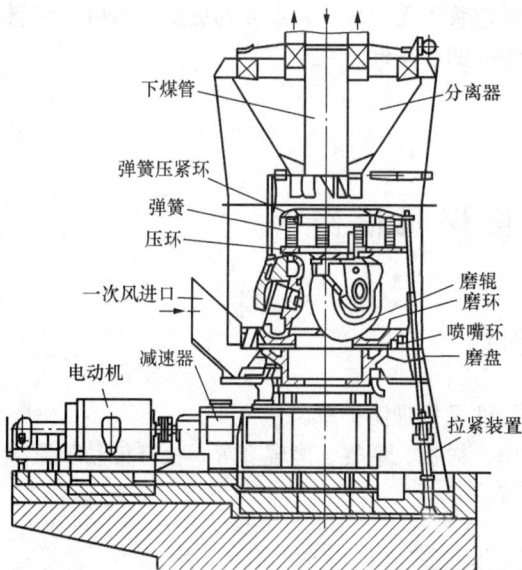

图 18-10　MPS 型中速磨煤机结构示意

MPS 磨由传动装置、碾磨部件、干燥分离空间（机架）和分离器四部分组成。它同样具有体积小、质量小、单位电耗和单位磨耗低、噪声低的优点，也具有独立的齿轮箱较高的分离器。分离器出口可设置文丘里煤粉分离器，也可在输粉管道上设置隔栅式煤粉分离器。

（二）碗式磨煤机

碗式磨煤机主要形式有 RP、HP 等。图 18-11 为 RP 型碗式中速磨煤机结构示意图，图 18-12 为 HP 型碗式中速磨煤机结构示意图。

HP（RP）系列磨煤机是原美国燃烧工程公司生产的浅碗式系列磨煤机，是在 RP 系列的基础上改进的高性能系列磨煤机。RP 系列磨煤机的特点是：对负荷反应迅速，便于自动控制，运行振动小、噪声低，对高水分煤种有良好的适应性，对水分高达 45%~50% 的褐煤也可进行磨制。但 RP 系列磨煤机对煤种适应性差，对煤中三块特别敏感，不适应高灰分煤种，碾磨部件磨损速度快，且磨损不均匀，磨损后期影响出力，石子煤排放量大。煤中三块及尺寸较大的煤块进入磨煤机会卡在风环间隙内，造成磨损加剧，石子煤排放量增加和剧烈振动。这种磨煤机的磨辊为锥形，碾磨面较宽，磨辊磨损极不均匀，磨损后期辊套形状极度失真，沿磨辊母线有效磨碎长度变小，磨辊与磨盘间隙变大，对煤层失去碾磨能力。

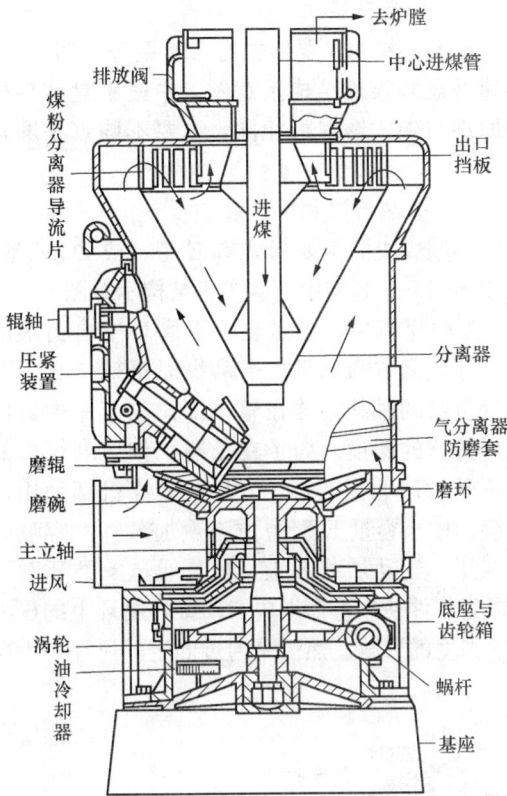

图 18-11　RP 型中速磨煤机结构

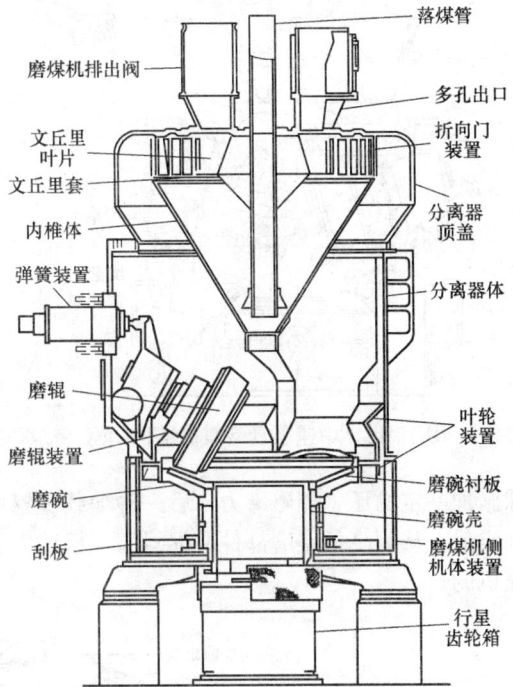

图 18-12　HP 型中速磨煤机结构

改进后的 HP 型磨煤机特点如下：

（1）采用单独的齿轮减速箱，与原齿轮箱相比，具有强度高、质量小的特点。减速箱能从磨煤机底下取出，换上备用的减速箱，使磨煤机及时恢复运转。在传动装置上部采用了液压平面止推轴承，以承受磨煤机的碾磨压力，抗振性好。采用独立传动方式，使其容易采取密封措施和布置绝热层，避免煤粉污染损害轴承和齿轮，润滑装置也承受相对较小的热负荷，使磨煤机可能在较低的温度环境下启动。

（2）采用大直径锥形磨辊和新型耐磨材料以延长寿命。其中锥形磨辊的平均直径增大 30%，由于直径增大使耐磨材料的体积平均增大 38%，从而提高寿命。根据试验可知 HP 磨煤机使用的耐磨材料其耐磨寿命为 RP 磨煤机材料的 4 倍，磨辊和磨环寿命均可在 10 000h 以上。

（3）加载装置采用装在机外的外置式弹簧装置，不存在弹簧磨损和退火问题。整个弹簧装置呈筒状形式，一旦故障很容易整体翻出，更换下来检修，大幅度减少现场维修工作量，磨辊轴围绕耳轴可以进入垂直位置，维修和检查都可以进行。

（4）采用能随磨盘一起转动的风环（叶轮），使通过磨煤机的空气分配更为均匀，磨煤机内部的磨损降低，加强对煤粉的分离效果，降低一次风压力的损失。为防止磨损，叶轮上装有 Crown700 耐磨铸铁浇铸的可拆卸的挡块衬板，控制磨煤机的空气流通面积，使气流通过磨煤机时阻力损失达到最小。

（5）采用高顶盖离心挡板分离器，通过增加分离器高度来降低通过分离器的气流速度，使金属磨损减少，压差降低，改善煤粉分离效果。出口装有文丘里式煤粉分离器。

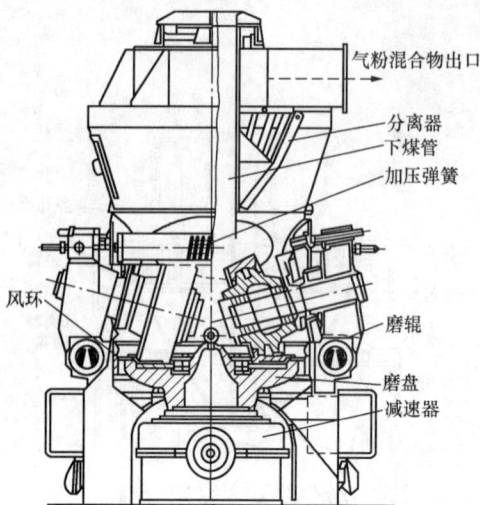

图 18-13　中速平盘磨煤机结构示意

（三）平盘磨煤机

平盘磨煤机的主要形式有 LM 型等。图 18-13 是中速平盘磨煤机结构示意图。中速平盘磨煤机工作原理与碗式磨煤机相同，主要不同点是磨盘为平的。

（四）球环磨煤机

球环磨煤机的主要形式有 E 型（或 ZQM 型）等，图 18-14 是 E 型中速磨煤机结构示意图。

E 型磨煤机内，煤是在上下磨环中自由滚动的大钢球之间被碾磨碎的。磨煤时钢球一直不断地改变自己的轴线，球在整个工作的寿命中可以始终保持球的圆度。为了在长期工作中磨煤机的出力不受钢球磨损的影响，E 型磨煤机都采用加载系统。中小容量 E 型磨由弹簧加载，大容量的采用液压—气动加载装置，都是通过上磨环对钢球施加一定的压力即碾磨力。后一种加载装置可在碾磨部件使用寿命期内自动维持磨环上的压力为定值，从而降低碾磨部件磨损对磨煤机出力和煤粉细度的影响。热风是通过固定的风环进入磨煤机的。

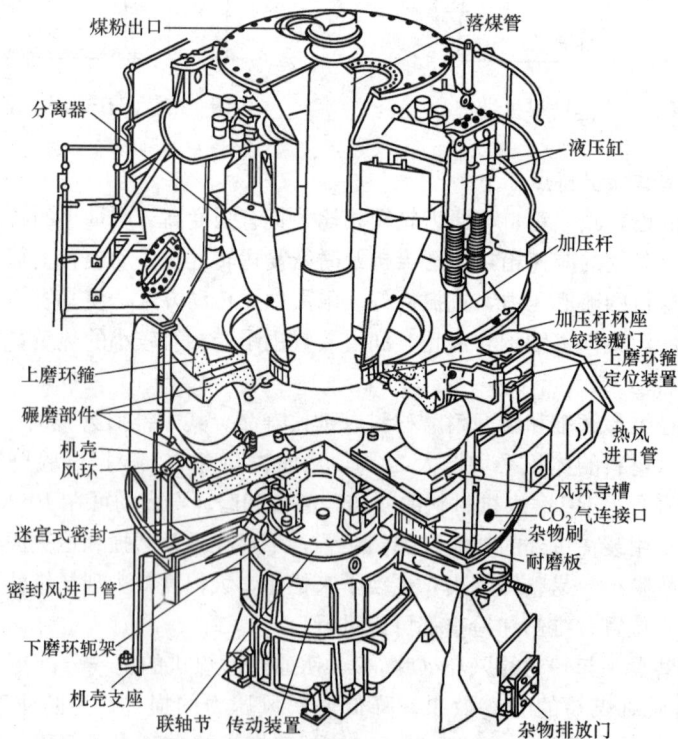

图 18-14　E 型中速磨煤机结构示意

这种磨煤机一般有 6～16 个钢球，钢球直径为 200～500mm，钢球碾压煤的压力主要来自上磨环上面的弹簧加压系统。

416

同辊式中速磨煤机相比，E型磨煤机内部因为没有磨辊，就没有磨辊穿过机体外壳的密封问题，也不需要考虑磨环和钢球的润滑，因此E型磨煤机一般都采用正压运行方式。

**三、中速磨煤机的检修**

（一）轮式磨煤机检修

1. 减速器拆卸与安装

（1）工艺要点：

1）松开拉杆拉力装置。

2）拆下磨煤机下架体上4个盖板，利用盘车装置将磨盘上的支撑臂旋转至下架体上4个孔的位置。

3）拆下磨盘上的盖板后，拆卸磨盘与减速器法兰的连接螺栓。

4）放出减速器与滑动止退轴承中的润滑油，拆下进出油管道及电气接线。

5）拆卸联轴器保护罩。

6）拆下联轴器。

7）拆下磨煤机驱动电动机及盘车装置。

8）拆下电动机地脚螺栓。

9）将磨盘顶起装置安放在减速器底板上。

10）将液压缸装入磨盘顶起装置。

11）均匀升起磨盘，直到将固定销穿入顶起装置，并装上保险销。

12）拆去减速器与电动机间的减速器固定架，旋转减速器的校正定位螺栓。

13）用液压千斤顶将减速器顶起，减速器下及滑轨上涂以润滑脂后放下减速器，用固定在减速机托出轨道上的两个手扳葫芦将减速机拖出磨煤机下架体。

14）将拆下的减速器运到检修工作场地。

15）减速器安装时，将减速器拉回至磨煤机下架体内原位。

16）按拆卸顺序相反的步骤进行检修后的安装。

（2）质量要求：

1）拆装过程中要采取防止设备损坏措施。

2）严格检查起吊工具，要符合起重工具质量要求。

2. 分离器的拆卸与安装

（1）工艺要点：

1）检查分离器移出装置，应齐全。

2）将煤粉分配器用索具吊住。

3）拆开分离器法兰与煤粉分配器法兰的连接螺栓。

4）将分配器提升至分离器可移出的高度。

5）拆开分离器与中架体间的连接螺栓。

6）拆开蒸气管道的连接法兰。

7）拆开密封风管道的连接螺栓和中间连接管道。

8）拆下分离器内通往磨辊的垂直密封风道。

9）用液压千斤顶将分离器顶起25～30mm，装上滚动器，撤去液压千斤顶，装上手扳葫芦及索具，移出分离器至磨腔完全露出，锁住分离器。

10）分离器检修后的安装按与拆卸相反顺序进行。

（2）质量要求：

1）各工具齐全、可靠，导轨无障碍。

2）分配器提升高度为 30～40mm。

3）分离器顶起高度为 25～30mm。

4）分离器折向挡板活动应灵活。

5）分离器内无积存杂物。

6）分离器内密封风管无泄漏。

3. 加压架的拆卸与安装

（1）工艺要点：

1）在加压架上做好标记，以便回装。

2）安装磨辊支撑装置时应防止磨辊翻倒。

3）拆开加压架悬掉装置上的螺栓。

4）在悬吊装置处穿上钢丝绳和钢链，并吊住。

5）拆去加压架与磨辊之间的连板。

6）拆去拉杆上部横梁上部的压板。

7）用液压缸将拉杆升至极限位置。

8）拆卸拉杆与加压架间的横连接梁与钢球。

9）用吊具将加压架吊起并放在适当的位置。

10）安装时按拆卸的相反顺序进行，注意加压架与中架体间限位板间的间隙。

（2）质量要求：

1）加压架表面无伤痕及其他缺陷。

2）垂直方向运动应灵活。

3）加压架限位板承力侧应无间隙。

4）加压架限位板的非承力侧间隙为 1～3mm。

4. 更换磨辊

（1）工艺要点：

1）将磨辊上部关节轴承拆下，放到指定地点。

2）装上磨辊吊具，吊住磨辊。

3）拆去磨辊拉回装置。

4）提升、移动并落下磨辊。

5）用同样的程序依次拆下其他磨辊。

6）安装时按相反顺序进行。

（2）质量要求：

1）各紧固螺栓应拧紧，拧紧力按有关规定。

2）检查磨辊表面应无缺陷。

3）磨辊位置按制造厂家规定。

5. 磨盘的拆下与安装

（1）工艺要点：

1）将磨盘盖做好标记，拆下磨盘盖上的螺栓，将其吊走。

2）将磨盘的安装位置做好标记。

3）将吊环螺栓装到磨盘的三个吊耳上。

4）吊出磨盘并放在适当位置。

5）安装时按相反顺序进行。

（2）质量要求：

1）磨盘的宏观检查，不得有裂纹等严重缺陷。

2）做好标记，以便回装。

6. 喷嘴环拆卸与安装

（1）工艺要点：

1）松开喷嘴环压板的紧固螺栓，将喷嘴环压板移走。

2）取出喷嘴环与机盖间的垫料，并清理该处杂物。

3）检查上喷嘴环的磨损情况。

4）检查下喷嘴环的磨损情况。检查止口的磨损、裂纹，有缺陷的应更换。

5）用割炬将喷嘴环与壳体连接处割开。

6）喷嘴环用吊车平稳吊出。

7）安装时顺序相反，但要注意上喷嘴环与磨盘的轴向间隙与径向间隙。

（2）质量要求：

1）上喷嘴环磨损值不超过 2/3。

2）上下喷嘴环结合处应光滑过渡。

3）下喷嘴环磨损值不超过 1/3。

4）下喷嘴环无裂纹等缺陷，止口完整。

5）上喷嘴环与磨盘轴向间隙为 6mm，径向间隙为 6～7mm。

6）喷嘴环与磨盘之间应无杂物。

7. 拉杆装置拆卸与安装

（1）工艺要点：

1）拆下拉杆与液压缸活塞杆连接螺母的止退板。

2）用索具将液压缸锁住，以防止液压缸翻倒。

3）用索具将拉杆吊住。

4）旋转拉杆，使其与连接螺母脱落。

5）用吊具将拉杆抽出放好。

6）安装时顺序相反。

（2）质量要求：

1）拉杆无明显磨损。

2）关节轴承转动应灵活。

3）密封腔间隙应均匀。

8. 磨辊检修

（1）工艺要点：

1）磨辊的解体与装配应在清洁环境中进行。

2）磨辊检修时应先将润滑油排尽，排润滑油时将磨辊用吊车吊起，将磨端盖的 3 个螺栓之一转至最低点，将油排至容器中，并取油样进行化验。

3）磨辊辊套的拆卸：①拆下磨辊辊套压环。②用磨辊拆卸装置将辊套拆下。③如果辊套不松动，应拆下磨辊拆卸装置，沿辊套四周外部均匀加热；加热过程中，只能加热外圈，加热喷嘴与辊套间距离应保持规定值。④将辊套加热至一定温度，保温，加热时的温度变化率应控制在规定值范围内。⑤再用磨辊拆卸装置拆卸辊套。

4）磨辊支架的拆卸：①将磨辊放在木架上。②拆下测温元件保护套。③拆下保温元件和排气螺塞。④拆下轴端的轴端压板。⑤拆下磨辊支架外侧的保护螺栓。⑥用磨辊拆卸装置将支架拔出（必要时加热）。⑦用吊环螺钉将磨辊支架吊走。

5）磨辊轴承拆卸：①拆卸轴承透盖上的固定螺栓。②拆下轴承透盖。③拆下带有钢制保护环的密封圈及O形圈。④拆下固定圆柱滚子轴承内圈的压紧环。⑤调整磨辊位置使其轴端向下。⑥拆卸轴承闷盖上的固定螺栓。⑦利用螺钉将闷盖连同O形圈从磨辊轮毂上拔出。⑧拆下球面滚子轴承内环的轴端压板。⑨用磨辊拆卸装置拆下磨辊轴。⑩从磨辊轴上拉出圆柱滚子轴承的内环。⑪拆下轮毂上的螺塞，用专用高压油泵注入高压油。⑫拆下球面圆柱滚子轴承。⑬拆下圆柱滚子轴承的外环。⑭零件清洗。

6）磨辊轴承的检查：①检查轴承的内外环、滚动体和保护圈等部件的磨损、研磨、擦痕、点蚀、裂纹、塑性变形和尺寸精度。②视情况更换轴承盖和轴承上的O形圈、径向密封环、螺塞及密封垫。

7）磨辊轴承的检修：①滚动轴承安装过程应保持清洁，并保证连接件的安装精度。②轴承内环可放在油中加热80℃，最高为100℃，将其滑入磨辊轴并自然冷却。③用轴端挡板将圆柱滚子轴承的内环固定在磨辊轴上。④将磨辊轮毂起吊，球面滚子轴承侧向上，加热至约100℃，加热时间约为1.5h。⑤将球面圆柱滚子轴承装入轮毂，装上两块扁铁，防止轴承轴向窜动，但不妨碍磨辊轴的安装。⑥调整方向，将圆柱滚子轴承侧朝上，外环连同滚子和保持架一起装入磨辊轮毂中。⑦将磨辊轮及装上的圆柱滚子轴承内环一起插入磨辊轮毂。⑧将装配好的轮毂冷却下来，检查轴承转动，应灵活。⑨用密封垫及螺塞将圆柱滚子轴承一侧上的高压油入口密封，将密封衬套加热至90℃后装入磨辊轴，装入衬套前应先装入O形圈。⑩将O形圈嵌入轮毂的槽内，必要时可用有机胶固定，内密封圈密封唇朝磨辊一侧，外密封圈密封唇朝磨辊支架一侧。⑪嵌入支撑环并按上述方向装上外密封圈，并用法兰环和内六角螺钉将其固定在透盖上，防止轴向运动。⑫把用于安装透盖的安装环装在磨辊轴上，并使锥形向外，在安装环和衬套表面涂上润滑脂。⑬把组装的透盖滑入磨辊轮并固定在轮毂上。拆下安装环，安装固定密封风密封环，调整放置方向，将球面圆柱滚子轴承一侧朝上。⑭拆去球面圆柱滚子轴承的止动扁铁，用密封垫及螺塞将高压油注入孔内密封。将O形圈嵌入闷盖槽口内，将闷盖装入轮毂，并用螺栓和锁紧垫圈固定和锁住。⑮封闭所有开孔，检查磨辊的密封性能。

8）磨辊辊套的安装：①磨辊套可稍加热。②将磨辊的球面圆柱滚子轴承一侧朝上放置。③用吊具吊起辊套，当确定辊套已成水平位置后，即可迅速将其滑落在轮毂上，注意锁紧插口位置。④当辊套的凸肩与轮毂平齐时，可将吊具撤去。⑤装上并固定辊套压紧法兰。⑥吊起辊套并翻转180°，使磨辊支架一侧朝上。⑦将辊套止动块紧固并用锁紧垫圈锁住。⑧将扁形磨损保护环装上。

9）磨辊支架的安装：①拆下磨辊支架外侧3个用于运输的螺孔上的螺栓。②将合适的吊环螺栓旋入螺孔。③将磨辊支架吊起并处于水平位置。④支架加热约100℃。⑤将滑键装入磨辊轴上键槽内，将磨辊支架迅速滑落在磨辊轴上，当磨辊支架凸肩靠在轴承套上时，滑落过程完毕。⑥装上轴端挡板；卸下吊运工具，并再次装上运输螺栓。⑦清洗空气过滤器后将其装在磨辊轴上。⑧装上测温元件、保护盖。⑨检查磨盘转动应灵活、平稳。⑩装上磨辊支架防磨衬板。

（2）质量要求：

1）检修环境要求清洁无尘土、杂物。

2）油质取样化验应符合用油质量规定，无变质、乳化等现象。

3）磨辊辊套的拆卸。①辊套加热喷嘴与辊皮间距离为100～150mm。②加热温度变化率小于 0.5℃/min。③将温度加热到一定温度，并保温一定时间。

4）磨辊支架的拆卸：①检查各部元件不得有损坏。②磨辊密封固定与转动密封环的间隙不于 1mm。

5）磨辊轴承拆卸：①固定螺栓无损坏。②O 形圈无损坏。③圆柱滚子轴承符合有关轴承标准。④各部零件要清洗干净。

6）检查磨辊轴承的内外环、滚动体和保护圈等部件的磨损、研磨、擦痕、点蚀、裂纹及塑性变形，均不得超过其轴承的标准规定。

7）磨辊轴承的检修：①轴承内环在油内的加热温度为 80℃，最高不得超过 100℃。②加热轴承必须自然冷却，不得采取强制冷却方式冷却轴承。③轴承的加热时间约为 1.5h。④严格保证轴承的安装方向，不得装反。⑤螺栓的拧紧力矩为 400N·m。⑥磨辊密封性能试验打气压力为 0.2MPa，30min 后压力仍保持在 0.1MPa 以上。

8）磨辊辊套的安装：①不得用吊环运送整个磨辊。②磨盘转动灵活、平稳。

9. 磨盘瓦的更换

（1）工艺要点：

1）松开紧固螺栓，然后卸下螺母、垫圈、蝶形弹簧和 O 形圈。

2）卸下磨盘上部的护圈。

3）拆下磨盘下部的 3 个顶丝孔上的螺栓，为拆卸第一块磨盘瓦做好准备。

4）将相应的顶丝旋入 3 个螺孔，将第一块磨盘瓦顶起。

5）用磨盘瓦吊具将第一块瓦吊走。

6）松开其余全部磨盘瓦，并依次吊走。

7）清理并检查磨盘。

8）用磨盘瓦专用吊具将第一块磨盘瓦放入磨盘内，并使其逆时针方向移动接触止动销。

9）固定磨盘瓦。

10）螺母、垫圈、碟形弹簧和 O 形圈的装配应符合图纸要求。

11）按上述方法安装其余磨盘瓦，每块磨盘瓦的侧面应相互紧密接触。应根据具体情况将磨盘瓦侧面凸台打磨或在缝隙中楔入钢板。

12）装上磨盘上部护圈。

13）用螺栓锁住磨盘下部 3 个顶丝。

（2）质量要求：

1）检查磨盘瓦，应无损坏。

2）检查螺纹无损坏、裂纹等现象。

3）磨盘瓦的夹紧螺栓拧紧力矩符合说明书规定。

4）磨盘瓦与磨盘应紧密接触。

5）磨盘瓦侧面紧密接触无间隙。

6）磨盘瓦的安装应位置正确，不得有翘起、松动等现象。

10. 磨盘支架检修

（1）工艺要点：

1）清理、检查从磨煤机内吊出的磨盘支座。

2）检查刮板的磨损情况，必要时应更换。

3）待磨盘支座吊进磨煤机内部后，对刮板与下架体上平面间隙进行调整。

（2）质量要求：

1）磨盘支座表面无缺陷、裂纹。

2）刮板与下架体上平面间隙为 7mm。

3）磨盘支座与减速器输出法兰结合面的螺栓应无裂纹，螺纹完整无损，螺栓孔应无脏物，螺栓能轻松旋入。

11. 中架体检修

(1) 工艺要点：

1）检查中架体外观的完整性，焊缝应无裂纹等缺陷，检查变形情况。

2）检查中架体上所有门的密封情况，应完好，必要时更换密封填料。

3）检查中架体衬板及防磨条的磨损情况，超过标准时更换。

4）检查中架体法兰平面的不平度，超标时应更换。

5）一次风入口处不得有漏风现象，局部磨损可进行挖补。

6）清理检查拉杆密封装置的关节轴承，如有磨损或损坏，应更换。

(2) 质量要求：

1）中架体外观完整，无裂纹、变形现象。

2）各门密封良好，无泄漏现象，开关灵活。

3）中架体衬板及防磨条磨损不超过原厚度的 2/3。

4）中架体法兰平面的不平度小于 1mm/m。

5）关节轴承无磨损、损坏现象。

12. 下架体密封环检修

(1) 清理检查下架体密封环，必要时更换。

(2) 检查下架体密封，应严密，泄漏的应更换石墨块及弹簧。

(3) 检查用于减小间隙的钢筋，应完好，否则应重新更换，并焊好。

13. 试运

(1) 工艺要点：

1）油系统调试、连锁试验。

2）主电动机空转试验。

3）加压系统试验。

4）密封风机试验。

5）投入润滑系统后磨煤机空转试运每次不得超过 1min。

(2) 质量要求：

1）减速器振动小于 0.05mm。

2）上磨环的振幅由加压装置水平轴处观察，应小于 5mm。

3）各部件连接牢靠，无松动现象，转动部件声音正常。

(二) E 形中速磨煤机检修

1. 碾磨部件检查

(1) 工艺要点：

1）检查钢球与上下磨环的磨损程度和上磨环的降落量。

2）检查测量壳体和轴瓦、控制杆和活塞的间隙。

3）检查测量转体的磨损情况。

(2) 质量要求：

1）钢球与上下环无裂纹、重皮、破损。

2）转体磨损量大于 5mm 时应更换。

2. 碾磨部件的更换

（1）工艺要点：

1）碾磨部件拆卸：①拆卸加载装置。②拆卸分离器内锥体。③拆卸煤粉出口管、落煤管。④拆卸磨环、钢球等部件。

2）检查新钢球、磨环。

3）钢球排列。

4）碾磨件回装。

（2）质量要求：

1）新钢球、磨环符合图纸尺寸及公差要求；表面光滑，无裂纹、重皮等缺陷；表面硬度符合图纸要求；磨环表面硬度应略低于钢球表面硬度。

2）上下磨环键与磨环的配合公差应符合制造厂要求，键与键槽两侧不允许有间隙，其顶部间隙不大于 0.3~0.6mm。

3）下磨环保持水平，其偏差符合制造厂要求。

4）上磨环与压紧环应接触良好，接触面积不少于 80%。

5）转动灵活。

3. 氮管道检修

（1）工艺要点：

1）拆卸管道各部连接件。

2）处理密封件。

3）管道与氮气压力缸连接。

4）氮气压力缸销钉安装好后，将键插入并点焊牢固。

5）向氮气压力缸通气时，必须检查压力装置的压力，球面螺栓不应伸出 O 形环的凹坑。

（2）质量要求：

1）管道密封严密，无泄漏。

2）用压缩空气吹扫管道，无脏物后才允许与氮气压力缸连接。

3）氮气压力缸柱塞的伸出长度应大于 20mm。

4）管卡子卡紧，不得有松动。

4. E 形中速磨煤机其他部件检修

参考轮式磨煤机检修。

（三）碗式和平盘磨煤机检修

1. 磨辊的检查

（1）检查磨辊轴与轴承的装配情况；当采用滑动轴承时，检查磨辊轴与轴瓦之间的间隙，应符合要求，轴向与径向间隙应均匀，磨辊轴与轴瓦接触角、接触点应符合要求；当采用滚动轴承时，轴承间隙、磨辊轴与轴承配合应符合轴承标准，辊筒应转动灵活。

（2）检查密封装置，应严密不漏，密封圈应有良好的弹性即密封性。

（3）检查磨辊内润滑油量及油质，润滑油量应充分，油内无煤等杂物，油质合格。

（4）检查磨辊套的紧固螺栓，应完整，无脱落、裂纹、断裂，螺栓紧固牢固。

（5）检查磨辊的磨损情况，辊套磨损影响出力时必须更换。

2. 磨盘的检查

（1）工艺要点：

1）检查磨盘衬板无脱落、裂纹、翘起。

2）检查测量磨盘衬板的磨损程度；当衬板磨损量超过原厚度 1/3 时，可翻身使用；翻身后磨损量达 1/3 时，需更换新衬板；衬板与磨盘应紧固。

3）检查磨盘与磨盘座连接螺栓应紧固，无裂纹、脱落与松动。

4）碗式中速磨煤机的碗缘高度，平盘中速磨煤机的挡煤圈高度均应符合造厂要求，低于要求时需更换磨盘或挡煤圈。

5）检查、测量磨盘座与壳体之间间隙，应符合标准。

（2）质量要求：

1）磨盘衬板要完整，无裂纹及翘起。

2）衬板磨损量超过原厚度 2/3 时应更换。

3）连接螺栓无裂纹、脱落与松动。

4）磨盘或挡煤圈高度符合制造厂设计要求。

5）磨盘座与壳体之间的间隙应合适，磨盘转动时，磨盘座与壳体无摩擦。

3. 磨辊的更换与装配

（1）工艺要点：

1）更换磨辊轴或轴承时，必须检查磨辊轴尺寸，应符合制造厂的图纸要求。采用滑动轴承时，检查测量各部间隙应符合标准，刮研轴瓦使接触角符合标准；采用滚动轴承时，检查轴承间隙应符合标准，磨辊轴与轴承紧力要符合标准。

2）更换磨辊套时，必须检查、测量各部尺寸，应符合制造厂的图纸要求。装配时必须将磨辊套的紧固螺母、防护螺母和辊套螺母全面紧固，紧固力量符合技术要求，并将止退螺栓等防止松动的零件装配齐全。

3）检查磨辊内润滑油，应足量，清扫检查轴的加油孔应畅通，无堵塞。

4）检修密封装置。

5）检查新更换的磨辊或新装配好的磨辊的灵活性。

6）将磨煤面间隙调整到预定值之后，盘动磨辊套，应轻便灵活。

（2）质量要求：

1）磨辊轴表面光洁，无裂纹，与轴承配合的磨辊轴颈的圆柱度应不大于 0.01mm，圆度不大于 0.03mm。采用滑动轴承时，磨辊轴颈与轴瓦接触角为 60°～90°；采用滚动轴承时，轴承与磨辊轴颈配合过盈量应为 0.01～0.03mm。

2）磨辊表面无裂纹、严重重皮，硬度不低于图纸规定。

3）轴的加油孔应畅通，无阻塞。

4）密封装置应完整，无泄漏。

5）磨辊套应转动灵活。

6）不允许防护螺母与磨盘接触，并保持上钢衬平面与轴顶套管有一定的间隙。

4. 壳体检修

（1）工艺要点：

1）检查壳体及壳体磨损圈、板的磨损情况。

2）更换新的磨损圈及护板时，应检查磨损圈、护板尺寸，符合制造厂图纸要求。

3）磨损圈及护板应与壳体装配牢固、平整。

（2）质量要求：

1）磨损圈及护板磨损超过原厚度 1/3 应更换，壳体局部磨损超过原来厚度 1/3 时可局部挖补。

2）磨损圈、护板应无裂纹。

5. 风环检修

（1）工艺要点：

1）检查风环的磨损程度，磨损超标时应更换。

2）检查风环的间隙应符合要求，若超过标准，应进行调整或更换风环。

3）检查风环的紧固螺栓应完整，无松动。

（2）质量要求：

1）风环不得有裂纹，四周间隙应一致。

2）风环应紧密地贴在磨煤机外壳上，如有间隙，必须用圆钢焊牢。

3）风环与下磨环的中心应保持一致。

4）风环磨损达到原厚度 1/2 时应更换。

（四）RP（HP）型磨煤机检修

1. 涡轮箱检修

（1）工艺要点：

1）解体检查，测量各部分间隙。

2）组装涡轮箱。

（2）质量要求：

1）齿轮啮合应良好，表面应无裂纹、污斑和锈蚀。

2）涡轮组件的油保护情况正常。

2. RP（HP）型磨煤机其他部件检修

参考轮式磨煤机和碗式平盘磨煤机检修。

（五）中速磨煤机液压装置检修

1. 气压—油压加载装置检修

（1）工艺要点：

1）检查活塞表面磨损情况，当活塞表面存在严重划痕及磨损，影响密封性时，必须更换活塞，将划痕消除后重新镀铬。

2）检查活塞环与气缸的配合间隙，应符合制造厂图纸要求。

3）检查密封材料的密封性能，当密封性能低，漏油量增加时应更换密封材料。

4）检查检测器中的存油量，当存油量过多，需要放出时，应先将检测器上面常开的针形阀关闭以防止氮气漏出，再开启检测器下面常关针形阀排油。

5）检查活塞行程能否满足调节要求，否则，应调节活塞行程。

6）检查安全阀、调节阀、针形阀动作，应灵活、可靠。

7）检查气压—油压加载装置系统，应密封良好，无泄漏。

（2）质量要求：

1）活塞无严重划痕及磨损。

2）气缸表面应光洁，无划痕。

3）气压、油压系统均无泄漏。

4）检测器内存油量应符合说明书中规定。

2. 气压—油压加载装置检修后的试验

（1）工艺要点：

1）动作试验。将油压侧压力升至额定压力，当压力降至油压侧压力 1/2 时，活塞开始动作。

测量气缸压杆压缩与伸长的行程，应在额定数值范围内。

2）耐压试验。对加载装置连同管路系统进行耐压试验，在试验压力下持续 3min，检查泄漏或其他异常。不同型号磨煤机的试验压力不同，应按制造厂家要求确定。

3）漏油量试验。在密封油侧加一定的油压，检查氮气侧渗油量。

（2）质量要求：

1）动作试验。动作可靠、灵活，无泄漏。

2）耐压试验。试验压力下保持 3min 无泄漏。

3）漏油量试验。氮气侧漏油量不应超过 0.01L/min。

（六）油站检修

1. 油泵检修

（1）工艺要点：

1）将电动机停电，并做合闸试验。

2）关闭油泵出入口门，使其与系统隔绝。

3）解开电动机地脚螺栓。

4）拆开泵出口法兰盘、泵的地脚螺栓，将泵运到检修场地。

5）解体联轴器，取下键。

6）拆卸端盖连接螺栓，拆下端盖。

7）拆下卡环，各部件解体检查清洗。

8）配件清洗干净后检查，有裂的应更换。

9）按着拆卸记号回装，不得随意调换方向。

10）各部螺栓紧完后检查，不得有松动。

11）手动盘车不卡涩，灵活好用。

（2）质量要求：

1）螺栓无坏扣、拉长变形等。

2）机械密封的底面无损坏。

3）主动、从动螺杆不得弯曲。

4）做好拆装记号，防止装配时装错。

5）螺杆或齿轮的磨损可通过压力表测定，达不到额定压力值更换。

6）联轴器的同心度偏差不超过 0.2mm。

2. 双筒网式过滤器检修

（1）工艺要点：

1）将油放掉。

2）拆开滤网法兰盘。

3）拆下滤网组件，运到检修场所。

4）拆卸滤网压盖螺母，取下压盖、顶套和压紧弹簧。

5）检查滤片损坏及其清洁程度。

6）取下滤片和密封垫圈。

7）将拆下的部件放到干净的容器内进行清洗。

8）回装按拆卸相反顺序进行。

（2）质量要求：

1）法兰盘的密封材料要求耐油耐压。

2）各部螺栓应完好，无损坏现象。

3）滤片必须清洁。

4）滤网为 320 目左右，不得有损坏。

5）密封垫片不得变形或断裂。

6）滤片间压紧，无间隙。

7）过滤室内清洁，无杂物。

8）每组件要按原位回装，不应互换。

3. 换向阀检修

（1）工艺要点：

1）取下开口销，松开螺母，取下换向扳把和锁紧扳把。

2）拆卸压紧螺母。

3）检查 O 形密封环。

4）取出阀芯，检查、清洗。

5）换向阀回装按拆卸相反方向进行。

6）回装时密封要严密，防止泄漏。

7）安装时换向阀芯要定好位置。

8）各组件内部清洗干净，无异物。

9）阀芯老化时应更换。

（2）质量要求：

1）油浸石棉盘根无老化、破损等现象。

2）O 形密封环无损坏。

3）阀芯光滑平整，无斑点、创伤等缺陷。

4）阀芯无老化。

4. 冷油器检修

（1）工艺要点：

1）将冷油器与系统隔绝。

2）解开油出入口法兰盘、水出入口法兰盘，将拆下的螺栓摆放整齐。

3）将冷油器吊运到检修场所。

4）将水室打开，清理内部杂物。

5）酸洗水管或用毛刷清洗。

6）如果需要清洗油回路，则将冷却器内管组抽出，全部清洗干净。

7）回装按拆卸相反顺序进行。

8）各部法兰结合面要用耐油石棉板，固定好，防止泄漏。

9）水压试验。

（2）质量要求：

1）各部螺栓螺纹完好，无损坏。

2）除尽水室及管壁内的污垢，管组如严重腐蚀，应更换。

3）拆装时要注意勿碰坏管组。

4）堵板重新固定好，严密不漏。

5）水压试验压力为 1.5MPa，水压试验时间为 5min，标准为不泄漏。

5. 油分离器检修

(1) 工艺要点：

1) 停止系统运行，切断润滑油站电动机电源。

2) 放掉分配器内存油。

3) 解开各连接法兰盘。

4) 检查管内应无杂物，进行清洁。

5) 测量节流板孔径的磨损情况。

6) 回装按拆卸的相反顺序进行。

(2) 质量要求：

1) 分配器内部无任何杂物。

2) 节流板孔径磨损超过 0.5mm 时，应更换。

3) 法兰盘的密封垫应完好无损。

4) 各部螺栓无损坏，无拉长和弯曲现象。

---

## 第四节　风扇磨煤机检修

### 一、高速磨煤机检修项目

根据 DL/T 838，高速磨煤机 A 级检修项目如下：

1. 标准项目

(1) 消除磨煤机和制粉系统的漏风、漏粉、漏油及修理防护罩，检查、修理风门、挡板、润滑系统、油系统等。

(2) 补焊或更换轮锤、锤杆、衬板及叶轮等磨损部件。

(3) 检修轴承及冷却装置、主轴密封、冷却装置。

(4) 检修膨胀节。

(5) 校正中心。

2. 特殊项目

(1) 检查、修理基础。

(2) 修理滑动轴承球面、钨金或更换损坏的滚动轴承。

(3) 更换高速锤击式磨煤机或风扇式磨煤机的外壳或全部衬板。

### 二、高速磨煤机概述

高速磨煤机又称锤击式或风扇磨煤机，其主要优点是磨煤机直接与锅炉配合，不要很多附属设备，金属消耗量少，投资很低，单位耗电率少。缺点是极易磨损，对煤的适应性较窄。风扇磨煤机的工作原理是原煤由热空气吹进磨煤机，叶轮高速旋转时打击煤块，并便之与壳体之间强烈撞击，完成研磨过程。

风扇磨煤机的主要形式有 S 型（或 FM 型）、N 性等，S 型风扇磨煤机结构如图 18-15 所示，N 型风扇磨煤机结构如图 18-16 所示。

我国生产的风扇磨煤机主要用于磨制水分较高（$M_{ar}>30\%$）、灰分较低（$A_{ar}<15\%$ 的褐煤及软质烟煤）。根据磨制煤种不同分为烟煤型风扇磨煤机（记为 S 型）和褐煤型风扇磨煤机（记为 N 型）两类。两者在结构上的主要差别在于其蜗壳张开度大小不同。张开度是指蜗壳与叶轮之间最大间隙与叶轮半径的比值。S 型的张开度小，N 型的较大。这是为了适应原煤水分蒸发成

水蒸气后在蜗壳内能有合适的环向流速将煤粉输送出蜗壳。

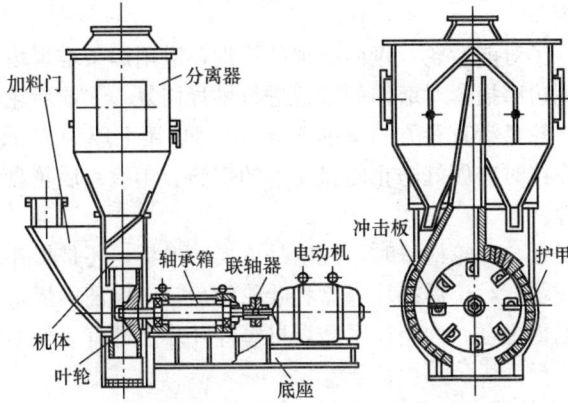

图 18-15  S 型风扇磨煤机结构

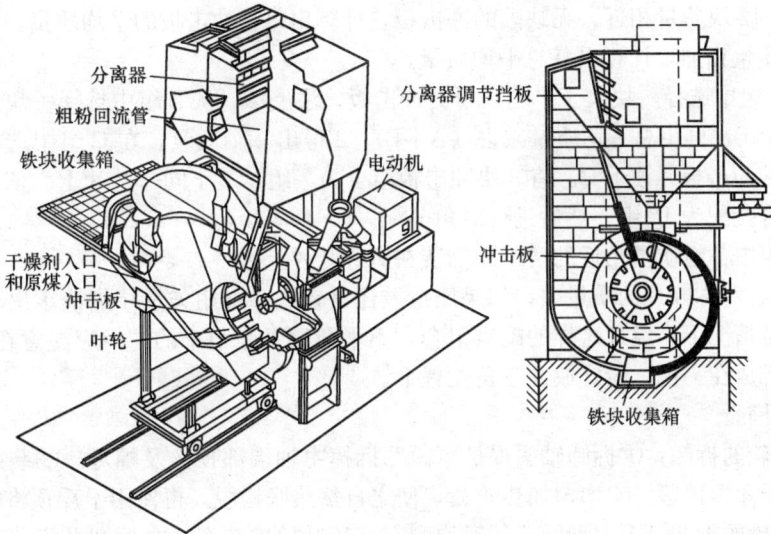

图 18-16  N 型风扇磨煤机结构

### 三、风扇磨煤机检修

（一）叶轮检修

1. 工艺要点

（1）叶轮的检查。①检查叶轮冲击板，应无裂纹、翘起变形。②检查叶轮冲击板固定楔块应牢固，冲击板应无松动。若冲击板松动，应重新用固定楔块固定，并焊接牢固。③检查冲击板磨损情况。④检查轮盘的磨损情况，局部磨损严重时需进行补焊或修补。⑤有均煤盘的磨煤机应检查均煤板的磨损情况，局部磨损严重时应进行补焊修补。⑥检查压板和护板，应牢固，紧固螺栓应完整并连接牢固。

（2）冲击板的更换。①将叶轮吊出壳体放置在平衡架上，并将其固定，不得转动。②依次拆下冲击板固定楔块及冲击板。③按着预先编号，依次装入冲击板，冲击板回装时不得对冲击板进行加热和施焊。④依次装入垫板、压板和护板，装入固定楔块。⑤压板必须压住冲击板，把好螺栓，螺栓要涂抹二硫化钼粉。

（3）均煤盘检修。①检查均煤盘挡板的磨损情况。②检查均煤盘磨损情况。③均煤盘后部的支撑板局部磨损处应补焊。

（4）叶轮轮盘检修。①对前后轮盘盘面磨损的深沟，应用焊条堆焊填平，并做好相应的焊接及热处理。②检查轮盘周边磨损。对磨损的部位进行堆焊修复。③前后轮盘周边磨损严重，不能用堆焊方法修复时，可将轮盘沿直径方向车削 50mm，然后镶上厚为 25mm 的钢圈。钢圈应开坡口并与轮盘焊接牢固，焊接时应做好防止轮盘变形的措施。④检查后轮盘背筋（通风翅）的磨损情况，局部磨损时可补焊。

（5）冲击板的配重组合。叶轮检修时，无论是更换冲击板，还是焊补均煤盘和叶轮轮盘，均应十分注意叶轮的平衡问题。对于焊补均煤盘和叶轮轮盘，应保证堆焊量均匀一致；更换冲击板则应十分重视冲击板的配重组合。大型风扇磨煤机每片叶片上都有 3 种不同厚度的冲击板，冲击板的配重应按以下方法进行：

1）先将三种不等厚度的冲击板分组，并分别称重（精确到 0.01kg），将每块质量标注在冲击板上。

2）各选出 12 块质量相近、无缺陷的冲击板，计算出每种冲击板的平均质量，同时再将三种冲击板的平均质量相加，计算出其总平均质量。

3）先在 A 组中选择一块大于平均质量的冲击板，注上 A；从 B 组中选择一块小于平均质量的冲击板，注上 B；再用总平均质量减去（A+B）/2 得出一个质量，在 C 组中选择一块与此质量相等或接近的冲击板，注上 C。将 3 块冲击板组合为一组，装于同一叶片上。依次类推，将全部的冲击板组合分配为 12 组，然后进行对角分配。

4）将 12 组中各组质量相近的两组分别装在对称叶片上。

5）计算出各对称叶片的质量差，如果质量差还是较大，可用矢量相加法求出不平衡质量大小及方向。通常情况下，经过这样的配重组合，不平衡质量是很小的。但应注意在对角分配时，不要将质量差都放在一侧，最好放在三角位置上。

（6）拆装叶轮。

1）常规叶轮的拆卸：①拆卸轴头保护罩。②拆掉主轴端部顶丝及螺母。③装好专用拉架及千斤顶，并将千斤顶顶紧。④均匀加热轮毂，使之自然热胀松脱，再使用千斤顶将叶轮顶出。

2）大型叶轮的拆卸：①大型叶轮一般均配有液压叶轮安装车，在拆卸及安装叶轮时，将安装车放置好，便于叶轮安全拆卸及安装。②拆卸轴保护罩、紧固螺栓、固定盘。旋入防止叶轮滑落的顶丝，调整顶丝与叶轮面间隙至 3～5mm。转动叶轮，使键垂直向下。③将高压柱塞油泵接至轴端专设的油孔上，向轮毂与锥形轴颈配合面内注油。当油压升至一定值时，油就从配合面中渗出，继续注油，直至使整个圆周面都渗出油为止。④配合面因注入了高压油，叶轮将靠自重从锥形轴颈上自动滑下。如果不能自动滑下，可用拔出器将叶轮拆下。⑤如果不用高压柱塞油泵，装上拔出器，均匀加热轮毂，待叶轮自然热胀松动后，用拔出器将叶轮拔出。⑥用液压叶轮安装车将叶轮放在运输车上，运往检修场地进行检修。

3）检查叶轮各部尺寸，检查轴颈的锥度与轮毂孔的锥度应一致，叶轮静平衡符合标准。

4）回装叶轮时应将其轮毂孔清理干净，孔内表面应光洁。

5）检查键与键槽应对正，直至靠紧轴肩；叶轮要装正，不能偏斜。

6）依次回装好固定盘、半卡环、紧固螺栓、保护罩、止动板、螺栓、保护盒等叶轮固定装置。

2. 质量要求

（1）叶轮的检查。①叶轮冲击板无裂纹及翘起变形等缺陷。②叶轮冲击板固定楔块固定牢固，无松动。③冲击板磨损超过原厚度 2/3 时，或造成磨煤机出力明显下降时，需更换。④冲击板长度误差为±1.5mm，宽度误差为±2mm，厚度误差为±1mm。

（2）冲击板的更换。①新冲击板尺寸应符合图纸要求，新冲击板应无裂纹、铸造缺陷、翘曲等。②固定楔块应将冲击板固定牢固，并将楔块焊接在轮盘上。③螺栓应完整，不许凸出叶轮盘面。

（3）均煤盘检修。①均煤盘挡板磨损不超过原高度 1/2 时，可进行补焊，超过原高度 1/2 时需更换。②均煤盘磨损不超过原厚度的 1/2。

（4）叶轮轮盘检修。①前后轮盘周边磨损的深度达 10mm 时，应进行堆焊。②焊缝应无裂纹、气孔、夹渣及未焊透，各部几何尺寸符合图纸要求。③轮盘背筋补焊后各部尺寸应符合图纸要求。

（5）冲击板的配重组合。磨煤机运行振动值超过 0.01mm 时应拆下，重新校正平衡。

（6）拆装叶轮。①常规叶轮的拆卸：铆钉和螺栓不得松动，铆钉、螺栓应平齐，高出叶轮旁板不得超过 0.50mm。配合公差符合图纸规定，轴键与轮毂键槽配合应良好，与键槽的两侧应无间隙，顶部间隙应为 0.5～0.8mm。②叶轮旁板表面磨损不超过 10mm；径向磨损不超过 15mm，超过 15mm 时应镶环，焊接必须牢固，接口应打坡口；冲击板应牢固地固定在叶轮上，不得有松动。

（二）叶轮找静平衡

1. 工艺要点

（1）将叶轮放置在静平衡架上，准备好工具。

（2）旋转叶轮，观察重心位置。

（3）加装平衡铁。

2. 质量要求

（1）平衡铁分布应均匀，不允许集中于一点，固定一点的平衡铁质量应小于 1000g。

（2）叶轮停止在任何一点，静止倒回次数不超过 2 次，倒回角度不超过 10°～15°，不平衡质量不超过 300g。

（三）磨煤室的检修

1. 工艺要点

（1）提起落煤管伸缩节，打开本体大门。

（2）用专用工具将叶轮背帽拆松。

（3）用可活动的拆装叶轮小车拆卸叶轮。

（4）检查叶轮、护甲、机壳衬板、出口衬板、大门衬板、护甲隔板等磨损情况。

（5）装好护轴套，防止检修中碰伤主轴表面。

（6）磨煤室检修。①更换护钩。检查护钩磨损程度，磨损超标时应更换。打开护钩门，依次抽出护钩，将磨损超过标准的护钩更换为新护钩，回装护钩时，表面不平的不得装入，同时更换护钩门密封。②更换周向护条。护条磨损超过标准的应更换。③机壳侧面衬板的检修。密封圈内外衬板磨损较轻时可进行贴补，不能贴补时更换衬板。④大门室检修。大门衬板局部磨损严重时可进行挖补，更换密封圈。大门室的耐火材料脱落时要及时填补；更换大门密封填料，保证密封严密。⑤磨煤室检修完毕后要彻底清除沉积坑内杂物。⑥均匀对称拧紧大门螺栓，螺栓要灵活好用，保证大门密封良好。⑦修复伸缩短管内脱落的耐火材料，短管落座到门上时，接口处应严密不漏风。

2. 质量要求

（1）更换护钩。护钩磨损不得超过原高度 1/3；护钩表面应平整，护钩之间要靠紧，不得留有间隙；护钩门密封严密。

（2）更换周向护条。护条磨损超过原厚度 2/3 以上应更换；回装的护条应平整，无凹、凸现象，平面误差不大于 2mm，护条接缝之间的间隙不大于 3mm。

（3）检修机壳侧面衬板，密封圈内外的衬板磨损不超过原厚度的 2/3。

（4）大门室检修。大门衬板磨损不得超过 2/3；补焊或更换新密封圈时要保证密封圈与前轮盘周边的间隙不大于 10mm；大门密封填料要充满充实，密封严密。

**（四）对称双流道惯性分离器检修**

**1. 工艺要点**

（1）对称双流道惯性分离器检修。①检查分离器的磨损情况，磨损严重时要进行更换。②更换后的分离器要与机壳及一次风管中心对正，且更换后的分离器的所有连接法兰要加密封件。③检查回粉管，对磨损严重的部位要进行挖补，挖补时焊要打坡口后焊接。④对调节挡板磨损处进行挖补。

（2）对称双流道惯性分离器更换。①清扫分离器内部灰粉。②解开调节挡板的外部连接机构。③解开分离器上箱体与膨胀节法兰及回粉斗下箱体法兰连接螺栓，然后吊走膨胀节和箱体。④解开分离器回粉斗下箱体与机壳及回粉管法兰连接螺栓，吊走分离器下箱体。⑤将要更换的回粉管从下部抽中抽炉烟管中抽出，吊下，运走。⑥分离器的上箱体吊装就位，并将上箱体固定再将分离器下箱体吊装就位。⑦将法兰与机壳连接牢固，落下上箱体，经校正后紧上下分离器箱体法兰面螺栓。⑧各法兰结合面要加装密封填料。

**2. 质量要求**

对称双流道惯性分离器检修：①分离器运行 5 年以上时应进行详细检查，以备更换。②分离器与机壳及一次风管的中心位置误差不超过 10mm。③回粉管管壁厚度小于 10mm 时应挖补或更换，内部焊口面光滑，无凸起。④调节挡板操作装置灵活好用。

**（五）惯性粗粉分离器检修**

**1. 工艺要点**

（1）分离器反弹板及上盖检修。①拆卸上盖螺栓，吊走上盖。②拆卸应换的反弹板。③回装新反弹板。④回装新上盖，并紧固螺栓。

（2）护板检修。①依次拆卸护板螺栓及护板。②安装新护板。

（3）分离器挡板与轴的更换。①拆掉挡板轴驱动装置。②依次拆卸挡板轴轴承端盖、挡板轴、挡板、防磨板、防磨块。③恢复挡板轴，并把挡板焊接在挡板轴上。④将挡板轴固定，连接驱动装置。⑤将防磨板把合在挡板上，防磨块搭成 八字型焊在护板上，以不妨碍挡板开关为宜。

（4）竖井护条检修。①打开竖井人孔门及密封盖。②在竖井内搭设脚手架。③自上而下拆卸护条。④安装时要检查护条尺寸。自下而上将护条一一装入，并封好密封盖。

**2. 质量要求**

（1）反弹板与上盖检修。①反弹板固定梁无变形。②反弹板目测检查平直。③反弹板之间空隙不大于 2mm。④上盖与框架法兰间应加密封垫料。

（2）护板检修。①检查螺栓孔，无缺陷。②紧固护板螺栓，螺栓与壳体靠牢。

（3）挡板与轴的更换。①挡板轴迎粉面应焊角钢防磨。②挡板转动灵活，90°范围内无卡涩。

（4）竖井护条检修。①护条装入前，应将磨穿的外壳挖补或填平。②如果护钩及出口护条需更换 应在其更换后再装入护条。

**（六）抽炉烟管道检修**

**1. 工艺要点**

（1）对抽炉烟管道内部耐火砖进行全面检查，发现耐火砖有松动或脱落时，要进行修复或更换。

(2) 对抽炉烟管道内部衬管、托架及固定块进行检查。对衬管的连接固定块磨损严重部位进行更换，开焊部位要重新焊接，同时检查衬板的托架，应无任何缺陷。

(3) 磨煤管段的抽炉烟管内部保温材料应定期充填。在充填前将保温层内的煤粉清除，充填后上下两端用捣打料封口，避免保温材料被抽空。

(4) 检查、修复抽炉烟管混合室内的耐火保温材料。

(5) 拆卸混合室滑动密封压紧件，检查更换滑动面密封件。

(6) 定期检查膨胀盒，对密封变形、焊口开裂的要进行处理。

(7) 定期更换检查门上的密封填料。

(8) 冷风门处的捣打料及保温材料要充实完整。

2. 质量要求

(1) 抽烟管道内耐火砖无松动、脱落。

(2) 衬管的连接固定块无开焊。

(3) 衬板的托架应无任何缺陷。

(4) 所用密封填料无损坏、变形或失效。

(5) 抽炉烟管内衬保温材料不得有脱落。

(6) 膨胀盒焊口不得有开焊、漏风。

(7) 检查门密封严密。

(8) 衬管的厚度小于 6mm 时应更换。

(9) 压紧弹簧无损坏、失效，密封件密封严密。

(七) 轴承箱检修

清洗轴承箱，对轴承进行详细检查；更换不符合标准的轴承。

(八) 冷油器检修

1. 工艺要点

(1) 拆卸冷油器。①依次解开水侧及油侧的出入口法兰。②拆卸端盖及橡胶密封圈，抽出冷油器芯子。

(2) 清洗冷油器。

(3) 定期检查冷油器铜管无漏水，个别渗水管可堵塞，堵塞铜管超过 10% 时整体更换。

(4) 更换 O 形密封圈和密封垫。

(5) 进行水压试验。

2. 质量要求

(1) 冷油器管内无油垢，管外无水垢。

(2) 冷油器内堵塞的铜管不得超过 10%。

(3) 不许碰伤、划伤铜管束表面。

(4) O 形密封圈和密封垫均不得老化或损坏。

(5) 水压试验压力为 0.5MPa，保压 5min，无泄漏现象。

(九) 油过滤器检修

清洗过滤器，检查泄漏部位；对磁滤油器要取出磁芯进行清洗。

(十) 油泵检修

1. 工艺要点

(1) 解开电源，拆下油泵电动机。

(2) 拆卸油泵进出口管连接法兰。

(3) 松开联轴器连接螺栓，拆下联轴器。

(4) 拆卸油泵端盖螺栓，将端盖沿轴小心取下，不能损坏密封圈。

(5) 拆卸油泵内部端盖螺栓，将 3 根螺杆及内端盖一同取下，放到指定位置。

(6) 对油泵各部件进行检修，测量各部间隙，并记录。

(7) 按拆卸相反顺序，依次回装油泵各部件。

2. 质量要求

(1) 螺杆与壳体的间隙不许超过 0.20mm。

(2) 在检修中对老化、损坏、磨损的密封圈、密封垫要进行更换，确保密封严密。

(3) 轴径与轴套间隙不大于 0.05mm，油泵修后应无卡涩、摩擦，无异声。

(4) 溢流阀弹簧不得失效。

(5) 油泵与电动机联轴器的轴端间隙为 2～3mm。

(6) 油泵与电动机联轴器轴向、径向间隙差不超过 0.2mm。

(7) 组装油泵时，各部件应清洗干净，保证密封良好。

（十一）拆卸液压联轴器

1. 工艺要点

(1) 拆卸外壳上的温度传感器、刹车盘等部件。

(2) 揭开上盖。

(3) 移出液力耦合器。

(4) 解体液力耦合器。

(5) 解体刹车盘。

(6) 抽出轴（含大伞形齿轮）。

(7) 拆卸轴承，并清洗干净。

(8) 拆移主油泵。

(9) 拆移辅助润滑油泵。

(10) 清洗检查各部件。

2. 质量要求

各部零件不得有裂纹、沟痕，密封面应清洗干净。

（十二）液压联轴器检修

1. 工艺要点

(1) 检查伞齿轮齿面接触率。

(2) 测量伞齿轮齿侧游隙，在伞齿轮上最少进行 4 点齿隙的检查工作，用千分表进行测量。

(3) 用塞尺确定调整瓦片的厚度尺寸。

2. 质量要求

(1) 无负载时接触率在大小齿轮齿形中心，不会超过齿高的 40%。

(2) 两个小伞齿轮和大伞齿轮间的齿侧间隙应为 0.40～0.80mm。

（十三）液压联轴器组装

按拆卸相反顺序依次回装液压联轴器各部件。

# 第五节 给煤机检修

给煤机是制粉系统供给锅炉燃料的主要辅机之一，其作用是按要求的数量均匀地将原煤送入磨煤机中。对于大型锅炉，不仅要求其保证出力，而且还要求有良好的调节性能，以及供煤的连续性、均匀性，以保证锅炉稳定燃烧。

给煤机的种类很多，有圆盘式、皮带式、刮板式和电磁振动式等。大容量锅炉常用的给煤机是皮带式给煤机和刮板式给煤机。

## 一、给煤机检修项目

根据 DL/T 838，给煤机 A 级检修项目如下：

1. 标准项目

(1) 检修给煤机。

(2) 修理或更换下煤管、煤粉管道缩口、弯头、膨胀节等处的磨损。

(3) 清扫及检查锁气器、皮带等。

(4) 检修防爆门、风门、刮板、链条及传动装置等。

(5) 清扫、检查消防系统。

(6) 检查风粉混合器。

(7) 检查、修理原煤斗及其框架焊缝。

2. 特殊项目

(1) 更换整条给煤机皮带或链条。

(2) 更换煤粉管道超过 20%。

(3) 工作量较大的原煤仓修理。

## 二、皮带式给煤机检修

皮带式给煤机由输送带、驱动装置（电动机、减速机、联轴器、液力耦合器、制动器、逆止器）、电动滚筒、改向滚筒、托辊、清扫器、导料槽、机架、拉紧装置、漏斗、安全保护装置等组成，如图 18-17 所示。

皮带式给煤机就是一台小型皮带运输机。用皮带上面的原煤进口处扇形挡板的开度来改变煤层的厚度，或改变皮带的运动速度，都可改变给煤量。皮带式给煤机的优点是煤种适应性广，不易堵塞；缺点是不严密，漏风严重，占地面积大。

（一）减速器检修

1. 工艺要点

(1) 切断电源，拆下联轴器保护罩，解开联轴器，放掉减速器内机油。

(2) 拆卸轴承盖及减速器结合面螺栓，吊去减速器盖，取出齿轮组。

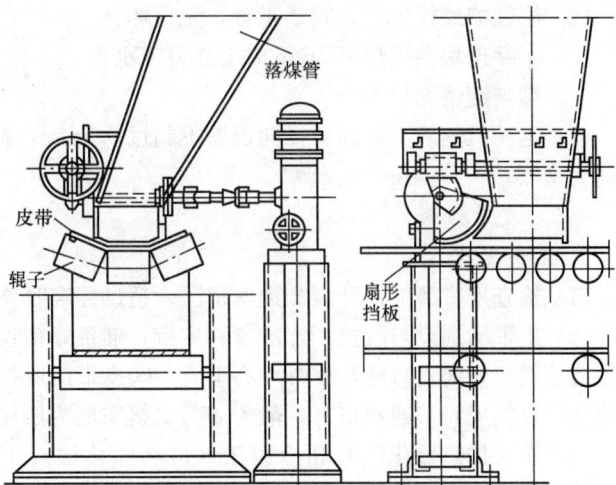

图 18-17　皮带式给煤机

(3) 清扫减速器箱体，检查齿轮与轴。

(4) 检查滚动轴承，测量各部间隙。

(5) 检查减速器外壳，清理结合面旧垫和涂料。对中给煤机要检查分油板，应无变形及损伤。清理油沟畅通。

(6) 检查油位计，清擦油污。

(7) 修理或更换损坏的零件。

(8) 组装各齿轮及轴承，留有推力间隙和膨胀间隙。用压铅丝方法确定结合面处垫厚度。

(9) 组装后盘动高速联轴器，检查，应轻快，无异声。

(10) 加入合格的润滑油。

2. 质量要求

(1) 齿厚度磨损不得超过原厚度的 1/3。轮毂无伤坏，轮毂与轴装配应无松动。

(2) 轴承内外套及珠粒应无麻点及裂纹，砂架完整，轴承锁紧装置正常，无松动。

(3) 机壳不得有裂纹。

(4) 油位计指示正确。

(5) 盘动高速联轴器应轻快，无杂声。

(6) 结合面处无漏油。

(二) 联轴器检修（十字滑块型）

1. 工艺要点

(1) 检查联轴器磨损情况。

(2) 检查联轴器螺栓、胶垫等，应完好。

(3) 检查低速联轴器十字连块，检修或更换磨损的十字连块。

(4) 检查联轴器与轴的装配情况，应无松动现象。

(5) 更换联轴器时要符合图纸尺寸要求。

(6) 联轴器校正。

(7) 安装联轴器保护罩。

2. 质量要求

(1) 联轴器母体无裂纹，螺孔应完整，无变形，与轴装配无松动。

(2) 联轴器螺栓完好，胶垫正常，无损坏。

(3) 十字连块磨损超过 5mm 时要修复或更换。

(4) 键与键槽无损伤。

(5) 电动机侧两半联轴器径向误差不超过 0.2mm，轴向间隙为 0.1～0.5mm，联轴器与保护罩间无摩擦。

(三) 皮带检修

1. 工艺要点

(1) 检查皮带磨损、开裂和跑偏情况，超过标准时要更换。

(2) 皮带的铺设与胶接。①准备新皮带，准备好粘胶材料。②按线的层数加工接口，各刀口位置应放线，横向刀口应与皮带中心垂直。③皮带的胶接工作可按有关运输皮带胶接规程执行。④胶接口可割成直口或斜口（一般为 45°），帆布层为四层以下的皮带不宜采用直口。⑤胶接头可采用热胶法（加热硫化法）和冷胶法（自然固化法）。⑥胶接头应根据帆布层数割成阶梯形。⑦涂胶前阶梯面应干燥无水分，如果需要烘烤，加热温度不得超过 100℃。

(3) 热胶法工艺。①胶浆使用优质汽油（120 号航空汽油）浸泡胎面胶制成，应用时应调均匀，不得有生胶存在。②涂胶一般分两次，第一次涂刷浓度较小的胶浆，第二次涂刷必须在第一次涂刷汽油味已消失和不粘手时进行。涂刷胶浆时要及时排除胶面上出现的气泡和离层，涂胶总厚度应使加压硫化后的胶层厚度与原皮带厚度相同。③硫化时皮带接头应有 0.5MPa 左右的夹紧力，控制好硫化时间和温度。

(4) 冷胶法。①无论采用何种黏结剂，均要严格遵照其说明，按配比调配均匀，但调配时间不宜过早，以防发挥失效。②配胶时要先计算好使用量，分两次涂完，刷胶时的涂胶方法同热胶法。③固化时间应根据环境而定，胶接场所的环境温度低于5℃时，不宜进行冷胶接工作。④固化时胶接头应有适当、均匀的加紧力。

2. 质量要求

（1）皮带边磨损超过20mm，皮带面磨损超过1/3，或开裂、跑偏不能调整时，应更换；胶面无硬化、龟裂等变质现象。

（2）皮带的铺设与胶接。①皮带胶接后拉紧装置有不少于3/4的拉紧行程。②覆盖胶较厚的一面为工作面。③胶接口的上作面应顺着皮带的前进方向，两个接头间皮带长度应大于主动辊直径6倍。④皮带的胶接头胶接试验扯断力不应低于原皮带总扯断力的80%。⑤加工胶接头时不得切伤或损坏帆布层，必须仔细清理剥离后的阶梯表面，不得有灰尘、油迹和橡胶粉末等。⑥胶接头合口时必须对正，胶接头处厚度应均匀，无气孔、凸起和裂纹。

（3）热胶法硫化持续时间与硫化温度见表18-1。

表18-1　　　　　　　　　　热胶法硫化持续时间与硫化温度

| 皮带层数 | 硫化温度（℃） | 硫化时间（min） |
| --- | --- | --- |
| 3 | 143 | 12～15 |
| 4 | 143 | 18～20 |
| 5 | 140 | 25 |
| 6 | 140 | 30 |
| 8 | 138 | 35 |
| 10 | 138 | 45 |

注　1　升温不宜过快，根据皮带层数而定。

　　2　硫化温度达到120℃时，要紧一次螺栓，保持0.5MPa的夹紧力。

　　3　硫化完后，当温度降到75℃以下时可拆卸硫化器。

　　4　胶接头表面接缝处应覆盖一层涂胶的细帆布。

（四）托辊检修

1. 工艺要点

（1）检查托辊表面无损坏，轴承润滑脂未失效；如转动不灵活，要解体检修。

（2）主、从动辊要解体检查轴承，并加油润滑。

（3）更换损坏的滚动轴承。

（4）托辊安装校正。

2. 质量要求

（1）托辊表面应光滑，无毛刺；轴承有润滑脂，转动灵活。

（2）主、从动辊轴承无损坏，珠粒与内外套的间隙不大于0.3mm；内套装配牢固，轴封及密封装置完好。

（3）主、从动辊轴线必须与皮带相垂直，纵横向位置偏差不大于5mm，水平偏差不大于0.5mm，标高偏差±10mm。

（4）安装小托辊时，要使相邻托辊高低差不大于2mm；小托辊应牢固地镶入支架槽内，靠头部滚筒处的几组托辊应与胶带充分接触。

（五）拉紧装置检修

1. 工艺要点

（1）检查尾部拉紧装置的灵活性。

（2）确定调整位置，如果不能调整，应断开皮带，重新粘接。

2．质量要求

拉紧装置应灵活，滑动面与丝杠均应平直；垂直拉紧装置的滑道应平行，升降要顺利灵活。

（六）其他部件检修

1．工艺要点

（1）皮带架子与导煤槽有损坏、变形时应修理。

（2）检查构架，无扭曲变形，弯曲不得超过标准。

（3）检查导煤槽与皮带的平行情况、中心位置。

（4）检查皮带密封装置，更换磨损或损坏的皮带挡板。

（5）刮煤器应完整好用，压紧机构合理。

2．质量要求

（1）构架弯曲不大于其长度的 1/1000，全长不大于 10mm。

（2）构架型钢无扭曲变形。

（3）每节构架中心与设计中心偏差不大于 3mm，标高偏差±10mm，横向水平度偏差不大于3mm，纵向起伏平面度偏差不大于 10mm。

（4）皮带密封装置密封严密，皮带挡板应完整，接触均匀。

（5）导煤槽与皮带平行中心一致。

## 三、刮板式给煤机检修

刮板式给煤机是利用装在链条上的刮板来刮移燃料的，基本结构如图 18-18 所示。煤从进煤管首先落入上台板，由于刮板的移动，将煤带到左边，落到下台板上。下行的刮板又将煤带到右边，经出煤管送往磨煤机。刮板式给煤机可以用煤层厚度调节挡板来调节给煤量，也可用改变链轮转速的方法来调节给煤量。刮板式给煤机的优点是不易堵煤，调节范围大，较严密；其缺点是易卡涩。

（一）箱体检修

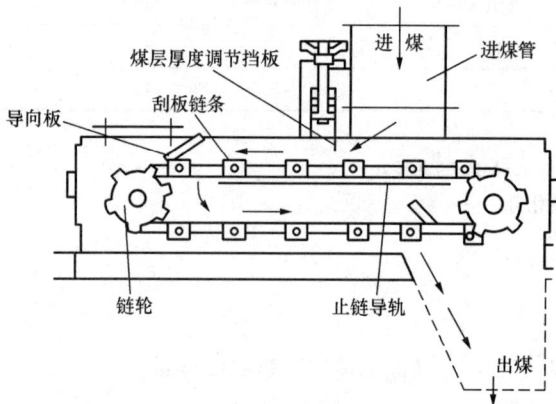

图 18-18　刮板式给煤机示意

1．工艺要点

（1）对变形或磨损超标的箱体进行补焊（或挖补）或更换。

（2）将原结合面变质的垫片清理干净，更换结合面垫片。

（3）检修各检查孔、检修孔，更换老化的密封填料。

（4）检修密封面螺栓，达到好用。

（5）检修煤层厚度调节装置。

2．质量要求

（1）箱体不得有变形，磨损超过原厚度 1/3 时要挖补或更换。

（2）结合面密封无泄漏。

（3）检查孔、检修孔活动灵活并且密封严密。

（4）密封面螺栓齐全。

（5）调节煤层的闸门，应升降灵活。

（二）轮轴检修

1. 工艺要点

(1) 拆下前后轴，对轴承进行清洗检查，测量轴承间隙并做好记录。

(2) 检查前后轴无裂纹、弯曲等缺陷，如果发现缺陷，需处理。

(3) 检查轴承体。

(4) 检查主动轮、尾轮的磨损情况，影响刮板运转时更换。更换主动轮时，需将链及轴承拆下再进行更换，更换尾轮需将尾部轴承拆下后进行。

(5) 更换轴承时应用专用工具用热拆法将轴承拆下；检查新轴承符合标准，轴颈合格，紧力适当；将新轴承加热到100℃装至轴上，再注入润滑油。

2. 质量要求

(1) 轴承与轴无松动，轴承件无麻点、裂纹、重皮、锈蚀，砂架完好。

(2) 轴承径向间隙不得超过0.2mm。

(3) 轴与轴承体无裂纹、磨损等缺陷。

（三）刮板链条与滑道检修

1. 工艺要点

(1) 拆下部分箱体盖，转动给煤机，检查刮板、链节、连接轴的磨损情况。

(2) 更换磨损变形的刮板，首先松开链条尾轮紧固装置，拆下旧链条，将新刮板链节就位，上好链节轴销，轴销帽点焊牢固并调好链条紧度，固定锁紧装置，恢复箱盖。

(3) 对局部弯曲变形、断裂的刮板，可直接用火焊较正修复。

(4) 对磨损严重的滑道、托煤平台应更换。

(5) 链条检修后应试转正常后，方可投入运行。

2. 质量要求

(1) 刮板应平整，与底板间隙符合设计规定，空转无摩擦现象。

(2) 轨道要求平直，水平度偏差不大于长度的2/1000；两轨道之间平行距离偏差不大于2mm。

(3) 链条调整装置有2/3以上调整余量。

（四）驱动装置检修

1. 工艺要点

(1) 拆下联轴器罩及螺栓移位电动机，解开辊子链，卸下机座固定螺栓，移出减速器。

(2) 放掉机壳中的润滑油，拆下联轴器、小链轮。

(3) 检查机壳。

(4) 做好装配印记后拆卸各部件。

(5) 检查骨架密封各结合面垫。

(6) 清洗检查齿轮磨损不得超过规定值，滚动轴承无缺陷。

(7) 检查轴承内外套与轴及箱体。

(8) 清理减速器内部及油面计，修理各部密封材料。

(9) 按装配印记进行安装，注入合格的润滑油。

2. 质量要求

(1) 机壳无裂纹等缺陷。

(2) 骨架密封各结合面垫无损坏、变形、变质及老化现象。

(3) 轮齿磨损不得超过其厚度的1/4。

(4) 轴承与轴无松动，轴承件无麻点、裂纹、重皮、锈蚀，支架完好。

(5) 轴承径向间隙不得超过 0.2mm。

(6) 油质合格，油位计显示正确清晰。

（五）各设备校正中心

1. 工艺要点

(1) 给煤机校正中心。①首先松开轴承箱固定螺栓与密封板螺栓。②以给煤机中心线为基准调整主动轴，使其与中心相垂直。③调整主动轴水平，调整主动齿轮中心与箱体中心在一条直线上。④固定轴承座及密封板。

(2) 减速器校正中心。①减速器校正要在给煤机找正后进行。②把减速器调正与主轴相平行；调整减速器及大小链轮端面。③拧紧减速器地脚螺栓。

(3) 电动机校正中心。①以减速器联轴器为准调正电动机。②移动电动机，达到要求后拧紧地脚螺栓。③安装联轴器及保护罩。

(4) 安装驱动装置传动链。①检查传动链条应无损坏、磨损、拉长等情况；链板及辊轮、轴装配应正确，转动应灵活。②链条应涂足够润滑脂。③检查链轮与链条配合良好，无脱节及卡住现象，上好齿轮罩。

2. 质量要求

(1) 给煤器校正中心。①给煤器中心线与主动轴垂直误差不得超过 5/1000。②主动轴水平误差不超过 2/1000。③校正垫片不得超过 3 片。

(2) 减速器校正中心。①减速器与主轴相平行。②大小链轮端面在同一平面上。③校正垫片不得超过 3 片。

(3) 电动机校正中心。①联轴器的轴向偏差不得超过 0.08mm，径向偏差不得超过 0.1mm。②校正垫片不得超过 3 片。③联轴器传力件受力均匀，并有止退措施。

(4) 安装驱动装置传动链。①大小链轮，轮齿磨损不超过 1/3。②链条无损坏。

### 四、圆盘式给煤机检修

圆盘式给煤机的结构及工作原理如图 18-19 所示。原煤经进煤管落到旋转圆盘的中部，以自然倾角向四周散开并形成一锥形煤堆，圆盘带着煤转动，当煤经过刮板时将煤刮入通往磨煤机的管道中。圆盘给煤机的优点是结构紧凑严密，漏风量小；缺点是煤湿或煤中杂物较多时易堵塞。

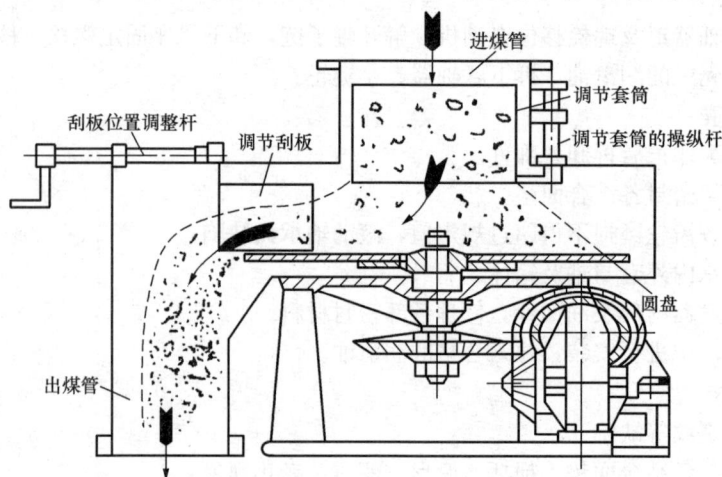

图 18-19　圆盘式给煤机

调节给煤量的方法：用调整刮板位置来调节给煤量；用调节套筒位置来调节给煤量；用调节圆盘转速来调节给煤量。

（一）给煤机本体检修

1. 工艺要点

（1）检查给煤机外壳磨损与损坏情况。

（2）检查转盘磨损变形情况，严重时应更换。

（3）检查煤量调节门磨损情况及调节应灵活，开关应到位。

（4）检查调节门丝杠。

（5）清扫看煤玻璃。

2. 质量要求

（1）给煤机外壳磨损到 2.5～3mm 时应更换。

（2）转盘不平直度不超过 5mm。

（3）煤量调节门与转盘之间的间隙为 5～10mm，开关灵活，位置准确。

（4）调节门丝杠无毛刺、结垢，无损坏。

（5）观察孔玻璃应完整透明应更换。

（二）减速器检修

1. 工艺要点

（1）拆除联轴器，转盘上部的保护罩及转盘。

（2）拆卸轴封装置，测量轴与轴套间隙；超过标准时要更换。

（3）拆卸油管及箱盖，清除润滑油并清洗干净，检查壳体无裂纹。

（4）拆卸主动轴（蜗杆）轴盖及轴承盖，拆卸轴承。

（5）抽出蜗杆，取出涡轮。

（6）清洗涡轮、蜗杆及轴承；检查涡轮，无裂纹及磨损情况，检查蜗杆的弯曲情况；检查涡轮与蜗杆的啮合情况；检查轴承不得有缺陷。

（7）涡轮与蜗杆组装后，用手盘动轻松灵活。

（8）轴承盖安装后应有一定的间隙，用压铅丝法确定。

（9）安装油封。

（10）安装箱盖，先装入 3 个定位销，定位销露出部分不能太高，修理到标准为宜；然后紧固箱盖螺栓，检查轴与轴套修后间隙（0.1～0.3mm）；紧固油封，检查螺栓不允许与转盘摩擦。

（11）减速器加齿轮油，油位到涡轮中心为宜。

（12）安装转盘，轴销应完整，配合紧密，保护套应安装牢固。

（13）联轴器应完整，无裂纹。

（14）联轴器校正。

2. 质量要求

（1）轴与轴套间隙为 0.1～0.3mm。

（2）壳体无裂纹。

（3）涡轮与蜗杆轮齿磨损原厚度 1/3 时需更换。

（4）蜗杆弯曲度不超过 0.04mm。

（5）涡轮与蜗杆啮合不少于 3 个齿。

（6）轴承与轴无松动，轴承件无麻点、裂纹、重皮、锈蚀，砂架完好。

（7）轴承径向间隙不得超过 0.2mm，推力面无磨损。

(8) 轴承盖与轴承应有 0.03～0.10mm 间隙。

(9) 油封密封严密，不漏油。

(10) 定位销露出部分 1～2mm 为宜，紧固油封，螺栓不能与转盘摩擦。

(11) 联轴器与轴的过盈量为 0.005～0.015mm。

(12) 联轴器中心偏差不大于 0.10mm，联轴器之间的间隙为 4～6mm。

(13) 联轴器胶圈应完整，无裂纹及磨损，胶圈与孔应有 1mm 间隙。

（三）煤闸板检修

1. 工艺要点

(1) 检查闸板传动装置，检修牙齿。

(2) 检查闸板，应灵活严密。

(3) 对磨损落煤管应进行挖补或贴补。

(4) 检修捅煤孔、断煤指示器，应完整，操作应灵活，不漏煤。

2. 质量要求

(1) 闸板传动装置牙齿完整。

(2) 闸板操作灵活不漏煤。

(3) 断煤指示器指示准确。

（四）试运

1. 工艺要点

(1) 试转，检查各部位振动值。

(2) 检查无漏油、漏煤。

(3) 检查闸板开关灵活性。

(4) 检查动静部位，无摩擦现象。

2. 质量要求

(1) 齿轮箱振动不超过 0.04mm。

(2) 轴承不漏油。

(3) 煤量调节门与转盘摩擦。

(4) 转盘与外壳不允许有摩擦现象。

(5) 煤闸板操作灵活。

(6) 各部位均不漏煤。

**五、耐压式计量给煤机检修**

耐压式计量给煤机是一种在普通皮带式给煤机的基础上发展起来的皮带传动称量式给煤机。它又分为电子计量和机械计量两种，其工作特点是称量煤流的质量而不是容积。就结构而言，两者基本相同，只行量控制部分有所差异。

耐压式计量给煤机结构如图 18-20 所示。给煤机主要由机体、输送皮带、电动机驱动装置、控制箱、称重装置、皮带断煤报警器、取样装置、底部清扫链条刮板等组成。煤从进口落到皮带上，在进口处皮带上方装有一个裙状板，以利于煤落到皮带上。皮带在电动机驱动下连续运转，将煤输送到出口处，再由落煤管送到磨煤机中。

（一）给煤机计量输送装置的拆卸

1. 工艺要点

(1) 关闭给煤机上下闸板门，切断主机电源、上下闸板门电源，同时关闭密封风门。

(2) 打开给煤机的前后检修门，清扫给煤机内部积煤。

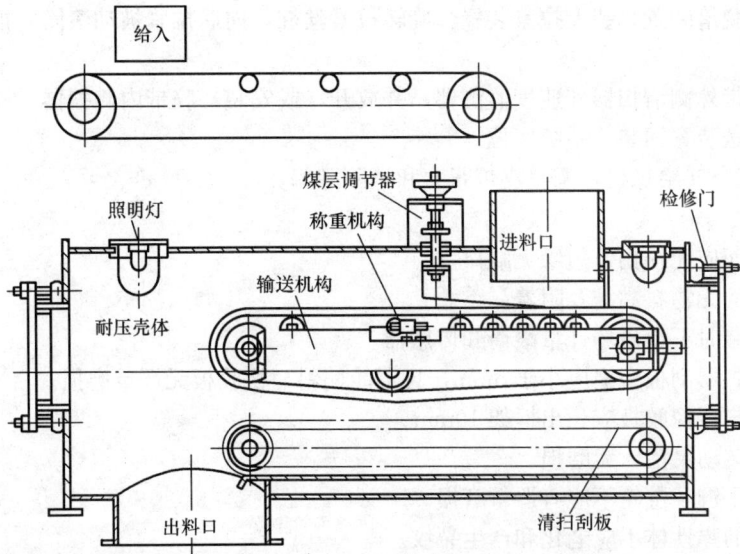

图 18-20　耐压式计量皮带给煤机

（3）拆卸驱动机构的链条罩，调整链条拉紧装置，拆下链条。

（4）松开主动装置的装配螺栓，将主传动装置向外拉出约 5mm，从给煤机前端门观察，联轴器完全脱开后，旋转主传动装置 60°。将 3 个 160mm 长的检修用螺栓旋入原装配用螺栓孔中，以防止主传动装置脱落。

（5）拆下计量装置后端挡板。

（6）用检修平台车将计量装置从壳体中拉出。注意：①拉出计量输送装置时，应使计量输送装置的侧板上的支撑钢管用孔与平台检修车上的夹头中心对齐，并且使夹头上的限位螺栓嵌入对应之处，并使夹头升高，托辊离开轨道约 2～3mm。②用平台检修车将计量输送装送装置拉出到检修场所，采取防止检修车滑动措施。③在拉出计量输送装置过程中，当传感器和测速器的电缆接头露出壳体时，应拆下电缆接头。

（7）检修计量输送装置。

（8）计量输送装置回装与拆卸顺序相反。

2．质量要求

（1）确保停电及风门关闭。

（2）给煤机内无积煤。

（3）计量输送装置在回装过程中，禁止皮带与尖锐物体发生接触。

（4）调整丝杠，使两侧丝杠旋出长度一致。

（二）更换给煤机皮带

1．工艺要点

（1）拆卸给煤机计量装置。

（2）吊出皮带内部清扫器，卸下皮带外部清扫器。

（3）割掉不能再用的皮带。

（4）卸下后部拉紧装置上的挡板，旋转拉紧装置上的丝杠，使被动托辊向前移动。

（5）拉紧装置安装防脱落装置（专用检修工具）。

（6）更换新皮带。

（7）拆卸防脱落装置，装上拉紧装置，旋转拉紧丝杠，向后拉紧被动滚筒，指针位于刻度槽范围内。

（8）装上皮带外侧清扫器和速度监测器，并放开（或安装）胶带内侧扫器。

（9）皮带输送装置回装，系统回位。

（10）无负载空转给煤机，调整皮带张力和消除跑偏。

2. 质量要求

（1）皮带表面应无损伤，边缘无缺口。

（2）皮带表面无物料黏结及附着。

（3）皮带安装时不得碰坏计量滚筒和传感器。

（4）外部清扫器刮板磨损应小于 5mm，且不能偏斜，橡胶板无严重磨损。

（5）内部清扫器橡胶板应长出框架 10mm。

（6）轴承应转动灵活，无磨损。

（7）套筒滚子链及链轮不应有严重磨损。

（8）联轴器的弹性体不应老化和产生裂纹。

（9）计量托辊应转动灵活，不应有跳动及磨损。

（10）滚筒轴弯曲不超过 0.5%。

（三）清扫刮板机构检修

更换断裂的清扫链；更换损坏的清扫链主动轴和轴承；更换损坏的清扫链从动轴。

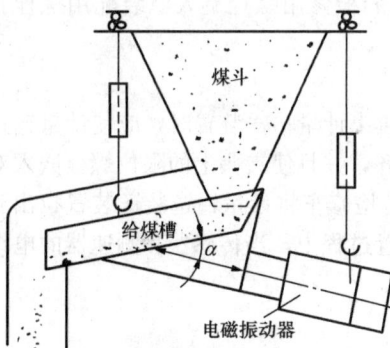

图 18-21　电磁振动给煤机示意

其他部件检修可参照皮带给煤机检修。

### 六、电磁振动式给煤机检修

图 18-21 是电磁振动式给煤机的结构示意，它主要由给煤槽与电磁振动器组成。其工作原理是煤由煤斗落入给煤槽，在振动器的作用下，给煤槽以 50Hz 的频率振动，因为振动器与给煤槽平面之间有一个夹角 $\alpha$，所以给煤槽上的煤就以 $\alpha$ 角抛起，并沿抛物线轨迹向前跳动，均匀地下滑到落煤管中。

电磁振动式给煤机出力的调节，是靠改变线圈的电压从而改变脉冲电磁力的大小来达到要求的给煤量。这种给煤机的优点是结构简单，无转动零部件，不需润滑，体积小，质量小，占地少，耗电少等；其缺点是漏煤、漏风较大。调节性能较差，对煤种适应性差，尤其对潮湿粉状煤粒，出力往往降低很多，还会产生堵塞现象。而当煤质松散较干时，却又会产生自流而无法控制情况。

电磁振动式给煤机检修工艺及标准如下：

1. 工艺要点

（1）检查出煤管、进料斗、原煤斗（仓）、法兰。

（2）检查消振弹簧和吊杆要完好无损。

（3）检查消振弹簧、吊杆的螺栓，振动器与给煤槽要连接牢固。

（4）调整给煤槽与进料斗、出煤管间的游动间隙。

（5）板弹簧的顶紧螺钉要拧紧。调整铁芯与衔铁的空气间隙。

（6）调整给煤机弹簧的固有频率与电磁铁激振力的频率。

2. 质量要求

（1）出煤管与进料斗连接牢固，进料斗与原煤斗（仓）要连接牢固，法兰间应加装橡皮垫条或石棉绳。

(2) 消振弹簧和吊杆要完好无损。调整吊杆长度，使给煤槽与进料斗之间的间隙均匀，给煤槽倾斜角度应符合设计要求。

(3) 消振弹簧、吊杆的螺栓要紧固，不得松动。

(4) 调整后游动间隙，使给煤槽运行中不碰撞。

(5) 调整铁芯与衔铁的空气间隙，一般为 1.8～1.2mm，如空气间隙过大，增大电流时，振幅反而减小；如空气间隙太小，铁芯和衔铁会发生碰撞而损坏。

(6) 要求调整给煤机弹簧的固有频率与电磁铁激振力的频率一致，使之处于共振调谐状态。

## 第六节 给粉机与输粉机检修

### 一、给粉机、输粉机检修项目

根据 DL/T 838，给粉机、输粉机 A 级检修项目如下：

1. 标准项目

(1) 检修给粉机、输粉机。

(2) 修理或更换下煤管、煤粉管道缩口、弯头、膨胀节等处的磨损。

(3) 清扫及检查煤粉仓，检查粉位测量装置、吸潮管、锁气器、皮带等。

(4) 检修防爆门、风门、刮板、链条及传动装置等。

(5) 清扫、检查消防系统。

(6) 检查风粉混合器。

2. 特殊项目

(1) 工作量较大的煤粉仓修理。

(2) 更换煤粉管道超过 20%。

(3) 更换输粉机链条（钢丝绳）。

### 二、给粉机检修

给粉机是在中间储仓式系统中把煤粉由煤粉仓送到一次风管再送至燃烧器的必要设备。为保证正常燃烧，给粉机应能稳定连续供粉，且送粉量应能方便有效地调节。

大、中容量锅炉制粉系统常采用叶轮式给粉机。如图 18-22 所示，它主要由上叶轮、下叶轮、外壳和搅拌器等部件组成。电动机经减速器带动给粉机的叶轮一起转动。煤粉进入给粉机后，首先由搅拌器叶片发至左侧，通过固定盘上的上板孔落入上叶轮，然后由上叶轮拨送至右侧下板孔，最后由下叶轮送至左侧，落入一次风管中。叶轮式给粉机供粉较均匀，不易发生煤粉自流，又可防止一次风冲入粉仓，但其结构较复杂，易堵塞，电耗较大。

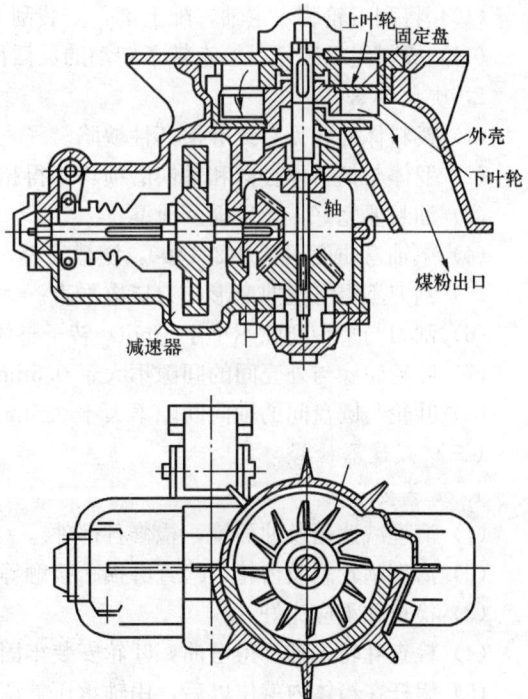

图 18-22 叶轮式给粉机

（一）插板检修

1. 工艺要点

(1) 插板抽出清扫，将积粉及锈垢全部清理干净。

(2) 检查插板密封件，损坏或老化件应更换。

(3) 检查操作装置，更换损坏件。

2. 质量要求

(1) 插板腐蚀厚度超过 1/2 时应更换。

(2) 丝杠螺纹完好，无弯曲；螺母、手轮及操作架无损坏。

(3) 插板应开关灵活，并有开关刻度。

（二）给粉机检修

1. 工艺要点

(1) 放净减速器内存油，拆卸下粉管，松开给粉机上部法兰螺栓，送到检修场地进行解体。

(2) 拆卸电动机地脚螺栓，拆掉联轴器垫木销子。

(3) 解体给粉机拨料段，松开刮刀压紧螺母，拆下刮刀，拆下叶轮。

(4) 松开压紧螺母，拆卸止口螺栓，解体减速器，检查涡轮、蜗杆、轴承及密封等部件。

(5) 检修拨料体零件，组装拨料体。

(6) 清理检查油封，检查注油管，应畅通，管孔与主轴套上的孔应对正，若不通，需拆下重装。

(7) 更换主轴密封毛毡，新毛毡要经过油浸，检修轴封压盖及螺栓。

(8) 检查罗体及扬料体不得有裂纹，安装主轴。先装下罗体，再装计量叶轮，然后装上罗体、穿销，最后安装供给叶轮和上盖板。

(9) 检查刮刀轮。刮刀应无变形，轮毂孔与键槽应完整，内孔为过渡配合。

(10) 将刮刀轮装入主轴，配上键，安装刮刀轮压紧垫，紧固压紧螺母。

(11) 拨料组组装完后检查转子转动的灵活性，刮刀与平台间隙，转子整体上下窜动量。

2. 质量要求

(1) 拨料体外壳无裂纹等损坏性缺陷。

(2) 罗体与扬料体径向和轴向磨损均不得超过 2mm。

(3) 油封要完好，无破损及泄漏。

(4) 主轴弯曲度不超过 2/1000，键槽完整。

(5) 刮刀不得有扭曲变形，刀口应平直。

(6) 刮刀与平台间隙不小于 1mm，转子整体向上窜动量不应大于 1mm。

(7) 叶轮轮缘与外壳间的间隙不大于 0.5mm。

(8) 叶轮与圆盘间的轴向间隙不大于 0.5mm。

（三）减速器检修

1. 工艺要点

(1) 清理减速箱及油面镜，检修各部件。

(2) 清理蜗轮副及齿轮，检查磨损、接触等情况。

(3) 检查轴承应完好。

(4) 检查叶轮主轴不得弯曲，叶轮安装牢固，轴头螺母应有防松装置。

(5) 蜗杆在箱体内就位以后，用轴承压盖调整间隙，用压铅丝法确定压盖加垫厚度，压盖加垫为青壳纸并涂漆片。

（6）检修各结合面、密封口；检查无漏油；法兰面间垫料应涂铅油或水玻璃，放置的垫料不得露出法兰内侧。

（7）根据图纸规定选择传动销与保险销，避免用错。

（8）安装传动轴密封处的密封垫料松紧要适当，不得过紧或过松。

（9）减速器组装后，盘联轴器，动作灵活，无卡涩。

2. 质量要求

（1）减速器齿轮厚磨损超过 1/3 时更换。

（2）减速器轮齿啮合的接触面积大于 50%。

（3）主轴铜套与涡轮体、轴承内孔应同心，与工作面叶轮端面相垂直；其不垂直度不大于 0.4/1000。

（4）滚珠轴承无损坏，珠粒与外套之间的径向间隙为 0.1～0.15mm，轴窜量为 0.3～0.45mm。

（5）严格按图纸使用保险销。

（6）各结合面、密封口不得泄漏。

（四）组装

（1）检查联轴器，键槽应完整无损坏，检修垫木及串钉孔。

（2）将合格的联轴器安装到蜗杆上。

（3）给粉机上部法兰采用厚度为 5mm 的密封垫，吊装给粉机组件。

（4）安装下粉管，结合面加装密封垫。

（五）联轴器校正

1. 工艺要点

（1）电动机就位后，将原来的垫片加装在地脚原位上，检查联轴器对中情况，并调整垫片。

（2）用手盘动高速联轴器，灵活，无卡涩。

2. 质量要求

（1）联轴器的同心度与平行度均不得大于 5/100。

（2）联轴器径向偏差不得超过 0.2mm。

三、排粉机检修

排粉机是制粉系统中供给锅炉煤粉的设备。它的作用是将含有一定量的煤粉气流送入一次（或三次）风管中，经燃烧器进入锅炉燃烧。火力发电厂目前普遍采用的排粉机主要有前弯叶片和后弯叶片离心式排粉机。

如图 18-23 所示，排粉机的结构主要由叶轮、机壳、集流器及轴承等部件组成。

（一）排粉机的检查

1. 工艺要点

（1）联轴器的检查。①拆卸联轴器罩及连接螺栓，将拆下的零件清理干净存放整齐，并做好回装校正标志。②测量联轴器各部间隙，并做好记录。③检查联轴器裂纹、变形等缺陷。④检查连接螺栓，更换不合格的螺栓。⑤检查连接螺栓的橡胶圈，更换不合格的橡胶圈。

（2）叶轮及风室的检查。①拆卸入口弯头，拆卸入口集流器，检查集流器的磨损情况。②拆下入口大盖子，检查磨损情况；拆叶轮前要检查叶轮的装配与磨损情况。③检查叶片、防磨头、防磨板及叶轮盘：有局部裂纹的叶轮及叶盘焊缝，需进行补焊，焊补前应将裂纹清除干净。④检查轮毂与叶轮盘连接的铆钉或螺栓。⑤检查轮毂与主轴配合。⑥检查风室磨损情况，焊补磨损超标部。

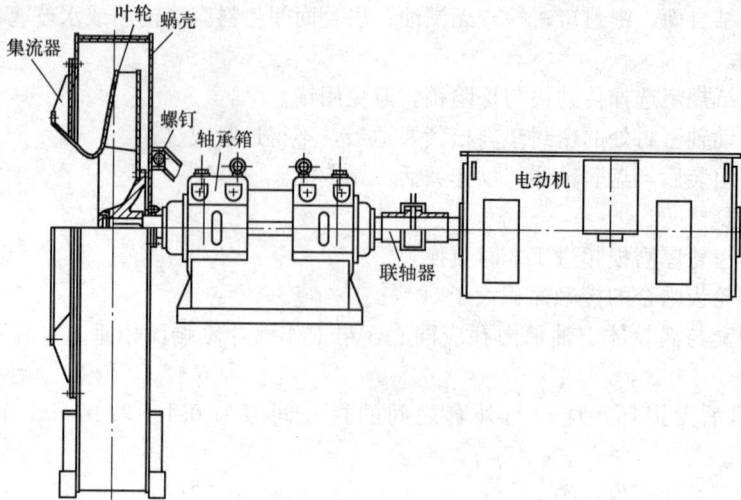

图 18-23  排粉机总图

（3）主轴的检查。①检查主轴，应无裂纹、腐蚀及磨损。②检查主轴，应无弯曲。③检查主轴轴颈圆度。④检查主轴的保护套，应完好。

（4）轴承箱及轴承的检查。①检查润滑油油质，更换油质不合格的润滑油。②检查上盖及端盖螺栓，螺栓应无裂纹、弯曲，螺纹完好，配件齐全；拆卸下的螺栓应清理干净，存放好。③检查、测量轴承箱各部配合间隙，并做好记录。④将轴承清理干净，检查内外套、隔离圈及滚珠。⑤测量轴承间隙及隔离圈的间隙应符合轴承标准，超过标准的应更换。⑥检查并清理油位计；必要时应进行油位计最高和最低的油位对照，一般油位计最高油位不高于轴承最下面一珠粒的中心线，以利于防止轴承漏油，最低不低于轴承最下面一粒珠粒的 1/4～1/3，或最下珠粒滚栏外端面的中心线，防止轴承缺油损坏。⑦检查清理冷却水管及冷却器，当冷却水管及冷却器结垢严重影响冷却效果时，可用 5%～10% 的稀酸进行酸洗，酸洗后应用清水清洗干净。

（5）机壳的检查。①检查机壳衬板的磨损程度，应无裂纹，固定应牢固。②检查机壳及支撑件，应无裂纹，挖补或焊补裂纹。③检查机壳人孔门及轴封。

2. 质量要求

（1）联轴器的检查。①联轴器应完整，无裂纹，无变形，表面光洁，联轴器与轴配合牢固，无松动。②连接螺栓无弯曲变形，螺纹完好，垫圈、弹簧垫、螺母应齐全。③连接螺栓的橡胶圈应无裂纹、老化变质，橡胶圈与联轴器孔之间的间隙不应大于 1mm，与连接螺栓之间不应有间隙。

（2）叶轮及风室的检查。①叶片、防磨头、防磨板及叶轮盘无裂纹、变形。②叶片、防磨头、防磨板及叶轮盘磨损超过原厚度 1/2 时应进行更换，局部磨损可采取挖补或焊补措施。③轮毂与叶轮盘的连接螺栓或铆钉不允许有松动，铆钉头或螺母磨损超过 1/2 时应进行更换或加防磨罩。④轮毂与主轴配合应无松动。⑤风室、集流器及弯头磨损超过 2/3 时，应挖补或更换。

（3）主轴的检查。①主轴无裂纹、腐蚀及磨损。②主轴弯曲不应大于 0.05mm/m，全长不大于 0.10mm。③主轴轴颈圆度差不大于 0.02mm。④主轴保护套应完好，主轴与保护套之间的轴向间隙应为 6～8mm。

（4）轴承箱及轴承检查。①润滑油油质符合要求。②检查滚动轴承的内外套、隔离圈及滚珠，不应有裂纹、重皮、斑痕、腐蚀锈痕等缺陷。③新轴承的径向间隙不得超过 0.2mm。而旧轴承的径向间隙不得超过轴承内径的 1.5/1000。④油位计应畅通、清楚。⑤冷却水应畅通，水量合适，冷却水阀门应开关灵活。

（5）机壳的检查。①机壳内衬板磨损超过原厚度 2/3 时需更换。②机壳及支撑件不得有裂纹。③机壳人孔门及轴应完好，人孔门应能关闭严密，不泄漏，轴封与主轴无摩擦。

### （二）叶轮检修

1. 工艺要点

（1）叶轮检修的准备。①将叶轮平稳吊出，放置在平衡架上，轴颈不得直接与平衡架接触，以免损伤轴颈，固定叶轮，以防其转动。②测量叶轮的径向及轴向瓢偏量，并做好记录。③准备好备品备件及需要的材料。④施工现场必须清洁整齐，照明充足。

（2）叶轮焊补及更换防磨板。①叶片局部磨损严重时可进行焊补及挖补，小面积磨损采用焊补，大面积磨损采用挖补。②叶片焊补时要采用焊接性能好、韧性好的焊条。③每片叶片的焊补质量尽量相等，并对叶片采取对称焊补方式，以减少叶片焊补后叶轮变形及质量的不平衡。④叶片挖补时其挖补块的材料及型线应与叶片一致，挖补块应开坡口，当叶片较厚时，应开双面坡口，以保证焊接质量。⑤叶片的防磨头、防磨板磨损超过标准时需更换，应将原防磨料头、防磨板全部割除，不允许在原有防磨板、防磨头上重新贴补防磨板、防磨头。⑥新防磨板、防磨头与叶片型线应相符，并贴紧，同一类型的防磨板、防磨头每块质量相差不得大于 30g；焊接防磨板、防磨头前应对其配重组合。⑦叶片焊补、挖补或更换防磨板、防磨头后，要用百分表对叶轮进行测量，测量其轴向及径向摆动量，不符合规定时要修复达到标准。⑧叶片焊补、挖补或更换防磨板、防磨头后，均应找静平衡。

（3）更换叶片。①叶片磨损严重时可以更换叶片，但对于后舌弯式机翼型叶片更换时要特别慎重，一般不采用更换叶片。②新叶片的型线、材质、尺寸应与原设计相同。③将需要更换的叶片全部清扫干净，割除时应对称的把叶片分成几组，并对称交替割除；割除与更换交替进行。④新叶片应逐片称重，每片质量误差不超过 30g，并将新叶片进行配重组合。⑤旧叶片割除后应将轮盘上焊迹打磨平整，并在轮盘上划线定位。⑥叶片与轮盘的焊接应采用制作坡口两面施焊。⑦焊接叶片时应交替对称焊接，每片叶片上焊接用的焊条量应相同，焊后应将焊渣清理干净，检查焊缝应平整、光滑、无缺陷。⑧更换叶片后用百分表测量叶轮的摆动量，应符合标准。⑨更换叶片后要找静平衡。

（4）更换叶轮。①检查新叶轮的尺寸、型号、材，应符合图纸要求，新叶轮焊缝无裂纹、砂眼、凹陷及未焊透、咬边缺陷，焊缝高度符合要求。②将轮毂与旧叶轮铆钉或螺栓拆卸，割掉铆钉或螺栓时要注意不损伤轮毂。③将叶轮镶入轮毂中。④轮毂与叶轮采用铆钉连接时，应准备好铆钉和铆枪。⑤轮毂与叶轮采用螺栓连接时，螺栓与孔之间配合为滑动配合，不得有间隙，螺母应紧牢固并与轮盘点焊牢固。⑥精确测量主轴轴颈与轮毂孔的配合公差，当轮轴孔与轴颈之配合达不到标准时，应进行处理。⑦测量键槽与配键。⑧轮毂与轴颈采用热套，先将套装设备安装好，键与键槽对正，然后用火焰将轮毂均匀加热，利用轮毂热膨胀将轮毂与主轴装配到一起；轮毂与轴肩应靠紧。⑨轮毂与主轴装好后，再将封口垫、锁母装好。⑩更换叶轮后应找动平衡。

2. 质量要求

（1）叶轮焊补及更换防磨板。①叶片的挖补块的每块质量相差不超过 30g，并对补块进行配重，对称叶片的质量差不超过 10g。②挖补叶片的焊缝应平整、光滑，无砂眼、裂纹等缺陷，焊缝强度应不低于叶片材料的强度。③挖补叶片及更换防磨头均应对称焊接，每片叶片上焊接的焊条数应力求相同。④焊补或挖补及更换防磨板、防磨头后，要对叶片进行测量，其径向摆动允许值为 3～6mm，轴向摆动允许值为 4～6mm。⑤叶轮找静平衡的静不平衡度不超过 100g。

（2）更换叶片。①叶片磨损 2/3 以上时需要更换叶片。②叶片间隔偏差不大于±3mm，叶片垂直度偏差不大于±2mm，叶片内外圆偏差不大于±3mm。③焊缝应平整光滑，无砂眼、裂纹、凹陷及未焊透，焊缝高度不小于 10mm。叶片的割除与更换必须交替进行。④更换叶片后应测量叶轮的摆动，其径向摆动不许超过 5mm，轴向摆动不超过 8mm。⑤更换叶片后的剩余不平衡质量不超过 100g。

（3）更换叶轮。①新叶轮摆动轴向不超过 4mm，径向不超过 3mm。②检查轮毂应完好，无裂纹及变形。③叶轮与轮毂误差不大于 0.3mm；轮毂与叶轮结合无间隙，并圆周均匀接触。④轮毂与主轴装配前应检查主轴轴颈和轮毂孔，轴颈与轮毂孔应光洁、无毛刺，圆度差不大于 0.02mm。⑤轮毂与轴颈配合紧力为 0.01～0.03mm。⑥键与键槽两侧应无松动，键与键槽上部应留有 0.5～1mm 间隙。

（三）更换轴承

1．工艺要点

（1）检查轴承，存在问题时应更换：①轴承间隙超过标准。②轴承内外套存在裂纹、重皮、斑痕、腐蚀锈痕，且超过标准。③滚珠存在裂纹或存在重皮、斑痕、腐蚀锈痕等缺陷，并超过标准。④轴承内套与轴颈配合松动。

（2）新轴承要经过全面检查，符合标准方可使用。

（3）精确测量检查轴颈与轴承内套孔，符合标准方可进行装配，当达不到标准时需进行修复处理。

（4）轴承与轴颈采用热装配，不允许直接用火焰加热轴承，轴承应放在油中加热，加热温度一般控制在 100℃并保持 10min，然后将轴承取出，套装在轴颈上，使其在空气中自然冷却。

（5）更换轴承后应将密封口垫装好，密封口垫与轴承外套不应有摩擦。

2．质量要求

（1）检查滚动轴承的内外套、隔离圈及滚珠，不应有裂纹、重皮、斑痕、腐蚀锈痕等缺陷。

（2）新轴承的径向间隙不得超过 0.2mm，旧轴承不得超过轴承内径的 1.5/1000。

（3）滚珠直径误差不大于 0.02mm。

（4）轴颈应光滑，无毛刺，圆柱度不大于 0.02mm。

（5）轴承内套与轴颈的配合为过盈配合，过盈量为 0.01～0.04mm。

（四）转子回装就位

1．工艺要点

（1）转子回装前应将轴承底座、轴承外套清理干净，在回装就位时应注意平稳、轻放，防止损坏设备。

（2）校正主轴水平，可以用在轴承座下加减垫片的方法进行调整。

（3）扣轴承盖前应将轴承外套、轴承盖清理干净，并应精确测量轴承盖与轴承外套顶部的间隙，一般采用压铅丝法测量，测量两次，两次结果应相差不大。根据测量结果确定轴承座结合面加垫尺寸，外套顶部是否加垫及加垫的尺寸，以使轴承外套与轴承盖的顶部间隙符合标准。

（4）清理轴承座与轴承盖结合面；扣轴承盖前应在结合面上涂抹密封胶，按测量计算结果的要求配制密封垫，扣轴承盖时，应注意不使顶部及对口垫移位，紧固螺栓时紧力要均匀。

（5）回装端盖时应注意其回油孔应装在下方，并用加减垫片的方法使轴承与轴承外套端部的间隙符合标准。

2．质量要求

（1）主轴找水平，水平误差不超过 0.1mm/m，调整垫片一般不超过 3 片。

（2）轴承外套与轴承座接触角应为90°～120°。两侧间隙应为0.00～0.06mm，对于新换的轴承还应检查外套与轴承座的接触面，应不小于50％。

（3）轴承外套与轴承盖的顶部间隙符合：①对应稀油润滑轴承，联轴器侧轴承间隙为0.00～0.06mm，叶轮侧间隙为0.05～0.15mm。②对于采用润滑脂润滑的轴承，联轴器侧轴承间隙为0.03～0.08mm，叶轮侧间隙为0.06～0.20mm。

（4）轴承座与轴承盖结合面应清理干净，接触良好。

（5）联轴器端盖与外套端部的间隙为0～0.5mm；叶轮侧端盖与轴承外套端部的间隙为2～4mm。

（6）端盖与轴之间的间隙不小于0.10mm，密封垫应完好。

（五）校正中心

1. 工艺要点

（1）校正中心。

（2）中心校正后，按回装标记回装联轴器，并盘车检查，应无摩擦、撞击等异常。

（3）检查机壳及风箱，无杂物时可封人孔门。

2. 质量要求

（1）联轴器为弹性联轴器时，间隙为4～10mm；联轴器的轴向及径向误差均不大于0.10mm。

（2）联轴器为齿形联轴器时角位移不超过1°。

（六）排粉机试运行

1. 工艺要点

（1）风机检查后应试运行。

（2）在试运行中发现异常现象时，应停止风机运行查明原因；试运行中检测轴承振动。

（3）检查轴承温度。

（4）检查泄漏情况，并处理泄漏部位。

2. 质量要求

（1）风机试运行时间为4～8h。

（2）试运行中轴承垂直振动在0.03mm以内，最大不超过0.09mm；轴承水平振动一般应为0.05mm，最大不超过0.12mm。

（3）轴承温度低于70℃。

（4）风机运行正常，无噪声。

（5）挡板开关灵活，指示正确。

（6）各处密封严密，无漏油、漏风、漏水。

**四、螺旋输粉机检修**

输粉机在中间储仓式制粉系统中用于连接同炉或邻炉不同制粉系统，作输送或分配煤粉之用。输粉机有埋刮板输粉机、链式输粉机、螺旋输粉机等类型，电厂常用的输粉机是螺旋输粉机。图18-24为螺旋输粉机的结构，螺旋输粉机俗称为绞龙。其工作原理是由带有螺旋片的转动轴在一封闭的料槽内旋转，使装入料槽的煤粉由于本身的重力及其对料槽的摩擦力的作用，而不与螺旋片一起旋转，只沿料槽向前运送，形成连续流动。

（一）解体检修

1. 工艺要点

（1）放尽煤粉，拆下轴承端盖、背帽、卡兰等部件，钩出盘根。

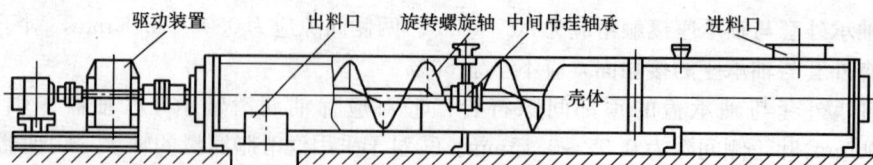

图 18-24 螺旋输送机结构示意

（2）抽出转子检查，更换各部磨损件；如推力侧轴颈磨损需更换，支撑侧轴颈磨损，可以堆焊车加工后再使用。

（3）检查清洗轴承，内外套与砂架应完整。

（4）推力套管的径向或轴向有磨损时应更换，背帽丝扣损坏严重的应更换。

（5）螺旋外壳不得有裂纹，新换螺旋的两段外壳要同心；结合面不允许加垫。

（6）槽体应平直完好，外观无缺陷，用样板检查槽形，偏差不大于 2mm；各段槽体之间法兰及端盖、上盖的连接法兰都要平整，接触良好。

（7）螺旋叶的外圆应光滑，用样尺测量其变形度。

（8）检查吊卡子与吊瓦的接触应严密。检查吊瓦注油管应畅通，上瓦要开有纵向油槽。

（9）轴承解体清洗检查。

2．质量要求

（1）盘根处轴颈磨损超过 3mm 时要更换。

（2）轴承滚珠径向间隙超过 0.3mm 时应更换。

（3）螺旋外壳内壁磨损超过 3mm 时应更换。

（4）每段槽体的弯曲不大于 2mm。

（5）螺旋叶的外径偏差不大于 2mm，轴向及径向晃动度不大于 2mm，每段轴的弯曲不应大于其长度的 0.5/1000，螺旋轮轴两端的联轴器中心偏差不大于 0.2mm。

（二）安装与加油

1．所用部件检查配齐后可进行组装：

（1）就位槽壳并与下粉斗、下粉连接好，下粉管法兰严密不漏。注意：①参照减速器的实际高度，用垫铁校正各轴承座的水平，合格后拧紧槽座及轴承座的螺栓。②将检查合格的槽壳逐段地安在槽座上，应放置涂有水玻璃的密封垫或纸铂垫，垫料不得露出槽壳内壁；然后将各段槽壳及两端轴承连接起来。在连接时用水平尺或吊线法来检查各段槽壳接口处，不得有凸凹不平及折线等现象。③槽体应固定牢固，并且保证膨胀自由。

（2）先在槽壳旁顺槽向排放好各节螺旋轮轴，并在每节螺旋轮轴的一端接好节轴，然后将各节螺旋轮轴依次吊放到槽壳内，并开始逐节地安装螺旋轮轴。

（3）螺旋轮轴安装时应从减速器端开始，在另一端应用支墩临时支撑好，并将轴放平，一直到节轴的联轴器与这段轴承装配完，轴的固定在座上为止。每装好一节，都要用手盘动转轴，检查转动，应平稳灵活，无卡涩、摩擦等现象。

（4）安装吊瓦，调整吊瓦与两端轴肩（或节轴联轴器）距离应相等，各处预留膨胀间隙。

（5）联轴器连接校正找平。

（6）吊瓦与节轴间的轴向间隙可用塞尺测量，轴的水平度可用水平仪测量。如不符合要求，可通过移动轴瓦或吊瓦，改变垫铁等方法调整。

（7）以固定端的轴端联轴器为准，安装减速器齿轮；再以找正好的减速器输入轴联轴器为基准安装和校正电动机，校正完一件固定一件，直到安装完成。

（8）安装完毕后对吊瓦油杯注油，减速器内注入润滑油；最后复查螺旋轮轴的水平，各部间隙合适，盘转轻便灵活，密封良好，可准备试转。

2. 质量要求

（1）各轴承座的水平偏差在长度上不超过±2mm。

（2）槽体平直偏差全长不超过 2mm，槽体弯曲度全长不超过 5mm，中心线标高偏差最大不超过 10mm，横向水平偏差不大于 1mm。

（3）吊瓦与轴颈的顶部间隙为 0.2～0.3mm，两侧不大于 0.15mm。

（4）螺旋叶与槽体间的间隙下部不大于 2～3mm，两边要均匀且偏差不大于±2mm，螺旋叶与槽体不得相互摩擦。

（5）吊瓦安装时要求吊瓦与两端轴肩（或节轴联轴器）间的距离相等，并不大于 10mm。

（6）各段吊瓦处预留的螺旋轴膨胀间隙不大于各段轴长的 0.5/1000。

# 第七节　制粉系统其他辅助设备检修

## 一、原煤仓检修

原煤仓是锅炉储备原煤的容器。一方面它能保证给煤机正常供给磨煤机的用煤；另一方面原煤仓同时也调节了输煤系统与多台磨煤机的供需关系。

煤仓的形状和表面应有利于煤流排出，不易积煤。火力发电厂锅炉的原煤仓宜采用钢结构的圆筒仓形，下接圆锥形（见图 18-25）或双曲线形（见图 18-26）出口段，其内壁应光滑耐磨。

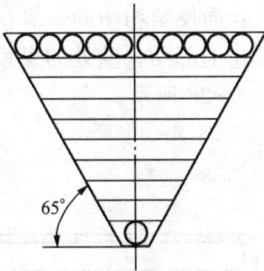

图 18-25　圆锥形煤仓示意　　　　　图 18-26　双曲线煤仓示意

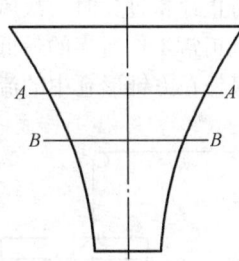

双曲线形出口段截面不应突然收缩，圆锥形出口段与水平面交角不应小于 60°；矩形斜锥式混凝土煤仓斜面倾角不小于 60°，否则壁面应磨光或内衬光滑贴面；两壁间的交线与水平夹角应不小于 55°；对于褐煤及黏性大或易燃的烟煤相邻两壁交线与水平面夹角不小于 65°，且壁面与水平面交角不应小于 70°；相邻壁交角的内侧，宜做成圆弧形。

（一）原煤仓检查

（1）停炉前对原煤仓进行全面检查，确定泄漏部位。

（2）煤仓作业要将原煤放尽。

（3）将原煤仓清理干净，检查铁斗磨损情况、防磨衬板的磨损情况。

（4）检查插板或插棍的磨损情况。

（二）原煤仓检修

1. 工艺要点

（1）挖掉平日补焊的钢板，挖换磨损超标部位。如果四面均需要更换，应逐面进行，否则要采取支撑措施。

（2）方圆节、下煤管、下煤斗等件磨损超过标准时进行焊补处理。

（3）原煤仓内防磨衬板磨损超过标准时应更换。

（4）更换损坏的插板与插棍，检修操作机构。

（5）检修下煤斗各孔门。

（6）下煤斗下边与皮带面之间钢板磨损，间隙大于15mm时要更换。

2. 质量要求

（1）原煤仓钢板、防磨衬板磨损超过2/3适应更换。

（2）方圆节、下煤管、下煤斗更换磨损的部位不得超过1/2，否则应整体更换。

（3）插板与插棍应无有严重变形、磨损，灵活好用；操作丝杠、丝套、齿轮、轴、轴承、手轮等各件均完整，无损坏，修后灵活好用。

（4）下煤斗下边与皮带的距离应为10～15mm。

## 二、煤粉仓检修

仓储式制粉系统必须设置煤粉仓，它的作用是储存一定数量的煤粉，以保证锅炉能连续正常运行。煤粉仓容量能满足2～4h锅炉最大连续出力运行要求。通常情况下煤粉仓必须用非可燃材料（钢或钢筋混凝土结构）制成。它是中间储仓式制粉系统和锅炉燃烧系统连接的纽带，也是保证钢球磨煤机适应负荷需要而又能经济运行的必要设备。

煤粉仓应满足安全和使煤粉以一定的流率连续流出的要求，仓壁倾角不得小于60°，壁面应光滑；如是金属粉仓，还需保持混合，以免仓内潮气冷凝导致堵粉。煤粉仓都要装设吸潮管，利用排粉机入口负压把仓内潮气吸走。煤粉仓内还有测量粉位的装置，如图18-27所示。运行中应控制住最低粉位，防止存粉过少时一次风从给粉机倒流入仓而使给粉中断。煤粉仓内的粉位应周期地降至保持给粉机正常工作所需的最低粉位，以免煤粉仓上部贴仓壁处的煤粉长期积存，发生堵结，甚至自燃。煤粉在方锥形仓中的流动情况示意如图18-28所示。

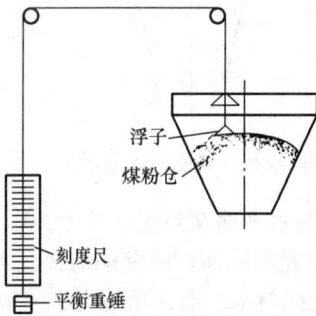

图 18-27 煤粉仓内测量
的粉位的浮子指示器装置

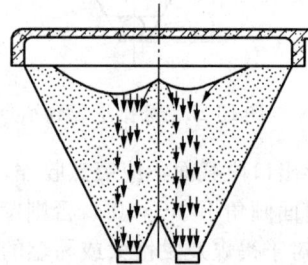

图 18-28 煤粉在方锥形仓中
的流动情况示意

（一）煤粉仓及粉位测量装置检修项目及质量标准

1. 检修项目

（1）清理粉仓。

（2）消除粉仓漏风。

（3）检查或调换粉仓防爆门。

（4）检查或调换测粉装置钢丝绳。

2. 质量标准

（1）粉仓内壁应平整光滑、死角处无积粉。

（2）粉仓应严密不漏风。

（3）钢丝绳无磨损、腐蚀。

（4）滑轮传动应灵活。

（5）测粉锤位置应与刻度指示相符。

（6）防爆门严重腐蚀或裂纹应换新，法兰螺栓齐全，不漏风。

（二）煤粉仓及粉位测量装置检修

1. 清扫煤粉仓

（1）工艺要点：

1）准备好麻绳、滑轮、吊斗、防毒面具、瓦斯试验灯以及煤粉搬运工具。

2）煤粉放尽后进行仓内通风。

3）通风1h以上，用瓦斯灯或其他仪表检查仓内确无毒性瓦斯，仓内空气温度不超过40℃，无煤粉自燃现象，方可进入作业。

（2）质量要求：

1）煤粉仓内无粉。

2）煤粉仓内无毒性瓦斯，通风良好。

3）煤粉仓内空气温度不允许超过40℃。

2. 煤粉仓附件检修

（1）工艺要点：

1）检查粉仓人孔门，更换填料，处理螺栓，保证密封。

2）检查吸潮管磨损、腐蚀情况，挡板应灵活，掏尽内部积粉。

3）下部铁斗检查：①严重变形的部位应更换。②焊口裂纹的应补焊。③连接螺栓应紧固。④消除运行中发现的漏粉部位。

4）检查仓内支撑焊口，发现裂纹、开裂等缺陷时应补焊。

5）检查仓盖，消除漏粉缝隙。

6）检查校对粉标。

7）检查处理粉仓顶部漏点。

（2）质量要求：

1）孔门结合面应平整，垫料完好。

2）各部件达到设计要求。

3）修后无漏风、漏粉等现象。

4）粉仓顶部无漏水缝隙。

### 三、煤粉分离器检修

锅炉制粉系统所用的煤粉分离器有两种。对于直吹系统，均采用磨煤机、分离器一体的结构，对于中间储仓式系统，采用粗粉分离器和细粉分离器。粗、细粉分离器的工作原理相同，是依靠煤粉气流旋转产生的离心力进行分离的。但细粉分离器要求气粉混合物进入分离器的速度较高，在外圆筒与中心管之间高速旋转，产生较大离心力，很快使煤粉气流中的煤粉分离出来。

（一）煤粉分离器检修项目及质量标准

1. 检修项目

（1）检查、修补内外锥体。

（2）检查、整修小门板及传动部件。

（3）检查、整修折向封板及传动部件。

（4）检查或更换防爆门白铁皮。

（5）检验折向挡板开度指示和实际开度的准确性。

（6）检查人孔门。

（7）检查、整修平台，扶梯及栏杆。

2. 质量标准

（1）内外锥体钢板磨损超过原厚的 2/3 时应更换。其检查法可用手电钻打孔检查或用超声波测厚仪检查。局部磨损可以用堆焊、补焊。

（2）折向门挡板、传动装置操作应灵活，销子齐全、牢固。

（3）挡板磨损超过 4mm 时应更换。

（4）挡板无轧刹，开关灵活，整体转动轻便，操作手柄指示开度应与实际开度相符合。

（5）小门板无严重磨损，拉杆动作应灵活，无轧刹现象。

（6）防爆门无严重腐蚀或裂纹，法兰连接处应严密不漏风，螺栓齐全。

（7）人孔门严密不漏。

（8）平台、栏杆、扶梯完整牢固。

（9）出口调分筒中心应和出口管对齐，上下调节机构灵活，调节筒距四周折向挡板的距离应一致。

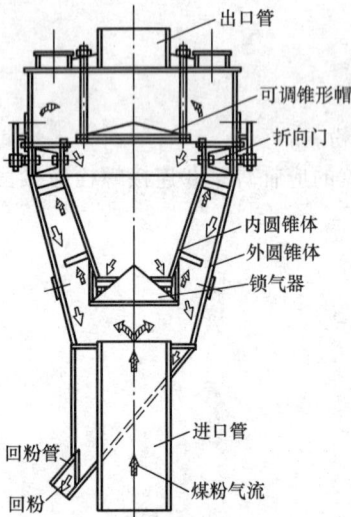

图 18-29　轴向型粗
粉分离器的构造

**（二）粗粉分离器检修**

由于各种原因磨煤机磨出的煤粉的颗粒大小常常是不均匀的，包括一些不合格的粗粉，为了防止过粗颗粒煤粉进入炉膛造成不完全燃烧损失，在磨煤机后一般都装有粗粉分离器。它的作用就是把不合格的粗煤粉分离出来，送回磨煤机重新磨制。此外，粗粉分离器还可以调节煤粉的细度。粗粉分离器多用轴向型，其构造如图 18-29 所示。

粗粉分离器的工作原理：主要通过重力分离、惯性分离和离心分离对煤粉中的粗粉进行分离。

重力分离：在粗粉分离器内，有一定速度的煤粉气流在上升过程中，气流对煤粉有一定的推力。过粗的煤粉因重力大于气流对它的推力而会自行掉下，其他细粉则将继续随气流上升而被带走。

惯性分离：携带煤粉的气流转变方向时，煤粉具有脱离气流的惯性力。煤粉越粗，惯性力越大，有可能超过气流的携带作用力从而使部分粗煤粉从气流中分离出来。

离心分离：煤粉气流旋转流动时煤粒在离心力的作用下有脱离气流的趋向，旋转速度越大，煤粉越粗，则离心力越大，被从气流中分离出煤粉越多，则气流所带出的煤粉也越细。

粗粉分离器检修工艺方法及质量标准如下：

1. 准备工作

（1）在停运前应先检查漏风情况，并做好记录。

（2）准备好检修及照明工具。

（3）拿到开工单后，打开人孔门进行自然通风。

（4）准备好补焊的钢板和需要更换的防爆门。

（5）停运前尽可能抽空磨煤机内煤粉。

2. 检查内部磨损情况

（1）检修工艺：

1）为了检查和修补的方便，应先搭好脚手架，并验收合格。

2）确认内部空气新鲜，做好安全措施后，由人孔门或防爆门进入内部铲除内部积粉，检查内外锥体、管道及内锥体支架的磨损情况并作记录，磨损超标的应进行焊补或更换。

3）进入内部工作时，应使用行灯。

4）操作火、电焊前，应打开板式锁气器检查门，固定锁气器，并在分离器入口管上和锁气器处铺上石棉布，以防火星落入磨煤机内。

5）更换坏的防爆门。

（2）质量标准：

1）应无煤粉堆积现象。

2）内外锥体及管道的厚度应大于或等于2mm，内锥体支架厚度应大于或等于3mm。

3）分离器内部应完好无缺。

4）锁气器动作灵活，轴承应更换润滑脂。

5）防爆门应分两半结合，厚为0.35mm的镀锌铁皮。

3. 折向挡板的检修和调整

（1）检修工艺：

1）检查挡板磨损情况，磨损超限的应予焊补或更换。

2）校验挡板，并调整开度。

（2）质量标准：挡板厚度应大于或等于2mm，挡板应灵活，开度应一致。

4. 封闭

（1）检修工艺：

1）分离器检修工作完毕后，清理内部所有杂物。

2）将结合面铲除干净，用石棉线作垫子，将螺栓均匀扭紧。

（2）质量标准：螺栓应完整无缺，结合面严密不漏。

5. 检修回粉管

（1）检修工艺：

1）根据运行情况判断有无磨损，弯头处磨损情况应每年检查一次，磨损严重的应及时修补或更换。

2）检查回粉管有无煤粉阻塞及泄漏现象，若有应消缺。

（2）质量标准：管壁厚度应大于或等于2mm，回粉管应无阻塞及泄漏现象。

（三）细粉分离器检修

细粉分离器又叫旋风分离器，它的作用是将风粉混合气流中的煤粉分离出来。在分离器内气流高速旋转，由于离心力的作用使煤粉集中于圆筒壁，并沿壁下落至煤粉出口后，储存在煤粉仓中。细粉分离器的煤粉为径向进入，轴向输出。其构造如图18-30所示。

细粉分离器检修工艺方法及质量标准如下：

1. 细粉分离器检查

（1）检修工艺：

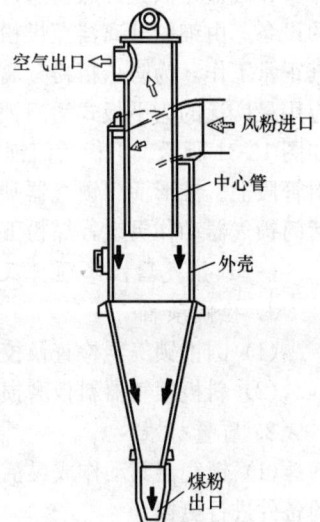

图18-30　细粉分离器结构

1）打开上部人孔门，清除内部积粉，在下部锁气器部装设隔离层，防止杂物落入粉仓。

2）检查隔板磨损情况并做记录，超过标准的部位应更换或贴补。

3）检查钢板的磨损情况及部位，并进行贴补处理。

（2）质量标准：

1）筒壁磨损厚度超过 2/3 时需要采取贴补处理。

2）防磨衬板厚度磨损超过 2/3 时应更换。

3）焊补焊口应平滑，不积粉。

2. 细粉分离器修理

（1）检修工艺：

1）防磨衬板磨损超过标准后应更换。

2）筒壁厚度磨损超过标准后应进行挖补或贴补处理。

3）检修孔门螺栓完整，更换密封垫或石棉绳。

（2）质量标准：

1）各焊缝应严密不漏粉，不漏风。

2）孔门螺栓应完整无损坏。

3. 关门

（1）检修工艺：

1）孔门螺栓涂好铅粉油。

2）关闭各孔门。

（2）质量标准：孔门密封后不得漏粉，不漏风。

### 四、密封风机检修

为防止在正压状态下运行的磨煤机，不严密处有可能向外冒粉，污染周围环境，还可能通过转动部分的间隙漏粉，加剧动静部位及轴承的磨损，并使润滑油脂恶化，为此，这些部位均应采取密封措施，大型磨煤机则安装专用密封风机，送入压力较磨煤机内干燥剂压力高的空气，阻止煤粉气流的逸出。密封风机一般采用离心式风机。

### 五、锁气器检修

锁气器是只允许煤粉通过而不允许空气流过的设备。储仓式制粉系统中锁气器是起密封作用的设备。由细粉分离器至煤粉仓的落粉管上应装锁气器，防止卸粉时空气漏入细粉分离器而破坏其正常工作。为防止粗粉分离器至磨煤机的回粉管气体串通，在该管上也应装设锁气器。电厂中应用最广泛的为平板式活门锁气器和锥形活门锁气器，通常称为翻板式锁气器和草帽式锁气器，如图 18-31 所示。平板活门锁气器可以装在垂直管段上，也可以装在与水平面夹角大于 60°的倾斜管段上。锥形活门锁气器则只能装在垂直管段上。平板活门锁气器不易卡住，工作可靠；锥形活门锁气器动作灵敏，煤粉下落较均匀，严密性较好。

（一）锁气器检修项目及质量标准

1. 检修项目

（1）圆锥锁气器检查及校正。

（2）斜板锁气器斜板磨损情况检查及校正。

2. 质量标准

（1）锁气器其动作成灵活，关闭严密。若锁气器的翻板或草帽有磨损时，则应制作平整光滑的备件进行更换。

（2）圆锥帽、杠杆完好。帽位应正确。

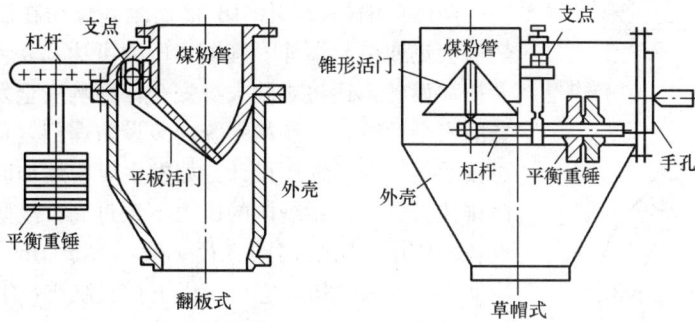

图 18-31　锁气器

（3）圆锥帽在全关闭时，间隙应不大于 0.15mm。

（4）重锤、杠杆和锥帽应保持平衡状态，动作灵活。

（5）斜板锁气器斜板门磨损超过 1/2 厚度或有缺口，应调换。

（6）斜板门全关闭时，结合面应严密。

（二）锁气器检修

1. 检查

（1）解体检查翻板或锥形塞及其部件的磨损情况。

（2）检查轴承、刀刃、刀口等部件，动作应无卡涩。

（3）检查各部漏粉、漏风情况。

2. 检修与调试

（1）检修工艺：

1）锁气器各部磨损超过标准时应更换。

2）检修轴承、刀刃、刀口等活动部件，使它们达到设计要求或图纸规定。

3）检查并进行处理，使翻板或锥形塞的密封部位接触均匀，间隙适当，动作灵活，重锤应易于调整。

4）用水平仪调整斜放式锁气器的重锤杆保持水平。

5）调整使锥式锁气器的锥体保持垂直（关闭状态）。

6）电动锁气器在安装前应按图检查各处间隙，并进行试转，确定转动灵活后再进行安装。

7）校正锥形锁气器的顶杆成直角状态。

8）检查检查门，更换垫料，消除漏风现象。

9）做好试验。

（2）质量标准：

1）锁气器必须灵活，法兰不漏粉。

2）锁气器两端侧轴承应完整，不漏粉，不卡涩。

3）斜放式锁气器重锤与门轴成 45°方向动作。

4）锁气器衬板、门杆、锥体磨损 2/3 时必须更换。

5）锁气器的门板与圆锥筒保持严密，下部应留有 20mm 左右的间隙。

6）检查门的垫料如果老化，必须换新，运行中不允许漏粉。

7）锁气器处回粉管的重锤杆水平度不大于 2/100。

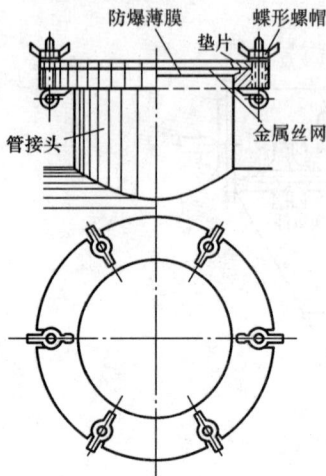

图 18-32　防爆门

（防爆薄膜、蝶形螺帽、垫片、管接头、金属丝网）

## 六、防爆门检修

防爆门的构造如图 18-32 所示。煤粉在制粉系统内发生自燃后会迅速引起爆炸，其爆炸压力可达 2.5 大气压，这样不仅会损坏设备，还将威胁人身安全，影响安全发电。为了保证设备的安全运行，在制粉系统内装设防爆门，负压制粉系统一般可按承压 1.5 大气压设计。如发生煤粉爆炸时，气体可由防爆门排往大气，使系统内的压力不致过高，故防爆门起到了保护设备的作用。防爆门的直径一般不大于 1m。防爆薄膜的强度应低于 1.5 大气压，它可用以下材料制成：①0.5mm 厚的薄铁皮，铁皮上应刻有不穿透的十字沟痕；②0.6～1.0mm 厚的铝板，其上刻有板厚一半的十字形槽；③3～5mm 厚的石棉板。

当用金属板做防爆薄膜时，为了防止薄膜处过冷而引起结露，应在内面衬一层石棉板。又为防止石棉板破碎后掉入制粉系统，在石棉板下应衬以金属丝网。

防爆门的总面积（按平方米计）应不小于制粉系统容积（按立方米计）的 4%（储粉仓不计算在内）。在磨煤机的进出口管道上、粗粉分离器、旋风分离器及其进出口管道、煤粉仓、排粉机前等处均装有防爆门。

1. 防爆门检修工艺

（1）将所属防爆门拆卸，将原有石棉板、油纸清除，清理法兰结合面。

（2）检查防爆门螺栓，有损坏或脱落者应补齐，法兰面变形者应修复。

（3）检查防爆铁皮，有腐蚀、裂纹等应更换，防爆铁皮上应涂有防锈保护层。

（4）重新组装防爆门，螺栓要涂黑铅粉油。

2. 防爆门检修质量标准

（1）防爆门螺栓必须齐全，旋紧时要涂黑铅粉油，法兰面也涂铅粉油。

（2）严格保证防爆铁皮的设计厚度与设计要求。

（3）一般防爆门结构：内层为 5～8mm 的石棉垫，中间为防潮油纸，外层为防爆铁皮；铁皮厚度为 0.25～0.35mm。对于直径 600mm 以上的防爆门预爆线可为单咬口；直径为 600mm 及以下可用划痕方法，划痕深度为厚度的 50%。

（4）防爆铁皮上应涂有防锈保护层。

## 七、煤粉管道检修

煤粉管道是制粉系统输送煤粉—空气（风—粉）混合物的通道，由于煤粉的冲刷能力较强，且泄漏后易对环境造成污染，故管道的严密性和管件耐磨性是衡量其质量的重要指标。

（一）煤粉管道检修项目及检修工艺

1. 准备工作

（1）搭设脚手架，拆保温。

（2）准备好防磨衬板、管径弧板等。

2. 煤机出入口管道检修

（1）磨煤机入口下煤管检查，对日常维护贴焊的钢板均应割除，对磨损超过标准的部位进行挖补；因焊补多次而变形需挖补的面积超过一半时应整体更换。

（2）磨煤机出口法兰上部及弯头处应加防磨衬板，管壁磨损超过标准时应挖补或更换。

（3）检查焊补磨煤机出口防爆三通，安装防磨衬板或采取其他防磨措施。

3. 粗细粉分离器处管道检修

(1) 检查粗细粉分离器出入口管道及弯头磨损情况，磨损超过标准时应挖补更换。

(2) 粗粉分离器出口管道应衬防磨衬板，磨损检修同上。

(3) 细粉分离器的方形弯头内衬防磨衬板，磨损检修同上。

4. 排粉机出口风箱检修

(1) 检查风箱应无变形、漏粉等现象，焊接断裂的加固扁铁。

(2) 焊补漏泄焊口，更换裂纹钢板。

(3) 更换磨损的加固筋。

5. 一次风管检修

(1) 检查一次风管磨损情况。

(2) 检查煤粉混合器、一次风管。

(3) 检查一次风管弯头。

(4) 一次风管可翻身使用。

(5) 一次风管方圆节磨穿成孔时可进行挖补，挖补超过三次时应更换。

6. 三次风管道检修

(1) 检查处理三次风管道磨损、断裂等缺陷。

(2) 检查并消除三次风管道漏风、漏粉。

7. 回粉管检修

(1) 检查回粉管，当磨损超标时可翻管（转180°）使用。再磨损超标时更换。

(2) 处理泄漏部位，挖补或更换弯头。

(3) 处理各部法兰垫处泄漏。

（二）质量标准

(1) 管壁磨损厚度超过原厚度的2/3时应挖补；多次挖补的面积超过一半时，应整体更换。

(2) 防磨衬板磨损超过原厚度的2/3时应更换新衬板。

(3) 所有的焊缝焊实，无严重的焊接缺陷。

(4) 一次风管铸钢弯头磨损余厚不小于5mm，否则应更换。

(5) 一次风管普遍磨损超过2/3时应全部更换。

(6) 回粉管磨损不超过原壁厚的2/3。

(7) 回粉管翻身时，应保持原有的斜度和弯度，焊口内部需光滑。

(8) 修补的煤粉管道要严格保证内径尺寸或弧度。

# 第十九章 回转式空气预热器检修

## 第一节 检修工作内容

### 一、熟悉设备

#### （一）回转式空气预热器的结构

1. 回转式空气预热器的整体构造

回转式空气预热器的整体构造如图 19-1 所示。

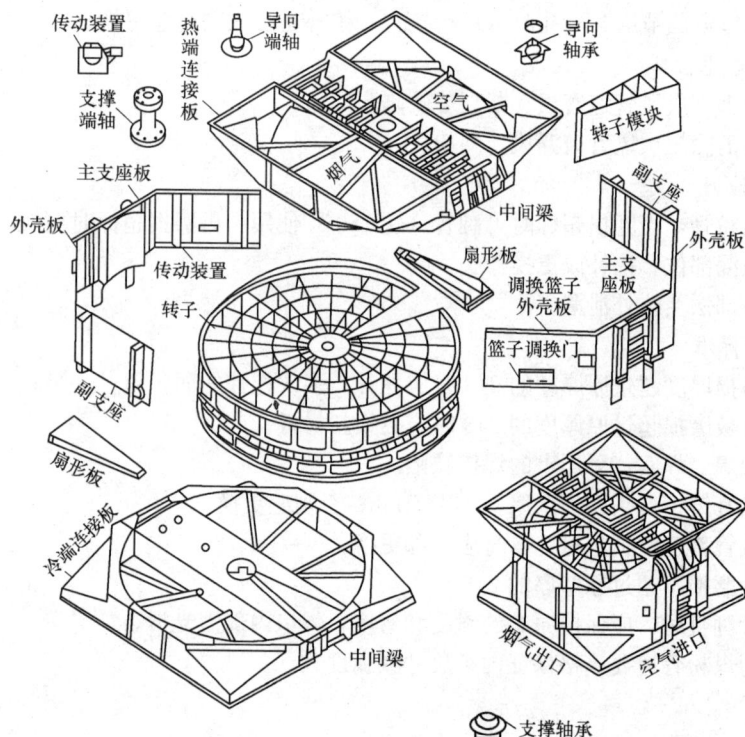

图 19-1 回转式空气预热器结构图

2. 主要部件及构造

（1）机壳。回转式三分仓空气预热器壳体呈九边形，由 3 块主壳体板、2 块副壳体板和 4 块侧壳体板组成，如图 19-2 所示。

（2）转子。转子是装载传热元件（波纹板）并可旋转的圆筒形部件，其外形似转鼓。为减轻质量，便于运输及有利于提高制造、安装的工艺质量，转子采用组合式结构，它主要由空心转轴、形模块框架（或称模数仓格）及传热元件（大量波纹板构成）等组成。

（3）轴承。回转式空气预热器的转子采用冷端支承方式，在转子的上、下端轴各设置导向轴

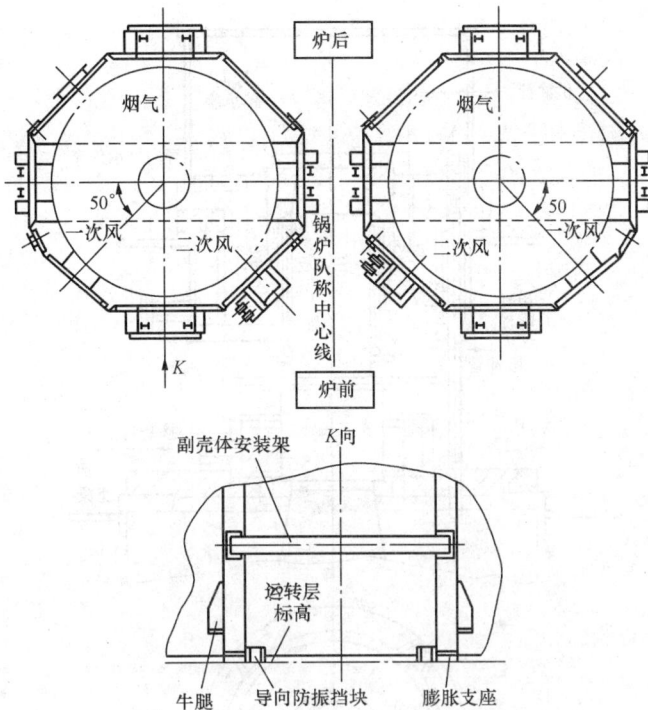

图 19-2　回转式三分仓空气预热器壳体

承（见图 19-3）和支承推力轴承（见图 19-4）。

（4）润滑油循环系统。支承轴承和导向轴承的润滑要求较高，为此每台空气预热器的支承轴承和导向轴承都配置有独立的润滑油循环系统（或称稀油站）。

（5）传动装置。传动装置是提供转子转动动力的组件，预热器的传动装置主要由主电动机（主驱动设备）、辅助空气电动机或辅助电动机，液力耦合器、减速器、传动齿轮、传动装置支架等组成。电动机经联轴器传动减速器，后依靠减速器输出轴端的齿轮和转子外周下部围带上的柱销啮合面驱使转子转动。

为确保预热器转子运转的可靠性，即保证在厂用电中断，锅炉停炉时，仍维持回转式空气预热器转动（如果停转，烟气侧与空气侧温度不同而导致变形），回转式空气预热器必须设置主、副两套传动装置，即利用具有两个不同供电电源的主电动机和辅助电动机，有的不用副电动机而用辅助气动马达，它们分别与减速器的两个输入端轴相连接，构成主、辅两套传动装置，使转子能分别接受主、副驱动装置的驱动。

（6）密封装置。对于回转式空气预热器，漏风是个很重要的问题。造成回转式预热器漏风的情况有间隙漏风（或称密封漏风）和携带漏风两种。回转式预热器是转动机械，其转动的转子与静止的机壳之间总是存在一定的间隙，由于预热器内的空气区（一次风仓和二次风仓）呈正压，而烟气区为负压，空气区和烟气区之间存在压差，就导致一部分空气通过空气区与烟气区的交界处的间隙而漏到烟气中去，这种经动静之间间隙的漏风称为间隙漏风。为了减少这些漏风，相应的部分需设置密封装置。

径向密封装置用以防止和减少预热器中空气沿转子的上、下端面通过径向间隙漏到烟气区的漏风量，还可以减少一次风区沿转子的上下端面通过径向间隙漏到二次风区的漏风量。预热器的径向密封装置如图 19-5 所示，它主要由密封扇形板、径向密封片以及间隙调整装置等组成。

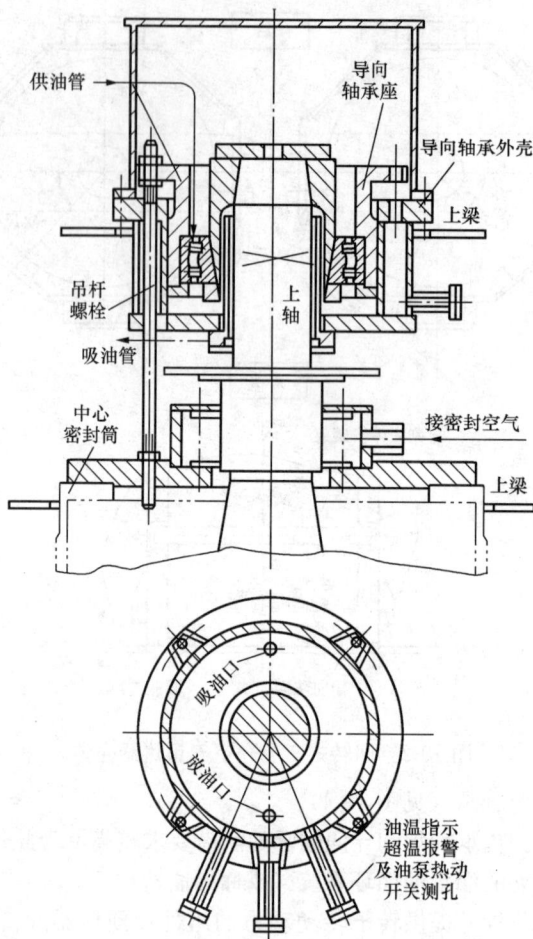

图 19-3　上部导向轴承外部结构

供油管
导向轴承座
导向轴承外壳
上梁
吊杆螺栓
上轴
吸油管
中心密封筒
接密封空气
上梁
吸油口
吸油口
油温指示超温报警及油泵热动开关测孔

　　轴向密封装置是为了减少空气在转子周围沿其周向漏入烟气区而装设的密封装置。轴向密封板装置的结构示意如图 19-6 所示，它主要由弧形密封板、支架、调整螺栓及保护罩等所组成，每块轴向密封板上各有 4 个调整螺栓，分两层布置。

　　环向密封装置包括转子外周上、下端处的旁路密封和中心筒密封两个部分。

　　旁路密封也称周向密封，其结构如图 19-7 所示。中心筒密封片由 1.5mm 厚的柯坦钢弯制而成，固定在转子中心筒的热端和冷端端板的圆周上，并随转子一起旋转。

　　（二）了解空气预热器的各项参数、特性及技术要求

　　回转式空气预热器主要技术规范如下：

　　1. 空气预热器基本参数

　　（1）预热器的基本参数，包括生产厂家、形式、型号、台/炉、转子（直径、质量、高度）、传热元件的材质和规格等。

　　（2）传动装置各个驱动装置（电动机、辅助电动机、盘车电动机和空气马达）的型号和主要参数、减速箱（型号、润滑油等级、润滑油数量）、主减速比、辅减速比、盘车减速比、转子转速（分别为主驱动、辅助驱动及盘车时的转速）、离合器（型号、润滑油等级、润滑油数量）。

　　（3）转子轴承组件的（推力轴承组件和导向轴承组件）型号和代号及润滑油的等级和油数量。

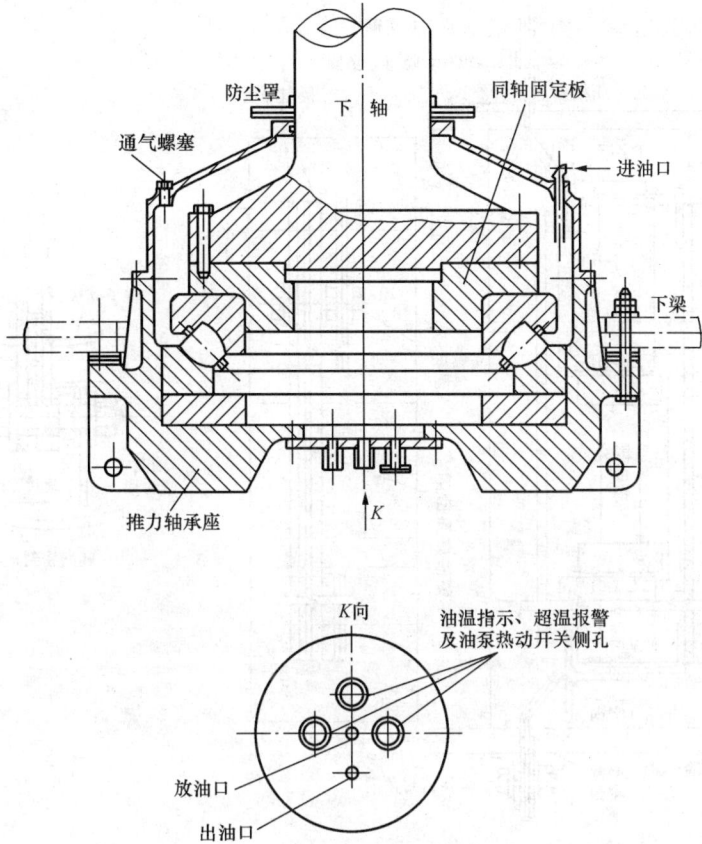

图 19-4　推力轴承结构

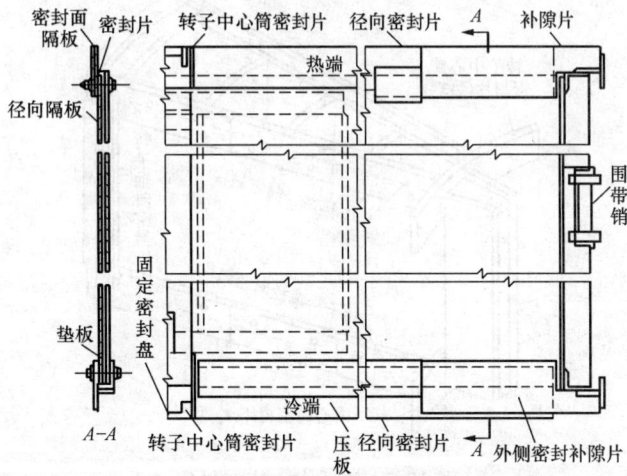

图 19-5　预热器的径向密封装置

（4）润滑油系统的油泵型号、功率，电动机型号、主要参数，滤油器，热交换器等。

（5）吹灰系统各个吹灰器的型号、数量和布置及吹灰介质的压力和温度等。

（6）冲洗系统中冲洗装置的型号、数量、布置及冲洗水的压力、温度、水量和 pH 值等。

（7）消防系统中消防装置的型号、数量、布置及消防水的压力和流量。

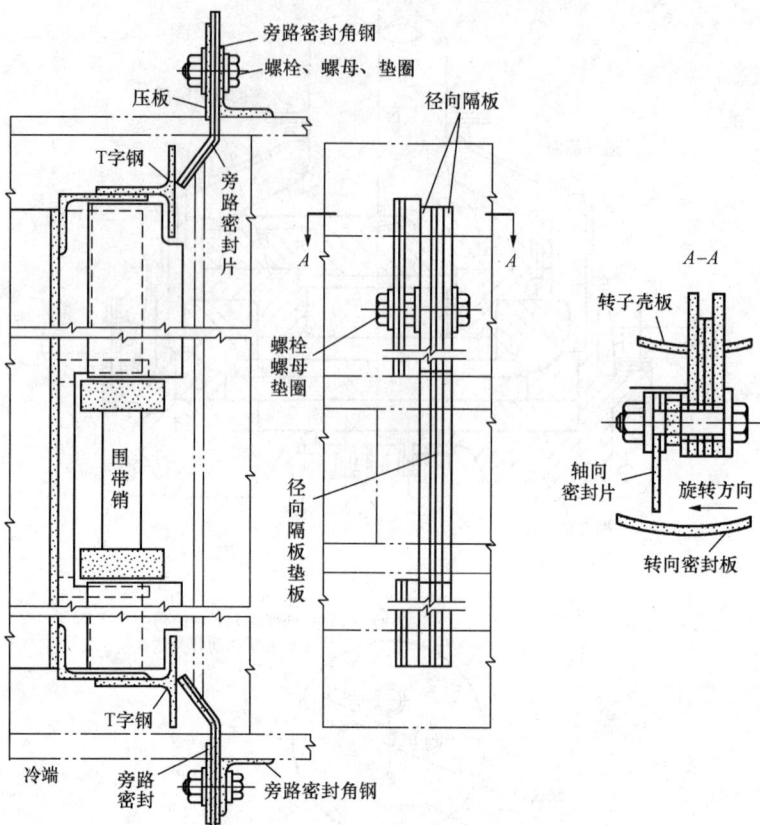

图 19-6  轴向密封板装置的结构

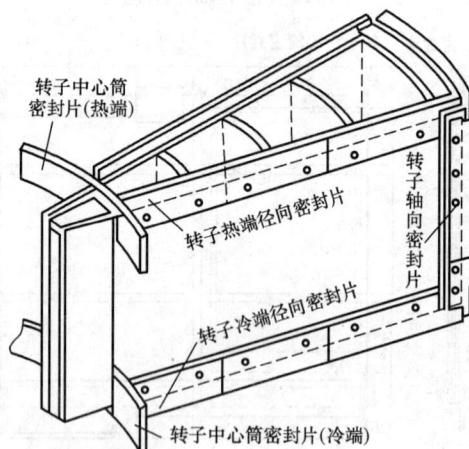

图 19-7  转子中心筒密封片

(8) 暖风器的型号、数量、布置方式、蒸汽温度及压力，进出风温等。

(9) 空气预热器的报警系统。

(10) 漏风控制系统。

2. 空气预热器的性能参数

空气预热器的性能参数如表 19-1～表 19-6 所示。

**表 19-1**　　　　　　　　　　　空气预热器传热元件的性能参数

| 序号 | 设备名称 | 单位 | 设计参数（额定负荷） | 备注 |
|---|---|---|---|---|
| 1 | 换热面积 | m² | | 单面或双面 |
| 2 | 热端层传热元件高度 | mm | | |
| 3 | 中间层传热元件高度 | mm | | |
| 4 | 冷端层传热元件高度 | mm | | |

**表 19-2**　　　　　　　　　　　空气预热器烟气与空气流量的性能参数

| 序号 | 设备名称 | | 单位 | 设计参数（额定负荷） | 备注 |
|---|---|---|---|---|---|
| 1 | 空气预热器进口烟气量 | | kg/s | | |
| 2 | 空气预热器出口烟气量 | | kg/s | | |
| 3 | 空气预热器进口空气量 | | kg/s | | 分一次风、二次风 |
| 4 | 空气预热器出口空气量 | | kg/s | | 分一次风、二次风 |
| 5 | 漏风率 | 一次风 | % | | |
| | | 二次风 | | | |

**表 19-3**　　　　　　　　　　　空气预热器烟气与空气温度的性能参数

| 序号 | 设备名称 | 单位 | 设计参数（额定负荷） | 备注 |
|---|---|---|---|---|
| 1 | 空气预热器进口烟气 | ℃ | | |
| 2 | 空气预热器出口烟气 | ℃ | | |
| 3 | 空气预热器进口空气 | ℃ | | 分一次风、二次风 |
| 4 | 空气预热器出口空气 | ℃ | | 分一次风、二次风 |

**表 19-4**　　　　　　　　　　　空气预热器烟气侧与空气侧流动阻力的性能参数

| 序号 | 设备名称 | 单位 | 设计参数（额定负荷） | 备注 |
|---|---|---|---|---|
| 1 | 烟气侧 | kPa | | |
| 2 | 空气侧 | kPa | | 分一次风、二次风 |

**表 19-5**　　　　　　　　　　　空气预热器烟气与一、二次风压差的性能参数

| 序号 | 设备名称 | | 单位 | 设计参数（额定负荷） | 备注 |
|---|---|---|---|---|---|
| 1 | 进口烟气与 | 一次风 | kPa | | |
| | | 二次风 | | | |
| 2 | 出口烟气与 | 一次风 | kPa | | |
| | | 二次风 | | | |

**表 19-6**　　　　　　　　　　　空气预热器电动机电流的性能参数

| 序号 | 设备名称 | 单位 | 设计参数（额定负荷） | 备注 |
|---|---|---|---|---|
| 1 | 主电动机 | A | | |
| 2 | 辅助电动机 | A | | |
| 3 | 盘车电动机 | A | | |

## 二、查阅档案

（一）了解空气预热器的运行情况

（1）运行中发现的缺陷、异常和事故情况。

（2）进出口烟气温度、进出口空气温度。

（3）空气预热器风、烟阻力值。

（4）运行中驱动电动机电流值、电流波动值。

（5）运行中转子的轴向、径向跳动情况。

（6）轴承组件及润滑油系统的运行状况。

（7）查阅试验记录，了解空气预热器的漏风状况（在检修前应做一次空气预热器的漏风测试）。

（二）了解空气预热器的检修情况

（1）上次检修总结报告和技术档案。

（2）日常维护记录。

## 三、编制检修工程技术、组织措施计划

（一）检修工作内容

回转式预热器的 A 级检修项目如下：

1. 标准项目

（1）清除空气预热器各处积灰和堵灰。

（2）检查、修理和调整回转式预热器的各部分密封装置、传动机构、中心支承轴承、传热元件等，检查转子及扇形板，并测量转子晃度。

（3）检查、修理进出口挡板、膨胀节。

（4）检查、修理冷却水系统、润滑油系统。

（5）检查、修理吹灰装置及消防系统。

（6）检查、修理暖风器。

（7）漏风试验。

2. 特殊项目

（1）检查和校正回转式预热器外壳铁板或转子。

（2）更换回转式预热器传热元件超过 20％。

（3）翻身或更换回转式预热器转子围带。

（4）更换回转式预热器上下轴承。

（二）检修组织措施计划及其他

（1）人员组织及分工。

（2）施工进度表。

（3）劳动安全和卫生保护措施。

（4）质量保证及技术措施。

（5）主要工具、器具明细表，主要备品、配件及主要材料明细表。

（6）检修工序卡（为保证检修质量，在施工过程中宜使用工序卡）。

## 四、施工场地要求

（1）空气预热器的检修应设有充足的检修场地，检修场地应设有充足的施工电源及照明。

（2）应搞好定置管理。

（3）应配置足够的消防器材。

## 五、安全

施工过程的安全要求应符合《电业安全工作规程》(热力和机械部分)的规定。

# 第二节 传热元件检修

回转式预热器传热元件的检修项目包括标准项目和特殊项目。

标准项目包括预热器清灰和冲洗及预热器转子的传热元件组件及结构件的磨损腐蚀检查。

特殊项目包括预热器清灰和冲洗、预热器转子的传热元件组件及结构件的磨损腐蚀检查和传热元件的更换。

## 一、传热元件的吹扫

当传热元件的积灰情况轻微(可根据空气预热器运行中的风、烟阻力判断)时,可在空气预热器停运后用具有一定压力(约 1.2~1.3MPa)要求的压缩空气对传热面、转子表面及风、烟道进行吹扫,吹扫工作由上而下进行。吹扫期间应全开所有送、引风机风门挡板,以使锅炉具有一定的负压,保持空气预热器具有良好的通风。

## 二、传热元件的清洗

### (一)传热元件清洗的目的

传热元件清洗的目的,是沉积在空气预热器传热面上的积灰不能用吹灰装置或压缩空气清除时,用具有一定水质要求的水冲洗,以使空气预热器保持可以接受的流通阻力和换热效率。

### (二)传热元件清洗前的准备工作

(1)根据空气预热器的检修记录、运行状况,确认传热元件的积灰程度。

(2)根据传热元件积灰的程度选择水清洗的方法。当积灰比较松软,具有高的可溶性时,可选用固定式水清洗设备(空气预热器生产厂家配套提供的水清洗设备)进行清洗;当积灰较硬、具有较低的可溶性时,可选用压力较高的专用清洗设备进行清洗;当积灰坚硬甚至是烧结型的,已很难用水清洗干净时,可将传热元件盒解体进行清理。

(3)传热元件的清洗一般是在停炉状态下,且应有足够的清洗及干燥时间。

(4)确保空气预热器传动装置工作正常。

(5)确保清洗装置工作正常。

(6)确保清洗水源充足。

### (三)清洗的方法

1. 用固定式水清洗设备清洗

当定期吹灰无法去除换热元件的积灰而保持换热元件的洁净,则应分析原因。当空气预热器的阻力超过设计值且小于设计值的 130%时,应采用低压水冲洗。低压水洗装置与蒸汽吹灰设计为一体,即为电动半伸缩式双枪结构。水洗管上有足够的喷嘴可以覆盖整个转子表面,用以清除热端和冷端元件上的沉积物。

水洗后必须检查换热元件表面看是否需要进一步水洗。必须注意的是,一旦使用水洗,就要一次将换热元件彻底清洗干净,否则留在元件表面的沉积物在空气预热器带负荷时将变成硬块,一般来说再次水洗将难清除这些硬块。因此,在机组带负荷之前一定要确保换热元件表面干净。为减少水洗时间,避免由此产生的腐蚀,建议将冲洗水的温度提高至 50~60℃为宜。

水洗通常是在低转速条件下进行,因而在烟气侧和空气侧都应装设疏排水斗。建议在空气预热器卸负荷前应作好水洗准备,以便在换热元件温热状态时(比环境温度高出约 30~40℃)进行水洗,此时水洗效果较好。

（1）清洗的具体要求。

1）清洗工作宜在空气预热器入口烟温降到 200℃时开始（为防止空气预热器发生永久变形，要求烟温不高于 200℃），在 80℃之前结束。

2）进行清洗工作前，先将空气预热器灰斗内的积灰排放干净。

3）清洗过程中，全停送风机、引风机，采用辅助传动装置，使空气预热器低速旋转。

4）清洗水温以 60～80℃为宜，并确保排水管道畅通。

5）如遇酸性沉积物，可在清洗水中加入适量的苛性钠或其他碱性物品以提高清洗效果。

6）清洗水压可以按传热面总高度选定。清洗水量取决于空气预热器的大小。

7）按先冷端后热端的顺序对冷端和热端传热元件交替进行清洗，在清洗水量及水压能满足要求的情况下，冷端和热端清洗工作可同时进行，有多台空气预热器时，清洗工作可同时进行。

8）在清洗过程中，应定期检查排水，当排水所带灰粒较少且排水的 pH 值达到 6～8 时停止清洗。

9）清洗工作完成后，关闭清洗水源，确认阀门无泄漏，关闭排水阀。

10）清洗工作完成后立即进行传热元件的干燥工作。干燥过程中保持空气预热器转子转动，停送风机、引风机，全开空气预热器进出口风、烟挡板，当空气预热器再次投入使用之前，必须确保所有传热元件已经完全干燥。

11）检查传热元件的清洗效果。从每一层中取出一些典型的元件盒，拆开检查，以每块传热元件表面无积灰及沉积物为合格。

（2）清洗过程的注意事项。

1）空气预热器进行水洗完毕后需用热风干燥，以防空气预热器和其他设备锈蚀。

2）当空气预热器阻力超过设计值的 30% 时且换热元件堵灰严重，这时应尽早进行高压水冲洗。

3）水洗时要尽量一次将换热元件表面清洗干净，否则会缩短空气预热器换热元件的使用寿命。水洗后部分遗留下来的沉积物在空气预热器重新投用后结成硬块，下次水洗就无法将其彻底清除。因此，如发现换热元件一次水洗不干净，则应再进行一个循环。

2. 专用清洗设备清洗

当用常规（若固定式）清洗设备已很难将积灰清除干净时，可在冷炉后采用专用清洗设备清洗。

（1）根据积灰的实际情况，选择恰当的清洗水压及清洗水量。

（2）采用普通清洗水或碱性水 pH>11。

（3）如在空气预热器内部无法保证清洗质量及工作的安全，则应将传热元件盒从扇形仓格中逐一吊至外部进行清洗，直到清洗干净为止。

（4）清洗后应注意传热元件的干燥，防止腐蚀。

3. 传热元件盒解体清理

（1）当传热元件积灰已经烧结，难于用水清洗干净时，应对传热元件盒进行解体，然后用机械方法清理每块传热元件表面的积灰，再按要求重新组合。

（2）当传热元件的数量或形状变化无法恢复原样时，应按制造厂设计要求，重新配置合理的传热元件，不得任意变更传热元件间的间距及传热元件的数量，以免影响空气预热器的传热性能。

**三、传热元件的检查**

1. 传热原件检查的内容

传热元件的检查应包括传热元件及传热元件盒的检查，其内容如下：

（1）检查传热元件的腐蚀、磨损、变形。

（2）检查传热元件板厚，如有需要，进行测量。

（3）检查传热元件的组合情况。波纹板及定位板应保持正确的几何形状和组合方式；波纹板与定位板之间应压紧，不应有任何松动（除厂家有特殊规定外），否则应考虑插入波纹板或定位板。

（4）检查传热元件盒框架的腐蚀、磨损、裂纹、脱落、变形，着重检查热端传热元件盒框架焊接部件的裂纹及疲劳情况。根据检查情况，对框架进行修复。

（5）检查传热元件盒支撑架。支撑架应无变形、无严重磨损，焊口无裂纹。

（6）检查传热元件盒与扇形仓各边的间隙，间隙应符合设计要求，一般不大于8mm。

（7）对于冷端传热元件为陶瓷的，应检查陶瓷的破碎情况，并对残余碎陶瓷进行清理及更换。

2. 传热原件检查时的注意事项

（1）波纹板及定位板应保持正确的几何形状，除制造厂有特殊规定外，相互之间不应有任何松动。

（2）支撑架应无变形、无严重磨损，焊口无裂纹。

### 四、更换传热元件

1. 传热原件需要更换的情况

当发生以下情况之一时，应对传热元件进行更换（视情况或局部或全部进行更换）：

（1）当传热元件磨损或腐蚀严重，影响传热效果或运行安全时。

（2）当传热元件磨损减薄到原壁厚的1/3时。

（3）堵塞严重，无法清理时。

传热元件的更换必须保证正确的几何形状及数量的组合。

2. 传热元件更换的工艺方法及注意事项

（1）冷段受热面。①拆卸外壳上的外层冷段受热面调换门。②人工盘动转子，使内层冷段受热面门对准调换门，拆卸门上螺母，取下门。③用专用钩子或链条葫芦拉出波形板框架。

（2）检查波形板、定位板，结灰严重的应予清理，腐蚀严重的就予更换。

（3）波形板的清理、更换方法为：①按框架编号取出波形板，不要搞错。②用钢丝刷清理污垢、结灰。③整理波形板，按框架编号将波形板装入框架内，并用榔头敲击、理平。

（4）将框架按编号装入预热器内。

（5）每当转子转到30°时，依次装入波形板框架和装复内层受热面门，最后装复外层冷段受热面调换门。

（6）热段受热面。①检查波形板、定位板的积灰、腐蚀情况，积灰严重的应予清理，腐蚀严重的需更换。局部被蒸汽吹坏的，则应予局部更换。②波形板换新方法同冷段。

3. 质量标准

（1）波形板与定位板必须离开，波形板的波纹方向应一致，框架内的波形板与应松动，且不露出框架平面。

（2）内层受热面门和外层受热面调换门均应密封不漏。

## 第三节　传动部分检修

回转式预热器传动装置的检修项目包括标准项目和特殊项目。

标准项目有预热器传动装置检查、辅助传动装置检查和支撑轴承（下轴承）、导向轴承（上轴承）组件的检查。

特殊项目有预热器传动装置检修、辅助传动装置的检修和支撑轴承（下轴承）、导向轴承（上轴承）组件的检修。

## 一、驱动电动机或空气马达的检修

(1) 空气预热器主、辅电动机检查及修理应符合有关标准的规定。

(2) 空气马达解体检查及修理应符合有关标准的规定。

## 二、主减速器检修

（一）所有零部件解清洗检查

1. 工艺方法

(1) 放掉润滑油并化验。

(2) 轴系零件的解体以能清洗和检查为限，尽量少解体。

(3) 如需解体，应做好装配记号。

(4) 严禁用纱头擦拭零件。

2. 质量标准

齿轮、涡轮、蜗杆、轴及轴承的质量应符合有关标准的规定。

（二）齿轮副的啮合检查

1. 工艺方法

可以用红丹粉检查齿轮副的啮合情况，测量数据并记录。

2. 质量标准

(1) 各轴装配后，两啮合齿轮在齿宽方向上的端面错位不应超过表 19-7 的规定。

表 19-7　　　　两啮合齿轮在齿宽方向上的端面错位量　　　　　　　　　　mm

| 齿宽（轮缘宽度） | 端面错位量 | 备　　　注 |
| --- | --- | --- |
| <50 | ≤1.5 | 对于不等宽啮合齿轮是指较窄齿轮端面超出较宽齿轮端面的量 |
| ≥50～150 | ≤2.5 | |

(2) 齿面接触斑点不低于表 19-8 的规定，接触斑点的分布位置应趋近齿面中部。

表 19-8　　　　　　　齿面接触斑点最低限　　　　　　　　　　　　%

| 名　　称 | 齿面接触斑点最低限 | |
| --- | --- | --- |
| | 沿齿高 | 沿齿宽 |
| 硬齿面 | 60 | 80 |
| 软及中硬齿面 300～360HB | 50 | 70 |

(3) 齿轮副最小法向侧隙应符合表 19-9 的规定。

表 19-9　　　　　　　齿轮副最小法向侧隙 $J_{min}$　　　　　　　　mm

| 中心距 | $J_{min}$ | 中心距 | $J_{min}$ |
| --- | --- | --- | --- |
| ≤80 | 0.096～0.120 | >180～250 | 0.148～0.185 |
| >80～125 | 0.112～0.140 | >250～315 | 0.168～0.210 |
| >125～180 | 0.128～0.160 | >315～440 | 0.184～0.230 |

（三）涡轮与蜗杆的啮合检查

1. 工艺方法

可以用红丹粉检查蜗轮副的啮合情况，测量数据并记录。

2. 质量标准

（1）涡轮副的接触面积沿齿高方向不少于50％，沿齿宽方向不少于60％。

（2）接触斑点在齿高方向无断缺，允许成带状条纹。

（3）接触斑点痕迹的分布位置应趋近齿面中部。

（四）轴承与轴的配合检查

1. 工艺方法

（1）除非更换轴或轴承，一般情况下不卸轴承。

（2）用0.05mm塞尺检查轴承与轴肩的装配间隙。

2. 质量标准

（1）齿轮和涡轮副式减速器用圆锥滚动轴承的间隙应分按表19-10和表19-11的规定进行调整。

<table>
<tr><td colspan="2">表 19-10 齿轮副减速箱圆锥滚动轴承的间隙值</td></tr>
</table>

| 轴承内径（mm） | $\beta=10°\sim16°$ |
| --- | --- |
| | 轴向间隙（$\mu$m） |
| >10～30 | 40～70 |
| >30～50 | 50～100 |
| >50～80 | 80～150 |
| >80～120 | 120～200 |
| >120～180 | 200～300 |
| >180～260 | 250～350 |

<table>
<tr><td colspan="3">表 19-11 涡轮副式减速器圆锥滚动轴承的间隙</td></tr>
</table>

| 轴承内径（mm） | 轴向间隙（$\mu$m） | |
| --- | --- | --- |
| | 蜗杆轴承 | 涡轮轴承 |
| ≤30 | 20～40 | |
| >30～50 | 40～70 | 20～50 |
| >50～80 | 50～100 | 40～70 |
| >80～120 | 80～150 | 50～100 |
| >120～180 | 120～200 | 80～150 |

注 $\beta$为滚子与轴承外圈的接触角。

（2）滚动轴承与轴装配应紧贴轴肩，其间隙不应超过0.05mm，装配完毕用手转动，应轻松灵活，无卡阻现象。

（五）油位计检查

1. 工艺方法

用煤油清洗油位计并检查其是否完好。

2. 质量标准

油位计无破损，油位显示清晰，油位标注正确。

（六）减速箱箱体清洗、检查

1. 工艺方法

（1）箱体清洗后用白布擦拭，然后用粘体物将杂物粘干净，装配零件前应保持箱内干净。

（2）用0.05mm的塞尺检查箱座与箱盖自由结合时结合面间隙。

2. 质量标准

（1）箱体无裂纹及其他缺陷，清洗干净。

（2）箱体不漏油。

（3）箱座与箱盖自由结合时，塞尺塞入深度不得超过结合面宽度的1/3。

（4）箱座与箱盖压紧后减速箱密封要严实，不得有漏油或渗油现象。

（七）轴封更换的质量标准

轴封完好无缺陷。

（八）更换润滑油

1. 工艺方法

加油前，应根据油质的实际情况决定是否需进行滤油。

2. 质量标准

油质应符合制造厂要求。

（九）基础及基础螺钉检查的质量标准

基础无裂纹，螺钉应完好、无松动。

（十）主减速器整体组装

1. 工艺方法

（1）组装各齿轮转子。

（2）装复箱壳底部各轴承端盖，结合面应加垫。

（3）各齿轮转子就位，先装出轴，最后装高速轴，各段装复时，应注意相对位置。

（4）装复中板及轴承端盖，结合面应加垫。然后用手盘动高速轴，检查啮合情况。

（5）装复手操纵旋转纵轴，插上手柄，向下压紧并检查转动情况。

（6）装复调节挡叉部件，配上手柄检查上、下滑动情况。

（7）装复分油器和各润滑油管。

（8）装复电动齿轮油泵，分别接上出油管和吸油管，旋上压紧螺母和内六角螺钉，装好门盖。

（9）按标准油位加入润滑油，齿轮油泵接上临时电源试车。按各轴承用油要求调整分油器的调节螺针并固定。

（10）装复齿轮箱上盖，结合面应加垫。

（11）电动机就位，盘动电动机尾盖叶片，待转动灵活后，拧紧连接螺栓。

2. 质量标准

（1）两啮合齿轮中心应对准。

（2）轴承与箱壳配合应有 0.01～0.03mm 紧力。轴承的轴向间隙应为 0.15～0.25mm，齿轮啮合应良好，转动应灵活，无卡涩及异声。

（3）手柄转动时应无卡涩及异声。

（4）在花键轴里齿轮滑动应灵活，无卡涩现象，分挡转速应明显。

（5）润滑油管要对准目的轴承端面位置。

（6）各路油管出油应均匀适当，各处结合面应无渗油现象。

（7）齿轮箱结合面应完整。

（十一）试运转

1. 工艺方法

（1）装配完后，按临时电源，将调节手柄放在慢挡，按工作运转方向进行空运转试验，一般空运转时间不少于 2h。

（2）带负荷试验，时间不少于 30h。

2. 质量标准

（1）装配完后用手转动，方向应正确，轻松灵活，无卡阻现象。

（2）变速操纵机构灵活、准确、可靠。

（3）试转时应无振动、异声、漏油现象。

（4）各密封处、结合处不漏油、渗油。

（5）各紧固件、连接件无松动。

（6）油池温升不超过 35℃，轴承温升不超过 10℃，轴承温度最高不超过 80℃（或按厂家要求）。

### 三、离合器的检修

解体清洗，检查各部件的完好状况、润滑状况、密封状况。离合器应达到稳定可靠，离合迅速、彻底。

### 四、围带传动装置的检修

（一）传动齿轮与输出轴的配合检查

1. 工艺方法

如必须解体，则组装前，应彻底清洗各结合面。

2. 质量标准

传动齿轮、轴、轴套之间接触面光洁、无毛刺、配合稳固。

（二）传动齿轮的检查

1. 工艺方法

检查裂纹，必要时，进行着色检查。

2. 质量标准

（1）传动齿轮无缺齿及缺块，齿根无裂纹。

（2）齿轮磨损达 1/4 时应更换。

（三）传动围带的检查

1. 工艺方法

（1）用游标卡尺测量围带销的磨损量。

（2）用千分表在围带销上测量围带的径向跳动值。

2. 质量标准

（1）传动围带焊缝无裂纹，安装螺栓无断裂、松脱，围带销无松脱。

（2）围带销磨损超过直径的 1/4 时应更换。

（3）径向跳动值应符合制造厂的规定。

（四）传动齿轮与围带销的啮合状况检查

1. 工艺方法

（1）转动转子，找出围带销最突出点（转子的直径方向），测量尺寸 $c$（见图 19-8，可用塞规测量），同时也应找出围带轴向的最突出点，测量 $a$ 及 $b$ 的值。

（2）必要时，可用垫片进行调整，以保证传动齿轮与围带销轴的全齿啮合。

2. 质量标准

（1）如图 19-8 所示，围带销与传动齿轮的安装间隙应符合设备技术文件规定。

（2）如无规定时，按 $a=b/3$ 调整。

（五）传动齿轮罩壳的检查

质量标准：传动齿轮罩壳应完整、牢固。

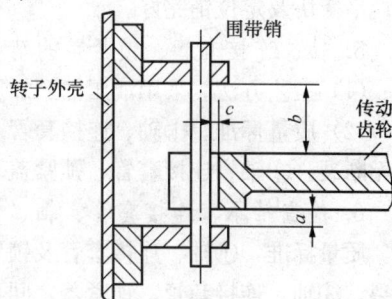

图 19-8　传动齿轮与围带销的啮合示意

### 五、推力轴承组件和导向轴承组件的检修

（一）测量及调整轴承座的水平度

1. 工艺方法

轴承座的水平度应在其端面直径为向测量，记录检修前、后的数据。

2. 质量标准

轴承座的水平度误差不大于 0.05mm。

（二）轴承组件解体检修

在轴承组件解体前，将轴承座内的润滑油排放完。做好转子的临时支撑及固定工作。支撑转子时，应使转子保持水平。解体前做好各种安装记录；在进行轴承组件的检修或空气预热器其他项目的检修中，应采取措施，不能让电流通过轴承，避免在滚动体上产生电蚀。

1. 动轴承座固定螺栓、螺母及垫片检查

（1）工艺方法。螺栓、螺栓孔与垫片应做好编号，组装时，应按对应编号进行，螺栓与螺母之间应涂抗咬合剂。

（2）质量标准。①固定螺栓、螺母应无松动现象。②螺栓无弯曲，螺栓、螺母无损牙。③垫片整齐，无裂纹；螺栓、螺母及垫片应清洗干净。④当所有螺母拧紧后，垫片应并紧，用 0.05mm 的塞尺检查应无间隙存在。

2. 轴承座检查及清洗

（1）工艺方法。用柴油将轴承座清洗干净后，用粘体物将杂物粘干净，然后用不脱毛的干净软布擦拭。

（2）质量标准。①轴承座无裂纹、无毛刺、无沟痕、无锈污、无油污、无杂质。②法兰结合面清理干净，无毛刺。

3. 滚动轴承的检查、清洗

（1）工艺方法。①若需拆卸轴承时，可借助液压油泵加压拆卸。②轴承应放在垫有软布的光滑平面上进行检修。③用压铅丝法测量轴承的间隙。

（2）质量标准。①滚动轴承应无脱皮、无剥落、无磨损、无过热变色、无锈蚀、无裂纹、无破碎等。②承间隙应符合有关标准。

4. 推力瓦轴承（固定瓦推力轴承、摆动瓦推力轴承）、转盘、平衡块、定位销的检查、清洗（对于支撑轴承为推力瓦轴承的空气预热器）

（1）工艺方法。对瓦块（滑块）的表面进行检修时，不能使用铲或锉等工具，应用刮刀或油石。

（2）质量标准。①瓦块（滑块）表面光滑，无麻点、砂眼、裂纹、沟痕、钨金剥落、局部熔化（烧瓦）等现象，钨金厚度应符合有关标准要求。②转盘表面光滑，无麻点、砂眼、裂纹、沟痕；平衡块及定位销完好。

5. 轴、连接套管、锁紧盖的清洗、检查

（1）工艺方法。采用液压油泵加压拆卸轴与连接套管。

（2）质量标准。①轴、连接套管及锁紧盖表面无裂纹、毛刺、沟痕、过热变色。②锁紧盖螺栓无断裂。③轴、连接套管、锁紧盖之间无相对运动。

6. 检查轴承、连接套管、轴、锁紧盖之间的配合状况

质量标准：①轴、连接套管及锁紧盖表面无裂纹、毛刺、沟痕、过热变色。②锁紧盖螺栓无断裂。③轴、连接套管、锁紧盖之间无相对运动。

7. 瓦块（滑块）与转盘的接触检查（对于推力瓦轴承）

（1）工艺方法。采用对磨的方法。

（2）质量标准。瓦块与转盘的接触面达 $4\sim8$ 点$/cm^2$。

8. 热工温度测点装置的检查

质量标准：温度测点装置应符合有关标准的要求。

9. 油位计的检查及清洗

（1）工艺方法。用柴油清洗。

（2）质量标准。油位计无破损，油位显示清晰，油位标注正确。

10. 更换润滑油

（1）工艺方法。加油前应根据油质的实际情况决定是否需进行滤油。

（2）质量标准。①当轴承组件检修工作完成后，应立即加入合要求的润滑油至最高油位。②油质应符合要求。

11. 轴承座的密封检查

（1）工艺方法。用 0.05mm 的塞尺检查轴承座法兰结合面。

（2）质量标准。①轴承座法兰自由结合时，塞尺塞入深度不得超过结合面宽度的 1/3。②轴承座与轴承盖压紧后，密封要严实，不得有漏油或渗油现象。

### 六、转子、定子和风、烟道的检修

对于风罩转动的空气预热器，其定子是指由径向隔板与横向隔板组成的盛装传热元件的扇形仓格，当空气预热器运行时，它与传热元件一起不转动。

对于传热元件转动的空气预热器，其转子是指由径向隔板与横向隔板组成的盛装传热元件的扇形仓格，当空气预热器运行时，它与传热元件一起转动。

（一）风罩回转式空气预热器定子及风道、烟道的检修

1. 定子的活动支座及滚柱的检查

质量标准：活动支座无损坏，无卡死，滚柱的上下接触面检查。

2. 测量定子水平度

（1）工艺方法。在定子端面圆周上的对称 8 点测量。

（2）质量标准。定子的水平度允许偏差应符合设备技术文件的规定，一般允许偏差见表 19-12。

表 19-12　　　定 子 的 水 平 度

| 转子直径 $D$（m） | 定子的水平度允许偏差（mm） |
|---|---|
| $D\leqslant6.5$ | $\leqslant3$ |
| $10\geqslant D>6.5$ | $\leqslant4$ |
| $15\geqslant D>10$ | $\leqslant5$ |

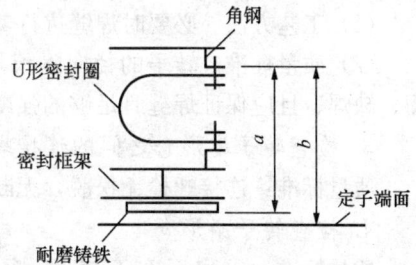

图 19-9　伸缩节连接角钢与密封面及定子端面的间距示意图

3. 上下风罩的同步检查

（1）工艺方法。风罩的不同步误差应在风罩圆周上测量。

（2）质量标准。风罩的不同步误差不大于 10mm。

4. 测量风道框架伸缩节连接角钢与密封面及定子端面的间距

测量风道框架伸缩节连接角钢与密封面及定子端面的间距如图 19-9 所示。

质量标准：风道框架伸缩节连接钢与密封面及定子端面的间应均匀一致，其误差允许值见表 19-13。

表 19-13 风道框架伸缩节连接角钢与密封面及定子端面的间距

| 转子直径 $D$（m） | $a$ 误差值（mm） | $b$ 误差值（mm） |
|---|---|---|
| $D \leqslant 6.5$ | $\leqslant 6$ | $\leqslant 4$ |
| $10 \geqslant D > 6.5$ | $\leqslant 8$ | $\leqslant 4$ |
| $15 \geqslant D > 10$ | $\leqslant 10$ | $\leqslant 4$ |

注 表中 $a$ 及 $b$ 如图 19-9 中所示。

5. 回转风罩外圆与烟道内壁间隙检查

（1）工艺方法。转动风罩，在烟道内壁上取 3～4 点，测量风罩外圆与烟道内壁间隙值。

（2）质量标准。回转风罩外圆与烟道内壁间隙均匀，转动时无摩擦现象。

6. 定子扇形仓格的检查

质量标准：扇形仓格无变形，径向隔板与横向隔板构成的定子扇形框架，每边尺寸偏差不大于±6mm，对角线差不大于 10mm；径向隔板与横向隔板表面平整，无毛刺及焊瘤。

7. 定子焊缝检查

（1）工艺方法。必要时对焊缝进行着色检查。

（2）质量标准。定子的径向隔板与横向隔板的焊接焊缝、径向隔板与中心筒的焊接焊缝无裂纹、无焊瘤。

8. 回转风罩的检查

质量标准：风罩无变形，焊缝无裂纹。

9. 风道、烟道各种支撑构架的检查

质量标准：磨损、腐蚀严重的支撑构架应更换。

（二）传热元件转动的空气预热器转子及风道、烟道的检修

1. 测量转子中心筒及端轴装配件的水平度

（1）工艺方法。①用精密的水平仪在中心筒封头板上或在支撑端轴上测量。②如果超过允许的水平度，可调整导向轴承座，再重新校验。

（2）质量标准。水平度误差不大于 0.05mm。

2. 检查转子焊缝

（1）工艺方法。必要时焊缝进行着色检查。

（2）质量标准。转子的径向隔板与横向隔板的焊缝、径向隔板与中心筒的焊缝无裂纹、焊瘤、缺焊、且应保证焊缝有足够的强度。

3. 检查转子扇形仓之间的连接螺栓

质量标准：连接螺栓无松脱，无断裂。

4. 检查转子扇形仓

质量标准：①扇形仓无变形，径向隔板与横向隔板构成的扇形仓格的每边尺寸偏差为±6mm，对角线偏差不大于 10mm。②隔板表面平整、无毛刺及焊瘤。

5. 检查转子外壁与烟道内壁之间的间隙检查

（1）工艺方法。转动转子，在烟道内壁上取 3～4 点，测量转子外壁与烟道内壁间隙值。

（2）质量标准。转子外带与烟道内壁之间间隙应均匀。

6. 检查风道、烟道支撑构架

质量标准：①磨损、腐蚀严重的支撑构架应更换；防磨瓦焊接牢固。②磨损超过 2/3 的应更换。

# 第四节　密封装置及其他辅助设备检修

回转式预热器密封装置及其他辅助设备检修的标准项目有：①三向密封检查；②漏风控制系统的检修；③润滑油系统检修；④消防系统检修；⑤蒸汽吹灰系统检修；⑥报警系统检修；⑦预热器试运行。

回转式预热器密封装置及其他辅助设备检修的特殊项目有：①三项密封检修、间隙测量调整；②轴向密封板检修；③漏风控制系统的检修；④预热器试运行。

## 一、密封装置检修及调整

（一）风罩转动的空气预热器密封装置检修及调整

1. 检修前冷端、热端密封间隙值的测量

（1）工艺方法。用塞尺测量，测量时风罩不承受其他重物或外力。

（2）质量标准。做好测量记录。

2. 弹簧导杆装置的检查

（1）工艺方法。导杆与螺母之间涂高温抗咬合剂。

（2）质量标准。导杆无变形，弹簧未失效，无卡死，弹簧定位销无断裂，导杆与螺母之间无锈死，调整灵活。

3. 热态周向密封自动调整机构的检查

质量标准：①杠杆传力机构自由可调，无卡涩。②严重变形及断裂的调整金属杆应更换。

4. 热端密封间隙值的调整

（1）工艺方法。间隙调整方法、步骤按厂家规定。

（2）质量标准。①弹簧压紧量应符合技术要求。②密封间隙值应符合技术要求，误差不大于0.5mm。

5. 冷端密封间隙值的调整

（1）工艺方法。间隙调整方法、步骤按厂家规定。

（2）质量标准。密封间隙值应符合技术要求，误差不大于0.5mm。

6. U形密封圈的检查

质量标准：①吹损的应更换。②密封片组装要紧凑、无缝隙，螺栓要拧紧。

7. 颈部密封（冷热端旋转风道与固定风道之间密封）的检查

质量标准。①旋转风道与固定风道之间的间隙应均匀，密封面的接触以刚好接触为宜。②滑块应能自由活动，无卡涩，弹簧完好，弹力调整适当。

（二）传热元件转动的空气预热器密封装置检修及调整

1. 测量检修前的三向（径向、周向或旁路、轴向）密封间隙值

质量标准：三向密封间隙应做好记录。

2. 密封片的检查

质量标准：密封片应完好，严重磨损、变形、腐蚀的应更换。

3. T字钢的检查

质量标准：T字钢的圆度不大于1.5mm。

4. 径向密封片的安装及调整

（1）工艺方法。借助径向密封校正组件进行间隙的调整，具体步骤按生产厂家说明。

(2) 质量标准。密封片、补隙片及压板的组装顺序、安装方向应正确，螺栓应拧紧；密封间隙值与规定值偏差不大于 0.5mm。

5. 轴向密封片的安装及调整（以两分仓为例）

(1) 工艺方法。借助轴向密封校正组件进行间隙的调整，具体步骤按生产厂家说明。

(2) 质量标准。如图 19-10 所示，各值与规定值的偏差不大于 0.5mm。

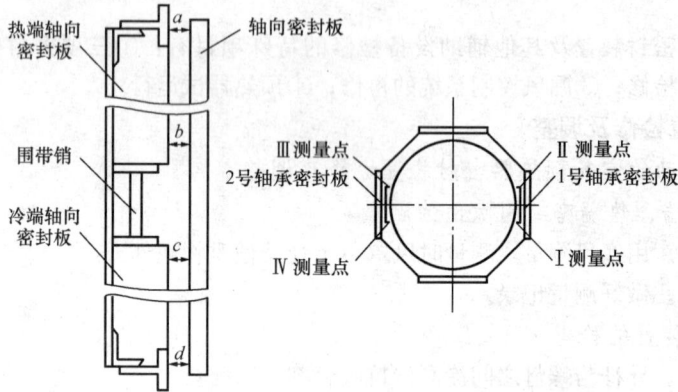

图 19-10　轴向密封调整示意

6. 周向（旁路）密封片的安装及调整（以两分仓为例）

(1) 工艺方法。①测量 $a$、$b$ 值时，将测隙规放在 T 字钢的最小半径处，转动转子，每隔 30°测量并记录一次。②同时测量 $c$、$d$ 值。

(2) 质量标准。如图 19-11 所示，各值与规定值的误差，$a$、$b$ 不大于 0.5mm，$c$、$d$ 不大于 3mm。

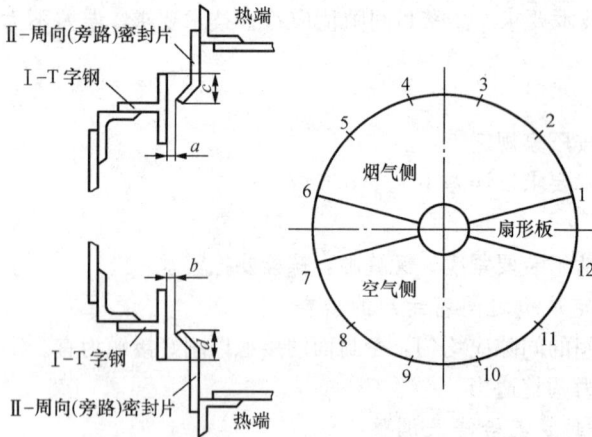

图 19-11　周向（旁路）密封调整示意

7. 中心筒密封的检查

质量标准：应符合设计要求。

8. 固定密封的检查

质量标准：各处的固定密封应符合设计要求。

（三）漏风控制系统的检查和检修

对于安装有漏风控制系统的空气预热器，在检查和检修前将扇形板复位后切断电源。

1. 工艺方法

(1) 清除传感器及执行机构周围环境的积灰和杂物，保持传感器及执行机构周围清洁。

(2) 检查扇形板无变形、无裂纹，表面无凹凸等现象；扇形板升降应灵活、无卡涩，能达到高低限位；扇形板的固定、调节装置应完好。

(3) 检查转子热端端部法兰的平面度，平面度不大于 0.5mm，法兰表面应光洁。

(4) 以已调整好的转子法兰面的最高点为基准调整每块扇形板的水平度和高度，使转子法兰面与扇形板之间的距离符合技术要求。

（5）以转子法兰面的最高点为基准调整每块径向密封片的高度（借助密封校正组件），使每块径向密封片与扇形板之间的间隙符合技术要求。

（6）对探头及传感器进行检查及修复。

（7）校正探头，外部指示正确。

（8）对执行机构进行检查修复。

（9）控制系统检修工作完成后，进行调试，应达到设计要求。

2. 质量标准

（1）在锅炉启动至满负荷运行期间，空气预热器的密封装置不应发生严重摩擦。

（2）漏风控制系统应能自动投入。

（3）满负荷运行工况下，空气预热器的漏风率（或漏风系数）应达到设计要求。一般情况下漏风率不应大于10%。

## 二、回转式预热器其他辅助设备的检修

### （一）润滑油系统

润滑油系统的检修应包括油箱、油泵、滤油器、热交换器、管道、阀门、温度计、压力表等设备的检修。

1. 工艺方法

（1）清理润滑油系统周围的积灰、杂物。

（2）解体检修油泵，当更换新泵或电动机时，应注意油泵和电动机的转向是否正确。

（3）油泵及电动机地脚螺钉检查。

（4）解体清洗滤油器，更换漏油网。每年至少更换一次润滑油及漏油网。解体清洗滤油器的同时，应检查滤网换向阀能否关闭严密；检查清洗旁通安全阀，并校对或调整压力。

（5）解体检查及清洗热交换器（油冷却器或油加热器），并进行水压试验。

（6）各种阀门检修。

（7）检查、清理油箱、油管路，消除泄漏。

（8）油标尺清洗、检查，标示正确。

（9）充油，先充到高位。当投入循环油泵时，油位可能会降低．此时注意油位变化并及时再向系统充油，每年至少换一次润滑油。

2. 质量标准

（1）滤油器应完好。

（2）漏油网及有关阀门应完好。

（3）润滑油质应符合要求。

（4）各种阀门开关灵活，无泄漏。

（5）油箱、油管路无泄漏。

（6）油标尺指示清晰、正确。

（7）更换的润滑油质应合格。

### （二）消防系统检修

1. 工艺方法

（1）消防喷嘴的布置检查。

（2）检查消防管道及喷嘴的磨损、腐蚀、堵塞状况，并修复。

（3）检查消防系统管路。

（4）对消防系统阀门进行检修。

（5）为了防止消防喷嘴堵塞，可以考虑在喷嘴口加装耐热的纤维棉塞或其他形式的防堵塞片。

2. 质量标准

(1) 消防系统的喷嘴应均匀布置在所有风、烟侧传热元件表面。

(2) 消防管道及喷嘴的磨损、腐蚀超过2/3厚度应更换。

(3) 消防系统管路应畅通、无外漏。

(4) 消防系统阀门开关灵活、无泄漏。

（三）吹灰系统检修

1. 蒸汽吹灰系统检修的工艺方法

目前制造厂配套供应的都是蒸汽吹灰系统，整套系统包括吹灰器、管路、阀门、仪表及吹灰控制系统。应严格控制蒸汽过热温度，按规程投用及检修。检修内容如下：

(1) 吹灰器检修。①检查吹灰器枪管和喷嘴的吹损、腐蚀、堵塞、变形状况，并修复。②驱动装置检查及修复。③更换润滑油。④检查伸缩式吹灰器的吹灰枪管伸缩是否正常。⑤更换吹灰器密封填料，消除泄漏。

(2) 检查蒸汽管道，消除泄漏。检查进空气预热器的蒸汽管道及低位疏水装置。

(3) 各种支吊架及保温的检查、修复。

(4) 减压阀检修，整定压力。

(5) 安全阀检修，整定压力。

(6) 校对压力表、温度计。

(7) 吹灰控制系统的检修、调试。

2. 其他形式吹灰器检修的工艺方法

按吹灰介质的不同，吹灰器有多种形式。目前不少电厂采用的脉冲吹灰效果也很好，其检修应按设计要求制订检修工艺细则。

3. 吹灰系统检修的质量标准

①润滑油质应符合要求。②吹灰器无卡涩。③蒸汽管道系统应畅通，无泄漏。④支吊架受力应均匀，保温应完好。⑤减压阀压力应符合要求。⑥安全阀起、回座压力应符合要求。⑦压力表、温度计指示值应符合要求。

（四）其他检修项目

(1) 空气预热器应安装有玻璃密封式观察孔。

(2) 空气预热器各孔门完好，关闭严密。

(3) 所有平台、扶梯及栏杆完好。

(4) 保温完好。

(5) 空气预热器各支撑梁、柱完好。

# 三、试运转

空气预热器检修工作结束，应确认各部位符合起动要求；至少手动盘车一圈，无异常情况后，方可进行试运转（试运转时间不少于2h）。

1. 工艺方法

观察、检查下列项目：

(1) 检查转子的转动方向是否正确。

(2) 检查传动装置工作状况。

(3) 检查和记录驱动电动机电流及其摆动值。

(4) 检查和记录轴承温度。

(5) 检查离合器工作状况。

(6) 检查并记录转子的轴向、径向跳动值。

2．质量标准

（1）转子转动方向应正确。

（2）传动装置工作正常、运转平稳，没有异声。

（3）驱动电动机电流一般稳定在额定电流的 40%～50%，摆动值应在±0.5A 以内。

（4）轴承温升不超过 40℃，最高温度按制造厂的规定执行，无厂家规定时，应满足：①滚动轴承温度不准超过 80℃。②滑动轴承温度不准超过 65℃。

（5）离合器离合到位，性能良好。轴向跳动值不大于 4mm，径向跳动值不大于 4mm。

### 四、漏风试验

空气预热器检修完毕后，应做漏风试验，计算漏风率和漏风系数。漏风系数及漏风率一般应达到设计值。

# 第二十章 灰渣设备检修

## 第一节 除灰、除渣系统概述

### 一、除灰渣系统的概述

电厂锅炉除灰渣系统是指将锅炉灰渣斗中的灰渣和除尘器等灰斗落下来的细灰等废料经收集设备、输送设备排放至灰场或者运往厂外的全部过程。图 20-1 是火力发电厂灰渣系统的流程图。

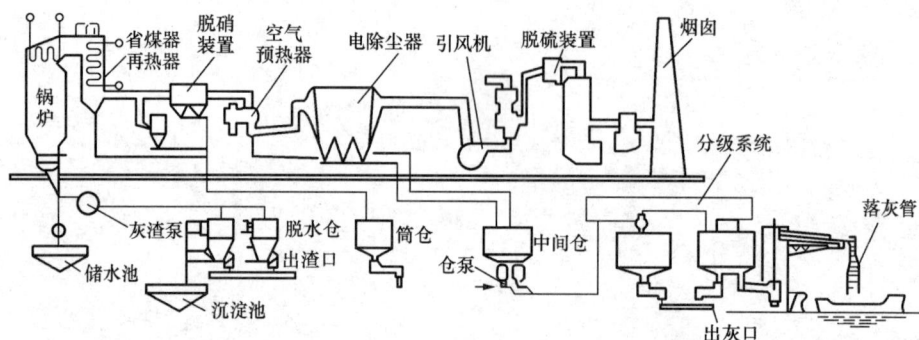

图 20-1 火电厂灰渣系统流程

### 二、锅炉除灰系统

（一）除灰系统概述

目前，火电厂的除灰方式大致上可分为水力除灰、机械除灰和气力除灰三种。

1. 水力除灰

水力除灰是用带有一定压力的水将电除尘器灰斗、省煤器灰斗和空气预热器灰斗里的灰通过沟或管道冲入灰浆池，此时灰浆的浓度比较稀，所以大多数情况下，会用灰浆泵将稀浓度的灰浆打至浓缩机，在这里稀浓度的灰浆将得到浓缩，浓缩后的灰浆通过前置泵或者是高位自流的方式带一定的压力进入流体输送机械，最后通过这些流体输送机械（如柱塞泵等）打至灰场堆放。水力除灰基本上是一种将灰抛弃的除灰方式，且费水、占地，由于水资源的短缺，使用水量较大的水力除灰的发展受到了较大限制；近几年的新项目几乎都不单独采用，许多老火力发电厂在老的单一水力除灰的基础上，都进行了技术改造，加装了气力除灰系统。

2. 机械除灰

机械除灰是利用刮板机、输送皮带、埋刮板输送机械等将灰通过机械手段送到指定的地方堆放储存。因为飞灰易于飞扬，造成环境污染，所以机械除灰现在也不大多见。

3. 气力除灰

气力除灰是目前应用最广泛的一种除灰方式。它是一种以空气为载体，借助于某种压力设备（正压或负压）在管道中输送粉煤灰的方法。

气力除灰的分类根据不同的分类方法，大致上可按以下三种标准来分：

（1）依据粉煤灰在管道中的流动状态分为悬浮流（均匀流、管底流、疏密流）输送、集团流（停滞流）输送、部分流输送和栓塞流输送等。传统的大仓泵正压气力除灰系统属于典型的悬浮流输送，小仓泵正压气力输灰系统和双套管紊流正压气力除灰系统介于集团流和部分流之间，脉冲气刀式气力输送属于典型的栓塞流输送。

（2）根据输送压力种类可分为动压输送和静压输送两大类。动压输送很容易理解，悬浮流输送属于动压输送，气流使粉煤灰在管内保持悬浮状态，颗粒依靠气流动压向前运动。典型的栓塞流输送属于静压输送，栓塞流输送就是粉煤灰在输送管道里保持高密度聚集状态，且被所谓的气刀在脉冲装置的控制下间歇动作。将料柱切割成一段段的料栓，在输送管道里形成间隔排列的料栓和气栓，料栓在其前后气栓的静压差作用下移动，这种过程循环进行，形成栓流气力输送。

（3）根据粉煤灰在输送过程中的物相浓度，大体上可以分为稀相气力除灰系统和浓相气力除灰系统。

稀相系统也就是低压系统，它所使用的压力低于 0.1MPa，稀相系统中又可分为微正压和负压两种，这类系统的输送速度高，灰气比低，典型的低压稀相系统是用旋转气锁阀进料，其输送起始速度约为 12m/s 左右，末端速度高达 25m/s 左右，输送管始端表压小于 0.1MPa，末端表压几近为零，通常用风机作为动力源。正压浓相系统所使用的气压大于 0.1MPa，其输送压力较高，输送的速度低，灰气比高，浓相系统的起始速度在 1m/s 以下，末端速度一般不大于 12.5m/s，一般用空气压缩机作为动力源。

（二）水力除灰系统

1. 水力除灰系统类型

水力除灰系统一般有两种分类方式，按照输送方式分为灰渣分除和灰渣混除两种类型，按灰渣输送浓度又有高低浓度之分。

对大型电厂的煤粉炉，燃煤生成的灰约占整个灰渣量的 80%～90%，而渣量仅占 10%～20%，但渣的水力输送浓度不能过高，大多低于 10%，而灰的输送浓度可提高到 40% 或更高，所以对远距离水力除灰系统多采用灰渣分除的方式，即将细灰和炉渣分别用单独的系统输送，如图 20-2 所示。

2. 水力除灰系统的流程

水力除灰系统的流程如图 20-3 所示。

3. 水力除灰系统的基本组成

如图 20-3 所示，水力除灰系统一般由以下几个系统中的几个或全部组成：

（1）卸灰装置。它借助于某一设计水力水流装置或搅拌装置，将飞灰与水充分混合，并送入输灰管道或灰沟内。供料装置设在系统的始端，灰斗的底部。卸灰装置一般由卸灰阀、下灰管、水封箱、地沟及激流喷嘴组成。卸灰装置流程比较简单，为 储灰斗→电动锁气器（旋转式给料器）→下灰管→水封箱（或搅拌桶）→地沟→灰浆池。

（2）灰浆泵系统。用来将供料装置

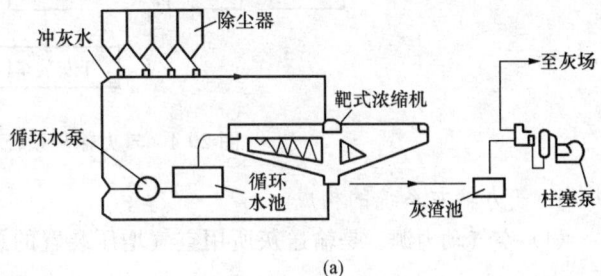

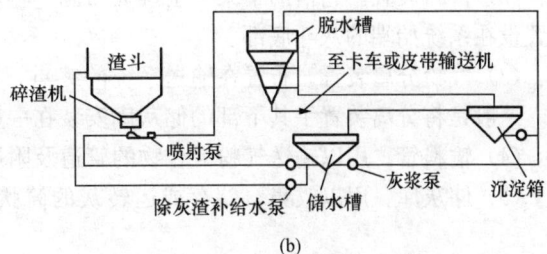

图 20-2 自流沟灰渣分除系统
(a) 除灰；(b) 除渣

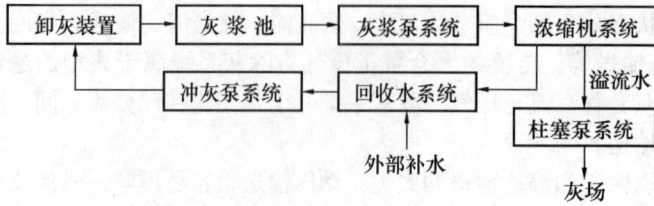

```
卸灰装置 → 灰浆池 → 灰浆泵系统 → 浓缩机系统
  ↑                              ↓ 溢流水
冲灰泵系统 ← 回收水系统 ← ─────   柱塞泵系统
              ↑                   ↓
           外部补水              灰场
```

图 20-3　水力除灰系统的流程

排来的灰浆通过设备系统，输送到浓缩机，一般由灰浆泵、管道、阀门等组成。

（3）浓缩机系统。用来将从浆泵输达到的灰浆进行沉淀浓缩，将灰浆中的大部分水进行分离，其后的高浓度灰浆排到远距离输送系统。浓缩机主要由槽架、来浆管、中心传动架部分、传动机构、中心筒、分流锥、大耙架、小耙架、耙齿、底耙传动齿条、耙架连接件、中心柱、轨道、溢流堰等部件组成。

（4）回收水系统。其作用是一方面为供料装置提供水力动力源，另一方面将浓缩机分离出的水循环利用。回收水系统一般由离心式清水泵、回收水池、阀门及管路组成。

（5）冲灰泵系统。冲灰泵系统是供料装置的冲灰动力源，一般由离心式渣浆泵、灰浆池、阀门及管路组成。

（6）远距离输送动力装置。用来将浓缩机浓缩后的灰浆进行增压输送的设备系统，该装置布置在输送系统的终端。远距离输送动力装置一般由柱塞泵（或水隔离泵）由管路打到灰场完成灰的最后输送，或离心式渣浆泵多级串联完成输送。离心式渣浆泵多级串联的缺点是灰浆浓度不能过高，水的消耗太大，而串联后的压力也受到限制，比较适合输送距离较短的工况。

（7）输灰管。输送介质的管道阀门装置及其附件等。因为除灰系统的介质颗粒较大，对管路的磨损较高，所以除灰系统中管路、阀门及附件等一般采用耐磨材质或采用较厚的壁厚等。

（三）气力输灰系统组成

一般的气力输灰系统工艺流程如图 20-4 所示。

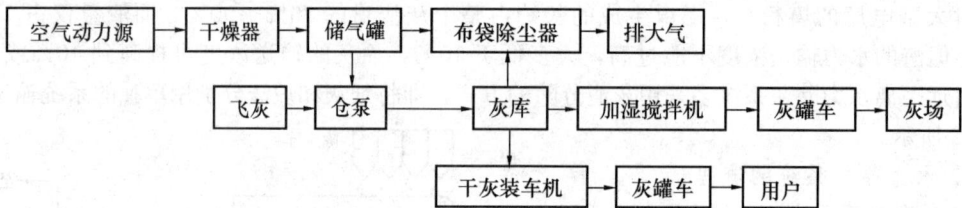

```
空气动力源 → 干燥器 → 储气罐 → 布袋除尘器 → 排大气
                        ↑
飞灰 → 仓泵 ──────────→ 灰库 → 加湿搅拌机 → 灰罐车 → 灰场
                        ↓
                   干灰装车机 → 灰罐车 → 用户
```

图 20-4　气力输灰系统工艺流程

1. 气力输灰系统的构成

（1）空气动力源。是输送灰所用空气增压装置的总称，包括空气压缩机、真空泵、抽气器等。

（2）供料装置。它借助于某一空气动力源，将灰与空气充分混合，并送入输送管道内，供料装置设在系统始端的灰斗底部。

（3）气粉分离装置。布置在输送系统的终点，其作用是将灰从空气流中分离并排出输料管外。一般是将分离装置手其下部的储灰库安装在一起。

（4）输料管。用以输送气粉混合物的管道及附属管件。

（5）储灰库。用以收集、储存或运转灰的筒状建筑物，装有卸料装置，以便装车或装袋外运。

（6）自动控制系统。由各种电动或气动阀门、料位计、操作盘等组成，可根据压力或时间参数的变化自动完成受料、送料、管道吹灰等工作。

## 2. 气力输灰系统的类型

气力输灰系统一般分为正压气力输灰系统、负压气力输灰系统和正负压联合气力输灰系统三大类。根据输送风压的不同，正压气力输灰系统又分为微正压气力输灰系统和正压气力输灰系统。

(1) 正压气力输灰系统。正压气力输灰系统也称为浓相输送，一般由压缩空气系统（包括空气压缩机、空气干燥器、除油器和储气罐）、仓泵系统（包括进料阀、出料阀、料位指示器和气化装置）、输灰管道及阀门组成。正压气力输灰系统典型原理系统图如图 20-5所示。

正压气力输灰系统的输送空气压力低于 0.8MPa，输送距离为 400～1000m，输送出力为 10～60t/h。从电除尘器分离下来的干灰经卸灰装置、螺旋输送机和饲料机，进入仓泵，用压缩空气将灰吹到灰库内。通过灰库顶部除尘器将干灰与空气分离后，空气排往大气，干灰落入灰库。

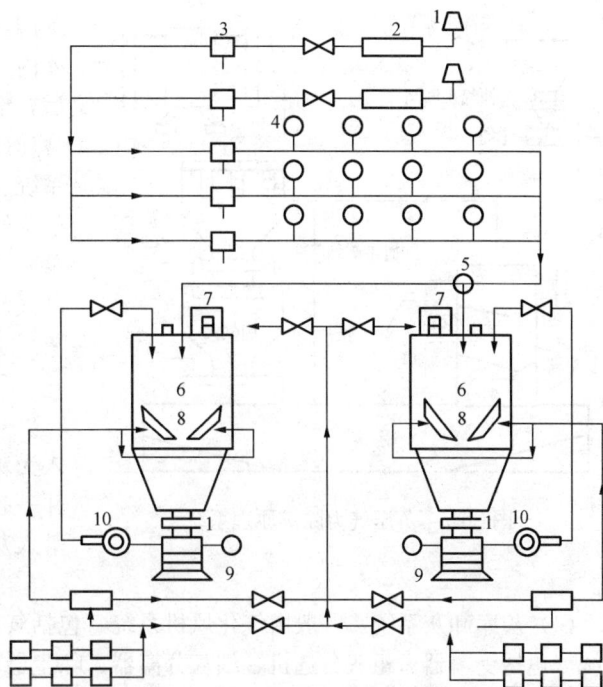

图 20-5　正压除灰系统原理图

1—输送风机入口消声器；2—输送风机；3—气动门；4—仓泵；
5—气动三通阀；6—灰库；7——脉冲布袋除尘器；8—气化槽；
9—卸料头；10—密封风机

正压气力输灰系统的主要设备是仓式气力输送泵（简称仓泵）。该系统运行比较平稳，运行维护工作量和维护费用也较低；由于多采用国产化设备，系统投资较小。

(2) 微正压气力输灰系统。微正压气力输灰系统也称为稀相输送，一般由输送风机系统（包括输送风机和进出口消音器）、锁气器系统（包括上锁气阀、平衡阀、下锁气阀和气化装置）、电除尘器灰斗气化系统（包括气化风机、电加热器和灰斗气化板）、仪用空气压缩机系统（专供仪表阀门控制气源及输灰管道、阀门）组成。锁气阀微正压气力输灰系统流程如图20-6 所示。

微正压气力输灰系统在电除尘器每个灰斗下装有气锁阀，从电除尘器分离下来的干灰进入气

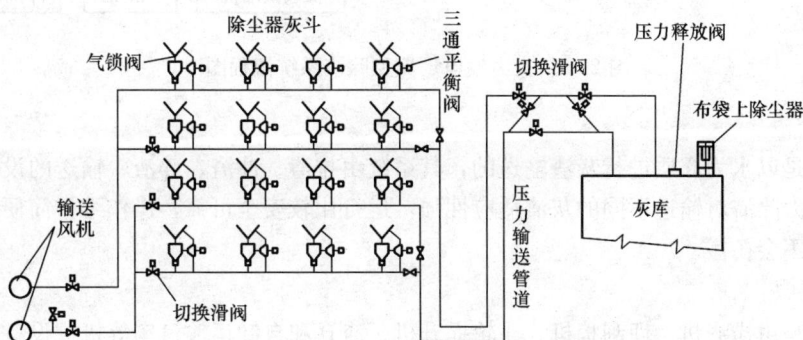

图 20-6　锁气阀微正压气力输灰系统流程图

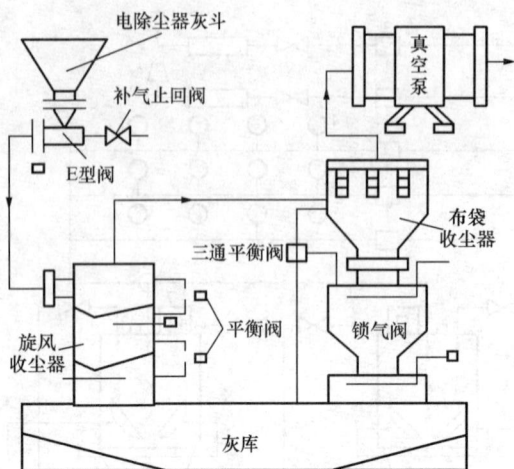

图 20-7　负压气力除灰原理系统

锁阀，用输送风机提供的压缩空气将灰吹到灰库内。通过灰库顶部除尘器将干灰与空气分离后，空气排往大气，干灰掉入灰库。

（3）负压气力除灰系统。一般由输送风机系统、锁气器系统（包括上锁气阀、平衡阀、下锁气阀和气化装置）、抽气系统（包括真空泵）、仪用空气压缩机系统（专供仪表阀门控制气源及输灰管道、阀门）组成。负压气力除灰系统原理如图 20-7 所示。

利用抽气设备的抽吸作用，使输灰系统内产生一定负压，当灰斗内的干灰通过卸灰阀落入受灰器内时，与吸入受灰器内的空气混合，并一起吸入管道。经气粉分离器分离后的干灰落入灰库，清洁空气则通过抽气设备重返大气。

（4）灰库卸灰系统。一般由气化风机系统（包括气化风机、电加热器和灰库气化槽）、分选系统（包括受料器、粗灰分选机、细灰分离器、除尘器和高压风机）、卸料系统（包括干灰卸料器系统、调湿机、装车系统和干灰装袋系统）、库顶收尘系统、仪用空气压缩机系统及管道阀门组成。

### 三、锅炉除渣系统

除渣系统是将锅炉燃烧所产生的固态渣（包括省煤器和空气预热器下的干灰）下灰斗的飞灰进行收集。除渣系统的形式一般有水力除渣和机械除渣两种。除渣系统典型流程如图 20-8 所示。

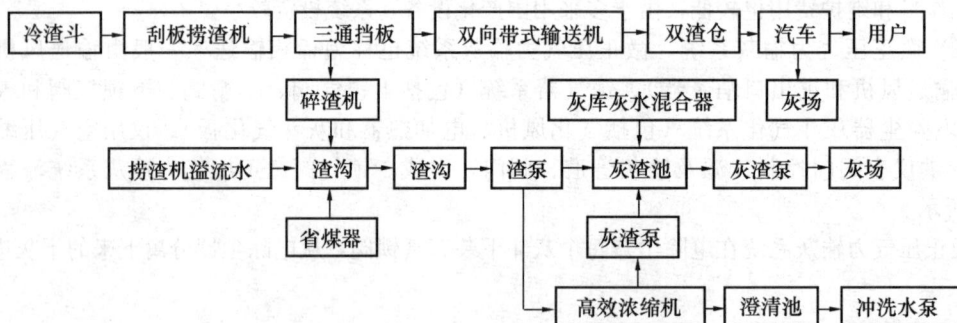

图 20-8　火力发电厂典型除渣系统流程图

1. 水力除渣

水力除渣是以水为介质进行灰渣输送的，其系统由排渣、冲渣、碎渣、输送的设备以及输渣管道组成。水力除渣对输送不同的灰渣适应性强，运行比较安全可靠，操作维护简便，并且在输送过程中灰渣不会扬撒。

2. 机械除渣

机械除渣是由捞渣机、埋刮板机、斗轮提升机、渣仓和自卸运输汽车等机械设备组成。机械除渣系统流程如图 20-9 所示。

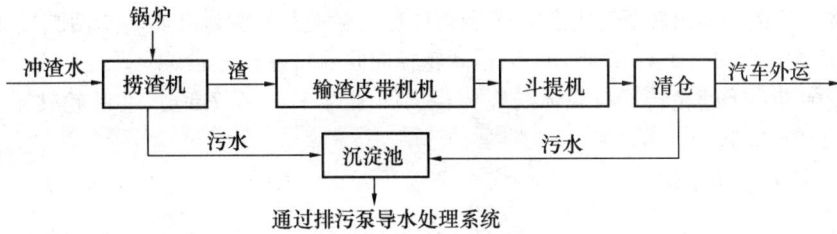

图 20-9　机械除渣系统流程

# 第二节　水力除灰设备检修

## 一、卸灰装置检修

卸灰装置检修主要包括卸灰阀检修、下灰管检修、水封箱（或搅拌桶）检修、激流喷嘴检修等。

（一）卸灰阀检修

1. 星形卸灰阀的结构

星形卸灰装置安装在灰斗插板阀下面，星形卸灰阀的结构如图 20-10 所示，它由阀体、转子、轴承座支架、衬套、轴承、填料装置、链轮、链条、减速箱、电动机等部分构成。阀体固定在灰斗下部，与灰斗法兰连接，阀体内有衬套，用螺栓和螺钉固定在阀体上，防止直接磨损阀体。轴承座支架用螺栓和定位箱固定在阀体两侧。轴承

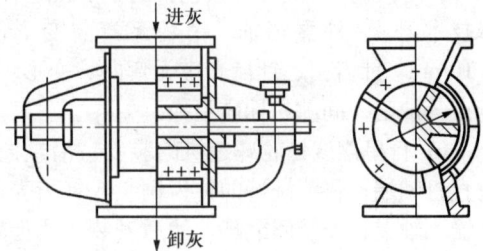

图 20-10　星形卸灰阀外形图

是由传动轴、星形轮、轴套等组成，星形轮和轴套与轴由键连接。

2. 星形卸灰阀检修

星形卸灰阀检修前要做好准备工作，内容包括检查星形卸灰阀缺陷记录，掌握设备缺陷情况；准备检修工具和备品配件；办理星形卸灰阀检修工作票。

（1）链轮的检修。

1）检修工艺：①拆除链条护栏。②拆掉链条、链轮后，清洗检查。③卸下链轮槽，检查后妥当保管。

2）质量标准：①链条安装前，注意转动方向；链条清洗干净，应在表面浸油润滑；下垂度在 20～30mm 范围内。②两链轮的中心轴向位移误差不大于 1mm。③链轮无裂纹，轮齿磨损量不大于 1/3，无断齿。

（2）轴承及轴封的检修。

1）检修工艺：①拆掉驱动侧、对侧轴承座端盖，取出滚动轴承检查清洗，并做好记录。②拆掉驱动侧、支撑侧轴封压兰，以备更换填料。③拆卸驱动端、支撑侧壳体侧盖，检查密封垫，做好记录。

2）质量标准：①滚动轴承必须保持清洁，无损伤、锈蚀、剥皮，转动灵活无异声；轴承游隙在 0.02～0.65mm 之间，滚动轴承加适量的润滑脂。②轴承端盖的轴承圈端面的轴向游隙一般不大于 0.1mm。③填料圈应切成 45°的斜口搭接压入，相邻两圈的搭口应错开 90°左右。

（3）转子部分检查。

1) 检修工艺：①抽出转子，并做转子和壳体位置标记。②测量叶轮转子两端尺寸，作记录。③测量壳体两端内径尺寸并作记录。④测量叶轮径向间隙，并作记录。

2) 质量标准：①叶轮转子与壳体与壳体径向间隙为 $0.5\sim0.7$mm。②叶轮转子与壳体端面轴向间隙为 $1.5\sim2.5$mm。

（4）摆线针轮减速机检修。

1) 检修工艺：

a) 行星摆线减速机解体。行星摆线减速机电动机接线盒拆线，外壳及平台清擦，减速机放油，拆电动机与减速机连接螺栓，拆联轴接头电动机，拆下减速机，本体结合面做标记，拆端盖松开连接螺栓，分开机座和针齿壳、法兰盘、取下风扇罩、风扇叶。

取下轴用弹簧挡圈和销套；按轴的方向取摆线齿轮 A，要注意齿轮端面标记相对于另一摆线轮 B 标记的相对位置；取下间隔环，注意不要碰碎；拆偏心套上滚柱轴承，连同偏心套一起沿轴取下；取下摆线齿轮 B；从针齿壳上取下针齿销、键和挡圈；取下孔用弹簧挡圈，沿轴向用紫铜棒击输入轴端部，卸下输入轴。沿轴向用紫铜棒击输出轴端部与机座分开。

b) 零部件清洗。检查包括磨损、配合间隙、轴承等，按设计或工艺质量标准进行，做好检修技术记录。注意销轴、销套无弯曲变形，磨损少于 0.05mm；摆线齿轮无裂纹，磨损少于 0.10mm，针齿销、针齿套应无弯曲、变形，磨损少于 0.10mm；轴承内外圈、滚动体应无裂纹、麻点等缺陷。间隙超标应更换。

c) 行星摆线针轮减速机的装复。沿轴向将输出轴装入机座，只许用紫铜棒垫击，切勿用大锤直打轴端；将清洗好的针齿销装入针齿壳内；安装摆线齿轮 B；将偏心轴承连同偏心套一起装入输入轴上；安装间隔环，然后安装摆线齿轮 A，组装摆线针轮 A、B 时，要注意两齿轮相对位置，标记钢号相差 $180°$；输出轴销轴插入摆线齿轮相应孔，要注意间隔环的位置，用销轴定好位置，防止压碎间隙环；密封垫、油封换新，安装好弹簧挡圈；对照结合面标记，以连接螺栓固定；减速机加油，减速机电动机接线、试转。

2) 质量标准：

a) 驱动装置转动平稳，无异声，无振动，无漏油。

b) 减速机转动轻便，无卡涩现象，油位计清晰。第一次加油运转两周后更换新油，并将内部油污冲净，以后每 $3\sim6$ 个月更换 1 次。

c) 套筒滚子链松紧适度，以链条调至最紧后，再反向调节 5mm 左右为宜。底座及外壳清理，减速机放油。

（5）试转。

1) 检修工艺：①手动盘车星形卸灰阀转子、盘车轻松灵活，无堵塞、摩擦现象。②清扫现场卫生。

2) 质量标准：①链轮与链条运转平稳，啮合良好，无卡塞和撞击现象。②减速机温度小于 $50℃$；无漏油、漏灰点。

（二）箱式冲灰器检修

电除尘器捕集下来的干灰经落灰管后一般有两种冲灰方式；一种是由箱式冲灰器排向灰浆池；另一种是干灰进入搅拌桶搅拌成灰浆再排向灰浆池。这两种方式的区别在于用水耗量不同，箱式冲灰器的耗水量大，灰浆浓度低；搅拌桶则在节水上有明显优势，但搅拌桶的体积大，占地面积较大，故障处理方面不如箱式冲灰器方便。

1. 箱式冲灰器结构

箱式冲灰器结构如图 20-11 所示。

## 2. 工作过程

冲灰器上口与除尘器下灰管口相连，冲灰器下部装有进水管和喷嘴，在冲灰器内部安装有隔板和灰水出口，水在槽内产生掀流，使灰与水搅拌后经灰水出口排入灰沟。运行中，水位应保持与灰水出口管同样高度，以形成水封。烟道底部的细灰，也可通过此装置排入灰沟。

## 3. 箱式冲灰器检修

检修工艺：①检查冲灰器腐蚀、磨损的情况。②冲灰喷嘴检查更换。

质量标准：①冲灰器腐蚀、磨损严重的应补焊或更换。②更换的冲灰喷嘴应畅通，喷水实验良好。

## （三）搅拌桶的检修

### 1. 搅拌桶结构

搅拌桶结构如图 20-12 所示。

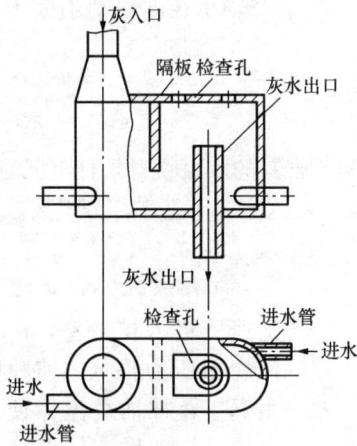

图 20-11　箱式冲灰器简图

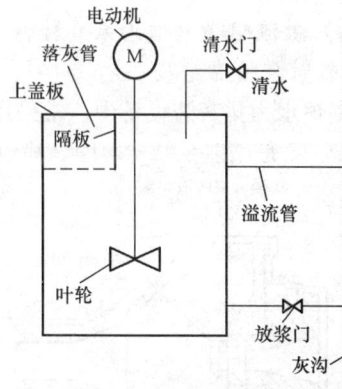

图 20-12　水封式搅拌桶

### 2. 工作过程

落灰管从搅拌桶上部插入由上盖板、隔板、液面形成的一个封闭空间内。干灰经落灰管落入搅拌桶，清水自清水管注入桶内。电动机带动大轴及叶轮将灰、清水搅拌成灰浆。灰浆从溢流管流入倾斜的灰沟，最后流入灰浆池内，下部设置事故放水门，用于故障处理或防冻时放掉桶内的灰浆。

### 3. 搅拌桶检修

检修前要检查设备缺陷记录本，掌握设备缺陷情况；准备检修工具和备品配件；办理检修工作票。

（1）搅拌桶解体。

1）检修工艺：①拆掉皮带轮防护罩。②拆掉三角皮带，检查皮带。③拆掉皮带轮，紧力过大时可用烤把或喷灯对对轮进行加热。④松开搅拌轮紧丝圈，拆卸搅拌轮并检查搅拌轮磨损情况。⑤松开轴承室与底座连接螺栓，将轴承组件吊到检修平台并加以固定。⑥拆除轴承端盖，用紫铜棒将轴从轴承室取出。⑦将轴吊出，放置专用工具上。⑧检查轴承间隙和垫厚度。

2）质量标准：①吊重物时防止碰撞。②搅拌轮外周磨损超过 5mm，厚度磨损超过原尺寸的1/3 或大面积磨有沟槽时，应更换。③搅拌轮断裂或有裂纹应更换。④轴承室有裂纹、砂眼时，应补焊或更换。⑤轴承端盖油封完好。⑥拆卸轴承与对轮时应保持揪子轴心与轴中心线对齐，拉时用力均匀。

（2）搅拌桶回装与找正。

1）检修工艺：①打磨清理各部件，测量轴的弯曲度、椭圆度。②用机油将轴承加热至100℃左右，将轴承装入轴颈所要求位置上。③上紧紧丝圈，带上轴承端盖。④测量轴承各项数据并作记录。⑤将轴承组件装到底座上。⑥吊起皮带轮，对准键槽用铜棒对称敲击对轮至轴颈要求位置。必要时可用烤把加热对轮后再装。⑦安装搅拌轮并带上紧丝圈。⑧皮带轮找正。⑨上皮带，上好防护罩。

2）质量标准：①用烤把加热对皮带轮时一般不超过5min，温度低于200℃。②轴承各项数据符合规定要求。

（3）搅拌桶试转。

1）工艺过程：①试转前盘车，检查转动情况。②连续运行4h后测量轴承温度及振动，检查电机电流。③清理检修现场，结束工作票，整理检修记录。

2）质量标准：①轴承温度小于65℃，最高不超过80℃。②轴承径向窜动不大于0.08mm。③法兰、阀门各结合面无泄漏。

（四）激流喷嘴（喷射泵）检修

1. 喷射泵喷嘴结构

在锅炉水力排灰渣设备中，常采用喷射泵来冲刷炉灰，含灰的水由喷射泵打至沉淀池或储灰场。图20-13是喷射泵结构简图。喷射泵由喷嘴、扩散室、吸入室三个基本部分组成。

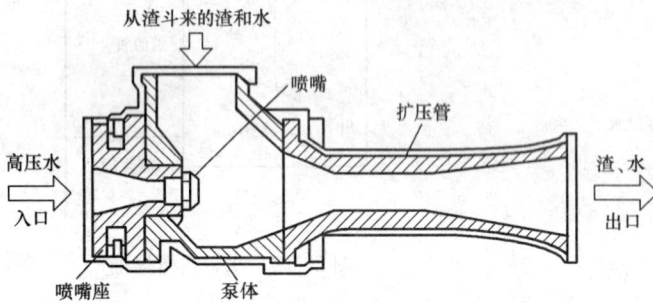

图20-13　喷射泵结构简图

2. 工作过程

工作流体经过喷嘴后以很大的速度进入扩散室，由于高速射流周围压力很低，使喷嘴附近产生真空，被抽送流体便被吸进吸入室，与工作流体混合后一起进入扩散室，然后由出口排出。喷射泵的效率不高，一般在15%～30%左右。

3. 激流喷嘴（喷射泵）检修

检修工艺：①拆卸入口法兰、进料口法兰螺栓，拆卸出口管节套。②解体清理，喷嘴、扩散管、进料口磨损检查。③更换损坏的零件。④组装。⑤做通水试验。

质量标准：①扩散管壁厚磨损量不超过原厚度的2/3。②扩散管进料口无裂纹及砂眼。③喷嘴磨损量不超过原孔径2mm。④流道畅通无堵塞。⑤本体及各接合面无泄漏。

二、灰浆泵检修

在水力除灰系统中，单独输送细灰时也称灰浆泵；灰渣混合输送时也称灰渣泵；其形式多为离心泵。

常用的灰渣泵有pH型灰渣泵、沃曼型灰渣泵、ZJ系列型渣浆泵等。

水力除灰渣系统中pH型灰渣泵系卧式、单级、单吸悬臂式离心泵，外壳为蜗壳形，内部衬有护套，工作时只有护套和前护板与灰渣接触磨损，使泵壳体得到保护。由于该型泵在结构等方面存在一定缺陷，运行不稳定、轴承温度高、振动大、密封性能欠佳、耐磨件使用寿命短等问题，现已逐步被新型高效灰渣泵取代。

沃曼型灰渣泵按其结构和使用范围可分为重型渣浆泵、轻型渣浆泵和液下渣浆泵。可以多级串联使用，一般为悬臂、卧式、双泵壳结构离心泵。重、轻型渣浆已在火电厂中得到广泛使用。

ZJ 型灰渣泵可以多级串联使用，一般为双泵壳结构离心泵。通流部分（护套、叶轮、前后护板）选用了硬镍 1 号或 153 合金材料，其耐磨性大幅度提高，且检修更换部件方便。

（一）单吸灰渣泵检修

1. 单吸灰渣泵结构

单吸灰渣泵结构如图 20-14 所示。灰渣泵泵壳带有可更换的内衬，包括叶轮、护套、护板、泵体和泵盖。根据工作压力采用灰铸铁或球墨铸铁制造，叶轮前后带有背叶片以减少泄漏量，提高泵的寿命及效率。泵的进口为水平方向，采用填料轴封，并配有专用轴封水泵以提供足够的合格轴封水。

灰渣泵轴承选用单列重型圆锥滚子轴承，可承受泵的最大轴向及径向载荷。轴承采用干油润滑，轴

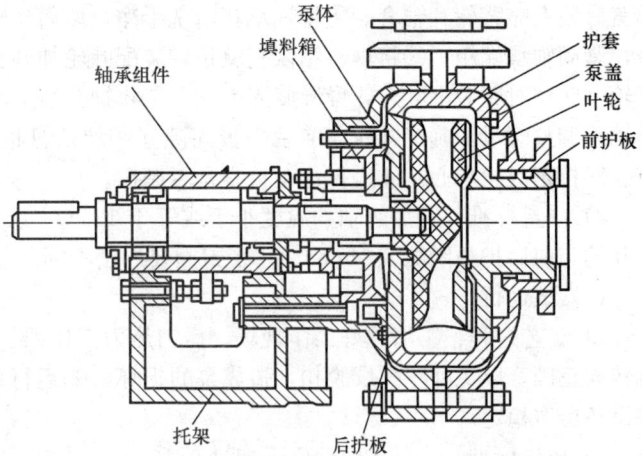

图 20-14  单吸灰渣泵结构

承箱两端有密封端盖、迷宫套及迷宫环，能有效防止渣浆等污物进入轴承。轴承能安全运行，并具有较长的寿命。

2. 单吸灰渣泵检修

（1）准备工作。①根据缺陷记录，查阅上次大修记录，确定检修重点。②准备好需要更换的备品、备件，备品、备件要符合图纸要求。③准备好检修中所用的工具，使用工具要符合安全工作规程的规定。④办理热力检修工作票。

（2）解体。①拆下靠背轮防护罩，取下靠背轮螺栓，测量靠背轮的面距及圆距。②拆下出入口短节，做好防落措施。③用百分表测量轴的窜动量及叶轮与护套的轴向间隙，主要是叶轮与前后护板的间隙，与原始安装数值相比得出其磨损程度。④拆下泵盖的螺栓，用吊车将泵盖吊出。⑤用吊车吊出护套、前后板并取下定位销。⑥将叶轮固定并用吊车将叶轮吊出，用链钳使泵侧联轴器倒转，将叶轮旋下并吊出，在吊出过程中防止叶轮与泵体相撞。⑦取出副叶轮及轴套，在起吊过程中防止副叶轮与泵体碰撞。⑧拆下填料盖螺栓，取出填料压盖、填料、水封环和填料垫，并放好。⑨拆下轴承组件上的紧固螺栓，将轴承组件吊出，松开调节螺母，将轴承拆下。

（3）检修。

1）检修工艺：①检查后护板磨损情况，冲刷腐蚀深度较整个厚度减少 1/3 时应更换。②检查护套各结合面完好，无冲刷腐蚀，腐蚀不超厚度的 1/3，局部冲刷面积不超过 4mm$^2$，否则应进行更换。③检查轴、键槽的配合情况，应符合要求，否则予以修复或更换。④检查叶轮丝扣完好，结合面无腐蚀、裂纹和腐蚀穿透，否则应更换。⑤检查测量泵轴弯曲度、轴径的椭圆度和圆锥度轴应光滑无裂纹。⑥检查轴承内外圈及支架、滚珠等无裂纹、破碎、变形、起皮、麻点等缺陷，否则应更换。⑦检查轴套应光滑，无明显磨损，结合面完整，否则应更换。⑧检查轴承压盖无变形、裂纹，结合面完整。

2）质量标准：①轴弯曲度小于或等于 0.10mm。②轴径的椭圆度和圆锥度 0.03mm。③轴承间隙小于 0.20mm。④轴套光滑，表面无明显沟痕。⑤前后护板结合面完好无冲刷。⑥护套结合面完好无冲刷、腐蚀，腐蚀不超过厚度的 1/3，局部冲蚀面积不超 4mm$^2$。

（4）组装。

1）检修工艺：①将大轴用煤油清洗干净。②装配轴承时应先预热轴承内圈，温度不允许超过 120℃；更换新轴承时，应先核对轴承型号及轴承与轴的配合情况。③安装好轴承并紧上轴承端盖。装上靠背轮和轴套。④将轴承箱清洗干净，然后将转子吊入。调整轴承的顶部间隙，盖上盖，紧固轴承端箱。⑤将填料箱恢复就位，装配叶轮加好密封圈后，装好后护板。⑥用吊车吊住轩轮，转动对轮装上叶轮，慢慢旋入上紧。⑦将护套装上和前后护板下泵壳吊上，紧好螺栓。调整轴承调整螺母，确定叶轮与前后护板间隙。⑧加好盘根，装上轴封水管。恢复泵的出入口短节。⑨校正对轮中心。⑩进行盘车检查是否摩擦。

2）质量标准：①加热轴承温度小于或等于 120℃。②轴承的顶部间隙小于或等于 0.18mm。③叶轮与前后护板间隙 3～5mm。④密封圈要严密不漏。⑤两对轮面距为 2～8mm。

（5）试运行。

1）工艺过程：①清理好工作现场，撤销热力工作票，联系运行人员试运。②试运中检查电机转向正确，以免叶轮螺纹脱扣，造成泵的损坏。③运行中无异声及异常振动。④无泄漏现象。⑤设备出力稳定。

2）质量标准：①泵体振动值不超过 0.10mm。②轴承温升不超过 80℃。

（二）单级双吸灰渣泵检修

1. 单级双吸离心泵的结构

单级双吸离心泵的结构如图 20-15 所示。

2. 单级双吸灰渣泵检修

（1）准备工作：①根据缺陷记录，查阅上次大修记录，确定检修重点。②准备好需要更换的备品、备件，备品、备件要符合图纸要求。③准备好检修中所用的工具，使用工具要符合安全工作规程的规定。④办理热力检修工作票。

（2）解体。

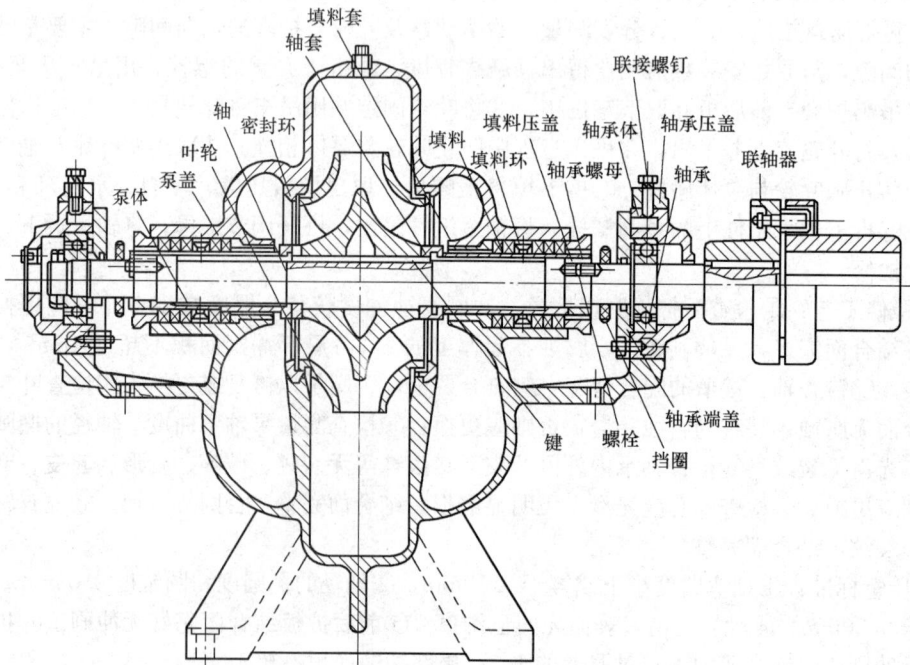

图 20-15　单级双吸离心泵结构示意

1）检修工艺：①拆卸联轴器防护罩及弹性柱销。②测量联轴器中心并做好记录。③退出填料压盖，拆除盘根。④拆卸大盖螺栓，吊出上壳体。⑤测量泵内各部间隙。⑥吊出转子放在 V 形铁上。⑦转子解体。检查测量轴承。⑧检查轴键槽、键及各螺纹。⑨检查测量轴的弯曲度，轴颈处的圆度、圆柱度。⑩检查清理双吸密封环、泵壳、叶轮。

2）质量标准：①滚动轴承质量符合要求。②轴弯曲度小于 0.055mm，不圆度小于 0.03mm。③键无变形，两侧无间隙。④双吸密封环与叶轮的径向间隙为 0.08～0.12mm。轴向间隙为 0.50～1.00mm。⑤轴套、轴颈磨损量小于 2mm。⑥轴颈处的圆柱度、圆度符合设计要求。

（3）组装。

1）检修工艺：①新叶轮应作静平衡并作晃动测量。②组装叶轮、轴套、双吸密封环。③组装填料、盘根压盖及轴承端盖。组装轴承体，安装联轴器。④组装好转子并就位，调整叶轮中心位置。加润滑脂，紧固轴承体压盖。⑤配垫，吊装上壳体，紧固结合面。⑥校正联轴器中心。⑦加盘根。⑧确定电动机转动方向正确后，装弹性轴销、防护罩。⑨清理检修现场。

2）质量标准：①叶轮内孔与轴的配合间隙符合厂家设计要求。②轴套径向跳动小于 0.04mm。联轴器中心校正径向、轴向偏差小于 0.10mm，联轴器间隙为 2～8mm。

（4）试运行。

1）工艺过程：①清理好工作现场，撤销热力工作票，联系运行人员试运。②试转前全面检查。③试转 2h，运行中无异声及异常振动。泵体无泄漏现象。设备出力稳定。

2）质量标准：①轴承温升不超过 80℃。②轴承振动值根据转速按下列确定：1000r/min 以下，小于 0.10mm；1500r/min 以下，小于 0.08mm；3000r/min 以下，小于 0.05mm。

（三）多级灰渣泵检修

1．准备工作

（1）根据缺陷记录，查阅上次大修记录，确定检修重点。

（2）准备好需要更换的备品备件，备品、备件要符合图纸要求。

（3）准备好检修中所用的工具，使用工具要符合安全工作规程的规定。

（4）办理热力检修工作票。

2．解体

（1）检修工艺。

1）拆卸防护罩及弹性柱销，测量联轴器间隙及窜轴量，做好记录。

2）拆卸入口短节及入口法兰连接螺栓。

3）拆卸轴封水管、平衡管及回水管。

4）拆卸泵地脚螺栓，将泵吊出。

5）拆卸联轴器。

6）拆卸前轴承端盖和轴承体。

7）拆卸前轴承锁紧螺母、挡套、轴承和衬套。

8）测量入口侧填料箱端面与轴端距离，做好记录。

9）用同样的方法拆除出口侧轴承和轴承体。

10）测量穿杠前后螺母间的距离和各段间间隙并做好记录，拆穿杠螺栓。

11）拆卸出、入口侧的填料压盖。

12）拆卸尾盖固定螺栓，拆卸尾盖，检查平衡盘磨损情况，测量垫子厚度，做好记录。

13）拆卸出口侧轴套锁紧螺母，拉下平衡盘及挡套，取掉各键。

14）拆卸平衡板、平衡套、平衡鼓。

15）拆卸末级导叶，检查测量。

16）拆卸末级叶轮，拆卸密封环和挡套测量叶轮与密封环的间隙，并做好记录。

17）依次拆卸其余各级叶轮、导叶，检查磨损情况，测量各段间垫子的厚度、密封环间隙，做好记录。

18）将轴吊到 V 形支架上。

19）检查清理零部件。

（2）质量标准。

1）轴承压盖，轴承体有裂纹或磨有深槽的应更换。

2）锁紧螺母和轴上的螺纹应完好。

3）轴承质量符合要求。

4）串杠螺纹应完好。

5）平衡环、平衡板磨损不超过原厚度的 1/3。

6）叶轮径向磨损量应小于 4mm。

7）叶轮、导叶磨损量不超过原厚度的 1/3。

8）各套外周不应磨有明显的沟槽，外径磨损量应小于 4mm，轴套端面偏差在 $\pm 0.01$mm 以内，磨损量小于 1mm。

3. 转子部件试装

（1）检修工艺：①测量轴的弯曲度、圆度和各部分尺寸。②校正轴套、叶轮、平衡鼓、平衡盘的端面跳动以及和轴的配合尺寸。③装好入口侧轴套，并用锁紧螺母固定，依次装各级叶轮、挡套平衡鼓、平衡盘和出口侧轴套，紧固平衡鼓、平衡盘、轴套和锁紧螺母，同时装上各键。④用百分表逐级测量轴颈、轴套、叶轮、封环和平衡盘的径向端面跳动。⑤测量调整叶轮间距，并做好记录。⑥如果步骤 5 测量的数据达不到质量标准要求，应重新进行步骤②～⑤，直到合格，然后拆掉各转子部件。

（2）质量标准：①轴的弯曲度、圆度小于 0.05mm，圆柱度小于 0.05mm。②轴套、叶轮、平衡盘、平衡鼓两端端面跳动不大于 0.01mm。③轴套、叶轮、平衡盘、平衡鼓以及挡套与轴的配合间隙为 0.012～0.069mm。④密封环端面跳动不大于 0.12mm，密封环与叶轮入口处间隙不大于 0.14mm。⑤叶轮径向跳动小于 0.05mm，导叶套与轴间套的间隙为 0.50mm。⑥叶轮间距应符合设计要求。

4. 组装

（1）检修工艺。

1）固定入口侧，将轴装入泵壳，装上轴套、密封套，并用锁紧螺母固定好入口侧轴套，将填料压盖装入填料箱。

2）组装首级密封环、首级叶轮、挡套隔板、密封环和密封圈。使第一级叶轮与隔板中心一致，在填料压盖端面轴上用划线做上记号。

3）依次组装二、三、四级各部件和平衡鼓、平衡套。

4）装穿杠螺栓，对称紧固，同时调整各段间隙。

5）安装平衡板。

6）组装平衡盘及出口侧各套，调整平衡盘间隙。

7）组装入口侧轴承端盖、轴承座、轴承锁紧螺母、紧固连接件。

8）组装联轴器。

9）出口侧轴承安装同入口侧轴承。

10）清理泵基础，将泵吊装就位，带上泵地脚螺栓。

11）连接出、入口管。

12）连接轴封水管、注水管。

13）联轴器中心校正。

14）装弹性柱销、防护罩。

15）清理现场。

（2）质量标准。

1）入口侧填料箱端面与轴头距离与拆前数据偏差不超过±0.5mm。

2）各段泵壳间垫子厚度为0.40～0.50mm。

3）未装平衡机构时，转子轴向总窜量为5～8mm，即平衡盘间隙为0.50～0.80mm。

4）平衡板端面对泵中心线的跳动小于0.05mm。

5）平衡室与泵体间无泄漏，平衡室出水孔畅通。

6）轴封水孔畅通，进水孔对准水环。

7）联轴器中心校正径向、轴向偏不大于0.10mm，联轴器间隙为2～8mm。

5. 试运行

（1）工艺过程。①清理好工作现场，撤销热力工作票，联系运行人员试运。②试转前全面检查。③试转2h，运行中无异声及异常振动，泵体无泄漏现象，设备出力稳定。

（2）质量标准。①轴承温升不超过80℃。②轴承振动值同上。

### 三、灰渣浓缩设备检修

（一）灰渣浓缩池检修

（1）检修工艺。①放净存水。②清理池底的积灰、耙架上的灰垢和给槽、回水槽的积垢。③浓缩池内检查。④检查溢流堰。⑤检查中心部分的水泥柱和灰沟。⑥检查旋转支架和固定支架。

（2）质量标准。①浓缩池内表面应光滑，无裂，不得渗水。②溢流堰上边缘应平整。③中心部分水泥柱顶锥面完好，心底部灰沟畅通并无结垢。④旋转支架与固定支架定位良，无断裂、松脱等现象。

（二）灰渣浓缩机检修

1. 浓缩机结构

主要由浓缩池和机械刮泥机两部分组成。它的工作原理是：利用重力和离心力的作用，使进入浓缩他的浆液中的固体颗粒下沉，达到固液分离的目的。浓缩后含固体颗粒浓度较大的浆泥沉积于池底并被副泥机连续地刮集到池中诽浆口排出，而澄清水由池边溢出。

浓缩机主要由槽架、来浆管、中心传动架部分、传动机构、中心筒、分流锥、大耙架、小把架、耙齿、底耙传动齿条、耙架连接件、中心柱、轨道、溢流堰等部件组成。

灰浆浓缩过程是，灰浆沿槽架通过送浆管经中心支架部分的转盘座的分液口流入浓缩池，经分液口流入池中的灰浆中，较粗的灰粒直接沉入池底，较细灰粒随溢流水沿四周扩散，边扩散边沉淀，使池底形成锥形浓缩层，转动耙架的耙齿刮集沉淀后的灰浆到池中心，经排料口进入泵的入口，已澄清的清水沿溢流槽溢流到回收水池。这样就完成了浓缩的全过程。

2. 浓缩机检修

（1）槽架、架和耙齿检修。

1）检修工艺：①检查槽架、传动架、耙架和耙齿焊缝，检查耙齿有无掉齿和扭曲变形。②耙齿与耙架的连接螺栓孔应钻出，不得气割。③检查渡槽的使用情况。④检查调整耙齿与池底面的距离。

2）质量标准：①渡槽无堵塞和泄漏。②耙架、耙齿的焊接应牢固，相邻耙齿之间的水平投影，应有一定的重合度。③耙架长度安装误差小于10mm，高度安装误差小于5mm，平面翘曲误差在全长内小于10mm，在宽度内小于3mm。④使耙齿在同一锥面上，从中心至外端面由大到小的间距为100～75mm，其误差不得超过其名义值的20％。⑤传动架整体倾斜不得超过0.5°。

（2）轨道齿条检修。

1）检修工艺：①检查轨道齿条磨损及变形情况。②检查轨道齿条的固定件。③检查各段的连接情况。④轨道表面及齿条表面应清洗，检修后涂油润滑。

2）质量标准：①轨道直径误差小于5mm。②两轨道端头接头的高度差小于0.50mm，其最大不平度沿圆周任意两点小于5mm。③齿条与传动轮的啮合要均匀，其高度、宽度均应在50％以上。④齿条的齿应完整，无大的塑性变形，磨损不超过原厚度的25％。⑤紧固件无松动。

（3）中心部分检修。

1）检修工艺：①做好传动架的防滑措施，防止其滑离轨道齿条。②做好传动架的起重架。③打开盖板，检查内部转动轴承。④轴承滚柱不得缺少，润滑油量应加充足。⑤检查中心部分的紧固件。

2）质量标准：①滚柱和轴承圈应完整，不得损坏变形。麻点表面积小于滚柱表面积的20％，麻点深小于0.05mm，滚柱圆度小于0.05mm。②紧固件无松动。

（4）传动机构检修。

1）检修工艺：①放出润滑油。②减速器解体检修。③清洗零部件。④检查零部件做好记录。⑤组装与拆卸顺序相反。⑥加好润滑油。⑦联轴器中心校正。⑧确认电动机转向正确后连接联轴器。

2）质量标准：①轴承质量符合标准。②齿轮的啮合面沿齿宽大于75％，沿齿高大于60％，侧间隙在0.20～0.30mm。③承重辊轮的中心线与轨道圆中心线的不重合偏差值小于3mm。④传动齿轮外观检查无裂纹、砂眼、脱皮、掉齿和明显的塑性变形等缺陷。⑤油位指示清晰，油位正常。

（5）试转。

1）检修工艺：①检修工作全部结束后，清理现场，联系试转。②试转合格后结束工作票。

2）质量标准：①空负荷试转不少于2h，带负荷试转不少于24h。②电流稳定，无异常波动。③机械各部分无摩擦现象和异声。④传动机构轴承温度小于80℃。⑤耙架每转一周时，耗齿应扫过池底的全部面积，并与池底保持规定的间距。⑥耙架的转速、生产能力等基本参数应符合规定。

**四、远距离输送动力装置检修**

远距离输送动力装置的作用是用来将浓缩机浓缩后的灰浆进行增压输送的设备；远距离输送动力装置主要包括柱塞泵（或水隔离泵）和离心式渣浆泵多级串联。而离心式渣浆泵多级串联后的压力受到限制，现在已被逐渐淘汰。所以远距离输送动力装置检修主要包括柱塞泵检修、柱塞泵系统高压柱塞清水泵检修和水隔离泵检修。

（一）柱塞泵检修

柱塞泵的结构如图20-16所示，由柱塞泵及柱塞清洗系统两部分组成。它通过连杆机构将电动机的回转运动变为往复运动。

1．阀箱检修

（1）检修工艺。①拆卸进口和出口阀箱上的压紧螺母，检查阀座、阀芯、弹簧和密封圈的

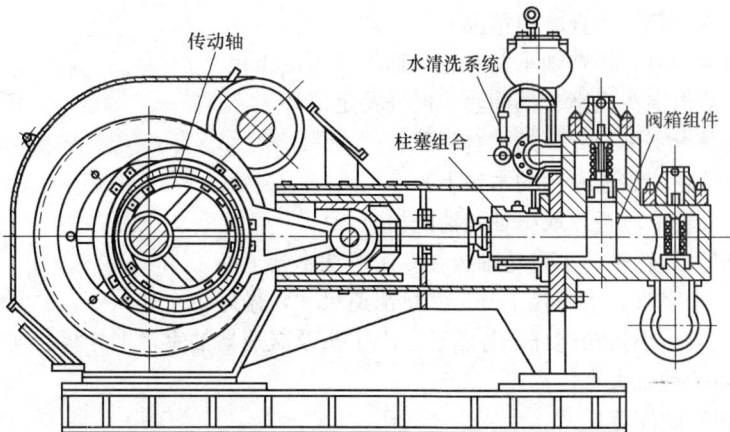

图 20-16 PZNB 型喷水式柱塞泵结构简图

损坏情况。②起吊密封盖时，钢丝绳要绑扎牢固，注意起吊方向。③拆卸下来的零部件摆放整齐。④清洗零部件，检查测量，做好记录。⑤装配与拆卸顺序相反，安装时要注意工具不得遗留在内，进、出口弹簧不得混淆。⑥装配时注意保护零件工作面，并在结合面、螺纹上涂满油脂。⑦阀箱整体组装后，压紧螺母不得松动、接触面严密无泄漏，阀芯安装时，应检查密封情况。

(2) 质量标准。①阀盖、阀箱体、弹簧等易损件应符合技术要求。②弹簧无断裂、变形、疲劳破坏。③导向套滑道完好，滑动杆应能在导向套内自由滑动，磨损量应小于直径的 1/3。④密封圈完好，无缺口、裂痕、气泡老化等缺陷，密封圈应安装在沟槽内。⑤阀胶皮表面无深沟、开裂、翻边及严重磨损，阀胶皮应高出阀座锥面 1.00～1.50mm。⑥阀箱整体组装后，紧固件不得松动，无渗漏。

2. 柱塞组件及密封检修

(1) 检修工艺。①拆卸柱塞与挺杆的连接卡箍，盘车将挺杆退至最后，分离柱塞与挺杆。②拆卸填料压紧环、填料盒及喷水环。③填料盒解体。④拆卸柱塞，先取中间柱塞，后取两边柱塞，放在专用布上或木垫上。⑤检查柱塞套密封，如需更换，应将柱塞套与泵体的连接螺栓及喷水管路拆卸下，并吊至泵外。⑥检查清洗零部件及柱塞套内腔，测量柱塞、喷水环、填料盒，做好记录。⑦组装与拆卸顺序相反。

(2) 组装时的注意事项。①组装前零部件清洗干净，结合面涂适量黄油。②组装喷水环时，进水孔在正下方，要对准位置。③装好有关零部件前后 O 形和 Y 形密封圈。④Y 形密封圈不得装反或翻边，缺口对着阀箱方向。

(3) 质量标准。①密封件无缺口、裂纹、气泡、老化、变形。②各 O 形圈密封处无泄漏痕迹。③压紧环、压环、支承环、隔环、喷水环应无裂纹或变形，喷水孔和漏水孔无堵塞，喷水环与柱塞间隙为 0.05～0.15mm。④柱塞焊口无裂纹、气孔、夹渣。⑤各连接密封面清洁、完整、螺纹完好。⑥盘车检查无卡涩、扭劲现象，转动平滑。

3. 减速器和传动部分检修

(1) 检修工艺。

1) 放出润滑油。

2) 拆卸前对重要部件，做好标记。

3) 拆卸后检查清洗零部件做好记录。

4）吊开减速器上盖，检查磨损情况。

5）拆卸各轴承端盖，检查轴承偏心轮、轴承及固定压板。

6）拆卸减速器十字头视镜、挡油套、挺杆及定位环。

7）用塞尺测量十字头与导板的配合间隙。

8）拆卸大传动轮，放在专用的木垫上。

9）拆卸十字头轴承压板，取出轴销清洗检查。

10）先后吊出大齿轮轴、小齿轮轴放在专用的枕木架上。

11）吊出三个十字头，用内径千分尺测量滑道尺寸，做好记录。

12）检查清洗大、小齿轮连杆，各轴承、十字头及减速器油室，上导板、连杆油槽孔。

13）检查三角传动带大小传动轮。

14）组装与拆卸顺序相反。

15）用大传动轮盘车检查齿轮的啮合情况。

16）确认电动机转向正确后，紧固电动机螺栓，装好传动带、保护罩。

17）加好润滑油。

（2）质量标准。

1）齿轮工作面无裂纹、砂眼、脱皮、掉齿、毛刺、凹坑和明显的塑性变形。

2）着色法检查齿面啮合，沿齿面宽度大于75%，沿齿面高度大于70%。

3）压铅丝法检查齿顶间隙为2.00～2.50mm，齿侧间隙为0.35～0.50mm。

4）齿面磨损深度不超过原厚度的10%。

5）大齿轮端面跳动应小于0.10mm，径向跳动应小于0.08mm，齿轴轮齿顶圆径向跳动不大于0.06mm，端面跳动小于0.06mm。

6）检查挺杆表面应光滑，无粗糙磨痕，无变形，弯曲度不大于0.10mm，磨损厚度不大于0.15mm，挡油套处Y形密封圈完好。

7）测量十字头与滑道的配合间隙，测量时，盘车分别测十字头处于前、中、后三个位置的数值，每一点应符合上部配合间隙为0.2～0.4mm，下部应无间隙。

8）十字头与滑道的接触点每平方厘米不少于两点，并分布均匀，接触面积大于80%。

9）连杆小端两轴承孔座应无磨损，内孔直径符合图纸要求，油槽应畅通。

10）滑道的圆度小于0.05mm，圆柱度小于0.05mm。

11）轴承质量符合要求。

12）轴承内圈必须紧贴轴肩，轴承外圈与机体轴承座装配间隙为0.03～0.06mm。

13）十字头轴承两端面间隙各为1mm。

14）十字头轴销应表面光滑，无弯曲与变形，无磨损，与轴承内圈配合间隙为0.01～0.03mm。

15）油质合格，油位在油面计的2/3高度位置，油位指示清晰。

16）三角传动带表面应完整，无毛刺、断裂、抽丝。

17）每根三角传动带的周长相差应小于10mm，装配紧力适中。

18）大小传动轮应完整，无裂纹，键槽与键完好，与轴配合紧密，无松动。

19）用拉线方法检查两传动轮是否在同一平面内，其误差应小于5mm。

4．喷水管及单向阀检修

（1）检修工艺。①检修单向阀。②检查各接头、喷水管和回水管。

（2）质量标准。①单向阀方向正确，应严密不漏，动作灵活，无卡涩现象。②高压胶管及接头处无泄漏，密封垫片完好。③柱塞套进、出水应畅通。

5. 出入口空气罐检修

（1）检修工艺。①检查出入口空气罐各连接螺栓及外观。②必要时，对出口空气罐进行水压试验，对防爆片按压力等级要求进行检查或更换。③整定安全阀。

（2）质量标准。空气罐应符合要求。

（二）柱塞泵系统的高压柱塞清水泵检修

柱塞泵系统的水清洗系统主要包括清洗泵、高压清洗水总成、A型单向阀、B型单向阀等。水清洗系统是确保柱塞组合使用寿命，柱塞泵长期稳定运行的关键系统。结构特点：清洗泵采用小流量高压往复式柱塞泵，A型单向阀、B型单向阀设计为双重单向阀。

1. 阀箱检修

（1）检修工艺。①拆卸出、入口管道与阀箱的连接螺栓、阀箱与泵体的连接螺栓，阀箱解体。②检查并校验进出口压力表。③清洗检查零部件情况并做好记录。④解体安全阀检查并达到质量要求。⑤对阀体应进行水压试验

（2）质量标准。①阀芯、阀垫无毛刺、裂纹、沟槽、严重磨损和残缺。②阀芯与阀座进行密封试验，3min内无滴漏。③弹簧无断裂，无疲劳破坏。④阀箱应无明显冲刷与裂纹，整体组装后各处无泄漏。⑤试验压力不低于工作压力的1.25倍，5min内无泄漏。⑥压力表指示正确。⑦安全阀密封试验，5min无渗漏。⑧安全阀动作灵活，动作压力为工作压力的1.10～1.15倍。

2. 柱塞检修

（1）检修工艺。①拆卸柱塞连接螺母，拆卸柱塞压环和卡簧。②将柱塞套与泵体分离。盘车将挺杆盘至最后，将柱塞取出。③检查各零部件并清洗干净，对柱塞进行测量，不符合质量要求需更换，并做好记录。④表面磨损均匀，其细小磨痕可用油石将毛刺打平，或用喷涂方法予以修复。⑤核对各零部件符合要求，然后组装，顺序与拆卸相反，装柱塞时，在柱塞表面涂机油（黄油）。

（2）质量标准。①各部零件无裂纹、断裂、疲劳破坏等现象。②柱塞表面应光滑，无粗糙磨痕、裂纹和残缺，圆度小于0.03mm，圆柱度小于0.03mm，局部磨损宽度小于3.00mm，深度小于0.50mm，柱塞均匀磨损厚度小于0.25mm。③柱塞套无磨损、裂纹。

3. 柱塞泵整体试运行

柱塞泵检修结束后要全面检查，清理现场，之后整体试转1h，试转要求如下：①各密封面无泄漏。②运行平稳，无异声。③柱塞与柱塞套处无渗漏。④泵体振动小于0.08mm，轴承温度小于80℃。⑤出口压力达到正常后，压力的波动应小于0.1MPa。⑥高压柱塞清水泵工作压力在要求范围内，调整安全阀动作压力在要求范围内。

（三）水隔离泵检修

1. 水隔离泵系统组成及工作过程

如图20-17所示，水隔离泵系统由泵本体、动力系统、回水喂料系统及液压控制系统组成，其中泵本体又由3个压力罐、6个液压平板闸阀、6个单向阀组成。

水隔离泵的工作原理是：灰浆通

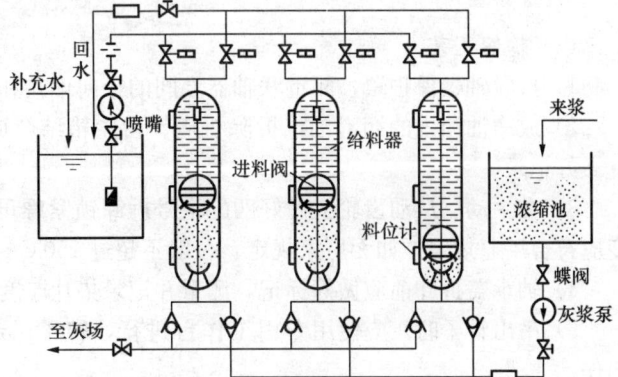

图20-17　水隔离泵工作原理图

501

过泥浆泵压送到隔离罐中浮球下部，由高压清水泵向浮球上部供高压清水，高压清水通过浮球把压力传递给浆体，浆体通过外管线输送到灰场。电控系统通过液压站控制6个清水液压平板闸阀起闭，从而控制3个压力罐交替进高压清水和灰浆，实现连续、均匀、稳定地输送浆体。

2. 水隔离泵检修

（1）压力罐检修。①解体压力罐。②检查压力罐、上下筛板及侧挡板是否完好。③检查压力罐内壁，有较深的沟槽时，要同时要进行补焊，焊缝必须经过壁厚测试和无损探伤检测等。④罐体组装。

（2）浮球检修。①检测浮球是否有变形、渗漏现象，浮球密封环是否完好，要求密封环与罐体内壁的间隙为3mm，最大不超过5mm。②检查浮球固定环是否损坏，如损坏应更换。③检查导向架是否损坏，如损坏应更换；更换导向架时行，其平行度不得超标。

（3）液压平板闸阀检修。①解体液压平板闸阀。②检查密封座及聚四氯乙烯密封圈；要求表面应光滑，无沟槽。③解体清洗活塞组件；要求闸板与密封圈的间隙为0.01～0.30mm。④组装液压平板闸阀。

# 第三节　气力除灰设备检修

## 一、压缩空气系统检修

如图20-18所示，罗茨风机是一种定排量回转式风机，它靠安装在机壳中的两根平行轴上的两个渐开的腰形转子对气体的作用而抽送气体的。转子由装在轴末端的一对齿轮带动。两个转子相差90°，并以相同速度反向旋转，转子和外壳之间的空气随其容积的变化而被压缩排出。两个转子旋转一周送气两次。

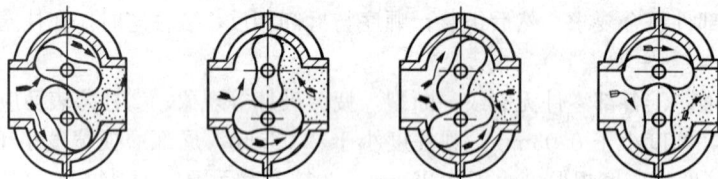

图 20-18　罗茨风机工作过程示意

检修前应使系统停运，做好停电等安全措施，准备好专用工作台及专用工具。计量器具定期检验合格。

1. 风机解体

（1）检修工艺。

1）拆联轴器保护罩，测量联轴器之间的径向偏差和中间距离，并做好记录。

2）放净油箱内的润滑油，拆除机壳、齿轮箱结合面紧固螺栓，取下密封垫片，测量厚度，并做好记录。

3）在主动、从动齿轮上做好匹配记号拆卸锁紧螺母，可用加热法拆卸轮毂、齿轮，加热温度应符合厂家规定，如无厂家规定，一般不超过150℃。

4）轴承盖拆卸前应做好标记，测量并记录垫片厚度，拆卸轴承。

5）吊出转子时，应使用专用工作台进行，转子吊起后，轴端螺栓应包扎保护，防止螺纹损伤。

（2）质量标准。

1) 测量记录正确。

2) 润滑油回收到容器内，禁止溢流到基础及地面上，垫片测量准确。

3) 加热温度均匀不超标，以防变形，齿顶打磨无毛刺。

4) 测量记录正确。

2. 风机解体后的检查

(1) 检修工艺。①各零部件清洗干净，清洗时应符合防火规定。②检查各齿轮、齿面、键槽的磨损情况。③检查轴承间隙。④对磨损、损伤的零部件进行检修或更换。

(2) 质量标准。①齿轮面无麻点、断齿、裂纹，各螺纹无碰伤，键槽无起刺、裂纹等缺陷。②轴承无明显的斑、孔、凹痕，轴的游动间隙应符合生产厂家的规定（≤0.2mm）。

3. 复装

(1) 检修工艺。①按拆卸的反序进行组装。②转子就位后，测量转子与机壳的径向间隙，间隙过大，应更换转子。③调整端面垫片厚度。④确认轴上键槽相隔90°，注意两齿轮匹配标记。⑤调整转子间隙。

(2) 质量标准。各部位密封更换后应严密不漏。

4. 试运行

(1) 检修工艺。①罗茨风机复装后，手动盘车无异常后送电。②试运2h。

(2) 质量标准。无异声，振动不超标。

**二、干灰输送设备检修**

**(一) 空气斜槽**

空气斜槽的结构如图20-19所示，空气斜槽是一个长方形断面的输送管道。它分为上、下两个槽体，中间装有多孔隔板（也叫气化板）。上槽体内输送干灰，下槽体内供给气体。

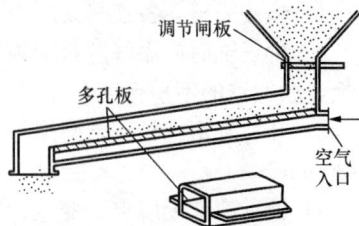

图 20-19　空气斜槽结构图

1. 透气层复装

(1) 检修工艺。①透气层复装应按透气层材料的不同，采取措施，确保牢固。②安装压条螺栓及密封填料。

(2) 质量标准。①密封填料完整，确保空气斜槽严密不漏，避免受潮。②压条螺栓紧力均匀，密封填料均匀完整。

2. 试运

(1) 全部组装完毕后，启动风机检查透气层的透气情况。

(2) 要求透气层透气均匀。

**(二) 螺旋输灰机**

螺旋输送机结构如图20-20所示，由驱动电动机、变速箱、壳体、进料口、出料口、中间吊挂轴承、在驱动装置和出料口侧装有的头节（包括止推轴承和联轴器）、旋转螺旋轴等部件构成。

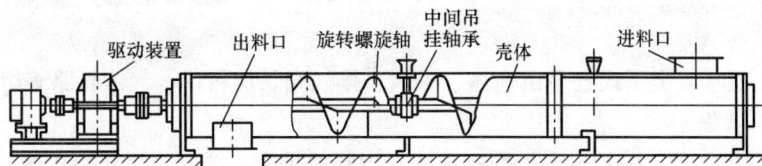

图 20-20　螺旋输送机结构示意

1. 解体联轴器

（1）检修工艺。①拆下联轴器保护罩。②拆卸联轴器螺栓，取下垫圈。③测量联轴器的径向偏差和面距，测量数据做好记录。

（2）质量标准。工器具定期检验合格。

2. 解体

（1）检修工艺。①卸下上盖，对螺旋轴起吊固定，防止拆除轴承时碰伤螺旋片。拆除前后轴承及盘根盒。②抽出螺旋轴，用高压水清洗，防止机械损伤。

（2）质量标准。①结合面的密封填料清除干净，螺旋轴固定可靠。②清洗干净。

3. 检查

（1）检修工艺。

1）检查螺旋输灰机外壳各节连接法兰垫片、进出口严密情况及外壳的磨损情况。

2）检查螺旋轴每段轴的弯曲度，轴弯曲较轻的可在常温下矫正，弯曲较大的可热态校正。

3）检查中间联轴器轴颈的磨损情况。

4）检查叶片的弯曲、磨损情况，测量叶片与外壳的间隙。

5）清洗、检查轴承，并测量间隙，热装轴承时加热温度不超过120℃。

（2）质量标准。

1）垫片完整，各连接处严密不漏，外壳无变形过大或磨损严重现象。

2）矫正轴时应做好防弯措施每段轴的弯曲度禁止大于3mm中间联轴器轴颈磨损2mm时应更换，联轴器的不平行度允许在0.1～0.2mm的范围内。

3）叶片变形应校正，磨损超过60%的应更换。叶片与外壳禁止有摩擦之处，其间隙不应小于30mm。

4）轴承滚珠无麻点、变色、裂纹等缺陷，轴承间隙禁止超过0.25mm，超标的应更换。

4. 复装

（1）检修工艺。①按拆卸的反序进行复装。②联轴器校正。

（2）质量标准。①机身最大倾斜角不大于15°。②密封填料完整，严密不漏。③联轴器螺栓完好无缺陷，垫圈完整、无老化现象。④两联轴器径向、轴向偏差不于0.1mm，间距为4～6mm。

5. 试运

（1）检修工艺。①手动盘车无异常后，送电试运。②测量轴承温度和振幅。

（2）质量标准。①转动灵活无异声。②轴承温度不超过70℃，振幅不超过0.08mm。

### 三、仓泵检修

仓式泵是正压气力除灰系统供料装置的关键设备。供料装置的形式较多，有仓式泵、螺旋输送泵、气力喷射器等。目前，我国电厂所采用的高压气力除灰系统中，以仓式泵作为供料设备的为数最多。

仓式泵的种类较多，按仓式泵的形式分有上引式仓泵、下引式仓泵、流态化仓泵和喷射式仓泵。

如图20-21所示，上引式仓泵由仓体、蝶阀、排气阀、加料口、气体管路等组成。

（一）检修准备

（1）检修工艺。①关闭入口插板阀，确认仓内物料排空。②关闭空气截止阀。

（2）质量标准。严密隔离。

（二）空气系统检修

（1）检修工艺。①检查并调校流量、压力调节阀。②止回阀检查，如出现密封不良应及时更换。③检查流化装置的气化性能。

（2）质量标准。①调节阀能够迅速对参数变化进行调节，无延时。②止回阀严密可靠。③流化盘透气均匀。

（三）进料阀和出料阀的检修

（1）检修工艺。①检查阀板、阀座的磨损情况，更换磨损部件。②测量、调整阀板、阀座的间隙。

（2）质量标准。①阀门开启灵活无卡涩。②间隙应符合厂家规定（≤0.06mm）。

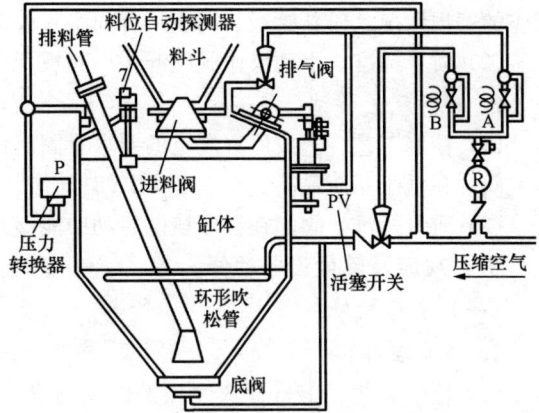

图 20-21　上引式仓泵示意

（四）泵体及附件检查

（1）检修工艺。按锅炉监测站的定期检验计划对其进行压力容器检验。

（2）质量标准。应符合要求。

（五）水压试验

（1）检修工艺。运行 6 年或仓体进行重大修理的应进行压力试验。

（2）质量标准。试验压力为设计压力的 1.25 倍。

（六）按程序进行调试，泵试运行

（1）检修工艺。检查阀门的动作情况。

（2）质量标准。阀门开关到位，动作正常。

## 四、输灰管道及阀门检修

（一）输灰管道检修

1. 管道翻身

（1）检修工艺。①拆下管道两端的连接器，松开固定支架，检查管道的磨损程度。②将管道旋转120°，做好标记。③更换连接器密封圈，装配活节及管道固定支架。④运行一周重新用测力扳手紧固连接器螺栓。

（2）质量标准。①管道磨损量为1/2管道壁厚时需翻身。②连接器紧固螺栓紧力均匀，紧力符合厂家规定。

2. 管道更换

（1）检修工艺。①拆除旧管道。②装配新管道。道运输安装禁止碰撞，以防内衬材料脱落或裂纹。

（2）质量标准：①管道或内衬无裂纹。②连接器连接处间隙为 6～7mm。③连接器紧固螺栓紧力均匀。

（二）E型阀（负压系统统输灰阀）的检修

1. 检修准备工作

（1）检修工艺。①确认灰斗存灰放净，关闭阀板。②拆除气源管、电源线。

（2）质量标准。严密隔离。

2. 拆卸阀门解体检查

（1）检修工艺。①拆下出口短节。②将阀门拆下，解体。③彻底清理各结合面，检查阀板、阀座的磨损情况。④新阀板、阀座结合面密封胶涂抹均匀。⑤阀门组装。

(2) 质量标准。手动操作阀门开关,阀板开启灵活,无卡涩。

3. 阀门就位调试

(1) 检修工艺。①按厂家规定的要求紧固出口活节紧固螺栓,运行一周后再紧一遍。②调试补气阀,在低于系统最高真空 0.61MPa 时动作。

(2) 质量标准。阀门在程序控制启动中能够及时启闭,满足系统运行的要求。

**五、灰库及除尘设备检修**

**(一) 灰库检修**

1. 修前准备

(1) 检修工艺。①打开灰库顶部的压力真空释放阀,预先做好残灰引流,防止污染环境。②打开灰库人孔门,灰库充分通风后,人员方可进入。

(2) 质量标准。拆人孔门时,旧密封填料清除干净,人孔门无变形。

2. 清灰

(1) 检修工艺。①可用高压水冲洗、清灰,防止损坏气化板。②气化板上灰结块,可用机械方法清除

(2) 质量标准。库壁、库底的积灰清理干净,气化板露出材料质地。

3. 气化板检查

(1) 检修工艺。①对于没有明显气化迹象的气化板,应先检查外部气化管路,管路畅通时应更换气化板。②更换破损、裂纹的气化板。③更换气化板时,应先清净槽内的积灰,防止其堵塞气化风机;结合面密封胶涂抹均匀。

(2) 质量标准。①气化板完整无破损。②结合面密封严密。

4. 库底斜槽检查

(1) 检修工艺。①拆卸斜槽的紧固螺栓,检查密封条。②检查、校正斜槽的平直度。

(2) 质量标准。①密封条完整,无老化,严密不漏。②斜槽平直度偏差不大于 2mm/m。

5. 真空释放阀检查

(1) 检修工艺。①拆下栓销,除锈,加润滑油。②打开阀盖,检查隔膜的密封性能。③检查弹簧的弹性。

(2) 质量标准。①无锈蚀、卡涩现象。②隔膜完整有弹性,与阀座接触紧密。③弹簧齐全,弹簧弹性良好无锈蚀。

6. 检漏及检查气化板透气情况

(1) 检修工艺。①开启气化风机检查泄漏。②人工清洗气化板。③检查库底斜槽无漏气,气化板无透气均匀。

(2) 质量标准。结合面无漏气现象。

7. 封闭灰库

(1) 检修工艺。①灰库内工作结束后,清理杂物。②封闭人孔门及库顶压力真空释放阀。

(2) 质量标准。①库内无遗留工器具、材料等物品。②螺栓紧力均匀,密封填料完整,严密不漏。

**(二) 旋风收尘器 (一级收尘器) 的检修**

1. 检修准备

(1) 打开人孔门,进入容器,严禁重力敲击。

（2）清点和登记进入容器的工具。

2. 检查

（1）检修工艺。①拆除磨损的门密封，检查焊补门框结合面，焊接时防止门框变形，焊补应不高出基准面，然后磨光，更新门密封。②检查焊补放灰门板，焊补应不高出基准面，焊接时应防止放灰门板变形。然后磨光。③如门板磨损严重，出现孔洞，应更换门板。④门板在自由下垂状态下进行间隙调整。

（2）质量标准。①门框无变形。②放灰门板无变形。③销轴和轴套匹配良好，转动灵活。④上部调节螺栓与门板间隙为 3.2mm，门板与门密封之间应无间隙。⑤严密不漏。

3. 封人孔门

（1）检修工艺。①清理收尘器内部的工器具、材料。②封人孔门。

（2）质量标准。①收尘器内无杂物、工具器。②密封填料完整，螺栓紧力均匀。

（三）闭锁隔离阀（灰库灰斗下部锁气阀）的检修

1. 解体

（1）检修工艺。①按阀板、阀轴、阀座的顺序将旧件拆除，防止组件脱落。②固定好手孔盖链条，再打开手孔盖。

（2）质量标准。手孔盖密封填料清除干净。

2. 组装

（1）检修工艺。①按拆卸的反顺序组装新阀板、阀轴和阀座。②紧固螺栓。③调整阀板与阀座的间隙，首先旋转弹簧托架上的顶紧螺栓至不动，然后再将顶紧螺栓紧 0~1 圈。

（2）质量标准。①新阀座外观无缺损、裂纹，结合面平滑。②间隙应小于 0.06mm。③手动开关放灰门应动作平稳，无卡涩，到位对中。

3. 关闭手孔盖

（1）检修工艺。紧固顶紧螺栓。

（2）质量标准。严密不漏。

（四）袋式收尘器检修

1. 检查

（1）检修工艺。①打开人孔门。②内部清灰，检查滤袋。

（2）质量标准。滤袋完整无破损。

2. 滤袋更换

（1）检修工艺。①拆除旧滤袋，装入新滤袋，更换过中应防止工器具坠落。②滤袋夹装在离顶板 20mm±5mm 的位置，笼骨固定牢固，笼骨开焊或变形更换。

（2）质量标准。①新滤袋应耐高温、耐磨、耐蚀，规格符合设计要求，平滑、无褶皱。②笼骨安装牢固，无松动、歪斜。

3. 检查文丘里管

（1）检修工艺。①打开顶部法兰盖，清除积灰。②检查文丘里管的磨损情况，更换磨漏的文丘里管。③检查脉冲管。

（2）质量标准。无泄漏现象。

4. 封人孔门和顶部法兰盖

（1）检修工艺。结合面上均匀涂抹密封胶。

（2）质量标准。严密不漏。

（五）闸板门（灰斗、灰库等处）的检修

1. 拆卸闸板阀

(1) 检修工艺。固定阀门后，拆卸法兰螺栓。

(2) 质量标准。密封填料清理干净。

2. 阀门各部件解体检查、清理

(1) 检修工艺。①变速箱油污彻底清理干净，加入合格的润滑油。②清理滑道积灰。③阀板有明显磨损的应更换。

(2) 质量标准。①结合面洁净平整，垫片完整，无渗油。②清灰干净。③阀板平整，无变形。

（六）隔绝门密封风机检修

1. 抽出转子

检修工艺：松开电动机侧风机端盖螺栓，将转子和电动机一起抽出。采取措施，避免碰撞叶轮，以免损坏。

2. 叶轮及风机内部检查

(1) 检修工艺。①清除叶轮及风机内部的积灰。②检查联轴器螺栓有无松动。③叶轮磨损、损坏或变形严重时，应更换新叶轮。

(2) 质量标准。①清灰干净。②联轴器螺栓无松动，紧力均匀。③叶轮磨损不超过原厚度的20%，无裂纹、变形。

3. 复装

(1) 检修工艺。将叶轮装入机壳内，固定电动机地脚螺栓，将风机端盖螺栓均匀拧紧。

(2) 质量标准。结合面严密不漏。

4. 试运

(1) 检修工艺。手动盘车，无异常后送电试运。

(2) 质量标准。运转灵活，无异常。

（七）干式卸料头检修

1. 收尘袋检查更换

(1) 检修工艺。①检查、更换破损、漏灰的收尘袋。②更换收尘袋时，应先松开上下端的紧固环，拆下旧收尘袋，新袋安装后使其处于自由下垂状态，检查骨架无卡死。

(2) 质量标准。①严密不漏，伸缩自如。②骨架完整，两端固定可靠。

2. 电动葫芦检查

(1) 检修工艺。①清理导绳器、外壳的油垢。②检查导绳器、钢丝绳无裂纹、破损等缺陷。③调整限位。

(2) 质量标准。①油垢清理干净。②导绳器完整，钢丝绳无破损不紊乱。③行程开关可靠，行程符合要求。

3. 装车料位计检查

(1) 检修工艺。当料位计不可靠时，应更换。

(2) 质量标准。料位计动作可靠。

**六、干灰加湿搅拌设备的检修**

（一）气动闸板门检修

1. 拆卸气缸

(1) 检修工艺。①拆卸气源管。②先拆下阀板与气缸的连接螺栓，再拆气缸的固定螺栓，吊下汽缸。吊汽缸时不能碰撞损伤。

(2) 质量标准。气缸完好。

2. 检查闸板、阀道

(1) 检修工艺。①取出密封件和阀板，清灰。②检查阀板及阀道的磨损情况，阀板磨损达1/10 阀板厚度时应更换。

(2) 质量标准。①密封件清理干净。②阀板平整，不变形，磨损不超标。

3. 复装

(1) 检修工艺。按拆卸的反序进行复装，阀杆与阀板应对中，盘根压盖紧力适中。

(2) 质量标准。阀门开启灵活，盘根密封件严密不漏。

(二) 搅拌机检修

1. 链轮的拆卸

(1) 检修工艺。拆卸链条、链轮。拆卸链轮应对正，避免强力拆卸。

(2) 质量标准。链条、链轮无损伤。

2. 内部检查

(1) 检修工艺。①打开人孔门，清灰。②拆卸堵塞喷嘴，疏通。③检查筒壁、刮刀的磨损情况。筒壁磨损的应焊补，刮刀磨损，变形应更换。

(2) 质量标准。①清灰干净。②喷嘴全部畅通，雾化良好。③筒壁、刮刀无磨损、变形。

3. 整机组装

(1) 检修工艺。按搅拌机、后给料机、闸板门的顺序组装。

(2) 质量标准。地脚螺栓在同一水平面，误差不超过±5mm。

4. 试运行

(1) 检修工艺。全部恢复后，送电试运行。

(2) 质量标准。运转平稳，无卡涩。

## 第四节 除渣设备检修

### 一、刮板捞渣机检修

刮板式捞渣机主要由调节轮、前后两个下压轮、水封导轮、壳体、链条刮板、滚轮和驱动装置组成，如图 20-22 所示。

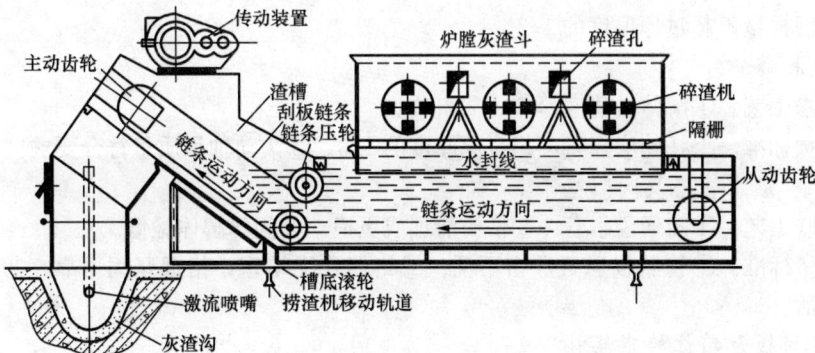

图 20-22 刮板式捞渣机

1. 刮板及圆环链检修

(1) 检修工艺。①关闭冷灰斗上方的关断门或采取可靠的隔断措施，解列冷却水系统。②把刮板链接头转至主动链轮下部，解开刮板磨损链接头，使链条断开。③陆续将刮板链拉出解体，检查刮板端部焊口有无开焊，刮板圆环链卡块磨损检查。④将更换的刮板、圆环链、卡块与原刮板链接头组装好。⑤将捞渣机整体移出，挪运至检修位置。

(2) 质量标准。①链条（链板）磨损超过圆钢直径（链板厚度）的1/3时应更换。②刮板磨损、变形严重时应更换。③柱销磨损超过直径的1/3时应更换。④两根链条总长度相差值应符合设计要求，超过设计值时应更换。⑤刮板链双侧同步、对称，刮板间距符合设计要求。

2. 安全带轮检修

(1) 检修工艺。①拆卸锁紧螺母及保险片。②取下间隔盘、顶柱及弹簧检查间隔盘磨损状况。③用铜棒将轴套从皮带轮中敲出。④取出传递扭矩的钢球。⑤组装顺序与拆卸时相反。

(2) 质量标准：①弹簧完好，钢球磨损严重时予以更换。②轴套无裂纹，螺纹完好。

3. 主动轴及主动链轮检修

(1) 检修工艺。①拆卸套筒滚子链及罩壳。②拆卸两侧轴承盖。③脱开圆环链。④吊出主动轴（连同滚子链轮、主动链轮和滚动轴承一起吊出）。⑤拆卸滚子链轮及两侧轴承，清洗检查。⑥拆卸主动链轮与轮壳连接的螺栓，分别取出两半链轮，清理检查链轮的磨损情况。⑦主动轴清理检查。⑧清洗零部件，组装。

(2) 质量标准。①滚动轴承质量符合要求。②链轮齿高磨损量应小于1/3。③主动轴两端轴向间隙0.1~0.2mm。

4. 调节轮检修

(1) 检修工艺。①把住调节轮轴，将链条脱开。②开调节装置螺杆。③拉出滑座与调节轮轴。④清洗零件。⑤组装。

(2) 质量标准。①调节轮磨损量不超过原厚度的1/3。②滚动轴承质量符合要求。

5. 压轮检修

(1) 检修工艺。①拆卸两侧轴支承座，取出前压轮轴与压轮。②吊出后压轮轴与后压轮。③解体、清洗、检查。④组装。

(2) 质量标准。①滚动轴承质量符合要求。②压轮磨损量不超过原厚度的1/3。

6. 水封导轮检修

(1) 检修工艺。①拆卸轴螺母和锁紧片及水封管。②拆卸导轮固定螺栓和导轮封盖。③解体、清洗、检查。④组装。

(2) 质量标准。①轴封水孔畅通无阻塞。②滚动轴承质量符合要求。③橡胶密封圈全部更换。④导轮磨损量不超过原厚度的1/3。

7. 托轮检修

(1) 检修工艺。①解体、清洗检查。②组装。

(2) 质量标准。①托轮磨损量不超过原厚度的1/3。②滚动轴承质量符合要求。

8. 进水、溢水管路及阀门检修

(1) 检修工艺。①疏通溢水管。②格栅清理或更换。③阀门解体检修。

(2) 质量标准。①管路畅通且严密不漏。②格栅孔无堵塞，格栅坚固可靠。③阀门严密不漏，开关灵活。

9. 防磨衬板及箱体检查修补

(1) 检修工艺。①检查防磨衬板。②检查箱体。③消除防磨衬板及箱体缺陷。

（2）质量标准。①防磨衬板无断裂、缺损。②衬板铺设牢固，接口平滑，外观平整无杂物。③铺下设衬板时，相邻两衬板平面偏差值小于 2.50mm。④箱体钢板腐蚀磨损不超过原厚度的 1/2。⑤箱体不漏水。

10. 试转

（1）检修工艺。①空转前加油润滑链条。②试转前进行全面检查，着重检查齿轮传动装置、润滑设备及电动机。③检修工作完毕后，依次按慢、中、快三种刮板运行速度空转。④检查刮板、链条与拖动轮的啮合情况。⑤检查轴承温度。⑥检查张紧调节装置是否灵活，调整链条的松紧度。⑦试验过载、断链保护，试验冷却水超温报警。

（2）质量标准。①在 3 种速度下各空转 2h。②刮板、环链与拖动轮啮合良好，运转平稳无夹链、爬链及卡涩现象。③过载、断链保护可靠，冷却水超温报警无误。④链条松紧适宜，调节机构调节自如。⑤轴承温度小于 80℃。

## 二、碎渣机的检修

碎渣机本体结构如图 20-23 所示，碎渣机是利用齿辊的挤压或撞击作用将炉渣破碎成小块。煤燃烧后形成的灰渣易结成块，如果直接进入渣井、容易造成渣并及管道堵塞，甚至会严重堵塞渣浆泵的流道，引起泵的故障。在捞渣机落渣口下方设置碎渣机，由捞渣机捞出的渣块先经碎渣机粉碎后再掉入渣沟的，由喷射泵将渣粒冲入沉渣池内。

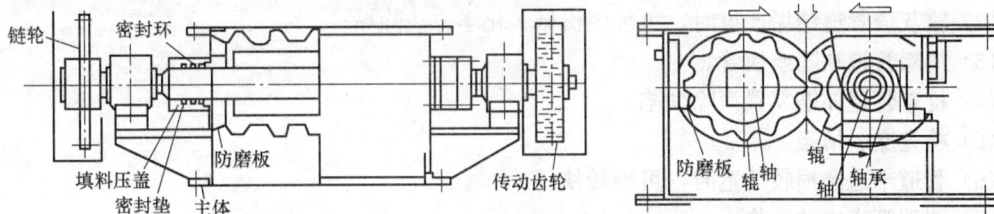

图 20-23　碎渣机的本体结构

1. 碎渣机的检修

（1）检修工艺。①拆卸轴封水管。②拆卸防护罩及链条。③吊住碎渣机本体，拆下出渣口，拆下本体与渣斗的连接螺栓，将本体移至检修场地。④将灰渣污物清理干净，检查损坏情况。⑤拆卸链轮、盘根压帽、轴承端盖、轴承座螺栓，将两侧轴承连同轴承座一同拆下，抽出转子，拆下两端轴套。⑥清理轴承座，清洗轴承、轴与轴套。⑦检查齿辊及颚板，必要时更换。⑧检查轴承、轴承座、轴套。⑨箱体下渣口检查补焊。⑩组装顺序与拆卸时相反，调整齿辊与颚板的间隙，加好盘根。主机就位，装好出渣口，紧固螺栓。减速器就位，找正，加油，装链条、防罩，连接轴封水管。

（2）质量标准。①轴晃动值小于 0.04mm。②轴套表面光滑，磨损沟槽深度超过 0.05mm 的需更换。③滚动轴承质量符合要求。④齿辊与颚板间隙为 15～25mm。⑤齿高磨损小于 10mm。⑥钢板腐蚀磨损剩余厚度小于 3mm 的应焊补。

2. 碎渣机的试转

（1）检修工艺。①全面检查。②调试过载保护。③试转 1h。

（2）质量标准。①转动平稳，无异声，无卡涩。②过载保护可靠。

## 三、冲、排渣沟道的检修

1. 沟道检修

（1）检修工艺。①揭开沟道或暗处沟道盖板时，架设围栏，悬挂警告牌。②沟道、栅格及算子清理。③清除的灰渣及杂物应及时运走。④破损、脱落的衬板应更换补齐。⑤现场清理。

（2）质量标准。①沟中渣块及杂物清理干净。②沟壁应保持平整。③沟道盖板完好，承受载荷符合设计要求。④盖板铺设平整严密。⑤沟道上算子应齐全完好。

2.冲渣水管检修

（1）检修工艺。①检修管道焊缝及腐蚀。②有裂纹、腐蚀严重的管段应更换，焊口泄漏应补焊。③管道滤网检查清理。④检查修整支吊架。⑤做管道严密性试验。⑥管道防腐刷漆，修补保温。

（2）质量标准。①管道畅通无泄漏。②管道滤网完整，畅通无堵塞。③支吊架完好。④保温齐全油漆完好，管道流向标志清晰。

3.冲渣喷嘴检修

（1）检修工艺。①检查喷嘴的磨损及堵塞情况。②更换磨损超标的喷嘴，消除堵塞缺陷。③安装或调整喷嘴，其喷射水流应与渣沟中心保持一致，并向下倾斜 8°～10°。

（2）质量标准。①喷嘴磨损超过原孔径的 10％应更换。②阀门开关灵活，严密不漏。

### 四、灰渣管道的检修

1.检修工艺

（1）检查管道，有无磨损、腐蚀、结垢、砂眼及泄漏。

（2）输灰渣管道结垢严重时，可采用机械、化学方法除垢。

（3）消除管道缺陷或换管。

（4）检查管道伸缩装置消除缺陷。

（5）检查支、吊架。

（6）管道半边磨损较严重时，可翻转使用。

（7）清理管道内的杂物。

（8）检查管道的防腐、保温、标志。

（9）管道检修工作结束后，进行投运试验。

2.质量标准

（1）管道畅通无堵塞，严密无泄漏。

（2）管道伸缩装置完好，符合设计要求。

（3）支、吊架完好，应符合要求。

（4）油漆完好、保温齐全、标志清晰符合要求。

（5）管道安装符合要求。

（6）管道翻转使用后，磨损超过原壁厚的 2/3 时应更换。

### 五、灰渣浓缩池检修

1.检修工艺

（1）放净存水。

（2）清理池底的积灰、耙架上的灰垢和给料槽、回水槽的积垢。

（3）浓缩池内检查。

（4）检查溢流堰。

（5）检查中心部分的水泥柱和灰沟。

（6）检查旋转支架和固定支架。

2.质量标准

（1）浓缩池内表面应光滑，无裂痕，不得渗水。

（2）溢流堰上边缘应平整。

（3）中心部分水泥柱顶锥面完好，中心底部灰沟畅通并无结垢。

（4）旋转支架与固定支架定位良好，无断裂、松脱等现象。

## 六、澄清池检修

1. 清灰

（1）检修工艺。①用排污泵将澄清池内部的灰水排至灰沟。②底部积灰改用潜水灰渣泵抽排，若浓度较大可适量加水冲拌。③结块灰垢及少量余灰杂物用人工清理。

（2）质量标准。池内无积灰杂物。

2. 检修

（1）检修工艺。①稳流圈、溢流堰检查处理。②搅拌喷嘴检修。③混凝土池壁池底渗漏检查处理。④楼梯、栏杆、平台安全牢固性检查处理。⑤金属构件刷漆。

（2）质量标准。①稳流圈、溢流堰牢固可靠，无孔洞、缝隙。②溢流堰缺口水平偏差小于2mm。③澄清池无渗漏。④楼梯、栏杆、平台安全牢固，防腐完好。⑤喷嘴内孔光滑，无结垢及异物，内孔直径磨损量小于2mm，否则应更换。

# 第二十一章 转动机械日常维护

## 第一节 风机及空气压缩机的日常维护

### 一、风机的日常维护

#### （一）风机的试运转

风机在全部检修（安装）完毕，总检合格后，才能进行试运转。

为了防止电动机因过载烧毁，在风机启动和试运转时，必须在无载荷（关闭进风管道中的闸门或调节门）的情况下进行。如情况良好，然后逐步打开烟道或调节门作满载荷的正常工况（规定的全压和流量）的连续运转试验。新安装的试运转时间不少于 2h，修理安装的试运转不少于 0.5h，如无异常现象发生，方可正式使用。

引风机所选用的功率，是指在特定工况下加上机械损失，自冷风盘的电耗与应有的储备量而言，并非风机在风门全开时所配的功率，故在使用时切勿将风门全开（管道有阻力例外），在运转过程中应严格控制电流，不得超过电动机额定值，否则均会烧毁电动机。

1. 试运前的准备与检查

（1）对风机设备的内外要进行清理、检查，内部不得有杂物，拆除脚手架，装设好照明及通信设施。

（2）检查各调节挡板及其传动装置是否完整。

（3）检查地脚螺栓、连接螺栓等不应有松动现象，外露的转动部分均应装设防护罩或围栏。

（4）轴承冷却水管畅通，水量充足，各轴承均应按规定加注适量的、符合要求的润滑油脂或润滑油。

（5）用手盘动风机和电动机的转子，应灵活不卡、无杂声，并不应有转动过紧和动静部分设备摩擦等异常现象。

（6）电动机应经过干燥并有接地线。

（7）全面检查风烟道、炉膛、空气预热器内部，不得留有工作人员。

2. 试运行的程序

（1）拆去电动机和风机的联轴器的连接螺栓，先单独试转电动机 2h，检查其转动方向是否正确，并记录电动机从启动到全速的时间（即启动时间），无其他异常现象后，即可带动风机进行试转。

（2）风机试转前，应关闭入口调节挡板，防止电动机启动时过载，待启动运转正常后再逐渐打开入口调节挡板。第一次启动风机应在达到全速后，再用事故按钮停车，利用其转动惯性以观察轴承和转动部分有无其他异常。一切正常后，再进行第二次启动。两次启动的间隔时间应不少于 20min，以待电动机冷却。

（3）试运行过程中，应注意风机的运行状态，尤其要监视电流表指示，不得超过电动机的额定电流。检查风机各轴承的温度、振动、风压等情况，每 0.5h 检查一次，并做好记录，如有反常现象则应立即停车。

（4）试运行的连续运行时间常不少于 8h。

（5）运行结束后，切断电源，并办理试转签证书和交接手续。

3. 试运行的技术要求

（1）轴承和转动部件试运中没有异常杂声。

（2）无漏油、漏水、漏风等现象。风机挡板操作灵活，开度指示正确。

（3）轴承工作温度应稳定，一般滑动轴承不应高于65℃，滚动轴承不应高于80℃。如果轴承温度过高，上升也很快时，则应立即停止风机，查清原因。

（4）风机轴承的振动不得超过厂家资料的规定。

4. 试运行的注意事项

（1）在试运行中，风机叶轮切线方向和联轴器附近不许站人，以防发生危险。

（2）存在下列情况之一者，应停止风机试运行：①轴承温度超过规定并很快上升时；②轴承振动超过规定时；③风机外壳内有摩擦声音时；④严重漏油、漏风时；⑤油环不转或无回油时。

（二）风机的维护

为了确保风机的正常运转，性能满足要求，必须加强对风机的维护。

（1）根据使用的具体情况定期清除风机内部，特别是叶片处的积灰和污垢，并防止锈蚀。

（2）轴承箱内润滑油，除在机修时更换外，在正常情况下需6个月左右更换一次。

（3）运转中经常检查轴承温度是否正常，轴承温升应小于40℃。

（4）在风机的开车、停车、或运转时，如发现有不正常情况，应立即进行检修。

（5）为确保人身安全，风机的维护必须在停车时进行。

（三）风机运转中故障产生的原因

1. 风机振动剧烈

（1）机壳或进风口与叶轮摩擦。

（2）基础的刚度不够或不牢固。

（3）叶轮铆钉松动或轴盘变形。

（4）叶轮轴盘与轴松动。

（5）机壳与支架、轴承座与支架、轴承座与轴承盖等连接螺栓松动。

（6）风机出口管道安装不良而产生共振。

（7）叶片上有积灰、污垢，转子产生不平衡。

（8）叶片磨损，叶轮变形。

（9）联轴器直联传动的，则是风机轴与电动机轴不同心，联轴器歪斜，联轴器螺栓松动。皮带传动的则是皮带轮槽错位。

2. 轴承温升过高

（1）风冷盘螺栓松动，使自冷失灵或风冷盘积灰、污垢太多需清除。

（2）轴承座振动剧烈。

（3）润滑脂质量不良，变质或填充过多或含有灰尘、黏砂、污垢等杂质。

（4）轴承盖连接螺栓之紧力过大或过小。

（5）轴与滚动轴承安装歪斜，前后两轴不同心。

（6）轴弯曲或滚动轴承损坏。

3. 电动机电流过大或温升过高

（1）开车时进（出）气管内闸门未关严。

（2）流量超过规定值或风管漏气。

（3）风机输送的气体密度过大或温度过低，使压力过大。

（4）主轴转速超过额定值。

（5）电动机输入电压过低或电源单相断电。

（6）受并联风机工作情况恶化的影响。

（7）联轴器连接不正，胶圈过紧或间隙不匀。

（8）受轴承座振动剧烈的影响。

**二、螺杆式空气压缩机的日常维护**

（一）日常的维护与保养

（1）检查进口蝶阀的工作范围，必要时进行调整。

（2）检查润滑油面的高度是否在规定范围内，油量不足时应及时加油。

（3）检查仪表的读数是否在正常范围内。

（4）注意机组运转有无异常响声及时发现排除。

（二）每隔 500h 的维护与保养

（1）取样观察润滑油是否变质，如变质应更换。

（2）检查管接头是否渗漏。

（3）当仪表板上油过滤器指示灯亮时，应更换新的过滤芯。

（4）检查空气过滤器是否阻塞，当仪表板上阻力显示灯亮时应及时更换新的空气过滤器。

（5）检查安全阀的工作压力，以保证机组的安全运行。

（三）每隔 1000～3000h 的维护及保养

（1）清洗进口蝶阀、最小压力阀、自动放气阀、断油阀等部件。

（2）检查油过滤器的阻塞情况。

（3）检查油分离器芯的阻塞情况。

（4）检查润滑油的油质。

（5）每 3000h 对电动机轴承加润滑油。

（6）对冷却器的外表进行全面的清洗以提高换热效率。

（7）每累计运行 2000h 之后必须更换全部润滑油及油过滤芯。

（四）每隔 5000h 的维护与保养

机组累计运行 5000h 后，应进行全面的维修。

（1）检查各密封件 O 形密封圈是否完好，必要时进行更换。

（2）校验温度开关的动作是否失灵。

（3）清洗冷却器。

（4）对温控阀进行校验。

（5）检查真空开关、压力调节器、压差发信器的动作是否正确。

（6）检查各电磁阀工作是否正常。

（7）对所有的电器、仪表进行检查，对损坏的部件进行调换。

（五）螺杆式空气压缩机常见故障分析及排除

1. 油耗大

（1）故障原因。①油分离器元件坏（分离前后压差为零）。②回油管堵塞。③回油管未插到底、头部倒角太大或太小。④所加冷却油太多。⑤油路系统有漏油。⑥最小压力阀开启压力低。

（2）排除方法。①更换。②清洗回油过滤器。③重新修倒角，重新安装回油管到位。④放掉多余的冷却油。⑤治漏。⑥重新调整最小压力阀压力。

2. 空气含油量高

(1) 故障原因。①油分离器元件坏。②回油管堵塞。③所加冷却油太多。④油起泡。油位过高。⑤最小压力阀的开启压力过低。⑥单向阀有故障。

(2) 排除方法。①更换。②清洗回油过滤器。③放掉多余的冷却油。④换油，放气时间过短。放油。⑤检查最小压力阀。⑥更换单向阀。

3. 自动停机

(1) 故障原因。①断油电磁阀线圈坏。②断油电磁阀膜片损坏或老化。③温度开关失灵。④电路接线端接线脱落。⑤电源进线缺相。⑥主电动机热继电器误动作。⑦排风阻力大。⑧冷却器表面堵塞。⑨冷却油少。⑩环境温度偏高。

(2) 排除方法。①更换线圈。②更换膜片。③更换温度开关。④锁紧所有接线端子。⑤排除缺相。⑥更换主电动机热继电器。⑦排除排风阻力。⑧清洗冷却器。⑨添加冷却油至规定的油位线。⑩改善通风条件。

4. 启动电流大

(1) 故障原因。①液压缸不复位。②蝶阀进气口间隙大。③星三角切换时间太短。④主机负荷太大。⑤接线松动。⑥进气蝶阀打不开（蝶阀卡死）。⑦液压缸卡死。⑧液压缸与连接杆安装位置不当。⑨拨动开关坏。

(2) 排除方法。①更换液压缸。②调整蝶阀进气口间隙。③调整时间继电器1TR 10～12s。④检查主机。⑤紧固松动接头。⑥修复或更换蝶阀。⑦更换液压缸。⑧重新安装。⑨更换拨动开关。

5. 压缩机不卸载

(1) 故障原因。①进气蝶阀关不死（蝶阀卡死）。②液压缸失灵。③压力开关失灵。④压力开关输入端尼龙管漏气。

(2) 排除方法。①修复或更换蝶阀。②更换液压缸。③重新调整压力开关设定值或更换压力开关。④重新插紧或更换快插接头。

6. 进气口返油

(1) 故障原因。①止回阀失灵。②断油阀膜片坏。③1TR误动作。④操作不当。

(2) 排除方法。①更换止回阀。②更换断油阀膜片。③更换1TR时间继电器。④按操作规程操作。

7. 调节控制失效

(1) 故障原因。①调节阀调节压力太高。②调节电磁阀失灵。③调节阀膜片坏。④调节阀芯密封圈漏气。⑤调节阀坏。

(2) 排除方法。①重新调整调节阀压力。②修复或更换。③更换调节阀膜片。④重新安装密封圈。⑤更换调节阀。

8. 分离前后压差大

(1) 故障原因。①分离元件堵塞。②快插接头处漏气。③二位三通阀失灵。

(2) 排除方法。①更换分离元件。②插紧尼龙管或更换快插接头。③更换二位三通阀。

9. 机器无法启动

(1) 故障原因。①熔丝坏。②中间继电器触点坏。③温度开关失灵。④断路器失灵或设定值不对。⑤无输入电源或输入电源缺相。⑥接线松动。

(2) 排除方法。①更换熔丝。②更换中间继电器。③更换温度开关。④加大设定值或更换断路器。⑤确保输入电源正常。⑥紧固松动接头。

10. 电流大

（1）故障原因。①油分离元件堵塞。②主机负荷大。③电动机负荷大。④冷却油结胶，积碳。⑤输入电压偏低。⑥压力设定偏高。

（2）排除方法。①更换油分离元件。②检查主机并排除故障。③检查电动机并排除故障。④清洗油路，更换冷却油检查主机。⑤确保输入电压在正常范围内。⑥将压力设定在额定范围内。

11. 排气温度偏高

（1）故障原因。①冷却油太少。②冷却器堵塞。③环境温度太高。④温控元件失灵。⑤断油阀膜片老化。⑥温度表显示不准。

（2）排除方法。①添加冷却油至规定油位线。②清洗冷却器。③改善通风条件，降低进气温度。④更换温控元件。⑤更换断油阀膜片。⑥更换温度表。

12. 排气温度低

（1）故障原因。①温控元件失灵。②冷却油含水量大。③温度表显示不准。

（2）排除方法。①更换温控元件。②排污、排去冷凝水。③更换温度表。

13. 机组振动大

（1）故障原因。①主机或电动机固定螺栓松动。②机组安装时地基不平。③电动机风扇叶片损坏。④主机故障。⑤主电动机故障。

（2）排除方法。①紧固螺栓。②将地基垫平。③更换电动机风扇。④修理或更换主机。⑤修理或更换主电动机。

14. 排气压力过高

（1）故障原因。①压力开关调整不当或压力开关坏。②调节阀调整不当。③压力表不准，显示压力偏高。④蝶阀机构有故障。

（2）排除方法。①重新调整压力开关设定值或更换。②重新调整调节阀压力。③更换压力表。④检查蝶阀机构并排除故障。

15. 排气压力过低

（1）故障原因。①二位三通手动阀及压力表输入软管漏气。②蝶阀机构有故障。③放气电磁阀膜片漏气。④压力开关设定值偏低。⑤调节器设定压力偏低。⑥用户管网有泄漏。⑦用户实际用气量超过机组额定排气量。⑧油分离元件堵塞。

（2）排除方法。①更换手动阀或排除泄漏故障。②检查手动阀或排除泄漏故障。③更换放气电磁阀或电磁阀总成。④重新调整压力开关设定值。⑤重新调整调节阀设定值。⑥排除泄漏点。⑦补充所缺气量。⑧更换油分离元件。

16. 安全阀开启

（1）故障原因。①安全阀有故障。②油气分离器芯堵塞。③进气调节器关闭太缓慢。④压力监测装置有故障。⑤电子线路有故障。⑥卸载及放气电磁阀有故障。

（2）排除方法。①更换安全阀。②检查进气调节器和卸载及放气电磁阀。

17. 机器达不到终点压力

（1）故障原因。①压力监测装置设置得太低。②进气调节器不能完全打开。③空气消耗过量。④皮带打滑。⑤油分离器芯堵塞。⑥空气滤清器堵塞。⑦压缩机系统漏气严重。

（2）排除方法。①检查，重新设置。②维修，必要时，更换进气调节器，检查卸载及放气电磁阀。③减少空气使用量，或再投入一台压缩机。④更换皮带组。⑤更换油分离器芯。⑥进行中间清洗，或更换滤芯。⑦检查机器。

## 第二节　离心泵的使用和维护

### 一、离心泵的试车

**1. 试车前的检查**

为了保证水泵的安全运行，水泵启动前应对机组作全面仔细的检查，尤其是对新安装或检修后的泵，启动前更要注意做好检查工作，以便发现问题及时处理，主要检查下列各项：

(1) 泵的各连接螺栓及地脚螺栓有无松动现象，两刚性联轴器的平面间隙为 2.2～4.2mm。

(2) 轴承的润滑油是否充足。

(3) 润滑、冷却系统做到畅通无阻、不滴不漏。

(4) 均匀盘车，无摩擦及时紧时松现象，泵内应无杂声。

(5) 电源接线是否正确。

(6) 检查出水管上的闸阀启闭是否灵活。

**2. 空负荷试车**

泵内无工作介质，启动后空车运行的试车叫空负荷试车。空负荷试车应注意下列问题：

(1) 观察电动机转向是否与泵所要求的转向相同。

(2) 滚动轴承温升一般不得超过环境温度 30～40℃，最高温度不应超过 70℃。若无合适的温度测量仪器，可用手触摸轴承座外壁，以不烫手为宜。触摸时间不宜过过短，否则，手感觉不到真实的温度。

(3) 运转平稳无杂声，冷却润滑系统正常。

**3. 负荷试车**

(1) 负荷试车的步骤。

1) 盘车。应注意轻重均匀。泵内应无杂声、擦碰。

2) 灌泵。一般小型离心泵大多采用灌水排气的方法，此时吸水管下端应装有底阀。对大中型离心泵大多采用水环式真空泵抽气引水。

3) 将进口阀开至最大流量，启动电动机，运转平稳后再缓慢打开出口阀，直至出口阀开至流量最大位置。

值得注意的是，切忌泵在启动时出口阀和入口阀处于开启位置，那样将造成电动机负荷过大，可能会烧毁电动机（一般电动机启动时的电流为正常运行时的 5～7 倍，如带负荷启动，其电流值就更大）。也不可关闭入口阀，开启出口阀启动，那样将造成吸入管路真空度过大而导致泵的汽蚀。

水泵在闭闸情况下，运行时间一般不应超过 2～3min，如时间太长，泵内水流会因不断地在泵壳循环流动而发热，致使水泵某些零部件发生损坏。

4) 用出口阀调节泵的流量。

(2) 负荷试车应达到的要求：①密封漏损应符合要求，填料密封的滴漏应小于 10～20 滴/min，机械密封滴漏速度应小于 5 滴/min。②温升正常，运转平稳。③流量、压力能够达到要求，并且较为平稳。④电流不超过额定值。⑤连续运转 4h。

### 二、离心泵的停车

(1) 停泵步骤。①关闭真空表和压力表阀；②慢慢关闭出口闸阀，然后停电动机。

(2) 停泵的注意事项。①离心泵如先停电动机而后关闭出口阀，压出管中的高压液体可能反冲入泵内，造成叶轮高速反转，以致损坏。②如停泵后长时间不用或环境温度低于 0℃，应将泵内水放出。③对轴流泵一般压水管路上不设闸阀，可以直接停机。④泵停车后最好不立即再次启动水泵，以防水流产生冲击，一般待 5min 以后才能再次启动。

### 三、离心泵运转中常见故障及处理

离心泵运转中常见的故障及处理方法见表 21-1。

**表 21-1　　　　　　　　　　　　离心泵运转中常见的故障及处理方法**

| 故障现象 | 产 生 原 因 | 解 决 办 法 |
|---|---|---|
| 无液体排出 | (1) 叶轮或进口阀被异物堵塞。<br>(2) 吸液高度过大。<br>(3) 吸入管路漏入空气。<br>(4) 泵没有灌满液体。<br>(5) 被输送液体温度过高。<br>(6) 出口阀或进口阀因损坏而打不开 | (1) 清除异物。<br>(2) 降低吸液高度。<br>(3) 拧紧松动的螺栓或更换密封垫。<br>(4) 停泵灌液。<br>(5) 降低液体温度或降低安装高度。<br>(6) 更换或修理阀门 |
| 流量不足 | (1) 叶轮反转。<br>(2) 叶轮或进口阀被堵塞。<br>(3) 叶轮腐蚀，磨损严重。<br>(4) 入口密封环磨损过大。<br>(5) 吸液高度过大。<br>(6) 泵体或吸入管路漏入空气 | (1) 改变转向。<br>(2) 清除堵塞物。<br>(3) 更换或修理叶轮。<br>(4) 更换入口密封环。<br>(5) 降低吸液高度。<br>(6) 紧固，改善密封 |
| 运转声音异常 | (1) 异物进入泵壳。<br>(2) 叶轮背帽脱落。<br>(3) 叶轮与泵壳摩擦。<br>(4) 滚动轴承损坏。<br>(5) 填料压盖与泵轴或轴套摩擦 | (1) 清除异物。<br>(2) 重新拧紧或更换叶轮背帽。<br>(3) 调整泵盖密封垫厚度或调整轴承压盖垫片厚度。<br>(4) 更换滚动轴承。<br>(5) 对称均匀地拧紧填料压盖 |
| 泵体振动 | (1) 联轴器找正不良。<br>(2) 吸液部分有空气漏入。<br>(3) 轴承间隙过大。<br>(4) 泵轴弯曲。<br>(5) 叶轮腐蚀、磨损后转子不平衡。<br>(6) 液体温度过高。<br>(7) 叶轮歪斜。<br>(8) 地脚螺栓松动。<br>(9) 电动机的振动传递到泵体上 | (1) 找正联轴器。<br>(2) 紧固螺栓或更换密封垫。<br>(3) 更换或调整轴承。<br>(4) 校直泵轴。<br>(5) 更换叶轮。<br>(6) 降低液体温度。<br>(7) 重新安装、调整。<br>(8) 紧固螺栓。<br>(9) 消除电动机振动 |
| 轴承过热 | (1) 中心线偏移。<br>(2) 缺油或油中杂质过多。<br>(3) 轴承损坏。<br>(4) 泵体轴承孔磨损，轴承外环转动。<br>(5) 轴承压盖压得过紧 | (1) 校正轴心线。<br>(2) 清洗轴承，加油或换油。<br>(3) 更换轴承。<br>(4) 更换泵体或修复轴承孔。<br>(5) 增加压盖垫片厚度 |
| 泵壳过热 | (1) 出口阀未打开。<br>(2) 泵设计流量大，实用量太小。<br>(3) 叶轮被异物堵塞 | (1) 打开出口阀。<br>(2) 更换流量小的泵或增大用量。<br>(3) 清除堵塞物 |

| 故障现象 | 产 生 原 因 | 解 决 办 法 |
|---|---|---|
| 填料密封泄漏过大 | (1) 填料没有装够应有的圈数。<br>(2) 填料的装填方法不正确。<br>(3) 使用填料的品种或规格不当。<br>(4) 填料压盖没有压紧。<br>(5) 存在吃填料现象 | (1) 加装填料。<br>(2) 重新装填料。<br>(3) 更换填料，重新安装。<br>(4) 适当拧紧压盖螺母。<br>(5) 减小径向间隙 |
| 机械密封泄漏量过大 | (1) 冷却水不足或堵塞。<br>(2) 弹簧压力不足。<br>(3) 密封面被划伤。<br>(4) 密封元件材质选用不当 | (1) 清洗冷却水管，加大冷却水量。<br>(2) 调整或更换。<br>(3) 研磨密封面。<br>(4) 更换耐蚀性能较好的材质 |
| 密封垫泄漏 | (1) 紧固螺栓没有拧紧。<br>(2) 密封垫断裂。<br>(3) 密封面有径向划痕 | (1) 适当拧紧紧固螺栓。<br>(2) 更换密封垫。<br>(3) 修复密封面或予以更换 |
| 消耗功率过大 | (1) 填料压盖太紧，填料函发热。<br>(2) 泵轴窜量过大，叶轮与入口密封环发生摩擦。<br>(3) 中心线偏移。<br>(4) 零件卡住 | (1) 调节填料压盖的松紧度。<br>(2) 调整轴向窜量。<br>(3) 找正轴心线。<br>(4) 检查、处理 |

遇有下列情况之一者，应紧急停车处理：

(1) 泵内发出异常的声响。

(2) 泵发生剧烈振动。

(3) 电流超过额定值持续不降。

(4) 泵突然不排液。

# 第三节　制粉系统主要设备的日常维护

## 一、磨煤机的日常维护

磨煤机是火力发电厂的重要辅机。为了保证发电厂连续、正常的运行，要求磨煤机在其检修周期内能可靠地运行，不出故障，或者把故障的几率排除到最低的界限。磨煤机要求得到良好的运行，保持优良的性能，一靠设计结构合理，二靠制造质量，三靠良好的维护质量来保证。

### （一）钢球磨煤机的日常维护

1. 钢球磨煤机的日常维护

(1) 每日检查润滑油的油位正常，油质良好。润滑油冷油器出口油温维持在 30～45℃ 之间，夏季油温超过 45℃ 时，应及时投冷油器；冬季油温小于 30℃ 时，及时投电加热器。

(2) 经常检查压力设备，如阀门、液压缸、液压马达及管路系统的温度（运行温度应在 40～50℃ 之间）。如超过限度，应找出缺陷，并修理。

(3) 每日检查油箱油位，油往下降时，应补加。

(4) 磨煤机出、入口不应该有冒粉的现象，若发生冒粉应及时调整。

（5）正常运行时，磨煤机大瓦的温度小于 50℃，回油温度小于 40℃。磨煤机大瓦的冷却水入口温度小于 32℃，出口水温应小于 40℃，冷却水堵管时，应及时处理。

（6）磨煤机大瓦冬季用 N100 机械油，夏季用 N150 机械油。

2. 钢球磨煤机常见故障及消除方法

钢球磨煤机常见故障及消除方法见表 21-2。

表 21-2　　　　　　　　　　钢球磨煤机常见故障及消除方法

| 故障现象 | 故 障 原 因 | 消 除 方 法 |
|---|---|---|
| 主轴瓦<br>发热和烧瓦 | （1）基础垫铁不合理，台板严重变形，球面调心失灵。<br>（2）两主轴瓦中心距与罐体两空心轴中心距误差过大，致使球面撬起摆动。<br>（3）两主轴瓦底水平误差过大。<br>（4）主轴瓦刮研不好，间隙误差过大，接触点虚假而且少。<br>（5）轴瓦油槽两侧楔性间隙太小。<br>（6）空心轴径表面粗糙，平面度差，轴径表面锈蚀严重。<br>（7）两空心轴径轴向中心不重合。<br>（8）空心轴径锥度、椭圆度过大。<br>（9）球面动作不灵，定位销卡死，表面润滑不良。<br>（10）罐体就位时，台板偏沉过大，球面无法调整。<br>（11）膨胀间隙小。<br>（12）润滑油牌号不符。<br>（13）润滑油太脏或变质。<br>（14）润滑油中渗进水或油乳化。<br>（15）轴承冷却水中断或水量不足 | （1）重新调整基础垫铁，使垫铁布置合理，受力均匀。<br>（2）重新调整两主轴瓦中心距。<br>（3）重新调整两主轴瓦水平。<br>（4）主轴瓦重新刮研，调整各部间隙。<br>（5）重新刮研，适当加大楔形间隙。<br>（6）轴径进行研磨抛光或磨削抛光，使表面光洁度符合要求。<br>（7）重新调整轴向中心。<br>（8）重新磨轴。<br>（9）顶起罐体，检查定位销及球面润滑情况。<br>（10）顶起罐体，重新调整，严格监视台板下沉的变化。<br>（11）加大膨胀间隙，保证罐体的正常膨胀。<br>（12）换用符合要求的油。<br>（13）滤油或更换新油。<br>（14）消除主轴承及冷油器的冷却水向油侧泄漏。<br>（15）检查冷却水系统，保证正常供水 |
| 主轴承漏油 | （1）密封毛毡不严。<br>（2）轴间毛毡磨损，间隙过大。<br>（3）主轴承与两侧密封压盖不严。<br>（4）主轴承水平结合面不严。<br>（5）磨煤机振动过大，晃动严重。<br>（6）给油量太大或回油管堵塞。<br>（7）空心轴颈椭圆度过大 | （1）改进毛毡的接口形式，加宽毛毡。<br>（2）更换毛毡。<br>（3）清理和修刮结合面并涂漆片密封。<br>（4）更换垫片、涂漆片密封。<br>（5）清除振动和晃动故障。<br>（6）调整供油量或疏通回油管。<br>（7）保持油质清洁在空心轴上加设挡油环，增大回油管或研磨轴颈 |
| 钢球磨煤机<br>振动大 | （1）大小齿轮啮合不当。<br>（2）大齿轮齿距不当。<br>（3）电动机、减速箱、传动齿轮轴的对轮中心重合性差。<br>（4）两端轴颈中心重合性差。<br>（5）球面座定位销钉卡住或球面失去调节能力。<br>（6）地脚螺栓松动 | （1）重新复查、调整齿顶、齿侧间隙。<br>（2）调整或打磨牙轮使其均匀。<br>（3）重新复查对轮中心。<br>（4）调整两端轴颈中心重合性。<br>（5）检查球面调心是否灵活并加以处理。<br>（6）检查并拧紧地脚螺栓 |

| 故障现象 | 故 障 原 因 | 消 除 方 法 |
|---|---|---|
| 大小齿轮有异常 | (1) 个别牙轮齿距不均。<br>(2) 两半大齿轮接口接触不良，接口间隙过大。<br>(3) 大小齿轮啮合间隙过小，啃齿。<br>(4) 大小齿轮中心距过大或过小。<br>(5) 大小齿轮轴向中心不平行。<br>(6) 个别齿严重磨损或折断。<br>(7) 齿轮罩内掉进杂物。<br>(8) 基础地脚螺栓松动 | (1) 用样板检查齿距并进行打磨大小齿轮啮合的齿顶齿侧间隙。<br>(2) 紧固接口螺栓或修刮结合面，保持齿距。<br>(3) 重新调整齿顶，齿侧间隙。<br>(4) 重新调整。<br>(5) 调整小齿轮，使其平行。<br>(6) 修补磨损或折断的牙齿。<br>(7) 检查清理杂物。<br>(8) 紧固地脚螺栓 |
| 传动齿轮减速箱轴承发热 | (1) 轴承清理不干净或掉进杂物。<br>(2) 润滑油不干净或变质。<br>(3) 轴承缺油严重磨损，油量过多或过少。<br>(4) 排气孔堵塞。<br>(5) 同一个轴的两个轴承窝轴向中心不重合。<br>(6) 轴承膨胀或推力间隙过小。<br>(7) 轴承外圈与外壳间隙太大，造成转动或径向间隙小。<br>(8) 轴承滚动体与内外圈工作部分或滚动体表面有缺陷。<br>(9) 轴承游隙小。<br>(10) 轴承洼窝瓦口间隙小夹帮 | (1) 清理轴承内部。<br>(2) 重新换油。<br>(3) 检查油管及部件油流情况，消除故障，油量适宜。<br>(4) 疏通排气孔。<br>(5) 调整轴承座或重新研刮。<br>(6) 检查和调整轴承间隙。<br>(7) 检查和调整其间隙。<br>(8) 更换轴承。<br>(9) 加强监视运行一段时间后清洗轴承。<br>(10) 进行修刮 |

**（二）中速磨煤机的日常维护**

1. 中速磨煤机的日常维护

（1）定期加油，定期测油位，定期清洗油过滤器，各润滑系统的检查、监视每日都进行一次或一次以上。

（2）定期换油，正常情况下减速箱每年更换一次，磨辊轴承 6 个月到 1 年更换 1 次。

（3）定期检查蓄能器中氮气泄漏情况，及时补充氮气。如发现皮囊损坏或气路阀门损坏，必须及时更换。否则会造成磨煤机磨辊系统无弹性工作，造成磨辊系统部件严重损坏如磨辊头脱落，严重时会引起涡轮轴损坏。

（4）定期检查磨辊液压缸头定位情况，液压缸头要随磨辊及衬板磨损适时调节液压缸头和磨辊头间的间隙。严防液压缸头被压缩至在工作时被全部压靠，失去缓冲余量。

（5）随着磨辊的磨损和衬板的磨损，要适时调节磨辊与衬板间的研磨间隙处于良好状态及磨煤出力的正常。

（6）检查阀门、油泵、管道软管接头是否泄漏。每日检查油箱油位，油往下降时，应补加。

（7）经常检查油泵、液压缸及管路系统运行是否有不正常噪声、振动等情况。

（8）压力检查。把所有的压力值与标准值进行比较（指减压阀、截止阀、流量调节阀和节流/止回阀）。检查压力继电器的预定值和功能是否正常。

2. 中速磨煤机常见故障及消除方法

中速磨煤机常见故障及消除方法见表21-3。

**表21-3** 中速磨煤机常见故障及消除方法

| 故障现象 | 故障原因 | 消除方法 |
|---|---|---|
| 煤粉喷嘴无煤粉 | (1) 煤粉管道堵塞（堵塞时间延长会导致着火）。<br>(2) 给煤机堵塞，中心给煤管或低风量堵塞节流孔或格条分配器（如系统中装有这类装置） | (1) 关闭给煤器，检查磨煤机通风量，轻敲管道，如果仍然不畅通就要拆除。<br>(2) 检查和清理给煤机或中心给煤管。检查一次风制系统挡板的工作，磨煤机停车，并把它隔离检查、清理和修理或更换格条或孔板 |
| 煤粉细度不正确 | (1) 分离器叶片调整错误。<br>(2) 分离器叶片与标定不一致。<br>(3) 折向叶片磨损或损坏。<br>(4) 倒锥体位置不正确。<br>(5) 内锥体或衬板磨穿孔 | (1) 如有需要可打开或关闭。<br>(2) 标定折向叶片。<br>(3) 检查、修理和/或更换。<br>(4) 减少间隙1/2in或调到最小间隙3in。<br>(5) 检查，如有需要可修补或更换 |
| 空气密封室漏灰 | (1) 气封垫调整不当。<br>(2) 气封垫损坏 | (1) 重新调整。<br>(2) 更换气封垫 |
| 磨煤机剧烈振动 | (1) 较大铁块等进入研磨区。<br>(2) 蓄能器失效使磨辊系统失弹性工作环节 | (1) 排除铁块。<br>(2) 调换皮囊或气阀；检查弹簧，排除故障 |
| 润滑油压力降低 | (1) 润滑系统泄漏。<br>(2) 油泵磨损。<br>(3) 滤油器已脏 | (1) 检查漏油并修理。<br>(2) 修理或更换。<br>(3) 清理或更换主副滤油器 |
| 磨煤机出口温度高 | (1) 热风挡板失灵。<br>(2) 冷风挡板失灵。<br>(3) 给煤机失灵，给煤管堵塞 | (1) 关闭热风门，磨煤机停车，按要求修理。<br>(2) 手工开冷风挡板关闭磨煤机，按要求修理。<br>(3) 磨煤机停车，按要求修理 |
| 磨煤机出口温度低 | (1) 磨煤机里的煤特别湿。<br>(2) 热风门没有打开。<br>(3) 热风挡板或冷风挡板失灵。<br>(4) 一次风温低。<br>(5) 低风量 | (1) 降低给煤率，保持出口温度。<br>(2) 检查风门位置，按要求进行修理。<br>(3) 磨煤机停车，按要求进行修理。<br>(4) 降低给煤率。<br>(5) 重新检验通风控制系统 |
| 磨煤机电动机电流高 | (1) 磨煤机过载或煤湿。<br>(2) 煤粉过细。<br>(3) 辊磨力过大。<br>(4) 电动失灵 | (1) 降低给煤率，检验给煤机标定及煤的硬度。<br>(2) 调节分离器叶片开度。<br>(3) 检查弹簧压缩量如有要求重新调整。<br>(4) 试验电动机 |
| 磨煤机电动机电流低 | (1) 无煤进入磨煤机。<br>(2) 一个或更多磨辊装置卡住。<br>(3) 磨煤量减少。<br>(4) 电动机联轴器或轴断裂 | (1) 检查给煤机和给煤管是否堵塞。<br>(2) 磨煤机停车，如果需要进行修理。<br>(3) 检查给煤机工作和/或堵塞。<br>(4) 磨煤机停车，如有需要进行修理 |

### 二、给煤机的日常维护

1. 给煤机的日常维护内容

（1）给煤机的定期检查。给煤机定期检查和调整是安全可靠和有效运行的基础，也是给煤机按工程设计标准运行的保证。

1）每日检查：胶带导向。

2）每周检查：胶带张力、胶带撕裂或断层、减速机油位。

3）每月检查：完成每月的润滑工作。

4）每半年停机检查：进行全面检查和检修。

（2）给煤机的日常维护。

1）每班检查皮带的导向 2～3 次，确认胶带是有适当的张力。

2）检查设备出力是否正常，如有异常立即进行处理。

3）检查进出料斗、机本体、挡板、闸门、法兰等不得漏煤。

4）检查所有转动部分的轴承是否损坏及齿轮是否磨损；检查进料口导向板和挡板的位置和磨损情况；磨损严重的立即进行检修或更换。

5）检查驱动部分运行工况，应无碰撞、摩擦等杂声，驱动电动机外壳温度、机械振动值、运行电流正常，如有异常立即进行处理。

6）按规定检查各部螺栓是否松动。

7）检查皮带清扫刮板；检查胶带有否磨损现象。

8）检查称重系统的自由度（拉杆、负感传感器、托辊等）正常，保持负荷传感器清洁。

2. 给煤机常见故障及处理

给煤机常见故障及处理见表 21-4。

**表 21-4　　　　　　　　　　　　给煤机常见故障及处理**

| 序号 | 现　象 | 原　　因 | 处 理 方 法 |
|---|---|---|---|
| 1 | 给煤机不能启动 | （1）电源没有接通。<br>（2）电气接线断路及接触不良。<br>（3）电动机有故障。<br>（4）控制器有故障。<br>（5）滚子链被拉断。<br>（6）主动滚筒与胶带间打滑 | （1）检查并接通电源。<br>（2）检修电气接线。<br>（3）检修电动机。<br>（4）检修控制器。<br>（5）连接或更换滚子链。<br>（6）增加胶带张力 |
| 2 | 负荷率上限异常 | （1）称重传感器异常。<br>（2）演算器异常。<br>（3）煤的密度变大 | （1）检修称重传感器的连接情况或换传感器。<br>（2）检修演算器。<br>（3）调整煤层厚度调节器降低煤层厚度 |
| 3 | 负荷率下限异常 | （1）称重传感器异常。<br>（2）煤闸门没有打开或没完全打开。<br>（3）进煤口堵煤。<br>（4）煤的密度变小。<br>（5）演算器异常 | （1）检查称重传感器的连接情况或换传感器。<br>（2）打开煤闸门。<br>（3）敲打进煤门，或提高煤层挡板。消除进煤口堵塞。<br>（4）提高煤层厚度挡板。<br>（5）检修演算器 |
| 4 | 给煤机转动部位有异常声响和振动 | （1）安装不良。<br>（2）安装螺栓松动。<br>（3）润滑不良。<br>（4）轴承损坏 | （1）重新调整安装位置。<br>（2）紧固安装螺栓。<br>（3）加注润滑剂并润滑。<br>（4）更换轴承 |

| 序号 | 现　象 | 原　　因 | 处　理　方　法 |
|---|---|---|---|
| 5 | 转速相同时两台给煤机的计量值不同 | (1) 零点和间距调整不佳。<br>(2) 称重传感器异常故障。<br>(3) 速度检测器故障。<br>(4) 胶带张力调整不当。<br>(5) 演算器发生故障 | (1) 重新调整零点和间距。<br>(2) 检修称重传感器。<br>(3) 检修速度检测器。<br>(4) 调整胶带张力。<br>(5) 检修演算器 |
| 6 | 输送胶带跑偏 | (1) 胶带张力调整不当。<br>(2) 滚筒外面有物料黏着。<br>(3) 胶带内侧有物料黏结 | (1) 重新调整正常。<br>(2) 清理滚筒表面附着的物料。<br>(3) 清理胶带内侧黏结的物料 |

### 三、叶轮给粉机的日常维护

1. 叶轮给粉机的日常维护

(1) 定期加油润滑。①轴承座每 6 个月加一次油，所用润滑油为油脂。②油杯内定期注入 2 号钙基润滑脂，防止轴瓦缺油。③减速箱内应定期注入合格的 40～50 号机油。

(2) 定期换油。正常情况下减速箱每年更换一次。

(3) 定期测油位，并定期清洗油过滤器；各润滑系统的检查，监视每日都进行一次或一次以上。

(4) 运行中的检查维护。①经常检查减速箱机油，保持正常油位。油温不高于 50℃。②运行中如发现电流忽大忽小摆动，给粉量不均匀或电器、机械有异常现象时，应及时停机检查，排除故障。③检查各机械零件保持齐全，各紧固件无松动，密封部位应密封良好，若有异常立即停运。④检查油杯内是否缺油，油质是否合格。⑤运行中的检查漏油、漏粉情况，及时消除漏油、漏粉，保持设备完好、洁净。⑥检查易磨损件，若磨损严重，应及时更换。

2. 叶轮给粉机常见故障及消除方法

叶轮给粉机常见故障及消除方法见表 21-5。

表 21-5　　　　　　　　　　　叶轮给粉机常见故障及消除方法

| 序号 | 故障现象 | 故　障　原　因 | 消　除　方　法 |
|---|---|---|---|
| 1 | 电流过大或卡死 | (1) 主轴与中间轴套间隙过大煤粉进入轴套及润滑不良，致使电流超限。<br>(2) 密封间隙超标，煤粉进入变速箱，润滑油变质，涡轮蜗杆摩擦增大。<br>(3) 轮与隔板间隙过小，产生摩擦。<br>(4) 主轴垂直度不够。<br>(5) 蜗杆无窜动间隙或间隙过小。<br>(6) 两靠背轮间无轴向窜动间隙。<br>(7) 给粉机内落入异物 | (1) 检修更换轴套或主轴，改善密封。<br>(2) 清洗后更换密封填料，并更换润滑油。<br>(3) 调整间隙至适当。<br>(4) 重新拆装，调整垂直度，更换损坏部件。<br>(5) 用垫子调整间隙至适当。<br>(6) 调整间隙至适当。<br>(7) 取出异物 |
| 2 | 漏油 | 密封不好或油位有机玻璃损坏及油位过高 | 更换密封或油位玻璃及调整适当油位 |
| 3 | 电动机振动 | (1) 靠背轮中心错位。<br>(2) 电动机固定螺栓松动 | (1) 重新调整。<br>(2) 拧紧螺栓 |
| 4 | 油质劣化 | (1) 原油质不合格。<br>(2) 煤粉漏入油内 | (1) 更换润滑油。<br>(2) 更换润滑油，消除漏粉 |

# 第四节 回转式空气预热器的日常维护

## 一、日常维护内容

### (一) 空气预热器正常运行中的检查维护

(1) 空气预热器运转无异常声音。

(2) 检查轴承油系统无漏油，冷油器冷却水畅通，冷却水出口温度小于30℃，轴承箱油位在1/3～2/3范围内。发现轴承箱油位不正常降低、升高应立即查找原因进行处理。

(3) 通过轴承箱油面镜观察油箱内油质应透明，无乳化和杂质，油面镜上无水汽和水珠。

(4) 检查空预器减速机油位在1/3～2/3之间，减速机外壳温升不超过60℃；主驱动电动机工作时，辅助驱动电动机不应转动。

(5) 检查减速机振动合格，无异常声音，各部件和轴端不漏油，无漏风。

(6) 检查就地表计所指示的轴承温度不超过55℃，热端扇形板密封间隙在正常范围内。

(7) 检查空气预热器各人孔、检查孔关闭严密，不向外漏风、冒灰和向内抽空气。

(8) 检查主驱动电动机的额定电流正常，正常运行时，主驱动电动机的电流应维持在50%～75%的额定电流。

(9) 检查辅助驱动电动机的额定电流正常，正常运行时，辅助驱动电动机的电流应维持在50%～15%的额定电流。

(10) 机组投入空气预热器漏风控制装置后，检查装置动作正常，调整结束密封装置位置指示标尺在投入位附近，巡检中要注意比对各班标尺的位置，发现较短时间标尺指示偏差大要及时汇报。装置投入后要注意对空气预热器本体进行一次全面检查，防止动静部分碰磨。

(11) 机组运行中如发现送风机、引风机电流或送风机动叶、引风机静叶和对应负荷不匹配要全面进行空气预热器漏风控制装置的检查。

(12) 检查空气预热器热点监测装置无损坏，控制盘无报警。

(13) 检查空气预热器运行中电动机外壳温度不超过80℃，空气预热器电动机、油泵电动机及相应的电缆无过热现象，现场无绝缘烧焦气味，发现异常应立即查找根源进行处理。

(14) 在润滑油泵运行期间，油泵供油压力在0.25MPa，润滑油站滤网前后差压小于0.1MPa。

(15) 空气预热器每班进行一次蒸汽吹灰，发现对应负荷下空气预热器进、出口烟风差压不正常增大要适当增加吹灰次数。空气预热器的吹灰既可以单独进行，也可通过程序控制和锅炉吹灰器一起进行。锅炉受热面吹灰前应首先对空气预热器吹灰，锅炉受热面吹扫完毕之后再对空气预热器进行一次吹灰，运行中可根据实际情况延长或缩短吹灰间隔。当煤质变化较大，锅炉启、停或锅炉负荷低于50%时，应加强吹灰。

(16) 机组燃油期间应进行连续吹灰。

### (二) 定期维护内容

为确保空气预热器的正常运行，保证机械部件的使用寿命，应按时向轴承减速箱等转动部件更换或添加规定的润滑油脂。传动齿轮箱油及电动机轴承润滑油的周期应按其技术要求进行，但各润滑部位的油位应有计划地进行检查。

(1) 传动齿轮箱的第一次换油时间应在运行大约500h进行。

更换减速箱内润滑油时，将里面的油排完以后，再用70℃的热油清洗里面的油污，当排出的热油干净后，按规定加入新油。

（2）转子轴承的第一次换油时间应在运行大约 500h 进行，正常投入运行后，轴承的换油时间在 8000h 进行。

更换上、下轴承和其他点的润滑脂时，应清除旧的油脂，清理干净后再加入规定的新油脂。

（3）所有的油塞、润滑油嘴和润滑点均应涂以红色油漆。

## 二、回转式空气预热器常见故障及清除方法

回转式空气预热器常见故障及清除方法见表 21-6。

表 21-6　　　　　　　　　　回转式空气预热器常见故障及清除方法

| 序号 | 名　称 | 故　障　原　因 | 清　除　方　法 |
|---|---|---|---|
| 1 | 围带销或齿轮磨损 | （1）齿轮与围带销校正不好。<br>（2）下轴承损坏引起转子偏摆 | （1）重新校正，围带销转一角度或换新。<br>（2）调换下轴承，减小转子偏摆度 |
| 2 | 波形板腐蚀和堵灰 | （1）排烟温度低使低温段波形板壁温低于烟气露点温度。<br>（2）燃烧不好。<br>（3）腐蚀引起堵灰 | （1）再循环风门开大，或投入暖风器，提高排烟温度。<br>（2）改善燃烧条件。<br>（3）实施防腐蚀措施，定期进行冲洗，调换腐蚀的波形板 |
| 3 | 漏风增大 | （1）密封间隙破坏。<br>（2）有明显短路和泄漏处。<br>（3）波形板堵塞 | （1）调整密封间隙。<br>（2）补漏。<br>（3）定期冲刷波形板 |
| 4 | 预热器电流升高 | （1）转子内有杂物卡住。<br>（2）波形板高于径向隔板。<br>（3）下轴承损坏。<br>（4）齿轮与围带销啮合不好 | （1）取出杂物。<br>（2）将高出的波形板敲下去。<br>（3）调换下轴承。<br>（4）重新校正 |
| 5 | 下轴承损坏 | （1）断油。<br>（2）轴承室内有杂物。<br>（3）轴承质量差 | （1）保证油位和正常供油。<br>（2）清洁轴承室。<br>（3）更换质量好的轴承 |
| 6 | 减速器振动温度高 | （1）联轴器中心不好。<br>（2）预热器负载过大。<br>（3）减速器油泵打不出油 | （1）重新找中心。<br>（2）消除过大负载。<br>（3）检查油泵，使之畅通 |

# 第五节　灰渣设备的日常维护

## 一、输灰系统的日常维护

### （一）设备的运行维护

1. 运行检查维护

（1）检查灰库布袋除尘器工作是否正常。

（2）检查输送管道是否正常。

（3）检查各气动阀的动作状况。

（4）检查灰库料位计工作是否正常。

（5）检查压力开关工作是否正常。

（6）检查各气动阀的动作信号状况。

（7）检查各运行参数变化情况，分析并找出原因。

2. 定期检查维护

（1）进料阀的维护。定期给进料阀铜套加注锂基润滑油，定期（一电场仓泵 3 个月，二电场仓泵 4～6 个月）检查进料阀。

（2）进气管路的维护。不定期检查进气管路，是否存在漏气现象。检查气动进气阀动作是否正常，关闭时密封是否可靠，检查气动三联件上压力表是否在 0.55～0.6MPa 之间，检查气源三联件上油杯是否缺油，清理过滤器内的滤筒。

（3）定期清洗电磁阀内各零件，保持阀体内各孔道畅通，检查继电器动作是否正常。

（4）经常保持控制柜、箱内部电气元件和线路板的清洁。

（二）仓泵系统设备的故障判断及处理

1. 进料阀的故障处理

（1）故障现象。①关闭进、出料阀，打开进气阀，仓泵压力升高缓慢，切断进气阀，仓泵压力逐渐下降，则可能为进料阀漏气。②转轴卡死，无法启闭进料阀，或进料阀关闭不到位。

（2）故障处理。①检查进料阀密封垫、压板是否出现磨损，并加以更换。②检查铜套是否缺油或增加气动三联件上调节阀的压力，若仍无法启闭，则给转轴座喷入清洗剂进行清洗，或拆下清洗及更换密封圈。

2. 出料阀的故障处理

（1）故障现象。①关闭进、出料阀，打开进气阀，仓泵压力升高缓慢，切断进气阀，仓泵压力逐渐下降，则可能为出料阀损坏。②出料阀无法正常开闭，气缸无法拉动抽杆，或抽杆拉动不到位。③出料阀抽杆端部压盖处漏气漏灰。

（2）故障处理。①插板式出料阀可拔去控制气管，拆下出料阀，拆下密封圈，检查密封圈抽板是否磨损，如出现磨损，则予以更换。更换密封圈后，必须进行调整。注意调整完后，应恢复控制气压力至 0.55～0.6MPa。②增加气动三联件上调节阀的压力，若仍无法启闭，则拆下出料阀，用压缩空气清除阀腔内的结灰，并调整钢纸垫的层数。③拧紧压盖上的螺栓即可。

3. 进气阀的故障处理

（1）故障现象。①进气阀无法正常开启，导致仓泵内无法升压。②进气阀无法关闭或关闭后漏气，仓泵压力持续升高。

（2）故障处理。①检查气动三联件上调节阀压力，适当升高调节阀压力至 0.6MPa，如仍无法打开进气阀，则拆开检修或更换。②拆下进气阀检修或更换。

4. 隔膜式双压力表的故障处理

（1）故障现象。①仓泵进气时，双压力表指针不动或动作异常。②双压力表指针动作正常，但无输出。此时可能导致输送时间长、假欠压报警和假堵管。

（2）故障处理。①拆下隔膜式双压力表，检查隔膜是否破损或漏油，如发现漏油或隔膜破损，则应更换。②检查双压力表接线端子是否松脱，接线是否正确，检查表内是否积灰，电触点是否积灰，清理积灰，如仍无输出，则需更换双压力表。

5. 料位计的故障处理

（1）故障现象。①料位计无输出。②料未装或未到位即输出料满。

（2）故障处理。①检查料位计接线端子是否松脱。②拆下检查探头是否黏灰或调整灵敏度。

6. 电磁阀、继电器的故障处理

（1）故障现象。控制系统运行正常，电磁阀或继电器无动作导致气动阀无动作或动作异常。

（2）故障处理。更换继电器，或拆开电磁阀芯，清洗并加注润滑油。

7. 欠压报警及处理

（1）故障现象。①压力降至下限出现欠压报警；②输灰管路系统将被排入其他系统的队列中直到输送空气可用。

（2）故障原因。①双压力表接触不良或接线端子松脱。②气源压力不足，空气压缩机供气不足。③进气管路一次气的进气阀未打开或节流阀开度太小，阻力太大。④流化管堵塞造成阻力过大。⑤进、出料阀漏气比较严重。⑥程序出现混乱，同时进气的仓泵数量超出限制。

（3）故障处理。①检查双压力开关接线端子和触点接触是否良好。②检查气源供气是否正常，空气压缩机投运情况是否正常，检查冷干机制冷露点是否低于0℃，造成内部结冰并阻塞流道。检查过滤器滤芯是否堵塞。检查储气罐内是否积水太多。③检查进气管路上进气阀是否打开，检查节流阀开度，并作相应调整。④检查流化管是否堵塞。⑤检查进、出料阀是否漏气。⑥重新调整程序。

8. 堵管报警及处理

（1）故障现象。①控制室程序控制器及现场控制箱发出堵管报警。②仓泵压力升高至300kPa，流化阀关闭，在同一出灰管道的仓泵处于停止状态。

（2）故障原因。①双压力表故障，造成假堵管报警。②出料阀卡死而无法打开，造成假堵管报警，增加控制压力，手动打开进气阀和出料阀，并进入输送状态。待仓泵压力下降到双压力表下限时，延时10～30s后手动关闭进气阀，再关闭出料阀，然后检修出料阀。完成后手动复位解除报警即可投入正常运行。③气源压力与流量不足。④运行过程中阀门开闭动作异常，如进气阀异常关闭，出料阀无法打开或异常关闭。⑤进气阻力太大及进、出料阀漏气。⑥管道内有块状异物导致堵管。⑦冷干机故障，压缩空气露点升高，水分进入输送管导致堵管。⑧因锅炉煤种变化或燃烧不完全，飞灰物理性质变化或电除尘器故障后灰斗积满大量沉降灰，导致飞灰颗粒粗大，造成无法正常输送。

（3）故障处理。①开启手动排堵阀，使系统泄压，输灰管路压力降至250kPa以下时，混气阀、副2泵出口泵的流化空气阀打开。压力继续下降至200kPa以下时，主泵、副1泵的流化空气阀打开，此时管路进入输灰状态。②如开启各流化阀和混气阀后，压力继续上升时，应检查手动排堵阀是否堵塞，如堵塞应进行疏通；如手动排堵阀正常，则关闭各仓泵来气总门及空气混气阀来气总门，开启各仓泵顶部手动排气门泄压。泄压后关闭手动排气门，开启各仓泵来气总门及空气混气阀总门，系统进入吹扫状态后，对管路进行吹扫，在上述处理过程中手动排堵阀可不关闭。如此反复数次仍不通，开启至灰库输灰管路手动排堵阀，泄压后，关闭排堵阀继续吹扫，反复几次仍不通，联系检修处理。

9. 灰库料位高报警

（1）故障现象。控制系统与灰库极限料位连锁投入，则当灰库灰满至极限料位计位置时，系统报警后，灰库连锁装置将会自动将输灰管线切换为另一个灰库运行。

（2）故障处理。应及时给灰库卸灰，灰库卸灰后，系统自动解除报警，并自动投入正常运行。

**二、除渣系统的日常维护**

1. 设备的运行维护

（1）捞渣机运行中的检查。①液压关断门关闭严密，各片门浸入水中，无漏风现象。②液压关断门油管路连接完整，无漏油现象。③水封槽无积渣漏风现象，溢流水溢流正常。④捞渣机运行平稳，刮板运行速度应根据实际渣量的大小及时调整。⑤捞渣机链条松紧合适，与上下导向轮相压，导向轮转动平稳，两侧链条张力均衡，前后传动轴水平不倾斜。⑥捞渣机刮板整体无裂缝，刮板与链条连接螺栓无过度磨损或断裂现象。⑦捞渣机上、下机槽耐磨钢板和铸石板平整，回程刮板落渣槽处平整无卡涩，链条带动刮板传动平稳，无异声。⑧捞渣机链条喷水量适当，下槽体回程刮板无黏带渣现象。捞渣机上体槽水位正常，水封良好，四周无渣水溢流至地面，溢流管通畅无堵塞，水温应小于60℃。⑨捞渣机减速机主动齿轮与传动齿轮在同一水平面，与链条啮合紧密，无卡涩现象。⑩捞渣机就地控制盘运行指示正常，电动机频率、电流值正常，无任何报警信号。捞渣机出口钢箅上无大焦块。

（2）渣仓运行中的检查。①进渣时，先关闭排渣门，析水阀门打开，边进渣边排水。②当料位计"最高渣位"指示灯亮时，开始排渣。③在排渣过程中，如发现排渣料不畅时，启动振动器，每次振动时间3～5s，根据排料情况，决定是否继续振动。④当仓内排空时，及时关上排渣门。⑤渣仓电加热就地温控箱无报警。

2. 除渣系统的常见故障处理

（1）捞渣机常见故障及处理见表21-7。

表 21-7　　　　　　　　　　　捞渣机常见故障及处理

| 故障现象 | 原 因 分 析 | 处 理 思 路 |
|---|---|---|
| 液压驱动装置发故障报警 | （1）油过滤器网脏。<br>（2）油箱油位低。<br>（3）高油温。<br>（4）油泵低压力 | （1）发生这些故障，不得启动液压驱动装置。<br>（2）立即通知检修 |
| 发捞渣机故障报警 | （1）捞渣机水温超过限值。<br>（2）捞渣机速度开关故障，虽然捞渣机启动，但测速圆盘不动。<br>（3）捞渣机负荷大或链条卡。<br>（4）张紧装置高高位报警 | （1）查看补水情况，判断是补水阀故障还是温度开关故障。<br>（2）判断是否发生断链。<br>（3）点动倒转，查看正常后重新启动。<br>（4）情况严重是立即通知检修 |
| 掉链 | （1）两边张力不均。<br>（2）传动轴歪斜。<br>（3）链环磨损 | （1）调整张紧装置。<br>（2）重新找正传动轴。<br>（3）更换链条 |
| 断链 | （1）刮板卡死。<br>（2）刮板变形 | （1）停机检查、排除故障。<br>（2）更换变形刮板 |
| 主轴停转 | （1）过电流保护动作。<br>（2）保险销断裂 | （1）检查排除故障后重新启动。<br>（2）检查排除故障后更换保险销 |
| 关断门关闭不齐 | （1）油缸支座靠外侧。<br>（2）调节螺栓没调好 | （1）重新调整油缸支座。<br>（2）重新调节 |
| 链条跑偏 | （1）传动、张紧、上下导向轮不在一个纵向平面内。<br>（2）张紧张力不均。<br>（3）链条长短偏差太大 | （1）重新调整。<br>（2）重新调整张紧。<br>（3）找出对应段，左右调换 |

（2）渣仓振动器常见故障及处理方法见表 21-8。

**表 21-8** 渣仓振动器常见故障及处理方法

| 故障名称 | 故 障 原 因 | 处 理 方 法 |
|---|---|---|
| 接通电源后不启动 | (1) 熔丝断了。<br>(2) 电源线断开或断相 | 更换熔丝查线、接线 |
| 温升过高 | (1) 轴承发热。<br>(2) 单相运行。<br>(3) 转子扫膛。<br>(4) 匝间短路 | (1) 检修或更换轴承。<br>(2) 处理断相。<br>(3) 修理转子。<br>(4) 修理定子 |
| 电流增大 | (1) 负荷过大。<br>(2) 轴承咬死或缺油。<br>(3) 单相运行或匝间短路 | (1) 减小负荷。<br>(2) 更换轴承、加油。<br>(3) 修理定子 |
| 噪声大 | (1) 底座螺栓松动或断裂。<br>(2) 内部零件松动或轴承问题 | (1) 紧固或更换螺栓。<br>(2) 检查内部、紧固、处理轴承 |

# 第二十二章　电除尘设备检修

## 第一节　电除尘设备的构造和工作原理

### 一、概论

烟尘是造成大气污染的主要因素之一，减少大气污染的根本措施就是减少有害物质向大气的排放，而火力发电厂污染物排放最多的是锅炉烟尘。

锅炉烟气中的粉尘对人类的危害性很大，不仅危害人体健康，而且还对大气环境及生态平衡有严重影响。因此，世界各国（特别是工业国家）对粉尘及其他有害物质的排放制定了严格的控制标准，电厂必须对排放物进行处理，以达到排放标准。目前对处理烟气中粉尘的方法主要是除尘。而目前除尘采用的除尘器可分为两大类：

(1) 干式除尘器。包括重力沉降室、惯性除尘器、电除尘器、布袋除尘器、旋风除尘器。

(2) 湿式除尘器。包括喷淋塔、冲击式除尘器、文丘里洗涤剂、泡沫除尘器和水膜除尘器等。目前常见的运用最多的是静电除尘器。

### 二、电除尘器的优缺点

1. 电除尘器的优点

(1) 净化效率高，能够铺集 $0.01\mu m$ 以上的细粒粉尘。可根据需要的除尘效率来选择电除尘器，一般二电场除尘器的除尘效率可达 98%，三电场除尘器达 99%，四电场和五电场除尘器效率可以达 99.9% 以上。只要条件许可，还能继续提高效率。另外，其除尘效率比较稳定，运行一段时间后效率下降不多。

(2) 阻力损失小，一般在 20mm 水柱以下，与旋风除尘器比较，即使考虑供电机组和振打机构耗电，其总耗电量仍比较小。

(3) 可以处理高温烟气。一船可处理 400℃ 以下的烟气，若在较低温度下运行，烟气温度以 150℃ 以下为宜，如在高温状态下运行，烟气温度以 350℃ 以上为宜。

(4) 处理气体范围量大。对烟尘浓度及粒径分散度的适应性都比较好，一般电除尘器入口粉尘浓度范围 $10\sim30g/m^3$（标准状态），如遇粉尘浓度很高的场合，作特殊设计也可解决。

(5) 可以完全实现操作自动控制。现代大型电除尘器，其供电电压采用自动控制，可实现远距离操作，减少维护工作量，运行费用也较低。

2. 电除尘器的缺点

(1) 设备比较复杂，与其他除尘器设备相比，设备庞大，占地面积多，金属耗量多，一次性投资大。要求设备调运和安装以及维护管理水平高。

(2) 对粉尘比电阻有一定要求，所以对粉尘有一定的选择性，不能使所有粉尘都获得很高的净化效率。

(3) 受气体温度、湿度等的操作条件影响较大。同是一种粉尘如在不同温度、湿度下操作，所得的效果不同，有的粉尘在某一个温度、湿度下使用效果很好，而在另一个温度、湿度下由于粉尘电阻的变化几乎不能使用电除尘器了。

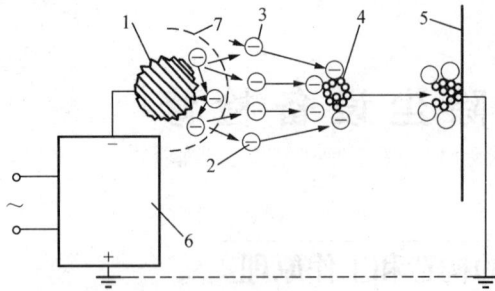

图 22-1　静电除尘过程示意

1—电晕极；2—电子；3—离子；4—尘粒；
5—收尘极；6—供电装置；7—电晕区

### 三、电除尘器的基本原理

如图 22-1 所示，静电除尘的基本原理是利用静电力捕集烟气中的粉尘，主要包括以下 4 个复杂又相互有关的物理过程。

1. 气体的电离

气体一般是中性的，但当气体分子获得一定的能量时，就会分离成电子、正离子、负离子，使气体变为导电体。这种使气体具有导电性能的过程称为气体的电离。气体的电离分为自发性电离和非自发性电离。非自发性电离是在电离剂（如火焰、紫外线、X 射线等）作用下产生的；自发性电离是在高压电场作用下产生的。

2. 粉尘的荷电

电除尘器是在两个曲率半径相差较大的金属阳极和阴极上，通过高压直流电，维持一个足以使气体电离的静电场，气体电离后所产生的电子——阴离子和阳离子，吸附在通过电场的粉尘上，使粉尘获得电荷。

当电场两极间电压达到 10kW/cm 左右时，气体可自发电离出电子和离子，但两极之间电压过大，电极间会产生剧烈的火花，甚至发生击穿短路。因为匀强电场中维持电晕放电十分困难，两极间空气易被击空而停止电离，所以，电除尘器要采用非匀强电场。

3. 荷电粉尘向电极移动

图 22-2 所示为板式电除尘器的除尘原理，含尘气体通过高压直流电源所形成的非匀强电场中，电源的负极又称为阴极、放电极、电晕极，电源的正极（接地）又称为阳极、集电极、沉淀极，当电压升高到一定数值时，在阴极附近的电场强度迫使气体发生碰撞电离，形成大量正负离子。由于在电晕极附近的阳离子趋向电晕极的路程极短，速度低，碰上粉尘的机会很少，因此，绝大部分粉尘与路程长的负离子相撞而带上负电，分别向不同极性的电极运动，沉积在电极上，而达到粉尘和气体分离的目的。在电晕区和靠近电晕区很近的一部分荷电粉尘与电晕极的极性相反，沉积在电晕极上。因电晕区的范围小，所沉积的粉尘也少。电晕区外的粉尘，绝大部分带有与电晕极极性相同的电荷，沉积在收尘极板上。

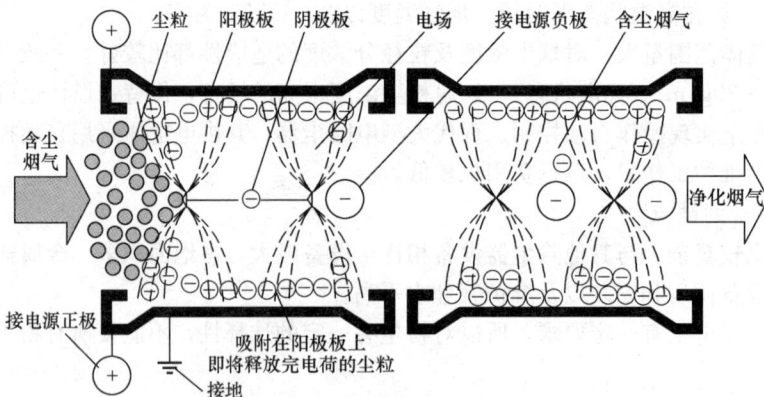

图 22-2　电除尘器工作原理示意

4. 荷电粉尘的捕集

定期振打集尘极及电晕极，两极吸附的粉尘落入集灰斗中，通过卸灰装置卸至输送机械运走。

粉尘的捕集与许多因素有关，如粉尘的比电阻、介电常数和密度，气体的流速、温度和湿度，电场的伏安特性，以及收尘极的表面状态等。

**四、电除尘器的分类**

电除尘器的分类方法很多，主要有以下几种：

1. 按烟气在电除尘器内的运动方向分类

按烟气在电除尘器内的运动方向可分为立式和卧式。

(1) 立式。含尘气体由下部垂直向上经过电场的称为立式电除尘器，优点是占地面积小。但由于气流方向与粉尘自然沉降方向相反，除尘效率较低；高度大，安装与维修不便；常采用正压操作，风机布置在电除尘器之前，磨损较快。

(2) 卧式。含尘气体由水平方向通过电场的称为卧式电除尘器，根据需要可分成几室。优点是可按粉尘性质和净化要求增加电场数目，同时可按气体处理量，增加除尘室数目，这样既可保证效率，又可适应不同处理量的要求。卧式电除尘器一般采用负压操作，使风机寿命延长，节省动力，高度也不大，安装维修比较方便，但占地较大。

2. 按清灰方式分类

按清灰方式可分为干式、湿式电除尘器。

(1) 干式。干式电除尘器通过振打装置敲击极板框架，使沉积在极板表面的灰尘抖落入灰斗。这种清灰方式比湿式清灰简单，回收干灰可综合利用，但振打清灰时易引起二次扬尘，使效率有所下降。振打清灰是电除尘器最常用的一种清灰力式。

(2) 湿式。湿式电除尘器需进行二次处理。湿式电除尘器通过喷雾或淋水等方式将沉积存极板上的粉尘清除下来。这种清灰方式运行比较稳定，能避免二次扬尘，除尘效率较高。但是净化后的烟气含湿量饺高，会对管道和设备造成腐蚀，还要考虑含尘洗涤水的处理问题，不适用于高温烟气场合。

3. 按电除尘器的形式分类

按电除尘器的形式可分为管式和板式电除尘器。

(1) 管式。管式电除尘器主要用于处理烟气量小的场合，多为立式布置。管轴心为放电电极，管壁为集尘电极。集尘电极的形状可做成因管形或六角形的气流通道，六角形可多根并列布置成蜂窝状，充分利用空间。管径范围以 150～300mm，管长 2～5m 为宜。

(2) 板式。板式电除尘器应用广泛，多为卧式布置。集尘板为板状，放电极呈线状设置在平行极板之间，极板间距一般为 250～400mm。极板和极线的高度根据除尘器的规模和所要求的效率及其他技术条件决定。

4. 按收尘板和电晕极的配置分类

按收尘板和电晕极的配置可分为单区和双区电除尘器。

(1) 单区。收尘极与电晕极布置在同一区域内的为单区电除尘器，其应用最为广泛。

(2) 双区。收尘极与电晕极布置在两个不同区域内的为双区电除尘器。即安装有电晕放电的第一区主要是完成对尘粒的荷电过程，而装有集尘电极的第二区主要是捕集已荷电的尘粒。双区电除尘器可以有效地防止反电晕现象。

5. 按振打方式分类

按振打方式分为侧部振打和顶部振打电除尘器。

(1) 侧部振打。振打清灰装置布置在阴极或阳极的侧部称为侧部振打电除尘器，现应用较多的为挠臂锤振打。

（2）顶部振打。振打清灰装置布置在阴极或阳极的顶部称为顶部振打电除尘器。

## 五、电除尘器的构造

电除尘器主要由进出口烟道、电晕极、沉淀极、振打装置、气体均布装置、电除尘器的壳体、保温箱、排灰装置和高压整流机组组成，其主要工作部件为电晕极（阴极）和集尘极（阳极）。电除尘器的构造如图 22-3 和图 22-4 所示。

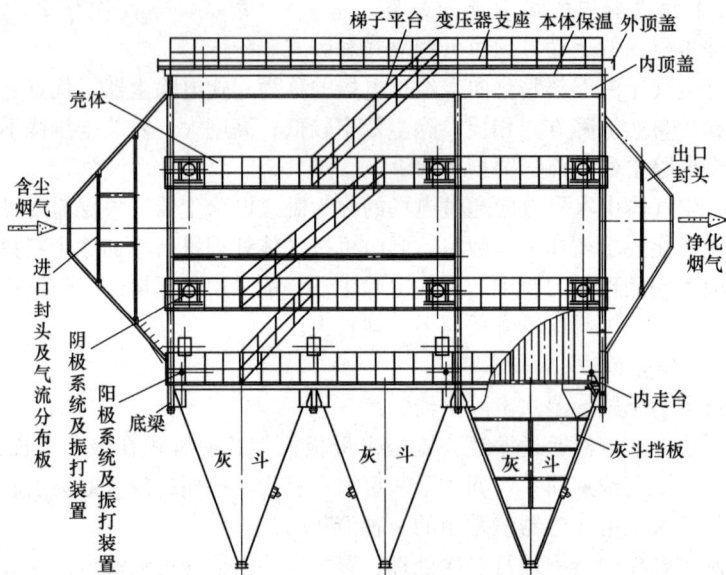

图 22-3　电除尘器结构平面图

### 1. 进出口烟道

进、出口烟道就是电除尘器本体前后两个连接部件，是烟气进口和出口的必经通道，呈喇叭口状。

（1）进口是通过其渐扩的截面将前部烟道与除尘器外壳连接起来，便于烟气较为均匀地扩散在壳体内整个流通截面上。在烟道入口处设分布板，其主要作用是对烟气流作进一步疏理均布，防止产生涡流等现象。

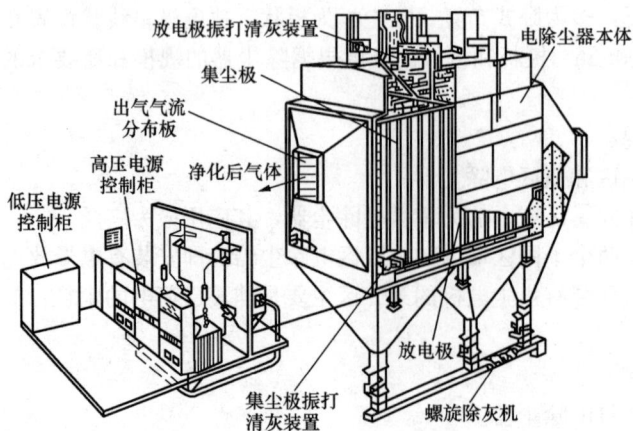

图 22-4　电除尘器结构立体图

（2）出口烟道是通过其渐缩的截面将除尘器壳体与后部烟道相连。由于出口烟道的下壁经常发生积灰现象，故将下壁制成较陡的斜面，以利于粉尘的滑落；在出口烟道内装设槽形板对部分荷电尘粒进行收集，一是提高收尘效率，二是防止二次扬尘，同时对气流作进一班疏理，以改善吸风机的工作环境。

### 2. 电晕极

电晕极系统主要包括电晕线、电晕极框架、框架悬吊杆、支撑绝缘套管、电晕极振打装置等，它的质量只占整个除尘器的 10％ 左右，但对电除尘器的性能、运行稳定性和检修工作量大小影响极大，与电除尘器能否达到安全、经济运行直接有关。电晕极为电除尘器的放电极，为使放电效果良好；电晕线越细越好，但电晕线太细，不仅机械强度低，而且又容易锈断，或被放电电弧烧断。

为了保证电晕线有一定的机械强度又有较高的放电效率，可将电晕线制成各种形式，常见的有圆形、星形和芒刺形等。电晕线应具有以下几点特性：

(1) 电气性能好，起晕电压低，电晕电流大。

(2) 机械强度好，经长期振打承易断裂。

(3) 热应力小，运行中变形小。

(4) 能准确地保持极间距不变。

(5) 对烟气条件的变化适应件强。

(6) 易于清灰。

为及时清除正负电极上的积灰，电除尘器都装有定时振打清灰装置。常用的振打装置有锤击振打装置、弹簧—凸轮振打装置与电磁振打装置。

3. 集尘极

集尘极可分为板式和管式两种类型。

板式集尘极通常由几块长条板安装在一下悬挂架上组成一排，一个电除尘器可由多排集尘极板组合而成，相邻两排中心距为 250～350mm。如图 22-6 所示，板式集尘极有平板形、网形、棒帏形、Z 形、CS 形、波形、槽形、袋形等多种形式。理想的集尘板应有以下几个特点：

(1) 运行时异极间的火花电压高，二极的电力线分行均匀。

(2) 结构形状应使集尘板振打时二次扬尘损失小。

(3) 表面积要大，容易清灰。

(4) 组装后的振打性能好、力度均匀。

(5) 质量小、刚性好，长期运行不变形。

(6) 便于检修、制造和安装。

(7) 不易生锈。

管式集尘极的形状有圆形和六角形等。圆形集尘极内径一般为 200～350mm，管长 3～7m。

4. 振打装置

阳极板和阴极线上聚积的粉尘，必须定期予以清除，才能保证电除尘器正常工作。良好的振打装置是电极清灰的有力手段。如图 22-5 所示，振打机构的形式很多，主要有挠臂锤击、弹簧—凸轮机构以及电磁振打机构等。

(1) 锤击振打装置。由振打锤、承振砧铁和振打杆组成。

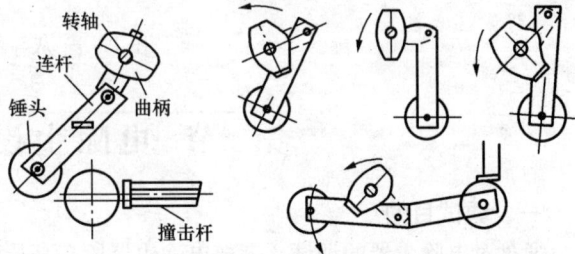

图 22-5　振打锤运动过程示意

(2) 弹簧—凸轮振打装置。既可用于电晕极振打又可用于集尘极振打，主要由振打杆（或板）、弹簧、回转机构、振打锤、凸轮等组成。

(3) 电磁脉冲振打装置。主要由脉冲电流发生器和冲击振打器两部分组成。

振打机构的动力装置一般布置在电除尘器壳体外的侧面，通过传动轴伸入壳体内，将动力传给锤头。动力装置主要由电动机和减速器组成，与其他设备的动力装置大同小异。

### 5. 气体均布装置

在电除尘器的各个工作横断面上，气体流速应力求均匀。如果气体流速相差大，则在流速高的部位，粉尘在电场中停留时间短，有些粉尘还来不及收下，就被气流带走。而且当粉尘从极板上振落时，二次飞扬的粉尘被气流带走的可能性也增大，这都会造成除尘效率下降，因此，使气流均匀分布对提高除尘器效率有重要意义。

气体均布装置主要由气体导流板和气体均布器组成。气体进入除尘器后，首先经过气体导流板或钻圆孔的多孔板，卧式电除尘器也有采用百叶窗式栅板的，多孔板层数越多，气流分布均匀性越好，通常不少于两层，使气流均匀分布。卧式电除尘器气体均布装置。

### 6. 壳体

壳体的主要功能是悬挂电除尘器的核心部件——阴极系统和阳极系统，其次是构成本体外壳。阴、阳极系统的全部重量分别通过吊杆和悬挂梁悬吊在顶部大梁上。顶部大梁由钢立柱支承，将力传递给底梁，然后由支座经水泥柱传给地基。

壳体有钢结构、钢筋混凝土结构及砖结构几种，火力发电厂使用的电除尘器壳体一般为钢结构，壳体的下部为灰斗，中部为除尘电场，上部安装石英套管、绝缘瓷件和振打机构，侧面设有人孔门。为防止结露，壳外敷设保温层，最外表采用徐塑钢板作护板。

### 7. 排灰装置

排灰装置主要设备是灰斗。灰斗的作用是收集和储存从极板上振打落下的干灰，形状为倒四棱锥，由钢板焊接而成，如图 22-6 所示。灰斗上部大口与本体底梁焊接相连，下部连接有排灰阀。为了防止堵灰，灰斗壁制成倾角大于 60°的斜坡。

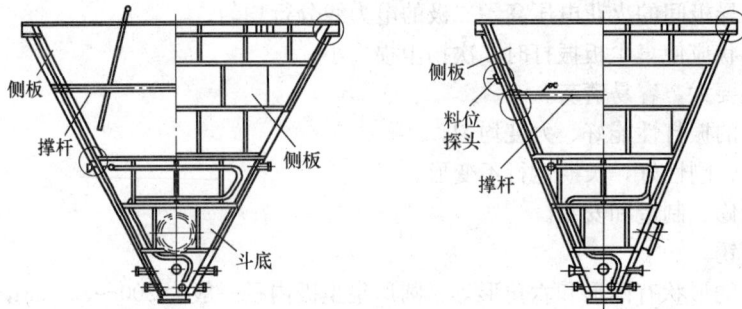

图 22-6　灰斗简图

# 第二节　电除尘设备的调试

### 一、调试目的

通过对电除尘器的调试，考核电除尘器所有高压绝缘部件的耐压情况，看其是否符合要求，同时检查输出电流不超过额定值时，空载闪络电压能否达到要求。确认电除尘器的阴、阳极振打装置转动部件和轴承部分是否运转正常，振打减速机是否运转正常。同时对除尘器本体、烟道、各人孔门等处的完整性及严密性进行检查，为静电除尘器可靠投入机组整套试运提供必要的保证。

### 二、调试应具备的条件

（1）电除尘器本体设备及系统安装结束，工艺、质量等符合制造厂和设计要求。安装记录及技术资料齐全并以文件包形式提供。

（2）现场清洁，通道畅通，围栏齐备，照明充足。

（3）所有高压电瓷产品安装前都已进行了耐压试验，并合格。各部件擦洗清理干净，绝缘子室无积水，电场内无杂物，电场绝缘合格。

（4）确认高低压电气设备经过调试符合要求，高压电缆经过耐压试验合格。电气回路连接正确。高压控制柜已经过通电检查和调整，远方及就地操作灵活可靠，动作指示正确。

（5）试转现场附近严禁易燃、易爆物品摆放，并有完整的消防设施。

（6）电除尘器安装后已进行内部检查清扫，内部不留有任何杂物，临时加固用铁件应割除，并打磨光滑，已封闭人孔。

（7）灰斗及仓泵均已安装完毕，进出口法兰和各类门孔严密、无泄漏。电除尘器密封性试验合格。

（8）灰斗电加热装置在保温前必须进行通电试验，确认完好无误后应完成电除尘器外壳保温工作。

（9）电除尘器在高电压下运行，其高压设备必须有可靠的接地。

（10）电除尘器外壳及高压整流变压器正极电缆连线应完好并紧固。

（11）各瓷套接触平稳，受力均匀。各瓷件清洁、干燥。

（12）高压隔离开关操纵机构灵活、位置准确。

（13）除尘变压器已投用，400V低压侧母排已经正常投用。

（14）低压操作控制设备通电检查结束（报警系统试验、振打回路检查、除灰回路检查、加热和温度检测回路检查）。

（15）现场设备系统命名、挂牌、编号结束。运行人员正式上岗，所需工具、图表齐全。

（16）系统内所有压力、温度、流量等指示表计校验合格，均能正常投入。

### 三、调试步骤

（一）电除尘器冷态空载调试

电除尘器冷态空载调试的目的：检查电场安装精度；检查电气设备工作是否正常；记录新电场的伏安特性曲线、积累原始资料。

（1）高压晶闸管整流变压器在空载性能调试合格后，可进行冷态、无烟电场（又称为冷空电场）负载试验。

（2）电场调试顺序，应先投入低压操作控制系统。

1）电除尘器整体密封性漏风率实验、要求开启引风机测试漏风率，漏风率小于3%。

2）气流分布均匀实验：评定电除尘器入口断面气流分布均匀性评定标准（系数$\sigma$）0.25时为合格，0.15为良，0.1为优。

3）振打装置试运转：运转时间不小于8h，检查有无打偏、卡情况。确认振打系统工作正常，各电场能按设计程序进行振打，振打时间和振打周期应符合整定值。

4）输、卸灰装置试运转：运转时间不小于8h，检查输、卸灰系统工作正常。

5）各绝缘子加热器。检测本体接地电阻要求小于1$\Omega$。

（3）冷空电场升压调试步骤。应先进行空载通电升压试验（静态空电场升压调试），再进行动态电场升压调试。空载通电升压试验是指本体振打系统不投入，电除尘器出口引风机不运行，电场处于相对静止状态下的空电场升压调试；动态空电场升压调试是指电除尘器在不通烟气的情况下，高低压电气设备全部投入运行。

1）电气设备升压前检查，主要包括：①变压器吊芯检查。②高压控制柜和调整器通电检查。③各接线检查，测量反馈电阻值。④高压输出网路绝缘检查：用2500V绝缘电阻表、测高压网路绝缘电阻大于 100MΩ。⑤高压隔离开关位置和阻尼电阻连接检查。⑥变压器抽头放置在最高电压挡。

2) 冷态电场升压调试及步骤：①提前 8～12h 投入绝缘子和大梁电加热。②关好各人孔门、关闭所有进出电除尘器的通道，高压隔离开关接电场位置，确保升压过程的安全。③本体和电气设备检查无误、具备送电条件，检查人员退出危险区域后，由指挥人员下达送电命令后，方可启动设备。④按高压设备启动操作程序启动设备。先用手动方式，逐渐升高电压此时手不离操作旋钮，并注意观察盘面电流、电压表指示和示波器的检测波形。逐步放开电流极限，到 50% 稳定输出后，做停机操作，重新置自动位置进行升压、一直升压至火花放电点为止，记录此时的放电电流、电压。⑤冷态空载升压闪络电压的一般要求为 300mm 间距，55kV 合格；405mm 间距，68kV 合格。异极距每增加 10mm 电压升高 2.5kV。⑥按 3kV 或 5kV 一挡，记录二次电压、电流值。描出电场伏安特性曲线。⑦并联送电，同容量、同相位、同步操作，电压取平均值、电流取之和。⑧送电结束后，要注意检查主回路各联接点是否有因接触不良引起发热。⑨动态空载通电升压试验，有条件的情况下，可连续运行 24h 后，全面检查各工作回路的运行情况，发现问题，及时解决。

3) 冷态升压的异常情况：①开机后启动不了或无电压输出，安全连锁接点、调整器问题、反相。②开机跳闸，控制柜或调整器问题、一次电压反馈熔丝。③开机二次电流上冲，输出短路。④升到高端后跳闸，超过过压或过流整定值。⑤表头周期性摇动、电场未放电，假闪。⑥闪络电压低，查高压输出和电场内部异常放电点。⑦二次表头指示不准，重新校表。⑧偏励磁，输出脉冲回路或 G、K 接线松脱、SCR 击穿。

（二）电除尘器热态负荷整机调试（72h 联动运行）

1. 主要变化

(1) 电流密度下降、起晕电压提高，击穿电压降低，V-I 变平坦。

(2) 各级电场之间运行状况（电压、电流）差别。

(3) 闪络强度有所下降、闪频随工况变化、强度和闪频前后级有差别。

(4) 不同除尘器、不同工况下运行情况相差较大、不能简单类比。

2. 调试方法

(1) 电除尘器经过上述冷空电场升压试验合格后，还应具备以下条件：①电除尘器进、出口烟道全部装完，锅炉具备运行条件，引风机试运完毕。②卸、输灰系统全部装完，冲灰水泵试运行完毕，冲灰水量调整适当。

(2) 电除尘器通烟气，严密封闭各人孔门，开启低压供电设备加热系统，使各绝缘子室温度达到烟气露点温度以上，保证各绝缘子不受潮或结露而引起爬电。阴阳极振打投入运行。

(3) 投高压。油煤混烧阶段时，不得投入高压，避免在除尘器极板极线上造成油膜引起腐蚀，必须在投煤粉的情况下投油枪总数不超过半数才可投入高压。按空电场升压步骤对各电场送高压，正常情况下，电除尘器带烟气时，其电场击穿电压值和二次电流值都较冷空电场时为低。

(4) 绘制热态烟气运行电场伏安特性曲线，记录各主要测点的数据。

(5) 据电场工况选择最佳运行挡位，进行下列项目整定：①欠压值整定应小于最低起晕电压值。②根据电场运行情况，适当调整火花率，对于高比电阻粉尘，可适当提高火花率，具体火花率以效率测定后的火花率数据为准。③电场粉尘浓度大、风速高、气流分布不均匀，将引起电场频繁闪络，甚至过渡到拉弧，此时，可调整熄弧环节灵敏度，从而抑制电弧产生，但在正常闪络情况下，熄弧环节不应动作。④烟气负载运行时，各电场工况条件不同，应根据实际运行情况，调整变压器一次侧抽头位置。

## 四、电除尘器运行状态的评估

（一）评价电除尘器的运行状况的方法

1. 烟囱目测法

（1）选择背景（选择无云晴朗天气、蓝天为背景）。

（2）注意观察距离和烟囱高矮。

（3）区分水气与烟尘。

（4）区分连续性排烟和阵发性排烟。

（5）区分烟气的烟色。

2. 表计判断法

（1）是否达到闪络值。

（2）二次表计是否准确（表头核对否，功率计算）。

（3）各级电场 $I$、$V$ 的阶梯性。

（4）导通角大小、整流变是否合适。

（5）与额定输出之间的差值。

3. 浊度仪检测法

4. 效率测试法

（二）运用 $I_1$、$V_1$、$I_2$、$V_2$ 的参数综合判断电除尘的故障

1. 参数综合

（1）导通角——变压器抽头。

（2）是否达到火花点。

（3）电场投入率。

2. 应用表计法分析判断故障现象和原因

3. 常见变压器故障

（三）工况、本体、电控对效率的影响

1. 工况

（1）烟气量上升、超设计值。

（2）入口浓度上升。

（3）烟气温度。

（4）粉尘比电阻上升。

（5）粉尘粒度下降。

（6）其他，如含硫下降。

2. 本体

（1）气流均布。

（2）气流短路。

（3）本体漏风。

（4）极间距下降（变形、异物、断线、积灰）。

（5）异常爬电。

（6）振打力不足。

（7）振打周期不当。

(8) 电场堵灰短路。

3. 电源

(1) 闪络电压低。

(2) 火花率不适。

(3) 抽头不当、导通角小。

(4) 控制特性好。

(5) 高压投不上。

# 第三节　电除尘设备的检修

根据 DL/T 838，电除尘器的 A 级检修项目如下：

1. 标准项目

(1) 消除内部积尘，消除漏风。

(2) 静电除尘器。①检查、修理阳极板、阴极线、框架等；②检查、修理阴、阳极振打装置、极间距等；③检查、修理传动装置、加热装置、锁气器等；④检查均流板、阻流板等磨损情况或进行少量更换；⑤检查输灰灰斗及拌热、搅拌装置；⑥检查壳体密封性，消除漏风；⑦检查高压发生器、配电装置、控制系统、电缆及绝缘子。

2. 特殊项目

(1) 修补烟道及除尘器本体。

(2) 重新调整静电除尘器极间距。

(3) 更换阴极线超过 20%。

(4) 更换阳极板超过 10%。

## 一、电场内部清灰

1. 清灰前注意事项

(1) 检修工艺。①场整体自然冷却一定时间后，方可打开打开电场各人孔门加速冷却。②当内部温度降低到 50℃ 以下时，方可进入电场内部进行工作。

(2) 质量标准。①自然冷却时间一般不少于 8h。②应严防突然进入冷空气，造成温度聚变，使外壳、极线，极板等金属构建产生变形。

2. 电场内部清灰

(1) 检修工艺。①电场内部清灰时，要自上而下由入口至出口顺序进行。并避免清灰工具掉入除尘器内部及灰斗中。若为水清洗清灰时，对冲洗水应加药，防止腐蚀，并禁止开启吸风机，避免风将水带入尾部烟道。电除尘器底部若有干除灰系统时，要有必要的措施防止冲洗水进入除灰系统的管道。②清理灰斗的积灰。积灰不宜从灰斗人孔门放灰，避免污染环境。

(2) 质量标准。①水冲洗后需立即通风或热风烘干，否则不允许进行水冲洗。②灰斗内无积灰。

3. 清灰后的检查

(1) 检修工艺。①检查电场内部结构部件表面的清除效果。②检查设备部件、框架、壳体内壁的变形和腐蚀。③检查放电极板是否变形、脱落及松动。④检查集尘极是否变形、偏移、腐蚀及极间距变化。⑤检查振打部件是否开焊、松动、偏移。检查轴承磨损、定位装置松动等。

(2) 质量标准。①内部结构表面无积灰、结垢。②金属体全部裸露做好检查记录及登记工作，分析缺陷原因。为检修提供可靠资料。

## 二、阳极板检修

### 1. 检查单个集尘极板

(1) 检修工艺。检查集尘极板的腐蚀磨损、弯曲变形，修补腐蚀严重及穿洞的阳极板。

(2) 质量标准。平面度偏差不大于 5mm，扭曲小于 4mm，极板面应无毛刺、尖角。

### 2. 检查集尘极板排

(1) 检修工艺。①检查极板上横梁固定销轴、凸凹套的定位焊接；检查约束卡。②检查集尘极板排连接约束卡的固定螺栓及焊接。③检查集尘极板排下夹板、撞击杆、承击砧头，以及固定用的瓦头套或高强螺栓。检查振打中心，必要时进行校正。④检查集尘极板排与灰斗处的热膨胀裕度。⑤参照振打装置中心位置，检查极板板排下沉和烟气方向的位移。检查极板板排的悬挂装置。⑥检查整个板排组合。

(2) 质量标准。①无开焊、磨损、变形。②螺栓无松动，焊接无脱焊。③下夹板、撞击杆无变形、脱焊，承击砧头无磨损，高强螺栓无松动。撞击杆在导轨内的活动间隙为 4mm。调校时应在阳极板排及传动装置检修后进行。④无变形、挤住或卡涩。⑤极板板排无下沉、位移，悬挂装置无变形。⑥板排无明显凸凹现象。平面弯曲小于 10mm，两对角线长度差小于 5mm。

### 3. 测量集尘极板排同极距

(1) 检修工艺。同极距测量在每个板排的出入口位置，沿极板高度分上、中、下三点（极板高度大于 12m，分点可适当增多）进行，每次检修时的测量应在统一位置，做好测量记录。

(2) 质量标准。①同极距符合设计要求（410mm±5mm）。②每次大修应在同一位置测量，超标时应进行调整。

### 4. 调校极板同极距

(1) 检修工艺。同极距超出规定范围时，对变形的极板进行调校，对弯曲变形极板用调校方法不能消除时应揭顶检修，进行整排羁绊检修。

(2) 质量标准。①同极距允许偏差在±10mm 以内。②当电除尘器极板大面积变形，影响除尘器效率时，才揭顶处理。

## 三、集尘极板振打系统检修

### 1. 集尘极板振打传动装置检修

(1) 检修工艺。①重点检查和检修积灰严重的极板与其相应的振打装置。②检查每个振打系统的径向偏差，超过规定的根据具体情况相应调整轴承座、振打电动机、减速机位置。③检查振打轴承座，对摩擦易损部件给予更换，对同一转动轴的各轴承座应校水平和中心，超标应进行调整。④盘动或开启振打装置检查各轴，轴跳动、卡涩的要调整或更换。⑤检查各个转动轴的中心线。⑥检查振打万向节、法兰、连接螺栓、弹簧垫圈，更换损坏部件。⑦检查振打锤 U 形螺杆，磨损严重时应更换。⑧检查旋转锤的旋转臂连接处。⑨检查振打锤头，更换不能修复的振打锤。⑩盘车观察转动情况。⑪检查和更换振打保险片或销。⑫检查和更换振打穿墙部位，更换漏风严重的密封件。

(2) 质量标准。①正常情况下，极板上应只吸附均匀的一层薄灰。②振打系统径向偏差符合设计要求。③轴承座无变形、脱焊、位移。对摩擦易损部件使用寿命应保证一个检修周期。④振打轴无弯曲、偏斜，轴承径向磨损厚度超过原轴承半径 1/3 时应更换。⑤中心线高度与振打锤和打击点的中心线平行。振打轴水平偏差不大于 1.5mm，其同轴度偏差在两相邻轴承座之间为 1mm、全长为 3mm。⑥无脱落、松动、断裂，联轴节之间的膨胀间隙符合设计要求。⑦振打锤 U 形螺杆无松动、滑扣或变形。⑧旋转锤磨损处需给予修复或焊补。⑨振打锤无磨损、脱落或变形。⑩旋转臂转动灵活，过临界点能自由下落。锤头与承击砧的接触位置偏差在水平方向为 ±2mm，前后为 0～10mm，在竖直方向，锤头低于承击砧线接触长度大于锤头厚度的 2/3，锤头转动灵活，无卡涩、碰撞。⑪振打保险片或销符合设计要求。⑫振打穿墙部位无漏风。

2. 顶部提升振打传动设备检修

(1) 检修工艺。采用顶部振打如电磁振打或机械提升等，提升应自由灵活，振打锤应打在锤座中心。

(2) 质量标准。①允许偏差 3mm。②检修质量要求按有关制造厂规定要求执行。

3. 星形摆线针轮减速器检修

(1) 检修工艺。①减速器放油。②拆卸电动机及联轴器。③在减速箱体端盖结合面做标记。④拆卸联轴器接头铜套连杆、本体结合面时均应做好标记，注意原始结合面纸垫厚度，回装时按原始垫厚和标记位置进行。⑤沿轴取摆线轮 A（轮上有标志）时，要注意摆轮端面标志 A 相对于另一摆线轮（标志 B）的位置。回装按原始标志的相对位置进行。⑥拆卸和回装间隔环时，注意防碰碎。检修偏心套上滚柱轴承时，应将轴承连同偏心套一起沿轴向拆卸和回装。⑦清洗滚针、齿套、齿壳等部件时，检查间隙及磨损情况。⑧检查各滚针。⑨检查耐油橡胶密封环及其弹簧的松紧程度，回装的密封环应注满油脂。⑩箱体内注入规定的润滑油至要求的油位。⑪按常规检修轴承，轴承一般采用热装。⑫回装输出轴销轴插入摆线轮相应孔中时注意间隔位置，用销轴套定位防止压碎间隔环。⑬回装完毕后，盘车检查。

(2) 质量标准。①减速器放油，按有关制造厂家要求执行。②各滚针长度一致。③回装后，第一次加油运转两周后应更换新油，并将内部油污冲洗净，以后每 3～6 个月更换一次。④盘车检查应转动灵活，无摩擦。

4. 双级涡轮蜗杆减速器检修

(1) 检修工艺。①减速器放油。②拆卸电动机及联轴器。③减速箱体端盖结合面作标记。④取出链轮轴及二级涡轮及两轴套。⑤拆卸一级蜗杆两端盖，取出级蜗杆。⑥在拆卸二级蜗杆和装有一级蜗杆的端盖上做标记，取出二级蜗杆和一级涡轮。对各个部件进行清洗、检修。⑦检查链条的磨损、节距，链条和链轮的结合面，链轮有断齿、损伤、磨损时应更换。⑧检查链轮轴、轴套磨损、间隙。⑨检查二级蜗杆涡轮啮合间隙及磨损情况。⑩检查或更换推力轴承，各个部件回装。⑪将二级蜗杆、一级涡轮和轴承回装就位，把涂好密封胶的端盖按标记回装，紧端盖螺栓，二级蜗杆应传动灵活。测量啮合面，符合质量标准。⑫转动二级蜗杆，将装好轴承的一级蜗杆就位，且将上两端盖加青壳纸垫。测量啮合间隙及啮合面，符合质量标准。⑬将装有二级涡轮的涡轮轴上轴套试装，测量啮合间隙和啮合面后，取出把轴套下部涂密封胶后回装。⑭箱盖结合面涂密封胶，按标记扣盖、紧螺栓。⑮回装减速机，电动机就位，回装联轴器，电动机就位找中心，上链轮罩。盘车，加油。

(2) 质量标准。①减速器放油，按有关制造厂家要求执行。②回装后，盘车时无卡涩、跳动、周期性噪声等情况。油标清晰，油位正常。

5. 振打装置试运转

(1) 检修工艺。①在将保险片或销装复前，先试验电动机转向。②开启电动机检查减速器是否存在异常声响与振动，温升是否正常。③振打系统均复位，盘车检查振打轴转动及振打落点情况。④安装保险片或销后，整套振打装置试运行 1h。

(2) 质量标准。①减速器轴承温度小于 80℃。②旋转灵活，方向正确，锤落点准确。③无过载，轴无卡涩。④减速器声音、温升正常，无渗、漏油。

**四、阴极悬挂装置、大小框架检修**

1. 绝缘子室及绝缘套防尘套筒检修

(1) 检修工艺。①检查承重绝缘子小横梁水平及变形。需要更换承重绝缘子及绝缘套管时检修人员做好放电极大框架的固定措施。②检查防尘罩的同心度，腐蚀严重的应更换，更换保护筒时要做大框架与内壁的固定措施，记录吊杆螺栓外露长度及有关位置尺寸后再将吊杆大螺栓松下，拆下吊杆，穿入防尘罩，吊杆就位时根据吊杆中心，校正保护筒的中心及同心度，并固定防尘罩。拆除大框架的临时固定设施，校核大框架的高度，横向位置及绝缘子水平小梁的水平度。③检查绝缘子室。④检查人孔门。

(2) 质量标准。①更换新承重绝缘子和套管时应符合电气技术要求。绝缘套管底部必须加装石棉垫片塞紧。②绝缘套管中心线、防尘罩与吊杆中心线偏差不大于10mm。③保温良好，内壁应严密平整，无凸凹鼓起，室内清洁。④人孔门开关灵活、严密。

2. 阴极大框架检修

(1) 检修工艺。①检测放电极大框架的水平和垂直度与壳体内部的相对尺寸。②检查大框架结构。③检查大框架的爬梯。

(2) 质量标准。①框架的平整度偏差不大于10mm，对角线偏差不大于5mm，放电极大框架应垂直于水平面，其垂直度偏差允许值为框架高度的1/1000，且不大于10mm。标高偏差±2mm。②无弯曲、脱焊、开裂。③无松动、脱焊。

3. 阴极小框架检修

(1) 检修工艺。①检查上下小框架间连接处以及小框架上的固定。②检查小框架的平面度超过规定应校正。③在调校放电极小框架时，要结合异极距测量进行，最终保证异极距在规定范围内，并以集尘极为标准调整放电极小框架。

(2) 质量标准。①框架无弯曲、变形、脱焊，圆管无磨损。②放电极小框架平面偏差不大于10mm，两对角线长度不大于5mm，小框架极放电极上螺栓、螺母作止转焊接，焊接处无毛刺。③调整后异极距在205mm±5mm要求范围内。

**五、阴极极线检修**

1. 管状芒刺线检修

(1) 检修工艺。①检查极线与小框架的连接处有无开焊或螺栓松动、脱落，处理并作止退焊。②检查极线放电尖端、电蚀以及掉刺。同一框架内大量断线及放电极芒刺严重钝化或脱落时，应更换极线。安装放电极时，防止小框架变形。

(2) 质量标准。①极线无腐蚀、电蚀、裂纹。②极线忙刺、针、齿等尖端放电部位无钝化、脱落。极线安装在框架的螺栓、连板等连接部位无松动、脱焊。极线张紧力和平面度符合设计要求。

2. 鱼骨针线检修

(1) 检修工艺。①检查极线，更换断线。②检查极线与小框架连接螺栓的开焊、脱落处，进行处理。③检查极线的紧力极平直度。④检查极线齿尖无腐蚀、电蚀、鱼骨针无脱落。

(2) 质量标准：①鱼骨针电晕线管状直线度为其长度的0.15%。②鱼骨针的长度偏差小于或等于1mm。③针尖的曲率半径小于或等于0.2mm。

3. 星形线检修

(1) 检修工艺。①检查极线，更换断线。更换新线时，穿入孔中拉紧，把两个楔销紧固。②检查极线紧力。

(2) 质量标准。①各种型号极线符合要求。②极线安装在框架的螺栓、楔等连接部位无松动、脱焊。③极线紧力和平面度符合设计求。

4. 锯齿线检修

(1) 检修工艺。①检查极线，更换断线。②检查极线与小框架连接螺栓的开焊、脱落处，进行处理。③检查极线的紧力极平直度。④检查极线齿尖无腐蚀、电蚀。

(2) 质量标准。①各种型号极线符合要求。②极线齿尖端放部位无钝化、脱落。③极线紧力和平面度符合设计求。④极线无腐蚀、电蚀、裂纹。

5. 螺旋线检修

(1) 检修工艺。①检查螺旋线的弹性及是否断线、脱落。②检查螺旋线挂钩有无腐蚀。③安装更换螺旋线时，要保持螺旋线的弹性。

(2) 质量标准。①各种型号极线符合要求。②极线安装在框架的螺栓、连板等连接部位无松动、脱焊。③极线无腐蚀、电蚀、裂纹。

6. 微型放电极检修

(1) 检修工艺。检查微型放电极板的腐蚀、磨损、弯曲变形，修补腐蚀严重。

(2) 质量标准。平面度偏差不大于 5mm，扭曲小于 4mm，极面应无毛刺、尖角。

7. 测定异极距

(1) 检修工艺。测定异极距应在大小框架检修完毕，集尘极板排的同极距调整至正常范围后进行。

(2) 质量标准。①极距偏差不超过 ±10mm。②测定方法、测定布置按有关规定执行。

### 六、阴极振打传动装置检修

1. 振打传动装置检修

(1) 检修工艺。①检查传动轴上的轴承支架。②检查瓷釉。③检查瓷釉轴联轴器套筒上缘与传动轴的同心度。④检查传动轴与防尘套的中心线。⑤检查传动轴与壳体接触处。

(2) 质量标准。①传动轴上的轴承支架焊接牢固。②检查瓷釉电气设计要求，瓷釉能上下移动 10mm。③瓷釉轴联轴器套筒上缘与传动轴的同心度符合设计要求。④传动轴与防尘套的中心线偏差在 ±5mm 以内。⑤传动轴与壳体接触处密封严密。

2. 瓷釉保温箱检修

(1) 检修工艺。①放电极振打保温箱清灰。②检查传动轴与瓷釉的位置。③检查聚四氟乙烯板，擦拭干净，更换有泄漏、老化及放电痕迹的聚氯乙烯。④用干燥清洁的软部对瓷转轴擦拭干净，更换机械损伤、裂纹及放电痕迹的瓷釉。

(2) 质量标准。①内壁无腐蚀，清洁干净，保温箱严密不漏风。②热膨胀裕度 10mm。③穿墙部分清洁、无漏风。④瓷釉更换前应进行耐压试验，需达到有关电气要求。

### 七、除尘器壳体、进出口烟箱、顶部、人孔门检修

1. 除尘器壳体检修

(1) 检修工艺。①壳体内壁，釉磨损腐蚀的应作挖补处理。②检查壳体的内支撑管、拉筋，磨损严重的应更换。③检查壳体内壁板、阻流板有变形的应校平直。

(2) 质量标准。①内壁无磨损、腐蚀。壳体无漏风，保温材料完好，要求除尘器出入口烟温小于 10℃。保温层外护板平整，拼缝严密，表面温度与环境温度之差低于 25℃。②无磨损、腐蚀。③平直无变形。

2. 入口烟箱检修

(1) 检修工艺。①检查入口烟箱墙的导流板，挖补或更换磨损严重的导流板。②检查焊缝，开焊部位进行焊补。③检查导流板。④检查入口烟箱内壁，有磨损或腐蚀的应处理。⑤检查内壁支撑及拉筋，有磨损或腐蚀的应修补更换。磨损严重的做防磨处理。⑥检查烟道与入口烟箱的法兰结合面。⑦烟箱内有凹塌处应修复并加固。⑧检查防爆装置，防爆片有腐蚀、变形的应更换。⑨检查气流分布板连接固定卡子夹板，有松动脱落及螺栓磨损的应处理，螺栓做止转焊接。⑩检

查固定用角钢，检查上部吊挂气流分布板的槽钢及螺栓的腐蚀，腐蚀严重的应更换。⑪检查分布板的变形和开孔的磨损情况，板变形和开孔的磨损情况，板变形和开孔磨损严重的应调整和焊补。⑫检查分布板底部与入口封头内壁的间距。⑬对于更换分布板面积超过1/3的应做气流分布试验。⑭分布板振打装置检修参照集尘极振打系统检修。

(2) 质量标准。①入口烟箱墙的导流板无磨损。②焊接牢固。③导流板导流方向、角度及与气流分布板的距离；符合设计要求。④入口烟箱内壁无磨损或腐蚀。⑤内壁支撑及拉筋无磨损或腐蚀。⑥烟道与入口烟箱的法兰结合面密封良好，无漏风。⑦烟箱内壁光滑平直。⑧防爆片符合设计要求。⑨角钢无摆动。⑩分布板平直，开孔无磨损。⑪分布板底部与入口封头内壁间距符合设计要求。⑫气流分布均匀性评判标志采用相对均方根法，要求$\delta \pm 0.25$或按设计要求规定执行。

3. 除尘器顶部检修

(1) 检修工艺。①检查电除尘器顶盖，有凹塌、腐蚀及漏风的应处理。②检修雨水集水槽及下水管。③检修顶部整流变压器卸油槽。④检修顶部防雨罩。

(2) 质量标准。①顶盖平整，无漏风。②雨水集水槽及下水管无腐蚀或泄漏，管道通畅。③顶部整流变压器卸油槽无腐蚀或泄漏，管道通畅。④顶部防雨罩无滴漏。

4. 出口烟箱检修

(1) 检修工艺。①检修出口烟箱，参照入口烟箱的检修。②检查槽型板的磨损、变形，严重的应更换。③检查槽型板顶部的吊挂结构及固定带。④检查槽型板排间的间距及平面度，超标应调校，槽型板两端雨侧墙的距离符合设计要求。⑤检修槽型板振打装置，参照集尘极振打装置检修。

(2) 质量标准。①槽型板无磨损或变形。②槽型板顶部的吊挂结构及固定带结构牢固可靠。③槽型板同排间距不小于100mm，允许偏差±10mm；异排间距60mm，允许偏差10mm，垂直度偏差不大于0.5%；平行度偏差小于或等于10mm。

5. 人孔门检修

(1) 检修工艺。①检修人孔门开关部件及密封，密封材料失效或损坏应更换。②检查人孔门内壁腐蚀及进行处理。③人孔门处高压供电装置有闭锁式，应配合电气人员进行检修。

(2) 质量标准。①开关灵活、严密不漏风。②内壁无腐蚀。③人孔门上有"高压危险"的安全标志。

**八、外保温、护板、楼梯、平台、及护栏的检修**

1. 外保温及护板的检修

(1) 检修工艺。①检查有无脱落及破损情况，必要时做相应处理。②检查外护板的腐蚀及紧固情况，有松脱及磨蚀时，应采取加强措施。③新板与老板搭接时要考虑水流方向，搭缝应横平竖直。

(2) 质量标准。检修后的外保温及护板应做到平整、牢固、美观，不漏雨，能抵抗大风侵袭。

2. 楼梯、平台、及护栏的检修

(1) 检修工艺。①检查除尘器内外所有平台、通道、楼梯、护栏等，对有损坏和不符合安全规定的应进行修复加固。②平台、通道、楼梯、护栏、减速器壳体等露天钢结构刷漆。

(2) 质量标准。①要求楼梯、平台、及护栏无裂纹、锈蚀，平台步道平直，无明显的凸凹不平。②平台、通道、楼梯、护栏、减速器壳体等露天钢结构外观无锈蚀。

**九、灰斗及卸灰装置检修**

1. 灰斗检修

(1) 检修工艺。①检查灰斗内壁的腐蚀、焊接情况，有开裂及漏灰的进行焊补堵漏。②检灰斗四角弧形板是否完好。③检查和处理灰斗法兰结合面的漏风及支撑变形、磨损情况。④检查灰斗外部蒸汽加热装置环形管的腐蚀、泄漏情况，检查阀门及外部保温。⑤检查灰斗气化装置。⑥检查灰斗阻流板、活动部分耳板及吊环，有磨损、变形或脱落的部件进行焊补及更换。⑦检查灰斗的手动搅拌器。

(2) 质量标准。①灰斗内壁光滑清洁。②灰斗弧形板光滑完好。③灰斗法兰结合面无漏风、变形、磨损。④蒸汽加热装置管道无泄漏，阀门灵活，外部保温完好。⑤气化板完整，表面气孔无堵塞。气化管路通常、阀门灵活。⑥灰斗阻流板、活动部分耳板及吊环无磨损、变形或脱落。⑦灰斗的手动搅拌器装置灵活，无泄漏。

2. 卸灰装置检修

(1) 检修工艺。①检修减速机参照集尘极振打减速器。②卸灰阀解体。抽转子，检查叶轮与外壳间隙及磨损情况，磨损严重有明显漏灰的应更换。检查叶轮密封材料的磨损。③检查支撑轴承、轴套。④各个部件清洗、检修。⑤轴套、轴承涂润滑油脂后安装。⑥检查法兰之间的密封，安装时加密封垫。⑦减速器就位以卸灰机转子为基准找中心。⑧检修卸灰插板及导向挡板。

(2) 质量标准。①减速机检修符合规定要求。②卸灰阀间隙符合设计要求。密封材料无磨损。③轴承无磨损和麻点，转动灵活，轴套无裂纹或损伤，间隙为 0.02～0.03mm。④法兰之间的密封严密不漏。⑤转子与减速器输出的同心度小于 0.2mm，靠背轮间隙为 3～5mm。⑥卸灰插板及导向挡板启闭灵活，严密。

3. 落灰管检修

(1) 检修工艺。检修落灰管的结合面、法兰、膨胀节等的腐蚀、积灰结构及泄漏情况，对变形腐蚀严重和馆内结构无法清除的给予更换。

(2) 质量标准。落灰管落灰通常，无漏灰点。

4. 卸灰阀试运转

(1) 检修工艺。启动卸灰机运转 1h，进行观察。

(2) 质量标准。卸灰机声音正常，旋转方向正确轴承无异常发热。

# 第四节　电除尘设备的故障分析

电除尘器的各类故障及常见工况，通常都是在运行或通电试验情况下反映出来的。电除尘器是机、电高度一体化的设备，机、电互相影响，同一种现象，有可能是机械部分，也有可能是电气部分故障引起；所以在分析问题时，应从机、电一体综合分析。

电除尘器的故障可分为本体故障、电源故障、综合故障，其故障现象一般可从电控设备中体现，但这三者之间并不是相互独立，而是相辅相成，因此，故障的判断应从多个方面分析。

## 一、故障处理的一般原则

(1) 值班人员在运行中发现异常情况时，应及时分析原因，进行必要的操作调整和检查处理，如不能消除，应及时汇报班长，通知检修。

(2) 遇有威胁人身安全或设备安全而一时无法消除的设备故障时，应立即停止故障设备运行，事后汇报班长，如有必要停止电场运行时，应先将直流高压降为零。

(3) 排灰系统发生故障，如灰斗堵灰超过 3h 以上时，必须将电场停用。

(4) 若设备自动跳闸，立即将主令开关置于停位，待消除报警，复位后重新启动，如再跳闸，就必须检查，排除故障后方可重新启动。

## 二、停止电场运行

遇到下列情况之一时必须停止电场运行，待故障排除后重新启动。

(1) 运行中一次电流上冲超过额定值。

(2) 高压绝缘部分闪络严重。

(3) 整流变压器超温报警、喷油、漏油、声音异常。

(4) 供电装置发生严重偏励磁。

(5) 电流极限失控。

(6) 供电装置经两次试投均发生跳闸。

(7) 排灰故障，灰斗堵灰。

(8) 晶闸管散热片温度超过 60℃。

(9) 主机工况变化异常及其他足以危害设备、人身安全的情况。

## 三、故障分析与处理

### (一) 电除尘效率低

1. 现象

(1) 烟囱冒浓烟。

(2) 全部整流器一、二次电压偏低，电流较小。

(3) 个别整流器一次电压偏低，电流较小。

(4) 高压直流系统放电频繁。

2. 原因

(1) 除尘器本体及人孔漏风严重。

(2) 锅炉燃烧不好。

(3) 振打程序失灵或振打装置故障。

(4) 振打周期不适。

3. 处理

(1) 通知值班员调整改善燃烧。

(2) 检查除灰系统是否良好、畅通。

(3) 检查振打控制程序，排除振打装置故障，调整振打周期。

(4) 消除漏风。

### (二) 完全短路

1. 现象

(1) 投运时电流上升很大，而电压指示为零。

(2) 运行时二次电流剧增，二次电压指示为零。

(3) 高压柜控制箱电场故障指示灯亮，并发出事故音响。

2. 原因

(1) 高压隔离开关处于接地状态。

(2) 电晕线脱落与阳极或外壳接地。

(3) 绝缘子被击穿。

(4) 硅堆击穿短路或变压器二次侧绕组短路。

(5) 极板或其他部件有成片铁锈脱落，在阴阳极间搭桥短路。

(6) 高压电缆或电缆终端盒对地短路。

(7) 灰斗膨灰，造成灰斗长期满载与阴极下部接触，造成短路。

3. 处理

(1) 联系电气停止供电柜运行，拉开电源刀闸。

(2) 检查高压隔离开关操作位置是否正确，应打至工作位置。

(3) 检查下灰是否正常，有故障及时处理。

(4) 以上故障排除，可再次作升压试验，若仍不能排除故障，则立即停止。

（三）不完全短路

1. 现象

(1) 电压表、电流表剧烈摆动，时而跳闸。

(2) 二次电流不正常或偏高，二次电压瞬时大幅度降低或闭锁到零位后回升。

2. 原因

(1) 电晕线脱落或未完全脱落，在气流中摆动。

(2) 电晕线和阳极板局部黏尘料过多，使两极间距离缩小，引起闪络。

(3) 流过除尘器烟气比电阻过低。

(4) 电场内铁皮片铁锈脱落与电极接触。

(5) 瓷瓶内部结露造成高压对地放电或阴极瓷轴和聚四氟乙烯隔离板绝缘不良。

(6) 电缆对地绝缘不良，或振打装置失灵。

3. 处理

(1) 停止该电场运行。

(2) 检查该电场振打装置工作是否正常，及时处理故障。

(3) 检查该电场排灰情况，有故障及时处理。

(4) 以上故障排除后可作升压试验，若无效则停止该电场供电，及时汇报值长。

（四）振打装置停止

1. 现象

(1) 整流变一、二次电压降低，一、二次电流减小。

(2) 振打电动机跳闸，运行指示灯灭。

(3) 振打电动机转动正常，振打锤停止转动。

2. 原因

(1) 振打电动机保险熔断或热电偶断电器动作。

(2) 振打电动机烧坏。

(3) 振打机械保险片拉断。

(4) 瓷轴损坏或拉杆、销子断。

3. 处理

振打装置停止，立即停止该电场运行，联系检修处理。

（五）灰斗堵、下灰困难或除灰系统堵塞

1. 现象

(1) 排灰系统下灰困难，灰库灰位不上涨。

(2) 整流变压器掉闸。

(3) 除灰系统气压异常。

2. 原因

(1) 排灰系统有大灰块硬物卡住，堵塞或堵孔。

(2) 压缩空气压力低。

(3) 除灰系统设备故障。

3. 处理

(1) 对堵卡部位进行敲打疏通。

(2) 若故障长时间不能解决，停止电场运行。

(3) 除灰设备故障检修处理时应停止电场运行。

（六）除尘器或其他电器设备着火。

1. 现象

(1) 电气设备自动跳闸。

(2) 电缆头放炮着火，整流变喷油着火。

(3) 过热处发出焦味。

2. 原因

(1) 电气连接处松动，接触电阻大，造成接头长期过热，将绝缘烤焦和导体烧红。

(2) 过热严重或绝缘击穿，造成短路。

3. 处理

(1) 发现有焦味时，应立即查找故障点。

(2) 断开整流变电源开关，拉开刀闸。

(3) 灭火时必须使用干粉灭火器或砂子，严禁用水和泡沫灭火器灭火，其他电气设备着火时，应立即将有关电源切断，按规定进行灭火。

（七）二次工作电流大，二次电压升不高，甚至接近于零。高压开关合上后，重复性跳闸

1. 原因

(1) 放电极高压部分可能被导电性异物接触。

(2) 折断的阴极线与阳极板搭通造成短路。

(3) 高压回路已短路。

(4) 某处绝缘子严重积灰而击穿。

(5) 高压隔离开关处于接地位置。

2. 处理

(1) 清除异物。

(2) 更换已断阴极线。

(3) 检修高压回路。

(4) 清除积灰结露，更换已击穿绝缘子。

（八）电压升不高，电流很小，或电压升高就产生严重闪络而跳闸（二次电流很大）

1. 原因

(1) 由于绝缘子加热元件失灵和保温不良而使绝缘子表面结露，绝缘性能下降，引起爬电。或电场内烟气温度低于实际露点温度，导致绝缘子结露引起爬电。

(2) 阴阳极上严重积灰，使两极之间的实际距离变近。

(3) 极距安装偏差大。

(4) 壳体焊接不良，人孔门密封差，导致冷空气冲击阴阳极元件，致使结露变形，异极距变小。

(5) 不均匀气流冲击加上振打的冲击引起极线晃动，产生低电压不严重闪络。

(6) 灰斗灰满，接近或碰到阴极部分，造成两极间绝缘性能下降。

(7) 高压整流装置输出电压较低。

(8) 在回路中其他部分电压降低较大（如接地不良）。

2. 处理

(1) 更换修复加热元件或保温设施，擦干净绝缘子表面。烟温低于实际露点温度，设备不能投入运行。

(2) 检修振打系统。

(3) 检查调整异极距。

(4) 补焊外壳漏洞，紧闭人孔门。

(5) 调整气流分布均匀性。

(6) 疏通排、输灰系统，清理积灰，检查灰斗加热元件不使灰斗堵灰。

(7) 检修高压整流装置。

(8) 检修系统回路。

（九）二次电流不规则变动

1. 原因

电极积灰，某个部位极距变小产生火花放电。

2. 处理

清除积灰。

（十）二次电流周期性变动

1. 原因

电晕线折断后，残余部分晃动。

2. 处理

换去断线。

（十一）有二次电压而无二次电流或电流值反常地小

1. 原因

(1) 电晕板严重肥大或粉尘浓度过大出现电晕封闭。

(2) 振打装置失灵或未开，阴阳极积灰严重。

(3) 接地电阻过高，高压回路不良。

(4) 高压回路电流表测量回路断路。

(5) 高压输出与电场接触不良。

(6) 毫安表指针卡住。

2. 处理

(1) 改进工艺流程，降低烟气的粉尘含量或适当提高二次电压。

(2) 检修振打周期、加强振打，清除积灰。

(3) 使接地电阻达到规定要求。

(4) 修复断路。

(5) 检修接触部位，使其接触良好。

(6) 修复毫安表。

（十二）电场或高压供电回路短路

1. 现象

(1) 一次电压正常,二次电压回零,一、二次电流增大。

(2) 低压延时保护动作跳闸。

(3) 一次电流达到整定电流极限,如果电流极限失控,则过电流保护将动作跳闸。

2. 原因

(1) 阴极线断裂或内部零件脱落导致短路。

(2) 阴极绝缘子因积灰而产生沿面放电,甚至击穿。

(3) 高压电缆击穿或终端接头绝缘损坏击穿,造成对地短路。

(4) 阴极振打装置瓷轴损坏或瓷轴箱内严重积灰造成对地短路。

(5) 高压绝缘子损坏或套管内壁结露积灰造成对地短路。

(6) 电场顶部阻尼电阻脱落而接地。

(7) 异极间有金属物造成短路。

(8) 烟温过低,造成绝缘子损坏结露积灰,导致对地短路。

(9) 仓泵故障,灰斗满灰造成极间短路。

3. 处理

(1) 停止电场运行。

(2) 拉开高压侧隔离开关,测量电场绝缘。

(3) 若因电场电极或高压供电回路短路,应由检修处理。

(十三)火花过多

1. 现象

(1) 瞬间有明显的电压降低、电流升高现象。

(2) 有明亮的闪光和喷溅的火星及劈劈啪啪的响声。

(3) 严重时转变成闪络和拉弧将对烧坏电极并对整流变压器造成冲击。

2. 原因

(1) 阴极线肥大。

(2) 除尘效率低,使极板之间积灰过多。

(3) 本体及人孔进入冷风、湿灰进入电场产生反电晕。

(4) 绝缘子或隔离板脏使绝缘不良。

3. 处理

(1) 提高振打频率,消除极板积灰。

(2) 堵塞漏风。

(3) 调整火花率,降低一、二次电流、电压在规定值。

(4) 保持燃烧工况稳定,提高除尘效率。

(5) 严重时应停止电场运行。

(十四)除尘效率不高

1. 原因

(1) 异极间距超差过大。

(2) 气流分布不均匀,分布板堵灰。

(3) 二次飞扬严重,极板刺掉。

(4) 漏风率大,工况改变,使烟气流速增加,温度下降,从而使粉尘荷电性能变弱。

(5) 尘粒比电阻过高,甚至产生反电晕使趋尘性下降,且沉积在电极上的灰尘中和很慢,黏附力很大使振打难以脱落。

(6) 高压电源不稳定，质量差。电压自调系统灵敏度下降或失灵，使实际操作电压低。

(7) 自动电压调节系统故障，不能合理调整输出。

(8) 高压绝缘子室受潮。

(9) 进入电除尘器的烟气条件不符合本设备原始设计条件，工况改变。

(10) 设备有机械方面的故障，如振打功能不好等。

(11) 灰斗阻流板脱落，气流旁路。

2. 处理

(1) 调整异极距。

(2) 清除堵灰或更换分布板。

(3) 合理设定振打周期。

(4) 补焊堵塞漏风处。

(5) 烟气调质，调整工作点。

(6) 检修或更换。

(7) 对电压调整系统进行检修。

(8) 合理调整绝缘子室加热，检查漏点，避免受潮。

(9) 根据修正曲线按实际工况考核效率。

(10) 检修振打，使其转动灵活或更换加大锤重。

(11) 检查阻流板并作处理。

(十五) 排灰装置卡死或保险跳闸

1. 原因

(1) 有掉锤故障。

(2) 机内有杂物，铁块掉入排灰装置。

2. 处理

停机修理。

(十六) 表计指示正常，但除尘效率低

1. 原因

(1) 除尘器本体漏风严重。

(2) 入口导流板，分布板脱落。

(3) 灰斗阻流板脱落，烟气短路。

(4) 出口槽形板或分流、分布板振动器失灵。积灰、堵灰严重。

2. 处理

停机检修。

(十七) 入口和出口烟温突然升高，入口负压突然减小，甚至为正压，烟囱突然冒黑烟

1. 原因

(1) 锅炉发生尾部二次燃烧。

(2) 电场内发生粉尘二次燃烧。

2. 处理

(1) 立即停止全部电场运行。

(2) 联系锅炉调整燃烧。

(3) 排除锅炉、电除尘器内部粉尘。

(4) 排尽灰斗粉尘。

（十八）振打装置工作不正常

1. 原因

（1）振打中心轴与电动机输出不同心。

（2）机械落物使振打装置卡涩。

（3）振打加速度不够。

（4）振打锤脱落。

（5）振打轴卡死或开焊。

（6）减速机漏油。

（7）振打程序故障。

2. 处理

（1）加强振打大、小修及运行前的检查。

（2）振打偏心严重时应及时停止振打装置运行，停止对应电场运行，通知检修人员处理。

（3）加强巡回检查，发现卡涩现象及时处理。

（4）减速机漏油时，应及时停止振打装置运行，通知检修人员处理，避免漏入电动机使电动机烧毁。

## 第五节　电除尘设备的日常维护

为了使电除尘器长期有效地运行，达到预期的除尘效率，应设专人对电除尘器的运行和维护负责，负责人必须对电除尘器做到四懂三会，四懂即懂结构、懂原理、懂性能、懂作用，三会即会操作、会维护保养、会排除故障。

**一、电除尘器日常维护范围**

检修人员每班应按岗位责任制对所管辖设备系统地进行全面检查，发现缺陷及时消除。电除尘器日常维护范围为：

（1）各振打系统及驱动装置。

（2）电加热或蒸汽加热系统。

（3）灰斗及卸灰系统。

（4）高压硅整流变压器及电除尘器控制室。

（5）各控制、测量、记录仪表等。

**二、电除尘器的定期维护**

（1）定期对控制柜内干燥剂进行复原或更换。检查温度控制、热风吹扫、灰斗加热和灰位报警是否正常。

（2）定期对高压硅整流变压器，高、低压套管，电缆头及瓷轴、瓷支柱擦拭一次，并清扫配电柜、控制柜上的灰尘脏物。

（3）定期对控制柜冷却风机加润滑油一次。

（4）定期检查放电极振打瓷轴有无松动、破损和积灰，有破裂损伤必须更换。

（5）定期检查电加热元件。

（6）每年检查一次接触开关及继电器，进行清扫、调整或更换。

（7）每年对高压硅整流变压器油进行一次化验和做耐压试验，5次瞬时平均击穿电场场强应大于35kV/2.5mm，必要时换油。

（8）每年作一次高压绝缘预防性试验，测量泄漏电流或介电损失角，试验合格后才可继续运行。

（9）定期对高压硅整流变压器做测试检查，测量绝缘电阻。用 2500V 绝缘电阻表测量高压侧对地正向电阻接近于零，反向电阻应小于高压电压取样保护电阻值（一般为 1000MΩ），高压硅整流变压器一次侧对地绝缘电阻值应大于 5MΩ。

（10）每年测试电除尘器壳体、高压硅整流变压器外壳、高压电缆头、各控制柜铁架钢网门等接地部分，其接地电阻应小于 1Ω。

（11）每年检查一次电除尘器本体内部，清扫绝缘子保温室，擦拭绝缘瓷轴和聚四氟乙烯护板，检查电气接头和绝缘子接头，要求接触良好、紧固。

（12）定期对高压隔离开关进行检查调整。

### 三、电除尘器巡回检查

（1）低压配电室设备应无过热、变色、焦味等现象。

（2）高压硅整流变压器应无渗漏，油质油位油温正常，硅胶不变色。

（3）限流电阻、阻尼电阻应完好无损，无过热和放电现象。

（4）高压隔离刀闸，直流高压引线，支持绝缘瓷套，联络母线及除尘器顶部应均无明显放电现象。

（5）高压隔离刀闸接触良好。

（6）高压整流变压器控制柜内温度不超过 30℃，否则应启动晶闸管通风机降温，风机工作正常。

（7）电除尘器本体道，各人孔门、防爆门、除灰系统无严重漏风漏灰处，保温层无脱落。

（8）灰斗及其加热系统与料位计、仓泵料位计等工作正常，无异常现象。

（9）振打装置，除灰装置等各种转动设备运转正常，无异声，振动合格，轴承温度正常，减速机无渗漏油，油位正常，细听电场内振打声音正常。

（10）高压绝缘子室电加热器及温度正常。

（11）运行中严禁打开高压间隔室门或打开顶部高压绝缘子室门盖进行检查。

### 四、电除尘器停运后的保养

（1）将两点式高压隔离开关置于接地位置，放掉电场残余电荷。

（2）断开高、低压控制柜内主开关和控制开关。

（3）除尘器停运 4h 以上，停止阴、阳极板振打。

（4）除尘器停运 8h 后方可打开人孔门通风冷却。

（5）若除尘器停运时间长 72h 以上，应对除尘器内部投电加热进行烘干保养，防止除尘器内部结露生锈。

（6）除尘器停运期间每隔 72h 开动一次阴、阳极板，续运行 0.5h，以防锤头生锈而卡死。

（7）除尘器停止运行后，应对振打系统、电极系统、电控设备、电场内积灰、本体等情况进行检查，发现缺陷及时消除。

### 五、电除尘器的运行维护与检查

（1）电除尘器运行中应监视各高压整流控制柜和集控盘控制台和表计指示灯无异常。

（2）运行中每 1h 对一、二次电压、电流、导通角的数据抄录一次。

（3）运行中每 2h 进行一次运行设备的定期巡视、检查并做好记录。

（4）检查低压配电室设备无过热、无变色、无焦味、无异响、无渗漏油现象。

（5）整流变压器油色、油位正常，变压器表面油温正常，硅胶无变色。

（6）阻尼电阻完整无损，无放电现象。

（7）高压整流变压器、高压隔离刀闸、直流高压引线、联络线和除尘器顶部无放电现象。

（8）高压整流控制柜内温度不超过 30℃，超过时应启动晶闸管的冷却风机，通风降温。

（9）运行中严禁在带电情况下进入高压间隔内或打开顶部高压绝缘子室孔盖进行检查。

（10）高压隔离刀闸接触良好。

（11）电除尘器本体、烟道各人孔门及除灰卸灰系统等处严密不漏风。

（12）灰斗、卸灰装置、灰斗加热装置等应运行正常，无堵灰、漏灰等现象。

（13）卸灰装置及振打装置等转动设备及轴承部分运转正常，无异声，振动、温度正常，减速机油位正常，无渗、漏油现象，机械保险销无断裂。

（14）高压绝缘套管室加热装置及温度计正常。

（15）照明良好。

（16）高压整流装置不允许开路运行，在切换电场操作应注意一、二次电压、电流表计变化，发现异常应立即停止。

（17）高压隔离刀闸不允许带负荷切换，切换时应将高压整流装置停止运行，切换后再投运。

（18）按规定进行高低压供电系统定期清扫工作，高压系统应每月清扫 1～2 次并按要求做好安全措施。

（19）转动设备应按规定定期进行加油工作以保持润滑，油位正常。

（20）保持电除尘器现场清洁。

（21）运行中发现的缺陷及时填写缺陷记录并及时通知检修人员进行消除，重大缺陷应立即汇报。

# 第二十三章 空气压缩机检修

## 第一节 空气压缩机概述

### 一、空气压缩机的作用

空气压缩机是火力发电厂压缩空气系统的核心设备。空气压缩机是通过原动机带动传动机构吸入空气将机械能转变为空气压力能的一种流体机械。火力发电厂中采用的空气压缩机有活塞式空气压缩机、螺杆式空气压缩机等形式。按制备压缩空气的用途可分为控制仪表用压缩空气机和杂用压缩空气机。

一般阀门用气、仪表用气以及驱动用气所要求的压缩空气品质较高,对压缩空气中的水分、油分以及杂质很敏感,所以这部分设备需求的压缩空气必须经过净化处理,经净化处理后的压缩空气称为仪用压缩空气。主要用于某些自动调整及保护的各气动挡板、气动阀门;点火油枪推动气源、空气声波吹灰器气源以及火焰监视器等设备的冷却风。可见,压缩空气在电厂中的应用是非常广泛的。尤其是汽轮机各抽汽管道的止回阀、加热器水位调整门等,如果压缩空气系统发生问题造成这些设备误动或拒动,将造成设备损坏,所以仪用气源系统在电厂中也是非常重要的系统。

电厂中另外需要用一部分压缩空气进行管道吹扫、强制冷却、卫生清扫等,对压缩空气的品质要求不高,经空气压缩装置压缩后就可以直接使用,这部分压缩空气称为杂用压缩空气。主要是用于设备吹扫等对质量品质要求不高的场合。

可见随着电厂用压缩空气做为驱动介质的阀门和设备越来越多,电厂压缩空气系统的地位越来越重要,压缩空气系统的重要性已经不亚于厂用电。

### 二、空气压缩机的分类

空气压缩机从工作方式可分为往复式、回转式及离心式 3 种。这 3 种类型的空气压缩机按结构可划分为裸机和整机类型,按冷却方式可分为风冷和水冷类型,按润滑及密封方式可分为喷油和无油类型。

#### (一)往复式空气压缩机

往复式空气压缩机是变容式压缩机,这种压缩机将封闭在一个密闭空间内的空气逐次压缩(缩小其体积)从而提高其气压。往复式空气压缩机以汽缸内的一个活塞作为压缩位移的原件来完成以上的压缩过程。

当压缩过程仅靠活塞的一侧来完成时,该往复式称为单作用空气压缩机,如果靠活塞的两头来完成时称为双作用。往复式空气压缩机在每一个气缸上有许多弹簧式阀门,只有当阀门两侧的压差达到一定值后阀门才会打开。当气缸内的压力略低于进气压力时,进气阀门打开,当气缸内的压力略高于排气压力时,排气阀门打开。

如果压缩过程由一个汽缸或一组单级的汽缸完成时,该空气压缩机称为单级空气压缩机。许多实际使用工况要超过单级空气压缩机的能力。压缩比大小(排气/进气压力)会引起排气温度过热或其他设计上的问题。

许多功率超过 75kW 的往复式空气压缩机被设计为多级机组,压缩过程由双级或多级组成,级级之间一般有冷却功能以降低进入下一级的气温。

**1. 按气缸容积的作用方式分类**

按气缸容积的作用方式可分为 3 类:

(1) 单作用压缩机。每个活塞仅在一侧形成工作容积的压缩机。

(2) 双作用压缩机。每个活塞两侧均形成相同级次工作容积的压缩机。

(3) 级差式压缩机。不同直径的活塞组合在一起,并构成不同级次的工作容积的压缩机。

**2. 按列数分类**

习惯上按列数(气缸中心线数)的具体值称呼。

(1) 单列压缩机。列数为 1 的压缩机。

(2) 两列压缩机。列数为 2 的压缩机。

(3) 多列压缩机。列数为 3 及以上的压缩机。

**3. 按结构形式分类**

按结构形式分类是根据气缸中心线分布情况即气缸排列方式进行分类的。

(1) 立式压缩机。气缸中心线均与水平面垂直的压缩机。如图 23-1 (a) 所示。

(2) 卧式压缩机。气缸中心线均与水平面平行的压缩机。如图 23-1 (e)、(f)、(g) 所示。

1) 一般卧式压缩机。传动部件均在曲轴中心线同一侧的卧式压缩机。

2) 对置型压缩机。气缸中心线均与水平面平行,曲轴中心线两侧分布有气缸和传动部件,两侧活塞作用向,同速运动或不对称运动的卧式压缩机。

3) 对称平衡型压缩机。气缸中心线均与水平面平行,曲轴中心线两侧分布有气缸和运动部件,且相对两列的曲柄错角180°,活塞作等速率反向运动的卧式压缩机。①M形压缩机,列数大于或等于 4,且原动机位于各列同侧的对称平衡型压缩机,如图 23-1 (e) 所示。②H形压缩机,列数为 4,原动机位于两个机身之间的对称平衡型压缩机,如图 23-1 (f) 所示。

(3) 角度式压缩机。气缸中心线间的夹角不等于 0°或 180°的压缩机。

1) V形压缩机。气缸中心线均倾斜于水平面,并呈 V 形排列。如图 23-1 (c) 所示。

2) L形压缩机。气缸中心线分别与水平面垂直,平行,且呈 L 形排列。如图 23-1 (b) 所示。

3) W形压缩机。气缸中心线分别与水平面倾斜,垂直,且呈 W 形排列。如图 23-1 (d) 所示。

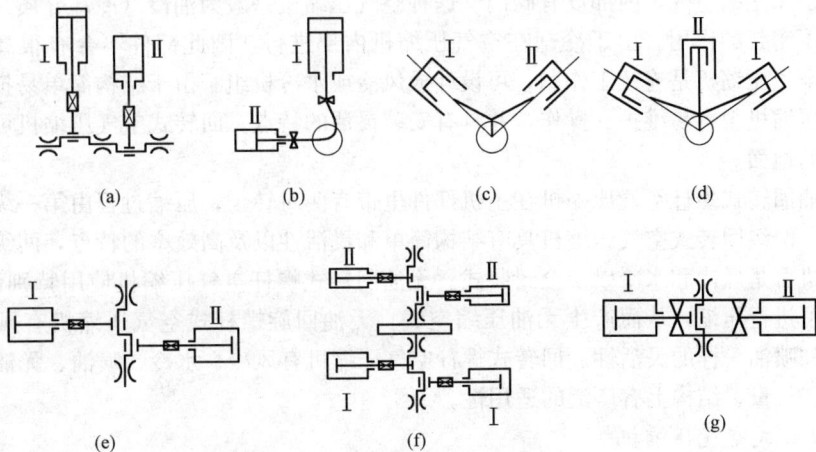

图 23-1 往复式空气压缩机的形式

(a) Z形; (b) L形; (c) V形; (d) W形; (e) M形; (f) H形; (g) I形

4）扇形压缩机。气缸中心线间最大夹角小于或等于180°，而列数为4。

5）星形压缩机。气缸中心线在圆周方向均布呈放射形，且气缸中心线间最大夹角大于180°。

4. 按冷却方式分类

压缩机的冷却方式是指气缸及冷却器的冷却方式。

（1）水冷式压缩机。气缸及各冷却器均由水进行冷却。

（2）风冷式压缩机。气缸及各冷却器均强制通风进行冷却。

（3）混合冷却式压缩机。气缸及各冷却器分别以不同方式冷却。

5. 按压缩级数分类

按压缩级数分类是根据压缩介质达到额定排气压力，所受压缩次数进行分类。

（1）单级压缩机。压缩级数为1。

（2）两级压缩机。压缩级数为2。

（3）多级压缩机。压缩级数大于或等于3。

6. 按气缸数分类

（1）单缸压缩机。气缸数为1。

（2）双缸压缩机。气缸数为2。

（3）多缸压缩机。气缸数大于或等于3。

7. 按气缸润滑状况分类

（1）有油润滑压缩机。

（2）无油润滑压缩机。

（3）少油润滑压缩机。

（4）极少油润滑压缩机。

（5）全无油润滑压缩机。

（二）回转式空气压缩机

按螺杆的数目分为双螺杆空气压缩机和单螺杆空气压缩机，按压缩过程中是否有润滑油参与分为无油螺杆空气压缩机和喷油螺杆空气压缩机。0.85～85m³/min 回转式空气压缩机是变容式压缩机。

最普通的回转式空气压缩机是单级喷油螺杆式空气压缩机，这种压缩机在机腔内有两个转子，通过转子来压缩空气，内部没有阀门。这种空气压缩机一般为油冷（冷却介质是空气或水），这种油起到了密封的作用。由于冷却在空气压缩机内部进行，因此部件不会有很高的温度，因此，回转式空气压缩机是连续工作制，可设计成风冷或水冷机组。由于结构简单易损件少，回旋式螺杆空气压缩机很容易维护、操作，并具有安装灵活的特点。回转式空气压缩机可安装在任何能支撑重量的地面。

两级喷油回转式螺杆空气压缩机在主机部件里带有两对转子，压缩过程由第一级和第二级串接压缩完成。两级回转式空气压缩机具有结构简单和灵活性以及高效率的特点，两级回转式螺杆式空气压缩机可是风冷和水冷以及全封装式。无油回转式螺杆空气压缩机使用特别设计的主机，无需喷油就可进行压缩，从而产生无油压缩空气。无油回旋螺杆式空气压缩机有风冷和水冷两种，并具有和喷油一样的灵活性。回转式螺杆空气压缩机有风冷、水冷、喷油、无油、单级和两级，在压力、气量、结构上有广泛的适用性。

（三）离心式空气压缩机

离心式空气压缩机是一种动力型空气压缩机，它通过旋转的涡轮完成能量的转换，转子通过改变空气的动能和压力来实现以上的转换。由静止的扩压器降低空气的流速来实现动能向压力的变换。气体在离心式压缩机中的运动，是沿着垂直于压缩机轴的径向进行的。离心式压缩机中气体压力的提高，是由于气体流经叶轮时，叶轮旋转，使气体受到离心力的作用而产生压力；与此同时气体获得速度，而气体流过叶轮、扩压器等扩张通道时，气体的流动速度又逐渐减慢而使气体压力得到提高。

离心式空气压缩机是无油空气压缩机，运动齿轮的润滑油由轴密封和空气隔离。

离心式空气压缩机是连续工况式压缩机，移动件很少，特别适用于大气量无油的要求。

离心式空气压缩机是水冷式的，典型机组包括后冷却器和所有的控制装置。

## 第二节　空气压缩机的原理及构造

目前火力发电厂中主要应用往复式空气压缩机（活塞式压缩机）和回转式空气压缩机（螺杆式空气压缩机）两种类型的空气压缩机，下面简单介绍活塞式压缩机和螺杆式空气压缩机的工作原理及构造。

### 一、活塞式压缩机的原理及构造

活塞式压缩机是一种典型的容积式压缩机，其原理如图 23-2 所示。容积式压缩机气体压力的提高，是利用气体容积的缩小来达到的。在气缸内作往复运动的活塞向右移动时，气缸内活塞左腔的压力低于

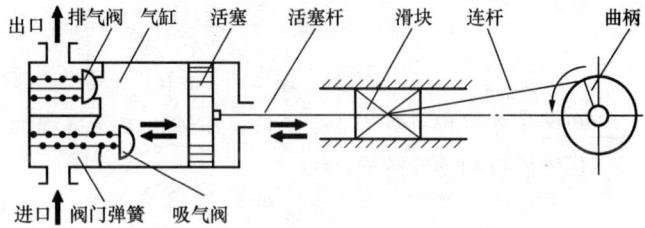

图 23-2　活塞式压缩机原理简图

大气压力，吸气阀开启，外界空气吸入缸内，这个过程称为压缩过程。当缸内压力高于输出空气管道内压力后，排气阀打开，压缩空气送至输气管内，这个过程称为排气过程。活塞的往复运动是由电动机带动的曲柄滑块机构形成的。曲柄的旋转运动转换为滑动——活塞的往复运动。

活塞式压缩机的主要工作部件是活塞、气缸筒体、工作室、吸气阀与排气阀，其中活塞是主要运动部件。

当活塞在原动机的带动下由左向右移动时，活塞左侧的工作室容积逐渐增大，压力逐渐降低。当压力降到一定数值时，吸气阀两面压力差的作用下升启，而排气阀虽也受到这一压力差的作用，但其作用方向是使其处于关闭状态。吸气阀开启后，吸入管中的气体被吸入气缸左侧工作室，这种吸气作用一直进行到活塞移动到极右位置，这个过程称为吸气过程。

而同时活塞右侧的工作室容积逐渐减少，压力逐渐增高，当压力提高到一定数值时，排气阀在压力作用下开启而排气，吸气阀处于关闭状态，这种排气作用一直进行到活塞的极左位置，这个过程称为排气过程。

活塞极左位置到极右位置间的距离叫做行程。当活塞由右向左移动时，活塞左侧工作室排气，右侧工作室吸气。重复上述过程，活塞式空气压缩机不断吸入空气，提高空气压力能并排除压力空气。

活塞式压缩机内部结构如图 23-3 所示。

### 二、螺杆式空气压缩机的原理及构造

压缩机主要由一对阴阳转子及壳体组成，其工作原理与往复式压缩机一样，属于容积式，只是其工作方式是回转式而不是往复式，如果把阴阳转子齿槽与壳体构成的腔比做活塞式压缩机的气缸，那么阳转子的螺旋形齿在阴转子齿槽中的滑动就相当于活塞的往复运动。

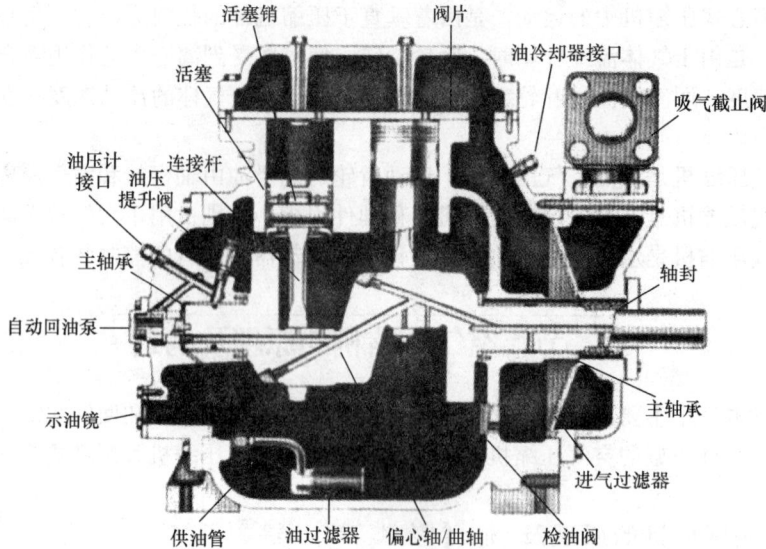

图 23-3　活塞式压缩机内部结构图

主机的工作过程可分为 3 个阶段，压缩机工作过程如图 23-4 所示，整个工作过程包括吸气阶段、压缩阶段和排气阶段。

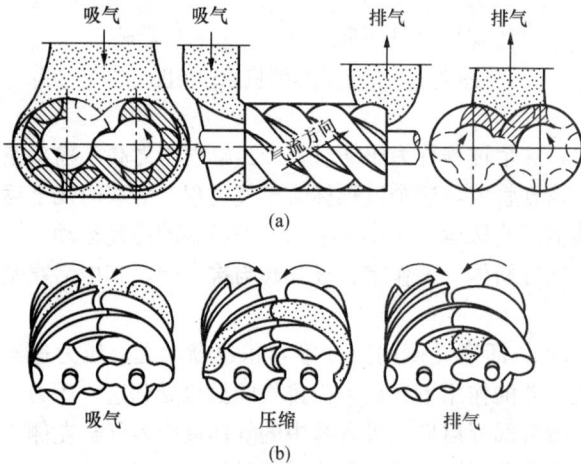

图 23-4　螺杆式空气压缩机的原理简图
（a）剖面图；（b）立体图

螺杆式空气压缩机系统图如图 23-5 所示。螺杆式空气压缩机的工作流程如图 23-6 所示。

1. 吸气阶段

螺杆压缩机采用端面轴向进气，一旦齿槽间啮合线在端面的啮合点进入吸气口，则开始吸气，随着转子的转动，啮合线向排气端延伸，吸入口时，吸气阶段结束。吸入的空气处于一个由阴、阳转子及壳体的封闭腔。

2. 压缩阶段

由阴、阳转子及壳体构成的这个封闭腔随转子的继续转动，向排气端移动，其容积不断缩小，因而气体受压缩，同时，冷却油喷入这个封闭腔。

3. 排气阶段

当阳转子齿到达排气口时，封闭腔容积达到最小，压缩空气随同冷却油一同被排出。油气混合气通过止回阀进入油分离器。在那里冷却油从空气中分离出来，回到油循环系统，而空气流经冷却器进入的压缩气管网。

从以上过程可以看出，螺杆压缩机结构简单，不存在往复力，由于转子连续高速运转，因此排出气体稳定，无脉冲现象，从而噪声、振动都较小。但要注意的是：螺杆压缩机有一个经特殊设计的内压缩过程（即阶段二），其排气压力是设计好的。压缩机应在规定的排气压力范围内工作，超出此范围，压缩机效率大为降低。

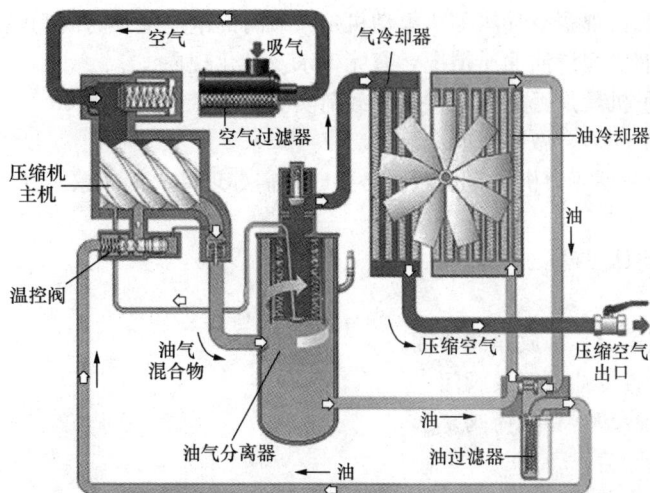

图 23-5 螺杆空气压缩机系统图

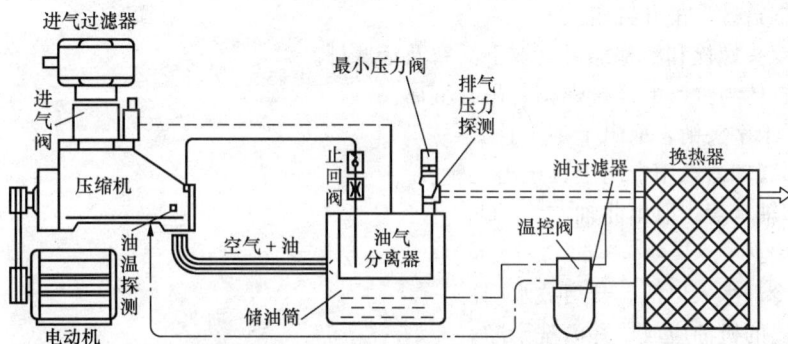

图 23-6 螺杆式空气压缩机工作流程图

# 第三节 活塞式空气压缩机的检修工艺和方法

现以无油润滑空气压缩机的检修为例，说明活塞式空气压缩机的检修程序、工艺方法和质量标准。

活塞式空气压缩机部件主要由压缩机主机、冷却系统、调节系统、润滑系统、安全阀、储气罐、电动机及其控制设备等组成。空气压缩机由电动机通过联轴器直接驱动曲轴，带动连杆、十字头与活塞杆，使其活塞在压缩机气缸内作往复运动，完成吸入、压缩、排出等过程。压缩升压后的空气经冷却和除湿后送往储气罐。

## 一、检修前的准备工作

（1）根据检修项目和备品备件库存情况，制订合适的物质计划并运送至检修现场。

（2）进行检修前的检查工作并做好记录，主要包括如下内容：

1）检查空气压缩机振动和温升情况。

2）检查空气压缩机各部件是否完好，有无松动、摩擦和损坏。

3）检查空气压缩机空气管道各连接是否严密，止回阀、截止阀、疏水器等是否完好。

4）检查空气压缩机冷却水管路各连接是否严密，各阀门、观察镜等是否完好。

5）查看运行日志，观察空气压缩机电动机加减载时的电流值及时间间隔，是否正常。

6）检查空气压缩机润滑油油质情况，有无带水及乳化现象。

7）检查现场起吊机具是否完好，并做好载荷实验。

8）检查记录设备缺陷，做好修前记录。

（3）检修前必须办理热力机械工作票，必要时还需办理动火工作票，并做好各项安全及隔离措施。

## 二、压缩机的解体

1. 工艺方法

（1）拆卸油缸观察门，并放净润滑油。

（2）拆卸进出口各冷却水管及阀门。

（3）拆卸各级水冷却器和减荷阀。

（4）拆卸二级气阀盖。

（5）拆卸所有的压盖板。

（6）拆去各级进排气阀。

（7）松开缸盖螺母吊开缸盖。

（8）松开双头螺栓和活塞螺母，取下活塞及活塞杆。

（9）松开缸体与缸座的连接螺帽。吊开缸体。

（10）拆下十字头销，取出十字头。

（11）拆卸联轴器，用专用工具拉出飞轮。

（12）拆卸轴承盖，取出曲轴。

2. 质量标准

（1）关闭冷却水入口门，开启放水门。

（2）机壳内的机油应放尽并清洗干净。

（3）拆卸下来的各部件应用煤油清洗干净。

## 三、进气阀和排气阀的检修

1. 工艺方法

（1）拆下所有进、排气阀限制器顶丝防护螺母，旋松顶丝，拆下各级进、排气阀盖，取出限制器、气阀组件。

（2）检查清洗进、排气阀组件、限制器。

（3）测量各部件间隙。

（4）检查气阀组件的严密性，其方法是在阀门内加注煤油渗漏不成串为合格，允许有滴状渗漏现象存在。

（5）研磨进排气阀阀座结合面。如果进排气阀损伤严重时，需更换新气阀。

（6）将气阀组件，限制器阀盖依次组装在缸端盖上并拧紧限制顶丝，装上防护螺母。

2. 质量标准

（1）进、排气阀体不得有裂纹、变形等缺陷。

（2）缸体组合面应光滑无腐蚀。

（3）弹簧应完好无变形，自由高度不小于规定值且同组弹簧高度保持一致。阀体弹簧孔座磨损不超过 1mm。

（4）阀体表面平滑无裂纹。

（5）必须更换各气阀紫铜垫。

（6）气阀组件不得倒装。紧固气缸压盖时应先旋紧限制器顶丝。

（7）各结合面应严密不漏。

### 四、机身和曲轴箱部件检修

**1. 工艺方法**

（1）检查机身和曲轴箱，有气孔、裂纹等缺陷时，应进行焊补，焊补时必须采取防止变形的措施。

（2）安装时测量轴承孔的同心度，并检查孔和轴承配合的表面粗糙度。

（3）测量气缸和缸体的结合面同轴承孔中心线。测量气缸和缸体的结合面同轴承孔中心线的平行度，测量气缸中心线与直字头导轨中心线的垂直度，测量十字头销与连杆小头瓦之间的径向间隙，测量十字头机身导轨之间的径向间隙。

（4）拆下小头瓦端挡部圈、卡环，取出十字头体。测量曲柄销与连杆头瓦之间的间隙。

（5）在大头瓦结合面打上标记，拆下开口销连杆螺栓，取下连杆大头瓦。

（6）在油泵和轴承端盖上打上标记，拆油泵和滤油器。

（7）用压铅丝法测量轴承端盖与轴承外圈间隙，拆下轴承端盖。

（8）拆下平衡块，并做好标记。

（9）取出曲轴，用专用工具拆下轴承。

（10）检查清洗各部件。测量曲轴轴颈的磨损、椭圆度、锥度。疏通曲轴内润滑油路。

（11）检查轴承磨损情况，用压铅丝法测量轴承游隙。加垫轴承，装配曲轴。研制连杆大小头。

（12）涂色检查瓦面。用压铅丝法测量间隙。

（13）吊装曲轴，级件装配连杆，在曲轴组件和连杆涂适当的机油。

（14）检查十字头体道轨磨损情况，疏通十字头内油孔，将十字头与小头瓦组装好，穿上十字头销，测量十字头与机身滑道之间的径向间隙，并适当涂上机油。

**2. 质量标准**

（1）机身和曲轴箱应无裂纹、气孔，工作面应光滑无毛刺。曲轴内部无裂纹。

（2）检查曲轴轴颈的磨损情况，测量圆度和圆锥度，轴颈磨损不大于 0.22mm，圆度和圆锥度不超过 0.06mm，轴颈表面有深度大于 0.10mm 的刮痕时必须处理消除。

（3）要求瓦顶间隙为 0～0.02mm，曲轴与飞轮的配合紧力为 0.01～0.03mm。

（4）检修轴承并测量各个部位的配合间隙，轴承外套与端盖的轴向推力间隙为 0.20～0.40mm，内套与轴的配合紧力为 0.01～0.03mm。

（5）清洗曲轴油孔并用压缩空气吹净，曲轴油孔应畅通，无杂物，末端密封严密不漏。

（6）平衡锤固定牢固，配合槽结合严密。

### 五、气缸部分检修

**1. 工艺方法**

（1）用专用工具拉出气缸套。

（2）检查气缸套内外表面有无裂纹、毛刺、变形等缺陷；如磨损严重应给予修理或更换。

（3）检查缸体内表面光洁度。

（4）洗缸体及上下结合面，更换下棉垫旋出活塞杆。

（5）检查清理填料组件刮油器并装配，损坏严重时需更换。

（6）安装 O 形圈时，要注意紧力，不要损坏 O 形圈。

（7）用专用设备工具装缸套。

（8）检查导向环、活塞环等磨损情况。

（9）清洗气缸及活塞杆、活塞，并将活塞级装在活塞杆上，旋紧活塞螺母，装入止口销。

（10）在活塞杆表面涂一层二硫化钼粉，然后将多余的粉末清除。

（11）活塞杆装入缸体内，使用专用工具将活塞杆旋入十字头体。

（12）导向环、活塞环，套装在活塞上，并注意其间隙。

（13）查站并调整活塞下止点间隙，拧紧十字头体。

（14）装缸体时要注意不要伤损活塞环及与承环，装上双头螺栓。然后吊装缸盖，并上紧螺母。

（15）复装，按解体的逆过程进行。

2. 质量标准

（1）气缸套内表面应有光洁度，无毛刺、裂纹、气孔。

（2）气缸套工作面应无铁锈碳黑，严格应无油。

（3）刮油环内径具有 30°斜口，但装时应向下。

（4）每次检修必须更换 O 形密封圈。

（5）低于缸体顶面 0.01～0.08mm 决不允许高于缸体表面。

（6）两个活塞环开口应相互错开 120°。

（7）一、二级活塞环与槽轴向间隙最大 0.75mm，最小 0.25mm。

（8）一、二级与承环与槽轴向间隙最大 0.435mm，最小 0.03mm。

（9）一、二级活塞环开口间隙最大 3.5mm，最小 3.25mm。

（10）一、二级支承环开口间隙最大 4.5mm，最小 3.25mm。

（11）一、二级活塞上下止点最大为 2.00mm，最小 1.3mm。

### 六、活塞式空气压缩机润滑系统检修

1. 工艺方法

（1）解体清洗检查油泵滤油器、滤网，滤油器、滤网完整，隔板方向正确。

（2）检查齿轮磨损、啮合情况，测量调整间隙，并做好记录，各部分间隙应符合各厂家的规定。

（3）测量轴套间隙，齿轮与泵壳的轴向、径向间隙。

（4）清洗连杆油孔及油管。

（5）清洗所有油系统部件，可使用软布、面团等材料，禁止使用棉纱。

2. 质量标准

（1）要求齿面磨损不超过 0.75mm，齿轮啮合时的齿顶间隙与背后间隙均为 0.10～0.15mm，最大不超过 0.30mm，啮合面积为总面积的 75%。

（2）要求齿轮与泵壳的径向间隙不大于 0.20mm，轴向间隙为 0.04～0.10mm，顶部间隙为 0.20mm。

### 七、空气压缩机检修后的验收和试运工作

（一）验收项目

（1）现场检修原始记录，检修项目记录，零部件质检记录，润滑油质检记录，分步验收单等是否齐全。

（2）冷却水系统有无泄漏。

（3）各安全门是否完好。

（4）各疏水器是否完好。

（5）现场清洁情况。

（二）试运行

1. 试车前准备工作

（1）清理现场卫生，现场清洁无杂物。

（2）检修完毕经分步验收合格后方允许试运。

（3）试运前应填写试转申请单。

2. 试运行

（1）启动空气压缩机随即停止运转，检查各个部件无异常情况后，再依次运转5～30min和4～8h，润滑情况应正常。

（2）运行中应无异常声音，紧固件应无松动。

（3）油压、油温、摩擦部位的温升，应符合设计规定。

（4）试运时应重点检查有无机械异声，电动机电流是否超标，缸体温度是否正常，有无漏水、漏气现象。

（5）试运时可进行安全门校验工作。

**八、无油润滑空气压缩机的日常维护**

（一）日常检查项目

（1）检查一、二级缸排气压力是否在规定的范围内，并检查一、二级缸是否有异声。

（2）检查排气温度是否在规定的范围内。

（3）检查泵体油压、油位、油质。

（4）检查注油器注油状况及油位。

（5）检查冷却水回路是否漏水。

（6）检查安全阀、负荷调节器是否正常。

（7）检查气阀盖、泵体检查门是否漏气、漏油、漏水。

（二）无油润滑空气压缩机的故障与排除

1. 润滑油压力降低

（1）故障原因。①机身的润滑油不够。②油管各连接部位不严密油压调节阀有毛病，油直接流回机身。③油压表失灵，油泵失去作用。④粗滤油器、油过滤器阻塞。⑤运动机构磨损大，间隙处润滑油流失过多。⑥润滑油油质不符合规定，黏度过小。油温过高，润滑油黏度下降。

（2）排除方法。①加油。②将油管接头拧紧或加垫片。③更换油压表。检查回油阀和油泵齿轮轴向间隙。④清洗滤油器。⑤检修各配合零件。⑥更换质量符合要求的润滑油。检查油温过高的原因并进行排除。

2. 油温过高

（1）故障原因。①润滑油供应不足。②润滑油太脏。③运动机构间隙不当或工作时拉毛发烫。④冷却水供给不足。

（2）排除方法。①检修油泵、油路漏损情况，添加润滑油。②更换润滑油。③检查调整配合间隙。④加大油冷却器的水量。

3. 排气量显著降低或突然下降

（1）故障原因。①活塞环热间隙不当而卡紧于环槽内，失去气密性。②活塞环发生断裂或破坏。③气阀漏气。

（2）排除方法。①拆下活塞环修理。②更换活塞环零件。③调整或修理气阀。

4. 活塞与缸径发生接触或碰撞

（1）故障原因。①支承环已磨损过大而失去支承作用。②活塞杆与十字头或者活塞杆与活塞连接松动。

（2）排除方法。①更换或调整支承环。②调整及拧紧固定。

5. 气缸、活塞、气阀上产生油垢及积炭

（1）故障原因。①吸入空气太脏，与油中有机物混合成油垢。②油垢在高温下结成碳渣。③注油过多，促成焦渣。④油质不良。⑤压缩机排气温度过高。

（2）排除方法。①清洗空气滤清器。②及时清除活塞及气阀上的油垢，降低各级吸气温度。③调整注油器柱塞行程。④更换质量合格的润滑油。⑤检查压缩机。

6. 排气温度过高

（1）故障原因。①一级进气温度过高。②冷却水供应不足。③水垢过多，影响冷却效率。④中间冷却器效率低，或密封垫吹破，使二级进气温度过高。⑤气阀漏气。⑥活塞环损坏或漏光严重。

（2）排除方法。①降低进气温度。②调节冷却水量。③清除水垢。④吹洗或更换密封垫。⑤研磨气阀或更换垫片。⑥更换活塞环或检修。

7. 安全阀故障

（1）故障原因。①安全阀漏气原因有弹簧未拧紧或弹力消失，阀与阀座间有污物杂质，阀塞与阀座密封面不严密。②安全阀、减荷阀及负荷调节器工作失灵或卡死原因有锈蚀或有污物造成活动不灵，弹簧力过大。③不能适时开启。④阀不能打开。⑤漏气原因有弹簧未拧紧或弹力消失，阀与阀座贴合面有污物，密封不严。

（2）排除方法。①调整或更换新弹簧，吹洗清理阀座密封面，调整或修磨密封面。②消除锈蚀及研磨密封面，并在密封面上涂以硅油，调整到符合要求。③检查校正。④拆验校准。⑤调整或更换弹簧，吹洗清除污物，如仍漏气则研磨或更换。

8. 进、排气阀工作不正常

（1）故障原因。①弹簧力不足。②阀座变形、阀片翘曲。③弹簧或阀片折断、卡住。④气阀积碳或锈蚀严重。⑤进气不清洁。

（2）排除方法。①更换气阀弹簧。②研磨阀座、更换阀片。③检查、更换弹簧或阀片。④清洁气阀。⑤清洗空气过滤器。

9. 填料漏气

（1）故障原因。①密合卷、挡油卷和活塞杆磨损。②活塞杆上有纵向擦伤或椭圆。③密合卷、挡油卷不能合抱。④安装不正确或垫片间有脏物。⑤填料严重磨损和变形失去气密性。⑥弹簧箍紧力过松与活塞杆贴合不严密。

（2）排除方法。①更换或修磨密合卷、挡油卷和活塞杆。②修磨或更换活塞杆。③更换密合卷、挡油卷。④检查垫片。⑤更换新的密封件。⑥调整弹簧或更换。

10. 一、二级排气压力不正常

（1）故障原因。①一级排气压力高，由于二级进气阀漏气或损坏。②一级排气阀压力低，由于一级吸、排汽阀漏汽或损坏。③二级排气阀可能有严重漏气或损坏。

（2）排除方法。①研磨或更换二级气阀。②研磨或更换一级气阀。③研磨或更换新气阀。

11. 排气量不足

（1）故障原因。①空气滤清器阻塞。②吸、排气阀工作面不正常。③活塞环泄漏。④填料漏气。⑤安全阀不严密漏气。

（2）排除方法。①清洗空气滤清器。②检修吸、排气阀工作面。③检修活塞环。④检修填料。⑤检修安全阀。

12. 轴瓦温度过高

(1) 故障原因。①轴瓦与轴的间隙太小。②润滑油黏度不对，油脏污或丧失功能。③装配不良，接触面不好。④轴承固定太松或太紧。

(2) 排除方法。①调整到适当间隙。②更换新油。③检查后重新校正。④拧紧到合适。

13. 压缩机不正常的响声

(1) 故障原因。①气缸与活塞间落入硬质物件。②活塞杆与十字头连接松动。③连杆大小头轴承与轴径向间隙太大。④吸排气阀安装松动，气体冲击有响声。⑤气阀与活塞相碰。⑥余隙不够，热膨胀后发生冲击（如活塞碰到缸盖）。

(2) 排除方法。①停车取出硬物。②拧紧螺母。③检查间隙换轴承。④拧紧气阀盖上螺母。⑤调整上、下止点间隙。⑥调整余隙。

## 第四节　螺杆式空气压缩机的检修工艺和方法

介绍螺杆式空气压缩机的检修程序、工艺方法和质量标准。

螺杆压缩机主杆与次杆由电动机和 V 形皮带驱动。螺杆呈螺旋状，相互啮合但不接触，与罩壳一起形成逐渐减小的小室。压缩期间，油不断射入压缩机，起到冷却、密封和润滑的作用。

### 一、准备工作

1. 工艺方法

(1) 检查记录设备缺陷，做好修前记录。

(2) 准备检修工具。

(3) 准备好备品备件并运到检修现场。

(4) 办理工作票。

2. 质量标准

确认空气压缩机与系统可靠隔绝。

### 二、油过滤器的更换

1. 工艺方法

(1) 在油过滤器的下部放一个合适的容器。

(2) 旋下壳体底部上的油塞，放出润滑油，然后旋下油过滤器壳体。

(3) 检查壳体里和滤芯上的外来细小颗粒，这些颗粒已经陷入滤芯底部，然后从头到尾检查过滤器的总体情况，清洗壳体，把新的滤芯装到滤油器壳体内。

2. 质量标准

(1) O 形圈应完好，如有破裂及老化现象应进行更换。

(2) 结合面应严密不漏油。

### 三、空滤器的更换

1. 工艺方法

(1) 压缩机停车。

(2) 松开进气滤清器壳体顶上的翼形螺母，把尼龙垫圈和顶部拆除，拿掉旧滤芯。

(3) 装上新的进气滤清器及顶盖。

(4) 拧紧翼形螺母。

2. 质量标准

(1) 滤器两端面密封垫应完好无损。

(2) 应拧紧翼形螺母。

## 四、油分离器芯子更换

1. 工艺方法

(1) 拆下压缩机主机上的回油管。

(2) 松开油分离器顶盖上的回油管、管接头，抽出回油管组件。

(3) 拆下分离器顶盖的管道，如有必要，系上表示管子连接关系的标签。

(4) 用合适的扳手拆下固定顶盖的螺栓，吊去顶盖。

(5) 小心提起分离器芯子并把它拿出筒体之外，报废已经用坏的芯子。

(6) 清理顶盖和桶体上两个垫片密封面，清理时要小心防止旧垫子的碎片落入油分离器里去。

(7) 检查油分离器内部，要保证绝对没有杂物。

(8) 放入新的油分离器芯子。

(9) 把顶盖放在正确位置拧上螺栓，要十字交叉，逐步拧紧螺栓，防止顶盖单边拧得太紧。

(10) 连接回油管、各管接头。

2. 质量标准

(1) 装回油管时，回油管下端距分离器芯底部应留有 3～5mm 间隙。

(2) 筒体两结合面应光滑无伤痕。

(3) 结合面应严密，无渗漏现象。

(4) 分离器前后压差正常值为 0.02～0.04MPa，当前后压差大于 0.1MPa 时应更换芯子。

## 五、止回阀的检修

1. 工艺方法

(1) 检查止回阀的阀瓣及密封面是否完好。

(2) 检查复位弹簧是否有断裂现象。

2. 质量标准

止回阀关闭时应严密无泄漏。

## 六、蝶阀的检修

1. 工艺方法

(1) 检查蝶阀有无变形现象。

(2) 检查阀体与转动轴有无脱胶现象。

2. 质量标准

蝶阀转动应灵活，无卡涩现象。

## 七、温控阀的检修

1. 工艺方法

(1) 温控元件是否在规定温度下动作。

(2) 检查温控元件有无断裂脱焊现象。

2. 质量标准

温控元件的动作温度为 55℃。

## 八、油冷器的检修

1. 工艺方法

(1) 确认空气压缩机冷却水进出口阀门已关闭。

（2）打开油冷器排油管放油至废油桶。

（3）拆除油冷器进出口油管、水管接头，取下油冷器。

（4）拆除油冷器端盖，清除端盖内积垢。

（5）用毛刷及高压水枪清洗油冷器水管内壁。

（6）装复油冷器端盖。

（7）装复油冷器进、出口油管、水管接头。

2. 质量标准

（1）冷却水管应畅通，内壁无积垢。

（2）端盖密封圈应完整。

（3）接头密封垫无损坏。

## 九、气冷却器检修

1. 工艺方法

（1）确认空气压缩机冷却水进、出口阀门已关闭。

（2）拆除气冷却器进、出口水管、气管接头。

（3）拆除气冷却器支架固定螺栓，取下气冷却器。

（4）拆除气冷却器端盖，清除端盖内积垢。

（5）用毛刷及高压水枪清洗气冷却器管内壁。

（6）装复气冷却器端盖。

（7）装复气冷却器支架固定螺栓。

（8）装复气冷却器进出口气管、水管接头。

2. 质量标准

（1）冷却水管应畅通，内壁无积垢。

（2）端盖密封圈应完好。

（3）接头密封垫无损坏。

## 十、主机的拆卸

1. 工艺方法

（1）先办理工作票。

（2）拆下电动机的动角螺栓吊出电动机。

（3）拆下齿轮箱与轴承箱连接螺栓。

（4）用顶丝将两齿轮分开。

（5）拆下轴承箱地角螺栓。

（6）将轴承箱吊出。

（7）拆下于主机连接的管头，必要时应做记号。

（8）用专用工具将齿轮扒掉。

（9）拆下排气端轴承端盖，测量转子与排气端面的间隙。

（10）在排气端装上百分表探头顶在轴端上，调整百分表指针到零位。

（11）用千斤顶将螺栓顶起然后观看百分表读数，直至不再增加为止，并做好原始记录。

（12）用专用工具放在轴承端面上，对准螺孔并用螺栓紧固。然后用油压千斤顶顶出转子，取出调整用金属垫片。

（13）拆下排气端轴承室端面螺栓吊出轴承室。

2. 质量标准

在测量间隙前要将排气端与管体用螺栓全部压紧，否则会影响数值的精确性。

## 十一、主机的装复

1. 工艺方法

（1）把空气压缩机各零部件清洗干净。

（2）把阴阳转子放入轴承箱内。

（3）把吸气侧轴承室放在缸体结合面处对准定位销并紧固连接螺栓。

（4）把吸气侧轴承内圈装入转子轴颈处并装好隔环、油环及弹性挡圈。

（5）吊起转子，并在转子上涂上 RSA3Z-A 抗磨专用油，然后放入缸体内。

（6）在排气端的阴阳转子上装入调整用金属垫片。

（7）装入排气端轴承室用螺栓与缸体连接并紧固。

（8）在排气端装上百分表，使百分表探头顶在轴端上调整百分表指针到 0 位。

（9）在吸气侧用千斤顶将阴阳转子直至读数不再增加为止，此时排气端面与阴阳转子的间隙应符合要求，如果不在要求范围内需卸下重新加减垫片，直到符合要求为止。装入排气端轴承及压盖，并拧紧压盖螺栓。

（10）将百分表探头顶在排气端轴承内圈压盖上，顶起千斤顶检测轴承的游隙。此游隙应符合要求，如果不在要求范围内可调。

（11）整轴承压盖上的垫片厚度直至符合要求为止。

（12）装复齿轮。

（13）把主机的电动机就位后穿入主机与电动机地脚螺栓。

（14）轴承箱与齿轮箱结合处放入密封垫并用连接螺栓紧固。

（15）主机内加注润滑油。

2. 质量标准

（1）轴承内外套、滚珠无麻点、起层、裂纹等缺陷。

（2）轴的弯曲不超过 0.10mm。

（3）轴颈的圆度与圆锥度不大于 0.03mm。

（4）轴颈无毛刺、麻点沟槽。

（5）轴上螺纹完整，无滑扣松动。

（6）排气端面与阴阳转子的间隙应在 0.08～0.13mm。

（7）排气端轴承的游隙，应在 0.015～0.03mm 范围内。

## 十二、试车与验收

1. 试车前的准备工作

由检修人员、运行人员组成试车小组。

2. 无负荷试验

（1）手动盘车 2～3r，无问题。做点动试验，检查电动机旋转方向及转动部件有无碰撞现象。若无问题可试转 5min，检查轴承温度、振动及响声，如有问题及时排除。

（2）接着运转 30min，检查各轴承温度、振动及响声，确无问题可不停连续运转 4h，然后停机检查各部分温度。

3. 安全阀调试和无级调节器试验

（1）安全阀的调整试验。可在升压试车后进行调试，安全阀的开启压力不高于 1.0MPa，关闭压力不低于 0.86MPa；安全阀在达到极限压力时，应及时而无阻碍地自动开启，阀在全开位置应稳定、无振荡现象，当压力降至规定的关闭压力时，阀应关闭，并保证密封无泄漏。

（2）无级调节器应按气量调节的范围进行试验与调整。

4. 负荷试验

在运行过程中逐渐升压，并检查温度、压力、机器转速，振动及异常响声，若无问题即可进入满符合试验，加满负荷试运 60min，在运转中检查各项参数，电气、仪表及机械运行是否正常，如发现问题，应立即停止检修。

5. 并入管网投产试验

满负荷试验过程中排除了一切故障，进入正常运行即可并入管网做投产试验。大修投产试验在满负荷 0.86MPa 条件下连续运行 24h，没有任何不正常现象即可验收。

6. 设备验收

储气罐在 0.8MPa 下，满载时排气压力 0.86MPa，排气温度不高于 95℃，出口压缩空气含油量不超过 $8 \times 10^{-6}$，无级调节器工作正常。验收合格后，即可办理竣工手续，其后方可投产使用。

# 参 考 文 献

[1]　火力发电职业技能培训教材编委会．锅炉设备运行．北京：中国电力出版社，2005．
[2]　火力发电职业技能培训教材编委会．锅炉设备检修．北京：中国电力出版社，2005．
[3]　山西省电力工业局．锅炉设备检修（初级工）．北京：中国电力出版社，1997．
[4]　山西省电力工业局．锅炉设备检修（中级工）．北京：中国电力出版社，1997．
[5]　山西省电力工业局．锅炉设备检修（高级工）．北京：中国电力出版社，1997．
[6]　樊泉桂，魏铁铮，王军．火电厂锅炉设备及运行．北京：中国电力出版社，2000．
[7]　西安电力学校．锅炉设备及运行．北京：水利电力出版社，1980．